JN436898

제 8 판

형법각론

박 상 기

박영사

제 8 판 머리말

형법각론 제 7 판을 출간한 지 3년이 넘었다. 시간이 흐른 만큼 내용상 적지 않은 개정이 불가피하였다. 또한 이번에 개정판을 출간하면서는 형식적인 면에서도 한글사용을 원칙으로 하였고, 책의 표지도 출판사의 도움을 받아 새롭게 바꾸었다. 그리고 새로운 대법원 판례와 함께 그동안의 많은 제·개정 법률을 반영하여 최근까지의 정보를 제공하려고 하였다. 학술논문도 관련되는 곳에서 소개하여 참고하도록 하였다. 근래에는 주목할 만한 판례도 많아지고 관련 문헌도 양적으로 증가하여 끊임없이 수정하고 보완하는 작업이 불가피한 상황이 되었다. 또한 개인적으로는 한국형사정책연구원장으로 재임하였던 3년의 임기가 공백기간으로 작용하여 개정작업을 하는 것이 쉽지 않았다. 이번 개정작업에서는 특히 판례와 사항색인 작업이 내용의 증가와 페이지 변경으로 인하여 힘들었다. 이를 꼼꼼하게 처리해 준 연세대 대학원에 재학 중인 주영글 양에게 감사한다.

끝으로 개정판을 출간하도록 해 주신 박영사의 안종만 회장님께 감사드린다. 또한 전문가로서의 기량을 발휘해 주신 편집부 김선민 부장님, 기획부 조성호 부장님께도 고맙다는 말씀을 드린다.

2011년 8월

연세대학교 연구실에서

박 상 기

머 리 말

약 2년 반 전에 저자는 「형법총론」을 처음 세상에 내놓으면서 「형법각론」의 출간을 약속하였다. 이러한 약속을 하게 된 것은 형법총론의 일반이론과 형법각론의 구체적 해석이 상호작용을 통하여 영향을 미치고 있으므로 형법학은 총론과 각론의 전체체계 속에서 이해하여야 하기 때문이었다. 이 책의 집필과정에서 저자는 형법총론의 일반이론을 각론에서 구체화하는 작업과 반대로 각론연구의 결과를 총론에 반영시키는 작업이 얼마나 중요한 것인가를 새삼 절감하였으며 이를 장래 형법학 연구의 중심과제 가운데 하나로 삼을 생각이다. 다만 이 책에서는 저자의 노력에도 불구하고 연구와 능력 부족으로 인하여 위와 같은 상호관계가 충실하게 반영되지 못한 점을 밝히면서 독자들의 양해를 구하고 싶다.

형법은 주지하다시피 사회통제의 가장 강력한 수단이다. 그렇기 때문에 그 힘의 잠재력과 한계를 이해하는 것이 필요하다. 즉 사회 내의 다양한 프로세스(process)를 법적으로 통제하는 것과 통제의 당위성 사이에는 언제나 갈등관계가 형성된다. 국가권력과 개인 간에 형성되는 이러한 갈등관계를 해소하는 선에서 형법해석의 기준이 설정되는 것이라고 생각한다. 무력한 형법이 개인과 사회를 보호하지 못하는 것과 마찬가지로 강력한 형법 역시 개인과 사회를 위험에 빠뜨린다. 이러한 점을 항상 염두에 두면서 저자는 이 책을 통하여 우리 시대의 형법이 수행하여야 할 역할과 형법해석의 합리적 방법을 모색하는 기초자료를 제시하고자 하였다.

그 밖에 이 책을 서술하면서 역점을 둔 것은 다음과 같은 점이다. 첫째, 1996. 7. 1부터 시행된 개정형법의 새로운 내용을 충실히 설명하고자 하였다. 아직 이에 관한 충분한 논의와 판례가 축적되지 않은 관계로 어려움이 많았지만 주로 외국의 저술들을 참조하여 공백을 메워 나가려고 노력하였다. 둘째, 형법구성요건을 해석하는 데에 영향을 주는 형사특별법(성폭력범죄의 처벌 및 피해자보호 등에 관한 법률, 통신비밀보호법 등)과 형법 이외의 개정·신설법령을 충실히 반영하였다. 특히 가등기담보 등에 관한 법률, 부동산등기특별조치법, 부동산실권리자명의등기에 관한 법률 등이 대표적인 예이다. 이 법률들은 특히 횡령죄와 배임죄 부분에서 기존이론의 수정을 불가피하게 하였다. 셋째, 대법원판례(1996년 상반기까지 수록) 및 외국판례를 소개하여 학설상의 이론과 법원에서의 실제 법적용과의 관계를 밝히려고 하였다. 넷째, 필요한 부분에서는 외국의 입법례를 소개하여 비교법적 검토를 하게 함으로써 현행 구성요건을 넓은 시각에서 파악할 수 있도록 하였다.

「형법총론」에 이어 「형법각론」을 펴냄으로써 저자의 형법교과서 집필은 일단 종결되었다. 이 책의 출간을 앞두고 저자는 솔직히 기쁜 마음과 함께 두려움이 교차하는 심정이다. 집필과정에서 느꼈던 연구와 숙고의 부족함, 범죄행위를 규범적으로 해석하는 것에 머무르지 않고 사회학적·철학적 고찰을 할 필요성 등은 앞으로 보완하여야 할 과제로 남겨 두었다. 더욱 노력하여 저자의 이러한 욕구가 충족되도록 정진할 생각이다.

이 책이 나오기까지는 여러 분의 격려와 조언, 그리고 수고가 밑바탕이 되었다. 연세대학교 법과대학의 동료인 안춘수 교수는 저자에게 필요한 조언을 기꺼이 하여 주었다. 이 자리를 빌어 감사하지 않을 수 없다. 그리고 연세대 대학원 석사과정에 있는 김현희 양과 백광훈 군은 교정과 색인작업을 맡아 저자를 도와 주었으며, 언제나 저자의 주문사항을 수용하여 처리하여 주었다. 바쁜 와중에도 저자를 도와 준 박사과정의 송희진 군에게도 고마움을 표한다. 이 분들의 조력이 없었다면 이처럼 단시일 내에 이 책의 출간은 불가능하였을 것이다.

마지막으로 「형법총론」에 이어 「형법각론」 집필의 필요성을 강조하고 독려하여 주신 박영사의 안종만 사장님에 대하여 감사한다. 그리고 박영사 편집부의 심성보 씨는 이 책의 편집을 맡아 저자의 마음에 흡족한 모습의 책으로 출간될 수 있도록 하여 주었다. 이 책의 출간은 이 분들 모두의 정성이 함께 한 결과라고 생각하면서 다시 한번 고맙다는 말씀을 전한다.

1996년 9월 2일
연세대 법대 연구실에서

박 상 기

목 차

序 論

제 1 절 犯罪槪念과 刑事立法 1

제 2 절 刑法各則의 構成 3

Ⅰ. 刑法各則의 本質 ………… 3
Ⅱ. 刑法各則의 法益體系 ………… 4
Ⅲ. 刑法各則의 構成要件體系 ………… 6

제 1 편 個人的 法益에 對한 罪

제 1 장 生命과 身體에 대한 罪

제 1 절 殺人의 罪 9

Ⅰ. 序 論 ………… 9
1. 인간생명의 절대적 보호원칙 9
2. 살인죄의 입법유형 10
3. 구성요건체계 11

Ⅱ. 殺 人 罪 ………… 12
1. 보호법익 12
2. 행위객체 12
3. 행 위 18
4. 주관적 구성요건 18
5. 위법성조각사유 19
6. 죄 수 21

Ⅲ. 尊屬殺害罪 ………… 21
1. 의의 및 법적 성격 21

2. 행위객체 22
3. 고 의 23
4. 공 범 23
Ⅳ. 嬰兒殺害罪 ······ 23
1. 의 의 24
2. 객관적 구성요건 24
3. 주관적 구성요건 25
4. 살해동기 25
5. 공 범 26
Ⅴ. 囑託·承諾에 의한 殺人罪 ······ 27
1. 의의 및 법적 성격 27
2. 객관적 구성요건 28
3. 주관적 구성요건 30
4. 착 오 31
Ⅵ. 自殺敎唆·幇助罪 ······ 31
1. 의 의 31
2. 객관적 구성요건 33
3. 주관적 구성요건 34
4. 미 수 범 34
5. 동반자살 35
Ⅶ. 僞計·威力에 의한 殺人罪 ······ 35
1. 의 의 35
2. 구성요건 36
3. 처 벌 36
Ⅷ. 殺人豫備·陰謀罪 ······ 36

제 2 절 傷害와 暴行의 罪 37

Ⅰ. 序 論 ······ 37
1. 상해죄와 폭행죄의 보호법익 37
2. 구성요건체계 38
Ⅱ. 傷害의 罪 ······ 39
1. 상해죄·존속상해죄 39
2. 중상해죄·존속중상해죄 46
3. 상해치사죄·존속상해치사죄 49
4. 동시범의 특례 52

5. 상습상해 · 존속상해 · 중상해 · 존속중상해죄　55
Ⅲ. 暴行의 罪 ………………………………………………………… 56
1. 폭행죄 · 존속폭행죄　56
2. 특수폭행죄　60
3. 폭행치사상죄　64
4. 상습폭행 · 존속폭행 · 특수폭행죄　65

제 **3** 절　過失致死傷의 罪　65

Ⅰ. 序　　論 ………………………………………………………… 65
1. 과실치사상죄의 의의　65
2. 구성요건체계 및 특별형법　66
Ⅱ. 過失致傷罪 · 過失致死罪 ………………………………………… 67
1. 의　　의　67
2. 구성요건　68
3. 판례의 경향　68
Ⅲ. 業務上 過失 · 重過失致死傷罪 …………………………………… 69
1. 의　　의　69
2. 형법상 업무의 개념 및 기능　70
3. 업무상 과실의 내용　71
4. 중과실치사상죄　74

제 **4** 절　落胎의 罪　75

Ⅰ. 序　　論 ………………………………………………………… 75
1. 낙태죄의 개념　75
2. 비교법적 고찰　76
3. 낙태죄의 보호법익　77
4. 보호의 정도　78
Ⅱ. 落胎罪의 類型 …………………………………………………… 78
1. (자기)낙태죄　78
2. 촉탁 · 승낙낙태죄, 동치사상죄　80
3. 업무상 낙태죄, 동치사상죄　81
4. 부동의낙태죄, 동치사상죄　82
Ⅲ. 落胎罪의 違法性阻却事由: 모자보건법 ………………………… 83
1. 인공임신중절수술의 허용　83
2. 형법의 적용배제　84

제 5 절 遺棄와 虐待의 罪 85

Ⅰ. 遺棄의 罪 ······ 85
1. 유기죄의 의의 85
2. 구성요건체계 85
3. 유기죄의 본질 및 보호법익 86
4. 유 기 죄 86
5. 존속유기죄 90
6. 중유기죄 · 존속중유기죄 90
7. 영아유기죄 90

Ⅱ. 虐待의 罪 ······ 91
1. 학대죄 · 존속학대죄 91
2. 아동혹사죄 93

Ⅲ. 遺棄 등 致死傷罪 ······ 94

제 2 장 自由에 대한 罪

제 1 절 脅迫의 罪 96

Ⅰ. 序 論 ······ 96
1. 의의 및 보호법익 96
2. 형법상 협박의 개념 96
3. 구성요건체계 97

Ⅱ. 脅 迫 罪 ······ 97
1. 객관적 구성요건 97
2. 주관적 구성요건 100
3. 위 법 성 100
4. 반의사불벌죄 101
5. 미 수 범 101

Ⅲ. 尊屬脅迫罪 ······ 102

Ⅳ. 特殊脅迫罪 ······ 103

Ⅴ. 常習脅迫罪 ······ 103

제 **2** 절　強要의 罪　104

Ⅰ. 序　論 ························ 104

Ⅱ. 強 要 罪 ························ 104

1. 의의 및 보호법익　104

2. 객관적 구성요건　105

3. 주관적 구성요건　107

4. 위 법 성　107

5. 미 수 범　108

6. 죄　수　108

Ⅲ. 人質強要罪 ························ 109

1. 의의 및 보호법익　109

2. 입법론 및 비교법적 고찰　109

3. 객관적 구성요건　111

4. 주관적 구성요건　114

5. 형의 감경　114

6. 다른 범죄와의 관계　115

Ⅳ. 人質傷害 · 致傷罪 ························ 115

Ⅴ. 人質殺害 · 致死罪 ························ 116

제 **3** 절　逮捕와 監禁의 罪　117

Ⅰ. 序　論 ························ 117

1. 의의 및 보호법익　117

2. 구성요건체계　117

Ⅱ. 逮捕罪 · 監禁罪 ························ 118

1. 구성요건　118

2. 체포죄 · 감금죄의 기수시점　120

3. 위 법 성　121

4. 죄　수　121

Ⅲ. 尊屬逮捕 · 監禁罪 ························ 122

Ⅳ. 重逮捕 · 監禁罪, 重尊屬逮捕 · 監禁罪 ························ 122

Ⅴ. 特殊逮捕罪 · 監禁罪 ························ 123

Ⅵ. 常習逮捕 · 監禁罪 ························ 123

Ⅶ. 逮捕 · 監禁致死傷罪 ························ 123

Ⅷ. 尊屬逮捕 · 監禁致死傷罪 ························ 124

제 4 절　略取와 誘引의 罪　125

Ⅰ. 序　論 ······ 125
　1. 의　의　125
　2. 구성요건체계　125
Ⅱ. 未成年者略取·誘引罪 ······ 125
　1. 의　의　126
　2. 객관적 구성요건　127
　3. 주관적 구성요건　128
　4. 위 법 성　130
　5. 죄　수　130
Ⅲ. 醜行·姦淫·營利目的 略取·誘引罪 ······ 130
　1. 의　의　131
　2. 구성요건　131
Ⅳ. 婦女賣買罪 ······ 132
　1. 의　의　132
　2. 객관적 구성요건　132
　3. 주관적 구성요건　135
Ⅴ. 國外移送目的 略取·誘引·賣買罪 ······ 135
　1. 의　의　136
　2. 구성요건　136
Ⅵ. 被略取·誘引·賣買者 國外移送罪 ······ 136
　1. 의　의　136
　2. 구성요건　137
Ⅶ. 結婚目的 略取·誘引罪 ······ 137
　1. 의　의　138
　2. 구성요건　138
Ⅷ. 被略取·誘引·賣買·國外移送者 授受·隱匿罪 ······ 139
　1. 의　의　139
　2. 구성요건　139
Ⅸ. 被略取·誘引 未成年者 등 授受·隱匿罪 ······ 139
Ⅹ. 常習醜行·姦淫·營利目的 被略取·誘引·賣買·國外移送者 授受·隱匿罪 ······ 140
Ⅺ. 常 習 犯 ······ 140
Ⅻ. 刑의 減輕 ······ 141

제 5 절 強姦과 醜行의 罪 141
Ⅰ. 序 論 ······ 141
1. 의 의 141
2. 구성요건체계 142
3. 입 법 론 142
Ⅱ. 強 姦 罪 ······ 143
1. 의 의 143
2. 객관적 구성요건 143
3. 주관적 구성요건 151
4. 죄 수 152
5. 친 고 죄 152
6. 특수강간죄 153
Ⅲ. 準強姦罪, 準強制醜行罪 ······ 153
1. 의의 및 구성요건 153
2. 자수범의 문제 154
3. 특수준강간 · 준강제추행죄 155
4. 특별법상의 규정 155
Ⅳ. 強制醜行罪 ······ 155
1. 의 의 155
2. 객관적 구성요건 156
3. 주관적 구성요건 158
4. 특수강제추행죄 158
Ⅴ. 強姦 등 傷害 · 致傷罪 ······ 158
1. 의 의 158
2. 구성요건 159
3. 성폭력특례법 160
Ⅵ. 強姦 등 殺人 · 致死罪 ······ 160
1. 의 의 160
2. 구성요건 160
3. 성폭력특례법상의 강간 등 살인 · 치사죄 161
Ⅶ. 未成年者 · 心神微弱者 姦淫 · 醜行罪 ······ 161
1. 의 의 161
2. 구성요건 161
Ⅷ. 被保護者 · 被監督者 姦淫罪 ······ 162
1. 의 의 162

2. 구성요건　163
3. 성폭력특례법　163
Ⅸ. 被監護者 姦淫罪 ………… 164
1. 의　　의　164
2. 구성요건　164
3. 성폭력특례법　164
Ⅹ. 婚姻憑藉·僞計 姦淫罪 ………… 165
Ⅺ. 未成年者擬制 强姦·强制醜行·强姦傷害·强姦致傷·强姦殺人·强姦致死·强制醜行傷害·强制醜行致傷·强制醜行殺人·强制醜行致死罪 ………… 165
1. 의　　의　165
2. 구성요건　166
3. 성폭력특례법 및 아동·청소년의 성보호에 관한 법률　167
4. 소송조건　168
Ⅻ. 常 習 犯 ………… 168
XIII. 기타 性暴力特例法上의 特別構成要件 ………… 168
1. 특수강도강간죄 등　168
2. 특수강간·강제추행죄　168
3. 친족관계에 의한 강간죄 등　169
4. 장애인에 대한 간음 등　170
5. 공중밀집장소에서의 추행죄　170
6. 통신매체이용음란죄　170
7. 카메라 등 이용촬영죄　170

제 3 장　名譽와 信用에 대한 罪

제 1 절　名譽에 관한 罪　171

Ⅰ. 序　　論 ………… 171
1. 의의 및 보호법익　171
2. 명예의 개념 및 주체　171
3. 구성요건체계　173
Ⅱ. 名譽毁損罪 ………… 174
1. 의　　의　174
2. 객관적 구성요건　175
3. 주관적 구성요건　178

4. 위법성의 조각 179
5. 죄 수 182
Ⅲ. 死者名譽毁損罪 …… 182
1. 의 의 183
2. 구성요건 184
Ⅳ. 出版物 등에 의한 名譽毁損罪 …… 184
1. 의 의 184
2. 객관적 구성요건 185
3. 주관적 구성요건 187
4. 제301조(위법성의 조각)의 적용 여부 190
Ⅴ. 侮 辱 罪 …… 190
1. 의 의 190
2. 객관적 구성요건 191
3. 주관적 구성요건 191
4. 위 법 성 191
5. 죄 수 192
Ⅵ. 사이버공간과 名譽毁損罪 …… 192
1. 「정보통신망 이용촉진 및 정보보호 등에 관한 법률」 192
2. 구성요건의 특징과 문제점 192
3. 결 론 194

제 **2** 절 信用·業務와 競賣에 관한 罪 195

Ⅰ. 序 論 …… 195
Ⅱ. 構成要件體系 …… 196
Ⅲ. 信用毁損罪 …… 196
1. 의 의 196
2. 구성요건 196
3. 죄 수 198
Ⅳ. 業務妨害의 罪 …… 198
1. 업무방해죄 198
2. 컴퓨터 등 업무방해죄 207
Ⅴ. 競賣妨害罪·入札妨害罪 …… 211
1. 의 의 211
2. 구성요건 211
3. 담합행위와 본죄의 성립 여부 212

제 4 장 私生活의 平穩에 대한 罪

제 1 절 秘密侵害의 罪 214

Ⅰ. 序 論 ······ 214
Ⅱ. 構成要件體系 ······ 215
Ⅲ. 秘密侵害罪 ······ 215
1. 의의 및 보호법익 216
2. 객관적 구성요건 217
3. 주관적 구성요건 220
4. 위 법 성 220
5. 친 고 죄 221
6. 다른 범죄와의 관계 222
7. 「통신비밀보호법」상 대화비밀침해죄, 통신비밀침해죄, 대화·통신비밀 누설죄 222
Ⅳ. 業務上 秘密漏泄罪 ······ 222
1. 의의 및 보호법익 223
2. 객관적 구성요건 223
3. 주관적 구성요건 225
4. 위 법 성 225
5. 죄 수 226

제 2 절 住居侵入의 罪 226

Ⅰ. 序 論 ······ 226
1. 주거침입죄의 의의 226
2. 주거침입죄의 보호법익 227
Ⅱ. 住居侵入罪 ······ 229
1. 의 의 229
2. 객관적 구성요건 229
3. 주관적 구성요건 234
4. 위 법 성 235
5. 죄 수 235
Ⅲ. 退去不應罪 ······ 235
1. 의 의 235
2. 구성요건 236
Ⅳ. 特殊住居侵入·退去不應罪 ······ 236

1. 의 의 236
2. 구성요건의 내용 237
V. 住居·身體搜索罪 ······ 237

제 5 장 財產에 대한 罪

제 1 절 財產罪 一般論 238
I. 財產罪의 意義 ······ 238
II. 財產罪의 客體 ······ 239
1. 재 물 239
2. 재산상의 이익 245
III. 財產罪의 保護法益 ······ 246
1. 재물죄의 보호법익 246
2. 이득죄의 보호법익 246

제 2 절 竊盜의 罪 247
I. 意義 및 保護法益 ······ 247
II. 構成要件體系 ······ 247
III. 竊 盜 罪 ······ 248
1. 객관적 구성요건 248
2. 주관적 구성요건 256
3. 죄수 및 타죄와의 관계 261
IV. 夜間住居侵入竊盜罪 ······ 262
1. 의 의 262
2. 구성요건 262
3. 실행의 착수시점 263
V. 特殊竊盜罪 ······ 263
1. 의 의 264
2. 구성요건 264
VI. 自動車 등 不法使用罪 ······ 269
1. 의 의 269
2. 구성요건 269
3. 미 수 범 272
VII. 常習竊盜·夜間住居侵入竊盜·特殊竊盜·自動車 등 不法使用罪 ······ 272

Ⅷ. 親族間의 犯行의 特例(親族相盜例) ………… 274
1. 의의 및 법적 성질 274
2. 친족의 범위 275

제 3 절 強盜의 罪 275

Ⅰ. 意 義 ………… 275
Ⅱ. 構成要件體系 ………… 276
Ⅲ. 強 盜 罪 ………… 277
1. 객관적 구성요건 277
2. 주관적 구성요건 280
3. 다른 범죄와의 관계 280
4. 강도죄의 죄수 281
Ⅳ. 特殊強盜罪 ………… 282
1. 의 의 282
2. 특수강도죄의 미수 283
Ⅴ. 準強盜罪·準特殊強盜罪 ………… 284
1. 의 의 284
2. 객관적 구성요건 284
3. 주관적 구성요건 287
4. 준강도죄와 공동정범 287
5. 공무집행방해죄와의 관계 287
Ⅵ. 人質強盜罪 ………… 288
1. 의 의 288
2. 구성요건 288
Ⅶ. 強盜傷害·致傷罪 ………… 289
1. 의 의 289
2. 구성요건 289
3. 미 수 범 290
4. 공 범 290
5. 죄 수 291
Ⅷ. 強盜殺人·致死罪 ………… 291
1. 의 의 291
2. 객관적 구성요건 291
3. 주관적 구성요건 293
4. 미 수 범 293

Ⅸ. 強盜強姦罪 ········· 293
1. 의 의 294
2. 구성요건 294
Ⅹ. 海上強盜罪 ········· 295
Ⅺ. 海上強盜傷害·致傷·殺人·致死·強姦罪 ········· 295
Ⅻ. 常習強盜罪 ········· 296
XIII. 強盜豫備·陰謀罪 ········· 297

제 4 절 詐欺의 罪 297

Ⅰ. 序 論 ········· 297
1. 사기죄의 의의 297
2. 보호법익 및 법적 성격 297
Ⅱ. 構成要件體系 ········· 300
Ⅲ. 詐 欺 罪 ········· 301
1. 의 의 301
2. 객관적 구성요건 301
3. 주관적 구성요건 325
4. 실행의 착수시점 및 미수범 325
5. 죄수 및 다른 범죄와의 관계 326
6. 친족간의 사기행위 327
Ⅳ. 컴퓨터 등 使用詐欺罪 ········· 327
1. 서 론 327
2. 객관적 구성요건 329
3. 주관적 구성요건 331
4. 기수시기 331
5. 다른 범죄와의 관계 332
6. 친족간의 범행 332
Ⅴ. 信用카드관련 犯罪와 刑事責任 ········· 333
1. 신용카드의 개념 333
2. 신용카드범죄의 유형 및 해당 구성요건 334
3. 신용카드 부정사용죄의 기수시점 343
Ⅵ. 準詐欺罪 ········· 343
Ⅶ. 便宜施設不正利用罪 ········· 344
1. 의 의 345
2. 객관적 구성요건 345

3. 주관적 구성요건 349
4. 미 수 범 349
5. 다른 범죄와의 관계 349

Ⅷ. 不當利得罪 ········ 349
1. 의 의 350
2. 객관적 구성요건 351
3. 주관적 구성요건 352

Ⅸ. 常習詐欺 등의 罪 ········ 352

제 5 절 恐喝의 罪 353

Ⅰ. 序 論 ········ 353
1. 의 의 353
2. 보호법익 353

Ⅱ. 構成要件體系 ········ 353

Ⅲ. 恐 喝 罪 ········ 354
1. 객관적 구성요건 354
2. 주관적 구성요건과 권리행사 357
3. 실행의 착수시점 359
4. 다른 범죄와의 관계 359
5. 친족간의 공갈행위 361

Ⅳ. 常習恐喝罪 및 未遂犯 ········ 361
1. 상 습 범 361
2. 미 수 범 362

제 6 절 橫領의 罪 362

Ⅰ. 序 論 ········ 362
1. 의의 및 보호법익 362
2. 횡령죄의 본질 363
3. 배임죄와의 구별 365

Ⅱ. 構成要件體系 ········ 365

Ⅲ. 橫 領 罪 ········ 366
1. 객관적 구성요건 367
2. 주관적 구성요건 385
3. 횡령죄의 미수범 387
4. 횡령죄의 신분과 공범 388

5. 죄수 및 다른 범죄와의 관계 389
Ⅳ. 業務上 橫領罪 ······ 391
1. 의 의 391
2. 구성요건 391
Ⅴ. 占有離脫物橫領罪 · 埋藏物橫領罪 ······ 392
1. 의 의 392
2. 구성요건 392
Ⅵ. 親族間의 橫領行爲 ······ 394

제 7 절 背任의 罪 395

Ⅰ. 序 論 ······ 395
1. 의의 및 보호법익 395
2. 배임죄의 본질 395
Ⅱ. 構成要件體系 ······ 397
Ⅲ. 背 任 罪 ······ 397
1. 객관적 구성요건 398
2. 주관적 구성요건 405
3. 부동산의 이중저당 · 이중매매와 배임죄의 성부 406
4. 동산의 이중매매와 배임죄의 성부 409
5. 미 수 범 411
6. 죄수 및 다른 범죄와의 관계 411
Ⅳ. 業務上 背任罪 ······ 413
Ⅴ. 背任收財罪 · 背任贈財罪 ······ 414
1. 의 의 415
2. 배임수재죄 415
3. 배임증재죄 419
Ⅵ. 親族間의 背任行爲 ······ 420

제 8 절 贓物에 관한 罪 420

Ⅰ. 序 論 ······ 420
1. 의의 및 보호법익 420
2. 장물죄의 본질 422
Ⅱ. 構成要件體系 ······ 424
Ⅲ. 贓物取得 · 讓渡 · 運搬 · 保管 · 斡旋罪 ······ 424
1. 객관적 구성요건 424

2. 주관적 구성요건 430
3. 다른 범죄와의 관계 430
Ⅳ. 常習贓物取得・讓渡・運搬・保管・斡旋罪 ……………………………… 431
Ⅴ. 業務上 過失, 重過失贓物取得・讓渡・運搬・保管・斡旋罪 ………… 431
Ⅵ. 親族間의 贓物犯罪와 處罰上 特例 ……………………………………… 432

제 **9** 절 損壞의 罪 432

Ⅰ. 序 論 ……………………………………………………………………… 432
1. 의의 및 보호법익 432
2. 구성요건체계 433
Ⅱ. 財物・文書・電磁記錄 등 損壞・隱匿罪 ……………………………… 433
1. 의 의 433
2. 객관적 구성요건 434
3. 주관적 구성요건 436
4. 다른 범죄와의 관계 436
Ⅲ. 公益建造物破壞罪 …………………………………………………………… 436
1. 의의 및 행위객체 436
2. 행 위 437
Ⅳ. 重損壞罪, 財物損壞 등 致傷・致死罪, 公益建造物破壞致傷・致死罪 … 437
1. 중손괴죄 437
2. 재물손괴 등 공익건조물파괴치상・치사죄 438
Ⅴ. 特殊財物・文書・電磁記錄 등 損壞・隱匿罪 ……………………… 438
Ⅵ. 特殊公益建造物破壞罪 ……………………………………………………… 438
Ⅶ. 境界侵犯罪 …………………………………………………………………… 439
1. 의 의 439
2. 객관적 구성요건 439
3. 주관적 구성요건 440
4. 다른 범죄와의 관계 441

제**10**절 權利行使를 妨害하는 罪 441

Ⅰ. 序 論 ……………………………………………………………………… 441
1. 의 의 441
2. 구성요건체계 및 보호법익 441
Ⅱ. 權利行使妨害罪 ……………………………………………………………… 442
1. 객관적 구성요건 442

2. 주관적 구성요건　443
3. 친족간의 권리행사방해죄에 대한 특례　443
Ⅲ. 占有強取罪・準占有強取罪 ………… 443
1. 점유강취죄　444
2. 준점유강취죄　444
Ⅳ. 重權利行使妨害罪 ………… 444
Ⅴ. 強制執行免脫罪 ………… 445
1. 의　　의　445
2. 객관적 구성요건　445
3. 주관적 구성요건　448
4. 방조범의 성립　448
5. 죄　　수　448

제 2 편　社會的 法益에 對한 罪

제 1 장　公共의 安全과 平穩에 대한 罪

제 1 절　公安을 害하는 罪　451

Ⅰ. 序　　論 ………… 451
Ⅱ. 犯罪團體組織・加入罪 ………… 451
1. 의의 및 본질　452
2. 객관적 구성요건　452
3. 주관적 구성요건　455
4. 다른 범죄와의 관계　455
5. 폭처법상의 범죄단체조직죄　455
Ⅲ. 騷 擾 罪 ………… 455
1. 의　　의　455
2. 객관적 구성요건　456
3. 주관적 구성요건　458
4. 위 법 성　458
5. 다른 범죄와의 관계　459
Ⅳ. 多衆不解散罪 ………… 459
1. 의　　의　459
2. 객관적 구성요건　460

3. 주관적 구성요건 460
Ⅴ. 戰時公需契約不履行罪 ······ 460
Ⅵ. 公務員資格詐稱罪 ······ 461
1. 의 의 461
2. 객관적 구성요건 461
3. 주관적 구성요건 462
4. 다른 범죄와의 관계 462

제 **2** 절 爆發物에 관한 罪 462

Ⅰ. 序 論 ······ 462
Ⅱ. 保護法益 및 構成要件體系 ······ 462
Ⅲ. 爆發物使用罪 ······ 463
1. 폭발물사용죄 463
2. 전시폭발물사용죄 466
Ⅳ. 爆發物使用 豫備·陰謀·煽動罪 ······ 467
Ⅴ. 戰時·非常時 爆發物製造·輸入·輸出·授受·所持罪 ······ 467

제 **3** 절 放火와 失火의 罪 468

Ⅰ. 序 論 ······ 468
Ⅱ. 構成要件體系 ······ 468
Ⅲ. 放 火 罪 ······ 469
1. 현주건조물 등 방화죄 469
2. 현주건조물 방화치상죄, 현주건조물 방화치사죄 473
3. 공용건조물 등 방화죄 473
4. 일반건조물 등 방화죄 474
5. 일반물건방화죄 475
Ⅳ. 延 燒 罪 ······ 475
Ⅴ. 鎭火妨害罪 ······ 476
1. 의 의 476
2. 객관적 구성요건 476
3. 주관적 구성요건 477
Ⅵ. 爆發性物件破裂罪 및 破裂致傷·致死罪 ······ 477
1. 폭발성물건파열죄 477
2. 폭발성물건파열치상·치사죄 477

Ⅶ. 가스・電氣 등 放流 및 放流致傷・致死罪 ………… 478
Ⅷ. 가스・電氣 등 供給妨害罪 및 供給妨害致傷・致死罪 ………… 478
Ⅸ. 豫備・陰謀罪 ………… 479
Ⅹ. 失 火 罪 ………… 480
1. 단순실화죄 480
2. 업무상 실화죄・중실화죄 481
3. 과실폭발성물건파열 등의 죄 482
4. 업무상 과실・중과실폭발성물건파열 등의 죄 482

제 **4** 절 溢水와 水利에 관한 罪 483

Ⅰ. 序 論 ………… 483
Ⅱ. 溢 水 罪 ………… 483
1. 현주건조물 등 일수・일수치상・치사죄 483
2. 공용건조물 등 일수죄 484
3. 일반건조물 등 일수죄 485
4. 일수예비・음모죄 485
Ⅲ. 防水妨害罪 ………… 485
Ⅳ. 過失溢水罪 ………… 486
Ⅴ. 水利妨害罪 ………… 486

제 **5** 절 交通妨害의 罪 487

Ⅰ. 序 論 ………… 487
1. 의의 및 보호법익 487
2. 구성요건체계 487
Ⅱ. 交通妨害罪 ………… 488
1. 일반교통방해죄 488
2. 기차 등의 교통방해죄 489
3. 기차 등의 전복・매몰・추락・파괴죄 490
4. 교통방해 등 예비・음모죄 491
5. 교통방해 등 치상・치사죄 491
Ⅲ. 過失交通妨害罪 ………… 492
1. 과실 일반교통방해, 기차・전차 등 교통방해, 기차 등 전복죄 492
2. 업무상 과실・중과실 일반교통방해, 기차・선박 등 교통방해,
기차 등 전복죄 492

제 2 장　公共의 信用에 대한 罪

제 1 절　通貨에 관한 罪　493

Ⅰ. 序　論 ………… 493
Ⅱ. 構成要件體系 ………… 493
Ⅲ. 通貨僞造·變造罪, 僞造·變造通貨行使 등 罪 ………… 494
1. 통화위조·변조죄　494
2. 외국통화위조·변조죄　497
3. 위조·변조통화행사죄 및 수입·수출죄　498
Ⅳ. 僞造·變造通貨取得罪 ………… 501
Ⅴ. 僞造·變造通貨知情行使罪 ………… 501
Ⅵ. 通貨類似物製造·輸入·輸出·販賣罪 ………… 502
Ⅶ. 通貨僞造·變造 豫備·陰謀罪 ………… 502

제 2 절　有價證券·郵票와 印紙에 관한 罪　503

Ⅰ. 序　論 ………… 503
Ⅱ. 有價證券의 概念 ………… 504
Ⅲ. 構成要件體系 ………… 505
Ⅳ. 有價證券僞造·變造罪 ………… 506
1. 구성요건　506
2. 죄수 및 다른 범죄와의 관계　508
Ⅴ. 資格冒用 有價證券作成·記載罪 ………… 509
1. 의　의　509
2. 구성요건　509
Ⅵ. 虛僞有價證券作成·記載罪 ………… 511
1. 의의 및 구성요건　511
2. 다른 범죄와의 관계　512
Ⅶ. 僞造 등 有價證券行使·輸入·輸出罪 ………… 512
Ⅷ. 印紙·郵票의 僞造 등 罪 ………… 513
1. 인지·우표·우편요금증표위조·변조죄　513
2. 위조·변조인지 등 행사·수입·수출죄　514
Ⅸ. 僞造·變造印紙 등 取得罪 ………… 514
Ⅹ. 印紙·郵票·郵便料金證標消印抹消罪 ………… 514

XI. 印紙・郵票類似物製造・輸入・輸出・販賣罪 …… 515
XII. 豫備・陰謀罪 …… 515

제 3 절 文書에 관한 罪 516

I. 序 論 …… 516
1. 보호법익과 법체계 516
2. 구성요건체계 517
II. 文書의 概念 …… 517
1. 지속성(계속성) 518
2. 증명기능 519
3. 보증기능 521
4. 문서의 종류 522
III. 文書僞造・變造罪 …… 523
1. 사문서위조・변조죄 523
2. 자격모용에 의한 사문서작성죄 528
3. 사전자기록위작・변작죄 529
4. 공문서위조・변조죄 532
5. 자격모용에 의한 공문서작성죄 534
IV. 虛僞文書作成罪 …… 535
1. 허위진단서 등 작성죄 535
2. 허위공문서작성죄 537
3. 공전자기록위작・변작죄 541
4. 공정증서원본 등의 부실기재죄 541
V. 僞造 등 文書行使罪 …… 545
1. 위조・변조 등 사문서행사죄 545
2. 위조・변조 등 공문서행사죄 546
VI. 文書不正行使罪 …… 547
1. 사문서부정행사죄 547
2. 공문서부정행사죄 548

제 4 절 印章에 관한 罪 553

I. 序 論 …… 553
II. 構成要件體系 …… 553
III. 私印 등의 僞造・不正使用 및 同行使罪 …… 553
1. 객관적 구성요건 554

2. 주관적 구성요건 556
3. 타죄와의 관계 556
Ⅳ. 公印 등의 僞造·不正使用·行使罪 ……… 556
1. 의 의 557
2. 구성요건 557

제 3 장 公衆의 健康에 대한 罪

제 1 절 飮用水에 관한 罪 558
Ⅰ. 序 論 ……… 558
1. 환경과 인간 558
2. 구성요건체계 559
Ⅱ. 飮用水使用妨害罪 ……… 559
1. 의 의 559
2. 구성요건 559
Ⅲ. 飮用水毒物·有害物混入罪 ……… 560
Ⅳ. 水道飮用水使用妨害罪 ……… 560
Ⅴ. 水道飮用水毒物·有害物混入罪 ……… 561
Ⅵ. 飮用水混毒致傷·致死罪 ……… 562
Ⅶ. 水道不通罪 ……… 562

제 2 절 阿片에 관한 罪 563
Ⅰ. 序 論 ……… 563
Ⅱ. 阿片吸食·몰핀注射罪, 阿片吸食·몰핀注射場所提供罪 ……… 563
1. 아편흡식·몰핀주사죄 564
2. 아편흡식 등 장소제공죄 564
Ⅲ. 阿片·몰핀製造·輸入·販賣·所持罪 ……… 565
Ⅳ. 阿片吸食器製造·輸入·販賣·所持罪 ……… 565
Ⅴ. 稅關公務員 阿片·몰핀·阿片吸食器 輸入·輸入許容罪 ……… 566
Ⅵ. 常 習 犯 ……… 566
Ⅶ. 阿片·몰핀·阿片吸食器所持罪 ……… 567

제 4 장 社會의 道德에 대한 罪

제 1 절 性風俗에 관한 罪 568

Ⅰ. 序 論 ······ 568
Ⅱ. 姦 通 罪 ······ 568
  1. 의 의 569
  2. 객관적 구성요건 569
  3. 주관적 구성요건 570
  4. 친 고 죄 570
  5. 간통죄 존폐론 572
Ⅲ. 淫行媒介罪 ······ 573
  1. 의 의 573
  2. 객관적 구성요건 574
  3. 주관적 구성요건 575
  4. 죄 수 576
  5. 입 법 론 576
Ⅳ. 淫亂物罪 ······ 576
  1. 음화 등의 반포·판매·임대·전시·상영죄 577
  2. 음화 등의 제조·소지·수입·수출죄 584
  3. 공연음란죄 585

제 2 절 賭博과 福票에 관한 罪 586

Ⅰ. 序 論 ······ 586
Ⅱ. 賭博에 관한 罪 ······ 587
  1. 단순도박죄 587
  2. 상습도박죄 589
  3. 도박개장죄 590
Ⅲ. 福票發賣·發賣仲介·取得罪 ······ 592
  1. 의 의 592
  2. 구성요건 592

제 3 절 信仰에 관한 罪 593

Ⅰ. 序 論 ······ 593
Ⅱ. 葬禮式·祭祀·禮拜·說敎妨害罪 ······ 594
Ⅲ. 死體에 관한 罪 ······ 595

1. 사체 · 유골 · 유발오욕죄 595
2. 분묘발굴죄 595
3. 사체 등 손괴 · 유기 · 은닉 · 영득죄 596
Ⅳ. 變死體檢視妨害罪 ………… 597
1. 의 의 597
2. 구성요건 597

제 3 편 國家的 法益에 對한 罪

제 1 장 國家의 存立과 權威에 대한 罪

제 1 절 內亂의 罪 601
Ⅰ. 序 論 ………… 601
Ⅱ. 內 亂 罪 ………… 602
1. 의의 및 보호법익 603
2. 객관적 구성요건 605
3. 주관적 구성요건 606
Ⅲ. 內亂目的 殺人罪 ………… 606
1. 의 의 606
2. 구성요건 607
3. 죄 수 608
Ⅳ. 內亂豫備 · 陰謀 · 煽動 · 宣傳罪 ………… 608
제 2 절 外患의 罪 609
Ⅰ. 序 論 ………… 609
Ⅱ. 外患誘致罪 ………… 610
Ⅲ. 與 敵 罪 ………… 610
Ⅳ. 利 敵 罪 ………… 611
1. 모병이적죄 611
2. 시설제공이적죄 611
3. 시설파괴이적죄 612
4. 물건제공이적죄 612
5. 일반이적죄 612

Ⅴ. 利敵豫備·陰謀·煽動·宣傳罪 …… 613
Ⅵ. 間 諜 罪 …… 613
1. 의 의 613
2. 간첩행위 614
3. 간첩방조행위 617
4. 군사기밀누설행위 617
Ⅶ. 戰時軍需契約不履行罪 …… 618

제 3 절 國旗에 관한 罪 619

Ⅰ. 序 論 …… 619
Ⅱ. 國旗·國章冒瀆罪 …… 620
Ⅲ. 國旗·國章誹謗罪 …… 620

제 4 절 國交에 관한 罪 621

Ⅰ. 序 論 …… 621
Ⅱ. 外國元首·使節 및 國旗에 대한 罪 …… 621
1. 외국원수폭행·협박죄, 외국원수모욕·명예훼손죄 621
2. 외국사절폭행·협박죄, 외국사절모욕·명예훼손죄 622
3. 외국국기·국장모독죄 622
Ⅲ. 外國에 대한 私戰·中立命令違反罪 …… 623
1. 외국에 대한 사전죄 623
2. 중립명령위반죄 623
Ⅳ. 外交上 機密漏泄罪, 外交上 機密探知·蒐集罪 …… 624

제 2 장 國家의 機能에 대한 罪

제 1 절 公務員의 職務에 관한 罪 625

Ⅰ. 序 論 …… 625
Ⅱ. 公務員의 槪念 …… 626
Ⅲ. 構成要件體系 …… 626
Ⅳ. 職務遺棄의 罪 …… 627
1. 직무유기죄 627
2. 피의사실공표죄 630
3. 공무상 비밀누설죄 632

Ⅴ. 職權濫用의 罪 ………… 633
1. 직권남용죄 633
2. 불법체포·감금죄 635
3. 독직폭행·가혹행위죄 637
4. 특가법상의 가중처벌 639
5. 선거방해죄 639
Ⅵ. 賂 物 罪 ………… 640
1. 서 론 640
2. 뇌물의 필요적 몰수와 추징 645
3. 구성요건체계 646
4. 형사특별법상 뇌물죄 관련 규정 646
5. 단순수뢰죄 649
6. 사전수뢰죄 651
7. 제 3 자 뇌물제공죄 652
8. 수뢰후 부정처사죄 653
9. 사후수뢰죄 654
10. 알선수뢰죄 655
11. 뇌물공여죄·증뢰물전달죄 658
12. 외국공무원에 대한 뇌물방지법 659

제 2 절 公務妨害에 관한 罪 660

Ⅰ. 序 論 ………… 660
Ⅱ. 構成要件體系 ………… 660
Ⅲ. 公務執行妨害罪 ………… 661
1. 객관적 구성요건 661
2. 주관적 구성요건 665
3. 죄수 및 다른 범죄와의 관계 665
Ⅳ. 職務強要·辭職強要罪 ………… 666
1. 의 의 666
2. 구성요건 666
Ⅴ. 僞計에 의한 公務執行妨害罪 ………… 666
1. 의 의 667
2. 구성요건 667
Ⅵ. 法廷·國會會議場侮辱罪 ………… 668
1. 의 의 668

2. 객관적 구성요건 668
3. 주관적 구성요건 669
4. 법원조직법과의 관계 669
Ⅶ. 人權擁護職務妨害罪 ………………………………………… 669
1. 의 의 669
2. 구성요건 670
Ⅷ. 公務上 秘密標示無效罪 ………………………………………… 670
1. 공무상 봉인등무효죄 670
2. 공무상 비밀봉함 · 문서 · 도화개봉죄 672
3. 공무상 비밀문서 · 도화 · 전자기록 등 내용탐지죄 672
Ⅸ. 不動產強制執行效用侵害罪 ………………………………………… 673
1. 의의 및 성격 673
2. 구성요건 673
3. 다른 범죄와의 관계 674
4. 미 수 범 674
5. 문 제 점 674
Ⅹ. 公用書類 등의 損傷 · 隱匿 · 無效罪 ………………………………… 674
1. 의 의 675
2. 구성요건 675
Ⅺ. 公用物破壞罪 ………………………………………… 675
Ⅻ. 公務上 保管物損傷 · 隱匿 · 無效罪 ………………………………… 676
1. 의 의 676
2. 구성요건 676
XIII. 特殊公務妨害罪, 特殊公務妨害致死傷罪 ………………………………… 676

제 **3** 절 逃走와 犯人隱匿의 罪 677

Ⅰ. 序 論 ………………………………………… 677
1. 의의 및 보호법익 677
2. 구성요건체계 677
Ⅱ. 逃 走 罪 ………………………………………… 677
1. 도 주 죄 677
2. 집합명령위반죄 679
3. 특수도주죄 679
Ⅲ. 逃走援助罪 ………………………………………… 680
1. 피구금자 탈취 · 도주원조죄 680

2. 간수자 도주원조죄 680
Ⅳ. 犯人隱匿·逃避罪 ………… 681
1. 의 의 681
2. 객관적 구성요건 681
3. 주관적 구성요건 685
4. 친족간의 범행과 특례 686

제 4 절 僞證과 證據湮滅의 罪 687
Ⅰ. 序 論 ………… 687
1. 위증죄의 의의 및 본질 687
2. 증거인멸죄의 의의 688
3. 구성요건체계 689
Ⅱ. 僞證의 罪 ………… 689
1. 위 증 죄 689
2. 모해위증죄 696
3. 허위감정·통역·번역죄 698
Ⅲ. 證據湮滅의 罪 ………… 698
1. 증거인멸죄 698
2. 증인은닉·도피죄 701
3. 모해증거인멸죄 702

제 5 절 誣告의 罪 702
Ⅰ. 序 論 ………… 702
Ⅱ. 誣 告 罪 ………… 703
1. 의 의 703
2. 객관적 구성요건 704
3. 주관적 구성요건 707
4. 위 법 성 707
5. 자백·자수 708

판례색인 ………… 709
조문색인 ………… 724
사항색인 ………… 729

主要參考文獻

[國內文獻]

姜求眞,	형법강의(각론 I)	박영사 1983	[강구진]
권오걸,	형법각론,	형설출판사 2009	[권오걸]
김성돈,	형법각론,	성균관대학교출판부 2009	[김성돈]
김성천,	형법	소진출판사 2009	[김성천]
金允行,	주석 형법각칙(상)	사법행정 1982	[필자, 주석(상)]
	주석 형법각칙(하)	사법행정 1980	[필자, 주석(하)]
김일수/서보학,	형법각론	박영사 2007	[김일수/서보학]
	한국형법 Ⅲ	박영사 1994	[김일수(상)]
	한국형법 Ⅳ	박영사 1994	[김일수(하)]
金鍾源,	형법각론(상)	법문사 1971	[김종원]
박재윤,	주석형법(제 4 판) 각칙(1～6)	한국사법행정학회 2006	[필자, 주석]
裵鍾大,	형법각론	홍문사 2010	[배종대]
白亨球,	형법각론	청림출판 2002	[백형구]
손동권,	형법각론,	율곡출판사 2010	[손동권]
申東雲,	판례백선 형법각론 I	경세원 1999	[신동운]
劉基天,	형법학(각론강의 상)	일조각 1982	[유기천(상)]
	형법학(각론강의 하)	일조각 1982	[유기천(하)]
오영근,	형법각론	박영사 2010	[오영근]
이영란,	형법학강의(각론)	숙명여대출판국 2003	[이영란]
李在祥,	형법각론	박영사 2010	[이재상]
李廷元,	형법각론	법지사 2003	[이정원]
李炯國,	형법각론	법문사 2007	[이형국]
李炯國,	형법각론연구(I)	법문사 1997	[이형국(I)]
任　雄,	형법각론	법문사 2005	[임　웅]
정성근/박광민,	형법각론	삼지원 2008	[정성근/박광민]
鄭榮錫	형법각론	법문사 1983	[정영석]

정영일,	형법각론,	박영사 2008	[정영일]
진계호/이존걸,	형법각론	대왕사 2008	[진계호/이존걸]
黃山德,	형법각론	방문사 1983	[황산덕]
刑事判例研究會,	형사판례연구(1)~(15)	박영사 1993~2007	

[外國文獻]

(敎科書)

Arzt/Weber: Strafrecht, Besonderer Teil, Lehrheft 1(2. Auflage, 1981), 2 (1983), 3(2. Auflage, 1986), 4(1980), 5(1982) [Arzt/Weber, BT/권수]

Curzon, L. B.: Criminal Law, 6. edition(1991)

Eser, Albin: Strafrecht Ⅲ, 2. Auflage(1981)
Strafrecht Ⅳ, 4. Auflage(1983)

Fletcher, George P.: Rethinking Criminal Law, 1978

Haft, Fritjof: Strafrecht, Besonderer Teil, 7. Auflage(1998)

Krey, Volker: Strafrecht, Besonderer Teil, Band 1(12. Auflage, 2002) [Krey, BT/권수]

Krey/Hellmann: Strafrecht, Besonderer Teil, Band 2(13. Auflage, 2002)

Küper, Wilfried: Strafrecht, Besonderer Teil(6. Auflage 2005)

LaFave/Scott: Criminal Law, 2. edition(1986)

Loewy, Arnold: Criminal Law, 2. edition(1987)

Maurach/Schroeder/Maiwald: Strafrecht, Besonderer Teil, Band 1, 7. Auflage (1988), Band 2, 7. Auflage(1991)

Otto, Harro: Grundkurs Strafrecht, Die einzelnen Delikte(2. Auflage, 1984) [Otto, BT]

Reid, Sue Titus: Criminal Law, 3. edition(1995)

Smith, J. C./Hogan, Brian: Criminal Law, 7. edition(1992) [Smith/Hogan]

Welzel, Hans: Das Deutsche Strafrecht, 11. Auflage(1969) [Strafrecht]

Wessels/Hettinger: Strafrecht, Besonderer Teil, Teil Ⅰ(29. Auflage, 2005) [Wessels, BT/권수]

Wessels/Hillenkamp: Strafrecht, Besonderer Teil Ⅱ(28. Auflage, 2005)

(註釋書)

Döllig/Duttge/Rössner(Hrsg.): Gesamtes Strafrecht, 2. Auflage(2011) [Nomos/집필자]

Joecks, Wolfgang: StGB, 5. Auflage(2004) [Joecks]

Kommentar zum Strafgesetzbuch, Band 3(§§ 80~145 d), Reihe Alternativkom-

mentare 1986 [AK/집필자]
Lackner/Kühl: Strafgesetzbuch, 25. Auflage(2004) [Lackner/Kühl]
Leipziger Kommentar, Strafgesetzbuch, 10. Auflage(1979~1989), 11. Auflage (1992~) [LK/집필자]
Neumann/Schild: Nomos Kommentar zum Strafgesetzbuch, 1995
Schönke/Schröder: Strafgesetzbuch, 26. Auflage(2001) [Sch/Sch/집필자]
Systematischer Kommentar zum Strafgesetzbuch, Rudolphi/Horn/Günther, 4/5. Auflage(1995) [SK/집필자]
Tröndle/Fischer: Strafgesetzbuch, 52. Auflage(2004) [Tröndle/Fischer]

[略語用例]

Abs.	Absatz(항)
BT	Besonderer Teil(형법각론)
BGHSt	Entscheidungen des Bundesgerichtshofs in Strafsachen(권, 면)
BVerfGE	Entscheidungen des Bundesverfassungsgerichts(권, 면)
FS.	Festschrift(기념논문집)
GA	Goltdammer's Archiv für Strafrecht(년, 면)
JA	Juristische Arbeitsblätter(년, 면)
JR	Juristische Rundschau(년, 면)
Jura	Juristische Ausbildung(년, 면)
JuS	Juristische Schulung(년, 면)
JZ	Juristenzeitung(년, 면)
LG	Landgericht(지방법원)
MDR	Monatsschrift für Deutsches Recht(년, 면)
NJW	Neue Juristische Wochenschrift(년, 면)
NStZ	Neue Zeitshcrift für Strafrecht(년, 면)
OLG	Oberlandesgericht(고등법원)
Rn.	Randnummer(欄外番號)
RGSt	Entscheidungen des Reichtsgerichts in Strafsachen(권, 면)
ZStW	Zeitschrift für die gesamte Strafrechtswissenschaft(권, 면)

序　　論

제 1 절　犯罪槪念과 刑事立法

형법각칙은 형법 가운데에서도 개별범죄행위의 내용을 기술한 부분이다. 이를 위해서는 범죄행위의 개념을 정립할 필요가 있기 때문에 과거부터 형사법적 관심은 어떠한 행위를 범죄행위로 파악할 것인가에 집중되어 있었다.

초기의 범죄학자들은 범죄행위를 국가의 법질서라는 장애물을 넘어서는 절대적인 개념으로 파악하는 경향이 강하였는데 인류학적 · 생물학적 범죄학의 창시자인 이탈리아의 롬브로소(C. Lombroso, 1835∼1909)와 가로팔로(R. Garofalo, 1852∼1934)가 대표적이다. 특히 가로팔로는 자연범(natural crime)이라는 개념을 통하여 형법규범으로부터 독립적인 절대적 범죄개념을 발견하고자 시도하였다.[1] 이에 따르면 자연범이란 일반의 도덕감정이나 정직성, 동정심 등에 위배되는 행위를 의미한다. 이러한 입장을 대변하였던 초기의 독일연방대법원은 도덕규범이라 할지라도 「그 구속력이 이미 존재하고 감수해야 하는 가치질서와 인간의 공동생활을 지배하는 당위명제에 근거하는 것」일 경우에는 단순한 윤리와는 구별된다고 보았다.[2] 그 결과 범죄행위의 내용은 가치관의 변화로 인하여 바뀌는 것이 아니라고 한다. 그러나 형법질서를 자연법적 질서와 동일시하는 견해는 오늘날은 더 이상 타당하지 않다. 또한 형법질서와 사회질서는 구별되어야 하며, 사회적 행동규범은 상황의 지배를 받기 때문에 어느 시대, 어느 사회에서도 타당한 절대적 범죄개념이란 무리한 전제일 수밖에 없다.

이와 접근방식은 다르지만 범죄개념을 규범의존성에서 탈피하여 몰가치

---

1) Zipf, Kriminalpolitik(형사정책/박상기 · 김영환 · 허일태 공역), 145면 이하 참조. 자연범의 대하여는 Vold, George/Bernard, Thomas, 「Theoretical Criminology」(3. ed., 1986), 43면 참조.
2) BGHSt 6, 52면. 이에 대한 비판으로는 Sax, JZ 1954, 474면.

적인 것으로 파악하려는 시도가 미국의 범죄사회학에서 비롯되었다. 즉 범죄행위를 법규범과의 연관성 속에서 보는 것이 아니라 일탈행위(deviant behavior, abweichendes Verhalten)[1]라고 하는 사회적 행동규범의 위반으로 본다. 여기서 '일탈'이란 일반적으로 기대되는 행위와 모범적 행위에서 벗어나는 행위를 말한다. 이에 따르면 범죄행위는 더 이상 규범위반성과 관련이 없게 되며 오로지 사회학적 영역에 속하는 행동양식이 된다. 그러나 모든 사회적 일탈행위가 사회유해적인 것도 아니며, 또한 모든 일탈행위를 국가가 형벌로써 제재할 수는 없기 때문에 여기에는 반드시 가치평가적인 선정절차가 요구된다. 결국 일탈행위개념을 통하여 형법적 범죄개념을 밝히는 것은 불가능한 것이다.

상대적 범죄개념은 이러한 시도와 달리 범죄를 규범의존적인 것으로 파악하는 데에서 출발한다. 이에 따르면 인간의 행위는 원래부터 범죄적인 것이 존재한다고 보지 않고 규범과 관련하여서만 범죄개념이 얻어질 수 있는 것으로 파악한다(「실정법에서 벗어나 있는 자연적인 범죄란 존재하지 않는다」). 즉 범죄개념은 상대적인 것으로서 특정한 문화환경과 사회환경의 범위 내에서 규범적으로만 확정될 수 있다고 본다.[2)3)] 민주주의의 기초인 가치다원주의는 사회적 일탈행위 가운데에서 국가개입의 필요성 여부를 결정하는 배경이 된다. 여기에서 남게 되는 문제는 가치평가의 척도이며 입법적 결단이다. 전자는 실질적 범죄개념의 영역에서 밝혀질 문제이며, 후자는 형사정책적 판단에 좌우된다. 이를 위해서는 형법상의 법익보호와 일반의 가치관념이 서로 일치되도록 하는 것이 중요하다. 일반의 법의식 내지 법감정상 범죄행위로 인정

1) 일탈행위는 광범위한 개념을 내포하고 있다. Jerry L. Simmons는 그의 책 「Deviants」(1969, Berkeley, Glendessary Press)에서 일반인을 상대로 한 조사를 통하여 동성연애자나 약물중독자, 과격주의자나 범죄자뿐만 아니라 모든 것을 다 아는 척하는 교수, 대통령, 조심성 없는 운전자, 이혼한 사람, 전문직 직업여성, 수염 기른 남자, 예술가, 옷 잘 입는 대학생, 심지어 현대인과 모든 미국인을 다 일탈행위자로 본다는 재미 있는 견해를 보고하고 있다(3면).

2) Hegel은 "형법전은 주로 그것이 속한 시민사회의 시대와 상황에 따른 것이다"(「Grundlinien der Philosophie des Rechts」, § 218)라고 하였다. 중세유럽의 독신죄(瀆神罪)를 비롯한 종교범죄가 계몽주의사상의 영향으로 범죄행위영역에서 배제된 것은 좋은 예이다.

3) 위 독일연방대법원 판결(BGHSt 6, 52면)과 달리 BGHSt 23, 42면(Fanny-Hill사건)에서 "무엇이 공동체에 유해한 것으로 작용하느냐 하는 것과 그에 따라 성적인 것과 관련된 표현에 대한 관용의 한계를 어디에서 이끌어 내야 하느냐의 문제에 대한 견해는 시대에 따라 좌우되는 것일 뿐만 아니라 변화되는 것이다"라고 판시함으로써 윤리적 엄격주의를 탈피한 것 역시 범죄개념의 상대성을 의미한다고 하였다.

될 수 없는 행위를 범죄행위로 규정하는 것은 입법적 재량권을 넘는 것은 물론이고 법규범에 대한 신뢰성을 무너뜨리는 일이기 때문이다. 이하의 각 구성요건을 분석하는 데에는 법문의 의미파악에서 머무를 것이 아니라 이러한 형사정책적 시각에서의 고찰이 매우 중요하다.

제 2 절 刑法各則의 構成

Ⅰ. 刑法各則의 本質

우리 형법은 총칙(제1편, 제1조~제86조)과 각칙(제2편, 제87조~제372조)을 구별하는 입법형식을 취하고 있다. 독일이나 스위스, 오스트리아의 형법 역시 이러한 모델을 따르고 있으며, 미국의 경우 각 주의 형법전이 조문구성상 총칙과 각칙을 명백하게 구분하여 규정하고 있지는 않으나 내용상 양자를 구분하여 입법하고 있음은 총칙과 각칙의 문제가 단순한 입법형식의 문제가 아니라 필요의 산물이며 불가피한 것임을 반증하는 것이다.[1]

형법총칙은 각칙상의 다양한 범죄유형을 포괄하는 일반범죄론을 그 내용으로 하고 있다. 예를 들면 미수범론이 미수범을 처벌하는 각칙상의 범죄유형에 모두 적용되는 것과 같다. 반면에 형법각칙의 임무는 개별범죄의 유형을 구체화하면서 형벌의 범위를 정하는 데에 있다. 다시 말하면 각종의 범죄유형을 구성요건화하는 것이다. 그러나 어떠한 행위유형을 범죄행위로서 구성요건화할 것인가는 입법자의 결단에 달려 있는 문제이다. 여기에는 헌법이 추구하는 국가구성의 기본원리(시장경제체제, 자유민주주의, 법치주의 등)와 국민이 가지는 각종 기본권(생명·신체의 자유, 주거의 자유, 사생활의 비밀, 재산권의 보장 등)과 같은 내용들이 가장 중요한 기준이 될 것이다. 그러나 이러한 원칙을 침해하는 행위라고 하여 모두 범죄행위로 규정하는 것은 형법과 형벌의 과잉현상을 초래할 것이 명백하다. 여기에서 입법자가 특정행위를 범

1) 독일형법전(Strafgesetzbuch)은 §§1∼79b까지는 총칙(Allgemeiner Teil)으로, §§80∼358까지는 각칙(Besonderer Teil)으로 구성되어 있다. 미국의 각 주 형법전 역시 총칙규정을 포함하고 있다. [예] California Criminal Code, §20: 「In every crime or public offense there must exist a union, or joint operation, of act and intent, or criminal negligence」. 또한 Model Penal Code §2.01(1).

죄구성요건화하기 위한 사회적 필요성과 공감대의 형성이 추가적으로 필요하며, 모든 침해행위를 범죄시할 수 없다는 형법의 단편적 성격은 여기에서 비롯된다. 동시에 형법은 문제해결의 최우선수단이 되어서는 안 되며 언제나 형법외적 해결방법을 모색하여야 한다. 왜냐하면 사회적 갈등해소의 한 방법으로서 형법은 효과적이라고 볼 수 없으며, 또한 형벌권의 행사가 초래하는 부정적 측면을 고려할 때 형법의 최후수단성을 지키는 것이 타당하기 때문이다.

형법각칙의 이론은 구성요건론을 중심으로 한다. 위법성이나 책임의 문제는 개별범죄행위마다 판단할 성질의 것이 아니고 모든 범죄유형을 포함하는 일반이론으로 해결하여야 할 것이기 때문이다(예외적으로 위법성과 관련된 내용이 없는 것은 아니다. 형법 제310조의 명예훼손죄와 위법성의 조각은 그 예이다). 구성요건론을 중심으로 형법각칙이 이루어졌다는 점은 총칙상의 구성요건이론(인과관계, 착오 등)만이 아니라 개별구성요건이 지향하는 보호법익의 문제, 구성요건의 구체적 내용해석의 문제(행위주체, 행위태양, 행위객체 등), 구성요건을 기술하는 입법기술상의 문제 등을 포함한다.

Ⅱ. 刑法各則의 法益體系

벨첼(Welzel)이 지적하였듯이 형법각칙의 내용은 사회변화에 따른 역사적 연계성으로 인하여 진정한 의미에서는 총칙처럼 체계적이지 못하다.[1] 그리고 형법각칙의 내용을 어떠한 체계로 구성할 것인가에 관하여 특정한 원칙이 있는 것도 아니다. 그러므로 예를 들면 행위방법이나 행위동기에 따라 규정할 수도 있다. 그러나 일반적으로는 형법의 목적을 궁극적으로 법익보호에 두고 있기 때문에 현행 형법 역시 보호법익을 중심으로 하여 형법각칙의 내용을 규정하고 있다.

형법이 보호하고자 하는 법익은 크게 세 가지 유형으로 분류할 수 있는데 첫째는 국가적 법익이고, 둘째는 사회적 법익, 마지막으로는 개인적 법익이다. 그러나 각 법익간의 경계가 언제나 명백한 것은 아니므로 우리나라에서 지배적인 소위 삼분설은 문제가 있다. 예를 들면 방화죄가 공공의 안전과 평온을 해치는 범죄행위라고 하여 사회적 법익에 속하는 것으로 되어 있지만,

1) Welzel, Strafrecht, 278면.

방화로 인한 재산상의 손실은 개인적 법익인 재산범죄로서의 성격도 아울러 가지고 있음을 부인할 수 없다. 또한 삼분설은 각 범죄행위의 본질을 파악하고 성격을 이해하는 데에 불필요한 한계를 설정하는 결함이 있다. 본서에서는 이러한 문제점에도 불구하고 순전히 독자들의 편의상 삼분설적 편제를 따르기로 하였다.

국가적 법익에 대한 죄란 국가의 존립과 권위 또는 기능을 보호하기 위한 범죄구성요건으로서 내란·외환의 죄, 국기·국교에 관한 죄, 공안을 해하는 죄, 폭발물에 관한 죄, 공무원의 직무에 관한 죄, 공무방해에 관한 죄, 도주와 범인은닉의 죄, 위증과 증거인멸의 죄, 무고의 죄가 이에 해당한다. 사회적 법익에 대한 죄란 인간의 생활공간인 사회생활상의 일반적 법익을 보호하기 위한 범죄구성요건으로서 신앙에 관한 죄, 방화와 실화의 죄, 일수와 수리에 관한 죄, 교통방해의 죄, 음용수에 관한 죄, 아편에 관한 죄, 통화에 관한 죄, 유가증권·우표와 인지에 관한 죄, 문서에 관한 죄, 인장에 관한 죄, 성풍속에 관한 죄, 도박과 복표에 관한 죄가 이에 해당한다. 개인적 법익에 대한 죄란 개인이 누려야 하는 인격적 가치와 재산적 가치를 보호하기 위한 범죄구성요건으로서 살인의 죄, 상해와 폭행의 죄, 과실치사상의 죄, 낙태의 죄, 유기와 학대의 죄, 체포와 감금의 죄, 협박의 죄, 약취와 유인의 죄, 강간과 추행의 죄, 명예에 관한 죄, 신용·업무와 경매에 관한 죄, 비밀침해의 죄, 주거침입의 죄, 권리행사를 방해하는 죄, 절도와 강도의 죄, 사기와 공갈의 죄, 횡령과 배임의 죄, 장물에 관한 죄, 손괴의 죄가 이에 해당한다.

위에 열거한 각종의 보호법익 가운에 어느 것을 우선순위에 둘 것인가는 당해 국가의 성격과 연관되는 문제이다. 국가의 권력조직이 우선시되는 상황에서는 정치체제가 독재적이든 아니든 간에 국가적 법익을 보호하기 위한 구성요건은 증가하는 반면 개인적 법익 등은 경시될 것이기 때문이다. 그러나 국가·사회 모두가 인간이 중심이어야 하기 때문에 인간성의 보호를 소홀히 하는 국가우월주의는 잠재적으로 이미 범죄성을 띠고 있다고 보지 않을 수 없다. 형법은 편제상 국가적 법익, 사회적 법익, 개인적 법익의 순으로 구성되어 있다. 편제상의 순서가 각 법익간의 우열을 의미하는 것은 아니지만 상징성마저 부인할 수는 없다. 그러므로 본서에서는 형법전의 체제와는 달리 개인적 법익, 사회적 법익, 국가적 법익의 순으로 설명하기로 한다.

Ⅲ. 刑法各則의 構成要件體系

형법각칙은 기술한 바와 같이 처벌되는 불법행위의 내용을 유형화한 것이다. 즉 사회 내에서 행하여지는 행위 가운데 처벌되는 행위와 처벌되지 않는 행위를 구성요건을 통하여 구별하는 것이다(구성요건의 선별적 기능). 구성요건을 규정한 법문의 기본적 형태는 "… 한 자는 … 에 처한다"라고 되어 있다. 여기에서 법문의 전반부는 구성요건의 내용이고, 후반부는 총칙에서 다루는 형량부분이다. 그리고 각 구성요건간에는 상호 무관한 경우도 있지만(예: 강도죄와 명예훼손죄) 각 장내의 구성요건간에는 일반적으로 상호 연관성을 맺고 있다. 이를 체계적으로 분석하면 기본적 구성요건을 중심으로 독립적 구성요건과 가중적·감경적 구성요건, 택일적 구성요건으로 분류할 수 있다. 이러한 구별의 실익은 구성요건의 본질을 파악하고, 신분범인 경우 공범문제와 관련이 있다.

가중적·감경적 구성요건은 기본적 구성요건과 법조경합의 관계에 있으며(예: 폭행죄와 특수폭행죄, 살인죄와 존속살해죄), 구체적 사안에 적용할 경우에는 기본적 구성요건해당성을 검토한 다음에 가중적 또는 감경적 구성요건해당성 여부를 검토하여야 한다. 반대로 독립적 구성요건의 경우에는 기본적 구성요건이 아니라 언제나 독립적 구성요건의 해당 여부를 직접 검토하여야 한다. 예를 들어 절도죄(제329조)와 자동차 등 불법사용죄(제331조의 2)는 별개의 죄이다. 그러므로 법적용시 절도죄 해당 여부를 거치지 않고 곧바로 자동차 등 불법사용죄의 해당 여부를 검토하여야 하는 것이다. 택일적 구성요건은 두 구성요건의 이중적 적용은 불가능하며 오로지 하나의 구성요건만을 적용하여야 하는 구성요건을 일컫는다. 예를 들면 강도죄(제333조)와 준강도죄(제335조)는 동시 적용이 불가능하고 하나의 구성요건만이 적용가능한 관계에 있다.

제 1 편

個人的 法益에 對한 罪

제 1 장 生命과 身體에 대한 罪
제 2 장 自由에 대한 罪
제 3 장 名譽와 信用에 대한 罪
제 4 장 私生活의 平穩에 대한 罪
제 5 장 財産에 대한 罪

형법이 개인적 법익을 보호하는 것은 개인이 사회 내에서 생존할 수 있는 현실적 기반을 보장하기 위한 것이다. 인간이 생존할 수 있는 기초조건인 생명·신체의 안전과 자유가 가장 우선적인 법익이다. 이와 함께 인간으로서의 존엄성을 지킬 수 있기 위하여 명예와 물질적 기초를 제공하는 재산을 보호대상으로 한다. 이러한 법익들은 전통적으로 형법이 보호하는 법익이다. 이러한 개인적 법익보호가 형법 내에서 차지하는 비중은 형법의 사회적 기능을 어떻게 파악할 것인가라는 형법관의 문제와 연결된다. 여기에는 먼저 형법의 중심역할을 개인적 법익보호에 두고 모든 사회구성원에게 공통적인 일반적 법익의 보호를 형법의 영역에서 점차 배제하려는 시도(소위 개인적 법익론)가 있을 수 있다. 이러한 시각에서는 일반대중과 사회를 위험에 빠뜨리는 추상적 위험범은 형법의 보호대상에서 제외되어야 한다고 본다. 예를 들면 형법의 기능상 환경범죄가 개인적 법익에 우선될 수 없으며, 행정법규에 의하여 규제되는 것이 마땅하다는 것이다. 그러나 개인적 법익만을 중시하는 형법관은 과거 개인의 법익이 보호받지 못하였던 시대적 산물인 점을 부인할 수 없다.

또한 현대사회에서의 개인적 법익의 보호가 과거와 동일한 차원에서 논의되는 것은 시대상황의 변화와 구체적 인간의 모습을 보지 않는 것과 다름없다. 오늘날 인간은 개인적 법익침해로부터 위협받는 것 이상으로 오히려 사회적·자연적 환경변화에 의하여 생존 자체가 위험상황에 직면하고 있다. 그리고 현대인은 개인으로서의 개성신장이 금지되는 사회가 아니라 오히려 개성신장의 과잉시대에 살고 있다. 동시에 개인이 새로운 유형의 법익침해로부터 보호받아야 할 필요성이 대두되고 있다. 이러한 이유로 형법이 최후수단성이라는 사고를 중심으로 하는 체중줄이기를 도그마화하여서는 안 된다. 이는 한편으로는 개인적 법익관련 구성요건의 과도한 확장이라는 문제를 야기하게 될 것이며, 다른 한편으로는 사회의 현실적 변화를 외면하고 형법이 사회공동체의 존재를 전제로 하여서만 기능할 수 있다는 사실을 망각하게 할 위험성이 있다. 그러므로 형사입법은 단선적이 아니라 복선적·신축적이어야 한다. 그리고 형법의 법익보호기능을 최후수단성이라는 도그마와 혼동하여서는 안 된다.

형법이 보호하는 개인적 법익에 대한 죄에는 생명과 신체에 대한 죄, 자유에 대한 죄, 명예와 신용에 대한 죄, 사생활의 평온에 대한 죄 및 재산에 대한 죄가 있다.

제 1 장 生命과 身體에 대한 罪

생명과 신체에 대한 죄는 사람의 생명이나 신체를 침해하거나 위태롭게 하는 것을 행위내용으로 하는 범죄이다. 즉 형법은 생명과 신체에 대한 죄를 침해범과 위험범의 형태로 규정하고 있다. 침해범에 해당하는 구성요건으로는 살인의 죄(제24장), 상해와 폭행의 죄(제25장), 과실사상의 죄(제26장), 낙태의 죄(제27장)가 있으며, 위험범으로는 유기와 학대의 죄(제28장)가 있다.

제 1 절 殺人의 罪

Ⅰ. 序 論

1. 인간생명의 절대적 보호원칙

우리 헌법이 생명권을 직접적으로 명시하고 있지는 않으나 생명권은 인간생존의 기본적 요소이기 때문에 형법은 이를 보호하여야 한다.[1] 이 경우에 인간생명은 다른 생명과의 관계에서 상대화될 수 없는, 형법이 보호하는 법익 중 최상위의 가치를 지니는 것이다. 즉 형법에서 보호되는 인간생명은 선별적이거나 비교형량을 통해서 보호할 가치가 있거나 생존가능성이 있는 생명만을 보호하는 것이 아니라 모든 생명가치를 동등하게 취급하여 보호하여야 하는 것이다. 그러므로 다수의 생명이 소수의 생명보다 우선할 수 없으며, 생명희생을 강요하는 직무상의 명령이나 생명가치를 훼손하는 의학적·유전공학적 실험은 허용되어서는 안 된다. 또한 사형선고는 제도적 합헌성을 인정하더라도 예외적으로 극히 신중하게 행해져야 한다.

1) 인간으로서의 존엄과 가치(헌법 제10조)에서 생명보호의 법적 근거를 찾을 수도 있다.

2. 살인죄의 입법유형

살인죄를 입법하는 방식에는 우리 형법처럼 단일의 구성요건으로 하는 방법이 있는 반면에 중살인죄(모살(謀殺)이라고도 한다. Mord, murder)와 보통 살인죄(고살(故殺)이라고도 한다. Totschlag, manslaughter)로 구별하는 방식이 있다. 독일, 오스트리아, 스위스와 프랑스, 미국과 영국 등의 형법이 후자의 방식을 취하고 있다.

영국이나 미국의 경우 common law하에서는 어느 형태의 살인이건 사형이었기 때문에 살인의 유형을 구별할 필요가 없었으나 차츰 살인을 유형화하기 시작하였다. 그러나 murder와 manslaughter가 종결된 형태는 아니며 더욱 세분된다. 즉 미국의 경우 주에 따라서는 murder를 다시 정도에 따라 유괴나 강도, 강간중에 일어난 경우에는 1급살인(first-degree murder)으로, 기타의 경우를 2급살인(second-degree murder)으로 구분하고, manslaughter를 자발적 살인(voluntary manslaughter)과 비자발적 살인(involuntary manslaughter)으로 구분하기도 한다. 그 밖에 reckless homicide, negligent homicide, vehicular homicide로 구분하는 주도 있다.[1] 영국에서는 murder와 manslaughter를 구분하고 manslaughter를 voluntary manslaughter와 involuntary manslaughter로 구분한다.[2]

살인죄를 세분하는 입법형식을 취하게 되면 살인사건의 재판과정에서 중심은 양형단계가 아니라 사실심리단계에 놓이게 된다(영국·미국의 경우 배심원의 결정에 따라 살인의 종류가 결정된다). 그러므로 이러한 국가들에서는 이들을 구분하는 기준에 대한 논란이 많으며 이러한 구분을 폐지하자는 주장[3]도 나오고 있다.

우리 형법은 원칙적으로 살인죄를 구별하지 않고 있다. 이러한 입법에 대하여 살인의 다양한 동기를 무시하고 법관에게 너무 광범위한 양형상의 재량권(징역 5년 이상에서 사형까지)을 부여한 것이라는 비판이 있다.[4] 반면에 오히려 양자를 구별하지 않는 것이 법관의 양형판단에 따라 구체적으로 타당한 결과를 얻을 수 있다는 견해[5]도 있다.

---

1) Loewy, 「Criminal Law」, 25면 이하.

2) Ashworth, 「Principles of Criminal Law」, 231면 이하 참조.

3) 영국의 경우 Lord Kilbrandon, in Hyam v. DPP[1975] AC 55, at 98(Ashworth, 위의 책, 231면 참조). 독일에서도 구별의 불명확성 등을 이유로 독일형법의 입법형식을 비판하는 견해가 점증하고 있다. Arzt, ZStW 83(1971), 1 이하; Otto, ZStW 83(1971), 39 이하 참조.

4) 유기천(상), 24면; 임 웅, 12면; 오영근, 13면.

5) 강구진, 25면; 김종원, 28면; 이재상, 12면; 정성근/박광민, 16면.

그러나 우리의 법체계를 구체적으로 살펴보면 보통의 살인죄와 특수목적의 살인죄(내란목적살인죄나 특가법상의 보복살인죄) 또는 강도살인죄(제338조)나 강간살인죄(제301조의 2)처럼 결합범의 형태로 이루어지는 가중적인 살인죄를 개별적으로 규정하고 있기 때문에 살인죄를 전혀 구분하지 않고 있는 것은 아니며 일종의 절충적인 입법형식이라고 볼 수 있다. 그러므로 전자의 비판은 가중적인 살인죄 이외의 경우에만 해당하는 것이라고 볼 수 있다. 더구나 살인의 다양한 동기를 규범화한다는 것이 무리이므로 후자의 견해가 타당하다고 본다. 다만 수사기관의 신중하고 정확한 수사와 법관의 오판이 없음을 전제로 한다. 법관의 구체적으로 타당한 양형판단은 오판의 상황에서는 기대하기 어렵기 때문이다.

3. 구성요건체계

형법은 살인의 죄에 대하여 보통살인죄(제250조 제1항)를 기본적 구성요건으로 하고, 가중적 구성요건으로 존속살해죄(제250조 제2항)를 규정하고 있으며, 감경적 구성요건으로 영아살해죄(제251조), 촉탁·승낙에 의한 살인죄(제252조 제1항)가 있다. 또한 (보통)살인죄와 별개의 독립적 구성요건으로는 자살교사·방조죄(제252조 제2항), 위계·위력에 의한 살인죄(제253조)[1]가 규정되어 있다. 살인의 죄의 미수범은 모두 처벌하며(제254조), 제250조(살인죄·존속살해죄)와 제253조(위계·위력에 의한 살인죄)는 예비·음모행위도 처벌한다(제255조).

그 밖에 내란목적살인죄(제88조), 강간살인죄(제301조의 2), 인질살해죄(제324조의 4), 강도살인죄(제338조)도 구성요건체계상 살인의 죄에 포함되어 있지는 않으나 결합범으로서 살인죄와 별개의 독립적 구성요건이라고 볼 수 있다. 그리고 「특정범죄 가중처벌 등에 관한 법률」(제5조의 9 제1항)이 규정하고 있는 보복살인죄는 일종의 중살인죄에 해당한다. 즉 살인의 목적이 자기 또는 타인의 형사사건의 수사 또는 재판과 관련하여 고소·고발 등 수사단서의 제공, 진술 및 증언 또는 자료제출에 대한 보복의 목적이거나, 이러한 행위를 못하게 할 목적 또는 고소·고발의 취소, 허위의 진술이나 증언, 자료제출을 하게 할 목적으로 살인을 한 경우에 사형·무기 또는 10년 이상의 징역에 처하게 한 것은 살인의 목적을 기준으로 살인죄의 유형을 구분한 것으로 볼 수 있다.

---

1) 김일수/서보학, 18면.

Ⅱ. 殺 人 罪

제250조【살인, 존속살해】 ① 사람을 살해한 자는 사형, 무기 또는 5년 이상의 징역에 처한다.
제254조【미수범】 미수범은 처벌한다.
제256조【자격정지의 병과】 제250조의 경우에 유기징역에 처할 때에는 10년 이하의 자격정지를 병과할 수 있다.

1. 보호법익

살인죄의 보호법익은 사람의 생명이다.

인간의 생명은 어떠한 것과도 비교될 수 없는 최상의 가치이다. 그러나 현대의 의학적 발전은 생명가치나 생명보호의 절대성 대신 인간생명의 상대성이라는 새로운 경향을 초래하였다. 즉 죽음에 직면한 인간생명을 연장시키거나 단축시키는 방법이 발전하면서 인간생명의 자연스러운 소멸보다는 인위적 단축과 연장술에 의하여 생명가치에 대한 인간의 의식은 커다란 변화를 겪게 되었다. 동시에 생명가치의 상대화는 생명경시의 사상으로 연결될 위험성도 안게 되었다. 그러나 생명가치는 재산가치처럼 비교형량이 가능한 것이 아니라 오히려 인간의 존엄성을 지키기 위해서는 포기해서는 안 될 대상이다.

2. 행위객체

살인죄의 행위객체는 자연인인 사람이다. 생존가치는 물론이고 범행 당시에 사람인 이상 생존능력의 유무도 불문한다. 불치의 병에 걸린 사망 직전의 환자나 집행을 눈앞에 둔 사형수라 할지라도 본죄의 행위객체이다. 또한 피해자가 자살 도중이라도 이에 가공하여 살해의 목적을 이룬 경우에는 살인죄가 성립한다.[1)] 사람이 행위객체인 점에서 정자, 인공수정, 낙태시킨 태아에 대한 의학적 실험이나 유전공학적 실험은 그 윤리성은 별론으로 하고 현행법상 살인행위에는 해당하지 않는다.

태아는 낙태죄의 행위객체이며, 착상전의 배아(embryo)는 외국에서는 이를 보호하는 특별법이 있으나[2)] 우리나라에서는 아직 입법화되어 있지 않다.

1) 대판 1948. 5. 14, 4281형상38.

2) 1990년 12월에 제정된 독일의 배아보호법(Gesetz zum Schutz von Embryonen)은 그 예이다(BGBl I 2746). 여기에서는 부녀에게 다른 부녀의 미수정의 난자를 이식하는 자, 난자를 채취한 부녀에게 임신 이외의 목적으로 수정시킨 자, 출산 후의 자녀를 제 3 자에게 영구히 입양시키려는 부녀(대리모)에 대하여 인공수정을 하거나, 사람의 배아를 이식하는 자 등을 3년

이러한 생명공학적 분야에 대한 법적 미비점을 보완하는 일이 시급하다.

(1) 사람의 시기

사람의 생명을 법적으로 보호하기 위하여 인간생명의 시기와 종기를 정하는 것이 필요하지만 이것이 곧 생명권의 상대화를 의미하는 것은 아니다. 그러나 인간생명이 규범적 보호의 대상이라는 사실은 입법 여하에 따라서는 생명권보호의 기간이 달라질 수 있다는 사실을 의미하기 때문에 신중한 고려가 필요하다.

어느 시점부터 태아와 사람을 구분하는가에 대해서는 시간적 순서에 따라 ① 분만개시를 알리는 규칙적인 진통이 시작된 때를 사람의 시기로 보는 **진통설**, ② 아이의 신체의 일부가 모체로부터 노출된 때를 기준으로 하는 **일부노출설**, ③ 태아가 모체로부터 완전히 분리한 때를 사람의 시기로 보는 **전부노출설**, ④ 태아가 모체로부터 완전히 분리하여 폐에 의한 호흡을 시작한 때를 사람의 시기로 보는 **독립호흡설**로 구분한다. 일부노출설은 형법이 「분만중」인 영아를 살해하여도 영아살해죄가 된다고 규정하고 있기 때문에(제251조 참조) 타당하지 않다. 형법상 사람의 시기에 대해서 통설·판례는 진통설의 입장이며 분만개시설과 동일한 의미로 본다.[1] 그러나 진통이라는 용어는 분만을 알리는 자궁구의 열림 이전 단계인 사전진통까지도 포함하기 때문에 진통설로 부르기보다는 자궁경부의 자궁구가 열리는 시점을 기준으로 하는 **분만개시설**로 부르는 것이 타당하다(제왕절개수술시는 자궁의 절개시).[2] 민법상으로는 사람의 생명보호가 아니라 권리능력의 주체로서 보호받기 때문에 전부노출설이 통설이다. 분만시기의 인위적인 단축이나 지연의 경우에도 마찬가지이다. 사

이하의 자유형 또는 벌금형에, 성선택행위(제 1 조)는 1년 이하의 자유형 또는 벌금형에, 동의 없는 수정이나 배이식 및 사망 후의 인공수정(제 4 조), 사람의 생식계 세포의 인위적 변경(제 5 조), 복제인간 조작(제 6 조), 잡종인간 시도행위(제 7 조) 등을 5년 이하의 자유형 또는 벌금형에 처하도록 규정하고 있다. 이에 관하여는 Keller, 「Fortpflanzungstechnologie: Ein Gesamtkonzept staatlichen Regelungsbedarfs」, MedR 1988, 59; Dreher/Tröndle, vor § 218 Rn. 6 이하 참조.

1) 대판 1982. 10. 12, 81도2621; 2007. 6. 29, 2005도3832; 김일수/서보학, 21면; 배종대, 46면; 백형구, 17면; 오영근, 16면; 이재상, 14면; 이정원, 34면; 이형국, 10면. Wessels/Hettinger, BT/1, Rn. 11 이하.

2) 유기천(상), 27면; 임 웅, 14면. BGHSt 31, 348; 32, 194; Joecks, StGB, vor § 211, Rn. 17; Küper, BT, 139면; Wessels/Hettinger, BT/1, Rn. 9. 미국판례에서도 분만개시설에 따라 태아의 신체 일부가 산모의 체외로 나오기 시작하면 살인죄의 행위객체가 된다고 본다. People v. Chavez, 176 P. 2d 92(Cal. App. 1947).

람의 시기를 어느 시점으로 보는가는 살인죄·영아살해죄와 낙태죄를 구별하는 데에 그 실익이 있다.

조산을 야기한 행위에 대한 형법적 평가는 견해가 나뉜다. 예를 들어 5개월 만에 조산한 아이를 살해한 경우나 임신 7개월된 임산부의 배를 발로 걷어 차 조산한 후 태아를 살해한 경우[1]에 낙태죄에 해당하는지 아니면 영아살해죄(제251조)를 인정하여야 하는지가 문제된다. 이에 대해서는 ① 침해행위의 시점을 기준으로 하는 견해가 있다. 이에 따르면 낙태행위에 의하여 태아(fetus)가 생존상태로 출생하였으나 생존능력이 없어서 사망한 경우에는 낙태죄에 해당한다.[2] 그러나 낙태행위의 결과 살아서 태어난 태아를 다시 살해하면 살인죄에 해당한다. ② 한편 낙태행위의 시점이 분만개시 이전이면 조산된 태아는 생존능력이나 태아에 대한 고의·과실행위 여부를 불문하고 살인죄나 상해죄의 객체가 아니라 낙태죄의 객체에 불과하다는 견해[3]가 있다. 또한 살인의 죄에서 행위객체인 사람은 생존능력 유무를 불문하므로 비록 조산아로서 생존능력이 없다고 하더라도 출생시 생존이 확인되면 영아살해죄에 해당한다는 견해도 가능하다.

생각건대 분만개시 전에 태아를 출산하게 하여 이를 살해한 경우에는 출산 후 의학적 견지에서 생존능력이 없는 경우에는 낙태죄의 행위객체로 보아야 하고, 생존능력이 있다면 분만개시 전의 시점에서 출산하게 하였더라도 이를 사망하게 하면 살인죄에 해당한다고 보아야 한다. 물론 출산한 태아를 살해하면 살인죄가 성립한다. 형법은 낙태죄를 규정함으로써 사람으로서의 생명가치와 태아로서의 생명가치를 차별화하고 있는 것이 규범현실이다. 이러한 생명가치의 차별화가 종교적 관점이나 윤리적 관점에서는 비판의 대상이 될 수 있지만 형법적 보충성의 원칙이 이러한 차별화의 근저에 자리잡고 있다고 볼 수 있다. 이러한 취지에서 본다면 사람으로서 살인죄와 낙태죄의 행위객체는 조산 후 태아의 상태 여하를 기준으로 하여 판단하는 것이 타당하다. 그러므로 분만개시 전에 인위적으로 출산한 태아라고 하더라도 생존가능

1) Keeler v. Superior Court, 470 P. 2d 617(Cal. 1970). 이 판결에서는 임산부를 걷어 찬 임산부의 애인에 대하여 살인죄가 성립하지 않는다고 보았다. 그러나 이러한 태도는 후술하는 바와 같이 변화하였다.

2) BGHSt 10, 11; 31, 352; Lackner/Kühl, vor § 211 Rn. 3; Wessels/Hettinger, BT/1, Rn. 13.

3) Küper, BT, 139면.

성이 있다면 살인죄의 객체로 보는 것이 타당하다.

미국의 매사츄세츠(Massachusetts)주와 사우스 캐롤라이나(South Carolina)주 법원은 생존가능성 있는 태아(viable fetus)는 살인죄의 행위객체에 해당한다고 판시하였다.[1] 또한 17개주에서는 태아에 대한 살해행위를 살인죄와 형량이 동일한 태아살해죄(murder of a fetus)로 입법화하였으며, 이 가운데 13개주에서는 생존가능성이란 살해 순간에 살아 있으면 되는 것으로 하였다.[2] 캘리포니아(California)주 역시 Keeler사건 이후 임산부의 동의하에 이루어진 낙태행위를 제외하고 태아살해죄를 규정하였다.

(2) 사람의 종기

사람은 사망함으로써 살인행위의 객체에서 제외된다. 그러나 사람의 사망시점에 대한 법규정이 없으므로 이와 관련하여서는 다음과 같은 학설이 대립되어 있다. 즉 ① 호흡이 영구적으로 멈춘 시점을 기준으로 하는 **호흡종지설**, ② 심장·폐기능의 불가역적 정지를 기준으로 하는 **맥박종지설(심폐사설)**,[3] ③ 전 뇌기능의 불가역적 소실을 사망으로 보는 **뇌사설**[4]이 있다.

전통적으로 인간의 사망시점은 중추신경조직의 기능정지와 함께 혈액순환과 호흡의 불가역적인 정지, 그리고 이에 따르는 세포 및 인체조직의 소멸시점과 동일하였다. 그러나 의학기술의 발달은 정지된 심장의 인공박동이나 호흡기능의 인공적 연장을 가능하게 하였고 그 결과 호흡이 정지된 후에도 혈액순환과 신경조직이 기능을 멈추지 않는 상태가 발생하였다. 심장박동의 정지가 4분 내지 10분 후에 뇌기능의 정지를 가져오는 순차적인 사망의 과정이 인공적으로 역전되어 뇌기능은 정지되었으나 심장은 박동하는 상황에서 전통적인 사망시점에 대한 학설로는 해결할 수 없는 문제점이 야기된 것이다. 특히 뇌사상태에서 장기이식의 가능성과 수요가 증대함에 따라 심폐기능의 정지를 사망시점으로 보는 전통적 견해에 대한 비판적 시각이 증대하게 되었다. 이것이 뇌사설의 등장배경이다.

1) Commonwealth v. Cass, 467 N. E. 2d 1324(Mass. 1984); State v. Horne, 319 S. E. 2d 703 (S. C. 1984).
2) 예를 들면 State v. Merrill, 450 N. W. 2d 318(Minn. 1990).
3) 김일수/서보학, 23면; 김종원, 30면; 백형구, 18면; 진계호, 34면; 허일태, 「생명의 종기」, 형법연구(I), 1997, 380면; 황산덕, 159면.
4) 김성천, 522면; 박영규, 「의료행위에서의 생명과 신체의 보호에 관한 형법적 연구」, 연세대 박사학위논문(1991), 142면; 배종대, 53면; 손동권, 8면; 오영근, 19면 이하; 이재상, 17면; 이정원, 38면; 이형국, 13면; 임 웅, 17면; 정성근/박광민, 20면. 독일의 경우에도 뇌사설이 다수설이다(Joecks, StGB, vor §211 Rn. 25; Tröndle/Fischer, vor 211 Rn. 3b; Wessels/Hettinger, BT/1, Rn. 21).

(3) 「장기 등 이식에 관한 법률」과 뇌사의 인정

대뇌, 소뇌 및 뇌간의 기능이 정지된 상태를 뇌사(brain death, Hirntod)라 한다.[1] 뇌조직의 사망은 인간생존의 중심기능이 파괴되었음을 의미할 뿐만 아니라 이는 회복이 불가능하므로 인격적 주체로서의 조건이 소멸된 것으로 보아 뇌사를 사망시점으로 삼아야 한다는 것이 뇌사설의 입장이다.[2] 장기 등 이식에 관한 법률(1999. 2. 8, 법률 제5858호)에서 뇌사자의 장기이식을 허용함으로써 장기이식의 경우에는 뇌사를 사실상 사망시점으로 인정하였다고 볼 수 있다(동법 제22조 제3항).[3] 이와 달리 이 법이 장기이식을 위한 뇌사자의 장기적출에 한하여 위법성을 조각(제20조)하는 것으로 해석하는 견해도 있다.[4] 그러나 이 견해는 사망하지 않은 사람의 장기적출행위를 허용하는 것이 되어 인간의 존엄성(헌법 제10조)에 반하는 해석론이다.

장기 등 이식에 관한 법률에 따른 뇌사판정기준은 다음과 같다(동시행령 제21조).

1. 선행조건

(i) 원인질환이 확실하고 치료될 가능성이 없는 기질적인 뇌병변이 있어야 한다. (ii) 깊은 혼수상태로서 자발호흡이 없고 인공호흡기로 호흡이 유지되고 있어야 한다. (iii) 치료가능한 약물중독(마취제, 수면제, 진정제, 근육이완제 등 기타 독극물), 대사성 또는 내분비성 장애(간성혼수, 요독성혼수, 저혈당성 뇌증 등)의 가능성이 없어야 할 것. (iv) 저체온상태(직장온도 32℃ 이하)가 아니어야 한다. (v) 쇼크상태가 아니어야 할 것.

2. 판정기준

(i) 외부자극에 전혀 반응이 없는 혼수상태일 것, (ii) 자발호흡이 되살아 날 수 없는 상태로 소실되었을 것, (iii) 두 눈의 동공이 확대·고정되어 있을 것, (iv) 뇌간반사의 완전소실: ① 광반사(light reflex) 소실, ② 각막반사(corneal reflex) 소실, ③ 안구두부반사(oculo-cephalic reflex) 소실, ④ 전정안구반사(vestibular-ocular

---

1) 이에 대하여 식물인간이란 뇌간기능은 살아 있어서 호흡중추와 순환중추가 기능을 발휘하는 경우를 말한다.

2) 독일에서는 뇌사를 인정하는 것이 다수설이다(Tröndle/Fischer, vor 3 § 211 Rn. 3 참조). 독일에서는 사망과정으로서 뇌사 이전 단계인 불가역적인 의식상실상태를 사망시점으로 보자는 견해(Dencker, NStZ 1992, 311)도 있다. 미국의 경우에는 뇌사설이 아직 소수견해로서 이를 인정하는 판례로는 Commonwealth v. Goldston, 366 N. E. 2d 744(Mass. 1977)가 있다.

3) 김재봉, 「치료중단과 소극적 안락사」, 형사법연구(제12호), 1999, 169면(주 62). 독일의사협회도 1982년에 뇌사의 판정기준을 정하였다(Schreiber, JZ 1983, 593 참조). 현재 독일의 장기이식법(Transplantationsgesetz, 1997. 11. 5)은 허용되는 장기이식의 전제조건으로서 뇌사를 규정하고 있다(§ 3 II Nr. 2).

4) 김성돈, 34면; 배종대, 57면; 안동준, 30면; 오영근, 20면; 이재상, 16면; 임 웅, 18면; 정성근/박광민, 21면.

reflex) 소실, ⑤ 모양체척수반사(cilio-spinal reflex) 소실, ⑥ 구역반사(gag reflex) 소실, ⑦ 기침반사(cough reflex) 소실, (v) 자발운동, 제뇌경직, 제피질경직, 경련 등이 나타나지 않을 것, (vi) 무호흡검사, (vii) 위 (i)~(vi)의 검사를 6시간 경과 후에 재확인한다. (viii) 뇌파검사. 위 (i)~(vi)의 기준을 재확인한 후 뇌파검사를 실시하여 평탄뇌파가 30분 이상 지속될 것. 그리고 (ix) 소아에서의 뇌사판정기준은 다음과 같다. ① 생후 2개월 이상 1년 미만인 소아는 (vii)에 의한 재확인을 48시간이 경과한 후에 실시하고, (viii)에 의한 뇌파검사를 재확인 전과 후에 실시한다. ② 1세에서 6세 미만인 소아는 (vii)에 의한 재확인을 24시간이 경과한 후에 실시한다.

생각건대 죽음의 문제는 인간에게 가장 심각한 공동의 관심사일 뿐만 아니라 그가 가족과 사회 및 국가와 맺었던 모든 유대관계에서 풀려나는 것이므로 법적인 문제점 이외에도 철학적·종교적·윤리적인 성격을 내포한다. 그러므로 죽음에 대한 판정은 최소한의 적극적 오진도 허용될 수 없는 성격을 지닌다. 동시에 의학적 견해가 사망을 판정하는 기준이 될 수밖에 없으면서도 사람의 사망이 초래하는 제반 문제들 때문에 의학적 판단기준이 사회로부터 거부감 없이 당연한 것으로 수용되기 어려운 한계성이 있다. 또한 뇌사문제가 주로 장기이식이라는 현실적인 필요성[1]과 무용한 치료의 중단이라는 관점에서만 파악되어 온 문제점이 있다.

장기등 이식에 관한 법률에 의한 뇌사의 인정은 뇌사판정의 정확성, 판정 결과에 대한 신뢰성이 선결과제이며, 이식을 위한 장기조달의 해결책으로 오용 내지 남용될 위험성이 있다는 점을 유의하여 신중하게 적용할 문제이다.

어떻든 현재 우리나라에서 뇌사자의 장기이식이 실제로 행하여지고 있으며 이에 대한 공소제기도 거의 이루어지지 않고 있는 상태가 계속되고 있는 현실을 감안할 때 뇌사를 사실상 인정하면서 그 기준을 정한 것은 불가피하다고 본다.

뇌사입법이 아니라 독일이나 미국의 일부 주(Missouri, Arizona, New York, Indiana, Massachusetts, Minnesota, Washington)에서처럼 법원의 결정(court decisions)을 통한 뇌사인정도 가능하다.[2]

뇌사문제와 관련하여 최근에 문제가 되는 것은 무뇌아(Anencephalie)이다. 무뇌

1) 장기이식은 심장사로 인한 장기조직의 부패 이전인 뇌사시점에서 이루어지는 것이 성공확률이 높다.

2) 미국의 Model Penal Code 역시 죽음의 개념을 정의하고 있지 않다. 이에 관하여는 Reid, Criminal Law, 156면 참조.

아란 태아의 발육과정상의 기형아로서 대뇌를 비롯한 소뇌 등이 없으나 뇌간은 존재하며 기능을 발휘하는 상태이다. 또한 심장박동과 호흡기능이 있는 상태이므로 생존가능성이 없다고 할지라도 사망자로 볼 수 없다. 즉 뇌사설에 따르더라도 뇌간기능이 있는 한 사망한 것이 아니기 때문에 무뇌아의 장기를 부모의 동의하에 특히 신장 등을 이식하는 행위는 허용되지 않는다.[1] 그러나 무뇌아는 대개 며칠 후면 사망하므로 사실상 별 문제가 발생하지 않는다.

3. 행 위

살인죄의 구성요건 해당행위는 살해이다. 이는 자연적인 사기(死期)를 단축시키는 행위를 의미한다. 살해행위는 적극적·소극적 방법으로도 가능하다. 살해행위는 유형적 방법으로 가능하지만 무형적 방법으로도 가능하다는 견해가 있다. 즉 정신적 충격이나 고통을 주어 죽게 하는 것도 살해행위라는 것이다.[2] 그러나 형법상 살해행위는 살해행위에 의한 직접적인 사망만이 인정된다고 보아야 한다. 정신적 충격이나 고통으로 인한 사망은 비록 이를 초래한 원인행위로부터 비롯되었다고 하더라도 이를 살해행위라고 볼 수는 없기 때문이다.

직접적 방법이 아니라 간접적 방법에 의한 살해로서 위증에 위한 살인을 인정할 것인지가 문제된다. 무고나 위증을 통하여 법원을 기망하고 사형선고를 받아내어 사형집행을 한 경우에 살인죄를 인정할 수 있는지 여부이다. 이에 대해 긍정설은 소송사기의 예를 들어 법원에 대한 기망이 인정되는 이상 위증과 법원의 사형선고 사이에 인과관계가 입증된다면 살인죄를 인정할 수 있다고 한다.[3] 그러나 비록 위증이나 무고가 있더라도 법원의 실체적 진실발견의무를 넘어설 수는 없다고 본다. 즉 무고나 위증을 살인행위와 동일시할 수 없는 것이다.

4. 주관적 구성요건

살인죄의 주관적 구성요건으로는 살인의 고의가 있어야 한다. 즉 사람을 살해한다는 인식과 의사가 있으면 된다. 살인의 고의는 살인의 동기와 다르며 피해자의 사망을 희망하거나 목적으로 할 필요가 없다. 살인의 고의 없이 사

1) 무뇌아에 관하여는 Isemer/Lilie, MedR 1988, 66; Wolfslast, MedR 1989, 163; Wessels/Hettinger, BT/1, Rn. 26 참조.

2) 김일수/서보학, 23면; 이재상 18면; 임 웅, 19면.

3) 김성천, 532면; 유기천(상), 25면; 이정원, 37면; 임 웅, 20면. 반대견해로는 김일수/서보학, 24면; 배종대, 63면; 이재상, 19면.

람을 사망하게 한 경우에는 주의의무를 위반한 과실이 있는 경우에 (업무상) 과실치사죄(제267조, 제268조)에 해당하며, 상해나 폭행의 고의로 결국 사람을 사망하게 한 경우에는 상해치사죄(제259조), 폭행치사죄(제262조)에 해당한다. 살인에 대한 고의는 확정적 고의가 아닌 미필적 고의로도 충분하므로, 생명이 위험할 정도의 폭력을 행사하거나 상해도구가 생명을 위협하는 정도의 것으로서 피해자의 사망가능성을 인식·예견하였음에도 불구하고 행위를 한 것이라면 살인죄의 미필적 고의를 인정할 수 있다.[1] 그러므로 목이 긴 양말로 어린 아이의 목을 감아서 졸라 실신시킨 후 현장을 떠나버리거나,[2] 교통사고 후 중상을 입은 피해자를 외딴 곳에 버리고 도망한 경우에도 살인죄의 (미필적) 고의를 인정할 수 있다. 또한 작위의무가 있음에도 불구하고 사망의 결과를 방지하지 않은 자는 부작위범으로서 살인의 고의가 인정된다.[3]

[판례] 각목과 쇠파이프로 머리와 몸을 마구 때리고, 낫으로 팔과 다리를 마구 찌른 경우(대판 1994. 3. 22, 93도3612; 1985. 5. 14, 85도256), 칼로 복부나 목 혹은 가슴을 찌른 경우(대판 1986. 5. 27, 86도420; 1988. 2. 9, 87도2564; 1991. 10. 22, 91도2174), 술에 취한 채 탈취한 버스를 운전하여 도로를 차단하고 있던 전경을 향하여 시속 50Km로 돌진한 경우(대판 1988. 6. 14, 88도692), 브래지어로 강간피해자의 목을 조른 경우(대판 1984. 4. 10, 84도331)에는 살인의 고의를 인정한다.

5. 위법성조각사유

(1) 피해자의 승낙, 긴급피난

사람의 생명은 다른 법익과 달리 처분이 제한되기 때문에 위법성조각사유 역시 제한적으로 인정된다. 그러므로 피해자의 승낙을 받고 피해자를 살해한 경우에도 위법성이 조각되지 않는다. 즉 형법은 후술하는 바와 같이 촉탁·승낙을 받고 한 살인행위를 처벌하고 있기 때문에(제252조 제 1 항) 피해자의 승낙은 살인죄의 위법성조각사유가 될 수 없다.[4]

또한 생명은 상호형량이 허용되지 않는 동등한 가치를 지니기 때문에 우월적 법익보호를 위하여 인정되는 긴급피난은 살인죄의 경우에는 정당화되지

---

1) 대판 1994. 12. 22, 94도2511. BGH NStZ 1981, 32.
2) 대판 1994. 12. 22, 94도2511.
3) 대판 1992. 2. 11, 91도2951.
4) 독일형법 역시 피해자의 명시적이고 간절한 부탁을 받고 살해한 경우에 형을 감경(6월 이상 5년 이하의 자유형)할 뿐이다(Tötung auf Verlangen, § 216). 즉 단순한 승낙만으로는 위법성이 조각되지 않는다.

않는다. 반면에 정당방위에 의한 생명의 희생은 위법성이 조각된다. 자신의 법익(생명)이 위태로운 상황에서 타인의 법익보호를 위하여 자신의 생명을 희생할 것을 강요할 수 없기 때문이다.

(2) 안 락 사

1) 개 념 죽음에 임박한 환자의 고통을 덜어 주기 위한 방법으로서 생명을 단축시켜 사망하게 하는 것을 안락사(Euthanasie)라고 한다. 안락사의 문제는 특히 1960년대 이후 「인간답게 살 권리」에 대응하는 「인간답게 죽을 권리」로서 주장하기 시작하였다.[1)]

2) 법적 효과 안락사가 살인죄에 해당하는가에 대해서는 안락사의 허용 여부 및 허용한계와 관련되어 있다. 일체의 안락사를 허용하지 않는 경우에는 모든 적극적·소극적 안락사행위는 살인죄에 해당한다. 반면에 제한적으로 허용하는 경우에는 허용되는 범위 내에서 살인죄의 구성요건에는 해당하나 피해자의 승낙에 의한 행위로서 위법성이 조각된다고 볼 수 있다.

형법상 적극적 안락사는 살인죄에 해당한다. 환자의 부탁이나 승낙을 받아 살해한 경우 촉탁·승낙살인죄(제252조 제1항)를 규정하고 있기 때문이다. 또한 말기환자의 자살을 도와준 경우에도 자살방조죄(제252조 제2항)에 해당하므로 사실상 현행 형법은 대부분의 안락사를 금지하고 있다고 할 수 있다. 최근에 안락사와 관련하여 논란이 되는 것은 사망이 임박한 불치의 환자에 대하여 의사가 치료를 포기함으로써 사망하게 하는 행위의 허용성 여부이다. 즉 인간의 사망을 하나의 과정으로 보아 자연스럽게 사망하도록 인공적인 구급시술을 하지 않은 의사에게 형사책임을 물을 수 있는가의 문제로서 소극적 안락사와 관련된다. 여기에서는 의사의 치료의무뿐만 아니라 환자의 치료동의권도 문제된다.

일반적으로 생명권은 자연적인 죽음의 권리와 인간으로서의 존엄성을 유지하는 사망의 권리를 의미한다. 그러므로 환자의 의사에 반하는 의사 자신의 결정에 따른 생명연장시술은 환자가 갖는 신체와 인격적 존엄성에 대한 자기결정권을 침해하는 것이다.[2)] 의사는 환자의 요구에 따라 독극물을 주사하여서는 안 되는 것과 마찬가지로(제252조 제1항 참조) 환자의 치료거부의사를 무시한

1) 안락사의 유형 및 법적 효과에 대해서는 박상기, 형법총론, 정당행위 부분을 참조할 것.
2) BGHSt 37, 378.

채 환자의 생명연장과 이에 따르는 고통연장을 하여서는 안 된다.[1)] 그러므로 죽음을 원하는 말기환자에게 적극적인 의료행위를 하지 않고 방치한 의사의 형사책임은 인정되지 않는다.

6. 죄 수

생명은 피해자에게 전속적인 법익이므로 피해자의 수에 따라 살인죄가 성립한다. 즉 동일한 기회에 동일한 방법으로 수인을 살해한 경우에는 경합범이 인정된다. 하나의 행위로 수인이 사망한 경우에는 상상적 경합범이 성립한다.

Ⅲ. 尊屬殺害罪

> 第250조【살인, 존속살해】 ② 자기 또는 배우자의 직계존속을 살해한 자는 사형, 무기 또는 7년 이상의 징역에 처한다.
> 第254조【미수범】 미수범은 처벌한다.
> 第256조【자격정지의 병과】 第250조의 경우에 유기징역에 처할 때에는 10년 이하의 자격정지를 병과할 수 있다.

1. 의의 및 법적 성격

자기 또는 배우자의 직계존속을 살해함으로써 성립하는 범죄이다. 동양적 윤리관에 입각한 가중적 구성요건이다. 또한 본죄는 직계비속만이 행위주체가 될 수 있는 부진정신분범이다. 직계비속이 아닌 자가 본죄를 범한 경우에는 第33조를 적용한다.

형법상 존속범죄의 일종인 본죄는 행위자가 직계비속이라는 것을 이유로 형이 가중되기 때문에 헌법상의 평등원칙과 관련하여 위헌성 문제가 제기된다. 본죄가 부모를 공경하는 동양적 윤리관에서 비롯된 것임은 이미 지적하였다. 그리고 이러한 사상은 존중되어야 하므로 존속살해행위를 가중처벌하는 것이 위헌은 아니라고 본다. 그러나 사형과 무기징역만을 두고 있던 형법규정은 구체적 타당성을 상실할 위험성이 있다는 점에서 입법적 문제가 제기되었다. 왜냐하면 직계비속이 패륜이 아니라 반대로 직계존속이 직계비속에 대하여 잔학하거나 반윤리적이어서 존속살해가 발생하는 경우도 많기 때문이다. 이에 따라 개정된 형법에서는 사형, 무기 이외에 7년 이상의 징역형을 추

1) Wessels/Hettinger, BT/1, Rn. 35 참조.

가하여 이 문제점을 어느 정도 해결하였다.[1)]

2. 행위객체

본죄의 행위객체는 자기 또는 배우자의 직계존속이다.

(1) 직계존속

직계존속은 법률상의 개념이며 사실상의 직계존속을 의미하지 않는다. 이는 직계친과 존속친을 의미하는데 혈통이 직상직하의 형태로 연결되는 친족(이를 직계친이라 한다. 예: 부모, 자, 손 등) 가운데 부모 및 부모와 동일한 행렬 이상에 속하는 존속친(예: 조부모, 증조부모 등)을 말한다.[2)] 또한 인지절차를 거치지 않은 사실상의 존속관계는 제외되며(민법 제855조 참조), 반대로 타인 사이라도 입양관계인 양자와 양부모 사이에는 인정된다(민법 제883조 이하 참조). 구체적으로는 다음과 같다.

1) 타가에 입양된 자가 실부모를 살해한 경우에는 견해가 대립되나 민법상으로 종래의 친족관계, 즉 친생부모와의 친자관계에는 아무런 변화가 일어나지 않고, 본조의 입법취지를 인정한다면 존속살해죄가 성립된다고 보는 것이 타당하다.

2) 자기 집 문 앞에 버려진 아이(피고인)를 주어다 기르고 남편과의 친생자인 것처럼 출생신고를 하였으나 입양요건을 갖추지 않았다면 모자관계가 성립되지 않으므로 피고인이 동녀를 살해하여도 존속살해죄로 처벌할 수 없다.[3)] 반대로 입양에 의해서는 양친 및 그 직계존속과 양자 및 그 직계비속 사이에 직계존 · 비속관계가 형성된다.

3) 혼인외의 출생자와 생모간에는 그 생모의 인지나 출생신고를 기다리지 않고 자의 출생으로 당연히 법률상의 친족관계가 생긴다.[4)] 그러나 혼인외 출생자가 생부를 살해한 경우에는 인지하지 않는 한 본죄가 성립하지 않는다(민법 제855조 제1항 참조).

4) 계모자 및 적모 · 서자관계는 직계존 · 비속관계에 포함되지 않는다. 또한 중혼은 허용되지 않으므로(민법 제810조) 서모인 첩은 부(夫)의 실자녀에 대한 관계에서 직계존속이 아니다.

---

1) 참고로 1995. 6. 1부터 시행된 일본형법은 존속살해죄(제200조)를 비롯한 존속가중의 구성요건을 삭제하였다.
2) 김주수, 친족상속법, 423면.
3) 대판 1981. 10. 13, 81도2466.
4) 대판 1980. 9. 9, 80도1731.

(2) 배 우 자

배우자는 사실혼관계가 아닌 법률상의 배우자를 의미한다. 배우자의 직계존속과는 혈족관계가 아니라 인척관계가 성립할 뿐이다(민법 제769조). 그러나 형법은 자기의 직계존속과 마찬가지로 배우자의 직계존속도 본죄의 행위객체로 삼고 있다. 문제가 되는 것은 배우자의 사망 후 그 직계존속을 살해하는 것이 본죄에 해당하는가이다. 부정설[1]과 긍정설[2]로 나뉜다. 본 구성요건을 제한적으로 해석하는 부정설이 타당하다고 본다. 그러나 동일한 기회에 배우자를 살해하고 이어서 그 직계존속을 살해하면 본죄에 해당한다(통설).

3. 고 의

본죄는 부진정신분범이므로 행위자는 행위객체가 직계존속이라는 사실을 인식하여야 한다. 존속살해의 의사로 살인을 하였으나 결과적으로 직계존속이 아닌 자를 살해한 경우에는 본죄의 불능미수와 보통살인죄의 기수의 상상적 경합에 해당한다.[3] 반대의 경우에는 보통살인죄에만 해당한다(제15조 제 1 항 참조).

4. 공 범

본죄는 부진정 신분범으로서 비신분자에 대해서는 형법 제33조 단서가 적용된다. 그러므로 아들이 비신분자와 함께 자기 아버지를 살해한 아들은 존속살해죄로, 비신분자는 살인죄로 처벌된다. 아들이 비신분자를 교사하여 자기 아버지를 살해하게 한 경우 아들은 존속살해죄의 교사범이 되고, 비신분자는 살인죄의 정범이 된다. 이와 달리 직계비속인 아들을 교사하여 그의 아버지를 살해하게 한 비신분자는 살인죄의 교사범이 되고 직계비속은 존속살해죄의 정범이 된다.

Ⅳ. 嬰兒殺害罪

제251조【영아살해】 직계존속이 치욕을 은폐하기 위하거나 양육할 수 없음을 예상하거나 특히 참작할 만한 동기로 인하여 분만중 또는 분만직후의 영아를

---

1) 배종대, 73면; 백형구, 25면; 이재상, 26면; 이정원, 49면; 임 웅, 33면; 정성근/박광민, 29면; 진계호, 53면.

2) 김일수/서보학, 30면.

3) 김종원, 41면; 이정원, 54면; 이형국(I), 30면; 임 웅, 34면. 보통살인죄만을 인정하는 견해도 있다(강구진, 35면; 오영근, 37면; 이재상, 27면; 정성근/박광민, 29면; 황산덕, 163면). 김일수/서보학, 30면; 백형구, 26면은 본죄의 장애미수와 과실치사죄의 상상적 경합을 인정한다.

> 살해한 때에는 10년 이하의 징역에 처한다.
> 제254조 【미수범】 미수범은 처벌한다.

1. 의 의

본죄는 직계존속이 치욕을 은폐하기 위하거나 양육할 수 없음을 예상하거나 특히 참작할 만한 동기로 인하여 분만중 또는 분만직후의 영아를 살해함으로써 성립한다. 본죄는 영아의 생명가치를 경시하기 때문에 형을 감경하는 것이 아니라 행위자의 책임감경적 상황을 고려하여 특별구성요건화한 것이다. 그러므로 본죄는 살인죄에 대하여 영아살해의 동기가 참작되어 책임이 감경된 구성요건이라고 보아야 한다.[1] 본죄는 자수범은 아니므로 간접정범의 성립은 가능하다.

2. 객관적 구성요건

(1) 행위주체

본죄의 행위주체는 직계존속만으로 제한되는 부진정신분범으로서 부모뿐만 아니라 (외)조부모도 포함한다. 이는 개인의 영역을 넘어선 가문의 명예를 감안한 입법적 태도라고 볼 수 있다. 그리고 직계존속에는 법률상의 직계존속과 사실상의 직계존속을 모두 포함하며, 사실상의 부(父)도 해당된다고 보는 것이 통설이다.[2] 영아를 살해하는 동기가 사생아라는 점도 많기 때문이다.

그러나 본죄는 분만중 또는 분만직후의 흥분상태에서 법문이 열거한 살해동기로 인하여 범행을 한 것을 이유로 형을 감경한다고 볼 수 있기 때문에 행위주체를 생모(산모)에 제한시키는 것이 입법론적으로 타당하다.[3] 가문의 명예가 생명가치보다 우선할 수는 없기 때문이다.

> 제 6 차 형법개정(1998. 1. 26)에 의하여 폐지되기 전까지 독일형법에서는 영아살해죄(Kindestötung, § 217)의 행위주체를 생모로, 행위객체를 사생아로 제한하였다.[4] 행위객체를 사생아로 제한했던 독일법의 태도는 사생아의 생명이 적자에 비

1) 강구진, 36면; 김일수/서보학, 32면; 이재상, 29면; 이형국, 33면; 임 웅, 35면.
2) 그러나 판례는 법률상의 직계존속으로 제한하고 있다(대판 1970. 3. 10, 69도2285).
3) 유기천(상), 39면은 「직계존속」은 입법상 과오이므로 생모로 제한하여야 한다는 견해이다. 이재상, 29면; 배종대, 80면; 이정원, 57면 역시 직계존속은 산모만으로 제한하여야 한다는 견해이다. 그러나 현행법 해석상 무리한 제한해석이다(같은 견해로 오영근, 42면; 임 웅, 36면).
4) "사생아를 출산중 혹은 출산 직후에 살해한 모는 3년 이상의 자유형에 처한다"(제217조 제1항).

해 사회적 보호를 받을 가치가 덜하다는 암시를 줄 수 있다는 점에서 비판받았다. 독일형법에서 감경적 구성요건인 영아살해죄를 폐지한 것은 사생아를 출산한 생모의 사회적 지위가 과거보다 향상되었다는 점과 독일형법 제213조(감경적 살인죄)에 따라 영아를 살해한 생모의 책임감경적 상황을 배려할 수 있다는 것이 주요 이유이다. 프랑스형법은 영아살해죄의 행위주체를 생모로 제한하고 있다.[1]

(2) 행위객체

본죄의 행위객체는 분만중 또는 분만직후의 영아이다. 그러므로 태아는 본죄의 행위객체가 아니다. 분만중이라 함은 사람의 시기로 보는 분만개시 시점부터 산모의 체외로 완전히 노출된 시점까지를 의미한다. 분만 직후란 상대적인 개념으로서 대체적으로는 분만으로 인하여 생긴 정신적 흥분상태가 계속되는 동안[2]으로 보아야 할 것이다. 그러나 이러한 취지는 후술하는 살해동기가 분만으로 인한 정신적 흥분상태와 무관하게 인정한 점에서 시간적 제약성이 완화되어 적용될 가능성이 있다.

3. 주관적 구성요건

직계존속은 살해의 고의를 가지고 있어야 한다. 행위자가 산모인 경우에는 본죄의 고의를 입증하는 것이 쉽지 않을 경우가 많다. 만일 고의가 입증되지 않는다면 과실치사죄(제267조)를 적용할 수 있다.

4. 살해동기

(1) 법적 성질·내용

살해동기는 책임요소에 해당한다.[3] 본죄의 형을 감경하는 것은 행위객체가 영아이기 때문이 아니라 살해동기가 참작할 만하다는 점에 있다. 즉 행위의 불법성이 아니라 책임의 내용이 상대적으로 가벼운 것이다. 그러므로 살해동기가 인정되지 않는 영아살해는 본죄가 아니라 살인죄에 해당한다. 마찬가지로 직계존속에게 영아살해를 교사한 자는 영아살해죄의 교사범이 아니라 살인죄의 교사범으로 처벌되어야 한다.

치욕은폐라 함은 예를 들어 강간으로 인하여 임신하였거나, 간통으로 임신한 경우를 말한다. **양육할 수 없음을 예상하는 경우**란 경제적 능력을 이유로

1) 프랑스형법 제302조 제 2 항: 자기의 신생아를 모살 또는 고살한 정범 또는 공범인 모는 전항의 규정에도 불구하고 10년 이상 20년 이하의 징역에 처한다….
2) Tröndle/Fischer, § 217(a.F.) Rn. 5.
3) 김일수/서보학, 33면; 이정원, 58면; 이형국, 33면; 임 웅, 37면. 반대견해로는 오영근, 43면.

아이를 양육할 수 없음을 의미한다. 특히 참작할 만한 동기라 함은 전술한 동기 이외에도 살해의 동기가 책임을 감경시킬 만한 경우를 의미한다. 예를 들면 불구나 기형아를 출산한 경우이다.

본죄의 살해동기는 보통살인죄에 비하여 형이 감경되는 요건이다. 이러한 범행동기가 형법 제53조에 의한 작량감경사유에 따라 다시 감경될 수 있는지가 문제된다. 이에 대해서는 본죄의 범행동기를 제53조의 규정과 별도의 것으로 보아 두 번의 작량감경이 가능하다는 견해[1]와 이를 부인하는 견해[2]가 있다. 본죄의 감경사유는 제53조의 감경사유에 해당하는 내용이기 때문에 이중의 감경을 배제하는 후자의 견해가 타당하다고 본다. 그러므로 본죄의 처단형을 정하는 데에는 제53조의 적용이 배제되어야 한다.

(2) 착　　오

본죄의 살해동기는 책임감경사유에 해당한다. 그러므로 본죄에 해당하기 위해서는 책임감경사유가 존재하여야 할 뿐만 아니라 이 사유가 행위자의 행위결정에 영향을 미쳤어야 한다. 그렇지 않은 경우에는 보통살인죄에 해당한다.

문제가 되는 것은 사생아를 출산한 경우이다. 사생아를 출산하였다는 사실은 산모에게는 수치스러운 일로 받아들여질 수 있다. 그러나 사생아 출산이 곧 본죄의 감경사유에 해당한다고 볼 수 없으므로 이 경우에도 역시 치욕은폐(혹은 양육의 어려움)를 위한 살해였음이 인정되어야 한다. 만일 사생아를 출산한 것을 치욕으로 여기고 직계존속이 살해한 사실이 인정되는 경우에 사생아 여부에 대한 착오는 다음과 같이 해결하여야 한다. 즉 사생아가 아닌데도 불구하고 사생아라고 생각한 경우에는 본죄를 적용한다. 이러한 결론은 행위자가 심리적으로 영아살해죄의 살해동기를 가지고 범행을 하였다는 점 및 제15조 제 1 항의 해석상 타당하다. 반대의 경우에는 영아살해죄가 아니라 살인죄가 성립한다.[3]

5. 공　　범

부진정신분범인 본죄의 경우 비신분자가 영아살해에 가담하는 경우에는

---

1) 강구진, 38면; 김성천, 542면; 백형구, 30면; 이재상, 30면; 이정원, 59면; 정성근/박광민, 34면; 배종대, 88면.

2) 김일수/서보학, 34면; 유기천(상), 38면; 이형국, 35면; 임 웅, 38면.

3) Tröndle/Fischer, § 217(a.F.) Rn. 2; Sch/Sch/Eser, § 217(a.F.) Rn. 11; Welzel, JZ 1951, 692; 김일수/서보학, 35면.

제33조 단서가 적용된다. 그러므로 본죄의 행위주체에 해당하지 않는 자가 본죄의 공동정범이나 공범(방조범, 교사범)인 경우에는 제33조 단서의 규정에 따라 본죄가 아니라 살인죄의 공동정범이나 공범으로 처벌된다(예: 갑이 을로 하여금 을의 영아를 살해하도록 교사한 경우에 갑은 보통살인죄의 교사범이 된다). 제33조 단서는 책임개별화의 원칙을 선언하고 있는 것이 입법취지라고 볼 수 있기 때문이다. 비신분자가 피교사자로서 정범인 경우에도 마찬가지이다.

Ⅴ. 囑託·承諾에 의한 殺人罪

제252조【촉탁, 승낙에 의한 살인 등】 ① 사람의 촉탁 또는 승낙을 받아 그를 살해한 자는 1년 이상 10년 이하의 징역에 처한다.
제254조【미수범】 미수범은 처벌한다.
제256조【자격정지의 병과】 제252조의 경우에 유기징역에 처할 때에는 10년 이하의 자격정지를 병과할 수 있다.

1. 의의 및 법적 성격

본죄는 피해자의 촉탁 또는 승낙을 받아 그를 살해함으로써 성립하는 범죄이다. 즉 피해자의 의사에 반하지 않는 살인행위라는 점에서 살인죄에 비하여 형을 감경하고 있다. 본죄는 피해자의 승낙에 의하여서도 위법성이 조각되지 않는 법률에 특별한 규정이 있는 경우이다(제24조 참조).

본죄는 살인죄에 대한 감경적 구성요건[1]이 아니라 독립적 구성요건이다.[2] 그러므로 본죄가 성립하는 경우에는 제250조의 살인죄는 성립하지 않는다(법조경합). 또한 직계비속이 직계존속의 촉탁·승낙을 받아 직계존속을 살해한 경우에는 존속살해죄(제250조 제2항)가 아니라 본죄에 해당한다.

본죄는 적극적 안락사와 관련하여 문제된다. 예를 들면 말기의 AIDS환자가 의사에게 안락사를 요구하는 경우에 환자의 부탁을 들어 준 의사의 행위에 대하여 윤리적 정당성을 부여하는 문제를 포함하여 찬반의 다양한 주장들이 전개되고 있다.[3] 그러나 본죄를 규정하지 않으면 적극적 안락사를 인정할 수 있는 법적 공간은 확대되어 특히 말기의 불치병환자들은 가족들에 의하여 자살결정을 강요당할 위험이 있으며, 생명가치는 상대화될 것이다.

---

1) 김성돈, 470면; 배종대, 79면; 손동권, 23면; 오영근, 44면; 이재상, 31면; 임 웅, 39면; 정성근/박광민, 35면.
2) BGHSt 13, 165; Sch/Sch/Eser, § 216 Rn. 2; 김일수/서보학, 36면.
3) Arzt/Weber, BT/1, Rn. 180; Tröndle/Fischer, § 216 Rn. 1 a 참조.

본죄의 법적 성격에 관하여는 불법감경설[1)]과 책임감경설,[2)] 불법·책임감경설,[3)] 위법성감경설[4)]이 있다. 생명은 법익주체의 승낙에 의하여 처분이 가능한 법익이 아니다. 그럼에도 불구하고 본죄의 형을 살인죄에 비하여 감경하는 이유는 자살을 처벌하지 않는 상황에서 타인을 이용한 자살행위—자살방조—와 유사하다는 점, 피해자가 스스로 법익—생명—을 포기하기로 한 점에서 불법성이 감경된다는 데에 있다. 동시에 피해자의 촉탁과 승낙에 의한 살인은 행위자가 피해자를 돕는다는 의식과 살인행위 사이에서 심리적 갈등을 겪은 결과라는 점에서 책임 역시 감경되는 것으로 보는 것이 타당하다.

2. 객관적 구성요건

본죄의 구성요건은 살인행위와 피해자의 촉탁 또는 승낙이 있어야 한다.

(1) 행위객체

본죄의 행위객체인 촉탁·승낙의 주체는 의사결정능력과 판단능력이 있어야 한다. 그러므로 정신병자나 아이의 촉탁·승낙은 인정되지 않으며 이들은 본죄의 행위객체가 될 수 없다.

(2) 촉탁·승낙

1) 의 의 촉탁이란 피해자의 명백하고도 진지한 살해부탁을 의미한다. 승낙은 행위자의 살해의 의사표시에 대한 피해자의 동의를 의미한다. 촉탁·승낙은 자유로운 의사에 따른 진지한 것이어야 하며, 일시적 기분이나 술에 취한 상태, 약물에 중독된 상태 또는 심리적 우울증상태에서 한 것이 아니어야 한다.

촉탁은 직접적이고 명시적이어야 한다. 반대로 승낙은 반드시 명시적일 필요가 없으며 묵시적 승낙도 포함된다는 것이 다수설이다.[5)] 그러나 적극적인 의사표시인 촉탁에 비해 승낙은 소극적이며 그 의미가 약하다는 점에서 묵시적 승낙을 허용하는 것은 타당하지 않으며 위험한 사고이다. 즉 묵시적 승낙을 허용하는 경우에는 승낙 여부에 대한 입증의 어려움에 봉착하여 살인

---

1) 김일수/서보학, 36면; 손동권, 23면; 오영근, 44면; 이재상, 31면; 이정원, 62면; 임 웅, 39면.
2) 배종대, 90면.
3) 김성천, 543면; 이형국, 38면; 정영일, 20면.
4) 강구진, 39면; 유기천(상), 40면.
5) 강구진, 40면; 김성천, 546면; 김일수/서보학, 37면; 김종원, 46면; 이정원, 58면; 정성근/박광민, 35면. 반대견해로는 백형구, 31면; 오영근, 44면; 임 웅, 40면; 정영석, 223면.

죄가 촉탁·승낙에 의한 살인죄로 오판될 위험성이 있다. 그리고 촉탁살인의 경우에는 촉탁이 살해의 동기를 제공하였으나 승낙살인의 경우에는 행위자가 먼저 살해결심을 하였다는 점에서 양자를 동일시하는 것은 입법론적으로 문제가 있다.

촉탁·승낙은 반드시 사전에 있어야 한다. 그러므로 살해행위의 실행에 착수한 이후에 피해자가 촉탁·승낙을 하였다면 본죄가 아니라 살인죄에 해당한다.

2) 조건부 촉탁·승낙 조건부 촉탁·승낙은 본인의 의사나 조건충족 여부를 분명히 파악하기 어려우므로 원칙적으로 인정되지 않는다. 그러나 이러한 문제점이 없는 경우에는 허용된다고 본다.

[판례] 자살을 시도하면서 만일 자기가 자살에 실패하는 경우에는 옆에서 지켜 보고 있다가 살해하여 줄 것을 부탁받고 자살자가 의식불명상태에 빠지자 독극물을 주사하여 사망하게 한 경우에 본죄에 해당한다.[1)]

위의 [판례]의 사건에서 행위자는 본죄에 해당한다는 견해[2)]와 자살방조죄에 해당한다는 견해[3)]로 나뉜다. 자살방조죄에서 방조행위에 살해행위는 포함되지 않는다고 보아야 하므로 이 경우에는 촉탁살인죄가 성립한다고 보아야 한다.

(3) 행위의 태양 — 자살방치와 촉탁살인죄 성부

본죄의 행위는 촉탁 또는 승낙을 받아 촉탁 또는 승낙한 자를 살해하는 것이다. 살해의 방법은 살인죄에서와 마찬가지로 제한이 없다.

피해자의 자살을 방지할 보증인적 지위에 있는 자가 자살자의 부탁을 받아 자살을 방치하여 사망하게 한 경우에 부작위에 의한 살인죄나 부작위에 의한 촉탁살인죄 또는 자살방조죄의 성립 여부가 문제된다.

[판례] 남편과 사별하고 중병에 걸려 걷지도 못하고 혼자서 살고 있던 76세의 노인 을(여)은 오래 전부터 자살을 결심하였다. 또한 자신이 의식불명상태에 빠지면 생명연장을 위한 치료, 생명연장장치의 연결은 물론이고 병원입원도 거절한다는 의

---

1) BGH NJW 1987, 1092(Scophedal-Fall).

2) Tröndle/Fischer, §216 Rn. 3; Herzberg, NStZ 1989, 559; Kühl, JR 1988, 338; Otto, Tröndle-FS.(1989), 161 참조.

3) Roxin, NStZ 1987, 345; Hohmann/König, NStZ 1989, 304. 독일형법상 죄가 되지 않는다.

사표시를 서면으로 작성하여 두고 있었다. 그리고 이러한 점을 자신을 치료해 오던 가정의(家庭醫) 갑에게 누차 부탁하였다. 그러던 어느날 다음날 오후 7시 15분에서 30분 사이에 자기 집을 방문하여 달라는 을의 전화를 받은 갑은 약속대로 이 시간에 을을 방문하였으나 문이 잠겨 있어 열쇠를 가지고 있는 이웃집 병과 함께 문을 열고 들어가 보니 을은 소파 위에서 모르핀과 수면제복용으로 의식불명 상태에 놓여 있었다. 그리고 의사 갑에게 보내는 쪽지가 손에 쥐어 있었는데 그 내용은 남편 곁으로 가겠으니 죽게 내버려 달라는 것이었다. 이를 본 갑은 을이 소생하더라도 심각한 후유증을 각오하지 않으면 안 될 상황인 것을 알고 을이 사망할 때까지 기다리고 있다가 다음날 오전 7시에 사망을 확인하였다. 만일 갑이 발견 즉시 응급치료를 하였을 경우 소생이나 생명연장의 가능성은 불분명하였다. 독일연방대법원은 의사 갑에게 부작위에 의한 살인죄는 물론이고 부작위에 의한 촉탁살인죄(§216)도 인정하지 않았다.[1)]

위의 경우에는 자살자가 자기책임하에 자살결심을 하였으며 자살과정이 자살자의 행위지배하에서 이루어졌다면 부작위에 의한 살인죄나 촉탁살인죄는 성립하지 않는다고 보아야 한다.[2)] 의사가 환자의 사망을 방지하여야 할 보증인적 지위에 있음은 물론이다. 그러나 위의 경우에는 부작위가 사망의 직접적인 원인이 아니었으며 처벌되지 않는 자살행위를 방치한 것에 지나지 않기 때문이다.[3)] 그러나 갑은 우리 형법상 후술하는 부작위에 의한 자살방조죄(제252조 제2항)에는 해당한다고 본다.

3. 주관적 구성요건

본죄가 성립하기 위해서는 살인행위에 대한 고의 및 피해자로부터 살인에 대한 촉탁·승낙이 있음을 인식하여야 한다. 살인의 결심은 피해자의 이

1) BGHSt 32, 367 이하(Wittig-Fall).

2) 독일의 지배적 학설이다(Arzt/Weber, BT/1, Rn. 192; Tröndle/Fischer, vor § 211 Rn. 6; LK/Jähnke, vor § 211 Rn. 24; Maurach/Schroeder/Maiwald, BT/1, § 1 Rn. 22; Sch/Sch/Eser, vor § 211 Rn. 40; Wessels/Hettinger, BT/1, Rn. 43 이하). 그러나 연방대법원판례는 일관적이지 못하였다. BGHSt 2, 150(부작위범 인정); 6, 147(구조불이행죄 인정); 13, 162(자살시도자의 사망과정에 대한 보증인의 지배 여부에 따라 판단); OLG Düsseldorf NJW 1973, 2215(정범의사와 공범의사 여부에 따라 판단) 등 참조. 이와 달리 자살자의 심리적 상황에 대한 분석을 토대로 자기책임하의 자살이라고 볼 수 없는 상황에서 이를 방치한 보증인에 대하여 부작위에 의한 촉탁살인죄의 성립가능성을 부인하고 부작위에 의한 살인죄만을 인정하는 견해도 있다(Krey, BT/1, Rn. 86, 89).

3) 그러나 독일연방대법원은 위 판례에서 의사가 자살자의 자살결심을 존중하여 사망 직전에 놓인 자살자를 구조하지 않은 것은 행위지배자의 부작위에 해당하므로 일단 촉탁살인죄의 성립가능성은 인정하였다(BGHSt 32, 374). 그러나 죽어가는 환자의 생명을 어느 경우에도 유지시켜야 할 법적 의무는 없다는 의사의 양심의 결단을 존중하여 동죄의 성립을 부인하였다. 이에 관해서는 Roxin, NStZ 1987, 347면 참조.

러한 부탁으로 인하여 발생한 것이다.

4. 착 오

촉탁·승낙이 없음에도 불구하고 이를 오인한 경우에는 구성요건의 착오로서 살인죄가 아니라 본죄에 해당한다(제15조 제1항 참조).[1] 이에 대하여 본죄의 미수와 과실치사죄의 상상적 경합을 인정하는 견해도 있다.[2] 반대로 촉탁·승낙이 있었음에도 불구하고 이를 인식하지 못하고 살해한 경우에는 ① 본죄에 해당한다는 견해[3]와, ② 결과불법이 인정되지 않으므로 살인죄의 미수범과 발생한 사실에 대한 과실치사죄에 해당한다는 견해,[4] ③ 본죄의 고의·기수와 보통살인죄의 미수범에 해당한다는 견해[5]가 있다. ④ 그러나 본죄의 형을 감경하는 것은 살해를 부탁하거나 이를 승낙하는 의사를 접한 행위자의 살해결정이 통상의 살인결정의 경우보다 책임이 약하다는 데에 있다. 그러므로 피해자의 촉탁·승낙사실을 인식하지 못한, 즉 본죄의 주관적 구성요건을 결여한 행위자의 형을 감경할 아무런 사정이 없다. 그러므로 보통살인죄의 기수범(제250조)에 해당한다고 보아야 한다.[6]

Ⅵ. 自殺敎唆·幇助罪

> 第252조【촉탁, 승낙에 의한 살인등】 ② 사람을 교사 또는 방조하여 자살하게 한 자도 전항의 형과 같다.
> 第254조【미수범】 미수범은 처벌한다.
> 第256조【자격정지의 병과】 제252조의 경우에 유기징역에 처할 때에는 10년 이하의 자격정지를 병과할 수 있다.

1. 의 의

자살교사·방조죄는 사람을 교사 또는 방조하여 자살하게 함으로써 성립하는 범죄이다. 자살관여죄라고도 하지만 총칙상의 공범은 아니며 독립적 구

1) 김일수/서보학, 37면; 백형구, 31면; 오영근, 45면; 이재상, 33면; 이정원, 64면; 이형국, 40면; 임 웅, 40면. Tröndle/Fischer, §216 Rn. 2; Sch/Sch/Eser, §216 Rn. 14.
2) 배종대, 82면.
3) 강구진, 41면; 백형구, 32면; 유기천(상), 40면.
4) 배종대, 81면.
5) 김일수/서보학, 38면; 오영근, 47면; 이정원, 65면; 이형국, 41면; 임 웅, 40면(불능미수범 인정).
6) 김성천, 41면; 이영란, 39면; 이재상, 33면; 정성근/박광민, 38면.

성요건이다.

자살은 과거 중세의 종교국가적 시대에는 유럽 각국에서 중대한 범죄행위로 처벌되었다. 그러나 자살이 종교적으로는 죄악이라고 하더라도 오늘날 자살행위를 처벌하는 국가는 거의 없으며 생명권과 함께 자살권[1](특히 안락사의 경우)까지 인정하는 경우도 있다. 현행 형법도 자살행위 자체는 처벌하지 않고 있다. 자살행위를 처벌하지 않는 이론적 근거에 대해서는 ① 구성요건해당성이 없다는 견해, ② 위법성이 없다는 견해, ③ 책임이 인정되지 않는다는 견해 등이 있다.[2] 형법상 살인죄(제250조)의 행위객체인 '사람'은 타인을 의미한다고 보아야 하므로 자살행위는 구성요건해당성이 없다고 볼 수밖에 없다.[3]

자살교사·방조죄는 공범종속성설의 입장에서는 불가벌적인 자살자의 공범을 처벌할 수 없기 때문에 별개의 처벌규정을 둔 것으로 보게 되며, 반면에 공범독립성설에서는 우리 형법이 공범종속성설을 취하지 않고 공범행위의 독자성을 인정하고 있다는 반증으로서 이 규정을 이해하게 된다.

생각건대 형법상 자살 자체는 처벌하지 않는다고 하더라도 타인의 자살에 관여하는 행위는 생명권에 대한 법익주체의 자기결정권과는 무관한 행위이다. 형법이 자살자의 촉탁·승낙에 의한 살인죄를 처벌하는 것도 이러한 취지에서이다. 그러므로 자살교사·방조죄는 총칙상의 공범이 아니라 독립된 범죄구성요건으로 보아야 한다. 즉 본죄의 법적 성격은 형법이 자살(미수)행위를 처벌하지 않기 때문에 공범의 종속성에 따른다면 처벌불가능하지만 타인의 생명단축행위를 교사하거나 방조하는 행위의 가벌성을 인정하여 정범으로 처벌하는 것이다(총칙의 공범규정 적용배제). 그러므로 공범종속성설이나 공범독립성설의 입장에 입각한 것이 아니다(통설).

이 죄는 촉탁·승낙에 의한 살인죄와 함께 안락사의 경우에 해당될 수 있는 규정이다.

---

1) Wagner, 「Selbstmord und Selbstmordverhinderung」(1975), 93면. 그러나 헌법이 자살을 통한 개성신장(Selbstentfaltung durch Selbstvernichtung)까지도 인정한다는 주장은 오류이다.
2) 강구진, 47면 참조.
3) 권오걸, 25면; 김일수/서보학, 38면; 배종대, 91면; 백형구, 33면; 유기천(상), 42면; 이재상, 34면.

독일형법에서는 자살교사·방조행위를 처벌하지 않는다. 반대로 영국[1)]과 California[2)]를 비롯한 미국의 몇 개 주[3)]에서는 처벌하고 있다.

2. 객관적 구성요건

(1) 행 위

본죄의 행위는 자살의 교사 또는 방조이다. 교사와 방조는 총론상의 의미가 아니라 널리 타인의 자살행위에 관여하는 일체의 행위를 포함한다는 견해[4)]도 있으나 총론상의 의미로 해석하는 것이 타당하다.[5)] 자살행위가 본인의 자유로운 의사에 의하는 한 주변인물의 관여행위는 별 의미가 없음에도 불구하고 본죄를 구성하게 될 위험이 있기 때문이다.

1) 자살의 교사란 자살할 의사가 없는 타인으로 하여금 자살을 결심하게 하는 행위이다. 교사의 수단이나 방법에는 제한이 없다. 교사의 방법이 자살결심의 독자성이 인정되지 않을 정도로 기만적이거나 위력적일 경우에는 위계·위력에 의한 살인죄(제253조)가 성립한다.

2) 자살의 방조란 이미 자살을 결심하고 있는 자에 대하여 자살을 용이하게 하여 주는 행위를 말한다. 자살도구를 제공하거나 자살방법을 알려 주는 행위 등이 포함된다. 방조행위는 직접 자살행위를 대상으로 하여야 한다. 자살행위는 자살자가 직접 행하여야 하기 때문에 자살자의 부탁을 들어 주기 위해 살해한 경우에는 본죄가 아니라 촉탁살인죄(제252조 제1항)가 성립한다.

[판례] 대법원은 자살을 결심하고 있는 자의 유서를 대필하여 준 행위를 자살방조죄에 해당한다고 하였다.[6)] 그러나 설사 유서대필이 사실이라고 하더라도 유서대필

---

1) Suicide Act 1961, c. 60, § 2(14년 이하의 자유형).
2) California Penal Code § 401(5년 이하의 자유형).
3) Connecticut Gen. Stat. Ann. § 53-A-57; Wisconsin Stat. Ann. § 940.12. 한편 MPC § 210.5는 위계·위력에 의하여 자살하게 하는 행위를 처벌한다.
4) 유기천(상), 43면.
5) 이재상, 36면; 이형국(I), 53면.
6) 대판 1992. 7. 24, 92도1148(형법 제252조 제2항의 자살방조죄는 자살하려는 사람의 자살행위를 용이하게 실행하도록 함으로써 성립되는 것으로서, 그 방법에는 자살도구인 총, 칼 등을 빌려 주거나 독약을 만들어 주거나, 조언 또는 격려를 한다거나 기타 적극적·소극적·물질적·정신적 방법이 모두 포함되는바, 이 사건 자살방조죄에 관한 공소사실은, 피고인은 김기○이 공소장에 기재된 상황에서 분신자살을 하겠다는 생각을 갖고 있음을 알고 그 실행을 용이하게 도와 주겠다는 의도로 1991. 4. 27경부터 같은 해 5. 8까지의 어느 날에 서울 어느 곳에서 리포트용지에 검은색 사인펜으로 공소장에 기재된 내용의 유서 2장을 작성하여 줌으로써 그 유서내용에 의하여 위 김기○에게 그의 분신자살이 조국과 민족을 위한 행위로 미화될 것

이 자살행위 자체를 용이하게 하는 행위라고 볼 수는 없다. 왜냐하면 유서대필이 직접 자살행위를 용이하게 하는 것은 아니기 때문이다. 그리고 자필보다는 대필유서가 자살자에게 자살의 동인(動因)과 명분을 준다는 논리도 설득력이 없다. 그러므로 판례의 결론은 타당하다고 볼 수 없다.

(2) 행위객체

본죄의 행위객체인 자살을 결심한 자는 자유로운 의사결정능력이 있는 자이어야 한다. 유아나 의사결정능력이 없는 책임무능력자(정신병자 등)는 행위객체에 해당하지 않는다. 행위객체, 즉 자살자가 자기 또는 배우자의 직계존속인 경우에도 제250조 제 2 항(존속살해죄)이 아니라 본죄가 적용된다.

3. 주관적 구성요건

본죄가 성립하기 위해서는 타인으로 하여금 자살을 결심하게 하거나 자살을 결심한 타인을 돕겠다는 고의가 있어야 한다. 그러므로 이미 자살을 결심한 자에 대해서는 자살교사죄가 성립할 수 없으며, 자살행위 자체를 도울 목적이 없는 원조행위는 본죄를 구성하지 않는다.

4. 미 수 범

본죄의 실행행위는 자살행위가 아니라 교사·방조행위이므로 교사·방조행위가 있으면 본죄의 실행에 착수한 것이다(통설). 그러므로 교사·방조행위가 있었음에도 불구하고 자살이 실패로 끝났거나 자살행위의 착수가 없는 경우에는 본죄의 미수범으로 처벌된다(제254조).[1] 자살행위의 착수가 없어도 미수범이 되는 것은 본죄가 총칙상의 공범 범죄가 아니라 자살교사와 방조를 행위방법으로 하는 독립된 구성요건이기 때문이다.

자살을 결심하고 있는 자에 대하여 자살을 교사한 경우 자살교사죄는 성립할 수 없다. 다만 자살교사죄의 미수범(제252조, 제254조)이 성립한다.

이며 사후의 장례의식을 포함한 모든 문제도 서○○, 김○○ 등 전국민족민주운동연합(약칭 전민련)에서 책임진다는 것을 암시하는 방법으로 분신자살의 실행을 용이하게 도와 주어 김기○의 자살을 방조하였다는 내용이므로, 이는 결국 적극적·정신적 방법으로 자살하려는 사람에게 자살의 동인과 명분을 주어 자살을 용이하게 실행하도록 하였다는 것으로서 자살방조죄에 해당되는 공소임이 명백하여 공소장에 자살방조죄가 될 만한 사실이 포함되지 아니하였다고는 볼 수 없고…). 이 사건에서 유서대필의 진실성 여부가 문제되었으나 재판부는 사실관계를 인정하였다. 그러나 이 판결에 대하여 재심결정(서울고등법원 2009. 9. 15, 2008재노20)이 있었다.

1) 그러나 자살방조미수를 처벌할 수 없다고 보는 견해(김성천, 551면; 이정원, 68면)도 있다.

5. 동반자살

동반자살을 합의하고 함께 자살을 시도하였으나 살아난 사람에 대하여는 ① 자살의 공동정범으로서 자살이 처벌되지 않는 것과 같이 불가벌적이라는 견해[1)]와, ② 두 사람 모두 진심이었으나 한 사람이 살아난 경우에 생존자의 방조사실이 인정되면 자살방조죄가 성립하며, 함께 죽을 의사가 없는 자가 상대방을 기망하여 결국 상대방을 자살하게 한 경우에는 위계에 의한 살인죄(제253조)가 성립한다는 견해(통설)로 나뉜다. 독일형법처럼 자살교사·방조죄가 규정되지 않았다면 동반자살행위가 불가벌적이라고 볼 수도 있다(이 경우에도 한 사람이 먼저 상대방을 죽인 다음 자기도 자살하기로 하였으나 살아난 경우에는 촉탁 혹은 승낙살인죄가 성립한다). 그러나 본조의 규정하에서는 불가벌적이라고 볼 수 없다. 그러므로 ②의 견해가 타당하다. 이에 따라 동반자살을 합의하고 자기가 먼저 자살을 시도하자 상대방도 자살을 하였으나 상대방만 사망하고 자기는 살아난 경우에 자살교사죄가 성립한다(통설).

Ⅶ. 僞計·威力에 의한 殺人罪

> 제253조【위계 등에 의한 촉탁살인 등】 전조의 경우에 위계 또는 위력으로써 촉탁 또는 승낙하게 하거나 자살을 결의하게 한 때에는 제250조의 예에 의한다.
> 제254조【미수범】 미수범은 처벌한다.
> 제256조【자격정지의 병과】 제253조의 경우에 유기징역에 처할 때에는 10년 이하의 자격정지를 병과할 수 있다.

1. 의 의

본죄는 위계·위력으로써 사람의 촉탁 또는 승낙을 받아 사람을 살해하거나 혹은 자살하게 함으로써 성립하는 범죄로서 살인죄(제250조 제1항·제2항)와 동일하게 처벌한다. 본죄는 살인죄와는 별개의 독립적 구성요건이다.

기술한 촉탁·승낙살인죄의 형이 살인죄보다 가벼운 것은 촉탁·승낙이 본인의 진지한 의사결정에 따른 것이라는 점에 있다. 또한 자살교사행위를 감경처벌하는 것도 마찬가지 이유에서이다. 그러나 본죄의 경우에는 이와 같은 본인의 자유로운 의사결정에 따른 촉탁이나 승낙이 아니라 행위자의 위계나 위력에 의한 것이기 때문에 살인행위와 동일하게 처벌하기로 한 것이다.

1) 정창운, 형법각론, 30면.

2. 구성요건

본죄의 구성요건은 위계 또는 위력을 이용하여 ① 살인을 촉탁·승낙하게 하거나, ② 자살하게 하는 것이다. 위계란 상대방의 부지나 착오를 이용하여 (살해의) 목적을 달성하는 것이다. 예를 들면 동반자살할 의사가 없으면서도 이를 오신하게 하여 자살하게 하는 경우이다. 위력이란 사람의 의사를 제압하여 저항할 수 없게 하는 유형·무형의 힘으로서, 물리적인 폭행이나 협박과 함께 사회적·권력적 지위 등을 이용하는 것도 포함된다고 본다. 저항할 수 없는 위력을 사용하여 본인이 자살하도록 하는 것은 일종의 간접정범의 방식에 의한 살인죄라고 볼 수 있다. 그러나 이 경우에는 살인죄의 간접정범이 아니라 본죄의 직접정범에 해당한다.

3. 처 벌

본죄는 제250조(살인죄, 존속살해죄)와 동일하게 처벌된다. 그러므로 행위객체가 자기 또는 배우자의 직계존속인 경우에는 존속살해죄에 의하여 처벌된다. 본죄는「특정강력범죄의 처벌에 관한 특례법」의 적용을 받는다(동법 제2조 제1항 제1호 참조).

Ⅷ. 殺人豫備·陰謀罪

> 제255조【예비, 음모】 ① 제250조와 제253조의 죄를 범할 목적으로 예비 또는 음모한 자는 10년 이하의 징역에 처한다.

본죄는 살인·존속살해(제250조), 위계 등에 의한 촉탁살인(제253조) 등의 죄를 범할 목적으로 예비 또는 음모한 자를 처벌하는 것이다. 이는 제28조("범죄의 음모 또는 예비행위가 실행의 착수에 이르지 아니한 때에는 법률에 특별한 규정이 없는 한 벌하지 아니한다")에서 요구하고 있는 '특별한 규정'이다.

음모란 2인 이상이 범죄행위를 모의하고 합의에 이르는 행위를 말한다. 예비라 함은 범죄의 실행에 착수하기 이전단계로서 범죄실현의사와 범죄실현을 위한 객관적 준비행위가 있어야 한다.[1)]

본죄는 목적범이다. 이는 예비·음모에 대한 목적을 의미하는 것이 아니다. 즉 본죄가 성립하기 위해서는 준비행위에 대한 인식만이 아니라 본래 목표로 하는 범죄인 제250조 및 제253조의 살인행위에 대한 목적이 있어야

1) 예비 및 음모의 개념에 대하여는 박상기, 형법총론, 미수론을 참조할 것.

한다.[1]

살인의 예비·음모자가 살인의 실행에 착수하기 이전에 중지한 경우에 중지미수의 규정을 준용하여 형의 필요적 감면규정을 적용할 것인가에 대하여 긍정설[2]과 부정설[3]로 나뉜다. 실행에 착수한 이후의 중지미수를 인정하면서 예비·음모의 경우에 인정하지 않는 것은 형평에 어긋날 뿐만 아니라 형의 균형상으로도 맞지 않으므로 긍정설이 타당하다.

제 2 절 傷害와 暴行의 罪

I. 序 論

1. 상해죄와 폭행죄의 보호법익

상해죄와 폭행죄는 모두 신체의 완전성을 해치는 범죄이다. 인간의 모든 활동은 생명과 신체의 안전이 확보되는 상황에서 비로소 가능하기 때문에 상해와 폭행의 죄는 생명에 대한 범죄 다음으로 중요하며, 생명을 보호하기 위한 사전예방적 기능을 담당하는 구성요건이다.

상해죄와 폭행죄의 차이에 대하여는 ① 상해죄와 폭행죄의 보호법익은 모두 신체의 완전성을 해하는 것이지만 상해죄가 생리적 의미의 신체의 완전성을 의미하는 침해범인 데 반하여 폭행죄는 유형력의 행사라는 행위 자체를 범죄로 보기 때문에 정신적·인격적 의미의 완전성을 의미하는 형식범으로서의 성격을 지니고 있다는 견해[4]와, ② 상해죄의 보호법익은 신체의 건강이며, 폭행죄는 신체의 건재를 보호법익으로 한다는 견해[5]로 나뉜다. 후자의 견해를 지지하는 입장에서는 형법이 상해죄의 미수와 폭행치상죄를 처벌함으로써 양죄를 구별하고 있는데도 불구하고 보호법익을 신체의 완전성으로 동일하게 보는 것은 부당하다고 한다.

1) 이형국(I), 60면.
2) 유기천(상), 44면; 정영석, 217면; 강구진, 54면; 이재상, 40면; 배종대, 87면; 백형구, 40면.
3) 대판 1966. 4. 21, 66도152. 김일수/서보학, 44면.
4) 유기천(상), 47면; 배종대, 96면.
5) 강구진, 74면; 김종원, 54면; 김일수/서보학, 58면; 손동권, 33면; 이재상, 42면; 이형국, 56면; 임 웅, 55면; 정성근/박광민, 43면.

생각건대 상해죄와 폭행죄는 모두 신체 및 신체의 건강이라는 신체의 완전성을 보호법익으로 하는 범죄라는 점에서는 동일하다고 보아야 한다. 그러므로 보호법익 자체에 의하여 구별하는 ②설은 적절하지 않다. 그럼에도 불구하고 형법이 상해죄와 폭행죄를 구별하고 형량의 차이를 둔 것은 신체의 완전성에 대한 침해의 정도가 다르며, 고의가 다르다는 데에 기인한다. 즉 폭행죄는 폭행의 고의로 객관적인 행위 측면에서 신체상해에 이를 수 없는 방법으로 신체의 완전성을 해치는 것이다(예: 상대방의 뺨을 때리는 행위. 이러한 의미의 완전성을 신체의 건재로 표현할 수도 있다). 반면에 상해죄는 상해의 고의를 가지고 신체상해를 야기할 수 있는 행위방법으로 신체의 완전성을 해치는 범죄이다(그러므로 유형력의 행사 자체인가 유형력의 행사로 인한 내용상의 침해인가를 기준으로 하는 ①설 역시 타당하지 않다). 생리적 기능이나 건강장해는 신체상해의 결과적인 예이다. 그 밖에 모발을 절단하는 행위, 일시적인 인사불성은 신체의 완전성에 대한 침해의 정도가 낮기 때문에 상해가 아니라 폭행에 해당하는 것이다. 그리고 동일한 결과에 대하여 상해미수죄 및 폭행죄와 폭행치상죄 및 상해죄를 구별하여 처벌하는 것은 보호법익의 차이 때문이 아니라 양죄의 고의가 다르며 이를 달성하기 위한 행위수행의 방법 역시 다르기 때문이다(전자는 장애요인으로 인하여, 후자는 과실로 인한 결과이다).

2. 구성요건체계

우리 형법은 상해죄와 폭행죄를 구별하여 규정하고 있다. 상해죄의 기본적 구성요건은 상해죄(제257조 제1항)이다. 이에 대하여 신분관계 및 상습성으로 인하여 책임이 가중되는 구성요건으로는 존속상해죄(제257조 제2항)와 상습상해죄(제257조 제1항, 제264조)가 있다. 결과로 인하여 불법성이 가중되는 구성요건(결과적 가중범)으로는 중상해죄(제258조 제1항·제2항)와 상해치사죄(제259조 제1항)가 있다. 신분관계와 결과로 인하여 가중되는 구성요건으로는 존속중상해죄(제258조 제3항)와 존속상해치사죄(제259조 제1항)가 있다. 상습성과 결과로 인하여 가중되는 구성요건으로는 상습중상해죄(제258조 제1항, 제264조), 상습성과 신분관계 및 결과로 인하여 가중되는 구성요건으로는 상습존속중상해죄(제258조 제3항, 제264조)가 있다.

폭행죄의 기본적 구성요건은 폭행죄(제260조 제1항)이다. 이에 대한 가중적 구성요건으로는 신분관계로 인하여 가중되는 존속폭행죄(제260조 제2항), 상습성으로 인하여 가중되는 상습폭행죄(제260조 제 1 항, 제264조)가 있다. 결과로 인하여 불법성이 가중되는 결과적 가중범의 형태로는 폭행치사상죄(제262조)가 있다. 또한 행위방법으로 인하여 불법성이 가중되는 특수폭행죄(제261조)가 있다.

독일형법은 폭행죄와 상해죄를 구별하지 않고 기본적 구성요건으로 신체침해죄(Körperverletzung, § 223)만을 규정하고 있으며, 행위방법으로 신체적 학대행위(Körperliche Mißhandlung)와 건강침해행위(Gesundheitsbeschädigung)를 구별하고 있다. 미국법에서는 ① battery, ② assault, ③ mayhem으로 구별하고 있다.[1] battery는 신체침해행위뿐만 아니라 강제키스나 여성의 신체를 만지는 행위, 상대방의 얼굴에 침을 뱉는 행위도 포함하는 개념이다. assault는 battery보다 한 단계 낮은 행위로서 미수에 그친 battery와 동작을 수반하는 협박행위를 의미한다. mayhem은 신체에 대한 중대한 침해를 초래하는 battery를 의미한다. 일종의 결과적 가중범(cause-and-result crime)이다.

Ⅱ. 傷害의 罪

1. 상해죄 · 존속상해죄

제257조【상해, 존속상해】 ① 사람의 신체를 상해한 자는 7년 이하의 징역, 10년 이하의 자격정지 또는 1천만원 이하의 벌금에 처한다.
② 자기 또는 배우자의 직계존속에 대하여 제 1 항의 죄를 범한 때에는 10년 이하의 징역 또는 1천 500만원 이하의 벌금에 처한다.
③ 전 2 항의 미수범은 처벌한다.
제265조【자격정지의 병과】 제257조 제 2 항의 경우에는 10년 이하의 자격정지를 병과할 수 있다.

(1) 객관적 구성요건

상해죄는 사람의 신체를 상해함으로써 성립하는 죄이다. 존속상해죄는 행위객체에 의해 단순상해죄와 구별된다.

1) 행위객체 　타인의 신체이다. 그러므로 자상행위는 제외되나 특별법에 의해 처벌되는 경우가 있다. 즉 병역의무를 기피하거나 감면받을 목적의 신체손상이나 근무를 기피할 목적으로 신체를 상해한 자는 처벌된다(병역법 제86조; 군형법 제41조 제 1 항). 또한 제 3 자가 피해자를 강요하거나 기망하는 등의 방법으로 피해자로 하여금 자상행위를 하게 한 경우에는 상해죄의 간접정범이 된

1) 이하는 LaFave/Scott, Criminal Law, 685 이하 참조.

다.[1] 사람의 신체이어야 하므로 동물에 대한 상해행위는 타인의 재물일 경우 손괴죄를 구성할 뿐이다.

존속상해죄의 행위객체는 자기 또는 배우자의 직계존속[2]이다. 친자관계는 호적상의 기재 여하에 의하여 좌우되는 것은 아니며 호적상 친권자로 등재되어 있다 하더라도 사실에 있어서 그렇지 않은 경우에는 법률상 친자관계가 생길 수 없다.[3] 개정형법에서는 존속상해죄의 형량을 가볍게 하고 벌금형을 신설하였다(1년 이상의 징역에서 10년 이하의 징역 또는 벌금형으로 함). 이는 가정폭력과 같이 경우에 따라서는 피해자인 존속에게도 비난가능성이 많을 수 있다는 이유에서이다.

출생 전의 태아 역시 본죄의 객체가 될 수 없다. 임신중의 태아 혹은 배아에 대하여 약물 등으로 상해를 가하여 기형아를 출산하게 한 경우에 상해죄가 성립하는가? 이는 독일에서 발생한 소위 Contergan사건[4]을 계기로 문제된 것이다.

상해죄는 계속범이 아니라 상태범이다. 이는 법익침해 당시에 행위객체가 존재하고 있어야 함을 의미한다. 그러므로 태아나 배아는 아직 상해죄의 행위객체인 사람에 해당한다고 볼 수 없으므로 상해죄는 성립하지 않는다고 보아야 한다.[5] 이에 반하여 Contergan사건 담당 재판부는 행위 당시에는 행위객체로 볼 수 없다고 하더라도 침해행위로 인하여 사후에 행위객체에 영향을 미칠 경우에는 태아나 배아에 대한 상해죄의 성립도 가능하다고 판시하였다.[6] 그러나 이 견해는 태아를 조산시켜 사산한 경우에도 낙태죄가 아니라 살인죄(혹은 영아살해죄)를 인정하여야 하는 불합리한 결과가 된다. 독일연방대법원도 태아에 대한 의료과실로 인하여 사산하거나 기형아로 태어난 경우에 독일형법상 과실치사죄(§ 222)나 과실치상죄(§ 229)에 해당하지 않는다고 보

1) 대판 1970. 9. 22, 70도1638(피고인이 피해자를 협박하여 그로 하여금 자상케 한 경우에 피고인에게 상해의 결과에 대한 인식이 있고 또 그 협박의 정도가 피해자의 의사결정의 자유를 상실케 함에 족한 것인 이상 피고인에게 대하여 상해죄를 구성한다) LK/Hirsch, § 223 Rn. 3.

2) 직계존속의 범위에 대하여는 존속살해죄 참조.

3) 대판 1983. 6. 28, 83도996.

4) Contergan사건이란 1960년대 독일에서 임산부들이 신경안정제의 일종인 Contergan이란 약을 복용한 후 출산한 아이 중에서 많은 숫자가 팔이 짧은 기형아로 출생한 사건을 말한다.

5) 김성천/김형준, 81면; 김일수/서보학, 61면; 이재상, 41면; 이정원, 76면; 이형국, 58면; 임 웅, 51면.

6) LG Aachen JZ 1971, 507. 이에 대한 평석으로는 Armin Kaufmann, JZ 1971, 569 참조.

왔다.[1)]

2) 행 위 상해행위이다. 상해의 개념에 관하여는 다음과 같은 학설이 있다. 즉 ① 신체의 완전성에 대한 침해로 보는 견해(완전성설),[2)] ② 생리적 기능의 훼손을 의미한다는 견해(생리적 기능훼손설),[3)] 그리고 ③ 생리적 기능저하 및 신체의 외모에 대한 중대한 변화(예: 두발이나 수염의 절단)를 상해로 이해하는 견해(절충설)[4)]가 그것이다. 판례에 의하면 상해행위는 피해자의 신체의 완전성을 훼손하거나 생리적 기능에 장애를 초래하는 것을 의미한다.[5)] 그러나 강도상해죄(제337조)나 강제추행죄(제298조, 제301조)에서의 상해는 "피해자의 신체의 건강상태가 불량하게 변경되고, 생활기능에 장애가 초래되는 것을 말하는 것으로서, 신체의 외모에 장애가 생겼다고 하더라도 신체의 생리적 기능에 장애를 초래하지 않는 이상 상해에 해당한다고 할 수 없다"고 판시하고 있어서[6)] 생리적 기능훼손설에 입각하고 있다고 볼 수 있다.

기술한 바와 같이 상해죄의 보호법익은 폭행죄와 마찬가지로 신체의 완전성이라고 보아야 하나 구체적으로 상해행위의 개념을 신체의 완전성을 침해하는 행위라고 볼 수는 없다. 그럴 경우 별개의 범죄인 폭행죄와의 구별이 불가능하기 때문이다. 그러므로 상해행위는 생리적 기능훼손을 의미하는 것으로 보아야 한다. 여기에서 생리적 기능훼손이란 반드시 질병을 야기하여 신체기능의 장애를 야기하는 것뿐만 아니라 기능상의 장애는 없지만 신체에 상처를 내는 행위 등도 포함한다. 이 밖에 신체의 외모에 중대한 변화를 야기하는 행위도 포함하는가에 대해서는 이를 폭행행위의 내용으로 파악하는 것이 타당하다. 즉 이는 신체에 대한 불가침성을 훼손하는 행위로서 심리적 안정감을 파괴하는 행위와 함께 폭행에 해당하는 것이다.

생리적 기능장애를 의미하는 상해행위는 신체적·정신적인 병리학적 상태를 야기하거나 악화시키는 것을 의미한다.[7)] 이는 상처와 같은 신체에 대한

1) BGHSt 31, 348, 352.
2) 대판 1982.12.28, 82도2588; 유기천(상), 47면.
3) 김성천, 572면; 김종원, 56면; 김일수/서보학, 64면; 백형구, 44면; 손동권, 37면; 오영근, 57면; 이재상, 46면; 이형국, 59면; 임 웅, 55면; 정성근/박광민, 49면.
4) 강구진, 61면; 배종대, 98면.
5) 대판 1999.1.26, 98도3732; 2000.2.25, 99도4305.
6) 대판 2000.3.23, 99도3099; 2002.1.11, 2001도5925.
7) BGH NJW 1960, 2253; Tröndle/Fischer, § 223 Rn. 6.

유형적인 가해행위를 통한 경우(예: 처녀막파열,[1] 멍이 든 경우[2])뿐만 아니라 성병감염과 같은 질병감염,[3] 약물이나 음식물을 통한 무형의 상해행위(예: 구토, 설사), 기능장애(예: 수면장애, 실신[4])도 포함한다.

AIDS환자가 감염사실을 감춘 채 성행위나 헌혈·수혈과 같은 전파매개행위를 하여 감염시킨 경우에는 상해죄가 성립한다.[5] 특히 AIDS바이러스의 감염은 현재의 의학수준으로는 불치병이기 때문에 중상해죄(제258조 제1항) 혹은 사망하게 되면 상해치사죄(제259조)에 해당한다. 그러나 AIDS바이러스에 감염되었더라도 발병까지 길게는 6년 또는 그 이상의 기간이 지나야 된다. 그러므로 정확한 감염시점이나 인과관계의 입증이 어렵기 때문에 대부분 중상해죄의 미수범으로 처벌될 수 있을 것이다[6](동시에 후천성면역결핍증예방법 제25조 제2호, 제19조에 의하여 처벌된다). 문제는 (미필적) 고의의 입증 여부이다. 고의가 입증되지 않는 경우에도 주의의무위반사실이 입증되면 과실치상죄(제266조)나 과실치사죄(제267조)의 성립이 가능하다.[7] 그러나 피해자가 상대방의 AIDS감염사실을 알고도 성행위 등을 하였다면 불가벌적인 일종의 자상행위가 된다. AIDS감염자가 콘돔을 사용하는 등의 예방조치 없이 성행위를 한 경우에 허용된 위험행위에 의하여 정당화되지 않는다(「후천성면역결핍증예방법」 제19조 및 제25조 참조).

(2) 주관적 구성요건

상해죄가 성립하기 위해서는 신체의 생리적 기능을 훼손한다는 상해의 고의가 있어야 한다. 그러므로 폭행의 고의로 상해의 결과가 발생한 경우에는 상해죄가 아니라 폭행치상죄(제262조)가 성립한다. 그리고 상해의 고의가 있

1) 대판 1972. 6. 13, 72도855.

2) 다만 대판 1996. 12. 23, 96도2673(좌측 팔 부분에 약 1주간의 치료를 요하는 동전 크기의 멍이 든 것은 일상생활에서 얼마든지 생길 수 있는 극히 경미한 상처라고 보아 상해에 해당하지 않는다) 참조. 또한 대판 2003. 7. 11, 2003도2313.

3) BGHSt, 36, 1, 262.

4) 대판 1996. 12. 10, 96도2529(오랜 시간 동안의 협박과 폭행을 이기지 못하고 실신하여 범인들이 불러온 구급차 안에서야 정신을 차리게 되었다면, 외부적으로 어떤 상처가 발생하지 않았다고 하더라도 생리적 기능에 훼손을 입어 신체에 대한 상해가 있었다고 봄이 상당하다).

5) BGHSt 36, 1 및 262 이하. AIDS관련 형법적 문제점에 관한 문헌으로는 Tröndle/Fischer, § 223 Rn. 6 a; Frisch, JuS 1990, 362; Geppert, Jura 1987, 668; Kreuzer, ZStW 100, 786; Prittwitz/Scholderer, NStZ 1990, 385; Schramm, JuS 1994, 405; Wessels/Hettinger BT/1, Rn. 268. 임 웅, 「에이즈(AIDS)감염행위의 형사책임」, 형사법연구(1995), 98면 이하 참조.

6) BGHSt 36, 1; LG Nürnberg-Fürth NJW 1988, 2311; LG Hamburg Aidsforschung 1992, 201.

7) Tröndle/Fischer, § 223 Rn. 6 b; Wokalek/Köster, MedR 1989, 286.

었으나 미수에 그친 경우에는 폭행죄가 아니라 상해미수죄(제257조 제3항)가 성립한다. 반면에 판례는 "상해죄의 성립에는 상해의 원인인 폭행에 대한 인식이 있으면 충분하고 상해를 가할 의사의 존재는 필요하지 않다"고 판시하고 있다.[1)]

(3) 위 법 성

상해죄는 위법성조각사유에 의하여 정당화될 수 있다. 문제가 되는 경우는 피해자의 승낙에 의한 상해행위와 의사의 치료행위이다.

1) 피해자의 승낙 본죄는 피해자의 승낙(제24조)에 의하여 위법성이 조각된다.[2)] 예를 들면 의사에 의한 수술, 경기규칙이 정해진 바에 따른 공인된 권투시합과 같은 상해를 수반할 수 있는 운동경기(고의적인 반칙의 경우는 제외)나 성인에 대한 정관수술 등이다. 피해자의 승낙에 의한 상해는 그 동기, 목적의 위법 내지는 반윤리성, 상해의 정도 여하를 묻지 아니하고 위법성을 조각한다는 견해가 있다.[3)] 그러나 피해자의 승낙이 있더라도 사회상규나 공서양속에 반하는 경우에는 위법성이 조각되지 않는다고 보아야 할 것이다.[4)] 이 경우에 공서양속 위반 여부의 판단대상은 승낙이나 승낙동기가 아니라 행위 자체이다. 피해자의 승낙(기증에 관한 동의)에 의한 장기적출은 장기 등 이식에 관한 법률(제12조)에 해당한다.

독일형법(§228)은 피해자의 승낙에 의한 상해행위는 그 행위가 선량한 풍속(die guten Sitten)에 위배되지 않을 경우에만 적법하다고 규정하고 있다.

2) 의사의 치료행위 의사의 치료행위의 법적 성격에 관해서는 다음과 같은 견해가 있다. 즉 ① 구성요건에 해당하지만 업무로 인한 정당행위이므로 적법하다는 견해,[5)] ② 피해자의 승낙에 의한 행위이므로 적법하다는 견해,[6)] ③ 구성요건해당성 자체가 없다는 견해[7)]이다. 구성요건해당성이 없다는

1) 대판 1983. 3. 22, 83도231; 2000. 7. 4, 99도4341.
2) 이와 달리 피해자의 승낙이 구성요건해당성을 배제한다는 견해도 있다(김일수/서보학, 60면).
3) 강구진, 62면. 비슷한 견해로 이정원, 73면.
4) 유기천(상), 48면; 이재상, 49면; 이형국, 62면; 임 웅, 57면; 배종대, 99면; 백형구, 47면; 손동권, 39면; 정성근/박광민, 51면.
5) 강구진, 62면; 배종대, 101면; 백형구, 47면; 유기천, 총론, 193면; 정성근/박광민, 48면; 정영석, 총론, 145면.
6) 김성돈, 60면; 김성천, 580면; 손동권, 40면; 오영근, 59면 이하; 이정원, 80면; 이형국, 62면; 임 웅, 58면; 독일판례의 입장이다(BGHSt 11, 111; 12, 379; 16, 309; OLG Karlsruhe NJW 1983, 352).
7) 김종원, 59면; 김일수/서보학, 66면; 이재상, 50면. 독일의 다수설이다(Lackner/Kühl, § 223 Rn. 8; Sch/Sch/Eser, § 223 Rn. 30; SK/Horn, § 223 Rn. 30).

견해도 성공한 치료행위와 실패한 치료행위를 구별하여 전자의 경우에만 구성요건해당성이 없다는 견해, 치료목적과 미용시술의 경우를 구별하여 후자의 경우에는 구성요건에 해당한다는 견해 등으로 나뉜다.[1)]

판례는 의료행위를 종전의 정당행위설[2)]에서 피해자의 승낙에 의한 행위로 파악하는 입장으로 변화하고 있다. 즉 "피고인이 진단상의 과오가 없었으면 당연히 승낙받았을 자궁외 임신에 관한 내용을 설명받지 못한 피해자로부터 수술승낙을 받았다면 위 승낙은 부정확 또는 불충분한 설명을 근거로 이루어진 것으로서 수술의 위법성을 조각할 유효한 승낙이라고 볼 수 없다"고 판시하고 있다.[3)]

의사의 치료행위는 비록 의사의 고유업무에 속하는 것으로서 치료행위를 통하여 환자의 건강회복과 증진에 성공하였더라도 상해죄의 구성요건을 실현시키는 행위임을 부인할 수 없다. 그러나 의사의 치료행위를 형사처벌할 수는 없으므로 위법성판단은 이러한 상황을 전제로 하여 필요한 것이다. 생각건대 환자의 건강회복과 증진을 위한 의사의 치료행위는 의사의 설명의무이행과 환자의 승낙을 전제로 정당화된다고 보아야 한다. 물론 업무로 인한 행위로 보아 정당화될 수도 있으나 이는 환자의 의사결정권을 무시하는 결과가 되기 때문에 타당하지 않다. 그리고 의사의 의료과실이나 정당하지 않은 시술행위는 환자의 승낙과 무관하게 정당화될 수 없다.[4)] 정당한 시술행위란 의학적 전문지식에 근거하여 일반적으로 인정된 원칙에 따른 치료방법(lege artis)을 의미한다. 구체적인 치료방법의 선택은 의사에게 달려 있으나 새로운 시술방법일수록 설명의무는 강화된다고 본다.

환자의 생명이 위급한 상황에서 환자나 보호자의 승낙을 받기가 불가능하거나 결정의 중대성으로 인하여 망설일 경우에 의사가 일방적으로 결정하고 시술을 한 경우에도 시술행위의 정당성이 인정되면 위법성이 조각된다고 보아야 한다. 그러나 이 경우에 만일 명시적인 거부의 의사표시에도 불구하고 시술을 한 경우에는 환자의 생명을 구하기 위하여 불가피한 선택이었음이 의학적으로 입증되더라도 위법성이 조각되지 않는다고 보아야 한다. 의사의

1) Wessels/Hettinger, BT/1, Rn. 325 참조.
2) 대판 1978. 11. 14, 78도2388.
3) 대판 1993. 7. 27, 92도2345.
4) Tröndle/Fischer, § 223 Rn. 9 a, c.

치료의무보다 환자의 자기결정권이 더욱 중요한 것이 그 이유이다.[1)]

본래적 의미의 치료행위와 달리 성형수술과 같은 소위 치료유사행위 역시 환자의 승낙[2)]을 전제로 하여 위법성이 조각된다.

3) 징계행위 징계권자의 징계행위라 할지라도 상해의 결과가 발생한 경우에는 정당화될 수 없다. 상해의 결과발생은 징계행위의 방법이 정당하지 않았다는 반증이며 이는 또한 징계권의 범위를 초과하였기 때문이다.[3)] 독일의 경우 교사의 체벌행위는 징계권의 범주에 포함시키지 않고 있다.[4)] 교사의 체벌이 교육적 효과가 있는가에 대해서는 논란이 많다. 생각건대 교사의 체벌행위는 이를 절대적으로 금지할 필요는 없으나 훈계의 의미를 지니는 상징적 수준에서 제한하는 것이 타당하다. 그러므로 상해의 결과를 초래한 체벌행위는 다른 학생을 구하기 위한 긴급상황이 아닌 한 상해죄에 해당한다.

(4) 죄수 — 살인죄와 상해죄의 관계

살인죄의 고의가 상해죄의 고의를 포함하는가에 대해서는 학설이 대립된다. 이원설에서는 살인죄와 상해죄는 상호 배척관계이므로 살인의 고의는 상해의 고의를 포함하지 않는다고 본다.[5)] 그러나 살인행위는 객관적으로 상해의 과정을 거쳐 진행되므로 살인의 고의는 상해의 고의를 포함한다고 본다(일원설). 그러므로 살인죄가 기수인 경우 상해죄(중상해죄도 포함)와 상상적 경합이 아니라 법조경합의 관계에 있게 된다.[6)]

(5) 특 별 법

「폭력행위 등 처벌에 관한 법률」은 특정한 행위방법에 의한 상해행위의 형을 가중하고 있다. 즉 상습적인 상해행위(제2조 제1항)는 3년 이상의 유기징역, 2인 이상이 공동하여 상해행위를 한 경우에는 제257조 제1항에 정한 형의

1) BGHSt 11, 111; 32, 378; Tröndle/Fischer, § 223 Rn. 9 t; Krey, BT/1, Rn. 211; Sch/Sch/Eser, § 223 Rn. 52; Roxin, Welzel-FS., 468; Schmitt, JZ 1985, 367; Wagner, 「Selbstmord und Selbstmordverhinderung」(1975), 55면 이하. 또한 BVerfGE 52, 131, 170.

2) 승낙의 방법 등에 관하여는 박상기, 형법총론, 피해자의 승낙 참조.

3) 판례 및 통설이다. 대판 1984. 6. 26, 84도603; 1991. 5. 14, 91도513.

4) Tröndle/Fischer, § 223 Rn. 13; Jakobs, AT, 16/35; Lackner/Kühl, § 223 Rn. 11; LK/Hirsch, § 223 Rn. 24; Roxin, AT, § 17 Rn. 38; Sch/Sch/Eser, § 223 Rn. 22; Wessels/Beulke, AT, § 9 Rn. 390.

5) Welzel, Strafrecht, 281. 또한 Tröndle/Fischer, § 211 Rn. 16도 살인의 고의가 상해의 고의를 포함한다고 보지만 예외를 인정한다(살인미수죄와 상해죄의 기수의 상상적 경합을 인정).

6) BGHSt 16, 122; 21, 265; 22, 248; LK/Hirsch, vor § 223 Rn. 14; SK/Horn, § 212 Rn. 31; Krey, BT/1, Rn. 237; Wessels/Hettinger, BT/1, Rn. 320; 김일수/서보학, 67면(보충관계); 임 웅, 60면(흡수관계).

2분의 1까지 가중한다(동조 제2항. 15년 이하의 징역). 또한 단체나 다중의 위력으로써 또는 단체나 집단을 가장하여 위력을 보임으로써 상해행위를 하거나 흉기 기타 위험한 물건을 휴대하여 상해행위를 한 경우에는 3년 이상의 유기징역에 처하며(제3조 제1항), 상습적으로 이를 범한 경우에는 무기 또는 7년 이상의 징역에 처한다(동조 제3항). 그리고 위에 규정된 위의 범죄를 목적으로 하는 단체 또는 집단을 구성하거나 그러한 집단 또는 단체에 가입한 자는 수괴는 사형, 무기 또는 10년 이상의 징역, 간부는 무기 또는 7년 이상의 징역, 그 외의 자는 2년 이상의 유기징역에 처한다(제4조). 이 경우에는 일반법인 형법의 적용이 배제된다(단체 또는 다중, 집단, 흉기 기타 위험한 물건의 의미에 관해서는 폭행죄 부분 참조).

또한 「특정범죄가중처벌 등에 관한 법률」에 따라 자기 또는 타인의 형사사건의 수사 또는 재판과 관련하여 고소·고발 등 수사단서의 제공, 진술, 증언 또는 자료제출에 대한 보복의 목적으로 상해를 한 때에는 1년 이상의 유기징역(동법 제5조의 9 제2항)에, 이로 인하여 사람을 치사한 때에는 무기 또는 3년 이상의 징역에 처한다(동조 제3항). 이 규정들은 형법의 폭행죄(제260조 제1항), 체포·감금죄(제276조 제1항), 협박죄(제283조 제1항. 다만 특가법 제5조의 9 제3항 제외)에도 동일하게 적용된다.

2. 중상해죄·존속중상해죄

> 제258조【중상해, 존속중상해】 ① 사람의 신체를 상해하여 생명에 대한 위험을 발생하게 한 자는 1년 이상 10년 이하의 징역에 처한다.
> ② 신체의 상해로 인하여 불구 또는 불치나 난치의 질병에 이르게 한 자도 전항의 형과 같다.
> ③ 자기 또는 배우자의 직계존속에 대하여 전2항의 죄를 범한 때에는 2년 이상의 유기징역에 처한다.
>
> 제265조【자격정지의 병과】 제258조의 경우에는 10년 이하의 자격정지를 병과할 수 있다.

(1) 의의 및 법적 성격

중상해죄는 사람의 신체를 상해하여 생명에 대한 위험을 발생하게 하거나, 불구에 이르게 하거나, 불치나 난치의 질병에 이르게 한 경우에 성립하는 범죄이다.[1] 존속중상해죄는 자기 또는 배우자의 직계존속에 대하여 중상해죄

1) Common law상으로는 병역의무를 지는 신민(臣民)의 전투력을 약화시킴으로써 국왕의 권리를 침해하는 범죄행위로 보았다(LaFave/Scott, Criminal Law, 696).

를 범함으로써 성립하는 가중적 구성요건이다.

본죄의 성격에 대해서는 ① 중한 결과발생이 과실에 의한 경우만을 포함한다는 진정결과적 가중범설과, ② 중상해 역시 상해의 개념에 포함되므로 본죄는 결과적 가중범이 아니라고 하는 고의범설,[1] 그리고 ③ 중상해의 결과를 과실로 발생하게 한 경우뿐만 아니라 고의에 의한 경우도 포함한다는 진정·부진정결과적 가중범설(통설),[2] ④ 진정결과적 가중범·부진정결과적 가중범 및 단순범설[3]이 있다.

생각건대 중상해의 결과를 과실로 발생시킨 경우로 제한할 필요가 없다고 본다. 즉 고의에 의한 상대적으로 가벼운 상해행위와 과실로 인한 중한 결과발생은 물론이고 고의적인 중상해행위를 포함한다고 보아야 한다(부진정결과적 가중범). 그렇지 않으면 고의적인 중상해행위를 처벌할 구성요건이 없기 때문이다. 고의적인 중상해행위란 자신의 상해행위로 인하여 중한 결과의 발생이 확실하다는 인식이 있는 경우를 의미한다.

> 구독일형법은 과실에 의한 중상해죄(Schwere Körperverletzung, § 224)와 형을 가중하는 고의적인 중상해죄(Besonders schwere Körperverletzung, § 225)를 구별하여 규정하고 있었으나 제 6 차 형법개정(1998. 1. 26)에 의하여 양 구성요건을 통합하는 중상해죄(§ 226, Schwere Körperverletzung)만을 결과적 가중범의 형태로 규정하고 있다. 이에 따르면 중상해는 시각·청각·언어능력의 상실 및 이에 대한 이식가능성을 상실한 경우, 신체중요부분의 상실 및 지속적 사용이 불가능한 경우, 중대한 신체변형 혹은 중환, 마비, 정신병이나 정신장애를 의미한다.

(2) 객관적 구성요건

본죄는 ① 생명에 대한 위험발생, ② 불구, ③ 불치나 난치의 질병이라는 결과를 발생시켜야 성립한다.

생명에 대한 위험이란 생명에 대한 구체적인 위험발생을 의미한다. 그러나 피해자가 사망한 경우에는 본죄가 아니라 상해치사죄(제259조)가 성립한다. 불구라 함은 신체의 중요부분(예: 사지, 생식기, 눈, 코, 귀)을 상실하는 것을 의미한다. 뿐만 아니라 시각장애, 언어장애, 생식기능장애를 일으킨 경우도 포함

1) 백형구, 49면; 이정원, 84면; 정성근/박광민, 53면.
2) 강구진, 66면; 김성돈, 61면; 김일수/서보학, 69면; 김성천, 581면; 김종원, 61면; 손동권, 43면; 오영근, 66면; 이재상, 53면; 이형국, 70면; 배종대, 104면; 임 웅, 61면; 정영일, 37면.
3) 김일수/서보학, 68면.

한다. 성행위가 가능하더라도 생식기능장애는 인정될 수 있다. 신체내부의 장기의 상실도 불구개념에 포함되는가에 대해서는 반대견해[1]도 있으나 이를 포함시켜야 한다.[2] 그러므로 피해자를 마취시켜 신장을 적출하는 행위는 중상해에 해당한다. 본죄의 목적은 생리적 기능을 보호하는 데 있으므로 불구의 개념도 외모중심이 아니라 기능중심으로 파악하여야 하기 때문이다. 신체의 중요부분 여하판단은 피해자 개인을 중심으로 하는 것이 아니라(예: 피아니스트나 속기사의 손가락) 객관적·독립적인 기능에 따른다.[3] 피해자의 개인적 사정은 민사상의 손해배상책임 산정시 참작될 수 있을 것이다. 치아가 빠진 것만으로는 불구에 해당하지 않는다고 보고 있으나[4] 일률적으로 판단할 것은 아니다. 그러므로 여러 개의 앞니가 빠진 경우에는 불구에 해당한다고 보는 것이 타당하다.[5] 불치나 난치의 병이란 예를 들면 AIDS와 같이 치료가능성이 거의 없거나 희박한 질병을 말한다.

> 미국법상 중상해에 해당하는 Mayhem의 객관적 구성요건으로는 절단(dismemberment), 불구(disablement), 외모변형(disfigurement)의 세 가지이다.[6] 즉 인간의 신체와 용모를 원래의 모습과 달리 변형시킨 행위는 중상해에 해당하는 것이다.

(3) 주관적 구성요건

본죄는 과실로 중상해의 결과를 발생하게 한 경우뿐만 아니라 고의로 중상해의 결과를 발생하게 하는 경우를 포함한다(부진정 결과적 가중범). 폭행의 고의로 중상해의 결과를 빚은 경우에도 본죄가 성립하는가에 대해서는 ① 폭행치사상죄(제262조)가 상해죄(제257조, 제258조, 제259조)의 예에 따라서 처벌되므로 폭행의 고의로도 본죄가 성립한다는 견해[7]와, ② 상해의 고의가 없으므로 폭행치상

1) 김성천, 585면; 김일수/서보학, 70면; 이재상, 53면; 정성근/박광민, 53면; BGHSt 28, 100; 이형국, 71면은 이를 불치 또는 난치의 질병개념에 포함시킨다.

2) 권오걸, 42면; 김성돈, 62면; 배종대, 106면; 백형구, 50면; 오영근, 70면; 이정원, 87면; 임 웅, 62면; 정영일, 38면; OLG Neustadt NJW 1961, 2076; Tröndle/Fischer, § 224 Rn. 4.

3) 배종대, 106면; 백형구, 50면; 이재상, 53면; 이정원, 80면; 임 웅, 62면; 정성근/박광민, 53면; Tröndle/Fischer, § 224 Rn. 4. 반대설은 김일수/서보학, 69면; LK/Hirsch, § 224 Rn. 9; Sch/Sch/Stree, § 224 Rn. 2.

4) 대판 1960. 2. 29, 4292형상413; 임 웅, 62면.

5) BGHSt 17, 161; Keith v. State, 89 Tex. Crim. 264, 232 S.W. 321(1921).

6) LaFave/Scott, Criminal Law, 696.

7) 유기천(상), 52면.

죄가 성립할 뿐이라는 견해[1]가 대립하고 있다. 폭행의 고의로 중상해의 결과가 발생한 경우에는 폭행치상죄가 성립하다고 보아야 한다. 상해죄와 폭행죄는 고의가 상이하기 때문이다. 이렇게 해석하더라도 제262조의 폭행치사상죄 규정이 제257조 내지 제259조에 의하여 처벌한다고 하고 있으므로 형량의 형평성은 유지된다.

3. 상해치사죄 · 존속상해치사죄

> **제259조【상해치사】 ① 사람의 신체를 상해하여 사망에 이르게 한 자는 3년 이상의 유기징역에 처한다.**
> **② 자기 또는 배우자의 직계존속에 대하여 전항의 죄를 범한 때에는 무기 또는 5년 이상의 징역에 처한다.**

(1) 의 의

본죄는 사람의 신체를 상해하여 사망하게 함으로써 성립하는 범죄이다. 상해행위에 대해서는 고의가 있으나 사망에 대해서는 고의가 없는 진정결과적 가중범이다. 사망에 대하여 고의가 있다면 이는 상해치사죄가 아니라 살인죄에 해당한다.

[판례] 피고인의 구타행위로 상해를 입은 피해자가 정신을 잃고 빈사상태에 빠지자 사망한 것으로 오인한 피고인은 자신의 행위를 은폐하고, 피해자가 자살한 것처럼 가장하기 위하여 피해자를 베란다 아래의 바닥으로 떨어뜨려 사망하게 한 사건. 대법원은 피고인에 대하여 포괄하여 단일의 상해치사죄를 인정하였다(대판 1994. 11. 4, 94도2361).

존속상해치사죄는 자기 또는 배우자의 직계존속의 신체를 상해하여 사망의 결과를 발생하게 하는 경우에 성립하는 범죄이다. 신분관계로 인하여 형이 가중되는 부진정신분범이다.

본죄는 미수범을 처벌하지 않는다.

(2) 객관적 구성요건

1) 인과관계와 객관적 귀속 본죄는 결과적 가중범이기 때문에 본죄가 성립하기 위해서는 상해와 사망 사이에 인과관계 및 객관적 귀속이 인정되어야 한다. 즉 상해행위가 없었더라면 사망의 결과가 발생하지 않았을 것

1) 김종원, 62면; 김일수/서보학, 71면; 배종대, 106면; 오영근, 68면; 이재상, 54면; 임 웅, 63면; 정성근/박광민, 55면.

이라는 인과관계가 인정되어야 하는 것이다. 이는 상해행위와 사망간의 관계를 접합시킴으로써 상해치사죄의 부당한 확대적용을 방지하는 기능을 한다.

상해와 사망간의 인과관계는 원인성을 그 내용으로 한다. 이는 일반적 인과관계만이 아니라 행위와 결과 사이의 밀접한 관련성을 의미하며, 동시에 원인행위는 구성요건적 결과발생의 위험성을 내포한 것을 말한다. 그러므로 상해행위 이후 ① 제 3 자의 개입행위(예: 의사가 상해를 입은 환자의 뇌출혈을 적시에 발견·치료하지 못하여 사망한 경우)[1]나, ② 피해자 스스로의 행위로 인하여 사망한 경우(예: 피해자가 자살한 경우. 독일판례는 상해행위를 피하려다가 고층에서 뛰어내려 사망한 경우에도 인과관계를 부인한다[2])에는 인과관계를 부인하는 것이 타당하다. 사망의 결과는 상해의 직접적인 결과로 인한 사망뿐만 아니라 상해행위에 수반한 사망도 직접성이 인정된다고 본다[3](예: 살해할 생각은 없이 권총으로 머리를 내려친 결과 권총가격(加擊) 때문이 아니라 방아쇠가 당겨져 사망한 경우, 임산부를 발로 걷어 차 낙태하게 하고 낙태로 유발된 심근경색증으로 사망하게 한 경우[4]).

생각건대 상해의 결과와 사망간의 직접성을 너무 엄격하게 요구하는 것은 문제가 있다. 상해행위에 수반하여서도 사망의 결과는 발생할 수 있기 때문이다. 이와 함께 상해죄의 보호법익인 신체의 완전성을 보호하기 위한 피해자의 탈출행위의 위험성을 감안할 필요가 있다. 자신의 신체가 상해행위로 인하여 사망의 위험에 처해 있다고 판단될 경우 피해자가 공포심이나 방어의식으로 인하여 반사행동을 보이는 것은 본능적이다. 예를 들면 반복되는 상

1) BGHSt 32, 28; BGH NStZ 1992, 333(피고인은 자기 애인과 깊은 관계를 맺고 있는 피해자와 말다툼 끝에 몸집이 큰 피해자에 대한 두려움 때문에 피해자의 머리를 망치로 쳐서 쓰러지자 사망한 것으로 오인하였다. 이 때 범죄현장에 우연히 나타난 피고인의 사촌은 자살을 위장하기 위하여 피해자의 목을 매달았으나 범죄사실을 은폐하기에는 부적당한 것으로 판단하고 결국 피고인과 함께 피해자를 저수지에 버려 사망하게 한 사건. 검시 결과 피해자는 몇 시간의 생존시간은 있었지만 망치에 의한 가격으로 사망이 불가피하였음이 입증되었다. 독일연방대법원은 피고인에게 상해치사죄를 인정함). 대법원도 피해자에 대한 의사의 수술지연이 사망의 공동원인이 되었다고 하더라도 피고인의 폭행행위로 인한 장파열 및 복막염이 사망의 결과에 대한 유력한 원인이 된 이상 폭행행위와 사망의 결과간에 인과관계를 인정할 수 있다고 보아 폭행치사죄를 인정하였다(대판 1984. 6. 26, 84도831).

2) BGH NJW 1971, 153(Rötzel-Fall); BGH MDR 1982, 103.

3) BGHSt 14, 112; 31, 96(Hochsitz-Fall); Tröndle/Fischer, § 226 Rn. 2; Krey, BT/1, Rn. 267; LK/Hirsch, § 226 Rn. 4; Sch/Sch/Stree, § 226 Rn. 5, 6; Wessels/Hettinger BT/1, Rn. 298; Wolter, JuS 1981, 168면.

4) 대판 1972. 3. 28, 72도296.

해행위를 피하기 위하여 높은 건물이나 달리는 자동차에서 뛰어내려 사망한 경우와 같이 중대한 상해행위의 위험 앞에서 이를 피하기 위한 행위로 인하여 직접 사망의 결과가 발생하였다면 직접성을 인정하는 것이 본죄의 보호목적에 비추어 타당하다.[1] 그러나 만일 피해자가 상해행위가 끝난 이후 시점에서 자신의 부주의가 원인이 되어 사망하였다면 직접성을 인정할 수 없다(예: 가해자로부터 도망쳐서 집으로 가던 도중 무단횡단을 하거나, 환자가 의사의 지시를 따르지 않아 사망한 경우).

상해의 피해자가 의사의 치료를 거부한 결과 사망의 결과가 발생하였더라도 양자 사이에는 인과관계가 인정된다.[2] 또한 사망의 결과는 직접 상해행위로 인한 경우뿐만 아니라 최초의 상해행위와 이에 뒤따르는 부작위에 의해서 발생할 수도 있다.

2) 과　　실　　사망의 결과는 고의의 상해행위와 과실행위에 의하여 발생하였어야 한다. 그러므로 과실범의 일반적 성립요건이 필요하다. 기본범죄를 범함으로써 이미 의무위반성이 인정되기 때문에 추가적으로 요구되는 것은 사망의 결과발생에 대한 예견가능성이다.[3] 예를 들면 만취한 사람에게는 예견가능성을 인정할 수 없다.

(3) 공범관계

대법원은 결과적 가중범의 공동정범을 인정하여 살인의 고의가 없는 상해죄의 공동정범은 사망의 결과가 발생하였더라도 살인죄의 공동정범이 아니라 상해치사죄의 공동정범이 된다고 한다.[4] 마찬가지로 대법원은 패싸움을 하던 중 한 사람이 칼로 찔러 상대방을 죽게 한 경우에 다른 공범자가 사망에 대한 결과인식이 없더라도 상해치사죄의 공동정범을 인정하였다.[5] 그러나 후자의 경우에는 사망에 대한 개별적인 과실 유무에 따라 각 행위자에게 독

1) Rengier, 「Erfolgsqualifizierte Delikte und verwandte Erscheinungsformen」(1986), 199, Jura 1986, 143; Sch/Sch/Stree, §226 Rn. 5; Wessels/Hettinger, BT/1, Rn. 301; Wolter, GA 1984, 443, JuS 1981, 168. 대법원도 폭행치사사건 등에서 이러한 원칙을 따르고 있다(대판 1990. 10. 16, 90도1786). 반대견해로는 김일수/서보학, 71면.

2) BGH NStZ 1994, 394.

3) BGHSt 24, 213; BGH NStZ 1982, 27; 86, 266, 97, 82; Tröndle/Fischer, §226 Rn. 3; Wessels/Hettinger, BT/1, Rn. 306.

4) 대판 1991. 5. 14, 91도580(상해·폭행 도중 공범 가운데 1인이 살인의 고의로 피해자를 살해한 사건에서 살인을 공모하거나 살인행위에 가담하지 않은 공범에게 상해치사죄를 인정).

5) 대판 1978. 1. 17, 77도2193.

립적으로 상해치사죄를 인정하는 것이 타당하다.[1] 과실범의 공동정범이란 인정될 수 없기 때문이다.

(4) 죄 수

피해자의 사망이 살인의 고의에 의한 것인지 상해의 고의에 의한 것인지가 불분명한 경우에는 상해치사죄와 살인미수죄의 상상적 경합이 인정된다는 견해[2]도 있으나 in dubio pro reo원칙에 따라 상해치사죄의 성립을 인정하는 것이 타당하다. 허용되지 않는 낙태시술이 의사의 과실로 잘못되어 임산부가 사망한 경우에도 낙태죄와 본죄는 상상적 경합관계에 해당한다고 보는 견해[3]도 있으나 이 경우에서는 낙태치사죄에 해당하며, 과실로 낙태하게 하여 임산부가 사망한 경우에 과실낙태는 처벌하지 않으므로 과실치사죄가 성립된다.

4. 동시범의 특례

第263조【동시범】 독립행위가 경합하여 상해의 결과를 발생하게 한 경우에 있어서 원인된 행위가 판명되지 아니한 때에는 공동정범의 예에 의한다.

(1) 의 의

2인 이상이 의사의 연락 없이 개별적으로 동시에 죄를 범한 경우를 동시범이라고 한다. 동시범은 의사의 연락이 없었다는 점에서 공동정범과 다르다. 그러므로 동시범의 경우에는 인과관계가 입증되면 원칙적으로 각자가 자기의 행위로 인한 결과에 대해서만 책임을 지게 된다. 그러나 결과발생의 원인이 된 행위가 밝혀지지 않은 경우에는 각 행위자를 미수범으로 처벌하여야 한다. 형법 제19조(독립행위의 경합)는 이러한 원칙을 규정하고 있다("동시 또는 이시(異時)의 독립행위가 경합한 경우에 그 결과발생의 원인된 행위가 판명되지 아니한 때에는 각 행위를 미수범으로 처벌한다").

제263조는 이에 대한 예외규정이다. 즉 2인 이상이 의사의 연락 없이 상해의 결과를 발생시켰으나 누구의 행위에 의하여 그러한 결과가 발생하였는지 알 수 없는 경우에 각자를 미수범(독립행위의 경합)이 아니라 상해기수의 공동정범으로 처벌하겠다는 것이다. 이는 후술하는 바와 같이 결과발생원인

1) 김성천, 589면; 김일수/서보학, 71면; 배종대, 109면; 이형국, 76면; 임 웅, 65면. 반면에 이재상, 56면은 사망결과를 예견할 수 있었을 경우에는 상해치사죄의 공동정범을 인정한다.
2) BGHSt 35, 305.
3) BGHSt 28, 16면 이하; Krey, BT/1, Rn. 289.

에 대한 검사의 입증책임의 어려움을 제거하기 위한 예외규정이라고 할 수 있다. 본조가 적용되기 위해서는 상해의 결과만 발생하면 되므로, 방법이 상해가 아닌 폭행에 의해 발생하였더라도(폭행치상) 본조는 적용된다.

본 규정의 문제점은 공동정범의 성립요건인 공동의 의사가 결여되어 있는 데도 공동정범으로 처벌된다는 점이다. 이 규정의 법적 성격에 대해서는 다음과 같은 학설의 대립이 있다.

(2) 법적 성격 및 입법취지

본조의 법적 성격에 관해서는 ① 공동정범에 관한 법률상의 책임을 추정한다는 **법률상 추정설**,[1] ② 소송법적으로는 거증책임의 전환규정이고, 실체법상으로는 공동정범의 범위를 확장시키는 일종의 공동정범의 의제라는 이원설,[2] 그리고 ③ 피고인에게 자기가 그 상해의 결과를 발생시킨 것이 아니라는 거증책임을 부담시킨다는 **거증책임전환설**[3]이 있다.

위 학설 가운데 공동정범에 관한 법률상의 추정이나 의제라고 보는 학설은 공동정범의 인정 여부가 사실관계의 문제라는 점에서 타당하지 않다. 그러므로 이 규정의 법적 성격은 상해 결과의 원인제공자에 대한 검사의 거증책임을 피고인에게 전환한다고 보는 거증책임전환설이 가장 타당하다. 그러므로 본 규정은 일종의 편의규정인 셈이다. 이는 집단폭행과 같이 여러 사람에 의한 상해나 폭행치상의 경우에는 누구에 의하여 상해의 결과가 발생하였는지를 밝히기가 어렵다는 데에 기인한다. 이에 따라 이러한 행위에 가담한 사실만으로 공동정범을 인정하는 것이다. 이 규정에 대해서는 형벌권을 확장시키므로 폐지되어야 한다는 견해도 있다.[4] 그러나 개별적인 폭행과 집단폭행에 가담한 사실은 다르게 취급하는 것이 타당하다고 본다. 집단폭행에의 가담은 중대한 신체상의 위험발생을 예견할 수 있다는 점에서 가담사실 자체만으로도 통상적인 폭행보다 가중적인 형사처벌의 필요성이 있기 때문이며 이 규정은 이 점을 반영하고 있는 것이다.

---

1) 강구진, 70면.
2) 김종원, 64면; 이형국, 66면; 정성근/박광민, 57면; 정영석, 232면.
3) 김성천, 593면; 오영근, 81면; 이재상, 58면; 임 웅, 67면. 김일수/서보학, 73면은 본조가 제19조에 의할 때 부득이 생기는 처벌의 흠결을 피하기 위해 과실부분에 제한적으로 인정하는 것으로서 이를 「제한적 거증책임전환설」이라 한다.
4) 배종대, 112면; 백형구, 52면; 오영근, 84면; 이정원, 90면; 이형국, 67면.

독일형법(Beteiligung an einer Schlägerei, § 231)은 싸움(판례는 3인 이상을 요구한다)이나 한 사람에 대한 다수인의 공격에 가담하여 중상해나 사망의 결과가 발생하면 가담사실만으로 3년 이하의 자유형 혹은 벌금형으로 처벌한다. 이 경우의 가담행위는 형법상의 공범관계를 의미하는 것이 아니라 일상적인 의미이다.

(3) 적용요건

1) 독립행위의 경합 본조의 행위는 두 사람 이상에 의한 상해행위가 상호 의사의 연락 없이 동일객체에 대하여 행하여지는 것이다. 상호 의사의 연락이 있으면 공동정범에 해당하며 동시범이 아니다.[1] 독립행위가 행하여지는 시간은 동일하거나 근접하여야 한다는 견해[2]와 이시의 독립행위도 무관하다는 견해[3]가 있다. 미수범으로 처벌하는 제19조는 동시 또는 이시의 독립행위도 포함하고 있으나 공동정범으로 처벌하는 본조는 이러한 규정이 없으므로 제한적으로 해석하는 전설의 입장이 타당하다. 이는 집단적 가해행위에 가담하는 자에게 결과책임을 묻는다는 본조의 성격과도 부합한다.

2) 상해의 결과발생 상해행위나 폭행행위에 의하여 상해의 결과가 발생하여야 한다.

3) 원인행위의 불판명 상해의 원인이 된 가해행위의 행위자가 판명되지 않아야 한다. 가해행위를 한 것 자체가 분명하지 않은 사람에 대하여는 동시범 규정을 적용할 수가 없다.[4]

(4) 동시범 특례규정의 적용범위

동시범의 특례규정은 상해죄와 폭행치상죄(폭력행위 등 처벌에 관한 법률 포함)에 적용된다. 그 밖에 폭행치사죄나 상해치사죄의 경우에도 원인된 행위가 판명되지 아니한 경우에 본 규정을 적용할 것인가에 대해서 판례는 긍정하고 있다.[5] 그러나 이러한 확대적용은 법률해석의 한계를 넘어서기 때문에

1) 대판 1985. 12. 10, 85도1892(피해자의 몸에서 잡귀를 물리친다면서 1984. 2. 25, 21:00경부터 그 다음날 09:00경까지 처음에는 4명의 피고인이, 그리고 그 후 각각 2명의 피고인이 참여하여 피해자의 뺨 등을 때리고 팔과 다리를 붙잡고 배와 가슴을 손과 무릎으로 힘껏 누르고 밟는 등 하여 복강내출혈 등으로 사망하게 한 사건에서 비록 피해자의 사망원인이 된 행위가 어느 피고인의 행위인지 명확하게 판명되지는 아니하였다고 하더라도 상호 공동가공의 의사를 인정할 수 있으므로 동시범이 아니라 공동정범에 해당한다고 판시하였다).

2) 강구진, 72면; 김성돈, 68면; 김종원, 63면; 임 웅, 68면; 정성근/박광민, 61면.

3) 대판 1981. 3. 10, 80도3321; 2000. 7. 28, 2000도2466; 권오걸, 49면; 김일수/서보학, 75면; 배종대, 114면; 백형구, 53면; 이재상, 59면; 이정원, 91면; 이형국, 66면.

4) 대판 1984. 5. 15, 84도488.

5) 대판 1970. 6. 30, 70도991; 1981. 3. 10, 80도3321; 1985. 5. 14, 84도2118.

금지되어야 한다.[1] 학설(통설) 및 판례는 강간치상죄나 강도치상죄의 경우에는 본 규정을 적용하지 않는다.[2] 이는 이들 범죄행위가 보호법익과 행위의 태양을 달리하기 때문에 당연하다고 하겠다.

5. 상습상해 · 존속상해 · 중상해 · 존속중상해죄

> 第264조【상습범】 상습으로 제257조, 제258조, 제260조 또는 제261조의 죄를 범한 때에는 그 죄에 정한 형의 2분의 1까지 가중한다.
> 第265조【자격정지의 병과】 제257조 제 2 항, 제258조, 제260조 제 2 항, 제261조 또는 전조의 경우에는 10년 이하의 자격정지를 병과할 수 있다.

본죄는 상습으로 상해죄, 존속상해죄, 중상해죄, 존속중상해죄를 범하는 경우에 성립한다. 그러나 형법상의 상습상해죄는 후술하는 바와 같이 폭력행위 등 처벌에 관한 법률 제 2 조 제 1 항에 의하여 처벌(3년 이상의 유기징역)되므로 형법규정은 적용되지 않는다.

상습성이란 행위자의 습벽으로 인하여 동종의 행위를 반복적으로 범하는 것을 말한다. 그러나 상습성을 근거로 형을 가중하는 것은 성격적으로 형성된 의지박약, 성격이상 등과 같이 개인에게 책임을 돌릴 수 없는 인격적 측면을 무시하고 행위 결과만을 중시하는 결과책임의 산물이라는 점에서 책임주의와 배치되므로 정당화되기 어렵다. 또한 상습범에 대한 형의 가중만으로는 형사정책적인 측면에서 효과적인 범죄예방대책이라고 볼 수도 없다. 이들에게는 오히려 가중적인 형사처벌 대신 보안처분의 방법에 의하여 성격교정이나 사회적응훈련을 시키는 것이 합리적인 방안이 될 것이다. 이러한 점에서 형법상의 상습범규정은 원칙적으로 폐지하는 것이 타당하다.[3]

상습범은 누범과는 다르다. 누범이란 범죄의 유형이나 질을 불문하고 범죄의 반복적 수행이라는 형식적 요건만 갖추어지면 인정되는 형법적 개념이다. 그러므로 누범전과가 없더라도 상습범은 인정될 수 있기 때문에 상습범

---

1) 강구진, 71면; 김성돈, 69면; 김성천, 595면; 백형구, 54면; 오영근, 77면; 이재상, 60면; 배종대, 105면; 이형국, 66면; 임 웅, 69면. 이재상, 60면은 폭행치사죄의 경우에는 적용되지 않으나 상해치사죄의 경우에는 결과적 가중범의 공동정범으로 보아 적용이 가능하다고 본다. 또한 김일수/서보학, 76면도 마찬가지이다.

2) 대판 1984. 4. 24, 84도372.

3) 이러한 입장에서 상습범 규정을 폐지한 「형법개정법률안」의 태도는 타당하다(법무부, 「형법개정법률안 제안이유서」, 123면).

이라 하여 반드시 누범이 되는 것이 아니고, 반대로 누범이라고 하여 반드시 상습범이 되는 것도 아니다.

판례와 학설에서는 상습범을 집합범으로서 포괄일죄의 관계로 본다.[1] 그러나 이론적으로는 상습성이라는 특수한 범죄성향을 지닌 자에게 오히려 특혜를 부여하는 결과가 되므로, 경합범에 해당한다는 견해[2]가 타당하다. 문제는 상습범에 대한 가중처벌이 타당하지 않은 상황에서 이를 경합범으로 볼 경우에는 특별법(폭력행위 등 처벌에 관한 법률 제 2 조 제 1 항)에 의한 형벌가중을 하고 있음에도 불구하고 이중으로 형벌을 가중하는 결과가 되기 때문에 경합범이 아니라 포괄일죄로 처리하는 것이 합리적인 해결책이라고 본다.[3]

Ⅲ. 暴行의 罪

Ⅰ. 폭행죄 · 존속폭행죄

제260조【폭행, 존속폭행】 ① 사람의 신체에 대하여 폭행을 가한 자는 2년 이하의 징역, 500만원 이하의 벌금, 구류 또는 과료에 처한다.
② 자기 또는 배우자의 직계존속에 대하여 제 1 항의 죄를 범한 때에는 5년 이하의 징역 또는 700만원 이하의 벌금에 처한다.
③ 제 1 항 및 제 2 항의 죄는 피해자의 명시한 의사에 반하여 공소를 제기할 수 없다.

제265조【자격정지의 병과】 제260조 제 2 항의 경우에는 10년 이하의 자격정지를 병과할 수 있다.

(1) 객관적 구성요건

폭행죄는 사람의 신체에 대하여 폭행을 함으로써 성립하는 범죄이다.

1) 행위객체 사람의 신체에 대하여 폭행을 가하여야 한다. 대한민국에 체재하는 외국원수에 대한 폭행의 경우에는 외국원수에 대한 폭행죄(제107조 제 1 항)가 성립한다. 또한 대한민국에 파견된 외국사절에 대한 폭행의 경우에도 외

---

1) 대판 1990. 2. 13, 89도2377; 강구진, 73면; 김종원, 65면; 김일수/서보학, 91면; 배종대, 128면; 손동권, 69면; 백형구, 55면; 오영근, 72면; 이재상, 72면; 이형국, 78면; 임 웅, 70면; 정성근/박광민, 63면; 진계호, 총론, 499면. 또한 판례는 존속폭행과 상해를 상습으로 범한 경우에도 법정형이 중한 상습존속상해죄에 나머지 행위들을 포괄시켜 일죄로 본다(대판 2003. 2. 26, 2002도7335).

2) 이재상, 72면.

3) 대판 1981. 4. 14, 81도69.

국사절에 대한 폭행죄(제108조 제1항)가 성립한다.

존속폭행죄의 행위객체는 자기 또는 배우자의 직계존속이다(부진정 신분범). 이는 신분관계로 인하여 책임이 가중되는 구성요건이다.

2) **행위방법** 행위방법은 폭행이다. 폭행죄에서의 폭행이라 함은 사람의 신체에 대한 유형력의 행사라고 정의할 수 있다.

독일에서 폭행(Gewalt)개념은 강요죄(Nötigung, § 240)를 중심으로 다음과 같이 발전되어 왔다.[1)]

① **신체적 유형력의 행사로서의 폭행개념:** 이에 따르면 폭행은 피해자에 대한 효과를 기준으로 하여 판단하는 것이 아니라 유형력을 행사하는 행위자의 공격행태를 중심으로 하여 판단한다. 그 결과 마취제를 사용하는 것은 폭력행사에 포함되지 않는다고 보았으나[2)] 차츰 유형력행사가 피해자에게 미치는 효과를 중심으로 폭행 여부를 판단하기 시작하였다.[3)]

② **유형력행사의 효과를 중심으로 하는 폭행개념:** 행위자에 의한 행위의 태양이 아닌 피해자에 대한 효과기준의 폭행개념이다. 이에 따르면 폭행은 반드시 유형력을 행사하지 않더라도 상대방의 반항을 제압할 수 있는 수단을 사용하면 인정된다고 본다. 즉 행위자가 유형력을 행사하지 않고도 상대방의 반항을 제압하는 효과를 거둘 수 있다면 폭행에 해당한다는 것이다. 그러므로 상대방을 신체적 힘으로 제압하지 않더라도 폭행을 인정한다.[4)]

③ **심리적 폭력을 포함하는 폭행개념:** 예를 들어 도로상이나 건물 출입구에서의 연좌농성(Sitzstreik)과 같이 심리적 강제력을 행사하는 경우도 폭행에 해당한다고 보는 견해이다.[5)] 폭행의 요건으로서 물리적 요소를 포기한 Knodel[6)]에 의하여 주장된 견해로서 관념화된 폭행개념이라고 할 수 있다. 그러므로 예를 들면 폭행의 개념을 무형력(예: 소음)까지 확대할 수도 있다고 본다.

오늘날 폭행개념에 대한 독일에서의 이론적 경향은 한편으로는 신체적 유형력을 다시 강조하는 견해[7)](위 ①의 폭행개념)와 심리적 폭력을 인정하는 견해[8)](위 ③의 폭행개념)로 분류할 수 있다. 그러나 최근 독일연방헌법재판소는 연좌농성의

1) Krey, BT/1, Rn. 330 이하; Wessels/Hettinger, BT/1, Rn. 383 이하 참조.
2) RGSt 72, 349; Frank, § 240 Anm. I 1.
3) RGSt 60, 158; 66, 355.
4) GHSt 1, 145(Chloräthyl-Fall); Tröndle/Fischer, § 240 Rn. 6; Krey, Zum Gewaltbegriff, 1. Teil, Rn. 95(BKA Reihe); Lackner/Kühl, § 240 Rn. 6.
5) BGHSt 23, 46, 54(Laepple-Fall); OLG Stuttgart NStZ 1988, 129.
6) Knodel, 「Der Begriff der Gewalt im Strafrecht」(1962), 25 및 59 이하. 같은 견해로는 Sch/Sch/Eser, vor § 234 Rn. 6, 15-17; SK/Horn, § 240 Rn. 9; Maurach, Heinitz-FS.(1972), 409 이하.
7) BGHSt 23, 127; BGH NStZ 1982, 158.
8) BGHSt 34, 77; BayObLG JZ 1986, 405; OLG Düsseldorf NStZ 1986, 267.

폭행성을 부인함으로써 과거의 판례[1]를 번복하고 유형력행사를 중시하는 태도를 취하고 있다.[2]

형법상 폭행개념에 대해서 학설은 다음과 같이 구분하고 각 구성요건의 해석시 해당되는 개념을 적용하고 있다.[3]

(i) **최광의의 폭행** 폭행의 대상이 사람이든 물건이든 불문하고 유형력을 행사하는 모든 경우를 폭행으로 본다. [예] 소요죄(제115조), 다중불해산죄(제116조).

(ii) **광의의 폭행** 사람에 대한 직접적이거나 간접적인 유형력의 행사를 폭행으로 보는 경우이다. [예] 공무집행방해죄(제136조), 특수도주죄(제146조), 강요죄(제324조).

(iii) **협의의 폭행** 사람의 신체에 대한 유형력의 행사를 폭행으로 보는 경우이다. [예] 폭행죄(제260조), 인신구속에 관한 직무를 행하는 특별공무원의 폭행 · 가혹행위죄(제125조).

(iv) **최협의의 폭행** 상대방의 반항을 불가능하게 하거나 현저히 곤란하게 할 정도의 유형력의 행사를 폭행으로 보는 경우이다. [예] 강도죄(제333조).

그러나 이상과 같은 폭행개념의 분류는 너무 도식적이어서 형법상의 폭행개념을 위에 열거한 개념범주 내에 포함시키는 것은 무리이다. 왜냐하면 형법에서 사용되는 폭행은 용어의 동일성에도 불구하고 각각 서로 다른 개념이라고 보아야 하기 때문이다. 예를 들어 최광의의 폭행에서 물건에 대한 폭행이란 언어적 의미로는 손괴행위를 의미하는 것이지 폭행이라고는 볼 수 없다. 또한 폭행개념은 신체적 유형력의 직접적인 행사 자체를 의미하던 것에서 점차 그 효과를 중심으로 파악하면서 동시에 심리적 폭행형태까지도 포함시키는 경향에서 볼 수 있듯이 사회변화에 따라 개념의 폭이 바뀔 수 있는 신축적 개념이다. 그런데도 위의 분류방법은 폭행의 정도나 내용을 중심으로 하기보다는 폭행의 대상을 중심으로 분류하는 방식을 취하고 있기 때문에 접근방법상의 오류를 내포하고 있는 것이다. 위의 분류방법이 안고 있는 또 다른 문제점은 최광의의 폭행개념은 논리적으로 최협의의 폭행개념을 포함하는

---

1) BVerfGE 73(1986), 239('Mutlangen').

2) BVerfG NJW 1995, 1141.

3) 김일수/서보학, 79면; 백형구, 57면; 이재상, 61면; 이형국, 80면; 임 웅, 71면; 정성근/박광민, 61면 등. 이러한 분류방법은 일본학계의 일반적 경향이다(大谷 實, 「刑法講義」(各論), 42면; 牧野, 「刑法各論」(상), 31면; 大村, 「刑法各論」, 18면 등).

것이어야 하나 실제로는 그러하지 않다는 점이다. 그러므로 형법상의 폭행개념은 각각의 구성요건을 중심으로 하여 파악하는 것이 구성요건해석상 타당하다고 본다.[1)]

폭행죄에서의 폭행개념은 사람에 대하여 육체적·정신적 고통을 가하는 행위로 볼 수 있기 때문에 물리적인 폭행과 심리적인 폭행을 모두 포함한다.[2)] 전자는 유형력이 피해자의 신체에 직접적으로 영향을 미치는 경우이지만 사람의 신체에 대한 직접적인 접촉을 요건으로 하지는 않는다.[3)] 그러므로 빛이나 열, 전기 등에 의한 가해행위, 피해자를 마취시키거나 묶어 놓는 행위 또는 붙잡고 있는 경우는 물론 상대방에 대한 과도한 소음,[4)] 반복적인 야간의 전화걸기[5)]도 유형력의 행사에 포함된다고 보아야 한다. 그리고 피해자에게 공포심을 유발시키는 행위나 폭언은 심리적 유형력의 행사에 해당한다. 판례는 폭행죄에서 유형력의 행사는 신체적 고통을 주는 물리력의 작용을 의미하므로 신체의 청각기관을 직접적으로 자극하는 음향도 경우에 따라서는 유형력에 포함될 수 있다는 입장이다. 그러므로 거리상 멀리 떨어져 있는 사람에게 전화기를 이용하여 전화하면서 고성을 내거나 그 전화 대화를 녹음 후 듣게 하는 경우에는 특수한 방법으로 수화자의 청각기관을 자극하여 그 수화자로 하여금 고통스럽게 느끼게 할 정도의 음향을 이용하는 경우에 유형력의 행사에 해당한다고 보고 있다.[6)] 한편 폭행은 피해자의 인식을 전제로 하지 않는다. 그러므로 의식불명상태에 있는 자에 대한 폭행도 인정된다.[7)]

(2) 주관적 구성요건

폭행죄와 상해죄를 구별하고 있는 구성요건의 체계상 폭행의 고의가 있어야 한다. 즉 사람에 대하여 육체적·정신적 고통을 가한다는 인식과 의사가 있으면 폭행죄의 고의는 인정된다. 그러므로 판례는 비록 안수기도(환자의 병을 낫게 하여 달라고 기도하는 일종의 종교행위)의 방법으로 유형력을 행사하였다고 하더라도 그것이 지나쳐서 사망에 이르게 한 정도의 것이면 폭행의

1) 폭행개념의 분류방법에 대한 비판으로는 오영근, 「형법상 폭행의 개념」, 형사법연구(1995), 125면 이하.
2) 김성천, 597면; 강구진, 77면. 반대견해로는 백형구, 59면; 이정원, 94면; 임 웅, 72면.
3) 대판 1972. 11. 28, 72도2201.
4) 이재상, 62면; OLG Koblenz ZMR 1965, 223.
5) LG Hamburg MDR 1954, 630.
6) 대판 2003. 1. 10, 2000도5716.
7) BGHSt 4, 210; 16, 341; 25, 237.

고의가 인정되며 적법행위로 오인하였더라도 정당성을 인정할 수 없다고 판시하였다.[1)]

상해의 고의로 폭행의 결과를 발생시킨 경우에는 폭행죄가 아니라 상해미수죄(제257조 제 3 항)가 성립한다. 반대로 폭행의 고의로 상해의 결과를 발생시킨 경우에는 상해죄가 아니라 폭행치상죄(제262조)가 성립한다.

(3) 반의사불벌죄

폭행죄 및 존속폭행죄는 피해자의 명시한 의사에 반하여 공소를 제기할 수 없다(제260조 제 3 항). 처벌을 희망하는 의사표시가 없거나 피해자의 의사가 불분명한 경우에는 공소를 제기할 수 있다. 그러나 공소가 제기된 이후에 처벌을 원하지 않는다는 피해자의 의사표시가 있거나 고소취소 등의 방법으로 처벌희망의 의사표시를 철회하면 법원은 판결로써 공소기각의 선고를 하여야 한다(형사소송법 제327조 제 6 호). 그러나 「폭력행위 등 처벌에 관한 법률」 제 2 조 제 2 항(2인 이상이 공동), 제 3 항(누범)에 해당하는 폭행은 반의사불벌죄가 아니다.

2. 특수폭행죄

> **제261조【특수폭행】** 단체 또는 다중의 위력을 보이거나 위험한 물건을 휴대하여 제260조 제 1 항 또는 제 2 항의 죄를 범한 때에는 5 년 이하의 징역 또는 1 천만원 이하의 벌금에 처한다.
>
> **제265조【자격정지의 병과】** 제261조의 경우에는 10년 이하의 자격정지를 병과할 수 있다.

단체나 다중의 위력으로서 또는 단체나 집단을 가장하여 위력을 보임으로써 제 2 조 제 1 항에 열거된 죄를 범한 자 또는 흉기 기타 위험한 물건을 휴대하여 그 죄를 범한 자는 3 년 이상의 유기징역에 처한다(폭력행위 등 처벌에 관한 법률 제 3 조 제 1 항).
상습적으로 위의 죄를 범한 자는 무기 또는 7 년 이상의 징역에 처한다(동조 제 3 항).

(1) 의　　의

특수폭행죄는 단체 또는 다중의 위력을 보이거나 위험한 물건을 휴대하여 사람의 신체에 대하여 폭행을 가함으로써 성립하는 범죄이다. 이 죄는 단체 또는 다중이나 위험한 물건의 사용이라는 행위방법으로 인하여 불법이 가중되는 범죄이다.

그러나 형법상의 특수폭행죄는 구성요건이 동일한 「폭력행위 등 처벌에

1) 대판 1994. 8. 23, 94도1484(폭행치사죄 인정).

관한 법률」 제 3 조 제 1 항(집단적 폭행)이 특별법으로서 우선 적용되기 때문에 무용한 규정이다. 다만 구성요건은 양자가 동일하므로 아래에서 설명하는 개념은 폭력행위 등 처벌에 관한 법률상의 구성요건에 대한 설명이 된다. 동시에 이 개념은 동법 제 2 조 및 제 3 조가 규정하고 있는 상해죄, 체포·감금죄, 협박죄, 주거침입·퇴거불응죄, 강요죄, 공갈죄, 손괴죄에도 해당된다.

(2) 구성요건

1) 단체 또는 다중의 위력 단체란 공동의 목적을 가진 다수의 자연인이 계속적으로 결합된 조직체를 말한다. 조직의 목적이 불법하지 않고 정당하더라도 상관없으며 법령에 근거하여 조직될 필요도 없다. 그러므로 예를 들어 선거기간중 특정지역을 비난하는 발언을 한 후보자를 그 지역의 향우회 회원이 자신의 신분을 밝히고 폭행을 하는 경우 혹은 자신들의 교내조직에서 이탈한 학생을 조직선배가 불러 폭행하는 경우는 모두 특수폭행죄에 해당한다. 반대로 사람들의 일시적인 집합체는 군중에 불과할 뿐 단체가 아니다.

다중이란 단체를 이루지 못한 다수인의 단순한 집합을 의미한다. 단체와 다른 점은 비조직적인 점, 집합이 일시적인 점, 다수인이 폭행현장에 현존하여야 한다는 점, 공동의 목적이 필요 없다는 점이다. 다중을 구성할 인원수는 집단적 위력을 보일 수 있는 정도로서 구성원의 성별·연령·행위시의 상황 등 구체적인 경우에 따라 판단한다.

위력을 보인다라고 함은 단체 또는 다중이 사람의 의사를 제압할 만한 세력을 상대방에게 인식시키는 것을 의미한다.[1] 그러나 현실적인 제압 여부는 문제되지 않는다. 위력을 보이는 방법은 단체의 일원임을 알리는 것 또는 다중의 현존함을 인식시키는 것 등이다.

위력을 보이는 현장에 단체 또는 다중이 현존함을 필요로 하는가에 대해서는 견해가 나뉜다. 적극설에서는 합동범과 동일하게 해석하여야 하므로 위력을 보이기 위하여서는 현장에 단체 또는 다중이 있어야 한다고 주장한다.[2] 반면에 소극설에서는 본죄는 단체 또는 다중 그 자체를 보이는 것뿐만 아니라 행위자의 배후에 있는 그들의 위력을 보인다는 점, 합동범은 2인 이상이

1) 대판 1960. 10. 12, 4293형상668.
2) 백형구, 63면; 유기천(상), 59면.

합동하여 범죄를 공동으로 실현하는 것임에 반하여 본죄는 위력을 인식시키면서 하는 폭행이지 범행의 공동실행까지를 요구하는 것은 아니라는 점을 들어 단체 또는 다중이 현존할 필요는 없다고 본다.[1]

그러나 이는 단체의 위력을 보이는 경우와 다중의 위력을 보이는 경우를 분리하여 판단하여야 한다. 단체는 기술한 바와 같이 계속적 결합체이다. 그러므로 단체의 일원임을 밝히는 상황에서 상대방은 조직의 지속성으로 인하여 심리적 위압감을 느끼게 될 것이며, 이 경우에는 단체의 구성원 모두가 현장에 있을 필요는 없다. 반면에 다중이란 일시적인 다수인의 집합체에 불과하므로 이들의 일원이 폭행을 하는 경우에는 다중이 폭행에는 가담하지 않더라도 현존하는 상황이어야 할 것이다. 단체나 조직의 일원임을 가장하여 폭행한 경우에는 폭력행위등처벌에관한법률 제 3 조 제 1 항에 의하여 처벌된다.

2) 위험한 물건의 휴대 본죄 및 특수상해죄 등(폭력행위 등 처벌에 관한 법률 제 2 조, 제 3 조 제 1 항)에서 사용되는 개념인 위험한 물건이라 함은 사람의 생명·신체에 해를 가하는 데 이용될 수 있는 일체의 물건을 지칭한다. 위험성은 물건의 객관적 상태나 본래의 용도뿐만 아니라 사용방법(예: 종이공작용 가위를 휘두르며 공격하는 경우)과 사용되는 신체의 부위에 의해서도 결정된다. 또한 상대방이나 제 3 자가 위험성을 느끼는가의 여부도 판단기준이 된다. 그러므로 반드시 권총이나 칼처럼 기술적 의미의 무기가 아니더라도 위험한 물건에 해당할 수 있다. 예를 들면 술병, 각목, 쇠파이프, 날카롭게 끝을 갈아 놓은 연탄집게, 직경 10cm 가량의 돌,[2] 가스총[3] 의자와 당구 큐대[4] 혹은 염산,[5] 초산, 최루가스와 같은 화학물질이나 개[6] 등과 같은 동물도 포함된다. 경우에 따라서는 군화도 위험한 물건에 해당할 수 있다(예: 쓰러진 상대방의 안면을 군화를 신고 걷어차는 경우). 그러나 행위자의 신체(예: 주먹이나 발)는 해당되지 않는다.[7]

---

1) 강구진, 82면; 김성천, 112면; 김종원, 84면; 김일수/서보학, 84면; 배종대, 122면; 오영근, 91면; 이재상, 67면; 이형국, 86면; 임 웅, 79면.
2) 대판 1995. 11. 24, 95도2282.
3) BGHSt 4, 125.
4) 대판 1997. 2. 25, 96도3346.
5) BGHSt 1, 1.
6) BGHSt 14, 152.
7) BGH GA 1984, 125.

위험한 물건은 가동물(可動物)에 제한된다.[1] 물건이라는 용어의 의미에는 불가동물(不可動物)은 포함되지 않는다고 보는 것이 해석상 타당하고, 또한 가동물만이 휴대가 가능하기 때문이다. 그러므로 상대방을 시멘트벽에 부딪히는 것은 위험한 물건을 사용한 것이라고 볼 수 없다(이로 인하여 만일 피해자가 사망한 경우에는 제262조를 적용하면 되므로 형사정책적인 문제점도 없다).

휴대한다는 것은 위험한 물건을 몸에 지닌다는 것을 의미한다. 흉기를 몸속에 감추는 경우처럼 휴대사실을 상대방에게 인식시킬 필요는 없다는 것이 판례와 통설의 입장이다.[2] 그러나 본죄를 가중처벌하는 것은 위험한 물건을 사용하거나 혹은 휴대사실을 상대방이 인식하도록 하는 데에 있으므로「휴대하여」를「보여」로 고치는 것이「단체 또는 다중의 위력을 보이거나」로 규정한 것과 균형이 맞고 입법론적으로도 타당하다고 본다.[3]

[판례] ① "폭력행위 등 처벌에 관한 법률 제 3 조 제 1 항에서 정한 '위험한 물건'의 위험성 여부는 구체적인 사안에서 사회통념에 비추어 그 물건을 사용하면 상대방이나 제 3 자가 곧 살상의 위험을 느낄 수 있는지 여부에 따라 판단하여야 한다."[4]
② 위험한 물건을 휴대하여 폭행을 가한 것으로 본 사례: "폭력행위 등 처벌에 관한 법률 제 3 조 제 1 항 소정의 위험한 물건을 '휴대하여'라는 말은 소지뿐만 아니라 널리 이용한다는 뜻도 포함하는 것인바, 피고인이 고속도로상에서 승용차로 피해자가 타고 가는 승용차 뒤를 바짝 따라붙어 운전을 방해하고, 피고인 차량을 피해자 차량 앞으로 몰고 가 급제동을 하여 피해자로 하여금 충돌을 피하기 위하여 급제동하거나 급차로 변경을 하게 하고, 피고인 차량을 피해자 차량의 옆으로 바짝 밀어붙여 피해자로 하여금 중앙분리대와 충돌할 위험에 처하게 하고, 피해자가 고속도로를 빠져나가려 하자 진로를 가로막아 빠져나가지 못하게 하였다면, 이는 위험한 물건인 자동차를 이용하여 피해자를 폭행한 것이라고 하지 않을 수 없다(대판 2001. 2. 27, 2001도271)." 이 판례는 휴대하여라는 구성요건의 의미를 이용하여라는 포괄적인 의미로 해석하고 있는데, 구성요건의 본래취지에 부합되는 해석으로서 죄형법정주의 원칙상 허용되지 않는 확장해석은 아니다. 이 구성요건에서 중요한 것은 위험한 물건이 폭행에 사용되었는지 여부이며, 행위자가 어떠한 방법으로 그 물건을 소지하고 있는지는 중요한 사안이 아니기 때문이다.

---

1) BGHSt 22, 235; BGH NStZ 1988, 361; Krey, BT/1, Rn. 250; Wessels/Hettinger, BT/1, Rn. 274. 반대로 불가동물도 포함된다는 견해는 Maurach/Schroeder/Maiwald, Bd. 1, 9/15; Sch/Sch/Stree, § 223 a Rn. 4; SK/Horn, § 223 a Rn. 13; Welzel, Strafrecht, 292면.
2) 대판 2004. 6. 11, 2004도2018; 강구진, 83면; 김일수/서보학, 86면; 김종원, 70면; 배종대, 113면; 유기천(상), 58면; 이재상, 69면; 이형국, 91면; 정성근/박광민, 68면.
3) 강구진, 84면; 백형구, 64면; 임 웅, 78면.
4) 대판 2003. 1. 24, 2002도5783; 1999. 11. 9, 99도4146; 1998. 2. 27, 97도3421.

3. 폭행치사상죄

第262조 【폭행치사상】 전 2 조의 죄를 범하여 사람을 사상(死傷)에 이르게 한 때에는 제257조 내지 제259조의 예에 의한다.

본죄는 폭행 · 존속폭행 또는 특수폭행의 고의로 사람을 폭행하여 사상에 이르게 한 경우에 성립하는 결과적 가중범이다. 그러므로 결과적 가중범에 관한 일반이론이 적용되며, 상해의 고의에 의하여 사상의 결과가 발생한 경우에는 상해죄 혹은 상해치사죄가 성립한다.[1)]

폭행과 치사상과의 사이에는 인과관계가 인정되어야 한다. 폭행으로 인하여 피해자의 지병이 악화되어 사망한 경우나 심장질환이 있는 자에 대하여 폭행한 결과 사망한 경우에는 인과관계가 인정된다.

[판례] 2인의 피고인들로부터 폭행을 당하고 당구장 3층 화장실에 숨어 있던 피해자가 다시 피고인들로부터 폭행당하지 않으려고 창문 밖으로 숨으려다가 실족하여 사망한 경우 폭행과 사망 사이에 인과관계를 인정하였다(폭행치사죄의 공동정범 인정).[2)]

본죄에 해당하는 때에는 제257조 내지 제259조의 예에 의한다. 그러므로 발생한 결과에 따라 상해죄 · 존속상해죄 · 중상해죄 · 존속중상해죄 및 상해치사죄에 정한 형으로 처벌한다. 그러나 본죄의 구성요건이 「사람을 사상에 이르게 한 때」라고 규정하고 있으므로 중상해죄에서 「생명에 대한 위험을 발생하게 한 경우」를 문언상 제외하고 있는 것처럼 보인다. 그러나 이는 폭행으로 인하여 상해를 입힌 결과 생명에 대한 위험을 발생시킨 경우를 의미하는 것으로 보아야 한다.

또한 제257조 제 3 항이 미수범을 처벌하고 있는데 그렇다면 결과적 가중범인 폭행치상죄의 미수범을 처벌한다는 결론이 된다. 이는 입법상의 예상하지 못한 실수라고 볼 수 있는데, 기본범죄인 폭행의 미수로 상해의 결과가 발생하는 경우는 생각하기 어려우므로 사실상 그 적용이 배제된다고 볼 수도 있다.[3)] 그러나 명문의 규정을 무시할 수는 없으므로 예를 들어 폭행을 가하

1) 대판 1994. 8. 23, 94도1484(폭행의 방법으로 이루어진 안수기도에 의하여 피해자가 사망한 경우에 폭행치사죄를 인정).
2) 대판 1990. 10. 16, 90도1786.
3) 이재상, 71면은 결과적 가중범의 미수를 인정할 수 없으므로 적용이 배제된다고 본다.

려고 하자 이를 피하려다가 상해를 입은 경우에 이를 적용할 수 있을 것이다.

4. 상습폭행 · 존속폭행 · 특수폭행죄

> 第264조【상습범】 상습으로 第257조, 第258조, 第260조 또는 第261조의 죄를 범한 때에는 그 죄에 정한 형의 2분의 1까지 가중한다.

상습폭행죄는 「폭력행위 등 처벌에 관한 법률」 제 2 조 제 1 항에 의하여 형법이 적용되지 않는다. 또한 동법 제 3 조 제 3 항에 의하여 상습적으로 단체나 다중의 위력을 보임으로써, 또는 단체나 집단을 가장하여 위력을 보임으로써 폭행죄를 범한 경우에는 무기 또는 7년 이상의 징역에 처한다.

제 3 절 過失致死傷의 罪

Ⅰ. 序 論

1. 과실치사상죄의 의의

과실치사상의 죄는 과실로 사람을 사망하게 하거나 신체에 상해를 입히는 경우에 성립하는 범죄이다. 보호법익은 사람의 생명 또는 신체이다. 형법은 원칙적으로 고의범만을 처벌하기 때문에(제14조 참조) 예외적으로 본조를 두어 과실범을 처벌하도록 하였다. 현대산업사회에서는 자동차, 비행기와 같은 교통수단이나 공장 등과 같은 각가지 형태의 시설이 법익침해의 위험성을 안고 있음에도 불구하고 불가피하게 운용 · 가동되고 있다. 그러므로 이러한 시설이나 위험물의 운용자에게는 법익침해의 결과방지를 위한 주의의무가 특히 강조되며 이를 위반할 경우에는 형사처벌을 통하여 제재를 가하는 것이다. 현재 우리나라에서의 과실범 구성비는 전체 범죄율의 40%에 육박하고 있으며, 증가율은 고의범을 상회하고 있다.

과실범의 구성요건요소인 과실이란 정상의 주의를 태만함으로 인하여 죄의 성립요소인 사실을 인식하지 못한 행위를 말한다(제14조). 그러므로 과실범에서 주의의무위반은 구성요건요소이면서 동시에 책임요소이다. 구성요건요소로서의 주의의무는 객관적 주의의무를 의미하며, 책임요소로서의 주의의무는 행위자 개인의 능력이나 지식을 토대로 하는 주관적 주의의무를 의미한다.

결과발생가능성에 대한 예견가능성 역시 주의의무와 동일하다.

2. 구성요건체계 및 특별형법

형법은 과실치상죄(제266조)와 과실치사죄(제267조)를 규정하고 있으며, 업무자라는 신분관계로 인하여 가중되는 업무상 과실치사상죄 · 업무상 중과실치사상죄(제268조)를 규정하고 있다.

그 밖에 과실범을 처벌하는 특별법으로는 「교통사고처리특례법」이 있다. 특히 동법 제 3 조 제 1 항은 "차의 운전자가 교통사고로 인하여 형법 제268조의 죄를 범한 때에는 5년 이하의 금고 또는 2천만원 이하의 벌금에 처한다"고 하여 형법 제268조에 대한 특별법을 규정하고 있다. 그리고 차의 교통으로 업무상 과실 · 중과실치상죄를 범한 경우와 「도로교통법」 제151조의 죄를 범한 운전자에 대하여는 피해자를 구호하는 등 도로교통법 제54조 제 1 항의 규정에 의한 조치를 취하지 아니하고 도주하거나 피해자를 사고장소로부터 옮겨 유기하고 도주한 경우와 동법이 정한 11가지의 사유를 제외하고는 피해자의 명시한 의사에 반하여 공소를 제기할 수 없다(동조 제2항 본문). 다만 반의사불벌죄의 제외사유에 해당하는 교통사고를 일으킨 차가 자동차종합보험이나 공제회보험에 가입된 경우에는 피해자의 의사와 관계없이 공소를 제기할 수 없다(동법 제4조 제1항).

> 반의사불벌죄에 해당하지 않는 11가지 교통사고유형은 ① 신호 또는 지시위반, ② 중앙선침범, 횡단 · 회전 · 후진위반, ③ 시속 20킬로미터 이상의 속도위반, ④ 추월방법 · 금지장소위반, 끼어들기위반, ⑤ 철길 건널목 통과방법위반, ⑥ 횡단보도에서의 보행자 보호의무위반, ⑦ 무면허운전, ⑧ 음주운전, ⑨ 보도침범, 보도횡단방법위반, ⑩ 승객의 추락방지의무위반, ⑪ 어린이 보호구역에서의 치상사고이다.

「특정범죄 가중처벌 등에 관한 법률」 제 5 조의 3(도주차량운전자의 가중처벌)에서는 자동차나 원동기장치자전거(오토바이) 또는 궤도차의 교통으로 인하여 형법 제268조의 죄를 범한 당해 차량의 운전자가 피해자를 구호하는 등 도로교통법 제54조 제 1 항의 규정에 의한 조치를 취하지 아니하고 도주한 때에는 피해자가 도주 당시 사망하였거나 도주 후에 사망한 때에는 무기 또는 5년 이상의 징역에 처하며, 치상한 때에는 1년 이상의 유기징역 또는 500만원 이상 3천만원 이하의 벌금에 처한다(동 제1호 · 제2호). 후자는 기본범죄와 중한 결과가 모두 과실로 이루어진 형태의 결과적 가중범이다. 그러므로 교통사고를 낸 후 누군가에 의해 발견되어 치료받기를 바라면서 운전자가 피해자를 병원 근처에 내려 놓은 후 도주하였으나 끝내 발견되지 않아 사망한 경우에도 여기에 해당된다. 본법에서 「피해자를 구호하는 등 도로교통법 제54조 제 1 항에 따른 조치를 취하지 아니하고 도주한 때」라 함은 사고운전자가 사고로 인하여 피해자가 사고를 당한 사실을 인식하였음에도 불구하고 피해자를 구호하는 등 도로교통법 제54조 제 1 항에 규정된 의무를 이행하기 이전에 사고현장을 이탈하여 사고야기자로서 확정될 수 없는 상태를 초래하는 경우를 말한다.[1] 동 제 2 항은 사고운전자가 피해자를 사고장소로부터 옮겨 유기하고 도주한 때에는 가중처벌하고 있다. 즉 교통사고피해자를 치사하고 도주하거나 도주 후에 피해자가 사망한 때에는 사형·무기 또는 5년 이상의 징역에 처한다. 그리고 피해자를 치상한 때에는 3년 이상의 유기징역에 처한다.

또한 「도로교통법」(제148조 등), 「건축법」(제106조 등), 「건설기술관리법」(제41조), 「환경범죄의 단속에 관한 특별조치법」(제3조) 등 참조.

Ⅱ. 過失致傷罪·過失致死罪

> **제266조 【과실치상】** ① 과실로 인하여 사람의 신체를 상해에 이르게 한 자는 500만원 이하의 벌금, 구류 또는 과료에 처한다.
> ② 제 1 항의 죄는 피해자의 명시한 의사에 반하여 공소를 제기할 수 없다.
> **제267조 【과실치사】** 과실로 인하여 사람을 사망에 이르게 한 자는 2년 이하의 금고 또는 700만원 이하의 벌금에 처한다.

Ⅰ. 의 의

과실치상죄는 과실로 사람의 신체를 상해함으로써 성립한다. 과실치사죄는 과실로 사람을 사망하게 함으로써 성립한다. 그러므로 양자는 모두 침해범이다. 상해나 폭행, 살인의 고의가 있으면 과실치사죄가 아니라 상해죄, 폭

1) 대판 1993. 6. 11, 92도3437; 1994. 6. 14, 94도460(신호대기중인 차의 뒷범퍼를 충격한 사고에서 피고인이 음주운전한 것이 발각될까봐 조용히 해결하기 위하여 피해자를 한적한 곳에 유도할 의사나 목적을 가지고 따라오라는 표시를 하면서 깜박이등을 켜고 시속 10킬로미터의 저속으로 운전하여 간 경우에는 도주한 때에 해당하지 않는다); 1994. 9. 13, 94도1850(피해자가 사고 후 자신의 신체상태를 살펴본 후 괜찮다고 하여 사고운전자가 아무런 연락처 등을 알려 주지 아니한 채 현장을 떠난 경우 도주의 범의를 인정할 수 없음). 그러나 동조 제 1 항(사망한 피해자를 유기한 후 도주하거나 유기·도주 후에 피해자가 사망한 때)은 형벌의 가혹을 이유로 위헌결정을 받았다(헌재결 1992. 4. 28, 90헌바24). 이에 따라 2002년 3월 25일 법 개정으로 벌금형을 선택적으로 부과할 수 있도록 하였다.

행치상죄, 살인죄 등이 성립한다.

과실치상죄는 피해자의 명시한 의사에 반하여 공소를 제기할 수 없는 반의사불벌죄이다(제266조 제2항). 본죄는 과실범이기 때문에 공동정범은 성립할 수 없다.[1)]

2. 구성요건

본죄가 성립하기 위해서는 과실, 즉 주의의무위반이 있어야 하고 주의의무위반으로 인하여 상해나 사망의 결과가 발생하였어야 한다(주의의무위반관련성). 그러므로 의무위반(예: 과속)으로 인하여 발생한 사망이나 치상의 결과가 의무준수의 상황(예: 규정속도준수)에서도 발생하였으리라고 예상되는 경우에는 의무위반관련성이 인정되지 않으므로 행위자에게 사상의 결과를 귀속시킬 수 없다. 그리고 이러한 결과발생가능성에 대하여 예견할 수 있어야 함은 물론이다(객관적 예견가능성).

3. 판례의 경향

종래의 판례는 주의의무위반과 함께 과실이 결과발생의 직접적인 원인인 경우에 한하여 과실을 인정하였다.[2)] 그러나 판례 가운데에는 과실이 결과발생의 간접적인 원인인 경우에도 결과귀속을 인정하는 것도 있다.

[판례] ① 자동차의 운전자가 그 운전상의 주의의무를 게을리하여 열차 건널목을 그대로 건너는 바람에 그 자동차가 열차 좌측 모서리와 충돌하여 20여 미터쯤 열차 진행방향으로 끌려가면서 튕겨 나갔고 피해자는 타고 가던 자전거에서 내려 위 충돌사고로 놀라 넘어져 상해를 입었다면 비록 위 자동차와 피해자가 직접 충돌하지는 않았더라도 자동차운전자의 위 과실과 피해자가 입은 상해 사이에는 상당한 인과관계가 있다.[3)]

② 자기 집 안방에서 자다가 연탄가스중독으로 병원에 후송되어 온 환자를 치료한 의사가 회복 후 퇴원하던 환자로부터 병명을 문의받고도 아무런 요양방법을

---

1) 과실범의 공동정범에 관하여는 박상기, 형법총론 참조.

2) 대판 1985. 3. 26, 84도3085(부엌에서 연탄불을 피워 놓은 채 목욕을 하다가 연탄 아궁이에서 새어 나온 일산화탄소에 중독되어 사망한 사건에서 임대인이 연통외부의 하자보수로 인하여 시멘트가 내부로 흘러들어 연통내부의 하단을 메우게 한 과실이 있었다 하더라도 임차인의 사망이 임대인의 위와 같은 과실에 기인한 것이라고 보기 어렵다고 판시); 1989. 3. 28, 89도108(담임교사가 교실 유리창을 청소할 때는 교실 안쪽에서 닦을 수 있는 유리창만을 닦도록 지시하였는 데도 피해자만이 베란다로 넘어갔다가 아래로 떨어져 사망한 사건에서 담임교사에게 과실을 인정할 수 없다고 판시); 1990. 11. 13, 90도2106(헹가래를 쳐서 피해자를 장난삼아 바다에 빠뜨리려고 하다가 피해자가 바다에 빠져 사망한 사건에서 피해자를 붙들고 헹가래를 친 피고인들의 과실을 인정).

3) 대판 1989. 9. 12, 89도866.

지도하여 주지 않은 결과 환자는 연탄가스에 중독되었던 사실도 모르고 사고가 난 방에서 다시 자다가 재차 연탄가스에 중독된 경우 의사에게 요양방법에 대한 지도의무태만과 재차의 연탄가스중독과의 사이에 인과관계(과실)를 인정하였다(업무상 과실치상죄).[1)]

그 밖에도 하자보수의무 유무에 따라 과실판단을 하고 있다. 예를 들면 임대한 방의 문틈새로 들어온 연탄가스로 인하여 임차인이 사망한 경우에 임대인에게 보수의무가 있는 정도가 아닌 한 임대인의 과실을 인정하지 않았다.[2)] 반면에 임차인으로부터 건물하자를 수선하여 달라는 요청을 받고도 아무런 조치를 취하지 않은 경우에는 대보수가 필요한지의 여부를 불문하고 임대인의 과실을 인정하였다.[3)]

Ⅲ. 業務上 過失·重過失致死傷罪

> 第268조【업무상 과실·중과실치사상】 업무상 과실 또는 중대한 과실로 인하여 사람을 사상에 이르게 한 자는 5년 이하의 금고 또는 2천만원 이하의 벌금에 처한다.

Ⅰ. 의 의

본죄는 업무상의 과실로 인하여 사람을 사상에 이르게 한 경우에 성립하는 범죄이다. 본죄는 업무자라는 신분관계로 인하여 형이 가중되는 구성요건이다. 본죄의 업무는 영리·비영리, 공무·사무, 적법·위법을 가리지 않는다.

본죄의 형을 가중하는 근거에 대해서는 ① 업무자에게는 일반인보다 무거운 주의의무가 요구되는데도 불구하고 이를 태만히 한 점에서 가중된다는 견해,[4)] ② 업무자는 결과에 대한 예견가능성이 높기 때문에 형을 가중한다는 견해,[5)] ③ 주의의무의 수준은 일반인과 업무자가 동일하지만 업무자에게는 고도의 주의능력이 있기 때문에 위법성이 크다는 점에서 형을 가중한다는 견해[6)]

---

1) 대판 1991. 2. 12, 90도2547.
2) 대판 1983. 9. 27, 83도2096; 1984. 1. 24, 81도615; 1985. 3. 12, 84도2034; 1986. 7. 8, 86도383; 1989. 9. 26, 89도703.
3) 대판 1993. 9. 10, 93도196.
4) 권오걸, 71면; 김성천, 620면; 김종원, 78면; 임 웅, 89면; 진계호/이존걸, 93면; 황산덕, 186면.
5) 김성돈, 86면; 배종대, 137면; 유기천(상), 68면; 오영근, 100면; 이재상, 78면; 이정원, 97면; 정성근/박광민, 80면; 정영석, 239면; 정영일, 60면.
6) 강구진, 92면.

가 있다. 생각건대 업무란 후술하는 바와 같이 계속적·반복적 의사로 행하는 사무이므로 업무자에게는 축적된 경험으로 인한 고도의 주의의무 및 예견가능성이 인정된다고 볼 수 있다(①, ②). 그러나 업무를 이유로 한 일률적인 형벌가중은 구체적인 주의의무위반의 정도가 아니라 추상적인 가능성을 이유로 하기 때문에 타당하지 않다.[1)]

자동차 운전자가 주취상태에서 본죄를 범한 경우에는 특정범죄 가중처벌 등에 관한 법률 위반(위험운전치사상)죄(제5조의 11)에 해당되고 교통사고처리 특례법 위반죄(제3조 제1항)는 이에 흡수되어 별죄를 구성하지 않는다.[2)]

2. 형법상 업무의 개념 및 기능

(1) 업무의 개념

형법상 업무라 함은 사람이 사회생활상의 지위를 바탕으로 계속하여 행하는 사무를 말하며, 반복계속의 의사 또는 사실이 있는 한 그 사무에 대한 각별한 경험이나 법규상의 면허를 필요로 하지 아니한다. 여기에서 사무란 의사의 치료행위나 운전자의 운전행위처럼 자기가 처한 사회생활상의 위치에서 행하는 행위를 의미한다. 사회생활이 아니라 가사노동과 같이 일상생활에서의 사무는 업무에 해당하지 않는다.

형법상의 업무에는 업무상 비밀누설죄나 업무방해죄처럼 생명·신체와 무관한 업무이거나 업무상 횡령·배임죄(제356조)처럼 재산상의 업무도 포함되므로 반드시 사람의 생명이나 신체를 침해할 위험이 높은 행위에 제한되는 것은 아니다. 또한 본죄의 업무는 위법·적법성을 불문하지만 제356조는 적법한 업무수행을 전제로 한다.

반복·계속의 의사를 가지고 행하는 사무이면 되며 반드시 오랜 경험을 필요로 하지 않는다. 그러므로 초보운전자의 교통사고나 병원개업일의 의료사고도 업무상의 과실이 인정된다.

(2) 업무의 기능

형법상 업무는 다음과 같은 기능을 갖는다.

1) 과실범에서의 업무 이는 업무를 이유로 책임을 가중하는 경우로서 본죄 이외에 업무상 실화·중실화죄(제171조), 업무상 과실교통방해죄(제189조),

1) 독일형법에서는 「업무」를 이유로 하는 형벌가중규정은 없다.

2) 대판 2008. 12. 11, 2008도9182.

업무상 과실장물취득죄(제364조)가 있다.

[판례] 교사의 체벌행위의 업무성: "교사가 징계의 목적으로 회초리로 학생들의 손바닥을 때리기 위해 회초리를 들어올리는 순간 이를 구경하기 위해 옆으로 고개를 돌려 일어나는 다른 학생의 눈을 찔러 그로 하여금 우안실명의 상해를 입게 한 경우, 직접 징계당하는 학생의 옆에 있는 다른 학생이 징계당하는 것을 구경하기 위하여 고개를 돌려 뒤에서 다가선다든가 옆자리에서 일어나는 것까지 예견할 수는 없다고 할 것이고 교사가 교육의 목적으로 학생을 징계하기 위하여 매질하는 경우에 반드시 한 사람씩 불러내어서 해야 할 주의의무가 있다고도 할 수 없어 위 교사의 행위를 업무상 과실치상죄에 문의할 수는 없다(대판 1985. 7. 9, 84도822)." 그러나 교사의 체벌행위가 교사의 업무에 포함된다고 볼 수 없으므로 이 판결에서 과실치상죄가 아니라 업무상 과실치상죄를 적용한 것은 문제가 있다.

2) 신분범의 요소로서의 업무 여기에는 첫째 진정신분범요소(구성요건요소)로서의 업무가 있으며 그 예로는 업무상 비밀누설죄(제317조), 허위진단서 작성죄(제233조), 업무상 과실·중과실장물취득죄(제364조)가 있다. 이 경우에는 이러한 업무에 종사하는 자의 행위만이 구성요건에 해당한다. 업무로 인하여 책임이 가중되는 부진정신분범요소(가중적 구성요건요소)로는 업무상 과실치사상죄, 업무상 실화죄, 업무상 과실교통방해죄 및 업무상 횡령·배임죄(제356조)에서의 업무가 그 예이다. 업무상 횡령·배임죄에서의 업무는 재산상의 업무라는 점 및 적법한 업무이어야 한다는 점에서 기타의 업무와 다르다.

3) 보호대상으로서의 업무 반드시 적법할 필요는 없더라도 형법상 보호할 가치가 있는 업무에 제한되는데, 업무방해죄(제314조)에서의 업무는 그 예이다. 업무방해죄에서의 업무는 사무(私務)만을 의미한다. 공무(公務)는 공무집행방해죄(제136조)에 의하여 보호되기 때문이다.

4) 행위내용으로서의 업무(구성요건요소) 아동혹사죄(제274조)는 16세 미만의 아동을 생명 또는 신체에 위험한 업무에 사용할 영업자나 종업자에게 인도함으로써 성립하는 범죄이므로 여기에서의 업무는 16세 미만의 아동이 행하는 행위내용이 된다.

3. 업무상 과실의 내용

판례에 나타난 대표적인 업무상 과실치사상죄의 과실내용을 살펴보면 아래와 같다.

(1) 자동차운전자의 주의의무

자동차 운전자는 자동차의 운전으로 인한 사고발생을 방지할 주의의무가 있다. 구체적인 주의의무의 내용은 도로교통법이 규정하고 있다. 그러나 도로교통법이 규정한 주의의무를 다하였다 하더라도 구체적인 상황에서 요구되는 주의의무를 다하지 않으면 안 된다. 그러므로 안개로 시계 20미터 정도의 고속도로상에서는 장애물을 발견 즉시 제동정지할 수 있을 정도로 속도를 줄이는 등의 조치를 취하여야 하므로 제한속도를 준수하였다는 사실만으로는 주의의무를 다하였다고 할 수 없다.[1)]

자동차 운전자가 주의의무를 다하더라도 상대방 운전자의 교통규칙준수가 전제되지 않는 한 교통사고의 발생은 불가피하다. 그러므로 판례는 도로교통과 관련하여 신뢰의 원칙을 제시하고 있다. 이는 스스로 교통규칙을 준수한 운전자는 상대방(운전자, 보행자)도 교통규칙을 준수하리라는 것을 신뢰하면 되고 상대방의 교통규칙위반까지를 예견하여 보호조치를 할 필요는 없다는 원칙이다. 대법원은 운전자와 운전자의 관계에서는 신뢰의 원칙을 인정하고 있으나[2)] 운전자와 보행자의 관계에서는 제한적으로 인정하고 있다.[3)]

1) 대판 1990.12.26, 89도2589. 또한 대판 2011.5.26, 2010도17506(00:49경의 야간에 주택이 밀집되어 있는 좁은 골목길이면서 도로가 직각으로 구부러져 가파른 비탈길의 내리막에 술에 취해 누워 있던 피해자를 발견하지 못하여 피해자를 역과하여 사망하게 한 사건. 특정범죄가중처벌등에관한법률위반(도주차량)죄로 기소된 피고인에 대하여 대법원은 사고 당시의 도로상황에 맞춰 평소보다 더욱 속도를 줄이고 전방 좌우를 면밀히 주시해 안전하게 운전함으로써 사고를 미연에 방지할 주의의무가 있었다고 하여 자동차운전자에게 업무상 주의의무를 인정).

2) 대판 1982.4.13, 81도2720(반대방향에서 운행하여 오는 차량이 앞지르기를 하거나 도로의 상황 기타 사정으로 부득이 중앙선을 침범하게 되는 경우를 제외하고는 그 차량이 중앙선을 침범하는 일은 없으리라고 믿고 운전하면 족한 것이므로 상대방 차량이 중앙선을 침범하여 진입할 것까지를 예견하고 감속하는 등 조치를 강구하여야 할 주의의무는 없다); 1994.4.26, 94도548(제한속도를 준수하며 진행하는 피고인으로서는 신호기의 차량진행신호에 따라 그대로 진행하면 족하고 오토바이운전자가 신호를 무시하고 갑자기 횡단보도를 무단횡단할 경우까지를 예상하여 사고예방을 위한 필요한 조치를 취할 업무상 주의의무는 없다). 그 밖에 대판 1990.4.24, 89도2547; 1980.8.12, 80도1446; 1984.9.25, 84도1695; 1992.7.28, 92도1137.

3) 대판 1980.5.27, 80도842(횡단보도가 아닌 곳에서 발생한 사고에 대하여 운전자의 과실을 인정); 1981.3.24, 80도3305(고속도로상에서 도로의 중앙으로 갑자기 뛰어든 사람이 도로를 완전히 횡단하지 못하고 멈추거나 다시 되돌아 나가는 경우를 예견하지 못한 과실을 인정); 1983.6.14, 82도1925(피해자의 하차요청에 따라 운전중인 차를 정차하려는 순간 피해자가 갑자기 뛰어내리다가 지면에 부딛쳐 사망하게 되었다면 운전자에게 그러한 결과발생까지 예상하여 승차자의 동정을 주의깊게 살펴야 할 업무상 주의의무는 없다). 이와 달리 대판 1981.12.8, 81도1808(고속도로상의 사고에 대하여 운전자의 과실부인); 1990.1.23, 89도1395(자동차전용도로상을 횡단하는 보행자를 충격한 사고에서 운전자의 과실부인); 1985.9.10, 84도1572(육교 밑을 횡단하는 보행자를 충격한 경우 운전자의 과실부인); 1983.9.13, 83도1537(갑자기 차도에 뛰어든 사람을 충격한 사고에서 운전자의 과실부인).

반면에 상대방이 이미 교통규칙을 위반하고 있으며 이러한 사정을 인식한 상태에서는 사고발생을 방지할 적절한 조치를 취하여야 할 업무상 주의의무가 있다고 보아 신뢰의 원칙을 제한하고 있다.[1)]

(2) 의사의 주의의무

의사는 환자의 생명·신체에 중대한 결과를 초래하는 업무를 담당하고 있으므로 의료행위의 시술 전과 시술과정에서는 물론이고 시술 후에도 환자가 회복될 때까지 환자의 예후를 주의 깊게 관찰하여 증상의 악화 여부를 파악하고 필요한 경우에는 즉시 응급조치가 가능하도록 할 의무가 있다. 만일 이러한 조치가 시설 등의 이유로 불가능하다고 판단될 경우에는 즉시 타병원으로의 전원(轉院)조치를 취하여야 한다. 그리고 의료시술은 의학적으로 인정된 일반원칙을 따라야 한다. 나아가서는 환자의 건강회복을 위한 요양방법의 지도의무가 있다.

[판례] ① 정신과질환인 조증(燥症)으로 입원한 환자의 주치의사는 환자의 건강상태를 사전에 면밀히 살펴서 그 상태에 맞도록 조증치료제를 투여하여야 하고, 치료제의 과다투여로 인하여 환자의 건강상태가 갑자기 나빠지기 시작하였다면 좀더 정확한 진찰과 치료를 위하여 내과전문병원으로 전원조치를 하여야 할 것이고, 그러지 못하고 환자의 혈압상승을 위하여 포도당액을 주사하게 되었으면 그 과정에서 환자의 전해질 이상 유무를 확인하고 투여하여야 함에도 의사에게 요구되는 이러한 일련의 조치를 취하지 아니한 과실이 인정된다(대판 1994. 12. 9, 93도2524).

② 갑상선아절제술 및 전경부임파절청소술을 받은 환자가 기도부종으로 인한 호흡장애로 식물인간상태에 이르게 된 경우, 환자의 호흡곤란을 알고도 환자의 상태를 확인하지 아니한 담당의사와 그의 활력체크지시를 제대로 이행하지 아니하고 의사를 불러달라는 환자 보호자의 요청을 듣지 아니한 담당간호사의 업무상 과실이 인정된다(대판 1994. 12. 22, 93도3030).

③ 의사는 일산화탄소중독으로 입원한 환자가 퇴원시 환자에게 그 병명을 알려 주고 주의사항으로서 피해장소인 방의 수선이나 환자에 대한 요양방법 기타 건강관리에 필요한 사항을 지도하여 줄 의무가 있음에도 이를 태만히 하여 환자가 퇴원 즉시 일산화탄소중독을 입은 경우에 의사로서의 업무상 과실이 인정된다(대판 1991. 2. 12, 90도2547).

④ 개복수술 환자의 경우 긴급한 상황이 아닌 때에는 혈청의 생화학적 반응에 의한 간기능검사를 하는 것이 보편적이었는데도 불구하고 난소종양환자의 종양제거수술시 이를 소홀히 하여 피해자의 간상태를 정확히 파악하지 아니한 채 할로테인(halothane)으로 전신마취를 실시한 다음 개복수술을 한 결과 수술 후 22일만에 환자가 급성전격성간염으로 인하여 사망한 경우에는 수술주관의사와 마취담당

1) 대판 1992. 7. 28, 92도1137.

의사에게 업무상 과실이 인정된다(대판 1990. 12. 11, 90도694).

(3) 건설공사장 책임자의 주의의무

건설공사장의 책임자는 건설공사에 따르는 재해예방과 안전관리업무를 이행하여야 하고 특히 근로자에게 위험을 미칠 우려가 있는 경우에는 위험방지조치를 취할 의무가 있다.[1] 그리고 건축공사가 무자격자에 의하여 시공되고 있음을 알고도 이를 묵인하였거나 그와 같은 사정을 쉽게 적발할 수 있었음에도 공사감독관과 현장감독 공무원이 직무상의 의무를 태만히 하여 공사를 계속하게 함으로써 붕괴사고가 발생한 경우에 만일 자격있는 자가 시공을 하였다면 당해 재해가 발생하지 않았거나 재해발생의 위험이 상당히 줄었으리라고 인정된다면 이들에게는 그와 같은 직무상의 의무위반과 붕괴사고 등의 재해로 인한 치사상의 결과 사이에 상당인과관계가 있다고 판시하였다.[2] 또한 근로자들이 안전수칙을 준수하도록 할 의무가 있다. 그러나 공사감독을 직접 맡고 있지 않는 회사 사장 등은 노무자들이 공사시행상의 안전수칙을 위반하여 사고를 저지를지 모른다고 하여 일일이 세부적인 안전대책을 강구하여야 할 주의의무는 없다.[3]

4. 중과실치사상죄

본죄는 중대한 과실로 인하여 사람을 사상에 이르게 함으로써 성립한다. 중대한 과실이라 함은 주의의무위반의 정도가 극히 큰 경우를 말한다. 즉 업무자가 아닌 일반인의 무모함이나 경솔함으로 인하여 조금만 주의하였더라도 피할 수 있었던 사상의 결과를 발생하게 한 경우를 말한다.

---

1) 대판 1991. 12. 10, 91도2642(도로공사의 현장소장은 지반붕괴 등에 대비하여 지반을 안전한 경사로 하고 낙하위험이 있는 토석을 제거하거나 옹벽 및 흙막이 지보공 등을 설치하여야 함에도 이러한 안전방지조치를 취하지 아니하여 근로자가 사망하게 된 사건에서 업무상 과실을 인정).

2) 대판 1995. 9. 15, 95도906.

3) 대판 1989. 11. 24, 89도1618. 또한 대판 1991. 9. 10, 91도1075(야영장 연수부 지도교사가 무단으로 피해자에게 전기점화장치의 사용을 승낙하여 그 조작중 감전사한 사고에서 야영장 행정책임자인 연수부장 직무대리의 과실을 부인한 사례).

제 4 절 落胎의 罪

I. 序 論

1. 낙태죄의 개념

낙태(abortion, Schwangerschaftsabbruch)란 태아를 자연분만기에 앞서서 모체 밖으로 인위적으로 배출하거나 모체 내에서 살해하는 것을 말한다.[1] 반면에 모자보건법에서는 인공임신중절수술을 태아가 모체 밖에서는 생명을 유지할 수 없는 시기에 태아와 그 부속물을 인공적으로 모체 밖으로 배출시키는 수술을 말한다고 규정하고 있다(동법 제2조 제7호).

학설에서는 낙태와 모자보건법상의 인공임신중절수술을 동일한 개념으로 보지 않는다. 즉 낙태를 인공임신중절수술보다 넓은 개념으로 파악한다. 그 이유는 인공임신중절수술은 생명을 유지할 수 없는 시기에 인공적으로 태아를 모체 밖으로 배출시키는 수술인 데 반하여, 낙태는 낙태시점에서의 태아의 생명유지가능 여부를 불문하고 자연분만기 이전의 인공적인 태아배출행위를 의미한다고 보아야 하기 때문이다. 그러므로 생존가능한 시점에서의 인공적인 태아배출행위도 낙태행위에 해당한다고 보지 않을 수 없다.

형법은 일체의 낙태행위를 처벌하고 있다. 인간생명의 초기형태인 태아를 보호하지 않음으로써 결국 인간생명의 가치는 상대화될 수밖에 없기 때문이다. 그러나 모자보건법이 허용하는 예외조항(동법 제14조)과 무관한 낙태행위가 우리 사회에서 현실적으로 거의 형사처벌의 대상이 되고 있지 않다는 점에서 낙태죄의 규범력은 사실상 거의 없다고 하여도 과언이 아니다. 그 결과 낙태죄에 관한 이론적 논의가 우리 사회에서는 거의 무의미한 논쟁에 불과하게 되었다. 생명가치의 존중이 첫 출발점에서부터 무시되는 이러한 현실은 더 이상 계속되어서는 안 된다.

---

1) 이는 구체적 위험범에 입각하여 낙태죄를 파악할 경우의 개념규정이다. 낙태개념은 낙태죄를 침해범으로 보는가, 아니면 위험범으로 보는가에 따라 달라지며 위험범도 다시 구체적 위험범과 추상적 위험범 여하에 따라 개념규정이 달라진다. 강구진, 97면; 김일수/서보학, 46면; 유기천(상), 80면; 배종대, 139면; 정성근/박광민, 82면; 정영석, 242면 등 참조.

2. 비교법적 고찰

(1) 독 일

독일연방헌법재판소는 1975년에 태아의 생명권을 인정하고 국가는 이를 보호하여야 한다고 결정하였다.[1] 그 결과 임신 3개월까지의 낙태 허용은 위헌이며 예외적인 경우에 한하여 낙태가 허용되었다(이를 적응방식—Indikationslösung—이라고 부른다). 반면 동독에서는 1972년부터 임신 3개월까지의 낙태가 허용되었다(이를 기간방식—Fristenlösung—이라고 부른다). 1990년 독일통일 후 이러한 법적 모순을 해결하기 위하여 1992년 연방의회에서는 임부가 사전에 낙태방지를 위한 상담을 한 경우에는 위법성을 조각하는 법안(Schwangeren-und Familienhilfegesetz, SFHG)을 통과시켰다.[2] 그러나 이 법에 대하여 바이에른(Bayern)주정부와 집권정당인 CDU(기독교민주연합)/CSU(기독교사회주의연합)소속 의원들이 연방헌법재판소에 위헌제청을 하였고, 1993년에 이 법은 임부에 의해서도 훼손될 수 없는 인간존엄성에 대한 침해이며 임신의 전기간에 걸쳐 낙태행위는 불법으로 간주된다는 이유로 위헌판결을 받았다.[3]

이후 독일의 각 정당은 낙태법안을 연방헌법재판소의 판시내용에 맞게 다시 수정하는 작업을 시작하였다. 그 결과 독일연방의회는 1995년 새로운 낙태법안(§218 StGB)을 통과시켰다.[4] 그 내용은 낙태행위는 구성요건에 해당하지만 ① 시술일로부터 최소한 3일 전에 상담절차를 마쳤으며, ② 의사에 의해 낙태시술을 하였고, ③ 수태 후 12주를 초과하지 않은 경우에는 위법성이 조각되는 것으로 보았다(§218a I). 위법성이 조각되어 낙태가 처벌되지 않는 또 다른 경우로는 ① 의학적 요건(medizinische Indikation)과, ② 범죄학적 요건(kriminologische Indikation)을 구비한 경우이다. 의학적 요건으로는 임부의 생명이나 육체적 · 정신적 건강에 대한 위험을 다른 방법으로는 보호할 수 없을 경우가 해당된다(§218a II). 범죄학적 요건으로는 임신이 강간 등의 성범죄(§§176~179 StGB)로 인한 것임을 고도의 개연성(große Wahrscheinlichkeit)을 가지고 인정할 수 있을 때이며 이 경우에는 임신 후 12주가 경과하지 않았어야 한다(§218a III). 그리고 의사는 낙태시술 전 임부에게 낙태를 하기로 한 이유를 설명할 기회를 주어야 하며 이를 위반할 경우에는 1년 이하의 자유형 또는 벌금형에 처한다(§218c). 또한 의사는 임부에게 낙태시술의 의미와 결과, 그리고 위험성에 대하여 설명을 하여야 한다. 그리고 이러한 설명을 한 자는 스스로 낙태시술을 하여서는 안 된다. 또한 임부에게 낙태를 강요하는 자는 중강요죄(Nötigung, §240 IV, Nr. 2)에 해당한다.

(2) 미 국

미국에서의 낙태문제관련 판례로 유명한 것은 1973년의 Roe v. Wade(410 U.S. 113, 93 S. Ct. 705, 35 L. Ed. 2d 147)사건이다. Roe는 텍사스주 댈러스에 살면서

1) BVerfGE 39, 1.

2) 27. 7. 1992, BGBl. I 1398.

3) BVerfGE 88, 203. 또한 Tröndle/Fischer, vor §218 Rn. 11 이하.

4) Schwangeren-und Familienhilfeänderungsgesetz(SFHÄndG) vom 21. August 1995, Artikel 8(Änderung des Strafgesetzbuches).

1969년에 강간으로 인하여 임신하였으므로 낙태를 원하지만 텍사스주에서는 낙태가 불법이며, 낙태가 허용되는 캘리포니아주로 갈 비용도 없으니 텍사스주에서 낙태를 법적으로 허용하여 달라고 요구하였다. 3년 이상이 걸린 재판에서 낙태를 하면 사건이 종결되어 버리므로 이 여인은 출산을 할 수밖에 없었다. 그리고 미국 연방대법원은 임신 3개월 내에는 임산부가 절대적인 낙태권을 가지며 3개월에서 6개월까지는 제한된 범위 내에서 낙태할 권리가 있다고 판시, 텍사스주의 낙태법은 위헌으로 선언되었다(7:2. 그러나 이 여성은 1987년에 강간당해서 임신하였다는 주장은 낙태를 위한 거짓말이었다고 실토했다). 법원이 이 판결에서 여성의 낙태권을 헌법상의 권리로 인정하였다기보다는 임신 6개월부터는 태아의 생존능력(viability)을 인정하여 낙태를 금지한 데에 의미가 있다고 볼 수 있다. 즉 추상적인 태아의 생명권이 아니라 구체적인 생존능력을 기준으로 한 점이 특징인데 이는 낙태문제에 대해서 태아보다는 여성의 선택권을 우선시한 당시의 입장이라고 볼 수 있다.[1] 이 판결 이후 미국에서는 낙태가 급증하기 시작하였고 낙태반대론자(pro-life)와 찬성론자(pro-choice)의 격렬한 대립이 시작되었다.

3. 낙태죄의 보호법익

낙태죄의 보호법익에 대해서는 ① 태아의 생명이라는 견해,[2] ② 임부의 생명 · 신체라는 견해 및 ③ 태아의 생명과 임부의 생명 · 신체라는 견해로 나눌 수 있다. 통설은 태아의 생명을 주된 보호법익으로 하고 임부의 생명과 신체도 부차적으로 보호받는다고 본다.[3]

본죄가 태아의 생명을 보호법익으로 삼는 것은 당연하다. 우리 헌법에 생명권에 관한 직접적인 규정은 없지만 생명권의 보호는 기본권 보호의 출발점이 되기 때문에 명문규정 유무와는 관계 없이 헌법상의 권리에 해당한다. 그리고 태아는 인간생명의 초기형태이므로 생명권보호의 범주에 포함되는 객체이다.[4] 그 밖에 임부의 생명이나 신체는 독자적인 보호법익이라기보다는 태아의 생명보호에 수반되는 부수적인 의미를 지니는 것이라고 볼 수 있다.

---

1) 이에 관하여는 Tribe, Laurence H., 「Abortion. The Clash of Absolutes」(1992), 10면, 78면 이하; Weddington, Sarah, 「A Question of Choice」(1993) 참조.

2) 김성천, 556면; 이정원, 102면.

3) 강구진, 92면; 김일수/서보학, 46면; 김종원, 79면; 백형구, 78면; 유기천(상), 78면; 오영근, 101-2면; 이재상, 88면; 이형국, 120면; 임 웅, 102면; 정성근/박광민, 88면; 정영석, 241면; 배종대, 162면.

4) 독일연방헌법재판소는 태아의 생명권을 경시하는 입법을 무효선언하고 있다(BVerfGE 88, 203).

4. 보호의 정도

본죄의 보호법익을 보호하는 정도에 대해서는 위험범설과 침해범설에 따라 다르다.

① 침해범설은 낙태를 임신중절에 의한 태아의 살해로 파악하는 입장이다. 그러므로 태아를 모체에서 배출하여 살해하면 낙태미수와 살인죄의 상상적 경합이 된다고 한다.[1] ② 이에 대하여 위험범설은 태아를 자연분만기 이전에 인공적으로 모체에서 배출하는 행위와 모체 내에서 행하는 태아에 대한 살해행위를 모두 낙태행위로 본다. 그러므로 태아를 모체에서 배출하여 살해하면 낙태죄의 기수와 영아살해죄(혹은 살인죄)의 경합범을 인정한다. 위험범설은 다시 모체로부터 배출된 태아의 생명·건강에 아무런 이상이 없을 경우에는 낙태미수행위로서 처벌되지 않는다는 구체적 위험범설과 태아의 생존여부를 불문하고 자연분만기 이전의 인위적인 태아배출은 낙태죄를 구성한다는 추상적 위험범설로 나뉜다.[2] 낙태죄는 태아의 생명을 주된 보호법익으로 한다는 점과 형법이 일체의 낙태미수행위를 처벌하지 않는다는 점에서 추상적 위험범으로 보는 것이 타당하다.

Ⅱ. 落胎罪의 類型

1. (자기)낙태죄

> 第269조【낙태】 ① 부녀가 약물 기타 방법으로 낙태한 때에는 1년 이하의 징역 또는 200만원 이하의 벌금에 처한다.

(1) 객관적 구성요건

1) 행위주체　본죄는 부녀가 약물 기타 방법으로 낙태한 때에 성립한다. 부녀란 임신한 부녀, 즉 임부를 의미한다. 그러나 임부 스스로 낙태를 하는 경우보다는 제3자로 하여금 낙태를 하도록 하는 경우가 일반적이므로 타인으로 하여금 낙태를 하도록 하는 경우에도 임부는 촉탁·승낙낙태죄(제269조 제2항)

1) 김성천, 557면; 이재상, 88면.
2) 구체적 위험범으로 보는 견해는 강구진, 98면; 배종대, 162면; 추상적 위험범으로 보는 견해는 김일수/서보학, 47면; 김종원, 83면; 백형구, 78면; 유기천(상), 78면; 오영근, 102면; 이정원, 111면; 이형국, 121면; 임 웅, 103면; 정성근/박광민, 89면; 정영석, 242면; 진계호, 150면.

나 업무상 낙태죄(제270조 제1항)의 교사범이 아니라 본죄에 해당한다. 그리고 시술자는 촉탁·승낙낙태죄에 해당한다. 만일 부부가 공동하여 낙태를 하면 임부는 본죄에 해당하고 남편에게는 촉탁·승낙낙태죄가 성립한다. 그러나 임부 이외의 자는 간접정범의 방법으로도 본죄를 범할 수 없다.

2) 행위객체 본죄의 행위객체는 살아 있는 태아이다. 태아는 수정된 시점이 아니라 자궁에 착상된 시점(수태 후 늦어도 13일까지)부터 해당된다.[1] 낙태시점에서 살아 있어야 하며, 이미 사망한 태아에 대한 낙태죄는 성립하지 않는다. 뇌사상태에 빠진 임부의 살아 있는 태아도 본죄의 행위객체에 포함된다.[2] 뇌사상태에 있는 임부에게 생명연장장치를 연결하지 않거나 제거하는 행위는 낙태행위라고 볼 수 없으며, 낙태죄가 살아 있는 임부만을 대상으로 하는 구성요건이라면 낙태죄는 성립하지 않는다고 보아야 한다. 또한 태아의 생존가능성에 대한 의학적 판단도 낙태죄 인정 여부의 관건이라고 본다.

3) 행 위 본죄의 행위는 낙태이다. 낙태란 자연분만기 전에 태아를 모체 밖으로 배출하거나 모체 내에서 태아를 살해하는 행위를 말한다. 낙태의 방법에는 약물 기타 방법을 포함하기 때문에 사실상 제한이 없다. 그러나 낙태가 불가능한 방법으로 낙태를 시도한 경우에는 불능범에 해당한다.

조기분만의 경우에는 다음과 같이 나누어 판단하여야 한다. ① 태아를 자연분만기 이전에 인위적으로 모체 밖으로 배출한 경우에 태아의 생존가능 여부를 불문하고 낙태죄가 성립한다. ② 낙태행위로 인하여 조기분만된 태아가 생존하였으며 계속 생존가능함에도 불구하고 이를 다시 살해하는 경우에는 낙태죄와 영아살해죄(또는 살인죄)의 경합범이 성립한다.[3] 그리고 ③ 낙태행위로 인하여 분만시 사망한 태아를 생존한 것으로 오인하고 다시 살해를

---

1) Krey, BT/1, Rn. 149; Maurach/Schroeder/Maiwald, BT/1, 5/24.

2) 독일에서 논란이 되었던 Erlanger Baby사건. Nomos/Rössner/Wenkel, § 218 Rn. 3; Sch/Sch/Eser, § 218 Rn. 5.

3) 김일수/서보학, 51면; 오영근, 118면; 이형국, 123면; 임 웅, 100면; 정영석, 242면; BGHSt 10, 291; 31, 352. 그러나 이재상, 97면은 낙태죄를 침해범으로 파악하기 때문에 살인죄의 성립만을 인정한다. 그 외에 이정원, 110면은 양죄의 상상적 경합을 인정하며, 백형구, 81면은 낙태죄의 성립만을 인정한다. 대판 1985. 6. 11, 84도1958은 산모로부터 낙태를 부탁받은 산부인과 의사가 낙태시술을 마치고 체중 2.2kg, 신장 43cm의 살아 있는 태아를 모체 밖으로 배출시켜 버리게 한 사건에서 업무상 낙태죄(제270조 제1항)를 인정하였다(배종대, 151면 참조). 그러나 이 경우에는 업무상 낙태죄와 영아살해죄의 경합범을 인정하여야 할 것이다.

시도한 경우에는 영아살해죄(또는 살인죄)의 (불능)미수와 낙태죄의 경합범이 성립한다.

임부가 직접 낙태를 하지 않고 타인을 교사하거나 부탁하여 낙태를 한 경우에도 본죄가 성립한다. 다만 직접 낙태행위를 한 자는 제269조 제 2 항(동의낙태죄)이나 제270조 제 1 항(업무상 낙태죄)에 해당한다.

(2) 주관적 구성요건

본죄가 성립하기 위해서는 낙태의 고의(미필적 고의 포함)가 있어야 한다. 낙태행위가 성행하였기 때문에 일체의 낙태행위는 처벌되지 않는 것으로 믿은 경우에는 법률의 착오가 문제될 수 있으나 정당한 이유가 있는 오인이라고 보기 어렵다. 과실에 의한 낙태는 처벌하지 않는다.

(3) 미 수 범

본죄를 비롯하여 일체의 낙태죄는 미수범을 처벌하지 않는다.[1] 그러므로 본죄의 기수시점은 태아를 자연분만기 이전에 모체 밖으로 배출한 때이다(추상적 위험범). 임신하지 않았는데도 불구하고 임신하였다고 오신하고 낙태행위를 하는 것은 행위객체에 착오를 일으킨 불능범에 불과하다(낙태죄의 미수범을 처벌하지 않으므로 위험성 여부를 불문하고 불가벌이다).

2. 촉탁 · 승낙낙태죄, 동치사상죄

> **제269조【낙태】 ② 부녀의 촉탁 또는 승낙을 받아 낙태하게 한 자도 제 1 항의 형과 같다.**
> **③ 제 2 항의 죄를 범하여 부녀를 상해에 이르게 한 때에는 3년 이하의 징역에 처한다. 사망에 이르게 한 때에는 7년 이하의 징역에 처한다.**

본죄는 임부의 촉탁 · 승낙을 받아 낙태하게 함으로써 성립한다. 동의낙태죄라고도 한다. 촉탁이란 임부가 타인에게 낙태를 부탁하는 것이고, 승낙은 시술자가 임부에게 낙태에 대한 동의를 얻는 것을 의미한다. 촉탁과 승낙은 임부의 진의에 합치되는 임의적 의사에 따른 것이어야 한다. 그러므로 기망이나 협박, 강요에 의한 촉탁 · 승낙은 본조에 해당하지 않으며 부동의낙태죄(제270조 제 2 항)에 해당한다.

본죄의 행위자는 후술하는 업무상 동의낙태죄(제270조 제 1 항)의 행위주체(의사,

1) 독일형법에서는 임부에 의한 자기낙태죄(Selbstabtreibung)를 제외한 미수범을 처벌한다(§ 218 Ⅳ).

한의사, 조산사, 약제사, 약종상) 이외의 자이다. 이들이 직접 낙태행위를 하여야 하며, 임부의 낙태행위를 도와 주거나 교사하는 것은 (자기)낙태죄(제269조 제 1 항)의 방조범 혹은 교사범에 해당한다. 무면허의사를 알선하여 임부로 하여금 낙태하도록 한 경우에는 무면허의사는 촉탁·승낙낙태죄에 해당하며, 이를 알선한 자에게는 촉탁·승낙낙태죄의 방조범이 성립한다. 그리고 임부는 자기낙태죄에 해당한다.

제 3 항의 촉탁·승낙낙태치사상죄는 결과적 가중범이다. 본죄가 성립하기 위하여 기본범죄인 낙태행위가 기수에 이르러야 하는지에 대해서는 논란이 있다. 즉 낙태의 기수·미수를 불문하고 본죄는 성립한다는 견해[1)]와 낙태가 미수에 그친 경우에는 본죄가 아니라 과실치사·치상죄만이 성립한다는 견해[2)]가 있다. 결과적 가중범에서 기본범죄가 미수인데도 불구하고 중한 결과가 발생한 경우에는 이를 기수로 보는 것이 학설과 판례이다.[3)] 그러나 본죄의 경우에는 법문에 「전항의 죄를 범하여 부녀를 치상한 때」라고 되어 있으므로 미수를 처벌하지 않는 낙태죄가 기수에 이르러야 본죄의 기수범이 성립하고, 미수에 그치면 임부에 대한 과실치상죄만 성립한다고 보는 것이 타당하다. 임부가 사망한 경우에는 당연히 낙태치사죄에 해당한다.

3. 업무상 낙태죄, 동치사상죄

제270조【의사 등의 낙태】 ① 의사, 한의사, 조산사, 약제사 또는 약종상이 부녀의 촉탁 또는 승낙을 받아 낙태하게 한 때에는 2년 이하의 징역에 처한다.
③ 제 1 항의 죄를 범하여 부녀를 상해에 이르게 한 때에는 5년 이하의 징역에 처한다. 사망에 이르게 한 때에는 10년 이하의 징역에 처한다.
④ 전 3 항의 경우에는 7년 이하의 자격정지를 병과한다.

(1) 의의 및 행위주체

본죄는 일종의 영리낙태행위를 처벌하기 위한 것으로서 신분으로 인하여 촉탁·승낙낙태죄보다 형을 가중하는 구성요건이다. 본죄는 부진정신분범으로서 의사, 한의사, 조산사, 약제사, 약종상이 본죄의 행위주체이다. 이들은 모두 해당되는 면허를 소지한 자이어야 한다. 의사는 산부인과 의사만을 의

1) 김일수/서보학, 57면; 백형구, 89면; 이형국, 133면; 정영석, 244면; 배종대 176면.

2) 김성천, 96면; 김종원, 84면; 유기천(상), 81면; 이재상, 98면; 이정원, 122면; 정성근/박광민, 99면.

3) 대판 1984. 7. 24, 84도1209(강간미수의 경우에도 강간치상죄 인정); 1986. 9. 23, 86도1526(재물강취미수의 경우에도 강도치상죄 인정); 이재상, 총론, 332면; 이형국, 총론연구 Ⅱ, 687면.

미하는 것이 아니라 모든 의사가 이에 해당된다. 다만 치과의사와 수의사는 제외된다고 보아야 한다. 그 임무나 업무의 성격이 다르기 때문이다(의료법 제2조 제2항 참조). 무면허의사인 경우에는 본죄가 아니라 촉탁·승낙낙태죄와 무면허의료행위금지규정(의료법 제27조 제1항, 제87조)위반으로 처벌된다. 한의사는 한방의료와 한방보건지도에 종사하는 자이다(의료법 제2조 제3호). 조산사는 조산과 임부·해산부·산욕부 및 신생아에 대한 보건과 양호지도에 종사하는 자이다(동조 제4호). 간호사는 상병자 또는 해산부의 요양상의 간호 또는 진료의 보조 및 대통령령이 정하는 보건활동에 종사하는 자이다(동조 제5호). 약사는 약사와 한약사를 포함한다고 보아야 한다(약사법 제2조 제2항). 약종상은 의약품의 판매업을 경영하는 의약품도매상이나 한약업사를 말한다(약사법 제44조 제2항 제2호, 제45조 참조).

(2) 행 위

본죄의 행위는 부녀의 촉탁·승낙을 받아 낙태하게 하는 것이다. 촉탁승낙의 의미는 촉탁·승낙낙태죄와 동일하다. 본죄는 신분범이므로 간접정범은 성립하지 않는다.

(3) 위 법 성

모자보건법 제14조에 해당하는 경우에는 본죄의 위법성은 조각된다(법령에 의한 정당행위). 기타 정당방위나 임부의 승낙은 본죄를 정당화하지 않는다. 임신의 지속이 모체의 건강을 심각하게 해치고 있거나 해칠 우려가 있는 경우에도 모자보건법(제14조 제1항 제5호)에 의하여 임신중절수술이 허용되므로 긴급피난의 규정이 적용될 여지도 사실상 거의 없다.

(4) 업무상 낙태치사상죄

본죄는 업무상 낙태죄에 대한 결과적 가중범이다. 본죄는 낙태가 기수에 이를 때에만 성립하며, 사망한 때에는 낙태의 기수·미수 여부를 불문하고 업무상 낙태치사죄가 성립한다.[1)]

4. 부동의낙태죄, 동치사상죄

제270조【부동의낙태】 ② 부녀의 촉탁 또는 승낙 없이 낙태하게 한 자는 3년 이하의 징역에 처한다.
③ 제2항의 죄를 범하여 부녀를 상해에 이르게 한 때에는 5년 이하의 징역에 처한다. 사망에 이르게 한 때에는 10년 이하의 징역에 처한다.
④ 전 3 항의 경우에는 7년 이하의 자격정지를 병과한다.

1) 김종원, 84면; 유기천(상), 81면; 이재상, 112면; 정성근/박광민, 92면.

이는 부녀(임부)의 승낙 없이 임의로 낙태행위를 하는 경우에 성립하는 범죄이다. 본죄의 주체에는 제한이 없으므로 의사, 약제사 등이 부녀의 승낙 없이 낙태행위를 하면 상대적으로 법정형이 가벼운 업무상 낙태죄가 아니라 본죄에 해당한다(법조경합). 특히 성을 파는 행위를 하였거나 할 자를 고용 또는 관리하는 자가 이를 이용하여 승낙 없이 위계 또는 위력으로써 낙태하게 한 때에는 「성매매알선 등 행위의 처벌에 관한 법률」(제18조 제3항 제2호)에 의하여 10년 이하의 징역으로 가중처벌된다. 부녀는 명시적으로 반대의사를 표시할 필요가 없으므로 부녀가 알지 못하는 사이에 낙태를 하여도 성립한다. 부녀의 촉탁이나 승낙이 있었던 것으로 오신한 경우에는 본죄가 아니라 촉탁·승낙낙태죄(제269조 제2항)나 업무상 낙태죄(제270조 제1항)가 성립한다. 행위자는 직접 낙태시술을 한 자에 제한되므로 제3자에게 부녀의 승낙 없이 낙태를 할 것을 교사하거나 방조한 자는 본죄의 교사범이나 방조범으로 처벌된다.

부동의낙태치사상죄는 부녀의 승낙 없이 낙태행위를 한 결과 부녀가 상해나 사망에 이르게 된 경우에 성립하는 결과적 가중범이다. 낙태에 수반되는 정도의 신체상해로는 부동의낙태치상죄가 성립하지 않는다. 본죄가 성립하기 위해서는 낙태죄가 기수에 이르러야 한다.[1] 본죄는 과실범을 처벌하지 않으므로 과실로 낙태하게 하여 부녀를 상해나 사망에 이르게 한 경우에는 과실치상죄나 과실치사죄가 성립한다.

Ⅲ. 落胎罪의 違法性阻却事由: 모자보건법

1. 인공임신중절수술의 허용

모자보건법 제14조(인공임신중절의 허용한계)는 특별한 경우에는 본인과 배우자의 동의가 있고(동조 제1항) 임신한 날로부터 24주 이내에 한하여(동 시행령 제15조 제1항) 의사의 시술에 의한 인공임신중절수술을 허용하고 있다. 허용되는 경우는 다음과 같다.

(1) 본인이나 배우자가 대통령령이 정하는 우생학적 또는 유전학적 정신장애나 신체질환이 있는 경우

소위 「우생학적 정당화사유」를 규정한 것이다. 대통령령이 정하는 구체적인 예로는 연골무형성증, 낭성섬유증 및 그 밖의 유전성 질환으로서 그 질

---
1) 촉탁·승낙낙태치사상죄 참조.

환이 태아에게 미치는 위험성이 현저한 질환 등이다(동 시행령 제15조 제 2 항).

(2) 본인이나 배우자가 대통령령이 정하는 전염성 질환이 있는 경우

전염성질환의 예로는 풍진, 톡소플라즈마증 및 그 밖에 의학적으로 태아에 미치는 위험성이 높은 전염성 질환 등을 가리킨다(동 시행령 제15조 제 3 항).

(3) 강간 또는 준강간에 의하여 임신된 경우

소위 「윤리적 정당화사유」를 규정한 것이다.

(4) 법률상 혼인할 수 없는 혈족 또는 인척간에 임신된 경우

민법상 근친간의 혼인금지규정(민법 제809조)의 타당성이 인정되더라도 법률상 혼인할 수 없는 사이에서 출생하였다고 하여 태아의 생명권이 경시될 근거가 되는 것은 아니다.

(5) 임신의 지속이 보건의학적 이유로 모체의 건강을 심각하게 해치거나 해칠 우려가 있는 경우

이 규정에서 모체의 건강을 확대해석하는 경우에는 대부분의 낙태행위를 정당화할 위험성이 있으므로 임신의 지속이 모체의 생명에 대한 위험으로 작용할 것이 예상될 경우에 인공임신중절수술을 허용하는 것으로 제한하여야 할 것이다. 일종의 긴급피난에 해당한다고 볼 수 있다.

모자보건법상의 허용한계규정과 관련한 문제점 이외에 추가적으로 지적할 수 있는 사항은 이러한 요건을 판단하는 의사와 낙태시술의사를 분리하지 않음으로써 판단의 공정성이 보장되지 않는다는 점이다.

2. 형법의 적용배제

모자보건법에 의한 인공임신중절수술을 받은 자와 수술을 행하는 자는 형법 제269조 제 1 항 · 제 2 항 및 제270조 제 1 항의 규정에 불구하고 처벌하지 않는다(동법 제28조). 그러므로 촉탁 · 승낙낙태치사상죄(제269조 제 3 항)와 업무상 낙태치사상죄 · 부동의낙태치사상죄(제270조 제 3 항)의 경우를 제외하고는 형법상의 낙태죄는 위법성이 조각된다.

제 5 절 遺棄와 虐待의 罪

Ⅰ. 遺棄의 罪

1. 유기죄의 의의

유기죄는 일정한 사유로 인하여 부조를 요하는 자를 보호할 법률상·계약상 의무 있는 자가 유기함으로써 성립한다. 오늘날 우리 사회는 가족관계에서는 전통적인 대가족관계가 해체되고 핵가족화로 변화하였으며, 사회적으로는 점점 개인중심의 경향으로 흐르고 있다. 즉 공동체의식이 약화되고 있는 것이다. 형법상의 유기죄는 이러한 사회적 환경변화에 따라 앞으로 중요성을 더하게 될 것으로 예상된다. 형법은 유기죄에서 보호의무 있는 자의 유기행위만을 처벌함으로써 개인주의적 성격을 강하게 띤 진정신분범의 형태로 규정하고 있다.

독일형법은 요부조자(要扶助者)를 보호범위 밖으로 옮겨 사망의 위험이나 중대한 건강침해의 위험에 놓이게 하는 것을 의미하는 유기죄 가운데 적극적 유기(in eine hilflose Lage versetzen)의 경우에는 행위주체를 제한하지 않고 있다(§ 221 I). 뿐만 아니라 부조행위가 요구되는 사고시나 공공의 긴급상황(예: 어둠 속에 교통사고로 쓰러져 있는 행인, 며칠째 단수된 지역)에서 자신에게 위험상황이나 다른 의무불이행을 초래하지 않고 부조행위가 가능함에도 불구하고 이를 이행하지 않는 경우에는 1년 이하의 자유형이나 벌금형에 처하도록 규정하고 있다(§ 323c). 우리 형법에서도 이러한 상황에 대한 적절한 입법조치가 필요하다고 본다.

2. 구성요건체계

유기의 죄에서 기본적 구성요건은 유기죄(제271조 제1항)이다. 이에 대하여 존속유기죄(제271조 제2항)는 신분관계로 인하여 형이 가중되는 경우이고, 중유기죄(제271조 제3항)와 유기치사상죄(제275조 제1항)는 결과적 가중범이며, 존속중유기죄(제271조 제4항)와 존속유기치사상죄(제275조 제2항) 역시 신분관계 및 결과로 인하여 형이 가중되는 결과적 가중범이다. 영아유기죄(제272조)는 책임이 감경되는 구성요건이다.

학대의 죄에서 기본적 구성요건은 학대죄(제273조 제1항)이다. 이에 대하여 존속학대죄(제273조 제2항)는 신분관계로 인하여 법정형이 가중되는 경우이고, 학대치사상죄(제275조 제1항)는 결과적 가중범이고 존속학대치사상죄(제275조 제2항)는 신분관계 및 결과로 인하여 법정형이 가중되는 결과적 가중범이다.

아동혹사죄(제274조)는 독립적인 구성요건이다.

3. 유기죄의 본질 및 보호법익

유기죄는 생명·신체의 안전을 보호법익으로 하는 위험범이다. 즉 부조를 필요로 하는 자를 유기함으로써 이들의 생명·신체의 안전이 위태롭게 되는 것을 방지하는 것이 본 구성요건의 목적이다.

본죄가 추상적 위험범인가 구체적 위험범인가에 대해서는 견해가 대립된다. 독일형법(§221 I)에서는 구체적 위험범으로 규정하고 있다.[1] 독일형법에서는 유기죄의 행위주체를 반드시 보호의무 있는 자로 제한하고 있지 않기 때문에 구체적 위험범으로 보는 것이 구성요건해당성을 제한하는 방법이 된다. 반면에 우리 형법은 행위주체를 부조의무 있는 자로 제한하고 있기 때문에 이러한 자의 유기행위는 구체적 위험발생 여부와 관계 없이 유기죄를 구성한다고 보는 것이 타당하다. 또한 제271조 제3항, 제4항(중유기죄, 존속중유기죄)이 사람의 생명에 대한 위험을 발생한 경우에는 가중처벌하는 것에 비추어 보아도 단순유기죄와 존속유기죄는 추상적 위험범으로 보는 것이 옳다.[2]

4. 유 기 죄

> **제271조【유기】** ① 노유, 질병 기타 사정으로 인하여 부조를 요하는 자를 보호할 법률상 또는 계약상 의무 있는 자가 유기한 때에는 3년 이하의 징역 또는 500만원 이하의 벌금에 처한다.

(1) 객관적 구성요건

1) 행위주체 　본죄의 주체는 요부조자를 보호할 법률상 또는 계약상 의무를 지고 있는 보호의무자이다.

(i) 보호의무의 내용 　행위주체의 보호의무란 법률상의 보호의무와 계약상의 보호의무를 포함한다. 법률상의 보호의무는 법령에 의하여 보호의무

---

1) Nomos/Rössner/Wenkel, §221 Rn. 10; Sch/Sch/Eser, §221 Rn. 1; Krey, BT/1, Rn. 136a; Wessels/Hettinger, BT/1, Rn. 198.

2) 강구진, 118면; 김성천, 628면; 김일수/서보학, 108면; 김종원, 91면; 배종대, 179면; 백형구, 95면; 오영근, 133면; 이재상, 103면; 이정원, 123면; 이형국, 138면; 임 웅, 115면.

가 규정되어 있는 경우를 말한다. 계약상의 보호의무는 유기자와 피유기자 사이의 계약은 물론 유기자와 제 3 자와의 계약도 포함한다(예: 어린아이의 부모와 보모와의 계약).

(ii) **보호의무의 근거** 법률·계약 이외에 사무관리·관습·조리 혹은 공서양속이나 사회통념, 선행행위를 근거로 보호의무가 인정될 수 있는가에 대해서는 긍정설[1)]과 부인설[2)]로 견해가 나뉜다. 독일형법처럼 보호의무의 근거를 명시하지 않은 경우에는 긍정설의 견해가 타당하다고 할 수도 있으나 (그러므로 예를 들어 술집 주인도 경우에 따라서는 보호의무를 진다[3)]) 법률과 계약으로 명시하고 있는 현행법하에서는 죄형법정주의원칙상 수긍할 수 없다고 본다. 그렇지만 위험이 일상화되고 있는 현대사회에서는 명시적으로 법률상 혹은 계약상의 보호의무를 부담하지 않았더라도 사실상 이에 준하는 경우에는 보호의무를 인정하는 것이 입법론적으로 타당하다고 본다. 대법원판례는 부인설의 입장이다.

[판례] 서로 알지 못하는 관계인 피고인과 피해자는 술에 취한 상태에서 1976. 1. 26. 오후 4시경 길을 같이 걷다가 함께 도로에서 실족하여 2미터 아래 개울로 떨어져 5시간 가량 잠을 자다 깨어나 도로 위로 올라오려고 하였으나 이미 어두워 길을 찾을 수 없었다. 개울을 헤매던 피해자는 후두부타박상을 입고 움직일 수 없는 상태가 되었다. 그 사이에 피고인은 길을 찾아 피해자를 둔 채 귀가하였다. 결국 피해자는 4~5시간 후 심장마비로 사망하였다. 사고 당시에는 섭씨 영하 15도의 추운 날씨였으며 40미터 떨어진 곳에는 민가가 있었다.

이 사건에서 대법원은 형법이 "법률상 또는 계약상의 보호의무가 있는 자만을 유기죄의 주체로 규정하고 있으니 명문상 사회상규상의 보호책임을 관념할 수는 없다고 하겠으며, 유기죄의 죄책을 인정하려면 보호책임이 있게 된 경위·사정·관계 등에 의하여 법률상 또는 계약상의 보호의무를 밝혀야 할 것이다(대판 1977. 1. 11, 76도3419)"고 판시하여 유기치사죄의 성립을 부인하였다.

---

1) 김종원, 90면; 유기천(상), 86면; 이정원, 129면; 이형국, 141면; 임 웅, 115면.

2) 강구진, 121면; 김성천, 630면; 김일수/서보학, 110면; 배종대, 185면; 백형구, 96면; 오영근, 115면; 이재상, 105면.

3) BGHSt 26, 35(술집 주인인 피고인은 술에 취하여 몸을 제대로 가누지 못하는 손님 H를 문 앞 계단에서 넘어지지 않도록 부축하고 술집 앞으로 나온 다음 택시를 불러 귀가할 것을 권하였다. 그러나 H가 계속 거절하자 혼자 두고 술집 안으로 들어왔는데 잠시 후 자동차 도로 방향으로 쓰러져 있다가 지나가던 자동차에 치어 5주 후에 사망한 사건. 독일연방대법원은 H의 생명·신체의 안전을 우연에 맡기고 현장을 떠난 술집 주인의 작위의무불이행을 인정하고 유기치사죄의 성립을 인정하였다).

2) 행위객체 본죄의 객체는 노유, 질병, 기타의 사정으로 부조를 요하는 자로서 생명·신체의 안전을 지키기 위하여 타인의 도움을 필요로 하는 자이다. 노유란 노령의 사람이나 어린아이를 의미한다. 형법은 획일적인 연령기준을 제시하고 있지 않다. 그러므로 결국 연령을 포함하여 개개인의 상태에 따라 정하는 수밖에 없다. 질병이란 육체적인 것은 물론 정신적인 질병까지 포함한다(예: 병원에 입원중인 자, 교통사고 등으로 부상당하여 쓰러져 있는 자, 정신병자 등). 명정상태에 빠진 자와 임산부도 여기에 해당한다고 보는 견해도 있으나[1] 이는 질병이라기보다는 기타의 사정에 해당한다고 보는 것이 타당하다. 기타의 사정이란 노유나 질병에 해당되지는 않지만 역시 타인의 부조를 필요로 하는 경우를 의미한다. 신체장애자처럼 계속적인 경우와 일시적인 이유로 타인의 부조를 필요로 하는 경우를 포함한다(예: 마약 등을 복용하여 의식이 몽롱한 상태에 있는 자, 출산중인 임산부[2] 등).

3) 행위방법 행위방법은 유기이다. 요부조자를 유기한다는 것은 요부조자의 생명·신체에 위험을 가져올 수 있는 보호 없는 상태로 두는 것을 말한다. 구체적으로는 요부조자를 보호 없는 상태로 옮기는 적극적 유기와 보호 없는 상태에 방치하는 소극적 유기를 포함한다. 보호의무자가 요부조자를 버리고 떠나는 것(예: 아이가 학교에서 돌아오기 전에 이사를 가버리는 경우)은 소극적 유기에 해당한다.[3] 유기는 작위적인 방법은 물론 부작위에 의해서도 가능하다. 그러므로 작위의무자(보호의무자)가 제3자에 의한 요부조자의 유기를 방치하거나, 영아를 집에 혼자 둔 채 하루가 지나서야 귀가하는 행위 역시 유기행위에 해당한다(부진정부작위범).[4] 적극적 유기행위는 요부조자의

1) 이재상, 106면.
2) RGSt 54, 273.
3) 대법원판례는 11세된 딸의 장내출혈로 인한 수혈 필요성에도 불구하고 여호와의 증인교를 믿는 어머니가 수혈을 방해하여 딸이 사망한 사건에서 피고인의 행위는 요부조자를 위험한 장소에 두고 떠난 것이나 다름 없으므로 유기치사죄가 성립한다고 판시하였다(대판 1980. 4. 24, 79도1387). 반대로 이 사건에서 피고인의 행위는 부작위에 의한 살인죄가 성립한다는 견해가 있다(최우찬, 「유기치사죄와 부작위에 의한 살인죄 및 양심범과의 관계」, 형사판례연구(1), 100면).
4) BGHSt 21, 4(남편은 수감중인 상태에서 1964. 12. 24. 밤 생후 10개월된 아이를 포함하여 10살된 아이까지 세 명의 아이들을 집에 남겨 둔 채 성탄절 파티에 간 후 1964. 12. 28. 아침에야 귀가하였는데 난방도 되지 않아 섭씨 0도의 추운 집안에서 10개월된 아이는 이미 사망하였고 나머지 두 아이들은 추위와 굶주림에 지쳐 동사 직전에 있었던 사건에서 연방대법원은 유기죄 및 유기치사죄를 인정하였다); BGH NStZ 1983, 454; Wessels/Hettinger, BT/1, Rn. 202.

생명·신체에 위험이 초래될 수 있는 곳으로의 장소적 이전을 필요로 한다.[1)] 반면에 보호의무자가 요부조자와 장소적으로 함께 있으면서도 보호의무를 다하지 않는 경우에는 장소적 이탈이 없으므로 소극적 유기행위에도 해당하지 않는다는 것이 독일의 판례와 다수설이다.[2)] 그러나 유기죄의 보호법익이 요부조자의 생명·신체의 안전인 이상 이 경우에도 유기에 해당한다고 보는 것이 타당하다.[3)] 그러므로 간호사가 돌볼 다른 사람이 없는 상황에서 환자를 둔 채 병실을 떠난다든가, 병실에 있으면서도 환자를 돌보지 않는 경우에는 유기죄를 적용하는 것이 타당하다.[4)]

(2) 주관적 구성요건

유기죄의 주관적 구성요건으로는 보호의무 있는 행위자가 요부조자에 대한 보호책임의 발생원인이 된 사실이 존재한다는 것을 인식하고 이에 기한 부조의무를 게을리 한다는 인식이 있어야 한다.[5)] 즉 행위자는 자신의 유기행위로 인하여 요부조자의 생명·신체가 위험상황에 처하게 되리라는 것을 인식하여야 한다.[6)] 미필적 고의로도 충분하다.[7)]

보호의무의 내용과 범위는 구성요건의 내용에 해당하므로 이에 대한 착오는 구성요건의 착오이다.

1) BGH NStZ 1985, 501.
2) BGHSt 38, 78(피고인—남성—은 자살하기 위하여 6살 반된 자신의 딸과 함께 1990. 2. 18. 저녁 자신의 자동차로 외딴 곳에 있는 야산으로 가서 아홉 알의 수면제와 수량 미상의 코냐을 마시고 혼미상태에 빠져 자신의 딸을 돌볼 수가 없게 되었다. 그 다음날 아침 의식을 회복한 피고인은 자신의 딸을 찾았으나 실패하고 딸은 결국 경찰에 의해—정확한 경위는 알 수 없으나—자동차 밖으로 나와 인근 숲속에서 약간의 상처를 입고 잠든 채 발견되었다. 지방법원은 피고인의 행위는 요부조자를 장소적으로 떠나지 않더라도 유기에 해당한다고 보아 독일 형법 제221조의 유기죄를 인정하였다. 그러나 연방대법원은 요부조자를 무보호상태에 두고 떠난다는 것은 장소적 이탈을 필요로 한다는 이유에서 유기죄의 성립을 부인하였다); Geilen, JZ 1973, 324; Lackner/Kühl, § 221 Rn. 3; SK/Horn, § 221 Rn. 7.
3) Schroeder, Anm. JZ 1992, 378; Sch/Sch/Eser, § 221 Rn. 7; Walther, Anm. NStZ 1992 231; Wessels/Hettinger, BT/1, Rn. 199.
4) Sch/Sch/Eser, § 221 Rn. 7.
5) 대판 1988. 8. 9, 86도225(피고인이 호텔 7층 객실에서 피해자에게 성관계를 요구하다가 피해자가 그 순간을 모면하기 위하여 7층 창문으로 뛰어내린 것을 알았다면 즉시 적절한 구호조치를 하여 피해자를 보호해야 할 법률상 의무가 있으나 피해자가 뛰어내린 여부를 피고인이 알았다고 인정할 만한 아무런 증거가 없으므로 중유기죄 성립을 부인한 사건).
6) BGH NStZ 1985, 501.
7) BGHSt 4, 116.

5. 존속유기죄

제271조 【존속유기】 ② 자기 또는 배우자의 직계존속에 대하여 제 1 항의 죄를 범한 때에는 10년 이하의 징역 또는 1,500만원 이하의 벌금에 처한다.

본죄는 자기 또는 배우자의 직계존속을 유기함으로써 성립하는 부진정신분범이다. 행위주체는 직계비속이다. 직계비속의 개념은 존속살해죄의 경우와 동일하다.

6. 중유기죄 · 존속중유기죄

제271조 【유기, 존속유기】 ③ 제 1 항의 죄를 범하여 사람의 생명에 대한 위험을 발생하게 한 때에는 7년 이하의 징역에 처한다.
④ 제 2 항의 죄를 범하여 사람의 생명에 대한 위험을 발생하게 한 때에는 2년 이상의 유기징역에 처한다.

본죄는 사람을 유기하여 생명의 위험을 발생하게 하거나(제 3 항, 중유기죄), 자기 또는 배우자의 직계존속을 유기하여 생명의 위험을 발생하게 한 때(제 4 항, 존속중유기죄)에 성립하는 죄이다(구체적 위험범).

7. 영아유기죄

제272조 【영아유기】 직계존속이 치욕을 은폐하기 위하거나 양육할 수 없음을 예상하거나 특히 참작할 만한 동기로 인하여 영아를 유기한 때에는 2년 이하의 징역 또는 300만원 이하의 벌금에 처한다.

본죄는 직계비속이 치욕을 은폐하기 위하거나 양육할 수 없음을 예상하거나 특히 참작할 만한 동기로 인하여 영아를 유기함으로써 성립하는 죄다. 행위동기는 영아살해죄(제251조)에서와 마찬가지이다. 본죄의 행위주체인 직계존속은 영아살해죄와 동일하다. 행위객체인 영아는 영아살해죄의 경우와 달리 출생 직후의 아이뿐만 아니라 타인의 도움 없이는 생존이 불가능한 유아 일반을 가리킨다.[1)]

형법은 일반유기죄의 형(3년 이하의 징역 또는 500만원 이하의 벌금)보다 영아유기죄의 형(2년 이하의 징역 또는 300만원 이하의 벌금)을 가볍게 규

1) 통설이다. 강구진, 125면; 김성천, 635면; 김일수/서보학, 110면; 배종대, 158면; 오영근, 134면; 이재상, 109면; 이정원, 137면; 이형국(I), 183면. 반면에 임 웅, 120면은 유아는 본죄가 아닌 단순유기죄의 객체가 된다고 본다.

정하고 있다. 반면에 독일형법(Aussetzung, § 221 Ⅱ)은 자신의 아이나 교육 혹은 양육목적으로 맡겨진 사람에 대한 유기죄의 형(1년에서 10년 이하의 자유형)을 일반유기죄(§ 221 Ⅰ)에 비하여(3월에서 5년 이하의 자유형) 무겁게 하고 있다.

형법이 영아유기죄를 일반유기죄에 비하여 상대적으로 가볍게 처벌하는 것은 타당하지 않다. 영아유기죄의 행위동기가 과연 형의 차이를 둘 만큼 비난가능성이 적은 것인지 의문이며 우리 사회의 심각한 사생아 및 해외입양의 실태를 감안한다면 이러한 형의 차등은 불합리하다. 그러므로 만일 본조가 규정하는 행위동기가 없는 상태에서 영아를 유기한 경우에는 본조가 아니라 일반유기죄에 해당한다고 보아야 한다.

아동복지법(제29조)은 아동에 대한 일정한 행위를 금지시키고 이를 위반하는 경우에는 행위의 종류에 따라 형을 달리하여 처벌하고 있다(동법 제40조).

본죄의 행위동기는 이미 법정형에 반영되었기 때문에 작량감경에 관한 규정(제53조)이 적용되지 않는다는 견해가 있다.[1)] 반면에 양자는 별개의 것으로서 각각 적용된다고 보는 견해가 있다.[2)]

생각건대 본죄의 행위동기는 법정형의 결정시에 고려된 사항이므로 개별적 사건에서 동일한 내용을 다시 형법상의 양형조건(제51조 제3호)에 해당한다는 이유로 감경을 하는 것은 타당하지 않다고 본다. 또한 본죄와 일반유기죄와의 형의 차등의 불합리성을 고려할 때도 전자의 견해가 타당하다.

Ⅱ. 虐待의 罪

1. 학대죄 · 존속학대죄

제273조【학대, 존속학대】 ① 자기의 보호 또는 감독을 받는 사람을 학대한 자는 2년 이하의 징역 또는 500만원 이하의 벌금에 처한다.
② 자기 또는 배우자의 직계존속에 대하여 전항의 죄를 범한 때에는 5년 이하의 징역 또는 700만원 이하의 벌금에 처한다.

1) 유기천(상), 89면.
2) 김성천, 635면; 백형구, 102면; 이재상, 109면.

(1) 학대죄의 의의 · 보호법익

(단순)학대죄는 자기의 보호 또는 감독을 받는 사람을 학대함으로써 성립하는 범죄로서 진정신분범이다. 그리고 존속학대죄는 행위객체가 자기 또는 배우자의 직계존속이라는 신분관계로 인하여 불법성이 가중되는 부진정신분범이다.

학대죄 역시 유기죄와 마찬가지로 생명 · 신체의 안전을 보호법익으로 하는 범죄이면서 넓게는 인격권을 보호하는 구성요건이다.[1] 그러나 유기죄에 비하여 행위방법상 폭행죄나 상해죄와 유사한 성격도 포함한다는 점이 다르다.[2]

학대죄는 학대행위를 함으로써 기수가 되는 거동범이다.[3] 또한 결과발생을 필요로 하지 않는 추상적 위험범이다.

(2) 구성요건

1) 행위주체 행위자는 사람을 보호 또는 감독하는 자이다. 존속학대죄의 행위자는 자기 또는 배우자의 직계존속을 보호할 의무 있는 직계비속이다. 보호근거는 유기죄의 경우와 달리 법률상 또는 계약상의 의무로 제한하지 않고 있다. 그러므로 통설은 사무관리, 조리, 관습상의 의무를 포함하는 것으로 본다.[4] 법문상 통설이 타당하다고 본다.

2) 행위객체 단순학대죄의 행위객체는 보호 또는 감독을 받는 자이다. 그러므로 보호관계나 종속관계에 있는 자는 본죄의 행위객체에 해당한다. 법문은 연령의 제한이나 신체상의 조건을 요구하지 않고 있다. 「아동복지법」은 18세 미만의 자인 아동에 대한 여러 유형의 학대행위에 대해서는 5년 이하의 징역 또는 3,000만원 이하의 벌금에 처한다(동법 제29조, 제40조 제2호)고 규정하고 있다. 존속학대죄의 행위객체는 행위주체의 보호 또는 감독을 받는 직계존속 또는 배우자의 직계존속이다.

독일형법은 행위객체를 18세 미만의 자, 연약함이나 질병 등의 사유, 자신의 후견

1) 이재상, 110면; 임 웅, 121면.

2) 독일형법은 「피보호자에 대한 학대죄」(Mißhandlungen von Schutzbefohlenen, § 225)를 신체의 완전성에 대한 죄의 장에 규정하고 있다.

3) 강구진, 126면; 김일수/서보학, 110면.

4) 김종원, 94면; 김일수/서보학, 111면; 배종대, 187면; 유기천(상), 90면; 오영근, 136면; 이재상, 110면; 이형국, 147면; 임 웅, 122면. 반대로 강구진, 126면; 김성천, 638면은 유기죄와의 균형상 법률상 또는 계약상의 의무로 제한하는 것이 타당하다고 본다.

을 받는 자나 직무나 근로계약 등으로 보호를 받는 자로 규정하고 있다(§225 I).

3) 행 위 본죄의 행위는 학대행위이다. 학대의 개념에 대해서는 육체적 고통을 주는 것이어야 한다는 견해[1]와 육체적인 고통은 물론 정신적인 고통까지도 포함하는 것으로 보는 견해[2]가 있다. 본죄는 행위자와 피해자가 특별한 관계에 있음에도 불구하고 형량이 폭행죄와 동일한 점(폭행죄보다 형량이 무거워야 할 것이다), 그리고 학대의 언어적 의미에는 정신적 학대도 포함된다고 볼 때 학대개념은 정신적인 고통까지를 포함시켜 넓게 해석하는 것이 타당하다.[3] 그러므로 외출하기 위하여 어린 아이를 어두운 지하실에 몇 시간을 가두는 행위는 감금죄 이외에 학대죄에도 해당한다. 학대행위는 냉혈적 인간행위이기 때문에 친자관계 등을 이유로 정당화될 성질이 아니다. 그 밖의 학대행위의 예로는 식사제공을 하지 않는다거나 신체조건에 맞지 않는 혹독한 훈련을 계속시키는 행위, 대소변을 가리지 못한다고 어린 아이를 닭장에 가두고 전신을 구타하는 행위,[4] 밥을 굶기는 행위 등이 있다.

2. 아동혹사죄

제274조【아동혹사】 자기의 보호 또는 감독을 받은 16세 미만의 자를 그 생명 또는 신체에 위험한 업무에 사용할 영업자 또는 그 종사자에게 인도한 자는 5년 이하의 징역에 처한다. 그 인도를 받은 자도 같다.

자기의 보호 또는 감독을 받는 16세 미만의 자를 그 생명 또는 신체에 위험한 업무에 사용할 영업자 또는 종업원에게 인도하거나 받는 행위를 처벌하는 범죄이다. 아동의 복지권을 보호법익으로 하며 진정신분범이다. 또한 인도자와 인수자를 모두 처벌하는 필요적 공범이다. 16세 미만의 자는 신체조건을 불문하고 무조건 본죄의 행위객체에 해당하므로 본인의 승낙이나 부탁이 있더라도 위법성을 조각하지 않는다.

본죄의 「생명 또는 신체에 위험한 업무」는 근로기준법(제65조)이 여자와 18세 미만자의 사용을 금지하는 업무인 「도덕상 또는 보건상 유해, 위험한 사

1) 김종원, 94면; 이재상, 111면.
2) 김일수/서보학, 114면; 배종대, 187면; 백형구, 187면; 유기천(상), 90면; 이형국, 147면; 임 웅, 119면; 정성근/박광민, 110면; 정영석, 250면.
3) 대판 2000. 4. 25, 2000도223 참조. BGHSt 41, 113; Tröndle/Fischer, § 225 Rn. 8.
4) 대판 1969. 2. 4, 68도1793.

업」보다 좁은 개념이라고 보아야 한다. 아동혹사죄의 형량이 무겁기 때문이다(근로기준법 제65조 위반시는 3년 이하의 징역 또는 2,000만원 이하의 벌금이다. 동법 제109조 제 1 항).[1)]

본죄의 주관적 구성요건인 고의는 행위객체에 대한 인식, 생명신체에 위험한 업무에 사용한다는 점 및 자기의 보호 또는 감독을 받는 16세 미만의 자를 상대방에게 인도하거나 상대방으로부터 인수한다는 점에 대한 고의가 있어야 한다.

Ⅲ. 遺棄 등 致死傷罪

> 第275条【유기 등 치사상】 ① 제271조 내지 제273조의 죄를 범하여 사람을 상해에 이르게 한 때에는 7년 이하의 징역에 처한다. 사망에 이르게 한 때에는 3년 이상의 유기징역에 처한다.
> ② 자기 또는 배우자의 직계존속에 대하여 제271조 또는 제273조의 죄를 범하여 상해에 이르게 한 때에는 3년 이상의 유기징역에 처한다. 사망에 이르게 한 때에는 무기 또는 5년 이상의 징역에 처한다.

본죄는 유기, 존속유기, 영아유기, 학대, 존속학대의 죄를 범하여 과실로 사람을 상해에 이르게 하거나 사망에 이르게 한 경우에 성립하는 진정결과적 가중범이다. 본범에 대하여 고의(미필적 고의 포함)가 있는 경우에는 (존속)살인죄 혹은 (존속)상해죄가 성립한다(상상적 경합).

1) 강구진, 127면; 김성천, 641면; 김일수/서보학, 114면; 배종대, 159면; 백형구, 110면; 오영근, 138면; 이재상, 112면; 이정원, 132면; 이형국, 150면; 임 웅, 124면; 정성근/박광민, 105면.

제 2 장 自由에 대한 罪

자유는 실정법적으로 인정되기 이전에 인간이 갖는 천부의 권리이면서 동시에 역사의 변전(變轉) 속에서 인류가 획득하여 헌법적으로 확립한 인간 존엄성의 상징이다. 자유는 정신적·도덕적 주체인 인간이 자신의 외부적 환경에 대응하면서 원하는 것을 하거나, 또는 하지 않을 수 있는 가능성을 의미한다. 개인이 향유하는 이러한 선택의 자기결정권이야말로 인간의 자아실현의 기초이며, 인권의 핵심요소에 해당한다. 형법은 자유를 침해하는 범죄행위를 처벌함으로써 실정법적으로 헌법상의 기본권(제12조 이하)을 보호하기 위한 장치를 마련하고 있다.

형법상 자유에 대한 죄의 보호법익인 자유는 구체적으로는 의사형성의 자유와 형성된 의사를 실현하는 자유를 의미한다. 협박죄는 의사형성의 자유를 침해하는 범죄이고, 신체를 속박함으로써 자유로운 이동을 불가능하게 하는 체포·감금의 죄(제29장)는 자유로운 의사실현을 침해하는 대표적인 범죄이다. 그리고 강요죄와 약취·유인의 죄(제31장)는 양자 모두를 침해하는 성질을 갖고 있다. 그 밖에 강간과 추행의 죄(제32장)는 성적인 의사결정의 자유를 침해하는 구성요건들이다. 물론 형법에는 자유를 침해하는 다른 여러 가지 구성요건들이 있다. 예를 들면 강도죄는 의사결정의 자유 및 소유권의 자유로운 행사를 방해한다는 점에서, 공갈죄는 의사형성을 강요한다는 점에서 역시 자유를 침해하는 범죄유형이다. 그러나 본장의 자유에 대한 죄는 이러한 구성요건 가운데 의사형성·실현의 자유 혹은 신체활동의 자유를 본질적인 보호법익으로 하는 죄만을 그 대상으로 한다.

제 1 절 脅迫의 罪

Ⅰ. 序 論

1. 의의 및 보호법익

협박의 죄는 개인이 자유로운 사회활동을 통하여 자아를 실현할 수 있는 기초로서 정신활동의 자유를 보호하기 위한 구성요건이다. 즉 개인의 의사결정의 자유를 보호법익으로 하는 범죄이다.[1] 이는 후술하는 강요죄가 의사결정의 자유뿐만 아니라 의사실현의 자유까지도 보호하는 범죄인 것과 구별된다. 이에 대해 협박죄의 보호법익을 개인의 법적 안전의 의식이라고 하는 견해가 있다.[2] 그러나 고지하는 해악의 내용이 독일형법(§241, Bedrohung)[3]처럼 반드시 범죄행위를 할 것을 필요로 하는 것은 아니므로 전자의 견해가 타당하다. 이처럼 협박의 죄는 의사결정능력을 지닌 자연인을 대상으로 하기 때문에[4] 법인이나 정신병자, 유아, 심신장애자, 명정자, 수면중인 자에 대해서는 협박죄가 성립하지 않는다.[5]

2. 형법상 협박의 개념

협박이라 함은 사람에게 공포심을 일으킬 목적으로 언어나 거동, 서면에 의하여 해악을 가할 것을 고지하는 것을 말한다.[6] 형법상 사용되는 협박의 개념에는 폭행의 개념에 대응하여 다음과 같은 유형으로 분류하고 있다.

(1) 광의의 협박

사람에게 공포심을 일으킬 목적으로 상대방에게 해악을 고지하는 것을 의미하며 해악의 고지에 의하여 현실적으로 상대방이 공포심을 가졌는지는 문제되지 않는다(예: 공무집행방해죄, 특수도주죄).

---

1) 강구진, 133면; 김일수/서보학, 116면; 배종대, 163면; 오영근, 153면; 이재상, 113면; 이정원, 145면; 이형국, 156면; 임 웅, 134면.

2) 김종원, 97면; 정영석, 249면; 진계호, 138면. 이는 독일의 통설이다(Tröndle/Fischer, §241 Rn. 2 참조). 백형구, 378면은 개인의 심리적 평온이라고 본다.

3) 제241조 제 1 항: "타인 혹은 그와 가까운 자에 대하여 중죄(Verbrechen)를 범할 것을 협박한 자는 1년 이하의 자유형 혹은 벌금형에 처한다."

4) 대판 2010. 7. 15, 2010도1017.

5) 강구진, 135면; 김종원, 98면; 백형구, 380면; 이재상, 115면; 임 웅, 135면; 정성근/박광민, 120면.

6) 대판 1975. 10. 7, 74도2727.

(2) 협의의 협박

해악의 고지에 의하여 상대방이 현실적으로 공포심을 느낄 정도의 협박을 말한다(예: 공갈죄, 협박죄, 강요죄).

(3) 최협의의 협박

상대방의 반항을 불가능하게 하거나 현저히 곤란하게 할 정도의 해악을 고지하는 것을 말한다(예: 강도죄).

그러나 폭행개념의 분류방법과 유형을 같이하는 위와 같은 협박개념의 분류는 협박의 개념이나 본질에 관한 것이 아니라 협박의 대상에 따른 분류에 불과하다. 그러므로 협박개념을 정확하게 파악하기 위해서는 개별 구성요건을 중심으로 의미내용을 밝혀야 한다.[1)]

3. 구성요건체계

협박의 죄는 협박죄(제283조 제1항)를 기본적 구성요건으로, 존속협박죄(동조 제2항), 특수협박죄(제284조) 및 상습협박죄(제285조)를 가중적 구성요건으로 하고 있다. 존속협박죄는 신분을 이유로 가중하며, 특수협박죄는 협박방법으로 인하여 가중된다.

모든 협박죄의 미수범은 처벌한다(제286조). 폭력행위 등 처벌에 관한 법률(제2조, 제3조)에 가중처벌규정이 있다.

Ⅱ. 脅迫罪

> 제283조【협박】 ① 사람을 협박한 자는 3년 이하의 징역, 500만원 이하의 벌금, 구류 또는 과료에 처한다.
> ③ 제1항의 죄는 피해자의 명시한 의사에 반하여 공소를 제기할 수 없다.
> 제286조【미수범】 미수범은 처벌한다.

2인 이상이 공동하여 협박죄를 범한 때에는 본조가 아니라 폭력행위 등 처벌에 관한 법률이 적용되어 형법이 정한 형의 2분의 1까지 가중한다(동법 제2조 제2항).

1. 객관적 구성요건

(1) 협박의 의의

본죄는 사람을 협박함으로써 성립한다. 본죄가 요구하는 협박의 정도는

1) 위 폭행죄 중 폭행개념 참조.

객관적으로 판단할 때 해악의 고지에 의하여 상대방이 최소한 해악의 내용이 실현될 수도 있다는 가능성을 믿어서 공포심을 느낄 정도이어야 하며, 현실적으로 공포심의 야기가 가능한 수준의 해악의 고지인 경우에 협박죄는 기수에 이른다(소위 협의(狹義)의 협박). 따라서 해악의 내용을 이해할 수조차 없는 영아, 수면중인 자, 정신병자 등은 본죄의 객체가 될 수 없다.

협박은 경고(warning)와 구별되어야 한다. 협박은 해악의 발생 여부가 행위자의 의사에 의해 좌우되거나 행위자가 제 3 자를 통하여 발생하게 할 수 있음을 내용으로 하는 데 반하여, 경고는 발생 여부가 행위자의 의사와는 무관한 해악의 발생·도래의 가능성을 상대방에게 전달하는 의미밖에 없다.[1] 천재지변이나 사고의 위험성을 사전에 알려 주는 것이 그 예이다. 이러한 경고는 협박죄에 해당하지 않는다.

고지되는 해악의 내용에는 제한이 없다. 생명, 신체, 자유, 명예, 재산은 물론 정조, 업무, 신용에 관한 해악을 포함한다.[2]

[판례] 피고인이 피해자의 누나의 집에서 갑자기 온 몸에 연소성이 높은 고무놀을 바르고 라이터 불을 켜는 동작을 하면서 이를 말리려는 피해자 등에게 가위, 송곳을 휘두르면서 "방에 불을 지르겠다," "가족 전부를 죽여버리겠다"고 소리친 경우(대판 1991. 5. 10, 90도2102).

고지되는 해악의 내용이 반드시 불법적인 것이어야 하는 것도 아니다. 그러므로 정상적인 권리행사도 해악의 고지에 해당할 수 있다. 그러나 이 경우에는 강요죄에서 설명하는 바와 같이 목적과 수단의 관계에 비추어 위법성이 조각되는 경우가 많을 것이다.

(2) 해악의 고지

해악의 고지는 명시적인 것은 물론 묵시적으로도 가능하며, 해악의 발생이 확실하거나 가능할 것도 필요로 하지 않는다. 상대방이 해악발생의 가능성을 인식하면 충분하다. 또한 행위자가 반드시 해악을 가할 의도를 가지고 있지 않아도 되며, 제 3 자에 의한 해악의 고지도 가능하다. 고지자가 제 3 자의 행위를 사실상 지배하거나 제 3 자에게 영향을 미칠 수 있는 지위에 있는

1) BGHSt 23, 294; Arzt/Weber, BT/LH 1, Rn. 566.

2) 강구진, 135면; 김일수/서보학, 118면; 김종원, 99면; 백형구, 381면; 이재상, 111면; 이형국, 159면; 임 웅, 134면.

것으로 믿게 하는 명시적·묵시적 언동을 하였거나 제 3 자의 행위가 고지자의 의사에 의하여 좌우될 수 있는 것으로 상대방이 인식한 경우에 한하여 비로소 고지자가 직접 해악을 가하겠다고 고지한 것과 마찬가지의 행위로 평가할 수 있다.[1] 문서에 의할 경우 허무인 명의나 익명을 통한 해악의 고지도 가능하다. 전형적인 협박의 방법으로는 폭력이나 고소권 행사의 고지, 사실공개 등의 방법이 있다. 요구를 들어 주지 않으면 자살 혹은 자해행위를 하겠다는 주장은 간접적인 해악고지의 방법이지만 상대방의 의사의 자유를 침해하였다고 보기에는 미흡하다.

부작위의 고지(이는 부작위범에서 말하는 부작위에 의한 협박을 의미하는 것이 아니다)도 협박에 해당할 수 있다. 그러나 이에 대해서는 ① 작위가 행위자의 법적인 의무임에도 불구하고 부작위를 고지하는 경우에만 해당한다는 견해[2]와, ② 부작위가 사회적인 맥락에서 볼 때 상대방의 의사를 조종하기 위한 압력수단으로 사용될 경우에는 법적 의무 여부를 불문하고 협박에 해당한다는 견해[3]로 나뉜다.

생각건대 작위적 방법에 의한 해악의 고지도 정당한 권리행사인 경우에는 협박죄가 원칙적으로 성립하지 않는 것과 비례하여 부작위의 고지에 의한 협박의 경우에도 위법성의 측면에서 일정한 제한이 가해져야 한다. 부작위도 작위와 동등한 차원에서 평가되어야 하기 때문이다. 또한 부작위의 고지는 부작위범론에서 말하는 작위의무자의 범위와 다른 문제로서 협박행위자의 해악고지가 초래하는 효과에 관한 것이다. 그렇다면 부작위에 의한 해악의 결과발생 여부가 현실적으로 행위자에게 달려 있는 상황에서는 작위의무 여부를 불문하고 부작위를 고지하는 것이 상대방으로 하여금 공포심을 갖게 할 수단이 될 수 있을 경우에 협박을 인정하는 것이 타당하다.

정보통신망을 통하여 공포심이나 불안감을 유발하는 부호·문언·음향·화상 또는 영상을 반복적으로 상대방에게 도달하게 한 경우에는 「정보통신망 이용촉진 및 정보보호 등에 관한 법률」(第74조 제1항 제3호)에 따라 1년 이하의

---

1) 대판 2006. 12. 8, 2006도6155.

2) BGH NStZ 1982, 287; Arzt/Weber, BT/LH 1, Rn. 590; Bockelmann, BT/2, 106면; SK/Horn, § 240 Rn. 16.

3) BGHSt 31, 195; Tröndle/Fischer, § 240 Rn. 18; Sch/Sch/Eser, § 240 Rn. 10, 20; LK/Schäfer, § 240 Rn. 53, 81.

징역 또는 1천만원 이하의 벌금에 처한다(반의사불벌죄, 동조 제2항).

2. 주관적 구성요건

협박죄의 주관적 구성요건으로는 협박의 고의가 필요하다. 협박죄의 고의는 행위자가 해악을 고지한다는 것을 인식·인용하는 것을 그 내용으로 하고 고지한 해악을 실제로 실현할 의도나 욕구는 필요로 하지 않는다.[1)]

다만 행위자의 언동이 단순한 감정적인 욕설 내지 일시적 분노의 표시에 불과하여 주위사정에 비추어 가해의 의사가 없음이 객관적으로 명백한 때에는 협박행위 내지 협박의 의사를 인정할 수 없으나, 위와 같은 의미의 협박행위 내지 협박의사가 있었는지의 여부는 행위의 외형뿐만 아니라 그러한 행위에 이르게 된 경위, 피해자와의 관계 등 주위상황을 종합적으로 고려하여 판단한다는 것이 판례의 입장이다.[2)]

3. 위 법 성

협박을 하였더라도 권리행사의 한 수단으로 한 경우에는 원칙적으로 위법성이 조각된다고 보아야 한다.[3)] 여기에서 중요한 기준은 목적과 수단관계이다. 목적과 수단관계는 협박과 이를 동원하여 달성하려고 하는 목표의 결합관계를 의미한다. 여기에서 목적이란 행위자의 최종목표나 동기를 의미하는 것이 아니라 의사의 자유를 침해할 목적을 의미한다.[4)] 최종목표나 동기는 양형상의 참작사유가 될 뿐이다. 해악의 고지가 합법적인 권리행사로서 사회상규에 위반하지 않을 경우에는 협박죄가 성립하지 않지만,[5)] 외견상 권리의 행사로 보이는 경우에도 실질적으로는 권리의 남용인 때에는 본죄가 성립한다는 것이 통설이다.[6)]

그러나 이러한 견해는 결론은 타당하지만 권리남용이나 사회상규 위반 여부를 판단할 구체적 기준은 제시하지 못하는 단점이 있다. 목적과 수단관계를 통하여 정당한 권리행사인가의 여부를 판단하는 기준은 상대방에 대한

1) 대판 1991. 5. 10, 90도2102.
2) 위 대판 참조.
3) 독일형법(제240조 제2항)은 비난성(Verwerflichkeit)을 요건으로 하여 강요죄(Nötigung)를 처벌하고 있다.
4) Arzt/Weber, BT/LH 1, Rn. 584; Tröndle/Fischer, § 240 Rn. 27; Jakobs, JZ 1986, 1064면.
5) 대판 1984. 6. 26, 84도648.
6) 강구진, 137면; 김일수/서보학, 119면; 김종원, 100면; 배종대, 168면; 백형구, 382면; 이재상, 118면; 이형국, 161면; 임 웅, 140면; 정성근/박광민, 123면.

의사결정의 자유침해와 협박의 수단과의 상관관계 유무이다.[1] 그러므로 권리행사와 무관한 경우의 협박은 권리남용으로서 위법한 것으로 보아야 한다(흠결된 관련성의 원칙). 예를 들어 범죄행위로 인하여 발생한 피해를 보상하지 않으면 고소하겠다는 해악의 고지는 수단—해악의 고지—과 목적—피해보상—간에 내적 관련성이 인정되므로 위법하지 않다. 반대로 이혼하면 다른 형사사건으로 고소하겠다는 해악의 고지는 수단과 목표—이혼을 결심한 아내의 의사번복—가 비록 개별적으로는 허용되는 정당한 것이라 할지라도 양자간에 상관관계가 없으므로 위법한 것이 된다. 마찬가지로 상대방의 비리나 추문을 들어 고소하겠다고 하면서 채무변제를 요구하는 것도 수단과 목표간에 연관성이 없으므로 위법하다.

4. 반의사불벌죄

협박죄는 피해자의 명시한 의사에 반하여 공소를 제기할 수 없는 반의사불벌죄이다(제283조 제3항). 그러나 「폭력행위 등 처벌에 관한 법률」에 따라 야간 또는 2인 이상이 공동하여 협박죄를 범하거나, 동법 위반으로 2회 이상 징역형을 받은 자로서 다시 동법 제1항이 규정하는 협박죄를 범하여 누범으로 처벌할 경우에는 반의사불벌죄가 아니다(동법 제2조 제4항).

5. 미 수 범

협박죄의 미수범은 처벌한다(제286조).[2]

본죄의 기수시점은 본죄를 침해범으로 보는가 아니면 위험범으로 보는가에 따라 다르다. 침해범[3]으로 본다면 본죄는 해악의 고지로 인하여 상대방이 공포심을 일으키면 기수에 이른다. 그리고 공포심이 야기되지 않은 상태이면 미수범에 해당한다. 반면에 위험범[4]으로 본다면 협박의 상대방이 현실적으로 공포심을 가졌는가를 묻지 않으며, 고지한 해악의 내용이 상대방에게 도달하여 상대방이 그 내용을 인지할 수 있는 상태에서 기수에 이른다고 본다. 그러므로 위험범으로 보는 견해에 의하면 미수범은 해악의 내용이 상대방에게

1) BGHSt 5, 258면. 또한 Arzt/Weber, BT/LH 1, Rn. 583; Tröndle/Fischer, § 240 Rn. 22, 24; Wessels/Hettinger, BT/1, Rn. 411.

2) 독일형법(§ 241, Bedrohung)에서는 협박죄의 미수범을 처벌하지 않는다.

3) 강구진, 134면; 김일수/서보학, 123면; 김종원, 100면; 백형구, 378면; 오영근, 151면; 이재상, 118면; 이정원, 144면; 이형국, 160면; 임 웅, 139면; 정성근/박광민, 132면; 배종대, 164면.

4) 대판 2007. 9. 28, 2007도606. 정영석, 260면.

도달하기 전단계까지 성립한다고 해석할 수 있다. 본죄는 개인의 의사결정의 자유를 보호법익으로 한다는 점에서 협박내용을 상대방이 인식하였을 때 기수에 이른다고 보는 것이 타당하다.

대법원은 협박죄가 성립하려면 고지된 해악의 내용이 행위자와 상대방의 성향, 고지 당시의 주변 상황, 행위자와 상대방 사이의 친숙 정도 및 지위 등의 상호관계, 제 3 자에 의한 해악을 고지한 경우에는 그에 포함되거나 암시된 제 3 자와 행위자 사이의 관계 등 행위 전후의 여러 사정을 종합하여 볼 때에 일반적으로 사람으로 하여금 공포심을 일으키게 하기에 충분한 것이어야 할 것이지만, 상대방이 그에 의하여 현실적으로 공포심을 일으킬 것까지 요구되는 것은 아니며, 그와 같은 정도의 해악을 고지함으로써 상대방이 그 의미를 인식한 이상, 상대방이 현실적으로 공포심을 일으켰는지 여부와 관계없이 협박죄의 기수에 이르는 것으로 보고 있다.[1)] 즉 대법원은 상대방이 공포심을 느꼈는지 여부를 판단하는 기준이 사람마다 다르며 그 정도를 측정할 객관적 척도도 존재하지 않으므로 공포심을 일으켰는지 여부에 따라 기수 여부를 판단하는 것은 적절하지 않으며, 그에 따라 협박죄는 침해범이 아니라 위험범에 해당한다고 보는 입장이다.

Ⅲ. 尊屬脅迫罪

> 第283조【존속협박】 ② 자기 또는 배우자의 직계존속에 대하여 제 1 항의 죄를 범한 때에는 5년 이하의 징역 또는 700만원 이하의 벌금에 처한다.
> ③ 제 1 항 및 제 2 항의 죄는 피해자의 명시한 의사에 반하여 공소를 제기할 수 없다.
> 第286조【미수범】 미수범은 처벌한다.

본죄는 자기 또는 배우자의 직계존속을 협박함으로써 성립한다. 신분관계로 인하여 책임이 가중되는 구성요건이다. 일반적인 협박죄와 마찬가지로 반의사불벌죄이다.

1) 대판 2007. 9. 28, 2007도606.

Ⅳ. 特殊脅迫罪

> 第284条【특수협박】 단체 또는 다중의 위력을 보이거나 위험한 물건을 휴대하여 전조 제 1 항, 제 2 항의 죄를 범한 때에는 7년 이하의 징역 또는 1천만원 이하의 벌금에 처한다.
> 第286条【미수범】 미수범은 처벌한다.

본죄는 행위방법(단체 또는 다중의 위력을 보이거나 위험한 물건을 휴대)을 이유로 협박죄와 존속협박죄를 가중처벌하는 규정이다. 미수범도 처벌한다.

위험한 물건을 휴대한다는 것은 반드시 몸에 지니고 다니는 것만을 뜻하는 것이 아니라 범행현장에서 범행에 사용할 의도하에 이를 소지하거나 몸에 지니는 경우도 포함한다.[1] 기타의 개념(「단체」, 「다중의 위력」)에 관해서는 특수폭행죄에서의 설명이 그대로 적용된다.

"단체나 다중의 위력으로써 또는 단체나 집단을 가장하여 위력을 보임으로써 협박죄를 범한 자 또는 흉기 기타 위험한 물건을 휴대하여 협박죄를 범한 자"에 대해서는 본조가 아니라 폭력행위 등 처벌에 관한 법률 제 3 조 제 1 항이 적용되어 3년 이상의 징역에 처한다(동조 제 2 항).

Ⅴ. 常習脅迫罪

> 第285条【상습범】 상습으로 제283조 제 1 항, 제 2 항 또는 전조의 죄를 범한 때에는 그 죄에 정한 형의 2분의 1까지 가중한다.
> 第286条【미수범】 미수범은 처벌한다.

본죄는 상습적으로 협박죄, 존속협박죄 또는 특수협박죄를 범하는 것을 가중처벌하는 규정이다.

그러나 상습적으로 제283조 제 1 항의 협박죄를 범한 때에는 본조가 아니라 폭력행위 등 처벌에 관한 법률 제 2 조 제 1 항이 적용되어 3년 이상의 유기징역에 처한다. 2인 이상이 공동하여 제283조 제 1 항의 죄를 범한 때에는 정한 형의 2분의 1까지 가중한다(동조 제 2 항). 이 경우에는 반의사불벌죄에 해당하지 않는다(동조 제 4 항). 그리고 상습으로 단체나 다중의 위력으로써, 또는 단체나 집단을 가장하여 위력을 보임으로써 협박죄를 범하거나 흉기 기타 위험한 물건을 휴대

1) 대판 1985. 9. 24, 85도1591; 1990. 4. 24, 90도401.

하여 그 죄를 범한 자는 무기 또는 7년 이상의 징역에 처한다(동법 제3조 제3항). 그러므로 일반형법상의 상습협박죄(제283조)가 적용될 여지는 거의 없다.

제2절 強要의 罪

Ⅰ. 序 論

형법상 강요의 죄에는 강요죄(제324조)와 이에 대한 가중적 구성요건인 중권리행사방해죄(제326조)가 있다. 그러나 형법은 이를 재산죄의 성격을 갖는 권리행사방해죄(제323조), 점유강취·준점유강취죄(제325조), 제325조에 대한 가중적 구성요건으로서의 중권리행사방해죄(제326조), 강제집행면탈죄(제327조)와 함께 권리행사를 방해하는 죄(제37장)에 규정함으로써 편제상의 명확성을 상실하고 있다. 입법적으로는 사람의 의사결정의 자유를 침해하는 강요죄는 협박죄와 함께 규정하여야 한다. 그리고 본장의 죄에 인질관련 구성요건을 신설하였다. 즉 인질강요죄(제324조의 2), 인질상해·치상죄(제324조의 3), 인질살해·치사죄(제324조의 4)가 그것이다.

Ⅱ. 強 要 罪

> 제324조【강요】 폭행 또는 협박으로 사람의 권리행사를 방해하거나 의무 없는 일을 하게 한 자는 5년 이하의 징역에 처한다.
> 제324조의 5【미수범】 제324조의 미수범은 처벌한다.

1. 의의 및 보호법익

강요죄는 폭행 또는 협박으로 사람의 권리행사를 방해하거나 의무없는 일을 하게 함으로써 성립하는 범죄이다. 본죄의 보호법익은 개인의 의사결정의 자유와 의사실현의 자유이다. 본죄는 침해범이며 미수범은 처벌한다.

폭력행위 등 처벌에 관한 법률에 따라 상습강요, 특수강요, 야간특수강요행위 등은 가중처벌된다(동법 제2조, 제3조).

2. 객관적 구성요건

(1) 강요의 방법

강요의 방법은 폭행 또는 협박이다. 폭행은 사람에 대한 유형력의 행사로서 직접적인 행사는 물론 물건에 대한 간접적인 행사[1]를 통하여 사람을 강요하는 것도 포함한다(소위 광의의 폭행).[2] 폭행은 절대적 방법(vis absoluta)과 심리적 방법(vis compulsiva)에 의하여 행하여질 수 있다. 절대적 방법에 의한 폭행이란 상대방의 의사형성을 원천적으로 봉쇄하는 것으로서 유형력이 직접 상대방의 신체를 향하여 행사되는 것을 의미한다. 절대적 폭력의 예로는 구타 이외에도 약물로 마취를 시키거나 밧줄로 묶는 행위, 붙잡아 두는 행위, 감금행위 등이 있다. 심리적 방법에 의한 폭행이란 행위자가 원하는 방향으로 의사결정을 유도하는 것을 의미한다.

그러나 폭행은 반드시 상대방의 신체에 직접 가하는 경우뿐만 아니라 저항할 수 없는 물리적 장애를 야기하는 경우도 포함한다. 한편 강요죄의 폭행개념을 신체적 유형력의 행사라는 특징보다 점차 심리적인 강제효과를 중심으로 이해하고 더 나아가서는 신체적 강제와 심리적 강제를 동일시하는 것이 오늘날의 경향이다.[3] 실정법을 위반하는 대규모 시위나 총파업을 준비하는 것[4]이나 고속도로상에서 헤드라이트를 켜고 경적을 울리면서 바짝 뒤를 쫓아오는 행위[5]를 강요죄에 해당한다고 한 독일판례가 그 예이다. 그러므로 강요죄에서의 폭행은 그 방법, 방향, 정도 그리고 강제효과 및 행위목표와 수단의 적합성 여부를 전체적으로 고려하여 판단하는 것이 타당하다.[6] 그러나 강요죄에서의 이러한 판단이 다른 구성요건에도 타당한 것은 아니다. 예를 들어 강간죄에서의 폭행은 심리적 강제력만으로 충분하다고 볼 수 없으며 구타나 감금 등과 같은 신체적 강제효과를 내포하는 것이어야 하는 것이다. 이러한 의미에서 통설이 폭행개념을 광의와 협의 그리고 최협의로 분류하는 것은 너

1) 열차선로에서 연좌농성을 함으로써 기관사로 하여금 열차를 정지하도록 하는 행위(BGHSt 23, 54).
2) 김일수/서보학, 123면; 유기천(상), 104면; 이재상, 151면; 이형국, 167면; 임 웅, 145면.
3) BGHSt 23, 46, 54(교차로에서 연좌농성을 하여 교통을 봉쇄하는 행위); OLG Stuttgart NStZ 1988, 129.
4) BGHSt 8, 102.
5) BGHSt 19, 263.
6) BGHSt 23, 49, 32, 165.

무 단순화시킨 것이라고 보지 않을 수 없다.

협박은 신체적 유형력 행사가 아니라 해악의 고지라는 구두방법을 통한 것이라는 점에서 폭행과 방법적으로 구별된다. 부작위의 고지에 의한 협박도 가능하다.

[판례] ① 백화점 직원이 진열장에서 물건을 훔치는 16세 소녀를 붙잡아 성관계를 갖는다면 절도사실을 경찰에 고발하지 않겠다고 한 사건[1]에서 독일연방대법원은 법적인 작위의무를 포기하겠다는 내용의 고지만이 아니라[2] 법적으로 바람직스럽지 않은 정도의 부작위의 고지만으로도 협박행위에 해당한다고 보았다.[3]

② 한 여성에게 앞으로도 성관계를 계속 갖지 않으면 취업약속을 이행하지 않겠다고 한 사건[4]에서도 독일연방대법원은 부작위의 고지에 의한 협박행위를 인정하였다.

③ 상사 계급의 피고인이 그의 잦은 폭력으로 신체에 위해를 느끼고 겁을 먹은 상태에 있던 부대원들에게 청소 불량 등을 이유로 40분 내지 50분간 머리박아(속칭 '원산폭격')를 시키거나 양손을 깍지 낀 상태에서 약 2시간 동안 팔굽혀펴기를 50~60회 정도 하게 한 행위가 형법 제324조에서 정한 강요죄에 해당한다(대판 2006. 4. 27, 2003도4151).

폭행과 마찬가지로 협박의 상대방 역시 반드시 본인일 필요는 없으며 제 3 자에 대한 폭행 또는 협박도 강요죄를 구성한다(소위 삼각강요).[5] 이 경우에는 폭행·협박의 상대방은 제 3 자(피강요자)에 대하여 영향을 미칠 수 있는 관계에 있어야 한다.[6] 예를 들면 아이에 대한 폭행·협박으로 인하여 강요당하는 어머니의 경우이다.

폭행·협박은 상대방의 반항을 제압할 정도의 것일 필요는 없으며 의사결정에 영향을 주는 정도이면 된다.

(2) 강요의 내용

강요의 내용은 폭행 또는 협박을 하여 행사할 수 있는 권리를 행사하지 못하도록 하거나 반대로 의무 없는 일을 하게 하는 것이다. 권리는 재산적

1) BGHSt 31, 195.
2) 과거의 독일판례입장이다(BGH NStZ 1982, 287).
3) 같은 견해로는 Tröndle/Fischer, § 240 Rn. 18. 또한 Krey, BT/1, Rn. 387.
4) BGH NJW 1993, 1807.
5) Tröndle/Fischer, § 240 Rn. 10; Krey, BT/1, Rn. 355; Wessels/Hettinger, BT/1, Rn. 397.
6) Tröndle/Fischer, § 240 Rn. 10.

권리와 비재산적 권리를 모두 포함한다.[1] 또한 법령에 근거한 권리일 필요도 없다. 강요행위는 작위와 부작위, 법률행위와 사실행위를 포함한다.

[판례] 피해자를 협박하여 여권을 강제 회수함으로써 해외여행을 못하게 한 행위(대판 1993. 7. 27, 93도901), 계약포기서나 소취하서를 쓰도록 강요하는 행위, 매도의사가 없는 소유자에게 협박하며 부동산을 팔 것을 강요하는 행위, 법률상 의무 없는 사죄광고를 낼 것을 강요하는 행위, 특정인을 해고하라고 강요하는 행위, 회사의 이사에게 사장배척운동에 가담하겠다는 서약서를 쓰라고 강요하는 행위,[2] 특정장소에의 출입 권한이 있는 사람에게 협박을 하거나 입구를 봉쇄하여 출입을 가로 막는 행위, 갑자기 브레이크를 밟아 뒷차 운전자로 하여금 역시 급브레이크를 밟게 하는 행위, 추월을 강요하거나 못하게 하는 행위 등.

3. 주관적 구성요건

본죄가 성립하기 위해서는 폭행 또는 협박으로 사람의 권리행사를 방해한다는 고의가 있어야 한다. 미필적 고의로도 충분하다.

4. 위 법 성

본죄는 자기의 정당한 권리행사를 위한 방편으로 행사될 가능성이 많은 구성요건이다. 그렇기 때문에 강요목적과 강요수단의 관계상 일정한 수준을 초과하지 않거나 방법상 비난할 만하지 않은 경우에는 본죄의 적용을 피하는 것이 타당하다. 즉 강요수단이 반사회성을 띠는가의 여부 및 법익형량과 강요된 행위의 위법성 등에 따라 정당성을 판단한다. 형법적 사회통제의 범위는 되도록이면 제한하는 것이 옳기 때문이다.[3] 그러므로 채권자가 채무변제를 강요하는 행위나 물품인도를 강요하는 행위는 언제나 위법하다고 볼 수 없다. 또한 자살하려고 하는 자를 폭행을 하여 강제로 저지하는 경우나 범죄행위 직전에 있는 자를 강압적으로 제지하는 행위 역시 강요죄의 구성요건에 해당할지라도 위법하지는 않다고 보아야 한다. 반대로 부부간의 강간에 대하여 강간죄를 인정하지 않는다면 본죄에 해당할 수 있다.

강요행위의 동기나 궁극적으로 추구하는 목표, 예를 들면 정치적 목적

---

1) 대판 1962. 1. 25, 4293형상233.

2) 유기천(상), 105면.

3) 독일형법상 강요죄(§240)는 위법한 강요행위만을 처벌한다고 규정하여 이를 분명히 하고 있다. 그리고 위법하다는 것은 목적달성을 위한 폭행 등의 강요수단이 비난할 만한 내용(Verwerflichkeit)인 것으로 개념규정을 하고 있다.

등은 위법성 판단의 고려대상이 아니다.[1] 교통규칙을 지키지 않고 운전하는 운전자를 교육시켜야겠다는 목적으로 차선을 가로막는 행위나 핵무기 철수를 요구하면서 군기지로 통하는 고속도로를 점거하는 행위는 그 예이다.

5. 미 수 범

강요죄의 미수범은 처벌한다(제324조의 5). 이는 미수범을 처벌하는 협박죄와 균형을 맞춘 것이다. 본죄의 미수범은 폭행 · 협박을 하였으나 권리행사를 방해하지 못한 경우 혹은 폭행 · 협박으로 인한 권리행사방해라고 볼 수 없는 경우에 성립한다. 이때에는 폭행 · 협박행위가 인정되어도 폭행죄와 협박죄가 아닌 본죄의 미수범으로 처벌하여야 한다.

6. 죄 수

강요죄는 행위방법상 폭행죄 · 협박죄의 구성요건을 포함하고 있다. 그러므로 이들 범죄는 강요죄에 흡수된다(법조경합). 그러나 강요죄의 행위수단인 폭행 · 협박은 공갈죄나 강도죄에는 미치지 못하므로 공갈죄나 강도죄가 성립하면 강요죄는 성립하지 않는다.

[판례] 피고인이 회사에 돈을 빌려 주었다가 회사가 경영부실로 채권회수가 어렵게 되자 빌려 준 돈을 받기 위하여 이 회사 운영자 가운데 한 사람인 피해자에게 찾아가 협박하고 구타하여 회사물품대금을 횡령하였다는 자인서를 받아낸 뒤 계속하여 돈 2천만원을 주겠다는 승낙을 피해자로부터 받았으나 돈을 교부하지 않음으로써 미수에 그친 사건에서 피고인의 행위는 포괄하여 공갈미수의 일죄만을 구성한다(야간에 이루어졌기 때문에 「폭력행위 등 처벌에 관한 법률」 제 2 조 제 2 항 및 제 6 조에 해당)(대판 1985. 6. 25, 84도2083). 대법원은 피고인이 처음에 자인서만을 받을 생각이었으나 자인서를 받아낸 다음 금전갈취의 고의로 폭행 · 협박을 계속한 것이라면 강요죄와 공갈미수죄의 실체적 경합에 해당하지만 이 사건에서는 처음부터 일관된 공갈의 고의로 행위를 한 것이므로 공갈미수죄만이 성립한다고 보았다.

그 밖에도 체포 · 감금죄, 약취 · 유인의 죄나 강간죄, 강제추행죄 등은 본죄의 구성요건을 포함하지만 본죄에 대한 특별구성요건이므로 이들 범죄가 성립하는 경우에는 강요죄는 성립하지 않는다(법조경합의 특별관계). 위력에 의한 업무방해죄(제314조)도 마찬가지이다.

---

1) Baumann, NJW 1987, 36; Tröndle/Fischer, § 240 Rn. 27; Jakobs, JZ 1986, 1064.

Ⅲ. 人質強要罪

제324조의 2【인질강요】 사람을 체포·감금·약취 또는 유인하여 이를 인질로 삼아 제 3 자에 대하여 권리행사를 방해하거나 의무 없는 일을 하게 한 자는 3년 이상의 유기징역에 처한다.
제324조의 5【미수범】 미수범은 처벌한다.
제324조의 6【형의 감경】 제324조의 2의 죄를 범한 자 및 그 죄의 미수범이 인질을 안전한 장소로 풀어 준 때에는 그 형을 감경할 수 있다.

1. 의의 및 보호법익

사람을 체포·감금·약취 또는 유인하여 이를 인질로 삼아 제 3 자에 대하여 권리행사를 방해하거나 의무 없는 일을 하게 한 경우에 성립하는 죄이다(제 3 자 강요). 본죄의 미수범은 처벌한다.

본죄는 체포·감금죄 또는 약취·유인죄와 강요죄의 결합범이다. 인질강요죄의 보호법익은 제 3 자의 의사결정 및 의사활동의 자유와 함께 인질의 신체적·정신적 자유, 특히 장소선택의 자유[1]와 생명·신체의 안전[2]도 포함한다. 본죄는 인질을 이용하여 강요행위를 하는 것이므로 단순강요죄보다 행위불법이 가중된 구성요건이다. 또한 본죄는 침해범이다.[3]

2. 입법론 및 비교법적 고찰

입법론적으로는 재산죄로서의 성격을 갖는 「권리행사를 방해하는 죄」의 장에 강요죄와 인질강요죄 및 인질상해·치상죄, 인질살해·치사죄를 규정한 것은 체계상 맞지 않는다. 그러므로 권리행사를 방해하는 죄 ― 권리행사방해죄(제323조), 점유강취·준점유강취죄(제325조), 제325조에 의한 중권리행사방해죄 부분(제326조), 강제집행면탈죄(제327조) ― 는 재산죄의 마지막 부분에서 규정하는 것이 타당하다.

사람을 체포·감금하고 이를 인질로 삼아 불법적 요구를 하는 인질강요행위에 대해서는 국제조약이나 각국의 법률에서 이를 처벌하고 있다. 이를테면 1979년의 「인질행위방지국제협약」(International Convention against the

---

1) 이재상, 156면.
2) 배종대, 176면.
3) 김일수/서보학, 132면; 배종대, 215면; 손동권, 178면; 오영근, 164면; 임 웅, 149면; 정영일, 116면.

Taking of Hostage)[1]이 있다. 이에 따르면 인질범죄란 "국가, 국제기구, 개인 등에 대해 인질석방을 조건으로 작위 또는 부작위를 강요할 목적으로 타인(인질)을 억류 또는 감금하여 살해, 상해 또는 계속 감금하겠다고 협박하는 것"을 의미한다(제1조). 이러한 범죄행위에 대해서는 당사국의 처벌의무(제2조)를 규정하고 있다. 그리고 외교관 등 국제적 보호인물에 대해서는 1973년 「외교관 등 국제적 보호인물에 대한 범죄의 방지 및 처벌에 관한 협약」(Convention for the Prevention and Punishment of Crimes against Internationally Protected Persons, including Diplomatic Agents: 일명 '뉴욕협약')[2]에서도 인질범죄를 규정하고 있다.

독일형법은 약취강도죄(Erpresserischer Menschenraub, § 239 a)와 납치죄(Geiselnahme, § 239 b)를 규정하고 있다. 전자는 인질의 안전에 대한 인질 자신이나 제 3 자의 염려를 이용하여 공갈하기 위한 목적에서 타인을 납치하거나 약취하는 행위 또는 그러한 납치나 약취상태를 이용하여 공갈하는 행위로서 5년 이상의 자유형에 처한다(제1항). 후자의 죄는 사람을 유괴하거나 납치한 후 살해하거나 중상해를 가할 것을 협박함으로써 인질이나 제 3 자에게 작위나 수인, 부작위를 강요하는 행위 또는 그러한 목적을 위한 1주일 이상의 약취·유인행위 혹은 강요의 목적 없이 자신이나 공범이 야기한 이러한 상태를 이용하여 위의 강요행위를 하는 것으로서 5년 이상의 자유형에 처한다(제1항). 양죄를 범하여 경솔하게 사람을 사망에 이르게 한 때에는 무기 또는 10년 이상의 자유형에 처한다(§ 239 a Ⅲ, § 239 b Ⅱ).

일본은 「인질에 의한 강요행위 등 처벌에 관한 법률」(1977)을 제정하여 "사람을 체포·감금하고 이를 인질로 제 3 자에 대하여 의무 없는 행위를 하게 한 자는 6월 이상 10년 이하의 징역에 처한다"(제1조 제1항)고 규정하고 있다. 여기에서 인질강요행위는 체포 또는 감금된 자의 생명·신체의 안전에 대한 대가로서 제 3 자에게 작위 또는 부작위를 요구할 목적으로 인질 등의 자유를 구속하는 것이며, 제 3 자에는 인질 이외의 모든 자가 포함되고 자연인이든 법인이든 불문한다.

미국은 연방법에서 납치의 죄(Kidnapping) 가운데 인질강요죄(Hostage

---

1) 우리나라에서는 1983. 6. 3부터 발효되었다.
2) 우리나라에서는 1983. 6. 24부터 발효되었다.

taking)를 규정하여 인질석방을 대가로 제 3 자 또는 정부기관에 대하여 일정한 행위를 요구하는 경우에는 유기징역 또는 무기징역에 처하고, 그로 인하여 인질을 사망하게 한 경우에는 사형 또는 무기징역에 처한다.[1)]

3. 객관적 구성요건

(1) 행위객체

본죄의 행위객체는 자연인이다. 구체적으로는 인질 및 강요당하는 제 3 자이다. 본죄의 보호법익과의 관계상 제 3 자는 의사결정능력을 지닌 사람이어야 한다. 반면에 인질은 수면중인 자나 의식불명인 자도 가능하다. 인질대상으로는 미성년자와 성년자를 구별하지 않는다. 그러나 미성년자를 인질로 삼아 재물이나 재산상의 이익을 취득하고자 할 경우에는 특정범죄가중처벌 등에 관한 법률 제 5 조의 2 제 2 항이 "약취 · 유인한 미성년자의 부모 기타 그 미성년자의 안전을 염려하는 자의 우려를 이용하여 재물이나 재산상의 이익을 취득하거나 이를 요구한 때에는 무기 또는 10년 이상의 징역에 처한다" 고 규정하고 있으므로(이러한 목적만 가진 경우에는 무기 또는 5년 이상의 징역)(동법 제 5 조의 2 제 1 항 제 1 호) 본죄가 적용될 여지는 그렇게 크지 않다고 본다. 그리고 성년자에 대한 강요행위의 내용이 재물이나 재산상의 이익을 취득하고자 하는 것일 때에는 인질강도죄(제336조)가 성립한다.

(2) 행 위

본죄의 행위는 사람을 체포 · 감금, 약취 · 유인하고 이들을 인질로 삼아야 하며, 제 3 자에 대하여 권리행사를 방해하거나 의무 없는 일을 하게 하여야 한다(강요행위).

1) 체포 · 감금, 약취 · 유인 체포 · 감금, 약취 · 유인을 수단으로 하여 강요하여야 한다. 체포 · 감금, 약취 · 유인의 개념은 체포 · 감금, 약취 · 유인죄에서와 같다. 체포 · 감금, 약취 · 유인하지 않은 자가 강요한 때에는 본죄가 아니라 강요죄가 성립한다.

2) 인 질 인질로 삼는다는 것은 체포 · 감금, 약취 · 유인된 자의 생명 · 신체 등의 안전에 관한 제 3 자의 우려를 이용하여 인질의 석방이나 생명, 신체에 대한 안전을 보장하는 대상으로 제 3 자를 강요할 목적하에 인질

---

1) 18 U.S.C. § 1203. Hostage Taking.

의 자유를 구속하는 것을 의미한다.[1] 이 경우에 장소적 이전을 하지 않고도 인질로 삼을 수 있는가의 문제가 발생한다. 예를 들면 은행에 침입하여 은행 고객을 인질로 삼는 경우이다. 약취·유인의 개념에 장소적 이전을 요건으로 한다는 견해[2]에 의하면 예와 같은 경우는 인질로 삼은 것으로 볼 수 없다는 결론이 되지만 이는 현실적으로 타당하지 않다. 즉 장소적 이전이 없어도 인질로 삼을 수 있다.[3]

3) 강 요 강요란 인질을 수단으로 하여 제 3 자의 의사의 자유를 침해하는 것이다. 강요당하는 제 3 자에는 자연인은 물론이고 정부나 기업체, 정당 등과 같은 조직체도 포함시키는 것이 본죄의 입법취지에 부합한다. 강요의 내용은 강요죄(제324조)의 경우와 마찬가지이다. 즉 권리행사를 방해하거나 의무 없는 일을 하게 하는 것이다. 여기에서 행사할 수 있는 권리란 반드시 법령에 의하여 허용되는 것만을 의미하지 않으며 개인의 의사활동의 자유영역에 속하는 모든 작위·부작위의 가능성을 포함한다(예: 인질석방을 대가로 회의개최나 참가를 못하게 하는 행위 등). 의무 없는 일을 하게 한다는 것은 의무가 없는 자에게 일정한 작위·수인·부작위를 강요하는 것을 말한다(예: 인질을 석방하는 대가로 교도소에 있는 특정한 자를 석방하게 하거나, 해고당한 동료의 복직을 요구하는 행위, 임금협상안을 받아들이도록 요구하는 행위, 일정한 내용의 성명서나 사과문을 일간지에 게재하도록 하는 행위 등).

강요행위는 체포·감금, 약취·유인 및 인질행위를 수단으로 하여 이루어져야 한다. 그러나 다른 목적으로 체포·감금하거나 약취·유인한 후에 인질강요의 고의가 생겨 제 3 자를 강요한 경우에도 본죄는 성립한다.

본 구성요건은 3자관계(행위자·인질·피강요자)를 전제로 하고 있다. 즉 사람을 체포·감금하거나 약취·유인하고, 이를 인질로 삼아 제 3 자에 대하여 권리행사를 방해하거나 의무 없는 일을 하게 하는 것을 성립요건으로 한다.[4] 그러므로 본죄는 체포·감금, 약취·유인된 자를 대상으로 강요하는 경우에는 적용되지 않는다. 그러나 입법적으로는 약취·유인된 직접피해자의

1) 법무부,「형법개정법률안 제안이유서」, 153면.
2) 황산덕, 207면.
3) 강구진, 159면; 김종원, 116면; 배종대, 190면; 정영석, 264면. 일본의「인질에 의한 강요행위 등 처벌에 관한 법률」제 1 조 제 1 항과 같은 내용이다.
4) 법무부,「형법개정법률안 제안이유서」, 153면; 김일수/서보학, 126면; 이재상, 156면; 이형국, 172면; 임 웅, 149면 참조.

생명 · 신체가 위험한 상황에서 반드시 제 3 자에 대한 강요행위를 전제로 하여서 본 구성요건을 적용하여야 한다는 것은 너무 제한적이라고 보지 않을 수 없다. 즉 체포 · 감금한 다음 당사자를 대상으로 국가기밀이나 물건의 은닉장소를 밝힐 것을 강요하는 행위가 본죄에 해당하지 않는다는 것은 타당하지 않다.

3자관계를 전제로 하는 형법상의 인질강요죄는 독일형법상의 약취강도죄(Erpresserischer Menschenraub, § 239 a) 및 납치죄(Geiselnahme, § 239 b)와 다른 점이다(양죄 모두 5년 이상의 자유형에 처한다). 즉 독일형법은 과거에는 이들 범죄의 구성요건을 3자관계만으로 규정하였으나 테러범죄에 대한 대책의 일환으로 1989년 형법개정을 통하여 행위자(Täter)와 강요피해자(Nötigungsopfer)의 2자관계로까지 확장하였다. 그 결과 납치된 피해자에 대한 강간죄나 공갈죄에 해당하는 행위가 동시에 약취강도죄나 납치죄에도 해당하게 되었다. 그러므로 이 구성요건을 어느 정도 제한적으로 해석하여야 한다는 견해도 있는데 그 대표적인 예가 독일연방대법원(BGH)의 판례이다. 독일연방대법원은 인질로 삼는 행위(Sichbemächtigen)가 다른 추가행위 없이 강간이나 공갈 등을 위한 강요수단으로만 사용된 경우에 강간죄나 공갈죄 이외에 인질강요죄나 납치죄는 해당되지 않는다는 판례(인질강요죄나 납치죄에 대하여 강간죄나 공갈죄를 특별법으로 본다)[1]와 해당한다는 판례[2]로 나뉜다. 또한 납치행위(Entführen)의 경우에도 동일한 견해대립이 있다.[3] 그 후 연방대법원 전원합의체[4]는 납치행위를 통한 추가적인 범죄행위가 있는 경우에는 이러한 범죄행위(강간, 공갈 등) 이외에 납치죄(§ 239 b)의 성립을 인정하고, 단순히 인질로 삼는 경우에는 이를 인정하지 않는다는 판결을 내렸다.[5]

(3) 실행의 착수시점

본죄의 실행의 착수시점은 강요의 의사를 가지고 체포 · 감금, 약취 · 유인행위를 개시한 때이다.[6] 이에 대하여 강요행위를 개시한 때라는 견해[7]도 있다. 그러나 인질강요의 목적으로 인질을 체포 · 감금 또는 약취 · 유

1) BGHSt 39, 36, 44; BGH NStZ 1994, 284. Geerds, JR 1993, 424 참조.
2) BGH JZ 1994, 531(5. Senat).
3) § 239 b는 적용되지 않는다는 판례로는 BGHSt 39, 330(1. Senat). 적용된다는 판례로는 BGH NStZ 1994, 283(2. Senat). 이에 관하여는 Tröndle/Fischer, § 239 a Rn. 6a; Wessels/Hettinger, BT/1, Rn. 458, 462 참조.
4) BGHSt 40, 350.
5) 이에 대해 자세한 것은 Müller-Dietz, JuS 1996, 110 이하 참조.
6) 김성천, 741면; 김일수/서보학, 131면; 손동권, 178면; 오영근, 185면; 이정원, 166면; 임웅, 150면; 정성근/박광민, 143면; 정영일, 98면.
7) 김성돈, 127면; 백형구, 272면; 이재상, 156면; 이형국, 172면; 배종대, 216면.

인을 하였으나 강요행위를 하기 전에 체포된 경우, 본죄의 입법취지상 인질강요죄의 미수범으로 보아야 함에도 불구하고 후설에 의하면 단순한 체포·감금죄나 약취·유인죄에 해당할 뿐이다. 그러므로 예를 들어 테러리스트들이 인질을 납치하여 안전한 장소로 이동하기 전이나 자신들이 요구할 사항을 검토하는 과정에서 체포된 경우에는 본죄의 미수범에 해당한다. 또한 만일 결합범인 본죄의 실행의 착수시점을 강요행위를 개시한 때라고 본다면 강도죄의 경우에도 폭행·협박의 시점이 아니라 재물강취시를 실행의 착수시점이라고 보아야 하는 것과 마찬가지이다.

(4) 기수시점

본죄의 기수시점은 강요행위로 인하여 구성요건적 결과가 발생한 때, 즉 현실적으로 권리행사를 방해하거나 의무 없는 일을 하게 된 때라는 견해[1)]가 있다. 그러나 이러한 견해에 의하면 제 3 자가 인질범의 요구를 거절한 경우에는 대부분 미수범이 될 것이다. 그러므로 본죄의 기수시점은 인질범이 제 3 자에 대하여 일정한 행위를 하거나 하지 못하도록 시도한 시점(예: 강요의사가 명백하게 표시된 시점이나 제 3 자에게 도달한 시점 등)에서 이미 기수에 이른다고 보는 것이 타당하다. 그러므로 강요의 결과 제 3 자가 권리행사를 방해받았거나 의무 없는 일을 하였는지의 여부는 본죄의 기수성립과 무관하다.

4. 주관적 구성요건

본죄가 성립하기 위해서는 체포·감금 혹은 약취·유인의 고의와 함께 인질 및 강요의 고의가 있어야 한다.

5. 형의 감경

본 규정과 관련하여 특징적인 것은 본죄 또는 후술하는 인질상해·치상죄를 범한 자 및 그 죄의 미수범이 인질을 안전한 장소로 풀어 준 때에는 그 형을 감경할 수 있다(제324조의 6)는 석방감경규정이다. 중지범과 달리 자의성 여부를 묻지 않으며 기수범에 대해서도 인정하고 있다는 점에서 새로운 유형의 중지범이라고 볼 수 있다. 안전한 장소에 대한 석방요건은 가급적 넓게 해석하는 것이 타당하다. 예를 들면 인질에게 석방을 통고하거나 인질 스스로 나가도록 하는 행위도 해당된다고 보아야 한다. 그러나 이 경우에도 인질이 다

1) 김성돈, 127면; 김일수/서보학, 131면; 배종대, 216면; 백형구, 272면; 이재상, 156면; 이정원, 166면; 이형국, 172면; 임 웅, 150면.

른 사람의 구조를 받아 귀환이 가능한 상태에 도달하여야 한다.[1)]

6. 다른 범죄와의 관계

여러 사람을 납치하여 인질로 삼고 1인에게 강요행위를 한 때에는 일죄가 성립한다. 본죄가 성립하면 체포·감금죄, 약취·유인죄나 강요죄는 법조경합의 관계에 따라 성립하지 않는다.

Ⅳ. 人質傷害·致傷罪

> 제324조의 3【인질상해·치상】 제324조의 2의 죄를 범한 자가 인질을 상해하거나 상해에 이르게 한 때에는 무기 또는 5년 이상의 징역에 처한다.
> 제324조의 5【미수범】 미수범은 처벌한다.
> 제324조의 6【형의 감경】 제324조의 3의 죄를 범한 자 및 그 죄의 미수범이 인질을 안전한 장소로 풀어 준 때에는 그 형을 감경할 수 있다.

제324조의 2의 죄를 범한 자가 인질을 상해하거나 상해에 이르게 한 때에 성립하는 죄이다. 인질상해죄는 인질강요죄와 상해죄의 결합범에 해당한다. 그리고 인질치상죄는 인질강요죄의 결과적 가중범이다.

본죄의 미수범은 처벌한다고 규정하고 있다. 인질상해죄의 미수는 인질범의 상해행위가 미수에 그친 경우를 의미한다. 이와 관련하여 인질범의 제3자에 대한 강요행위가 미수인 경우에도 상해행위가 미수에 그친 경우 인질상해죄의 미수에 해당한다는 것이 통설·판례의 입장이다. 만일 강요행위와 상해행위가 모두 미수인 경우에는 인질강요미수죄와 인질상해미수죄의 경합범이 성립한다고 보는 것이 타당하다.

한편 강요행위가 미수에 그친 경우에는 인질상해죄의 미수가 성립할 수 없으며 인질강요미수죄와 상해미수죄의 경합범이 성립한다는 견해가 있다.[2)] 그 이유로는 제3자에 대한 강요행위가 미수에 그치고 인질에 대해 상해의 결과가 발생한 경우에는 인질강요미수죄와 상해죄의 경합범으로 보면서 그보다 중하지 않은 인질강요죄가 미수에 그치고 상해의 결과도 생기지 않은 경우에는 보다 중한 인질상해미수죄로 가중처벌하는 것이 되기 때문이라는 것

1) Tröndle/Fischer, § 239 a Rn. 12; SK/Horn, § 239 a Rn. 18 참조.
2) 이헌섭, 주석형법(각칙 5), 250면. 문맥으로 보아 인질강요행위와 상해행위가 모두 미수인 경우를 전제로 하고 있는 것으로 보인다.

이다. 그러나 제 3 자에 대한 강요행위가 미수에 그치고 인질에 대한 상해의 결과가 발생한 경우에 통설은 인질상해죄의 기수범으로 인정하고 있으므로 이러한 불균형은 발생한다고 볼 수 없다.

생각건대 본조가 제324조의 2(인질강요죄)의 죄를 범한 자로 규정하고 있는 점에서 인질강요행위의 기수범을 전제로 하고 있다고 볼 수도 있다. 이에 따르면 인질강요행위가 미수에 그친 경우에는 상해의 결과가 발생하였더라도 인질상해미수죄로 처벌하여야 한다고 보는 것이 문맥에 맞는다고 볼 수도 있다. 그러나 인질강요행위가 미수에 그치고 상해의 결과도 발생하지 않은 경우에도 역시 인질상해미수죄로 처벌하여야 한다고 볼 때 상해의 결과가 발생한 경우에는 인질상해죄의 기수에 해당한다고 보는 것이 타당하다.

법문은 인질치상죄의 미수도 처벌하는 것처럼 규정하고 있다. 그러나 결과적 가중범의 미수를 인정할 것인가 여부에 대해서는 논란이 많다. 이론적으로는 결과적 가중범의 미수를 인정하지 않는 것이 타당하므로[1] 제 3 자에 대한 강요행위가 미수에 그쳤지만 인질에 대해 치상의 결과가 발생한 경우에는 인질강요죄의 미수와 과실치상죄의 경합범을 인정하여야 할 것이다.

Ⅴ. 人質殺害 · 致死罪

> 제324조의 4 【인질살해 · 치사】 제324조의 2의 죄를 범한 자가 인질을 살해한 때에는 사형 또는 무기징역에 처한다. 사망에 이르게 한 때에는 무기 또는 10년 이상의 징역에 처한다.
> 제324조의 5 【미수범】 미수범은 처벌한다.

제324조의 2의 죄를 범한 자가 인질을 살해하거나 사망에 이르게 한 때에 성립하는 죄이다. 본죄의 미수범은 처벌한다. 인질살해죄는 인질강요죄와 살인죄의 결합범이다. 그리고 인질치사죄는 인질강요죄의 결과적 가중범이다. 본죄에는 석방감경규정(제324조의 6)이 적용되지 않는다.

1) 법무부, 「형법개정법률안 제안이유서」, 154면 및 149면 참조.

제 3 절 逮捕와 監禁의 罪

I. 序 論

1. 의의 및 보호법익

본죄는 사람을 불법으로 체포 또는 감금하여 사람의 신체적 자유, 즉 행동의 자유를 침해하는 것을 내용으로 하는 범죄이다. 본죄의 보호법익에 대해서는 현실적인 신체활동의 자유라는 견해[1)]와 잠재적인 신체활동의 자유라고 보는 견해[2)]로 나뉜다. 후자의 견해를 따르면 현재 장소적 이동을 원하지 않거나 감금된 사실을 알지 못하는 사람에 대해서도 본죄가 성립할 수 있다고 본다. 생각건대 사람의 행동의 자유는 피해자가 체포·감금시에 장소이동의 의사가 없거나 체포·감금된 사실을 알지 못한 상태이더라도 보호되어야 할 것이다. 그러므로 수면자나 무의식자도 깨어나거나 무의식 상태에서 벗어나면 본죄의 성립이 가능하다. 반면에 유아나 의사능력이 결여된 정신병자 등은 장소이동의 의사를 가질 수 없으므로 제외된다고 보아야 한다. 즉 중요한 것은 원할 때는 언제나 현재의 장소로부터 이동할 수 있다는 가능성이 침해받지 않아야 한다는 것이다.[3)] 그러므로 본죄의 보호법익은 잠재적인 사람의 신체적 활동의 자유(장소선택의 자유 혹은 이동의 자유, potentielle Fortbewegungsfreiheit)라고 보는 것이 타당하다.

2. 구성요건체계

체포와 감금의 죄의 기본적 구성요건은 체포죄·감금죄(제276조 제1항)이다. 이에 대한 가중적 구성요건으로는 존속체포·존속감금죄(동조 제2항), 중체포·중감금죄(제277조), 특수체포·특수감금죄(제278조), 상습체포·상습감금죄(제279조)와 결과적 가중범인 체포·감금치사상죄(제281조)가 있다.

---

1) 임 웅, 126면; SK/Horn, § 239 Rn. 2 a.

2) 배종대, 203면; 손동권, 119면; 이재상, 123면; 이정원, 176면; 이형국, 177면; 정성근/박광민, 117면; 최우찬, 「감금죄와 강간죄의 관계」, 형사판례연구(2), 140면; BGHSt 32, 183; 14, 314; Tröndle/Fischer, § 239 Rn. 1; Lackner/Kühl, § 239 Rn. 1; Sch/Sch/Eser, § 239 Rn. 1; Wessels/Hettinger, BT/1, Rn. 370.

3) BGHSt 32, 183.

체포·감금의 죄에도 폭력행위 등 처벌에 관한 법률(제2조, 제3조)이 적용된다.

Ⅱ. 逮捕罪·監禁罪

제276조【체포, 감금】 ① 사람을 체포 또는 감금한 자는 5년 이하의 징역 또는 700만원 이하의 벌금에 처한다.
제280조【미수범】 미수범은 처벌한다.
제282조【자격정지의 병과】 본죄에는 10년 이하의 자격정지를 병과할 수 있다.

1. 구성요건

(1) 행 위

체포란 사람의 신체에 대하여 직접적이고도 현실적인 구속을 가하여 활동의 자유를 침해하는 것이다. 감금은 사람으로 하여금 일정한 장소 밖으로 나가는 것을 불가능하게 하거나 현저히 곤란하게 하여 신체적 활동의 자유를 장소적으로 제한하는 것을 의미한다. 감금시 사람의 행동의 자유박탈은 반드시 전면적이어야 하는 것은 아니며 감금된 특정구역 내에서 일정한 생활의 자유가 허용되어 있더라도 유형적이거나 무형적인 수단과 방법에 의하여 사람이 특정한 구역에서 벗어나는 것을 불가능하게 하거나 매우 곤란하게 하는 경우에도 감금죄는 성립한다.[1] 그러나 협박 등을 수단으로 일정한 장소에 나오도록 하는 행위는 본죄가 아니라 강요죄에 해당한다. 체포와 감금의 방법은 물리적·유형적 장애를 사용하는 경우뿐만 아니라 공포심과 같은 심리적·무형적 장애에 의하는 경우와[2] 기망의 수단에 의한 신체적 자유의 속박을 포함한다(예: 문이 잠기지 않았는데도 잠겼다고 거짓말을 하여 피해자로 하여금 밖으로 나갈 것을 포기하게 하는 경우). 감금은 부작위에 의해서도 가능하다(예: 출입구를 열어 주지 않아 밖으로 못나오게 하는 경우).

[판례] 주행중인 자동차에서 탈출불가능하게 하여 50km를 운행하여 여관 앞까지 강제연행한 후 강간하려다 미수에 그친 사건.[3] 대법원은 판결에서 "강간죄의 성립

---

1) 대판 1984. 5. 15, 84도655; 1998. 5. 26, 98도1036.
2) 대판 1985. 6. 25, 84도2083(폭행·협박으로 말미암아 야기된 공포심으로 피고인의 사무실을 떠나지 못한 사건); 1991. 8. 27, 91도1604(피해자가 만약 도피하는 경우에는 생명, 신체에 심한 해를 당할지도 모른다는 공포심에서 도피하기를 단념하고 있던 상태에서 그를 호텔로 데리고 가서 함께 유숙한 후 그와 함께 항공기로 국외로 나간 행위는 감금죄를 구성한다).
3) 대판 1983. 4. 26, 83도323. 이 사건에 대한 판례평석으로는 최우찬, 위 논문 참조. 또한 감

에는 언제나 직접적으로, 또 필요한 수단으로서 감금행위를 수반하는 것은 아니므로 이 사건에서 감금행위가 강간미수죄의 수단이 되었다 하여, 감금행위는 강간미수죄에 흡수되어 범죄를 구성하지 않는다고 할 수는 없는 것이고, 피고인이 피해자가 자동차에서 내릴 수 없는 상태를 이용하여 강간하려고 결의하고 주행중인 자동차에서 탈출불가능하게 하여 외포케 하고 50킬로미터를 운행하여 여관 앞까지 강제로 연행하여 강간하려다 미수에 그친 것이므로 위 협박은 감금죄의 실행의 착수임과 동시에 강간미수죄의 실행의 착수라 할 것이고, 감금과 강간미수의 두 행위가 시간적 · 장소적으로 중복될 뿐만 아니라 감금행위 그 자체가 강간의 수단인 협박행위를 이루고 있는 경우로서 이 사건 감금과 강간미수죄는 1개의 행위에 의하여 실현된 경우로서 형법 제40조의 상상적 경합이라고 해석함이 상당하다"고 판시하였다. 이 판례에 대하여 감금은 강간실행의 수단에 불과하기 때문에 강간미수죄와 감금죄는 법조경합의 관계에 있고, 강간미수죄만이 성립한다는 견해가 있다.[1] 그러나 강간죄가 반드시 신체적 구속을 전제로 한다고 볼 수 없으므로 수긍하기 어렵다.

(2) 행위객체

자연인이다. 자연인의 활동의 자유와 관련하여 다음과 같은 견해가 있다.

1) 본죄의 행위객체인 자연인이 의사능력과 행위능력을 가져야 하는가에 대해서는 이를 전혀 불필요하다고 보는 견해가 있다(불필요설). 이에 따르면 명정자 · 수면중인 자 · 정신병자[2]나 유아도 본죄의 객체가 된다. 반대로 행동의 자유는 행동의사를 전제로 하므로 이러한 의사를 인정할 수 없는 자(예: 인사불성인 자, 수면중인 자, 유아 등)는 본죄의 객체가 아니라고 보는 견해가 있다(필요설).[3]

그러나 전자의 견해는 행동의 자유를 잠재적으로도 가질 수 없는 자에 대해서까지 본죄의 성립가능성을 인정함으로써 본죄의 보호법익인 이동의 자유의 보호범위를 벗어나는 문제점이 있다. 그러므로 본죄의 행위객체가 갖는 의사능력과 행위능력은 잠재적 · 현실적 가능성을 의미한다고 보아야 한다(실

금죄를 인정한 판례로는 대판 1984. 8. 21, 84도1550(피고인에 의하여 강제로 차에 태워지고 피해자의 하차요청을 묵살한 채 하차할 수 없는 상태로 운행이 강행된 사건); 1983. 9. 13, 80도277(호텔 정면과 후면 출입문을 봉쇄하여 피해자들의 출입을 방해한 사건); 2002. 2. 11, 99도5286(승용차로 피해자를 가로막아 승차하게 한 후 피해자의 하차 요구를 무시한 채 당초 목적지가 아닌 다른 장소를 향하여 시속 약 60km 내지 70km의 속도로 진행하여 피해자를 차량에서 내리지 못하게 한 행위는 감금죄에 해당).

1) 최우찬, 앞의 논문, 147면.

2) 대판 2002. 10. 11, 2002도4315(정신병자에 대한 감금죄).

3) Tröndle/Fischer, § 239 Rn. 1.

현가능성설).[1] 따라서 수면자, 명정자 등은 본죄의 객체가 되지만, 유아처럼 잠재적 · 현실적으로 의사능력이나 행위능력이 없는 자는 제외된다.

2) 피해자가 체포 · 감금사실을 인식하고 있어야 하는가에 대해서도 역시 불필요설과 필요설이 있다. 불필요설에서는 감금이란 사람으로 하여금 일정한 구역 밖으로 나오는 것을 불가능 또는 현저하게 곤란하게 하는 것을 말하므로, 피감금자가 행동을 구속당하고 있으면 충분하고 자신이 감금되어 있다는 사실을 의식하고 있을 필요는 없다고 본다(예: 강간의 목적으로 여성을 차에 태워 범행현장까지 간 경우에 여성이 범인의 의도를 전혀 눈치채지 못하고 도중에 하차시켜 줄 것을 요구하지도 않았더라도 감금죄가 성립한다).[2]

반면에 필요설에서는 피해자가 자유박탈의 점에 대한 의식이 불필요하다면 자고 있는 사람의 방을 일시적으로 잠근 경우에도 감금죄를 인정하게 되어 불합리하다고 주장한다.

생각건대 인간에게 행동의 자유는 현실적인 자유뿐만 아니라 잠재적인 행동의 가능성까지도 포함한다고 보아야 한다. 그러므로 피해자가 알지 못하는 사이에 체포 · 감금되어도 피해자가 아무때나 행동을 할 수 있는 자유를 박탈당하면 인간이 본래 가지고 있는 자연적인 행동의 자유를 잃은 것으로 보아야 한다. 이때 자유박탈 사실에 대한 피해자의 인식은 체포 · 감금죄의 성립에 영향을 미치지 않는다.

2. 체포죄 · 감금죄의 기수시점

체포 · 감금죄는 범죄의 성질상 일정한 시간적 계속을 필요로 하는 계속범이며 또한 미수범을 처벌한다. 그러므로 본죄가 기수에 달하기 위해서는 체포 · 감금행위가 시간적으로 어느 정도 지속될 필요가 있으며 일시적인 체포 · 감금행위는 미수범에 불과하다.[3]

본죄가 기수에 이르기 위해서는 피해자가 자신의 자유박탈 사실을 인식하고 있어야 하는가에 대해서는 긍정설[4]과 부정설[5]이 있다. 긍정설에 의하

1) 강구진, 147면; 김종원, 108면; 유기천(상), 94면; 이재상, 123면; 임 웅, 128면; 정성근/박광민, 109면; 정영석, 264면.
2) 강구진, 147면; 김일수/서보학, 134면; 이재상, 126면; 정성근/박광민, 109면. 반대견해로는 백형구, 287면; 임 웅, 128면.
3) 강구진, 150면; 김일수/서보학, 134면; 배종대, 183면; 이재상, 126면; 이형국, 181면; 정영석, 256면. 반면에 기수범으로 보는 견해로는 백형구, 288면.
4) 강구진, 151면; 배종대, 219면; 유기천(상), 94면; 이정원, 179면; 임 웅, 128면.
5) 손동권, 121면; 이재상, 126면; 이형국, 182면; 정성근/박광민, 128면.

면 수면자나 명정자는 의식이 회복되어 자유가 침해된 사실을 인식하지 않으면 기수가 될 수 없다는 것이다. 그러나 본죄의 보호법익이 현실적이 아니라 잠재적인 행동의 자유인 점을 감안하면 피해자가 체포·감금사실을 의식하였는가 여부와 관계 없이 본죄는 기수라고 보아야 한다. 즉 본죄는 체포·감금이라는 객관적 사실 여하에 따라 기수범 성립 여부를 판단하여야 한다.

3. 위 법 성

체포·감금행위는 위법성조각사유가 인정되는 경우에는 위법하지 않다. 예를 들면 형사소송법상의 현행범 체포행위(제212조)나 (긴급)체포(제200조의 2, 제200조의 3) 혹은 구속(제201조) 등은 법령에 의한 정당행위로서 위법성이 조각된다. 또한 수용시설에 수용중인 부랑인들의 야간도주를 방지하기 위하여 취침시간중에 출입문을 안에서 잠근 행위는 정당행위(제20조)에 해당한다.[1] 본인의 승낙에 의한 체포·감금행위는 구성요건해당성을 배제한다.[2]

4. 죄 수

체포 후 감금을 한 경우에는 포괄적 일죄로서 감금죄만이 성립한다. 감금을 하기 위한 수단으로서 사용된 협박행위는 감금죄에 흡수되어 협박죄를 구성하지 않는다.[3] 강간을 위하여 감금한 경우에는 본죄와 강간죄의 ① 상상적 경합설,[4] ② 법조경합설이 있으나 감금행위가 강간의 유일한 수단으로 사용되지 않는 한(예: 피해자를 여관방으로 유인하여 방문을 걸어잠근 후 성교할 것을 요구한 경우)[5] 감금죄와 강간죄는 실체적 경합관계로 보는 것이 타당하다.[6] 동일한 취지에서 감금행위가 단순히 강도상해죄의 수단이 되는데 그치지 않고 강도상해의 범행이 끝난 후에도 계속된 경우 역시 실체적 경합관계에 있게 된다.[7] 마찬가지로 미성년자를 유인한 자가 계속하여 미성년자를 불법하게 감금하였을 때에는 미성년자유인죄(제287조) 이외에 감금죄가 별도로 성

---

1) 대판 1988. 11. 8, 88도1580.

2) 김성돈, 134면; 김성천, 654면; 손동권, 122면; 오영근, 128면; 이재상, 127면; 이정원, 165면; 이형국, 182면; 정성근/박광민, 121면; 정영일, 99면; 진계호/이존걸, 142면. 위법성조각설로는 배종대, 225면; 백형구, 289면; 임 웅, 130면.

3) 대판 1982. 6. 22, 82도705.

4) 대판 1983. 4. 26, 83도323; 배종대, 201면; 이정원, 178면; 임 웅, 131면.

5) 대판 2000. 8. 18, 2000도1914.

6) 김일수/서보학, 136면; 이재상, 127면 참조.

7) 대판 2003. 1. 10, 2002도4380.

립한다.[1] 일시적인 자유박탈은 체포·감금의 의사가 없는 경우에는 본죄가 성립하지 않고 폭행죄가 성립한다고 보아야 한다.[2] 반대로 체포·감금의 의사로 하는 일시적인 자유박탈행위는 본죄의 계속범의 성격에 비추어 미수범에 해당한다.

Ⅲ. 尊屬逮捕·監禁罪

> 제276조【존속체포, 존속감금】 ② 자기 또는 배우자의 직계존속에 대하여 제1항의 죄를 범한 때에는 10년 이하의 징역 또는 1천 500만원 이하의 벌금에 처한다.
> 제280조【미수범】 미수범은 처벌한다.
> 제282조【자격정지의 병과】 본죄에는 10년 이하의 자격정지를 병과할 수 있다.

본죄는 직계존속과 직계비속이라는 신분관계로 말미암아 형이 가중되는 구성요건이다.[3]

Ⅳ. 重逮捕·監禁罪·重尊屬逮捕·監禁罪

> 제277조【중체포, 중감금, 존속중체포, 존속중감금】 ① 사람을 체포 또는 감금하여 가혹한 행위를 가한 자는 7년 이하의 징역에 처한다.
> ② 자기 또는 배우자의 직계존속에 대하여 전항의 죄를 범한 때에는 2년 이상의 유기징역에 처한다.
> 제280조【미수범】 미수범은 처벌한다.
> 제282조【자격정지의 병과】 본죄에는 10년 이하의 자격정지를 병과할 수 있다.

사람을 체포·감금한 다음 가혹한 행위를 함으로써 성립하는 죄이다. 가혹한 행위란 육체적·정신적으로 고통을 주는 일체의 행위를 말한다. 예를 들면 폭행, 협박, 추행행위나 음식을 제공하지 않는 행위, 잠을 못자게 하는 행위 등이 포함된다. 체포·감금을 위하여 행한 가혹행위는 본죄에 해당하지 않는다. 본죄의 미수범은 체포·감금은 하였으나 가혹한 행위는 하지 못한 경우에 인정된다. 그리고 가혹한 행위를 하기 위하여 체포·감금하려고 하였으나 체포·감금하지 못한 경우에는 본죄의 미수범을 인정하는 견해가 있

1) 대판 1998. 5. 26, 98도1036.
2) 이재상, 126면; 정성근/박광민, 112면.
3) 존속의 개념에 관해서는 존속살해죄 참조.

다.[1] 그러나 본죄는 체포·감금 후의 가혹행위를 성립요건으로 하므로 이 경우에는 체포·감금죄의 미수범(제276조 제 1 항, 제280조)에 불과하다고 보아야 한다.

Ⅴ. 特殊逮捕罪·監禁罪

> 제278조【특수체포, 특수감금】 단체 또는 다중의 위력을 보이거나 위험한 물건을 휴대하여 전 2 조의 죄를 범한 때에는 그 죄에 정한 형의 2분의 1까지 가중한다.
> 제280조【미수범】 미수범은 처벌한다.
> 제282조【자격정지의 병과】 본죄에는 10년 이하의 자격정지를 병과할 수 있다.

본죄는 단체 또는 다중의 위력을 보이거나 위험한 물건을 휴대하여 체포죄·감금죄, 존속체포·존속감금죄, 중체포·중감금죄, 중존속체포·중존속감금죄를 범하는 것이다. 특수체포·특수감금죄(제276조 제 1 항)는 폭력행위 등 처벌에 관한 법률 제 3 조 제 1 항에 의하여 3년 이상의 유기징역으로 가중처벌된다. 단체 또는 다중, 위험한 물건의 의미는 특수폭행죄(제261조)의 경우와 같다.

Ⅵ. 常習逮捕·監禁罪

> 제279조【상습범】 상습으로 제276조 또는 제277조의 죄를 범한 때에는 전조의 예에 의한다.
> 제280조【미수범】 미수범은 처벌한다.
> 제282조【자격정지의 병과】 본죄에는 10년 이하의 자격정지를 병과할 수 있다.

체포·감금죄의 상습범에는 체포·감금죄, 존속체포·존속감금죄, 중체포·중감금죄, 중존속체포·중존속감금죄를 상습으로 범한 경우가 있다. 그리고 이에 대한 미수범도 처벌된다(제280조). 상습체포·상습감금죄(제276조 제 1 항, 제279조)는 폭력행위 등 처벌에 관한 법률에 의하여 3년 이상의 유기징역으로 다시 가중된다(동법 제 2 조 제 1 항).

Ⅶ. 逮捕·監禁致死傷罪

> 제281조【체포, 감금 등의 치사상】 ① 제276조 내지 제280조의 죄를 범하여 사람을 상해에 이르게 한 때에는 1년 이상의 유기징역에 처한다. 사망에 이르

1) 강구진, 152면; 김종원, 112면; 이재상, 128면.

게 한 때에는 3년 이상의 유기징역에 처한다.
제282조【자격정지의 병과】 본죄에는 10년 이하의 자격정지를 병과할 수 있다.

본죄는 체포·감금죄의 결과적 가중범이다. 본죄는 체포·감금죄, 중체포·중감금죄와 위 죄의 상습범, 특수체포·특수감금죄, 그리고 위 각죄의 미수범이 사람을 상해에 이르게 하거나 사망에 이르게 한 때에 성립한다. 체포·감금치상죄는 부진정결과적 가중범에 해당하며, 체포감금치사죄는 진정결과적 가중범이다. 사상의 결과는 반드시 체포·감금행위로부터 직접 초래된 결과가 아니더라도 체포·감금시 또는 체포·감금 후의 가혹행위로 인하여 발생한 경우도 포함한다.[1)]

[판례] 피고인이 아파트 안방 문에 못질을 하여 동거하던 피해자(당시 19세)가 술집에 나갈 수 없게 감금하고, 피해자를 때리고 가위로 모발을 자르는 등 가혹한 행위를 하여 피해자가 이를 피하기 위하여 창문을 통해 밖으로 뛰어내리려 하자 피고인이 이를 제지한 후, 피고인이 거실로 나오는 사이에 갑자기 안방 창문을 통하여 알몸으로 아파트 아래 잔디밭에 뛰어내리다가 사망한 사건. 대법원은 피고인의 중감금행위와 피해자의 사망 사이에 인과관계를 인정하여 피고인에게 중감금치사죄의 죄책을 인정하였다(대판 1991. 10. 25, 91도2085).

한편 형법 제124조(불법체포, 불법감금), 제125조(폭행, 가혹행위)에 규정된 죄를 범하여 사람을 치상한 때에는 1년 이상의 유기징역에 처한다(특정범죄 가중처벌 등에 관한 법률 제4조의 2 제1항). 또한 치사한 때에는 무기 또는 3년 이상의 징역에 처한다(동조 제2항).

Ⅷ. 尊屬逮捕·監禁致死傷罪

제281조【체포, 감금 등의 치사상】 ② 자기 또는 배우자의 직계존속에 대하여 제276조 내지 제280조의 죄를 범하여 상해에 이르게 한 때에는 2년 이상의 유기징역에 처한다. 사망에 이르게 한 때에는 무기 또는 5년 이상의 징역에 처한다.
제282조【자격정지의 병과】 본죄에는 10년 이하의 자격정지를 병과할 수 있다.

존속체포·감금치사상죄는 자기 또는 배우자의 직계존속에 대하여 체포·감금죄, 중체포·중감금죄 및 각 상습범, 특수체포·특수감금죄 그리고 위

1) 강구진, 153면; 김일수/서보학, 138면; 이재상, 130면.

죄의 미수범이 상해에 이르게 하거나 사망에 이르게 한 때에 성립하는 범죄이다.

제 4 절 略取와 誘引의 罪

Ⅰ. 序 論

1. 의 의

약취와 유인의 죄는 사람을 약취 혹은 유인하여 자기 또는 제 3 자의 실력적 지배하에 둠으로써 자유로운 생활관계를 침해하는 죄이다. 본죄의 보호법익은 신체적으로 방해받지 않고 거처에 관한 자기결정권을 행사할 수 있는 개인의 자유이다. 피인취자가 미성년인 경우에는 보호자의 감독권도 보호법익에 포함된다. 미성년자유인죄는 기망·유인을 수단으로 하며 사려 없고 나이 어린 피해자의 의사를 이용하는 데에 있는 것이며, 유인으로 인하여 피해자가 자유롭게 승낙하였다고 하더라도 본죄의 성립에 영향이 없다.[1]

2. 구성요건체계

약취와 유인의 죄에는 미성년자 약취·유인죄(제287조)와 영리·추행·간음목적 약취·유인죄(제288조 제1항), 부녀매매죄(동조 제2항), 국외이송목적 약취·유인죄(제289조 제1항), 결혼목적 약취·유인죄(제291조)가 있으며 이들 구성요건은 모두 독립적 구성요건이다. 상습약취·유인·매매·이송죄(제288조 제3항, 제289조 제3항) 및 상습피약취·유인·매매·이송자 수수·은닉죄(제293조 제1항)는 상습성으로 인한 책임가중적 구성요건이다.

Ⅱ. 未成年者略取·誘引罪

> 제287조【미성년자의 약취, 유인】 미성년자를 약취 또는 유인한 자는 10년 이하의 징역에 처한다.
> 제294조【미수범】 미수범은 처벌한다.

---
1) 대판 1976. 9. 14, 76도2072.

Ⅰ. 의 의

본죄는 미성년자를 약취 · 유인함으로써 성립하는 죄이다. 본죄의 보호법익에 대해서는 약취 · 유인된 미성년자의 자유권이라는 견해[1]도 있으나, 보호자의 보호권과 미성년자의 자유권을 동시에 보호한다고 보는 것이 타당하다. 판례 및 다수설은 미성년자의 자유권을 주된 보호법익으로, 그리고 보호자의 감호권을 부차적인 보호법익으로 파악한다.[2] 본 구성요건은 미성년자를 보호하기 위한 것이다. 다수설에서는 이를 위하여 미성년자의 자유권을 보호한다고 하지만 이때의 자유권은 거소 등에 관한 미성년자의 자유로운 판단이나 결정권만을 의미한다고 볼 수는 없다. 오히려 보호자의 감호권이나 보호권을 통한 미성년자의 보호를 목표로 하고 있는 것이다. 이는 미성년자의 동의가 있더라도 본죄가 성립하는 데에서도 알 수 있다.[3]

독일에서는 양자를 모두 보호법익으로 인정하면서도 우선순위를 보호자의 감독권(Sorgerecht)에 두는 견해[4]와 미성년자의 자유가 아니라 보호자의 교육 및 감독권이라는 견해[5]가 있다. 독일형법(§235, Entziehung Minderjähriger)이 이처럼 보호자의 감독권을 중시하는 것은 18세 미만의 미성년자 혹은 타인의 아이를 부모나 후견인과 같은 보호자로부터 약취 · 유인하는 것으로 규정하고 있는 데에 그 이유가 있다.

본죄는 계속범이며 침해범이다. 본죄는 사람을 자기 또는 제 3 자의 지배하에 옮기면 기수가 되고 그 이후에는 위법상태가 계속되는 것에 불과하므로 상태범이라는 견해[6]도 있다. 그러나 사람에 대한 약취 · 유인행위는 어느 정도 시간적 계속성을 요한다고 볼 수 있으므로—예를 들면 10분간의 유인행위를 본죄에 해당한다고 볼 수는 없다—본죄는 계속범이라고 보아야 한다.[7]

1) 백형구, 295면; 정영석, 264면.
2) 대판 2002. 2. 11, 2002도7115. 강구진, 156면; 김일수/서보학, 139면; 유기천(상), 109면; 오영근, 160면; 이재상, 133면; 이정원, 185면; 이형국, 191면; 임 웅, 154면.
3) 대판 2002. 2. 11, 2002도7115; 1982. 4. 27, 82도186.
4) BGHSt 39, 243; Nomos/Braasch, §235 Rn. 1; Tröndle/Fischer, §235 Rn. 2.
5) Welzel, Strafrecht, 330.
6) 김종원, 116면.
7) 통설이다. 김일수/서보학, 140면; 백형구, 298면; 이재상, 136면; 이형국, 192면; 임 웅, 154면.

2. 객관적 구성요건

(1) 행위주체

본죄의 행위주체는 자연인이며, 부모를 포함한 보호자 역시 수인인 경우에는 일방의 타방에 대한 관계에서 행위자가 될 수 있다. 미성년자도 다른 약취·유인죄의 행위자가 될 수 있다.

(2) 행 위

본죄의 행위방법은 약취·유인(약취와 유인을 합쳐서 약칭 인취라고도 함)이다. 약취·유인이란 사람을 자유로운 생활관계 내지 보호관계로부터 자기 또는 제 3 자의 실력적 지배하에 옮기는 행위이다.

약취는 폭행·협박을 수단으로 하여 사람을 자기 또는 제 3 자의 지배하에 옮기는 행위이다(통설). 그러나 의사능력이 전혀 없는 유아를 데려가는 것도 본죄에 해당한다고 보아야 하므로 반드시 폭행·협박을 수단으로 하는 것이라고 볼 필요는 없다. 그러므로 약취란 폭행·협박에 의한 경우는 물론 정당한 권한 없이 행위객체를 자신의 실력적 지배하에 옮기는 행위도 포함하는 것으로 보는 것이 타당하다. 유인은 기망 또는 유혹을 그 수단으로 하여 사람을 자유로운 생활관계 또는 보호관계로부터 자기 또는 제 3 자의 사실적 지배 아래로 옮기는 것을 말한다.[1] 유인으로 인하여 상대방이 하자있는 의사로 승낙하였다 하더라도 본죄의 성립에 영향이 없다. 기망이란 허위사실로써 상대방을 착오에 빠지게 하는 것을 의미하고, 유혹이라 함은 반드시 허위가 아니라 하더라도 감언이설로 상대방을 현혹시켜 판단을 그르치게 하는 것을 말한다. 약취·유인의 수단인 폭행·협박·기망·유혹은 피인취자 본인에 대해서뿐만 아니라 친권자나 보호자에 대해서도 가능하다. 약취·유인은 민법상 20세 미만인 미성년자에 대한 보호자의 보호권을 일정기간 동안 사실상 박탈하는 것이다. 즉 보호권자로부터의 장소적 격리와 인취자에 의한 사실적 지배상태의 확립이 필요하다. 여기에서 사실적 지배라고 함은 미성년자에 대한 물리적·실력적인 지배관계를 의미한다.[2]

피인취자에 대한 장소적 이전이 필요한가에 대해서는 긍정설[3]도 있으나 반드시 장소적 이전이 없더라도 피인취자의 격리는 가능하다고 보아 부정하는

1) 대판 2001. 7. 13, 2001도2595.
2) 대판 1998. 5. 15, 98도690.
3) 황산덕, 207면.

것이 타당하다.[1] 예를 들어 미성년자가 혼자 머무는 주거에 침입하여 그를 감금한 뒤 폭행 또는 협박에 의하여 부모의 출입을 봉쇄하거나, 미성년자와 부모가 거주하는 주거에 침입하여 부모만을 강제로 퇴거시키고 독자적인 생활관계를 형성하기에 이르렀다면 비록 장소적 이전이 없었다 할지라도 미성년자약취죄에 해당한다.[2] 그러나 미성년자가 기존의 생활관계로부터 완전히 이탈되었다거나 새로운 생활관계가 형성되었다고 볼 수 없고 범인의 의도도 위와 같은 생활관계의 이탈이 아니라 단지 금품 강취를 위한 반항 억압에 있었던 경우에는 미성년자약취죄가 성립하지 않는다.[3] 또한 부작위에 의해서도 가능하다. 예를 들면 후견인에서 탈퇴한 자가 미성년자인 피후견인의 거소를 알려 주지 않고 감추는 경우이다.[4] 약취·유인한 자가 계속해서 피인취자를 불법하게 감금한 경우에는 약취·유인죄 외에 감금죄를 구성한다.[5]

(3) 행위객체

본죄의 행위객체는 미성년자이다.

20세 미만의 자이면 기혼과 미혼을 불문한다. 혼인한 미성년자도 본죄의 객체가 되는가에 대해서는 논란이 있다. 미성년자가 혼인한 경우에는 성년으로 본다는 민법상의 성년의제규정(민법 제826조의 2)을 이유로 본죄의 행위객체에서 제외하는 견해[6]와 이를 포함시키는 견해[7]가 있다. 법질서의 통일적 적용을 위하여 혼인한 미성년자는 본죄의 대상에서 제외시키는 것이 타당할 수도 있지만 미성년자의 신체적 성장 정도를 기준으로 하여 보호하고자 하는 형법의 독자적 목적도 고려하여야 할 것이다. 그러므로 본죄는 미성년자 보호를 목적으로 하고 있다는 점에서 혼인한 미성년자 역시 본죄의 행위객체에 포함시키는 것이 타당하다(민법 제826조의 2의 적용배제).

3. 주관적 구성요건

본죄의 고의는 미성년자라는 사실에 대한 인식과 폭행·협박·기망 또는

1) 강구진, 159면; 김일수/서보학, 147면; 이재상, 136면; 이형국, 194면; 임 웅, 155면; 정성근/박광민, 140면.
2) 대판 2008. 1. 17, 2007도8485.
3) 대판 2008. 1. 17, 2007도8485.
4) BGH MDR 1968, 728.
5) 대판 1961. 9. 21, 4294형상455.
6) 김종원, 116면; 김일수/서보학, 141면; 이재상, 135면.
7) 강구진, 157면; 배종대, 190면; 백형구, 297면; 오영근, 163면; 이정원, 186면; 이형국, 196면; 임 웅, 154면; 정성근/박광민, 140면.

유혹에 의하여 미성년자를 인취한다는 인식이 있어야 한다. 약취·유인의 동기는 본죄의 성립에 영향을 미치지 않는다. 그러므로 제대로 양육되지 못하고 있는 이웃의 아이를 데려와 잘 기르는 것도 본죄에 해당한다. 추행이나 간음, 영리 또는 국외이송을 목적으로 미성년자를 약취·유인하는 행위는 본죄가 아니라 제288조, 제289조, 제291조가 성립한다. 그리고 특정범죄가중처벌 등에 관한 법률은 미성년자를 약취·유인한 자를 약취·유인한 목적에 따라 가중처벌하는 규정을 두고 있다(동법 제5조의 2). 그러므로 약취·유인에 관한 죄는 실질적으로 특가법의 적용을 받게 되는 경우가 대부분일 것이다.

특정범죄 가중처벌 등에 관한 법률 제 5 조의 2가 규정하는 내용은 다음과 같다.

① 형법 제287조의 죄를 범한 사람은 그 약취 또는 유인의 목적에 따라 다음 각 호와 같이 가중처벌한다.

1. 약취 또는 유인한 미성년자의 부모나 그 밖에 그 미성년자의 안전을 염려하는 사람의 우려를 이용하여 재물이나 재산상의 이익을 취득할 목적인 경우에는 무기 또는 5년 이상의 징역에 처한다.
2. 약취 또는 유인한 미성년자를 살해할 목적인 경우에는 사형, 무기 또는 7년 이상의 징역에 처한다.

② 형법 제287조의 죄를 범한 사람이 다음 각 호의 어느 하나에 해당하는 행위를 한 경우에는 다음 각 호와 같이 가중처벌한다.

1. 약취 또는 유인한 미성년자의 부모나 그 밖에 그 미성년자의 안전을 염려하는 사람의 우려를 이용하여 재물이나 재산상의 이익을 취득하거나 이를 요구한 경우에는 무기 또는 10년 이상의 징역에 처한다.
2. 약취 또는 유인한 미성년자를 살해한 경우에는 사형 또는 무기징역에 처한다.
3. 약취 또는 유인한 미성년자를 폭행·상해·감금 또는 유기하거나 그 미성년자에게 가혹한 행위를 한 경우에는 무기 또는 5년 이상의 징역에 처한다.
4. 제 3 호의 죄를 범하여 미성년자를 사망에 이르게 한 경우에는 사형, 무기 또는 7년 이상의 징역에 처한다.

③ 제 1 항 또는 제 2 항의 죄를 범한 사람을 방조하여 약취 또는 유인된 미성년자를 은닉하거나 그 밖의 방법으로 귀가하지 못하게 한 사람은 5년 이상의 유기징역에 처한다.

④ 형법 제288조·제289조 또는 제292조 제 1 항의 죄를 범한 사람은 무기 또는 5년 이상의 징역에 처한다.

⑤ 상습적으로 제 4 항의 죄를 범한 사람은 그 죄에 대하여 정한 형의 2분의 1까지 가중한다.

⑥ 제 1 항·제 2 항(제 2 항 제 4 호는 제외한다) 및 제 4 항에 규정된 죄의 미수범은 처벌한다.

⑦ 제 1 항부터 제 6 항까지의 죄를 범한 사람을 은닉하거나 도피하게 한 사람은 3년 이상의 유기징역에 처한다.
⑧ 제 1 항, 제 2 항 제 1 호・제 2 호 또는 제 4 항의 죄를 범할 목적으로 예비하거나 음모한 사람은 1년 이상의 유기징역에 처한다.

4. 위 법 성

미성년자와 보호자가 모두 동의한 경우에는 본죄가 성립하지 않는다. 이는 본죄의 보호법익인 미성년자의 자유가 침해될 가능성이 없기 때문이 아니라 불가피한 법해석의 결과라고 보아야 한다. 동의가 있었다면 본죄의 행위방법인 약취・유인이 없다고 보아야 하기 때문이다. 그러나 미성년자의 동의만 있거나 보호자의 동의만 있는 경우에는 본죄가 성립한다.[1] 미성년자의 동의가 유인으로 인하여 하자있는 의사에 해당할 수 있고, 반드시 보호자의 의사와 합치된다고 볼 수 없으며, 반대로 보호자의 동의가 오히려 미성년자의 자유를 침해하는 결과를 가져올 수도 있기 때문이다.

5. 죄 수

본죄는 인질강도죄, 인질강요죄, 체포죄와 상상적 경합관계에 있다. 그러나 약취・유인한 자가 계속해서 피인취자를 감금한 때에는 본죄와 감금죄의 경합범이 성립한다.[2] 강요죄는 본죄와 상상적 경합관계에 있지만 강요행위의 내용이 약취・유인을 목적으로 한 경우에는 법조경합의 관계에 있으므로 본죄만이 성립한다.[3]

Ⅲ. 醜行・姦淫・營利目的 略取・誘引罪

제288조【영리 등을 위한 약취, 유인, 매매 등】 ① 추행, 간음 또는 영리의 목적으로 사람을 약취 또는 유인한 자는 1년 이상의 유기징역에 처한다.
③ 상습으로 전 2 항의 죄를 범한 자는 2년 이상의 유기징역에 처한다.
제294조【미수범】 미수범은 처벌한다.
제295조【자격정지 또는 벌금의 병과】 제288조와 그 미수범에는 10년 이하의 자격정지 또는 2천만원 이하의 벌금을 병과할 수 있다.
제296조【고소】 제288조 제 1 항의 각 죄중 추행 또는 간음의 목적으로 약취, 유인, 수수 또는 은닉한 죄, 제291조의 죄와 그 미수범은 고소가 있어야 공소

1) 대판 2001. 7. 13, 2001도2595.
2) 김일수/서보학, 145면; 임 웅, 157면.
3) SK/Horn, § 235 Rn. 14.

를 제기할 수 있다.
특가법 제 5 조의 2 ④ 형법 제288조 · 제289조 또는 제292조 제 1 항의 죄를 범한 사람은 무기 또는 5년 이상의 징역에 처한다.

1. 의 의

본죄는 추행 · 간음 · 영리의 목적으로 사람을 약취 · 유인한 때에 성립한다. 특가법에 의해 무기 또는 5년 이상의 징역에 처한다(동법 제 5 조의 2 제 4 항).

2. 구성요건

본죄의 객체인 사람에는 성년자 · 미성년자, 남자 · 여자를 모두 포함한다. 그러므로 추행 · 간음 · 영리의 목적으로 미성년자를 약취하거나 유인한 때에는 미성년자 약취 · 유인죄(제287조)가 아니라 형이 무거운 본죄가 성립한다.

본죄는 목적범이므로 고의 이외에 추행 · 간음 · 영리의 목적이 있어야 한다. 추행이란 행위자 또는 제 3 자의 성적 만족을 위하고, 일반인의 성적 수치심을 유발시키는 행위를 말한다. 추행의 목적이란 피인취자를 추행행위의 객체 혹은 주체가 되게 할 목적을 말한다. 간음의 목적이란 결혼의 목적과 달리 성교행위의 목적을 의미한다. 영리의 목적이란 재산상의 이익을 얻을 목적을 말한다. 계속적이거나 반복적인 이익을 필요로 하지 않으므로 일회적인 이익이더라도 영리의 목적은 인정된다. 합법적인 재산상의 이익을 얻을 목적도 영리의 목적에 해당된다.

석방의 대가로 재물을 요구하기 위하여 약취 · 유인하는 경우 본죄에 해당하는가에 대해서는 긍정설[1]과 부정설[2]로 나뉜다. 약취 · 유인하여 석방의 대가로 재물을 요구하는 행위는 전형적인 인질강도죄(제336조)에 해당하며 본죄는 적용되지 않는다. 그러나 단순히 장래 석방의 대가로 재물을 요구하기 위하여 약취 · 유인하는 행위는 인질강도죄라고 볼 수 없다. 또한 행위객체가 미성년자인 경우에는 특정범죄가중처벌 등에 관한 법률(제 5 조의 2 제 1 항 제 1 호)에 따라 처벌하면 되지만 성년자인 경우에는 적용되지 않으므로 석방대가를 요구하기 위한 약취 · 유인행위 역시 본죄에 해당한다고 보는 것이 타당하다. 수인이 범행을 한 경우에 본죄 소정의 목적이 없는 자에게는 본죄가 성립하지 않으

---

1) 김성천, 689면; 김일수/서보학, 151면; 배종대, 238면; 백형구, 300면; 손동권, 135면; 유기천(상), 114면; 이재상, 140면; 이형국, 198면.

2) 강구진, 162면; 김종원, 118면; 임 웅, 159면.

며 경우에 따라 체포·감금죄가 성립할 뿐이다. 객체가 미성년자인 경우에 추행·간음·영리의 목적 없는 공범은 미성년자 약취·유인죄(제287조)에 해당한다.

본죄의 목적이 실현되지 않더라도 기수가 인정된다. 그러므로 본죄의 미수범은 약취·유인행위의 미수를 의미한다.

상습적으로 본죄를 범한 때에는 2년 이상의 유기징역에 처하며(제3항), 형의 2분의 1까지 가중한다(특가법 제5조의 2 제5항). 본죄의 행위 중 추행 또는 간음의 목적으로 약취·유인한 죄와 그 미수범은 친고죄이다.

Ⅳ. 婦女賣買罪

> 第288條【영리 등을 위한 약취, 유인, 매매 등】 ② 추업에 사용할 목적으로 부녀를 매매한 자도 전항의 형과 같다.
> ③ 상습으로 전2항의 죄를 범한 자는 2년 이상의 유기징역에 처한다.
> 제294조【미수범】 미수범은 처벌한다.
> 제295조【자격정지 또는 벌금의 병과】 제288조와 그 미수범에는 10년 이하의 자격정지 또는 2천만원 이하의 벌금을 병과할 수 있다.
> 특가법 제5조의 2 ④ 형법 제288조·제289조 또는 제292조 제1항의 죄를 범한 사람은 무기 또는 5년 이상의 징역에 처한다.

1. 의 의

부녀매매죄란 추업에 사용할 목적으로 부녀를 매매하는 범죄이다. 소위 인신매매를 처벌하는 규정이다. 본죄의 보호법익은 부녀자의 자유와 인격권이다.

본죄의 구성요건을 해석함에는 추업사용을 목적으로 하는 강제적인 매매행위와 행위객체 스스로 추업종사를 원하는 경우를 구별하여야 한다.

특가법에 의해 무기 또는 5년 이상의 징역으로 가중처벌되며(동법 제5조의 2 제4항), 상습적으로 본죄를 범한 때에는 형의 2분의 1까지 가중한다(특가법 제5조의 2 제5항).

2. 객관적 구성요건

(1) 행위주체

본죄는 매도자와 매수자를 같이 처벌하는 필요적 공범이다. 본죄의 주체는 제한이 없으므로 보호자나 친권자도 본죄의 주체가 될 수 있다. 후술하는 바와 같이 종전의 대법원판례는 법질서에 보호를 요청할 수 있는 부녀자는 본죄의 객체가 될 수 없으므로 실질적으로 이러한 보호요청을 실력적으로 제지할 수 있는 친권자나 보호감독자만이 본죄의 주체가 될 수 있다는 입장을 취해 왔으나 이는 부당하다.

(2) 행위객체

부녀는 성년, 미성년, 기혼, 미혼을 가리지 않는다. 처도 배우자에 의해 매매의 대상이 될 수 있다.

대법원은 인격의 자각이 있고 법질서에 보호를 요청할 수 있는 부녀자는 현행 법질서상 매매의 대상, 즉 본죄의 객체가 되기 어렵다는 입장을 취해 왔다. 따라서 친권자 기타 보호감독자가 아니면 그 부녀를 실력적으로 지배하기 어렵다는 견지에서 보호감독자 아닌 제 3 자는 본죄의 주체가 되기 어렵다는 입장이었다(결국 본죄의 성립 부인).[1] 그러나 그 후 판례는 주체 및 객체를 중심으로 본죄의 성립 여부를 판단할 것이 아니라 대가를 받고 상대방에게 넘긴다는 행위를 중심으로 판단하여야 한다는 입장으로 바뀌었다.

[판례] 1988. 9. 5. 24:00경 피해자(여, 당시 18세)는 서울에서 공원으로 일하던 중 서울 미아리 소재 디스코클럽에서 공소외 A 등 일행 4 명에 의해 "스키장에 놀러 가자"고 유인되어 당일 밤 자동차로 군산까지 감금·약취된 뒤 강간당하고 나서 군산시 소재 윤락가 포주인 공소외 B에게 금 80만원에 팔려 동 점포에서 윤락녀 생활을 하게 되었다. 피고인 갑(여, 50세)은 위 B의 점포 인근에서 역시 윤락가를 운영하던 자로서 같은 해 10. 14. 14:00경 B에게 금 80만원을 지불하고 피해자를 넘겨 받아 피해자로 하여금 1989. 11. 24경까지 약 13개월 동안 매일 5～10 회씩 돈을 받고 윤락행위를 하게 하던 중 검거되었다. 대법원은 이에 대해 부녀매매죄 및 윤락행위 등 방지법위반을 인정하였다(대판 1992. 1. 21, 91도1402).

1) 대판 1959. 3. 13, 4292형상7(형법 제288조 제 2 항의 소위 부녀매매죄라 함은 약취유인죄와의 관련으로 보더라도 거래일방의 완전한 사실상 지배하에 있는 부녀를 대가를 수수하고 상대방의 사실상 지배를 옮기는 것을 말함이요, 그 대상이 18세의 소녀로 인격의 자각이 있고 법질서의 보호를 요청할 수 있는 능력을 가진 부녀의 경우에는 즉각적으로 국내법으로부터 이탈케 될 우려가 농후한 국외이송을 목적으로 하는 매매의 경우를 제외하고는 친권자 기타 보호감독자 아닌 제 3 자가 이를 매매한다는 것은 현행 법질서상 불가능하다고 보는 것이 타당하다); 1971. 3. 9, 71도27(이 사건 범행의 객체인 피해자는 국민학교를 졸업한 17세의 소녀로서 정신적 지각이 있고 법질서의 보호를 호소할 수 있는 능력을 가진 자이니 만큼 피고인들이 추업에 사용할 목적으로 위 피해자를 매매할 수 없는 것이라고 판시한 과정에 법리오해나 채증법칙위배의 위법이 없다).

생각건대 아무리 인격의 자각이 있는 성인여성이라 하더라도 심리적으로 위축되고 신체적으로 억압적인 상황하에서 구조요청 등을 기대하기는 어려운 것이 현실이다. 특히 범행수법이 지능화·잔인화해 가는 상황에서 구조요청을 한다는 것이 쉬운 일이 아니다. 또한 부녀자의 의사와 인격을 무시한 채 인간을 물건처럼 매매의 대상으로 삼았다는 점도 형법적 비난의 대상이 되어야 한다. 이러한 견지에서 인격의 자각이 있고 법질서에 호소할 능력이 있는 부녀에 대해서도 본죄의 성립을 인정하는 판례의 변화는 타당하다.[1]

(3) 행　　위

본죄의 행위방법은 매매이다. 여기에서 매매란 민법상의 매매의 개념과 달리 당사자 일방이 부녀의 신병을 유상으로 상대방에게 인도하고 상대방은 그 부녀를 인도받아 자신의 사실상의 실력적 지배하에 두는 것을 말하므로 교환도 포함한다. 그러나 성매매 목적의 인신매매, 즉 성을 파는 행위나 음란행위 또는 성교행위 등을 표현하는 촬영의 대상으로 삼을 목적으로 위계, 위력 그 밖에 이에 준하는 방법으로 대상자를 지배·관리하면서 제 3 자에게 인계하거나 인계받는 행위 및 이를 모집, 이동, 은닉하는 행위는 성매매알선 등 행위의 처벌에 관한 법률에 의하여 가중처벌된다(제18조 제 3 항 제 3 호).

본죄에서 실력적 지배란 부녀자가 자유로운 의사결정을 할 수 없는 상황이면 인정된다. 반면에 스스로 접대부 등 추업에 종사하기로 결심한 부녀인 경우에는 원하지 않는 조건하의 강압적인 취업이 아닌 한 본죄가 성립하지 않는다. 실력적 지배는 부녀의 신체를 인계하는 당시에 존재하면 되고 인신교부 이후에도 매수자에 의한 지배상태가 계속적으로 이루어져야 하는 것은 아니다. 그러므로 인신교부 이후에 피해부녀자가 법질서에의 보호를 요청할 수 있었으나 이를 하지 않은 경우에도 본죄는 성립한다.

본죄에서 유상이란 넓게 해석하여야 한다. 그러므로 수고비, 사례비를 지급한 경우에도 해당되며, 구체적인 재물수수가 없더라도 부녀를 추업에 사용함으로써 영업이익의 증대가 기대되면 유상이라고 할 수 있다.[2] 반대로 전혀 인신교부의 대가지급이 없는 경우에는 본죄가 아니라 영리목적 약취·유인죄

1) 본 판례에 대한 평석으로는 석동현, 「부녀매매죄의 성립요건에 관하여」, 형사판례연구(1), 113면 이하 참조.

2) 석동현, 위 논문, 119면.

(제288조 제1항)를 적용하여야 한다.

(4) 기수시점

본죄의 기수시점은 목적의 달성 여부가 아니라 부녀에 대한 실력적 지배가 상대방측에 이전되었을 때이다.[1] 본죄는 재물의 불법취득을 처벌하는 죄가 아니라 부녀의 자유를 침해하는 죄이므로 대금의 지급 여부와 관계 없이 성립한다.[2] 물론 매매계약만으로는 기수에 이르렀다고 할 수 없다. 그러므로 계약체결 후 부녀의 신병이 인도되지 않았거나 실패한 때에는 미수범이 성립한다. 또한 범인이 피해부녀자를 그 실력적 지배하에 두고 추업에 사용할 목적으로 매매하려고 한 경우에는 부녀매매미수죄의 객체가 된다.[3]

3. 주관적 구성요건

본죄가 성립하기 위해서는 고의 이외에 추업에 사용할 목적이 있어야 한다. 추업에 사용할 목적이란 술집의 호스티스, 매춘부 등의 업무에 종사하게 할 목적을 말한다. 추업에 사용할 목적으로 부녀를 매매하면 본죄는 기수이며, 목적의 달성 여부는 본죄의 기수 여부와 무관하다.

V. 國外移送目的 略取·誘引·賣買罪

제289조【국외이송을 위한 약취, 유인, 매매】 ① 국외에 이송할 목적으로 사람을 약취, 유인 또는 매매한 자는 3년 이상의 유기징역에 처한다.
③ 상습으로 전 2 항의 죄를 범한 자는 5년 이상의 유기징역에 처한다.

제290조【예비, 음모】 전조의 죄를 범할 목적으로 예비 또는 음모한 자는 3년 이하의 징역에 처한다.

제294조【미수범】 미수범은 처벌한다.

제295조【자격정지 또는 벌금의 병과】 제289조와 그 미수범에는 10년 이하의 자격정지 또는 2천만원 이하의 벌금을 병과할 수 있다.

특가법 제 5 조의 2 ④ 형법 제288조·제289조 또는 제292조 제 1 항의 죄를 범한 사람은 무기 또는 5년 이상의 징역에 처한다.

---

1) 강구진, 164면; 김일수, 147면; 김종원, 120면; 유기천(상), 115면; 이재상, 141면; 임웅, 160면; 정성근/박광민, 148면; 정영석, 258면.

2) 김일수/서보학, 148면; 이재상, 142면; 정성근/박광민, 148면. 미수에 해당한다는 견해도 있다(진계호, 158면).

3) 대판 1992. 2. 11, 91도2410.

1. 의 의

본죄는 국외에 이송할 목적으로 사람을 약취·유인 또는 매매함으로써 성립한다. 국외에 이송할 목적으로 가진 목적범이다. 특가법에 의해 무기 또는 5년 이상의 징역으로 가중처벌된다(동법 제5조의 2 제4항).

2. 구성요건

본죄의 객체는 기혼·미혼, 성년·미성년, 남녀를 불문한다. 약취, 유인, 매매의 의미는 기술한 바와 같다. 국외라 함은 거주국 영역외가 아니라 대한민국 영토 이외를 말한다(통설).[1] 그러므로 미국에서 한국으로 이송할 목적으로 사람을 약취·유인하거나 매매하는 행위는 본죄에 해당되지 않는다. 영리·간음·추업사용·결혼 등이 국외이송의 목적이 될 수 있겠으나 본죄의 성립과는 관계 없다. 본죄는 계속범으로서 국외이송의 목적을 가지고 약취·유인 또는 매매를 한 자(제1항)가 계속하여 국외에 이송하는 경우에는 후술하는 바와 같이 양죄의 경합범을 인정하여야 하다.[2]

본죄는 국외에 이송할 목적으로 사람을 약취·유인·매매하면 기수가 되며, 실제로 국외에 이송하였는가의 여부는 문제되지 않는다.

상습적으로 본죄를 범한 때에는 형의 2분의 1까지 가중한다(특가법 제5조의 2 제5항). 본죄의 예비·음모행위도 처벌한다.

Ⅵ. 被略取·誘引·賣買者 國外移送罪

제289조【국외이송을 위한 약취, 유인, 매매】 ② 약취, 유인 또는 매매된 자를 국외에 이송한 자도 전항의 형과 같다.
③ 상습으로 전 2 항의 죄를 범한 자는 5년 이상의 유기징역에 처한다.
제294조【미수범】 미수범은 처벌한다.
제295조【자격정지 또는 벌금의 병과】 제289조와 그 미수범에는 10년 이하의 자격정지 또는 2천만원 이하의 벌금을 병과할 수 있다.
특가법 제5조의 2 ④ 형법 제288조·제289조 또는 제292조 제 1 항의 죄를 범한 사람은 무기 또는 5년 이상의 징역에 처한다.

1. 의 의

본죄는 약취·유인 또는 매매된 자를 국외로 이송함으로써 성립하는 죄

1) 이에 대하여 피해자의 거주국영역 외라고 보는 견해도 있다(김종원, 121면).
2) 김종원, 123면; 임 웅, 161면; 정성근/박광민, 151면; 정영석, 269면.

이다. 특가법 제 5 조의 2 제 4 항에 의하여 무기 또는 5년 이상의 징역에 처한다.

2. 구성요건

본죄의 객체는 약취·유인 또는 매매된 자이다. 반드시 국외이송의 목적으로 약취·유인·매매된 자에 국한되지 않는다. 기혼·미혼, 성년·미성년, 남녀를 불문한다. 국외이송의 목적으로 약취·유인 또는 매매한 자를 국외에 이송한 경우에는 본죄만 성립한다는 견해,[1] 양죄는 별죄이지만 처벌상 일죄로 취급한다는 견해,[2] 양죄가 모두 성립한다는 견해[3] 및 양죄의 상상적 경합을 인정하는 견해,[4] 국외이송을 이송목적 약취·유인·매매 당시부터 의도하였던 경우에는 제 1 항만 성립하고 이송행위는 불가벌적 사후행위에 해당하며(법조경합), 이송행위가 새로운 범행결심에 의한 경우에는 양죄는 실체적 경합관계에 있다는 견해[5]가 있다. 제 1 항의 죄와 본죄(제2항)는 별개의 구성요건으로서 양죄가 모두 성립한다고 보는 것이 타당하다. 또한 국외이송을 결심한 시점을 기준으로 하여 법조경합과 실체적 경합을 구분할 합리적 이유도 없다.

본죄의 미수범은 처벌한다. 대한민국 영역을 벗어나는 순간 기수에 이르므로 피인취자가 아직 대한민국 영역 내에 있는 경우에는 미수이다.

상습적으로 본죄를 범한 때에는 형의 2분의 1까지 가중한다(특가법 제 5 조의 2 제 5 항).

Ⅶ. 結婚目的 略取·誘引罪

> 제291조【결혼을 위한 약취, 유인】 결혼할 목적으로 사람을 약취 또는 유인한 자는 5년 이하의 징역에 처한다.
> 제294조【미수범】 미수범은 처벌한다.
> 제296조【고소】 제291조의 죄와 그 미수범은 고소가 있어야 공소를 제기할 수 있다.

---

1) 강구진, 116면; 유기천(상), 117면.
2) 황산덕, 212면.
3) 김종원, 123면; 백형구, 306면; 임 웅, 161면; 정성근/박광민, 151면; 정영석, 269면.
4) 김성돈, 150면; 김성천, 686면; 이재상, 144면; 이형국, 203면.
5) 김일수/서보학, 149면.

1. 의 의

결혼할 목적으로 사람을 약취·유인함으로써 성립하는 범죄이다. 본죄는 목적범이다.

2. 구성요건

본죄의 객체는 사람으로서 기혼·미혼, 성년·미성년, 남녀를 불문한다. 결혼할 목적에서 결혼이란 법률혼을 의미한다는 견해,[1] 법률혼과 사실혼을 포함한다고 보는 견해[2] 및 사실혼만을 의미한다는 견해[3]로 나뉜다. 본죄의 결혼은 사실혼이나 법률혼을 모두 의미한다고 보는 것이 타당하다. 그 이유로는, ① 사실혼·법률혼을 막론하고 약취·유인한 이상 본죄의 보호법익을 침해한다는 점, ② 간음목적 약취·유인죄(제288조 제1항)는 사실혼을 의미하는 것이 아니라 단순한 성교행위를 의미하는 것이므로 사실혼을 목적으로 하는 약취·유인행위가 제288조 제 1 항에 해당한다고 볼 수 없으며, ③ 형사소송법 제230조 제 2 항("형법 제291조의 죄로 약취·유인된 자가 혼인을 한 경우의 고소는 혼인의 무효 또는 취소의 재판이 확정된 날로부터 전항의 기간이 진행된다")의 규정은 본죄의 결혼이 사실혼인 경우에는 적용될 여지가 없으며, 단지 결혼목적으로 약취·유인한 후 법률혼을 한 경우만을 대상으로 한다는 점이다.

약취·유인의 상대방은 결혼을 목적으로 하는 사람이어야 하며, 제 3 자를 약취·유인하는 것은 본죄에 해당하지 않는다. 예를 들어 부녀와 결혼하기 위하여 부녀의 부를 약취한 때에는 본죄에 해당하지 않는다.

결혼할 목적으로 미성년자를 약취·유인한 때에는 미성년자 약취·유인죄(제287조)가 아니라 본죄만 성립한다고 보는 견해가 있다.[4] 그러나 양죄는 상상적 경합관계에 있다고 보는 것이 타당하다. 그렇지 않으면 무거운 범죄행태에도 불구하고 오히려 형량이 가벼운 본죄를 적용하는 결과가 되기 때문이다(10년 이하의 징역과 5년 이하의 징역).

---

1) 정영석, 270면; 황산덕, 212면.

2) 강구진, 168면; 김성돈, 151면; 김성천, 687면; 김일수/서보학, 154면; 김종원, 125면; 배종대, 240면; 백형구, 302면; 오영근, 155면; 이형국, 205면; 임 웅, 162면; 정성근/박광민, 162면; 정영일, 131면.

3) 유기천(상), 116면; 이재상, 145면.

4) 김일수/서보학, 150면; 이재상, 145면; 이형국, 204면; 임 웅, 162면.

Ⅷ. 被略取·誘引·賣買·國外移送者 授受·隱匿罪

> 제292조【약취, 유인, 매매된 자의 수수 또는 은닉】 ① 제288조 또는 제289조의 약취, 유인이나 매매된 자 또는 이송된 자를 수수 또는 은닉한 자는 7년 이하의 징역에 처한다.
> 특가법 제 5 조의 2 ④ 제292조 제 1 항의 죄를 범한 사람은 무기 또는 5년 이상의 징역에 처한다.
> ⑤ 상습적으로 제292조 제 1 항의 죄를 범한 사람은 그 죄에 정한 형의 2분의 1까지 가중한다.
> 제293조【상습범】 ① 상습적으로 전조의 죄를 범한 자는 2년 이상 10년 이하의 징역에 처한다.
> 제294조【미수범】 미수범은 처벌한다.
> 제295조【자격정지 또는 벌금의 병과】 제292조와 그 미수범에는 10년 이하의 자격정지 또는 2천만원 이하의 벌금을 병과할 수 있다.
> 제296조【고소】 제292조 제 1 항의 죄중 수수 또는 은닉한 죄와 그 미수범은 고소가 있어야 공소를 제기할 수 있다.

1. 의 의

본죄는 추행·간음·영리의 목적으로 약취·유인된 자, 추업에 사용할 목적으로 매매된 부녀, 국외에 이송할 목적으로 약취·유인·매매된 자 또는 국외에 이송된 자를 수수 또는 은닉함으로써 성립하는 죄이다. 본죄는 친고죄이다.

2. 구성요건

본죄의 행위는 수수 또는 은닉이다. 수수란 유·무상을 불문하고 피인취자를 자기의 실력적 지배하에 두는 것을 의미하며, 은닉이란 피인취자의 발견을 곤란하게 하는 일체의 행위를 말한다. 추업목적이나 국외 이송목적으로 부녀를 유상으로 수수하면 본죄가 아니라 부녀매매죄(제288조 제 2 항)나 국외이송목적 약취·유인·매매죄(제289조 제 1 항)가 성립한다. 본죄가 성립하면 수수·은닉행위가 방조범의 성격을 띠더라도 총칙상의 공범규정은 적용되지 않는다.

Ⅸ. 被略取·誘引 未成年者 등 授受·隱匿罪

> 제292조【약취, 유인, 매매된 자의 수수 또는 은닉】 ② 제287조 또는 제291조의 약취 또는 유인된 자를 수수 또는 은닉한 자는 5년 이하의 징역에 처한다.

> 제294조【미수범】 미수범은 처벌한다.
> 제295조【자격정지 또는 벌금의 병과】 제292조와 그 미수범에는 10년 이하의 자격정지 또는 2천만원 이하의 벌금을 병과할 수 있다.
> 특가법 제 5 조의 2 ③ 제 1 항 또는 제 2 항의 죄를 범한 사람을 방조하여 약취 또는 유인된 미성년자를 은닉 기타의 방법으로 귀가하지 못하게 한 사람은 5년 이상의 유기징역에 처한다.

본죄는 약취 · 유인된 미성년자나 결혼할 목적으로 약취 · 유인된 자를 수수 · 은닉함으로써 성립하는 죄이다.

X. 常習醜行 · 姦淫 · 營利目的 被略取 · 誘引 · 賣買 · 國外移送者 授受 · 隱匿罪

> 제293조【상습범】 ② 추행, 간음 또는 영리의 목적으로 전조의 죄를 범한 자도 전항의 형과 같다.
> 제294조【미수범】 미수범은 처벌한다.
> 제295조【자격정지 또는 벌금의 병과】 제293조와 그 미수범에는 10년 이하의 자격정지 또는 2천만원 이하의 벌금을 병과할 수 있다.
> 제296조【고소】 제293조 제 2 항의 각죄중 추행 또는 간음의 목적으로 약취, 유인, 수수 또는 은닉한 죄와 그 미수범은 고소가 있어야 공소를 제기할 수 있다.

본죄는 상습적으로 추행 · 간음 · 영리의 목적으로 약취 · 유인된 자나 추업에 사용할 목적으로 매매된 부녀, 국외이송의 목적으로 약취 · 유인 · 매매된 자, 결혼목적으로 약취 · 유인된 자를 추행 · 간음 · 영리의 목적으로 수수 · 은닉함으로써 성립하는 죄이다(목적범).

XI. 常 習 犯

> 제288조【상습범】 ③ 상습으로 전 2 항의 죄를 범한 자는 2년 이상의 유기징역에 처한다.
> 제289조【상습범】 ③ 상습으로 전 2 항의 죄를 범한 자는 5년 이상의 유기징역에 처한다.
> 제293조【상습범】 ① 상습으로 전조의 죄를 범한 자는 2년 이상 10년 이하의 징역에 처한다.
> 제294조【미수범】 ① 미수범은 처벌한다.

> 제295조 【자격정지 또는 벌금의 병과】 본죄와 그 미수범에는 10년 이하의 자격정지 또는 2천만원 이하의 벌금을 병과할 수 있다.
> 특가법 제 5 조의 2 ⑤ 상습적으로 형법 제288조 · 제289조 또는 제292조 제 1 항의 죄를 범한 사람은 그 죄에 대하여 정한 형의 2분의 1까지 가중한다.

본죄는 상습성으로 인하여 책임이 가중되는 가중적 구성요건이다.

XII. 刑의 減輕

> 제295조의 2 【형의 감경】 이 장은 죄를 범한 자가 약취 · 유인 · 매매 또는 이송된 자를 안전한 장소로 풀어 준 때에는 그 형을 감경할 수 있다.

약취와 유인의 죄(제287조 내지 제294조)를 범한 자가 약취 · 유인 · 매매 또는 이송된 자를 안전한 장소로 풀어 준 때에는 그 형을 감경할 수 있다. 이는 기수범에 대해서도 인정된다는 점 및 자의성을 요건으로 하지 않는 점에서 기존의 중지범과 다르며, 피인취자 · 피국외이송자 등의 신체의 안전을 위하여 개정형법에서 신설한 형사정책적 규정이다. 안전한 장소라 함은 행위자의 실력적 지배범위를 떠나 그 발견 및 구호가 가능한 장소를 의미한다.

제 5 절 強姦과 醜行의 罪

I. 序 論

1. 의 의

강간과 추행의 죄는 개인의 성적 자유에 관한 죄이다. 성적 자유의 내용으로는 성적 자기결정권을 들 수 있으나 이는 포괄적인 의미를 지닐 뿐 구체적으로는 내용을 달리하는 법익을 갖는다. 예를 들면 미성년자에 대한 간음죄(제305조)는 미성년자의 성적 자기결정권을 침해한다기보다는 조기의 성경험으로 인하여 미성년자의 신체적 · 정신적 성장이 방해받지 않도록 하는 것, 즉 미성년자의 정상적인 성적 발달을 보호법익으로 한다.

본장의 죄를 종전에는 정조에 관한 죄라고 불렀으나 정조란 여성의 성적 순결을 의미하는 말이므로 본장의 죄에서 보호대상으로 삼고 있는 성적 자기결정권과 조화되지 않는다. 특히 후술하는 바와 같이 강제추행죄는 여자는 물론 남자도 행위객체에 포함된다는 점을 고려할 때 정조란 용어는 적합하지 않다. 그렇기 때문에 개정형법 역시 본장의 명칭을 종전의 "정조에 관한 죄"에서 "강간과 추행의 죄"로 바꾸었다. 본죄는 침해범이다.

2. 구성요건체계

형법은 20세 이상의 부녀나 사람을 대상으로 하여 강간죄(제297조)와 강제추행죄(제298조)를 규정하고 있다. 그리고 준강간(강제추행)죄(제299조)를 이에 준하여 처벌하고 있으며, 이들에 대한 미수범도 처벌한다(제300조). 결과로 인하여 불법이 가중되거나 결과적 가중범으로 강간(강제추행)상해 · 치상죄(제301조)와 강간살인 · 치사죄(제301조의 2)를 두고 있다.

13세 이상 20세 미만인 미성년자나 심신미약자에 대하여는 미성년자 간음죄(제302조)를 규정하였으며, 13세 미만의 부녀나 사람에 대하여는 의제강간(강제추행)죄(제305조)를 규정하여 강간(강제추행)죄와 동일하게 취급하고 있다. 그 밖에 업무상 위력 등에 의한 간음죄(제303조)와 혼인빙자 등에 의한 간음죄(제304조)를 규정하고 있다. 본장의 죄는 상해나 치상, 살인이나 치사의 결과적 가중범을 제외하고는 친고죄이다(제306조).

특별법으로서 「성폭력범죄의 처벌 등에 관한 특례법」(이하 '성폭력특례법') 및 「아동 · 청소년의 성보호에 관한 법률」은 법정형을 가중하고 있음을 유의하여야 한다.

3. 입 법 론

현행법에서 남성간의 성행위(sodomy)를 처벌하는 규정은 군형법(제92조)과 아동 · 청소년의 성보호에 관한 법률(제2조 제4호 나, 제7조 제2항 1호)[1]이 있다. 비교법적으로 미국에서 남성간의 성행위를 규제하는 역사적 배경은 Bonadio사건 판결[2]에서 유래한다. 그 후 미국의 대법원은 Hardwick사건[3]에서 남성간의 성행위를 1년 이상 20년 미만의 자유형에 처하는 Georgia주법[4]의 합헌성을 인정하였다. 일반적으로 미국에서는 sodomy의 개념에 대하여 여러 가지 정의가 있지

---

1) 동법 제 2 조 제 4 호 나.에서는 남성간의 성행위를 「유사성교행위」에 포함시켜 규정하고, 이를 「청소년의 성을 사는 행위」일 경우에는 처벌하고 있다.

2) Commonwealth v. Bonadio, 415 A. 2d 47(Pa. 1980).

3) Bowers v. Hardwick, 478 U.S. 186(1996).

4) Georgia Code Ann., Section 26-2002(1994).

만 모든 주에서 이를 처벌하고 있다. 그러나 이 규정에 대한 위헌성 제기가 끊임없이 이루어지고 있으며, 가장 최근의 예가 1993년의 Texas최고법원의 판결이다.[1]이 판결에서도 sodomy처벌규정의 합헌성을 인정하였다. 한편 독일의 경우는 18세 미만의 남성과 성행위를 한 18세 이상의 남성을 5년 이하의 자유형이나 벌금형에 처했으나(§175, Homosexuelle Handlungen) 제29차 형법개정(1994. 5. 31)에 의하여 이 규정을 폐지하였다. 이 과정에서 많은 논란이 있었는데 이의 폐지를 주장하는 소수 사회학자나 사회운동가들의 로비가 형사정책에 개입한 결과("Einzug des Lobbysmus in die Kriminalpolitik")라는 등의 많은 비판이 있다.[2]

Ⅱ. 強姦罪

> 제297조【강간】 폭행 또는 협박으로 부녀를 강간한 자는 3년 이상의 유기징역에 처한다.
> 제300조【미수범】 미수범은 처벌한다.
> 제306조【고소】 제297조의 죄는 고소가 있어야 공소를 제기할 수 있다.

1. 의 의

강간죄(Vergewaltigung, rape)는 폭행 또는 협박을 하여 부녀를 강간함으로써 성립한다. 강간죄의 보호법익은 부녀의 정조가 아니라 여성의 성적 자기결정권이다. 이는 개인이 향유하는 인격권·행복추구권(헌법 제10조)에서 비롯된다. 그리고 개인의 인격권·행복추구권에는 개인의 자기운명결정권이 전제되는 것이고, 이 자기운명결정권에는 성행위 여부 및 그 상대방을 결정할 수 있는 성적 자기결정권이 포함된다.[3]

2. 객관적 구성요건

(1) 행위주체 및 객체

1) 행위주체　　강간죄의 행위주체에는 제한이 없다. 폭행·협박을 통한 간음행위 자체는 남자만이 가능하지만 여자도 간접정범의 형태로 본죄의

---

1) State v. Morales, 826 S.W. 2d 201(Tex-App. 1992), 869 S.W. 2d 941(Tex. 1994).
2) 이러한 논란에 대해서는 Tröndle/Fischer, §182 Rn. 3a; Prittwitz, Strafverteidiger 1993, 498 참조.
3) 헌재결 1990. 9. 10, 89헌마82(판례집, 310면).

주체가 될 수 있고, 남자와 공동정범이 될 수도 있다.[1)]

독일형법은 1997.7.1의 제33차 형법개정에 의하여 §178과 §177에 별도로 규정되어 있던 성적 강요죄와 강간죄를 통합하였다(§177, Sexuelle Nötigung; Vergewaltigung). 신설된 규정의 특징은 양죄 모두 행위객체를 여성에 제한하지 않고 있어서 남성간에도 강간죄의 성립을 인정할 수 있다. 또한 혼인 외의 성행위(außerehelicher Beischlaf)를 요건에서 삭제함으로써 부부간에도 강간죄의 성립을 인정하고 있다.

강간죄는 자수범(自手犯)이 아니다. 그러므로 행위주체가 반드시 간음행위를 직접 하여야 하는 것은 아니며, 제 3 자로 하여금 간음행위를 하도록 강요하여도 행위주체에 대하여 강간죄가 성립한다. 여성도 본죄의 행위주체가 될 수 있다. 예를 들면 협박에 의한 간음행위인지를 모르는 남자를 이용하여 강간죄를 범할 수도 있는 것이다. 이는 강간죄의 불법성의 중점이 간음행위 자체에 있다기보다는 폭행·협박행위를 통하여 간음행위를 강요하는 데에 있기 때문이다. 그러므로 여성에 의한 강간죄의 간접정범 성립도 가능한 것이다.[2)]

2) 행위객체　　형법은 강간죄의 행위객체를 부녀로 제한하고 있다. 기혼, 미혼, 성년, 미성년을 불문한다. 부부간에는 강간죄가 성립하지 않는다는 것이 판례[3)]와 통설[4)]의 입장이다. 그러나 부부간이라고 하더라도 강간죄의 성립을 인정하는 것이 타당하다. 형법이 부녀의 조건에 제한을 두지 않고 있으며, 보호법익도 부녀의 성적 자기결정권이기 때문이다. 특히 별거중인 경우에는 통설이 주장하는 부부관계의 특수성을 인정할 수도 없다. 최근의 판례도 혼인관계가 존속하는 상태에서 남편이 처의 의사에 반하여 폭행 또는 협박으로 성교행위를 한 경우 강간죄가 성립하는지 여부는 별론으로 하더라도, 적어도 당사자 사이에 혼인관계가 파탄되었을 뿐만 아니라 더 이상 혼인관계를 지속할 의사가 없고 이혼의사의 합치가 있어 실질적인 부부관계가 인

1) 대판 1984.6.12, 84도780(남자가 강간을 하는 동안 여성이 "피해자가 반항하지 못하도록 그의 입을 손으로 틀어막고").

2) 강구진, 174면; 김일수/서보학, 160면; 김종원, 128면; 손동권, 147면; 오영근, 170면; 이재상, 160면; 임 웅, 168면; 정영석, 272면; 정영일, 140면.

3) 대판 1970.3.10, 70도29.

4) 김일수/서보학, 160면; 김종원, 128면; 배종대, 246면; 손동권, 129면; 이재상, 162면; 이형국, 214면; 임 웅, 168면; 정성근/박광민, 170면; 정영석, 272면. 긍정설로는 백형구, 312면.

정될 수 없는 상태에 이르렀다면, 법률상의 배우자인 처도 강간죄의 객체가 된다고 하여 부부간이더라도 특수한 경우에는 강간죄의 성립을 인정하고 있다.[1)]

성폭력특례법(제7조 제1항)에 따라 13세 미만의 여자에 대하여 본죄를 범한 경우에는 10년 이상의 유기징역에 처하며, 「아동·청소년의 성보호에 관한 법률」(제7조 제1항)에 의하여 19세 미만의 여자 아동·청소년에 대하여 본죄를 범한 경우에도 5년 이상의 유기징역에 처한다. 음행의 상습 있는 부녀(예: 매춘부)도 포함된다.

여성으로 성전환한 남성(호적상은 남성)도 강간죄의 행위객체가 될 수 있는가의 문제가 제기된다(만일 강간죄가 적용되지 않는다면 형량이 훨씬 가벼운 강제추행죄만이 적용될 것이다). 입법론적으로는 출생시 외부적 성기나 염색체는 비록 남성이라 하더라도 자신을 여성으로 인식하고 성장해 왔으며 신체적 성징도 여성으로 나타나 결국 성전환수술을 받은 경우에 이들을 보호할 필요가 있다고 본다. 또한 가해자 역시 강간의사를 가지고 행동을 한 것이다. 그렇다면 피해자인 '여성'은 강간죄의 보호법익인 성적 자기결정권을 침해당한 것이라고 보아야 한다. 대법원은 남성이 여성으로 성전환수술을 받았더라도 여성으로 볼 수 없으므로 강간죄의 행위객체가 될 수 없다는 입장이었다.[2)] 그러나 이러한 입장을 변경하여 성전환자를 여성으로 인식하여 강간한 사안에서, 피해자가 성장기부터 남성에 대한 불일치감과 여성으로의 성귀속감을 나타냈고, 성전환수술로 인하여 여성으로서의 신체와 외관을 갖추었으며, 수술 이후 30여 년간 개인적·사회적으로 여성으로서의 생활을 영위해 가고 있는 점 등을 고려할 때, 사회통념상 여성으로 평가되는 성전환자로서 강간죄의 객체인 '부녀'에 해당한다고 판시하였다.[3)]

다음으로 남성간의 동성연애자 사이에 강간죄가 성립할 수 있는가의 문제가 있다(「Homosexual rape」). 형법상 남성은 강간죄의 행위객체가 될 수 없다.[4)] 그러나 최근에는 강간죄의 행위객체를 부녀로 제한하지 않고 중성화

1) 대판 2009. 2. 12, 2008도8601.
2) 대판 1996. 6. 11, 96도791.
3) 대판 2009. 9. 10, 2009도3580. 성별정정허가를 인정한 대법원 결정(대결 2006. 6. 22, 2004스42 전원합의체)이 시발점이다.
4) 「아동·청소년의 성보호에 관한 법률」에서도 여자청소년에 대한 강간죄만을 인정하고 있다(제 7 조 제 1 항).

(Gender-neutral)하는 경향이 있음을 주목할 필요가 있다.[1)]

(2) 행 위

1) 폭행·협박의 개념 및 정도 강간죄는 폭행, 협박을 이용한 간음행위에 의해 성립한다. 폭행·협박과 간음 사이에는 인과관계가 있어야 한다.

강간죄의 성립요건인 가해자의 폭행 또는 협박은 피해자의 항거를 불능하게 하거나 현저히 곤란하게 할 정도의 것이어야 한다는 것이 통설·판례이다.[2)] 그리고 폭행 또는 협박이 피해자의 항거를 불능하게 하거나 현저히 곤란하게 할 정도의 것이었는지 여부는 유형력을 행사한 당해 폭행 및 협박의 내용과 정도는 물론이고, 유형력을 행사하게 된 경위, 피해자와의 관계, 성교 당시의 정황 등 제반 사정을 종합하여 판단하여야 한다는 것이 판례의 입장이다.[3)] 그리고 이를 최협의의 폭행·협박이라고 한다. 이러한 입장은 강간의 피해자는 반드시 가해자를 상대로 반항행위를 할 것을 전제로 하고 있다.[4)] 왜냐하면 피해자의 저항을 통하여 폭행 또는 협박이 있었음을 확인할 수 있으며, 동시에 폭행 또는 협박의 강도를 측정할 수 있다고 보기 때문이다.

그러나 이는 강간죄의 보호법익이 성적 자기결정권이라고 보는 견해와 논리적으로 배치된다. 성적 자기결정권이란 강간죄의 성립 여부를 여성의 의사를 중심으로 판단하는 것을 전제로 하기 때문이다. 또한 폭행·협박은 상대방의 저항을 극복하기 위한 수단일 뿐이므로 그 정도는 상대적이다. 성교를 위하여 방문이나 승용차의 문을 잠그는 행위, 한적한 곳으로 여성을 데리고 간 행위 등만으로도 충분한 것이다.[5)] 이는 강간죄가 피해자의 측면을 주목하여야 하는 점에서 그러하다. 학설과 판례가 폭행·협박의 정도를 기준으로 하는 것은 자칫 문제의 중점을 여성을 피해자로서가 아니라 범죄의 원인 제공자 혹은 무책임한 방조자로 보게 할 위험성을 내포하고 있다. 그렇다면 가해자보다 피해자가 더욱 의심을 받는 강간죄 사건에서 요구되는 폭행·협박의 정도는 반드시 최협의의 정도로 국한할 필요는 없다고 보아야 한다.

---

1) 법원판결로 성적 중립성을 선언한 판례로는 People v. Liberta, 474 N.E. 2d 567(N.Y. 1984).
2) 대판 2010. 11. 11, 2010도9633.
3) 대판 1988. 11. 8, 88도1628; 1992. 4. 14, 92도259.
4) 강구진, 179면; 김종원, 178면; 정성근/박광민, 160면.
5) BGH GA 1981, 169면; Tröndle/Fischer, §177 Rn. 3.

이와 관련하여 미국에서는 이러한 저항요건이 점차 약화되고 있다. 즉 최후순간까지의 저항(resistance to the utmost)이 요구되는 것이 아니라 합리적인 수준의 저항(reasonable resistance) 정도로 충분하다고 본다. 심지어 New York주 등에서는 가해자의 강제력 사용이 인정되면 피해자의 저항 유무와 관계 없이 강간죄를 인정하고 있다.[1] 마찬가지로 독일판례에서도 폭력이 사용된 경우에는 저항이 있을 것으로 예상될 뿐 현실적인 저항이 없었더라도 강간죄를 인정하고 있다.[2] 또한 피해자인 여성이 계속적인 폭력이 두려워 저항을 포기하고 성교에 응한 경우에도 강간죄를 인정하고 있다.[3]

판례는 강간죄 성립 여부를 판단하는 데에 폭행 또는 협박에 대한 여성의 반항 여하를 연계시키는 입장이다. 그러나 이러한 입장은 여성으로 하여금 강간시도에 대하여 강하게 저항하였음을 입증하여야 할 책임을 부담시키게 되고 그 결과 자칫 강간의 피해자에게 자기방어에 소홀한 점을 들어 책임을 전가할 가능성이 있다. 또한 이는 피해자인 여성의 성격 등으로 인한 상이한 대응태도를 간과하는 문제점이 있다. 즉 죽음이나 중대한 신체침해를 무릅쓰고라도 저항하는 강한 성격의 여성이 있을 수도 있지만 두려움으로 인하여 쉽게 포기하는 여성도 있는 것이다. 그러므로 피해자의 진지한 거부의 의사표시가 있었음에도 불구하고 폭행 또는 협박을 통하여 간음행위를 하면 반드시 여성의 반항을 억압 혹은 곤란하게 할 정도의 것이 아니더라도 강간죄에 해당한다고 보아야 한다. 이러한 관점이 성적 자기결정권을 강간죄의 보호법익으로 보는 입장과도 조화될 수 있다.

2) **강간죄 성립의 부가적 요소** 판례에 의하면 강간죄에 해당하는 폭행·협박의 유무와 정도를 판단하는 데에는 폭행 또는 협박 이외에 부수적 상황이 어떠하였는가를 중시한다. 대표적인 예를 들면 다음과 같다.

(i) **피해자의 구조요청** 판례에서는 강간피해자가 가능한 모든 수단과 기회를 이용하여 구조요청을 하였는가의 여부가 강간죄 성립을 인정하는 중요한 기준이 되고 있다. 예를 들면 강간 직전의 피해자가 시아버지로부터 걸려 온 전화를 받으면서도 시아버지에게 구조요청을 하지 않은 데 대하여 피

---

1) 미국에서의 강간죄에 관한 최근의 판례경향에 대해서는 Eric A. Kaufman, Duquesne Law Review(Spring, 1995), 697면 이하 참조.

2) BGH Urt.v. 26. 4. 1990, 4 StR 49/90; 10. 12. 1991, 1 StR 621/91. 또한 Tröndle/Fischer, § 177 Rn. 3.

3) BGH MDR 1976, 812면.

해자에게 그 책임을 돌리고 있다.[1] 이처럼 간음행위에 대한 피해자의 거부의 의사표시 이외에 강도가 높은 추가적인 구조요청 유무와 강간죄의 성립 여부를 연계하는 대법원의 입장은 아래와 같은 많은 판례에서 나타난다.

[판례] ① "… 몸부림을 치고 저항하는 것만으로 피고인으로부터 벗어날 수 있었고, 판시 범행장소 또한 다수의 사람이 기숙하는 곳으로서 피해자가 얼마간의 반항을 하여도 주위에서 곧 알아차릴 수 있는 상황이었는 데도 그 방 밖에서 연탄불을 갈고 있던 공소 외인도 피해자의 거부의 의사표시나 다투는 소리 이외에는 별다른 저항이나 고함을 알아차리지 못하였다는 것이고(대판 1990. 12. 11, 90도2224)."

② "피해자는 … 당시 여관주인이 방을 안내하였지만 창피해서 구조를 요청하지 아니하였다는 것인바, 대학 4학년생인 피해자가 강간의 위험을 느끼면서도 손쉬운 구조요청의 기회를 이용하지 아니하였다는 것은 우리의 경험칙상 쉽게 납득이 가지 아니하는 것이다. 또 피해자는 … 다방을 거쳐 하숙방까지 끌려갔다는 점과 피고인의 하숙집 주인에게 구조를 요청하지 아니하였다는 점에 이르기까지 강간행위를 인정하는 데는 어느 것이나 쉽게 수긍이 가지 않는 사항들이다. … 화상을 입고 담배불로 온몸을 지지는 데도 하숙집 주인에게 구조를 요청하지 아니하였다는 것은 쉽게 납득이 가지 않는 일이다. … 세상에 알려지는 것이 무서워서 위와 같은 피해사실을 신고하지 아니하였다고 하는 것도 여러 정황에 비추어 가볍게 수긍되지 아니한다(대판 1990. 9. 28, 90도1562)."

그러나 이러한 판례의 입장은 강간죄의 피해자가 처한 심리적 상황을 외면한 결론이다. 구조요청과 관련하여 가장 대표적인 예가 가족내의 강간행위이다. 주로 의부(義父)에 의해 범해지는 가족 내의 강간행위는 피해자의 반항을 억압할 만한 현실적인 협박이나 폭행이 없음에도 불구하고 현존하는 것이 사실이다. 그럼에도 불구하고 피해자가 침묵하는 것은 스스로 느끼는 수치심과 가해자가 아버지라는 사실, 그로 인하여 보복을 받을 수도 있다는 두려움과 어머니로부터 받을 질책이나 어머니에게 돌아올 불이익(이런 경우에는 어머니도 남편으로부터 구타를 당하는 것이 상례이다) 등이 복합적으로 작용하여 길게는 몇 년을 지속하는 이상한 관계가 되는 것이다.[2]

만일 구조요청의 가능성을 이용하지 않았음을 이유로 강간을 인정하지 않는다면 가족이라는 구성체 내에서 일어나는 모든 강요받은 성관계는 법의 이름으로 정당화되는 결과가 될 것이다. 다른 한편으로 피해자인 여성의

1) 대판 1991. 5. 28, 91도546.
2) 대판 1992. 12. 22, 92도2540 참조.

경우 가해자의 보복이 두려워 처음부터 반항을 포기하는 경우도 상정할 수 있다.

이와 관련하여 미국의 심리학자들이 매맞는 소위 "매 맞는 여성증후군"(battered women's syndrome. 약칭 BWS)[1)]의 문제에 주목할 필요가 있다. 이는 가정 내에서 구타당하는 여성이 겪는 심리적 특이성을 설명하는 것인데 그 내용은 다음과 같다. 구타당하는 여성은 3단계의 과정을 거쳐 "습득된 무기력증"(learned helplessness)의 상태에 빠지게 된다고 한다. 제 1 단계는 긴장감이 조성되는 단계(tension-building stage)이다. 이는 남성이 가벼운 구타나 폭언을 하며 여성은 이러한 남성을 달래려고 시도하는 단계이다. 제 2 단계는 폭력행사의 정도가 심해지는 단계이다. 마지막으로 제 3 단계에서 남성은 자신의 죄를 뉘우치면서 여성을 달래는 태도를 보이게 된다. 이러한 태도돌변은 여성으로 하여금 남성이 반성하고 있는 점으로 보아 사람이 달라졌다고 믿게 만든다. 그러나 이러한 태도는 잠시일 뿐 남성의 구타는 다시 반복되고 여성은 위의 3단계 심리적 순환에 따라 차츰 무기력증 혹은 자포자기증에 빠지게 되는 것이다. 이 상태에서 여성은 자신이 도망치거나 탈출을 시도하는 것은 상황을 더욱 악화시킬 뿐이라고 믿게 된다. 그리고 법원(또한 일반인까지도)은 이러한 상태에 있는 여성에 대하여 왜 그러한 남자와 헤어지지 않고 계속 살았는가—이는 여성의 정신자세를 비난하는 부분이다—라든가 매일 구타가 있었다고 하더라도 살해할 정도는 아니었지 않는가—이는 반격의 정도가 합리적인 수준이었는가와 관련된다—라는 반문을 한다. 미국의 법원은 정당방위와 관련하여 주장되는 BWS현상을 심리전문가로 하여금 심리분석을 하게 하고 이에 따라 정당방위 여부를 판단하는 경향을 보임으로써[2)] 새로운 접근방식을 택하고 있다.

(ii) **강간과정이나 강간후의 피해자의 태도** 우리 판례는 강간죄에서 흔히 강간의 피해자가 성교과정에서나 성교 후에 취하는 태도가 어떠하였는가 여부에 따라 피해자의 동의 여부를 판단하는 경향이 있다.[3)] 예를 들면 성교도중 피해자의 침묵이나 가해자와의 대화는 피해자의 승낙으로 판단하는 경

1) 이 용어는 Leonore Walker, 「The battered Woman」(1979)에서 비롯된다. 이와 함께 심리학자들은 부모나 의부 등으로부터 계속하여 구타당하는 아이들의 심리를 지칭하는 "구타당하는 아이증후군"(battered child's syndrome)이란 용어도 사용한다. LaFave/Scott, 「Criminal Law」(1986), 459면 및 George P. Fletcher, 「With Justice for Some」(1995), 137면 이하 참조.

2) 이에 따른 최초의 주최고법원(state supreme court) 판례는 State v. Kelly, 478 A.2d 364 (N.J. 1984)이다. BWS를 중시하는 경향에 대하여 강간죄 적용의 과잉을 우려하는 비판도 있다(Fletcher, 위 책 참조). 그러나 우리의 현실에서는 강간죄 적용의 과잉을 우려할 단계에 있다고 보지 않는다.

3) 대판 1992. 4. 14, 92도259; 1990. 9. 28, 90도1562; 1990. 12. 11, 90도2224.

향이 강하다. 그러나 강간상황에서의 피해자의 심리를 고려할 때 침묵이나 대화 가운데 어느 것을 선택하여도 그것이 곧 성교에 대한 승낙 여부를 결정하는 기준일 수는 없다.[1] 또한 피해자의 입장에서는 강간범의 마음을 안심시켜 더 이상의 피해를 예방하기 위한 태도를 보일 수도 있다는 점에서 판례의 입장은 타당하지 않다.

(iii) **가해자와 피해자의 관계** 가해자와 피해자가 평소부터 알고 지내던 사이인 경우에는 강간죄의 성립을 부인하는 경향이 강하다. 예들 들면 피고인과 피해자가 전화로 사귀어 오면서 알게 된 사이라는 점이라든가, 가해자와 피해자가 같은 집에서 거주하고 있는 사실, 동료직원인 관계, 의부와 딸의 관계, 부부관계 등은 모두가 강간죄를 인정하는 데에 장애요인으로 취급된다.

3) 강간행위 강간이란 폭행·협박을 하여 상대방의 반항을 곤란하게 하고 부녀를 간음하는 것이다. 간음이란 남성의 성기를 여성의 성기에 삽입하는 행위를 의미한다.[2] 이를 소위 삽입설이라고 하며 강간죄는 이때에 기수가 된다. 성기의 삽입에 의하여 이루어지는 간음과 달리 추행은 단순히 성욕을 자극하거나 일반인의 성적 수치심을 유발하는 일체의 행위를 의미한다. 폭행·협박과 간음 사이에는 인과관계가 있어야 한다.

(3) 입 법 론

형법에는 강간죄의 감경적 구성요건이 없다. 그 결과 유형력의 정도를 판단하는 데에 엄격성을 완화할 필요성이 제기된다. 독일형법(제177조 제2항)에서는 감경적 사유가 인정되는 경우, 예를 들면 강간의 피해자와 과거부터 성관계를 가져왔던 경우[3]이거나 피해자와 진심으로 사귀고 싶은 마음에서 성관계를 강요한 경우[4] 혹은 피해자가 가해자의 승용차에 스스로 올라타고 범행현장에 도착하였거나[5] 여관에 따라 들어간 경우 등에는 강간죄를 인정하되 통상의 강간죄(제177조 제1항)가 2년 이상의 자유형인 데 비해 6월 이상 5년 이하의

1) 심리학에서 주장되는 소위 「회피-회피갈등」(avoidance-avoidance conflicts)은 원하지 않은 대안간의 선택이 불가피한 상황을 설명하고 있다. 즉 하나의 대안을 선택하지 않을 경우 똑같이 원하지 않는 다른 대안의 선택에 접근하게 된다는 것이다.
2) 독일형법(§177 Ⅱ, 1) 참조.
3) BGH NStZ 1982, 82면.
4) BGH NStZ 1983, 71면.
5) BGH NStZ 1983, 119면.

자유형에 처한다고 규정하고 있다. 또한 미국 Model Penal Code의 규정[1)]도 강간죄를 유형화하고 있다.

반면에 우리 형법에는 이러한 감경적 구성요건이 없기 때문에 최협의의 협박이나 폭행은 강간죄의 인정 범위를 더욱 축소시킨다. 그리고 감경적 구성요건에 해당하는 제반 사정은 가해자보다 피해자를 비난하는 근거를 제공한다는 점이다. 예를 들어 피해자가 여관에 따라 들어갔거나[2)] 전부터 알고 지내는 사이인 경우[3)]에는 '강간범'과 사건 피해자는 더욱 의심스러운 여성이 되고 그 결과 유형력의 정도를 더욱 엄격하게 요구하는 경향으로 흐르게 되며 감경적 구성요건도 없는 상황에서 결국 강간죄 성립을 부인하게 되는 것이다. 그러나 이러한 상황하에서의 성교행위를 피해자의 승낙을 받은 화간(和姦)행위로 보는 것이 타당하지 않음은 명백하다.

그러므로 기존의 강간죄('중강간죄'라 할 수 있다) 이외에 감경적인 강간죄(보통의 '강간죄'라 할 수 있다) 규정을 신설함으로써 현행 강간죄 규정(3년 이상의 징역)을 적용하는 데에 따르는 갈등을 해결할 수 있을 것으로 본다.

3. 주관적 구성요건

강간의 고의가 있어야 한다. 만일 강간을 당할 위험에 직면한 피해자가 더 이상의 피해를 방지하기 위하여 거짓으로 승낙의 의사를 상대방에게 표시한 경우에 이를 진실한 것으로 믿고 간음행위를 마친 행위자에게는 강간의 고의가 배제된다(구성요건의 착오).[4)]

---

1) Model Penal Code § 213.1.

(1) Rape. — A male who has sexual intercource with a female not his wife is guilty of rape if:

(a) he compels her to submit by force or by threat of imminent death, serious bodily injury, extreme pain or kidnapping, to be inflicted on anyone ….

Rape is a felony of the second degree unless (i) in the course thereof the actor inflicts serious bodily injury upon anyone, or (ii) the victim was not a voluntary social companion of the actor upon the occasion of the crime and had not previously permitted him sexual liberties, in which cases the offense is a felony of the first degree.

(2) Gross Sexual Imposition. — A male who has sexual intercourse with a female not his wife commits a felony of the third degree if:

(a) he compels her to submit by any threat that would prevent resistance by a woman of ordinary resolution ….

또한 Pennsylvania주의 Crimes Code, Section 3121도 마찬가지이다.

2) 대판 1990. 9. 28, 90도1562.

3) 대판 1991. 3. 27, 91도65; 1991. 5. 28, 91도546.

4) BGHSt 39, 245.

4. 죄 수

야간에 흉기를 들고 사람의 주거에 침입하여 강간을 한 경우에는 폭력행위 등 처벌에 관한 법률 위반죄(주거침입)와 강간죄가 성립하고, 두 죄는 실체적 경합관계에 있다.[1] 강간을 하기 위하여 폭행이나 협박 대신 감금의 수단을 사용한 경우에는 강간죄와 감금죄의 법조경합으로 보아 강간죄만이 성립한다는 견해[2]와 경합범이라는 견해[3]가 있다. 그러나 이 경우에는 상상적 경합관계가 성립한다고 보는 것이 타당하다.[4] 이와 달리 불법감금중에 강간의 고의가 생겨 강간을 한 경우처럼 감금이 강간수단으로 이용되지 않은 때 혹은 감금과 강간행위가 별개의 행위로 인정될 때에는 실체적 경합범이 인정된다.[5]

[판례] 피고인은 1980. 7. 10. 10:22경 화물자동차에 조개를 싣고 시골길을 운행 도중에 피해자(여, 17세)가 자신의 목적지까지 태워달라고 부탁하여 피해자를 운전석 옆에 태우고 가다가 피해자를 강간할 마음이 생겨 목적지로 데려다 주지 않고 하차요구를 거절한 채 계속 운행하면서 다음날 00:50경 강제로 추행을 하고 01:00경에는 강간을 하려다 뜻을 이루지 못한 채 계속하여 강간을 하기 위해 50km를 운행하여 여관으로 끌고가 여관방에서 강간하려 하였으나 피해자가 화장실에 들어가 문을 잠그고 소리질러 미수에 그친 사건. 대법원은 감금과 강간미수의 두 행위가 시간적·장소적으로 중복될 뿐만 아니라 감금행위 그 자체가 강간의 수단인 협박행위를 이루고 있으므로 양 행위는 상상적 경합이라고 판시하였다(대판 1983. 4. 26, 83도323). 그러나 자동차에 태운 채 하차요구를 거부한 감금행위와 여관방에서의 강간시도는 별개의 행위로 보아 실체적 경합을 인정하는 것이 타당하다.

5. 친 고 죄

본죄는 고소권자의 고소가 있어야 검사가 공소를 제기할 수 있는 친고죄이다(제306조). 친고죄로 한 입법적 취지는 피해자의 보호에 있다. 즉 수사와 재판을 통하여 강간사실이 공개될 경우 입게 되는 피해자의 명예와 강간으로 인한 정신적 충격의 재발을 방지하고자 하는 데에 그 목적이 있다.

그러나 이러한 목적의 달성보다는 오히려 범죄자를 처벌할 수 없기 때문

1) 대판 1988. 12. 13, 88도1807.
2) BGHSt 28, 18; BGH NStZ 1992, 33; 최우찬, 「감금죄와 강간죄」, 형사판례연구(2), 148면.
3) 백형구, 315면; 이형국, 216면; 이재상, 164면.
4) 대판 1983. 4. 26, 83도323; 배종대, 201면; 김일수/서보학, 159면; 임 웅, 173면.
5) 이에 관하여는 Miebach, NStZ 1993, 226면 이하 참조.

에 강간범죄 증가의 원인을 제공하고 있다는 점에서 강간죄에 대한 친고죄 규정의 형사정책적 딜레마가 있다. 그러므로 친고죄 규정을 폐지하거나, 혹은 이러한 사실을 안 자가 수사기관에 신고하지 않을 경우에는 이를 처벌하는 불고지죄 규정을 신설함으로써 결과적으로 사회적 연대책임을 부과하자는 주장도 나오고 있다. 그러나 이 문제는 고소권자가 고소권 행사를 하지 않는 원인의 제거 없이는 실효를 거두기가 어렵다고 본다. 가장 중요한 것은 피해자 및 그 가족의 신분노출에 무신경하고 범인처벌에만 몰두하는 수사기관의 수사행태와 언론기관의 선정적 보도행태를 시정하지 않으면 안 된다. 또한 재판절차도 통상적인 재판절차와 달리 피해자의 신분이 노출되지 않으며, 피해자가 두려움이나 수치심을 느끼지 않고 자유로이 진술할 수 있는 방법(예: 재판의 비공개, 증인 등의 법정 외 신문이나 신문의 비공개, 법관의 변호인신문 방법·내용 등에 대한 제한)을 활용함으로써(성폭력특례법 제27조, 제22조 참조) 친고죄의 문제점을 제거할 수 있을 것이다. 그렇지 않은 상태에서의 친고죄 규정 폐지는 강간피해자를 희생양으로 삼는 사회적 카타르시스에 불과할 뿐이다.

6. 특수강간죄

성폭력특례법 제 4 조 제 1 항은 흉기나 그 밖의 위험한 물건을 지닌 채 또는 2인 이상이 합동하여 형법 제297조(강간)의 죄를 범한 사람은 무기징역 또는 5년 이상의 징역에 처한다고 규정한다. 본죄는 친고죄가 아니다. 그러므로 수인에 의한 강간인 소위 윤간의 경우에는 고소권자의 고소가 없더라도 공소를 제기할 수 있다.

Ⅲ. 準強姦罪, 準強制醜行罪

> **제299조【준강간, 준강제추행】 사람의 심신상실 또는 항거불능의 상태를 이용하여 간음 또는 추행을 한 자는 전 2 조의 예에 의한다.**
> **제306조【고소】 제299조의 죄는 고소가 있어야 공소를 제기할 수 있다.**

1. 의의 및 구성요건

사람의 심신상실 또는 항거불능상태를 이용하여 간음 또는 추행함으로써 성립한다. 행위객체는 준강간죄의 경우에는 부녀이며, 준강제추행죄의 경우에는 남녀를 불문한다. 친고죄이다.

본죄의 심신상실의 의미는 형법 제10조의 심신상실과 동일한 의미로 해석하여야 한다. 그러므로 심신미약자(제10조 제 2 항)에 대해서는 본죄가 성립하지 않는다고 보아야 한다. 본죄의 구성요건상 심신상실자로 한정되어 있고, 심신미약자에 대해서는 제302조가 별도로 규정하고 있기 때문이다.[1] 항거불능이란 심리적·육체적으로 반항이 불가능한 경우를 의미한다. 심신상실이나 항거불능상태는 이미 조성되어 있어야 한다. 그러므로 행위자가 간음·강제추행을 하기 위하여 심신상실이나 항거불능상태를 야기하여 간음·강제추행을 한 때에는 본죄가 아니라 강간죄·강제추행죄에 해당한다.

[판례] 항거불능의 의미: "법 제299조는 사람의 심신상실 또는 항거불능의 상태를 이용하여 간음 또는 추행을 한 자를 같은 법 제297조, 제298조의 강간 또는 강제추행의 죄와 같이 처벌하도록 규정하고 있는바, 이 죄가 정신적 또는 신체적 사정으로 인하여 성적인 자기방어를 할 수 없는 사람에게 성적 자기결정권을 보호해주는 것을 보호법익으로 하고 있고, 같은 법 제302조에서 미성년자 또는 심신미약자에 대하여 위계 또는 위력으로써 간음 또는 추행을 한 자의 처벌에 관하여 따로 규정하고 있는 점 등에 비추어 보면, 형법 제299조에서의 항거불능의 상태라 함은 위 제297조, 제298조와의 균형상 심신상실 이외의 원인 때문에 심리적 또는 물리적으로 반항이 절대적으로 불가능하거나 현저히 곤란한 경우를 의미한다고 보아야 할 것이다(대판 2000. 5. 26, 98도3257)."

2. 자수범의 문제

준강간죄나 준강제추행죄는 자수범에 해당하므로 간접정범의 방법으로는 성립될 수 없다는 견해가 있다.[2] 그러나 이는 독일형법 제179조 제 1 항 후단의 규정, 즉 심신상실이나 항거불능의 상태에 있는 자로 하여금 행위자에게 성적 행위를 하도록 하는 행위—an sich von ihr vornehmen läßt—라는 표현에 입각한 독일형법적 해석에 불과하다.[3]

형법 제299조는 제 3 자에 의한 행위수행을 제한하는 규정이 없으므로 해석상으로는 자수범이라고 볼 수 없다. 그러므로 만일 갑이 정신병자인 X녀

1) 강구진, 177면; 김성천, 711면; 김종원, 130면; 김일수/서보학, 169면; 백형구, 318면; 오영근, 183면; 이정원, 200면; 이형국, 222면; 임 웅, 182면. 반대견해로는 이재상, 170면.
2) 이재상, 170면.
3) Nomos/Laue, §179 Rn. 2; Tröndle/Fischer, §179 Rn. 2; LK/Laufhütte, §179 Rn. 17; Lackner/Kühl, §179 Rn. 15; Sch/Sch/Lencker-Perron, §179 Rn. 15; SK/Horn, §179 Rn. 15. 반대견해로는 Schall, Jus 1979, 110면.

를 설득해 놓은 다음—X녀가 정신병자인 줄을 모르는—을로 하여금 간음하게 하였다면 간접정범에 의한 준강간죄가 성립한다고 보아야 한다. 만일 본죄를 자수범이라고 볼 경우 공동정범이나 간접정범의 성립은 물론 교사범도 성립할 수 없는 문제점이 있다. 교사범의 경우 정범의 고의성이 인정되어야 하는데 위의 예에서 갑이 X를 설득하여 을과 간음하게 한 경우 을에게 준강간의 고의가 인정되지 않기 때문이다.

3. 특수준강간 · 준강제추행죄

흉기나 그 밖의 위험한 물건을 지닌 채 또는 2명 이상이 합동하여 형법 제299조의 죄를 범한 사람은 준강간의 경우에는 무기징역 또는 5년 이상의 징역에, 준강제추행의 경우에는 3년 이상의 유기징역에 처한다(성폭력특례법 제4조 제3항). 비친고죄이다.

4. 특별법상의 규정

성폭력특례법은 신체적 · 정신적인 장애로 항거불능상태에 있음을 이용하여 여자를 간음하거나 사람을 추행하면 형법상 강간죄와 강제추행죄에 정한 형으로 처벌한다(제6조). 그리고 13세 미만의 사람에 대하여 형법 제299조(준강간, 준강제추행)의 죄를 범한 경우에는 법정형을 가중하고 있다. 즉 준강간의 경우에는 10년 이상의 유기징역, 준강제추행의 경우에는 5년 이상의 유기징역 또는 3천만원 이상 5천만원 이하의 벌금에 처한다(제7조 제4항). 또한 「아동 · 청소년의 성보호에 관한 법률」에 의하여 19세 미만의 사람에 대해서 준강간죄나 준강제추행죄를 범한 경우에도 법정형이 가중되어 있다. 그러나 성폭력특례법보다 법정형이 낮기 때문에 성폭력특례법이 적용된다.

Ⅳ. 強制醜行罪

제298조【강제추행】 폭행 또는 협박으로 사람에 대하여 추행한 자는 10연 이하의 징역 또는 1천 500만원 이하의 벌금에 처한다.
제300조【미수범】 미수범은 처벌한다.
제306조【고소】 제298조의 죄는 고소가 있어야 공소를 제기할 수 있다.

Ⅰ. 의 의

본죄는 폭행 또는 협박으로 사람에 대하여 추행함으로써 성립한다. 이는 사람의 성적 자기결정권 또는 성적 자유를 보호하기 위한 구성요건이다. 본죄는 친고죄이다. 또한 본죄는 자수범도 아니고 신분범도 아니다.

2. 객관적 구성요건

(1) 행위주체 및 객체

본죄의 행위주체에는 제한이 없으므로 남자는 물론 여자도 정범이 될 수 있다. 여자인 경우에는 단독정범이거나 남자가 추행행위를 하는 동안 이를 지원하는 방법으로 공동정범의 관계일 수도 있다. 본죄의 객체, 즉 피해자는 남자와 여자를 모두 포함한다. 기혼과 미혼을 묻지 않는다. 13세 미만의 사람(남자 또는 여자)에 대하여 추행을 한 경우에는 강제성 여부를 불문하고 미성년자의제강제추행죄(제305조) 및 성폭력특례법 제7조에 해당한다. 13세 이상 19세 미만의 청소년에 대하여 본죄를 범한 경우에는 아동·청소년의 성보호에 관한 법률(제7조 제3항)에 따라 1년 이상의 유기징역 또는 500만원 이상 2천만원 이하의 벌금에 처한다.

법률상의 처가 본죄의 객체가 될 수 있는가에 대해서는 강간죄의 행위객체 해당 여부와 마찬가지로 해석하여야 할 것이다. 이를 부정하는 것이 다수설[1)]이지만 법률상의 처라 할지라도 오랫동안 별거중이거나 사실상 부부관계를 지속하지 않고 있는 경우에는 본죄의 성립을 인정하는 것이 타당하다.[2)]

(2) 행 위

본죄의 행위방법은 폭행 또는 협박을 하여 추행하는 것이다.

1) 폭행·협박 폭행·협박은 강간죄의 폭행·협박과 같은 정도로서 상대방의 반항을 불가능하게 하거나 현저히 곤란하게 할 정도에 이를 것을 요한다는 견해[3)]와 강간죄와 폭행죄 및 협박죄의 중간 정도의 폭행·협박이면 충분하다는 견해, 즉 일반인으로 하여금 항거에 곤란을 느끼게 할 정도 또는 상대방의 의사의 임의성을 잃게 할 정도에 이르면 족하다는 견해가 있다.[4)] 그러나 본죄의 폭행·협박은 반드시 상대방의 의사를 억압할 정도의 것임을 요하지 아니하고 다만 상대방의 의사에 반하는 유형력의 행사인 한 그 힘의

---

1) 김일수/서보학, 161면; 이재상, 167면; 이형국, 218면; 이정원, 201면; 임 웅, 176면.

2) 유기천(상), 125면; 황산덕, 215면.

3) 김일수/서보학, 167면; 김종원, 133면; 백형구, 333면; 오영근, 212면; 이재상, 167면; 이정원, 205면; 정성근/박광민, 176면; 황산덕, 215면.

4) 강구진, 172면; 정영석, 275면.

대소강약을 불문한다고 보는 것이 타당하다.[1] 성적 자기결정권이야말로 인간의 가장 본질적인 권리 중의 하나로서 성적 수치심이나 혐오감을 불러일으키는 것이 반드시 상대방의 반항을 억압할 정도이어야 하는 것은 아니기 때문이다. 강제추행죄에 있어서 폭행 또는 협박을 한다고 함은 먼저 상대방에 대하여 폭행 또는 협박을 가하여 그 항거를 곤란하게 한 뒤에 추행행위를 하는 경우만을 말하는 것이 아니고, 폭행행위 자체가 추행행위라고 인정되는 경우도 포함된다.[2]

2) 추 행 추행이라 함은 성욕을 만족시키거나 성욕을 자극하기 위하여 상대방의 성적 수치심이나 혐오감을 불러일으키는 일체의 행위를 말한다.[3] 옷 위라 할지라도 상대방의 성기를 만지거나[4] 여자의 유방을 만지는 행위,[5] 옷을 벗겨 나체가 되게 하고 성기부분을 만지는 행위, 강제키스,[6] 13세된 남자아이를 나체로 성행위 동작을 시켜 사진을 찍는 행위,[7] 어린아이에게 옷을 입은 채 성행위 동작을 하는 것[8] 등이 이에 해당한다. 폭행행위 자체가 추행행위라고 인정되는 경우도 포함한다.[9] 그러나 추행행위는 외견상 성적 관련성을 가져야 하고, 보호법익과 관련하여 행위의 정도나 지속성에서 어느 정도 중요성을 지녀야 한다.[10] 그러므로 단순한 작별의 키스나 포옹, 옷 위로 신체를 만지는 행위 혹은 어린아이의 허벅지를 만지는 행위[11]등은 강제추행이라고 보기 어렵다.

주관적으로 성적 만족이나 흥분을 느끼는 여부는 본죄의 성립과 무관하다. 그러므로 분노나 새디즘적 성격으로 인하여 추행행위를 하거나[12] 놀림행동이나 미신에서 비롯된 것이더라도 본죄는 성립한다.

---

1) 대판 1992. 2. 28, 91도3182; 1994. 8. 23, 94도630. 또한 손동권, 153면; 임 웅, 177면.
2) 대판 1994. 8. 23, 94도630.
3) 대판 2002. 4. 26, 2001도2417 참조.
4) BGH MDR 1991, 701.
5) BGHSt 1, 170; 2, 93; 33, 343; BGH NStZ 1983, 553.
6) Köln OLGSt. 7 zu § 174.
7) NStE § 176 Nr. 7.
8) BGH Urt. v. 19. 9. 1984, 2 StR 359/84.
9) 대판 1983. 6. 28, 83도399; 1992. 2. 28, 91도3182.
10) 독일형법 § 184 c 제 1 호 참조("본법에서 성적 행위—sexuelle Handlungen—라 함은 당해 보호법익과의 관계에서 어느 정도 중요성을 지닌 행위를 의미한다").
11) BGH MDR 1974, 545.
12) BGH NStZ 1983, 167; BGH NJW 1993, 2252.

3. 주관적 구성요건

폭행·협박에 대한 고의와 추행의 고의가 있어야 한다. 미필적 고의도 포함한다. 본죄의 추행은 성적 자극이나 흥분의 목적으로 실행하는 것이므로 행위자에게 성적 추행의 행위경향이 있어야 한다는 견해[1]가 있다. 그러나 이러한 행위경향이나 목적은 본죄의 특징이라고는 할 수 있어도 본죄의 성립 여부와는 무관한 것으로서 주관적 구성요건이라고 볼 수는 없다(다수설). 본죄에서 착오는 추행의 정도와 관련하여 위법성의 착오—포섭의 착오—를 상정할 수 있다.

4. 특수강제추행죄

흉기나 그 밖의 위험한 물건을 지닌 채 또는 2명 이상이 합동하여 형법 제298조의 죄를 범한 사람은 3년 이상의 유기징역에 처한다(성폭력특례법 제4조 제2항). 형법상의 강제추행죄와 달리 친고죄가 아니다.

Ⅴ. 強姦 등 傷害·致傷罪

> **제301조【강간 등 상해·치상】** 제297조 내지 제300조의 죄를 범한 자가 사람을 상해하거나 상해에 이르게 한 때에는 무기 또는 5년 이상의 징역에 처한다.

1. 의 의

강간 등에 의한 상해·치상죄는 강간죄, 강제추행죄, 준강간죄, 준강간추행죄 및 그 미수죄를 범하여 사람을 상해하거나 상해에 이르게 한 때에 성립하는 죄이다. 강간 등 상해죄와 치상죄를 분리하였기 때문에 후자의 경우만이 결과적 가중범이다. 즉 본죄는 강간 등의 행위를 하면서 고의로 상해를 입히거나 과실로 인하여 상해의 결과를 초래한 경우를 모두 포함한다.

강간이 미수에 그친 경우라도 그 수단이 된 폭행에 의하여 피해자가 상해를 입었으면 강간치상죄가 성립하는 것이며, 미수에 그친 것이 피고인이 자의로 실행에 착수한 행위를 중지한 경우이든, 실행에 착수하여 행위를 종료하지 못한 경우이든 가리지 않는다.[2] 본죄는 친고죄가 아니다.

---

1) 김일수/서보학, 167면; 임 웅, 180면.

2) 대판 1986.6.10, 86도887; 1988.11.8, 88도1628.

2. 구성요건

(1) 상해 · 치상

본죄에서의 상해나 치상은 피해자의 신체의 건강상태가 불량하게 변경되고 생활기능에 장애가 초래되는 것을 말하는 것으로서, 신체의 외모에 변화가 생겼다고 하더라도 신체의 생리적 기능에 장애를 초래하지 아니하는 이상 상해에 해당한다고 할 수 없다는 것이 판례의 입장이다.[1] 구체적인 예로는 처녀막 파열,[2] 0.1cm 정도의 회음부 찰과상,[3] 성병감염, 보행불능, 수면장애, 식욕감퇴 등의 기능장애와 정신장애 등이 이에 해당한다. 그러나 극히 경미한 상처로서 치료가 필요불가결하지 않는 정도로는 본죄의 상해에 해당하지 않는다. 예를 들면 경부 및 전흉부 피하출혈, 통증으로 약 7일간의 가료를 요하는 상처,[4] 3, 4일간의 치료를 요하는 정도의 외음부출혈,[5] 강간 도중에 피해자의 어깨와 목을 입으로 빨아서 생긴 반상출혈상[6] 등이다.

(2) 인과관계와 객관적 귀속

강간이나 강제추행 등 기본범죄와 상해 및 치상의 결과 사이에 인과관계 및 행위자에게 결과귀속이 가능하여야 한다. 상해나 치상의 결과가 강간 등의 행위에 수반하여 발생하였거나 행위과정에서 발생한 경우라면 인과관계를 인정할 수 있을 것이다. 그러나 피해자가 비관하여 자살을 하거나 도망가던 중 자동차에 치어 상해를 입은 경우와 같이 전혀 다른 인과요소의 개입으로 인하여 결과가 발생한 경우에는 객관적 귀속을 인정할 수 없다.

[판례] 판례 중에는 강간을 모면하기 위하여 생명을 잃을 수도 있는 4층 여관방의 창문을 뛰어내리거나 또는 이로 인하여 상해를 입기까지 되리라고는 예견할 수 없다고 봄이 경험칙에 부합하므로 강간치상죄로 처벌할 수 없다고 한 판례도 있는 반면에,[7] 위 판례와는 달리 피해자를 호텔 7층 객실에 감금한 후 강간하려 하자, 피해자가 반항하던 중 피고인이 대실시간 연장을 위해 전화하는 사이에 객실 창문을 통해 탈출하려다가 지상에 추락하여 사망한 사안에서, 피고인의 강간미수 행위와 피해자의 사망과의 사이에 상당인과관계가 있다고 보아 피고인을 강간치

1) 대판 2000. 3. 23, 99도3099(음모의 모근을 남기고 모간 부분만을 일부 잘라 낸 경우).
2) 대판 1957. 5. 3, 4290형상40.
3) 대판 1983. 7. 12, 83도1258.
4) 대판 1994. 11. 4, 94도1311.
5) 대판 1989. 1. 31, 88도831.
6) 대판 1991. 11. 8, 91도2188.
7) 대판 1993. 4. 27, 92도3229.

사죄로 판시한 대법원판결[1]은 강간 등과 치상이나 사망간의 인과관계 인정 여부에 관하여 대법원의 일관된 입장이 없음을 반증한다.

(3) 결과에 대한 고의 · 과실

강간 등 치상죄의 경우에는 상해의 결과발생에 대하여 고의 또는 과실이 있어야 한다. 상해의 고의를 가진 경우를 포함하고 있기 때문에 강간 등의 행위자가 상해의 고의로 상해를 입혔을 때에는 상해죄와 강간죄 또는 강제추행죄와의 상상적 경합범이 아니라 본죄가 성립한다.

3. 성폭력특례법

성폭력특례법은 강간 등 상해 · 치상죄를 규정하고 있다(제8조). 이에 따르면 제3조 제1항(특수강도강간 등), 제4조(특수강간 등), 제7조(13세 미만의 미성년자에 대한 강간, 강제추행 등) 또는 제14조(제3조 제1항, 제4조 또는 제7조의 미수범으로 한정한다)의 죄를 범한 사람이 다른 사람을 상해하거나 상해에 이르게 한 때에는 무기징역 또는 10년 이상의 징역에 처한다(제8조 제1항). 그리고 제5조(친족관계에 의한 강간 등), 제6조(장애인에 대한 간음 등) 또는 제14조(제5조 또는 제6조의 미수범으로 한정한다)의 죄를 범한 사람이 다른 사람을 상해하거나 상해에 이르게 한 때에는 무기 또는 7년 이상의 징역에 처한다(동조 제2항). 본죄의 미수범은 처벌한다(제14조).

Ⅵ. 強姦 등 殺人 · 致死罪

> 제301조의 2【강간 등 살인 · 치사】 제297조 내지 제300조의 죄를 범한 자가 사람을 살해한 때에는 사형 또는 무기징역에 처한다. 사망에 이르게 한 때에는 무기 또는 10년 이상의 징역에 처한다.

1. 의 의

본죄는 강간죄, 강제추행죄, 준강간 · 준강제추행죄를 범한 자 및 그 미수범이 사람을 살해하거나 사망에 이르게 하는 경우에 성립하는 범죄이다.

2. 구성요건

행위주체는 강간, 강제추행, 준강간 · 준강제추행행위를 한 자 및 그 미수범이며, 본죄의 객체는 이러한 범죄의 객체와 동일하다.

행위방법은 살해 혹은 사망에 이르게 하는 것이다. 전자는 고의범이며,

---

1) 대판 1995. 5. 12, 95도425.

후자는 결과적 가중범이다.

3. 성폭력특례법상의 강간 등 살인·치사죄

성폭력특례법은 제 3 조(특수강도강간 등), 제 4 조(특수강간 등), 제 5 조(친족관계에 의한 강간 등), 제 6 조(장애인에 대한 준강간 등), 제 7 조(13세 미만의 미성년자에 대한 강간, 강제추행)의 죄를 범한 자 및 이들 죄의 미수범 또는 형법 제297조(강간) 내지 제299조(준강간·준강제추행)의 죄를 범한 자 및 이들 죄의 미수범(형법 제300조)이 사람을 살해한 때에는 사형 또는 무기징역에 처한다(제 8 조 제 1 항). 제 4 조부터 제 6 조의 죄를 범한 자 및 이들 죄의 미수범이 사람을 사망에 이르게 한 때에는 무기징역 또는 10년 이상의 징역에 처한다(동조 제 2 항). 본죄의 미수범은 처벌한다(제14조).

그러므로 형법 제301조의 2(강간 등 살인·치사)는 형법 제297조 내지 제299조의 죄를 범한 자가 사람을 사망에 이르게 한 때(강간치사)와 그 미수범이 사람을 살해하거나 사망에 이르게 한 때에만 적용된다.

Ⅶ. 未成年者·心身微弱者 姦淫·醜行罪

> **제302조 【미성년자 등에 대한 간음】** 미성년자 또는 심신미약자에 대하여 위계 또는 위력으로써 간음 또는 추행을 한 자는 5년 이하의 징역에 처한다.
> **제306조 【고소】** 제302조의 죄는 고소가 있어야 공소를 제기할 수 있다.

1. 의　　의

본죄는 미성년자 또는 심신미약자에게 대하여 위계 또는 위력으로써 간음 또는 추행을 하는 경우에 성립하는 죄이다. 본죄의 보호법익 역시 피해자의 성적 자기결정권이다. 특히 연령이 어리거나 심신상태가 미약한 자에 대하여 위계나 위력의 방법을 사용하였다는 점에 본죄의 범죄성이 있다.

2. 구성요건

미성년자 또는 심신미약자에 대하여 위계 또는 위력으로써 간음 또는 추행을 하는 것이다. 행위객체인 미성년자는 제305조와의 관계상 13세 이상 19세 미만의 자를 말하며, 간음과 추행을 구별하고 있지 않기 때문에 남자도 포함한다. 학설은 혼인한 미성년자는 성년으로 의제되기 때문에(민법 제826조의 2) 본죄의 행위객체에서 제외된다고 한다.[1] 그러나 미성년자의 신체적·정신적 성

1) 이재상, 177면 등.

장 정도에 따라 보호하고자 하는 형법의 취지에 비추어 볼 때 혼인 여부를 불문하고 본죄의 행위객체에 포함시키는 것이 타당하다. 심신미약자란 연령을 불문하고 정신기능의 장애로 인하여 정상적인 변별능력이 없는 자를 말한다.

행위방법으로서 위계라 함은 상대방을 기망하여 착오에 빠지게 하거나 정상적인 판단을 그르치게 하는 것을 말한다. 즉 행위자가 간음의 목적으로 상대방에게 오인, 착각, 부지를 일으키고는 상대방의 그러한 심적 상태를 이용하여 간음의 목적을 달성하는 것을 말하는 것이고, 여기에서 오인, 착각, 부지란 간음행위 자체에 대한 오인, 착각, 부지를 말하는 것이지, 간음행위와 불가분적 관련성이 인정되지 않는 다른 조건에 관한 오인, 착각, 부지를 가리키는 것은 아니다.[1] 그러므로 청소년에게 성교의 대가로 돈을 주겠다고 거짓말을 한 행위는 위계에 해당하지 않는다. 위계에는 유혹하는 것도 포함한다. 이 경우에는 미성년자의 형식적인 동의가 있더라도 본죄가 성립한다. 위력이라 함은 사람의 의사를 제압할 수 있는 세력을 말하고, 지위, 권세를 이용하여 상대방을 위압하는 일체의 행위를 포함한다. 폭행, 협박을 사용하여 간음을 한 경우에는 미성년자라 할지라도 강간죄에 해당되며 본죄에는 해당되지 않는다.[2]

간음 또는 추행의 개념은 강간죄 및 강제추행죄에서와 같다.

Ⅷ. 被保護者・被監督者 姦淫罪

> 第303条【업무상 위력 등에 의한 간음】 ① 업무, 고용 기타 관계로 인하여 자기의 보호 또는 감독을 받는 부녀에 대하여 위계 또는 위력으로써 간음한 자는 5년 이하의 징역 또는 1천 500만원 이하의 벌금에 처한다.
> 第306条【고소】 제303조의 죄는 고소가 있어야 공소를 제기할 수 있다.

Ⅰ. 의 의

본죄는 업무, 고용 기타 관계로 인하여 자기의 보호 또는 감독을 받는 부녀에 대하여 위계 또는 위력으로써 간음한 경우에 성립한다. 본죄의 보호법익은 부녀의 성적 자기결정권이다. 특히 직장상사인 남성의 여성에 대한

1) 대판 2001. 11. 24, 2001도5074(청소년의 성보호에 관한 법률 위반).
2) 대판 1965. 3. 30, 65도45. 이와 달리 본죄에 해당된다는 견해는 정영석, 277면.

성적 괴롭힘(sexual harassment)에 대한 처벌규정에 해당한다. 진정신분범이며 친고죄이다.

2. 구성요건

본죄의 객체는 업무·고용 기타 관계에 따라 자기의 보호 또는 감독을 받는 13세 이상의 부녀이며, 사실상의 보호·감독을 받는 상황에 있는 부녀를 포함한다.[1] 예를 들면 처가 운영하는 미장원에 고용된 부녀,[2] 공장의 공원과 작업반장, 회사의 여직원과 상급자 등의 관계가 이에 해당한다. 13세 미만의 부녀에 대해서는 본죄가 아니라 미성년자의제강간죄(제305조)가 우선적으로 적용된다. 13세 이상의 미성년자에 대하여 본죄를 범한 경우에는 제302조만이 성립한다는 견해[3]와 제302조와 본죄와의 상상적 경합이 된다는 견해[4]가 있다. 양죄의 보호법익이 다르다는 점에서 상상적 경합에 해당한다고 보는 것이 타당하다.

주체는 업무, 고용 기타 관계로 인하여 부녀를 보호하거나 감독하는 자이다. 예를 들면 고용주, 사용자 등이다. 그러므로 본죄는 자수범이라고 보아야 한다.

행위방법은 위계나 위력을 사용하여 간음하는 것이다. 자기의 피용자인 부녀를 해고할 것을 위협하여 간음행위를 한 것은 업무상 위력에 의한 간음죄에 해당된다.[5]

3. 성폭력특례법

제10조 제 1 항은 업무상 위력 등에 의한 추행죄를 규정하고 있다. 즉 업무·고용이나 그 밖의 관계로 인하여 자기의 보호, 감독을 받는 사람에 대하여 위계 또는 위력으로 추행한 사람은 2년 이하의 징역 또는 500만원 이하의 벌금에 처한다. 친고죄이다(제15조). 형법이 규정하는 업무상 위력에 의한 간음죄와 다른 점은 객체가 부녀가 아니라 사람인 점(그러므로 남자도 포함한다), 행위가 간음이 아니라 추행인 점에서 다르다.

---

1) 대판 1976. 2. 10, 74도1519.
2) 대판 1976. 2. 10, 74도1519.
3) 김종원, 137면; 백형구, 328면; 이재상, 179면; 정성근/박광민, 188면.
4) 임 웅, 193면; 정영석, 278면.
5) 대판 1985. 9. 10, 85도1273.

Ⅸ. 被監護者 姦淫罪

> 제303조【업무상 위력 등에 의한 간음】 ② 법률에 의하여 구금된 부녀를 감호하는 자가 그 부녀를 간음한 때에는 7년 이하의 징역에 처한다.
> 제306조【고소】 제303조의 죄는 고소가 있어야 공소를 제기할 수 있다.

1. 의 의

본죄는 법률에 의하여 구금된 부녀를 감호하는 자가 그 부녀를 간음한 때에 성립한다(피구금부녀간음죄라고도 부르지만 검찰의 공소장기재 죄명대로 위와 같이 사용하기로 한다). 구금된 부녀를 감호하는 자가 직접 구성요건을 실현시켜야 한다는 점에서 진정신분범이며, 자수범에 해당한다. 이는 감호하는 자가 그 부녀를 간음한 때라는 구성요건상 자수범에 해당하는 것이다. 친고죄이다.

2. 구성요건

본죄의 객체는 법률에 의하여 구금된 부녀이다. 예를 들면 형사소송법에 의하여 구속된 피의자, 피고인, 수형자, 노역장에 유치된 자 등이다. 형법은 법률에 의하여 구금된 부녀라고 함으로써 해석상 적법한 절차를 밟은 피구금자를 의미한다는 견해[1]가 불가피하지만, 수사기관에 의하여 불법구금된 자를 본죄의 보호대상에서 제외되도록 한 것은 입법적인 재고를 요한다. 피구금부녀가 13세 미만인 경우에는 미성년자에 대한 간음, 추행죄—의제강간죄(제305조)—가 인정되며, 13세 이상의 미성년자에 대해서는 본죄와 제302조의 상상적 경합이 인정된다.

주체는 구금된 부녀를 감호하는 자이다(신분범). 본죄는 구금된 부녀를 간음함으로써 성립하며 위력이나 폭행 등의 방법을 사용할 것을 요건으로 하지 않는다. 그러므로 피해자가 승낙이나 동의를 하였더라도 본죄는 성립한다. 구금된 부녀의 심리적 열약상태를 전제로 한 간음이라고 보기 때문이다.

3. 성폭력특례법

제10조 제2항은 피구금부녀추행죄를 규정하고 있다. 즉 법률에 의하여

1) 정영석, 278면.

구금된 사람을 감호하는 사람이 그 사람을 추행한 때에는 3년 이하의 징역 또는 1천500만원 이하의 벌금에 처한다. 비친고죄이다(제15조 참조). 피구금부녀간음죄와 다른 점은 객체가 부녀로 제한되어 있지 않다는 점 및 행위가 간음이 아니라 추행이라는 점이다.

X. 婚姻憑藉·僞計 姦淫罪

> 제304조【혼인빙자등에 의한 간음】 혼인을 빙자하거나 기타 위계로써 음행의 상습 없는 부녀를 기망하여 간음한 자는 2년 이하의 징역 또는 500만원 이하의 벌금에 처한다.
> 제306조【고소】 제304조의 죄는 고소가 있어야 공소를 제기할 수 있다.

본죄는 혼인을 빙자하거나 기타 위계로써 음행의 상습 없는 부녀를 기망하여 간음함으로써 성립하는 범죄이다. 이는 위계에 의하여 간음행위를 하는 것을 구성요건화한 것이다. 그러나 본죄는 성적 자기결정권에 반한다는 이유로 위헌결정이 내려졌다. 이 결정에 의해 형법 제304조 규정은 형법 제정 시점인 1953년 10월로 소급하여 효력을 상실하게 된다(헌법재판소법 제47조 제2항). 그러므로 이 구성요건으로 인하여 처벌받은 사람은 처음부터 무효인 법률에 의하여 처벌받은 것이 되어 재심청구가 가능하고(헌법재판소법 제47조 제3항) 형사보상청구권을 행사할 수 있다(헌법 제28조).

XI. 未成年者擬制 強姦·強制醜行·強姦傷害·強姦致傷·強姦殺人·強姦致死·強制醜行傷害·強制醜行致傷·強制醜行殺人·強制醜行致死罪

> 제305조【미성년자에 대한 간음, 추행】 13세 미만의 부녀를 간음하거나 13세 미만의 사람에게 추행을 한 자는 제297조, 제298조, 제301조 또는 제301조의 2의 예에 의한다.
> 제306조【고소】 제305조의 죄는 고소가 있어야 공소를 제기할 수 있다.

I. 의 의

본죄는 13세 미만의 부녀를 간음하거나 13세 미만의 사람에게 추행을 함으로써 성립하는 죄이다. 이 경우에는 행위태양과 결과에 따라 각각 강간죄(제297조), 강제추행죄(제298조), 강간 등에 의한 치사상죄(제301조), 강간 등에 의한 살인 · 치사죄(제301조의 2)로 처벌한다.

본죄는 아동보호 및 아이들이 성적 도구로 전락할 위험성으로부터 보호하는 데에 입법취지가 있다. 즉 어린아이들의 경우 성적인 의식이 희박하기 때문에 성인에 의하여 간음이나 추행의 방법으로 이용당할 우려가 높기 때문에 처벌하는 것이다. 또한 13세 미만의 부녀를 간음하는 경우에도 임신의 가능성을 배제할 수 없으며 이 경우 초래될 연쇄적인 사회적 문제점도 본죄 처벌의 형사정책적 필요성을 제공한다.

2. 구성요건

본죄의 행위객체는 간음의 경우에는 13세 미만의 부녀이며, 추행의 경우에는 13세 미만의 사람이므로 부녀뿐만 아니라 소년도 포함한다. 미국의 경우에는 연방형법(Federal Criminal Code)을 포함하여 대부분의 주가 18세 미만으로 규정하고 있으며 몇 개 주에서는 16세 혹은 그 이하로 규정하고 있다. 또한 부녀로 제한하고 있다.

이처럼 미국의 경우 우리나라에 비해 상대적으로 행위객체의 연령을 높게 규정하고 있기 때문에 피해자의 사생활침해 여부에 대한 논란이 제기되며, 18세 미만의 나이인 경우에는 여성이 성적으로 남성을 유혹하여 간음을 유인하는 경우도 상정할 수 있으므로 무조건 본죄의 성립을 인정하는 것은 문제가 될 수 있다는 비판이 제기된다.[1]

본죄는 행위방법으로서 폭행이나 협박과 같은 강제적인 방법을 사용하여 간음할 것을 요하지 않을 뿐만 아니라 피해자의 동의가 있더라도 성립한다.[2] 만일 행위자가 13세 이상이라고 생각하고 간음 등을 하였으나 사실은 13세 미만인 경우에는 사실의 착오로써 고의를 조각한다는 것이 학설의 견해이다.[3] 그러나 이 경우에는 비록 그 착오에 합리적인 이유가 있더라도("reasonable belief") 이를 인정하지 않는 것이 대부분의 미국판례의 경향[4]인 것처럼

1) Reid, Sue Titus, Criminal Law(3. ed., 1995), 216면 이하 참조.

2) 대판 1982. 10. 12, 82도2183. 이러한 강간죄는 common law상의 범죄유형은 아니었다. 그러나 나중에 법률의 규정에 의하여 강간행위로 처벌되었기 때문에 미국에서는 통상의 강간죄(forcible rape) 대신에 statutory rape이라고 부른다.

3) 김일수/서보학, 168면; 이재상, 172면; 이형국, 225면.

4) 예를 들면 State v. Randolph, 528 P. 2d 1008(Wa. 1974). 반대로 미국의 Model Penal

엄격한 심사를 할 것이 요구된다.

본죄의 미수범은 처벌한다. 형법 제300조는 제305조를 포함하고 있지 않지만 제305조가 미수범을 처벌하는 제297조와 제298조의 예에 의한다고 규정하고 있기 때문이다.[1)]

3. 성폭력특례법 및 아동 · 청소년의 성보호에 관한 법률

(1) 성폭력특례법

성폭력특례법(제7조)은 13세 미만의 여자에 대하여 형법 제297조(강간)의 죄를 범한 자는 10년 이상의 유기징역에 처한다(동조 제1항). 13세 미만의 사람에 대하여 폭행 또는 협박으로 구강, 항문 등 신체의 내부에 성기를 삽입하거나 성기, 항문에 손가락 등 신체의 일부나 도구를 삽입하는 행위에 대해 7년 이상의 유기징역에 처하며(동조 제2항), 13세 미만의 사람에 대하여 형법 제298조(강제추행)의 죄를 범한 자는 5년 이상의 유기징역 또는 3천만원 이상 5천만원 이하의 벌금에 처한다(동조 제3항). 13세 미만의 사람에 대하여 형법 제299조(준강간 · 준강제추행)의 죄를 범한 사람은 제1항부터 제3항까지의 예에 따라 처벌한다(동조 제4항). 위계 또는 위력으로써 13세 미만의 여자를 간음하거나 13세 미만의 사람에 대하여 추행한 사람은 제1항부터 제3항까지의 예에 따라 처벌한다(동조 제5항).

(2) 아동 · 청소년의 성보호에 관한 법률

아동 · 청소년의 성보호에 관한 법률(제10조)은 19세 미만의 아동 · 청소년에 대한 강간, 강제추행 등을 다음과 같이 처벌하고 있다. 동법 제7조 제1항은 여자 아동 · 청소년에 대하여 형법 제297조(강간)의 죄를 범한 자는 5년 이상의 유기징역에 처한다. 제2항은 유사성교행위를 처벌하고 있다. 즉 아동 · 청소년에 대하여 폭행이나 협박으로 1. 구강 · 항문 등 신체(성기는 제외한다)의 내부에 성기를 넣는 행위, 2. 성기 · 항문에 손가락 등 신체(성기는 제외한다)의 일부나 도구를 넣는 행위를 한 자는 3년 이상의 유기징역에 처한다. 제3항에서는 아동 · 청소년에 대하여 형법 제298조(강제추행)의 죄를 범한

Code는 "나이에 관한 합리적인 이유의 착오"(reasonable mistake to age)를 근거로 한 변호를 인정하고 있다. M.P.C. §§ 213.3(1)(a), 216.6(1). 또한 People v. Hernandez, 393 P. 2d 673(California 1963).

1) 대판 2007. 3. 15, 2006도9453; 강구진, 179면; 김일수/서보학, 170면; 김종원, 132면; 배종대, 297면; 오영근, 233면; 유기천(상), 128면; 이재상, 173면; 이정원, 212면; 이형국, 226면; 정성근/박광민, 169면.

자는 1년 이상의 유기징역 또는 500만원 이상 2천만원 이하의 벌금에 처한다. 또한 제 4 항은 아동·청소년에 대하여 형법 제299조(준강간, 준강제추행)의 죄를 범한 자는 제 1 항부터 제 3 항까지의 예에 따른다. 그리고 제 5 항은 위계 또는 위력으로써 여자 아동·청소년을 간음하거나 아동·청소년에 대하여 추행을 한 자는 제 1 항부터 제 3 항까지의 예에 따르며, 제 1 항부터 제 5 항까지의 미수범은 처벌한다.

4. 소송조건

본죄는 친고죄로 규정되어 있다(제306조). 그러나 성폭력특례법에 의해 13세 미만의 부녀에 대하여 제297조(강간), 제298조(강제추행), 제299조(준강간·준강제추행)의 죄를 범한 자는 고소권자의 고소가 없어도 공소를 제기할 수 있다(동법 제15조 참조).

XII. 常 習 犯

상습으로 제297조부터 제300조까지, 제302조, 제303조 또는 제305조의 죄를 범한 자는 그 죄에 정한 형의 2분의 1까지 가중한다(제305조의 2).

XIII. 기타 性暴力特例法上의 特別構成要件

1. 특수강도강간죄 등

제 3 조【특수강도강간 등】 ① 형법 제319조 제 1 항(주거침입), 제330조(야간주거침입절도), 제331조(특수절도) 또는 제342조(미수범. 다만 제330조 및 제331조의 미수범에 한한다)의 죄를 범한 사람이 같은 법 제297조(강간)부터 제299조(준강간·준강제추행)까지의 죄를 범한 경우에는 무기징역 또는 5년 이상의 징역에 처한다.
② 형법 제334조(특수강도) 또는 제342조(미수범. 다만 제334조의 미수범으로 한정한다)의 죄를 범한 사람이 같은 법 제297조(강간)부터 제299조(준강간추행)까지의 죄를 범한 경우에는 사형·무기징역 또는 10년 이상의 징역에 처한다.
제14조【미수범】 미수범은 처벌한다.

2. 특수강간·강제추행죄

제 4 조【특수강간 등】 ① 흉기나 그 밖의 위험한 물건을 지닌 채 또는 2명 이상이 합동하여 형법 제297조(강간)의 죄를 범한 사람은 무기징역 또는 5년

이상의 징역에 처한다.
② 제 1 항의 방법으로 형법 제298조(강제추행)의 죄를 범한 사람은 3년 이상의 유기징역에 처한다.
③ 제 1 항의 방법으로 형법 제299조(준강간, 준강제추행)의 죄를 범한 사람은 제 1 항 또는 제 2 항의 예에 따라 처벌한다.
제14조 【미수범】 제 3 조부터 제 9 조까지 및 제13조의 미수범은 처벌한다.

3. 친족관계에 의한 강간죄 등

제 5 조 【친족관계에 의한 강간 등】 ① 친족관계인 사람이 형법 제297조(강간)의 죄를 범한 경우에는 7년 이상의 유기징역에 처한다.
② 친족관계인 사람이 형법 제298조(강제추행)의 죄를 범한 경우에는 5년 이상의 유기징역에 처한다.
③ 친족관계인 사람이 형법 제299조(준강간, 준강제추행)의 죄를 범한 경우에는 제 1 항 또는 제 2 항의 예에 따라 처벌한다.
④ 제 1 항부터 제 3 항까지의 친족의 범위는 4촌 이내의 혈족 및 인척으로 한다.
⑤ 제 1 항부터 제 3 항까지의 친족은 사실상의 관계에 의한 친족을 포함한다.
제14조 【미수범】 제 3 조부터 제 9 조까지 및 제13조의 미수범은 처벌한다.

제 5 항에서 규정하는 사실상의 관계에 의한 친족에는 (구)성폭력범죄의 처벌 및 피해자보호등에 관한 법률 제 7 조 제 4 항이 규정한 "사실상의 관계에 의한 존속"과 달리[1] 자연혈족의 관계에 있으나 법정절차의 미이행으로 인하여 법률상의 존속(예컨대 인지 전의 혼인외의 출생자의 생부) 또는 법정혈족관계를 맺고자 하는 의사의 합치 등 법률이 정하는 실질관계는 모두 갖추었으나 신고 등 법정절차의 미이행으로 인하여 법률상의 존속으로 인정되지 못하는 자(예컨대 사실상의 양자의 양부)뿐만 아니라 위와 같은 관계가 없거나 법률상의 인척에 불과한 경우에도 그 생활관계, 당사자의 역할 · 의사 등이 존속관계와 유사한 외관을 가지고 있으면 그 자도 포함된다.

그러므로 피해자와 아무런 혈연관계가 없고 단지 피해자의 어머니와 사실상 부부로서 동거하는 관계에 있는 자(의붓아버지)도 현행 성폭력특례법 제 5 조 제 5 항에서 규정하는 사실상의 관계에 의한 친족에 포함된다고 보아야 한다.

1) 대판 1996. 2. 23, 95도2914.

4. 장애인에 대한 간음 등

제6조【장애인에 대한 간음 등】 신체적인 또는 정신적인 장애로 항거불능인 상태에 있음을 이용하여 여자를 간음하거나 사람에 대하여 추행을 한 사람은 형법 제297조(강간) 또는 제298조(강제추행)에서 정한 형으로 처벌한다.
제14조【미수범】 미수범은 처벌한다.

5. 공중밀집장소에서의 추행죄

제11조【공중 밀집 장소에서의 추행】 대중교통수단, 공연·집회 장소 그 밖에 공중이 밀집하는 장소에서 사람을 추행한 사람은 1년 이하의 징역 또는 300만원 이하의 벌금에 처한다.
제15조【고소】 제11조의 죄는 고소가 있어야 공소를 제기할 수 있다.

6. 통신매체이용음란죄

제12조【통신매체를 이용한 음란행위】 자기 또는 다른 사람의 성적 욕망을 유발하거나 만족시킬 목적으로 전화, 우편, 컴퓨터 그 밖의 통신매체를 통하여 성적 수치심이나 혐오감을 일으키는 말, 음향, 글, 그림, 영상 또는 물건을 상대방에게 도달하게 한 사람은 2년 이하의 징역 또는 500만원 이하의 벌금에 처한다.
제15조【고소】 제12조의 죄는 고소가 있어야 공소를 제기할 수 있다.

이는 전화나 통신매체 등을 이용하여 음란행위를 한 자를 처벌하기 위한 구성요건이다.

7. 카메라 등 이용촬영죄

제13조【카메라 등을 이용한 촬영】 ① 카메라나 그 밖에 이와 유사한 기능을 갖춘 기계장치를 이용하여 성적 욕망 또는 수치심을 유발할 수 있는 다른 사람의 신체를 그 의사에 반하여 촬영하거나 그 촬영물을 반포·판매·임대 또는 공공연하게 전시·상영한 자는 5년 이하의 징역 또는 1천만원 이하의 벌금에 처한다.
② 영리를 목적으로 제 1 항의 촬영물을 정보통신망 이용촉진 및 정보보호 등에 관한 법률 제 2 조 제 1 항 제 1 호의 정보통신망을 이용하여 유포한 자는 7년 이하의 징역 또는 3천만원 이하의 벌금에 처한다.

본죄의 경우에는 촬영한 행위뿐만 아니라 촬영장비를 설치한 경우도 포함시키는 것이 타당하다.

제 3 장 名譽와 信用에 대한 罪

제 1 절 名譽에 관한 罪

Ⅰ. 序 論

1. 의의 및 보호법익

명예에 관한 죄는 사회생활관계 내에서의 사람의 명예를 훼손하는 범죄이다. 즉 사람은 정신적·윤리적 가치체로서 명예를 지니고 있는데, 이를 내적 명예라고 할 수 있다. 이러한 내적 명예는 인간으로서의 존엄성에서 비롯되는 천부적 권리로 보아야 한다. 내적 명예는 사회생활관계에서 상호간에 보호되어야 할 가치이다. 이를 훼손하는 것은 인간의 존엄성을 무시하는 것과 다름없기 때문이다. 외적 명예는 내적 명예가 사회적으로 인정된 것을 의미한다(사회화된 내적 명예). 그러므로 명예에 관한 죄는 사회구성원 각자가 향유하는 내적 명예의 연장선상에 있는 개인의 외적 명예를 보호법익으로 한다.[1] 정신병자나 어린아이도 명예의 주체로서 보호받아야 되는 것은 이러한 이유에서이다. 그러나 명예의 구체적 내용에 대해서는 다음과 같은 논란이 있다.

2. 명예의 개념 및 주체

(1) 명예개념

명예개념은 객관적 명예개념과 주관적 명예개념으로 분류할 수 있다. 객관적 명예개념은 내적 명예와 외적 명예를 포함한다. ① **내적 명예란** 출생과 함께 사람이 갖는 윤리적·사회적인 인격적 가치체를 의미한다. 이는 누구에

1) 대판 1987.5.12, 87도739; 강구진, 211면; 이재상, 184면; 이형국(I), 246면; 임 웅, 201면. 이와 달리 김일수/서보학, 182면은 내적·인격적 명예를 기초로 외적 명예를 추가한 규범적·사실적 명예개념을 보호법익으로 파악한다.

의한 평가를 기다리지 않고 천부적으로 존재하는 것이기 때문에 훼손당할 성질의 것도 아니다. ② 이에 반해 **외적 명예**란 한 개인의 인간적·사회적 가치에 대한 사회적 평가 혹은 세평(世評)을 의미한다. 이에 따르면 사회생활관계에서 인간적 품위나 인격적 가치에 관하여 세인의 평가를 저하시키는 행위가 명예훼손행위가 된다. 외적 명예는 명예훼손죄와 모욕죄의 보호법익이다. 형법은 이들 구성요건을 통하여 사람의 인격적 가치에 대한 사회적 평가가 훼손당하지 않도록 함으로써 정상적인 사회생활을 영위할 수 있도록 하는 것이다.

③ **명예감정**이란 주관적 명예개념이라고도 하는데 자신의 인격적 가치에 대한 스스로의 주관적 평가를 말한다. 명예감정은 형법적으로 보호하기 어려운 속성을 지니고 있다. 그 이유는 개인이 갖는 명예감정의 정도가 다르기 때문에 훼손 여부를 판단하기가 어렵다는 점과 유아나 정신병자 혹은 법인처럼 명예감정을 갖지 않는 사람도 있기 때문이다.

(2) 명예의 주체

1) 자 연 인 명예훼손죄는 개인적 법익에 대한 죄로서 명예훼손의 대상은 자연인 모두이다. 어린아이거나 정신병자도 포함된다.[1] 정신병자에 대한 명예훼손과 모욕이 자유롭게 허용되는 사회를 상상할 수는 없기 때문이다.

사망한 사람도 명예의 주체가 될 수 있는가에 대해서는 논란이 있다. 통설은 사람은 사망하더라도 그의 인격적 가치는 남는 것이기 때문에 역사적 가치로서의 사자(死者)의 명예를 보호하는 것이라고 본다.[2] 그러나 사자는 명예훼손죄의 법익주체는 될 수 없다고 보아야 할 것이다. 왜냐하면 명예훼손죄는 사람의 인격적 가치에 대한 사회적 평가가 훼손되지 않도록 함으로써 법익주체의 정상적인 사회생활관계가 방해받지 않도록 하는 데에 그 보호목적이 있으나 사망한 사람에 대해서는 이러한 보호가 불필요하기 때문이다. 그러므로 형법이 사자의 명예훼손죄(제308조)를 별도로 규정하고 있는 것은 사자의 법익주체로서의 한계를 인정한 것으로 보아야 한다. 즉 제308조는 사자의 명예를 보호하는 것을 제 1 차적 목적으로 하고 있다기보다는 유족을 포함한 일반대중들의 마음 속에 자리한 사자에 대한 추모감정을 훼손하는 행위를 방

1) BGHSt 7, 129.

2) 강구진, 223면; 김성천, 758면; 김일수/서보학, 202면; 김종원, 161면; 백형구, 345면; 유기천(상), 139면; 이재상, 185면; 정성근/박광민, 207면; 정영석, 285면. 독일에서는 LK/Herdegen, § 189 Rn. 2; Welzel, Strafrecht, 305면.

지하면서 동시에 사자에 대한 역사적 평가가 왜곡되지 않도록 하는 데에 있다고 보는 것이 타당하다.[1] 일반대중들은 세상을 떠난 사람에 대한 매도행위를 정서적으로 수용하지 않기 때문이다.

가족이나 가문의 명예는 인정되지 않는다. 가족 또는 가문은 대외적으로 통일적인 의사형성을 하는 법익주체로서의 협력적 단체라고 볼 수 없기 때문이다.[2] 가족구성원에 대한 명예훼손은 가문의 명예에 대한 훼손이라기보다는 집단 내의 특정인에 대한 명예훼손의 문제로 파악하는 것이 타당하다.

2) 법인 기타의 단체 법인(주식회사 등)이나 기타 단체(정당, 노동조합, 대한적십자사, 상공회의소, 전국경제인연합회 등)도 명예훼손의 피해자가 될 수 있다. 그러나 단순한 친목단체나 사교단체는 해당되지 않는다. 마찬가지로 구성원을 특정할 수 없는 집단명칭(예: 상인들, 검사들, 공무원들, 학자들 등)에 대해서도 명예훼손죄가 성립하지 않는다.[3] 그러나 집단명칭이라고 하더라도 시간적·장소적 관련성 속에서 특정이 가능한 경우에는 명예의 주체가 될 수 있다(예: ○○출신 국회의원들, ××구청 공무원들, ××검찰청 검사들).[4] 반면에 정부기관은 명예훼손의 피해자가 될 수 없다고 보아야 한다. 국민의 정부정책이나 정부기관에 대한 비판을 정부기관에 대한 명예훼손을 이유로 고소·고발하는 대응은 결과적으로 국민의 언론·표현의 자유를 제한하는 결과를 초래하기 때문이다.

3. 구성요건체계

형법은 명예훼손죄(제307조)와 모욕죄(제311조)를 기본적 구성요건으로하여 가중적 구성요건으로서 출판물에 의한 명예훼손죄(제309조), 감경적 구성요건으로서 사자의 명예훼손죄(제308조)를 규정하고 있다.[5] 그리고 독자적인 위법성조각사유를 규정하고 있다(제310조).

명예와 구별되는 것으로 프라이버시(privacy)를 들 수 있다. 프라이버시는 자기의 생활영역에 대하여 국가나 타인으로부터 부당한 간섭을 배제할 수 있는 권리를

1) 이정원, 225면; 배종대 268면.
2) 독일의 판례·통설이다(BGH NJW 1951, 531; BayOLG 1958, 264; Tröndle/Fischer, §185 Rn. 3; Geppert, Jura 1983, 538; Sch/Sch/Lenckner, vor §185 Rn. 4; Wessels/Het-tinger, BT/1, Rn. 470). 이재상, 186면.
3) 대판 1960. 11. 26, 4293형상244.
4) 대판 2000. 10. 10, 99도5407. 독일의 판례도 마찬가지이다(BGHSt 36, 83).
5) 이를 독립적 구성요건으로 보는 견해로는 이정원, 245면.

말하며, 소극적 · 자유권적 성격을 지닌다. 프라이버시침해와 명예훼손의 차이점은 프라이버시침해는 자연인에게만 인정되며, 위법성조각이나 면책범위가 명예훼손보다 좁은 점, 민법 제764조와 같은 원상회복처분이 허용될 수 없다는 점 등이다. 현행법상 프라이버시침해 관련 규정으로는 형법 제316조, 제317조, 제319조, 제320조, 제321조, 폭력행위등 처벌에 관한 법률 제 2 조 제 1 항, 제 3 조 제 4 항, 성폭력특례법 제22조(피해자의 신원과 사생활의 비밀누설금지), 제27조(심리의 비공개), 통신비밀보호법 제 3 조(통신 및 대화비밀의 보호), 제14조(타인의 대화비밀침해금지), 제16조(벌칙), 특정강력범죄의 처벌에 관한 특례법 제 8 조(출판물게재 등으로부터의 피해자 보호), 소년법 제68조(소년보호 · 형사사건처리절차 중의 소년에 대한 보도금지), 형의 실효등에 관한 법률 제 6 조 제 2 항(수사자료표의 내용누설금지), 제10조 제 1 항(벌칙) 등이 있다.

현행 형법은 명예훼손의 구성요건을 진실한 사실적시의 경우와 허위사실을 적시한 경우로 구별하여 법정형에 차이를 두고 있다(정보통신망 이용촉진 및 정보보호 등에 관한 법률 제70조 제 1 항과 제 2 항도 마찬가지이다). 그러나 이러한 구성요건 체계는 법원이 제307조 제 1 항이나 제309조 제 1 항을 적용할 경우 판결에 의하여 명예훼손적 사실이 진실이라고 확인하여 주는 결과를 초래한다. 즉 피해자에게 판결에 의한 2차적인 명예훼손의 결과가 발생하는 셈이다. 그러므로 진실한 사실적시의 경우와 허위사실적시의 경우로 구별할 것이 아니라 "공연히 사실을 적시하여 사람의 명예를 훼손한 자"로 일반화하고, 허위사실인 경우에는 법관이 선고형량을 정할 때 이를 참작하도록 하는 것이 입법론적으로 타당하다.

Ⅱ. 名譽毁損罪

제307조【명예훼손】 ① 공연히 사실을 적시하여 사람의 명예를 훼손한 자는 2년 이하의 징역이나 금고 또는 500만원 이하의 벌금에 처한다.
② 공연히 허위의 사실을 적시하여 사람의 명예를 훼손한 자는 5년 이하의 징역, 10년 이하의 자격정지 또는 1천만원 이하의 벌금에 처한다.
제310조【위법성의 조각】 제307조 제 1 항의 행위가 진실한 사실로서 오로지 공공의 이익에 관한 때에는 처벌하지 아니한다.
제312조【고소와 피해자의 의사】 ② 제307조의 죄는 피해자의 명시한 의사에 반하여 공소를 제기할 수 없다.

Ⅰ. 의 의

명예훼손죄란 진실하거나(제1항) 또는 허위의 사실(제2항)을 공개적으로 적시하여 사람의 명예를 훼손하는 죄를 말한다. 본죄는 반의사불벌죄이므로 검사는 피해자의 명시한 의사에 반하여 공소를 제기할 수 없다.

2. 객관적 구성요건

(1) 공 연 성

공연성은 불특정 혹은 다수인이 인식할 수 있는 상태를 말한다. 그러므로 다수인이 아니더라도 불특정인이 인식할 수 있는 상태이면 된다.[1] 본죄는 추상적 위험범이므로 불특정 또는 다수인이 명예훼손의 내용을 인식하여야 성립하는 것은 아니며 인식할 가능성이 있으면 된다.

이에 관하여 대법원은 특정의 개인 또는 소수인이 있는 자리에서 사실을 유포하였다고 하더라도 그 사람들에 의하여 외부의 불특정 또는 다수인에게 전파 또는 유포될 가능성이 있으면 공연성이 인정된다고 본다(전파성의 이론).[2]

[판례] 1. 공연성을 인정한 판례

① 피고인이 저녁 5시경 남의 집 문 앞에서 피해자의 시어머니를 포함 2명이 있는 자리에서 피해자에게 "시커멓게 생긴 놈하고 붙어다닌다. 점방 마치면 여관에 가서 누워 자고 아침에 들어온다"라고 말한 사건(대판 1983. 10. 11, 83도2222).

② 피고인이 행정서사 사무실에서 행정서사 갑과 그의 직원 을 및 을의 처 병이 있는 자리에서 이들과 같은 교회에 다니는 피해자의 명예를 훼손한 사건(대판 1985. 4. 23, 85도431).

③ 피고인이 형사피의사건의 수사과정에서 수사경찰관으로부터 고문, 폭행, 협박을 받았다는 허위의 사실로 피해자를 무고하고 이와 같은 허위사실을 갑, 을, 병, 정 등 4인에게 순차로 유포한 사건(대판 1985. 12. 10, 84도2380).

④ 직장의 전산망에 설치된 전자게시판에 타인의 명예를 훼손하는 내용의 글을 게시한 행위(대판 2000. 5. 12, 99도5734)[3]

⑤ 개인 블로그의 비공개 대화방에서 상대방으로부터 비밀을 지키겠다는 말을 듣고 일대일로 대화하였다고 하더라도, 그 사정만으로 대화 상대방이 대화내용을 불특정 또는 다수에게 전파할 가능성이 없다고 할 수 없으므로, 명예훼손죄의 요건인 공연성을 인정할 여지가 있다(대판 2008. 2. 14, 2007도8155).

2. 공연성을 부인한 판례

① 피고인이 지서장, 피해자의 종형, 지서직원 4인 등 6, 7명이 있는 경찰지서에서 피해자의 절도사실을 적시한 사건에서 대법원은 발언을 들은 사람들이 비밀을

1) 대판 1985. 11. 26, 85도2037; 강구진, 213면; 김성천, 763면; 김일수/서보학, 190면; 김종원, 154면; 배종대, 272면; 이재상, 187면; 이정원, 231면; 이형국, 248면; 임 웅, 202면; 정성근/박광민, 198면; 정영석, 282면.

2) 대판 1989. 7. 11, 89도2886; 1994. 9. 30, 94도1880.

3) 명예훼손죄를 인정. 현재는 정보통신망 이용촉진 및 정보보호 등에 관한 법률위반.

지킬 것이 기대되므로 특별한 사정이 없는 한 전파될 염려가 없다고 보아 공연성을 부인하였다(대판 1966. 4. 1, 66도179).
② 피고인이 식당 내의 방 안에서 피해자의 친척인 병에게 피해자 갑과 을녀가 불륜관계에 있다는 허위의 내용을 말한 사건에서 대법원은 전파가능성이 없다는 이유로 공연성을 부인하였다(대판 1981. 10. 27, 81도1023).
③ 피고인이 서신으로 피해자의 명예를 훼손할 만한 사실을 적시한 사건에서 대법원은 편지수신인이 전파할 가능성이 없다는 이유로 공연성을 부인하였다(대판 1992. 5. 26, 92도445).

이러한 전파가능성이론에 대해서는 객관적 기준이 결여되어 있기 때문에 자의적 적용의 위험성이 있다는 점, 일반인의 일상생활에까지도 개입하는 결과가 되어 형법의 보충성의 원칙에 반한다는 점, 개인적인 정보전달도 처벌할 가능성이 있다는 점, 모욕죄의 경우에도 전파가능성을 기준으로 판단하여야 할 것이나 이는 타당하지 않으며 그 결과 형법의 통일적 해석을 저해한다는 점 및 유추해석금지원칙에 반한다는 점 등을 들어 반대하는 견해가 있다.[1]

전파성의 이론은 최초전문자(傳聞者)의 후속행위 여하에 따라 공연성 여부가 결정되는 우연성과 불확정성의 문제가 있으며 결국 공연성 요건을 무용화할 가능성이 있고, 개인의 명예보호와 표현의 자유와의 상충상황에서 개인의 표현의 자유를 지나치게 제한한다는 점은 인정된다. 그러나 공연성을 명예훼손죄의 필수적 성립요건으로 하는 현행 형법의 규정은 궁극적으로는 사람의 사회적 가치 내지 평가를 저하시키는 결과를 염두에 두고 있다. 그러므로 명예훼손적 사실이 결국은 불특정 또는 다수인에게 전파될 가능성이 있다면 본죄의 공연성 요건은 충족되었다고 보는 것이 타당하다. 또한 공연성 여부는 결국 법원이 판단하는 것이므로 상대방의 전파의사에 따라 좌우되는 것은 아니며, 따라서 공연성의 범위가 지나치게 넓어질 염려는 없다. 판례도 구체적으로 피해자와 신분관계에 있는 자,[2] 피해자의 직장상사[3] 또는 피해자와

1) 자세한 것은 오영근, 「명예훼손죄의 공연성」, 형사판례연구(1), 126면 이하 참조. 그 밖에 전파성의 이론을 반대하는 견해로는 김성천, 766면; 김일수/서보학, 192면; 배종대, 283-4면; 백형구, 355면; 이재상, 189면; 이형국, 249면; 임 웅, 203면; 정성근/박광민, 200면. 이를 제한적으로 긍정하는 견해로는 김우진, 「명예훼손죄에 있어서의 공연성」, 형사판례연구(9), 266면 이하 참조.
2) 대판 1984. 4. 10, 83도49.
3) 대판 1983. 10. 25, 83도2190.

동업관계로 친한 자[1] 등에 대해 말한 경우에는 전파가능성이 없다고 본다. 이러한 해석이 추상적 위험범인 본죄의 성격과도 일치한다.

대법원은 기자를 통하여 사실을 적시한 경우에 기사화되어 보도되지 않는 한 전파가능성이 없다고 판시하였다. 즉 대법원은 "통상 기자가 아닌 보통 사람에게 사실을 적시할 경우에는 그 자체로서 적시된 사실이 외부에 공표되는 것이므로 그 때부터 곧 전파가능성을 따져 공연성 여부를 판단하여야 할 것이지만, 그와는 달리 기자를 통해 사실을 적시하는 경우에는 기사화되어 보도되어야만 적시된 사실이 외부에 공표된다고 보아야 할 것이므로 기자가 취재를 한 상태에서 아직 기사화하여 보도하지 아니한 경우에는 전파가능성이 없다고 할 것이어서 공연성이 없다"는 입장이다.[2] 그러나 전파가능성은 결과로서의 명예훼손적 사실의 전파가 아니라 그 가능성을 이유로 공연성을 인정하는 기준이다. 그러므로 비록 보도되지 않았다고 하더라도 취재 및 보도가 임무인 기자에게 명예훼손적 사실을 적시한 것만으로도 전파가능성은 인정된다. 특히 일반인에 대한 경우에는 전파가능성을 기준으로 판단하는 데 반해 전파가능성이 높은 기자에 대해서는 전파성을 기준으로 삼는 것은 균형이 맞지 않는다. 또한 추상적 위험범인 명예훼손죄에서 현실적인 전파 여부는 본죄의 성립 여부와 무관하다.

(2) 사실의 적시

사실이란 허위이든 진실이든 특정인의 사회적 가치 내지 평가가 침해될 가능성이 있는 구체적 성질의 것을 말한다. 또한 현실적으로 발생하고 증명할 수 있는 과거 또는 현재의 사실을 말하지만, 장래의 일을 적시하더라도 그것이 과거 또는 현재의 사실을 기초로 하거나 이에 대한 주장이 포함되면 사실의 적시에 해당된다.[3]

[판례] 불륜관계나 전과사실, 이성관계를 공개하는 행위.[4]

적시한 사실이 진실인 경우에는 제307조 제 1 항이 적용되고, 허위인 경

1) 대판 1984. 2. 28, 83도891.
2) 대판 2000. 5. 16, 99도5622.
3) 대판 2003. 5. 13, 2002도7420(내사종결처리되었음에도 불구하고 "사건을 조사한 경찰관이 내일부로 검찰청에서 구속영장이 떨어진다"고 말한 것은 장래의 사실이라 할지라도 사실적시에 해당한다고 본 사례.
4) 대판 1993. 3. 23, 92도455; 1991. 5. 14, 91도420; 1989. 11. 14, 89도1744 등 참조.

우에는 동 제 2 항이 적용되어 가중처벌된다. 공지의 사실이나 혹은 사회의 일부에 잘 알려진 사실이라고 하더라도 이를 적시함으로써 그 사람의 명예를 더욱 침해할 수 있는 경우에는 본죄가 성립한다.[1] 허위사실의 적시라고 단정하려면 그 표현이 어떠한 사실을 전제로 암시한 것인지를 알 수 있고, 그것이 허위임이 드러나야 한다.[2] 허위의 사실을 적시하여 기소된 경우에는 허위사실을 진실이라고 주장하는 자가 진실성을 입증하여야 하며, 이를 입증하지 못할 경우 허위사실 적시의 경우에 해당한다고 보아야 한다.

적시한다는 것은 특정인의 외적 명예, 즉 사회적 가치평가가 저하될 수 있는 내용의 사실을 지적하는 것을 의미한다. 적시의 방법에는 제한이 없다. 언어 · 문서 · 사진 · 그림 등에 의하는 것이 그 예이다. 적시하는 내용은 외적 명예가 침해될 가능성이 있을 정도로 구체적인 것이어야 한다. 판례는 고발의 동기나 경위를 알리지 않은 채 단순히 자신을 형사고발하였다는 사실을 여러 사람 앞에서 알리는 행위만으로는 적시사실의 구체성을 인정할 수 없다고 하였다.[3] 범죄고발은 누구든지 할 수 있는 것이며 고발사실 자체만으로 고발인의 사회적 평가나 가치가 침해될 가능성은 없기 때문이다. 또한 경멸적인 언사나 욕설은 그 내용이 구체적이라고 할지라도 모욕죄가 성립가능할 뿐 명예훼손죄에서 요구되는 피해자의 사회적 가치나 평가를 저하시키기에 충분한 구체적 사실의 적시라고 볼 수 없다.[4]

3. 주관적 구성요건

본죄가 성립하기 위해서는 사람의 명예를 훼손한다는 사실을 인식하는 고의가 있어야 한다. 동시에 적시하는 사실이 진실인지 허위인지를 알고 있어야 제 1 항과 제 2 항의 적용이 가능하다. 그러나 명예를 훼손하게 된 동기나 훼손의 목적성은 본죄의 성립에 필요한 요건이 아니다. 그리고 허위사실인 점을 인식하였는가에 대한 입증책임은 행위자가 아니라 검사에게 있다.

---

1) 대판 1994. 4. 12, 93도3535.

2) 대판 2000. 2. 25, 99도4757.

3) 대판 1994. 6. 28, 93도696(자신이 무허가직업소개혐의로 경찰서에 불려가서 조사받은 것은 피해자의 밀고에 의한 것이라고 잘못 생각한 나머지 효도친목회 모임에서 피해자를 지칭하면서 "고발당해서 경찰서에 갔다 왔다. 연놈이 신고해서 경찰서에 갔다 왔다"라고 큰 소리로 말한 사건).

4) 대판 1994. 10. 25, 94도1770(여러 사람이 있는 자리에서 피해자에게 "애꾸눈, 병신"이라고 발언한 사건).

진실이라고 믿고 적시하였으나 허위로 판명된 경우에는 제307조 제 1 항을 적용하여야 한다(제15조 제 1 항 참조). 반대로 진실한 사실을 허위로 오인하고 명예를 훼손한 경우에는 제307조 제 1 항만을 적용하는 것이 타당하다.[1]

4. 위법성의 조각

본죄의 위법성을 조각하는 사유로는 일반적인 위법성조각사유와 특별규정에 의한 사유가 있다. 전자는 정당행위 혹은 피해자의 승낙에 의한 행위가 주로 문제되며, 후자는 형법 제310조의 문제이다.

그 밖의 위법성조각규정으로는 공직선거 및 선거부정방지법 제251조 단서에 진실한 사실로서 공공의 이익에 관한 때에는 후보자(후보자가 되려는 자 포함)나 그 배우자, 직계존 · 비속이나 형제자매를 비방한 자를 처벌하지 않는다고 규정되어 있다.

(1) 제310조의 의의 및 목적

제307조 제 1 항의 행위가 진실한 사실로서 오로지 공공의 이익에 관한 때에는 처벌하지 아니한다(제310조). 이는 비판의 자유를 핵심으로 하는 민주국가에서의 표현의 자유(헌법 제21조 제 1 항)와 개인의 명예보호(헌법 제21조 제 4 항)가 충돌하는 경우 두 법익간의 조정을 위한 것이다. 다시 말하면 표현의 자유로 얻어지는 이익과 인격권의 보호에 의하여 달성되는 이익을 형량하여 규제의 폭과 방법을 정하여야 한다. 그 결과 개인에 대한 비판이 공공의 이익을 위한 진실하고 공정한 것이라면 처벌하지 않도록 하는 취지이다.[2]

[판례] 판례는 "개인의 사적인 신상에 관한 사실이라고 하더라도 그가 관계하는 사회적 활동의 성질이나 이를 통하여 사회에 미치는 영향력의 정도 등의 여하에 따라서는 그 사회적 활동에 대한 비판 내지 평가의 한 자료가 될 수 있는 것이므로 개인의 사적인 신상에 관하여 적시된 사실도 그 적시의 주요한 동기가 공공의 이익에 관한 것으로 볼 수 있는 경우가 있다"고 판시하고 있다(대판 1996. 4. 12, 94도3309).

---

1) 김성천, 771면; 이재상, 193면; 임 웅, 208면; 진계호, 291면.

2) 대판 1988. 10. 11, 85다카29(소송수행을 위임받은 변호사가 위임사무를 제대로 처리하지 못하였다는 이유로 손해배상청구소송을 제기하여 승소판결을 받기까지의 수기—"한국 최초로 변호사를 상대로 승소한 중학중퇴 기능공의 법정투쟁기," "위대한 소시민의 승리였습니다"—를 여성월간지에 게재하자 당해 변호사가 이에 대하여 출판물 등에 의한 명예훼손을 이유로 손해배상청구소송을 제기한 사건. 원고승소판결을 받음).

1) 요 건 적시된 사실은 진실한 내용이어야 하며 오로지 공공의 이익을 위한다는 목적을 가지고 적시하였어야 한다. 공공의 이익에 관한 것이라 함은 국가·사회 기타 일반 다수인의 이익에 관한 것과 특정한 사회집단이나 그 구성원 전체의 이익에 관한 것을 포함한다.[1] 적시된 사실이 공공의 이익에 관한 것인지의 여부는 적시 사실의 구체적 내용, 사실의 공표가 이루어진 상대방의 범위의 광협, 그 표현의 방법 등 그 표현 자체에 관한 제반 사정을 감안함과 동시에 그 표현에 의하여 훼손되거나 훼손될 수 있는 타인의 명예의 침해의 정도도 비교·고려하여 결정하여야 한다.[2] 그리고 행위자의 주요한 목적이 공공의 이익을 위한 것이면 부수적으로 피해자를 비방할 목적 등 다른 사익적 동기가 내포되어 있더라도 본조의 적용이 배제되지는 않는다.[3]

대법원은 사실의 적시가 개인에 의한 경우에는 "적시된 사실이 진실한 것이라는 증명이 없더라도 행위자가 진실한 것으로 믿었고 또 그렇게 믿을 만한 상당한 이유가 있는 경우에는 위법성이 없다"[4]고 하여 반드시 적시된 사실의 진실성입증을 필요로 하지 않는다는 입장이다. 반면에 사실의 적시가 국가기관에 의한 경우에는 그 사실이 의심의 여지 없이 확실한 진실이라고 믿을 만한 객관적이고도 타당한 확증과 근거가 있어야 한다. 왜냐하면 공권력의 광범한 사실조사능력과 공무원의 비밀준수의무 및 국가기관이 공표한 사실은 진실일 것이라는 일반국민의 기대가 있기 때문이다.[5] 그리고 적시된 사실이 진실한 것이거나 적어도 행위자가 그 사실을 진실한 것으로 믿었고 또 그렇게 믿을 만한 상당한 이유가 있어야 한다.[6]

[판례] 공공의 이익을 인정한 그 밖의 대법원판례는 다음과 같다.

---

1) 대판 1993.6.22, 93도1035.
2) 대판 1995.11.10, 94도1942; 1996.4.12, 94도3309.
3) 대판 1993.6.22, 92도3160; 1993.6.22, 93도1035. 또한 김성천, 776면; 김일수/서보학, 191면; 유기천, 140면; 오영근, 264면 이하; 이재상, 195면; 이정원, 240면; 이형국, 252면.
4) 대판 1993.6.22, 92도3160.
5) 대판 1993.11.26, 93다18389(정확한 사실조사 없이 「토지거래허가대상구역 내에서 토지를 매매하면서 증여한 것처럼 위장함으로써 국토이용관리법을 위반하는 방법으로 부동산투기를 한 자」 82명의 명단을 담은 보도자료를 언론기관에 배포한 사건).
6) 대판 1994.8.26, 94도237(아파트 입주자 대표회의 회장 및 부회장으로 선출된 피고인들이 전년도 회장과 관리소장인 피해자들에게 비리가 있는 것처럼 말한 사건).

"대자보의 표현방법이 단순한 회계감사결과보고서의 형식을 취하지 아니하고 전임 조합장인 위 … 의 업무집행을 비난하는 형식을 취하였다고 하더라도, 피고인이 조합장으로서 위 대자보를 부착하게 된 목적이 주로 위와 같은 사실들을 조합원에게 알리기 위한 것인 이상 공공의 이익을 위한 것이라고 볼 수 있을 것이다(대판 1993.6.22, 92도3160)"라고 하여 위법성이 조각된다고 보았다.

2) 적용범위 및 효과 제310조는 제309조 제 1 항의 출판물에 의한 명예훼손죄에는 적용되지 않는다. 즉 제309조 제 1 항은 비방의 목적이 있는 경우에 성립하므로 공공의 이익을 목적으로 하는 제310조는 제309조에는 적용될 수 없는 것이다. 즉 제310조는 제307조 제 1 항의 사실적시에 의한 명예훼손행위에만 적용된다.[1] 또한 허위의 사실을 적시하는 행위(제307조 제 2 항)에 대해서도 제310조는 적용되지 않는다.[2]

제310조는 실체법적 효과로서 위법성조각사유에 해당된다. 그리고 소송법적으로는 거증책임의 전환규정이라고 보아 거증책임을 피고인이 부담한다는 견해[3]도 있으나 제310조 요건의 부존재는 검사가 입증하여야 한다.[4] 즉 적시된 사실이 공공의 이익과 무관하다는 것을 입증하여야 한다.

3) 착오의 경우 제310조와 관련하여서는 진실성에 관한 착오와 공익성에 관한 착오로 나누어 생각해 볼 수 있다. 우선 진실성에 관한 착오는 제307조 제 1 항과 제 2 항 중 어느 조문을 적용할 것인가의 선택문제로 귀결된다. 즉 내용이 진실이라고 믿고 명예훼손적인 사실을 적시하였으나 허위인 경우에는 제15조 제 1 항에 의하여 특별히 중한 죄가 되는 사실인 허위임을 인식하지 못한 것으로서 중한 죄인 제307조 제 2 항이 적용되지 않고 제307조 제 1 항에 해당된다. 결과적으로 제310조의 적용대상이 되므로 적시한 사실이 공공의 이익에 관한 것인지 여부만이 문제된다.[5]

공익성에 관한 착오는 위법성조각사유의 전제조건에 관한 착오의 문제로서 책임고의가 조각되어 제307조 제 1 항에 해당하지 않는다. 이 경우에는 과

---

1) 대판 1986.5.27, 85도785; 1995.6.30, 95도1010; 백형구, 360면; 이재상, 194면; 이형국, 253면.
2) 대판 1993.4.13, 92도234.
3) 정성근/박광민, 190면; 신동운, 형사소송법, 580면.
4) 강구진, 221면; 김성천, 776면; 김종원, 160면; 백형구, 361면; 오영근, 219면; 이재상, 198면; 이정원, 243면; 이형국, 254면; 임 웅, 210면; 진계호, 231면.
5) 손동권, 「형법 제310조의 실체면과 절차면」, 형사판례연구(6), 208면 참조.

실범처벌규정도 없으므로 불가벌이라고 보는 것이 타당하다.

(2) 정당행위

명예훼손행위가 형법상 정당행위(제20조)에 해당하면 위법성이 조각되는 것은 당연하다.

[판례] 사이비 종교연구가인 피해자가 피고인이 소속한 한국 개신교 교단협의회에 요청하여 피고인이 목사로 있는 세계추수꾼 영성화훈련원 밤빌리아교회의 이단성 여부에 대한 조사활동을 요청하자 위 교단협의회는 조사활동을 하여 조사보고서를 그 교회 사무국장에게 작성토록 하였다. 이때 피고인이 조사보고서의 관련자료에 피해자를 명예훼손죄로 고소했던 고소장의 사본을 첨부한 경우, 이는 자신의 주장의 정당성을 입증하기 위한 자료의 제출행위로서 정당한 행위에 해당한다(대판 1995. 3. 17, 93도923).

그 밖의 예로는 ① 형사재판에서의 검사의 기소요지의 진술(형소법 제285조 참조), ② 출판 · 보도에 의한 명예훼손, ③ 학술논평, 예술평론 등과, ④ 국회의원의 국회에서 직무상 행한 발언(헌법 제81조 참조)이 이에 해당된다.

(3) 피해자의 승낙에 의한 행위

명예는 처분할 수 있는 개인적 법익에 해당하므로 본인의 승낙이 있다면 명예훼손적인 구체적 사실의 적시는 명예훼손죄를 구성하지 않는다.

5. 죄 수

본죄는 피해자의 수를 기준으로 죄수를 정한다. 여러 기회에 연속적으로 동일인의 명예를 훼손한 경우에는 포괄일죄에 해당한다. 명예훼손행위가 동시에 업무를 방해하는 때에는 본죄와 업무방해죄의 상상적 경합이 인정된다. 허위의 사실을 적시하여 신용을 훼손한 경우에는 본죄와 신용훼손죄의 상상적 경합이 된다.

Ⅲ. 死者名譽毁損罪

제308조【사자의 명예훼손】 공연히 허위의 사실을 적시하여 사자의 명예를 훼손한 자는 2년 이하의 징역이나 금고 또는 500만원 이하의 벌금에 처한다.
제312조【고소와 피해자의 의사】 ① 제308조의 죄는 고소가 있어야 공소를 제기할 수 있다.

Ⅰ. 의 의

본죄는 공연히 허위의 사실을 적시하여 사자의 명예를 훼손하는 죄이다. 허위사실의 적시만을 처벌대상으로 삼은 것은 역사적 인물에 대한 객관적이고도 공정한 비판을 가능하게 하기 위한 것이다.

독일형법(§189)은 사자에 대한 추모감정훼손죄(Verunglimpfung des Andenkens Verstorbener)로 처벌하고 있다(2년 이하의 자유형 혹은 벌금형). 이는 유족의 추모감정을 보호하면서 동시에 죽음 이후에도 기억 속에서 지속되는 사자의 인간으로서의 존엄성을 보호하고자 하는 것이 입법이유이다.[1]

본죄의 **보호법익**에 대해서는 유족의 명예라는 견해, 유족이 사자에 대해 갖는 추모감정이라는 견해[2]와 사망한 사람도 생존시에 지녔던 인격적 가치체로서의 명예를 보호받아야 된다고 보기 때문에 사자가 누렸던 외적 명예가 본죄의 보호법익이라고 보는 견해가 있다.[3] 이에 대해서는 사망한 사람은 형법의 보호대상에서 제외되어야 한다는 점, 본죄의 행위는 형법 이외의 방법으로 해결하는 것이 타당하다는 점 및 생존기간 동안에만 권리와 의무의 주체성을 인정받는 민법과의 균형상 형법에서 사자를 법익주체로 인정하는 것은 부당하다는 견해가 있다.[4]

생각건대 본죄는 유족의 추모감정이나 사자가 갖는 명예를 보호하는 것으로 보는 것은 타당하지 않다고 본다. 사망한 사람은 현실적으로 명예주체가 된다고 볼 수 없으며, 유족의 추모감정을 보호한다는 것도 유족이 없는 경우에는 본죄가 성립하지 않는다고 보아야 하기 때문이다. 오히려 본죄는 사망한 사람이라 할지라도 그를 매도하여서는 안 된다는 일반대중들이 갖는 가치관 혹은 정서를 존중하기 위한 것으로 보는 것이 타당하다. 이러한 정서는 사회적 공감대를 형성하고 있는 것이며 이를 무시하는 것은 사회공동체의 정서적 결속을 해체하는 일이기 때문이다. 또한 사자에 대한 부당한 평가는 역사적 사실을 왜곡할 가능성도 있다. 이러한 점에서 본다면 본죄의 입법적 필요성에 의문을 제기하는 것은 성급하다고 본다.

1) BT/Drs. 10-3358, 4; BGHSt 40, 105; Tröndle/Fischer, §189 Rn. 1.
2) 배종대, 295면; 이정원, 245면.
3) 강구진, 233면; 김성천, 780면; 김종원, 161면; 백형구, 363면; 오영근, 223면; 이재상, 199면; 임 웅, 216면; 정영석, 273면; 권오걸, 255면; 김일수/서보학, 202면; 손동권, 200면.
4) 배종대, 217면.

2. 구성요건

본죄의 행위는 사자에 대한 모욕적인 언사를 하는 것은 제외되고 허위의 사실을 적시하는 방법이어야 한다. 또한 본죄의 허위사실 적시에 의한 명예훼손행위는 엄격하게 해석하여야 할 것이다.

본죄의 사자는 명예훼손행위 이전에 사망한 것을 전제로 한다. 그러므로 명예를 훼손당한 사람이 행위 이후에 사망한 경우에는 본죄가 아니라 명예훼손죄에 의하여 처벌된다. 사자에 대한 출판물에 의한 명예훼손의 경우에도 제309조가 아니라 본죄에 해당한다.

만일 생존한 사람을 사망한 것으로 오인하고 그의 명예를 훼손한 경우에는 명예훼손죄에 대한 구성요건의 착오문제로서 제307조가 아니라 본조가 적용된다. 반대로 사망한 사람을 생존한 것으로 잘못 알고 명예를 훼손한 경우에는 본조의 구성요건(공연성, 적시사실의 허위성 등)에 해당하는 경우에 한하여 본죄가 성립한다.

본죄의 고소권자는 사자의 친족 또는 자손이다(형사소송법 제227조).[1]

Ⅳ. 出版物 등에 의한 名譽毁損罪

> **제309조【출판물 등에 의한 명예훼손】** ① 사람을 비방할 목적으로 신문, 잡지 또는 라디오 기타 출판물에 의하여 제307조 제 1 항의 죄를 범한 자는 3년 이하의 징역이나 금고 또는 700만원 이하의 벌금에 처한다.
> ② 제 1 항의 방법으로 제307조 제 2 항의 죄를 범한 자는 7년 이하의 징역, 10년 이하의 자격정지 또는 1천 500만원 이하의 벌금에 처한다.
> **제312조【고소와 피해자의 의사】** ② 제309조의 죄는 피해자의 명시한 의사에 반하여 공소를 제기할 수 없다.

1. 의 의

출판물 등에 의한 명예훼손죄는 사람을 비방할 목적으로 신문, 잡지 또는 라디오 기타 출판물에 의하여 사실을 적시하거나 허위의 사실을 적시하여 사람의 명예를 훼손하는 경우에 성립하는 범죄이다. 이는 보도매체가 갖는 확산성과 비방의 목적이라는 보도목적에 위배되는 주관성과 출판물에 대하여

1) 고소권자가 없을 경우에는 이해관계인의 신청에 의하여 검사가 10일 내에 고소권자를 지정하여야 한다(형사소송법 제228조).

갖고 있는 일반의 신뢰성 및 장기간의 보존가능성 때문에 법익침해의 정도가 크다는 점에서 형을 가중하는 구성요건이다.

2. 객관적 구성요건

(1) 출판물의 범위

출판물이라고 하기 위해서는 일정한 독자층을 갖는 보도매체로서 단순히 복사물이나 프린트물 등은 이에 해당하지 않으므로 이를 배포하더라도 단순 명예훼손죄(제307조)에 해당할 뿐 본조에는 해당하지 않는다고 보아야 한다. 즉 인쇄한 물건만이 포함된다. 출판물의 예로는 신문, 잡지(월간지, 주간지 등), 각종 학술지, 간행물 등이 있다. TV방송의 경우 당연히 포함되어야 할 것이지만 이를 규정하고 있지 않다. 본조가 규정하는 출판물 등은 예시규정으로 보아 TV방송이나 비디오도 포함시키는 것이 본조의 목적론적 해석에 부합한다.[1)]

[판례] ① 가로 약 25센티미터, 세로 약 30센티미터되는 모조지 위에 싸인펜으로 특정인의 인적 사항, 인상, 말씨 등을 기재하고 위 사람은 정신분열증 환자로서 무단가출하였으니 연락해 달라는 취지의 내용을 기재한 광고문은 형법 제309조에서 말하는 출판물에 해당한다고 보기 어렵다(대판 1986. 3. 25, 85도1143).
② 컴퓨터 워드프로세서로 작성되어 프린트된 A_4용지 7쪽 분량의 인쇄물은 '기타 출판물'에 해당하지 않는다(대판 2000. 2. 11, 99도3048).

(2) 피해자의 특정

본죄가 성립하려면 적시된 허위사실에 의하여 명예를 훼손당하게 된 피해자가 특정되어야 한다.

[판례] 사람의 성명 등이 명시되지 아니하여 게재된 기사나 영상 자체만으로는 피해자를 인식하기 어렵게 되어 있다고 하더라도 그 표현의 내용을 주위사정과 종합하여 보면 기사나 영상이 나타내는 피해자가 누구인지를 알 수 있고, 또 그 사실을 아는 사람이 다수인 경우에는 피해자가 특정되어 있다고 보아야 할 것이다(대판 1989. 11. 14, 89도1744).

---

1) 김성천, 782-3면; 이정원, 244면. 반대견해로는 오영근, 255면.
한편, 임 웅, 218면은 TV 등을 통하여 명예훼손한 행위를 본조로 처벌하는 것은 피고인에게 불리한 유추해석이 되므로 제307조에 의하여 처벌된다고 본다. 그러나 TV보도가 갖는 신뢰성과 확산성을 생각할 때 이러한 해석은 타당하지 않으며, 제309조를 적용하는 것이 목적론적 해석에 부합한다.

(3) 행위자 · 방법

본죄는 간접정범에 의해서도 성립할 수 있다고 본다.[1] 판례 역시 명시적으로 간접정범에 의하여 본죄가 범하여질 수 있음을 인정하고 있다.[2] 예를 들어 타인을 비방할 목적으로 허위의 기사재료를 그 사실을 모르는 기자에게 제공하여 신문 등에 보도하게 한 경우에 성립할 수 있다.

명예훼손적인 사실을 기자에게 알려 기사화하도록 한 경우 본죄의 행위주체는 기사제공자인가 아니면 언론기관 종사자도 포함되는가에 대해 논란이 있다. 판례는 기사제공자만을 정범으로 인정한다. 즉 "타인을 비방할 목적으로 허위사실인 기사의 재료를 신문기자에게 제공한 경우에 기사를 신문지상에 게재하느냐의 여부는 신문 편집인의 권한에 속한다고 할 것이나 이를 편집인이 신문지상에 게재한 이상 기사의 게재는 기사재료를 제공한 자의 행위에 기인한 것이므로 기사재료의 제공행위는 출판물에 의한 명예훼손죄의 죄책을 면할 수 없다"[3]고 판시하고 있다.

그러나 언론기관의 보도행위는 단순한 기사의 전달행위가 아니며, 기사내용의 정확성을 검증하고 공익성 여부를 판단한 후에 보도하여야 할 책임과 의무가 있다. 그러므로 이를 소홀히한 채 제보내용을 기사화한 경우에는 언론기관도 기사제공자와 함께 정범에 해당한다고 보는 것이 타당하다.[4] 아무리 취재원이 제공한 기사라 하더라도 언론사가 갖는 진실보도의무는 생략될 수 없기 때문이다. 만일 기자가 제보내용이 허위임을 알고 있음에도 불구하고 보도하였을 경우에는 간접정범에서 피이용자가 아니라 공동정범이라고 보아야 할 것이다.[5] 그러나 만일 수사기관의 공식발표 등 공공기관에서 알려준 내용을 기자가 그대로 인용하여 기사화한 경우에는 기사내용이 허위로 판명되었다고 하더라도 공공기관의 발표를 믿은 기자의 신뢰이익을 보호하는 차원에서 본죄를 적용할 수는 없다고 보아야 할 것이다(그러나 이를 발표한 공공

---

1) 김성천, 784면; 김일수/서보학, 205면; 백형구, 366면; 이재상, 200면; 이형국, 258면; 임웅, 219면; 정성근, 223면.

2) 대판 2002. 6. 28, 2000도3045. 또한 대판 1994. 4. 12, 93도3535(이 판례에 대한 평석은 박상기, 「출판물에 의한 명예훼손죄」, 형사판례연구(3), 157면 이하 참조).

3) 대판 2002. 3. 29, 2001도2624.

4) 대판 1997. 9. 30, 97다24207(진위확인 없이 일방적으로 제보자의 제보만을 토대로 보도한 언론사에 대하여 손해배상책임을 인정함) 참조.

5) 대판 2002. 6. 28, 2000도3045는 이러한 입장에 조금 다가선 판시를 하고 있다. 즉 제보내용의 허위성을 기자가 알고도 보도한 경우에 본죄의 성립가능성을 배제하지 않고 있다.

기관의 공무상비밀누설죄나 피의사실공표죄 성립가능성은 남는다).

TV 등의 토론프로그램에서 참석자들간에 논쟁을 하던 중 상대방에 대하여 명예훼손적인 발언을 한 경우에는 오로지 상대방의 명예를 훼손할 목적으로 하지 않았으며 적정수준을 넘어서지 않은 정도라면 본죄에 해당하지 않는다.[1)]

언론기관에서 수사기관이 작성한 피의자 신문조서를 인용하여 보도한 경우에도 피의자 등 관련자를 익명으로 보도하지 않고 실명보도한 경우에는 본죄에 해당한다. 대중매체가 시사성만을 의식하여 신속한 보도를 하는 과정에서 관련자의 신원을 밝히는 것은 보도내용의 진실성 여부와 관계없이 관련자의 명예를 훼손하는 것이며 또한 언론기관이 국민의 알권리를 빙자하여 공인이 아닌 사람의 기본적 인권을 침해하는 것은 정당화될 수 없기 때문이다.

신문 등 언론매체의 어떠한 표현행위가 사실적시에 해당하는 것인가, 아니면 단순히 의견 또는 논평을 표명하는 것인가, 그리고 의견이나 논평을 표명한 것이라면 그와 동시에 묵시적으로라도 그 전제가 되는 사실을 적시하고 있는 것인가 그렇지 아니한가의 구별은, 당해 기사의 객관적인 내용과 함께 일반 독자가 보통의 주의로 기사를 접하는 방법을 전제로 기사에 사용된 어휘의 통상적인 의미, 기사의 전체적인 흐름, 문구의 연결방법 등을 기준으로 판단하여야 하고, 여기에 당해 기사가 게재된 보다 넓은 문맥이나 배경이 되는 사회적 흐름 등도 함께 고려하여야 한다.[2)]

3. 주관적 구성요건

(1) 고 의

본죄가 성립하기 위해서는 고의 이외에 적시하는 사실의 진실성 여부에 대한 인식이 있어야 제 1 항과 제 2 항의 적용 여부를 판단할 수 있다. 그러므로 제 2 항(허위사실적시 출판물 등에 의한 명예훼손죄)을 적용하려면 적시하는 사실이 허위이어야 할 뿐만 아니라 허위인 사실을 행위자가 인식하고 있어야 한다. 만일 행위자가 이러한 인식을 하지 못하였다면 제 1 항이 적용되는 것은 별론으로 하고 제 2 항은 적용되지 않는다.[3)] 그리고 허위사실인 점을 인식하였는가에 대한 입증책임은 행위자가 아니라 검사에게 있다.

---

1) BVerfGE 24, 278; 82, 272; OLG Hamm NJW 1982, 659; OLG Koblenz NJW 1978, 1816.
2) 대판 2000. 2. 25, 98도2188.
3) 대판 1994. 10. 28, 94도2186.

(2) 비방할 목적

본죄의 추가적인 주관적 구성요건으로는 「사람을 비방할 목적」이 있어야 한다. 「사람을 비방할 목적」이란 가해의 의사 내지 목적을 필요로 한다고 보는 것이 판례의 입장이다.[1] 그리고 이를 소위 초과주관적 구성요건요소에 해당한다고 보는 것이 일반적이다.[2] 형법이 이러한 목적성을 구성요건화한 것은 출판물 등 언론매체가 갖는 사실공개적 성격과 공익성을 동시에 염두에 둔 것이다. 즉 출판물 등의 언론매체는 그 성격상 타인의 명예에 관련된 사실을 보도할 수밖에 없는 속성을 지니고 있다. 그러므로 언론매체에 의한 보도내용이 그 공공성에도 불구하고 타인의 명예를 훼손한 것이라고 하여 이를 처벌한다면 헌법에 기초한 언론·출판의 자유는 사문화될 수밖에 없게 된다. 여기에 언론매체가 추구하는 보도의무를 정당화하면서도 동시에 이러한 목적에서 일탈한 언론기관의 보도행위를 규제하기 위하여 비방할 목적의 보도행위를 처벌하는 것으로 보아야 한다. 이는 언론·출판의 자유와 개인의 명예보호 사이에 경계선을 긋는 기능을 한다.

한편 언론기관이 갖는 이러한 권리와 의무는 그 어느 것도 타방에 대하여 우위에 설 수 없는 균형적인 것이어야 한다. 그러나 비방할 목적을 소위 초과주관적 구성요건요소라고 하여 명예훼손적 사실의 인식과 함께 악의적인 목적성이 없으면 비방할 목적이 없다고 보는 것은 타당하지 않다. 이는 결과적으로 언론기관의 취재·보도권만이 강조되고 개인의 명예보호의무는 소홀히 하는 결과를 빚을 수 있기 때문이다. 그 결과 비방의 목적을 부인하면서 공공의 이익을 위한 것으로 인정하면 출판물에 의한 명예훼손도 제309조가 아니라 일반적인 명예훼손죄(제307조)를 적용하고[3] 여기에 제310조를 적용하여 위법성을 조각하게 되는 것이다. 이는 출판물에 의한 명예훼손죄에는 제310조의 적용이 없다는 판례[4]와 학설[5]의 입장을 결과적으로 무용화할 수 있기

1) 대판 2000. 2. 25, 98도2188.
2) 김일수/서보학, 179면; 이재상, 199면; 이정원, 244면; 배종대, 234면 등.
3) 강구진, 216면; 김일수/서보학, 205면; 유기천(상), 147면; 배종대, 234면 등은 출판물 등에 의한 명예훼손의 경우에도 비방의 목적이 없으면 제309조가 아니라 제307조에 해당한다고 본다.
4) 대판 1984. 9. 11, 84도1547; 1993. 4. 13, 92도234; 1998. 10. 9, 97도158.
5) 강구진, 222면; 김일수/서보학, 199면; 배종대, 234면; 이재상, 200면; 이형국, 258면; 임웅, 220면.

때문에 부당하다. 또한 보도매체를 통한 명예훼손행위가 초래하는 명예주체에 대한 사회적 가치평가의 저하는 통상의 방법에 의한 명예훼손에 비하여 현저하게 크다는 점은 누구보다도 언론기관의 종사자들이 잘 인식하고 있다. 그렇다면 언론기관의 보도행위는 명예주체의 명예에 관련되는 사항인 경우에는 특히 보도의 필요성에 대한 공익성판단과 보도내용에 대한 정확성판단을 고려하여 신중하게 이루어져야 한다.

출판물에 의한 명예훼손죄에서의 공공의 이익에 관하여 대법원은 "형법 제309조 소정의 「사람을 비방할 목적」이란 가해의 의사 내지 목적을 요하는 것으로서 공공의 이익을 위한 것과는 행위자의 주관적 의도의 방향에 있어 서로 상반되는 관계에 있다고 할 것이므로, 적시한 사실이 공공의 이익에 관한 것인 때에는 특별한 사정이 없는 한 비방의 목적은 부인된다고 봄이 상당하다"고 보았다.[1)] 이를 반대해석하면 공공의 이익과 무관한 보도는 비방의 목적을 인정하는 것이 상당하다고 보아야 할 것이다. 그리고 "공공의 이익에 관한 것에는 널리 국가·사회 기타 일반 다수인의 이익에 관한 것뿐만 아니라 특정한 사회집단이나 그 구성원 전체의 관심과 이익에 관한 것도 포함되고, 적시된 사실이 공공의 이익에 관한 것인지 여부는 당해 적시사실의 내용과 성질, 당해 사실의 공표가 이루어진 상대방의 범위, 그 표현의 방법 등 그 표현 자체에 관한 제반 사정을 감안함과 동시에 그 표현에 의하여 훼손되거나 훼손될 수 있는 명예의 침해 정도 등을 비교·고려하여 결정"되어야 한다고 판시하였다.[2)]

결국 비방의 목적을 반드시 악의의 목적과 동일시하여서는 안 되며 언론기관의 명예훼손적 보도행위는 비방성을 내재적 속성으로 하고 있다고 보아야 한다. 그러므로 언론기관의 보도내용이 고의적으로 진실보도의무와 공익성을 위반하였을 경우에는 언제나 비방의 목적을 인정하여 제309조를 적용하는 것이 타당하다.[3)] 이에 따라 비방의 목적은 한편으로는 언론·출판의 자유를 확보하기 위한 보호막의 역할을 하면서 다른 한편으로는 출판물 등에 의한 명예훼손의 심대성(深大性)을 고려하여 고의가 인정되면 비방의 목적도 있는 것으로 보아야 한다.

1) 대판 2001.10.30, 2001도1803(법률신문 2001.11.5).
2) 앞의 판례.
3) 박상기, 앞의 논문, 168면.

4. 제310조(위법성의 조각)의 적용 여부

형법 제307조 제 1 항의 명예훼손행위는 진실한 사실로서 오로지 공공의 이익에 관한 때에는 위법성이 조각되나, 형법 제309조 제 1 항 및 제 2 항의 출판물 등에 의한 명예훼손행위는 그것이 오로지 공공의 이익을 위한 행위였다고 하더라도 제310조에 의하여 위법성이 조각되지 않는다.[1)]

Ⅴ. 侮辱罪

> 제311조【모욕】 공연히 사람을 모욕한 자는 1년 이하의 징역이나 금고 또는 200만원 이하의 벌금에 처한다.
> 제312조【고소와 피해자의 의사】 ① 제311조의 죄는 고소가 있어야 공소를 제기할 수 있다.

1. 의 의

모욕죄(Beleidigung)는 공연히 사람을 모욕함으로써 성립하는 죄이다. 모욕행위를 하는 데에는 사실의 적시를 필요로 하지 않는다는 점에서 명예훼손죄와 구별된다. 그러나 다 같이 사람의 가치에 대한 사회적 평가인 이른바 외적 명예를 보호법익으로 한다는 점에서 동일하다.[2)] 다만 명예훼손은 사람의 사회적 평가를 저하시킬 만한 구체적 사실의 적시를 하여 명예를 침해하는 것이고, 구체적 사실의 적시 아닌 단순한 추상적 판단이나 경멸적 감정의 표현(욕설)으로써 사회적 평가를 저하시키는 것은 모욕죄에 해당한다.

[판례] 명예훼손죄와 모욕죄의 구별: "명예훼손죄와 모욕죄의 보호법익은 다 같이 사람의 가치에 대한 사회적 평가인 이른바 외부적 명예인 점에서는 차이가 없으나, 다만 명예훼손은 사람의 사회적 평가를 저하시킬 만한 구체적 사실의 적시를 하여 명예를 침해함을 요하는 것으로서 구체적 사실의 적시가 아닌 단순한 추상적 판단이나 경멸적 감정의 표현으로서 사회적 가치를 저하시키는 모욕죄와 다르다(대판 1987. 5. 12, 87도739)."

본죄는 친고죄이다. 고소장에 명예훼손죄로 기재하였더라도 내용이 모욕죄를 구성하는 경우에는 모욕죄에 대한 고소로서의 효력을 갖는다.[3)]

---

1) 대판 1999. 4. 23, 99도636; 1986. 10. 14, 86도1603; 1995. 6. 30, 95도1010.
2) 이와 달리 명예감정을 본죄의 보호법익이라고 보는 견해도 있다(유기천(상), 138면).
3) 대판 1981. 6. 23, 81도1250.

외국원수 또는 외교사절에 대한 모욕행위는 공연성을 요건으로 하지 않으며 본죄가 아니라 형법 제107조 제 2 항, 제108조 제 2 항에 따라 처벌된다.

2. 객관적 구성요건

공연히 사람을 모욕하는 것이다. 이는 명예훼손죄와 마찬가지이다. 공연히라 함은 불특정 또는 다수인이 인식할 수 있는 상태를 의미한다. 입법론적으로 본죄가 반드시 공연성을 요건으로 하여야 하는지는 의문이다. 참고로 독일형법(§185, Beleidigung)에서는 공연성을 요건으로 하지 않으므로 단둘이 있는 상황에서 상대방을 모욕하더라도 본죄는 성립한다. 즉 상대방에 대한 직접적 모욕이나 제 3 자를 상대로 한 당사자 모욕이 모두 인정된다. 그리고 모욕죄에는 공연성과 관련하여 전파가능성이론은 적용되지 않는다고 보아야 한다. 모욕은 언어나 거동의 방법(예: 침을 뱉거나 뺨을 때리는 행위 등)에 의하여 가능하다.[1] 그러나 단순히 무례한 행동은 모욕행위라고 볼 수 없다. 모욕죄는 표현범에 해당하기 때문에 상대방을 모욕하는 행위나 표현이 있어야 한다.

3. 주관적 구성요건

주관적 구성요건으로는 공연히 사람을 모욕한다는 인식이 있어야 한다. 미필적 고의로도 충분하다. 과장된 방법으로 묘사한 특정인의 캐리커처나 만화는 표현의도가 무엇인가에 따라 모욕죄 해당 여부를 판단하여야 할 것이다. 그러나 대부분의 경우 전문작가가 이러한 묘사를 하면서 희화화(戱畵化)의 의사만을 가졌을 것이기 때문에 모욕의 고의를 인정하기 어려울 것이다.

4. 위 법 성

일반적 위법성조각사유에 의하여 본죄의 위법성은 조각될 수 있다. 형법 제310조는 본죄에 적용되지 않는다.[2] 이와 달리 정치·학문·예술분야에서는 비판이나 논쟁의 방법상 모욕행위에 해당하는 경우가 발생할 수 있으므로 제310조를 적용하는 것이 타당하다는 견해[3]도 있다. 그러나 형법이 본죄에 제310조의 적용을 배제하고 있는 점과 본죄의 주관적 구성요건 해당 여부에

1) 독일형법(§185)에서는 언어에 의한 경우(1년 이하의 징역 또는 벌금형)보다 거동의 방법으로 하는 모욕행위를 가중처벌한다(2년 이하의 징역 또는 벌금형).

2) 대판 1959.12.23, 4291형상539; 배종대, 270면; 임 웅, 222면; 정성근, 264면; 진계호, 233면.

3) 이재상, 202면; 이형국, 261면; 황산덕, 238면. 백형구, 360면은 「사회상규에 위배되지 아니하는 행위」(제20조)로서 위법성이 조각된다고 본다.

따라 판단하는 것이 타당하므로 제310조의 적용을 부인하여야 한다.

5. 죄 수

단순한 모욕행위와 사실을 적시하는 명예훼손행위가 하나의 행위에 포함되어 있는 경우에는 법조경합으로서 명예훼손죄만이 성립한다. 한 문서에 의하여 여러 사람의 명예를 훼손한 경우에는 상상적 경합이 된다.

Ⅵ. 사이버공간과 名譽毁損罪

인터넷의 활용이 확산됨에 따라 사이버공간에서의 명예훼손이나 모욕행위가 급증하고 있다. 그러나 현행 형법상 명예에 관한 죄의 구성요건은 현실세계에서의 명예훼손행위를 전제로 한 것이므로 '공연성' 요건 등 사이버공간을 이용한 명예훼손 등의 행위와 행위상황이 다르다는 점에서 현행 형법규정으로 규율하기에는 적합하지 않다는 점을 들어 별도의 법규정을 신설하였다.

1. 「정보통신망 이용촉진 및 정보보호 등에 관한 법률」

「정보통신망 이용촉진 및 정보보호 등에 관한 법률」[1](이하 '정보통신망법')은 사이버공간에서의 명예훼손행위에 대한 처벌규정을 두고 있다. 동법 제70조는 "① 사람을 비방할 목적으로 정보통신망을 통하여 공공연하게 사실을 드러내어 다른 사람의 명예를 훼손한 자는 3년 이하의 징역이나 금고 또는 2천만원 이하의 벌금에 처한다. ② 사람을 비방할 목적으로 정보통신망을 통하여 공공연하게 거짓의 사실을 드러내어 다른 사람의 명예를 훼손한 자는 7년 이하의 징역, 10년 이하의 자격정지 또는 5천만원 이하의 벌금에 처한다. ③ 제 1 항 및 제 2 항의 죄는 피해자가 구체적으로 밝힌 의사에 반하여 공소를 제기할 수 없다."

2. 구성요건의 특징과 문제점

정보통신망법 제70조의 구성요건의 특징은, 첫째 명예훼손행위만을 처벌하고 모욕행위나 사자에 대한 명예훼손행위는 처벌하지 않는다는 점, 둘째 목적범('사람을 비방할 목적')으로 규정함으로써 출판물 등에 의한 명예훼손죄와 구성요건을 같이 하고 있는 점, 셋째 일반 명예훼손죄와 출판물에 의한 명예훼손죄를 구별하지 않고 있다는 점, 넷째 형법 제310조와 같은 위법성조각사유를 두지 않고 있다는 점, 다섯째 법정형이 형법상의 명예훼손죄(제307조, 제309조)

1) 법률 제6360호, 2001. 7. 1. 시행.

에 비해 무겁다는 점이다. 반의사불벌죄라는 점에서는 형법상의 명예훼손죄와 동일하다.

사이버공간에서의 명예훼손행위는 현재 그 심각성이 대두되었기 때문에 이를 처벌하는 것은 필요하다. 그러나 현실세계와 사이버공간의 차이를 인정하더라도 명예훼손행위의 경우 그 실질이 동일하다는 점에서는 사이버공간에서의 명예에 관한 죄를 별도로 규정하는 것보다는 현행 형법을 개정하여 이를 포섭하는 방법으로 규율하는 것이 입법적으로 적절하다.[1)]

즉 명예훼손죄와 모욕죄 및 사자명예훼손죄가 모두 사이버공간에서도 가능하기 때문에 현행 형법을 통하여 사이버공간상에서도 이를 적용하도록 하는 것이다. 정보통신망을 이용할 경우 공연성이 더 크기 때문에 법정형을 차별화하는 것은 타당하다. 그러나 정보통신망법은 명예훼손죄만을 규정하고 있을 뿐이며, 언어폭력 등 사이버공간상에서 심하게 발생하는 모욕행위나 현실공간과 마찬가지로 발생 가능한 사자명예훼손행위는 규정하지 않았다. 즉 광범위한 공연성을 갖는 정보통신망을 이용하여 상대방을 모욕하거나 허위사실을 적시하여 사자의 명예를 훼손하는 행위는 동법에서는 처벌대상이 되지 않는다. 그럼에도 불구하고 만일 모욕행위나 사자명예훼손행위에 대하여 형법규정을 적용할 경우 정보통신망을 이용한 명예훼손행위의 경우에 법정형이 높은 정보통신망법을 적용하는 것과 비교하여 균형이 맞지 않는다. 그리고 사이버공간에서의 명예훼손행위에 대해서도 형법 제310조와 같은 위법성조각사유 규정을 두는 것은 현실공간에서와 마찬가지로 필요하다.

한편 정보통신망을 이용한 명예훼손의 경우에 비방할 목적을 요구한 것은 형법상의 출판물에 의한 명예훼손죄와 같은 주관적 구성요건요소를 조건으로 한 것이다. 형법이 이를 요건으로 한 것은 출판물 등이 갖는 공익적 성격을 염두에 둔 것이다. 그러나 정보통신망을 이용하였더라도 언론매체적 성격을 갖지 않는 정보통신망(예: 게시판이나 채팅룸)은 언론매체라기보다는 개인적인 의사표시의 공간으로서 비방할 목적과 같은 추가적인 공익적 요건을 요구할 필요는 없다고 본다. 이 경우에는 비방할 목적이 없더라도 명예훼손적 사실을 내용으로 하고 있으면 명예훼손죄를 인정하도록 하는 것이 타당하다.

그리고 일간지 못지않은 열독률을 보이고 있는 인터넷신문처럼 정보통신

1) 김일수/서보학, 198면은 컴퓨터통신망을 제309조의 출판물에 해당한다고 본다.

망을 이용한 언론매체도 있다. 그러나 정보통신망법은 이러한 차이점을 구별하지 않고 일반 명예훼손행위만을 규정하고 있어서 언론매체의 성격을 지니는 정보통신망을 이용한 명예훼손행위와 통상적인 명예훼손행위를 동일하게 취급하게 되는 문제점이 있다. 이것 역시 시정되어야 할 것이다.

그 밖에 사이버공간에서의 명예훼손 등의 행위와 관련하여 문제되는 것은 ID에 대한 법적 주체성을 인정할 것인가 여부이다. 즉 실명이 아닌 ID를 대상으로 한 모욕이나 명예훼손행위를 어떻게 볼 것인가의 문제는 앞으로 논의되어야 할 쟁점이다. 이는 사이버상의 ID에 대해 명예주체성을 인정할 실익 유무가 관건이라고 할 것이다.

3. 결 론

이상과 같이 신설된 정보통신망법이 규율하고 있는 명예훼손죄의 내용은 형법과의 관계에서 살펴볼 때 수정되어야 한다. 우선 입법적으로는 형법상의 명예에 관한 죄를 현실에 맞도록 개정하는 것이 입법론적으로 타당하다. 이 경우에 정보통신망을 이용한 명예훼손죄는 현행 형법을 적용하더라도 별 문제는 없다. 이러한 연장선상에서 형법상의 사자명예훼손죄나 모욕죄도 정보통신망을 이용한 경우에 형법을 그대로 적용할 수 있다. 정보통신망의 속성상 대부분 공연성을 인정할 수 있기 때문이다. 또한 형법상의 명예훼손죄 규정이 명예훼손행위가 이루어지는 공간을 제한하고 있지 않다. 오히려 정보통신망법이 비방할 목적을 추가한 것은 정보통신망이라는 매체의 특성과 필연적인 상관관계가 없는 부분이다. 즉 공익성을 나타내는 언론매체라고 볼 수 없는 정보통신망을 언론매체와 동일하게 취급하는 것은 타당하지 않은 것이다.

출판물에 의한 명예훼손죄는 명예훼손행위가 이루어지는 공간을 출판물 등이 아니라 대중매체로 확장하여 일정한 정보통신망뿐만 아니라 텔레비전까지도 포함하도록 하는 것이 타당하다. 형법 제309조는 언론매체나 출판물 등이 갖는 확산성을 주목하였기 때문에 별도로 규정된 것인데, 정보통신망을 이용한 경우에도 이러한 확산성이 크기 때문이다.

끝으로 정보통신망법은 사이버공간에서의 명예훼손행위를 충분히 규율하고 있지 못하다는 점, 법정형의 상향조정이 비방할 목적이라는 요건의 강화로 인하여 별 의미가 없게 되었다고 볼 수 있다.

제 2 절 信用·業務와 競賣에 관한 罪

I. 序 論

신용 및 업무에 관한 죄는 사람의 신용을 훼손하거나 사람의 업무를 방해하는 것을 내용으로 하는 범죄이고, 경매방해죄·입찰방해죄는 경매와 입찰의 공정성을 확보하기 위한 구성요건이다. 명예에 관한 죄가 사람의 인격적 측면에서의 사회적 평가를 해치는 범죄인 데 반해 신용·업무와 경매에 관한 죄는 사람의 경제적 측면에서의 사회적 평가를 해치는 범죄이다. 이에 따라 본죄의 성격을 재산범죄로 보아야 할 것인가 아니면 인격적 법익에 대한 죄로 볼 것인가에 대하여 견해가 다르다.

본죄가 재산죄라고 보는 견해[1)]는 기업가의 경제생활상의 신용이나 기업체의 활동내용인 업무 및 기업체가 하는 경매·입찰의 공정성을 확보하기 위한 구성요건이므로 인격적 법익을 보호하기보다는 재산적 법익과 관련된 범죄라고 한다.

반대견해는 신용훼손이 곧 재산권의 침해라고 볼 수 없으며 사람의 경제생활상의 신용도 넓은 의미에서는 명예라고 하여야 하며, 업무방해죄에서의 업무도 경제적 업무에 국한되지 않고 사회적 활동으로서의 업무도 포함된다는 점, 그리고 경매·입찰의 방해는 공정한 자유경쟁을 확보하기 위한 것이 목표이므로 자유에 대한 죄로서의 성질도 갖는 것이므로 재산죄로만 볼 수 없다는 점을 든다.[2)]

본죄가 재산범죄적 성격을 어느 정도 지니고 있는 것은 사실이다. 특히 경매·입찰방해죄는 보호법익이 경매·입찰의 공정성에 대한 사회적 신뢰성이라고 볼 때 개인의 사회적 가치인 자유를 보호하는 범죄라고 보기는 어렵다. 반면에 신용과 업무를 방해하는 행위는 그 내용이 재산상의 신용이라거나 재산적 업무에 국한되는 것은 아니라고 보아야 하므로 이를 재산죄로 파

---

1) 유기천(상), 168면. 독일형법(§187, Verleumdung)에서도 본죄의 보호법익을 재산으로 보는 것이 다수설이다(Tröndle/Fischer, §187 Rn. 2; Lackner/Kühl, §187 Rn. 2; LK/Herdegen, §187 Rn. 3; Sch/Sch/Lenckner, §187 Rn. 1).

2) 강구진, 226면; 김종원, 164면; 배종대, 293면; 백형구, 370면; 이재상, 205면; 이정원, 241면; 정성근/박광민, 215면; 진계호, 205면. 오영근, 272면과 임 웅, 223면은 인격범죄이면서 재산범죄라고 본다.

악하는 것은 협소하다. 결국 본장의 죄는 성격이 상이한 죄를 통합한 것으로서 이를 통일적으로 파악하기는 어렵다고 본다. 그러므로 신용훼손죄와 업무방해죄는 사회생활상 존중되어야 할 사람의 신용과 자유로운 업무수행을 보호하기 위한 자유에 대한 죄로, 경매방해죄와 입찰방해죄는 경매와 입찰이 갖는 공정성에 대한 사회적 신뢰를 저해하는 죄라고 보아야 한다. 결국 경매·입찰방해죄는 개인적 법익에 대한 죄라기보다는 사회적 법익에 대한 죄라고 보아야 하며 형법이 본죄를 개인적 법익에 대한 죄의 장에 편입시킨 것은 불합리하다.

Ⅱ. 構成要件體系

형법 제34장이 규정하고 있는 신용훼손죄(제313조), 업무방해죄(제314조), 경매방해죄·입찰방해죄(제315조)는 각각 신용, 업무 및 경매의 안전을 보호하기 위한 독립적인 구성요건이다.

Ⅲ. 信用毁損罪

> 제313조【신용훼손】 허위의 사실을 유포하거나 기타 위계로써 사람의 신용을 훼손한 자는 5년 이하의 징역 또는 1천500만원 이하의 벌금에 처한다.

1. 의 의

본죄는 허위의 사실을 유포하거나 기타 위계로써 사람의 경제적 신용을 떨어뜨리는 죄이다. 명예가 사람의 사회적·인격적 평가를 의미하는 데 반해 신용이란 사람에 대한 경제적 상태 또는 평가를 의미한다. 신용은 경제적 신용, 즉 사람의 지불능력 또는 지불의사에 대한 사회적 신뢰를 말한다.[1] 그러므로 신용훼손죄는 재산범죄적 성격을 지니고 있기도 하다.

본죄의 보호법익은 사람의 신용이다. 신용의 주체인 사람에는 자연인은 물론 법인과 법인격 없는 단체도 포함한다.

2. 구성요건

허위의 사실을 유포하거나 기타 위계로써 신용을 훼손하는 것이다.

1) 대판 2006.5.26, 2004도1313.

(1) 허위사실의 유포

이는 객관적 사실과 다른 과거 또는 현재의 사실을 불특정 또는 다수인에게 전파하는 것을 말한다.[1] 비록 미래의 사실이라 할지라도 증거에 의하여 신용훼손의 입증이 가능할 때에는 여기의 사실에 포함된다. 그러나 단순한 의견이나 가치판단을 표시하는 것은 이에 해당하지 않는다. 그리고 유포한 사실의 전부가 허위이든 일부가 허위이든 불문하며, 스스로 허위의 내용을 퍼뜨리는 것은 물론 타인으로부터 전해들은 사실이 허위임을 알면서도 이를 전파하는 것도 포함한다. 유포의 방법은 제한이 없다. 공연히 유포하여야 한다는 견해[2]도 있으나 구성요건에 이러한 제한이 없으므로 공연성이 없더라도 본죄의 성립을 인정하여야 할 것이다.

[판례] 피고인은 조흥은행 본점 앞으로 "피해자 공소외 1이 대출금 이자를 연체하여 위 은행의 수락지점장인 공소외 2가 3,000만 원의 연체이자를 대납하였다"는 등의 허위의 내용을 기재한 편지를 보냈다. 이러한 인정사실에 대하여 피고인이 위 편지를 조흥은행 본점에 송부한 행위가 그 내용을 불특정 또는 다수인에게 전파시킨 경우에 해당한다고 보기는 어려우나, 그로써 조흥은행의 오인 또는 착각 등을 일으켜 위계로써 피해자의 신용을 훼손한 경우에는 해당한다고 판시하였다. 또한 편지의 내용 중 기본적인 사실이 진실이라 하더라도, 위와 같이 편지에 상당부분의 허위내용을 부가시킴으로써 신용훼손의 정도가 증가된 이상 신용훼손죄의 성립에 영향이 생기는 것도 아니라고 보았다(대판 2006. 12. 7, 2006도3400).

(2) 위 계

위계라 함은 사람을 착오에 빠지게 하여 판단을 그르치게 하는 것을 말한다.

(3) 신용훼손

신용을 훼손한다는 것은 사람의 지급능력 또는 지급의사에 관한 사회적 신뢰를 저하시키는 것을 말한다. 본죄는 추상적 위험범이므로[3] 신용훼손의 결과가 발생하여야 하는 것은 아니며 신용을 훼손시키기에 충분한 허위사실의 유포 또는 위계의 행사가 있으면 기수에 이른다.

---

1) 대판 1983. 2. 8, 82도2486.
2) 황산덕, 234면.
3) 구체적 위험범이라는 견해도 있다(배종대, 304면).

3. 죄 수

공연히 허위의 사실을 유포하여 신용훼손죄와 명예훼손죄의 구성요건을 실현한 경우에는 형량이 무거운 신용훼손죄만이 성립한다고 보는 견해(법조경합)[1]가 있으나 양죄는 상상적 경합관계라고 보는 것이 타당하다.[2] 명예와 신용은 별개의 보호법익이라고 보아야 하기 때문이다. 반면에 진실한 사실을 주장하여 명예와 신용을 훼손한 경우에는 진실한 사실에 의한 신용훼손행위는 신용훼손죄에 해당하지 않으므로 명예훼손죄만이 성립한다. 그리고 위계를 사용하여 명예와 신용을 훼손한 경우에는 신용훼손죄만이 성립한다. 위계에 의한 명예훼손죄는 처벌하지 않기 때문이다.

Ⅳ. 業務妨害의 罪

Ⅰ. 업무방해죄

> **제314조【업무방해】** ① 제313조의 방법 또는 위력으로써 사람의 업무를 방해한 자는 5년 이하의 징역 또는 1천500만원 이하의 벌금에 처한다.

(1) 의 의

본죄는 허위의 사실을 유포하거나 위계 또는 위력으로써 사람의 업무를 방해하는 죄이다. 본죄는 추상적 위험범이다. 그러므로 현실적으로 업무방해로 인한 법익침해의 결과가 발생할 것을 필요로 하지 않는다. 이에 반해 판례는 업무방해의 결과를 초래할 위험은 발생하여야 한다고 보고 있다.[3]

판례[4]와 학설은 여기에서의 업무방해의 위험성은 업무집행 자체에 대해 위험을 초래하는 것이며, 현실적인 업무방해를 통한 결과발생의 위험성을 의미하지는 않는다고 본다.[5] 또한 업무방해죄의 성립에는 업무방해의 결과가 실제로 발생함을 요하지 않고 업무방해의 결과를 초래할 위험이 발생하는 것이면 족하며, 업무수행 자체가 아니라 업무의 적정성 내지 공정성이 방해된

---

1) 강구진, 227면; 김성천, 793면; 김일수/서보학, 212면; 배종대, 304면; 오영근, 235면; 이재상, 207면; 이정원, 231면; 이형국, 267면; 임 웅, 225면.
2) 백형구, 364면; 유기천(상), 171면; 정성근, 232면; 정영석, 291면.
3) 대판 2004. 4. 15, 2002도3453.
4) 대판 1991. 6. 28, 91도944.
5) 대판 1994. 6. 14, 93도288. 또한 강구진, 236면; 김성천, 746면; 김일수/서보학, 210면; 백형구, 365면; 이재상, 214면; 이정원, 252면; 이형국, 272면; 임 웅, 229면.

경우에도 업무방해죄가 성립한다는 입장이다.[1] 그러나 위험범에서의 위험이란 법익침해의 결과발생에 대한 위험을 의미하는 것이며,[2] 구성요건에 해당하는 행위의 실현 자체의 위험성을 의미하지는 않는다. 이처럼 추상적 위험범은 구성요건에 규정되어 있는 행위방법이 갖는 보호법익에 대한 일반적인 위험성 때문에 처벌되는 것이며, 행위실현 자체의 위험성을 의미하는 것이 아니다. 그러므로 업무방해죄에서도 업무방해라는 형식적 침해행위는 있어야 하는 것이다. 이에 따라 업무방해의 위험성은 업무집행 자체의 위험성이 아니라 업무방해로 인한 업무의 실질적인 내용침해의 위험성으로 파악하여야 한다.[3] 이는 위험범인 방화죄에서의 위험이 목적물에 대한 소훼(燒毁)의 위험성이 아니라 방화로 인한 공공의 안전과 평온을 해칠 위험성을 의미하는 것과 같다. 즉 추상적 위험범인 현주건조물방화죄(제164조 제1항)가 성립하기 위해서는 불을 놓아 목적물을 소훼하는 결과발생은 필요한 것이다.

1) **업무방해죄의 성격** 업무방해죄가 지향하는 입법적 목표가 무엇인가에 대해서는 ① 본죄를 자본주의적 경제질서의 관점에서 파악하여 사람의 경제생활관계를 보호하는 것으로 보는 **재산죄설**,[4] ② 사람의 자유로운 행위의 적정행사를 저해하는 데에 있다고 보아 자유와 사회의 안전에 대한 죄로 보는 **자유보호설**,[5] ③ 사람의 사회적 활동의 자유를 경제적 측면에서 보호하려는 것으로 파악하는 **재산 및 자유보호설**[6]이 있다. ③의 견해는 업무방해죄를 단순히 자본주의 경제질서의 보호라는 관점에서만 파악하는 재산죄설이나 자유라는 인격적 법익의 보호만을 목표로 하는 자유보호설의 입장은 다음과 같은 이유에서 일면적이라고 본다. 먼저 전자에 대해서는 업무로서 보호하여야 할 필요성이 있는 영역이 사회생활의 복잡화에 의하여 확대하고 있는 현실에서 업무방해죄의 업무를 반드시 사람의 경제적 활동만으로 제한하여야 할 이유가 없으므로 사회적 활동으로서의 업무도 포함하여야 한다는 점, 그리고 후자에 대해서는 업무방해죄가 가지는 경제적 보완기능을 무시하고 있

---

1) 대판 2008. 1. 17, 2006도1721.
2) 박상기, 형법총론, 80면 이하 참조.
3) 자세한 것은 박상기, 「업무방해죄에서의 업무방해의 의미 — 소위 "위장취업"과 업무방해죄」, 형사판례연구(2), 216면 이하 참조.
4) 유기천(상), 168면.
5) 김일수/서보학, 206면; 서일교, 111면.
6) 강구진, 226면; 김종원, 164면; 배종대, 293면; 이재상, 208면; 정성근/박광민, 215면.

는 점을 지적한다.[1] ④ 이에 반해 대법원은 업무방해죄를 일반적인 활동의 자유를 침해하는 죄로 파악하고 있다고 볼 수 있으며, 반드시 경제적 활동에 관한 업무를 요구하고 있지 않다.[2]

생각건대 업무방해죄에서의 업무가 재산적 성격을 띠는 경우가 많음은 사실이지만 그렇다고 하여 반드시 이를 재산죄라고 보기는 어렵다. 또한 재산 및 자유보호설의 입장도 경제생활이 사람의 활동의 자유의 한 부분요소라고 볼 수 있으며, 연혁적으로도 업무방해죄가 노동쟁의행위에 대처하기 위하여 등장한 점을 고려할 때[3] 대법원판례의 견해가 타당하다(재산적 의미까지도 포함하는 자유보호설).

2) 업무의 개념 및 보호법익 형법상 업무라 함은 그 사회생활상의 지위에 기하여 반복적 혹은 계속적으로 종사하는 사무나 사업을 말하는 것으로서 타인의 위법한 행위에 의한 침해로부터 형법상 보호할 가치가 있는 것을 말한다.[4] 업무의 기초가 된 계약 또는 행정행위 등이 반드시 적법하여야 하는 것은 아니다.[5] 즉 법령상 정당한 권한에 기한 것이 아니더라도 업무가 사실상 평온하게 행하여져 사람의 사회적 활동의 기반을 이루고 있다면 본죄의 대상이 된다. 그러나 「사회생활상 도저히 용인될 수 없는 정도로 반사회성을 띠는 경우」에는 본죄에서 보호되는 업무라고 볼 수 없다.[6] 보수나 영리의 목적 유무는 가리지 않는다. 본죄의 업무에는 주된 업무는 물론 부수적인 업무도 포함하지만 계속하여 행하는 사무가 아닌 일회적인 사무는 해당하지 않는다.[7]

---

1) 강구진, 230면 참조.
2) 대판 1991. 11. 22, 91도2211(교수인 피고인 갑이 출제교수들로부터 대학원 신입생전형 시험문제를 제출받아 피고인 을, 병에게 그 시험문제를 알려 주자 그들이 답안쪽지를 작성한 다음 이를 답안지에 그대로 베껴 써서 그 정을 모르는 시험감독관에게 제출한 경우, 위계로써 입시감독업무를 방해한 것이므로 업무방해죄에 해당한다); 1991. 9. 10, 91도1666(해고를 당한 후 해고처분무효확인소송을 제기하여 그 효력을 다툼으로써 노동조합의 조합원인 근로자의 지위를 그대로 갖고 있다 하더라도 회사가 조합의 대의원이 아닌 피고인에게 회사 내의 조합대의원회의에 참석하는 것을 허락하지 아니하였는데도 그 의사에 반하여 함부로 거기에 들어가고 회사경비원들의 출입통제업무를 방해한 것은 건조물침입죄와 업무방해죄에 해당한다).
3) 대판 2011. 3. 17, 2007도482 참조.
4) 대판 1989. 3. 28, 89도110.
5) 대판 1991. 6. 28, 91도944; 1995. 6. 30, 94도3136; 1996. 11. 12, 96도2214.
6) 대판 2001. 11. 30, 2001도 2015.
7) 대판 1989. 9. 12, 88도1752(전자부품 제조공장의 이전업무를 위력으로 방해한 사건에서 공장의 이전사무는 성질상 일시적인 사무에 불과하다고 보아 업무방해죄의 성립을 부인). 또한 김일수/서보학, 206면; 이재상, 208면; 이형국(I), 330면; 정성근/박광민, 203면.

업무방해죄의 보호법익에 대해서는 업무라고 보는 견해[1]가 있다. 그러나 이는 보호법익이라기보다는 보호의 대상이라고 보아야 한다. 판례 역시 이러한 입장에 서 있다(아래 참조). 왜냐하면 본죄는 업무 그 자체를 보호하기 위한 것이 아니라 업무보호를 통하여 업무의 실질적 내용을 보호하고자 하는 것이기 때문이다. 이는 마치 경매·입찰방해죄의 보호법익이 경매나 입찰 그 자체가 아니라 경매와 입찰의 공정성인 것과 같다. 그러므로 사회적 지위와 계속성을 내용으로 하는 업무방해죄에서의 업무개념은 형법상 업무를 구성요건으로 하는 범죄들에 내포된 공통요소에 불과한 형식적 의미를 지닐 뿐이며 보호법익이라고 할 수는 없다. 결국 본죄는 형법상 보호할 가치 있는 사람의 활동의 자유를 보호법익으로 한다고 보는 것이 타당하다.

[판례] "형법상 업무방해죄의 보호대상이 되는 '업무'라고 함은 직업 또는 계속적으로 종사하는 사무나 사업으로서 타인의 위법한 침해로부터 형법상 보호할 가치가 있는 것이어야 하므로, 어떤 사무나 활동 자체가 위법의 정도가 중하여 사회생활상 도저히 용인될 수 없는 정도로 반사회성을 띠는 경우에는 업무방해죄의 보호대상이 되는 '업무'에 해당한다고 볼 수 없다 할 것인바, 의료인이나 의료법인이 아닌 자의 의료기관 개설행위는 의료법에 의하여 금지된 행위로서 형사처벌의 대상이 되는 범죄행위에 해당할 뿐 아니라, 그 위법의 정도가 중하여 사회생활상 도저히 용인될 수 없는 정도로 반사회성을 띠고 있으므로 업무방해죄의 보호대상이 되는 '업무'에 해당하지 않는다(대판 2001. 11. 30, 2001도2015)."

(2) 구성요건

1) 업무의 내용 본죄의 업무에는 공무도 포함되는가의 여부에는 ① 공무가 포함된다는 긍정설,[2] ② 공무는 포함되지 않는다고 보는 부정설,[3] ③ 원칙적으로 공무는 포함되지 않으나 공무원이 아닌 자의 공무수행이나 비권력적 공무수행 또는 위력에 의한 공무집행방해의 경우에는 공무도 포함된다고 하는 절충설[4]이 있다. 형법에는 공무집행방해죄(제136조, 제137조)가 별도로

1) 배종대, 241면; 백형구, 373면; 이재상, 208면; 임 웅, 225면.

2) 김일수/서보학, 215면; 이형국(I), 332면; 정영석, 293면; 정영일, 202면. 이정원, 256면; 임 웅, 229면은 공무집행방해죄와 본 죄를 특별법과 일반법의 관계로 본다.

3) 김성돈, 211면; 김성천, 753면; 김종원, 168면; 배종대, 307면; 백형구, 366면; 손동권, 216면; 오영근, 240면; 유기천(상), 176면; 이재상, 211면. 한편 김일수/서보학, 215면은 본죄의 업무에 공무는 포함되지 않지만 위력에 의한 공무집행방해행위는 공무집행방해죄의 규율대상이 아니므로 본죄의 경우에 포함된다고 한다.

4) 정성근/박광민, 221면.

규정되어 있으며, 공무집행방해죄의 행위태양이 제한되어 있음에도 본죄를 적용하게 되면 결과적으로 처벌범위가 확대되는 점을 고려할 때 본죄에는 공무가 포함되지 않는다고 보는 것이 타당하다. 형법이 업무방해죄와는 별도로 공무집행방해죄를 규정하고 있는 것은 사적 업무와 공무를 구별하여 공무에 관해서는 공무원에 대한 폭행, 협박 또는 위계의 방법으로 그 집행을 방해하는 경우에 한하여 처벌하겠다는 취지이다. 그러므로 공무원이 직무상 수행하는 공무를 방해하는 행위에 대해서는 업무방해죄로 의율할 수는 없다.[1)]

2) 업무방해의 방법 업무방해의 방법은 허위사실을 유포하거나 위계 또는 위력으로써 업무를 방해하는 것이다.[2)] 허위사실을 유포하는 방법에 의하여 타인의 업무를 방해하는 업무방해죄가 성립하기 위해서는 자신이 유포한 사실이 허위라는 점을 적극적으로 인식하였어야 한다.[3)] 위계에 의한 경우란 행위목적을 달성하기 위하여 상대방의 착오나 부지를 이용하는 업무방해를 말한다. 위력에 의한 경우란 사람의 의사를 제압할 만한 유형·무형의 세력을 이용하여 업무를 방해하는 것을 의미한다. 그러나 피해자의 의사가 실제로 제압되었는가의 여부는 본죄의 성립과 무관하다.[4)] 판례는 사회적·경제적·정치적 지위와 권세에 의한 압박 등도 이에 포함된다는 입장이다.[5)] 또한 쟁의행위로서의 파업(노동조합 및 노동관계조정법 제 2 조 제 6 호)도, 단순히 근로계약에 따른 노무의 제공을 거부하는 부작위에 그치지 아니하고 이를 넘어서 사용자에게 압력을 가하여 근로자의 주장을 관철하고자 집단적으로 노무제공을 중단하는 실력행사이므로(이러한 입장에서 단순파업은 부작위가 아니라 작위에 해당한다고 보고 있다), 업무방해죄에서 말하는 위력에 해당하는 요소를 포함하고 있다고 본다.[6)] 그리고 업무집행 자체를 방해하는 경우뿐만 아니라 업무의 경영을 방해하는 일체의 행위를 포함한다는 것이 판례의 입장이다.[7)] 그러나 근로자가 사업장에 결근하면서 근로제공을 하지 않는 것은 근로계약상의 의무를 이행하지 않는 부작위임이 명백하므로 이를 위력으로 파악하는 것은 작위와 부작

1) 대판 2009. 11. 19, 2009도4166(전원합의체); 2010. 2. 25, 2008도9049.
2) 「위계」 및 「허위사실유포」의 의미에 관하여는 위의 Ⅲ. 신용훼손죄 참조.
3) 대판 1994. 1. 28, 93도1278.
4) 대판 1987. 4. 28, 87도453.
5) 대판 2007. 6. 14, 2007도2178.
6) 대판 2011. 3. 17, 2007도482(전원합의체).
7) 대판 2007. 6. 14, 2007도2178.

위를 사실적 측면에서 구별하지 않은 것으로서 타당하지 않다. 나아가서 업무의 경영은 업무집행에 비해 그 범위가 지나치게 포괄적이어서 업무집행을 구체적으로 방해하는 경우로 제한하여야 한다.

방해란 업무수행에 어떤 지장을 주는 것을 의미한다. 판례는 단순한 집단적 노무제공의 거부행위도 위력에 해당한다고 보아 정당행위로서 위법성이 조각되지 않는 한 업무방해죄가 성립한다고 보았다.[1] 쟁의행위는 그 개념상 집단적 행동이며, 노사간의 평화상태를 깨뜨리고 가장 날카로운 갈등의 충돌상황에서 발휘되는 것으로서 특히 동맹파업은 집단적으로 노무제공을 중단함으로써 사용자에게 압력을 가하여 소기의 목적을 관철하고자 하는 노동자의 실력행사이다. 따라서 쟁의행위는 집단적 행동이라는 면에서 위력의 개념요소인 '위세와 인원수' 요건을 속성상 충족하고 있으며, 압력을 가하는 실력행사라는 점에서 상대측의 자유의사를 제압하는 성질을 띤다. 이처럼 쟁의행위는 대부분의 경우 위력을 내포하고 있으므로 외형상으로는 위력업무방해죄의 구성요건을 충족하고 있다고 볼 수 있다.[2] 즉 파업 등의 쟁의행위는 본질적 · 필연적으로 위력에 의한 업무방해의 요소를 포함하고 있으므로 정당성이 인정되어 위법성이 조각되는 등의 특단의 사정이 없는 한 위력업무방해죄로 처벌할 수 있다는 것이 판례의 입장이었다.[3] 그러나 소극적인 근로제공의 거부에 대해서 형법상의 위력에 의한 업무방해죄를 인정하는 것은 신중할 필요가 있다. 근로자가 사업장에 결근하는 소극적 근로제공의 거부행위는 근로계약상의 의무를 이행하지 않았다는 점에서 부작위에 해당하고, 근로자들이 쟁의행위의 목적에서 집단적으로 근로제공을 거부한 것이라는 사정이 존재한다고 하여 개별적으로 부작위인 근로제공의 거부가 작위로 전환된다고 할 수는 없다. 그리고 근로자들의 단순한 근로제공 거부는 그것이 비록 집단적으로 이루어졌다 하더라도 사용자의 업무수행에 대한 적극적인 방해행위와 동등한 형법가치를 가진다고 할 수도 없기 때문이다.[4]

1) 대판 1996. 5. 10, 96도419. 이 사건은 문화방송 노조 집행부가 노조원들에게 9시 정각 출근을 지시하여 9시 이전에 출근하여 업무준비를 하여야 한다는 점을 위반한 사안이다. 또한 대판 2006. 5. 25, 2002도5577.

2) 헌재결 1998. 7. 16, 97헌바23 참조.

3) 대판 1991. 1. 29, 90도2852. 또한 대판 1991. 4. 23, 90도2771 참조.

4) 대판 2011. 3. 17, 2007도482 전원합의체(소수의견).

[판례] 1. 위계에 의한 업무방해의 예

① 회사가 공원모집을 함에 있어 학력, 경력을 기재한 이력서와 주민등록등본, 생활기록부 및 각서 등 서류를 교부받고, 응모자를 상대로 문제를 출제하여 시험을 보게 한 것은 단순히 응모자의 노동력을 평가하기 위한 것만이 아니라 노사간의 신뢰형성 및 기업질서유지를 위한 응모자의 지능과 경험, 교육 정도, 정직성 및 직장에 대한 적응도 등을 감안하여 위 회사의 근로자로서 고용할 만한 적격자인지 여부를 결정하기 위한 자료를 얻기 위함인 것으로 인정되는데 피고인이 노동운동을 하기 위하여 노동현장에 취업하고자 하나, 자신이 대학교에 입학한 학력과 국가보안법위반죄의 처벌전력 때문에 쉽사리 입사할 수 없음을 알고, 타인명의로 허위의 학력과 경력을 기재한 이력서를 작성하고, 동인의 고등학교 생활기록부 등 서류를 작성 제출하여 시험에 합격하였다면 피고인은 위계에 의하여 위 회사의 근로자로서의 적격자를 채용하는 업무를 방해하였다고 본 사례(대판 1992. 6. 9, 91도2221).[1]

② 교무처장 등이 기부금 명목의 금품을 제공받고 지원자들의 실제 입학시험성적을 임의로 고쳐 그 석차가 모집정원 범위 내에 들도록 사정부를 허위로 작성한 다음 이를 그 정을 모르는 입학사정위원들에게 제출하여 지원자를 합격처리하도록 한 것은 위계로써 입학사정위원들의 사정업무를 방해한 것이다(대판 1994. 3. 11, 93도2305; 2010. 3. 25, 2009도8506).

③ 노동조합 대의원회가 회사와 협의 없이 일방적으로 휴무를 결정한 후 유인물을 배포하여 유급휴일로 오인한 근로자들이 출근하지 아니하여 공장의 가동을 불가능하게 한 경우(대판 1992. 3. 31, 92도58).

④ 타인으로 하여금 학위논문을 대신 작성하게 하여 사립대학으로부터 학위를 수여받은 경우(대판 1996. 7. 30, 94도2708).

2. 위력에 의한 업무방해의 예

① 피고인이 사람의 통행이 빈번한 변호사 사무실 앞에서 등에 붉은 색 페인트로 "무죄라고 약속하고 2백만원에 선임했다. 사건담당변호사"라는 등을 기재한 흰 가운을 입고 주변을 배회하는 등 하였다면 이는 공연히 허위의 사실을 적시하여 유포함으로써 변호사로서의 업무의 경영을 저해하는 경우에 해당하므로 업무방해죄를 구성한다(대판 1991. 8. 27, 91도1344).

② 근무시간중에 조합간부들과 공동하여 지하철공사의 사무실 내의 집기 등을 부수고 적색페인트, 스프레이로 복도계단과 사무실 벽 등 200여 군데에 "노동해방," "양키고홈," "··· 퇴진" 등의 낙서를 한 경우 이는 조합활동권의 정당성의 범위 밖에 속한다(대판 1990. 5. 15, 90도357).

③ 출입문에 바리케이드를 치고 모든 출입자의 출입을 통제한 경우(대판 1991. 6. 11, 91도753).

④ 채권회수의 목적으로 수백회 전화를 건 행위(대판 2005. 5. 27, 2004도8447)

⑤ 피고인이 피해자들이 경작 중이던 농작물을 트랙터를 이용하여 갈아엎은 다음 그곳에 이랑을 만들고 새로운 농작물을 심어 피해자의 자유로운 논밭 경작 행위를 불가능하게 하거나 현저히 곤란하게 한 경우(대판 2009. 9. 10, 2009도5732).

1) 이 판례의 평석은 박상기, 앞의 논문 참조.

3. 허위사실유포에 의한 업무방해의 예

"소비자보호원의 발표내용을 임의로 과장·왜곡하고 발표에 들어있지 아니한 내용을 삽입하는 등의 방법으로 그 광고를 보는 불특정 다수인에게 소비자보호원의 발표내용을 본래의 의미나 내용과 전혀 다른 의미나 내용으로 이해하도록 한 것으로서, … 한국소비자보호원의 명예를 훼손하고 업무를 방해한 것 …"(대판 1993. 4. 13, 92도3035).

(3) 위 법 성

본죄는 일반적인 위법성조각사유에 의하여 위법성이 조각된다. 특히 문제가 되는 것은 노동쟁의행위이다. 판례는 노동자의 쟁의행위가 형법상 정당행위가 되기 위한 조건을 다음과 같이 제시하고 있다. 첫째 그 주체가 단체교섭의 주체로 될 수 있는 자이어야 하고, 둘째 그 목적이 근로조건의 향상을 위한 노사간의 자치적 교섭을 조성하는 데에 있어야 하며, 셋째 사용자가 노동자의 근로조건 개선에 관한 구체적인 요구에 대하여 단체교섭을 거부하였을 때 개시하되 특별한 사정이 없는 한 조합원의 찬성결정 등 법령이 규정한 절차를 거쳐야 하고, 넷째 그 수단과 방법이 사용자의 재산권과 조화를 이루어야 하며, 폭력행사에 해당하지 않을 것을 조건으로 하고 있다.[1] 이에 따라 조합원의 찬반투표를 거치지 않은 쟁의행위에 대해서는 업무방해죄가 성립한다고 본다.[2]

그러나 조합원의 찬반투표 절차를 거치지 않고 쟁의행위를 개시하였음을 이유로 조합원을 노조집행부와 마찬가지로 업무방해죄로 처벌하는 것은 균형이 맞지 않는다. 즉 노동조합 및 노동관계조정법 제41조 제 1 항은 노조집행부에 대하여 조합원의 의사를 물어서 쟁의행위를 하여야 함을 규정한 것으로서 규범의 적용대상은 조합원이 아니라 노동조합 집행부이다. 그러므로 찬반투표를 하지 않고 쟁의행위를 할 것을 주도하거나 그 결정에 적극 관여한 자에 한정되고, 단순히 노조집행부의 지시에 따라 쟁의행위에 가담한 조합원은 본조의 처벌대상에서 제외된다고 보는 것이 타당한 것이다.

그럼에도 불구하고 일반조합원에 대하여 업무방해죄를 인정한다면 가벼운 구성요건(노동조합 및 노동관계조정법 제41조 제 1 항, 제91조)에도 해당하지 않는 자에게 보다 무거운 형법

1) 대판 2001. 10. 25, 99도4837(전원합의체).

2) 앞의 판례. 노동조합 및 노동관계조정법 제41조(쟁의행위의 제한과 금지) 제 1 항은 "노동조합의 쟁의행위는 그 조합원의 직접·비밀·무기명투표에 의한 조합원 과반수의 찬성으로 결정하지 아니하면 이를 행할 수 없다"고 규정하고 있다. 그리고 동법 제91조(벌칙)는 이에 위반하는 경우에는 1년 이하의 징역 또는 1천만원 이하의 벌금에 처한다고 규정하고 있다.

상의 구성요건인 업무방해죄를 인정하는 불합리를 피할 수 없게 된다.

[판례] "노동조합 임시총회가 근무시간중에 열렸고 4시간의 전체 총회시간 중 찬반 투표를 실시하고 남은 1시간을 여흥에 사용하기는 하였으나, 위 임시총회가 노동쟁의조정법상 쟁의행위를 하기 위한 필수적 요건인 조합원의 투표를 위한 것으로서 2회에 걸친 서면통보를 거쳐 개최되어 회사가 이에 대비할 여유가 충분히 있었고, 일부 조합원들이 야간근무를 하는 회사의 근무형태 때문에 전체 조합원이 총회에 참석할 수 있게 하려면 비록 근무시간중이기는 하지만 야간근무가 끝나고 주간근무가 시작되는 교대시간에 총회를 소집하는 것이 필요"하였다는 점을 들어 정당행위에 해당한다고 판시하였다(대판 1994. 2. 22, 93도613).

노동운동을 목적으로 학력을 속이고 취업하는 소위 위장취업이 위계에 의한 업무방해죄에 해당하는가? 대법원은 이를 긍정한다.[1] 그러나 근로조건의 개선 기타 근로자의 정당한 이익의 주장을 목적으로 자주적으로 단체를 조직하고, 단체의 이름으로 사용자와 교섭을 하고, 소기의 목적을 달성하기 위하여 집단행동을 할 수 있는 노동 3 권을 내용으로 하는 노동운동은 헌법(제33조 제 1 항)과 노동조합 및 노동관계조정법(제37조) 등 관계법령에 의하여 인정되는 것이다. 그리고 회사취업시 노동운동의 목적을 회사측에 알릴 의무를 사실상 강요하는 것은 헌법상 보장된 양심의 자유(제19조)까지도 침해하는 것이다. 양심의 자유는 인간의 내면세계에서 형성된 양심의 표명을 직·간접으로 강요당하지 않는 자유를 포함하기 때문이다. 또한 학력이나 경력의 사칭은 고용계약체결시 계약위반의 문제는 제기될 수 있으나 이러한 행위만을 이유로 업무방해죄가 성립한다고 볼 수는 없다. 회사의 채용업무는 취업희망자의 지원서류 접수만으로 취업이 결정되는 것이 아니라 회사측이 갖고 있는 전형권에 의해 실질적으로 심사되는 것이다. 여기에서 회사의 불충분한 심사와 취업지원자의 경력·학력사칭행위를 비교할 때 회사측에 귀책사유가 있다고 보아야 한다. 그러므로 설사 고학력자이면서도 저학력자인 체 위장하여 취업을 하였더라도 업무방해죄에 해당한다고 볼 수 없으며, 위장취업의 문제는 취업 당시의 목적의 불순성을 추적할 것이 아니라 근로자로서의 정당한 노동 3 권의 행사인가라는 문제를 중심으로 판단하여야 할 것이다.[2]

1) 대판 1992. 6. 9, 91도2221.

2) 자세한 것은 박상기, 앞의 논문 참조.

2. 컴퓨터 등 업무방해죄

제314조【업무방해】 ② 컴퓨터 등 정보처리장치 또는 전자기록 등 특수매체기록을 손괴하거나 정보처리장치에 허위의 정보 또는 부정한 명령을 입력하거나 기타 방법으로 정보처리에 장애를 발생하게 하여 사람의 업무를 방해한 자도 제 1 항의 형과 같다.

(1) 의의 및 보호법익

1) 의 의 컴퓨터 등 정보처리장치 또는 전자기록 등 특수매체기록을 손괴하거나 정보처리장치에 허위의 정보 또는 부정한 명령을 입력하거나 기타 방법으로 정보처리에 장애를 발생하게 하여 사람의 업무를 방해하는 행위를 처벌하는 범죄이다. 기존의 업무방해죄가 자연인을 대상으로 한 데 반하여 본죄는 컴퓨터 등 정보처리장치에 대한 가해행위를 수단으로 하는 업무방해죄임이 특징이다.

본죄는 소위 컴퓨터사보타주(Computersabotage)를 규정한 것이다. 컴퓨터사보타주는 컴퓨터나 정보수록체 자체를 손괴하는 행위(hardware 파괴)는 물론 정보수록체에 저장된 정보를 무용하게 하거나 변작 혹은 삭제하는 것(software 파괴)을 의미한다.[1)]

2) 보호법익 본죄의 보호대상은 정보처리를 통한 업무(수행)이지만 보호법익은 원활한 정보처리에 의한 경제적 · 행정상의 이익이다.[2)] 즉 오늘날 기업이나 행정관서의 중요업무는 대부분 컴퓨터에 의한 정보처리를 통하여 이루어진다(예: 업무계획, 회계장부처리나 급여계산, 항공사의 운항계획 등). 만일 이러한 업무를 수행하는 컴퓨터의 작동을 방해한다면 이로 인한 손실은 금전적인 측면을 떠나 복구가 불가능한 업무상의 손실을 장기적으로 입힐 것이며, 안전상으로도 치명적인 결과를 초래할 수 있는 것이다. 업무에 대한 침해의 위험이 인정되면 본죄가 성립하므로 추상적 위험범에 해당한다.

본죄의 업무에는 후술하는 바와 같이 공무와 사무가 모두 포함된다. 업

1) 독일형법(§303 b, Computersabotage)은 정보의 삭제, 은닉 혹은 무용하게 하거나 변작하는 방법을 통하여 기업이나 관공서의 중요한 정보처리를 방해하거나, 정보처리장치(Datenverarbeitungsanlage)나 정보수록체(Datenträger)를 파괴, 손상하거나 무용하게 하는 행위 혹은 제거하거나 변작하는 등의 방법으로 방해하는 행위를 한 자는 5년 이하의 자유형 혹은 벌금형으로 처벌하고 있다. 그리고 미수범도 처벌한다.

2) Tröndle/Fischer, §303 b Rn. 2; Möhrenschlager, wistra 1986, 142.

무방해죄와 달리 본죄의 경우에는 공무를 제외하여야 할 이유가 없으며 오히려 관공서의 정보처리장치 등을 보호하여야 할 필요성은 더욱 크기 때문이다.[1)]

(2) 구성요건

1) 행위객체 컴퓨터 등 정보처리장치 또는 전자기록 등 특수매체기록이다. 정보처리장치는 자료를 입력하고 이것을 프로그램에 따라 결합시킴으로써 작업결과를 얻으려는 기술적 과정을 수행하는 도구를 말한다.[2)] 이러한 정보처리장치는 전자적(전기적 · 자기적) 정보처리체계를 갖추어야 하며 일정한 독립성도 지녀야 한다. 자동판매기는 정보처리장치가 독립성을 지녔다고 볼 수 없으므로 본죄의 행위객체에 해당하지 않는다. 일반적으로 이와 같은 정보처리장치설비를 전자계산기 또는 컴퓨터시스템이라고 한다. 정보처리장치는 하드웨어(예: 컴퓨터, 웹서버 등)를 의미하며,[3)] 소프트웨어는 정보처리장치가 아니라 정보처리에 이용되는 전자기록에 해당하므로 정보처리장치에 포함되지 않으며 이는 후술하는 전자기록 등 특수매체기록에 포함된다.[4)]

본죄의 행위객체인 전자기록 등 특수매체기록에서 **전자기록**이란 일정한 매체에 전기적 또는 자기적 방식으로 저장한 기록, 즉 전기적 기록과 자기적 기록을 말하며 특수매체기록의 한 예이다. 여기에서 일정한 매체란 반도체집적회로, 자기디스크, 자기테이프 등이 해당된다. 특수매체기록에는 이러한 전자기록 이외에 광기술이나 레이저기술을 이용한 광학기록 등이 포함된다(예: 음반 · 콤팩트디스크 등에 기록된 음성신호, 녹음테이프 · 녹화테이프 등). 본죄에서의 전자기록 등 특수매체기록은 컴퓨터 등 정보처리장치에 사용하는 기록만을 의미한다. 그러므로 녹음용 테이프나 녹화용 필름, 마이크로필름 등은 정보처리장치에 사용되기 전까지는 본죄의 행위객체에 포함되지 않는다. 전자기록 등 특수매체기록은 하드웨어에 해당하는 컴퓨터시스템이나 이를 이용하여 처리한 정보를 수록한 매체(예: 자기디스켓, 자기테이프, 광디스크 등)와 소프트웨어에 해당하는 여기에 수록된 각종 정보나 정보처리에 이용되는 프로그램을 포함한다. 또한 본죄의 행위객체에는 관공서의 정보처리장치나 특

1) 독일형법(§303 b, Computersabotage)에서는 관공서의 정보처리장치 등을 포함하고 있다.
2) BT-Drucksache, 10/318, 21면.
3) 대판 2006. 3. 10, 2005도382.
4) 김성돈, 217면; 오영근, 249면; 정성근/박광민, 226면; 임 웅, 231면.

수매체기록 등도 포함된다.

행위주체는 자신의 정보처리장치나 특수매체기록에 위의 행위를 하는 자 이외에는 누구나 될 수 있다. 여기에서의 컴퓨터에는 가정이나 개인이 쓰는 PC처럼 업무와 무관하게 오락용 등으로만 사용하는 컴퓨터는 제외하여야 한다. 본죄의 보호법익은 개인의 업무라기보다는 기업이나 관공서 등의 정보처리장치가 갖는 대규모적 정보처리상의 이익이라고 보아야 하기 때문이다. 그러나 소규모라고 하더라고 사무실에서 사용하는 컴퓨터 등의 정보처리장치는 본죄의 행위객체에 포함된다.

2) 행위유형 본죄의 행위유형은 ① 컴퓨터 등 정보처리장치 또는 전자기록 등 특수매체기록을 손괴하거나, ② 정보처리장치에 허위의 정보 또는 부정한 명령을 입력하거나, ③ 기타 방법으로 정보처리에 장애를 발생하게 하는 것이다. 이는 곧 컴퓨터파괴행위(①, ③)와 컴퓨터부정조작(②, ③)의 방법을 의미한다. 컴퓨터손괴의 개념은 손괴죄에서의 개념과 동일하다. 정보처리장치에 허위의 정보나 부정한 명령을 입력하는 것은 입력조작을 통하여 업무를 방해하는 행위를 의미한다. 허위란 정보가 표현하는 내용이 사실에 부합하지 않는 것을 말한다. 그러나 허위는 아니더라도 불완전한 정보에 의하여 업무를 방해할 수도 있다는 점에서 구성요건상의 허점이 있다. 부정한 명령의 입력이란 사무처리과정에서 주어서는 안 되는 명령을 하는 것을 의미한다. 기타 방법은 정보처리장치에 일정한 가해행위를 함으로써 정보처리장치를 작동불능상태에 빠지게 하거나 사용목적에 부합하지 않도록 하는 일체의 행위를 말한다. 예컨대 컴퓨터의 전원을 고의로 단절하여 작업중인 자료를 일실하게 하거나 통신회선을 절단하는 행위가 있다. 자신의 이익을 위하여 타인의 컴퓨터를 사용하는 행위는 본죄에 해당하지 않는다.

「정보통신망 이용촉진 및 정보보호등에 관한 법률」 제48조(정보통신망침해행위등의 금지)는 다음과 같이 규정하고 있다:

② 누구든지 정당한 사유 없이 정보통신시스템, 데이터 또는 프로그램 등을 훼손·멸실·변경·위조 또는 그 운용을 방해할 수 있는 프로그램(이하 '악성프로그램'이라 한다)을 전달 또는 유포하여서는 아니 된다.

③ 누구든지 정보통신망의 안정적 운영을 방해할 목적으로 대량의 신호 또는 데이터를 보내거나 부정한 명령을 처리하도록 하는 등의 방법으로 정보통신망

에 장애를 발생하게 하여서는 아니 된다.
동 규정을 위반한 경우에는 5년 이하의 징역 또는 5천만원 이하의 벌금에 처한다(동법 제71조):
9. 제48조 제 2 항을 위반하여 악성프로그램을 전달 또는 유포한 자
10. 제48조 제 3 항을 위반하여 정보통신망에 장애가 발생하게 한 자

권한 없이 전자기록을 삭제 또는 변경시키는 프로그램을 실행시키거나 전자기록이 삭제 · 변경되는 컴퓨터 바이러스 프로그램을 입력하는 행위는 정보통신망법(제48조 제 2 항)에 의해 처벌된다. 또한 전자메일폭탄을 발송하는 행위 역시 동법 제48조 제 3 항에 의해 처벌된다.

3) 행위결과 본죄가 성립하기 위해서는 ① 정보처리의 장애발생과, ② 이로 인한 업무방해라는 이중의 결과를 필요로 한다. 정보처리의 장애발생이란 정보처리장치가 설치관리자의 정상적인 사무처리를 위한 사용목적에 따른 작동(입력 · 출력 · 검색 · 연산 등)을 제대로 못하게 되는 것을 의미한다. 본죄에 의한 업무방해의 결과는 현실적으로 발생하지 않더라도 위의 행위가 있으면 본죄는 성립한다(추상적 위험범).

본죄의 주관적 구성요건에는 본죄의 행위방법을 통하여 정보처리에 장애를 일으킬 의사가 있으면 고의(미필적 고의 포함)가 인정된다.

(3) 죄수 및 다른 범죄와의 관계

전자기록 등 특수매체기록을 손괴한 자는 재물손괴죄(제366조)에 해당한다. 그러나 본죄 역시 전자기록 등 특수매체기록의 손괴행위를 처벌하고 있으므로 본죄가 성립하면 재물손괴죄는 성립하지 않는다고 보아야 한다(법조경합).[1)] 본죄는 공무를 포함하므로 본죄와 공무집행방해죄가 경합할 수 있다. 그러나 이 경우에는 상상적 경합을 인정하는 것이 타당하다. 여러 차례에 걸쳐 허위의 정보를 입력한 경우의 죄수는 일반원칙에 따라 판단한다. 그리고 손괴방법으로도 본죄를 범할 수 있기 때문에 컴퓨터바이러스를 감염시키는 행위는 전자기록 등 손괴죄(제366조)가 아니라 본죄가 성립한다.

1) 권오걸, 301면; 김성돈, 219면; 김일수/서보학, 224면; 배종대, 316면; 백형구, 370면; 오영근, 251면; 정영일, 212면. 반면 김성천, 755면; 이재상, 217면은 이 경우 재물손괴죄와 본죄의 상상적 경합으로 본다.

V. 競賣妨害罪 · 入札妨害罪

제315조 【경매, 입찰의 방해】 위계 또는 위력 기타 방법으로 경매 또는 입찰의 공정을 해한 자는 2년 이하의 징역 또는 700만원 이하의 벌금에 처한다.

1. 의 의

위계 또는 위력 기타 방법으로 경매 또는 입찰의 공정을 해치는 범죄이다. 본죄의 보호법익은 경매나 입찰 그 자체가 아니라 경매 또는 입찰의 공정성이다.

본죄에 포함되는 경매 · 입찰의 종류는 개인이 행하는 것과 국가 · 공공단체가 행하는 것이다. 본죄는 추상적 위험범이다. 즉 경매 또는 입찰의 공정성을 해할 행위를 하면 충분하며, 현실적으로 경매 또는 입찰의 공정성을 해친 결과가 발생할 필요는 없다.[1)]

2. 구성요건

본죄의 행위는 위계 또는 위력 기타 방법으로 경매 또는 입찰을 방해하는 것이다.[2)]

경매라 함은 경쟁계약에서 경쟁에 참가한 다수인에 대하여 매도인측에서 구두로 매수인의 청약을 받고 최고가액의 청약자에게 승낙을 하여 매매, 즉 경락을 하는 것을 말한다. 입찰이란 경쟁계약에서 경쟁에 참가한 다수인으로 하여금 문서로써 계약의 내용을 표시하게 하여 가장 유리한 청약자를 상대방으로 하여 계약을 체결, 즉 낙찰하는 것을 말한다. 양자의 중요한 차이점은 입찰의 경우에는 경쟁자로 하여금 문서로써 의사를 표시하게 하므로 상호간에 내용을 알지 못한다는 데에 있다.

여기에서 위력이란 사람의 자유의사를 제압 · 혼란케 할 만한 일체의 유형적 또는 무형적 세력을 말하는 것으로서 폭행 · 협박은 물론 사회적 · 경제적 · 정치적 지위와 권세에 의한 압력 등을 포함하는 것이다.[3)]

경매 또는 입찰의 공정성을 해친다는 것은 적정한 가격형성을 방해하는

1) 대판 1994. 5. 24, 94도600; 임 웅, 233면; 정영석, 296면. 이와 달리 본죄를 구체적 위험범으로 보는 견해는 배종대, 251면.
2) 위계 · 위력의 내용에 대해서는 Ⅲ. 신용훼손죄 참조.
3) 대판 2000. 7. 6, 99도4079.

것을 말한다. 여기에서 적정한 가격이란 공정한 가격을 의미하는 것이 아니라 경매나 입찰을 통하여 형성되어진 가격을 말한다.

[판례] 동업자간 출혈경쟁의 방지 수단으로 실질적으로 단독입찰하면서 경쟁입찰로 가장한 경우 입찰방해죄의 성부(적극): "입찰방해죄는 위태범으로서 결과의 불공정이 현실적으로 나타나는 것을 요하는 것이 아니며, 그 행위에는 가격을 결정하는 데 있어서 뿐만 아니라 적법하고 공정한 경쟁방법을 해하는 행위도 포함되므로, 그 행위가 설사 동업자 사이의 무모한 출혈경쟁을 방지하기 위한 수단에 불과하여 입찰가격에 있어 입찰실시자의 이익을 해하거나 입찰자에게 부당한 이익을 얻게 하는 것이 아니었다 하더라도 실질적으로는 단독입찰을 하면서 경쟁입찰인 것같이 가장하였다면 그 입찰가격으로서 낙찰하게 한 점에서 경쟁입찰의 방법을 해한 것이 되어 입찰의 공정을 해한 것으로 되었다 할 것이다(대판 2001. 6. 29, 99도4525)." 입찰방해죄에서 적정한 가격이란 공정한 가격을 의미하는 것이 아니라 입찰을 통하여 형성된 가격을 의미하므로 이러한 판례의 입장은 타당하다.

3. 담합행위와 본죄의 성립 여부

담합행위란 경매·입찰에 참가하는 자들끼리 특정한 입찰자·경매참가자로 하여금 낙찰·경락을 받게 하거나 당해 입찰·경매에서 이들 상호간에 가격경쟁을 하는 경우 예상되는 적정가격을 저지하고 특정입찰자·경매참가자에게 부당한 이익을 주고 입찰·경매실시자에게 그 상당의 손해를 입히는 결과를 가져올 정도로 싼 값으로 낙찰·경락되도록 하기 위한 사전협정이나 혹은 입찰자가 입찰을 하는 데에 실질적으로는 단독입찰이지만 그로 인한 유찰을 방지하기 위하여 경쟁자가 있는 것처럼 제 3 자를 시켜 형식상 입찰을 하게 하는 소위 들러리를 세운 것을 말한다. 이러한 담합행위는 위계에 의한 경매·입찰방해죄에 해당한다.

반면에 담합의 주목적이 단지 기업이윤을 고려한 적정선에서 무모한 출혈경쟁을 방지하기 위한 것이고 일반거래 통념상 인정되는 범위 내에서 입찰자 상호간에 의사의 타진과 절충을 한 것에 불과한 경우에는 담합행위가 아니다.[1] 그러나 단독입찰을 경쟁입찰인 것처럼 가장하는 것은 그 행위가 설사 동업자 사이의 무모한 출혈 경쟁을 방지하기 위한 수단에 불과하여 입찰가격에 있어 입찰실시자의 이익을 해하거나 입찰자에게 부당한 이익을 얻게 하는

1) 대판 1994. 12. 2, 94다41454; 1997. 3. 28, 95도1199(일부 입찰자가 단순히 정보를 교환하여 응찰가격을 조정하는 행위는 건설업법 제59조 제 1 호에서 규정하고 있는 담합행위에 포함되지 않는다) 참조.

것이 아니었다 하더라도 허용범위를 넘은 담합행위로 보는 것이 판례의 입장이다.[1] 판례는 담합행위의 내용에 대하여 "실제로는 수의계약을 체결하면서 입찰절차를 거쳤다는 증빙을 남기기 위하여 입찰을 전혀 시행하지 아니한 채 형식적인 입찰서류만을 작성하여 입찰이 있었던 것처럼 조작한 행위는 위 규정에서 말하는 입찰방해 행위에 해당한다고 할 수 없다"고 판시하고 있다.[2]

「건설산업기본법」 제95조는, "건설공사의 입찰에 있어 다음 각호의 1에 해당하는 행위를 한 자는 5년 이하의 징역 또는 5천만원 이하의 벌금에 처한다"고 규정하고, 제 3 호에서 「위계 또는 위력 기타의 방법으로 다른 건설업자의 입찰행위를 방해한 자」를 들고 있다. 동법은 건설공사의 입찰에 있어 입찰의 공정을 해치는 행위를 하는 건설업자를 가중처벌하기 위한 규정으로서 입찰방해죄를 규정한 형법 제315조의 특별규정이다.

1) 대판 1994. 11. 8, 94도2142; 1988. 3. 8, 87도2646.
2) 대판 2001. 2. 9, 2000도4700.

제 4 장 私生活의 平穩에 대한 罪

제 1 절 秘密侵害의 罪

Ⅰ. 序 論

비밀침해의 죄란 개인의 사생활을 보호하기 위한 규정이다. 헌법 제17조는 "모든 국민은 사생활의 비밀과 자유를 침해받지 아니한다"고 규정하고 제18조에서는 "모든 국민은 통신의 비밀을 침해받지 아니한다"고 하여 사생활의 자유와 통신의 비밀을 기본권의 하나로서 보호하고 있다. 개인적 법익을 침해하는 범죄로서 형법 제35장에 규정하고 있는 비밀침해의 죄—비밀침해죄(제316조), 업무상 비밀누설죄(제317조)—는 바로 이와 같은 헌법상의 기본권인 개인의 사생활을 형법적으로 보호하기 위한 구체적 표현이다.

헌법이 보호하고자 하는 개인의 사생활이란 개인의 가장 깊은 곳에 자리한 자아에 대한 외부로부터의 불가침성(Unantastbarkeit)을 전제로 한 것으로 인격의 자유로운 발현과 인간으로서의 존엄성을 유지하게 하는 핵심영역이다.[1] 사생활은 치부를 의미하는 것이 아니며 자기만이 간직하고 싶은 익명성을 전제로 하는 일상생활의 가식 없는 모습이기 때문에 가장 침해받기 쉬운 영역이다. 그러나 개인의 사생활은 그 범위가 광범위하고 또한 주관적이기 때문에 행위객체로서의 모든 사생활보호란 사실상 불가능하다. 그러므로 결국 개인의 사생활을 침해하는 여러 가지 방법 가운데 특정한 방법에 의한 침해행위만을 처벌하는 것이다.

현대사회는 특히 정보통신의 발달로 인하여 개인의 사생활 영역이 침해되기 쉬운 환경이 되었다. 이에 따라 「정보통신망 이용촉진 및 정보보호 등에 관한 법률」에서는 이용자의 동의를 받거나 다른 법률에 따라 특별히 수집

1) BVerfGE 34, 238 참조.

대상 개인정보로 허용된 경우 이외에는 "정보통신서비스 제공자는 사상, 신념, 과거의 병력(病歷) 등 개인의 권리 · 이익이나 사생활을 뚜렷하게 침해할 우려가 있는 개인정보를 수집하여서는 아니 된다"고 규정하고 있다(제23조 제1항). 그리고 이용자의 동의가 없는 정보수집행위에 대해서는 5년 이하의 징역 또는 5천만원 이하의 벌금에 처한다(제71조 제1호 · 제2호). 사생활 정보의 수집행위는 그 내용이 누설되어 침해되기 전 단계에 해당하지만 정보통신 사업자의 정보수집행위 자체가 갖는 침해의 위험성이 크기 때문에 이를 처벌하는 것이다.

한편 「성폭력범죄의 처벌 등에 관한 특례법」은 피해자의 신원과 사생활 비밀 누설을 금지하고 있다(제22조). 즉 성폭력범죄의 수사 또는 재판을 담당하거나 이에 관여하는 공무원은 피해자의 주소, 성명, 나이, 직업, 용모, 그 밖에 피해자를 특정하여 파악할 수 있게 하는 인적사항과 사진 등을 공개하거나 다른 사람에게 누설하는 행위가 금지되며(동조 제1항), 성폭력범죄의 소추에 필요한 범죄구성사실을 제외한 피해자의 사생활에 관한 비밀을 공개하거나 다른 사람에게 누설하는 행위를 금지하고 있다(동조 제2항). 그리고 이를 위반한 때에는 2년 이하의 징역 또는 500만원 이하의 벌금에 처한다(제43조 제2항 제1호).

Ⅱ. 構成要件體系

비밀침해의 죄는 비밀침해죄(제316조)와 업무상 비밀누설죄(제317조)를 규정하고 있다. 양자는 성질상 양립하는 구성요건이다. 비밀침해죄는 제 1 항과 제 2 항을 분류하여 규정하였다. 제 2 항에서는 특수매체기록을 행위객체에 포함시키고 제 1 항이 규정하는 방법 이외에 기술적 수단을 이용한 비밀침해행위를 처벌하고 있다.

Ⅲ. 秘密侵害罪

> 제316조【비밀침해】 ① 봉함 기타 비밀장치한 사람의 편지, 문서 또는 도화를 개봉한 자는 3년 이하의 징역이나 금고 또는 500만원 이하의 벌금에 처한다.
> ② 봉함 기타 비밀장치한 사람의 편지, 문서, 도화 또는 전자기록 등 특수매체기록을 기술적 수단을 이용하여 그 내용을 알아낸 자도 제 1 항의 형과 같다.
> 제318조【고소】 본장의 죄는 고소가 있어야 공소를 제기할 수 있다.

Ⅰ. 의의 및 보호법익

(1) 의 의

비밀침해죄는 봉함 기타 비밀장치한 타인의 편지, 문서 또는 도화를 개봉하거나(제316조 제1항) 이러한 행위객체 또는 전자기록 등 특수매체기록을 기술적 수단을 이용하여 그 내용을 알아내는 행위(동조 제2항)를 처벌하는 규정이다. 본죄는 추상적 위험범이다. 그러나 제 2 항은 침해범으로 보아야 한다는 견해도 있다(후술).

(2) 보호법익

본죄의 보호법익은 개인의 비밀이라고 하는 것이 통설이다.[1] 그러나 이 규정이 사생활영역을 보호하는 것을 목표로 하고 있다고는 보여지지만 구성요건의 해석상 개인의 사적 영역(Privatsphäre)의 보호에 국한되는가는 의문이다. 편지 등이 꼭 개인간의 것에 국한되지 않기 때문이다. 즉 사생활과 무관한 내용을 적은 관공서에 보내는 편지 등도 행위객체에 포함된다고 볼 때 개인의 비밀이 보호법익이라는 것은 정확하지 않다. 마찬가지로 편지의 비밀이라고만 볼 수도 없다. 편지란 특정인으로부터 다른 특정인에게 의사를 전달하는 문서를 의미하는데 이러한 의사전달을 목적으로 하지 않는 소유자 자신의 보관용 서류(예: 원고, 일기)도 행위객체에 포함되기 때문이다. 그리고 여기의 비밀은 내용상의 비밀일 필요는 없고 단순히 봉한 상태이기 때문에 비밀이라고 인정하는 형식적인 의미밖에 지니지 않는다. 이러한 점을 고려할 때 본죄의 보호법익은 개인의 비밀이라기보다는 자기가 작성하였거나 소유, 보관하는 편지 또는 문서 등에 대한 배타적 권리라고 보는 것이 정확하다.[2] 이는 타인에게 그 내용이 알려지는 것을 차단하거나 혹은 특정인에게만 그 내용인식을 허용할 수 있는 권리를 의미한다. 이러한 권리가 무조건적으로 보호되는 것이 아니라 봉함이나 비밀장치 등에 의하여 타인의 접근을 차단하고자 하는 본인의 의사가 표출된 경우에 한하여 보호대상으로 인정하는 것이다.

(3) 비밀의 주체

비밀의 주체는 자연인뿐만 아니라 법인, 법인격 없는 단체도 포함한다는

---

1) 강구진, 197면; 김일수/서보학, 230면; 배종대, 253면; 백형구, 404면; 오영근, 258면; 이재상, 224면; 이정원, 264면; 이형국, 284면; 임 웅, 238면; 정성근/박광민, 217면 등 참조.

2) Sch/Sch/Lenckner, § 202 Rn. 2 참조.

견해가 있다.[1] 그러나 여기에서 자연인 이외의 경우에는 비밀의 주체가 무엇을 의미하는지 명확하지 않다. 본죄의 피해자를 의미한다면 이는 타당하지 않다. 본죄는 개인의 사생활영역의 보호를 최종목표로 삼는 개인적 법익에 대한 범죄이므로 직접적인 피해자는 개인에 한한다고 보아야 하기 때문이다. 행위객체의 작성주체를 의미한다면 이는 현실적으로 불가능하다. 끝으로 행위객체의 발신인이나 수신인을 의미한다면[2] 이는 오로지 행위객체가 전달목적의 것일 때에 해당되고 문서처럼 보관목적에 불과할 때에는 자연인의 것에 제한된다고 볼 수밖에 없다.[3]

(4) 비밀의 내용

본죄의 행위객체인 비밀의 내용은 묻지 않는다. 본죄의 행위객체에 수록된 내용은 개인의 사적 생활에서의 비밀뿐만 아니라 공적 생활상의 비밀도 포함되므로 이에는 국가 또는 공공단체의 비밀도 들어 있을 수 있다.[4] 즉 형식적인 비밀을 의미하기 때문에 실질적인 내용에 관한 것은 본죄의 성립 여부에 영향이 없다. 다만 행위객체가 순전히 공무원의 직무와 관련된 것일 때에는 공무상 비밀침해죄(제140조)에 해당한다.

2. 객관적 구성요건

(1) 행위객체

본죄의 객체는 봉함 기타 비밀장치한 타인의 편지, 문서 또는 도화와 전자기록 등 특수매체기록이다.

1) 편지 · 문서 · 도화 편지란 기술한 바와 같이 의사전달을 목적으로 하는 문서이다. 그러므로 편지는 또 다른 행위객체인 문서의 한 예라고 볼 수 있다. 전달의 방법은 문제되지 않으므로 우편이나 인편에 의한 방법을 불문한다. 문서는 문자나 부호에 의한 의사표현물이다. 의사전달을 목적으로 하지 않는 것이므로 일기나 원고, 메모 등도 이에 포함된다. 문서위조죄에서의 문서의 개념과 일치할 필요가 없으므로 증명적 기능을 가질 것도 요하지 않는다. 그러나 어느 경우에도 개인과 밀접한 관련을 갖는 의사표현을

1) 백형구, 404면; 이재상, 224면; 이정원, 252면.
2) 정성근/박광민, 220면 참조.
3) 오영근, 258면; 임 웅, 238면.
4) 보호대상으로서의 비밀에 국가 또는 공공단체의 비밀이 포함되는가 하는 문제와 행위객체에 수록된 비밀의 내용에 국가 또는 공공단체의 비밀이 포함되는가 하는 문제는 구별하여야 한다. 전자의 경우에 국가 또는 공공단체의 비밀이 포함되지 않음은 물론이다.

담은 내용이어야지 우표나 현금을 넣은 봉투처럼 봉함이 내용인식을 방지하기 위한 목적이 아닌 경우에는 그 내용물은 본죄의 행위객체에 포함되지 않는다.

도화란 시각적 방법에 의한 인식이 가능하도록 제작된 대상에 대한 표현물(예: 사진, 도표)이다. 사람의 의사가 표현된 것만을 의미한다는 견해도 있으나,[1] 꼭 의사의 표현을 그 내용으로 하지 않더라도 타인의 접근이나 인식을 배제할 이익을 가지고 있으면 된다고 본다.[2] 기념사진 등과 같은 것이 그 예이다. 그러나 봉한 상태로 보관되어 있다 하더라도 일반의 접근이 용이한 물건은 본죄의 도화에 해당되지 않는다(예: 포스터, 사진엽서).

2) 봉함 기타 비밀장치　편지, 문서 또는 도화는 봉함 기타 비밀장치한 것에 한한다. 봉함이란 제3자의 용이한 접근을 방지할 목적으로 행위객체에 직접 장치한 것을 의미한다. 풀로 붙인 경우가 대표적인 봉함의 예이나 그 밖에 끈으로 묶어 놓은 경우도 포함하므로 행위객체의 훼손이 불가피한 경우만을 의미하지는 않는다.

비밀장치는 봉함 이외의 방법으로 외포를 만들어 그 내용을 알 수 없도록 하는 일체의 장치를 의미한다고 한다. 그러므로 목적물 자체를 비밀장치한 경우만을 의미하고 목적물을 다른 용기(예: 금고, 열쇠잠금장치가 있는 서랍, 작은 함. 그러나 방안에 둔 채 열쇠로 잠근 경우는 해당하지 않는다) 속에 넣어 둔 경우에는 그 용기를 여는 것만으로는 개봉하였다고 볼 수 없다는 견해가 있다.[3] 그러나 본죄의 입법목적이 개인의 사적 영역을 보호하는 데에 있을 뿐만 아니라 구성요건의 해석상 특별히 용기 내의 보관을 배제할 만한 이유도 없으므로 타당하다고 볼 수 없다.[4] 때문에 봉함은 비밀장치의 한 예시라고 보아야 하며 목적물에 직접 장치한 것이든 용기 내에 보관하는 방법에 의한 것이든 불문한다.

3) 전자기록 등 특수매체기록　전자기록 등 특수매체기록이란 일정한 데이터(data)에 관한 전자적 기록이나 광학적 기록을 의미한다. 전자적 기록

1) 김성천, 796면; 김일수/서보학, 231면; 백형구, 404면; 이재상, 224면; 이형국, 285면; 정성근/박광민, 238면.
2) 오영근, 259면; 이정원, 265면; 임 웅, 239면.
3) 유기천(상), 153면.
4) 김성천, 797면; 김종원(상), 147면; 백형구, 397면; 이재상, 225면; 이정원, 266면; 이형국, 286면; 정성근/박광민, 237면.

은 전기적 기록과 자기적 기록을 포함하며, 광학기록은 레이저기술을 이용한 기록 등을 포함한다. 예를 들면 컴퓨터디스켓, 녹음테이프, 녹화필름, 마이크로필름, CD-Rom 등이다. 이러한 기록들은 사람의 지각으로는 그 내용을 인식할 수 없기 때문에 기술적 수단을 이용하지 않고는 비밀의 침해가 불가능한 대상들이다.

(2) 행 위

1) 개 봉 제 1 항의 행위는 개봉하는 것이다. 개봉이란 봉함 기타 비밀장치를 제거하거나 무용하게 하여 편지, 문서 또는 도화의 내용을 알아볼 수 있는 상태에 두는 것을 말한다. 반드시 훼손하거나 파손하는 방법일 필요는 없다.[1] 제 1 항은 추상적 위험범이기 때문에 편지 등의 내용을 알았을 것을 필요로 하지 않는다. 그러므로 개봉한 결과 외국어로 쓰여 있어 해독하지 못하였더라도 본죄의 구성요건은 실현된 것이다.[2] 즉 개봉함으로써 기수에 이른다. 그러므로 개봉하여 이를 사진촬영하고 그 필름을 제 3 자에게 건네 주었다면 이는 본죄의 행위에 해당한다. 그러나 필름을 받아 이를 인화하여 그 내용을 인식한 제 3 자는 개봉하지 않았으므로 본죄의 행위자가 아니다.[3] 개봉은 행위자 본인에 의해서뿐만 아니라 간접정범의 형태로도 가능하다. 그러므로 선의의 제 3 자(예: 열쇠공)에게 열게 하는 방법으로 행하여질 수 있다. 개봉의 결과 내용인식이 가능한 상태에 있어야 하므로 개봉하였어도 또다시 봉함된 상태일 경우에는 아직 개봉된 것이라고 볼 수 없다.

2) 기술적 수단을 이용하여 그 내용을 알아내는 것 제 2 항의 행위는 봉함 기타 비밀장치한 편지, 문서, 도화 또는 전자기록 등 특수매체기록을 기술적 수단을 이용하여 그 내용을 알아내는 것이다.[4] 이 경우에는 제 1 항의 개봉하는 경우와 달리 내용인식까지 나아가야 하는 것처럼 규정하고 있다.[5] 그러나 본항의 행위객체를 사진촬영하거나 녹화, 복사하여 즉시 내용을 인식하려고 하지 않고 이를 보관하는 경우에는 미수(처벌하지 않음)에 불과한 것

---

1) 이재상, 225면.
2) Wessels/Hettinger, BT/1, Rn. 551.
3) SK/Samson, § 202 Rn. 13 참조.
4) 유사한 규정으로는 독일형법 제202조(Verletzung des Briefgeheimnisses, 편지비밀침해) 제 1 항 제 2 호 참조.
5) 이러한 입장으로는 김성천, 798면; 김일수/서보학, 225면; 백형구 406면; 이재상, 226면; 임 웅, 239면.

인가에 대해서는 의문이다. 만일 미수에 불과하다면 타인의 교사를 받아 이러한 행위를 한 경우에는 피교사자는 내용인식의 필요성이 없을 것이므로 어느 누구도 처벌되지 않는 결과가 될 것이다. 그러므로 이 경우에는 비록 내용을 현장에서 인식하지 않았더라도 본죄의 기수범이라고 보아야 할 것이다. 즉 제 2 항은 내용을 알아낸 경우는 물론 언제든지 내용을 알 수 있는 상태로 타인의 비밀이 담긴 내용물을 확보한 경우에도 해당된다고 보아야 한다.[1] 특히 특수매체기록 등에 대해서는 그 특성상 행위자가 내용을 인식하지 못하고서도 비밀침해의 가능성이 크기 때문에 본죄는 행위객체의 내용을 알 수 있는 상태에서 성립한다고 해석하여야 한다. 즉 제 2 항의 경우에도 제 1 항과 마찬가지로 추상적 위험범으로 보아야 할 것이다(만일 제 2 항을 엄격하게 해석한다면 처벌상의 허점에도 불구하고 내용인식이 있어야 기수에 이르는 침해범으로 보아야 한다).[2]

타인의 전산망에 침입하여 저장된 정보를 인식하거나 교란하는 소위 해커(Computerhacker)에 대해서는 타인의 전산망에 침입하였을 뿐 아직 어떠한 정보도 확보하지 못한 상태에서는 본죄(제2항)에 해당하지 않는다고 보아야 한다.[3] 전자우편(E-mail)의 경우 타인의 password(비밀문자)를 알아내 그 내용을 보는 행위는 사실상 비밀침해행위라고 볼 수 있다. 즉 password 설정은 일종의 비밀장치에 해당한다고 볼 수 있으므로 본죄의 성립을 인정할 수 있다. 그러나 정보통신망 이용촉진 및 정보보호 등에 관한 법률은 이러한 행위를 포함하여 정보통신망상에서 알게 된 타인의 비밀누설행위를 처벌하고 있으므로(제24조, 제49조, 제62조) 이 범위 내에서 형법의 적용은 배제된다고 볼 것이다.

3. 주관적 구성요건

편지, 문서 또는 도화를 개봉한다는 고의가 있어야 한다. 물론 미필적 고의로도 충분하다. 자기에게 온 편지인 줄로 잘못 알고 열어 읽어 본 경우에는 구성요건의 착오로서 고의가 조각된다.

4. 위 법 성

본죄가 성립하기 위해서는 위법성조각사유가 없어야 함은 물론이다. 법

1) Lackner/Kühl, § 202 Rn. 4; Wessels/Hettinger, BT/1, Rn. 554; 장영민, 「개정형법의 컴퓨터범죄」, 고시계(1996/2), 56면.
2) 침해범설로는 임 웅, 238면.
3) Tröndle/Fischer, § 202 a Rn. 2, 9.

적으로 인정되는 편지의 개봉권이 있는 경우에는 위법성이 조각되는데 예를 들면 형사소송법 제107조 및 제120조, 형의 집행 및 수용자의 처우에 관한 법률 제43조 제 4 항, 통신비밀보호법 제 5 조 이하, 우편법 제28조 제 2 항과 제35조 등이다. 그 밖에도 친권자의 친권행사에 따른 자녀의 우편물 등의 검사는 위법성을 조각한다.

5. 친 고 죄

본죄는 친고죄이다(제318조). 피해자로서의 고소권자(형사소송법 제223조 참조)가 누구인가에 대해서는 ① 편지의 발송시점을 기준으로 하여 이전에는 발신인, 이후에는 수신인이 피해자로서 고소권자가 된다는 견해,[1] ② 도달시점을 기준으로 하여 이전에는 발신인, 이후에는 수신인이라는 견해,[2] ③ 발송이나 도착 여부를 불문하고 발신인과 함께 수신인도 언제나 피해자가 된다는 견해[3]로 나뉘어 있다. 이는 전달을 목적으로 하는 경우에만 해당되는 문제이다. ①과 ②의 견해는 편지의 처분권 귀속여하에 따라 피해자를 결정하고 또한 고소권자를 확정하려는 견해이며, 우리나라의 다수설인 마지막 견해는 신서 등의 비밀은 발신인과 수신인에게 공통되는 것이므로 발신인과 함께 수신인도 언제나 피해자라는 관점에 서 있다.

제316조는 기술한 바와 같이 구성요건의 내용상 개인의 사생활을 직접 보호하기보다는 목적물에의 접근차단을 통해 이를 보호하는 규정이다. 그렇다면 본죄의 피해자는 법익의 귀속주체로서 목적물의 처분권을 갖는 자뿐만 아니라 목적물의 내용을 결정한 자(발신인 혹은 작성자)도 포함된다고 보아야 한다. 이러한 관점에서 ③의 견해가 타당하다. 그러나 발신인 혹은 수신인 이외에 행위객체의 내용에 관련된 사람이 누구인가에 따라 본죄의 피해자를 결정하려는 견해는 발신인과 수신인뿐만 아니라 그 밖의 사람에게도 고소권을 인정하는 결과를 예상할 수 있다. 이렇게 될 경우 본죄로 인한 직접적인 피해자뿐만 아니라 간접적인 피해자까지도 포함하는 결과를 낳게 되어 고소권자의 범위가 부당하게 확대된다.

---

1) SK/Samson, § 205 Rn. 4.

2) Tröndle/Fischer, § 205 Rn. 3; Sch/Sch/Lenckner, § 205 Rn. 4; Lackner/Kühl, § 202 Rn. 7; 이정원, 269면.

3) 강구진, 201면; 김성천, 800면; 김일수/서보학, 235면; 김종원, 148면; 배종대, 327면; 백형구, 399면; 이재상, 227면; 이형국, 288면; 임 웅, 241면; 정성근/박광민, 239면; 정영석, 300면.

6. 다른 범죄와의 관계

만일 본죄는 행위객체를 취득한 다음 이를 개봉한 경우에는 절도죄나 횡령죄가 성립하며, 본죄는 불가벌적 사후행위에 해당한다고 보아야 한다.[1] 그러나 봉투 안에 현금이 들어 있다고 생각하고 이를 취득하기 위하여 개봉하였으나, 현금이 아니라 편지가 들어 있는 경우에는 절도미수죄만이 성립한다. 그리고 손괴죄와는 법조경합이 인정되어 본죄만이 성립한다고 보아야 한다(흡수관계).[2]

7. 「통신비밀보호법」상 대화비밀침해죄, 통신비밀침해죄, 대화·통신비밀누설죄

「통신비밀보호법」은 누구든지 이 법과 형사소송법 또는 군사법원법의 규정에 의하지 아니하고는 우편물의 검열·전기통신의 감청 또는 통신사실확인자료의 제공을 하거나 공개되지 아니한 타인간의 대화를 녹음 또는 청취하지 못한다고 규정하고 있다(제3조 제1항, 제14조 제1항). 그리고 우편물의 검열 또는 전기통신의 감청을 하거나 공개되지 아니한 타인간의 대화를 녹음 또는 청취하는 행위, 이러한 방법에 의하여 지득한 통신 또는 대화의 내용을 공개하거나 누설하는 행위는 10년 이하의 징역과 5년 이하의 자격정지에 처한다고 규정하고 있다(제16조 제1항).

「전기통신사업법」은 전기통신사업자가 취급 중에 있는 통신의 비밀을 침해하거나 누설하는 행위를 금지하고 있으며(제83조 제1항), 이를 위반한 때에는 3년 이하의 징역 또는 1억 5천만원 이하의 벌금에 처한다(제95조 제7호).

Ⅳ. 業務上 秘密漏泄罪

> 제317조【업무상 비밀누설】 ① 의사, 한의사, 치과의사, 약제사, 약종상, 조산사, 변호사, 변리사, 공인회계사, 공증인, 대서업자나 그 직무상 보조자 또는 차등의 직에 있던 자가 그 업무처리중 지득한 타인의 비밀을 누설한 때에는 3년 이하의 징역이나 금고, 10년 이하의 자격정지 또는 700만원 이하의 벌금에 처한다.
> ② 종교의 직에 있는 자 또는 있던 자가 그 직무상 지득한 사람의 비밀을 누설한 때에도 전항의 형과 같다.
> 제318조【고소】 본장의 죄는 고소가 있어야 공소를 제기할 수 있다.

1) 반면에 임 웅, 241면은 이 경우 절도죄와 본죄의 실체적 경합관계를 인정한다.
2) Tröndle/Fischer, § 202 Rn. 16.

1. 의의 및 보호법익

본죄는 의사, 한의사, 변호사 등 제317조 제 1 항과 제 2 항에 열거된 직에 있는 자 또는 있던 자가 그 업무처리중 지득한 타인의 비밀을 누설함으로써 성립한다. 본죄의 보호법익은 1차적으로 개인의 비밀이라고 보고 있다.[1] 그러나 본죄의 보호법익은 개인의 사생활이며, 개인의 비밀은 본죄의 보호대상이라고 보는 것이 정확하다. 뿐만 아니라 행위주체를 일정한 직업에 국한하고 있는 것은 이러한 직업에 종사하는 자는 용이하게 개인의 비밀에 접근할 수 있다는 데에 근거한다. 그렇기 때문에 직무상 지득한 비밀을 유지하여야 할 사회적 책임을 지고 있고 일반은 이를 신뢰하는 것이다. 즉 특정직업에 종사하는 자의 비밀유지에 대한 일반의 이익도 본죄의 보호법익이라고 보아야 한다(보호법익의 이중성). 이는 이러한 직업이 갖는 사회적 기능이 중요하다고 보기 때문이다.[2] 또한 본죄는 자수범이면서 진정신분범이다.

2. 객관적 구성요건

(1) 행위주체

본죄의 주체는 의사, 한의사, 치과의사, 약제사, 약종상, 조산사, 변호사, 변리사, 공인회계사, 공증인, 대서업자 또는 그 보조자(예: 간호사, 법률사무소 사무장)와 종교의 직에 있는 자 또는 그 직에 있던 자에 제한되는 진정신분범이다. 의료인에 대해서는 의료법(제19조, 제88조)에 의하여 3년 이하의 징역 또는 1천만원 이하의 벌금에 처한다. 여기에서의 주체는 예시적 규정이 아니므로 열거되지 않은 자는 본죄의 정범이 될 수 없는데, 공인된 상담원(counsellor), 법무사, 변호사가 아닌 변호인(형사소송법 제31조 참조)이나 소송대리인(민사소송법 제87조 참조) 등도 제외되어 있으나 포함시키는 것이 타당하다.[3] 그리고 본죄의 행위주체가 지득한 비밀을 관리하는 자(예: 병원에서 환자기록을 관리하는 직원 등)도 포함시키는 것이 타당하다. 세무사의 경우에는 세무사법(제11조, 제22조 제 1 항 제 2 호)에 의하여 처벌된다. 종교의 직에 있는 자는 신부나 목사, 승려를 말한다. 또한 「정보통신망 이용촉진 및 정보보호 등에 관한 법률」은 정보통신관련 업무종사자의 비밀누

---

1) 배종대, 329면; 이재상, 228면; 이정원, 270면; 임 웅, 244면; 정성근/박광민, 240면. 또한 Schünemann, ZStW 90, 11; SK/Samson, vor § 201 Rn. 1.

2) Maurach/Schroeder/Maiwald, BT/I, § 29 I Rn. 4; Sch/Sch/Lenckner, § 203 Rn. 3. Sch/Sch/Lenckner, § 203 Rn. 3은 후자가 일차적인 보호법익이라고 본다.

3) 독일형법 제203조는 수의사도 포함하고 있다.

설행위를 처벌하고 있으며(제28조의 2, 제71조 제 5 호 · 제 6 호), 「전기통신사업법」은 전기통신업무에 종사하는 자 또는 종사하였던 자는 그 재직 중에 통신에 관하여 알게 된 타인의 비밀을 누설하는 행위를 금지하고 있으며(제83조 제 2 항) 이를 위반한 때에는 5년 이하의 징역 또는 2억원 이하의 벌금에 처한다(제94조 제 4 호). 이 밖에도 「은행법」, 「금융지주회사법」, 「전자금융거래법」, 「결혼중개업의 관리에 관한 법률」, 「금융실명거래 및 비밀보장에 관한 법률」, 「신용정보의 이용 및 보호에 관한 법률」 등 특별법에서 업무상 비밀누설자를 별도로 처벌하는 법률이 100여개 이상이나 된다.

(2) 행위객체

본죄의 행위객체는 업무처리중 또는 직무상 지득한 타인의 비밀이다. 비밀이란 제한된 범위 내의 사람들에게만 알려져 있는 사실로서 타인에게 전파되지 않음으로써 비밀주체에게 이익이 되는 사실을 말한다(예: 비뇨기과에서 성병치료를 받은 환자의 이름, 산부인과에서 치료받은 환자의 병명, 이혼소송중인 부부의 성명 등).

비밀의 내용에 관련된 자—비밀주체—가 비밀을 알고 있는가 여부는 상관없다. 불특정한 범위 내의 사람들에게 풍설로만 알려진 경우에도 비밀성이 인정되며 비밀주체가 사망하더라도 비밀유지의무는 지속된다고 보아야 한다.[1]

비밀인가의 여부에 관한 판단은 본인의 비밀유지의사에만 따르는 것(주관설 또는 의사설)이 아니라 객관적인 비밀유지이익이 있는가(객관설 또는 이익설)도 함께 고려하여야 한다(절충설).[2]

비밀은 개인에 관한 것뿐만이 아니라 기업비밀이나 단체의 비밀, 거래상의 비밀 등을 모두 포함한다. 그러나 국가 또는 공공단체의 비밀인 경우에는 공무상 비밀누설죄(제127조)에 해당된다.

(3) 행 위

행위는 비밀을 누설하는 것이다. 누설이라 함은 비밀을 알지 못하고 있는 사람에게 알게 하는 것을 말한다. 제 3 자의 범위에는 부모형제, 배우자, 자녀

1) 독일형법 제203조 제 4 항 참조.
2) Lackner/Kühl, § 203 Rn. 14; Sch/Sch/Lenckner, § 203 Rn. 7; Tröndle/Fischer, § 203 Rn. 5. 김성천, 800면; 김일수/서보학, 237면; 김종원, 150면; 백형구, 401면; 이재상, 229면; 이형국, 290면; 임 웅, 245면; 정성근/박광민, 223면.

도 비밀로 하여야 하는 경우에는 포함된다고 보아야 한다. 누설의 방법에는 제한이 없으므로 구두, 서면, 서류열람허용 혹은 부작위의 형태로도 가능하다. 그러므로 기자들이 볼 수 있도록 의도적으로 비밀내용이 기록된 서류를 책상 위에 놓아두는 행위도 누설에 해당한다. 비밀을 상대방이 현실적으로 인식하였을 것을 필요로 하지 않으므로 상대방에게 도달하면 기수가 된다.

3. 주관적 구성요건

고의가 있어야 하며 고의의 내용은 자기의 신분에 대한 인식과 비밀을 누설한다는 인식이어야 한다. 그러나 이러한 사실을 인식하면서도 자기에게 비밀유지의무가 있음을 알지 못하거나 반대로 비밀을 공개할 권한이 있다고 믿은 경우에는 금지착오(법률의 착오)에 해당한다. 반면에 스스로 본죄의 신분에 해당한다고 착오를 일으킨 경우에는 불능미수가 성립된다.

4. 위 법 성

본죄의 위법성이 조각될 수 있는 경우로는 본인의 승낙(형사소송법 제149조 단서 참조)이나 긴급피난, 정당행위에 의한 경우를 들 수 있다. 의사의 감염병환자 신고의무(감염병의 예방 및 관리에 관한 법률 제11조)는 법령에 의하여 위법성이 조각되는 예이다. 후천성면역결핍증예방법 제 5 조에 의한 의사의 관할보건소장에 대한 신고의무도 마찬가지이다(또한 결핵예방법 제19조 참조). 또한 성병이나 결핵 등과 같이 감염성 질병의 경우에는 감염확산을 막기 위하여 질병감염사실을 제 3 자에게 고지할 필요성이 인정되므로 정당행위나 긴급피난에 의하여 위법성이 조각된다고 보아야 한다.

본죄의 행위주체는 형사소송법상 증언거부권을 갖는다(형사소송법 제149조 참조. 또한 민사소송법 제315조 참조). 증언거부권은 증언거부권자로 하여금 법정에서도 증언의무보다 개인의 비밀보호를 우선적으로 고려하도록 하는 제도이다. 그러나 만일 증언거부권자가 거부권을 행사하지 않고 증언을 하여 업무상 지득한 비밀을 누설한 경우에 위법성이 조각된다고 볼 것인가에 대하여 견해가 대립되어 있다. 부정설은 증언을 거부할 수 있음에도 불구하고 증언을 한 이상 본죄의 성립을 인정하여야 한다고 한다.[1] 반면에 법질서가 국민에게 모순되는 의무를 과할 수 없으므로 증언거부권을 행사하지 않으면 증언의무가 발생하므로 업무상 지득한 타인의 비밀을 누설하더라도 법령에 의한 의무이행으로 되어 위법성이 조각

1) 강구진, 204면; 김성천, 805면; 김일수/서보학, 240면; 오영근, 268면; 이정원, 275면; 이형국(I), 291면.

된다고 보는 견해가 있다.[1]

생각건대 소송법상의 증언거부권은 포기할 수 있는 증인의 권리이고 포기한 경우에는 일단 증언의무가 있다. 그러나 증언의무가 있다고 해서 언제나 위법성이 조각되는 것은 아니다. 따라서 증언거부권의 포기로 인한 본죄의 성립 여부는 항상 피해법익과 보호법익 간의 법익형량을 통해서 결정하여야 한다. 경미한 사건에서 개인에게 중대한 비밀을 폭로하는 행위가 언제나 위법성이 조각된다고 볼 수는 없기 때문이다.[2]

5. 죄 수

업무상 비밀누설행위가 명예훼손에 해당하는 경우에는 본죄와 명예훼손죄간에 상상적 경합관계가 성립한다.

제 2 절 住居侵入의 罪

Ⅰ. 序 論

1. 주거침입죄의 의의

주거침입죄(burglary, Hausfriedensbruch)는 사람의 주거, 관리하는 건조물, 선박이나 항공기 또는 점유하는 방실(房室)에 침입하거나, 이들 장소로부터 퇴거요구를 받고 퇴거하지 않음으로써 주거 내에서의 평온과 안전을 침해하는 것을 내용으로 하는 범죄를 말한다(제319조). 이는 헌법(제16조)이 보장하는 모든 국민의 주거의 자유를 구체화한 것이다. 그러므로 이는 개인적 법익에 대한 범죄이다.[3] 주거침입의 죄는 모두 계속범이다. 또한 위험범에 해당한다.[4]

Common Law상의 주거침입죄(burglary)는 ① 야간에, ② 중죄(felony)를 범할 목적으로, ③ 잠겨 있는 것을 부수고, ④ 타인의 주거에 들어가는 것을 의미하였다. 그러나 현재 미국법상 주거침입죄는 범죄(중죄에 국한되지 않음)을 범할 목적

---

1) 김종원, 151면; 배종대, 322면; 백형구, 404면; 이재상, 231면; 임 웅, 246면; 정성근/박광민, 243면.

2) Maurach/Schroeder/Maiwald, BT/1, § 29 Rn. 48; Sch/Sch/Lenckner, § 203 Rn. 29; SK/Samson, § 203 Rn. 49.

3) 독일형법(§ 123)이 이를 공공질서에 대한 죄로 규정하고 있는 것과 대조된다. 형법의 태도가 옳다고 본다. 일본형법(제130조) 역시 개인적 법익으로 분류하고 있다.

4) 그러나 김일수/서보학, 206면; 임 웅, 250면은 침해범으로 본다.

으로 타인의 주거에 들어가면 성립한다. 형법상의 주거침입죄와 다른 점은 범죄목적이 요구된다는 점이다.[1)]

형법상 주거침입의 죄는 ① 주거침입·퇴거불응죄(제319조), ② 특수주거침입죄(제320조), ③ 신체·주거 등 수색죄(제321조)로 이루어져 있으며, 미수범(제322조)을 처벌한다. 그리고 폭력행위 등 처벌에 관한 법률은 본죄에 대한 가중처벌규정을 두고 있다(제2조).

2. 주거침입죄의 보호법익

주거침입죄의 보호법익에 관하여는 다음과 같은 견해의 대립이 있다.

(1) 주거권설

주거권(Hausrecht)을 보호법익으로 보는 견해로 독일의 통설이다.[2)] 여기에서 주거권이라 함은 개인이 일정한 주거공간 내에서 타인으로부터 방해를 받지 않고 자유공간을 확보하는 것을 내용으로 한다. 다시 말하면 주거권의 핵심은 자기의 주거공간 내에서 타인의 출입이나 체류 여부를 결정할 수 있는 권리[3)]를 말한다. 그러나 여기에서 의미하는 주거권은 실정법적 개념이 아님을 주의하여야 한다.

(2) 사실상 평온설

주거침입죄의 보호법익을 주거권이라는 법적 개념으로 평가하지 않고 사적 생활관계에서 보호되어야 할 사실상의 주거의 자유와 평온으로서 그 주거에서 공동생활을 하고 있는 전원이 평온을 누릴 권리라고 보는 견해이다. 이 견해에 의하면 주거에 대한 사실상의 지배가 있으면 정당한 권원이 없더라도 보호되므로, 예를 들어 임대차계약이 소멸된 다음에도 임대인이 임차인의 의사에 반하여 주거에 들어가는 것은 주거침입죄를 구성한다고 본다.[4)] 대법원 판례[5)]의 입장이며 학계의 다수설[6)]이다.

---

1) LaFave/Scott, 792면 이하 참조.
2) Geppert, Jura 1989, 378; Lackner/Kühl, § 123 Rn. 1; Maurach/Schroeder/Maiwald, BT/1, § 30 Rn. 2; Sch/Sch/Lenckner, § 123 Rn. 1; LK/Schäfer, § 123 Rn. 1. 우리의 경우에는 소수설이다(이재상, 234면).
3) Hanack, JuS 1964, 353; Krey, BT/1, Rn. 431; Sch/Sch/Lenckner, § 123 Rn. 1; Wessels/Hettinger, BT/1, Rn. 573.
4) 강구진, 189면.
5) 대판 1984. 6. 26, 83도685; 1987. 11. 10, 87도1760; 1995. 9. 15, 94도2561; 1996. 5. 10, 96도419.
6) 강구진, 189면; 김성천, 807면; 김종원, 141면; 배종대, 335면; 백형구, 386면; 오영근,

이 견해에 의하면 주거침입죄는 사실상의 주거의 평온을 보호법익으로 하는 것이므로 그 거주자 또는 관리자가 건조물 등에 거주 또는 관리할 법률상 권한을 가지고 있는 여부는 본죄의 성립을 좌우하는 것이 아니라고 본다. 그러므로 일단 적법하게 거주 또는 관리를 개시한 후에 그 권한을 상실하여 사법상 불법점유가 되더라도 권리자가 이를 배제하기 위하여 정당한 절차에 의하지 아니하고 그 주거 또는 건조물을 침입한 경우에는 주거침입죄가 성립한다.[1]

(3) 복 합 설

이는 주거공간의 다양한 종류(예: 개인의 주거공간과 불특정다수인이 출입하는 영업장)를 사회학적으로 분석하고 그 기능에 따라 상이한 다수의 보호법익을 인정하는 견해이다.[2] 이에 따라 개인의 사적인 주거공간은 일정한 공간 내에서 고도의 개인적인 사생활영역과 비밀영역을 보호법익으로 본다. 이와 달리 영업장소의 경우는 영업공간 내에서의 영업비밀영역과 업무영역을 보호법익으로 한다고 한다. 그리고 공공장소의 경우에는 국가적 비밀영역과 이 공간 내에서 처리되는 업무영역을 보호법익으로 한다고 본다.[3] 그러나 이 학설은 불필요하게 보호법익을 세분함으로써 주거공간의 침입이 있더라도 각 공간에 상응하는 이러한 구체적인 보호법익의 침해가 없는 경우에는 주거침입죄의 성립을 부인하여야 하는 문제점이 있다.[4]

(4) 학설의 검토

주거침입죄는 마치 절도죄가 타인으로부터 소유권자를 보호하듯이 타인으로부터 자기의 주거공간을 침해받지 않아야 한다는 법적 지위를 보호하기 위한 것이라고 볼 수 있다. 다시 말해 사람의 주거 등의 장소를 관리하고 지배할 수 있는 권리를 의미한다. 이러한 법적 지위는 반드시 실질적인 의미를 지니기보다는 형식적인 의미를 지닌다. 즉 허락 없이 타인의 주거에 들어감

「주거침입죄의 성립범위」, 형사판례연구(8), 272면; 이형국, 295면; 정성근/박광민, 246면; 정영석, 302면; 진계호, 243면. 반면 이정원, 277면은 사실상 평온과 주거권을 동일한 의미로 해석한다.

1) 대판 1983. 3. 8, 82도1363.

2) SK/Rudolphi, § 123 Rn. 2; Schall, 「Die Schutzfunktion der Strafbestimmung gegen Hausfriedensbruch」(1974), 90면 이하 및 NStZ 1983, 241, 244면.

3) SK/Rudolphi, § 123 Rn. 3, 4, 5.

4) 그러나 Rudolphi는 이러한 보호법익을 형식적인 의미로 보고 현실적 침해를 전제하지 않음으로써 주거권설과 결론을 같이한다.

으로써 주거권이 침해되었다고 보는 것이다. 그러므로 주거의 평온이 사실상 유지되는가에 대한 판단을 전제로 하는 사실상의 평온설보다는 주거권설에 따라 해석하는 것이 타당하다고 본다.

Ⅱ. 住居侵入罪

> **제319조【주거침입】 ① 사람의 주거, 관리하는 건조물, 선박이나 항공기 또는 점유하는 방실에 침입한 자는 3년 이하의 징역 또는 500만원 이하의 벌금에 처한다.**
> **제322조【미수범】 본장의 미수범은 처벌한다.**

1. 의 의

본죄는 사람의 주거, 관리하는 건조물, 선박이나 항공기 또는 점유하는 방실에 침입함으로써 성립한다.

2. 객관적 구성요건

(1) 행위객체(장소)

본죄에서 침입하는 장소는 사람의 주거, 관리하는 건조물, 선박이나 항공기 또는 점유하는 방실이다.

사람의 주거란 사람의 일상생활에 사용되는 장소를 의미한다. 주거침입시에 사람이 현존할 필요가 없으며 일시 비워 둔 집도 해당한다. 그리고 반드시 기와침식(起臥寢食)에 사용하는 장소일 필요는 없다는 견해[1]가 있으나 점유하는 방실을 행위객체로 규정하고 있는 점에 비추어 기와침식에 사용되는 장소로 이해하는 것이 타당하다.[2] 주거에 사용하는 건물에 부속되어 있는 집의 지하실이나 부엌, 정원 등도 주거에 해당한다. 또한 영구적일 필요가 없으므로 휴가기간 동안 일시적으로 설치한 텐트 또는 주거용 차량 역시 여기에 해당한다. 공동주택인 빌라의 공용 계단은 그 거주자들에 의하여 일상생활에서 감시·관리가 예정되어 있는 공간이므로 잠기지 않은 대문을 열고 들어가 공용 계단으로 빌라 3층까지 올라갔다가 1층으로 내려온 경우에도 침입이 인정된다.[3]

---

1) 이재상, 235면. 비슷한 견해로는 이정원, 280면.
2) 김성돈, 237면; 김일수/서보학, 244면; 손동권, 246면; 오영근, 273면; 이형국, 296면; 임웅, 251면; 정성근/박광민, 247면.
3) 대판 2009.8.20, 2009도3452.

관리하는 건조물은 타인의 출입을 막기 위한 인적·물적 설비가 갖추어진 장소로서 사실상 사람이 관리하고 있으나 현재는 주거에 사용되지 않는 곳을 말한다. 그러나 반드시 출입이 불가능하거나 현저히 곤란하게 할 정도임을 요하지는 않는다. 예를 들면 연수기간 동안 사용하는 회사의 연수원부속 기숙사, 주거에 사용할 목적으로 건축되었으나 현재 입주하지 않은 빈집이나 아파트, 창고나 공장, 관공서의 청사, 교회,[1] 대학강의실[2] 등이다. 주거나 건조물은 단순히 가옥 자체만을 말하지 않고 그 위요지를 포함한다.[3]

선박은 주거에 사용할 수 있는 크기의 것을 말한다. 그러므로 소형모터보트 같은 것은 여기에 해당하지 않는다고 보아야 한다. 항공기는 항공교통수단으로 이용될 수 있는 크기의 것을 말하며, 본죄의 성질상 주거에 사용할 정도가 되어야 한다.

점유하는 방실은 건물 내에서 사실상 지배하는 장소로서 예를 들면 오피스텔이나 호텔의 방, 연구실, 하숙방, 사무실 등이 있다.

(2) 행위방법과 주거권자의 의사

1) 침 입 침입이라 함은 신체가 주거권자의 의사에 반하여 주거침입죄의 행위객체 내로 들어가는 것을 의미한다. 신체적 침입행위가 없는 사적 주거공간에 대한 침해행위는 주거침입이라고 볼 수 없다. 예를 들어 사적 공간 내에 있는 인물의 촬영이나 도청 등은 형법상의 주거침입죄에 해당하지 않으며 도청의 경우 통신비밀보호법(제16조 제1항 제1호)에 의하여 처벌될 수 있을 것이다. 그러므로 부작위에 의한 주거침입행위는 불가능하며, 퇴거불응죄의 성립이 가능할 뿐이다.[4] 주거권자의 저항을 받는 것을 필요로 하지 않는다.[5] 침입은 공개적으로 하든 몰래하든, 강제적으로 하든 상관없다.

일반적으로 출입이 허가된 건물에 대하여는 주거침입죄가 성립하지 않는

1) 대판 1992. 4. 28, 91도2309.

2) 대판 1992. 9. 25, 92도1520(대학의 강의실은 그 대학당국에 의하여 관리되면서 그 관리업무나 강의와 관련되는 사람에 한하여 출입이 허용되는 건조물이지 널리 일반인에게 개방되어 누구나 자유롭게 출입할 수 있는 곳은 아니다).

3) 대판 2001. 4. 24, 2001도1092.

4) 이와 달리 이재상, 242면에서는 허가를 받고 들어온 자가 시간을 넘어 머무른 경우에 부작위에 의한 주거침입죄를 인정한다. 그러나 체류시간을 정하여 주거에 들어오는 것을 허락하였다는 것은 그 시간 이후에는 퇴거를 요구하는 의미가 내포되어 있기 때문에 퇴거불응죄에 해당한다고 보는 것이 타당하다.

5) 대판 1983. 3. 8, 82도1363.

다. 그러나 이에 해당하지 않는 시간이나 방법을 통하여 들어간 경우에는 그렇지 않다. 예를 들어 피고인이 출입이 금지된 시간에 일반적으로 출입이 허가된 여객터미널 담벽에 있던 드럼통을 딛고 담벽을 넘어 들어간 후 그 곳 마당에 있던 아이스박스통 등을 건물 화장실 유리창문 아래에 놓고 올라가 창문을 연 후 이를 통해 들어간 경우에 침입방법 자체가 일반적인 허가에 해당하지 않음이 분명하므로 주거침입죄에 해당한다.[1)]

2) **주거권자의 의사** 주거침입죄는 주거권자의 명시적 또는 묵시적 의사에 반하여 주거에 들어감으로써 성립하기 때문에 주거권자의 의사에 따라 들어간 경우에 본죄가 성립하지 않는다. 주거권자란 반드시 소유자나 직접점유자만을 의미하는 것은 아니다. 또한 건조물 거주자나 관리자와의 관계 등으로 평소 그 건조물에 출입이 허용된 사람이라 하더라도 주거에 들어간 행위가 그 거주자나 관리자의 명시적 또는 추정적 의사에 반하는 경우에는 본죄에 해당한다.[2)] 그러므로 주거권자의 동의나 양해가 있으면 구성요건해당성이 인정되지 않는다. 특히 문제가 되는 것은 다음의 경우이다.

(i) **기망이나 협박에 의한 허락을 받고 들어간 경우** 예를 들어 위조한 입장권을 제시하고 입장한 경우와 같이 주거권자를 기망하여 주거에 들어간 경우에 주거침입죄가 성립하는가에 대해서는 긍정설[3)]과 부정설[4)]이 있다.

기망에 의한 동의는 효력이 없다는 것이 긍정설의 논거이나 주거권자가 출입을 명시적으로 허락한 이상 강요에 의한 것이 아니므로 허락의 동기는 본죄의 성립 여부와는 무관한 것으로 보아야 한다. 그러므로 부정설이 타당하다(위 예의 경우에는 오히려 사기죄가 성립할 수 있다). 그러므로 예컨대 전기검침원이 계량기를 검침하는 기회에 절도할 생각으로 이를 숨기고 주인의 안내로 집안으로 들어 온 경우 주인의 착오에 의한 의사표시는 피해자(주인)의 승낙의 유효성을 해치지 않는 승낙의 동기에 관한 착오에 불과하다.[5)]

1) 대판 1990. 3. 13, 90도173.
2) 대판 2003. 5. 30, 2003도1256; 1995. 9. 15, 94도3336.
3) 김종원, 143면; 백형구, 396면; 오영근, 278면; 이형국(I), 363면. 독일에서는 Maurach/Schroeder/Maiwald, BT/1, § 30 Rn. 13; SK/Rudolphi, § 123 Rn. 18; LK/Schäfer, § 123 Rn. 27, 50.
4) 김성천, 815면; 이정원, 285면; 임 웅, 253면. 독일에서는 Bernsmann, Jura 1981, 404; Bohnert, GA 1983, 20; AK/Ostendorf, § 123 Rn. 32; Schild, NStZ 1986, 349; Otto, NJW 1973, 667; Sch/Sch/Lenckner, § 123 Rn. 22; Wessels/Hettinger, BT/1, Rn. 588.
5) 하태훈, 「승낙의 의사표시의 흠결과 주거침입죄의 성부」, 형사판례연구(6), 232면.

그러나 협박의 경우는 다르다. 이때에는 주거권자의 허락이 본인의 판단에 따른 자유로운 의사에 기한 것이 아니므로 주거침입죄가 성립한다.

(ii) **범죄의 목적으로 들어간 경우** 예를 들어 절취의 목적, 대리시험의 목적, 폭행의 목적, 회의장소인 식당에 몰래 도청장치를 설치하려는 목적 등을 위하여 이를 알지 못하는 주거권자의 명시적·묵시적 승낙을 받고 주거에 들어간 경우에 본죄의 성립을 인정할 것인가의 문제이다. 판례는 주거권자의 추정적인 거절의사를 이유로 긍정설을 취하고 있으나[1] 이는 타당하지 않다. 주거가 일반적으로 출입이 허락된 장소인가의 여부와 관계 없이 일단 주거권자의 동의가 있는 이상 다른 구성요건에 해당하는 것은 별론으로 하고 주거침입죄는 성립하지 않는다고 보아야 한다.[2] 이는 마치 기망에 의한 출입허락도 유효하다는 위의 결론과 같은 맥락이다. 특히 백화점이나 은행, 호텔 등과 같이 출입이 일반적으로 허락되는 장소에서는 이러한 허락을 의도적으로 악용하였더라도 침입하였다고 볼 수 없다.[3]

그러나 복면을 하고 강도의 목적으로 은행에 들어간 경우와 같이 외견상 범죄목적임이 드러나거나 침입방법 자체가 일반적인 허가에 해당하지 않는 것이 분명한 경우에는 주거침입죄가 성립한다.[4] 이러한 경우는 일반적 출입허락대상에서 제외된다고 보아야 하기 때문이다. 대법원은 평소 무상출입하던 이웃집이라 하더라도 범죄의 목적으로 피해자의 승낙 없이 그 주거에 들

1) 대판 1985. 2. 8, 84도2917(다방, 당구장, 독서실 등의 영업소가 들어서 있는 건물 중 공용으로 사용되는 계단과 복도는 주야간을 막론하고 관리자의 명시적 승낙 없어도 누구나 자유롭게 통행할 수 있는 곳이라 할 것이므로 관리자가 1층 출입문을 특별히 잠그지 않는 한 범죄의 목적으로 위 건물에 들어가는 경우 이외에는 그 출입에 관하여 관리자나 소유자의 묵시적 승낙이 있다고 봄이 상당하여 그 출입행위는 주거침입죄를 구성하지 않는다). 또한 대판 1967. 12. 19, 67도1281; 1978. 10. 10, 75도2665; 1979. 10. 30, 79도1882; 1997. 3. 28, 95도2674(기관장의 조찬모임에서의 대화 내용을 녹음하기 위한 도청장치를 설치할 목적으로 손님을 가장하여 모임장소인 음식점에 들어간 경우); 임 웅, 254면.

2) 강구진, 194면; 김성천, 818면; 백형구, 388-9면; 오영근, 「주거침입죄의 성립요건」, 형사판례연구(8), 280면 이하; 이재상, 241면; 이정원, 265면; 이형국, 298면.

3) Hanack, JuS 1964, 354; Krey, BT/1, Rn. 449; Lackner/Kühl, § 123 Rn. 7; Sch/Sch/Lenckner, § 123 Rn. 26; SK/Rudolphi, § 123 Rn. 26; Wessels/Hettinger, BT/1, Rn. 588.

4) 대판 1990. 3. 13, 90도173(일반적으로 출입이 허가된 건물이라 하여도 피고인이 출입이 금지된 시간에 그 건물 담벽에 있던 드럼통을 딛고 담벽을 넘어 들어간 후 그 곳 마당에 있던 아이스박스통과 삽을 같은 건물 화장실 유리 창문 아래에 놓고 올라가 위 창문을 연 후 이를 통해 들어간 것이라면 그 침입방법 자체가 일반적인 허가에 해당되지 않는 것이 분명하게 나타난 것이므로 건조물침입죄가 성립되는 것이다).

어간 경우에는 주거침입죄를 인정한다.[1] 또한 개방되어 있는 장소에 대한 관리자의 출입제한에도 불구하고 다중이 고함이나 소란을 피우면서 건조물에 들어가는 것은 건조물침입죄를 구성한다.[2]

(iii) **복수의 주거권자가 존재할 때** 이 경우에는 각자는 제 3 자의 주거출입을 허락할 권리가 있다. 대표적인 예가 부부간의 경우이다. 이는 부부관계의 본질과 평등원칙으로부터 도출된다.[3] 이러한 결론은 부부 가운데 누가 그 주거공간의 소유권자 또는 임차인인가를 불문한다. 그러나 부부 가운데 어느 누구도 일방의 의사를 무시하고 일방적 · 자의적으로 주거권을 행사할 수는 없다. 여기에는 기대가능성의 원칙이 지켜져야 한다. 즉 부부 중 일방의 허락의사가 기대될 수 없음에도 불구하고 타인의 주거내 출입을 허락할 수는 없다는 것이다. 그러므로 남편의 부재중 간통의 목적으로 처의 승낙을 얻어 들어간 경우에는 주거침입죄가 성립한다.[4] 대법원은 복수의 주거권자가 있는 경우에 한 사람의 승낙이 다른 거주자의 의사에 직접 · 간접으로 반하는 경우에는 그에 의한 주거에의 출입은 그 의사에 반한 사람의 주거의 평온, 즉 주거의 지배 · 관리의 평온을 해치는 결과가 되므로 주거침입죄가 성립한다고 한다.[5] 이러한 결론은 주거출입의 목적에 따른 결론이 아니라 복수의 주거권자가 있는 경우의 문제임을 주의하여야 한다.

이 경우에 사실상 평온설에서는 남편의 출타중 현실의 주거권자는 처이므로 처의 승낙은 유효하다고 보아 주거침입죄의 성립을 부인하게 된다.[6] 처만이 남아 있는

---

1) 대판 1983. 7. 12, 83도1394.
2) 대판 1996. 5. 10, 96도419.
3) Sch/Sch/Lenckner, § 123 Rn. 18.
4) 대판 1984. 6. 26, 83도685(남편이 일시부재중 간통의 목적하에 그 처의 승낙을 얻어 주거에 들어간 경우라도 남편의 주거에 대한 지배관리관계는 여전히 존속한다고 봄이 옳고 사회통념상 간통의 목적으로 주거에 들어오는 것은 남편의 의사에 반한다고 보여지므로 처의 승낙이 있었다 하더라도 남편의 주거의 사실상의 평온은 깨졌다 할 것이므로 이러한 경우에는 주거침입죄가 성립한다고 할 것이다); 이재상, 238면; 이정원, 284면; 정성근/박광민, 250면. 소극설로는 김일수/서보학, 250면; 배종대, 340면; 백형구, 396면; 오영근, 311면; 이형국, 298면; 임 웅, 255면. 독일에서의 적극설로는 OLG Hamm NJW 1965, 2067; Tröndle/Fischer, § 123 Rn. 2; Krey, BT/2 Rn. 446; Lackner/Kühl, § 123 Rn. 2; Sch/Sch/Lenckner, § 123 Rn. 18; SK/Rudolphi, § 123 Rn. 16.
5) 대판 1984. 6. 26, 83도685.
6) 강구진, 193면; 김성천, 819면; 김종원, 143면; 백형구, 396면; 오영근, 「주거침입죄의 성립요건」, 형사판례연구(8), 235면; 이형국, 고시연구(1984/9), 43면; 정영석, 293면; 진계호, 247면.

주거의 현실의 평온은 깨어지지 않았다는 것이 그 이유이다. 한편으로는 주거권설에서는 본죄의 성립을 인정하면서 사실상 평온설에서는 부인하는 것과 달리 반드시 주거침입죄의 보호법익과 관련하여 결론을 내릴 필요는 없다고 보아 사실상 평온설을 취하면서도 본죄의 성립을 인정하는 견해도 있다.[1)]

(3) 미 수 범

본죄의 미수범은 처벌된다(제322조). 신체의 일부가 목적물에 들어가는 경우에 실행에 착수한 것으로 볼 수 있다. 주거침입죄의 실행의 착수는 주거자, 관리자, 점유자 등의 의사에 반하여 주거나 관리하는 건조물 등에 들어가는 행위 즉 구성요건의 일부를 실현하는 행위까지 요구하는 것은 아니다. 그렇지만 주거침입의 고의로, 예컨대 주거로 들어가는 문의 시정장치를 부수거나 문을 여는 등 침입을 위한 구체적 행위를 시작함으로써 범죄구성요건의 실현에 이르는 현실적 위험성을 포함하는 행위를 개시할 것을 필요로 한다.[2)] 판례는 주거침입죄가 사실상의 평온을 보호법익으로 하기 때문에 반드시 행위자의 신체 전부가 타인의 주거 안으로 들어가야만 주거침입죄의 기수에 이른다고 보지 않는다. 그러므로 심야에 여성이 혼자 자는 집 창문을 열고 집안으로 얼굴을 들이미는 등의 행위를 하였다면 비록 신체의 일부만이 집안으로 들어갔다고 하더라도 사실상 주거의 평온을 해하였다고 보아 주거침입죄의 기수를 인정하고 있다.[3)] 이는 주거의 사실상의 평온을 해하였는가 여부를 기준으로 주거침입죄의 미수와 기수를 판단하려는 입장에서 비롯된다.

3. 주관적 구성요건

행위자는 주거권자의 의사에 반하여 주거에 침입한다는 것을 인식하고 있어야 한다. 만일 주거권자의 의사에 반한다는 사실을 인식하지 못한 경우에는 구성요건의 착오로서 고의가 조각된다. 그러나 단순히 타인의 주거에 허락없이 들어간다는 인식을 하였으면 되고, 범죄목적으로 들어간다는 의사가 필요한 것은 아니다.

본죄의 고의는 신체의 전부가 목적물에 들어간다는 인식은 물론이고 신체의 일부분이 들어간다는 인식만으로도 충분하다.[4)]

1) 정성근, 265면.
2) 대판 2008. 3. 27, 2008도917.
3) 대판 1995. 9. 15, 94도2561.
4) 대판 1995. 9. 15, 94도2561.

4. 위 법 성

긴급피난이나 정당행위와 같은 위법성을 조각하는 사유가 있을 경우에 본죄가 성립하지 않음은 물론이다. 추정적 승낙이 인정되는 경우에도 마찬가지이다.[1] 그러나 정당한 권리행사라고 하더라도 반드시 위법성이 조각되는 것은 아니다. 채권자가 채무자의 집에 들어가는 것이 그 예이다.[2]

5. 죄 수

① 주거침입을 위한 수단으로 다른 범죄를 범한 경우에는 주거침입죄와의 상상적 경합이 된다(예: 주거에 침입하기 위하여 주거권자를 폭행한 경우). ② 만일 강도나 강간을 위하여 침입한 경우와 같이 다른 범죄를 할 목적으로 주거에 침입한 경우에 양죄는 경합범이 성립한다.[3] ③ 마찬가지로 일단 주거에 침입한 후 다른 범죄를 범한 경우에도 양죄는 경합범 관계이다.[4]

야간주거침입절도죄(제330조)나 특가법 제 5 조의 4(상습강·절도죄 등의 가중처벌)에 해당하는 경우에는 주거침입이 구성요건의 요소이기 때문에 별도로 주거침입죄를 구성하지 않는다.[5]

Ⅲ. 退去不應罪

제319조【퇴거불응】 ② 전항의 장소에서 퇴거요구를 받고 응하지 아니한 자도 전항의 형과 같다.
제322조【미수범】 본장의 미수범은 처벌한다.

1. 의 의

본죄는 퇴거요구를 받고 응하지 아니함으로써 성립하는 범죄이다. 이는 일단 적법하게 또는 과실로(예: 아파트에서 자기 집인 줄 알고 들어간 경우) 타인의 주거에 들어간 자가 퇴거요구권자의 요구를 받고도 그 장소에서 퇴거하

---

1) 대판 1989. 9. 12, 89도889 참조.
2) 백형구, 399면; 이재상, 243면; 임 웅, 258면. 그러나 위법성이 조각된다는 견해도 있다(이형국(I), 365면; 정성근/박광민, 233면).
3) 김성천, 823면; 김일수, 214면; 이재상, 243면; 이형국(I), 366면; 임 웅, 259면; 정성근, 267면. 독일에서는 BGHSt 18, 32; Geppert, Jura 1989, 383; SK/Rudolphi, § 123 Rn. 44; LK/Schäfer, § 123 Rn. 88. 이와 달리 상상적 경합이라고 보는 견해는 Sch/Sch/Lenckner, § 123 Rn. 37.
4) Sch/Sch/Lenckner, § 123 Rn. 37.
5) 대판 1984. 12. 26, 84도1573(전원합의체).

지 않음으로써 성립한다.

2. 구성요건

본죄가 성립하기 위해서는 퇴거요구가 있어야 한다. 퇴거요구의 횟수에는 제한이 없다. 퇴거불응죄는 전형적인 진정부작위범이며, 계속범이다.

임대차기간이 종료하여 임대인으로부터 퇴거요구를 받고 퇴거하지 않더라도 본죄는 성립하지 않는다. 이 경우의 주거권자는 임차인이기 때문이다. 직장폐쇄 후 계속된 직장점거가 퇴거불응죄를 구성하는지에 대하여 대법원은 이를 인정한다. 즉 근로자들의 직장점거가 쟁의의 목적달성을 위하여 필요한 범위 내에서 제한적으로 개시됨으로써 적법한 것이었다 하더라도 사용자가 이에 대응하여 적법하게 직장폐쇄를 하게되면 사용자의 사업장에 대한 물권적 지배권이 전면적으로 회복되는 결과 사용자는 점거중인 근로자들에 대하여 정당하게 사업장으로부터의 퇴거를 요구할 수 있고 퇴거를 요구받은 이후의 직장점거는 위법하므로, 적법하게 직장폐쇄를 단행한 사용자로부터의 퇴거요구에도 불구하고 직장점거를 계속한 행위는 퇴거불응죄를 구성한다고 본다.[1)]

본죄의 미수범 역시 처벌된다. 그러나 본죄는 진정부작위범이기 때문에 미수범이 성립할 여지가 없다고 보는 견해[2)]도 있다. 본죄는 주거권자의 퇴거요구에 불응함으로써 기수에 이르므로 미수범이 성립할 경우는 사실상 없다고 보아야 할 것이다. 또한 주거침입죄와는 법조경합 중 보충관계에 있다고 보아야 할 것이다.

Ⅳ. 特殊住居侵入·退去不應罪

> 第320조【특수주거침입】 단체 또는 다중의 위력을 보이거나 위험한 물건을 휴대하여 전조의 죄를 범한 때에는 5년 이하의 징역에 처한다.
> 第322조【미수범】 본장의 미수범은 처벌한다.

1. 의　　의

단체 또는 다중의 위력을 보이거나 위험한 물건을 휴대하여 타인의 주거

1) 대판 1991. 8. 13, 91도1324. 또한 교회 현관에 들어간 사람이 관리인의 퇴거요구를 받고 이에 응하지 않은 경우에 퇴거불응죄를 인정하였다(대판 1992. 4. 28, 91도2309).
2) 백형구, 392면; 이재상, 244면; 이정원, 267면; 이형국(I), 368면; 정성근/박광민, 255면. 미수범 성립을 인정하는 견해로는 김성천, 825면; 김일수/서보학, 246면; 임 웅, 261면.

나 건조물 등에 침입하거나 퇴거요구에 불응함으로써 성립하는 범죄이다. 주거침입(퇴거불응)죄에 대한 가중적 구성요건이다.

그러나 본죄에 해당하는 행위가 있을 경우에는 본조가 아니라 「폭력행위 등 처벌에 관한 법률」 제 3 조 제 1 항, 제 2 조 제 1 항에 따라 처벌된다.

2. 구성요건의 내용

수인이 흉기를 휴대하여 타인의 건조물에 침입하기로 공모한 후 그 중 일부만이 건조물에 들어간 경우에는 직접 건조물에 들어간 범인을 기준으로 하여 흉기휴대 여부를 판단한다.[1)]

Ⅴ. 住居 · 身體搜索罪

> **제321조 【주거 · 신체수색】** 사람의 신체, 주거, 관리하는 건조물, 자동차, 선박이나 항공기 또는 점유하는 방실을 수색한 자는 3년 이하의 징역에 처한다.
>
> **제322조 【미수범】** 본장의 미수범은 처벌한다.

본죄는 본인이나 주거권자의 동의 또는 형사소송법(제109조, 제219조) 등에 의하여 법적으로 허용되는 경우가 아님에도 불구하고 타인의 주거를 수색하거나 신체를 수색함으로써 성립하는 죄이다. 수색의 대상은 신체, 주거, 관리하는 건조물, 자동차, 선박, 항공기, 점유하는 방실이다. 수색이란 사람이나 물건을 발견하기 위하여 사람의 신체 또는 일정한 장소를 조사하는 것을 말한다. 주거침입을 하여 본죄를 범한 경우에는 주거침입죄와 본죄의 경합범이 성립한다. 절도를 하기 위하여 자동차 내부를 뒤지는 경우에는 주거수색죄는 절도죄에 흡수된다고 보는 것이 타당하다(법조경합). 본죄의 미수범은 처벌한다.

---

1) 대판 1994. 10. 11, 94도1991.

제 5 장 財産에 대한 罪

제 1 절 財産罪 一般論

Ⅰ. 財産罪의 意義

생명·신체·자유·명예와 함께 개인의 재산을 보호하는 것은 우리 헌법이 지향하고 있는 자유민주주의를 토대로 한 시장경제체제의 근간을 이루는 것이다(헌법 제23조 참조). 즉 재산권을 보장하는 것은 자본주의경제체제(제119조)의 이념적 기초이면서 동시에 그 전제조건이다. 이에 따라 형법은 절도죄를 비롯하여 각종의 재산관련 범죄행위를 처벌하고 있는데 이는 개인이 향유하는 이러한 헌법상의 재산권을 보호하기 위한 것이다. 이처럼 형법상 재산범죄에 대한 규정은 국민의 재산권보장을 통하여 경제적인 측면에서의 개성신장과 사회생활의 물질적인 터전을 확보해 주는 기능을 하게 된다.

재산권보장의 구체적 내용은 사유재산의 사용·수익·처분권을 의미한다. 이를 보호하기 위한 형법상의 구성요건은 구성요건에 해당하는 행위가 전체재산상의 손해발생을 요건으로 하는가 아니면 개별적인 재산에 대한 죄인가에 따라 다르다. 전자를 **재산죄**(혹은 이득죄)라 하고 후자를 **재물죄**라고 부른다. 전자의 재산개념은 개별적인 재산의 상위개념에 해당한다. 후자의 경우 손해발생은 범행의 필수적 요건이 아니라 단순한 수반현상에 불과하다. 재산상의 이익만을 행위객체로 하는 이득죄로는 배임죄가 있으며, 재물죄의 예로는 절도죄·횡령죄·장물죄·손괴죄가 있다. 강도죄와 사기죄·공갈죄는 재물죄이면서 동시에 이득죄에 해당된다. 그러나 재물죄라 하더라도 반드시 경제적 가치상실을 요건으로 하는 것은 아님을 유의하여야 한다. 경제적 가치가 없는 물건도 절도죄나 손괴죄의 행위객체에 해당하는 것이 그 예이다. 이러한 의미에서 재산죄를 경제적 재산가치만을 보호하는 구성요건으로 이해하는 것은 옳지 않다.

동시에 형법은 재산권침해가 개인의 생명·신체 혹은 자유를 침해하거나 의사결정의 자유를 방해하는 형식으로 이루어지는 경우에도 이를 재산범죄의 유형으로 규정하고 있다. 예를 들면 폭행·협박을 이용하여 재물이나 재산상의 이득을 취하는 강도죄, 해악을 고지하는 방법으로 하는 공갈죄, 상대방을 착오에 빠뜨려 재산상의 처분행위를 하게 하는 사기죄 등이 그러하다. 이를 타인의 의사침해 여부와 관련지어 분류하면 **탈취죄**와 **편취죄**로 부를 수 있다. 전자는 타인의 의사와 관계없이 재물을 취득하는 것을 말한다. 절도죄, 강도죄, 장물죄, 횡령죄가 그 예이다. 편취죄는 타인의 하자 있는 의사에 기한 재산상의 처분행위를 통하여 재물을 취득하는 것을 말하며, 사기죄·공갈죄가 여기에 해당된다(형법은 재산범죄를 보호법익에 따라 규정하지 않고 이처럼 행위방법에 따라 분류하여 규정하고 있다). 탈취죄와 편취죄의 구분은 재산범죄가 절취, 강취, 기망, 공갈, 배임행위와 같은 특정한 행위방법으로 이루어지는 경우에만 성립한다는 점을 밝힌 것이다. 이러한 행위방법의 특정은 재물죄와 달리 사유재산을 인정하는 자본주의경제체제하에서 재산상의 이익을 대상으로 하는 재산범죄가 안고 있는 재산이전의 불확정성을 보완하는 기능을 한다.

형법상의 재산범죄는 분류기준에 따라 그 밖에도 다음과 같이 나눌 수 있다. 즉 영득의사 유무에 따라 영득죄와 손괴죄로 나눌 수 있는데, 영득죄란 타인의 재물을 영득하는 것을 내용으로 하는 범죄로서 절도죄·강도죄·사기죄·공갈죄와 횡령죄가 여기에 해당된다. 그리고 손괴죄는 행위객체의 효용을 해치는 죄이다.

Ⅱ. 財產罪의 客體

형법상 재산죄의 객체는 재물과 재산상의 이익이다. 이는 행위객체의 성질에 따른 분류방법이라고 할 수 있다. 즉 가시적인 성질을 지닌 개별재산을 재물로, 불가시적인 객체로서 전체로서의 재산을 재산상의 이익이라고 규정한 것이다.

1. 재 물

(1) 재물의 개념

형법상 재물의 개념은 다의적이다. 형법은 재물의 개념을 유체물 및 관리할 수 있는 동력이라고 규정하고 있다(제346조). 그리고 이를 재산범죄의 각 죄에 준용하고 있다(제354조, 제361조, 제372조). 형법상 재물은 관리가능한 동력 이외에는 유체물이어야 하므로 재물에는 청구권이나 기타 제 권리는 제외된다. 그러나 청구권의 내용이 기재된 유가증권과 같은 서면은 재물에 해당된다.

형법상 재물은 통일적인 해석이 어려운 상대적 개념이다. 예를 들어 절도죄나 강도죄에서의 재물에는 부동산이 포함될 수 없음에 반해(반대견해 있음) 사기죄나 횡령죄에서의 재물에는 부동산이 포함되는 점이나, 도박죄(제246조)에 규정된 재물에는 재산상의 이익까지도 포함하는 점이다. 또한 재물은 재산적 가치 있는 재물과 재산적 가치가 없는 재물을 모두 포함한다. 이는 절도죄나 손괴죄가 반드시 재산적 가치 있는 재물만을 객체로 하지 않는 것에서도 알 수 있다. 이처럼 상이한 내용에도 불구하고 동일한 용어를 사용하는 것은 정확한 입법방법이라고 볼 수 없다.

(2) 유체성설과 관리가능성설

형법상의 재물개념과 관련하여 유체성설과 관리가능성설이 주장되어 왔다. 유체성설은 재물을 일정한 공간을 차지하고 있는 유체물에 국한한다. 그리고 형법 제346조는 동력은 유체물이 아니므로 원래 재물이 아니지만 그것을 재물로 간주하는 규정으로 해석한다.[1)] 이에 반해 관리가능성설은 유체물뿐만 아니라 무체물까지도 관리가 가능하면 재물에 포함된다고 본다.[2)] 여기에서 관리가능은 물리적 관리가능성을 의미하며, 사무적·법률적 관리가능성은 제외한다. 법률적 관리가 가능한 경우까지 포함하게 되면 채권도 재물에 해당한다고 보아야 하는데 그럴 경우 재물과 재산상의 이익은 구별이 불가능하게 되기 때문이다. 관리가능성설을 주장하는 입장에서는 형법 제346조가 관리가능성설을 입법화한 것이므로 두 학설의 대립은 무의미하다고 한다.

현행 형법하에서 두 견해의 대립은 제346조를 특별규정으로 보는가 아니면 단순한 주의규정으로 보는가로 귀결된다. 유체성설에서는 재물을 유체물로 제한하기 때문에 유체물이 아닌 동력을 재물에 포함시키기 위한 특별규정으로 제346조를 이해한다. 반면에 관리가능성설에서는 민법상의 물건개념(제

1) 강구진, 245면; 김일수/서보학, 274면.
2) 김종원, 174면; 유기천(상), 184면; 이재상, 250-1면; 이형국, 318면; 임 웅, 277면; 정영석, 322면.

98조: "유체물 및 전기 기타 관리할 수 있는 자연력")을 원용하여 재물이란 유체물뿐만 아니라 관리가 가능하면 무체물도 포함되므로 제346조는 이러한 사실을 밝히는 단순한 주의규정으로 보는 것이다. 그 결과 제346조를 준용하지 않고 있는 권리행사방해죄나 장물죄에서도 관리가능한 무체물이 행위객체에 포함된다고 보게 된다.

> 사실상 재물의 개념에 관한 관리가능성설과 유체성설의 대립은 제346조에 의해 실익이 없는 논쟁이다. 그러나 학설의 논리적 일관성과 연결되어 제346조를 준용하지 않는 장물죄와 권리행사방해죄의 장물이나 물건개념에도 이를 해석상 준용하여야 한다는 관리가능성설에 입각한 주장[1)]이 제기됨에 따라 학설대립이 계속되고 있다. 독일형법상 물건(Sache)은 유체성(Körperlichkeit)을 전제로 하고 있다.[2)]

이상을 종합하면 관리가능한 무체물 역시 절도죄의 행위객체가 될 수 있다면 재산범죄로 인하여 취득한 재물을 행위객체로 삼는 장물죄에서도 재물을 동일하게 해석하는 것이 타당할 것이다. 그러므로 관리가능성설의 논리에 의하면 전력절도범이 전력을 공장에 싼값으로 판 경우에 공장주는 장물취득죄로 처벌하게 된다. 그러나 장물죄의 구성요건은 재물의 범위를 제346조까지 확장하여 규정하고 있지 않기 때문에 해석을 통하여 이를 포함시키는 것은 죄형법정주의상 허용되는 해석범위를 벗어난 것이라고 볼 수밖에 없다. 또한 유체물을 원칙적으로 재물의 개념으로 보아야 하는 것은 재산범죄의 행위유형과 관련되어 있다. 즉 관리가능성이 없는 무체물에 대한 절취나 강취 혹은 횡령이나 반환의 거부란 불가능하기 때문이다. 그러나 과학의 발달에 따라 무체물이라 하더라도 관리가 가능한 것이 등장함에 따라 이를 재물로 인정할 가능성과 필요성이 인정되었으며 형법 제346조는 이를 반영한 규정이다. 그렇다면 제346조는 예외규정으로 보아야 한다. 결론적으로 재물은 유체물이어야 하며, 예외적으로 관리가능한 동력을 대상으로 한다고 보아야 한다.

[판례] 판례 역시 이와 같은 입장이다. 즉 "타인의 전화기를 무단으로 사용하여 전화통화를 하는 행위는 전기통신사업자가 전화가입자에게 음향의 송수신이 가능하도록 하여 줌으로써 상대방과의 통신을 매개하여 주는 역무, 즉 전기통신사업자에

---

1) 이재상, 250면 이하.

2) Tröndle/Fischer, § 242 Rn. 2; Sch/Sch/Eser, § 242 Rn. 9 참조.

의하여 가능하게 된 전화기의 음향송수신기능을 부당하게 이용하는 것으로서, 이러한 내용의 역무는 무형적인 이익에 불과하고 물리적 관리의 대상이 될 수 없어 재물이 아니라고 할 것이므로 절도죄의 객체가 되지 않는다"고 판시하였다(대판 1998. 6. 23, 98도700).

(3) 재산적 가치

재산죄의 행위객체인 재물은 경제적 의미의 재산가치(경제적·금전적 교환가치)를 지녀야 하는가에 대해서는 이를 부인하는 것이 통설이다.[1] 대법원 역시 경제적 가치 이외에 주관적 가치나 타인에 의하여 이용되지 않는다고 하는 소극적 가치만을 지니고 있어도 재물성을 인정하고 있다.[2] 그러므로 기념물이나 편지는 경제적 가치는 없더라도 주관적 가치는 인정되므로 재물에 해당된다.

(4) 금 제 품

금제품(禁制品)이란 마약(마약류 관리에 관한 법률 제 4 조 참조), 총포(총포·도검·화약류 등 단속법 제10조 참조), 음란한 물건(형법 제244조 참조) 등과 같이 원칙적으로 소유 또는 점유가 금지되어 있는 물건을 말한다. 금제품은 재물의 타인성과 관련된 문제로서 논의된다. 금제품이 재물에 포함되느냐에 관해서는 첫째 금제품은 경제적 이용이 불가능하거나 소유권의 객체가 될 수 없으므로 절도죄가 성립할 수 없다는 소극설,[3] 둘째 금제품이라 할지라도 국가소유 등이 인정되며, 절차에 따라 몰수되기까지는 소유 또는 점유를 보호하여야 하므로 절도죄의 행위객체가 될 수 있다는 적극설,[4] 셋째 단순히 점유가 금지되어 있는 물건(불법소지무기)은 절도죄의 객체가 되나, 소유권의 객체가 될 수 없는 물건(위조통화)은 절도죄의 객체가 될 수 없다는 절충설[5]이 대립되어 있다.

생각건대 금제품의 소유나 점유가 법적으로 금지되어 있는지 여부와 금제품에 대한 현실적인 소유나 점유의 침해가 있는지의 여부는 구별되어야 한다. 그러므로 금제품, 특히 마약이 소유권의 객체가 될 수 없다는 주장은

1) 강구진, 246면; 김성천, 835면; 김일수/서보학, 276면; 이재상, 253면; 이형국, 318면.
2) 대판 1976. 1. 27, 74도3442; 1996. 5. 10, 95도3057; 2004. 10. 28, 2004도5183.
3) 서일교, 134면. Engel, NStZ 1991, 520 이하는 소유권의 객체가 될 수 없음을 이유로 절도죄의 행위객체성을 인정하지 않는다.
4) 강구진, 248면; 김일수/서보학, 279면; 김성천, 839면; 유기천(상), 187면; 임 웅, 284면; 정성근/박광민, 268면.
5) 김종원, 177면; 이재상, 258면; 이형국, 319면; 이정원, 246면; 정영석, 324면.

타당하지 않다. 민법상 소유권의 취득은 법률행위에 의해서 뿐만 아니라 원시취득도 가능하기 때문이다.[1] 예를 들면 밭에서 경작하여 생산한 마약이나(민법 제102조 제1항 참조) 원료를 가공하여 생산한 마약(민법 제259조 참조) 혹은 금제품을 유실물로서 습득하여 소유권을 취득할 수도 있는 것이다(민법 제253조 참조). 그러므로 이러한 경우에는 금제품의 거래행위가 금지되어 있다고 하여 소유권의 대상이 될 수 없다고 볼 수 없다. 또한 금제품이 무주물도 아니다. 결론적으로 금제품에 대한 절도죄의 성립은 가능하다.

(5) 부 동 산

재물은 동산 이외에 부동산을 포함할 수 있다.[2] 그리고 부동산은 토지 및 토지에 부착된 지상물을 의미한다. 그러나 재물을 행위객체로 하는 형법상의 재산범죄에 부동산이 행위객체로 포함될 수 있는가는 별개의 문제이다. 즉 형법상 절도죄와 강도죄는 재물을 행위객체로 규정하고 있는데 여기에 부동산이 포함되는가에 대해서는 견해가 다르다. 먼저 ① 적극설은 절취는 재물에 대한 지배의 이전을 필요로 하는 것일 뿐 장소적 이전을 필요로 하지 않으므로 부동산이 포함된다고 본다.[3] 생각건대 절취나 강취행위는 모두 타인의 현실적인 점유를 배제하고 자기 또는 제 3 자의 새로운 점유지배를 확립하는 것을 의미하므로 행위객체의 가동성을 필요로 한다. ② 그러나 토지와 같은 부동산은 성질상 법률상의 지배가 가능하다고 하더라도 현실적인 점유배제와 점유확립이 불가능한 대상물이다. 이러한 점에서 부동산은 절도죄나 강도죄의 행위객체에서 제외된다고 보는 소극설이 타당하다.[4] 그러므로 타인의 부동산에 침범하여 점거하는 것은 경계침범죄(제370조)나 경우에 따라서는 업무방해죄(제314조) 등을 구성한다고 보아야 한다.[5] 다만 토지에 부착된 지상물(민법 제99조 제1항 참조)은 점유배제와 점유확립이 가능하므로 절도죄의 객체가 될 수 있다. 이는 민법상의 부동산 개념이 형법에서도 동일하게 취급될 필요가 없기

1) Marcelli, NStZ 1992, 220; Vitt, NStZ 1992, 221 참조.
2) 김일수/서보학, 279면; 이재상, 255면; 이형국, 320면.
3) 김종원, 177면; 오영근, 325면; 임 웅, 281면; 정성근/박광민, 268면; 정영석, 325면; 황산덕, 279면.
4) 강구진, 247면; 김성천, 837면; 김일수/서보학, 279면; 배종대, 359면; 유기천(상), 187면; 이재상, 255면; 이정원, 301면; 이형국, 320면.
5) 일본형법은 부동산침탈죄(제235조의 2)를 규정하여 타인의 부동산에 대한 침탈행위를 처벌하기 때문에 이 문제를 입법적으로 해결하였다. 독일형법(§242, Diebstahl)은 절도죄의 행위객체를 동산으로 제한하고 있다.

때문이다.

(6) 신체 · 사체

살아 있는 사람의 신체는 권리의 주체이지 객체가 될 수 없다는 점에서 재물이라고 볼 수 없다는 것이 일반적이다.[1] 그러나 신체에서 분리 또는 적출된 장기는 재물에 해당한다고 볼 수 있다. 예를 들어 신장이 매매의 대상이 되고 있듯이 절도죄의 대상이 될 수 있는 것이다. 이 경우 분리된 신체의 일부는 재물에 해당되며 분리당한 사람의 소유에 속한다.[2] 예컨대 혈액이나 이식용 피부를 들 수 있다. 아직 산모의 체내에 이식되지 않은 착상전 배아에 대해서는 ① 인간의 지위를 인정하는 입장과, ② 배아는 신체조직과 다를 바 없으므로 배아에 대한 결정권을 가진 자가 동의하는 한 배아에 대한 행위가 제한을 받지 않는다는 입장, ③ 그리고 착상 전 배아는 인간으로서의 생물학적 구조를 갖고 있지 않으므로 인간으로 취급하기는 어렵지만 생명체로 발전할 가능성이 있어서 잠재적 생명체로서 존중되어야 한다는 절충적 입장이 있다. 만일 착상 전 배아를 재물과 동일시한다면 민법상 권리의 객체로 될 수 있다고 보게 된다. 그러나 인간이라는 생명체로 발전할 잠재성을 지닌 착상 전 배아를 재물과 같이 취급한다면 생명공학적 유전자조작의 위험성으로부터 이를 보호하기 어렵게 될 것이다. 그러므로 착상 전 배아는 이를 재물로 취급할 것이 아니라 독일의 배아보호법(제2조 제1항 참조)과 같은 별도의 법률제정이 필요하다.[3] 그러나 수정되기 전의 정자나 난자는 재물에 해당된다고 보아야 한다.[4]

사체가 재물에 포함되는가에 대해서는 일단 재물에는 해당하는 것으로 보지만[5] 소유권의 객체가 될 수 있는가에 대해서는 견해가 다르다. 소유권은 이를 사용 · 수익 · 처분할 수 있는 것을 전제로 하므로 매장이나 제사의 대상인 사체는 소유권의 객체에서 제외된다고 보는 것이 타당하다.[6] 반면에 해부

1) 김성천, 837면; 김일수/서보학, 267면; 이형국, 319면; 임 웅, 283면.
2) LK/Ruß, § 242 Rn. 4, 9; Sch/Sch/Eser, § 242 Rn. 20; Wessels/Hillenkamp, BT/2, Rn. 65; 강구진, 248면; 김일수/서보학, 267면; 이형국, 319면; 임 웅, 283면.
3) 이에 관해서는 장영민, 「생명공학의 형법적 한계」, 한국형사정책연구원(1994), 76면 이하 참조.
4) Sch/Sch/Eser, § 242 Rn. 10.
5) 강구진, 248면.
6) 강구진, 248면; 김일수/서보학, 268면; Tröndle/Fischer, § 242 Rn. 6 a; Wessels/Hillenkamp, BT/2, Rn. 66.

용 사체 등과 같이 매장용도 이외의 사체는 소유권의 객체가 된다. 소유권의 객체가 되지 못하여 재물이라고 볼 수 없는 사체 · 유골 · 유발(遺髮) 등의 영득행위 등에 대해서는 제161조(사체 등의 영득)가 적용된다.

(7) 정보의 재물성

기업비밀과 같은 정보는 재산적 가치를 지닌 것임에는 틀림없다. 그러나 현행법상 이러한 정보는 그 자체만으로는 재물에 해당한다고 볼 수 없으며 정보가 수록된 테이프나 컴퓨터 디스켓, 서류 등과 같이 화체된 물건이 존재할 때에 이를 재물이라고 볼 수 있다. 다시 말해 정보가치는 현실적인 보호의 필요성에도 불구하고 재물이라고 볼 수 없다. 판례 역시 「컴퓨터에 저장되어 있는 '정보' 그 자체는 유체물이라고 볼 수도 없고, 물질성을 가진 동력도 아니므로 재물이 될 수 없다 할 것이며, 또 이를 복사하거나 출력하였다 할지라도 그 정보 자체가 감소하거나 피해자의 점유 및 이용가능성을 감소시키는 것은 아니므로 그 복사나 출력행위를 가지고 절도죄를 구성한다고 볼 수도 없다」고 판시하였다.[1] 이는 전통적인 재물개념이 현대적 시각에서 변화되어야 할 필요성이 있는 경우라 할 수 있을 것이다.

2. 재산상의 이익

재산상의 이익이란 재물 이외의 일체의 재산적 가치 혹은 이익을 말한다. 재산상의 이익은 적극적 재산의 증가뿐만 아니라 소극적 재산의 감소(채무의 감소)를 포함한다. 또한 일시적인 이익이라 할지라도 재산상의 이익에 해당된다. 재산상의 이익은 사법(私法)상 유효한 재산상의 이익만을 의미하는 것이 아니라 외견상 재산상의 이익을 얻을 것이라고 인정할 수 있는 사실관계가 있으면 된다.[2]

재산상의 이익을 취득하는 방법은 먼저 상대방의 재산상의 처분행위를 통하여 취득하는 경우가 있다. 예를 들면 채권자를 기망하여 채무면제를 받거나 채무이행기한을 연기받는 것과 같은 경우이다. 다음으로는 상대방으로 하여금 노무를 제공하게 하는 경우이다. 예컨대 피해자가 운전하는 자동차나 열차에 무임승차를 하는 경우이다. 마지막으로는 상대방으로 하여금 일정한 의사표시를 하게 하는 경우이다. 예를 들면 기망행위를 통하여 토지소유권

1) 대판 2002. 7. 12, 2002도745.
2) 대판 1987. 2. 10, 86도2472.

이전의 의사표시를 하게 하는 경우이다. 이 경우에 피해자의 처분행위의 유효성 여부는 재산상의 이익취득으로 인한 범죄성립과는 무관하다.[1)]

재산상의 이익을 취득함으로써 상대방에게 재산상의 손해가 발생하여야 하는가에 대해서는 각 죄에 따라 다르며 논란이 있다. 대법원은 사기죄의 경우에는 재산상의 손해발생을 요건으로 하지 않는 입장이지만[2)] 배임죄의 경우에는 재산상의 손해발생을 요구하고 있다.[3)]

Ⅲ. 財産罪의 保護法益

1. 재물죄의 보호법익

재산개념에 관하여 법률적·경제적 재산설[4)]에 의하면 재물죄의 보호법익은 궁극적으로는 소유권 기타의 본권이지만 반드시 사법상의 권리·의무관계에 기인하는 것을 필요로 하는 것은 아니고 사회생활상 특정인의 점유 내지 소유에 속하는 것이라고 보여지는 객관적 상황 아래에서 현실적으로 소유 내지 점유의 대상이 되어 있는 한 그 소유 내지 점유도 일단 적법한 것으로서 형법상 보호되어야 할 것이다.

이와 달리 법률적 재산설에 의하면 사법상 정당한 소유물 내지 점유물만이 재물죄의 재산으로 취급될 것이며, 경제적 재산설에 의하면 사실상 사람이 소유 내지 점유하고 있는 재물이면 모두 재산으로 취급하게 될 것이다.

2. 이득죄의 보호법익

재산개념에 관하여 법률적·경제적 재산개념을 취하면 이득죄의 보호법익은 채권이나 저당권 등과 같이 법률상의 권리·의무관계에 기초한 경제적 가치를 의미하게 된다. 즉 사법상 정당한 권리로 인정받은 경제적 이익이 보호법익이 되는 것이다. 이에 대해서 법률적 재산설은 사법상 권리로서 인정되는 경제적 이익만을 이득죄의 법익이라고 한다. 경제적 재산설은 경제적

---

1) 대판 1975.5.27, 75도760(사기죄에서 재산상의 이익취득은 그 재산상 이익을 법률상 유효하게 취득함을 필요로 하지 아니하고 그 이익취득이 법률상 무효라 하여도 외형상 취득한 것이면 충분하다).

2) 대판 1987.12.22, 87도2168(… 사기죄의 본질은 기망에 의한 재물이나 재산상의 이익의 취득에 있고 상대방에게 현실적으로 재산상 손해가 발생함을 그 요건으로 하지 않는다).

3) 대판 1987.4.4, 85도1339(은행의 대출업무담당자가 불량대출을 하였을 경우 … 대출금 채권의 확보를 위한 조치를 취하지 아니하여 회수의 확실성이 없는 채권을 발생하게 함으로써 은행에 재산상의 손해를 가하는 등의 요건을 갖추어야 한다).

4) 재산개념에 관한 학설의 자세한 내용은 사기죄 중 (5) 재산상 손해발생 부분 설명 참조.

가치가 인정되는 이상 위법한 경제적 가치라고 하더라도 재산상의 이익으로 인정하게 될 것이다.

제 2 절 窃盜의 罪

Ⅰ. 意義 및 保護法益

절도죄(Diebstahl, larceny)라 함은 타인의 재물을 절취하는 것을 내용으로 하는 범죄를 말한다. 행위객체는 재물만을 대상으로 하는 재물죄이기 때문에 배임죄와 같은 순수한 이득죄나 재물과 이득을 모두 포함하는 강도죄, 사기죄, 공갈죄와 구별된다.

절도죄의 보호법익에 대해서는 ① 소유권설[1)]과 ② 점유설[2)] 그리고 ③ 소유권 및 점유설[3)]로 나눌 수 있다. 생각건대 절도죄를 포함하여 형법상의 재산범죄에 관한 구성요건은 넓은 의미에서는 재산을 보호하기 위한 것이다.[4)] 이를 구체화하면 절도죄의 보호법익은 소유권이라고 보는 것이 타당하다. 점유권은 소유권에 내재하는 처분권 실현의 사실상의 전제조건으로서 동시에 보호되기 때문이다.

절도죄는 위험범이라는 견해가 있다.[5)] 그러나 절취행위에 의하여 점유가 배제된 상태는 곧 소유권의 행사나 재산상의 침해를 받은 것이라고 볼 수 있으므로 침해범이라고 보는 것이 타당하다.[6)]

Ⅱ. 構成要件體系

형법상 절도의 죄에는 기본적 구성요건인 절도죄(제329조)와 가중적 구성요

1) 김성천, 831면; 김일수/서보학, 272면; 유기천(상), 189면; 이재상, 247면; 이정원, 272면; 배종대, 351면. Tröndle/Fischer, § 242 Rn. 1; Sch/Sch/Eser, § 242 Rn. 1.
2) 정창운, 형법각론, 132면.
3) 강구진, 260면; 김종원, 178면; 이형국, 312면; 임 웅, 275면; 정성근/박광민, 278면; 정영석, 331면. 독일의 다수설이다(Lackner, § 242 Rn. 1; LK/Ruß, vor § 242 Rn. 3; Maurach/Schroeder/Maiwald, BT/1, 303; Welzel, Strafrecht, 347면; Wessels/Hillenkamp, BT/2, Rn. 57).
4) 백형구, 129면은 재산을 보호법익으로 본다.
5) 김성천, 832면; 유기천(상), 189면; 이재상, 248면.
6) 강구진, 257면; 김일수/서보학, 272면; 김종원, 180면; 오영근, 366면; 이정원, 271면.

건인 야간주거침입절도죄(제330조), 특수절도죄(제331조) 및 상습절도죄(제332조)가 있다. 감경적 구성요건으로는 자동차 등 불법사용죄(제331조의 2)가 있다. 절도죄의 미수범은 처벌된다(제342조). 또한 자격정지의 병과(제345조)가 가능하고, 친족상도례(제344조)가 규정되어 있다.

Ⅲ. 竊 盜 罪

> 제329조 【절도】 타인의 재물을 절취한 자는 6년 이하의 징역 또는 1천만원 이하의 벌금에 처한다.
> 제342조 【미수범】 미수범은 처벌한다.
> 제345조 【자격정지의 병과】 본장의 죄를 범하여 유기징역에 처할 경우에는 10년 이하의 자격정지를 병과할 수 있다.

1. 객관적 구성요건

(1) 행위객체

절도죄의 행위객체는 타인의 재물이다(재물의 개념에 대해서는 위의 설명 참조). 절도죄에서 재물은 유체물 및 관리할 수 있는 동력(제346조)을 포함하며, 경제적 가치 유무는 불문한다. 권리나 청구권은 절도죄의 재물에 해당하지 않는다. 또한 소프트웨어(soft ware)나 지적재산권도 본죄의 재물개념에 포함되지 않는다. 그러나 이러한 것이 수록된 물체는 당연히 재물에 해당한다.

1) 재물의 타인성 　타인의 재물이란 재물의 소유권이 행위자 이외의 타인에 속하는 것이어야 함을 의미한다. 재물의 소유권 귀속은 민법에 의하여 결정된다. 여기에서 타인이란 자기 이외의 자연인, 법인, 법인격 없는 단체를 포함한다. 또한 수인이 공유하는 형태도 타인의 점유에 해당한다. 타인의 점유를 이탈한 재물은 절도죄의 행위객체에서 제외되며 이 경우에는 점유이탈물횡령죄에 해당한다.

[판례] 타인의 토지상에 권원 없이 식재한 수목의 소유권은 토지소유자에게 귀속하고, 권원에 의하여 식재한 경우에는 그 소유권이 식재한 자에게 있으므로, 권원 없이 식재한 감나무에서 감을 수확한 것은 절도죄에 해당한다(대판 1998. 4. 24, 97도3425).

타인과 공유관계에 있는 물건도 타인의 재물에 속한다.[1] 그러므로 조합

---

1) 대판 1994. 11. 25, 94도2432.

원의 1인이 조합원의 공동점유에 속하는 합유물을 단독으로 취거한 경우에 절도죄가 성립한다.[1] 타인의 점유가 아닌 재물에 대해서는 절도죄가 성립할 수 없으며, 만일 자기가 점유하는 타인의 재물을 영득하였다면 횡령죄가 성립한다.

2) 무 주 물 　무주물이란 누구의 소유에도 속하지 않은 재물을 말한다. 무주물은 소유권의 객체가 될 수 없는 재물, 처음부터 소유자가 없는 재물과 소유권을 포기한 재물로 나눌 수 있다. 절도죄의 재물은 타인의 재물이어야 하므로 무주물은 제외된다.

(2) 침해대상으로서의 점유

1) 형법상 점유의 개념 　형법에서 점유란 재물에 대한 사실상의 지배를 의미한다. 즉 점유의사에 의하여 지배되고 그 범위와 한계가 경험칙에 따라 결정되는 재물에 대한 사람의 지배관계를 말하며 이는 물리적·현실적 작용에 의하여 인정되는 순수한 사실상의 지배관계를 말한다. 그러므로 형법상의 점유는 반드시 현실적 지배를 전제로 하지 않는 민법상의 점유와 구별된다. 즉 민법상의 점유에는 직접점유 이외에도 간접점유(제194조), 상속에 의한 점유의 이전(제193조), 점유보조자로 인한 본인의 점유(제195조) 등과 같이 본인의 현실적인 소지를 전제로 하지 않는 점유도 법적으로 인정되어 있다. 그러나 반드시 수중에 지배하고 있지 않아도 형법상 점유가 인정되는 예외적인 경우가 있다. 예컨대 어린아이, 정신병자, 수면중인 사람, 의식을 일시적으로 잃은 사람도 점유자가 될 수 있다. 이들에게도 현실적인 지배의사는 없더라도 잠재적 지배의사는 인정될 수 있기 때문이다. 그러나 잃어버린 물건의 소재를 모르는 경우에는 점유를 상실한다. 절도죄의 경우에는 법인에 의한 점유 역시 인정되어야 한다. 비록 자연적 지배의사를 인정할 수 없지만 이를 의제하지 않을 경우 법인이 점유하는 재물에 대한 절도죄의 성립을 인정할 수 없게 되기 때문이다.[2]

2) 점유의 개념적 요소

(i) 객관적·물리적 요소 　점유는 사실상의 재물지배를 의미하므로 이를 가능하도록 하기 위해서는 사람의 재물에 대한 장소적·시간적 작용의 가

1) 대판 1982. 4. 27, 81도2956.
2) 김일수/서보학, 281면.

능성이 있어야 한다. 즉 재물에 대한 사실상의 처분가능성이 있어야 한다. 이는 재물에 대한 지배의사를 실현하는 데에 장애요소가 없음을 의미하며 법적인 허용성 여부는 불문한다. 그 결과 절도범에게도 장물에 대한 점유가 인정되는 것이다.[1)]

(ii) **주관적 · 정신적 요소** 형법상 점유는 지배의사를 전제로 하는데 지배의사란 재물을 점유자의 의사에 따라 처리하는 것을 말한다. 여기에서는 재물에 대한 소유의사나 영득의사를 필요로 하는 것은 아니다. 구체적으로 살펴보면 ① 법적 처분권이나 행위능력을 필요로 하지도 않는다. 그러므로 어린아이나 정신병자에게도 지배의사를 인정할 수 있다. ② 지배의사는 특정 재물에 대한 구체적인 지배의사가 아니라 일반적 지배의사를 의미하므로 개개의 재물에 대한 인식을 요건으로 하지 않는다. ③ 지배의사는 현실적 의사임을 필요로 하지 않으며 잠재적 의사로도 충분하다. 그러므로 의식불명인 사람도 점유의사를 갖는다.

(iii) **사회적 · 규범적 요소** 재물지배의사에는 또한 사회적 · 규범적 요소가 요구되는데 이는 점유범위를 경험칙에 따라 확대하는 기능을 한다. 이에 따라 점유는 시간적 · 장소적 지배관계의 분리나 일시적인 점유의 정지에 의하여 없어지지 않는다. 예컨대 공항주차장에 세워 둔 자동차에 대해서도 비록 자동차 소유자가 며칠 동안 해외여행을 다녀왔다고 하더라도 점유가 인정되는 것이다.[2)] 반대로 사회적 · 규범적 요소에 의하여 점유범위가 제한되는 경우도 있는데 예를 들면 식당의 그릇은 비록 손님이 점유하고 있더라도 식당주인에게 점유가 인정되는 것이다. 한편 비록 잃어버린 물건이라 할지라도 타인의 배타적인 지배범위 내에 있다고 보여지는 경우에는 사회규범적으로 타인의 새로운 점유가 개시된다고 보아야 한다. 따라서 여관의 객실이나 당구장에서 잃어버린 물건을 다른 손님이 가지고 갔다면 여관이나 당구장 주인에 대한 절도죄가 성립한다.[3)]

[판례] 대법원은 고속버스에 승객이 두고 내린 유실물의 경우 운전사의 점유를 인정하지 않는다. 즉 "고속버스 운전사는 … 차 내에 있는 승객의 물건을 점유하는 것

1) BGH NJW 1953, 1358; Sch/Sch/Eser, § 242 Rn. 25 참조.
2) 대판 1962. 11. 15, 62도149 참조.
3) 대판 1988. 4. 25, 88도409.

이 아니고 승객이 잊고 내린 유실물을 교부받을 권능을 가질 뿐이므로 유실물을 현실적으로 발견하지 않는 한 이에 대한 점유를 개시하였다고 할 수 없고, 그 사이에 다른 승객이 유실물을 발견하고 이를 가져갔다면 절도에 해당하지 아니하고 점유이탈물횡령에 해당한다(대판 1993. 3. 16, 92도3170)."[1] 이는 점유 여부를 파악하는 데에는 현실적 요소만을 기준으로 하는 것이 아니라 사회적·규범적 요소도 결정요소로 작용하는 것을 의미한다.

다른 한편으로는 "강간을 당한 피해자가 도피하면서 현장에 놓아 두고 간 손가방은 점유이탈물이 아니라 사회통념상 피해자의 지배하에 있는 물건이라고 보아야 하므로 손가방 안의 돈을 꺼낸 행위는 절도죄에 해당한다"고 한 것이 있다(대판 1984. 2. 28, 84도38).

3) **사자의 점유** 사자(死者)의 점유에 대해서는 견해가 나뉜다. 즉 사람을 살해한 후 피해자의 재물을 영득한 경우에 살인죄 이외에 절도죄를 인정할 것인가 아니면 점유이탈물횡령죄를 인정할 것인가의 문제이다.[2]

사자의 점유인정 여부에 대해서는 다음과 같이 견해가 나뉜다.

(i) **소 극 설** 사람은 사망과 동시에 지배의사를 상실하므로 사자의 점유를 인정할 수 없으며,[3] 상속에 의한 점유의 이전도 인정되지 않으므로 상속인의 점유 역시 부인되어 사자의 재물을 취거하는 행위는 절도죄가 아니라 점유이탈물횡령죄에 해당한다고 보는 견해이다.[4] 그러므로 이 견해를 따르면 사람을 살해한 다음에 영득의사가 생겨 사자의 재물을 취거한 경우에는 살인죄와 점유이탈물횡령죄의 경합범이 성립한다.[5] 한편 사자의 점유를 부인하면서도 재물의 존재상태, 발견·회수의 난이, 점유의사의 강약, 사망 후의 시간 등을 종합하여 개별적으로 판단하여야 한다는 견해도 있다. 이에 따라 주거 내에서 사망한 피해자의 재물을 영득하면 점유이탈물횡령죄가 아니라 절도죄에 해당한다고 본다.

(ii) **적 극 설** 형법상의 점유 또는 소지는 민법상의 점유와는 달리 보다 현실적인 관념이므로 피해자가 사망한 후에도 그 점유는 계속된다고 보는

1) 이에 대하여 운전사의 점유를 인정하고 절도죄가 성립한다는 견해로는 하태훈, 「형법상의 점유개념」, 형사판례연구(3), 171면 이하 참조.
2) 사자의 점유에 관해서는 최철환, 「사자의 점유 및 사자명의의 문서」, 형사판례연구(3), 185면 이하 참조.
3) Tröndle/Fischer, § 242 Rn. 12.
4) 김일수/서보학, 281면; 이재상, 261면.
5) 김일수/서보학, 281면; 김종원, 207면; 오영근, 436면; 이정원, 308면.

견해이다. 다만 이 경우에도 사자에 대한 점유보호가 현실적인 사회관념에 합치되는 경우에 인정하며, 사망 후 상당한 시간이 경과한 사체에 대해서까지 점유의 계속을 인정하는 것은 아니다.[1]

(iii) **판례의 입장** 대법원은 피해자가 생전에 가진 점유는 사망 후에도 일정기간 계속되는 것으로 보아 이를 보호함이 법의 목적에 맞는다는 입장이다(적극설). 그러므로 피해자를 살해한 다음 4시간 30분쯤 있다가 피해자의 옷에서 예금통장을 꺼낸 행위는 살인죄 이외에 절도죄를 구성한다고 보았다.[2]

이상의 견해를 종합하면 사자의 점유인정 여부는 피해자의 사망시점을 기준으로 하는 것보다는 비록 사망하였다고 하더라도 시간적 · 장소적 근접성이 인정되는 동안에는 사자의 생전의 점유가 계속된다고 인정하는 것이 타당하다고 본다. 그러므로 범인이 피해자를 살해한 다음에 현장에서 피해자의 재물을 영득하는 행위는 살인죄와 절도죄의 경합범으로서 형사책임을 진다고 보아야 한다.[3]

4) **공동점유** 공동점유란 재물에 대하여 다수인이 사실상 지배하는 점유형태를 말한다. 이는 다시 동등한 공동점유와 상하관계의 공동점유로 나눌 수 있다.

(i) **동등한 공동점유** 예를 들면 같은 권한을 가진 조합원이나 동업자, 회사원, 부부간의 점유처럼 동등한 권리를 가진 수인의 점유자간에는 각자가 점유지배를 하고 있다고 보아야 하므로 상호간의 점유침탈에 대해서는 항상 절도죄가 성립한다.[4]

(ii) **상하관계의 공동점유** 상하관계의 공동점유는 백화점과 같이 상품별로 판매장을 달리하는 경우의 점유관계와 소규모의 슈퍼마켓에서의 주인과 종업원간의 점유관계를 구분하여야 한다. 전자의 경우에는 각 매장의 담당직

1) 김성천, 845면; 이회창, 주석(Ⅲ), 69면.
2) 대판 1993. 9. 28, 93도2143.
3) 최철환, 앞의 논문, 195면 참조.
4) 대판 1982. 12. 28, 82도2058(조합원의 합유에 속하는 물건을 다른 조합원의 승낙 없이 단독으로 자신의 지배하에 옮긴 경우 절도죄의 불법영득의사를 인정); 1984. 1. 31, 83도3027(별거중인 남편의 집에 보관중인 인장이 든 돈궤짝의 열쇠를 처가 소지하고 있었다고 하더라도 처의 단독보관이 아니라 남편과 공동보관하에 있다고 보아야 할 것이므로, 공동보관자 중의 1인인 처가 남편의 동의 없이 불법영득의 의사로 인장을 취거하면 절도죄를 구성한다); 1987. 12. 8, 87도1831(동업자의 공동점유에 속하는 동업재산을 다른 동업자의 승낙 없이 그 점유를 배제하고 단독으로 자기의 지배로 옮겼다면 절도죄가 성립한다). 또한 대판 1990. 9. 11, 90도1021.

원이 하위점유자로서 점유를 하고 있다고 보아야 하므로 재물을 영득하였을 경우 절도죄가 아니라 횡령죄가 성립한다고 보아야 한다. 반대로 후자의 경우에는 재물의 현실적인 점유를 종업원이 하고 있더라도 이는 순수한 보조적 기능에 불과하므로 주인의 단독점유를 인정하여야 한다. 그러므로 종업원은 하위점유자라기보다는 점유보조자(민법 제195조 참조)에 불과하다고 보아야 한다. 만일 점유보조자가 영득의 목적으로 재물의 점유를 취득하면 주인에 대한 관계에서 절도죄가 성립한다.[1)]

(iii) **고용관계** 고용관계에서 피고용자의 점유를 인정하여야 할 경우로는 고용자로부터가 아니라 제 3 자로부터 재물을 취득하였을 때이다. 이 경우에는 예외적으로 이 재물에 대한 피고용자의 점유가 인정된다고 보아야 한다.

[예] **은행원의 현금수납:** 이 경우에 현금수납 즉시 현금보관용 금고에 넣은 때에는 은행의 점유가 인정되고 은행원은 점유를 상실한 것으로 보아 이를 다시 꺼내어 가진 경우에는 횡령죄가 아니라 절도죄를 인정하여야 한다는 견해가 있다.[2)] 그러나 금고 역시 은행원의 점유하에 있다고 보아야 하므로 이러한 형식적 해석은 문제가 있으며 여전히 은행원의 점유를 인정하여야 한다.

(iv) **위탁자와 운반자와의 관계** 재물의 운반을 위탁한 경우에는 위탁관계를 인정하여 횡령죄를 인정하는 견해[3)]와 위탁자의 현실적인 감독과 통제 여하에 따라 판단하여야 한다는 견해가 있다.[4)] 이 견해를 따르면 만일 통제가 가능한 근거리운반의 경우에는 운반자의 점유가 인정되지 않으며(절도죄 성립), 장거리운반을 하는 경우에는 운반자의 단독점유가 인정된다(횡령죄 성립). 그러나 이러한 구분은 명확성이라는 관점에서 문제점이 있다. 또한 재물의 운반자에게 점유를 인정하는 것도 타당하지 않다. 그러므로 만일 화물차 운전자가 화물을 영득하였을 때에는 절도죄를 인정하는 것이 타당하다.

미국에서는 과거 영국에서 확립된 판례(The “breaking bulk” doctrine)[5)]에 따라 운반중인 재물의 용기를 부수고 영득한 경우에는 절도죄를 인정하고 반대의 경우

1) 그러나 대판 1982. 3. 9, 81도3396은 점유보조자의 보관을 인정하여 횡령죄를 인정한다.
2) Nolan v. State, 213 Md. 298, 131 A.2d 851(Md. 1957).
3) 대판 1957. 9. 20, 4290형상281; 김성천, 847면; 배종대, 283면.
4) Wessels/Hillenkamp, BT/2, Rn. 91; 김일수/서보학, 285면; 이재상, 265면; 임 웅, 290면.
5) Y. B. 13 Edward Ⅳ, f. 9, pl. 5(Star Chamber), 1473[Carrier's case].

에는 횡령죄를 인정하는 주가 있다. 이와 달리 운반자에게는 어느 경우에나 절도죄 혹은 횡령죄를 인정하거나 아니면 새로운 형태의 범죄로 인정("Larceny by bailee" 혹은 "theft")하는 등 주마다 상이하다.[1)]

(v) **용기 내의 재물 혹은 포장물** 용기 내에 들어 있는 재물로서 열쇠가 채워진 재물이나 봉함된 포장물의 점유자는 용기가 위치한 공간의 소유자인가 아니면 직접 점유하고 있는 자인가에 관하여 논란이 있다.[2)] 구체적으로 살펴보면 이들 재물 전체에 대해서는 수탁자가 점유자이지만 내용물은 위탁자에게 점유가 인정된다는 견해, 봉함물 전체에 대해서 위탁자에게 점유가 인정된다는 견해, 포장물 전체가 수탁자의 점유에 속한다는 견해[3)]가 있다. 다수설은 위탁이 실질적인 경우에는 수탁자에게, 형식적인 경우에는 위탁자에게 점유가 인정된다는 견해[4)]와 위탁된 용기의 크기와 이에 대한 위탁자의 접근가능성에 따라 움직일 수 없는 경우에는 위탁자의 단독점유에 속하고, 가동물건일 경우에는 수탁자의 단독점유에 속하며, 내용물에 대하여 위탁자가 자유로이 접근가능할 때에는 공동점유를 인정하는 견해[5)]가 있다. 그러나 용기 내에 들어 있거나 포장된 재물이라고 하여 독자적인 점유자 판단의 기준이 있다고는 볼 수 없다. 오히려 이들 포장물이나 용기를 소지하고 있는 자의 지위(예: 위탁관계, 고용관계 등) 여하에 따라 판단하는 것이 타당하다고 본다. 다만 용기가 일정한 장소에 고정된 경우에는 이들 용기가 타인의 점유하에 있는 장소에 설치되어 있거나 출입이 자유롭지 않은 곳에 설치되어 있더라도 이들 용기를 열 수 있는 열쇠소지자가 점유자라고 보아야 할 것이다(예: 은행의 개인보관함, 역·백화점 등의 보관함).[6)]

(3) 행위방법

본죄의 행위는 절취이다. 절취라 함은 타인이 점유하고 있는 재물을 점유자의 의사에 반하여 그 점유를 배제하고 자기 또는 제 3 자의 점유로 옮기는 것을 말한다. 즉 점유의 배제와 점유의 취득이 그 내용이다.

---

1) LaFave/Scott, Criminal Law, 710면 이하 참조.
2) 이하 강구진, 265면 이하 참조.
3) 임 웅, 293면.
4) 김일수/서보학, 286-7면; 이정원, 292면; 정성근/박광민, 289면; 진계호, 292면.
5) BGHSt 22, 180; LK/Ruß, § 242 Rn. 31; Sch/Sch/Eser, § 242 Rn. 34; Wessels/Hillenkamp, BT/2, Rn. 93; 이재상, 266면.
6) BGHSt 22, 183.

횡령죄의 경우에는 절취행위가 없이 절도죄에서의 주관적 구성요건에 해당하는 영득행위 자체가 객관적 구성요건이 된다. 그렇기 때문에 절도죄와 횡령죄는 경합될 수 없으며 하나만이 성립된다(배척관계).

1) 점유의 배제 　점유의 배제란 재물에 대한 타인의 사실상의 지배를 그의 의사에 반하거나 그의 허락 없이 제거하는 것을 말한다. 반드시 점유자가 점유배제사실을 알 필요도 없으므로 점유자가 모르는 점유배제도 인정된다. 점유배제는 점유자의 의사에 반하는 것이므로 만일 점유자의 허락을 받은 경우에는 절도죄의 구성요건에 해당하지 않는다. 만일 점유자의 허락이 조건부인 경우에는 조건이 충족되면 점유배제라고 볼 수 없다.

[판례] ① 금방에서 귀금속을 구입할 것처럼 가장하여 주인으로부터 순금목걸이를 건네받은 후 화장실에 다녀오겠다는 핑계를 대고 도주한 경우에는 도주하기 전까지 목걸이가 주인의 점유하에 있다고 보아야 하므로 점유의 배제에 해당하고 이는 사기죄가 아니라 절도죄가 성립한다(대판 1994. 8. 12, 94도1487).
② 수사관을 사칭하면서 재물을 '압수'하는 경우.

2) 점유의 취득 　점유의 취득은 자기 또는 제 3 자가 재물에 대한 사실상의 지배를 확립하는 것이다. 점유취득은 취득자의 의사에 따라 재물에 대한 지배권을 행사할 수 있으면 되고, 반드시 점유가 영구적이고 확실한 것이어야 할 필요는 없다. 그러므로 일시적인 점유취득도 여기에 해당한다.

절취행위는 비밀리에 행하여질 것을 필요로 하지 않으므로 절도죄의 기수 여부 역시 본인 또는 제 3 자에 의한 절취행위의 관찰 여부와 무관하다(예: 슈퍼마켓 직원이 고객을 감시하다가 물건을 절취하는 사람을 붙잡은 경우).[1] 그러므로 절도범이 현장에서 감시당하고 있다가 절취행위 직후 붙잡힌 경우에도 이는 이미 점유이전된 상황에서 절도피해자에게는 침해된 점유를 회복할 가능성만이 있을 뿐 점유취득 자체는 완성된 것으로 보아야 한다.[2]

1) BGH NStZ 1987, 71.
2) BGHSt 16, 271; LK/Ruß, § 242 Rn. 42; Seier, JA 1985, 387; Wessels/Hillenkamp, BT/2, Rn. 113.

(4) 절도죄의 착수시점 및 기수시점

절도죄의 실행의 착수시점은 재물에 대한 타인의 점유를 배제하는 시점이다. 그러나 구체적으로는 개별사안에 따라 판단할 수밖에 없다. 절도죄의 기수시점에 대해서는 다음과 같은 견해가 있다. ① **접촉설**은 행위자가 재물을 접촉하는 때에 기수에 이른다고 보는 견해이다. ② **취득설**은 재물을 자기 또는 제 3 자의 지배·통제하에 둔 때에 기수가 된다고 보는 견해이다. ③ **이전설**은 재물피해자의 지배범위로부터 장소적으로 이전되어야 기수에 이른다고 보는 견해이다. ④ **은닉설**은 재물을 안전한 장소에 은닉하여야 기수에 이른다고 보는 견해이다.

이상의 견해대립이 있으나 통설은 취득설에 의한다.[1)] 그러나 취득설에 의하더라도 재물의 개별적인 성질에 따라 기수시점을 판단하여야 하기 때문에 일률적일 수 없다. 예를 들면 자동차에 의해서만 운반이 가능한 물건(예: 정부양곡 보관창고에서 양곡을 절취하는 경우)을 절취하는 경우에는 양곡 일부를 자동차에 적재한 시점에서 기수에 이르렀다고 볼 수 있다.[2)] 반면에 타인의 자동차에 탄 다음 전조등을 켜고 엔진시동을 건 시점에서 체포된 경우에는 절도죄의 기수를 인정한 미국판례도 있다.[3)] 이처럼 재물의 종류나 크기, 무게 등과 같은 성질에 따라서 취득시점이 달라질 수 있다. 결국 기수시점은 구체적인 사안에 따라 판단할 사실문제에 해당한다.

2. 주관적 구성요건

(1) 절도의 고의

절도죄의 고의는 재물의 타인성 및 타인의 점유를 배제하고 자기 또는 제 3 자의 점유를 확립한다는 점을 그 내용으로 한다.

(2) 불법영득의사

절도죄는 영득죄로서 고의 이외에 불법영득의사가 필요한가가 문제된다. 독일형법(§242, Diebstahl)과 달리 명문의 규정이 없기 때문이다. 이에 따라 불법영득의사는 고의의 내용에 불과하다는 견해[4)]도 있으나 통설·판례는 고

---

1) 강구진, 268면; 김성천, 854면; 김일수/서보학, 291면; 유기천(상), 196면; 이재상, 268면; 임 웅, 297면; 정성근/박광민, 293면; 정영석, 329면.

2) BGHSt 18, 69; BGH NStZ 1981, 435.

3) People v. Alamo, 358 N.Y.S. 2d 375(N.Y. 1974).

4) 배종대, 284면; 정성근/박광민, 281면. 불법영득의사 불필요설에 대한 새로운 논거는 오영근, 「절도죄의 불법영득의사와 사용절도」, 형사판례연구(2), 160면 이하 참조.

의 이외의 주관적 구성요건요소로서 불법영득의사를 요구하고 있다.[1)]

1) **불법영득의사의 개념** 불법영득의사라 함은 권리자를 배제하고 타인의 물건을 자기의 소유물과 같이 그 경제적 용법에 따라서 이용하고 처분할 의사를 의미한다.[2)] 즉 권리자의 점유를 배제한다는 의사(배제의사, Enteignung)와 이러한 재물을 최소한 일시적으로 소유자처럼 이용한다는 의사(이용의사, Aneignung)를 내용으로 한다. 불법영득의사의 소극적 요소인 배제의사에 의하여 횡령죄 및 사용절도와 구별되며, 적극적 요소인 이용의사에 의하여 절도죄는 손괴죄와 구별된다. 또한 배제의사는 반드시 영구적일 것을 필요로 하지 않으므로[3)] 미필적 의사로도 충분한 데 반해 이용의사는 절취행위의 궁극적 목표와 관련되기 때문에 확정적 의사가 필요하다.

불법영득의사에 의하여 절도죄와 타범죄를 구별할 필요성은 형법상으로도 인정된다. 즉 절도죄가 6년 이하의 징역 등에 처해지는 데 반하여 손괴죄는 3년 이하의 징역 등에 처한다.

[판례] 불법영득의사의 인정 여부에 관한 판례의 입장은 일정하지 않다. 예를 들어 피고인이 부대 내에서 빼앗은 소총을 소속부대 하급자에게 건네주어 일시 사용하도록 하다가 피고인이 위병소를 빠져나갈 때 뒤따르던 하급자가 그 소총을 원래의 소지자에게 던져 준 사건에서 피고인에게 그 소총에 대한 군용물특수강도죄의 불법영득의사를 인정한 것은 이해하기 어렵다.[4)] 이와 달리 자신이 잃어버린 총을 보충하기 위하여 같은 소속대 사병의 칼빈 소총 1정을 무단으로 가지고 나온 사건에서는 불법영득의사를 부인하였다(대판 1965. 2. 24, 64도795).

이와 유사한 사건에서 독일연방대법원[5)]은 분실한 자기의 군모를 대신하여 타인의

---

1) 대판 1982. 2. 23, 81도2371; 강구진, 271면; 김성천, 856면; 김일수/서보학, 293면; 김종원, 186면; 백형구, 136면; 이재상, 270면; 이정원, 324면; 임 웅, 299면.

2) 대판 1961. 6. 28, 4294형상179.

3) 대판 1988. 9. 13, 88도917(일시사용의 목적으로 타인의 점유를 침탈한 경우에도 반환할 의사 없이 상당히 오래도록 점유하고 있거나 본래의 장소와 다른 곳에 유기하는 경우에는 영득의 의사가 인정된다).

4) 대판 1995. 7. 11, 95도910(피고인이 소총 소지자를 총기로 협박하여 그 소총을 교부받아 실탄을 장전한 후 소속부대 하급자에게 건네 주어 그로 하여금 소속 부대원들이 내무반에서 나오는지 여부를 감시하도록 지시한 경우, 피고인은 그 소총을 소지자로부터 자기의 지배하에 이전하여 그 소유자가 아니었더라면 할 수 없는 사용처분행위를 하였다고 할 것이므로, 비록 피고인의 지시에 따라 그 소총을 소지하고 있던 하급자가 나중에 피고인이 위병소를 빠져 나갈 때 뒤따라 나가면서 그 소총에서 탄창을 제거한 후 그 소총을 원래의 소지자에게 던져 준 사실이 있다고 하더라도, 그러한 사정만으로는 피고인에게 그 소총에 대한 군용물특수강도죄의 불법영득의사가 없었다고 할 수 없다).

5) BGHSt 19, 387면.

군모를 훔쳐 사용하다가 제대시 이를 부대에 반환한 사건에서 사기죄의 성부는 별론으로 하고 불법영득의사의 흠결을 이유로 절도죄의 성립을 부인하였다.

2) 영득의사의 대상 영득의사의 대상(혹은 객체)이란 절도범이 도품을 권리자처럼 이용한다고 할 때 그 이용의 본질은 구체적으로 무엇을 의미하는가에 관한 문제이다. 이에 대하여는 다음과 같은 학설의 대립이 있다.

(i) 물 체 설 물체설(Substanztheorie)은 영득의 본질을 형식적으로 파악하는 견해이다. 즉 절취한 재물 자체를 권리자처럼 자기 목적대로 이용하겠다는 것이 영득의사의 대상이라는 견해이다. 그러므로 절취물을 통하여 실현되는 간접적인 이익은 영득의사의 대상이 될 수 없으므로 절도죄가 성립하지 않게 된다.[1] 물체설은 물체와 가치가 일치하는 경우에는 문제가 없다. 그러나 물체가 그 자체로서는 가치가 없고 오로지 상징적 성질만을 지니고 있을 경우에 문제된다. 예를 들어 은행예금통장은 예금자가 은행에 대하여 예금청구권을 행사할 수 있는 증서일 뿐 그 자체는 경제적 가치가 없다. 그러므로 만일 예금통장을 훔쳐서 예금을 인출한 다음 이를 반환한 경우에는 절도죄를 인정하는 데에 어려움이 있다.[2]

(ii) 가 치 설 가치설(Sachwerttheorie)은 재물의 영득이 권리자를 배제하고 재물에 화체되어 있는 경제적 가치를 권리자처럼 이용하기 위한 것이라는 견해이다.[3] 영득의사의 개념 중 이용의사에 중점을 둔 학설이다. 예를 들어 예금을 인출하기 위하여 예금통장을 훔친 경우에 예금통장 자체는 가치가 없으나 예금청구권이 화체된 증서라는 점에서 가치설에 의하면 절도죄에 해당한다.[4] 그러나 가치설만을 유지하면 재물죄인 절도죄가 단순한 이득죄로 변질될 위험성이 있다. 그 결과 금고열쇠처럼 현금인출의 도구에 불과할 뿐 어떠한 경제적 가치도 지니지 않는 현금카드를 훔친 경우에는 절도죄를 인정할 수 없게 된다.

(iii) 결 합 설 결합설(또는 절충설)은 영득의사의 본질이 재물 자체뿐만 아니라 재물이 갖는 경제적 가치 모두를 권리자처럼 이용하겠다는 데에

---

1) Sch/Sch/Eser, § 242 Rn. 50; LK/Ruß, § 242 Rn. 61.

2) 그러나 독일제국법원은 RGSt 10, 369(Sparbuchfall: 소위 「예금통장사건」)에서 확장적 · 형식적 영득개념을 동원하여 절도죄를 인정하였다.

3) RGSt 40, 10(Biermarkenfall: 소위 「맥주판매표사건」).

4) 형사정책적으로는 사기죄의 예비에 불과한 단계에서 절도죄의 기수를 인정하는 결과가 된다.

있다고 하는 견해이다. 판례와 통설의 입장이다.[1] 기술한 물체설과 가치설은 물체의 성질이 갖는 부분적 특징에 주목하는 견해이며, 물체, 즉 재물에 대한 시각의 차이에서 비롯된다. 그러나 공통적인 것은 양자 모두 권리자를 배제하고 권리자처럼 재물을 이용하겠다는 점이다. 그 이용의 실체는 재물 자체일 수도 있고 재물이 표창하는 가치일 수도 있다. 이러한 점에서 결합설이 타당하다.

3) 영득의사의 위법성　　절도죄가 성립하기 위해서는 주관적 구성요건인 영득의사가 불법하여야 한다. 이는 영득행위가 위법하여야 함을 의미한다. 영득행위의 위법성이 인정되기 위한 요건에 대해서는 다음과 같은 두 견해가 있다.

① 하나는 재물의 점유이전이 정당한 청구권에 기하지 않은 경우에 영득행위는 위법한 것이라는 견해이다.[2] 그러므로 영득행위자가 자신이 도난당한 재물을 다시 점유취득하더라도 기한이 도래한 적법한 반환청구권을 기초로 한 때에는 절도죄가 성립하지 않는다. 이러한 결론은 반환청구권에 기한 피해자의 도품의 취거가 소유권질서와 충돌하지 않는다는 것에서 출발한다. ② 다른 견해는 적법한 청구권을 가지고 있더라도 청구권 보전을 목적으로 하는 자구행위의 요건이 추가적으로 존재하여야 한다는 입장이다.[3] 이는 영득행위의 위법성이 영득 자체의 불법을 의미하는 것이 아니라 절취행위의 불법성을 의미하는 것으로 보는 견해이다. 즉 청구권 보전이 가능한 상황에서는 비록 행위자가 적법한 반환청구권을 가지고 있더라도 무단취거행위가 절도죄를 구성한다고 보는 것이다. 대법원 역시 이러한 입장이다. 즉 외상매매계약을 해제하였기 때문에 이 외상물품에 대한 반환청구권이 매도인에게 있다고 하더라도 매도인이 매수인의 승낙을 받지 아니하고 이 물품을 가져갔다면 절도행위에 해당한다고 판시하였다.[4]

---

1) 대판 1981. 10. 13, 81도2394; 1995. 7. 28, 95도997; 김성천, 860면; 김일수/서보학, 298면; 김종원, 187면; 백형구, 136면; 이재상, 274면; 이정원, 305면; 이형국, 325면; 진계호, 271면. 독일의 판례 · 학설도 마찬가지이다(BGHSt 9, 348; 16, 190; 24, 115; 35, 152; Tröndle/Fischer, § 242 Rn. 18; Sch/Sch/Eser, § 242 Rn. 47; Wessels/Hillenkamp, BT/2, Rn. 135).

2) 김일수/서보학, 299면; 배종대, 292면; 이재상, 278면; 이형국, 326면; 임 웅, 306면. 독일의 경우 BGHSt 17, 88; Tröndle/Fischer, § 242 Rn. 21; Sch/Sch/Eser, § 242 Rn. 59.

3) Hirsch, JZ 1963, 162면; Welzel, Strafrecht, 346면.

4) 대판 1973. 2. 28, 72도2538.

생각건대 적법한 청구권을 가진 자가 청구권을 행사하기 전에 재물을 영득하는 행위를 위법하다고 볼 수 없기 때문에 영득을 위한 취거행위를 절취행위라고 볼 수는 없다. 그러므로 전자의 견해가 타당하다. 그러나 특정물채권(Stückschuld)과 달리 대상이 특정되지 않은 종류채권(Gattungsschuld)에 기한 청구권을 가진 경우에는 후자의 견해가 타당하다.

4) 제 3 자를 위한 절취행위와 영득의사의 인정 여부 절도죄는 강도죄나 사기죄, 공갈죄, 횡령죄 및 배임죄와는 달리 제 3 자를 위한 절취행위를 규정하고 있지 않다. 여기에서 문제는 제 3 자를 위한 절취행위가 절도죄의 주관적 구성요건인 불법영득의사를 충족시키는가 하는 것이다. 이에 대해서는 타인에게 증여하기 위하여 혹은 권리자에게 되팔기 위하여 절취한 경우에도 불법영득의사를 인정하는 것이 타당하다고 본다. 점유를 배제당한 권리자의 입장에서 본다면 절취자가 어떠한 목적을 가지고 절취행위를 하였는가는 무의미하기 때문이다.

5) 사용절도와 불법영득의사 사용절도(furtum usus, Gebrauchsanmaßung)와 절도죄는 권리자의 점유를 배제하는 의사—배제의사—유무에 따라 구별된다. 사용절도란 절취자가 ① 재물의 가치를 심하게 손상함이 없이, ② 일시적으로 사용한 다음, ③ 권리자에게 반환한다는 의사를 가진 경우를 말한다.[1] 여기에는 물건을 찾기 위하여 물건주인이 특별한 노력을 기울일 필요가 없을 것, 방치함으로써 제 3 자가 임의로 이 물건에 접근할 수 있게 되지 않았을 것이 요구된다. 만일 절취자가 점유배제의 지속성에 대하여 미필적 고의를 가진 경우에는 사용절도가 아니라 절도죄에 해당한다.

6) 예금통장의 절취와 절도죄 타인의 예금통장을 절취하여 예금의 전액 혹은 일부를 인출한 다음 이를 다시 소유자에게 반환한 경우에는 절도죄의 구성요건을 충족시켰다고 볼 수 있다.[2] 예금통장은 절도죄의 행위객체에 해당하며, 사용 후 다시 반환하였다 하더라도 예금통장이 갖는 경제적 가치가 인출액만큼 손상되었기 때문이다. 그러므로 후속적인 예금인출행위는 절도죄의 성부에 영향을 미치지 않는다.

7) 신용카드의 절취 및 사용 신용카드는 카드를 제시함으로써 반복

1) LK/Ruß, § 242 Rn. 53; Sch/Sch/Eser, § 242 Rn. 51; Wessels/Hillenkamp, BT/2, Rn. 143.

2) 이재상, 275면; 이정원, 305면; 이형국, 326면.

하여 법이 정한 몇 가지 경우를 제외한 사항을 결제할 수 있는 증표(여신전문금융업법 제2조 제3호)를 의미한다. 이에 반하여, 현금자동인출카드란 예금통장을 제시하는 대신 현금자동인출기(cash dispenser, CD)에 카드와 비밀번호를 입력함으로써 은행의 자기계좌에서 일정한도의 현금을 인출할 수 있도록 은행에서 발행한 카드를 의미한다. 은행신용카드는 이러한 신용카드로서의 기능과 함께 현금자동인출카드로서의 기능까지도 갖고 있다. 이러한 기능을 가진 타인의 신용카드를 절취한 다음 비밀번호를 알아 내어 은행의 현금자동인출기에서 현금을 인출한 경우에 우선 신용카드의 절취행위 자체는 이를 용도대로 사용하고 그대로 소지하거나 폐기할 생각이었다면 불법영득의사가 인정되므로 절도죄에 해당한다. 그리고 절취한 신용카드로 현금을 인출한 행위는 절도죄에 해당한다. 현금자동지급기의 관리자는 정당한 카드소지인에 의한 현금인출신청에 대하여 현금을 지급하겠다는 의사를 가진 것으로 보아야 하기 때문이다. 즉 입력된 비밀번호가 일치한다고 해서 정당하지 않은 카드소지인에게도 현금을 지급하겠다는 것이 은행의 의사라고 볼 수는 없는 것이다.[1]

한편 판례는 국회의원에게 현금카드를 교부해준 행위에 대해 예금계좌에 돈을 입금한 후 교부받은 현금카드를 정치인에게 교부하는 행위는 정치자금법상 정치자금의 기부에 해당한다고 함으로써 현금카드와 연계된 예금계좌의 돈을 어떻게 사용하였는지는 정치자금부정수수죄의 성립에 영향을 미치지 않는다고 판시하였다.[2] 이러한 입장에서 보면 현금카드나 신용카드는 현금인출을 하지 않더라도 언제든지 인출이 가능한 기능을 가지고 있으므로 이를 절취한 경우에 이 사실만으로도 절도죄가 성립한다고 보는 것이 타당하다.

3. 죄수 및 타죄와의 관계

절도죄는 상태범이므로 절취행위의 기수 이후에 장물을 처분하는 등의 행위는 새로운 구성요건을 실현시킨 것이 아니라 불가벌적 사후행위에 해당한다. 그러나 장물을 이용하여 새로이 다른 구성요건을 실현시킨 경우에는

---

1) 판례(대판 1995. 7. 28, 95도997)는 신용카드의 절취행위 자체는 물론 이를 사용하여 현금자동인출기에서 현금서비스를 받은 행위도 현금자동인출기 관리자의 의사에 반하여 그의 지배를 배제하고 그 현금을 자기의 지배하에 옮겨 놓는 것이 되므로 절도죄를 구성한다고 보았다(구 신용카드업법 제25조 제 1 항 소정의 부정사용죄와 절도죄의 경합범).

2) 대판 2011. 6. 9, 2010도17886.

양죄는 경합범이 된다.[1] 예를 들어 절취한 은행발행의 약속어음용지에 기재사항을 적어 넣은 다음 사용하거나(절도죄와 유가증권위조죄의 경합범), 절취한 예금통장으로 은행원을 기망하여 타인의 예금을 인출하는 행위(절도죄와 사기죄의 경합범) 등이다. 한편 판례는 장물인 자기앞수표를 취득한 후 이를 현금대신 교부하거나,[2] 절취한 자기앞수표를 음식대금으로 교부하고 거스름 돈을 환불받은 행위[3]는 절도의 불가벌적 사후행위에 해당한다고 판시하였다. 절도죄는 강도죄나 특수절도죄 등과 같이 절도죄의 구성요건을 포함하는 죄와는 법조경합이 된다.

Ⅳ. 夜間住居侵入窃盜罪

> 제330조【야간주거침입절도】 야간에 사람의 주거, 간수하는 저택, 건조물이나 선박 또는 점유하는 방실에 침입하여 타인의 재물을 절취한 자는 10년 이하의 징역에 처한다.
> 제342조【미수범】 미수범은 처벌한다.
> 제345조【자격정지의 병과】 본장의 죄를 범하여 유기징역에 처할 경우에는 10년 이하의 자격정지를 병과할 수 있다.

1. 의 의

본죄는 야간에 주거 등에 침입하여 타인의 재물을 절취함으로써 성립하는 죄이다. 본죄는 주거침입죄와 절도죄의 결합범으로써 단순절도죄에 비하여 행위정황으로 인하여 형이 가중되는 구성요건이다.

본죄는 야간에 절취하여야 성립한다는 점에서 야간에 침입하여 주간에 절취한 경우에는 본죄가 아니라 주거침입죄와 절도죄의 경합범이 성립한다. 반면에 주간에 침입하여 야간에 절취한 경우에는 본죄가 성립한다.[4] 본죄는 야간에 이루어지는 절취행위의 위험성을 고려한 가중적 구성요건이기 때문이다.

2. 구성요건

본죄는 야간에 주거 등에 침입하여 타인의 재물을 절취함으로써 성립한

1) 대판 1974. 11. 26, 74도2817; 1980. 10. 14, 80도2155.
2) 대판 1993. 11. 23, 93도213.
3) 대판 1987. 1. 20, 86도1728.
4) 유기천(상), 214면; 이정원, 337면; 임 웅, 315면. 반대견해로는 이재상, 280면(야간주거침입의 경우에만 본죄를 인정함).

다. 건조물은 주위벽 또는 기둥과 지붕 또는 천정으로 구성된 구조물로서 사람이 기거하거나 출입할 수 있는 장소를 말하는 것으로서 반드시 영구적일 필요는 없다.[1] 야간이란 일출전 일몰후를 의미한다.[2] 이에 대하여 본죄는 야간이라는 심리적으로 불안한 상태를 이용하고 야간의 평온을 깨뜨리는 점에 가중처벌의 목적이 있으므로 아무리 어두워졌다고 해도 아직 일반인이 심리적으로 야간이라고 보기 어려운 때에는 야간이라고 볼 수 없다는 견해가 있다(심리적 해석). 그러나 본죄의 입법취지와 구성요건 해석의 방법으로서 야간의 시간적 한계설정은 별개의 문제이다. 명확성을 기한다는 점에서 판례·통설이 타당하다.

야간일 것이 요구되는 시간적 범위에 대해서는 ① 절취행위시설,[3] ② 주거침입 및 절취행위시설,[4] ③ 주거침입시 혹은 절취행위시설[5]이 있다. 본죄의 가중이유는 야간의 절취행위에 있다고 보아야 하므로 절취행위시가 야간이어야 한다(①의 견해). 판례는 주거침입이 주간에 이루어진 경우에는 본죄가 성립하지 않는다고 본다.[6] 그러나 본죄가 계속범이므로 주간에 침입하였더라도 야간에 절취를 한 이상 본죄의 구성요건은 충족된다고 보는 것이 타당하다.

3. 실행의 착수시점

본죄의 실행의 착수는 야간에 타인의 재물을 절취할 목적으로 사람의 주거에 침입한 경우에 범죄행위의 실행에 착수한 것이다.[7]

Ⅴ. 特殊窃盜罪

> **第331조【특수절도】** ① 야간에 문호 또는 장벽 기타 건조물의 일부를 손괴하고 전조의 장소에 침입하여 타인의 재물을 절취한 자는 1년 이상 10년 이하의 징역에 처한다.
> ② 흉기를 휴대하거나 2인 이상이 합동하여 타인의 재물을 절취한 자도 전항

1) 대판 1989. 2. 28, 88도2430.
2) 대판 1972. 7. 25, 72도1273; 김일수/서보학, 306면; 이재상, 280면; 이형국, 336면.
3) 김성천, 870면; 유기천(상), 214면.
4) 김일수/서보학, 307면.
5) 김종원, 191면; 정성근/박광민, 304면; 이형국, 336면; 임 웅, 315면.
6) 대판 2011. 4. 14, 2011도300.
7) 대판 1983. 3. 8, 83도145; 1984. 12. 26, 84도2433; 김일수/서보학, 308면; 이재상, 281면; 이형국, 336면.

의 형과 같다.
第342条【미수범】 미수범은 처벌한다.
第345条【자격정지의 병과】 본장의 죄를 범하여 유기징역에 처할 경우에는 10년 이하의 자격정지를 병과할 수 있다.

1. 의 의

본죄는 야간에 건조물의 일부를 손괴하고 주거에 침입하거나(제1항), 흉기를 휴대 혹은 2인 이상이 합동하여(제2항) 절취를 하는 것이다. 본죄는 제 1 항은 주거침입죄 및 손괴죄와 절도죄의 결합범이고, 제 2 항은 흉기휴대절도와 합동절도를 규정한 것이다. 그리고 야간주거침입절도죄와 절도죄에 대하여 행위방법을 이유로 하는 불법 가중적 구성요건이다.

2. 구성요건

(1) 第331条 제 1 항의 특수절도죄

본죄는 야간에 문호 또는 장벽 기타 건조물의 일부를 손괴하고 야간주거침입절도죄를 범하는 것이다. 주간에 건조물의 일부를 손괴하고 주거에 침입하여 절취를 한 경우에는 본죄가 성립하지 않는다.

본죄의 실행의 착수시점은 건조물을 손괴하기 시작한 때부터이며,[1] 기수시점은 절취행위가 끝난 때이다.

(2) 第331条 제 2 항의 특수절도죄

본죄는 흉기를 휴대하거나 2인 이상이 합동하여 절도행위를 한 때에 성립한다.

1) 흉기휴대절도 흉기란 신체적 위험을 초래하는 데에 객관적으로 적합한 물건을 의미한다. 반드시 총기나 칼만을 의미하는 것은 아니며 신체적 위험을 초래할 수 있는 위험한 물건이면 제조목적이나 용도와 상관없이 흉기에 해당된다. 또한 도구가 아닌 독극물과 같은 액체나 기체도 외형상으로는 흉기에 포함되지 않지만 신체적 위험을 초래할 수 있다는 점에서 흉기에서 제외할 필요가 없다.[2] 그러나 객관적으로 위험하지 않은 장난감 무기

---

1) 대판 1977. 7. 26, 77도1802.

2) 독일형법(§244, Diebstahl mit Waffen; Bandendiebstahl)은 무기 이외에 도구나 다른 수단을 사용하는 경우도 규정하고 있으므로 액체나 기체도 포함된다(Tröndle/Fischer, §244 Rn. 7 참조).

등은 흉기에 해당하지 않는다.[1)]

휴대란 몸에 소지하는 것을 말한다. 반드시 몸에 지니지 않더라도 언제든지 사용할 수 있는 상태이면 충분하다. 그러나 본죄가 성립하기 위해서는 행위시에는 몸에 지니고 있어야 하며, 행위자는 자신의 흉기휴대사실을 인식하여야 한다.

2) **합동절도** 이는 2인 이상이 합동하여 절도행위를 하는 것이다. 본 규정은 형법총칙상의 공동정범규정이 적용되지 않는 각칙상의 특별규정인 합동범을 인정한 것이다. 합동범의 성질에 대해서는 ① 공모공동정범설(공동의사주체설에 따라 공모공동정범을 합동범의 경우에 한하여 인정하여야 한다는 견해), ② 가중적 공동정범설(합동범은 공동정범과 본질적으로 동일하지만 집단범죄에 대한 대책상 형을 가중한다고 보기 때문에 범행현장에서 공동하지 않은 경우에도 합동범의 성립을 인정한다), ③ 현장설(시간적·장소적 협동을 필요로 한다고 보는 견해로서 공동정범은 합동범이 될 수 없다는 견해)이 있는데 현장설이 통설·판례이다.[2)] 현장설에 의할 때에 2인 이상의 합동에 의한 절취행위와 흉기휴대에 의한 절취행위와의 동일한 위험성을 인정할 수 있다. 그러므로 합동범의 공동정범은 인정되지 않는다. 즉 현장설에 따라 합동범에 해당하지 않은 경우에는 단순절도죄의 공동정범이 되며, 합동범인 특수절도죄의 공동정범이 아니다.

그러나 판례는 3인 이상의 합동절도의 경우에는 합동범의 공동정범을 인정하고 있다. 즉 "3인 이상의 범인이 합동절도의 범행을 공모한 후 적어도 2인 이상의 범인이 범행현장에서 시간적·장소적으로 협동관계를 이루어 절도의 실행행위를 분담하여 절도범행을 한 경우에는 공등정범의 일반이론에 비추어 그 공모에는 참여하였으나 현장에서 절도의 실행행위를 직접 분담하지 아니한 다른 범인에 대하여도 그가 현장에서 절도범행을 실행한 위 2인 이상의 범인의 행위를 자기 의사의 수단으로 하여 합동절도의 범행을 하였다고 평가할 수 있는 정범성의 표지를 갖추고 있다고 보여지는 한 그 다른 범

1) 이재상, 283면.
2) 대판 1989. 3. 14, 88도837; 강구진, 287면; 김성천, 872면; 유기천(상), 215면; 오영근, 347면; 이재상, 286면; 이정원, 317면; 이형국, 340면; 정성근/박광민, 310면; 정영석, 335면. 이에 반해 김일수/서보학, 311면은 가중적 공동정범설과 현장설의 중간인 현장적 공동정범설을 주장한다.

인에 대하여 합동절도의 공동정범의 성립을 부정할 이유가 없다"고 판시하였다.[1)]

(3) 형법 제330조와 제331조의 관계

1) 문 제 점 　형법 제330조(야간주거침입절도)는 「야간에 사람의 주거, 간수하는 저택, 건조물이나 선박 또는 점유하는 방실에 침입하여 타인의 재물을 절취」하는 경우에 성립한다고 규정하고 있다. 그리고 제331조(특수절도)는 「① 야간에 문호 또는 장벽 기타 건조물의 일부를 손괴하고 전조의 장소에 침입하여 타인의 재물을 절취」하는 경우와 「② 흉기를 휴대하거나 2인 이상이 합동하여 타인의 재물을 절취」한 경우에 성립한다고 규정하고 있다.

이러한 구성요건은 내용상 상호 중복되어 있어서 행위가 두 구성요건의 내용을 동시에 실현시킨 경우 양 구성요건의 적용방법에 관하여 혼란이 발생할 수 있다. 이하에서는 경우를 나누어 각각의 해결책을 모색하고자 한다.

2) 두 구성요건의 중복유형

(i) **야간에 2인 이상이 합동하거나 혹은 흉기를 휴대하고 건조물에 침입하여 타인의 재물을 절취한 경우**(제330조와 제331조 제 2 항을 실현시킨 경우)

이 경우에는 야간에 주거에 침입하여 절취를 하였으므로 야간주거침입절도죄(제330조)가 성립한다. 동시에 합동절도 또는 흉기휴대특수절도죄(제331조 제 2 항)에 해당하는 경우이다. 이에 대한 법적용 방법으로는 다음과 같은 경우를 상정할 수 있다: ① 특수절도죄설, ② 특수절도죄(제331조 제 2 항)와 야간주거침입절도죄(제330조)의 상상적 경합범설, ③ 특수절도죄와 야간주거침입절도죄의 경합범설.

이 경우에는 건조물을 손괴하지 않은 점에서 제331조 제 1 항에는 해당하지 않는다. 그리고 합동범이나 흉기휴대방법에 의한 특수절도는 주거침입을 전제로 하지 않으므로 이론적으로는 ②나 ③의 견해가 타당한 것처럼 보인다. 그러나 만일 건조물을 손괴하지 않은 위와 같은 경우에 제331조 제 2 항과 제330조의 상상적 경합범 혹은 경합범을 인정한다면 제331조 제 1 항과 제 2 항을 모두 실현시킨 경우에는 특수절도죄만을 인정하는 것과 비교하여 형평에 맞지 않게 된다. 즉 야간에 주거침입과 건조물 손괴 및 합동범이나 흉기휴대절취행위를 한 경우에도 제331조만을 적용하여야 할 것이기 때문에 가벼운 경우가 더 무겁게 처벌되는 결과가 되는 것이다. 그러므로 ②와 ③의

1) 대판 1998. 5. 21, 98도321(전원합의체).

견해는 타당하지 않으며, 특수절도죄만을 인정하는 ①의 견해가 합리적이다.

(ii) **야간에 2인 이상이 합동하거나 혹은 흉기를 휴대한 채 건조물의 일부를 손괴하고 주거에 침입하여 타인의 재물을 절취한 경우**(제330조는 물론 제331조 제 1 항과 제 2 항까지 실현시킨 경우)

위에서 살펴본 바와 같이 야간주거침입절도와 특수절도의 모든 구성요건을 실현시킨 경우이다. 이에 대한 법적용 방법으로는 다음과 같은 것이 가능하다: ① 특수절도죄설(제331조 적용설), ② 제331조 제 1 항과 제 2 항의 상상적 경합범설, ③ 특수절도죄(제331조)와 야간주거침입절도죄(제330조)의 상상적 경합범설, ④ 특수절도죄와 야간주거침입절도죄의 경합범설.

②의 견해는 제331조가 행위방법의 차이를 불문하고 동종의 특수절도죄만을 인정하는 것으로 보아야 하므로 타당하지 않다. ③의 견해 역시 제330조는 구성요건상 제331조 제 1 항에 포함되어 있는 점에서 별도로 상상적 경합을 인정하는 것은 타당하지 않으며, ④의 견해는 제331조 제 1 항에서 야간주거침입절도죄를 특수절도죄의 한 행위방법으로 규정하고 있는 점에서 옳지 않다. 그러므로 이 경우에도 특수절도죄만을 인정하는 것이 타당하다.

(iii) **주간에 주거침입을 하면서 동시에 제331조 제 2 항의 죄를 범한 경우**

이 경우의 해결책으로는 다음과 같은 견해가 성립이 가능하다: ① 주거침입죄(제319조) 혹은 특수주거침입죄(제320조)와 특수절도죄의 경합범을 인정하는 견해,[1] ② 특수절도죄(제331조 제 2 항)만을 인정하는 견해.

이 경우에는 야간주거침입이 아닌 점에서 제330조는 적용할 수 없으며 단순주거침입죄(혹은 흉기휴대의 경우 제331조 제 2 항의 특수주거침입죄)가 성립한다. 그러므로 주거침입죄와 특수절도죄가 모두 성립하는 것이다. 즉 제331조 제 2 항의 특수절도죄는 주거침입을 전제로 하지 않는 점에서 양 죄는 경합범의 관계를 인정하는 것이 외견상 타당한 것으로 보인다. 그러나 주간주거침입이 야간주거침입에 비해 범죄성이 약하다는 점에서 법적용상의 문제가 발생한다. 왜냐하면 야간에 손괴를 하고 흉기를 휴대하거나 2인 이상이 주거에 침입하여 절취를 한 경우에는 제331조만이 적용되는 것에 비해 무겁기 때문이다.

1) 대판 2009. 12. 24, 2009도9667(특수절도죄와 주거침입죄의 실체적 경합 인정. 제37조, 제319조 제 1 항, 제331조 제 2 항).

판례는 상습절도(특정범죄 가중처벌 등에 관한 법률 제 5 조의 4 제 1 항)의 경우 주거침입죄는 인정하지 않고 특수절도죄만을 인정하고 있다.[1] 그 이유는 만일 이렇게 보지 않고 특가법 제 5 조의 4 제 1 항에 규정된 상습절도 등 죄 이외에 별개로 주거침입죄가 성립한다고 볼 경우 처단형의 불균형이 초래되기 때문이다. 즉 상습으로 야간에 주거침입을 하여 절도를 한 상습야간주거침입절도의 경우에는 특가법상의 상습절도죄만으로 처벌되는 반면, 상습으로 주간에 주거침입을 하여 절도를 한 경우에는 특가법상의 상습절도죄와 주거침입죄의 경합범이 되어 주간주거침입절도에 대한 처단형이 오히려 야간주거침입절도의 경우보다 더 무겁게 되는 불합리한 결과가 되는 것이다(위 대법원판례 참조).

또 상습으로 절도범행을 한 범인이 그 범행 외에 절도의 목적으로 주거침입을 하였다가 절도에 이르지 아니하고 주거침입에만 그친 경우에도, 그 주거침입이 야간에 이루어진 때에는 야간주거침입절도미수에 해당하여 다른 상습절도의 범행과 동종유형의 범행으로서 특가법 제 5 조의 4 제 1 항의 죄만이 성립하는 반면 그 주거침입이 주간에 이루어진 경우에는 특가법상의 상습절도죄와 주거침입죄의 두 죄가 경합범이 되어 더 무겁게 처벌되므로 균형을 잃은 불합리한 결과가 된다.

그러므로 상습범이 아닌 경우에도 주간에 2인 이상이 합동하거나 혹은 1인이 흉기를 휴대하고 주거에 침입하여 타인의 재물을 절취한 경우(제331조 제 2 항)에는 별도로 주거침입죄는 인정하지 않고 특수절도죄만을 인정하는 ②의 견해가 형평에 맞는 해결책이다. 그렇지 않을 경우 야간에 주거에 침입한 경우보다 경합범 가중으로 인하여 더 무거운 처벌을 받게 될 것이기 때문이다.

3) 결 론 이상에서 살펴본 바와 같이 야간주거침입절도죄와 특수절도죄는 구성요건의 중첩으로 인하여 그 적용이 문제되는 경우가 많다. 이는 구성요건간의 관계를 고려하지 않은 입법의 미숙함에 그 원인이 있다고 보아야 할 것이다. 예를 들면 제330조나 제331조 제 1 항이 행위조건을 '야간'으로 제한한 결과 주간과 야간으로 나누어 판단하게 되어 불균형이 발생하는 것이다. 어떻든 하나의 범죄행위에 대하여 적용대상이 되는 구성요건이 중복되는 경우 법적용은 형의 균형을 고려하여 판단하는 것이 타당하다. 도식적인 법적용이 외견상 타당하게 보이더라도 이로 인하여 결과적으로 형의

1) 대판 1984. 12. 26, 84도1573(본 판결로 1983. 4. 12, 83도422 판결은 폐기).

불균형을 초래하게 된다면 이는 입법목적에 부합하는 합리적 법적용이라고 볼 수 없기 때문이다.

Ⅵ. 自動車 등 不法使用罪

> **제331조의 2【자동차 등 불법사용】** 권리자의 동의 없이 타인의 자동차, 선박, 항공기 또는 원동기장치자전차를 일시 사용한 자는 3년 이하의 징역, 500만원 이하의 벌금, 구류 또는 과료에 처한다.
>
> **제342조【미수범】** 미수범은 처벌한다.
>
> **제345조【자격정지의 병과】** 본장의 죄를 범하여 유기징역에 처할 경우에는 10년 이하의 자격정지를 병과할 수 있다.

1. 의 의

본죄는 권리자의 동의 없이 타인의 자동차, 선박, 항공기 또는 원동기장치 자전거를 일시 사용하는 경우에 성립하는 죄이다. 독일형법에도 유사한 규정이 있다(Unbefugter Gebrauch eines Fahrzeugs, § 248 b).[1] 자동차 등에 대하여 영득의 의사가 없는 소위 사용절도행위를 처벌하기 위한 규정으로서 계속범이다. 그러므로 영득의사를 요건으로 하는 절도죄나 횡령죄가 성립하는 경우에는 본죄는 성립하지 않는다.

본죄의 보호법익에 대해서는 사용권설[2]과 소유권설[3]로 나뉜다. 만일 보호법익을 사용권이라고 본다면 소유자 역시 사용권자에 대한 관계에서 본죄의 행위자가 될 수 있을 것이다. 그러나 사용권은 소유권의 파생효과이므로 소유권을 본죄의 보호법익으로 보는 것이 타당하다. 그 결과 소유자는 본죄의 행위주체가 될 수 없다.

2. 구성요건

(1) 행위객체

본죄의 행위객체는 자동차 등과 같이 동력기관을 장치한 것이어야 한다. 그러므로 자동차에 연결되어 이동하는 트레일러는 자체 원동기를 가지고 있지 않으므로 본죄의 행위객체에 해당하지 않는다. 선박에는 수상보트도 포함

1) 친고죄로 되어 있으며 자동차와 자전거(원동기장치 유무를 불문한다)가 행위객체이다.
2) 김일수/서보학, 313면; 백형구, 146면; 이형국, 343면; 임 웅, 321면; 정성근/박광민, 316면. 독일의 경우 Wessels/Hillenkamp, BT/2, Rn. 382.
3) 배종대, 399면; 이재상, 290면; 이정원, 320면; 진계호, 317면. 독일의 경우 SK/Samson, § 248 b Rn. 1; Sch/Sch/Eser, § 248 b Rn. 1.

한다. 자동차라 함은 철길 또는 가설된 선에 의하지 않고 원동기를 사용하여 운전되는 차(견인되는 자동차도 자동차의 일부로 본다)로서 승용·승합·화물·특수·이륜자동차를 말한다(도로교통법 제 2 조 제14호). 원동기장치자전차는 2륜자동차 중 배기량 125cc 이하의 2륜자동차와 50cc 미만의 원동기를 단 차를 말한다(도로교통법 제 2 조 제18호).

(2) 행 위

일시 사용하는 것이다. 일시 사용한다는 것은 시간적으로 영득의사를 인정할 수 없을 만큼 짧은 시간 내에 본죄의 행위객체를 본래의 용도에 따라 사용하는 것을 말한다.[1] 그러므로 요금을 내지 않고 자동차 등을 이용하는 무임승차는 본죄의 행위방법에 해당하지 않는다.

문제가 되는 것은 불법하게 개시된 사용행위만이 해당되는가[2] 아니면 정당하게 사용을 개시한 후 불법적으로 계속 사용하는 경우(예: 주인의 심부름을 다녀오던 운전사가 도중에 개인용무를 보기 위하여 10여 킬로미터를 더 돌아서 온 경우, 자동차를 빌린 사람이 약속한 주행거리보다 훨씬 많이 사용하고 돌려 준 경우)도 포함하는가[3]의 문제이다. 이때에는 불법하게 개시된 사용행위만이 본죄에 해당한다고 보는 것이 타당하다. 그 이유는 형법은 기본적으로 단순한 사용절도는 처벌하지 않는 것을 원칙으로 하므로 본 구성요건도 제한적으로 해석하여야 한다. 또한 단순한 계약위반사항까지도 형벌로 해결하려는 것은 형법의 보충적 기능에 반하기 때문이다. 그리고 만일 정당하게 사용권을 가진 자가 사용기간이 경과한 다음에도 계속하여 사용한 것이 자동차 등의 가치감소를 가져올 정도라면 본죄가 아니라 횡령죄를 적용하면 되므로 형사처벌의 허점은 없기 때문이다.

본죄의 구성요건을 적용하는 데에는 사용절도와 절도죄를 구별하는 경우의 문제점이 여전히 존재한다. 독일판례의 예를 들면 심야(약 3시 30분경)에

1) 대판 2002. 9. 6, 2002도3465는 일시사용의 목적으로 타인의 점유를 침탈한 경우에도 이를 반환할 의사 없이 장시간 점유하거나, 본래의 장소와 다른 곳에 유기하는 경우에는 본죄가 아닌 절도죄에 해당한다고 본다.

2) BayObLG NJW 1953, 193; AG München NStZ 1986, 458; Krey, BT/2, Rn. 149; Maurach/Schroeder/Maiwald, BT/1, § 37 Rn. 9; Schmidhäuser, BT, 8/67; Sch/Sch/Eser, § 248 b Rn. 4 a.

3) BGHSt 11, 47; BGH GA 1963, 344; OLG Schleswig NStZ 1990, 340; Tröndle/Fischer, § 248 b Rn. 5; Lackner, § 248 b Rn. 3; LK/Ruß, § 248 b Rn. 4; SK/Samson, § 248 b Rn. 11, 15; Wessels/Hillenkamp, BT/2, Rn. 385.

영업용 택시를 타고 가던 승객이 운전사와 말다툼을 하던 중 차를 세워 주먹다짐을 하다 운전사를 밀쳐 차 밖으로 떨어지게 한 다음 혼자서 차를 직접 몰고 몇 블록을 가다가 차를 버렸는데 자동차는 그로부터 몇 시간이 지난 후(당일 아침)에 발견된 사건에서 절도죄가 아니라 자동차 등 불법사용죄(§248b StGB)를 인정하였다.[1] 이 경우의 구별기준은 사용자가 처음부터 자동차 소유자의 점유를 일시적으로 배제하고 잠시 이용할 생각이었는가 아니면 마치 자기 자동차처럼 이용할 생각이었는가에 있다. 즉 행위자의 의사가 기준이 될 수밖에 없다. 만일 원래의 점유자가 별 어려움 없이 점유회복을 할 수 있는 상태라면 이는 절도죄가 아니라 본죄에 해당한다고 보아야 한다.[2] 반대로 행위자의 의사가 아니라 외부적인 행위정황만을 문제삼는다면 대부분의 경우 본죄가 아니라 절도죄에 해당하게 될 것이다. 행위장소로부터 얼마 떨어지지 않은 길가에 자동차를 두고 가버리는 행위는 곧 제 3 자의 점유지배영역에 들어가도록 하는 것과 다름없는 것으로 볼 수 있기 때문이다. 그러나 행위자의 입장에서는 비록 차를 두고 떠났다고 하더라도 내심으로는 곧 자동차 소유자가 발견하게 되리라고 예상할 수도 있다. 그러므로 위의 판례에서 행위자에게 절도죄를 인정하기보다는 자동차 등 불법사용죄를 인정하는 것이 타당하다.[3]

[예] 삼촌이 경영하는 카센터 종업원으로 근무하는 피고인이 동네 친구와 함께 밤늦도록 놀다가 카센터에 가보니 삼촌은 보이지 않고 삼촌의 친구가 그의 소유인 승용차를 밖에 세워 놓고 카센터 안에서 잠을 자고 있어 친구에게 차를 몰래 타 보자고 하자 좋다고 하여 피해자 잠바 주머니에서 열쇠를 가지고 나와 친구로 하여금 위 차량을 운전하게 한 사건(피고인 등은 승용차를 운전하고 싶어 하루만 운전하고 돌아다니다가 돌려주려고 하였고 돈이 필요하여 승용차를 훔친 것은 아니며 몰래 타고 다니는 동안 삼촌과 통화하였는데 삼촌이 차를 갖고 돌아오라고 하였지만 빨리 돌아가지 않았을 뿐이라고 주장하였다). 대법원은 차량을 반환할 의사를 가지고 피해자의 동의 없이 일시 사용한 것이라고 볼 여지가 충분히 있고 위와 같은 행위에 대하여 형법 제331조의 2에서 규정하고 있는 자동차등불법사용죄의 죄책을 물을 수 있음은 별론으로 하고, 특수절도죄로 처벌할 수는 없다고 판시하였다(대판 1998. 9. 4, 98도2181).

1) BGH Strafverteidiger 1995, 640(Beschl. v. 6. 7. 1995-4 StR 321/95).
2) 이는 독일의 일관된 판례입장이다(BGHSt 22, 45, 46; BGH NJW 1987, 266).
3) 독일판례도 마찬가지이다. 다만 하급심(LG Dortmund)에서는 절도죄(§242 StGB)를 인정하였다.

권리자의 동의에서 권리자란 자동차 등의 소유자 및 소유자로부터 사용권한을 인수한 사람을 의미한다. 그리고 동의는 묵시적인 경우도 포함한다고 본다. 동의가 없음에도 불구하고 착오로 권리자의 동의를 오신한 경우에는 본죄의 고의를 인정할 수 없다(구성요건의 착오). 만일 권리자의 동의가 있음에도 불구하고 없다고 오신한 경우에는 미수범에 해당한다(제342조).

(3) 행위주체

본죄의 행위자에는 일반인 이외에 주인의 승낙 없이 운전한 고용운전사, 자동차수리공장에 맡겨둔 차를 시운전 등의 목적과 무관하게 운전하는 수리공, 절도범으로부터 훔친 자동차를 빌려 운전하는 자가 포함된다.[1]

3. 미 수 범

본죄의 기수시점은 행위자가 자동차 등에 승차하여 시동을 걸고 출발하는 시점이다.[2] 본죄의 미수범은 처벌한다(제342조). 미수범은 시동을 걸었으나 출발하지는 않은 시점까지 해당될 수 있다.[3]

Ⅶ. 常習窃盜 · 夜間住居侵入窃盜 · 特殊窃盜 · 自動車 등 不法使用罪

> 제332조【상습범】 상습으로 제329조 내지 제331조의 2의 죄를 범한 자는 그 죄에 정한 형의 2분의 1까지 가중한다.
> 제342조【미수범】 미수범은 처벌한다.
> 제345조【자격정지의 병과】 본장의 죄를 범하여 유기징역에 처할 경우에는 10년 이하의 자격정지를 병과할 수 있다.

본죄는 상습으로 절도죄, 야간주거침입절도죄, 특수절도죄, 자동차 등 불법사용죄를 범하는 경우에 성립하는 가중적 구성요건이다. 그러나 본죄는 자동차 등 불법사용죄(제331조의 2)를 제외하고는 특정범죄 가중처벌 등에 관한 법률(제5조의 4)에 따라 가중처벌(무기 또는 3년 이상의 징역)되기 때문에 형법규정이 적용될 여지가 없다. 그리고 5인 이상이 공동하여 형법 제329조부터 제331조까지의 죄(미수범 포함)를 범한 사람은 무기 또는 5년 이상의 징역에 처한다(특가법 제5조의 4 제2항).

상습절도는 포괄일죄로 취급되기 때문에 포괄일죄의 관계에 있는 일부범

1) Sch/Sch/Eser, § 248 b Rn. 5.
2) BGHSt 7, 316.
3) Wessels/Hillenkamp, BT/2, Rn. 388.

죄에 대하여 확정판결이 있으면 확정판결 전에 범한 나머지 범죄에 대해서도 기판력이 미친다(아래 판례 ①, ② 참조).

상습성은 범죄를 반복수행하는 습벽을 말한다.[1] 상습성의 인정은 각 절취행위의 일시·수단·방법·규모 등에 비추어 판단한다. 동종범죄전과는 상습성인정의 조건이 아니면서도 실제로는 중요한 단서가 된다.[2] 그러나 단순히 절도행위의 전과가 여러 번 있었다는 사실만으로는 상습성이 인정된다고 볼 수 없으며 그 여러 번의 전과사실과의 관계에서 범행이 절도습성의 발현이라고 인정될 수 있는 경우에만 상습성이 인정된다.[3] 예를 들면 전과사실이 없더라도 2개월 여 사이에 각 8회 내지 13회의 절도 등 행위를 반복하였고 범행의 수단과 방법이 범행을 거듭함에 따라 전문화해 간 경우 그 범행의 동기 등에 비추어서 절도의 상습성을 인정할 수 있다.[4]

[판례] 상습성을 인정한 대법원판례는 다음과 같다.

① "피고인이 1987. 5. 1. 야간주거침입절도죄로 소년부송치결정을 받은 바 있고 1988. 10. 5. 절도 등 죄로 징역 10월에 2년간 집행유예의 확정판결을 받은 절도범행이 그 해 7. 12에 한 것이며 이 사건 범행은 그 이전인 그 해 5월과 6월 사이에 7 차례에 걸쳐 단기간에 한 것으로서 그 범행장소가 같고 절취한 돈도 그 때마다 유흥비로 탕진한 것이라면 위 확정판결의 절도범행과 이 사건 절도범행은 다같이 절도의 습벽이 발현된 것이라 할 것이므로 같은 취지에서 원심이 이를 포괄하여 상습절도죄의 일죄를 구성한다고 보고 위 확정판결의 기판력이 이 사건 범행에도 미친다는 이유로 이 사건 공소사실에 대하여 면소의 판결을 한 것은 정당하고 거기에 지적하는 바와 같은 법리오해의 위법이 없다(대판 1990. 2. 13, 89도2377)."

② "1970년부터 1983년까지 빈집털이나 소매치기의 수법으로 재물을 절취하였다는 범죄사실로 특수절도죄, 상습특수절도죄 등의 죄로 4회에 걸쳐 징역형을 선고받고, 다시 1989. 5. 30 소매치기수법으로 재물을 절취하였다는 범죄사실로 같은 해 11. 24. 특수절도죄로 징역 3년의 형을 선고받아 그 판결이 확정된 피고인이 위 판결확정 전인 1984. 10. 7부터 1989. 1. 17 사이에 7회에 걸쳐 공범들과 합동으로 타인의 주거에 침입하거나 날치기수법으로 재물을 절취하고 공범들과 공모하여 차량을 절취하였다는 특수절도 및 절도죄로 공소제기된 경우, 피고인이 저지

1) 대판 1983. 10. 11, 83도2137.

2) 이에 관한 문제점을 지적한 논문으로는 이영란, 「상습범의 상습성 인정기준」, 형사판례연구(2), 131면 이하 참조.

3) 대판 1984. 3. 27, 84도69; 1986. 7. 8, 86도963; 1987. 2. 24, 86도2725.

4) 대판 1983. 4. 12, 83도304. 상습도박죄와 관련하여 대법원은 "도박전과가 없다 하더라도 도박의 성질과 방법, 도금의 규모, 피고인이 도박에 가담하게 된 태양 등의 제반 사정을 참작하여 도박의 습벽이 인정되는 경우에는 상습성을 인정하여도 무방하다"고 판시하였다(대판 1995. 7. 11, 95도955).

른 공소제기된 특수절도죄 및 절도죄와 위 확정판결을 받은 특수절도죄는 모두 피고인의 절도의 습벽이 발현된 것이어서 포괄하여 실체법상 1개의 죄인 상습특수절도만을 구성하는 것이라고 보아야 할 것이니 위 확정판결의 효력은 피고인이 그 확정판결을 받기 전에 범한 공소제기된 특수절도죄 및 절도죄에 대하여도 미치게 되는 것이므로 위 각 공소사실에 대하여 면소의 판결을 선고하여야 한다(대판 1991.10.8, 91도1874)."

형법이 상습성을 이유로 형벌을 가중하는 것은 설득력이 없다. 원칙적인 입장에서는 ① 제37조의 요건을 구비한 경우에는 경합범으로 처리하여야 하며, ② 그 밖의 경우에는 상습성만을 이유로 하는 형벌가중을 하지 않아야 할 것이다. ①의 경우에는 범죄자에게 부당하게 유리하며,[1] ②의 경우에는 개인의 습벽 혹은 생활태도를 이유로 한 형벌가중이기 때문에 책임주의원칙에 위배되기 때문이다. 또한 절도의 죄질(예: 절취한 재물의 금액, 방법, 행위정황 등)을 고려하지 않고 상습성이 인정되면 일률적으로 형벌을 가중하고 경우에 따라서는 보호감호처분까지 받도록 하는 것은 너무 가혹하다는 점에서 입법론적으로 형법상의 상습범규정은 개폐(改廢)하는 것이 타당하다.

Ⅷ. 親族間의 犯行의 特例(親族相盜例)

제344조【친족간의 범행】 제328조의 규정은 제329조 내지 제332조의 죄 또는 미수범에 준용한다.

제328조【친족간의 범행과 고소】 ① 직계혈족, 배우자, 동거친족, 가족 또는 그 배우자간의 제323조의 죄는 형을 면제한다.

② 제 1 항 이외의 친족간의 제323조의 죄를 범한 때에는 고소가 있어야 공소를 제기할 수 있다.

③ 전 2 항의 신분관계가 없는 공범에 대하여는 전 2 항을 적용하지 아니한다.

1. 의의 및 법적 성질

친족상도례라는 것은 친족간의 특정범죄는 형을 면제하거나 고소가 있어야 공소를 제기할 수 있는 특례를 말한다. 절도죄는 근친간에는 그 형을 면제하고, 그 밖의 친족간에는 친고죄로 하고 있다. 재물이 친족과 친족 아닌 자의 공유에 속할 때에는 친족상도례가 적용되지 않는다. 이 규정은 권리행

1) 예를 들어 대법원은 절도죄와 후에 기소된 야간주거침입절도가 상습특수절도의 포괄일죄의 관계에 있는 경우 기판력이 야간주거침입절도죄에 미친다고 본다(대판 1978.2.14, 77도564 [전원합의체]).

사방해죄에 관한 규정(제328조)을 준용하고 있는 것인데, 이 밖에도 친족간의 범행의 특례규정은 사기와 공갈의 죄, 횡령과 배임의 죄에 준용되고 있다(강도죄와 손괴의 죄에는 준용되지 않음). 장물에 관한 죄에서는 장물범과 피해자간에 일정한 친족관계가 있으면 형을 면제하거나 또는 친고죄로 하고, 장물범과 본범간에 일정한 친족관계가 있으면 형을 감경 또는 면제하고 있다(제365조). 그러나 친족간의 범행이라고 하여 형을 면제하는 것은 현실적으로 부당한 경우도 있을 수 있다. 그러므로 친고죄로 하여 당사자의 판단에 맡기는 것이 오히려 타당하다.

친족상도례에 의하여 형을 면제하는 경우에 법적 성질은 위법성조각설, 책임조각설 등이 있으나 친족간의 평화를 유지하려는 인적 처벌조각사유로 보는 것이 타당하다.[1)]

2. 친족의 범위

친족상도례가 적용되기 위해서는 친족관계가 행위자와 물건의 소유자 및 점유자와도 있어야 한다.[2)] 친족상도례가 적용될 수 있는 친족 또는 가족의 범위는 민법에 의하여 정하여진다. 내연의 처는 친족에 포함되지 않는다. 친족관계는 행위시에 존재하여야 한다. 한편 인지의 소급효는 친족상도례 규정에 미친다는 것이 대법원의 입장이다(범행 당시에는 친족관계가 없었지만 범행 후 피고인이 재판상 인지의 확정판결을 받은 경우[3)]).

제 3 절 強盜의 罪

I. 意 義

강도죄는 폭행·협박을 수단으로 하여 타인의 재물이나 재산상의 이익을 취득하는 범죄이다. 본죄의 보호법익은 재산(소유권) 및 사람의 의사의 자유이다. 즉 폭행·협박의 상대방은 의사결정의 자유를 박탈당한 상태에서 재산상의 침해를 당한다는 점이 강도죄의 특징이다.

1) 강구진, 291면; 김성천, 863면; 김일수/서보학, 266면; 김종원, 189면; 배종대, 396면; 유기천(상), 223면; 이재상, 292면; 이정원, 348면; 이형국, 331면; 정성근/박광민, 272면.
2) 김성천, 864면은 친족관계가 행위자와 소유권자 사이에만 존재하면 된다고 본다.
3) 대판 1997. 1. 24, 96도1731.

본죄는 재산침해를 보호하기 위한 구성요건이면서 동시에 개인의 생명·신체·의사결정의 자유를 보호하는 점에서 절도죄와는 기본적으로 다르다. 또한 행위방법으로서 폭행·협박을 필요로 하는 점과 행위객체로서 재물 이외에 재산상의 이익도 포함하는 점, 친족상도례의 적용이 없다는 점에서도 양죄는 서로 다르다. 강도죄는 재물에 대한 제 3 자를 위한 강도죄를 인정하지 않고 있다는 견해가 있다.[1] 그러나 재산상의 이익과 재물 모두의 경우에 제 3 자를 위한 강도죄가 성립한다고 보아야 한다. 직접 자신이 취득하지 않고 상대방으로 하여금 제 3 자에게 재물을 주도록 하는 강도행위는 얼마든지 생각할 수 있기 때문이다. 그러므로 재물에 대한 불법영득의사가 필요하기 때문에 제 3 자를 위한 강도죄가 인정되지 않는다는 것은 타당하지 않다.

공갈죄와는 행위객체도 동일하고 행위수단도 폭행·협박이라는 점에서 밀접한 관계에 있다. 그러나 공갈죄의 경우에는 폭행·협박의 상대방이 공포심을 갖고 스스로 재산상의 처분행위를 한다는 점에서 재산을 강취당하는 강도죄와 구별된다.

연혁적으로 유럽에서는 중세까지 공개적인 절취행위는 강도죄로 파악하였으며, 주인 몰래 이루어지는 절취행위를 절도죄라고 보았다.[2]

Ⅱ. 構成要件體系

강도의 죄는 강도죄(제333조)를 기본적 구성요건으로 한다. 그리고 이에 대한 가중적 구성요건으로는 특수강도죄(제334조), 강도상해·치상죄(제337조), 강도살인·치사죄(제338조), 강도강간죄(제339조), 해상강도죄(제340조) 및 상습강도죄(제341조)가 있다.

준강도죄(제335조)와 인질강도죄(제336조)는 단순강도죄에 대한 가중적 구성요건이 아니라 독립적 구성요건에 해당된다.

강도죄, 특수강도죄, 준강도죄, 인질강도죄, 강도상해·치상죄, 강도살인·치사죄, 강도강간죄, 해상강도죄 및 동 상습범과 미수범은 「특정강력범죄의 처벌에 관한 특례법」(제2조 제1항 제5호)상의 '특정강력범죄'에 해당된다.

1) 배종대, 397면.
2) Joecks, StGB, § 242 Rn. 2.

Ⅲ. 強 盜 罪

제333조【강도】 폭행 또는 협박으로 타인의 재물을 강취하거나 기타 재산상의 이익을 취득하거나 제 3 자로 하여금 이를 취득하게 한 자는 3년 이상의 유기징역에 처한다.
제342조【미수범】 미수범은 처벌한다.
제345조【자격정지의 병과】 본장의 죄를 범하여 유기징역에 처할 경우에는 10년 이하의 자격정지를 병과할 수 있다.

1. 객관적 구성요건

강도죄는 폭행 · 협박으로 타인의 재물을 강취하거나 기타 재산상의 이익을 취득하거나 제 3 자로 하여금 이를 취득하게 하는 것이다. 폭행 · 협박과 절취행위로 이루어진 점에서 폭행죄 · 협박죄와 절도죄와의 결합범이며 상태범에 해당한다.

(1) 행위객체

타인의 재물 또는 재산상의 이익이다. 재물은 절도죄에서 설명한 바와 동일하다. 재산상의 이익은 영구적 · 일시적 · 적극적 · 소극적(채무면제, 이행연기, 권리포기, 저당권말소 등)인 것을 불문한다. 판례는 재산상의 이익은 반드시 사법상 유효한 이익만을 의미하는 것이 아니라 외견상 재산상의 이익을 얻을 것이라고 인정할 수 있는 사실관계만 있으면 된다고 본다.[1)]

부동산이 강도죄의 행위객체에 포함되는가에 대해서는 이를 재산상의 이익에 포함시켜 본죄의 객체가 된다고 보는 견해가 있다.[2)] 그러나 기술한 바와 같이 부동산을 재산상의 이익에 포함시키는 것은 물론 부동산에 대한 강도죄의 성립도 인정할 수 없다고 보아야 한다.[3)]

(2) 행 위

폭행 · 협박을 통하여 타인의 재물을 강취하거나 기타 재산상의 이익을 취득하는 것이다.

1) 폭행 · 협박의 의의 강도죄에서의 폭행이란 사람에 대한 직·간접

---

1) 대판 1987. 2. 10, 86도2472.
2) 김일수/서보학, 318면; 이재상, 297면; 이형국, 349면; 임 웅, 329면(부동산을 재물에 포함시키는 견해).
3) 본서 재산죄의 객체 중 부동산 관련 설명 참조.

적인 유형력의 행사이며, 협박이란 상대방의 생명·신체에 대한 현존하는 위험을 고지하는 행위를 말한다. 그러나 순수히 심리적인 폭행은 강요죄에 해당할 수 있을 뿐이며, 강도죄에는 해당되지 않는다.[1] 물건에 대한 폭행(손괴)은 간접적으로 사람에 대하여 효과를 미치지 않는 한(예: 문을 잠궈서 상대방을 감금하는 경우) 포함되지 않는다. 상대방이 반드시 폭행·협박으로 인한 신체적 강요상태를 인식할 필요는 없다. 그러므로 수면중인 자나 의식불명상태에 있는 자에 대해서도 강도죄의 폭행이 인정된다.[2] 또한 수면제를 먹이고 금품을 탈취한 경우 강도죄의 폭행에 해당한다.[3] 협박은 그 내용의 실현가능성이나 실현의지를 요건으로 하지 않으며, 협박의 상대방이 이를 심각하게 인식하면 된다. 그러므로 장난감 권총을 겨누거나 공포를 쏘는 행위도 상대방의 인식에 따라 본죄의 협박에 포함될 수 있다.[4] 또한 폭행·협박의 상대방은 반드시 재산상의 피해자일 필요가 없으며, 재물의 점유자뿐만 아니라 이와 관련된 사람이면 된다.

2) 폭행·협박의 정도와 인과관계 폭행·협박은 상대방의 반항을 제압할 정도의 것이어야 한다. 강도죄에서의 폭행·협박과 공갈죄에서의 폭행·협박은 다음과 같은 점에서 다르다. 즉 공갈죄에서의 폭행·협박은 사람의 의사 내지 자유를 제한하는 정도로 족하고 반드시 상대방을 제압하여 반항을 억압할 정도에 이를 것을 요하지 않는다는 점이다.[5]

강도죄에서 폭행·협박과 강취행위 사이에는 인과관계가 있어야 한다. 즉 폭행·협박과 재물 또는 재산상의 이득취득간에는 수단과 목적관계가 성립되어야 한다. 그러나 폭행·협박이 반드시 강취행위의 절대적 전제조건일 필요는 없으며 행위자의 주관적 목적에 따라 폭행·협박이 상대방의 반항을 제압할 정도이고, 그 결과 강취행위를 가능하게 하는 데에 적합한 것이면 충분하다.[6] 또한 폭행·협박이 반드시 행위객체의 소유자에 대하여 행하여질 필요

1) BGHSt 23, 126.
2) BGHSt 25, 238; Wessels/Hillenkamp, BT/2, Rn. 318; 김일수/서보학, 321면; 이재상, 301면; 이정원, 360면.
3) 대판 1979. 9. 25, 79도1735.
4) 김일수/서보학, 322면; 배종대, 402면; 이재상, 302면; Tröndle/Fischer, § 249 Rn. 5; Wessels/Hillenkamp, BT/2, Rn. 322.
5) 대판 1961. 5. 12, 4294형상101.
6) BGHSt 30, 377; BGH NStZ 1993, 79; Sch/Sch/Eser, § 249 Rn. 7; Wessels/Hillenkamp, BT/2, Rn. 319.

도 없으므로 예를 들어 강도피해자를 수행하는 사람이나 재물보관창고의 경비원에 대한 폭행·협박일지라도 상관없다.

강도의 고의 없이 폭행·협박을 한 다음 쓰러져 있는 피해자로부터 재물을 가져간 경우에 ① 강도죄설[1]과, ② 폭행죄(혹은 협박죄) 및 절도죄의 경합범설[2]이 있다. 강도죄는 폭행·협박을 재물강취의 수단으로 사용하는 경우에 성립하므로 강도의 목적이 아닌 폭행·협박과 재물취거는 별개로 취급하는 것이 타당하다. 그러므로 폭행죄(혹은 협박죄)와 절도죄의 경합범을 인정하여야 한다.

3) 재산상 이익의 취득 강도죄는 폭행·협박에 의하여 재물 이외에 재산상의 이익을 취득하거나 제 3 자로 하여금 이를 취득하게 한 경우에도 성립한다. 재산상의 이익을 취득하는 대표적인 경우로는 ① 폭행·협박을 통하여 재산상의 처분행위를 하게 하는 경우(예: 채무면제를 받거나 채무이행을 연기받는 경우), ② 피해자로 하여금 대가를 지급하지 않고 강제로 노무를 제공하게 하는 경우가 있다(예: 택시운전사를 협박하여 무임승차를 한 경우).

재산상의 이익취득과 관련하여 피해자의 의사표시, 즉 재산상의 처분행위를 필요로 하는가에 대해서는 소극설[3]이 통설이며 타당하다. 만일 강도죄에서 피해자의 처분행위를 필요로 한다면 공갈죄와의 구별이 어려워질 뿐만 아니라, 폭행·협박을 받은 상태에서의 처분행위를 인정한다는 것은 무의미하기 때문이다. 이러한 점에서 피해자에게 일정한 의사표시를 하게 하여 이익을 취득한 경우에 강도죄가 성립한다는 견해(예: 소유권이전등기 또는 저당권설정등기의 말소의 의사표시를 하게 한 경우)[4]는 언제나 타당한 것은 아니다. 이 경우에는 폭행·협박의 정도가 상대방의 반항을 억압할 정도인가의 여부에 따라 강도죄와 공갈죄의 성립 여부를 판단하여야 한다.

[판례] ① 강도죄에의 재산상의 이익의 의미: 형법 제333조 후단의 강도죄(이른바 강제이득죄)의 요건이 되는 재산상의 이익이란 재물 이외의 재산상의 이익을 말하

---

1) 대법원(대판 1977. 9. 28, 77도1350)은 강간범이 강간행위 후 강도의 범의를 일으켜 그 부녀의 재물을 취득한 때에 강도죄의 성립을 인정하고 있다.
2) 김일수/서보학, 324면; 배종대, 405면; 이재상, 303면; 이정원, 361면.
3) 대판 1964. 9. 8, 64도310; 1985. 10. 22, 85도1527; 강구진, 301면; 김일수/서보학, 318면; 배종대, 410면; 오영근, 358면; 이재상, 297면; 정성근/박광민, 327면; 정영석, 339면; 이형국, 349면.
4) 이재상, 305면.

는 것으로서, 그 재산상의 이익은 반드시 사법상 유효한 이득만을 말하는 것이 아니고 외견상 재산상 이득을 얻을 것이라고 인정할 수 있는 사실관계만 있으면 여기에 해당한다(대판 1987. 2. 10, 86도2472).

② 폭행·협박으로 피해자로 하여금 피해자의 신용카드 매출전표에 서명하게 하였으나 피해자가 허위서명을 하여 교부한 경우, 강도죄의 성부(成否)(적극): 피고인들이 폭행·협박으로 피해자로 하여금 매출전표에 서명을 하게 한 다음 이를 교부받아 소지함으로써 이미 외관상 각 매출전표를 제출하여 신용카드회사들로부터 그 금액을 지급받을 수 있는 상태가 되었는바, 피해자가 각 매출전표에 허위서명한 탓으로 피고인들이 신용카드회사들에게 각 매출전표를 제출하여도 신용카드회사들이 신용카드 가맹점 규약 또는 약관의 규정을 들어 그 금액의 지급을 거절할 가능성이 있다 하더라도, 그로 인하여 피고인들이 각 매출전표상의 금액을 지급받을 가능성이 완전히 없어져 버린 것이 아니고 외견상 여전히 그 금액을 지급받을 가능성이 있는 상태이므로, 결국 피고인들이 재산상의 이익을 취득하였다고 볼 수 있다(대판 1997. 2. 25, 96도3411).

(3) 실행의 착수시점

강도죄는 재물이나 재산상의 이익을 취득할 목적으로 폭행이나 협박을 개시한 시점부터 실행에 착수한 것이 된다. 그러나 기수시점은 재물이나 재산상의 이익을 취득한 때이다.

2. 주관적 구성요건

폭행 또는 협박을 하여 타인의 재물을 강취하거나 재산상의 이익을 취득한다는 고의와 함께 재물취득의 경우에는 불법영득의사, 재산상의 이익을 취득하는 경우에는 불법이득의사가 필요하다.[1)]

3. 다른 범죄와의 관계

강도죄는 절도죄와는 법조경합의 관계에 있으므로 강도죄가 성립하면 절도죄는 성립하지 않는다. 타인을 불법체포·감금하여 재물을 탈취하는 경우에 강도죄와 함께 감금죄도 성립하는가에 대해서는 양죄의 실체적 경합설과 법조경합설(강도죄만을 인정)[2)]이 있다. 그러나 이 경우에는 감금행위가 강도행위를 위한 수단으로 이용된 것인가 아니면 불법감금중에 강도행위를 한 것인가에 따라 전자의 경우에는 상상적 경합범을, 후자의 경우에는 양죄의 실

1) 대판 1985. 8. 13, 85도1170.

2) 최우찬, 「감금죄와 강간죄의 관계」, 형사판례연구(2), 148면. 반면 임 웅, 333면은 상상적 경합으로 본다.

체적 경합범을 인정하는 것이 타당하다.[1] 강도범이 강도행위로 탈취한 재물을 처분하는 경우에는 불가벌적 사후행위에 해당하므로 별도의 죄가 성립하지 않는다.

4. 강도죄의 죄수

강도죄는 재산 이외에 개인의 생명·신체나 의사결정의 자유를 침해하는 범죄라는 점에서 절도죄와 다르다. 그러므로 죄수결정의 기준도 재산적 측면에서 침해되는 점유관리의 수와 함께 폭행·협박의 상대방 수를 고려하여야 한다.[2]

그러므로 1개의 폭행·협박을 통하여 동시에 여러 사람으로부터 재물을 강취한 경우에는 상상적 경합범이 성립한다.[3] 이와 달리 가족 여러 명에게 폭행을 가하여 집안에 있는 많은 재물을 강취한 경우에는 재물의 소유자가 다르다고 하더라도 단일한 점유의 침해라는 점에서 단순일죄에 해당한다.[4] 이는 1인이 점유하는 수인소유의 재물을 강취한 경우에도 마찬가지이다. 만일 동일장소에서 각각 다른 상대방에게 폭행·협박을 하여 이들의 재물을 강취한 경우에는 경합범이 인정된다.

절도에 착수하여 재물을 영득한 다음 다시 폭행·협박에 의하여 다른 재물을 강취한 경우나 혹은 재물을 강취하여 도주하면서 다른 재물을 절취한 경우에는 포괄적으로 강도죄에 해당한다고 보는 것이 타당하다. 그러나 절도죄와 강도죄가 각각 독립하여 실현된 경우에는 양죄의 경합범으로 보아야 한다(예: 동일 여관 내에서 일부 투숙객의 재물을 절취하고 다른 투숙객을 폭행·협박하여 재물을 강취한 경우).

동일한 강도의 기회에 1인에 대해서는 상해를 입히고 다른 사람에게는 폭행만을 한 경우에는 포괄하여 1개의 강도상해죄가 성립한다는 견해가 있

---

1) 대판 1984. 8. 21, 84도1550 참조; 김성천, 888면.

2) 대판 1991. 6. 25, 91도643("강도가 동일한 장소에서 동일한 방법으로 시간적으로 접착된 상황에서 수인의 재물을 강취하였다고 하더라도, 수인의 피해자들에게 폭행 또는 협박을 가하여 그들로부터 각기 점유관리하고 있는 재물을 각각 강취하였다면 피해자들의 수에 따라 수개의 강도죄를 구성하는 것"이라고 판시하고 있다). 이 판례에 대한 자세한 평석으로는 이민걸, 「강도죄 및 강도상해죄의 죄수관계」, 형사판례연구(3), 214면 이하 참조.

3) 김성천, 888면; 오영근, 416면; 이재상, 307면; 이정원, 366면; 이형국, 355면; Sch/Sch/Eser, § 249 Rn. 13. 이에 대해 김일수/서보학, 328면; 정성근/박광민, 306면은 단순일죄로 본다.

4) 대판 1970. 7. 21, 70도1133 참조.

다.[1] 그러나 이 경우에는 점유관리의 수뿐만이 아니라 폭행 · 협박의 상대방수도 고려하여 죄수를 판단하는 것이 타당하다.[2]

Ⅳ. 特殊強盜罪

> 第334条【특수강도】 ① 야간에 사람의 주거, 관리하는 건조물, 선박이나 항공기 또는 점유하는 방실에 침입하여 제333조의 죄를 범한 자는 무기 또는 5년 이상의 징역에 처한다.
> ② 흉기를 휴대하거나 2인 이상이 합동하여 전조의 죄를 범한 자도 전항의 형과 같다.
> 第342条【미수범】 미수범은 처벌한다.
> 第343条【예비, 음모】 강도할 목적으로 예비 또는 음모한 자는 7년 이하의 징역에 처한다.
> 第345条【자격정지의 병과】 본장의 죄를 범하여 유기징역에 처할 경우에는 10년 이하의 자격정지를 병과할 수 있다.

Ⅰ. 의 의

본죄는 야간주거침입강도행위(제334조 제 1 항)와 흉기휴대 혹은 합동범의 형태에 의한 강도죄(제 2 항)로서 가중적 구성요건이다. 제 1 항의 특수강도죄는 주거침입죄와 강도죄의 결합범이다. 제 2 항의 특수강도죄는 기술한 특수절도죄에 상응하는 규정이다.

제 2 항의 합동범에 의한 특수강도죄가 성립하기 위해서는 각자가 공동정범 이상으로 범행에 관여할 것이 필요하며, 또한 각자는 범행계획의 범위 내에서 합동범으로서의 책임을 진다. 그러므로 공모의 범위를 벗어난 범행에 대해서는 책임을 인정할 수 없다.

반면에 판례는 강도합동범 중 1인이 피해자를 상해한 경우 상해까지 공모하지는 아니한 다른 자도 상해의 결과에 대하여 책임을 지는 것으로 판시하고 있다. 즉 "강도합동범 중 1인이 피고인과 공모한대로 과도를 들고 강도를 하기 위하여 피해자의 거소로 들어가 피해자를 향하여 칼을 휘두른 이상 이미 강도의 실행행위에 착수한 것임이 명백하고, 그가 피해자들을 과도로

1) 대판 1966. 12. 6, 66도1392(절도범이 체포를 면탈할 목적으로 추격하여 온 방범대원을 과도로 찔러 상해를 입히고 계속하여 달아나다가 다시 추격하여 온 다른 방범대원에게 과도를 내밀어 협박을 가한 경우에 포괄하여 준강도상해죄의 일죄가 성립하고 별도로 준강도죄가 성립하는 것은 아니라고 판시하였다); 이창구, 「강도상해죄의 죄수」, 대법원판례해설 7호, 495면.
2) 이민걸, 앞의 논문, 233면.

찔러 상해를 가하였다면 대문 밖에서 망을 본 공범인 피고인이 구체적으로 상해를 가할 것까지 공모하지 않았다 하더라도 피고인은 상해의 결과에 대하여도 공범으로서의 책임을 면할 수 없다"는 입장이다.[1] 그러나 이는 결과책임론에 입각한 것과 같으며 합동범에 관한 현장설의 취지에도 어긋난다.

2. 특수강도죄의 미수

특수강도죄의 실행의 착수시점은 주거침입시가 아니라 폭행·협박에 착수한 시점이다(폭행·협박시설).[2] 강도죄의 기본적 구성요건은 폭행·협박이기 때문이다. 또한 주거침입을 기준으로 할 경우 특수절도미수와 특수강도미수를 구별할 수 없게 된다. 그러므로 야간에 흉기를 휴대하고 타인의 주거에 침입하여 집안의 동정을 살피는 것만으로는 특수강도의 실행에 착수한 것으로 볼 수 없다.

[판례] 판례의 입장은 일관되어 있지 않다.

① **폭행·협박시설**: 피고인이 야간에 타인의 재물을 강취하기로 마음먹고 칼을 휴대한 채 잠겨 있는 피해자의 집 현관문을 열고 마루까지 침입하여 동정을 살피던 중 혼자서 집을 보던 피해자의 손녀(14세)가 화장실에서 용변을 보고 나오자 갑자기 욕정이 생겨 목에 칼을 들이대고 방안으로 끌고 들어가 반항을 억압한 다음 강간한 사건에서 대법원은 형법 제334조 제1항·제2항 소정의 특수강도의 실행의 착수는 강도의 실행행위, 즉 사람의 반항을 억압할 정도의 폭행 또는 협박에 나아갈 때에 있다고 할 것이므로 흉기를 휴대한 채 타인의 주거에 침입하여 집안의 동정을 살피는 것만으로는 특수강도의 실행에 착수한 것이라고 할 수 없으므로 구특가법 제5조의 6 제1항 소정의 특수강도강간에 해당하지 않는다고 판시하였다(대판 1991. 11. 22, 91도2296).

② **주거침입시설**: 형법 제334조 제1항의 야간주거침입강도죄는 주거침입과 강도의 결합범으로서 시간적으로 주거침입행위가 선행되므로 주거침입을 한 때 실행에 착수한 것으로 볼 것인바, 같은 조 제2항의 흉기휴대합동강도죄에 있어서도 그 강도행위가 야간에 주거에 침입하여 이루어지는 경우에는 주거침입을 한 때에 실행에 착수한 것으로 본다(대판 1992. 7. 28, 92도917).

---

1) 대판 1998. 4. 14, 98도356. 이 판례는 밖에서 망을 본 범인에 대하여 특수강도죄를 인정하였지만 이에 대해서는 합동범에 관한 현장설의 취지에 따라 강도죄의 공동정범을 인정하는 것이 타당하다. 합동범의 형태에 의한 특수강도죄를 가중처벌하는 입법적 취지는 다수인이 범행을 한다는 점에서 범죄성이 높다는 데 있기 때문이다.

2) 이에 반해 김성천, 889면; 이정원, 376면은 야간에 주거에 침입한 때를 실행착수시점으로 본다.

V. 準強盜罪 · 準特殊強盜罪

제335조 【준강도】 절도가 재물의 탈환을 항거하거나 체포를 면탈하거나 죄적을 인멸할 목적으로 폭행 또는 협박을 가한 때에는 전 2 조의 예에 의한다.
제342조 【미수범】 미수범은 처벌한다.
제345조 【자격정지의 병과】 본장의 죄를 범하여 유기징역에 처할 경우에는 10년 이하의 자격정지를 병과할 수 있다.

1. 의 의

본죄는 (특수)절도범이 재물의 탈환을 항거하거나 체포를 면탈하거나 죄적을 인멸할 목적으로 폭행 또는 협박을 가할 때 성립하며 강도죄 또는 특수강도죄에 의하여 처벌한다. 그러므로 신분범이며 목적범이다. 본죄는 강도죄와 구별되는 독립적 구성요건이며 사후강도라고도 한다.

2. 객관적 구성요건

절도범 또는 특수절도범이 폭행 · 협박을 하는 것이다.

(1) 행위주체

본죄의 행위자는 절도범이다.[1] 이에는 단순절도범과 야간주거침입절도범(제330조), 특수절도범(제331조)을 포함한다. 또한 이들 범죄의 미수범도 포함한다. 강도죄의 구성요건은 절도를 포함하므로 강도범도 본죄의 주체가 된다는 견해[2]도 있으나, 강도가 본죄의 목적을 가지고 폭행 · 협박을 하더라도 이는 강취행위의 수반행위로서 별도로 본죄를 구성한다고 볼 필요가 없으며, 법문상 절도로 명시하고 있으므로 절도범에 한정하는 것이 타당하다.[3]

(2) 행 위

폭행 · 협박을 하는 것이다.

1) 폭행 · 협박의 정도　　강도죄에서의 폭행 · 협박과 정도가 같다. 그러므로 피해자의 반항을 억압하기 위한 수단으로서 일반적 · 객관적으로 가능하다고 인정되는 정도이면 되며, 이는 체포되려는 구체적 상황에 비추어 판단되어져야 한다.[4] 그러나 본죄의 행위자를 체포하려는 피해자의 행위가 정

1) 강도범도 포함하는 견해로는 김성천, 891면; 이정원, 367면.
2) 김성천, 891면; 배종대, 397면; 이재상, 309면; 이형국, 358면.
3) 김일수/서보학, 332면; 임 웅, 337면.
4) 준강도의 폭행 · 협박으로 인정한 판례로는 대판 1983. 3. 8, 82도2838(오토바이를 끌고 가다

도를 초과한 경우에 이를 피하기 위한 행위는 피해자의 체포의사를 제압할 정도의 폭행에 해당하지 않는다.[1)]

2) 폭행·협박의 시간적·장소적 근접성　폭행·협박은 절도의 기회에 행하여져야 한다. 판례는 절도범인이 절도의 실행에 착수하여 그 실행중이거나 그 실행 직후 또는 실행의 범의를 포기한 직후로서 사회통념상 범죄행위가 완료되지 않았다고 인정될 만한 단계에서 행하여져야 한다고 본다.[2)] 같은 맥락에서 절도범행의 종료 후 얼마되지 아니한 단계이고 안전지대로 이탈하지 못하고 피해자측에 의하여 체포될 가능성이 남아 있는 단계에서 추적당하여 체포되려 하자 구타한 경우에는 절취행위와 그 체포를 면탈하기 위한 구타행위와의 사이에 시간상·거리상 극히 근접한 거리에 있다고 할 것이므로 준강도죄가 성립한다.[3)]

(3) 준강도죄의 미수범

형법 제335조는 준강도죄가 성립하면 처벌은 「전 2 조에 의한다」고 규정하고 있으며 형법 제342조는 준강도죄의 미수범을 처벌하고 있으므로 강도죄나 특수강도죄의 예에 따라 준강도죄의 미수범을 처벌하는 것은 당연하다.[4)] 문제는 준강도죄의 미수범을 처벌한다고 하였을 때 어느 기준에 의하여 판단할 것인가에 있다. 이에는 다음과 같은 견해가 있다.

1) 절취행위기준설　이는 절취행위의 기수·미수에 의하여 준강도죄

가 추격하여 온 피해자에게 멱살을 잡히게 되자 체포를 면탈할 목적으로 피해자의 얼굴을 주먹으로 때리고 놓아 주지 아니하면 죽여버리겠다고 협박한 경우에 준강도죄를 인정); 1985. 11. 12, 85도2115(현금 500만원을 빼앗아 달아나려다가 체포를 면탈할 목적으로 자기의 멱살을 잡은 피해자의 얼굴을 주먹으로 때리고 뒤로 밀어 넘어뜨려 10일간의 치료를 요하는 부상을 입힌 경우 준강도죄에서 말하는 폭행을 인정함).

이에 비하여 준강도의 폭행으로 인정하지 않은 것은 대판 1985. 5. 14, 85도619(피고인이 옷을 잡히자 체포를 면탈하려고 충동적으로 저항을 시도하여 잡은 손을 뿌리친 정도의 폭행을 준강도죄의 폭행으로 볼 수 없다).

1) 대판 1990. 4. 24, 90도193(피고인을 체포하려는 피해자가 피고인을 발로 차며 늑골 골절상, 좌폐기흉증, 좌흉막출혈 등 전치 3개월을 요하는 중상을 입힐 정도로 심한 폭력을 가해오자 이를 피하기 위하여 한 엉겁결에 곁에 있던 솥뚜껑을 들어 위 폭력을 막아내려다가 솥뚜껑에 스치어 피해자가 상처를 입게 된 사건에서 준강도죄의 성립을 부인하였다).

2) 대판 1984. 9. 11, 84도1398(피해자에게 발각되어 범행현장으로부터 200미터 떨어진 곳이라고 하여도 절도의 기회 계속중에 폭행을 가한 것으로 보아야 할 것이다).

3) 대판 1982. 7. 13, 82도1352.

4) 준강도죄의 미수범 처벌을 규정하지 않았던 개정 전의 형법(제342조 참조)하에서도 준강도죄의 미수범을 처벌한다는 것이 통설이었다. 김일수/서보학, 336면; 유기천(상), 211면; 이재상, 311면. 이에 대해 배종대, 312면은 준강도는 절도가 기수에 이르러야 한다고 본다.

의 기수·미수를 구분한다는 견해이다.[1] 이에 따르면 폭행·협박을 완료하였더라도 절취행위가 미수에 그친 경우에는 준강도죄 역시 미수라고 본다. 이 견해는 강도죄는 본질적으로 재산죄이며, 강도죄는 재물을 강취하여야 기수가 됨에도 불구하고 폭행·협박을 기준으로 기수와 미수를 결정하게 되면 폭행·협박은 끝났지만 재물강취에 이르지 못한 경우(강도미수)에 준강도의 기수로 처벌받는 불균형이 초래된다고 한다. 대법원은 과거 폭행·협박행위기준설을 변경하여 절취행위를 기준으로 준강도죄의 기수 여부를 판단하여야 한다고 하였다.[2]

2) **폭행·협박행위기준설** 이는 절취행위의 기수·미수를 불문하고 폭행·협박의 기수·미수 여부에 따라 준강도죄의 기수·미수를 판단하여야 한다는 견해이다.[3] 그러므로 절도범이 재물을 취득하지 못한 상태에서 발각되어 준강도죄의 구성요건이 규정하는 목적하에 폭행·협박을 한 경우에도 준강도죄의 기수를 인정한다.

3) **절취행위 또는 폭행·협박기준설**(종합설) 이는 행위자의 절취행위 기수·미수 여부와 폭행·협박행위의 기수·미수를 기준으로 해서 준강도죄의 미수 여부를 판단하여야 한다는 견해이다.[4] 이 견해에 의하면 절취행위가 미수인 경우에는 폭행이나 협박행위가 기수에 이르렀어도 준강도죄의 미수를 인정하며, 반대의 경우에도 준강도죄는 미수라고 본다.

4) **결 론** 준강도죄의 미수범과 관련하여 학설과 판례는 지금까지 절취행위나 폭행·협박행위만을 기준으로 하여 미수범 여부를 판단하였다. 특히 대법원은 폭행·협박을 기준으로 판단하던 기존의 입장을 바꾸어 절취행위를 기준으로 본죄의 미수범을 판단하여야 한다고 판시하고 있다. 대법원의 이러한 입장변화는 폭행·협박행위를 기준으로 할 경우 절취행위가 미수인 경우 강도죄의 미수범이 되는 데 반해 준강도죄의 경우에는 시간적

1) 김성돈, 304면; 김종원, 202면; 이재상, 311면; 정성근/박광민, 336면; 정영석, 341면; 진계호, 317면.

2) 대판 2004.11.18, 2004도5074(전원합의체).

3) 과거 판례의 입장이다(대판 1988.2.9, 87도2492). 학설로는 강구진, 308면; 김성천, 896면; 김일수/서보학, 336면; 배종대, 436면; 백형구, 160면; 오영근, 425면; 유기천(상), 211면이 있다.

4) 변경된 대법원판결의 소수견해이다. 이용식, 「준강도죄의 예비와 기수시기」, 한국형사법학의 신전개, 2008, 480면; 이형국, 359면; 이정원, 346면; 임 웅, 341면.

선후관계의 차이로 기수범이 될 수 있다는 불균형을 해소하기 위한 것이라고 볼 수 있다. 그렇더라도 절취행위가 기수인 경우에 폭행·협박이 미수이더라도 준강도죄는 기수범이 될 수 있어서 이 경우에도 강도죄는 미수인 점과 비교하여 마찬가지로 불균형이 나타난다. 그러므로 강도죄와 형의 불균형을 시정하기 위한 것이라면 절취행위 및 폭행·협박행위를 기준으로 하는 것이 타당하다고 하겠다.

3. 주관적 구성요건

준강도죄가 성립하기 위해서는 고의가 있어야 한다. 특히 준강도죄는 목적범이므로 재물의 탈환을 항거할 목적, 체포를 면탈할 목적, 죄적을 인멸할 목적이 있어야 한다. 만일 절도행위중에 발각되자 이러한 목적 이외의 목적(예: 재물강취의 목적)으로 폭행·협박을 가한 경우에는 강도죄가 성립한다. 재물의 탈환을 항거할 목적으로 하는 폭행·협박의 경우에는 절도가 이미 기수에 이른 경우라고 보아야 할 것이다. 그러나 체포면탈의 목적이나 죄적인멸의 목적시에는 절도행위가 아직 기수에 이르지 않은 경우도 포함한다.

목적의 달성 여부는 본죄의 기수 여부와 무관하다.

4. 준강도죄와 공동정범

절도의 공동정범 가운데 한 사람이 준강도죄를 범한 경우에 다른 공동정범도 본죄에 따라 처벌되는가가 문제된다. 대법원은 다른 공동정범의 준강도행위—폭행 또는 협박—에 대하여 예견이 가능하였다면 준강도죄의 공동정범을 인정한다.[1] 그러나 예견가능성은 개별적 판단기준에 해당하므로 이보다는 폭행 또는 협박이 공동정범간에 있었던 공동의 범행의사에 포함될 수 있는가의 여부에 따라 판단하는 것이 타당하다. 공동정범은 공동의 범행의사의 범위 내에서 공동책임을 부담하기 때문이다.

5. 공무집행방해죄와의 관계

절도범인이 체포를 면탈할 목적으로 경찰관에게 폭행이나 협박을 가한 때에는 준강도죄와 공무집행방해죄를 구성하고 양죄는 상상적 경합관계에 있다. 그러나 강도범인이 체포를 면탈할 목적으로 경찰관에게 폭행을 가한 때

---

1) 대판 1984. 12. 26, 84도2552(2인 이상이 합동하여 절도를 한 경우 범인 중 1인이 체포를 면할 목적으로 폭행을 하여 상해를 가한 때에는 나머지 범인도 이를 예기하지 못한 것으로 볼 수 없으면 강도상해죄의 죄책을 면할 수 없다); 1988. 2. 9, 87도2460; 1989. 12. 12, 89도1991.

에는 이는 추가적인 행위에 해당하므로 강도죄와 공무집행방해죄는 실체적 경합관계에 있고 상상적 경합관계에 있는 것이 아니다.[1)]

Ⅵ. 人質強盜罪

> **제336조【인질강도】** 사람을 체포·감금·약취 또는 유인하여 이를 인질로 삼아 재물 또는 재산상의 이익을 취득하거나 제 3 자로 하여금 이를 취득하게 한 자는 3년 이상의 유기징역에 처한다.
> **제342조【미수범】** 미수범은 처벌한다.
> **제345조【자격정지의 병과】** 본장의 죄를 범하여 유기징역에 처할 경우에는 10년 이하의 자격정지를 병과할 수 있다.

1. 의 의

본죄는 사람을 체포·감금·약취 또는 유인하여 그 석방대가로 재물이나 재산상의 이익을 취득함으로써 성립하는 범죄이다. 체포·감금죄, 약취·유인죄와 공갈죄의 결합범이다. 본죄의 보호법익은 피해자의 자유와 생명·신체의 안전 및 재산이다. 본죄는 행위자와 인질(재산상의 피해자)의 2자관계 및 행위자·인질·재산상의 피해자가 있는 3자관계를 전제로 하며, 인질강요죄(제324조의 2)가 3자관계를 전제로 하는 것과 다르다. 그러나 인질로 삼아 재산을 취득하는 것이므로 3자관계가 일반적일 것이다.

2. 구성요건

본죄의 행위객체는 재물 또는 재산상의 이익이다. 기수시점은 재물 또는 재산상의 이익을 취득한 때이다. 그리고 재물이나 재산상의 이익의 피해자가 반드시 체포·감금, 약취·유인의 피해자일 필요는 없다.

인질의 연령에는 제한이 없으므로 미성년자 약취·유인죄(제287조)와 본죄는 법조경합의 관계에 있다(인질강도죄 성립). 그리고 미성년자에 대하여 이 죄를 범한 경우에는 특정범죄가중처벌 등에 관한 법률(제5조의 2, 제2항 제1호)에 따라 가중처벌된다. 본죄의 경우에는 약취와 유인의 죄, 인질강요죄, 인질상해·치상죄에서와 같은 인질석방시 형의 감경(제295조의 2)은 인정되지 않는다.

---

1) 대판 1992. 7. 28, 92도917.

Ⅶ. 強盜傷害 · 致傷罪

제337조 【강도상해, 치상】 강도가 사람을 상해하거나 상해에 이르게 한 때에는 무기 또는 7년 이상의 징역에 처한다.
제342조 【미수범】 미수범은 처벌한다.
제345조 【자격정지의 병과】 본장의 죄를 범하여 유기징역에 처할 경우에는 10년 이하의 자격정지를 병과할 수 있다.

1. 의 의

본죄는 재물강취의 기수와 미수를 불문하고 범인이 강도범행의 기회에 사람을 상해하거나 치상하게 되면 성립한다. 강도상해죄는 강도죄와 상해죄, 강도치상죄는 강도죄와 과실치상죄의 결합범이며 결과적 가중범이다. 본죄의 성격에 대해서는 강도죄에 대하여 독자적 구성요건이라고 보는 견해도 있으나[1] 가중적 구성요건이라고 보는 것이 타당하다.[2]

2. 구성요건

(1) 행위주체

본죄의 행위주체는 강도범이다(부진정신분범). 단순강도 이외에 특수강도, 준강도, 인질강도를 포함한다. 본죄의 행위주체는 강도의 기수 여부를 묻지 않으므로 재물이나 재산상의 이익을 취득하지 않은 상황에서 폭행 · 협박을 가하여 상해 등의 결과를 가져온 경우에도 본죄가 성립한다.[3]

(2) 행 위

강도가 사람을 상해하거나 상해에 이르게 하는 것이다. 상해란 고의적인 것을 말하며, 상해에 이르게 한다는 것은 상해의 고의없이 상해의 결과를 가져온 경우를 말한다. 강도상해죄의 경우에는 상해의 고의가 있어야 한다. 그러므로 강도가 폭행의 고의로 상해의 결과를 초래한 때에는 강도상해죄가 아니라 강도치상죄를 인정하여야 한다.

상해나 치상의 결과는 강도의 기회에 이루어진 것이면 해당되고 반드시

---

1) 김일수/서보학, 340면.
2) 강구진, 308면; 김성천, 899면; 이재상, 316면.
3) 대판 1988. 2. 9, 87도2492. 또한 이재상, 316면; 이형국, 363면; 최우찬, 「강도죄의 경우 재산상 이익취득의 시기」, 형사판례연구(3), 207면.

재물강취의 수단으로 상해를 입혔을 필요가 없다.[1] 또한 강도행위로 인하여 발생한 것임을 필요로 하지 않는다. 그러므로 피해자가 강도범에 대항하다가 자초하여 상해의 결과가 발생하여도 본죄는 성립한다.[2]

[판례] 피해자의 목에 칼을 들이대고 룸살롱을 경영하면서 손해를 보았다며 "금 20,000,000원을 지급한다"는 내용의 지불각서를 쓰게 한 경우에도 상해의 결과가 발생하였으면 강도상해죄에 해당한다는 것이 판례의 입장이다. 즉 법률상 정당하게 그 이행을 청구할 수 없거나 이에 의하여 곧 바로 어떤 재산적 이익이 돌아간다고 할 수 없더라도 외견상 재산상의 이득을 얻을 것이라고 인정할 수 있는 사실관계만 있으면 되는 것이라고 본다(대판 1994. 2. 22, 93도428).

3. 미 수 범

강도상해죄의 미수범은 처벌한다(제342조). 본죄의 미수는 강도행위가 아니라 상해행위가 미수인 때를 의미한다.[3] 본죄의 미수범은 고의범인 강도상해죄와 결과적 가중범인 강도치상죄를 구분하지 않고 있다. 그러나 결과적 가중범인 강도치상죄의 미수범은 인정되지 않는다는 것이 통설이다.[4] 이에 대해 형법이 강도상해와 강도치상의 경우를 구별하지 않고 미수범 처벌규정(제342조)을 둔 것을 근거로 해서 강도치상죄의 미수를 인정하는 견해도 있다.[5] 그러나 본죄의 기수와 미수는 상해행위를 기준으로 하여 구별하여야 하므로 과실범의 미수를 인정할 수 없다는 입장에 따라 통설의 입장이 타당하다. 그러므로 강도미수범이 피해자를 상해에 이르게 한 때에는 강도치상미수죄가 아니라 강도치상죄로 처벌하여야 할 것이다.

4. 공 범

강도의 공범자 중 한 사람이 강도의 기회에 피해자에게 폭행을 가하여 상해를 입힌 경우 다른 공범자도 재물강취의 수단으로 폭행을 가할 것이라는 점에 관하여 상호 의사의 연락이 있었던 것이므로, 구체적으로 상해에 관하

1) 대판 1992. 4. 14, 92도408(피고인들이 합동하여 노상에서 협박으로 피해자의 재물을 강취하고, 이어 그 자리에서 피해자가 그만 보내 달라고 요구하자 공동하여 피해자를 상해한 사건에서 강도상해죄를 인정).

2) 대판 1985. 1. 15, 84도2397(피고인이 택시를 타고 가다가 요금을 내지 않을 목적으로 소지한 과도를 운전사에게 들이대자 운전사가 놀라 택시를 급히 우회전하면서 그 충격으로 피고인이 들고 있던 과도에 어깨부분을 찔려 상해를 입은 사건에서 강도치상죄를 인정).

3) 대판 1971. 1. 26, 70도2518.

4) 김성천, 901면; 김일수/서보학, 842면; 이재상, 318면; 이형국, 364면.

5) 이정원, 398면; 임 웅, 346면.

여는 공모하지 않았다고 하더라도 폭행으로 생긴 결과에 대한 공범으로서 강도상해죄 및 강도치상죄의 책임을 진다.[1]

5. 죄 수

강도상해죄는 재산적 측면보다는 개인의 생명·신체 등의 인격적 측면을 보호하는 성격이 강한 범죄이므로 죄수는 강도행위의 수[2]보다는 폭행·협박을 당한 상대방 수에 의하여 결정하는 것이 타당하다. 그러므로 동일한 장소에서 동일한 기회에 수명에게 폭행·협박을 하여 재물을 강취하고 수명 모두에게 상해를 입힌 경우에는 강도상해죄의 경합범에 해당한다.[3]

Ⅷ. 強盜殺人·致死罪

第338조【강도살인·치사】 강도가 사람을 살해한 때에는 사형 또는 무기징역에 처한다. 사망에 이르게 한 때에는 무기 또는 10년 이상의 징역에 처한다.
第342조【미수범】 미수범은 처벌한다.

1. 의 의

본죄는 강도가 강도의 기회에 사람을 살해하거나 사망에 이르게 한 때에 성립하는 죄이다. 강도살인죄는 강도죄와 살인죄의 결합범이며, 강도치사죄는 강도죄와 과실치사죄의 결합범이며 결과적 가중범이다. 다만 미성년자를 인질로 삼아 금품을 요구하고 살해한 경우에는 특정범죄 가중처벌 등에 관한 법률(제5조의 2 제2항 제3호)에 해당하여 본죄와 상상적 경합이 인정된다. 강도치사죄는 부진정결과적 가중범이 아니다.

2. 객관적 구성요건

(1) 행위주체

본죄의 주체는 강도이다(부진정신분범). 단순강도 이외에 특수강도, 준강도, 인질강도를 포함한다. 그러므로 절도의 범행중에 죄적을 인멸할 목적으로 사람을 살해할 경우에는 강도살인죄가 성립한다.[4] 그리고 강도의 기수·미수

1) 대판 1990. 12. 26, 90도2362.
2) 강도행위의 수를 기준으로 하여야 한다는 견해로는 진계호, 334면.
3) 대판 1987. 5. 26, 87도527(강도가 한 개의 강도범행을 하는 기회에 수명의 피해자에게 각 폭행을 가하여 각 상해를 입힌 경우에는 각 피해자별로 수개의 강도상해죄가 성립하며, 이들은 실체적 경합범의 관계에 있다).
4) 대판 1983. 6. 28, 83도1210.

를 불문한다.

(2) 행 위

강도가 사람을 살해하거나 사망에 이르게 하는 것이다.

전자는 고의살인을 의미하며, 후자는 고의 없이 사망의 결과를 발생시킨 경우를 의미한다. 강도가 강간 후 살인을 하거나 사망에 이르게 한 때에는 강도살인죄나 강도치사죄와 강도강간죄의 실체적 경합범이 성립한다. 피해자가 강도범의 협박으로 인하여 쇼크사한 경우에도 본죄가 성립한다.[1)]

강도살인죄는 강도의 기회에 살인행위를 하는 것이므로, 강도범행을 실행중이거나 그 실행 직후 또는 실행의 범의를 포기한 직후로서 사회통념상 강도행위가 완료되지 않았다고 볼 수 있는 단계에서 살인이 행하여져야 한다.

[판례] 강도범행 직후 경찰관에게 붙잡혀 파출소로 연행되던 자가 체포를 면하기 위하여 과도로써 경찰관을 찔러 사망하게 한 사건에서 강도살인죄를 인정하였다(대판 1996. 7. 12, 96도1108).

채무면제를 받기 위하여 살인을 하는 경우에는 강도살인죄가 성립한다는 견해가 다수설이다.[2)] 그러나 채무면제의 목적으로 살인을 하는 경우에 본죄가 당연히 성립한다고 보는 것은 타당하지 않으며, 채무면제라는 재산상의 이익취득이 구체적으로 현실화될 수 있는 경우에 한하여 강도살인죄를 인정하여야 한다.[3)] 구성요건상 강도살인죄는 강도가 사람을 살해한 때에 성립하는 것이므로 강도행위가 선행하여야 하는 것으로 해석하는 것이 문언상 정확하다. 그럼에도 불구하고 채무면탈을 위한 살인행위를 강도살인죄로 볼 수 있는 이유는 재산상의 이익을 강도죄의 행위객체로 인정하고 있는 점 및 재산상의 이익취득 시도시점과 폭행·협박 개시시점이 동시인 경우에 강도죄를 인정하는 것과의 균형상 불가피한 데에서 비롯된다. 즉 본죄의 살해행위를 강도죄의 폭행·협박과 마찬가지로 보는 것이다. 그러므로 강도살인죄를 적용하기 위해서는 재산상의 이익취득(채무면제)이 구체적으로 현실화될 수 있는가 여부를 판단하여야 한다. 강도살인죄의 구성요건이 없는 독일형법상으

1) 이재상, 319면.
2) 강구진, 301면; 김일수/서보학, 344면; 이재상, 319면; 정성근/박광민, 344면; 이형국, 365면; 임 웅, 348면.
3) 대판 2004. 6. 24, 2004도1098.

로는 이 경우에 중살인죄(§211)에 해당한다.[1]

강도치사죄에서 사망의 원인된 행위는 강도의 실행의 착수와 기수시점 사이에서 초래되어야 한다. 결과적 가중범으로서 강도치사죄는 기본범죄로 인하여 중한 결과가 발생하여야 하기 때문이다.

3. 주관적 구성요건

강도살인죄는 고의범이므로 살인의 고의가 있어야 한다. 강도살인죄의 공동정범이 성립하기 위해서는 강도 및 살인의 고의가 공동으로 있어야 한다. 그러므로 강도의 모의만 하고 이를 실행하던 중 1인이 살인을 한 경우에 다른 공동정범은 살해행위에 대한 고의가 없었으면 강도죄의 공동정범만이 성립한다. 판례는 이 경우에 고의가 없는 공동정범은 강도치사죄나 강도치상죄의 죄책을 질 수 있다고 본다.[2] 그러나 강도치사죄나 강도치상죄는 결과적 가중범이므로 이에 대한 요건이 인정되는지를 판단하여야 할 것이다.

4. 미 수 범

본죄의 미수범은 처벌한다. 강도살인죄의 기수·미수는 강도가 아니라 살인의 기수·미수에 따라 결정된다. 그러므로 살해행위가 미수에 그친 경우에는 강도살인미수죄가 성립한다.[3] 다만 진정결과적 가중범에 해당하는 강도치사죄 역시 미수범(제342조)을 규정하고 있으므로, 이 때에는 해석상 사망의 결과는 발생하였으나 기본범죄인 강도가 미수에 그친 경우라고 판단하는 수밖에 없다(이에 대하여 제342조가 결과적 가중범을 당연히 배제하고 있다는 견해도 있다).

Ⅸ. 強盜強姦罪

> 第339條【강도강간】 강도가 부녀를 강간한 때에는 무기 또는 10년 이상의 징역에 처한다.
> 第342條【미수범】 미수범은 처벌한다.
> 第345條【자격정지의 병과】 본장의 죄를 범하여 유기징역에 처할 경우에는 10년 이하의 자격정지를 병과할 수 있다.

1) 독일형법에는 강도치사죄(§251, Raub mit Todesfolge)만이 규정되어 있을 뿐 독립적인 구성요건으로서 강도살인죄가 규정되어 있지 않다.
2) 대판 1991. 11. 12, 91도2156.
3) 대판 1973. 5. 30, 73도847.

1. 의 의

본죄는 강도가 부녀를 강간함으로써 성립한다. 강도죄와 강간죄의 결합범이며, 부진정신분범이다.

2. 구성요건

(1) 행위주체

본죄의 행위주체는 강도범이다. 단순강도범 이외에 특수강도범, 준강도범, 인질강도범도 본죄의 행위주체가 된다. 다만 특수강도범이 강간을 한 때에는 성폭력특례법(제3조 제2항)에 의하여 형이 가중된다(사형, 무기 또는 10년 이상의 징역). 강간행위가 있는 한 강도의 기수·미수를 불문하고 본죄는 성립한다.[1] 강간 후에 재물강취의 고의가 생겨 강도를 하는 경우에는 본죄가 아니라 강간죄와 강도죄의 경합범이 성립한다.[2] 그러나 강간행위를 마치기 전에 강도행위를 한 때에는 본죄가 성립한다.[3]

(2) 행 위

본죄의 행위는 부녀를 강간하는 것이다. 강간은 강도의 기회에 행하여지면 되므로 반드시 강취 후에 강간을 하여야 하는 것은 아니다.[4] 강도가 부녀를 강간하여 사망이나 상해에 이르게 한 때에는 사망이나 상해의 결과가 강간으로 인한 경우에는 본죄와 강간치사죄·치상죄의 상상적 경합이 인정된다.[5] 강도가 강간을 하고 난 다음에 다시 부녀를 살해 또는 상해한 때에는 본죄와 강간살인죄 또는 강간상해죄의 상상적 경합이라는 견해가 있다.[6] 그러나 이 경우에는 강도강간죄와 강도살인(상해)죄의 경합범을 인정하여야 한다.[7]

(3) 미 수 범

강도강간죄의 미수범은 처벌한다. 여기에서 미수란 강도행위 자체의 미수범이 아니라 강간의 미수를 의미한다.[8] 즉 강도의 미수범이 강간한 때에는 강도강간죄가 성립한다.

---

1) 대판 1986.5.27, 86도507.
2) 대판 1977.9.28, 77도1350.
3) 대판 1988.9.9, 88도1240.
4) 대판 1984.10.10, 84도1880.
5) 강구진, 313면; 김성천, 905면; 김일수/서보학, 348면; 이재상, 321면; 이형국, 366면.
6) 배종대, 429면; 이재상, 321면; 이형국, 366면.
7) 강구진, 313면; 김일수/서보학, 348면; 김종원, 208면; 임 웅, 351면.
8) 통설이다. 김일수/서보학, 348면; 배종대, 429면; 오영근, 388면; 유기천(상), 210면; 이재상, 321면; 이정원, 350면; 임 웅, 351면.

X. 海上強盜罪

제340조 【해상강도】 ① 다중의 위력으로 해상에서 선박을 강취하거나 선박내에 침입하여 타인의 재물을 강취한 자는 무기 또는 7년 이상의 징역에 처한다.
제342조 【미수범】 미수범은 처벌한다.
제343조 【예비, 음모】 강도할 목적으로 예비 또는 음모한 자는 7년 이하의 징역에 처한다.

본죄는 다중의 위력으로 해상에서 선박을 강취하거나 선박 내에 침입하여 타인의 재물을 강취함으로써 성립하는 죄이다. 최근에 빈발하고 있는 어선의 어획물 강취나 화물선에 대한 해적행위가 대표적인 예이다. 해상은 지리적으로 경찰권이 미치기 어려운 곳이므로 가중처벌하는 것이다.

본죄의 행위객체는 해상의 선박 또는 그 선박 내에 있는 재물이다. 해상의 선박이어야 하므로 항구에 정박 중인 선박에 침입하여 강도죄를 범한 경우에는 본죄가 아니라 특수강도죄(제334조)에 해당한다. 해상이란 영해와 공해를 모두 포함하지만 강이나 호수는 제외된다. 행위는 다중의 위력, 즉 다수인의 집합적인 힘을 과시하여 강취하는 것이다. 그러므로 다수인이 강도죄에서와 같은 폭행·협박을 하지 않더라도 본죄는 성립하는 것이다. 본죄의 상습범은 가중처벌한다(제341조).

XI. 海上強盜傷害·致傷·殺人·致死·強姦罪

제340조 【해상강도】 ② 제 1 항의 죄를 범한 자가 사람을 상해하거나 상해에 이르게 한 때에는 무기 또는 10년 이상의 징역에 처한다.
③ 제 1 항의 죄를 범한 자가 사람을 살해 또는 사망에 이르게 하거나 부녀를 강간한 때에는 사형 또는 무기징역에 처한다.
제342조 【미수범】 미수범은 처벌한다.
제343조 【예비, 음모】 강도할 목적으로 예비 또는 음모한 자는 7년 이하의 징역에 처한다.
제345조 【자격정지의 병과】 본장의 죄를 범하여 유기징역에 처할 경우에는 10년 이하의 자격정지를 병과할 수 있다.

본죄는 해상강도죄에 대한 가중적 구성요건이다. 해상강도상해죄, 해상강도치상죄는 해상강도가 행위주체이며, 해상강도의 기수, 미수를 불문하고 상해나 치상의 결과가 발생하면 본죄는 성립한다. 해상강도살인죄, 해상강도치사죄 및 해상강도강간죄의 경우에는 사형을 규정하고 있다. 그러나 살인범죄가 아닌 해상강도치사죄나 해상강도강간죄의 경우까지도 사형을 규정하는 것은 지나치게 과중하다.

해상강도 상해·살해·강간죄의 미수범은 처벌한다. 여기에서의 미수란 해상강도의 미수가 아니라 상해·살해·강간의 미수를 의미한다.

XII. 常習強盜罪

> 제341조【상습범】 상습으로 제333조, 제334조, 제336조 또는 전조 제 1 항의 죄를 범한 자는 무기 또는 10년 이상의 징역에 처한다.
> 제342조【미수범】 미수범은 처벌한다.
> 제345조【자격정지의 병과】 본장의 죄를 범하여 유기징역에 처할 경우에는 10년 이하의 자격정지를 병과할 수 있다.

본죄는 상습으로 강도죄·특수강도죄·인질강도죄 또는 해상강도죄를 범하는 경우에 성립하는 가중적 구성요건이다. 상습성이 책임가중의 요건이다. 그러나 본 규정은 특정범죄가중처벌 등에 관한 법률(제5조의 4)이 적용되어 배제된다.

「특정범죄 가중처벌 등에 관한 법률」:
제 5 조의 4(상습강도·절도죄 등의 가중처벌) ③ 상습적으로 형법 제333조·제334조·제336조·제340조 제 1 항의 죄 또는 그 미수죄를 범한 사람은 사형, 무기 또는 10년 이상의 징역에 처한다.
⑤ 형법 제329조부터 제331조까지, 제333조부터 제336조까지 및 제340조·제362조의 죄 또는 그 미수죄로 세 번 이상 징역형을 받은 사람이 다시 이들 죄를 범하여 누범으로 처벌하는 경우에도 제 1 항부터 제 4 항까지의 형과 같은 형에 처한다.

강도상해죄는 상습범가중규정이 없으므로 강도상해죄와 상습강도죄는 상상적 경합관계에 있지 않다. 즉 상습강도죄 이외에 강도상해죄를 범한 경우에는 양죄는 경합범의 관계에 있다.[1)]

---

1) 대판 1990. 9. 28, 90도1365.

XIII. 強盜豫備 · 陰謀罪

> 제343조【예비, 음모】 강도할 목적으로 예비 또는 음모한 자는 7년 이하의 징역에 처한다.

본죄는 강도의 결의를 하였으나 강도의 실행에 착수하지 않은 단계에서 성립한다. 그러나 강도의 고의를 외부에서 인식할 수 있을 정도의 준비행위는 필요하다. 예비 · 음모행위를 처벌하는 강도죄는 강도가 행위주체인 모든 구성요건(제333조 내지 제340조)에 적용된다.

제 4 절 詐欺의 罪

I. 序 論

1. 사기죄의 의의

사기죄는 연혁적으로 문서위조죄나 위증죄에서 유래하는 범죄로서 기망행위를 통한 상대방의 하자 있는 의사(착오)에 의하여 재물이나 재산상의 이익을 취득하는 것을 내용으로 한다. 즉 피기망자의 하자 있는 의사에 기한 재산상의 처분행위를 요건으로 하는 점에서는 공갈죄와 동일하지만, 공갈죄는 상대방의 하자 있는 의사를 야기하는 수단이 공갈이라는 점에서 기망을 수단으로 하는 사기죄와는 다르다. 즉 사기죄의 경우 재산상의 처분행위가 기망행위에 따른 착오에 의한 것이므로 재산상의 손해발생을 인식하지 못한다는 점이 특징이다. 그리고 상대방의 점유침해행위에 의해서가 아니라 피기망자의 재산상의 처분행위에 의하여 취득한다는 점에서 절도죄나 강도죄와는 다르다.

2. 보호법익 및 법적 성격

사기죄의 보호법익에 대해서는 ① 재산 및 부차적으로 거래상의 진실성도 보호법익으로 한다는 견해,[1] ② 재산 및 재산적 의사결정의 자유라는 견해,[2]

1) 김종원, 212면; 임 웅, 358면; 진계호, 312면.
2) 배종대, 445면; 오영근, 「재산범죄의 체계에 대한 한·독형법의 비교연구」, 형사법연구(제11호), 1999, 197면.

③ 전체로서의 재산이라는 견해[1)]가 있다. 사기죄의 보호법익은 전체로서의 재산이라고 보는 것이 타당하다. 만일 거래상의 진실성이나 재산적 의사결정의 자유까지도 사기죄의 보호법익이라고 본다면 재산상의 피해자뿐만 아니라 삼각사기의 경우 피기망자도 피해자로 보게 되는 문제점이 있다.[2)] 사기죄의 본질이 재산범죄라고 볼 때 재산권자의 재산보호를 중심으로 하는 ③의 견해가 타당하다.

전체로서의 재산이라는 것은 개별적인 재물이나 재산가치를 의미하는 것이 아니라 개인이 가지고 있는 재산의 전체를 의미한다. 이는 사기죄에서 손해발생 여부를 판단하는 기준이 된다. 즉 개별재산에 대한 손해발생이 있더라도 전체재산상의 손해와 연결되지 아니하는 경우에는 재산상의 손해가 발생하였다고 볼 수 없다.

이와 달리 판례는 "재물편취를 내용으로 하는 사기죄에 있어서는 기망으로 인한 재물교부가 있으면 그 자체로서 피해자의 재산침해가 되어 이로써 곧 사기죄가 성립하는 것이고, 상당한 대가가 지급되었다거나 피해자의 전체재산상에 손해가 없다 하여도 사기죄의 성립에는 영향이 없다"[3)]고 하거나 또는 "피기망자의 착오에 기한 재물의 교부 자체가 재산상 손해에 해당하는 것으로서 이 밖에 피해자의 전체재산의 감소를 필요로 하지 않는다 …"[4)]고 하여 사기죄의 보호법익으로서 전체재산설을 부인할 뿐만 아니라 재산상의 손해발생도 필수적인 요건으로 보지 않는다.[5)] 또한 판례는 전체로서의 재산 이외에 거래의 진실성도 사기죄의 보호법익이 된다는 견해[6)]이다.

[판례] 백화점이 신상품에 대하여 마치 종전의 높은 가격을 특정할인판매기간에 한해 특별히 할인가격으로 싸게 판매하는 것처럼 변칙세일을 한 사건에서 대법원은 "사기죄의 요건인 기망은 재산상의 거래에 있어 지켜야 할 신의와 성실의 의무를 저버리는 모든 적극적·소극적 행위로서 사람으로 하여금 착오를 일으키게 하는 것을 말하며 사기죄의 본질은 기망에 의한 재물이나 재산상의 이익의 취득에 있고 상대

1) 김일수/서보학, 416면; 백형구, 172면; 이재상, 325면; 이정원, 354면; 이형국, 374면; 정성근, 436면.
2) 예를 들면 임 웅, 357면.
3) 대판 1982. 6. 22, 82도777.
4) 대판 1984. 12. 26, 84도1936.
5) 대판 1983. 2. 22, 82도3139.
6) 대판 1983. 2. 22, 82도3139. 또한 유기천(상), 231면; 임 웅, 357면; 진계호, 348면.

방에게 현실적으로 재산상의 손해가 발생함을 그 요건으로 하지 아니하는바, 일반적으로 상품의 선전, 광고에 있어서 다소의 과장행위가 수반되는 것은 그것이 일반상거래의 관행과 신의칙에 비추어 시인될 수 있는 한 기망성이 없다고 하겠으나 거래에 있어 중요한 사항에 관하여 구체적 사실을 거래상의 신의성실의 의무에 비추어 비난받을 정도의 방법으로 허위로 고지한 경우에는 과장·허위광고의 한계를 넘어 사기죄의 기망행위에 해당된다. 현대산업사회, 정보사회에서 대형유통업체의 광고에 의하여 창출된 소비자의 기대와 신뢰는 보호되어야 하며 상술의 정도가 사회적으로 용인될 정도를 넘은 것이어서 사기죄의 기망행위를 구성한다"고 판시하였다(대판 1992. 9. 14, 91도2994).[1)]

그러나 거래의 진실성을 보호법익으로 보는 판례입장은 다음과 같은 이유에서 타당하지 않다. 첫째, 자유시장경제체제하에서 거래의 진실성보다는 판매에 치중하는 상술이 인정된다는 점을 감안할 때 거래의 진실성은 형법적 보호의 대상이 될 수 있을 만큼 개념적·현실적으로 명확한 대상이 아니다. 둘째, 사기죄의 재산범죄로서의 성격을 희석시킬 위험성이 있다. 현대산업사회에서 거래의 진실성을 보호할 필요가 있는 것은 사실이지만 재산상의 손해발생과 연결되지 아니하는 거래의 진실성 보호는 자칫 재산상의 손해발생과 무관하게 사기죄의 성립을 인정할 위험성이 있으며, 거래의 진실성이라는 판단기준을 통하지 않고서도 재산상의 손해발생 여부에 따라 사기죄의 성립을 인정할 수 있기 때문에 독자적 의미는 없다고 보아야 한다(위의 판례에서 백화점측의 과대·허위광고는 소비자로 하여금 할인되지 않은 가격을 할인된 가격처럼 오인하게 하고 이에 따라 불필요한 지출을 하게 하였다는 점에서 기회비용의 증가라는 재산상의 손해발생을 인정할 수 있다). 더구나 사기죄의 성립요건으로서 재산상의 손해발생을 필요로 하지 않는다는 대법원 판례[2)]의 입장과 결부되면 사기죄는 재산범죄가 아니라 재산권자의 (처분) 의사의 자유를 보호하는 범죄로 변질된다. 그렇기 때문에 기망행위에 의해 거래의 진실성이 침해되었다고 하더라도 재산상의 손해가 발생하지 않았다면 사기죄가 성립하지 않는다고 보아야 한다. 즉 기망행위가 있었다고 하더라도 재산침해가 없으면 사기죄가 성립되지 않는다.[3)] 그러므로 사기죄는 침해범이다.

1) 이에 대한 평석은 조준현, 「사기죄의 보호법익론」, 형사판례연구(1), 150면 이하 참조.

2) 대판 1985. 11. 26, 85도490.

3) 이에 대해 사기취재죄(재물을 대상으로 하는 사기죄)의 경우에는 손해발생을 필요로 하지

Ⅱ. 構成要件體系

사기죄에 관한 형법규정은 기본적 구성요건으로 제347조(사기죄)가 있으며, 변형된 독립적 구성요건으로는 컴퓨터 등 사용사기죄(제347조의 2), 준사기죄(제348조)와 편의시설부정이용죄(제348조의 2), 부당이득죄(제349조)가 있다. 가중적 구성요건으로는 상습사기죄(제351조)가 있다. 그리고 이러한 구성요건에는 친족간의 범행에 관한 제328조의 규정이 준용된다(제354조).

사기죄에 의해 취득한 재물 또는 재산상의 이득액이 5억원 이상인 때에는 특정경제범죄 가중처벌 등에 관한 법률에 따라 가중처벌되는데 이득액이 5억원 이상 50억원 미만인 때에는 3년 이상의 유기징역, 50억원 이상인 때에는 무기 또는 5년 이상의 징역에 처한다(동법 제3조). 형법 제347조의 사기죄는 사람을 기망하여 재물의 교부를 받거나 재산상의 이익을 취득하거나 제3자로 하여금 재물의 교부를 받게 하거나 재산상의 이익을 취득하게 함으로써 성립하고, 그 교부받은 재물이나 재산상 이익의 가액이 얼마인지는 문제되지 않는다. 반면에 특정경제범죄가중처벌법위반죄(사기. 그 밖에 (상습)공갈죄, (업무상) 횡령·배임죄 등)는 편취한 재물이나 재산상 이익의 가액이 5억원 이상 또는 50억원 이상이라는 것이 범죄구성요건의 일부로 되어 있고 그 가액에 따라 그 죄에 대한 형벌도 가중되어 있으므로, 이를 적용함에 있어서는 편취한 재물이나 재산상 이익의 가액을 엄격하고 신중하게 산정함으로써, 범죄와 형벌 사이에 적정한 균형이 이루어져야 한다는 죄형균형 원칙이나 형벌은 책임에 기초하고 그 책임에 비례하여야 한다는 책임주의 원칙이 훼손되지 않도록 유의하여야 한다. 따라서 "사람을 기망하여 부동산의 소유권을 이전받거나 제3자로 하여금 이전받게 함으로써 이를 편취한 경우에 특정경제범죄 가중처벌 등에 관한 법률 제3조의 적용을 전제로 하여 그 부동산의 가액을 산정함에 있어서는, 그 부동산에 아무런 부담이 없는 때에는 그 부동산의 시가 상당액이 곧 그 가액이라고 볼 것이지만, 그 부동산에 근저당권설정등기가 경료되어 있거나 압류 또는 가압류 등이 이루어져 있는 때에는 특별한 사정이 없는 한 아무런 부담이 없는 상태에서의 그 부동산의 시가 상당액에서 근

않는다는 견해가 있으나(김종원, 216면; 진계호, 361면) 마찬가지 이유로 타당하지 않으며 이는 또한 재물의 개념을 절도죄의 그것과 동일시하고 있다.

저당권의 채권최고액 범위 내에서의 피담보채권액, 압류에 걸린 집행채권액, 가압류에 걸린 청구금액 범위 내에서의 피보전채권액 등을 뺀 실제의 교환가치를 그 부동산의 가액으로 보아야 한다"는 것이 대법원 판례의 입장이다(실질이익기준설).[1)]

Ⅲ. 詐欺罪

> 제347조【사기】 ① 사람을 기망하여 재물의 교부를 받거나 재산상의 이익을 취득한 자는 10년 이하의 징역 또는 2천만원 이하의 벌금에 처한다.
> ② 전항의 방법으로 제 3 자로 하여금 재물의 교부를 받게 하거나 재산상의 이익을 취득하게 한 때에도 전항의 형과 같다.
> 제352조【미수범】 제347조의 미수범은 처벌한다.

1. 의 의

사기죄는 사람을 기망하여 재물의 교부를 받거나 재산상의 이익을 취득하는 경우 혹은 제 3 자로 하여금 이를 취득하게 하는 경우에 성립하는 범죄이다. 미수범을 처벌하며(제352조), 상습범은 가중처벌한다(제351조).

2. 객관적 구성요건

(1) 행위객체

행위객체는 타인의 재물 또는 재산상의 이익이다.

1) 재 물 사기죄에서의 재물은 절도죄의 그것과 같다고 하나[2)] 절도죄에서의 재물에는 경제적 가치가 없는 것도 포함된다고 볼 때 동일한 의미를 갖는다고 볼 수 없다. 한편 재산적 가치와 경제적 가치를 구별하고 재산적 가치를 주관적 가치와 동일하게 이해하는 견해가 있다.[3)] 그러면서 절도죄와 사기죄에서의 재산개념은 동일하다고 한다. 이 견해를 따르면 사기죄

---

1) 대판 2007. 4. 19, 2005도7288(전원합의체). 이에 대해 소수견해는 "다수의견에 의하면 편취 당시의 근저당권 피담보채무 등이 사후에 원래 채무자의 변제 등을 통해 전부 또는 일부 소멸하는 경우 부동산의 실제 교환가치가 증가하게 되는데 이러한 편취 이후의 사정에 따라 적용법조를 달리하여야 할 것인지 문제가 되고, 공동담보가 설정되거나 하나의 압류 · 가압류의 대상이 된 수개의 부동산들 중 일부를 편취한 경우와 근저당권 이외의 담보물권 또는 용익물권, 대항력 있는 임차권, 가처분, 가등기 등이 있는 경우 그 공제의 범위를 어디까지 또는 어느 정도까지로 한정할 것인지에 관해서 명확한 기준을 제시하기 어려우므로, 다수의견은 죄형법정주의의 내용인 명확성의 원칙에 반하고 형사절차에서 혼란을 가져오는 것이어서 적절하지 않다"는 입장이다(시가상당액기준설).

2) 배종대, 317면; 이재상, 329면; 이정원, 384면; 이형국, 375면; 임 웅, 372면 참조.

3) 임 웅, 372면.

에서 경제적 가치가 없는 재물을 취득하더라도 사기죄가 성립한다는 결과가 된다. 예를 들어 기념사진도 사기죄의 행위객체가 될 수 있다고 보는 셈이다. 그러나 순수한 재산범죄인 사기죄에서 주관적 가치가 있을 뿐인 재물취득도 사기죄에 해당한다고 보는 것은 전체재산을 사기죄의 보호법익으로 보는 점(절도죄가 소유권을 보호법익으로 하는 것과 구별된다)과 상충된다. 또한 사기죄가 성립하기 위해서는 재산상의 손해발생이 필요하다고 보는 입장[1]과도 맞지 않는다. 또한 본죄의 재물에는 부동산도 포함된다는 점에서 절도죄에서의 재물개념과 다르다. 사기죄에서의 재물은 경제적 가치를 지닌 것이어야 하며 이는 사기죄가 전체재산을 보호하는 구성요건이라는 점을 보더라도 당연하다. 판례가 절도죄의 경우에도 경제적 가치가 필요하다는 전제에서 경제적 가치의 의미를 넓게 해석하여 주관적·소극적 가치만 있어도 이를 인정하나[2] 이는 경제적 가치가 곧 재산적 가치인 점과 모순되는 어의왜곡이다.[3]

2) 재산상의 이익　　재산상의 이익이란 재물 이외의 것으로서 재산적 가치가 인정된 것을 말한다. 판례는 사기죄의 객체가 되는 재산상 이익이 반드시 사법상 보호되는 경제적 이익만을 의미하지 아니하고, 부녀가 금품을 받을 것을 전제로 성행위를 하는 경우 그 행위의 대가는 사기죄의 객체인 경제적 이익에 해당하므로, 부녀를 기망하여 성행위 대가의 지급을 면하는 경우 사기죄를 인정하고 있다.[4] 이는 재산상 이익을 사법상 보호되는 경제적 이익만으로 제한하지 않는 입장으로 이해할 수 있다. 즉 법률적·경제적 재산개념과는 배치되는 입장이라고 할 수 있다.

(2) 기망행위

1) 의의 및 내용　　기망행위란 허위의 의사표시에 의해 사람을 착오에 빠지게 하는 일체의 행위를 말한다.

기망의 내용은 현재나 과거와 관련된 중요한 사실주장이다. 그러므로 미래예측은 원칙적으로 기망행위의 내용에서 제외된다. 사실이란 발생하였거나

---

1) 임 웅, 375면.
2) 대판 1969. 12. 9, 69도1627; 1971. 10. 19, 70도1399; 1976. 1. 27, 74도3442.
3) 그러므로 절도죄의 행위객체는 독일형법 제242조와 같이 「재물」이 아니라 「물건」이라고 표현하는 것이 정확하고 옳다. 민법 제98조(물건의 정의) 참조.
4) 대판 2001. 10. 23, 2001도2991.

(과거) 현존하는 것(현재)과 관련되어 입증이 가능한 외부적 상태 혹은 경과(외적 사실)뿐만 아니라 지식, 확신, 목적, 동기 등과 같은 심리적 과정(내적 사실)을 포함한다고 보는 것이 지배적이다. 이에 따라 소비대차의 경우 장래의 지불능력은 사실에는 속하지는 않지만 장래의 지불능력에 관한 채무자의 현재의 확신 여부는 내적 사실에 속하는 것이다.

사실주장에 반대되는 것이 가치판단이나 의견진술이다. 기망행위의 내용에 가치판단도 포함되는가에 대해서는 학설이 나뉜다. 적극설은 사기죄에서의 기망행위는 사실주장에 국한되지 않고 가치판단까지 포함한다고 주장한다.[1] 그러나 순수한 주관적인 의견의 진술이나 판단(예: 순수한 미래예측, 상품광고에서 약간의 과장된 주장[2] 등)은 원칙적으로 기망의 대상에서 제외시키는 것이 타당하다. 그러나 가치판단이라고 할지라도 판단자의 전문적 지식과 결부되어 전달될 경우에는 사실주장으로 받아들여지기 때문에 기망행위에 해당한다고 보아야 한다. 결국 사실주장과 가치판단의 구별은 그 한계가 분명하지 않기 때문에 양자의 구별에서 중요한 것은 표현된 바에 의해서가 아니라 기망행위의 대상(피기망자)이 이해한 의미에 따라 판단하여야 한다.

2) 기망행위의 방법

(i) **작위에 의한 기망행위** 작위적 방법에 의한 기망행위에는 명시적 기망행위와 묵시적 기망행위가 있다. 전자는 주로 구두에 의한 기망행위를 의미하지만 꼭 이에 국한되는 것은 아니다. 착오를 유발하는 변경, 예를 들어 자동차 주행거리의 조작이나 문서위조, 가격표시의 교환 등도 명시적 기망행위에 해당한다. 후자는 행동에 의한 기망행위라고 볼 수 있다. 묵시적 방법에 의한 기망행위는 다수설에 의하면 행위자의 전체 행동으로부터 특정사실의 존재 혹은 부존재를 추론할 수 있을 때에 인정된다. 이는 행동 자체가 구체

1) 강구진, 319면; 김일수/서보학, 421면; 배종대, 452면; 오영근, 405면. 소극설로는 김성천, 913면; 이재상, 331면; 이정원, 386면; 이형국, 377면; 임 웅, 362면.

2) 대판 1983. 8. 23, 83도1447(기업체의 매매에 있어서 그 기업의 자산가치나 수익성에 대한 매도인의 과장광고는 그 과장성이 일반상거래의 관행과 신의칙에 비추어 시인될 수 있는 한 기망성이 결여된다); 1995. 7. 28, 95다19515·19522(반소)(연립주택분양에 있어 평수를 과장광고한 것은 분양이 쉽게 이루어지게 하려는 의도에서 한 것으로서 거래상의 신의성실의 의무에 비추어 비난받을 정도의 방법으로 허위로 고지함으로써 사회적으로 용인될 수 있는 상술의 정도를 넘은 기망행위에 해당하지 않는다고 본 사건).

적 상황하에서 특정한 설명가치(Erklärungswert), 즉 행동이 의사표시적 의미를 나타내는 것을 전제로 한다.[1] 행동이 묵시적 설명을 포함하는지, 그리고 어떠한 내용을 나타내는지는 개개의 거래관행에 따라 결정된다.

묵시적 기망행위는 부작위에 의한 경우와 달리 완전히 침묵으로 일관하는 것은 아니며 설명가치를 지니는 행동을 하는 것이기 때문에 부작위가 아니라 작위에 해당한다고 본다. 바로 이러한 이유에서 부작위에 의한 기망행위를 인정하기 위해 요구되는 보증인적 지위가 필요하지 않으며 여기에 묵시적 기망행위와 부작위에 의한 기망행위를 구별하는 실익이 있다.

이와 달리 묵시적 방법에 의한 기망이나 부작위에 의한 기망 모두 고지의무가 있다는 전제하에서 행위가 내포하는 설명가치가 아니라 피기망자가 행위자의 행위를 신뢰함으로 인하여 오신을 하였는가 아니면 이미 착오에 빠져 있었는가에 따라 구별해야 한다는 입장이 있다.[2] 그러나 묵시적 방법에 의한 기망행위는 부작위가 아니기 때문에 고지의무가 없으며, 또한 행위자의 행위가 아니라 피기망자의 심리적 상황에 따라 작위와 부작위를 구별하는 것은 타당하지 않다. 마찬가지로 손해유발적 상황(schadenstiftende Ausgangssituation)이라는 기준에 따라 구별하는 것[3]도 옳지 않다. 이는 만일 행위자가 사기죄를 범하기 용이한 상황—즉 손해유발적 상황—을 스스로 조성하고 이를 통해 이득을 보았다면 적극적인(묵시적인) 기망행위가 있다고 보는 입장이다. 반대로 만일 이러한 상황을 유발하지 않고 단지 이용하여 이득을 보았다면 부작위를 인정한다. 그러나 이는 다수설의 입장과 다를 바가 없기 때문에 양자구별에 도움이 되지 않는다.[4]

기망행위에는 주관적으로 의식적인 허위의 의사표시가 요구된다. 즉 제시된 내용과 현실이 일치하지 않는다는 점에 대한 기망행위자의 인식이 필요하다. 그러므로 객관적인 정황에 비추어 도저히 실현불가능한 사실을 마치 진실인 것처럼 퍼뜨려 재물이나 재산상의 이익을 취하는 것도 신도들의 심리적 종속상태를 이용한 점에서 기망행위에 해당한다(예: 사이비종교 교주의 황당무

1) Tröndle/Fischer, §263 Rn. 7; Sch/Sch/Cramer, §263 Rn. 12, 14; 대판 2004. 10. 15, 2004도4705 참조; Wessels/Hillenkamp, BT/2, Rn. 481; 이재상, 332면; 임 웅, 365면.
2) LK/Lackner, §263 Rn. 28.
3) Kühne, 「Geschäftstüchtigkeit oder Betrug?」(1978), 36면 이하.
4) Maaß, GA 1984, 266.

계한 설교와 신도들의 헌금).[1] 또한 기망행위는 행위자가 희망하는 재산적 처분행위를 상대방이 하도록 하기 위한 판단의 기초가 되는 사실에 관한 것이면 되므로 용도를 속이고 돈을 빌린 경우에 만일 진정한 용도를 고지하였더라면 상대방이 재산상의 처분행위를 하지 않았을 것이라면 기망행위가 인정된다(소위 용도사기).

[판례] 피고인이 1992.1.21. 21:00경 대구 중구 소재 레스토랑에서 그 전에 피고인이 대구지방법원에서 경매방해 등 죄로 징역 1년 6월을 선고받고 피고인이 상고한 사건에 관하여, 사실은 대법관에게 로비자금을 쓸 의사도 없고 대법원에서 피고인의 상고가 기각되더라도 피해자에게 변호사비용을 제외한 나머지 돈을 돌려줄 의사가 없음에도 불구하고 피해자에게 "대법원에는 판사가 많기 때문에 로비자금이 많이 필요하고 상고기각되더라도 착수금만 제외하고 나머지 돈은 다 돌려받을 수 있으니 1억5천만원만 빌려 달라"고 거짓말을 하여 이에 속은 피해자로부터 같은 달 22일 위 피해자의 주거지에서 액면금 1억5천만원인 약속어음 1매를 교부받아 1천만원만 변호사 선임비로 쓰고 나머지는 자신의 사업자금으로 사용한 사건에서 대법원은 만약 진정한 용도를 고지하였으면 당시 자신 소유의 호텔이 경매에 처하는 등의 어려운 상황에 처해 있었던 피해자가 피고인에게 1억5천만원이나 하는 약속어음을 선뜻 빌려 주지 않았을 것으로 추정되므로 피고인의 이러한 행위는 사기죄에서의 기망행위에 해당한다고 판시하였다(대판 1995.9.15, 95도707).

이와 달리 본인은 모르고—선의로—허위의 의사표시를 하였다면 이는 기망행위가 아니다. 묵시적인 행위에 의한 의사표시의 경우에도 이러한 행위가 내포하는 사실이 허위임을 기망행위자가 인식하고 있어야 묵시적 방법에 의한 기망행위라 할 수 있다.

[예] 위조지폐인 줄 모르고 지불하는 경우에 지불행위 자체는 묵시적 방법에 의한 의사표시이다. 즉 위조지폐가 아니라 정화(正貨)를 지불한다는 의미를 내포하는 행위이다. 그러나 행위자는 자신의 의사표시의 내용이 잘못되었음을 인식하지 못하고 있었기 때문에 사기죄에 해당할 만한 기망행위가 없다.

그러나 과다한 거스름돈을 아무 말 없이 받는 경우에는 잔금을 교부받기 전 또는 교부 받던 중에 그 사실을 알게 된 경우에는 피해자의 착오를 제거하여야 할 신의칙상의 고지의무를 이유로 사기죄를 인정하는 견해가 있

---

1) 대판 1995.4.28, 95도250.

다.[1] 그러나 거스름 돈을 받는 자에게 금액의 정확성을 확인하여야 할 의무를 지우는 것은 타당하지 않다. 또한 잘못된 상황을 단순히 이용하는 것으로서 적극적인 기망행위라고 볼 수 없다. 행태로 보아서는 부작위이지만 기망행위에 의해 착오에 빠졌다고 볼 수 없으며, 부작위에 의한 기망행위라고 하기 위해서는 보증의무로서 고지의무가 있어야 하는데 이 역시 인정되지 않는다.[2]

묵시적 기망행위의 예로서 물품이나 서비스(용역)를 주문하는 경우가 있다. 이러한 행위는 그 물품 등의 대가를 지불할 것임을 표현하고(지불의사=내적 사실) 지불할 능력(외적 사실)이 있음을 나타내는 행동으로서 그럴 능력과 의사가 없으면 묵시적 기망행위가 된다(무전취식의 경우). 가짜 보석에 대해 진짜의 가격을 부르는 것도 마찬가지이다. 슈퍼마켓에서 상자 속의 물건을 비싼 것으로 바꾼 다음 상자 겉에 붙어 있는 싼 가격을 지불하려다가 발각된 경우에도 묵시적 기망행위에 의한 사기죄의 미수이다. 또한 부동산의 소유자가 아님에도 소유자인 것처럼 매도 또는 임대한 경우에는 자기가 소유자임을 묵시적인 방법으로 나타내는 것이다.[3] 대법원은 매매목적물의 소유권 귀속에 관한 재심소송계속사실을 알리지 않고 부동산을 매도한 경우[4]나 매도인이 부동산에 대한 명도소송이 계속중이고 점유이전금지가처분까지 되어 있는 사실을 알리지 않고 매도한 경우[5] 등에 신의성실의 원칙(민법 제2조 참조)에 따른 법률상의 고지의무를 다하지 않았으므로 사기죄에 해당한다고 본다(부작위에 의한 기망행위). 이에 대해 이는 묵시적 방법에 의한 기망행위로 봄이 타당하다는 견해가 있으나[6] 묵시적 방법에 의한 기망행위는 행위가 적극적인 의사표시를 내포하는 정도에 이르러야 한다고 보기 때문에 위의 경우에 기망행위의 인정은 부작위에 의한 것이라고 봄이 타당하다. 그리고 이러한 해석이 계약관계에서 발생할 수 있는 사기죄의 성립범위가 부당하게 확대되는 위험성을 줄일 수 있다고 본다(묵시적인 행위만이 아니라 보증인적 지위에 기한 고지의무가 인정되어야 하기 때문이다).

---

1) 대판 2004. 5. 27, 2003도4531; 임 웅, 366면; 진계호, 354면.
2) OLG Düsseldorf NJW 1969, 623; OLG Köln NJW 1980, 2366.
3) 대판 1971. 8. 31, 71도1302; 1984. 1. 31, 83도1501.
4) 대판 1986. 9. 9, 86도956.
5) 대판 1985. 3. 26, 84도301; 1981. 8. 20, 81도1638.
6) 이재상, 318면.

절취한 예금통장을 이용한 예금인출행위가 사기죄에 해당하는가가 문제된다. 이에 대해서는 사기죄의 성립을 부인하는 견해가 있다. 그 이유는 금융기관 직원의 입장에서는 예금통장을 소지한 자에 대하여는 정당한 권리자인가를 확인할 의무가 없으므로 예금청구서를 접수하고 예금을 지급하는 행위가 절도범의 기망행위에 의한 것이라고 볼 수 없다는 점을 든다. 그리고 절도범의 입장에서는 사기죄가 성립한다고 가정하더라도 이는 불가벌적 사후행위에 불과하다고 한다.[1]

그러나 절도범이 절취한 타인의 예금통장을 예금청구서와 함께 제시하여 예금인출을 요구하는 것은 예금주인 것처럼 가장하는 것으로서 기망행위에 해당한다고 보아야 하고, 금융기관 직원은 비록 실제의 예금주인가를 확인할 의무는 없지만 상대방이 절도범인 사실을 알았다면 예금지급을 하지 않았으리라는 점에서 착오에 기한 처분행위라고 보는 것이 타당하다.[2] 또한 예금통장은 예금주의 예금청구권을 표창하는 증서에 불과할 뿐 단순히 이를 소지한 자에게 예금청구권이 인정되는 것은 아니다. 한편 예금통장을 절취당한 예금주가 예금인출금지를 요청한 상태에서 절도범이 금융기관 직원을 기망하여 예금을 인출한 경우에는 사기죄가 성립한다(절도죄와 사기죄의 경합범).[3] 이 경우에는 정당한 권리자 여부를 확인할 은행원의 의무를 기망행위를 통하여 이행할 수 없도록 하였기 때문이다.

(ii) **부작위에 의한 기망행위** 부작위에 의한 사기죄의 성립은 부작위범에서는 이득의 목적 설정이 불가능하기 때문에 그 가능성을 부인하는 견해[4]도 있으나 판례와 통설은 이를 인정한다.[5] 그러나 부작위에 의한 기망행위의 인정은 사기죄의 성립범위를 너무 확대할 위험성이 있으므로 제한적으로 해

1) Tröndle/Fischer, § 242 Rn. 19; Wessels/Hillenkamp, BT/2, Rn. 160; 김성천, 867면.
2) 대판 1974. 11. 26, 74도2817; 김일수/서보학, 423면; 이재상, 334면; 이형국, 485면. 마찬가지로 강취한 은행예금통장을 이용한 예금청구사건에서 새로운 법익침해를 이유로 불가벌적 사후행위로 보지 않고 사기죄의 성립을 인정한 판례도 있다(대판 1990. 7. 10, 90도1176).
3) BGH NStZ 1993, 591.
4) H. Mayer, Strafrecht AT(1953), 152면; Naucke, 「Zur Lehre vom strafbaren Betrug」(1964), 214면.
5) Lackner, § 263 Rn. 12; Maurach/Schroeder/Maiwald, BT/1, § 41 Ⅱ Rn. 49; 강구진, 321면; 김성천, 920면; 김일수/서보학, 423면; 이재상, 334면; 이정원, 388면; 이형국, 378면. 또한 대판 1974. 3. 12, 74도164(경락사실을 고지하지 아니하고 전세를 놓은 경우); 1979. 7. 10, 79도1133(가등기와 근저당권설정등기 경료사실을 고지하지 아니하고 대지를 매도한 경우).

석하여야 한다. 그리고 부작위(순수한 침묵)에 의한 사기죄는 착오를 야기하는 기망이 묵시적 방법에 속하지 않을 경우에 해당된다.

진실된 내용을 설명하는 것이 동시에 다른 사실을 숨기는 것—부작위—이 되어 착오가 야기되거나 지속된다면 전체적으로는 작위에 의한 기망행위가 인정된다. 예를 들어 어느 그림이 유명화가의 작품인지 여부에 관해 진위 감정이 다른 경우 화상(畵商)이 진짜로 판정한 감정서만을 제시하고 가짜로 판정한 다른 감정서에 대해서는 침묵만으로 일관해 버리는 경우 부작위가 존재하기는 하지만 전체적인 행태로서는 작위에 의한 기망행위라고 보아야 한다. 왜냐하면 진짜라고 판정한 한 편만의 감정서 제시—작위—는 50%의 진실에 불과한 데도 전체적으로 보아 100%의 진실인 것처럼 보이게 하기 때문이다. 즉 작위적 방법에 의한 설명의 완결성이 요구되는 경우에 부분적인 침묵을 하여 사실을 왜곡하였다면 양자를 분리할 것이 아니라 전체적으로 파악하여 부작위가 아닌 작위로 보아야 한다.

그리고 부작위에 의한 기망행위는 사회적인 의미에서 보아 작위와 동가치가 인정될 만한 것이어야 한다. 이를 위해서는 사실에 관한 침묵을 부작위로 볼 수 있는 침묵하는 자의 보증인적 지위에 근거한 고지의무가 인정되어야 한다. 그러나 사실을 밝히지 않은 단순한 고지의무의 위반만으로 부작위에 의한 사기죄의 성립을 인정할 수는 없다. 왜냐하면 사기죄는 기망행위에 의한 착오유발이나 그 유지에 가벌성이 있는 것이 아니라 그로 인한 재산침해에 있기 때문이다. 그러므로 행위자는 피해자의 재산침해를 방지할 책임을 지고 있어야 한다. 즉 부작위에 의한 사기죄가 성립하기 위해서는 행위자가 상대방의 착오를 제거할 의무가 있는 자이어야 하고 이것이 바로 사기죄에서의 보증인적 지위이다.

보증인적 지위의 발생근거는 형식설에 의할 경우 ① 법령(예: 보험계약상의 고지의무), ② 의무에 위반한 선행행위, ③ 계약이나 기타 계약 외적으로 성립된 특별한 신임관계, ④ 민법상의 신의성실의 원칙(부인하는 견해 있음)을 예로 들 수 있다. 이와 달리 기능설에 의할 경우에는 법익에 대한 보호의무와 위험원에 대한 안전조치의무를 토대로 하여 고지의무의 존재 여부를 판단하여야 한다. 즉 선행행위, 법령, 계약상의 신뢰관계가 그 예이다.

계약상의 고지의무는 고지의무가 계약의 내용을 이루고 있을 때일지라도 단순한 계약침해가 사기죄를 구성하는 결과를 초래할 위험성이 있기 때문에 특별한 신임관계가 계약 당사자간에 있어야 한다. 즉 계약관계가 그 자체만으로 고지의무의 기초로서 인정될 수는 없다고 보아야 한다. 특별신임관계란 처음부터 공동의 목적을 달성하기 위한 공동협력이 전제될 때에 인정된다.[1] 마찬가지로 계약체결과 신의성실이라는 일반의무를 연결하여 고지의무의 기초로 삼는 것도 부당하게 사기죄의 성립을 확대할 위험성이 있다. 고지의무는 그 내용이 의사결정의 중요사항이어야 인정된다.[2]

선행행위에 의한 고지의무는 고의적이 아닌 선행행위로 인하여 착오가 유발되고 이를 통해 피기망자의 재산상의 처분행위의 위험이 야기되는 경우에 인정된다(만일 고의적이었다면 부작위가 아니라 작위에 의한 것이다). 즉 재산상의 손해위험을 야기한 자는 이를 방지할 의무를 동시에 진다고 보는 것이다. 마찬가지로 고의적으로 착오를 유발했으나 그것이 재산적 침해를 의도하지 않은 경우에도 고지의무를 인정한다.[3]

[예] 미술대를 졸업한 젊은 화가 갑은 자신의 집에 장식용으로 당대의 유명화가 X의 그림을 모사하여 X의 사인까지 하여 걸어 두었다. 그림수집을 좋아하는 을은 이를 X의 작품으로 알고 갑에게 300만원에 그 그림을 팔라고 하자 갑은 자신이 그린 것이라는 설명을 하지 않은 채 이를 팔았다. 여기에서 을의 청약에 대한 갑의 승낙이 그 그림은 X가 그린 것이라는 묵시적 설명(작위)을 내포하고 있다고 보기 어렵다(만일 갑이 그림의 진위를 설명하지 않은 채 을에게 먼저 매입할 것을 권했다면 그림의 진품성에 대한 묵시적 기망이 있다고 볼 수 있다). 오히려 갑은 기망의 고의가 없는 선행행위(X의 사인)에 의해 을의 착오를 유발하였으므로 이를 고지할 의무가 있는 것이며 이를 다하지 않은 경우 부작위에 의한 기망행위가 인정된다(사인을 한 행위는 사문서위조죄에 해당한다고 볼 수 없다. 왜냐하면 장식용 그림에 한 화가 갑의 사인은 법적 거래상의 증명적 기능을 위하여 한 것이 아니기 때문이다).

신의성실의 원칙에 의한 고지의무의 발생은 반대의견이 없는 것은 아니나

1) Sch/Sch/Cramer, § 263 Rn. 22.
2) 대판 1984. 9. 25, 84도882("… 상대방은 그와 같은 사정에 관한 고지를 받았더라면 당해 거래관계에 임하지 아니하였거나, 이를 지속하여 재물 등의 교부를 하지 아니하였을 것임이 경험칙상 명백한 경우, 그 재물의 수취인에게는 신의성실의 원칙상 사전에 상대방에게 그와 같은 사정을 고지할 의무가 있다 할 것이고 …"). 또한 1985. 3. 26, 84도301.
3) Sch/Sch/Cramer, § 263 Rn. 20.

일반적으로 인정되어 있다.[1)] 그러나 그 범위는 제한적으로 해석하여야 한다.

부작위에 의한 기망행위가 성립하기 위해서는 또한 고지의무의 불이행이 상대방의 착오를 지속시키기 위한 목적이어야 한다. 이는 고의의 내용이 아니다(고의는 자신이 보증인적 지위에 있다는 상황인식을 의미한다). 그렇기 때문에 중고자동차 판매업자가 상담중인 자동차가 사고차량이라는 사실을 고객이 알고 있다고 생각하고 이 사실을 고지하지 않는 것은 부작위에 의한 사기죄의 구성요건을 충족시키지 못한다.

3) 기망행위의 정도 기망행위는 경험칙상 일반인이 착오에 빠질 정도이면 충분하다. 상거래상 허용될 수 있는 정도의 과장광고는 기망행위에 해당하지 않지만 내용이 허위인 허위광고는 기망행위에 속한다. 입찰담합행위는 사기죄가 아니라 위계에 의한 경매·입찰방해죄(제315조)에 해당한다.

(3) 피기망자의 착오

기망행위에 의하여 피기망자에게 착오가 생겨야 한다. 착오란 사실에 관한 잘못된 관념(생각), 즉 인식과 현실이 일치하지 않음을 의미한다. 피기망자는 기망행위의 내용이 진실이라고 믿거나 또는 진실일 가능성을 믿어야 한다. 진실성 여부에 대한 의심 역시 착오인정을 배제하지 않는다. 착오가 인정되기 위해서 피기망자가 존재하는 사실이 아닌 존재하지 않는 다른 사실을 믿을 필요는 없다. 존재하는 사실이 존재하지 않는다고 생각하는 것, 즉 사실의 부지도 착오에 해당한다. 즉 착오에는 적극적으로 사실을 잘못 인식하는 경우뿐만 아니라 단순히 어떤 사실을 알지 못하는 소극적인 경우도 해당한다. 그렇기 때문에 어떠한 생각도 갖지 않는 경우(ignorantia facti)에는 착오가 인정되지 않는다. 그러나 모든 것이 정상이라고 생각하고—즉 잘못된 것이 없다고 믿고— 있더라도 이렇게 믿은 원인이 구체적이고 특정한 사실로부터 초래된 경우에는 착오가 있다고 볼 수 있다.

[예] 열차 내에 무임승차한 승객이 있다는 사실을 승무원이 전혀 알지 못할 경우에는 착오가 인정되지 않는다(이 경우에는 제348조의 2도 구성요건상 적용할 수 없다). 그러나 만일 위조한 승차권을 제시한 경우에는 유가증권위조죄 및 동행사죄와 사기죄가 성립한다.[2)]

---

1) 대판 1991. 12. 24, 91도2698; 이재상, 335면.
2) Sch/Sch/Cramer, § 263 Rn. 37 참조.

1) 인과관계 기망행위와 피기망자의 착오 사이에는 인과관계가 존재하여야 한다. 즉 착오는 기망행위에 의하여 유발되어야 하는 것이다. 이는 조건설에 따라 판단하면 된다. 기술한 바와 같이 사실인식이 전혀 없는 경우에는 착오 자체가 존재하지 않는다.

2) 기망행위 이외의 원인 기망행위가 착오유발의 유일한 원인일 필요는 없고 다른 원인과 공동으로 작용하였으면 된다. 즉 형법상의 일반적인 인과관계의 예에 따르면 된다. 그러므로 피기망자가 자신의 어리석음이나 경솔함으로 인하여 쉽게 기망행위에 넘어가서 착오에 빠지더라도 인과관계는 인정된다.

3) 피기망자의 의심 피기망자가 착오에 빠진 것이 아니라 상대방의 주장에 대하여 단순히 의심하는 것만으로는 착오라고 볼 수 없으나 의심하면서도 가능성을 믿은 경우에는 사기죄가 인정된다. 예를 들면 돈을 받고 하는 무당의 굿은 손님이 그 효력을 확신하지 않았더라도 돈을 지불한 사실은 굿의 효과에 대한 가능성을 믿었다는 점을 유추할 수 있으므로 사기죄에 해당한다. 이와 달리 기망행위의 내용을 믿지 않은 경우에는 착오가 인정되지 않는다.

(4) 피기망자의 재산상의 처분행위

1) 의 의 재산상의 처분행위는 구성요건에 기술되어 있지는 않지만 사기죄의 구성요건요소이다. 재산상의 처분행위란 재산상의 의미를 갖는 작위·부작위, 또는 피해자의 자유로운 의사에 따른 수인(受認)을 의미한다. 작위에는 계약의 체결과 같은 법률행위나 물건의 인도, 은행계좌이체[1]와 같은 사실행위가 있으며, 부작위에 의한 처분행위에는 기망행위에 의한 착오로 인해 채권추심을 하지 않는 경우 등이 있다.[2] 처분행위가 법률행위인 경우에는 유효·무효를 불문하며, 반드시 사법상의 행위일 필요도 없다.

2) 인과관계 착오와 처분행위간에 인과관계가 있어야 하는 것과 마찬가지로 처분행위와 재산상의 손해간에도 인과관계가 존재하여야 한다.[3] 즉

---

1) 대판 2010.12.9, 2010도6256(피해자가 본범의 기망행위에 속아 현금을 피고인 명의의 은행 예금계좌로 송금한 경우 사기죄는 종료되고, 피고인이 자신의 예금계좌에서 위 돈을 인출하였다 하더라도, 이는 예금명의자로서 은행에 예금반환을 청구한 결과일 뿐 본범으로부터 위 돈에 대한 점유를 이전받아 사실상 처분권을 획득한 것은 아니므로, 피고인의 위와 같은 인출행위를 재물을 행위객체로 하는 장물취득죄로 벌할 수는 없다).

2) 대판 2007.7.12, 2005도9221.

3) 대판 1966.10.18, 66도806 참조(기망, 착오, 처분, 이득간의 인과관계가 있어야 한다고 한다).

착오에 의하여 재산상의 처분행위를 하여야 한다.

처분행위에는 피기망자의 처분의사가 필요한지에 대하여 견해가 나뉜다. 이에 대하여 피기망자의 사실상의 처분의사가 필요하다는 견해가 있다.[1] 그러나 피기망자는 자신의 행위가 재산상의 처분행위라는 사실을 인식하고 있을 필요는 없으며 처분의 결과 객관적인 재산감소가 있으면 된다.[2] 예컨대 기망의 결과 착오에 빠져 청구권을 행사하지 않거나, 기념사인이라고 생각하고 하였으나 사실은 약속어음에 서명을 하여 건네 준 경우가 그러하다. 이 경우에 피기망자는 결과적으로는 처분행위를 하였지만 자신의 행위의미를 인식하지 못한 점에서 이를 처분의사라고 보기 어렵다.

이와 구별해야 하는 것은 자신의 처분행위가 재산상의 손해를 발생시킬 것이라는 점에 대한 인식(처분행위의 내용인식)의 필요성 여부이다. 이에 관해서는 ① 피기망자는 처분행위의 내용을 인식하지 못하여야 한다는 견해(사기죄의 성립을 오직 인식 없는 자손행위(自損行爲)(unbewußte Selbstschädigung)의 경우에만 인정하는 견해)[3]와, ② 처벌상의 허점을 제거하기 위하여 처분행위의 내용을 인식하든 인식하지 못하든 어떠한 형태의 처분행위만 있으면 된다고 보는 견해[4]로 크게 나눌 수 있다. 후자의 입장은 착오와 처분행위간에 단순한 인과관계만 있으면 된다는 점에서 출발한다. 이에 따르면 피기망자 스스로 처분행위가 재산상의 손해를 발생시킨다는 점을 알고 있더라도 사기죄의 성립이 가능하다고 본다. 그러므로 구걸사기(Bettelbetrug)[5]나 기부금사기(Spendenbetrug)[6]의 경우 처분행위자는 처분행위의 재산감소적 의미를 알고 있지만 적선하거나 기부금을 낸다고 착각하고 돈을 지출하였으므로 사기죄의 성립을 인정하게 된다. 그러나 사기죄는 피기망자의 처분의사를 필요로 하지 않을 뿐만 아니라, 사기죄의 본질이 피기망자가 처분행위의 의미를 인식하지

1) 대판 2011. 4. 14, 2011도769; 1999. 7. 9, 99도1326. 또한 김재봉, 「사기죄와 처분의사」, 형사판례연구(11), 178면; 오영근, 468면; 임 웅, 368면.

2) BGHSt 14, 172; Sch/Sch/Cramer, § 263 Rn. 60.

3) Sch/Sch/Cramer, § 263 Rn. 41; Eser, Strafrecht Ⅳ, Fall 12 A22; Küper, NJW 1970, 2253; Lenckner, NJW 1971, 599; Otto, Strafrecht Ⅱ, § 51 Ⅱ 4 a.

4) BGHSt 19, 45; Maurach/Schroeder/Maiwald, BT/1, § 41 Rn. 73; Herzberg, MDR 1972, 93.

5) 구걸사기란 구걸을 하지 않아도 될 정상적인 사람이 불구자 행세를 하는 등의 방법으로 동정심을 유발하여 구걸행위를 하는 것을 가리킨다.

6) 기부금사기란 체면을 자극하는 방법으로 상대적으로 고액의 기부금을 내도록 유도하는 것을 가리킨다.

못하는 점에 있다고 볼 때 전자의 견해가 타당하다고 본다. 이에 따르더라도 구걸사기의 경우 처분행위의 객관적인 재산감소적 의미를 인식하였지만 자신의 적선행위가 갖는 사회적 의미상실은 인식하지 못한 점, 즉 적선이 사실상은 처분행위자가 의도하고 있는 목적에서 벗어난 점을 처분행위자가 인식하지 못하고 있는 데에 역시 무의식적인 자손행위가 있다고 보아서(이를 소위 목적일탈설〈Zweckverfehlungslehre〉이라 한다) 사기죄를 인정하게 된다. 그러나 기부금사기의 경우에는 금액상으로는 과다지출을 유도하였지만 기부금 본래의 목적대로 사용한 점에서 기부목적에서 일탈한 처분행위라고 볼 수 없다. 즉 사기죄의 성립을 부인하게 된다.

3) **직 접 성** 직접성은 착오와 재산상의 손해를 연결짓는 구성요건요소로서 처분행위가 직접 재산상의 손해를 초래하여야 함을 의미한다(처분효과의 직접성). 다시 말해 처분행위와 재산상의 손해발생간에 다른 추가적인 범죄행위가 개입해서는 안 된다. 그러므로 예를 들어 검침원을 사칭한 사람을 집에 들어오게 하여 그 결과 물건을 잃었다고 하더라도 집에 들어오게 한 행위를 처분행위라고 할 수 없다. 검침원의 직접적인 중간행위—절취행위—가 개입하여 비로소 재산상의 손해가 발생하였기 때문이다. 이와 마찬가지 이유로 물건을 살 것처럼 하여 꺼내 보여 주는 물건을 가지고 달아나는 경우도 사기죄가 아니라 절도죄가 성립한다(소위 책략절도).[1] 처분행위에 여러 사람이 관여한 경우에는 처분행위의 직접성은 기망행위가 최후의 처분행위자에게까지 미치면 인정된다. 이 경우 기수시점은 재산상의 손해발생이 추가적인 행위가 없이도 거의 확실하게 된 때라고 보아야 한다.[2]

[판례] ① 보석상에 들러 귀금속을 살 것처럼 가장하여 점원으로부터 이를 건네받은 다음 화장실에 갔다 오겠다는 핑계를 대고 도주한 경우(대판 1994. 8. 12, 94도1487). 여기에서는 점유를 상실하게 된 직접적인 원인행위는 점원이 진열대에서 귀금속을 꺼내 행위자 앞에 내어 놓은 데에 있지 않고(재산상의 처분행위가 아니다) 행위자가 이 물건을 들고 간 데에 있다. 그러므로 사기죄가 아니라 절도죄가 성립한다.
② 대법원은 피해자를 속여 교부받은 인감증명서 등으로 등기소요서류를 작성하여 피해자소유의 부동산에 관한 소유권이전등기를 마친 부동산사기의 경우에는

---

1) 그렇기 때문에 자전거를 살 의사도 없이 시운전을 빙자하여 교부받은 자전거를 타고 도주한 때에는 사기죄를 구성(대판 1968. 5. 21, 68도480)한다고 하나 절도죄가 성립한다고 보아야 한다. 교부행위가 아니라 도주행위에 의해 비로소 손해가 발생하였기 때문이다.
2) Eser, Strafrecht Ⅳ, Fall 12 A 31.

사기죄 성립을 부인하고 있다. 즉 "사기죄는 타인을 기망하여 착오에 빠뜨리고 그로 인한 처분행위로 재물의 교부를 받거나 재산상의 이익을 취득한 때에 성립하는 것이므로, 피고인이 피해자에게 부동산매도용인감증명 및 등기의무자본인확인서면의 진실한 용도를 속이고 그 서류들을 교부받아 피고인 등 명의로 위 부동산에 관한 소유권이전등기를 경료하였다 하여도 피해자의 위 부동산에 관한 처분행위가 있었다고 할 수 없을 것이고, 따라서 사기죄를 구성하지 않는다"는 입장이다(대판 2001. 7. 13, 2001도1289).[1] 여기에서는 사기죄의 성립요건인 재산상의 처분행위가 없음을 이유로 들고 있다. 즉 피해자가 부동산매도용인감증명 및 등기의무자본인확인서면 등의 서류를 교부한 것만으로는 부동산소유권이 이전되는 것이 아니며 추가적으로 부동산소유권이전등기를 경료하여야 하는 행위가 필요하므로 착오와 재산상의 손해발생간에 직접성이 결여되었다고 볼 수 있다.

4) 삼각사기

(i) **의 의** 사기죄에서 피기망자와 재산상의 처분행위자는 동일인이어야 한다. 그렇지 않은 경우에는 기망행위→상대방의 착오→재산상의 처분행위→재물·재산상의 이익취득으로 이어지는 사기죄의 인과관계가 결여되기 때문이다. 그러나 피기망자의 재산상의 처분행위로 인한 피해자는 피기망자 이외에 제 3 자도 될 수 있다. 후자의 경우를 기망행위자, 피기망자(재산상의 처분행위자), 재산상의 피해자의 3자로 이루어진다는 의미에서 소위 삼각사기(Dreiecksbetrug)라고 부른다.

[예] 갑은 대학에 다니는 을이 사진촬영에 취미가 있어서 고급카메라를 많이 가지고 있는 것을 알았다. 어느날 갑은 을의 집에 들러 집을 지키고 있던 을의 할머니에게 을의 친구인데 을의 부탁으로 카메라를 급히 가지러 왔으니 꺼내어 달라고 하였다. 갑의 말을 믿은 을의 할머니는 카메라를 꺼내어 갑에게 주었고 갑은 이를 처분하였다.

(ii) **권한설과 사실상의 지위설** 삼각사기의 인정은 형태적으로 간접정범에 의한 절도죄와 사기죄의 구별문제를 야기한다.[2] 구별기준은 처분행위자의 처분능력 유무이다. 환언하면 처분행위자와 재산상의 피해자가 어떠한 관계에 있어야 처분능력이 인정되는가에 있다.

1) 대판 1990. 2. 27, 89도335.

2) 학설에 따라서는 사기죄와 (간접정범의 형태에 의한) 절도죄의 상상적 경합을 인정하기도 한다(Sch/Sch/Cramer, § 263 Rn. 67; Herzberg, ZStW 89, 367; Lenckner, JZ 1966, 321; SK/Samson, § 263 Rn. 89; Welzel, Strafrecht, 372면.

이에 관해서는 ① 처분행위자가 법적으로 유효한 점유이전처분을 할 수 있는 법적 권한이 있어야 한다는 법적 권한설(Befugnistheorie)[1]과, ② 주관적으로 처분권자의 대리인이라는 생각을 가지고 처분을 하는 경우뿐만 아니라 사실상의 처분가능성을 가진 자에게도 처분능력이 인정된다는 사실상의 지위설(Lagertheorie)[2]로 나누어져 있다. 사실상의 지위설을 취하더라도 다시 제 3 자(처분행위자)와 피해자가 최소한 사실상의 근접관계(Näheverhältnis)에 입각한 공동점유자로서의 지위를 가져야 한다는 견해[3]와 공동점유자로서의 지위는 불필요하며 재산상의 처분행위자가 도구로서 이용당하였는가 아니면 처분권자 대신에 재산을 처분하였는가의 여부에 따라 판단하여야 하며, 특히 이 경우에는 제 3 자가 재산상의 피해자의 영역 내에 있는 자인가(사기죄 인정) 아니면 선의의 국외자에 불과한가(절도죄 인정)의 여부가 중요한 기준이라고 본다.[4]

위의 [예]에서 법적 권한설을 따르면 갑에게는 을의 할머니를 피이용자로 하는 절도죄가 성립한다. 반면에 사실상의 지위설을 취하면 갑에게는 사기죄가 인정된다. 을의 할머니는 을의 재산을 처분할 수 있는 을의 영역 내에 있는 인물로 볼 수 있기 때문이다.

대법원은 과거에 법적 권한설의 입장을 따랐으나[5] 현재는 사실상의 지위설을 취하고 있다. 즉 판례는 "피해자를 위하여 재산을 처분할 수 있는 권능이나 지위라 함은 반드시 사법상의 위임이나 대리권의 범위와 일치하여야 하는 것은 아니고 피해자의 의사에 기하여 재산을 처분할 수 있는 서류 등이 교부된 경우에는 피기망자의 처분행위가 설사 피해자의 진정한 의도와 어긋나는 경우라 할지라도 위와 같은 권능을 갖거나 그 지위에 있는 것으로 보아

---

1) 배종대, 329면은 계약관계에 의한 경우에만 재산처분권을 인정하여야 한다고 본다. 독일에서는 Amelung, GA 1977, 14; Krey, BT/2, Rn. 413, 417; Schünemann, GA 1969, 46; SK/Samson, § 263, Rn. 92.

2) 김성천, 930면; 김일수/서보학, 432면; 오영근, 413면; 이재상, 345면; 이정원, 372면; 임웅, 368면.

3) BGHSt 18, 221(피기망자와 행위객체간의 밀접한 관계란 피기망자가 최소한 하위의 공동점유자(Mitgewahrsamsinhaber)일 것을 요한다고 한다). 또한 BayObLG GA 1964, 83.

4) Tröndle/Fischer, § 263 Rn. 24.

5) 대판 1981. 7. 28, 81도529(위조된 타인명의의 등기서류를 등기공무원에게 제시하여 소유권이전등기를 마쳤다 하더라도 등기공무원에게 부동산의 처분권한이 없다고 하여 사기죄의 성립을 부인); 1982. 2. 9, 81도944.

야 한다"고 판시하여 사실상의 지위설을 따르고 있다.[1] 그러나 대법원이 사실상의 지위설을 취한다고 하더라도 구체적으로 어느 범위까지 처분권을 인정할 것인지는 분명하지 않다. 만일 처분권자의 대리인으로서의 지위를 요구한다면 이는 권한설과 크게 다를 바 없다.

삼각사기의 경우에 피해자의 영역 내에 있는 자이면 재산상의 처분행위자로 보는 사실상의 지위설이 타당하다고 본다. 구체적으로는 개별적인 경우에 따라 판단하여야 할 문제이나 처분행위자가 피해자의 하위점유자이거나 사실상의 대리인인 경우, 양자가 가족관계에 있는 경우 등은 여기에 해당한다고 보아야 할 것이다.

5) 소송사기

(i) **의 의** 소송사기라 함은 법원에 대하여 허위의 사실을 주장하거나 허위의 증거를 제출하여 법원을 기망함으로써 자기에게 유리한 판결을 얻고 이에 기하여 상대방으로부터 재물 혹은 재산상의 이익을 취하는 것을 말한다. 삼각사기의 전형적인 예이다.

[예] 임야가 국가소유임을 알면서도 자신의 명의로 소유권보존등기를 하여 편취할 의사로 시효취득을 주장하여 민사소송을 제기한 경우.

(ii) **성립요건** 소송사기의 경우에 피기망자는 법원이며, 피해자는 재판의 상대방, 즉 패소자이다. 법원은 등기공무원과는 달리 판결을 통하여 강제집행을 할 수 있으므로 재산상의 처분권한을 가지는 것이고 따라서 법원에 대한 기망행위는 사기죄를 구성할 수 있다. 그러나 법원의 판결은 효력발생을 전제로 한다. 그러므로 사망한 자를 상대로 하는 제소는 판결의 효력이 생기지 않으며, 상속인이 있더라도 상속인에게 그 효력이 미치지 않는다는 점에서 사기죄를 부인하는 것이 판례의 입장이다.[2] 마찬가지로 미등기토지를 편취할 목적으로 허위인 매매를 원인으로 하는 소유권이전등기절차이행의 소

1) 대판 1994. 10. 11, 94도1575(토지매각을 하여 주겠다면서 인감증명서와 인감도장을 교부받아 근저당권설정서류를 만들어 자신이 경영하던 부실회사를 채권자로 하는 근저당권설정계약을 체결한 사건). 또한 대판 1989. 7. 11, 89도346("… 피기망자와 재산상의 피해자가 같은 사람이 아닌 경우에는 피기망자가 피해자를 위하여 그 재산을 처분할 수 있는 권능이나 지위에 놓여 있어야 하며 …"). 독일연방대법원(BGHSt 18, 221) 역시 지위설에 입각하고 있다.

2) 대판 2002. 1. 11, 2000도1881; 1987. 12. 22, 87도852; 1986. 10. 28, 84도2386. 이 점에서 소송사기 역시 국가의 사법기능을 보호하는 것이 아니라 개인의 재산보호를 목적으로 하는 것임을 알 수 있다.

를 제기하여 소송진행중 쌍방의 소송대리인들이 화해한 것처럼 가장하여 재판부로 하여금 소송상 화해조서를 작성하게 하였더라도 이는 소송당사자들 사이에만 미치고 제 3 자인 토지소유자에게는 미치지 아니하여 화해조서에 기하여 토지에 대한 제 3 자의 소유권이 이전되는 것이 아니므로 사기죄가 성립하지 않는다.[1)]

소송사기가 인정되기 위해서는 제소 당시 주장하는 권리가 존재하지 않는다는 것만으로는 부족하고 권리의 부존재 사실을 알고 있으면서도 허위의 주장과 입증으로 법원을 기망한다는 인식이 필요하다.[2)] 또한 소송상의 주장이 사실과 다른 것임이 객관적으로 명백하거나 증거를 조작하려고 한 흔적이 있는 등의 경우 외에는 소송사기를 인정하는 데에 엄격하여야 한다. 그렇지 않으면 민사재판에서 패소한 원고는 모두 소송사기죄에 해당한다는 식의 확대적용의 위험성이 있는 것이다.[3)] 그러므로 단순히 사실을 잘못 인식하거나 법률적인 평가를 잘못한 결과 존재하지 않는 채권을 존재한다고 믿고 제소하는 행위 역시 사기죄를 구성하지 않는다.[4)]

(iii) **실행의 착수 및 기수시점** 소송사기에 있어서는 법원의 판결을 재산상의 손해를 발생시키는 처분행위로 볼 수 있다. 이때에는 법원이 소송당사자의 재산을 처분할 수 있는 사실상의 지위를 갖는다. 따라서 소송사기의 실행의 착수시점은 소송에서 주장하는 권리가 존재하지 않는다는 사실을 알면서도 법원을 기망한다는 인식을 가지고 법원에 소장을 제출한 때이다.[5)] 기수시점은 기망행위로 인하여 피해자의 재산을 감소시키는 재산처분행위로서의 승소판결이 확정된 때이다.[6)]

(iv) **타죄와의 관계** 법원을 기망하여 승소판결을 받고 그 확정판결에 의하여 소유권이전등기를 경료한 경우에는 사기죄와 별도로 공정증서원본부실기재죄(제228조 제 1 항)가 성립하고 양죄는 실체적 경합범관계에 있다.[7)]

1) 대판 1987. 8. 18, 87도1153.
2) 대판 2003. 5. 16, 2003도373; 1995. 4. 21, 95도357.
3) 대판 1992. 2. 25, 91도2666.
4) 대판 1982. 9. 28, 81도2526.
5) 대판 1993. 9. 14, 93도915.
6) 대판 1978. 4. 11, 77도3707.
7) 대판 1983. 4. 26, 83도188.

(5) 재산상의 손해발생

1) 재산의 의의 사기죄의 보호법익은 재산이다. 재산이란 재물과 재산상의 이익을 포함하는 경제적 재화의 총체를 의미한다. 재산상의 손해란 이와 같은 재산의 가치가 감소하였을 때 인정되는 것으로서 이를 산정하기 위해서는 먼저 재산개념의 파악이 선행되어야 한다. 재산개념에 관해서는 다음과 같이 학설이 나뉘어 있다.

(i) **법률적 재산개념** 민사법상 정당한 소유물이나 점유물과 같이 오직 법적으로 승인된 재산만이 형법상의 재산에 속한다고 보는 견해이다. 이에 따르면 절도범의 도품이나 무효인 청구권 등은 재산에 속하지 않는다. 그러나 이 학설은 민사법상의 권리·의무관계를 기초로 한 것이므로 이와 무관한 재산침해는—예컨대 사기범이 현실적으로 재산상의 이익을 취득하였더라도—재산죄를 인정하지 않는 불합리성을 갖고 있다.

(ii) **경제적 재산개념** 재산은 금전으로 환산가능한 경제적 가치 자체로서 경제적 가치가 법적으로 승인되었는가의 여부는 문제되지 않는다고 보는 학설이다. 이에 따르면 사실상의 소유물·점유물 혹은 법적 효력은 없지만 사실상 실행이 가능한 청구권(예: 사회상규에 위반되는 법률행위에 기한 청구권)도 재산상의 이익이 인정되면 형법상의 재산이라고 본다.[1] 이 학설은 현실적인 경제적 이익을 철저히 보호하는 점이 특징이지만 명백하게 위법한 이익까지도 형법적으로 보호되는 이익이라고 보는 점에서 사회질서의 유지라는 형법의 기본적 기능과 모순된다. 예컨대 불법원인급여의 경우에도 사기죄의 성립을 인정하며, 절도범의 도품이나 장물범의 장물을 사취한 경우에는 이 물건의 주인이 아닌 한 사기죄의 성립이 가능하다. 이 학설은 과거 독일판례의 기본입장이었다.[2] 대법원 역시 이러한 견해에 입각한 판결을 하고 있다.

[판례] ① 대법원은 "배임죄에 있어서 재산상의 손해를 가한 때라 함은 현실적인 손해를 가한 경우뿐만 아니라… 재산상 손해의 유무에 대한 판단은 본인의 전 재산상태와의 관계에서 법률적 판단에 의하지 아니하고 경제적 관점에서 파악하여야

---

1) 권오걸, 440면; 김성돈, 291면; 손동권, 316면; 오영근, 300면; 이재상, 299면; 임 웅, 271면; 정성근/박광민, 270면; 정영일, 278면; 진계호/이존걸, 301면. BGHSt 2, 364; Tröndle/Fischer, § 263 Rn. 29.

2) RGSt 44, 230; BGHSt 1, 264; 2, 364; 3, 99; 16, 220. 또한 Arzt/Weber, LH/3, Rn. 390; Tröndle/Fischer, § 263 Rn. 27; Krey, BT/2 Rn. 428. 이재상, 285면.

하며, 따라서 법률적 판단에 의하여 당해 배임행위가 무효라 하더라도 경제적 관점에서 파악하여 배임행위로 인하여 본인에게 현실적인 손해를 가하였거나 재산상 손해발생의 위험을 초래한 경우에는 재산상의 손해를 가한 때에 해당되어 배임죄를 구성하는 것"이라고 판시하고 있다(대판 1992. 5. 26, 91도2963).[1)]

② 독일판례는 기본적으로 경제적 재산개념에 입각하고 있으나 사법과 형법과의 상충성을 제거하기 위하여 규범적 평가를 통한 수정을 가하고 있다. 즉 매춘부에게 금전지급을 약속하고 성교를 한 다음에 이를 지불하지 않은 사건에서 사회상규에 위반하는 목적의 서비스제공을 근거로 한 경우에는 그 대가가 재산개념에 포함되지 않는다고 하여 사기죄(독일형법 제263조) 성립을 부인하였다.[2)] 이는 순수한 경제적 재산개념에 법질서와의 조화를 조건으로 한 입장으로서 법률적·경제적 재산개념에 근접한다고 볼 수 있다.

(iii) **법률적·경제적 재산개념** 법률적·경제적 재산개념에 따르면 적법한 외관을 갖고 있는 소유물·점유물로서 경제적 가치가 인정되면 형법상 재산이라고 보는 학설이다. 즉 법적으로 인정되고 보호받는 처분권이거나 법질서의 보호를 받는 개인의 모든 경제적 재화의 총체를 형법상의 재산이라고 보는 절충적인 견해이다.[3)]

(iv) **개인적 재산개념** 개인적 재산개념은 재산개념에 관한 것이라기보다는 재산상의 손해개념(혹은 손해산정)의 기준을 제시하는 이론이다. 개인적 재산개념에서는 재산을 법공동체가 경제거래상의 독자성을 인정하는 목적물에 대한 지배권에 근거한 재산권자의 경제적 능력(wirtschaftliche Potenz)을 중시한다.[4)]

이 견해는 재산을 추상적으로 파악하는 것을 거부한다. 대신에 재산을 그 소유자에 대한 개인적·질적인 가치범위와 관련하여 파악하고자 한다. 이

1) 또한 대판 1987. 2. 10, 86도2472(강도죄에서 재산상의 이득은 반드시 사법상 유효한 재산상의 이득만을 의미하는 것이 아니라 외견상 재산상의 이득을 얻을 것이라고 인정할 수 있는 사실관계만 있으면 된다); 1987. 10. 13, 87도1240(찢어진 어음이라 하더라도 그것이 아직 객관적인 경제적 가치 내지 금전적 교환가치를 가지고 있는 경우에는 …강도죄의 객체인 재물에 해당한다 할 것이고, 가사 위 어음이 피해자가 이를 부당한 방법으로 소지하게 된 것이라 하여도 범죄의 성립에 소장[消長]이 없다).

2) BGH JR 1988, 125("Dirnenlohn-Fall").

3) 강구진, 250면; 김성천, 882면; 김일수/서보학, 319면; 배종대, 411면; 이형국, 351면; 이정원, 356면. 현재 독일판례의 입장이다(BGH NStZ 1987, 407; BGHSt 31, 180).
Franzheim, GA 1960, 269; LK/Lackner, § 263 Rn. 123; SK/Samson, § 263 Rn. 112; Sch/Sch/Cramer, § 263 Rn. 84; Maurach/Schroeder/Maiwald, BT/1, § 41 Rn. 99; Tenckhoff, JR 1989, 126; Welzel, Strafrecht, 372; Wessels/Hillenkamp, BT/2, Rn. 517, 518.

4) Bockelmann, BT/2(2. Aufl.), 88; Otto, Grundkurs(2. Aufl.), 133; Schmidhäuser, BT, 11/1-3.

러한 개인적인 요소들을 밑바탕에 둔 이 재산개념은 재산을 소유함으로써 비로소 가능하게 되는 개인의 활동영역을 보호하거나 경제적인 생존영역을 확보하게 하는 데에 재산보호의 의미와 목적을 둔다. 즉 재산이 가지는 교환가치적인 측면뿐만 아니라 재산의 자유로운 처분 혹은 운용에 의해 자신이 선택한 목표들을 달성할 수 있도록 하는 기능도 고려한다. 그렇기 때문에 객관적 · 경제적인 손익산정방법에 의해서는 상응하는 대가지급이 있었을 경우 손해를 인정할 여지가 없다 하더라도, 개인적 재산설을 따르면 재산처분행위의 목적에 착오를 일으킨 때에는 손해의 발생을 인정할 수 있게 된다.[1)]

개인적 재산개념은 기본적으로 다른 학설과는 달리 손해산정을 함에 있어 재산주체로부터 출발한다. 그러므로 어떠한 재화가 재산에 포함될 수 있는가라든가 어떠한 형태의 재화침해가 재산상의 손해로 인정될 수 있는가는 손해를 판단하는 기준이 되지 못한다. 손해의 발생 여부와 그 범위를 결정하는 데는 물적 측면뿐만이 아니라 개인적 측면까지도 함께 고려되어야 하는 것이다. 그리고 객관적 · 금전적인 가치상실보다는 일반적인 경제능력의 저하를 방지하는 데에 목표를 둠으로써 재산죄의 구성요건이 지향하는 바를 종국적으로는 전체재산 ― 전체적인 경제능력과 그로부터 가능한 재산운용 ― 의 유지에 둔다. 이리하여 예를 들면 원래 사고자 했던 책 대신에 속아서 자신에게 필요 없는 다른 책을 샀을 경우 설사 지불한 가격이 구입한 책에 상당하여 객관적인 손실이 없다 하더라도 구입자 개인의 입장에서 볼 때 구입한 금액을 다른 용도 ― 의도한 책의 구입이나 기타 필요한 곳에의 지출 등 ― 로 사용하는 것이 불가능하여졌기 때문에 재산상의 손실을 인정한다.[2)] 이 점이 바로 재산상의 손해를 산정함에 있어 개인적 측면을 강조하는 이 학설의 특징이다.

(v) 결　론　　이상의 학설들은 법률적 재산개념을 제외하고는 모두 경제적 가치를 전제로 하고 있다는 점에서는 공통적이다. 생각건대 재산개념은 기본적으로는 경제적인 관점에서 출발하는 것이 타당하며, 법적인 유효성만을 전제하면 재산보호를 통해서 법적 평화의 확립을 추구하는 형사정책적인 목표와 상충된다는 점에서 문제가 있다. 그러나 다른 한편으로는 법적으

1) 방문판매시 판매원의 기망에 의한 착오로 세탁기 대신에 자신에게 당장은 불필요하고 또한 값비싼 식기세척기 구입계약을 체결한 경우가 그러한 예이다.

2) 경제학에서의 「기회비용」의 개념과도 연관이 있다.

로 보호받지 못하는 재산을 형법이 보호한다는 법규범간의 충돌을 간과할 수는 없다. 이러한 측면에서 법률적·경제적 재산개념이 타당하다고 본다. 그러나 동시에 손해산정의 한 요소로서 개인적 재산개념에 입각한 재산권자의 재산운용가능성의 감소나 기회비용의 증가라는 측면도 함께 고려하는 것이 필요하다고 본다.[1)]

2) 손해발생 요부　　사기죄에서 재산상의 손해발생 요부에 대해서는 견해가 대립되어 있다.

(i) 대법원은 "사기죄의 본질은 기망에 의한 재물이나 재산상 이익의 취득에 있고 상대방에게 현실적으로 재산상 손해가 발생함을 그 요건으로 하지 않는다"고 본다.[2)] 또한 "재물편취를 내용으로 하는 사기죄에 있어서는 기망으로 인한 재물교부가 있으면 그 자체로서 피해자의 재산침해가 되어 이로써 곧 사기죄가 성립하는 것이고, 상당한 대가가 지급되었다거나 피해자의 전체 재산상에 손해가 없다 하여도 사기죄의 성립에는 영향이 없다"고 판시하고 있다.[3)] 이러한 판례의 견해는 사기죄가 성립하기 위해서는 행위자가 재물을 교부받거나 재산상의 이익을 취득할 것을 전제로 하고 있다. 그리고 반대급부나 법적 청구권이 있다고 하더라도 사기죄가 성립할 수 있다는 입장이다.

재산개념은 사기죄에서 손해산정의 기준으로 제시된 이론으로서 손해발생을 전제로 하고 있는 이론이다. 대법원이 경제적 재산개념을 취하면서 사기죄에서 손해발생을 필요로 하지 않는다는 것은 이러한 재산개념의 등장배경과 모순된다. 그리고 판례가 사기죄에서 현실적인 재산상의 손해발생을 필요로 하지 않는다고 판시한 것은 재산상의 손해개념을 경제적 재산개념에 따른 것이라고 볼 수 있다.

[판례] 피고인이 주식회사 삼구쇼핑에 납품하여 광고방송을 통하여 판매한 물건인 '기획특선 산양산삼'이 사실은 공소외 1이 산삼에서 유래된 종자인지 여부가 불분명한 삼의 종자를 사용하여 인위적으로 싹을 틔운 뒤 수년 단위로 이식하여 가면서 인공적으로 재배한 삼이고, 피고인은 이러한 사실을 충분히 알고 있었으며, 피고인은 강원남부생약농업협동조합의 명의를 빌려 삼구쇼핑에 납품한 것으로 위

---

1) 재산개념에 관해서는 박상기, 「사기죄와 재산개념」, 고시계(1989/2), 56면 이하 참조.

2) 대판 2002. 2. 5, 2001도5789.

3) 대판 1982. 6. 22, 82도777; 1983. 2. 22, 82도3139; 1984. 12. 26, 84도1936; 1985. 5. 14, 80도2973; 1985. 11. 26, 85도490. 또한 정영석, 339면. 독일의 경우 Wessels//Hillenkamp, BT/2, Rn. 545.

조합은 명의만 빌려 주었을 뿐 위 삼과는 무관하고 피고인은 위 조합의 조합원이나 검품위원이 아니며, 광고방송에서 제시한 공소외 2의 감정서 역시 허위내용인 사실, 그럼에도 피고인은 공소 외 2와 함께 방송에 출연하여 마치 판매할 물건이 위 조합원들이 자연산삼의 종자를 심산유곡에 심고 자연방임 상태에서 성장시켰다가 수십년 만에 채취한 진짜 산양산삼이며, 피고인이 위 조합의 검품위원으로서 조합원들이 납품하는 삼 중 우수한 것만을 선정하고 삼 전문가인 공소외 2가 객관적인 입장에서 진짜 산양산삼임을 감정, 확인한 후 각 상품별로 보증서를 작성, 첨부하여 삼구쇼핑을 통하여 판매하는 것처럼 허위 내용의 광고를 하여 판매한 사건.

대법원은 "사기죄의 요건으로서의 기망은 널리 재산상의 거래행위에 있어서 서로 지켜야 할 신의와 성실의 의무를 저버리는 모든 적극적 및 소극적 행위로서 사람으로 하여금 착오를 일으키게 하는 것을 말하며, 사기죄의 본질은 기망에 의한 재물이나 재산상 이익의 취득에 있고 상대방에게 현실적으로 재산상 손해가 발생함을 그 요건으로 하지 아니한다. 소비자들은 피고인 등의 위 허위광고에 기망당하여 구매행위를 한 것으로 보여지고, 이와 같이 허위광고와 소비자들의 구매간의 인과관계가 인정되는 이상 이 사건 판매물품의 품질이 비교적 우수하다거나 소비자들도 나름대로 가격과 품질을 교량하였을 것이라는 점은 사기죄의 성립에 아무런 영향이 없다"고 판시하였다(대판 2002. 2. 5, 2001도5789). 즉 상품가격의 적정성으로 인하여 소비자가 경제적 손실을 입지 않았다고 하더라도 허위광고를 통하여 재산상의 처분행위를 하도록 하였다는 것이다.

(ii) 학설은 ① 재산상의 손해발생이 불필요하다는 견해,[1] ② 재물에 대한 사기죄(사기취재죄)는 재산상의 손해발생을 필요로 하지 않지만 재산상의 이득을 대상으로 하는 사기죄(사기이득죄)는 재산상의 손해발생이 필요하다는 견해,[2] ③ 어느 경우이든 재산상의 손해발생이 필요하다는 견해[3]로 나뉜다.

생각건대 사기죄는 재산범죄이므로 재산상의 손해발생은 불가피한 성립요건이라고 본다. 문제는 어느 관점에서 재산상의 손해를 평가할 것인가에 달려 있다. 대법원 판례가 재산상의 손해발생이 불필요하다고 판시한 것은 시장가치를 중심으로 한 경제적 관점에서 파악한 재산상의 손해는 필요하지 않다는 것이라고 할 수 있다.

한편 형법이 사기죄의 구성요건으로서 재산상의 손해발생을 기준으로 하지 않고 재물이나 재산상의 이익취득을 기준으로 규정하고 있는 것은(제347조 참조)

1) 오영근, 474면; 정영석, 339면.
2) 김종원, 172면; 진계호/이존걸, 402면; 황산덕, 307면.
3) 강구진, 326면; 권오걸, 553면; 김성돈, 335면; 김일수/서보학, 436면; 배종대, 473면; 이재상, 346면; 이형국, 383면; 임 웅, 375면; 정성근/박광민, 370면.

사기죄의 기수시점을 피해자의 재산감소를 중심으로 판단하는 것이 아니라 행위자의 재산증가 여부에 관련시킨 것으로서 입법적인 시정이 필요하다. 재산상의 이익취득이 재산상의 손해발생의 반대개념이기는 하지만 양자가 항상 시간적으로도 동시에 발생한다고 볼 수는 없기 때문이다. 학설은 형법규정에도 불구하고 재산상의 손해발생시점에서 사기죄의 기수를 인정하고 있다.[1)]

3) 손해의 산정　　재산상의 손해는 재산의 전체가치가 감소되었을 때 발생한 것으로 보는데 이는 재산상의 처분행위의 전후를 총결산하여 재산의 감소 여부를 결정한다.[2)] 사기죄로 인하여 법적으로 인정되는 구제수단(예: 손해배상청구권이나 취소권 등)은 손해를 산정하는 데 고려되지 않는다.[3)]

손해산정은 전체계산의 원칙에 따라 객관적이고 개별적인 평가기준에 의한다. 손해산정이 객관적이라 함은 개개의 구체적 사정을 고려하는 것이 아니라 객관적 평가자가 경제거래의 관점에서 판단하는 것을 의미한다. 거래시에 개별적이라 함은 손해산정시에 피해자의 경제적 관계를 고려하여야 하는 것을 의미한다. 거래시에 반대급부의 내용이 개인적인 관점에서 보아 의도한 목적을 달성할 수가 없거나 미달할 경우에는 객관적 가치는 동등할지라도 손해가 발생하였다고 보는 것이다.

[예] 동시에 3마리의 젖소밖에 연결할 수 없는 착유기를 정상가격으로 구입하였더라도 10마리를 동시에 짤 수 있다는 설명을 듣고 자금사정이 좋지 않은데도 불구하고 구입하였다면 재산상의 손해발생을 인정한다.[4)]

그러나 손해산정시 개인적 특성을 고려하는 것이 곧 순수한 주관적인 판단을 허용하는 것이 아님을 주의하여야 한다. 개인적 상황을 고려해야 하는 경우를 들어보면 ① 피해자가 자신의 목적달성에 부적합한 이행을 받은 때, ② 피해자가 자신의 의무를 이행하게 될 경우 재산상의 손해가 야기되는 경우와, ③ 의무이행을 하게 될 경우 피해자에게 심각한 생활의 어려움이 수반될 경우를 들 수 있다. 결론적으로 합리적 · 이성적 관찰에 의해서 재산적 손

1) 김일수/서보학, 427면; 이재상, 351면; 이형국, 383면; 임 웅, 378면.
2) BGHSt 16, 221; LK/Lackner, § 263 Rn. 143; Krey, BT/2, Rn. 457.
3) 대판 1978. 6. 13, 78도721.
4) BGHSt 16, 321, 326(착유기사건, Melkmaschinen-Fall). 또한 객관적 가치를 지녔으나 당사자에게는 전혀 불필요한 잡지를 판매자의 그럴듯한 설명에 따라 구독신청한 때(BGHSt 23, 300). 이러한 결론은 개인적 재산개념의 결론과 동일하다.

해의 발생 여부를 결정해야 한다. 즉 목적일탈설의 입장에서 피해자의 의무이행이 본래의 경제적·사회적 목적 등과 상치될 때에는 재산적 손해를 인정할 수 있다. 이러한 점에서 무의식적 자손행위론과 합치될 수 있다. 즉 무의식적이라는 것은 자신의 처분행위가 지향하는 목적을 달성하는 것이 불가능하다는 사실에 대하여 인식하지 못하고 있다는 것을 의미한다. 그러나 단순한 동기의 착오는 목적일탈이라 할 수 없다.

손해발생의 위험도 구체적이면 재산상의 손해로 인정될 수 있다. 재산의 위험은 재산권자가 재산가치의 감소를 막을 수 없을 때에 구체적이라 하며 이는 재산상의 손해와 동등하게 취급된다. 이에 따라 변제의사가 전혀 없는 A가 B로부터 돈을 빌린 경우에 사기죄는 이미 소비대차계약이 성립한 시점에서 기수에 도달하였다고 볼 수 있다.[1)]

(6) 재산상의 손해와 이익간의 직접성

재산상의 이익과 재산상의 손해 사이에는 물적 동일성(Stoffgleichheit)이 인정되어야 한다. 즉 행위자는 피해자의 재산으로부터 직접 위법한 재산상의 이익이나 재물을 취득하였어야 한다. 물적 동일성이 꼭 물체의 동일성이나 손해와 이익간의 가치의 동등성을 의미하는 것은 아니다. 한편의 손해로부터 다른 한편의 이익이 초래되었다는 사실을 증명할 수 있으면 된다. 그러므로 제3자로부터 현상금을 받기 위해 상대방에게 재산상의 손해를 입히는 것은 사기죄가 성립하지 않는다.

[예] 갑은 밤마다 시끄럽게 짖어대는 아파트 위층에 사는 을의 강아지를 제거하기 위하여 현상금을 걸고 수의사 병을 이용하기로 하였다. 즉 병이 을에게 강아지가 광견병에 걸렸다고 거짓말을 하게 하였고, 이 말을 믿은 을은 병이 준 약으로 강아지를 '안락사'시켰다. 이에 대한 대가로 병은 갑으로부터 10만원을 받았다.

위의 [예]에서 병은 을에 대하여 사기죄를 범한 것이 아니다. 왜냐하면 행위자(병)의 이익(현상금)이 상대방(을)의 재산상의 손해로부터 직접 초래한 것은 아니기 때문이다. 즉 손해와 이익은 동일한 재산상의 처분행위로부터 발생하여야 한다. 이 경우에는 병은 손괴죄의 간접정범, 갑은 손괴죄의 교사범에 해당한다.

---

1) 대판 1987.11.23, 87도1605 참조.

3. 주관적 구성요건

(1) 의 의

기망행위자는 기망행위, 피기망자의 착오와 그로 인한 재산상의 처분행위, 재산상의 손해의 발생과 그 사이의 인과관계를 인식하고 있어야 한다.

사기죄의 주관적 구성요건인 편취의 범의는 범행 전후의 피고인의 재력, 환경, 범행의 내용, 거래의 진행과정 등과 같은 객관적인 사정을 종합하여 판단한다는 것이 판례의 입장이다.[1] 그러므로 변제의 의사가 없거나 약속한 변제기일에 변제할 능력이 없음에도 불구하고 변제할 것처럼 위장하여 금전을 차용하거나 물건을 구입한 경우에는 편취의 고의를 인정할 수 있다.[2]

(2) 불법이득의 목적

이는 위법한 재산상의 이익을 얻고자 하는 의사를 말한다. 이득의 목적이 행위자의 행위동기나 최종목표일 필요는 없다. 위법하다는 것은 재산상의 이익을 취득할 법적 권리가 없음을 의미한다.

4. 실행의 착수시점 및 미수범

본죄의 실행의 착수시점은 재물의 교부를 받거나 재산상의 이익을 취득하기 위하여 상대방을 착오에 빠뜨리려는 기망수단을 사용한 시점이다. 만일 상대방이 착오에 빠지지 아니하거나 재산편취의 목적을 이루지 못하면 사기미수죄가 성립한다. 마찬가지로 기망행위는 있었으나 재산상의 손해발생이 없었던 경우에도 미수가 된다. 판례는 과거에 이미 재물을 편취당한 피해자에게 다시 돈을 빌려 줄 것을 요구한 것은 사기미수죄에 해당한다고 본다.[3] 또한 미성년자를 기망하여 계약을 체결하였으나 친권자의 승낙을 받지 못한 경우에도 미수에 해당한다.

기수시점은 최소한 재산상의 손해가 일부라도 발생한 때이다.[4] 피기망자가 재산상의 피해자가 아닌 경우에는 재산상의 처분행위를 한 때에 기수이다.

---

1) 대판 1995. 4. 28, 95도424.

2) 대판 1986. 9. 9, 86도1227; 1985. 9. 10, 84도2685(수표 또는 어음의 발행인이 그 지급기일에 결제되지 않으리라는 점을 예견하였거나 지급기일에 지급될 수 있다는 확신이 없으면서도 그러한 내용을 수취인에게 고지하지 아니한 채 이를 속여 수표 또는 어음을 발행하고 수취인에게서 그 대가를 교부받은 것은 사기죄를 구성한다); 1995. 4. 28, 95도424(피고인이 자기자본 없이 금융기관 대출금과 분양대금만으로 상가 및 오피스텔의 신축 및 분양사업을 진행하다가 공사를 중단, 방치한 것은 분양대금의 편취범의를 인정할 수 있다고 본 사례).

3) 대판 1988. 3. 22, 87도2539.

4) 김일수/서보학, 430면; 이재상, 351면; 이형국, 383면; 임 웅, 378면.

사기죄의 기수시기에 관한 형법규정이 과연 재산보호라는 사기죄 규정이 가지는 목표에 부응하는 것인지는 의문이다. 현행 형법 제347조 제 1 항은 「사람을 기망하여 재물의 교부를 받거나 재산상의 이익을 취득」했을 것을 사기죄의 성립요건으로 하고 있다. 이 결과 사기죄는 피해자에게 재산상의 손해가 발생한 때가 아니라 기망자나 제 3 자가 재물이나 재산상의 이익을 취득한 시점에서 기수가 된다. 그러나 통설은 재산상의 이익취득 등이 아니라 재산상의 손해가 발생하면 이들 죄는 기수에 이른다고 보고 있다.[1] 이러한 해석상의 차이는 이들 구성요건이 피해자를 중심으로 죄의 본질을 규정하지 않고 행위자를 중심으로 규정한 데서 비롯된다. 그러나 행위자의 재산증식이 아니라 피해자의 재산보호가 목표인 이들 범죄의 기수시점이 무엇을 기준으로 판단되어야 하는지는 자명하다.

5. 죄수 및 다른 범죄와의 관계

수인의 피해자에 대하여 각별로 기망행위를 하여 각각 재물을 편취한 경우에는 범의가 단일하고 범행방법이 동일하더라도 각 피해자의 피해법익은 독립한 것이므로 이를 포괄일죄로 파악할 수 없고 피해자별로 독립한 사기죄가 성립한다(경합범).[2] 이와 달리 상대방을 기망하여 여러 차례에 걸쳐 돈을 교부받거나 재산상 이익을 취득한 행위는 포괄일죄의 사기죄에 해당한다.[3] 만일 전범을 통하여 획득한 재물을 확보하기 위한 방법으로 기망행위를 한 경우에는 불가벌적인 사후행위에 불과하다.

타인의 사무를 처리하는 자가 사무처리를 위임한 본인에 대하여 기망행위를 하여 재산상의 이익을 취득하고 본인에게 손해를 가한 경우에는 ① 사기죄와 배임죄의 상상적 경합을 인정하는 견해,[4] ② 사기죄만 성립한다는 견해,[5] ③ 배임죄만 성립한다는 견해[6]가 있다. 양죄는 기망행위와 배임행위를 각각 구성요건 해당행위로 규정하고 있으므로 구성요건의 성질이 서로 다르기 때문에 1개의 행위에 관하여 양죄의 각 구성요건이 모두 구비된 때에는 상상적 경합을 인정하는 것이 타당하다.

사기도박의 경우에는 승패가 도박의 본질적 요건인 우연성이 아니라 기

---

1) 판례는 재산상의 손해발생 자체도 불필요하다고 본다(대판 1983. 2. 22, 82도3139).
2) 대판 1993. 6. 22, 93도743; 2001. 12. 28, 2001도6130.
3) 대판 1996. 1. 26, 95도2437.
4) 대판 2002. 7. 18, 2002도669(전원합의체); 김성천, 943면; 김일수/서보학, 446면; 배종대, 496면; 이재상, 353면; 이정원, 419면; 이형국, 385면; 임 웅, 381면.
5) 대판 1983. 7. 12, 82도1910(판례변경); 오영근, 481면.
6) 황산덕, 324면.

망적 방법에 의해 결정되므로 도박죄는 성립하지 않고 사기죄만 성립한다.[1)]

6. 친족간의 사기행위

사기죄에 대하여도 친족상도례가 준용된다(제354조, 제328조). 즉 기망행위자와 재산상의 피해자 사이에 친족관계가 존재하여야 한다. 기망행위자와 피기망자간의 친족관계는 필요하지 않다.[2)]

Ⅳ. 컴퓨터 등 使用詐欺罪

> 제347조의 2【컴퓨터 등 사용사기】 컴퓨터 등 정보처리장치에 허위의 정보 또는 부정한 명령을 입력하거나 권한없이 정보를 입력, 변경하여 정보처리를 하게 함으로써 재산상의 이익을 취득하거나 제 3 자로 하여금 취득하게 한 자는 10년 이하의 징역 또는 2천만원 이하의 벌금에 처한다.
> 제352조【미수범】 제347조의 2의 미수범은 처벌한다.
> 제354조【친족간의 범행, 동력】 제328조와 제346조의 규정은 본장의 죄에 준용한다.

1. 서 론

(1) 의 의

본죄는 컴퓨터 등 정보처리장치에 허위의 정보 또는 부정한 명령을 입력하여 정보처리를 하게 함으로써 재산상의 이익을 취득하거나 제 3 자로 하여금 취득하게 함으로써 성립하는 범죄이다.

일반적으로 컴퓨터를 이용한 범죄는 기계를 상대로 하는 것이기 때문에 행위자의 죄의식이 상대적으로 낮은 것이 특징이다. 반면에 컴퓨터가 처리하고 있는 업무의 내용과 양은 심대할 뿐만 아니라 점차 확대되어 가고 있다. 그 결과 컴퓨터를 이용한 범죄행위의 피해 역시 전통적인 재산범죄인 절도죄나 사기죄와는 차원을 달리하기 때문에 범죄피해의 규모도 막대하다. 그럼에도 불구하고 기존의 형법은 컴퓨터의 등장 이전에 제정된 것이기 때문에 이러한 신종범죄유형에 대처하기에는 구성요건상의 허점으로 인하여 역부족이었다. 본죄는 이러한 필요성에서 입법된 컴퓨터관련 범죄의 대표적인 구성요

---

1) 대판 1960. 11. 16, 4293형상743; 김일수/서보학, 446면; 배종대, 496면; 이재상, 354면; 이형국, 385면; 임 웅, 382면.
2) 대판 1976. 4. 13, 75도781; 강구진, 334면. 그러나 임 웅, 382면은 기망행위자는 재산상의 피해자 및 피기망자 양자에 친족관계가 모두 존재할 것을 요한다고 본다.

건이다.

컴퓨터관련 범죄는 ① 데이터의 비밀유지, ② 컴퓨터의 시스템과 데이터의 불훼손성, ③ 데이터와 컴퓨터기능의 원활성 및 ④ 정보의 신뢰성을 침해하는 것을 내용으로 한다.[1] 이에 해당하는 컴퓨터범죄의 유형으로는 자료유출, 자료부정입력, 컴퓨터내부자료 변조 및 파괴, 해킹, 컴퓨터 바이러스 등이 있다. 이러한 특징을 갖는 컴퓨터관련 범죄에 대해서는 구체적이고 즉각적인 입법보다는 법해석을 통한 해결책을 모색하는 것이 타당하다. 그 이유는 컴퓨터 및 이를 이용한 범죄유형의 발전속도를 입법이 적시에 대응할 수 없기 때문이다. 예를 들어 음성인식이 가능한 컴퓨터의 등장은 컴퓨터가 기계이기 때문에 기망행위의 대상이 될 수 없다는 견해를 수정하게 할 수도 있는 것이다.

본죄는 이득죄이다. 이 점에서 재물죄이면서 동시에 이득죄인 사기죄와 다르다. 일본형법(제246조의 2)[2]이나 독일형법(Computerbetrug, § 263 a)[3]과 유사한 규정이다.

(2) 보호법익

본죄의 보호법익은 사기죄와 마찬가지로 개인의 재산이다. 구체적으로는 재산적으로 중요한 정보처리과정의 오류 없는 결과가 보호대상이 된다.

기존의 사기죄는 사람을 기망하여 착오에 빠지게 하고 이에 따른 재산상의 처분행위를 통하여 재물이나 재산상의 이득을 취하는 경우만을 대상으로 하였다. 그렇기 때문에 컴퓨터의 기능을 이용하여 사람을 기망하지 않거나 현금을 직접 취득하지 않더라도 예금구좌의 이동이나 대체송금을 통하여 재산상의 이익을 취득하는 경우에 사기죄로 처벌할 수 없었다.[4] 신설된 구성요건은 이를 해결하여 줄 수 있게 되었다.

1) Hilgendorf, JuS 1996, 510면 이하 참조.

2) "전조(사기죄) 이외에 사람의 사무처리에 사용되는 전자계산기에 허위의 정보 또는 부정한 명령을 부여하여 재산권의 득상·변경에 관계되는 부실한 전자적 기록을 사람의 사무처리에 사용하여 재산상 불법한 이익을 얻거나 타인으로 하여금 이를 얻게 한 자는 10년 이하의 징역에 처한다."

3) "자기 또는 제 3 자에게 위법한 재산상의 이익을 취득하게 할 목적으로 허위의 프로그램조작이나 허위 혹은 부실한 정보사용, 정보의 무단사용 혹은 정보처리과정에 대한 허용되지 않는 영향력을 행사하여 정보처리의 결과에 영향을 미쳐 타인의 재산에 손해를 입힌 경우에는 5년 이하의 징역이나 벌금형에 처한다."

4) 만일 컴퓨터의 정보처리결과와 재산상의 처분행위 사이에 사람의 의사결정이 작용하는 경우라면 사기죄의 성립이 가능하다.

2. 객관적 구성요건

(1) 행위주체

본죄의 행위주체에는 제한이 없으나 컴퓨터의 특성상 프로그래머나 컴퓨터단말기 조작자 혹은 컴퓨터에 대한 전문적인 지식을 가진 자가 주로 행위자가 될 것이다. 또한 허위정보를 제 3 자에게 주어 컴퓨터에 입력시키도록 하는 자도 행위자가 될 수 있다.

(2) 재산상의 이익

본죄는 재산상의 이익을 취득하면 성립하는데, 이는 사기죄가 재산상의 이익과 함께 재물을 행위객체로 한 것과 차이가 있다. 본죄의 행위객체에서 재물을 제외한 것은 재물을 취득한 경우에는 절도죄로서 처벌이 가능하다는 점에 기인한 것 같다.[1] 그러나 이는 적절한 입법이라고 볼 수 없다. 그 이유는 예를 들어 절취한 타인의 현금카드의 비밀번호를 알아 내서 이를 현금자동지급기에 사용하여 타인구좌로부터 직접 현금을 인출한 경우에는 본죄가 성립하지 않고 절도죄에 해당하여 6년 이하의 징역이나 1천만원 이하의 벌금에 처하게 되는 데 반하여, 이 경우에 현금을 직접 인출하지 않고 다른 계좌로 이체하는 행위는 본죄에 해당하여 10년 이하의 징역이나 2천만원 이하의 벌금에 처하도록 되어 있어서 두 행위간에 균형이 맞지 않는 것이다. 또한 동일한 컴퓨터의 부정사용이 취득한 재산의 형태에 따라 적용법조를 달리한다는 것도 타당하다고 볼 수 없다.

(3) 행위방법

본죄의 행위는 컴퓨터 등 정보처리장치에 허위의 정보나 부정한 명령을 입력하거나, 권한 없이 정보를 입력, 변경하여 정보처리를 하게 함으로써 재산상의 이득을 취하는 것이다. 기계를 이용하여 불법한 이익을 취득한다는 점에서 편의시설부정이용죄(제348조의 2)와 유사하지만, 편의시설부정이용죄는 컴퓨터와 같은 정보처리장치가 아니라 유료자동설비를 이용한다는 점에서 차이가 있다. 부정한 명령의 입력은 사기죄에서의 기망행위에 상응하는 행위라고 볼 수 있으며, 정보처리를 하게 한다는 것은 착오에 빠진 피기망자의 재산상의 처분행위에 상응하는 것이라고 볼 수 있다.

1) 컴퓨터 등 정보처리장치 컴퓨터 등 정보처리장치는 발전속도가

---

1) 강동범, 「형법개정법률안의 컴퓨터범죄규정에 대한 검토(상)」, 법조(1993/3), 38면.

워낙 빠르기 때문에 이를 일률적으로 정의한다는 것은 한시적으로 타당할 뿐이다. 다만 본죄가 규정하고 있는 컴퓨터 등 정보처리장치의 개념은 자연과학적 개념과 일치시킬 필요는 없으며 자동적으로 정보를 처리하는 일체의 기계를 의미한다고 보면 될 것이다.[1] 여기에는 컴퓨터(하드디스크, 네트워크 시스템 등)는 물론이고 현금자동지급기(cash dispenser)도 포함된다.

2) 허위의 정보나 부정한 명령의 입력 허위의 정보를 입력한다는 것은 예컨대 입금하지 않았으면서도 입금데이타를 입력하여 자신의 예금잔고를 늘리는 것과 같이 사실관계에 반하는 정보를 입력하는 것을 의미하며, 이를 통하여 잘못된 프로그램을 창출해 내는 것이 가능해진다. 그리고 부정한 명령을 입력한다는 것은 정확하지 않거나 불완전한 정보를 입력하는 것을 의미한다. 즉 프로그램을 구성하는 개개의 명령을 부정하게 변경, 삭제, 추가하거나 프로그램 전체를 변경하는 등 프로그램을 조작하는 경우를 말한다.[2] 예컨대 은행원이 자신이 근무하는 은행의 신용카드로 물품을 대량 구입한 뒤 은행의 컴퓨터 프로그램을 조작하여 물품구입대금을 타인의 예금으로 결제하는 행위를 들 수 있다. 또한 자신의 컴퓨터를 이용, 타인의 PC통신 ID번호를 도용하여 다른 사람의 계좌로부터 예금을 이체하여 인출하는 홈뱅킹(home-banking) 서비스를 통한 불법적인 재산상의 이익취득도 해당된다.

3) 권한 없는 정보의 입력, 변경 형법개정(2001. 12. 29, 법률 제6543호)으로 추가된 구성요건이다. 해석상 논란이 되었던 부분을 보완한 내용으로서 진실한 자료를 권한 없는 자가 사용하는 것을 의미한다.[3] 예를 들면 절취한 현금카드로 타인의 비밀번호를 입력하여 자기계좌에 이체하는 경우이다. 그러나 이러한 보완작업에도 불구하고 재산상의 이익 이외에 재물을 포함시키지 않음으로써 여전히 구성요건 적용상의 허점은 남아 있다. 예를 들어 타인의 신용카드로 정확한 비밀번호를 입력하여 현금을 인출한 경우가 그러하다.

1) California Computer Crime Act(1985)는 컴퓨터를 「논리적 · 수학적 연산이나 데이터의 저장, 검색, 통신, 제어기능 등을 수행할 수 있는 컴퓨터 프로그램과 데이터를 포함하는 장치」로 규정하고 있다.

2) 법무부, 「형법개정법률안 제안이유서」, 182면.

3) 판례는 개정 전 구형법을 적용하더라도 구형법상 동조의 입법취지와 목적은 프로그램 자체는 변경(조작)하지 않고 권한 없는 자가 명령을 입력하는 것도 포함하고 있으며, 이러한 해석은 죄형법정주의에 위배되는 유추해석에 해당하지 않는다고 판시하고 있다(대판 2003. 1. 10, 2002도2363 참조).

판례는 본죄의 객체를 재산상의 이익으로만 한정하여 절취한 타인의 신용카드로 현금자동지급기에서 현금(재물)을 인출한 경우 본죄의 성립을 부정한다.[1] 반면에 예금주인 현금카드 소유자로부터 일정한 금액의 현금을 인출해 오라는 부탁을 받고 현금카드를 건네받자 위임금액을 초과하여 현금을 인출하고 그 차액을 취득한 사안에서는 본죄를 인정하고 있다. 즉 행위자는 위법하게 이득을 취할 의사로 현금자동지급기에 초과된 금액이 인출되도록 입력하여 인출된 현금에 대한 점유를 취득함으로써 인출을 위임받은 금액을 넘는 부분의 비율에 상당하는 재산상 이익을 취득한 것으로 보아서 본죄에 규정된「컴퓨터등 정보처리장치에 권한 없이 정보를 입력하여 정보처리를 하게 함으로써 재산상의 이익을 취득」하는 행위를 한 것이므로 컴퓨터사용사기죄에 해당한다는 것이다.[2]

4) 정보처리를 하게 함　　정보처리를 하게 한다는 것은 입력된 허위정보나 부정한 명령 또는 권한 없는 정보의 입력, 변경에 의하여 컴퓨터 등 정보처리장치를 실행하여 계산이나 데이터의 처리가 이루어지도록 하는 것을 말한다. 이러한 행위는 구체적으로는 프로그램조작(Programm-Manipulation), 입력조작(Input-Manipulation), 처리과정상의 조작(Ablaufmanipulation)으로 이루어진다.[3]

3. 주관적 구성요건

본죄는 고의범이므로 객관적 구성요건에 대한 고의가 있어야 한다. 즉 컴퓨터 등 정보처리장치에 허위의 정보나 부정한 명령을 입력하거나 권한 없이 정보를 입력, 변경하는 사실 및 이를 통하여 정보처리를 하게 한다는 점, 그리고 이로 인하여 재산상의 손해를 야기한다는 점과 각 행위 사이에 인과관계가 존재한다는 점에 대한 인식이 있어야 한다. 또한 불법이득의사가 있어야 한다. 이는 자기 또는 제 3 자에게 불법한 재산상의 이익을 얻게 해 주는 의사를 말한다. 그러나 재산상의 이익을 현실적으로 취득하였을 필요는 없다.

4. 기수시기

본죄의 기수시기는 재산권자에게 재산상의 손해가 발생한 때이다. 행위자나 제 3 자가 재산상의 이익을 얻었는가는 본죄의 기수시기와 무관하다.

1) 대판 2003. 5. 13, 2003도1178.
2) 대판 2006. 3. 24, 2005도3516.
3) Tröndle/Fischer, § 263 a Rn. 3 이하 참조.

5. 다른 범죄와의 관계

(1) 사기죄와의 관계

본죄와 사기죄는 법조경합의 관계에 있다. 그러므로 사기죄가 성립하면 본죄는 사기죄에 흡수된다.[1] 만일 행위자가 허위의 입금데이터를 입력하여 자신의 예금잔고를 늘린 다음에 예금을 청구하여 인출한 경우에는 사기죄가 성립한다. 그러나 자기의 현금카드를 이용하여 예금을 인출한 경우에는 본죄에 대한 불가벌적 사후행위에 불과하다.[2] 부정한 명령을 입력하여 신용카드의 자기띠 부분을 위조한 경우에는 본죄와 사(私)전자기록 위작·변작죄(제232조의 2)의 상상적 경합이 인정된다.

(2) 횡령죄·배임죄와의 관계

타인의 재물을 보관하는 자가 횡령의 수단으로 본죄의 구성요건에 해당하는 행위를 한 경우에는 본죄와 횡령죄의 상상적 경합이 인정된다. 마찬가지로 타인의 사무를 처리하는 자가 배임행위의 수단으로 본죄의 구성요건을 실현시킨 경우에는 본죄와 배임죄의 상상적 경합범이 인정된다. 예를 들어 은행의 대출담당 직원이 대출금이 변제되지 않았음에도 불구하고 컴퓨터조작을 통하여 파일내용을 변경하여 변제한 것으로 바꾸어 놓은 경우이다.

6. 친족간의 범행

친족상도례 규정은 직계혈족, 배우자, 동거친족, 동거가족 또는 그 배우자간의 제323조의 죄는 그 형을 면제하며, 이외의 친족간에 제323조의 죄를 범한 때에는 고소가 있어야 공소를 제기할 수 있다(제328조, 제354조).

[판례] 손자가 할아버지 소유 농업협동조합 예금통장을 절취하여 이를 현금자동지급기에 넣고 조작하는 방법으로 예금 잔고 57만원을 자신의 거래 은행 계좌로 이체한 사안.

판례는 이 사안에서 친족간의 범행 특례규정이 적용되기 위해서는 손자와 할아버지 간의 범죄로 인정되어야 하는데 이 경우 피해자가 할아버지가 아닌 농협으로 봄으로써 친족간 범행특례규정의 적용을 배제하고 있다. 즉 "컴퓨터 등 정보처리장치를 통하여 이루어지는 금융기관 사이의 전자식 자금이체거래는 금융기관 사이의 환거래관계를 매개로 하여 금융기관 사이나 금융기관을 이용하는 고객 사이에서 현실적인 자금의 수수 없이 지급·수령을 실현하는 거래방식인바, …예금계좌 명의인의 거래 금융기관에 대한 예금반환 채권은 이러한 행위로 인하여 영향

1) Tröndle/Fischer, § 263 a Rn. 15; Sch/Sch/Cramer, § 263 a Rn. 41.
2) 강동범, 앞의 논문, 42면.

을 받을 이유가 없는 것이므로, 거래 금융기관으로서는 예금계좌 명의인에 대한 예금반환 채무를 여전히 부담하면서도 환거래관계상 다른 금융기관에 대하여 자금이체로 인한 이체자금 상당액 결제채무를 추가 부담하게 됨으로써 이체된 예금 상당액의 채무를 이중으로 지급해야 할 위험에 처하게 된다. 따라서 **친척 소유 예금통장을 절취한 자가 그 친척 거래 금융기관에 설치된 현금자동지급기에 예금통장을 넣고 조작하는 방법으로 친척 명의 계좌의 예금 잔고를 자신이 거래하는 다른 금융기관에 개설된 자기 계좌로 이체한 경우, 그 범행으로 인한 피해자는 이체된 예금 상당액의 채무를 이중으로 지급해야 할 위험에 처하게 되는 그 친척 거래 금융기관이라 할 것이고**, 거래 약관의 면책 조항이나 채권의 준점유자에 대한 법리 적용 등에 의하여 위와 같은 범행으로 인한 피해가 최종적으로는 예금 명의인인 친척에게 전가될 수 있다고 하여, 자금이체 거래의 직접적인 당사자이자 이중지급 위험의 원칙적인 부담자인 거래 금융기관을 위와 같은 컴퓨터 등 사용사기 범행의 피해자에 해당하지 않는다고 볼 수는 없으므로, 위와 같은 경우에는 친족 사이의 범행을 전제로 하는 친족상도례를 적용할 수 없다"고 판시하였다(대판 2007. 3. 15, 2006도2704).

V. 信用카드관련 犯罪와 刑事責任

1. 신용카드의 개념

신용카드라 함은 이를 제시함으로써 반복하여 신용카드가맹점에서 금전채무의 상환 등을 제외한 사항을 결제할 수 있는 증표로서 신용카드업자가 발행한 것을 말한다(여신전문금융업법 제2조 제3호). 본래 신용카드는 신용한도를 부여받아 이 범위 내에서는 결제일에 대금을 갚지 않더라도 외상이 되어 있는 채로 사용이 가능한 것을 의미한다. 그러므로 이러한 신용한도를 부여받지 못하고 결제일에 대금을 모두 결제하여야 하는 신용카드는 단지 물품의 구입이나 용역의 제공일로부터 결제일까지 결제가 늦추어진다는 의미에서 일종의 외상카드라고 볼 수 있다. 이러한 카드는 모두 카드발행회사와 카드소지인 그리고 가맹점으로 이루어지는 3당사자카드에 해당한다. 이에 반하여 카드발행회사(동시에 가맹점)와 카드소지인이 있는 양당사자카드가 있다(예: 백화점카드).

신용카드와 구별하여야 할 다른 종류의 카드로는 **선불카드**(prepaid card, PP card)와 **직불카드**가 있다. 선불카드는 신용카드업자가 대금을 미리받고 이에 해당하는 금액을 기록(전자 또는 자기적 방법에 의한 기록에 한한다)하여 발행된 증표로서 선불카드 소지자가 신용카드가맹점에 제시하여 카드에 기록된 금액의 범위 내에서 물품이나 용역을 제공받을 수 있는 카드를 말한다(여신전문금융업법 제2조 제8호). 현재 우리나라에서 활용되는 선불카드로는 지하철승차권, 공중전화카드, 버스카드가 있으며, 백화점이나 슈퍼마켓 등에서 사용가능한 선불카드도 있다. 선불카드에 관해서는 사전자기록 위작 · 변작죄(제232조의 2) 및 동행사죄(제234조)가 문제될 수 있다.

직불카드는 직불카드 회원과 신용카드 가맹점간에 전자 또는 자기적 방법에 의하여 금융거래계좌에 이체하는 등의 방법으로 물품 또는 용역의 제공과 그 대가의 지급을 동시에 이행할 수 있도록 신용카드업자가 발행한 증표이다(여신전문금융업법 제2조 제6호). 이에 대한 법적 규제는 신용카드와 동일하다.

다음으로는 현금카드가 있다. 이는 예금구좌 및 예금잔고를 갖고 있는 예금주가 발급받아 현금인출기에서 현금을 인출하는 수단으로서의 기능만을 갖고 있는 카드이다. 대부분의 은행계 신용카드의 경우에는 신용카드와 현금카드의 기능을 겸하고 있다. 현금카드는 여신전문금융업법상의 신용카드 등에 포함되지 않으므로 동법의 적용대상이 아니다(동법 제2조 참조).

2. 신용카드범죄의 유형 및 해당 구성요건

신용카드와 관련된 중요한 범죄유형으로는 ① 신용카드 자체를 불법영득하는 행위, ② 불법으로 신용카드를 발급받는 행위, ③ 신용카드의 위조 · 변조행위, ④ 타인명의 신용카드의 부정사용행위, ⑤ 신용카드에 의한 매출전표의 허위작성행위가 있다.

(1) 타인신용카드 불법영득행위

신용카드 소지자로부터 불법으로 신용카드를 영득한 경우에는 신용카드 자체의 재물성을 인정하여 영득방법에 따라 절도죄나 강도죄, 사기죄, 공갈죄 등에 해당한다.[1] 또한 여신전문금융업법(제70조 제1항 제3호 · 제4호)은 불법영득한 타인의 카드를 사용하는 행위를 처벌한다.

(2) 신용카드 불법취득행위

신용카드발급신청자가 신용카드대금을 지불할 의사나 능력이 없으면서도 있는 것처럼 가장하여 타인이나 허무인명의의 신용카드를 신용카드회사로부터 발급받는 행위는 발급신청서 등의 작성과 관련하여 사문서위조 및 동 행사죄(제231조, 제236조)를 구성한다.

반면에 신용카드발급대상이 되지 않는 연령이거나 소득임에도 불구하고

---

1) 그러나 판례는 신용카드 자체의 재물성을 부인하는 것으로 보인다(대판 1999. 7. 9, 99도857 참조). 신용카드강취 등의 행위와 현금인출행위의 포괄일죄 성부에 관해서는 한영수, 「강도죄와 절도죄의 경합」, 형사판례연구(16), 2008, 129면 이하 참조.

신용카드회사를 기망하여 자기명의의 신용카드를 발급받는 것은 본죄에는 해당하지 않는다(무형위조). 사기죄의 성부와 관련하여서는 사기죄의 성립에 재산상의 손해발생이 필요한가라는 문제와 결부된다. 대법원은 변제의사와 능력이 없음에도 불구하고 결제할 것처럼 가장하여 기망당한 카드회사의 신용공여에 해당하는 신용카드를 발급받은 행위 자체를 사기죄로 본다.[1)]

생각건대 지불의사와 능력이 없는 자에게 신용카드를 발급함으로써 신용을 공여한 것은 신용카드회사의 입장에서는 이미 재산상의 손해발생의 위험성이 있다고 보여지므로 사기죄가 성립한다고 보는 것이 타당하다.[2)] 그러나 이 경우에는 행위자가 지불의사와 지불능력이 있음을 가장하는 기망행위 또는 이에 상응하는 행위를 하여야 한다.

사기죄는 피기망자와 피해자가 동일인일 필요가 없는 소위 삼각사기가 인정되며 이는 3당사자카드의 형태에서 그대로 인정된다. 그러므로 카드발행회사와 신용카드회원 및 가맹점으로 구성되는 일반적인 신용카드의 경우 가맹점은 신용카드회원의 지불의사·지불능력을 믿고 거래를 하는 것이며, 또한 카드발행회사의 재산을 처분할 수 있는 지위에 있는 자라고 볼 수 있다. 대법원은 카드회사를 기망하여 자기명의의 신용카드를 발급받은 이후의 물품구입 및 현금자동지급기에 의한 인출을 모두 사기죄의 포괄일죄로 보았다.[3)] 반면에 타인의 명의를 모용하여 신용카드를 발급받은 자가 현금지급기에서 현금을 인출한 행위에 대해서 대법원은 절도죄를 인정하고 있다. 즉 신용카드회사의 내심의 의사는 명의 모용자가 아니라 피모용자에게 신용카드를 발급한 것으로 보아야 하므로 명의 모용자가 현금인출기에서 현금대출을 받는 행위는 카드회사에 의하여 포괄적으로 허용된 행위가 아니라, 현금자동지급기 관리자의 의사에 반하여 그의 지배를 배제한 채 그 현금을 자기의 지배하에 옮겨 놓는 행위로서 절도죄에 해당한다는 것이다.[4)]

1) 대판 1996. 4. 9, 95도2466.

2) 김영환, 「현금자동지급기의 부정사용에 관한 형법적인 문제점」, 형사판례연구(6), 1998, 260면; 장영민, 「자기명의의 신용카드 남용행위의 죄책」, 고시연구(1997/6), 66면; BGHSt 33, 246; Tröndle/Fischer, § 263 a Rn. 8 a. 반면 안경옥, 「타인명의를 모용·발급받은 신용카드를 이용한 현금인출행위와 컴퓨터 등 사용사기죄」, 형사판례연구(11), 152면은 재산손해발생의 위험이라는 개념을 통해 손해의 개념을 무제한 확대하면 침해범인 사기죄가 위태범화될 우려가 있으므로, 신용카드를 발급받는 행위만으로는 사기죄 미수범만이 가능하다고 본다.

3) 대판 1996. 4. 9, 95도2466.

4) 대판 2002. 7. 12, 2002도2134. 반면 컴퓨터 등 사용사기죄에 해당한다고 보는 견해로는 안

(3) 신용카드 위조 · 변조행위

신용카드를 위조 · 변조하는 행위는 카드의 자기띠(magnetic stripe) 부분이나 기타 부분을 위작 · 변작하는 경우이다. 자기 띠 이외의 부분을 위조·변조하는 것은 예컨대 카드를 부정입수하여 회원서명란에 자기이름을 써 넣는다든지 카드의 유효기간을 연장하는 등의 방법이 있다. 이에 대해서는 여신전문금융업법 제70조 제 1 항이 적용된다("신용카드 등을 위조 · 변조한 자, 위조되거나 변조된 신용카드 등을 판매하거나 사용한 자, 분실하거나 도난당한 신용카드 또는 직불카드를 판매하거나 사용한 자, 강취 · 횡령하거나, 사람을 기망하거나 공갈하여 취득한 신용카드나 직불카드를 판매하거나 사용한 자, 행사할 목적으로 위조되거나 변조된 신용카드를 취득한 자 등은 7년 이하의 징역 또는 5천만원 이하의 벌금에 처한다"). 동시에 자기띠 부분에 대한 위조 · 변조행위는 사전자기록 위작 · 변작죄(제232조의 2)에도 해당한다(상상적 경합).[1]

(4) 신용카드 부정사용행위

신용카드 부정사용행위는 다시 ① 자기명의의 신용카드를 부정사용하는 경우와, ② 타인명의의 신용카드를 부정사용하는 경우로 나눌 수 있다.

1) 자기명의 신용카드의 부정사용 카드회원이 카드회사에 대금을 지불할 의사나 능력이 없으면서도 있는 것처럼 가장하여 자기의 신용카드를 사용한 경우(예: 물품구입, 현금자동지급기에서의 현금인출)에는 외형상으로는 적법한 카드사용과 다를 바 없다. 즉 카드가맹점의 입장에서는 카드의 사고유무만이 문제될 뿐 카드소지인의 신용조사는 할 필요가 없기 때문이다. 그러므로 이 경우에 사기죄의 성립요건인 기망행위, 착오, 재산상의 처분행위, 재산상의 손해발생이 있는가에 대하여 논란이 있다.

이에 대해서는 ① 사기죄의 성립을 인정하는 견해[2](이는 다시 가맹점을 피기망자로 보고 카드회사를 피해자로 보면서 사기죄를 인정하는 견해와 피기망자 및 피해자를 카드회사로 보면서 사기죄를 인정하는 견해 및 가맹점을 피해자로 보면서 사기죄를 인정하는 견해 등 이론구성이 다르다)와, ② 카드의 제시가 장래

경옥, 앞의 논문, 159면 이하 참조.

1) 양죄를 법조경합관계로 보는 견해도 있다(임 웅, 391면).

2) 대판 1996. 4. 9, 95도2466; 2005. 8. 19, 2004도6859. 강구진, 324면; 김일수/서보학, 434면; 김대웅, 「신용카드를 이용한 현금자동인출기 사용행위의 형사책임」, 형사판례연구(11), 136면; 김우진, 「신용카드 부정사용죄의 기수시기」, 형사판례연구(3), 287면; 이재상, 374면; 임웅, 400면.

에 대금을 카드회사에 지불하겠다는 의사표시라고는 볼 수 없으므로 기망행위를 인정할 수 없고, 그 결과 착오도 인정할 수 없으므로 사기죄가 성립하지 않는다는 견해[1] 및 ③ 신용카드로 물품을 구입하는 행위는 묵시적 기망행위에 의한 사기죄가 성립하나, 현금자동인출기에서의 인출행위는 관리자의 의사에 반하여 그의 지배를 배제하고 현금을 자기 지배하로 옮긴 것으로서 절도죄에 해당한다고 보는 견해[2]가 있다.

생각건대 신용카드를 통한 물품구입·서비스이용과 현금자동인출기에서의 현금인출은 나누어 고찰하는 것이 타당하다. 전자의 경우에는 사기죄의 성립을 인정하는 것이 타당하다. 왜냐하면 이 경우에는 카드회원인 행위자가 신용카드회사에 대하여 대금채무를 이행한다는 전제하에 신용카드를 발급받았고, 카드가맹점으로부터 물품을 구입하거나 용역을 제공받는 것이기 때문에 이러한 채무이행의 의사나 능력이 없으면서 신용카드를 사용(제시)하는 것은 신용카드라는 도구를 이용한 기망행위를 한 것이며, 가맹점은 기망에 의한 착오로 인하여 물품 등을 제공한 것으로 볼 수 있기 때문이다. 판례 역시 마찬가지이다.[3]

한편 자기명의의 신용카드를 발급받고 결제의사나 능력이 없어진 상태에서 현금자동인출기에서 현금을 인출한 행위에 대해서는 기계에 대한 기망행위가 불가능하다는 이유로 사기죄의 성립을 부인하고, 절도죄 역시 성립하지 않는다고 보는 견해[4]가 있다. 이 경우에는 정당하게 발급받은 신용카드회원과 카드발행회사간의 사법적 문제에 해당한다고 보기 때문에 사기죄나 절도죄의 성립을 부인하는 것이 타당하다.[5]

1) 김영환, 「신용카드부정사용 행위에 관한 형법해석론의 난점」, 형사판례연구(3), 308면; 배종대, 336면. 독일형법은 이에 관한 특별구성요건인 수표카드 및 신용카드남용죄(§266 b, Mißbrauch von Scheck-und Kreditkarten. 이 구성요건은 3당사자 카드의 경우에만 적용되고 백화점카드와 같은 2당사자 카드의 경우에는 적용되지 않는다)를 규정하고 있으므로 일반구성요건인 사기죄는 법조경합으로 인하여 성립하지 않는다. 그러나 만일 기망행위를 통하여 신용카드를 발급받고 이를 부정사용한 경우에는 수표카드 및 신용카드남용죄(§266 b)와 사기죄(§263)의 상상적 경합이 인정된다(Tröndle/Fischer, §266 b Rn. 9). 독일판례에서는 — §266 b가 규정되기 전 — 카드소지자가 물품구입이나 서비스를 제공받을 때에 대금지불의사와 능력이 있는 것처럼 행동하였다면 사기죄의 미수에 해당할 수 있다고 보았다(BGHSt 33, 248).

2) 강동범, 「자기 신용카드의 부정사용행위에 대한 형사책임」, 형사판례연구(5), 374면 이하.

3) 대판 2005. 8. 19, 2004도6859.

4) 김영환, 앞의 논문, 261면; 서보학, 「자기명의 신용카드의 부정사용과 사기죄의 성부」, 형사법연구(제21호), 2004(여름), 293면; 임 웅, 400면; 하태훈, 「현금자동인출기 부정사용에 대한 형법적 평가」, 형사판례연구(4), 330면 이하.

5) 자기명의의 신용카드를 부정사용하는 행위는 여신전문금융업법(제70조 제1항)상의 신용카

2) 타인명의 신용카드의 부정사용 자신이 절취·강취하거나 습득한 타인명의의 신용카드를 카드가맹점에 대하여 자기의 것처럼 가장하여 물품 등의 제공을 받는 경우에는 사기죄가 성립한다.[1]

타인의 신용카드를 사용하여 현금자동지급기에서 현금을 인출하는 행위에 대해서는 ① 현금자동지급기가 기계라는 점을 들어 사기죄가 아니라 점유를 배제하는 절도죄에 해당한다는 절도죄설(판례)[2]과, ② 컴퓨터 등 사용사기죄는 재물을 객체로 하지는 않지만 재물은 재산상의 이익의 특별규정이므로 당연히 재산상의 이익에는 재물이 포함된다고 해석하는 컴퓨터 등 사용사기죄설[3]이 있다.

타인의 신용카드를 사용해서 현금을 인출하는 행위와 컴퓨터 등 사용사기죄(제347조의 2)의 성립 여부는 다음과 같은 이유로 난관에 봉착해 있다.

즉 재물과 재산상의 이익을 구별하고 있는 형법하에서 컴퓨터 등 사용사기죄의 행위객체는 재산상의 이익이므로 타인의 신용(현금)카드를 사용하여 현금지급기에서 현금을 지급받은 경우에는 본죄가 성립하지 않는다.[4] 또한 컴퓨터 등 사용사기죄의 입법목적은 "다른 사람의 통제를 받지 않거나 그를 기망하지도 않고 현금을 취득하지도 않은 채 예금구좌의 이동이나 대체송금을 통하여 재산상의 이익을 취득하는 경우에 사기죄에 의하여 처벌할 수 없다는 점을 고려"하여 신설한 규정이다.[5] 이 구성요건의 행위객체가 재산상의 이익만으로 규정되어 있는 것도 이러한 의미라고 본다. 따라서 타인의 현금카드를 사용하여 현금자동지급기에서 현금을 인출하는 행위는 컴퓨터 등 사용사기죄에 해당하지 않는다.

드부정사용죄에 해당하지 않는다.

1) 대판 1996. 7. 12, 96도1181.

2) 대판 1986. 3. 25, 85도1572; 1995. 7. 28, 95도997(이 판결에 대한 평석은 하태훈, 앞의 논문, 323면 이하 참조); 김대웅, 앞의 논문, 140면; 정영진, 「신용카드범죄의 유형과 제재」, 재판자료 제64집, 250면; 조 국, 「위임범위를 초과한 타인의 현금카드사용 현금인출의 형사적 죄책」, 형사판례연구(16), 2008, 161면; 이정원, 422면.

3) 김일수/서보학, 451면; 손동권, 고시연구(1996/5), 174면은 진실한 자료를 부정하게 사용하는 것은 제347조의 2의 구성요건에 포함시킬 수 없으므로 동죄의 성립을 부인한다. 그러면서도 만일 진실한 자료의 부정사용을 포함시킨다면 컴퓨터 등 사용사기죄가 성립하고 절도죄의 성립은 배제된다고 본다. 한편 임 웅, 394면 이하는 양죄 모두 부정한다.

4) 반면에 위임범위를 초과하여 현금자동지급기에서 현금을 인출하여 차액을 가진 경우에는 인출금액 중 초과한 금액부분의 비율에 상당하는 재산상의 이익이 증가한 것으로 보아 컴퓨터사용사기죄를 인정한 판례가 있다(대판 2006. 3. 24, 2005도3516).

5) 법무부, 「형법개정법률안 제안이유서」, 181면.

이상을 종합하면 결론적으로 이러한 행위는 절도죄로 처벌하는 수밖에 없다.[1] 절도죄 성립을 부인하는 견해[2]는 정당한 카드와 비밀번호를 입력하여 현금을 인출한 행위는 적법한 카드와 비밀번호를 입력하는 자에게 아무런 조건 없이 청구금액을 교부하겠다는 현금자동지급기 관리자의 의사와 상충하지 않는다는 데에 기초하고 있다.[3] 그러나 정당한 카드와 비밀번호를 입력하는 행위가 현금자동지급기의 기계적 기능에는 맞는다고 하더라도 이것이 반드시 절취라는 절도죄의 구성요건요소를 배제시키는 소위 양해에 해당한다는 견해[4]에는 찬동할 수 없다. 우선 신용카드는 양도·양수가 금지되므로(여신전문금융업법 제15조, 제70조 제 3 항 제 3 호) 반드시 카드명의인만이 사용하는 것을 전제하고 있다. 그러므로 타인명의의 신용카드를 사용하는 것 자체가 금지되는 것이다. 물론 현금자동지급기의 관리자는 사용자의 신원을 일일이 확인할 수 없다는 난점 때문에 신용카드회사와 면책약정을 체결할 수도 있다. 그러나 이러한 약정으로 인하여 타인명의의 신용카드를 사용하는 행위가 정당화되는 것은 아니다.[5] 그리고 절취당하는 대상을 현금자동지급기의 관리자로 보는 것도 타당하지 않다. 현금을 절취당하는 자는 기계관리자가 아니라 신용카드 명의인인데도 불구하고 기계관리자와의 표면적인 의사합치를 이유로 절도죄의 성립을 부인하는 것은 설득력이 없다.

한편 도난되거나 분실된 타인의 신용카드를 사용하는 행위는 여신전문금융업법 제70조 제 1 항에 따라서도 7년 이하의 징역이나 5천만원 이하의 벌금형으로 처벌된다. 여기에서 「분실하거나 도난당한 신용카드나 직불카드」라

---

1) 입법론적으로는 타인명의 신용카드를 부정사용하여 현금을 인출하는 행위의 형사책임에 관하여 학설이 대립되고 있는 상황에서는 이를 명백히 하는 것이 필요하다. 그러나 개정형법에서 재물을 제347조의 2의 행위객체에 포함시킨다고 하더라도 절도죄처럼 타인의 점유를 직접 배제하지 않고 기계 내의 현금의 점유를 침해하는 행위를 더 무겁게 처벌하는 것은 타당하지 않다. 즉 절도죄가 6년 이하의 징역이나 1천만원 이하의 벌금형인 데 반해 컴퓨터 등 사용사기죄는 10년 이하의 징역이나 2천만원 이하의 벌금에 처하기로 한 것은 양형상 문제가 있다고 본다. 참고로 독일형법은 절도죄(§242)는 5년 이하의 자유형이나 벌금형으로, 수표 및 신용카드부정사용죄(§266 b)는 3년 이하의 자유형이나 벌금형에 처하고 있다.

2) 김영환, 「신용카드부정사용에 관한 형법해석론의 난점」, 형사판례연구(3), 318면; 손동권, 앞의 논문, 173면; 오영근, 490면; 하태훈, 앞의 논문, 330면.

3) 손동권, 앞의 논문, 173면; 하태훈, 앞의 논문, 331면.

4) 손동권, 앞의 논문, 173면.

5) 이와 달리 하태훈, 앞의 논문, 331면은 신용카드와 비밀번호 소지자가 현금을 인출할 수 있도록 입력한 액수의 현금을 현금자동지급기를 통하여 교부하는 것은 신용카드회사의 조건 없는 점유이전의 의사표시라고 한다. 즉 점유침해행위를 부인하는 것이다.

함은 자기가 직접 절취 혹은 습득한 카드를 사용하는 경우를 의미하는 것이 아니라 타인이 절취 혹은 습득한 것을 사용하는 것으로 보아야 한다.[1] 이 경우에 여신전문금융업법상의 신용카드부정사용죄(제70조 제1항)와 사문서위조 및 동 행사죄는 법조경합의 관계에 있다는 것이 대법원판례의 입장이다. 즉 대법원은 타인의 신용카드를 부정사용한 경우 그 과정에서 있게 되는 매출표에의 서명 및 매출표의 교부는 전형적인 수반행위로서 사문서위조 및 동 행사의 죄는 신용카드부정사용죄에 흡수되어 신용카드부정사용죄의 죄만이 성립하고 별도로 사문서위조 및 동 행사죄는 성립하지 않는다고 본다.[2]

독일형법(§263 a, Computerbetrug)에서는 정보의 부당한 사용이나 정보처리에 영향을 미치는 행위(unbefugte Verwendung von Daten oder sonst durch unbefugte Einwirkung auf den Ablauf)를 통하여 재산상의 이익을 취득하는 행위를 컴퓨터사기죄에 포함시키고 있다. 그러므로 타인의 신용카드를 현금자동지급기 등에서 불법사용하는 행위는 당연히 컴퓨터사기죄에 포함된다.[3] 반면에 3당사자카드에서 정당한 수표 혹은 신용카드소지인이 사용액의 초과로 인하여 카드회사로 하여금 대금을 지불하게 하여 손해를 입힌 경우에는 수표 혹은 신용카드남용죄(§266 b, Mißbrauch von Scheck-und Kreditkarten)로 3년 이하의 자유형이나 벌금형으로 처벌된다. 이 경우에 일시적인 경미한 한도초과는 언제나 변제가 가능하다고 볼 수 있기 때문에 손해를 입힌 경우에 해당하지 않는다고 본다.[4]

3) 타인명의 신용카드를 훔친 후 현금을 인출하고 반환한 경우 타인의 신용카드를 훔쳐서 현금을 인출한 다음 이를 다시 소유자에게 반환한 경우에 신용카드에 대한 절도죄 성립여부가 특히 문제된다. 대법원은 이에 대하여 "신용카드업자가 발행한 신용카드는 이를 소지함으로써 신용구매가 가능하고 금융의 편의를 받을 수 있다는 점에서 경제적 가치가 있다 하더라도, 그 자체에 경제적 가치가 화체되어 있거나 특정의 재산권을 표창하는 유가증권이라고 볼 수 없고, 단지 신용카드회원이 그 제시를 통하여 신용카드회원

1) 이는 본법 제25조 제1항 전반부에서 「신용카드 등을 위조·변조한 자 또는 위조·변조된 신용카드 등을 판매하거나 사용한 자」로 구별하는 데 반해 도난·분실의 경우에는 이를 구분하지 않고 있기 때문이다. 그러나 판례는 「도난·분실된 신용카드 또는 직불카드를 판매하거나 사용한 자」에 절취한 본범도 포함된다고 본다(대판 1996.4.9, 95도2466; 1999.7.9, 99도857 참조). 입법적 정리가 필요한 부분이다.

2) 대판 1992.6.9, 92도77. 또한 대판 1993.11.23, 93도604도 타인의 신용카드를 제시한 것만으로는 신용카드부정사용죄에 해당하지 않는다고 본다.

3) Tröndle/Fischer, §263 a Rn. 8 a; SK/Samson, §263 a Rn. 6.

4) Lackner/Kühl, §266 b Rn. 6.

이라는 사실을 증명하거나 현금자동지급기 등에 주입하는 등의 방법으로 신용카드업자로부터 서비스를 받을 수 있는 증표로서의 가치를 갖는 것이어서, 이를 사용하여 현금자동지급기에서 현금을 인출하였다 하더라도 신용카드 자체가 가지는 경제적 가치가 인출된 예금액만큼 소모되었다고 할 수 없으므로, 이를 일시 사용하고 곧 반환한 경우에는 불법영득의 의사가 없다"고 판시하고 있다.[1)]

위 판결의 사실관계는 다음과 같다: 피고인이 1998. 3. 31. 15:00경 서울 종로구 명륜동 소재의 피고인이 종업원으로 일하던 '만화천국' 가게에서, 위 가게의 주인인 피해자가 자리를 비운 틈을 타서 위 피해자가 계산대 뒤의 창문에 두고 간 핸드백에서 피해자 소유의 신용카드 1장을 꺼내어 그 곳에서 약 50m 떨어진 신한은행 종로 5가 출장소에 설치된 현금자동지급기에서 위 신용카드를 이용하여 50만원을 현금서비스받고, 다시 위 가게로 돌아와서 피해자의 핸드백 안에 신용카드를 넣어 두었다.

(i) 이 판결에 대하여 신용카드나 현금카드를 분실·도난당한 카드명의인은 그 사실을 카드회사 또는 은행에 신고함으로써 제 3 자의 카드부정사용으로부터 발생한 금액에 대하여 원칙적으로 책임을 지지 아니한다. 그렇다면 카드의 사용절도행위는 카드의 현금인출기능이라는 '기능'을 사용한 것은 사실이지만, 사용으로 인하여 기능가치가 '감소'한 것은 아니므로 절도죄를 인정하지 않은 것은 타당하다는 입장이 있다.[2)]

(ii) 그러나 이러한 대법원의 입장은 사용(기능)가치를 중시하는 가치설과 물체설의 입장을 혼합한 결론이라고밖에 볼 수 없다. 즉 대법원은 신용카드의 기능가치를 파악하지 않고 신용카드 자체의 재산적 가치를 기준삼아 경제적 가치저하가 없었음을 이유로 불법영득의사를 부인하고 결과적으로 절도죄 성립을 부인하고 있는 것이다. 대법원이 절도죄에서의 불법영득의사를 재물에 대한 반환의사와 연계하여 파악한 점은 원칙적으로는 타당하다. 그러나 이는 영득의사의 대상인 신용카드를 물체설로 파악한 경우에만 가능한 이론이다. 신용카드는 그 자체로는 재산적 가치가 없으므로 교환가치도 없지만 현금인출기능이나 상품구매기능을 갖추고 있으므로 이러한 기능을 이용한 경

1) 대판 1999. 7. 9, 99도857.
2) 김일수/서보학, 299면; 배종대, 385면;이재상, 275면; 임 웅, 394면.

우에는 단순히 반환 여부가 아니라 기능가치의 실현 여부를 기준으로 판단하여야 할 것이다. 가치설이 등장한 배경도 바로 이러한 유형의 행위객체에 대한 불법영득의사를 인정하기 위한 것이다. 그럼에도 불구하고 대법원은 가치설의 대상이 되는 신용카드를 단순한 물체로 파악하고 기능가치의 저하가 없었고 반환하였다는 이유로 불법영득의사를 부인하고 있는 것이다.

대법원의 이러한 입장을 유지할 경우 만일 타인의 신용카드를 몰래 꺼내어 현금인출을 시도하다가 실패하여 다시 제자리에 갖다 놓은 경우에는 절도죄에 해당하지 않는다고 볼 수밖에 없다. 또한 신용카드를 훔쳐 사용하지도 않았지만 반환도 하지 않은 경우 신용카드의 기능가치만을 중시한다면 소유자는 새로이 신용카드를 발급받을 수 있으므로 절도죄가 성립하지 않는다고 보아야 할 것이다. 이는 재물절취는 있었는데 절도죄는 인정하지 않는 것으로서 타당하지 않다. 이러한 의미에서 가치설의 물체설에 대한 보충적·제한적 적용이 필요하다. 즉 경제적 가치가 없는 물건이라고 하더라도 물체설에 의하여 불법영득의사를 판단하고, 반환한 경우에 한하여 기능가치의 사용 여부를 기준삼아 불법영득의사를 판단하는 것이 타당하다(그러므로 신용카드를 훔쳐 예금인출을 시도하다가 실패하여 다시 제자리에 갖다 놓은 경우에는 절도죄의 미수를 인정하는 것이 타당하다).

이러한 입장과 관련하여 타인의 자동차를 사용한 다음 제자리에 갖다 놓은 경우의 차이점을 검토할 필요가 있다. 타인의 자동차를 일회 사용한 후 곧 반환한 경우에도 자동차는 사용가치의 현저한 저하 없이 재산적 가치는 유지된다고 볼 수 있다. 형법은 자동차등 불법사용죄(제331조의 2) 규정을 신설하여 불법영득의사가 없더라도 형사책임은 인정될 수 있지만 그렇지 않은 경우에는 사용절도에 불과한 것이 된다.

반면에 신용카드는 기술한 바와 같이 카드 자체는 재산적 가치가 없으며 현금인출이나 현금대출 혹은 상품구매와 같은 신용기능만을 가진 것에 불과하다. 만일 일회라고 하더라도 훔친 신용카드를 사용한 경우에는 신용카드 기능을 전면적으로 행사한 것이며, 카드반환은 이러한 기능의 회복에 연결된다고 볼 수 없다. 그리고 훔친 신용카드를 사용한 제 3 자의 사용금액에 대하여 분실신고를 이유로 민사상의 배상책임을 지지 않는 것은 사법적 효과에 관한 것으로서 형사책임의 인정 여부에 영향을 미치지 않는다.

(5) 매출전표의 허위작성행위

신용카드거래가 없었음에도 불구하고 있었던 것처럼 가장하여 매출전표를 작성하거나, 실제 매출금액을 초과하는 매출전표를 작성하여 신용카드회사로부터 해당금액을 수령하는 경우가 이에 해당한다. 여신전문금융업법(제19조 제 4 항, 제70조 제 2 항 제 2 호·제 3 호) 위반죄로 처벌된다.

3. 신용카드 부정사용죄의 기수시점

카드이용대금을 지불할 의사나 능력이 없음에도 불구하고 가맹점에서 물품 등을 구입한 경우에는 사기죄는 기수에 이른다. 타인의 신용카드를 부정사용하는 경우 역시 가맹점으로부터 상품 등을 교부받은 시점에서 기수에 이른다고 보아야 한다.

「여신전문금융업법」은 타인의 도난, 분실된 카드를 사용하는 자를 처벌하는 규정을 두면서 미수범 처벌규정을 두지 않고 있다(제70조 제 5 항 참조). 생각건대 신용카드의 주기능은 대금결제의 대체수단이라는 점에 있으므로 신용카드의 제시만으로는 아직 결제가 이루어졌다고 볼 수 없다. 즉 신용카드를 제시하였으나 카드소지자가 서명을 하지 않은 단계에서는 매출표를 작성하지 못한 상태이므로 아직 기수에 이르렀다고 보기 어렵다.[1] 그러나 이 경우에는 사기미수죄에 의한 처벌이 가능할 수 있다.

Ⅵ. 準詐欺罪

> 第348조【준사기】 ① 미성년자의 지려천박 또는 사람의 심신장애를 이용하여 재물의 교부를 받거나 재산상의 이익을 취득한 자는 10년 이하의 징역 또는 2천만원 이하의 벌금에 처한다.
> ② 전항의 방법으로 제 3 자로 하여금 재산의 교부를 받게 하거나 재산상의 이익을 취득하게 한 때에도 전항의 형과 같다.
> 第352조【미수범】 미수범은 처벌한다.
> 第353조【자격정지의 병과】 본장의 죄에는 10년 이하의 자격정지를 병과할 수 있다.

미성년자의 지려천박 또는 일반인의 심신장애의 상태를 이용하여 재물 또는 재산상의 이익을 취득함으로써 성립하는 죄이다.[2] 미수범도 처벌된다.

1) 대판 1993. 11. 23, 93도604.
2) 일본형법 제248조(준사기)에 동일한 규정이 있다(10년 이하의 징역형에 처하며 미수범도 처벌한다).

여기에서 지려천박이라 함은 생각이 깊지 못한 것으로서 그 정도가 하자있는 의사표시를 할 정도인 경우를 말하며, 심신장애라 함은 형사책임능력을 의미하는 것이 아니라 일반거래상의 정상적인 판단능력을 말한다. 그러므로 한정책임능력자를 단순히 이용하였다고 하여 반드시 본죄에 해당하는 것은 아니다.

의사능력이 완전히 상실된 자에 대한 경우에는 준사기죄가 아니라 절도죄에 해당한다. 이러한 경우에는 점유능력이 인정되기 어렵기 때문이다. 또한 심신장애를 야기하여 재물이나 재산상의 이익을 취한 경우에는 강도죄에 해당한다. 미성년자란 20세 미만의 자를 말한다(민법 제3조). 미성년자인 것만으로 본죄가 성립하는 것이 아니라 미성년자의 지려천박을 이용하였어야 한다.

사기죄가 성립하면 본죄는 성립하지 않는다. 즉 만일 본죄의 상대방에 대하여 적극적으로 기망행위를 한 경우에는 준사기가 아니라 사기죄에 해당한다.

본죄는 상대방이 이미 착오에 빠져 있다고 보아 재산상의 처분행위와 재산상의 손해발생간의 인과관계가 불필요하기 때문에 위험범이라는 견해가 있다.[1] 심신장애나 지려천박의 상태는 사기죄에서의 기망행위에 의한 착오상태와 유사하기 때문에 이를 이용하고자 하는 행위가 있으면 언제나 본죄가 완성된다는 것이 그 이유이다. 그러나 본죄도 사기죄와 마찬가지로 침해범에 해당한다고 보아야 한다.[2] 상대방의 처분행위와 이로 인한 자기 또는 제 3 자의 재물이나 재산상의 이익취득은 본죄의 구성요건요소로서 사기죄와 달리 해석하여야 할 이유가 없기 때문이다. 특히 위험범으로 볼 경우 본죄의 특성상 미수범성립을 인정하기가 사실상 곤란하여진다.

Ⅶ. 便宜施設不正利用罪

> 第348조의 2【편의시설부정이용】 부정한 방법으로 대가를 지급하지 아니하고 자동판매기, 공중전화 기타 유료자동설비를 이용하여 재물 또는 재산상의 이익을 취득한 자는 3년 이하의 징역, 500만원 이하의 벌금, 구류 또는 과료에 처한다.
>
> 第352조【미수범】 미수범은 처벌한다.

1) 유기천(상), 252면; 이재상, 359면.
2) 김성천, 949면; 김일수/서보학, 460면; 배종대, 389면; 이형국, 393면; 임 웅, 403면.

第353조【자격정지의 병과】 본장의 죄에는 10년 이하의 자격정지를 병과할 수 있다.

1. 의 의

본죄는 부정한 방법으로 대가를 지급하지 아니하고 자동판매기, 공중전화 기타 유료자동설비를 이용하여 재물 또는 재산상의 이익을 취득하는 경우에 성립하는 죄이다.

유료자동설비의 사회적 기능을 보호하기 위한 규정으로서 보호법익은 개인 또는 공공의 재산이다.[1] 본죄는 기존의 절도죄나 사기죄의 구성요건으로는 처벌이 불가능한 행위를 처벌하기 위하여 신설한 규정이다. 즉 기계에 대한 기망행위를 인정할 수 없으므로 사기죄를 인정할 수 없거나, 기계설비를 이용만 한 경우에는 재물취득을 인정할 수 없기 때문에 절도죄가 성립한다고 볼 수 없었다. 따라서 본죄의 신설로 인하여 이러한 공백을 없애고 동시에 죄질이 상대적으로 약한 행위를 절도죄나 사기죄보다 가볍게 처벌할 수 있게 되었다.

2. 객관적 구성요건

(1) 행위객체

본죄의 행위객체는 자동판매기, 공중전화기 기타 유료자동설비이다. 유료자동설비란 자동판매기처럼 대가를 지급하면 물품이 제공되는 물품자동제공장치와 대가를 지급하면 설비 자체가 갖는 능력이 제공되는 용역자동제공장치를 모두 포함한다. 그러나 본죄에서는 자동판매기를 규정하고 있기 때문에 유료자동설비에는 후자만을 의미한다고 보는 것이 타당하다.[2] 여기에는 동전을 넣어야 작동되는 공중전화기, 컴퓨터게임기, 자동놀이기구 등이 포함된다.

독일형법(Erschleichen von Leistungen, § 265 a)은 교통시설의 무료이용, 공연장소나 공공시설물에의 무료입장을 포함하지만 본죄는 이를 규정하고 있지 않으므로 제외된다고 보아야 한다.[3] 그러나 우리 형법상 기만적 방법으로

1) 독일의 다수설이다(BayOLG NJW 1986, 1504; OLG Suttgart NJW 1990, 924; Lackner/Kühl, § 265 a Rn. 1; Sch/Sch/Lenckner, § 265 a Rn. 1). 배종대, 346면; 이재상, 360면; 이형국(I), 466면.

2) Wessels/Hillenkamp, BT/2, Rn. 642 참조.

3) 법무부의 개정법률안에는 대가를 지급하지 아니하고 공중교통기관을 이용하는 행위를 처벌하는 규정이 포함되어 있었으나 개정형법에서는 제외되었다.

이러한 시설에 무료입장하는 경우에는 사기죄에 해당할 수 있다. 만일 이러한 시설의 이용이 자동화되어 있는 경우에 대가를 지급하지 않고 부정하게 이용하면 본죄에 해당된다고 보아야 한다.

(2) 행위방법

본죄의 행위는 대가를 지급하지 않고 편의시설을 부정하게 이용하는 것이다. 부정한 이용이란 자동편의시설의 권한 없는 이용이나 이용규칙·방법에 반하여 사용하는 것을 의미한다. 예를 들면 위조주화 등을 투입하여 자동판매기에서 물품을 취득하거나 공중전화를 이용하는 행위이다.[1] 그러나 훔친 동전을 공중전화기에 투입하여 전화를 하였더라도 본죄에 해당하지 않는다. 기술적 방법을 통하여 자신이 이용하는 전화요금이 타인의 전화번호에 계산되도록 하는 행위도 본죄에 해당한다. 예컨대 타인의 무선전화비밀코드를 자신의 무선전화기에 입력시켜 이용함으로써 도용당하는 타인 앞으로 전화요금이 청구되도록 하는 행위이다.[2]

요금자동설비를 본래의 용도가 아닌 비정상적인 방법으로 이용하는 행위는 대가를 지급하지 않았더라도 본죄에 해당하지 않는다. 예컨대 공중전화기를 파괴하여 안에 든 현금을 꺼내 가는 행위는 본죄가 아니라 절도죄에 해당한다. 마찬가지로 자동편의시설 자체의 부정이용이 아닌 경우도 본죄에 해당하지 않는다. 한편 본죄는 기망행위를 전제로 하지는 않는다. 기망행위에 의한 부정이용은 본죄가 아니라 사기죄에 해당할 수 있다.

기술적 결함을 단순히 이용한 경우(예: 공중전화기가 고장이 나서 주화를 투입하지 않고도 통화가 가능한 점을 알고 전화통화를 하는 경우)에도 본죄의 부정이용에 해당한다고 볼 수 있는지가 문제된다. 이에 대해서는 긍정설[3]이 있으나 이를 부인하는 것이 타당하다.[4] 왜냐하면 본죄의 행위자는 정상적 이용행위를 가장하는 행위를 하여야 하기 때문이다.

대가를 지급하지 않고 자동판매기를 이용하여 재물 등을 취득하는 경우에는 기존의 절도죄에 해당한다고 볼 수도 있으나 본죄의 신설로 인하여 절

1) 독일의 경우 허락 없이 타인의 전화기를 무단사용하는 것도 본죄에 해당한다는 견해가 있다(Sch/Sch/Lenckner, § 265 a Rn. 8).
2) Sch/Sch/Lenckner, § 265 a Rn. 10.
3) Wessels/Hillenkamp, BT/2, Rn. 636; LK/Lackner, § 265 a Rn. 7.
4) Falkenbach, 「Die Leistungserschleichung(§ 265 a)」(1983), 84; SK/Samson, § 265 a Rn. 9; Sch/Sch/Lenckner, § 265 a Rn. 9.

도죄에는 해당하지 않는다. 전화카드나 선불카드, 지하철 정액권상의 자기띠에 부정한 명령을 입력하여 사용금액을 초과한 다음에도 계속 이용하는 행위는 본죄가 아니라 컴퓨터 등 사용사기죄에 해당한다고 보아야 한다.[1)]

본죄는 특수매체기록 등의 정보조작 이외의 방법으로 대가를 지급하지 않고 자동편의시설을 부정이용하는 행위를 처벌대상으로 하는 것이며, 컴퓨터 등 사기죄는 특수매체기록 등에 부정한 명령 등을 입력하여 정보처리를 하게 하고 이를 통하여 재산상의 이익을 취득하는 것을 요건으로 하기 때문이다.

[판례] 타인의 후불식 전화카드사용과 편의시설부정이용죄

대법원은 타인 소유의 케이티 전화카드(한국통신의 후불식 통신카드)를 절취하여 전화통화를 함으로써 전화요금(647,522원)에 해당하는 재산상의 이득을 취득한 행위가 편의시설부정이용죄(제348조의 2)에 해당하지 않는다고 판시하였다. 즉 「형법 제348조의 2에서 규정하는 편의시설부정이용의 죄는 부정한 방법으로 대가를 지급하지 아니하고 자동판매기, 공중전화 기타 유료자동설비를 이용하여 재물 또는 재산상의 이익을 취득하는 행위를 범죄구성요건으로 하고 있는데, 타인의 전화카드(한국통신의 후불식 통신카드)를 절취하여 전화통화에 이용한 경우에는 통신카드서비스 이용계약을 한 피해자가 그 통신요금을 납부할 책임을 부담하게 되므로, 이러한 경우에는 피고인이 '대가를 지급하지 아니하고' 공중전화를 이용한 경우에 해당한다고 볼 수 없어 편의시설부정이용의 죄를 구성하지 않는다」고 판시한 것이다(대판 2001. 9. 25, 2001도3625).[2)]

편의시설부정이용죄에서 유료자동설비를 부정하게 이용한다는 것은 이용자가 대가를 지급하지 아니한다는 것을 의미한다. 그런데 이용자가 대가를 지급하지 아니한다는 의미에 대하여 대법원 판결은 유료자동설비의 설치자나 소유자에게 대가를 지급하지 아니한 경우를 의미하는 것으로 해석하고 있다. 그 결과 본 판결에서 대법원은 비록 전화카드를 절취한 자가 이를 사용하여 전화통화를 하였다고 하더라도 이는 후불카드이기 때문에 결국 통신카드서비스 이용계약을 한 피해자가 그 통신요금을 납부할 책임을 부담하게 되므로 편의시설부정이용죄를 구성하지 않는다고 판시한 것이다.

이러한 대법원의 입장과 달리 대가를 지급하지 아니한 부정이용의 의미를 이용자가 대가를 지급하지 아니한 경우를 의미하는 것으로 해석하면 결론은 달라질 것이다. 문제는 본죄의 구성요건의 입법취지가 유료자동설비에 대한 행위자의 부정이용행위를 처벌하기 위한 규범으로 이해할 것인가, 아니면 편의시설이나 유료자

1) 이에 대하여 김일수/서보학, 465면; 오영근, 442면은 본죄를 컴퓨터 등 사용사기죄의 특별법으로 보아 편의시설부정이용죄를 인정한다.

2) 동 판결에 대한 자세한 평석은 박상기, 「편의시설부정이용죄의 본질과 전화카드의 문서성」, 형사판례연구(11), 191면 이하 참조.

동설비 소유자에 대한 재산침해행위를 금지하는 규범으로 볼 것인가의 문제에 귀착된다.

본죄에서 편의시설을 부정하게 이용한다는 것은 대가를 지급하지 아니한 이용을 말하는 것으로서 이는 자동편의시설의 권한 없는 이용이나 이용규칙 또는 이용방법에 반하여 사용하는 것을 말한다. 예를 들면 자동판매기에 위조주화 등을 투입하여 물품을 취득하거나 공중전화를 이용하는 행위이다. 그리고 행위자는 부정이용을 통하여 재물이나 재산상의 이익을 얻게 되는 것이다.

이는 본죄가 사기죄의 보충적 구성요건에 해당한다는 점과 연관하여 판단할 문제이다. 즉 본 구성요건이 상정하는 유료자동설비에 대한 부정이용은 사람을 대상으로 한 기망행위를 통한 이익취득이 아니기 때문에 사기죄를 적용할 수 없다는 구성요건적 흠결상황을 보완하기 위한 구성요건인 것이다. 그렇다면 본죄와 사기죄의 차이점은 대상이 사람이 아니라 기계라는 점이며, 행위자가 구성요건해당행위를 통하여 재물이나 재산상의 이익을 취득하는 점에서는 다를 바가 없다. 그럼에도 불구하고 판시 사건에서 대법원은 행위자의 이익취득에도 불구하고 통신회사에 재산상의 손해발생이 없다는 이유로 본죄의 성립을 부정한 것은 타당하지 않다. 대법원 판례의 입장을 따르면 만일 기술적 방법을 통하여 자신이 이용하는 전화요금이 타인의 전화번호에 계산되도록 하는 행위도 본죄에 해당하지 않는다고 보아야 할 것이다. 즉 예를 들어 타인의 무선전화비밀코드를 자신의 무선전화기에 입력시켜 이용함으로써 도용당하는 타인 앞으로 전화요금이 청구되도록 하는 행위에 대해서도 통신회사의 입장에서는 재산상의 불이익이 없다고 보는 것과 같다. 또한 사기죄에서 판례의 일관된 입장은 사기죄가 성립하는 데에 피해자에게 재산상의 손해발생이 필요하지 않다는 것이다(대판 1985. 5. 14, 80도2973). 그리고 행위자의 기망행위와 재물이나 재산상의 이익취득이 인정되면 사기죄를 인정하고 있다. 이러한 점과 비교해 볼 때에도 본죄의 경우에 이용자의 재산상의 이득에도 불구하고 통신회사에 재산상의 불이익이 없다는 것을 이유로 본죄의 성립을 부인하는 것 역시 균형이 맞지 않는 해석이다.

위 판결에서 대법원이 통신회사측에 재산상의 피해가 없기 때문에 편의시설부정이용죄에 해당하지 않는다고 판시한 것은 본죄의 성격을 오해한 데서 비롯된다고 볼 수 있다. 즉 판시 사건에서는 재산상의 피해자가 없는 것이 아니라 사용하지 않은 통화요금을 지불하여야 하는 통신카드서비스 이용계약 체결자가 피해자로서 존재하는 것이다. 재산범죄에서 피해자는 행위자의 행위로 인하여 재산상의 피해를 입은 자로서 여기에는 행위의 직접대상자도 있고, 제 3 자도 있을 수 있다. 마치 삼각사기에서 피기망자가 재산상의 피해를 입지 않았지만 제 3 자가 재산상의 피해를 입어 사기죄를 인정하는 것과 마찬가지이다.

대법원 판례는 대가를 지급하지 않는 행위방법과 공중전화 등 유료자동설비의 기능이용 혹은 작동을 직접 연결함으로써 판결내용과 같은 해석을 한 것으로 보인다. 즉 이러한 행위객체는 언제나 대가지급을 하지 않는 행위를 통하여 작동하여야 한다고 본 것이다. 그러나 본죄의 행위객체는 소유자의 의사와 무관하게 언제나 작동할 수 있는 기계장치이다. 그런 점에서 이용행위의 무대가성을 곧 대가 없는 작동의 경우만으로 제한하여 보는 것은 너무 협소한 해석이라고 하지 않을 수 없다.

3. 주관적 구성요건

본죄는 대가를 지불하지 아니하고 물품을 취득하거나 재산상의 이익을 취득하고자 하는 고의가 있어야 한다. 즉 대가를 지급하여야 한다는 데 대한 인식이 필요하다. 만일 무료인데도 불구하고 대가를 지불하여야 하는 것으로 오인한 경우에는 불능미수에 해당한다. 반대로 대가를 지불해야 하는데도 불구하고 무료라고 오인한 경우에는 구성요건의 착오에 해당한다. 또한 본죄는 재물 또는 재산적 이익에 대한 불법영득(이득)의사가 있어야 한다.

4. 미 수 범

본죄의 미수범은 처벌한다. 본죄는 재물이나 재산상의 이익을 취득한 때에 기수범이 되므로 이러한 단계에 미치지 못한 경우에는 미수범에 해당한다. 위조주화를 공중전화기 등에 투입하였으나 아직 통화가 이루어지지 않은 경우가 그 예이다.

5. 다른 범죄와의 관계

본죄는 문서위조죄(제225조, 제231조) 및 동 행사죄(제229조, 제234조)(예: 공연장 입장권을 위조하여 입장한 경우), 공전자기록 등 위작·변작죄(제227조의 2, 제232조의 2)와의 상상적 경합관계가 가능하다. 컴퓨터 등 사용사기죄(제347조의 2)와는 행위객체 및 행위방법을 달리한다.

Ⅷ. 不當利得罪

제349조【부당이득】 ① 사람의 궁박한 상태를 이용하여 현저하게 부당한 이익을 취득한 자는 3년 이하의 징역 또는 1천만원 이하의 벌금에 처한다.
② 전항의 방법으로 제 3 자로 하여금 부당한 이익을 취득하게 한 때에도 전항의 형과 같다.

제351조【상습범】 상습으로 제349조의 죄를 범한 자는 그 죄에 정한 형의 2분의 1까지 가중한다.

제353조【자격정지의 병과】 본장의 죄에는 10년 이하의 자격정지를 병과할 수 있다.

제354조【친족간의 범행, 동력】 제328조와 제346조의 규정은 본장의 죄에 준용한다.

Ⅰ. 의 의

본죄는 사람의 궁박한 상태를 이용하여 현저하게 부당한 이익을 취득하는 소위 폭리행위를 처벌하는 것이다. 본죄의 보호법익은 전체재산이다.

독일형법 역시 부당이득죄와 유사한 폭리죄(Wucher, § 302 a)를 처벌한다. 그 내용은 다음과 같다. 즉 타인의 궁박상태, 무경험, 판단능력의 결여 혹은 중대한 의사미약을 통하여 자기 또는 제 3 자가 ① 가옥임대 및 부수적 용역제공(Mietwucher), ② 신용공여약속(Kreditwucher), ③ 기타 용역, ④ 이상의 용역의 중개를 통하여 현저하게 불균형한 재산상의 이익을 약속하게 하거나 보장하도록 하여 폭리를 취한 때에는 3년 이하의 자유형이나 벌금형에 처한다(제1항 전문). 이러한 독일형법상의 폭리죄는 우리 형법의 준사기죄와 부당이득죄를 결합한 형태라고 할 수 있다.

본죄는 사회 내에서 약자적 위치에 있는 개인이 경제적 수탈의 희생물이 되는 것을 방지하기 위한 것이다. 그러므로 본죄는 사회일반을 대상으로 하는 사회적 폭리행위(Sozialwucher. 예: 주택난을 이유로 터무니없이 고액의 집세를 받는 행위 혹은 긴급상황에서 생활필수품을 폭리를 취하면서 판매하는 행위)를 처벌하는 것이 아니라 특정개인을 대상으로 하는 개인적 폭리행위(Individualwucher)를 처벌하는 것이다. 그러나 양자의 구별이 분명한 것이 아니기 때문에 개인에 대한 현저한 부당이득이 일반화된 사회적 현실로 인한 불가피한 결과라고 하여 본죄가 성립하지 않는 것은 아니다. 예를 들면 주택난이 심각하고 일반화된 현실이라고 하여 이를 사회적 폭리행위의 범주에 넣어 본죄의 적용대상에서 배제할 수는 없는 것이다.

본죄가 성립하기 위해서는 반드시 재산상의 손해발생을 요건으로 하지 않으며 재산손실의 위험상태에 빠져도 기수라고 보는 견해가 있다(위험범설).[1] 궁박상태에 빠진 개인을 재산손실의 위험에서 보호하는 것이 본죄의 목적이라는 것이 그 이유이다. 그러나 이는 독일형법의 해석으로는 타당할지라도 부당이득을 취함으로써 기수에 이른다고 규정하고 있는 우리 형법의 해석으로는 타당하지 않다. 또한 사기죄와의 균형상으로도 침해범이라고 보는 것이 타당하다.[2] 본죄의 미수범은 처벌하지 않는다.

---

1) 강구진, 336면; 유기천(상), 253면; 이재상, 362면. 독일의 경우 Tröndle/Fischer, § 302 a Rn. 3; Sch/Sch/Stree, § 302 a Rn. 2.

2) 김성천, 954면; 김일수/서보학, 466면; 백형구, 192면; 오영근, 443면; 이정원, 430면; 이형국, 398면; 임 웅, 409면; 정성근/박광민, 395면.

2. 객관적 구성요건

본죄의 구성요건은 사람의 궁박한 상태를 이용하여 현저하게 부당한 이익을 취하는 것이다.

(1) 궁박한 상태

궁박한 상태에 있는 상대방을 이용하였어야 한다. 여기에서 궁박한 상태란 급박한 궁박을 의미하는 것으로서[1] 파산이나 부도 직전의 경제적 궁핍상태나 생명·명예에 대한 정신적·육체적 궁박상태 혹은 사회적 궁박상태(예: 사회문제가 될 정도의 심각한 주택난, 자금난 등의 경우)를 포함한다. 본인에 의하여 궁박한 상태를 초래하였더라도 상관 없다.

(2) 현저하게 부당한 이익

부당한 이익을 취하여야 하며 그 정도는 현저하여야 한다(예: 터무니없이 비싼 임대료 및 중개수수료, 연 50%의 이자 등). 현저히 부당한가의 여부에 대한 판단은 일반적·추상적이 아니라 행위 당시의 사정을 구체적으로 종합하여 판단할 문제이다.[2] 그러나 부당한 이익의 취득이 법률상 유효 또는 무효인가 여부는 범죄성립에 영향을 미치지 않는다.

판단의 기준은 행위자가 아니라 피해자의 관점이어야 한다. 대체적으로는 행위자의 급부와 피해자의 반대급부가 사회에서 이루어지고 있는 통상적인 거래수준에 비추어 볼 때 지나치게 불균형을 이룬다고 판단되는 경우를 말한다. 그러므로 피해자의 손실과 행위자(또는 제 3 자)의 이익의 총액을 비교하여 판단하여야 하며, 비록 피해자가 사후적으로 이익을 얻게 되더라도 이는 비교의 대상이 되지 않는다.

[판례] 300만원의 변제에 갈음하여 합계 600여만원의 대물변제를 받은 것만으로는 현저하게 부당한 이득을 취득한 것이라고 보기 어렵다고 판시하였다(대판 1972. 10. 31, 72도1803).

(3) 궁박한 상태의 이용

궁박한 상태를 이용하여 현저하게 부당한 이익을 취득하였어야 한다. 이는 상대방의 경제적·사회적·신체적 궁박상태 등을 자기 또는 제 3 자의 이익취득의 기회로 삼는 것을 말한다. 본죄의 본질은 바로 개인이 처한 궁박상

1) 대판 2005. 4. 15, 2004도1246.
2) 강구진, 335면; 김성천, 954면; 김일수/서보학, 466면; 이재상, 463면; 이형국, 398면; 임웅, 409면.

태로 인하여 초래된 공정하지 못한 거래조건을 인정하지 않음으로써 개인을 보호하는 데에 있으므로 이러한 착취행위는 본죄의 구성요건의 핵심이 된다.

(4) 자기 또는 제 3 자의 이익의 취득

부당이득행위를 통하여 이익을 취득하는 자는 행위자 본인은 물론 제 3 자도 포함된다.

3. 주관적 구성요건

본죄의 고의는 상대방이 궁박한 상태에 있다는 사실에 대한 인식과 이를 이용하여 현저하게 부당한 이익을 취득한다는 점에 대한 인식이 있어야 한다.

Ⅸ. 常習詐欺 등의 罪

제351조【상습범】 상습으로 제347조 내지 전조의 죄를 범한 자는 그 죄에 정한 형의 2분의 1까지 가중한다.
제352조【미수범】 제351조의 미수범은 처벌한다.
제353조【자격정지의 병과】 본장의 죄에는 10년 이하의 자격정지를 병과할 수 있다.
제354조【친족간의 범행, 동력】 제328조와 제346조의 규정은 본장의 죄에 준용한다.

상습의 개념은 상습절도죄에서와 동일하다. 본죄에서 사기의 습벽은 범인의 사기행위를 기초로 하여 법원이 판단하는 것이고 반드시 전과사실의 존재가 필요한 것은 아니다.[1] 그러나 단시일 내에 동종의 범행을 반복한 경우에는 상습성을 인정할 수 있다.[2]

본죄는 특정경제범죄 가중처벌 등에 관한 법률에 의하여 처벌이 가중된다. 즉 상습사기로 인한 사취금액이 5억원 이상 50억원 미만인 때에는 3년 이상의 유기징역에 처하며, 50억원 이상인 때에는 무기징역 또는 5년 이상의 징역에 처한다(동법 제 3 조).

1) 대판 1966.11.22, 66도1288.
2) 대판 1978.7.11, 78도1429.

제 5 절 恐喝의 罪

Ⅰ. 序 論

1. 의 의

공갈죄는 사람을 공갈하여 재물의 교부를 받거나 재산상의 불법한 이익을 취득하거나 타인으로 하여금 이를 얻게 함으로써 성립하는 범죄이다.

사기죄와의 차이는 행위수단에 있다. 그러나 상대방에 의한 재산상의 처분행위를 요건으로 한다는 점에서는 동일하다(그렇지만 사기죄의 경우 처분행위자는 자신의 행위가 재산상의 손해를 발생하게 되리라는 사실을 인식하지 못하고 있기 때문에 무의식적 자손행위라고 볼 수 있는 반면에 공갈죄의 경우에는 인식 있는 처분행위이다).

강도죄와는 강도죄가 폭행·협박에 의해 재물 또는 재산상의 이익을 취득함으로써 성립하는 데 반하여 공갈죄에서는 피공갈자 스스로 하자 있는 의사에 기하여 재산상의 처분행위를 하는 데에 그 차이가 있다(엄밀히 말하자면 공갈죄에서의 처분행위는 사기죄에서처럼 자유의사에 기한 것이라기보다는 '인식하에서의 처분행위'로 이해하는 것이 정확하다).

2. 보호법익

공갈죄는 1차적으로는 개인의 재산을 보호하고, 2차적으로는 의사결정의 자유를 보호하기 위한 것이다. 따라서 사기죄의 경우에 피기망자는 사기죄의 피해자가 아닐 수도 있으나(삼각사기 참조), 공갈죄는 피공갈자가 재산상의 피해자가 아니라 할지라도 자유권이 침해된 점에서 역시 공갈죄의 피해자라 할 수 있다.

Ⅱ. 構成要件體系

공갈죄(제350조)를 기본적 구성요건으로 하고, 상습공갈죄(제351조)를 가중적 구성요건으로 규정하고 있다. 그 밖에 폭력행위 등 처벌에 관한 법률(제2조, 제3조)에서 가중처벌하고 있으며, 특정경제범죄 가중처벌 등에 관한 법률(제3조 제1항)에 의해 이득액이 5억원 이상인 때에는 3년 이상의 유기징역, 50억원 이상인 때에는 무기 또는 5년 이상의 징역에 처한다.

Ⅲ. 恐喝罪

제350조【공갈】 ① 사람을 공갈하여 재물의 교부를 받거나 재산상의 이익을 취득한 자는 10년 이하의 징역 또는 2천만원 이하의 벌금에 처한다.
② 전항의 방법으로 제3자로 하여금 재물의 교부를 받게 하거나 재산상의 이익을 취득하게 한 때에도 전항의 형과 같다.
제352조【미수범】 제350조의 미수범은 처벌한다.
제353조【자격정지의 병과】 본장의 죄에는 10년 이하의 자격정지를 병과할 수 있다.
제354조【친족간의 범행, 동력】 제328조와 제346조의 규정은 본장의 죄에 준용한다.

1. 객관적 구성요건

(1) 행위객체

타인이 점유하는 재물 또는 재산상의 이익이다.

(2) 행위방법

1) 공갈행위 본죄의 행위방법은 공갈이다. 공갈이란 폭행 또는 협박으로 외포심(두려움)을 일으키게 하는 것을 말한다. 공갈의 정도는 폭행죄나 협박죄에서와 같은 수준의 것을 의미한다. 강도죄는 피해자의 반항을 억압할 정도의 폭행·협박을 필요로 하는 데 반하여 공갈죄는 피해자의 임의의사를 제한하는 정도의 폭행·협박을 필요로 한다.[1)]

공갈죄에서의 폭행은 사람의 의사에 대한 정신적 폭력, 즉 심리적 폭력만을 의미하는 점에서 물리적 폭력을 포함하는 폭행죄와 다르다는 것이 다수견해이다.[2)] 왜냐하면 재산상의 처분행위를 기초로 하여 재물이나 재산상의 이익을 취득하는 공갈죄의 속성상 피공갈자의 의사에 기한 재산상의 처분행위는 절대적 폭력 앞에서는 이루어질 수 없기 때문이라는 것이다.

그러나 폭행·협박의 정도를 기준으로 하지 않고 종류나 형태만을 기준으로 하는 것은 타당하지 않다. 양자의 차이는 양적인 것에 불과하기 때문이며,[3)] 물리적 폭력이라고 하더라도 의사형성의 가능성이 있는 정도에 그친 경우에는 강도죄가 아니라 공갈죄에 해당한다고 볼 수 있기 때문이다. 또한 다

1) 대판 1961.5.12, 4294형상101.
2) 김일수/서보학, 471면; 배종대, 507면; 이재상, 378면; 이형국, 403면; 임 웅, 413면.
3) 강구진, 338면.

수설의 견해는 독일형법이 단순공갈죄(§253, Erpressung)의 경우 행위수단을 심리적 폭력만으로 제한[1]하는 데에 기인한다고 볼 수 있다. 그러나 독일형법은 가중적 공갈죄(§255, Räuberische Erpressung)에서 사람에 대한 절대적 폭력을 행위방법으로 규정하고 있는 점을 감안할 때 양자를 구별하지 않고 있는 우리 형법 해석상 공갈죄의 행위방법을 심리적 폭력만으로 제한하는 것은 타당하지 않다.

[예] 하교길의 중학생을 동료 중학생이 복부를 주먹으로 때리자 겁이 나고 귀찮아서 요구하는 돈을 주머니에서 꺼내준 경우에는 강도죄가 아니라 공갈죄가 성립한다고 보아야 한다.

2) 해악의 내용 고지하는 해악의 내용에는 제한이 없으므로 생명·신체나 명예, 재산, 자유, 신용 등에 대한 것이 포함된다.

[판례] ① 간통사실을 알리겠다고 하면서 금품을 수수한 경우(대판 1984. 5. 9, 84도573).
② 방송사 기자가 부실공사를 방송으로 보도하겠다고 위협하여 건설회사 경영주로부터 무마비조로 금품을 받은 경우(대판 1991. 5. 28, 91도80).
③ 부실공사 관련기사에 대한 해당 업체의 반박광고가 있음에도 반복기사가 나간 상태에서, 그 신문사 사주 및 광고국장이 그 업체 대표이사에게 감정이 격앙되어 있는 기자들의 분위기를 전하는 방식으로 자사 신문에 사과광고를 게재토록 하면서 과다 광고료를 받은 경우(대판 1997. 2. 14, 96도1959).

해악의 내용이 위법하거나 실현가능한 것을 필요로 하지 않는다. 또한 해악의 내용이 진실하거나 행위자가 이를 실현할 의사를 가지고 있지 않더라도 상관없다.

3) 해악고지의 방법 해악고지의 방법에는 제한이 없다. 명시적·묵시적 방법이거나 동작의 방법으로도 가능하다. 또한 구두나 서면전달의 방법에 의해서도 가능하다. 해악의 고지는 반드시 행위자가 할 필요도 없으며 어떠한 방법이든 피해자에게 도달하면 된다.

(3) 재산상의 처분행위

1) 처분행위의 내용 피공갈자는 재산상의 처분행위를 하여야 한다. 공갈죄는 재산범으로서 처분행위의 내용은 재산에 대한 것이어야 하므로 경제적 이익과 무관한 부녀와의 정교는 비록 공갈행위를 통하여 이루어졌다고

1) Tröndle/Fischer, §253 Rn. 5; LK/Herdegen, §253 Rn. 3; Sch/Sch/Eser, §253 Rn. 3.

하더라도 공갈죄가 성립하는 것은 아니다.[1] 처분행위의 방법은 작위뿐만 아니라 부작위 혹은 묵인(수인)의 방법으로도 가능하다(예: 상점주인에게 공갈행위를 하여 대금을 지불하지 않고 진열하여 둔 상품을 가지고 간 경우 상점주인의 행위는 묵인에 의한 재산상의 처분행위에 해당한다).

2) **처분행위의 직접성** 공갈행위에 의하여 강요된 행위(작위, 부작위, 수인)가 직접 재산상의 처분행위이어야 하는가에 대해서는 논란이 있다. 이는 사기죄와 마찬가지로 공갈죄에서도 피공갈자의 재산상의 처분행위로 인하여 직접 재산상의 손해가 발생하여야 하는가의 문제이다. 독일연방대법원은 사기죄와 달리 공갈죄에서는 피공갈자의 재산상의 처분행위가 성립요건은 아니라고 본다(불필요설).[2] 그러므로 심리적 폭력뿐만 아니라 물리적 폭력을 사용하여 재산상의 처분행위를 강요하거나 혹은 공갈행위자가 직접 재산상의 피해를 입히는 재산취득행위를 하는 경우에도 강도죄 이외에 공갈죄의 성립이 가능하다고 보게 된다.

독일연방대법원의 입장과는 달리 독일의 학설에서는 피공갈자의 재산상의 처분행위가 공갈죄의 성립요건이라고 한다(필요설).[3] 그리고 이 점에 관한한 사기죄와 공갈죄는 동일하다고 본다. 이 견해에 의하면 공갈행위의 수단인 폭행은 심리적인 방법으로만 가능하다. 물리적 폭력에 의할 경우 스스로의 처분행위는 불가능하기 때문이라는 것이 그 이유이다(그러나 기술한 바와 같이 이 견해를 취하더라도 반드시 심리적 폭력만으로 국한할 필요는 없다고 본다).

통설[4]과 판례[5]는 상대방의 묵인하에 공갈자가 직접 재물을 취득하더라도 공갈죄의 성립을 인정하고 있다. 이러한 입장은 공갈죄에서 재산상의 처분행위가 불필요하다는 독일판례의 입장과 반드시 같다고 볼 수는 없다. 오히려 외형적인 재산이전의 방법보다는 실질적인 내용을 중시하는 것으로서 피공갈자의 처분행위의 형태, 즉 반대로 말하면 공갈자의 재산취득의 형태에

1) 대판 1983. 2. 8, 82도2714. 이 경우에는 강간죄의 성립이 가능할 것이다.
2) BGHSt 14, 386; 25, 228.
3) Tröndle/Fischer, §253 Rn. 4, 11, §255 Rn. 1; Krey, BT/2, Rn. 305; Otto, ZStW 79, 85; Sch/Sch/Eser, §253 Rn. 3, 8; SK/Samson, §249 Rn. 15; Welzel, Strafrecht, 389; Wessels/Hillenkamp, BT/2, Rn. 671.
4) 강구진, 340면; 김일수/서보학, 473면; 김종원, 223면; 백형구, 198면; 유기천(상), 259면; 이재상, 380면; 정성근/박광민, 405면. 김성천, 961면은 처분행위의 직접성이 필요하다고 본다.
5) 대판 1960. 2. 29, 4292형상997.

관한 문제라고 보는 것이 정확하다. 그러므로 비록 공갈자가 직접 재물을 취득하였더라도 실질적으로는 피공갈자의 처분행위, 즉 수인에 따른 것이라고 볼 수도 있기 때문이다. 이러한 관점에서 본다면 위의 두 견해 가운데 원칙적으로는 필요설의 입장이 타당하며 우리의 통설·판례의 입장도 이에 배치되는 것은 아니라고 할 것이다.

3) 인과관계　　재산상의 처분행위는 공갈행위로 인하여 이루어져야 한다. 즉 공갈행위와 재산상의 처분행위간에는 인과관계가 인정되어야 하며, 그렇지 않은 경우에는 공갈죄의 미수범만이 성립한다. 공갈의 상대방과 재산상의 피해자가 동일인일 필요는 없으나 처분행위자는 반드시 피공갈자이어야 한다. 또한 피공갈자에게는 재산상의 처분행위를 할 수 있는 지위가 있어야 하며 이는 사기죄에서 처분행위자의 지위에 대한 설명이 그대로 타당하다.

(4) 재산상의 손해발생

공갈죄가 성립하기 위해서 재산상의 손해발생이 필요한가에 대해서는 재산상의 손해가 발생하지 않더라도 공갈죄가 성립한다는 견해가 있다.[1] 그러나 공갈죄는 사기죄에서와 마찬가지로 피공갈자의 처분행위에 의하여 피공갈자 본인이나 제 3 자에게 재산상의 손해가 발생하여야 한다.[2] 이러한 해석이 재산죄로서의 공갈죄의 본질에도 부합된다.

2. 주관적 구성요건과 권리행사

공갈죄가 성립하기 위하여는 행위자에게 공갈죄의 객관적 구성요건에 대한 고의와 함께 불법영득(이득)의사가 있어야 한다. 불법영득(이득)의사는 위법하게 타인의 재물이나 재산상의 이익을 취할 의사를 의미한다. 그러므로 위법하지 않은 정당한 권리행사의 한 방법으로 공갈행위를 한 경우에는 공갈죄의 주관적 구성요건이 충족되는가에 대하여 논란이 있을 수 있다.

[예] 위자료 혹은 합의금을 받기 위하여 상대방을 협박하거나, 보증금을 돌려주지 않을 경우에 상대방에 대하여 이를 수사기관에 알려 구속시키겠다고 하는 경우, 손해배상을 하지 않으면 고소하겠다고 하는 경우 등.

---

1) 김종원, 223면; 유기천(상), 257면; 정영석, 362면; 황산덕, 308면.
2) 김성천, 962면; 김일수/서보학, 474면; 배종대, 512면; 이재상, 381면; 이정원, 399면; 임웅, 415면.

(1) 판 례

판례는 권리행사라 하더라도 권리행사의 수단으로 사용한 협박이 사회통념상 일반적으로 인용되는 정도나 범위를 넘는 때에는 공갈죄가 성립한다고 본다. 그리고 어떠한 행위가 구체적으로 사회통념상 허용되는 범위를 넘은 것이냐의 여부는 그 행위의 주관적인 측면과 객관적인 측면, 즉 추구된 목적과 선택된 수단을 전체적으로 종합하여 판단하여야 한다는 입장이다.[1)]

[판례] ① "피고인이 피해자와의 동거를 청산하는 과정에서 피해자에 대하여 금전채권이 있다고 하더라도 그 권리행사를 빙자하여 사회통념상 용인되기 어려운 정도를 넘는 협박을 수단으로 사용하였다면 공갈죄가 성립한다"고 판시하였다(대판 1996. 9. 24, 96도2151).
② "피고인이 교통사고로 2주일간의 치료를 요하는 상해를 당하여 그로 인한 손해배상청구권이 있음을 기화로 사고차량의 운전사가 바뀐 것을 알고서 그 운전사의 사용자에게 과다한 금원을 요구하면서 이에 응하지 않으면 수사기관에 신고할 듯한 태도를 보여 이에 겁을 먹은 피해자로부터 3백 5십만원을 교부받은 것이라면 이는 손해배상을 받기 위한 수단으로서 사회통념상 허용되는 범위를 넘어서 그 권리행사를 빙자하여 상대방을 외포하게 함으로써 재물을 교부받은 경우에 해당하므로 공갈죄가 성립한다고 할 것이다(대판 1990. 3. 27, 89도2036)."[2)]
③ 한편 판례는 피고인이 자리세 등을 지급받을 정당한 권원이 없다고 하더라도 피해자가 이를 알면서도 피고인과 자리세를 지급하기로 약정하여 이를 지급하여 온 이상 공갈죄에 해당하지 않는다고 판시하였다(도로법위반죄만을 인정)(대판 1985. 5. 14, 84도2289).

(2) 학 설

학설은 공갈죄설[3)]과 폭행죄 또는 협박죄설,[4)] 강요죄설[5)] 등이 대립된다. 그러나 공갈죄설을 취하는 것은 불법영득의사를 재산죄의 주관적 구성요건으로 인정하는 입장[6)]에 비추어 볼 때 타당하다고 볼 수 없다. 정도를 일탈하였다고 하더라도 정당한 권리행사가 불법한 영득(이득)의사의 발현이라고 볼 수는 없기 때문이다. 한편 권리행사의 경우에는 채무자에게 「의무 없는 일」을 강요한 것도 아니므로 강요죄의 성립을 인정하는 것도 타당하지 않다고

---

1) 대판 1995. 3. 10, 94도2422.
2) 대판 1991. 11. 26, 91도2344; 1991. 12. 13, 91도2127; 1993. 9. 14, 93도915; 1996. 3. 22, 95도2801 참조.
3) 유기천(상), 261면; 백형구, 197면.
4) 김일수/서보학, 477면; 이재상, 382면; 임 웅, 418면은 폭행죄 또는 협박죄의 성립을 인정하며, 김성천, 964면; 배종대, 514면은 폭행죄, 협박죄 또는 강요죄에 해당한다고 본다.
5) 장영민, 「권리행사와 공갈죄의 성부」, 형사판례연구(4), 405면; 허일태, 「권리행사의 빙자와 공갈죄의 성립 여부」, 형사법연구 제17호(2002), 163면.
6) 판례의 경우 대판 1982. 2. 23, 81도2371.

본다. 결국 권리행사의 수단으로 공갈의 방법을 선택한 경우에는 협박죄 또는 폭행죄에 해당한다고 보는 것이 타당하다.[1)]

3. 실행의 착수시점

공갈죄는 공갈행위를 개시한 때에 실행에 착수한 것이며, 이로 인하여 상대방이 공포심을 가졌는가는 불문한다. 기수시점은 동산의 경우에는 인도시이다. 만일 피해자들을 공갈하여 지정한 은행에 돈을 입금하게 한 경우에는 돈의 입금시에 자유로운 입출금이 가능하다고 보아 공갈죄의 기수가 인정된다.[2)] 부동산의 경우에는 소유권이전등기를 경료받거나 또는 점유이전시에 기수로 되는 것이고, 소유권이전등기에 필요한 서류를 교부받은 때에 기수로 되는 것이 아니다.[3)]

4. 다른 범죄와의 관계

(1) 수뢰죄와의 관계

공무원이 직무집행의 의사 없이 또는 직무처리와 대가적 관계 없이 타인을 공갈하여 재물을 교부하게 한 경우에는 공갈죄만이 성립하고,[4)] 이러한 경우 재물의 교부자가 공무원의 해악의 고지로 인하여 두려움을 느껴 금품을 제공한 것이라면 그는 공갈죄의 피해자에 해당하고 뇌물공여죄는 성립하지 않는다.[5)] 공무원이 뇌물을 수수한 다음 대가적 관계에서 직무를 처리하였다면 공갈죄와 수뢰죄의 상상적 경합이 인정된다. 이와 달리 직무관련성과 대가성 여부를 불문하고 공갈죄만을 인정하는 견해도 있다.[6)]

(2) 사기죄와의 관계

재물이나 재산상의 이익을 취득하기 위하여 공갈과 기망의 방법을 동원하였을 경우에 공갈죄와 사기죄의 성립 여부에 관해서는 ① 기망행위가 공갈행위의 수단으로 이용되었을 경우에는 공갈죄만이 성립한다는 견해[7)]와, ② 사기죄 및 공갈죄가 모두 성립한다는 견해[8)] 및 ③ 양죄는 택일관계에 있으

1) 이에 관하여 자세한 것은 장영민, 앞의 논문, 396면 이하 참조.
2) 대판 1985. 9. 24, 85도1687.
3) 대판 1992. 9. 14, 92도1506.
4) 강구진, 341면; 김일수/서보학, 479면; 임 웅, 419면.
5) 대판 1994. 12. 22, 94도2528.
6) 임 웅, 419면.
7) 독일의 판례·다수설이다. BGHSt 23, 294; Tröndle/Fischer, § 253 Rn. 17; Sch/Sch/Eser, § 253 Rn. 37; Küper, NJW 1970, 2253; LK/Lackner, § 253 Rn. 35; Otto, ZStW 79, 96; SK/Samson, § 253 Rn. 21; Wessels/Hillenkamp, BT/2, Rn. 681, 682.
8) Krey, BT/2, Rn. 313 이하.

며 무엇이 주요한 행위수단으로 이용되었는가에 따라 공갈죄 혹은 사기죄 및 양죄의 상상적 경합을 인정하는 견해[1)]가 있다. ②의 견해에 의하면 양죄는 법조경합(흡수관계)이 인정되지만 공갈행위 이외에 독자적인 기망행위를 인정할 수 있을 경우에는 상상적 경합관계가 인정된다고 본다.[2)] ①의 견해는 사기죄의 경우 피기망자의 재산상의 처분행위는 무의식적 자손행위이어야 함에도 공갈행위와 병존하는 상황에서는 자신의 처분행위가 손해발생에 해당한다는 사실을 인식하고 있을 뿐만 아니라 자의적 처분행위도 아니기 때문이라는 것이다.[3)]

생각건대 만일 기망행위를 통하여 공포심을 갖게 하였고 결국 재산상의 처분행위를 하도록 하였다면 재산상의 처분행위가 기망행위가 아니라 직접적으로는 공갈행위에서 비롯된 것이므로 공갈죄를 인정하여야 한다. ③의 견해 역시 타당하지만 여기에서 문제되는 것은 주로 ①의 경우라고 보아야 할 것이다. 그러나 결국 사실관계의 문제이다.

[판례] ① 신문보도를 통하여 어린 소년의 유괴사실을 알게 된 갑이 아이의 부모에게 연락하여 자신이 유괴범이라고 속이고 만일 현금 5천만원을 가지고 오지 않으면 아이를 살해하겠다고 위협하여 이를 받아 챙긴 경우 공갈죄(제350조)가 성립한다(BGHSt 23, 294 참조).
② 예금통장과 인장을 갈취한 후 예금인출에 관한 사문서를 위조 및 행사하여 예금을 인출한 경우에는 공갈죄 외에 별도로 은행에 대한 사문서위조, 동행사 및 사기죄가 성립한다(대판 1979. 10. 30, 79도489).

(3) 절도죄와의 관계

만일 타인에게 물건을 훔쳐오지 않으면 가만두지 않겠다고 위협하여 결국 절도행위를 하게 한 경우에는 절도죄의 교사범과 강요죄(제324조)의 상상적 경합이 인정되고 공갈죄는 성립하지 않는다.[4)] 절도범을 재산상의 처분행위를 할 수 있는 지위에 있는 자로 볼 수 없기 때문이다.

신용카드 소유자를 협박하여 예금인출승낙과 함께 신용카드를 교부받은 후 이를 사용하여 현금자동지급기에서 예금을 여러 번 인출한 경우에 판례는

1) 김성천, 966면; 김일수/서보학, 479면; 배종대, 513면; 백형구, 196면; 오영근, 520~521면; 이재상, 384면; 임 웅, 419면; 최우찬, 「공갈죄」, 고시연구(1991/2), 102면.
2) Krey, BT/2, Rn. 317.
3) Küper, NJW 1970, 2253.
4) Wessels/Hillenkamp, BT/2, Rn. 683.

행위자의 단일하고 계속된 고의 아래 이루어진 일련의 행위로서 포괄하여 신용카드 소유자에 대한 하나의 공갈죄를 인정할 뿐, 현금지급기에서 피해자의 예금을 취득한 행위를 현금지급기 관리자의 의사에 반하여 그가 점유하고 있는 현금을 절취한 것이라 하여 별도로 절도죄를 인정하지 않고 있다.[1)]

5. 친족간의 공갈행위

공갈죄가 야간에 범하여져 폭력행위 등 처벌에 관한 법률 제 2 조 제 2 항에 의하여 가중처벌되는 경우에도 형법상 공갈죄의 성질은 그대로 유지되는 것이고, 폭력행위 등 처벌에 관한 법률에 친족상도례에 관한 형법 제354조, 제328조의 적용을 배제한다는 명시적인 규정이 없으므로, 형법 제354조는 위 폭처법 제 2 조 제 2 항 위반의 경우에도 그대로 적용된다. 그러므로 피해자가 친족관계에 있는 자인 경우에는 폭력행위 등 처벌에 관한 법률 위반죄 역시 반의사불벌죄에 해당된다.[2)]

Ⅳ. 常習恐喝罪 및 未遂犯

> 제351조【상습범】 상습으로 제347조 내지 전조의 죄를 범한 자는 그 죄에 정한 형의 2분의 1까지 가중한다.
> 제352조【미수범】 제351조의 미수범은 처벌한다.

1. 상 습 범

본죄는 상습성으로 형이 가중되는 것이다(상습성에 관하여는 상습절도죄 참조). 그러나 본죄는 후술하는 바와 같이 「폭력행위 등 처벌에 관한 법률」(제 2 조 제 1 항)에 의하여 그 적용이 배제된다.

> 폭력행위 등 처벌에 관한 법률은 상습공갈행위에 대하여 3년 이상의 유기징역형으로 가중처벌하고 있으며(동법 제 2 조 제 1 항), 야간 또는 2인 이상이 공동하여 공갈죄를 범한 때에는 형법이 정한 공갈죄의 형(10년 이하의 징역 또는 2천만원 이하의 벌금)의 2분의 1까지 가중한다(동조 제 2 항).
> 또한 단체나 다중의 위력으로써 또는 단체나 집단을 가장하여 위력을 보임으로써 공갈죄를 범하거나 흉기 기타 위험한 물건을 휴대하여 공갈죄를 범한 자는 3년 이상의 유기징역에 처하며(동법 제 3 조 제 1 항), 야간에 이러한 죄를 범한 경우에는 5년 이상의 유기징역(동조 제 2 항)에, 상습적으로 제 3 조 제 1 항의 죄를 범한 자는 무기 또는 7

1) 대판 1996. 9. 20, 95도1728.
2) 대판 1994. 5. 27, 94도617.

년 이상의 징역에 처한다(동조 제3항). 이러한 죄의 미수범은 모두 처벌된다(동법 제6조). 그리고 상습공갈의 이득액이 5억원 이상 50억원 미만인 때에는 3년 이상의 유기징역에 처하며, 50억원 이상인 때에는 무기 또는 5년 이상의 징역에 처한다(특정경제범죄 가중처벌 등에 관한 법률 제3조).

2. 미 수 범

공갈죄의 미수범은 공갈행위에도 불구하고 피공갈자가 공포심을 갖지 않거나, 재물이나 재산상의 이익을 취득하지 못한 경우에 성립한다. 폭력행위 등 처벌에 관한 법률에 의해서도 미수범이 처벌된다(동법 제6조).

제 6 절 橫領의 罪

I. 序 論

1. 의의 및 보호법익

횡령죄는 타인의 재물을 보관하는 자가 위탁이라는 신임관계에 반하여 그 재물을 횡령하거나 반환을 거부하는 것을 내용으로 한다. 자기가 보관하는 타인의 재물을 영득한다는 점에서 타인이 점유하는 타인의 재물을 탈취하는 절도죄나 강도죄, 사기죄 및 공갈죄와 구별된다. 횡령죄는 행위객체가 재물이라는 점에서 절도죄와 같지만 타인의 점유를 침해하지 않는다는 점에서는 다르다.

횡령죄의 보호법익은 소유권이다.[1] 이에 대해 재산을 보호법익으로 보는 견해도 있다.[2] 또한 본죄는 절도죄와 마찬가지로 재물죄·영득죄이다. 본죄가 침해범이라는 견해[3]가 있으나 위험범이라고 보는 것이 타당하다.[4] 횡령행위가 실현되어 목적물을 영득한 때가 아니라 행위자인 보관자가 목적물에 대한 영득의사를 외부적으로 표출하는 것으로 본죄는 기수에 이르기 때문이다

1) 강구진, 346면; 김성천, 971면; 김일수/서보학, 350면; 배종대, 515면; 이재상, 386면; 이형국, 411면. 독일형법에서도 마찬가지이다(Sch/Sch/Eser, §246 Rn. 1).

2) 백형구, 204면.

3) 김일수/서보학, 351면; 배종대, 518면; 백형구, 201면; 오영근, 462-3면; 이정원, 437면; 이형국, 411면; 정성근/박광민, 414면.

4) 대판 1975. 4. 22, 75도123; 2002. 11. 13, 2002도2219; 김성천, 971면; 유기천(상), 299면; 이재상, 386면; 임 웅, 422면.

(표현설). 마찬가지로 다른 사람의 재물을 보관하는 사람이 그 사람의 동의 없이 함부로 이를 담보로 제공하는 행위는 사법상 그 담보제공행위가 무효이거나 그 재물에 대한 소유권이 침해되는 결과가 발생하는지 여부에 관계없이 횡령죄를 구성한다.[1)]

횡령행위를 처벌하는 형법의 태도는 형사정책적인 관점에서는 사기죄에서와 유사한 피해자의 자책성과 상충되는 문제가 있다. 횡령행위의 처벌은 타인과의 신뢰관계에 대한 피해자의 잘못된 판단 혹은 타인에 대한 신뢰보다는 형법상의 처벌규정에 대한 신뢰에 기초하여 재물의 점유를 이전한 피해자의 행동이나 행위결정이 고려되지 않기 때문이다. 법익의 주체가 계속적인 거래관계에 있는 상인인 경우에는 더욱 그러하다. 그러나 형법은 시장경제체제하에서 거래관계의 기초단위로서의 신뢰성보호를 위하여 횡령행위를 처벌하는 것으로 이해하여야 할 것이다.

2. 횡령죄의 본질

횡령죄의 본질에 관하여는 다음과 같은 학설의 대립이 있다. 이러한 대립은 구체적으로는 횡령행위의 의미에 관한 것이다.

(1) 월권행위설

월권행위설은 위탁된 타인의 재물을 영득하는 데에 그 본질이 있다고 보지 않고 행위자가 위탁물에 대하여 그 권한을 초과하는 행위를 함으로써 위탁에 기한 신임관계를 깨뜨렸다는 배신성에 횡령의 본질이 있다는 학설이다.[2)] 즉 신임관계를 해치는 월권행위가 있으면 재산권의 침해가 있고 행위자의 그 재물에 대한 불법영득의 의사유무는 횡령죄의 성립과 무관하다고 한다. 이에 따라 위탁된 점유물을 손괴·은닉의 의사로 처분하는 경우에도 횡령죄의 성립을 인정한다. 이 학설은 재산에 대한 소유권의 침해뿐만 아니라 재산의 이용에 대한 침해행위까지도 형법적으로 보호하려는 데에 그 취지가 있다. 불법처분설이라고도 한다.

(2) 영득행위설

이 학설에 의하면 횡령이란 위탁된 타인의 물건을 불법으로 영득하는 것을 의미하고, 불법영득의 의사를 실현하는 모든 행위가 횡령에 해당한다고

1) 대판 2009.2.12, 2008도10971.
2) 강동범, 「소위 불법원인급여와 횡령죄의 성부」, 형사판례연구(1), 183면; 김종원, 225면; 유기천(상), 268면; 정영석, 372면.

본다.[1] 따라서 일시사용이나 손괴 또는 은닉하기 위하여 점유하는 재물을 처분하거나 위탁자 본인을 위하여 월권처분행위를 한 때에는 횡령행위에 해당하지 않게 된다.

(3) 학설의 검토

횡령죄의 보호법익을 소유권이라 한다면 소유권을 침해하는 의사로서 불법영득의 의사가 있어야 한다는 점에서는 영득행위설이 타당하다. 그러나 횡령행위의 본질을 신임관계의 위배라는 배신성에 있다고 보는 월권행위설 또한 부분적으로는 타당하다고 보지 않을 수 없다.

이와 관련하여 판례가 영득행위설의 입장에 있다고 보는 것이 학계의 일반적 견해이지만[2] 과연 판례의 입장이 그러한지는 의문이다. 판례는 한편으로는 영득의사를 횡령죄의 요건으로 보지만[3] 다른 한편으로는 횡령죄를 「위탁이라는 신임관계에 반하여 타인의 재물을 보관하는 자가 이를 횡령하거나 또는 반환을 거부함으로써 성립하는 것」이라고 봄으로써[4] 월권행위설의 기본취지도 지지하고 있는 것으로 볼 수 있다. 또한 "동업체에 속하는 재산을 다른 동업자들의 동의 없이 임의로 처분하거나 반출하는 행위는 이를 다른 동업자들에게 통지를 하였다 하더라도 횡령죄를 구성한다"[5]고 하여 배신성에 기초하여 파악하고 있다. 이러한 점을 고려할 때 횡령죄는 위탁에 관한 신임관계를 위반하여 타인의 물건을 불법으로 영득하는 것을 그 본질로 한다고 해석하는 것이 타당하다(결합설).

월권행위설에 의하면 자기가 점유하는 타인의 재물을 손괴할 때에도 횡령죄의 성립을 인정하게 되므로 타인이 점유하는 타인의 재물을 손괴하는 손괴죄의 경우보다 형량이 무거운 결과가 된다는 점을 들어 비판한다. 즉 이는 타인이 점유하는 타인의 재물을 절취하는 절도죄가 자기가 점유하는 타인의 재물을 횡령하는 횡령

1) 통설이다. 강구진, 348면; 감일수/서보학, 351면; 김종원, 231면; 유기천(상), 268면; 배종대, 518면; 이재상, 387면; 이정원, 438면; 이형국, 411면; 임 웅, 424면; 황산덕, 315면. 양 견해의 결합설로는 김성천, 971면.

2) 강구진, 346면; 김일수/서보학, 351면; 이재상, 387면 등 참조.

3) 대판 1986.7.8, 85도2212; 1986.10.14, 85도2698; 1987.4.28, 86도824; 1994.9.9, 94도619.

4) 대판 1994.11.25, 93도2404. 또한 대판 1986.8.19, 86도1093("… 피고인과 피해자 사이에 오토바이의 보관에 따른 신임관계를 위배한 것이 되어 횡령죄를 구성함은 별론으로 하고 적어도 절도죄는 구성하지 않는다 할 것이다").

5) 대판 1993.2.23, 92도387.

죄보다 무겁게 처벌하는 것과 비교하여 균형이 맞지 않는다는 것이다.[1] 그러나 이는 단일의 학설로 횡령죄의 본질을 설명하고자 할 때에 타당할 수 있는 비판에 불과하다.

3. 배임죄와의 구별

배임죄의 본질에 관하여 배신설의 입장을 취하게 되면 배임죄와 횡령죄는 신임관계를 침해한다는 배신성에서 그 본질을 같이하며, 다만 행위의 객체를 달리할 뿐이라고 본다. 이와 달리 권한남용설에 의하면 배임죄의 본질을 법적 대리권의 남용에 있다고 보게 되므로 횡령과 배임은 침해방법의 성질에 의하여 구별된다. 즉 배임은 법률행위에 의하여, 횡령은 사실행위에 의하여 성립하는 것이라고 본다. 판례는 배신설에 따라 행위의 객체에 의하여 횡령죄와 배임죄를 구별한다.

[판례] 횡령죄는 타인의 재물을 보관하는 자가 그 재물을 횡령함으로써 성립하는 것이고 여기에서 재물이라 함은 물리적으로 관리가능한 것이어야 하므로 재산상의 이익에 관하여는 배임죄는 성립할지언정 횡령죄는 성립의 여지가 없는 것이다. 즉 횡령죄는 배임죄의 특별규정으로 개개의 재물에 관하여 성립하는 것이라고 해석함이 타당할 것이다(대판 1961. 12. 14, 4294형상371).

횡령죄에서 횡령행위는 반드시 사실행위에 국한시킬 필요가 없으며 법률행위도 포함한다는 점 및 신임관계를 위배하였다는 점에서 횡령죄와 배임죄는 동일하다. 다만 양자는 행위객체를 달리할 뿐이다. 이러한 관계로 양죄는 일반법(배임죄)과 특별법(횡령죄)의 관계에 있다고 보는 판례의 견해가 타당하다.

Ⅱ. 構成要件體系

횡령의 죄는 횡령죄(제355조 제1항)와 업무상 횡령죄(제356조) 및 점유이탈물횡령죄(제360조)를 규정하고 있다. 이 가운데 횡령죄가 기본적 구성요건이다. 기본적 구성요건으로서의 위탁물에 대한 횡령죄는 타인의 재물을 보관(점유)하는 자만이 행위주체가 될 수 있는 진정신분범이다. 업무상 횡령죄는 보관자인 신분과 업무자인 신분이 결합된 부진정신분범으로서 가중적 구성요건이다. 그리고 점유이탈물횡령죄는 감경적 구성요건이 아니라 횡령죄와 별개의 독자적

1) 강구진, 347면.

구성요건에 해당한다.[1] 점유이탈물횡령죄는 단순횡령죄에 비하여 보관자라는 신분의 결여를 이유로 하는 감경적 구성요건이라는 견해[2]도 있으나 타당하지 않다. 위탁물에 대한 횡령죄가 신임관계를 위배한 점에 그 본질이 있는 데 반하여 점유이탈물횡령죄는 타인의 재물에 대한 영득의사의 실현을 본질로 하므로 서로 그 성질을 달리하기 때문이다. 제328조(친족간의 범행) 및 제346조(동력)의 규정은 횡령죄에 준용한다(제361조).

참고로 제 6 차 형법개정(1998. 1. 28) 전의 독일형법은 횡령죄(§ 246, Unterschlagung)의 행위객체를 이미 점유를 확보하고 있는 경우로만 제한하였다("eine fremde bewegliche Sache, die er im Besitz oder Gewahrsam hat"). 즉 자기가 횡령행위 이전에 이미 소유 혹은 점유하고 있는 타인의 물건을 위법하게 영득하는 것을 처벌하고(동조 전단), 그 물건이 신뢰관계에 기초하여 위탁된 경우에는 가중처벌하였다(동조 후단). 그 결과 점유개시와 동시에 횡령을 하는 점유이탈물횡령(Fundunterschlagung)은 처벌할 수 없는 문제점이 제기되었다. 즉 타인의 물건에 대한 점유지배를 하고 있지 않던 상황에서 영득하는 경우에는 첫째, 점유침해가 없다는 점에서는 절도죄의 구성요건에 해당하지 않으며, 둘째, 영득물건에 대한 사전적인 점유의 확보가 없었다는 점에서—즉 보관자가 아니라는 점에서—제246조가 규정한 횡령죄의 구성요건에도 엄격하게 해석한다면 포함될 수 없는 것이다. 이러한 처벌상의 허점을 제거하기 위하여 독일의 학설·판례는 제246조를 수정적으로 해석하였다.[3] 그러나 형법개정을 통하여 횡령죄의 행위객체는 횡령행위 이전에 이미 "소유 혹은 점유하는 물건"이어야 한다는 문언을 삭제함으로써 처벌상의 허점을 입법적으로 해결하였다.

횡령(제355조 제 1 항, 제356조)에 의하여 취득한 재물의 가액이 5억원 이상인 때에는 특정경제범죄 가중처벌 등에 관한 법률 제 3 조에 따라 가중처벌한다(5억원 이상 50억원 미만은 3년 이상, 50억원 이상은 5년 이상의 징역).

Ⅲ. 橫 領 罪

제355조 【횡령】 ① 타인의 재물을 보관하는 자가 그 재물을 횡령하거나 그 반환을 거부한 때에는 5년 이하의 징역 또는 1천 500만원 이하의 벌금에 처한다.

1) 강구진, 346면; 김성천, 971면; 김일수/서보학, 352면; 배종대, 508면; 이재상, 388면; 이형국, 410면; 임 웅, 425면; 정성근/박광민, 416면.
2) 유기천(상), 269면.
3) BGHSt 4, 76; 35, 152, 161; Tröndle/Fischer, § 246 Rn. 10; Lackner/Kühl, § 246 Rn. 3; Sch/Sch/Eser, § 246 Rn. 1, 10; Wessels/Hillenkamp, BT/2, Rn. 276. 이에 관하여는 박상기, 형법각론(개정판), 참조.

제358조【자격정지의 병과】 10년 이하의 자격정지를 병과할 수 있다.
제359조【미수범】 제355조의 미수범은 처벌한다.

Ⅰ. 객관적 구성요건

(1) 행위주체

본죄의 행위주체는 위탁관계에 의하여 타인의 재물을 보관하는 자이다(진정신분범). 보관자 및 재물의 타인성 여부는 민법·상법 기타의 민사실체법에 의하여 결정된다.[1] 자연인 이외에 법인도 본죄의 주체에 해당한다는 견해[2]가 있으나 법인이 불법영득의사를 갖는다는 것은 불가능하므로 부인하는 것이 타당하다.

1) 보 관 자 보관이라 함은 점유 또는 소지를 의미하며, 사실상의 재물지배와 법률상의 재물지배를 포함한다. 법률상의 재물지배에 해당하는 경우로는 부동산의 등기명의인, 은행예금증서소지인이나 화물상환증 등과 같은 각종 유가증권의 소지인(다만 금전의 경우에는 그 특수성으로 인하여 수취인에게 소유권이 이전된다고 보아 보관자가 아니라 「타인의 사무를 처리하는 자」라고 보아야 한다)이 있다.

본죄의 보관자는 민법상의 점유자와 다르다. 그러므로 민법상 점유자가 아닌(민법 제195조 참조) 점유보조자도 위탁관계가 인정되면 횡령죄의 주체가 될 수 있다. 점유보조자란 가사상, 영업상 기타 유사한 관계에 의하여 타인의 지시를 받아 물건에 대한 사실상의 지배를 하는 자이다(민법 제195조). 점유보조자는 민법상으로는 점유자가 아니지만 형법상으로는 재물의 현실적인 지배상태를 기준으로 판단하므로 위탁관계가 인정되면 보관자로 보아야 하는 것이다.[3] 그러나 위탁관계가 없는 단순한 점유보조자는 절도죄의 주체가 된다.

[판례] 다방 주방장이 주인 소유의 오토바이를 차배달에 이용하다가 주인이 오토바이 열쇠를 주면서 수표를 현금으로 바꾸어 오라는 심부름을 다녀오라고 하자 그 오토바이를 타고 가서 수표를 현금으로 바꾼 다음 마음이 변하여 오토바이를 반환하지 않은 채 그대로 타고 달아난 사건에서 대법원은 절도죄를 인정하지 않고 횡령죄의 성립가능성을 인정하였다(대판 1986. 8. 19, 86도1093).

---

1) 대판 2011. 4. 28, 2010도15350.
2) 김일수/서보학, 353면.
3) 판례·통설이다. 대판 1982. 11. 23, 82도2394; 강구진, 354면; 배종대, 508면; 오영근, 533면; 이재상, 389면; 이정원, 440면.

부동산의 보관은 동산의 경우와 달리 그 부동산에 대한 점유를 기준으로 할 것이 아니라 그 부동산을 제 3 자에게 유효하게 처분할 수 있는 권능의 유무를 기준으로 하여야 한다는 것이 판례의 입장이다.[1] 예를 들면 등기부상의 등기명의인에 대하여 부동산의 보관자로서의 지위가 인정되는 것과 같다. 그러나 미등기부동산에 대해서는 위탁관계에 의하여 현실적으로 부동산을 관리, 지배하는 자가 보관자라고 할 수 있다.[2]

횡령죄에서의 보관은 절도죄에서처럼 보호대상이 아니라 신분요소로서의 특징을 지닌다. 즉 절도죄의 경우 점유는 침해의 대상으로서의 지배관계를 의미하며 재물에 대한 배타적 지배가 중요하다. 반면에 횡령죄에서의 점유는 법률상 혹은 사실상 용이하게 타인의 재물을 처분할 수 있는 상태에 있기 때문에 남용의 위험이 있는 지배력에 있다.[3]

2) 위탁관계와 보관 횡령죄에서의 보관은 재물에 대한 사실상 또는 법률상 지배력이 있는 상태를 의미하므로 보관은 위탁관계에 기인하여야 한다. 이러한 위탁관계는 계약(사용대차, 위임, 임치, 고용 등)이나 법률의 규정(사무관리, 후견), 관습, 조리, 신의칙, 기타 사회생활상의 거래관계에 비추어서도 성립된다.[4] 위탁관계에 근거하지 않은 재물의 보관자가 이를 영득한 경우에는 횡령죄가 아니라 점유이탈물횡령죄가 성립한다.

[판례] 피고인인 채무자가 채무총액에 대한 지불각서를 써 줄 것으로 믿고 채권자가 채무자에게 액면금액을 확인할 수 있도록 가계수표를 건네 주자 채무자가 이들 중 일부를 찢은 사건. 대법원은 채무자가 가계수표를 찢은 것은 반환거부의사를 드러낸 것으로써, 이는 만일 채권자와 채무자 사이에 합의가 결렬되어 채무자가 지불각서를 써 주지 아니하는 경우에는 곧바로 그 가계수표들을 채권자에게 반환하기로 하는 조리에 의한 위탁관계를 위배한 것으로서 횡령죄에 해당한다고 판시하였다(대판 1996. 5. 14, 96도410).

금전의 수수를 수반하는 사무처리를 위임받은 자가 그 행위에 기하여 위임자를 위하여 제 3 자로부터 수령한 금전은, 목적이나 용도를 한정하여 위탁된 금전과 마찬가지이다. 그러므로 특별한 사정이 없는 한 그 수령과 동시에 위

1) 대판 1989. 12. 8, 89도1220; 1996. 1. 23, 95도784.
2) 대판 1993. 3. 9, 92도2999.
3) 강구진, 356면.
4) 대판 1987. 10. 13, 87도1778.

임자의 소유에 속하고, 위임을 받은 자는 위임자를 위한 보관자에 해당한다.

[판례] 문화예술진흥법에 의하여 입장료와 함께 문화예술진흥기금을 받은 극장주가 이 기금을 별도로 관리하지 않고 자신의 예금통장에 혼합보관하면서 임의로 자신의 극장 운영자금 등으로 소비한 사건에서 횡령죄의 고의나 불법영득의사가 있다고 보아 업무상 횡령죄가 성립한다고 판시하였다(대판 1997. 3. 28, 96도3155).[1)]

(2) 행위객체

본죄의 객체는 자기가 보관하는 타인의 재물이다. 재물에는 동산과 부동산을 포함한다.[2)] 관리할 수 있는 동력 역시 본죄의 행위객체에 포함된다(제361조, 제346조). 여기에서 말하는 관리란 물리적 또는 물질적 관리를 말하는 것이고, 재물과 재산상의 이익을 구별하고 횡령과 배임을 별개의 죄로 규정한 현행 형법의 태도에 비추어 볼 때 사무적으로 관리가 가능한 채권이나 그 밖의 권리 등은 재물에 포함되지 않는다(그러나 채권증서는 재물에 해당한다). 그러므로 예를 들어 재물인 광물을 취득할 수 있는 권리에 불과한 광업권은 횡령죄의 객체가 될 수 없다.[3)]

본죄의 행위객체는 특정되어 있어야 한다. 그러므로 보관자가 특정하지 않은 상태에서 수량으로만 지정하고(예: 창고에 보관중인 쌀 100가마, 시멘트 50톤 등) 제 3 자와 매매계약을 체결한 경우에는 아직 횡령죄의 기수가 아니다.

용도나 목적을 정하여 위탁한 금전을 일시유용한 경우에는 정해진 목적·용도로 금전이 사용될 때까지 소유권이 위탁자에게 유보되어 있으므로 횡령죄가 성립할 가능성이 있다.[4)] 그러나 위탁된 금전의 특정성이 인정되지 않는 경우에는 수탁자가 위탁의 취지에 반하지 않고 필요한 시기에 다른 금전으로 대체시킬 수 있는 상태에 있는 한 이를 일시 사용하더라도 횡령죄를 구성하지 않는다.[5)]

(3) 재물의 타인성

본죄의 행위객체는 타인에게 속하는 것이어야 한다(재물의 타인성). 타인

---

1) 대판 1996. 6. 14, 96도106.
2) 독일형법상으로는 부동산은 횡령죄의 객체가 아니다.
3) 대판 1994. 3. 8, 93도2272.
4) 판례는 특정용도나 목적이 소멸된 후에도 임의소비는 횡령죄에 해당한다고 본다(대판 2002. 11. 22, 2002도4291).
5) 대판 1995. 10. 12, 94도2076.

은 자연인과 법인, 법인격 없는 단체나 조합을 포함하며 물건이 행위자와 타인의 공유에 속하는 경우에도 해당된다.

재물의 타인성과 관련하여 문제가 되는 경우로는 부동산담보와 관련된 횡령죄 성립문제, 동산담보와 관련된 횡령죄 성립문제, 대체물이나 부동산 명의신탁과 횡령죄 성부, 불법원인급여와 횡령죄 성부 그리고 회사·조합재산 처분과 관련된 횡령죄 성부의 문제가 있다.

1) 부동산양도담보와 횡령죄·배임죄 민사상의 채권담보를 위한 제도에는 유치권, 질권, 저당권과 같은 전형적인 담보물권제도가 있으나 그 밖에도 실정법상 규정되지 않았으나 담보수단으로 이용되고 있는 비전형적인 담보물권(또는 변칙담보물권)이 있다. 이하에서는 횡령죄·배임죄와 관련해서 특히 문제되는 비전형 담보제도를 중심으로 살펴본다.

(i) **비전형 담보의 종류** 채권담보의 수단으로 채무자 소유의 목적물(부동산)의 소유권을 채권자에게 귀속시키는 형식을 대외적으로 취하는 담보물권의 유형이 있다(소위 비전형 담보물권). 이러한 비전형 담보물권에는 ① 담보설정과 동시에 목적물의 소유권을 이전하는 소유권이전형 담보방법인 양도담보, ② 채무를 이행하지 않을 때에는 소유권을 이전할 것을 약정하고 미리 소유권이전의 가등기를 한 후 채무를 변제하면 가등기를 말소하고 그렇지 않은 경우에는 청산절차에 의하여 가등기에 기한 본등기를 하거나 그 목적물을 경매하여 이로부터 우선변제를 받는 가등기담보, ③ 매매대금을 변제할 때까지 소유권을 매도인(채권자)이 유보하는 소유권유보부매매, ④ 매도인(채무자)이 매매의 형식으로 목적물을 팔아 매매대금의 형식으로 금전을 융통하고 매수인(채권자)으로부터 다시 그 목적물을 사는 방법으로 변제하는 환매 또는 재매매의 예약 등이 있다.

(ii) **양도담보와 횡령죄·배임죄** 양도담보(Sicherungsübereignung)라 함은 채권담보를 위하여 물건의 소유권을 외관상 채권자에게 이전하고, 채무자가 채무를 이행하지 않는 경우에는 채권자가 그 목적물의 소유권을 확정적으로 취득하게 되고, 채무자가 채무를 이행하면 그 목적물을 소유자에게 반환하는 형식에 의한 비전형담보이다.

양도담보는 ① 매매대금의 형식으로 금전이 수수되는 양도담보(매도담보라고 한다)와, ② 소비대차의 형식으로 금전이 수수되는 양도담보(협의의 양도담보라고 한다)로 나눌 수 있다. 양자의 차이점은 신용의 수수가 매매대금의 형식으로 이루어지는가 아니면 소비대차에 의하느냐에 있다.[1] 그리고 매도담보의 경우에는 환매와 재매매의 예약이 담보의 기능을 한다.

매도담보(Sicherungskauf)의 경우에 목적물의 소유권은 채권자(매수인)에게 이전되므로 채권자가 보관중에 이를 처분하여도 횡령죄를 구성하지 않지만, 채무자(매도인)가 이를 처분한 때에는 횡령죄가 성립하게 된다고 보는 것이 종래의 학설 · 판례이다.[2] 이에 따라 환매특약부 매매에서 대수인이 환매계약을 위반하여 제 3 자에게 매각한 때에도 횡령죄는 성립하지 않는다고 보면서 다만 환매권의 침해로서 배임죄가 성립한다는 것이 판례의 입장이다.

[판례] "채권담보의 목적으로 부동산의 소유권이전등기를 넘겨받은 채권자는 채무자가 변제기까지 그 채무를 변제하면 그 등기를 환원하여 줄 의무가 있는 것이므로 그 변제기일 이전에 그 임무에 위배하여 제 3 자에게 소유권이전청구권의 보전을 위한 가등기를 하여 주었다면 설사 그 때문에 채무자의 환매권을 종국적으로 상실케 하는 것은 아니라 하더라도 그 담보가치 상당의 실해가 발생할 위험을 초래한 것이 되므로 비록 채무자가 변제기일까지 채무를 변제하지 아니하였더라도 배임죄의 성립에는 아무런 영향이 없다"고 판시하였다(대판 1989. 11. 28, 89도1309).

또한 "채권의 담보를 목적으로 부동산의 소유권이전등기를 경료받은 채권자는 채무자가 변제기일까지 그 채무를 변제하면 채무자에게 그 소유명의를 환원하여 주기 위하여 그 소유권이전등기를 이행할 의무가 있으므로 그 변제기일 이전에 그 임무에 위배하여 제 3 자에게 근저당권설정등기를 경료하여 주었다면 변제기일까지 채무자의 채무변제가 없었다 하더라도 배임죄는 성립된다 할 것이고, 그와 같은 법리는 채무자에게 환매권을 주는 형식을 취하였다 하여 다를 바 없다(대판 1987. 4. 28, 87도265)."

그러나 「가등기담보 등에 관한 법률」이 시행되는 현재에는 이러한 결론은 타당하지 않다고 보아야 한다. 즉 가등기담보법 제 4 조 제 2 항에서 매도담보로 소유권이전등기를 하여도 소유권은 매수인(채권자)에게 이전되지 않고, 청산기간경과 후 청산금을 매도인(채무자)에게 지급하는 때에 비로소 소유권이 이전하는 것으로 규정하고 있다. 그러므로 채권담보의 목적으로 환매나 재매매의 예약을 하여 채권자명의로 소유권이전등기를 한 매도담보의 경우 채권자는 소유권을 취득하는 것이 아니라 매도담보권이라는 일종의 담보물권을 취득할 뿐이고, 소유권에서 매도담보권을 공제한 잔존의 권리는 여전히

1) 김상용, 물권법, 827면 이하; 이영준, 물권법, 976면 참조.
2) 대판 1962. 2. 8, 4294형상470; 김일수/서보학, 365면; 배종대, 512면.

채무자(담보권 설정자)에게 귀속하게 된다. 다시 말하면 환매나 재매매의 예약에 의하여 채권자는 일종의 담보물권인 매도담보권을 취득할 뿐이다(제한물권설).[1] 그러므로 채권자가 목적물을 처분하면 횡령죄가 성립한다고 보아야 한다.[2] 즉 가등기담보권자(채권자)가 청산금지급 전에 미리 본등기에 소요되는 서류를 교부받거나 제소전 화해를 기화로 제 3 자에게 목적물을 처분하고 담보가등기에 기하여 소유권이전의 본등기를 하여도 가등기담보권자(채권자)는 그 부동산의 처분권한이 없기 때문에 횡령죄의 죄책을 지는 것이다.

또한 채권자가 청산금을 지급하지 않는 경우에도 채권자에게는 청산금에 대하여 횡령죄가 성립한다. 예를 들어 만일 갑이 을로부터 1억원을 융통한 채무자로서 채권자인 을에게 1억 5 천만원 상당의 부동산에 대한 소유권이전등기를 경료한 경우 을이 이 부동산을 제 3 자에게 1억 5 천만원에 처분하고 5 천만원의 청산금을 갑에게 지급하지 않았다면 을에게는 횡령죄가 인정된다. 이 경우에는 기술한 바와 같이 당해 부동산의 소유권이전시점은 소유권이전등기시점이 아니라 청산시점이기 때문이다. 만일 목적부동산의 가액이 채권액을 넘지 않아서 청산금이 없는 때에는 가등기담보권자는 청산기간이 경과한 후에 곧바로 가등기에 기한 본등기를 청구할 수 있으며(가등기담보법 제 4 조 제 2 항), 소유권취득시점은 소유권이전의 본등기를 한 때이다.

소비대차의 형식을 취하는 협의의 양도담보의 경우에도 결론은 같다. 즉 이 경우에 목적물의 소유자는 담보권설정자인 채무자이므로 제 3 자에게 목적물을 처분할 수 있다. 그러나 부동산양도담보의 경우에는 소유권이 설정자에게 귀속되지만, 양도담보권자 명의로 이전등기가 경료되어 있기 때문에 처분할 수가 없으므로 횡령죄의 주체가 될 수 없다. 반면에 양도담보권자(채권자)는 목적물에 대하여 제한물권인 담보물권만을 취득하므로 청산금을 지급할 때까지는 목적물을 처분할 수 없다. 그러나 형식상으로는 소유권이전의 방식을 취하므로, 양도담보권자가 자기의 소유재산으로 처분하면 횡령죄의 성립을 인정하여야 한다. 그러나 판례는 "양도담보가 처분정산형의 경우이든 귀속정산형의 경우이든 간에 담보권자가 변제기 경과 후에 담보권을 실행하여 그 환가대금 또는 평가액을 채권원리금과 담보권 실행비용 등의 변제에 충당

1) 김상용, 물권법, 834면. 판례 역시 제한물권설에 입각하고 있다(대판 1990. 4. 24, 89다카18884).

2) 이와 같은 결론을 내리는 견해로는 이재상, 397면; 이형국, 416면.

하고 환가대금 또는 평가액의 나머지가 있어 이를 담보제공자에게 반환할 의무는 담보계약에 따라 부담하는 자신의 정산의무이므로 그 의무를 이행하는 사무는 곧 자기의 사무처리에 속하는 것이라 할 것이고 이를 부동산매매에 있어서의 매도인의 등기의무와 같이 타인인 채무자의 사무처리에 속하는 것이라고 볼 수는 없어 그 정산의무를 이행하지 아니한 소위는 배임죄를 구성하지 않는다"고 판시하고 있다.[1]

(iii) **가등기담보와 횡령죄 · 배임죄** 가등기담보란 금전채권을 담보하기 위하여 채권자와 채무자 사이에 채무자 소유의 부동산을 목적으로 하는 대물변제 예약 또는 매매예약을 하고 동시에 채무자의 채무불이행시에는 채권자가 목적물의 소유권 기타의 권리를 취득함으로써 채권을 실행시킬 수 있는 소유권이전청구권보전의 담보형식을 말한다.

가등기담보법 시행 이후 가등기담보의 목적은 자금융통의 형식은 다르더라도 실질적으로는 모두 채권담보에 있으므로 자금을 융통하여 준 채권자(담보권자)는 언제나 제한물권으로서의 담보권만을 취득하고 목적물의 소유권은 자금을 융통받은 채무자(담보권설정자)에게 남아 있게 된다. 그리고 채무자의 채무불이행시에 청산기간의 경과 후 본등기를 하여야 채권자가 비로소 소유권을 취득하게 된다(가등기담보법 제 4 조 제 1 항).[2] 그러므로 채권자가 청산 전에 목적물을 처분할 경우에는 횡령죄가 성립한다.

판례는 채권자가 담보목적으로 가등기가 경료된 부동산에 대하여 채무변제 공탁사실을 통고받고서도 본등기 경료와 동시에 제 3 자 앞으로 가등기를 경료하여 준 경우에는 배임죄를 인정하고 있다.[3] 그러나 이 경우에도 부동산의 소유권은 채권자가 아니라 채무자에게 있다고 보아야 하므로 채권자에게는 배임죄가 아니라 횡령죄의 성립을 인정하는 것이 타당하다.

2) 동산양도담보와 횡령죄 · 배임죄

(i) **점유개정의 경우** 점유개정(민법 제189조)이란 물건의 양도인이 양도 후에도 종래와 같이 점유를 계속하면서 양수인과의 사이에 점유매개관계를 설정함으로써 양수인에게 간접점유를 취득시키고 양도인은 양수인의 점유매개자로서 직접점유를 계속하는 것을 말한다.

1) 대판 1985. 11. 26, 85도1493(전원합의체).
2) 이 경우에 채무자는 청산금의 지급과 소유권이전등기에 대하여 동시이행의 항변권을 갖는다.
3) 대판 1990. 8. 10, 90도414.

이에 관해서는 종래의 양도담보로 보아 이론구성을 하는 견해와 가등기담보법을 유추적용하는 견해[1]로 나뉜다. 전자의 견해를 따르면 동산에 대해서는 가등기담보법이 적용되지 않으며 법률관계는 신탁적 소유권이전이 되고 동산의 소유자는 채권자가 된다(신탁적 소유권이전설).[2] 그러므로 예컨대 채무자인 갑이 자기소유의 동산을 을에게 양도하고 점유개정의 방법으로 계속 점유중에 이를 병에게 다시 양도하는 경우에 채무자인 갑은 자기가 보관하는 타인(을)의 물건을 횡령한 것이다.[3]

이와 달리 동산에 대해서도 가등기담보법을 유추적용하여야 한다는 견해(담보물권설)에 의하면 채권자(을)는 진정한 의미의 소유권을 취득하는 것이 아니라 양도담보권만 취득한 것으로 보며, 소유권은 여전히 양도담보의 설정자(채무자)에게 있기 때문에 채무자(갑)가 동산의 소유자가 된다.[4] 이에 따라 설사 채무자가 동산을 제 3 자에게 양도하더라도 횡령죄에 해당하지 않는다. 갑은 타인소유 물건의 보관자가 아니라 소유자이기 때문이다. 한편 이 경우에 채무자는 양도담보권자가 담보의 목적을 달성할 수 있도록 이를 보관할 의무를 지게 되어 채권담보의 약정에 따라 담보권자의 사무를 처리하는 자의 지위에 있게 되므로 채무자가 양도담보된 동산을 처분하는 등 부당히 그 가치를 감소시키는 행위를 할 경우에는 채무자에게 배임죄가 성립된다.

[판례] 판례는 담보물권설에 근거하여 "채무자가 채무이행의 담보를 위하여 동산에 관한 양도담보계약을 체결하고 점유개정의 방법으로 여전히 그 동산을 점유하는 경우 그 계약이 채무의 담보를 위하여 양도의 형식을 취하였을 뿐이고 실질은 채무의 담보와 담보권실행의 정산절차를 주된 내용으로 하는 것이라면 별단의 사정이 없는 한 그 동산의 소유권은 여전히 채무자에게 남아 있고 채권자는 단지 양도담보물권을 취득하는 데 지나지 않으므로 그 동산을 다른 사유에 의하여 보관하게 된 채권자는 타인 소유의 물건을 보관하는 자로서 횡령죄의 주체가 될 수 있다"고 판시하고 있다(대판 1989. 4. 11, 88도906).

그러나 동시에 "금전채권을 담보하기 위하여 채무자 소유의 동산에 관하여 이른바 약한 의미의 양도담보가 설정되어 채무자가 그 동산을 점유하는 경우, 동산의 소유권은 신탁적으로 채권자에게 이전됨에 불과하여 채권자와 채무자의 대내적

1) 김상용, 부동산담보법, 211면.

2) 대판 1992. 1. 21, 91다35175에서는 비록 소유권이전등기가 담보목적으로 경료되었다고 하더라도 대외적인 관계에 있어서는 그 소유권이 완전히 이전된 것으로 볼 수밖에 없다고 판시한다.

3) 김일수/서보학, 366면; 임 웅, 440면.

4) 곽윤직, 물권법, 684면; 김상용, 물권법, 581면.

관계에서는 채무자는 의연 소유권을 보유하나…"라고 판시하여 신탁적 소유권이 전설을 취하는 경우(대판 1989. 7. 25, 89도350)도 있어서 일관되어 있지 않다.

그리고 채무자가 동산을 채권자에게 채무의 양도담보로 제공하고 점유개정의 방법으로 계속 점유하던 중 이를 다시 제 3 자에게 채무의 양도담보로 제공하고 다시 점유개정의 방법으로 점유를 계속할 경우처럼 동산을 이중으로 양도담보에 제공한 경우에 대해서 채무자에게는 배임죄의 죄책을 인정하지 않는다는 것이 판례의 입장이다.[1] 제 2 의 양도담보권자는 1순위 양도담보권자에 대하여 배타적 담보권을 주장할 수 없다는 것이 그 이유이다.

(ii) **소유권유보부 매매의 경우** 소유권유보부 매매란 채무자, 즉 매매대금을 지급할 채무를 지는 매수인이 그 담보로서 매도인으로부터 취득하여야 할 소유권을 매도인에게 유보하되 매매목적물을 인도받아 점유·사용하는 매매형태를 말한다(이는 실질적으로 동산양도담보와 동일한 내용이다). 예컨대 할부매매에서 판매회사(갑)가 고객(을)에게 물건을 200만원에 판매하고 매수인 을은 대금을 10개월에 걸쳐 분할지급하기로 하였다면 이 물건의 소유권은 대금을 완납하기까지는 갑에 유보되는 것이다. 그러므로 만일 을이 이 물건을 대금완납전에 제 3 자인 병에게 매도하고 이를 인도하였다면 을은 갑에 대한 관계에서 횡령죄의 죄책을 지게 된다.[2]

3) **대 체 물** 위탁물이 금전과 같은 대체물인 경우에 일정한 목적과 용도를 정하여 위탁하였다면 이에 대하여 횡령죄가 성립할 수 있는가에 대해서는 학설이 나뉘어져 있다. 배임죄설에서는 금전 기타 대체물은 물건으로서가 아니라 가치로서 파악하여야 하므로 횡령죄가 아니라 전체재산에 대한 죄인 배임죄가 성립한다고 한다.[3] 이에 반하여 횡령죄설에서는 금전 기타 대체물이라고 하더라도 재물이라고 보지 않을 수 없으므로 개별재산에 대한 죄인 횡령죄가 성립한다고 본다. 판례는 아래와 같이 횡령죄의 성립을 인정한다.

[판례] 판례는 "임치인으로부터 일정한 목적과 용도를 정하여 임치받은 금전을 수치인이 임치인의 동의 없이 다른 목적이나 다른 용도에 소비하면 횡령죄를 구성하

1) 대판 1987. 5. 12, 86도1117; 1989. 4. 11, 88도1586; 1990. 2. 13, 89도1931.

2) 김성천, 978면; 김일수/서보학, 373면; 배종대, 512면; 백형구, 203면; 이재상, 397면; 이형국, 417면; 임 웅, 448면. 이에 대해서도 담보권적 법률구성을 하려는 견해에 의하면 매도인은 담보권만을 취득하고, 소유권은 매수인에게 이전된다. 만일 매수인이 이를 제 3 자에게 처분하더라도 횡령죄는 성립하지 않으며 배임죄의 성립이 문제된다고 볼 것이다.

3) 김종원, 228면; 유기천(상), 276면; 이재상, 403면; 임 웅, 446면.

는 것이므로 증권회사의 경리과장이 은행에 예치하고 있던 고객들의 신주청약증거금을 그 증권회사 당좌구좌의 적자보전을 위하여 그 구좌에 자의로 대체입금을 시켰다면 이는 횡령죄를 구성"한다고 본다(대판 1980. 9. 30, 78도2100).[1]

대체물이라고 하더라도 목적과 용도를 정하여 위탁한 경우에 보관자가 이를 영득하면 횡령죄가 성립한다고 보는 것이 타당하다. 수탁자가 정해진 용도, 목적에 사용할 때까지는 위탁물에 대한 소유권이 위탁자에게 유보되어 있기 때문이다.[2] 특정물로서 위탁된 대체물(예: 공탁금, 봉함금 등)의 경우에도 횡령죄가 성립한다.

위탁판매대금도 위탁물의 소유권은 위탁자에게 속하므로 그 판매대금은 다른 특약이나 특별한 사정이 없는 한 이를 수령함과 동시에 위탁자에게 귀속한다. 그러므로 위탁판매인이 이를 사용·소비한 때에는 횡령죄가 성립한다.[3]

공유물의 매각대금도 이를 정산하기 전까지는 각 공유자의 공유에 속한다고 할 것이므로 그 가운데 1인이 매각대금을 임의소비하면 횡령죄가 성립한다.[4] 또한 공동임대인 중 1인이 임대보증금을 임의로 처분하면 보증금반환채무는 불가분채무에 해당하므로 공동임대인의 공동소유에 귀속하게 되므로 횡령죄에 해당한다.[5] 합유물에 속하는 동업재산을 임의처분하여도 횡령죄가 성립한다. 즉 동업관계가 존속하는 한 동업자는 동업재산에 대한 그 지분을 임의로 처분할 권한이 없으므로 동업자의 한 사람이 그 지분을 임의로 처분하거나 또는 동업재산의 처분으로 얻은 대금을 보관중 임의로 소비하였다면 횡령죄에 해당하는 것이다.[6]

---

1) 대판 1990. 1. 23, 89도904(위탁자로부터 특정용도에 사용하도록 위탁받은 물건을 그 용도에 사용하지 아니하고 임의로 소비한 경우에는 횡령죄를 구성한다); 1987. 5. 26, 86도1946(위탁에 의한 보증금 중 일부를 그 용도에 따르지 않고 임의사용에 소비했다면 그 소위는 바로 횡령죄의 구성요건에 해당한다); 1982. 3. 9, 81도572(양곡구입대금으로 금원을 교부받은 다음 이를 임의소비한 경우에 횡령죄를 인정). 그 밖에도 대판 1984. 11. 13, 84도1199; 강구진, 351면; 백형구, 203면; 정영석, 371면.

2) 대판 1995. 10. 12, 94도2076(원료구입대금으로 교부받아 보관중이던 돈을 보관자와 공모하여 자신의 원료구입대금으로 지급한 경우에 횡령죄를 인정).

3) 대판 1982. 2. 23, 81도2619; 1990. 8. 28, 90도1019(피고인이 피해자로부터 피해자 소유의 다이아몬드반지 1개를 팔아달라는 부탁을 받고 교부받아 이를 판매한 대금을 보관중 임의소비한 경우 피고인에게 불법영득의 의사가 있었다고 보아야 할 것이므로 피고인의 행위는 횡령죄를 구성한다).

4) 대판 1983. 8. 23, 80도1161.

5) 대판 2001. 10. 30, 2001도2095.

6) 대판 1982. 9. 28, 81도2777.

4) 부동산 명의신탁과 횡령죄 명의신탁약정이란 부동산에 관한 소유권이나 그 밖의 물권을 보유한 자 또는 사실상 취득하거나 취득하려고 하는 자(실권리자)가 타인과의 사이에서 대내적으로는 실권리자가 부동산에 관한 물권을 보유하거나 보유하기로 하고 그에 관한 등기 혹은 가등기는 그 타인의 명의로 하기로 하는 약정(위임·위탁매매의 형식에 의하거나 추인에 의한 경우를 포함한다)을 말한다(부동산 실권리자명의 등기에 관한 법률 제2조 제1호). 이러한 명의신탁의 방법은 「부동산 실권리자명의 등기에 관한 법률」(이하 "부동산실명법"이라 한다)이 시행(1995.7.1 시행)되기 전까지는 명의신탁자에게 소유권 기타 물권을 인정하였기 때문에 많이 이용되는 부동산취득의 한 방법이었다. 즉 대법원은 이러한 부동산의 대외적인 소유자는 명의수탁자이지만 실질은 보관자에 해당한다고 보아 이를 처분하면 횡령죄가 성립한다고 보았으므로[1] 사실상 대내적인 실권리자(명의신탁자)의 권리가 보호되었던 것이다.

[판례] 타인의 명의신탁을 받아 보관중이던 토지에 관하여 명의신탁자의 승낙없이 제3자에게 근저당권설정등기를 경료하여 주면 그 때 그 토지에 대한 횡령죄가 성립한다. 만일 그 후 피해자의 승낙없이 또다시 제3자에게 근저당권설정등기를 경료하여 주더라도 불가벌적 사후행위로서 별개의 횡령죄를 구성하지 않는다는 것이 판례의 입장이다(대판 1999.1.29, 98도3626).

그러나 부동산실명법이 제정되어 누구든지 부동산에 관한 물권을 명의신탁약정에 의하여 명의수탁자의 명의로 등기하여서는 안 된다고 규정하고 있으며(동법 제3조 제1항), 이러한 명의신탁약정은 물론 이에 따라 행하여진 부동산물권변동에 관한 등기를 무효로 하고 있다(동법 제4조 제1항·제2항). 또한 동법은 이러한 규정을 위반한 명의신탁자에 대해서는 5년 이하의 징역이나 2억원 이하의 벌금에 처하고 있으며(동법 제7조 제1항), 명의수탁자에 대해서는 3년 이하의 징역 또는 1억원 이하의 벌금에 처하고 있다(동조 제2항). 그러므로 명의수탁자는 더 이상 명의신탁부동산의 보관자도 될 수 없다고 보아야 할 것이기 때문에 동법 시행 이후에 이루어진 부동산명의신탁의 경우에는 횡령죄 성립을 인정하였던 판례를 비롯한 학설상의 이론구성은 유지될 수 없다고 보아야 한다.[2] 이하에서 명의

1) 대판 1985.9.10, 85도86; 1989.12.8, 89도1220; 1996.11.29, 96도1755.

2) 그러므로 명의수탁자는 동법에 따른 처벌만을 받는다고 보아야 한다. 이러한 관점에서 명의수탁자가 신탁목적범위를 일탈해서 신탁목적물을 처분하면 횡령죄가 성립한다고 보는 견해(김일수(상), 638면)는 타당하지 않다.

신탁의 유형을 나누어 설명한다.[1)]

(i) **2자간 등기명의신탁의 경우** 부동산소유자(명의신탁자)가 타인(명의수탁자)과 명의신탁약정을 하고 타인 명의로 부동산등기를 하는 2자간 명의신탁의 경우에 부동산을 영득한 수탁자에게 횡령죄를 인정하는 견해가 있다.[2)] 그 논거는 다음과 같다.

"명의수탁자는 법률상 원인없이 부동산에 대한 이득을 취하고 있는 부당이득자의 지위에 있다. 그리고 명의수탁자는 악의이다. 민법상 악의의 수익자는 그가 받은 이익의 전부를 반환하여야 한다(민법 제748조 제2항). 그리고 부동산실명법에는 이러한 경우에 명의신탁자에게 반환청구권을 인정하지 않는다는 명문의 규정이 없다. 이 점은 불법원인급여의 경우와 다르다. 따라서 명의수탁자는 외관상의 당해 부동산의 등기명의인으로서 타인에게 반환하여야 할 재물을 보관하는 자의 지위에 있다고 보아야 한다. … 따라서 이 경우 부동산을 영득한 명의수탁자는 횡령죄에 해당한다고 보아야 할 것이다."[3)] 또한 명의신탁이 무효로 되더라도 목적물의 소유권은 신탁자에게 있고, 수탁자는 사실상 그 목적물을 보관하고 있는 자이기 때문에 명의신탁약정 자체 및 이에 따른 등기가 무효로 되는 것과는 관계없이 신탁부동산을 처분한 수탁자에게는 여전히 횡령죄가 성립한다고 보는 견해[4)]도 있다.

그러나 2자간 명의신탁의 경우는 신탁자의 수탁자에 대한 반환청구권을 인정할 수 없다고 보는 불법원인급여설에 입각하여 판단하는 것이 타당하다.[5)] 이에 따라 명의수탁자의 처분행위는 횡령죄를 구성하지 않는다고 보아야 한다. 만일 이 경우에도 횡령죄를 인정한다면 부동산실명법에도 불구하고 여전히 부동산의 소유권은 명의신탁자에게 있는 것으로 인정하게 되어 동법이 추구하는 명의신탁약정의 무효화를 통한 악용방지라는 사회적 목적달성이 법이론상 난관에 봉착할 수 있기 때문이다. 즉 이러한 해석이 실명전환기간

1) 박상기, 「부동산명의신탁과 횡령죄」, 형사판례연구(6), 266면 이하 참조.

2) 김성천, 979면; 이재상, 399면; 백재명, 「부동산명의신탁과 횡령죄」, 형사판례연구(7), 374면; 임 웅, 432면; 정성근/박광민, 442면; 장영민, 「명의신탁된 부동산횡령행위의 죄책」, 고시계(1997. 12), 37면 이하; 손동권, 「명의신탁부동산의 처분행위에 대한 횡령죄의 성립여부」, 고시연구(1997. 12), 46면 이하.

3) 장영민, 앞의 논문, 38면.

4) 백형구, 202면; 손동권, 앞의 논문, 47면.

5) 김상용, 앞의 논문, 83면 이하. 불법원인급여설에 반대하는 견해로는 손동권, 앞의 논문, 38면 및 장영민, 앞의 논문, 46면 참조.

내에 실명전환하지 않은 경우에는 수탁자에게 소유권을 인정하는 부동산실명법의 정신에도 부합한다고 본다.

(ii) **3자간 등기명의신탁(중간생략명의신탁)의 경우** 3자간 등기명의신탁이란 예를 들어 갑(명의신탁자)이 을(명의수탁자)과의 명의신탁약정에 따라 부동산소유자인 병과 부동산매매계약을 체결하고 병으로부터 매입한 부동산을 을의 명의로 등기를 한 경우를 말하며 2자간의 경우와 다르다. 만일 명의수탁자인 을이 부동산을 제 3 자에게 매도하고 소유권이전등기를 경료하여 준 경우에는 판례는 명의수탁자에게 신탁자에 대한 횡령죄가 성립한다는 입장이다.[1] 그리고 명의수탁자가 사망함에 따라 상속인이 된 자는 그의 지위를 포괄승계하여 명의신탁된 부동산을 유효하게 처분할 수 있는 보관자로서의 지위를 취득하는 것이므로, 상속인이 명의신탁된 부동산을 임의로 처분한 경우에도 신탁자에 대한 횡령죄가 성립한다고 본다.[2] 그러나 이 두 경우에는 명의수탁자의 처분행위는 매도자 병에 대한 횡령죄를 구성한다고 보아야 한다. 왜냐하면 부동산실명법에 따라 갑과 을의 명의신탁약정이 무효이고(동법 제4조 제1항 · 제2항), 이 경우 소유권은 여전히 병에게 남아 있다고 보아야 하기 때문이다.

한편 명의신탁자인 갑이 매도인 병과의 사이에 체결한 매매계약은 유효하므로 수탁자(을) 명의의 등기말소를 구하고 동시에 매도인(병)을 상대로 매매계약에 기한 소유권이전등기청구를 함으로써 이 부동산을 반환받을 수 있다. 만일 이 경우에 명의신탁자가 원소유권자(병)에게 소유권이전등기를 청구한 이후에 명의수탁자가 부동산을 임의처분하면 명의신탁자에 대한 관계에서 횡령죄에 해당하게 된다.[3]

(iii) **계약명의신탁의 경우** 계약명의신탁은 신탁자가 수탁자에게 부동산의 매수위임과 함께 명의신탁약정을 맺고 수탁자가 매매계약의 당사자가 되어 매도인과 매매계약을 체결한 후 그 등기를 자기(수탁자) 앞으로 이전등기하는 형식의 명의신탁을 말한다. 계약명의신탁에서는 신탁자와 수탁자 사이에 명의신탁약정은 무효로 되지만 수탁자와 원소유자인 매도인과의 사이에

1) 대판 2001. 11. 27, 2000도3463; 2007. 6. 28, 2006다48632.

2) 대판 2007. 6. 28, 2006다48632.

3) 백재명, 앞의 논문, 377면; 장영민, 앞의 논문, 38면. 대판 2001. 11. 27, 2000도3463 역시 수탁자의 신탁자에게 대한 횡령죄를 인정하고 있다. 반면 천진호, 「명의신탁부동산 처분행위의 형사책임」, 형사판례연구(11), 213면 이하는 이 경우 민사적인 해결만이 문제되며 형법상 범죄는 성립하지 않는다고 본다.

이루어진 매매계약은 부동산실명법과 무관하게 유효하므로 수탁자로의 물권변동 역시 유효하다.

계약명의신탁에서는 ① 원소유자(매도인)가 명의신탁사실을 알고 있는 경우에는 명의수탁자로의 소유권이전등기가 무효이다(부동산실명법 제 4 조 제 1 항 · 제 2 항 본문 참조). 그러므로 부동산소유권은 여전히 원소유자에게 인정된다. 만일 이 부동산을 명의수탁자가 제 3 자에게 매도하였다면 명의수탁자는 명의신탁자의 사무를 처리하는 자로서 명의신탁자에 대한 배임죄가 성립한다는 견해가 있다.[1] 그러나 이 경우에도 원소유자에 대해서만 횡령죄가 성립하며,[2] 명의신탁자에 대한 관계에서는 횡령죄는 물론이고 배임죄도 인정되지 않는다고 보는 것이 타당하다.[3] 이러한 결론이 불합리한 것으로 보일 수도 있지만 이는 입법적으로 해결할 문제이며, 명의신탁약정 자체를 무효로 보는 부동산실명법의 취지상 불가피하다고 본다.

이와 달리 ② 원권리자가 명의신탁사실을 모르는 경우에는 명의수탁자로의 소유권이전등기가 유효하다(부동산실명법 제 2 조 제 1 호, 제 4 조). 그 결과 명의수탁자는 부동산에 대한 유효한 소유권을 취득하게 되므로 명의수탁자가 이를 처분하더라도 횡령죄는 성립하지 않는다.[4] 이 경우에 명의수탁자에게 명의신탁자와의 명의신탁약정에 기한 사실상의 신임관계를 인정하고 이에 따라 배임죄를 인정하는 견해가 있으나[5] 이 역시 부동산실명법상 인정되지 않는 명의신탁약정을 사실상 인정하는 결과가 되므로 타당한 결론이라고 할 수 없다.

판례[6]는 계약명의신탁의 경우 신탁자와 수탁자 사이의 명의신탁약정은

---

1) 장영민, 앞의 논문, 39면; 배종대, 533면; 이재상, 401면; 정성근/박광민, 442면.

2) 오영근, 482면.

3) 백재명, 앞의 논문, 384면.

4) 대판 2000. 3. 24, 98도4347; 손동권, 앞의 논문, 46면도 같은 결론이다.

5) 장영민, 앞의 논문, 40면; 배종대, 534면; 이재상, 401면; 임 웅, 433면; 정성근/박광민, 443면; 송경호, 「명의신탁된 부동산의 처분행위에 대한 형사책임」, 비교형사법연구(2), 2000, 343면. 또한 신탁자와 수탁자간의 소유명의신탁과 부동산의 매수위임 내지 위탁약정을 구별하여 전자는 민법 제137조 단서가 적용되어 무효로 되지만, 후자는 부동산실명법에도 불구하고 유효하다고 보는 이론구성이 가능하다(이 경우에는 위탁매매시 위탁매매인의 임의처분행위가 횡령죄를 구성하는 것과 마찬가지로 수탁자에게 횡령죄를 인정하게 된다. 반면 신탁자 역시 부동산실명법위반죄에 의한 형사처벌은 불가피하다). 그러나 이러한 해석 역시 부동산명의신탁을 인정하지 않으려고 하는 부동산실명법의 제정취지와 모순되는 결과가 불가피하므로 취할 바가 못된다고 할 것이다. 반면, 이 경우에도 횡령죄의 성립을 인정하는 견해로는 김성천, 980면; 백재명, 앞의 논문, 378면 이하 참조.

6) 대판 2001. 9. 25, 2001도2722; 2004. 4. 27, 2003도6994.

무효이므로, 결국 수탁자는 전소유자인 매도인뿐만 아니라 신탁자에 대한 관계에서도 유효하게 당해 부동산의 소유권을 취득한 것으로 보아, 「타인의 재물을 보관하는 자」의 지위를 부정한다. 그 결과 신탁자가 수탁자에게 부당이득반환청구권을 행사하는 것은 별론이지만, 수탁부동산의 반환이나 처분대금의 반환은 물론 불법행위를 원인으로 한 손해배상청구도 할 수 없다고 판시하여 배임죄의 성립가능성도 부인하고 있다.

5) 불법원인급여와 횡령죄 불법원인급여라 함은 급여의 원인이나 목적이 불법하여 급여자가 목적물에 대하여 반환을 청구할 수 없는 경우를 말한다(민법 제746조). 여기에서 불법이라고 함은 선량한 풍속 기타 사회질서에 위반하는 것을 의미한다.[1] 불법원인급여의 예로는 내연의 처와 불륜관계를 지속하는 대가로 지급하는 금전이나 도박에 진 자가 이긴 자에게 지급하는 금전 등을 들 수 있다. 이처럼 급여의 원인·목적이 불법한 경우에 그 재물이 횡령죄의 객체가 될 수 있는가가 문제점이다.[2)]

(i) 불법원인급여물의 경우 ① 소극설에서는 불법원인급여물은 반환을 청구할 수 없으므로 횡령죄의 성립 역시 인정하지 않는다.[3)] 즉 급여자는 반환청구권을 상실하기 때문에 수익자는 급여자에 대하여 재물을 반환할 법률상의 의무가 없게 되어 이를 처분하더라도 횡령죄를 인정할 수 없다는 것이다. 또한 소유권의 귀속문제를 민법의 이론과 동일하게 보아 민법상 반환청구를 할 수 없는데도 불구하고 형법에서 이를 인정하는 것은 법질서의 통일에도 위배되며, 불법원인급여의 경우에는 소유권이 수익자에게 귀속되므로 이를 타인의 재물이라고 볼 수 없다는 것이 소극설의 논거이다. 판례는 원칙적으로 소극설의 입장이다.

---

1) 대판 1988. 11. 22, 88다카7306.

2) 이에 대하여 불법원인「급여」란 수급자에게 소유권 내지 이익을 귀속시킬 의사에 의하여 이루어진 점유의 이전으로서 이러한 행위에 의하여 소유권 내지 이익이 수급자에게 귀속되므로 형법상 문제가 되지 않으며, 형법상 문제되는 경우란 불법원인「위탁」의 경우라고 보는 견해가 있다(강동범, 「소위 불법원인급여와 횡령죄의 성부」, 형사판례연구(1), 193면 이하). 이에 따라 불법원인급여와 횡령죄의 성립 여부에 관한 문제는 민법 제746조가 전제로 되는 문제가 아니라고 한다. 그리고 이러한 불법원인위탁의 경우에는 횡령죄의 전제가 되는 보호가치 있는 신뢰관계를 인정할 수 없으므로 횡령죄가 성립하지 않는다고 본다(강동범, 앞의 논문, 194면).

3) 배종대, 360면; 오영근, 532면; 이재상, 393면; 이정원, 448면; 이형국, 414면; 장영민, 「불법원인급여와 횡령죄」, 형사판례연구(8), 272면; 정성근/박광민, 436면. 결론에서는 강동범, 앞의 논문, 194면 역시 마찬가지이다.

[판례] ① "민법 제746조에 불법의 원인으로 인하여 재산을 급여하거나 노무를 제공한 때에는 그 이익의 반환을 청구하지 못한다고 규정한 뜻은 급여를 한 사람은 그 원인행위가 법률상 무효임을 내세워 상대방에게 부당이득반환청구를 할 수 없고, 또 급여한 물건의 소유권이 자기에게 있다고 하여 소유권에 기한 반환청구도 할 수 없어서 결국 급여한 물건의 소유권은 급여를 받은 상대방에게 귀속된다는 것이므로 조합장이 조합으로부터 공무원에게 뇌물로 전달하여 달라고 금원을 교부받은 것은 불법원인으로 인하여 지급받은 것으로서 이를 뇌물로 전달하지 않고 타에 소비하였다고 해서 타인의 물건을 보관중 횡령하였다고 볼 수는 없다(대판 1988. 9. 20, 86도628; 1999. 6. 11, 99도275)."

② "민법 제746조는 단지 부당이득제도만을 제한하는 것이 아니라 동법 제103조와 함께 사법의 기본이념으로서 결국 사회적 타당성이 없는 행위를 한 사람은 스스로 불법한 행위를 주장하여 복구를 그 형식 여하에 불구하고 소구할 수 없다는 이상을 표현한 것이므로 …(대판 1979. 11. 13, 79다483)."

③ 그러나 대법원은 불법원인급여의 경우에도 횡령행위의 불법성이 현저히 큰 경우에는 횡령죄를 예외적으로 인정할 수 있다고 판시하고 있다: "포주인 피고인이 피해자가 손님을 상대로 윤락행위를 할 수 있도록 업소를 제공하고, 윤락녀인 피해자가 윤락행위의 상대방으로부터 받은 화대를 피고인에게 보관하도록 하였다가 이를 분배하기로 한 약정은 선량한 풍속 기타 사회질서에 위반되는 것이고, 따라서 피해자가 그 약정에 기하여 피고인에게 화대를 교부한 것은 불법의 원인으로 인하여 급여를 한 경우로 보아야 하겠지만, 피고인은 다방 종업원으로 근무하고 있던 피해자를 수차 찾아가 자신의 업소에서 윤락행위를 해 줄 것을 적극적으로 권유함으로써 피해자가 피고인과 사이에 위와 같은 약정을 맺고서 윤락행위를 하게 되었고, 피고인은 전직 경찰관으로서 행정사 업무에 종사하면서도 자신의 업소에 피해자 등 5명의 윤락녀를 두고 그들이 받은 화대에서 상당한 이득을 취하는 것을 영업으로 해 왔음에 반하여, 피해자는 혼인하여 남편과 두 아들이 있음에도 남편이 알코올중독으로 생활능력이 없어 가족의 생계를 위하여 피고인의 권유에 따라 윤락행위에 이르게 되었음을 알 수 있는바, 위와 같은 피고인과 피해자의 사회적 지위, 그 약정에 이르게 된 경위에다가 앞에서 본 약정의 구체적 내용, 급여의 성격 등을 종합해 볼 때, 피고인측의 불법성이 피해자측의 그것보다 현저하게 크다고 봄이 상당하므로, 민법 제746조 본문의 적용은 배제되어 피해자가 피고인에게 보관한 화대의 소유권은 여전히 피해자에게 속하는 것이어서, 피해자는 그 전부의 반환을 청구할 수 있고, 피고인이 이를 임의로 소비한 행위는 횡령죄를 구성한다고 보지 않을 수 없다(대판 1999. 9. 17, 98도2036)."

② 이에 반해 적극설에서는 소유권의 귀속문제와 범죄의 성립 여부는 형법의 독자적 목적에 비추어 판단하여야 하며, 민법상 불법원인급여가 보호받지 못하더라도 급여자가 소유권을 상실한 것은 아니므로 점유자의 입장에서

는 여전히 타인의 재물에 해당되어 이를 영득하는 것은 횡령죄를 구성하고, 위탁관계는 신임관계를 기초로 하는데 불법원인급여의 경우에도 신임관계는 존재한다는 점을 그 이유로 든다.[1] 그 결과 불법한 원인에 의한 보관이라 할지라도 이를 이유로 보관자에게 그 물건을 횡령하거나 반환을 거부할 권리를 허용할 수는 없다는 것이다.

③ 절충설(제한적 긍정설)은 첫째 불법원인급여의 경우에는 수급자의 처분행위가 횡령죄에 해당하지 않지만, 불법원인위탁물의 경우에는 법익평온상태의 교란이라는 결과불법과 행위불법이 인정되므로 횡령죄의 불능미수에 해당한다는 견해와,[2] 둘째 불법원인급여물에 대한 소유권이 급여자에게 남아 있는 경우와 그렇지 않은 경우를 구별하여 급여자에게 소유권이 남아 있고 단지 재물이나 금전의 보관을 위탁한 것에 지나지 않을 때에는 수급자로서는 타인의 재물을 점유한 것이 되므로 이를 불법하게 영득하면 횡령죄가 성립한다는 견해[3] 등이 있다.

④ 이상을 검토하면 불법원인급여물이 횡령죄의 객체가 될 수 있는가의 문제는 먼저 형법상의 재산개념과 관련하여 판단하여야 한다. 그 결과 법률적·경제적 재산개념을 전제로 한다면 불법원인급여물은 법률적 견지에서 반환청구권을 상실한 재물이므로 이에 대한 횡령죄도 성립하지 않는다고 보는 것이 타당하다. 또한 적극설이 주장하는 위탁관계의 기초가 되는 신임관계란 범죄적 내용으로서 형법이 이를 보호할 필요가 없다. 그리고 이러한 해석이 법적 통일을 기하는 데에도 합당하다.

(ii) **불법원인기탁물의 경우** 불법원인급여물과 구별되는 것으로 불법원인기탁물을 드는 경우가 있다. 대표적인 예가 장물보관을 위탁하거나 마약을 구입하기 위하여 자금을 맡긴 경우이다. 그러나 이에 대해서도 불법원인급여의 경우와 마찬가지로 해석하여 이러한 물건을 임의처분하는 행위에 대해서는 횡령죄의 성립을 부정하는 것이 타당하다. 그러므로 만일 장물을 기탁받아 보관하고 있던 자가 이를 영득한 경우에는 장물보관죄 이외에 별도로 횡령죄를 구성하지 않는다.

---

1) 강구진, 353면; 백형구, 204면; 유기천(상), 271면; 임 웅, 443면; 정영석, 371면; 진계호, 400면.
2) 김일수/서보학, 357면 이하.
3) 강동범, 앞의 논문, 190면; 김성천, 985면.

[판례] 판례는 "절도범인으로부터 장물보관의 의뢰를 받은 자가 그 정을 알면서 이를 인도받아 보관하고 있다가 임의처분하였다 하여도 장물보관죄가 성립하는 때에는 이미 그 소유자의 소유물추구권을 침해하였으므로 그 후의 횡령행위는 불가벌적 사후행위에 불과하여 별도로 성립하지 아니한다(대판 1976. 11. 23, 76도3067)" 고 하여 별도로 횡령죄의 성립을 인정하지 않는다.

이론상으로는 장물죄의 본질 및 장물의 소유자와 기탁자에 대한 관계에 따라 결론이 다르다. 소유자에 대한 관계에서는 추구권설을 따르면 장물죄의 성립으로 이미 소유자의 추구권을 곤란하게 하였으므로 횡령은 불가벌적 사후행위로 평가되어 따로 횡령죄의 성립을 논할 근거가 없게 된다. 이에 반해 위법상태유지설에서는 장물에 대한 사기죄, 공갈죄가 별도로 성립하는 것과 마찬가지로 횡령죄를 인정하게 된다. 기탁자에 대한 관계에서는 기탁자에게 소유권이 없기 때문에 불법원인급여와 횡령의 일반론이 적용될 수 있는가가 문제되며 소극설과 적극설이 있다.

6) 회사 · 조합 등의 재산처분과 횡령죄 회사자금을 임의로 처분하면 횡령죄는 기수에 이르며, 이 경우에 주식회사의 주식이 사실상 1인의 주주에 귀속하는 1인 회사에 있어서도 행위의 주체와 그 본인은 별개의 인격이므로 법인인 주식회사 소유의 금원을 임의로 소비한 때에는 (업무상) 횡령죄가 성립한다.[1] 또한 두 사람이 동업계약을 체결하고 수익금을 상대방 명의의 장부에 입금시키고 그의 결재를 받아 지출하기로 약정하고서도 이러한 절차를 거치지 않고 수익금을 임의로 소비한 경우에도 횡령죄가 성립한다.[2]

7) 송금오류로 인한 예금액의 사용 자신 명의의 계좌에 착오로 송금된 돈을 다른 계좌로 이체하는 등 임의로 사용한 경우 횡령죄가 성립한다.[3]

(4) 행위방법

1) 횡령행위 횡령행위란 불법영득의 의사를 외부로 표출하는 행위를 말한다. 그러므로 행위자가 보관물에 대하여 횡령을 결심하는 의사결정만으로는 횡령행위를 인정할 수 없으며 외부에서 행위자의 불법영득의사가 객관적으로 인식될 수 있어야 한다.[4] 그러나 영득의사가 표출되면 충분하며 이

1) 대판 1987. 2. 24, 86도999; 1989. 5. 23, 89도570. 그러나 1인 주주가 회사자금을 처분한 경우에 과연 행위자에게 고의 및 불법영득의사를 인정할 수 있는지에 대해서는 검토가 필요하다.
2) 대판 1989. 11. 14, 89도1744.
3) 대판 2005. 10. 28, 2005도5975.
4) 대판 1993. 3. 9, 92도2999; 김일수/서보학, 374면; 이재상, 404면; 이형국, 417면; 임 웅, 449면. 독일에서는 BGHSt 14, 39; BGH StV 1990, 164; BayOLG NJW 1992, 1777; Tröndle/Fischer, § 246 Rn. 13; Sch/Sch/Eser, § 246 Rn. 11; Wessels/Hillenkamp, BT/2, Rn. 277.

의 실현을 요하지 않는다(예: 증여의 의사표시를 하였으나 이를 거절하여 주지 못한 경우에도 횡령죄는 기수에 이른 것이다).

횡령행위에는 사실상의 횡령행위(예: 소비, 은닉, 반환거부, 타용도 사용, 증여나 매각의 의사표시 등)와 법률상의 횡령행위(예: 매각, 대여, 질권설정, 담보제공, 증여 등)가 포함되며, 작위적 방법뿐만 아니라 부작위에 의해서도 가능하다. 소유자에 대하여 보관사실을 부인하는 것도 영득의사의 표현에 해당한다.[1] 법률행위에 의한 횡령의 경우에는 법률행위의 유효성은 문제되지 않는다. 자기가 보관하는 타인의 물건을 자기의 물건과 혼합하는 경우에는 공동소유가 인정되는 상황으로서 타인의 소유권을 인정하는가 아니면 전부를 자기 물건처럼 사용하는가의 여부에 따라 횡령죄의 성립 여부가 결정된다.

2) 반환의 거부 제355조 제 1 항은 반환의 거부를 횡령행위의 하나로 규정하고 있다. 반환의 거부라 함은 보관물에 대하여 소유자의 권리를 배제하는 의사표시를 하는 행위를 의미한다. 이는 횡령행위의 한 예시로 보아야 한다. 그러므로 반환의 거부가 곧바로 횡령행위에 해당한다고 보는 것은 타당하지 않다. 다시 말하면 타인의 재물을 보관하는 자가 단순히 반환을 거부한 사실만으로 횡령죄를 구성하는 것은 아니며 반환거부의 이유 및 주관적인 의사 등을 종합하여 반환거부행위가 영득의사의 표출로서 횡령행위와 같다고 볼 수 있을 정도이어야만 횡령죄가 성립한다.[2] 보관하고 있지 않다고 주장하면서 반환을 거부하는 것은 그 한 예이다.

2. 주관적 구성요건

횡령의 고의 및 불법영득의 의사가 있어야 한다. 횡령죄에서 불법영득의 사란 고의의 내용으로서 타인의 재물을 보관하는 자가 위탁의 취지에 반하여 자기 또는 제 3 자의 이익을 위하여 권한 없이 그 재물을 자기의 소유물처럼 사실상 또는 법률상 처분하는 의사를 말한다.[3] 그러므로 반드시 자기를 위하

1) BayOLG JR 1955, 271; Wessels/Hillenkamp, BT/2, Rn. 279.
2) 대판 1992. 11. 27, 92도2079; 1993. 6. 8, 93도874(피해자가 1991. 11. 15경 아파트를 피고인의 거주를 위하여 매수하면서 피고인 앞으로 소유권이전등기를 경료하였고, 피고인은 피해자 경영의 회사에 재직하는 동안 이 아파트에 무상으로 거주할 수 있도록 승낙을 받아 가족들과 함께 거주하여 왔던바, 피해자가 1992. 2경 회사경영에서 손을 떼면서 이 아파트를 회사 공동경영자의 처남에게 넘겨 줄 것을 요구하자, 피고인은 입주한 지 3개월밖에 되지 않은 점 및 겨울철이어서 이사할 곳도 마땅하지 않다는 등의 이유로 계속 거주한 사안에서 횡령죄의 성립을 부인함).
3) 대판 1982. 4. 13, 80도537; 1987. 7. 8, 85도2212; 2000. 12. 27, 2000도4005.

여 영득하여야만 횡령죄가 성립하는 것은 아니다.[1] 또한 처분하는 의사가 표출된 이상 사후적인 변상 등은 본죄의 성립에 영향이 없다.

횡령죄의 본질에 관하여 월권행위설을 취하면 고의만으로도 횡령죄가 성립하지만 영득행위설을 따를 때에 고의 이외에 불법영득의사가 필요하다고 보는 것이 일반적인 학설의 경향이다.[2] 그러나 월권행위설을 따르는 것이 필연적으로 영득의사를 배제하는 것은 아니다. 또한 월권행위설을 따를 경우 위탁자를 위한 영득의사가 없는 월권행위까지도 횡령행위로 보게 된다는 비판은 타인의 소유권을 침해하는 재산범죄인 횡령죄의 해석상 타당하다고 볼 수 없기 때문이다. 결론적으로 월권행위설과 영득행위설의 대립은 타인의 재산을 침해하는 행위인 횡령행위의 범위 내에서 주장되는 학설들에 불과할 뿐이며 양 학설은 선택적이 아니라 복합적으로 인정되어야 횡령죄의 본질을 밝히는 데 도움이 될 것이다.

횡령죄의 고의가 인정되기 위해서는 구성요건해당성에 대한 인식 이외에 영득행위의 위법성까지도 인식하고 있어야 하는가에 대해서는 논란이 있다. 이에 대해서는 피해자의 승낙이나 정당한 권원의 존재를 믿은 데에서 비롯되는 오신과 같이 영득행위의 적법성을 인식한 경우에는 위법성이 아니라 불법영득의사가 없기 때문에 횡령죄에 해당하지 않는다는 견해가 있다.[3] 다른 한편으로는 횡령죄의 고의에는 재물의 타인성 이외에 영득행위의 위법성까지도 인식하여야 한다는 견해가 있다.[4] 생각건대 횡령죄에서의 불법영득의사는 절도죄에서의 불법영득의사와는 다르다고 보아야 한다. 절도죄의 경우에는 불법영득의사가 고의와 양립하는 주관적 구성요건요소인 데 반하여, 타인의 물건에 대한 점유배제가 불필요한 횡령죄의 경우에는 불법영득의사는 고의의 한 내용을 이루는 것으로 보아야 하기 때문이다. 그렇다면 횡령죄의 고의는 자기가 보관하는 타인의 물건에 대한 인식과 함께 이를 불법적으로 자기 소유물처럼 영득할 의사라고 보아야 한다. 단순한 항목유용이 횡령죄에 해당하지 않는다

1) 독일형법 역시 횡령죄에서 제 3 자를 위한 영득행위를 새로이 규정하고 있다(§246: 「… sich oder einem Dritten rechtswidrig zueignet …」).

2) 강구진, 347면; 김일수/서보학, 378면; 백형구, 206면; 이재상, 408면; 이형국, 420면 참조. 영득행위설을 취하면서 불법영득의사를 고의와 별개의 주관적 요소로 파악하지 않는 견해로는 임 웅, 451면 참조.

3) 이재상, 408면.

4) Tröndle/Fischer, §246 Rn. 22; Wessesl/Hillenkamp, BT/2, Rn. 281.

고 보는 이유도 자기 소유물처럼 개인용도로 지출하지 않았기 때문이다.

[판례] 판례는 횡령죄의 고의는 타인의 물건을 점유하는 자가 그 위탁의 취지에 반하여 자기의 소유물과 같이 이를 지배하고 처분한다는 인식이 있으면 충분하고 경제적 이득을 취할 의사를 필요로 하는 것이 아니므로 횡령죄에서의 불법영득의사에는 재물을 불법적으로 영득한다는 의사는 필요로 하지 않는다고 판시하였다. 즉 영득행위의 위법성을 인식할 필요가 없다는 입장이다(대판 1982. 4. 13, 80도537). 그러나 이러한 결론은 불법영득의사의 본질에 어긋난다.

3. 횡령죄의 미수범

형법은 횡령죄의 미수범을 처벌하고 있다. 이에 대하여 ① 횡령죄의 경우 불법영득의 의사가 외부적으로 표출되는 순간 횡령행위는 이미 기수에 이르므로(표출설) 사실상 미수범은 성립할 여지가 없다는 견해가 있다.[1] 반대로 ② 횡령죄는 불법영득의 의사가 실현된 단계에서 기수이므로(실현설) 이에 이르지 못하면 횡령죄의 미수라고 보는 견해가 있다.[2] 예를 들면 부동산매각에 의한 횡령의 경우 행위자가 자기가 점유하는 타인의 부동산에 대하여 매매계약을 체결하거나 소유권이전등기를 신청하는 단계에서는 횡령행위의 실행의 착수를 인정할 수 있고(미수단계), 이후에 소유권이전등기가 이루어지면 횡령죄의 기수에 이른다고 본다. 그러나 횡령죄의 미수를 인정할 수 있다는 점에서는 수긍이 가지만 매매계약의 체결로 횡령의 의사가 명백히 표출되었기 때문에 이 단계에서 횡령죄는 이미 기수에 이른다고 볼 수 있기 때문에 위의 예는 적절하지 않다.

횡령죄의 미수(장애미수, 중지미수, 불능미수)는 형법의 규정상으로뿐만 아니라 현실적으로도 인정할 수 있다고 본다. 횡령죄의 미수가 인정될 수 있는 경우로는 예컨대 자기가 보관하는 타인의 예금통장을 들고 은행에 가서 인출하기 위하여 은행원에게 제시하는 경우, 자기 물건을 타인의 소유물이거나 무주물로 생각하고 영득한 경우(불능미수), 자기가 보관하는 타인의 현금을 횡령하기 위하여 현금봉투를 개봉한 단계에서 발각된 경우에는 횡령죄의 미수가 성립한다고 볼 수 있다.[3]

1) 유기천(상), 303면; 이재상, 406면; 임 웅, 453면; 정영석, 373면; 태종대, 537면.
2) 김종원, 232면; 김일수/서보학, 377면; 백형구, 210면; 오영근, 487면; 이정원, 453면; 이형국, 420면. 불능미수 형태로만 가능하다는 견해로는 김성천, 994면.
3) Tröndle/Fischer, § 346 Rn. 19.

4. 횡령죄의 신분과 공범

단순횡령죄는 진정신분범에 해당하며, 업무상 횡령죄는 부진정신분범(업무는 가중적 신분요소이기 때문이다)에 해당한다. 이에 따라 횡령죄의 정범은 오로지 타인의 재물을 보관하는 자에 국한된다. 여기에서 만일 비신분자가 횡령행위에 가담한 경우의 공범성립이 문제된다.

(1) 비신분자의 공범 성립

타인의 재물을 보관하지 않는 자는 단독정범은 될 수 없으나 형법 제33조의 본문에 따라 신분자와 공동정범이 되거나 신분자에 대한 교사범 또는 방조범은 될 수 있다.

(2) 업무상 횡령죄와 공범

업무상 횡령죄는 업무자라는 신분으로 인하여 형이 가중되는 가중적 구성요건이다. 그러므로 타인의 재물에 대한 단순보관자가 업무상 보관자와 함께 보관물을 횡령한 때에는 비신분자(단순보관자)의 형사책임이 문제된다. 이에 대해 다음과 같은 견해대립이 있다.

① 업무상 횡령죄의 공동정범·공범이 성립하고(제33조 본문), 그 형은 단순횡령죄의 형이 과하여진다(동조 단서)는 견해, ② 단순횡령죄의 공동정범·공범이 성립하고(제33조 본문), 역시 단순횡령죄의 형이 과하여진다(동조 단서)는 견해[1] 및 ③ 업무상 횡령죄의 공동정범·공범으로서 형을 과한다(제33조 본문)는 견해가 있다. 판례는 ①의 견해를 따르고 있다.[2] 판례는 제33조의「신분관계로 인하여 성립될 범죄」를 진정신분범으로 제한하지 않고 부진정신분범의 경우에도 적용하는 견해에서 출발한다. 그러나 동조 단서가「신분관계로 인하여 형의 경중이 있는 경우」를 별도로 규정하고 있으므로 본문은 진정신분범에만 적용하고 단서는 부진정신분범의 경우에 적용하는 것이 타당하다고 본다(위 ②의 견해). 그 결과 단순보관자가 업무상 횡령죄에 가담한 경우에는 비신분자로서 단순횡령죄의 공동정범·교사범·방조범이 성립하고 이에 따라 처벌된다(이러한 결론은 배임죄와 업무상 배임죄의 경우에도 적용된다). 비보관자가 업무상 보관자와 공범관계에 있을 때에도 마찬가지로 해석하여야 한다.[3] 이에 대해 비보관자

1) 김일수/서보학, 375면; 이재상, 409면; 임 웅, 453면.
2) 대판 1961. 10. 5, 4294형상396.
3) 대판 1986. 10. 28, 86도1517(은행원이 아닌 자가 은행원들과 공모하여 업무상 배임죄를 저질렀다 하여도 이는 업무상 타인의 사무를 처리하는 신분관계로 인하여 형의 경중이 있는 경우이므로 그러한 신분관계가 없는 자에 대하여서는 배임죄로 처벌하여야 한다).

가 업무상 횡령죄에 가공한 때에는 동죄의 공동정범이나 공범의 가능성 및 단순횡령죄의 공동정범의 가능성은 배제된다는 견해도 있다.[1)]

5. 죄수 및 다른 범죄와의 관계

(1) 죄 수

횡령죄의 수는 횡령죄의 본질에 비추어 위탁관계의 수를 기준으로 하여 판단하는 것이 타당하다.[2)] 따라서 단일행위로 여러 사람으로부터 위탁받은 재물을 횡령한 때에는 수죄로서 상상적 경합이 되지만 1인으로부터 위탁받은 여러 사람 소유의 재산을 횡령하여도 일죄가 된다. 그리고 단일의 위탁관계에 의하여 보관하는 재물을 수개의 행위에 의하여 횡령하는 경우에는 수죄가 된다. 일단 횡령한 물건은 다시 횡령의 객체가 되지는 않는다(불가벌적 사후행위).[3)] 이와 관련하여 부동산에 대한 횡령의 경우 처벌필요성이 더 큰 후행행위가 처벌되지 않는 불합리한 결과가 발생하므로 선행행위와 포괄하여 횡령죄를 구성하는 것으로 보는 것이 타당하다는 견해도 있다.[4)]

(2) 장물죄와의 관계

만일, 장물의 보관을 본범으로부터 위탁받은 자가 이를 횡령한 경우에는 ① 장물보관죄를 인정하는 견해와 ② 장물보관죄와 횡령죄(경합범)를 인정하는 견해,[5)] ③ 장물보관죄와 횡령죄의 불능미수를 인정하는 견해[6)]가 있다. 기술한 바와 같이 위탁된 장물에 대한 횡령행위는 불가벌적 사후행위로 보아 장물보관죄만을 인정하는 것이 타당하다.[7)] 그러나 장물매각을 알선하면서 본범의 의사에 반하여 매각대금을 횡령한 때에는 양죄는 경합범이 된다.[8)]

다음으로는 본범이 횡령죄인 경우에 횡령행위에 의하여 영득된 장물을 취득하는 행위가 장물죄에 해당하는가 아니면 횡령죄의 공범이 성립하는가가

---

1) 김일수/서보학, 375면은 이 경우 단순횡령죄의 교사범이나 방조범만이 가능하다고 본다.
2) 대판 1979. 8. 28, 79도161; 강구진, 361면; 김일수/서보학, 375면; 이재상, 409면.
3) 대판 2000. 3. 24, 2000도310; 1998. 2. 24, 97도3282. BGHSt 6, 316; OLG Celle NJW 1974, 2328.
4) 김대웅, 「횡령한 부동산에 대한 횡령죄의 성립여부」, 형사판례연구(18), 2010, 163면.
5) 백형구, 211면; 임 웅, 454면.
6) 김일수/서보학, 372면은 장물보관죄 이외에 횡령죄의 불능미수를 인정한다.
7) 대판 1976. 11. 23, 76도3067; 배종대, 486면; 이재상, 410면; 이형국, 422면; 진계호, 409면.
8) RGSt 70, 8; Tröndle/Fischer, § 259 Rn. 29; Sch/Sch/Stree, § 259 Rn. 63, 64.

문제된다. 이 경우에는 횡령행위와 장물취득이 일시에 일어나는 때에는 횡령죄의 공범을 인정하는 것이 타당하나,[1] 횡령행위가 있은 다음에 이를 취득하는 경우에는 장물취득죄의 성립을 인정하는 것이 타당하다. 본범(횡령죄)의 기수 이전에 장물죄는 성립하지 않는다고 보아야 하기 때문이다.

(3) 사기죄와의 관계

만일 횡령행위자가 이미 끝난 자신의 횡령행위를 은폐하기 위하여 재물의 소유자를 기망한 때에는 별도의 사기죄가 성립하지 않는다(불가벌적 사후행위).[2] 그러나 이미 횡령한 물건에 대한 소유자의 반환청구권 등의 권리행사를 방해할 목적으로 횡령사실을 기망한 경우(예: 이미 반환하였음을 증명하는 소유자 발행의 영수증을 위조하는 행위)에는 횡령죄 이외에 사기죄가 성립한다(경합범). 자기의 물건인 것처럼 상대방을 속여 보관중이던 타인의 물건을 판매한 경우에는 횡령죄와 사기죄의 상상적 경합범이 인정된다.[3]

(4) 강제집행면탈죄와의 관계

강제집행에 직면한 타인의 재물을 보관하는 자가 이를 영득할 경우 강제집행면탈죄(제327조)와 횡령죄의 성립 여부가 문제될 수 있다. 강제집행면탈죄에 있어서 은닉이라 함은 강제집행을 면탈할 목적으로 강제집행을 실시하는 자로 하여금 채무자의 재산을 발견하는 것을 불능 또는 곤란하게 만드는 것을 말한다. 그러므로 진의에 의하여 재산을 양도하였다면 설령 그것이 강제집행을 면탈할 목적으로 이루어진 것으로서 채권자의 불이익을 초래하는 결과가 되었다고 하더라도 강제집행면탈죄의 허위양도 또는 은닉에는 해당하지 않는다는 것이 판례의 입장이다. 그 결과 타인의 재물을 보관하는 자가 보관하고 있는 재물을 영득할 의사로 은닉하였다면 이는 횡령죄를 구성하는 것이고 채권자들의 강제집행을 면탈하는 결과를 가져오더라도 별도로 강제집행면탈죄를 구성하지는 않는다고 본다.[4]

그러나 이러한 판례의 입장은 강제집행면탈죄의 행위주체는 채무자뿐만 아니라 제 3 자까지도 포함한다고 보는 전제에서 출발하고 있다. 이와 달리

1) 김종원, 250면; 이재상, 411면. 이에 반해 김일수/서보학, 372면; 백형구, 211면은 시간적 선후관계를 불문하고 장물취득죄를 인정한다.

2) BGH GA 1961, 83; Tröndle/Fischer, § 246 Rn. 22.

3) BGH GA 1965, 207; BGH MDR 1967, 173; Tröndle/Fischer, § 246, Rn. 22; 이정원, 456면. 반면 정성근/박광민, 445면은 양죄의 경합범을 인정하고 있다.

4) 대판 2000. 9. 8, 2000도1447.

본죄의 행위주체를 채무자로 국한해서 보게 되면 타인의 재물을 보관하는 제 3 자에게 본죄의 성립 여부는 문제되지 않는다.

(5) 자동차 등 불법사용죄와의 관계

타인의 자동차를 보관하고 있는 자가 이의 반환을 거부하면서 자동차를 계속 사용하는 경우에는 본죄와 자동차 등 불법사용죄는 법조경합(보충관계)에 해당하므로 본죄만이 성립한다.

Ⅳ. 業務上 橫領罪

> 제356조【업무상의 횡령과 배임】 업무상의 임무에 위배하여 제355조의 죄를 범한 자는 10년 이하의 징역 또는 3천만원 이하의 벌금에 처한다.
> 제358조【자격정지의 병과】 전 3 조의 죄에는 10년 이하의 자격정지를 병과할 수 있다.
> 제359조【미수범】 제356조의 미수범은 처벌한다.

1. 의 의

본죄는 업무상의 임무에 의하여 자기가 보관하는 타인의 재물을 횡령함으로써 성립하는 죄이다. 횡령죄에 비하여 업무자라는 신분으로 인하여 형이 가중되는 구성요건이다. 그러므로 본죄는 횡령죄가 보관자라는 신분이 있어야 성립하는 진정신분범인 데 반하여 보관자(진정신분범 요소)와 업무자(부진정신분범 요소)라는 이중의 신분을 지녀야 성립하는 신분범에 해당한다. 그러므로 비업무자가 업무상 보관자와 함께 횡령죄를 범한 때에는 비업무자는 본죄가 아니라 단순횡령죄의 공동정범이나 공범이 된다.

2. 구성요건

본죄는 업무상의 임무에 위배하여 타인의 재물을 횡령하는 것이다.

업무란 사회생활상의 지위에 기하여 계속 또는 반복적으로 행하여지는 사무를 말한다(자세한 것은 업무방해죄를 참조할 것). 구체적인 구성요건의 내용은 횡령죄의 경우와 동일하다.

[판례] ① 등기부상으로는 회사의 대표이사를 사임하였으나 그 후에도 계속하여 사실상 대표이사 업무를 행하여 왔고, 회사원들도 대표이사의 일을 하는 사람으로 상대해 온 피고인이 회사의 원목판매대금을 횡령한 경우(대판 1982. 1. 12, 80도1970).
② 1인 주주회사의 주주가 회사재산을 개인적 용도를 위하여 소비한 경우(대판 1982.

4.13, 80도537; 1999.7.9, 99도1040). 1인 회사의 경우에도 회사와 주주는 별개의 인격체로서 1인 회사의 재산이 곧바로 그 1인 주주의 소유라고 볼 수 없다는 것이 횡령죄 인정의 근거이다.

③ 업무상 횡령을 부인한 판례로는 동업자들이 동업관계에서 탈퇴한 이후에는 동업자들의 금원을 보관하는 자의 지위에 있지 아니하고, 단지 투자금 반환의무를 지는 민사상 채무자의 지위에 있으므로 업무상 횡령죄에 해당하지 않는다(대판 1996.5.28, 96도140)고 한 것이 있다.

Ⅴ. 占有離脫物橫領罪 · 埋藏物橫領罪

> **第360조【점유이탈물횡령】** ① 유실물, 표류물 또는 타인의 점유를 이탈한 재물을 횡령한 자는 1년 이하의 징역이나 300만원 이하의 벌금 또는 과료에 처한다.
> ② 매장물을 횡령한 자도 전항의 형과 같다.

1. 의 의

본죄는 유실물 · 표류물 기타 타인의 점유를 이탈한 재물(제1항)이나 매장물(제2항)을 횡령함으로써 성립하는 범죄이다. 본죄의 미수범은 처벌하지 않는다.

2. 구성요건

(1) 행위주체

본죄의 행위주체는 제한이 없다. 행위자가 행위 당시에 이들 재물에 대한 점유지배를 할 필요가 없다는 점에서 횡령죄와 다르다.

(2) 행위객체

유실물 · 표류물 · 매장물과 같이 소유자나 점유자의 점유를 이탈한 재물이다.

타인의 점유를 이탈한 재물이란 타인의 소유나 점유에 속하였으나 그 소유자나 점유자의 의사에 반하여 점유를 떠나 있는 상태의 물건을 말한다. 본조가 규정하고 있는 유실물 · 표류물 · 매장물은 점유이탈물의 예이다. 유실물이란 분실한 물건을 의미하며, 착오로 인하여 점유한 물건, 타인이 놓고 간 물건이나 잃어버린 가축을 포함한다(유실물법 제12조). 그 밖에도 잘못 배달된 물건이나 우연히 자기의 지배하에 들어온 가축 등을 포함한다.

[판례] 고속버스 운전사는 고속버스의 간수자로서 차 내에 있는 승객의 물건을 점유

하는 것이 아니라 승객이 잊고 내린 유실물을 교부받을 권능을 가질 뿐이므로 유실물을 현실적으로 발견하지 않는 한 이에 대한 점유를 개시하였다고 볼 수 없고, 그 사이에 다른 승객이 유실물을 발견하고 이를 가져갔다면 절도에 해당하지 아니하고 점유이탈물횡령죄에 해당한다(대판 1993. 3. 16, 92도3170).[1)]

그러나 유실물이라 하더라도 물건이 아직 타인의 지배범위 내에 있다고 보여지는 경우에는 점유이탈물이 아니라고 보아야 한다. 예컨대 물건을 분실한 장소가 당구장과 같이 타인의 관리하에 있을 때에는 그 물건은 일단 관리자의 점유에 속한다고 보아 제 3 자가 가져가는 것은 유실물횡령죄가 아니라 절도죄에 해당한다.[2)] 그러나 만일 당구장 주인과 같은 새로운 관리자가 주인으로부터 이탈한 물건을 가진 경우에는 어느 구성요건에 해당하는가? 이 경우에는 새로운 관리자에게 점유를 인정하기 때문에 점유이탈물횡령죄의 행위객체가 아니라 횡령죄의 행위객체가 된다고 보아야 할 것이다. 그러나 새로운 관리자는 물건의 주인으로부터 그 물건의 점유를 위탁받은 바가 없기 때문에 횡령죄의 성립요건인 위탁관계의 결여를 이유로 횡령죄의 구성요건을 적용하기도 어려운 문제가 발생한다는 견해가 있다.[3)] 이러한 비판은 횡령죄에서 위탁관계의 원인을 어느 범위로 볼 것인가의 문제와 결부되어 있다. 횡령죄에서 위탁관계는 반드시 계약이나 법률의 규정만이 아니라 관습, 조리, 신의칙, 기타 사회생활상의 거래관계에 비추어서도 성립된다. 그렇다면 이 경우에도 새로운 관리자에게 신의칙상 혹은 사회생활상의 거래관계에 따른 위탁관계를 인정하여 횡령죄를 인정하는 것이 타당하다.

이 밖에도 일시적으로 직접점유를 떠난 물건(예: 길에 세워 둔 자동차)이나 아직 피해자의 지배하에 있는 물건(예: 범죄현장에 떨어진 피해자 소유의 물건 등)[4)]은 점유이탈물이 아니다.

표류물은 점유를 이탈하여 바다나 강에 떠 다니는 물건을 말하며 홍수에

---

1) 이 판결에 대한 비판적 평석으로는 하태훈, 「형법상의 점유개념」, 형사판례연구(3), 170면 이하 참조. 또한 대판 1999. 11. 26, 99도3963(승객이 놓고 내린 지하철내 물건을 가져간 경우 점유이탈물횡령죄 인정). 김일수/서보학, 377면은 절도죄를 인정한다.

2) 대판 1988. 4. 25, 88도409.

3) 하태훈, 앞의 논문, 181면.

4) 대판 1984. 2. 28, 84도38(강간을 당한 피해자가 도피하면서 현장에 놓아 두고 간 손가방은 점유이탈물이 아니라 사회통념상 피해자의 지배하에 있는 물건이라고 보아야 할 것이므로 피고인이 그 손가방 안에 들어 있는 피해자 소유의 돈을 꺼낸 것은 절도죄에 해당한다).

떠내려온 가축은 그 예이다.

매장물이란 토지나 바다 밑, 건조물 내에 묻혀 있는 물건을 말한다. 고분 안에 있는 부장품은 그 예이다.

무주물은 점유이탈물에 포함되지 않는다. 무주의 동산을 소유의 의사로 점유한 자는 그 소유권을 취득하며(민법 제252조 제1항), 부동산은 국유로 하기 때문이다(동조 제2항). 또한 야생동물은 점유이탈물이 아니라 무주물에 해당한다(민법 제252조 제3항).

(3) 행 위

횡령하는 것이다. 이는 위탁물에 대한 횡령의 경우와 같은 의미이다. 본죄의 성립에도 불법영득의 의사가 있어야 한다. 이는 영득의사가 외부에 표출되는 것을 의미하며, 이러한 행위가 있을 때에 즉시 기수에 이른다. 본죄의 미수범은 벌하지 않는다.

Ⅵ. 親族間의 橫領行爲

횡령범(점유이탈물횡령죄 포함)과 피해자 사이에 직계혈족, 배우자, 동거친족, 호주, 가족 또는 그 배우자간의 관계에 있는 때에는 형을 면제한다. 그 밖의 친족간에는 고소가 있어야 공소를 제기할 수 있다(친고죄). 그러나 이러한 신분관계가 없는 공범에 대하여는 이 규정을 적용하지 않는다(제361조, 제328조 제2항). 그리고 친족간의 범행특례 규정은 횡령범인과 소유자뿐만 아니라 횡령범인과 위탁자 쌍방 사이에도 친족관계가 있는 경우에 적용되고, 단지 횡령범인과 피해물건의 소유자간에만 친족관계가 있거나 횡령범인과 피해물건의 위탁자간에만 친족관계가 있는 경우에는 적용되지 않는다.[1)]

1) 대판 2008. 7. 24, 2008도3438(소유자로부터 공소외 2에게 전달해 달라는 부탁과 함께 금 2,000,000원을 교부받은 공소외 3으로부터 공소외 2에게 전달해 주겠다며 돈을 받아 보관하던 중 이를 임의 사용한 피고인에 대해 피고인이 위탁자인 공소외 3과 친족관계가 없음을 이유로 친족간의 범행특례규정을 적용하지 않은 사건).

제 7 절 背任의 罪

Ⅰ. 序 論

1. 의의 및 보호법익

배임죄는 타인의 사무를 처리하는 자가 자기 또는 제 3 자의 이익을 위하거나 본인에게 손해를 가할 의사를 가지고 그 임무에 위배되는 행위를 하여 본인에게 재산상의 손해 또는 손해발생의 위험을 초래하는 범죄이다. 본죄의 보호법익은 재산이다. 보호 정도에 대해서는 「본인에게 손해를 가한 때」라는 문언 및 배신설의 범위를 제한할 필요에 의해 침해범으로 보는 견해[1]가 있으나 위험범[2] 가운데 구체적 위험범이라고 보아야 한다. 연혁적으로 이득죄인 배임죄는 타인의 재물을 영득하는 재물죄 이후에 등장하였다. 특히 횡령죄의 보호대상이 자기의 지배하에 있는 타인의 재물에만 한정됨으로써 기타의 재산적 권리의 침해가 형법적 보호의 범위 밖에 놓여지는 부당한 결과를 막기 위하여 인정된 것이다.

행위의 객체는 오로지 재산상의 이익이므로 순수한 이득죄이며, 이 점에서 순수한 재물죄인 절도죄나 횡령죄, 장물죄, 손괴죄와 구별된다.

2. 배임죄의 본질

배임죄의 본질에 관하여는 다음과 같은 학설의 대립이 있다.

(1) 권한남용설

배임죄를 법적 대리권을 남용하여 재산을 침해하는 범죄로 파악한다. 즉 배임죄는 대외관계에서 타인을 위하여 사무를 처리하는 임무가 있는 자가 대외적 권한을 행사하면서 대내적 의무를 위반하여 본인에게 재산상의 손해를 가하는 범죄로 파악한다. 그러므로 이 학설에 의하면 배임죄의 본질은 법률상 처분권한 있는 자가 그 권한을 남용하여 사무를 처리하는 점에 있고, 배임행위는 오직 유효한 법률행위를 통해서만 가능하게 된다. 즉 사실행위에 의한 배임죄의 성립을 인정하지 않는다. 권한남용설은 배신설보다 구체화된

---

1) 김성천, 1003면; 김일수/서보학, 481면; 백형구, 219면; 이정원, 460면; 이형국, 434면; 임 웅, 462면; 정성근/박광민, 457면; 진계호, 420면.

2) 대판 2002. 6. 28, 2000도3716; 2000. 4. 11, 99도334; 1975. 4. 22, 75도123; 강구진, 378면; 유기천(상), 332면; 이재상, 415면.

좁은 범위의 관계만을 인정하는 견해이다.

(2) 배 신 설

배임죄를 신의성실의무에 위반하거나 사실적인 신임관계를 침해하는 재산범죄로 파악한다. 배신설에서는 배임행위를 제 3 자에 대한 관계에서만 하여야 하는 것이 아니며 재산권자 본인에 대한 내부적 관계에서도 인정한다. 그러므로 대리권의 존재도 필요하지 않으며, 또한 법률행위에 한하지 않고 사실상의 신임관계를 파괴하는 사실행위에 의해서도 배임죄가 성립한다고 본다. 판례 및 통설의 견해이다.[1]

(3) 학설의 검토

배임행위를 권한남용의 형태로 범하는 경우만으로 제한하여 인정하는 것보다는 신뢰관계를 침해하여 타인의 재산에 손해를 입히는 경우도 포함하여 인정하는 것이 타당하다. 또한 재산침해의 원인이 되는 사무처리의 근거도 반드시 법적 대리권에 기초한 것으로 제한할 필요가 없다. 현실적으로 신임관계에 따른 사무처리자의 위치에 있었으며 결과적으로 재산침해를 야기하였다면 이는 배임행위로 볼 수 있기 때문이다.

그리고 만일 권한남용설에 의한다면 임무위배로 인한 재산상의 손해발생에도 불구하고 사무처리의 근거가 대리권에 의하지 않았다고 하여 처벌이 불가능한 문제점이 있다. 그러므로 배신설의 견해를 취하는 것이 타당하다고 본다.[2]

다만 배신설을 취할 경우에 발생할 수 있는 문제점은 거의 모든 계약위반행위를 배임죄의 구성요건에 해당한다고 보게 될 위험성이다. 그러나 이러한 위험성은 재산보호·관리의무의 요건을 엄격하게 제한함으로써 해결할 수 있을 것이다. 즉 타인의 재산을 관리하여야 할 의무가 신임관계의 전형적이고도 중요한 내용을 이루고 있으며, 동시에 이러한 신임관계의 부수적 의무가 아니라 중요대상일 것을 필요로 한다고 보아야 한다.[3] 이에 따르면 계약이행과 관련되는 일반적인 의무는 배임죄에서 필요로 하는 타인의 재산관리

1) 대판 1976. 5. 11, 75도2245; 강구진, 372면; 김일수/서보학, 482면; 김종원, 226면; 유기천(상), 290면; 오영근, 570면(이득행위설이라는 용어를 사용하고 있다); 이재상, 417면; 이형국, 430면; 정성근/박광민, 456면; 정영석, 381면.

2) 배신설을 취하면 결과적으로 독일형법상의 배임죄의 영역과 일치한다.

3) BGHSt 1, 186; 22, 190.

의무에 해당하지 않게 된다.[1] 전체적으로 보아 배임행위를 판단하는 기준은 사무처리의 종류, 범위, 사무처리의 기간 및 사무처리자의 결정권의 범위와 독자성의 정도가 된다.[2]

독일형법상 배임죄의 본질에 관한 권한남용설(Mißbrauchstheorie)과 배신설(Treubruchstheorie)의 학설대립은 형법개정(1933. 5. 26, RGBl I 295)을 통하여 해소되었다. 즉 현행 독일형법상 배임죄는 법령이나 관공서의 위임 혹은 법률행위를 통하여 인정된 타인의 재산에 대한 관리권한이나 의무를 남용하는 권한남용형태의 배임죄 구성요건(Mißbrauchstatbestand, § 266 전단)과 배신행위형태의 배임죄 구성요건(Treubruchstatbestand, § 266 후단)을 모두 포함하여 규정하고 있다.

Ⅱ. 構成要件體系

배임죄(제355조 제2항)를 기본적 구성요건으로 하며, 업무상배임죄(제356조)는 업무로 인하여 형이 가중되는 구성요건이다. 배임수재죄와 배임증재죄(제357조)는 배임죄의 성격보다는 공무원의 뇌물죄에 상응하여 비공무원으로서 타인의 사무를 처리하는 자의 임무와 관련한 재물수수를 처벌하는 독자적 구성요건이다. 배임죄의 미수범은 처벌되며(제359조), 금융기관의 임직원에 대해서는 특정경제범죄가중처벌 등에 관한 법률(제6조)에 특별규정을 두고 있다. 제328조(친족간의 범행) 및 제346조(동력)의 규정은 배임죄에 준용한다(제361조).

배임죄(제355조 제2항, 제356조)로 취득한 재산상 이익이 5억원 이상(3년 이상 유기징역), 50억원 이상(무기 또는 5년 이상 징역)인 때에는 특정경제범죄가중처벌 등에 관한 법률 제 3 조에 의하여 법정형이 가중된다(동조 제1항 제1호 · 제2호).

Ⅲ. 背 任 罪

> 제355조 【배임】 ② 타인의 사무를 처리하는 자가 그 임무에 위배하는 행위로써 재산상의 이익을 취득하거나 제 3 자로 하여금 이를 취득하게 하여 본인에게 손해를 가한 때에도 전항의 형과 같다.
> 제358조 【자격정지의 병과】 10년 이하의 자격정지를 병과할 수 있다.
> 제359조 【미수범】 제355조의 미수범은 처벌한다.

1) BGHSt 33, 244, 251.
2) BGH NJW 1991, 2574.

I. 객관적 구성요건

(1) 행위주체

배임죄의 주체는 타인의 사무를 처리하는 자이다(진정신분범). 타인의 사무를 처리하는 자라 함은 타인(본인)과의 대내관계에 기한 임무에 따라 본인의 사무를 처리할 의무가 있는 자를 말한다(예: 유언집행자, 회사의 기관, 법원의 집행관, 친권자). 제 3 자에 대한 대외관계에서는 대리권과 같은 법적 권한을 가질 필요는 없지만 본인에 대한 대내관계에서는 사무처리를 할 신임관계가 있어야 한다. 또한 신임관계를 너무 확대해석하는 것은 배임죄의 구성요건을 무의미하게 할 염려가 있기 때문에 재산의 보호·관리의무가 있는 자로 제한하여야 한다.

1) 사무의 타인성 타인의 사무를 처리하는 자라 함은 양자간의 신임관계에 기초한 타인의 재산의 보호 내지 관리의무가 있음을 그 본질적 내용으로 하는 것을 의미한다. 그러므로 단순히 채권적인 급부의무에 불과한 금전지급의무를 부담하는 경우와 같이 그 사무가 타인의 사무가 아니고 자기의 사무에 속하는 것이라면 그 사무를 타인을 위하여 처리하는 경우라 하더라도 이는 타인의 사무를 처리하는 자라 볼 수 없다.

[판례] ① 도급인인 건축주 갑이 수급인인 을에게 지급할 공사대금에 대한 담보조로 양인간에 갑 소유의 가옥에 대한 매매계약을 체결하고 등기명의는 갑 명의로 보유하고 그 처분권한을 위임하는 각서를 교부한 다음 갑이 동 가옥을 타인에게 매도하고 그 매매대금 중 일부를 을에게 지급하기로 약정하였음에도 불구하고 갑이 이를 지급하지 않고 임의로 소비한 경우 갑의 을에 대한 대금지급의무는 단순한 채권적인 급부의무에 불과하여 배임죄에 해당하지 않는다(대판 1976. 5. 11, 75도2245).
② 피고인과 피해자 사이에 연립주택에 대한 분양권을 부여하는 약정은 피고인이 그 공사대금 채무를 변제하는 방편으로 피해자에게 위 연립주택의 분양권을 위임하여 그 분양대금 중 세대당 500만원씩 변제충당하는 행위를 인용하여야 할 소극적 의무를 내용으로 하는 것으로서, 피고인의 위와 같은 채무부담행위는 피해자의 재산을 관리보전할 임무부담행위도 아니고 피해자의 위 채권의 실현에 특별히 피고인의 협력의무를 수반하는 것도 아닌 단순한 채권적 수인의무에 불과하므로 이를 타인의 사무라고 보기 어렵다(그렇기 때문에 피고인이 이러한 의무에 위배하여 동 연립주택 중 몇 세대를 타인에게 근저당권설정등기를 경료하여 주었더라도 배임죄에 해당하지 않는다고 판시하였다)(대판 1987. 4. 28, 86도2490).
③ 가옥 1동을 건축하여 주기로 하고 정액도급계약을 체결한 다음 약 7할 정도만을 시공하다가 이를 방치한 사안에서 피고인 본인의 사무를 처리하다가 중지한

것으로 본다(대판 1970. 2. 10, 69도2021).

여기의 타인에는 자연인, 법인, 권리능력 없는 사단 등을 모두 포함한다. 법인이 타인의 사무처리자일 경우 배임죄의 주체는 자연인인 대표기관이 된다.[1] 또한 타인의 재산보호가 신임관계의 본질적 내용이어야 하므로 단순한 부수적 의무는 타인의 사무에 해당하지 않는다.

2) 사무의 내용 타인의 사무를 처리한다고 할 때 사무의 내용은 재산상의 사무여야 한다. 이에 대하여 형법규정이 사무의 내용을 제한하고 있지 않기 때문에 본인에게 재산상의 손해를 가하기만 하면 되고 사무의 내용이 재산상의 사무일 필요가 없다는 견해[2]와 반드시 재산상의 사무일 필요는 없으며 재산상의 이해관계만 있으면 된다는 견해[3]가 있으나 타당하지 않다. 왜냐하면 배임죄는 재산범죄로서의 성격을 가지고 있으며, 횡령죄와 비교할 때에도 재물보관과 재산관리라고 하는 재산상의 사무여야 한다는 점에서 타인의 사무는 재산상의 사무여야 한다.[4] 판례도 타인의 사무를 처리하는 자라 함은 양자간의 신임관계에 기초를 둔 타인의 재산의 보호 내지 관리의무를 그 본질적 내용으로 한다고 본다.[5]

3) 사무처리의 근거 법령이나 법률행위(예: 대리권의 수여) 또는 관습이나 사무관리, 사실상의 신임관계에 의하여 사무를 처리하는 자이든 상관없다. 그러나 사무관리에 의하여 배임죄의 주체가 되는 신분을 취득하기 위해서는 적어도 재산권자 본인을 위한 의사로서 사무를 처리하는 때에 한한

---

1) 대판 1984. 10. 10, 82도2595(형법 제355조 제 2 항의 배임죄에 있어서 타인의 사무를 처리할 의무의 주체가 법인이 되는 경우라도 법인은 다만 사법상의 권리주체가 될 뿐 범죄능력이 없는 것이며 그 타인의 사무는 법인을 대표하는 자연인인 대표기관의 의사결정에 따른 대표행위에 의하여 실현될 수밖에 없어 그 대표기관은 마땅히 법인이 타인에 대하여 부담하고 있는 의무내용대로 사무를 처리할 임무가 있다 할 것이므로 법인이 처리할 의무를 지는 타인의 사무에 관하여는 법인이 배임죄의 주체가 될 수 없고 자연인인 대표기관이 바로 타인의 사무를 처리하는 자, 즉 배임죄의 주체가 된다).

2) 이건호, 562면; 임 웅, 467면; 오영근, 504면.

3) 정영석, 383면.

4) 강구진, 375면; 김성천, 1005면; 김일수/서보학, 484면; 김종원, 238면; 배종대, 551면; 백형구, 216면; 이재상, 420면; 이정원, 428면; 이형국, 434면; 정성근/박광민, 461면; 진계호, 421면.

5) 대판 1987. 4. 28, 86도2490(여기에서 「타인의 사무를 처리하는 자」라 함은 양자간의 신임관계에 기초를 둔 타인의 재산의 보호 내지 관리의무가 있음을 그 본질적 내용으로 하는 경우라 할 것이므로 …).

다. 단순히 친척이나 친구, 지인관계에서 처리하여 주는 일시적인 사무는 본죄의 사무처리에 해당한다고 볼 수 없다.[1] 또한 법적 의무가 없는 단순한 의무불이행은 배임죄에서의 임무위배에 해당하지 않는다.

[판례] 업무상 배임죄는 타인에 대한 신뢰관계에서 일정한 업무에 따라 사무처리를 할 법적 의무있는 자가 당해 사정하에서 당연히 할 것이 법적으로 기대되는 행위를 하지 않는 때에 성립하는 것이다. 그러므로 보험계약 모집인이 보험회사로부터 자기가 모집하여 체결시킨 적법한 보험계약이 위험성이 크니 해약토록 하라는 지시를 받고 이를 이행하지 않는 사이에 보험사고가 발생하여 보험회사가 보험계약에 따른 보험금을 지급하게 되었다고 하더라도 위 보험모집인에게 보험계약자들을 설득하여 보험계약을 해약시켜야 할 법적 의무가 있다고 할 수 없어 피고인이 이를 이행하지 아니한 것이 업무상 임무에 위배된다고 할 수 없다(대판 1986. 8. 19, 85도2144).

사무처리의 근거가 되는 법률행위가 무효인 때에는 ① 배임죄의 성립을 부인하는 견해[2]와 ② 이 경우에도 이러한 사실상의 신임관계가 존재한다고 보아 배임죄가 성립한다는 견해[3]가 있다. 후자의 견해에서는 사실상의 신임관계는 부진정부작위범의 보증인지위와 같이 판단할 수 있다고 본다. 그러나 사무처리의 근거가 명백히 무효인 경우에는 타인의 사무를 처리하는 자에 해당된다고 볼 수 없으므로 배임죄의 성립을 부인하는 것이 타당하다고 본다.

사무처리의 근거는 위탁자에 의한 직접적인 위탁행위만에 의하여 발생하는 것은 아니다. 객관적·간접적 신임관계로도 발생할 수 있기 때문에 예컨대 갑에게 위탁한 사무처리를 갑의 직원인 을이 하였다면 을 역시 타인의 사무를 처리하는 자에 속한다.[4]

4) 사무처리자의 권한 　사무의 처리는 반드시 독립하여 하거나 고유

1) Wessels/Hillenkamp, BT/2, Rn. 723.
2) 대판 1986. 9. 9, 86도1382(내연의 처와의 불륜관계를 지속하는 대가로서 부동산에 관한 소유권이전등기를 경료해 주기로 약정한 경우, 이러한 부동산증여계약은 선량한 풍속과 사회질서에 반하는 것으로서 무효이어서 위 증여로 인한 소유권이전등기의무가 인정되지 아니하는 이상 동인이 타인의 사무를 처리하는 자에 해당한다고 볼 수 없어 비록 위 등기의무를 이행하지 않는다 하더라도 배임죄를 구성하지 않는다); 1992. 12. 24, 92도1223(선매수인에 대하여 사기죄를 구성하는 경우에도 그 매매계약에 무효의 사유가 있거나 취소되지 않는 한 매도인의 선매수인에 대한 소유권이전의무가 존재하지 않거나 소멸할 리가 없다); 김성천/김형준, 520면; 백형구, 221면.
3) 김일수/서보학, 487면; 이재상, 419면; 이정원, 427면; 이형국, 435면.
4) 대판 1976. 7. 13, 74도717.

의 권한으로서 처리하는 자에 한하지 않으며 보조기관으로서 직접 · 간접으로 사무처리를 담당하는 자도 포함된다.[1)]

(2) 배임행위

1) 배임행위의 의의 배임행위란 타인의 사무를 처리하는 자로서 임무에 위배하는 행위를 말한다. 임무에 위배하는 행위라 함은 처리하는 사무의 내용, 성질 등 구체적 상황에 비추어 법률의 규정, 계약의 내용 또는 신의칙상 당연히 할 것으로 기대되는 행위를 하지 않거나(부작위. 예: 공장의 감독자가 절취행위를 방지하지 않아 손해를 발생하게 한 경우[2)]), 당연히 하지 않아야 할 것으로 기대되는 행위를 함으로써(작위), 본인과의 사이의 신임관계를 저버리는 일체의 행위를 포함하고, 그러한 (배임)행위가 법률상 유효한가의 여부는 문제되지 않는다.[3)] 또한 배임행위는 권한의 남용이건 법률상의 의무위반이건 묻지 않으며, 법률행위뿐만 아니라 준법률행위, 사실행위도 포함한다(예: 양도담보권자의 정산의무,[4)] 지하철공사 직원들이 지하철 승객들을 무임승차시켜 운행하는 경우[5)]). 다만 서류작성이나 심부름과 같은 기계적인 사무의 처리는 제외된다.[6)]

[판례] 배임행위를 인정할 수 있는 사례는 다음과 같다. 즉 은행원의 담보설정 없는 대출행위, 이사회의 승인 없이 회사의 부담이 될 보증행위를 한 회사의 대표이사(대판 1983. 10. 25, 83도2099), 부당한 염가처분행위, 채권추심사무를 위임받은 자가 추심을 태만히 하여 채권의 소멸시효가 완성되게 한 경우, 아파트입주자들의 위임에 의하여 은행으로부터 입주자들에게 개별적으로 지급되는 융자금을 일괄 지급받아 이를 분양대금으로 충당한 아파트인수인의 행위(대판 1984. 9. 25, 84도156), 양도담보권자가 그 목적물을 변제기 전에 타인에게 근저당권설정등기한 경우 등을 들 수 있다.

2) 피해자의 동의와 배임행위 성립여부 사무처리와 관련하여 본인의 동의가 있는 경우에는 배임죄가 성립된다고 볼 수 없다. 그러나 피해자의 동의가 있더라도 배임죄의 성립이 항상 부인되는 것은 아니다. 판례는 동업자

---

1) 대판 1982. 7. 27, 81도203(예산회계법상 재무관 및 세입징수관인 전신전화국장을 보조하는 전화국 관리과장도 배임죄에서 사무를 처리하는 자에 해당된다).
2) BGHSt 5, 190.
3) 대판 1987. 4. 28, 83도1586.
4) 대판 1985. 11. 26, 85도1493(전원합의체). 또한 대판 1989. 10. 24, 87도126.
5) 대판 1991. 3. 27, 90도2528.
6) 강구진, 373면. 독일에서는 Wessels/Hillenkamp, BT/2, Rn. 723.

금으로 구입한 부동산을 매도한 대금을 피고인이 임의소비하여 동업자가 이의 반환을 요구하자 피고인이 그 금액에 상당하는 현금보관증을 작성하여 동업자에게 교부하려 하면서 그 대신 위 매도대금은 피고인이 임의로 소비하여도 좋다는 각서를 요구하자 현금보관증을 받을 의도 아래 각서를 작성해 준 경우면 이는 사후에 잔금회수책의 하나로 피고인으로부터 현금보관증을 징수하려는 의도에서 교부한 것에 불과하므로 잔대금의 사용소비를 승낙한 것이 아니라고 판시하였다.[1]

[판례] 대주주의 승낙과 이사회의 결의를 거치고 이사가 배임행위를 한 경우 배임죄의 성립 여부(적극): "주식회사와 주주는 별개의 인격으로서 동일인이라고 볼 수 없으므로, 회사의 임원이 그 임무에 위배되는 행위로 재산상 이익을 취득하거나 제 3 자로 하여금 이를 취득하게 하여 회사에 손해를 가한 때에는 이로써 배임죄가 성립하고, 그 임무위배행위에 대하여 사실상 대주주의 양해를 얻었다고 하여 본인인 회사에 손해가 없다거나 또는 배임의 범의가 없다고 볼 수는 없으며, 주식회사의 경영을 책임지는 이사는 이사회의 결의가 있더라도 그 결의내용이 주주 또는 회사 채권자를 해하는 불법한 목적이 있는 경우에는 이에 맹종할 것이 아니라 회사를 위하여 성실한 직무수행을 할 의무가 있으므로, 이사가 임무에 위배하여 주주 또는 회사 채권자에게 손해가 될 행위를 하였다면 이사회의 결의가 있었다고 하여 그 배임행위가 정당화될 수 없는 것이다(대판 2000. 5. 26, 99도2781(특정경제범죄 가중처벌 등에 관한 법률 위반))."

선물거래나 주식매매와 같은 장래의 이익달성 여부가 불확실한 거래행위로서 투기적 성질을 갖는 모험거래(Risikogeschäft)는 거래방법 등을 위탁자가 구체적으로 지정하여 주었는가의 여부에 따라 판단하여야 한다. 만일 구체적인 거래형태와 방법 등을 특정하여 위탁하였다면 이러한 방법에서 일탈하지 않는 한 배임죄에 해당하지 않는다. 반대로 위탁자가 거래방법에 관하여 구체적인 지정을 하지 않고 일반적으로 위임하였다면 사무처리자가 모험거래에서 요구되는 사무처리의 통상성을 일탈하였다고 볼 수 없거나 전문가로서 당연히 요구되는 주의의무를 다하지 않은 거래의 결과 본인에게 재산상의 손해를 가하지 않는 한 배임행위는 아니다.[2] 이 경우에는 본인이 그러한 거래행위에 (추정적) 승낙이나 동의를 하였기 때문에 구성요건

---

1) 대판 1985. 9. 24, 85도1444.
2) 예를 들면 Sch/Sch/Lenckner, § 266 Rn. 20. 또한 BGH MDR 1982, 624.

해당성을 조각한다는 견해가 있다.[1] 그러나 모험거래시 배임행위의 불법성은 본인의 동의나 승낙의 존재 여부에 따라 결정되는 것이 아니라 사무처리자가 임무에 위배되는 행위를 하였는가의 여부에 따라 판단하여야 한다. 즉 단순한 피해자의 승낙·동의의 존재는 규범적인 의미를 지닐 뿐이며, 현실적으로 사무처리자가 이러한 승낙이나 동의의 범위 내에서 모험거래를 수행하였는가가 중요한 것이다. 그러므로 결국은 피해자의 동의가 있다고 하여 당연히 구성요건해당성(또는 위법성)이 조각되는 것이 아니라 사무처리자의 배임행위 여부가 중요한 판단기준이 된다.

(3) 재산상의 손해발생과 이익의 취득

배임죄는 배임행위로 인하여 타인(본인)에게 재산상의 손해가 발생하여야 한다. 즉 배임행위와 재산상의 손해발생간에는 인과관계가 있어야 한다.

(i) 재산상의 손해발생은 배임죄의 성립요건이다. 배임죄에서의 재산상의 손해란 사기죄에서의 재산상의 손해와 마찬가지로 재산적 가치의 감소를 의미한다. 손해의 산정방법은 법률적·경제적 재산개념에 입각하여 전체 재산가치의 감소여부에 따라 손해를 판정하며, 객관적·개인적 관점에 의해 손해판정의 기준을 보완하여야 한다.

(ii) 재산상의 손해는 현실적 손해뿐만 아니라 손해발생의 위험을 초래한 경우도 포함한다.[2] 이 점에서 배임죄에서의 손해액은 구체적으로 확정될 것을 요하지 않는다(판례).[3] 그리고 배임죄는 구체적 위험범에 해당하므로 재산상의 손해발생의 위험성이 발생하였더라도 이를 회복·복구할 수 있다면 배임죄의 손해발생을 인정할 수 없다.[4]

[판례] ① 위임받은 타인의 사무가 부동산소유권 이전등기의무인 경우에는 매도인의 임무위배행위로 인하여 매수인의 소유권이전등기청구권이 이행불능되거나 이행불능에 빠질 위험성이 있으면 배임죄는 성립된다(대판 1993. 5. 27, 93도169. 또한 대판 1980. 9. 9, 79도2637).
② 이사회의 결의를 거치지 아니하고 충분한 담보도 없는 상태에서 회사에 보증채무를 부담하게 한 경우(대판 1969. 7. 22, 69도694).

---

1) 이재상, 425면.
2) 대판 1984. 11. 27, 84도1906; 2000. 11. 10, 99도5463.
3) 대판 1983. 12. 27, 83도2602(재산상 손해가 추상적으로만 적시되어 있는 경우에도 배임죄 인정); 1984. 11. 27, 84도1906; 1999. 4. 27, 99도883.
4) 대판 2006. 7. 27, 2006도3145.

(iii) 기존재산의 적극적인 감소뿐만 아니라 재산증식이 되지 않은 경우도 재산상의 손해이다. 또한 상응하는 청구권(손해배상청구권, 원상회복청구권 등)의 취득이라든가 사후적인 손해의 회복 등이 있더라도 발생한 재산상의 손해를 배제하지 않는다.[1] 그러나 일방의 재산상의 손해가 동시에 타방의 재산상의 이익을 가져온 경우에는 배임죄가 성립하지 않는다.[2]

(iv) 배임죄는 배임행위로 인하여 본인이나 제 3 자가 재산상의 이익을 취득하여야 한다. 그리고 이러한 재산상의 이익취득이 반사적으로 사무처리를 위임한 본인에게 손해로 나타나는 것이다. 그러나 재산상의 이익을 취득하는 자는 배임행위자 본인은 물론이고 배임행위로 인하여 이익을 보는 제 3 자도 포함하므로 결국 중요한 것은 재산상의 손해발생 여부이다. 참고로 독일형법(§ 266)은 배임죄에서 재산상의 이익취득을 요건으로 하지 않고 재산상의 손해발생만을 구성요건화하고 있다.

이와 관련하여 배임죄의 본질을 이득행위라고 보는 견해가 있다(이득행위설).[3] 이에 따르면 배임죄의 본질은 배임행위로 인한 위탁자의 재산상의 손해발생보다는 행위자 본인이나 제 3 자의 이익취득에 더 중점을 두는 견해라고 볼 수 있다. 그리고 배임죄가 재산상의 손해발생을 요건으로 한 것은 횡령죄와의 차별화를 위한 것이라고 보고 있다.

그러나 오히려 배임죄에서 재산상의 이익취득은 부차적인 요건이고 재산상의 손해발생을 야기하는 점에 중점이 있다고 보아야 한다. 즉 배임죄는 행위자나 제 3 자의 재산증식에 대한 비난이 아니라 위임자에 대한 배임행위(배신설)와 그로 인한 재산상의 손해발생야기를 처벌하는 데에 목적이 있는 것이다. 형법이 사기죄와 달리 배임죄에서 손해발생을 요구하고 있는 것은 바로 배임죄의 손해야기적 성격을 분명히 한 것이라고 볼 수 있다.[4] 판례가 "배임죄는 현실적인 재산상 손해액이 확정될 필요까지는 없고 단지

1) 대판 2002. 6. 28, 2000도3716; 2003. 2. 11, 2002도5679(금융기관 직원들이 대출함에 있어 대출채권의 회수를 확실케 하기 위한 상당하고 합리적인 조치를 강구함이 없이 대출을 해 주었다면, 일단 손해의 위험성을 발생시킨 이상, 사후에 담보를 취득하였거나 피해가 회복되었더라도 배임죄가 성립된다).

2) BGHSt 31, 232; NJW 1975, 1234; Tröndle/Fischer, § 266 Rn. 24; LK/Hübner, § 266 Rn. 91; Sch/Sch/Lenckner, § 266 Rn. 41; Wessels/Hillenkamp, BT/2, Rn. 727.

3) 오영근, 501면.

4) 이에 반해 이재상, 417면은 현행 형법상 배임죄는 독일이나 일본형법과 달리 횡령죄와 마찬가지로 재산취득죄의 성격을 갖는다고 보고 있다.

재산상 권리의 실행을 불가능하게 할 염려 있는 상태 또는 손해발생의 위험이 있는 경우에 바로 성립되는 위태범이므로 피고인이 그 업무상 임무에 위배하여 부당한 외상거래행위를 함으로써 업무상 배임죄가 성립하는 경우, 담보물의 가치를 초과하여 외상거래한 금액이나 실제로 회수가 불가능하게 된 외상거래금액만이 아니라 재산상 권리의 실행이 불가능하게 될 염려가 있거나 손해발생의 위험이 있는 외상거래대금 전액을 그 손해액으로 보아야 하고, 그것을 제 3 자가 취득한 경우에는 그 전액을 특정경제범죄 가중처벌 등에 관한 법률 제 3 조에 규정된 제 3 자로 하여금 취득하게 한 재산상 이익의 가액에 해당하는 것으로 보아야 할 것"[1]이라고 한 것 역시 우선적으로 배임행위와 그로 인한 재산상의 손해발생이 인정되면 배임죄가 인정되고, 손해액 산정이 어려운 경우에는 재산상의 이익취득액 만큼의 손해발생을 인정하겠다는 것이다.

2. 주관적 구성요건

(1) 배임죄의 고의

배임행위자는 타인의 사무를 처리하는 자로서 자기 또는 제 3 자가 재산상의 이익을 취득하겠다는 인식과 의사가 있으면 된다. 일부 학설은 본인, 즉 위탁자에게 손해를 가한다는 인식과 의사가 있어야 한다고 보는 데 반하여[2] 판례는 임무에 위배하는 행위를 하여 본인에게 손해를 가한다는 의사는 필요로 하지 않는다고 본다.[3] 그러나 본죄가 재산침해범죄라는 점을 전제로 한다면 배임행위로 인하여 본인에게 재산상의 손해를 가한다는 의사가 필요하다고 보는 것이 타당하다.[4] 미필적 고의로도 충분하며 위탁자의 손해발생을 목적으로 할 필요는 없다.

[판례] 판례는 업무상 배임죄가 성립되려면 주관적 요건으로서 임무위배의 인식과 자기 또는 제 3 자의 이익을 위하고 본인에게 재산상의 손해를 가한다는 인식, 즉 배임죄의 범의가 있어야 할 것이라고 보면서, 부정한 사례금의 수수나 정실관계 등이 개재되지 않고 또 기업의 도산을 막고 정상적인 영업활동을 지원해 주는 것 이

1) 대판 2000. 4. 11, 99도334.
2) 강구진, 377면; 김성천, 989면; 김일수/서보학, 495면; 이재상, 428면; 이정원, 434면; 이형국, 437면; 임 웅, 475면.
3) 대판 1983. 12. 13, 83도2330(전원합의체). 또한 배종대, 382면; 백형구, 224면; 오영근, 592면.
4) Tröndle/Fischer, § 266 Rn. 26; Wessels/Hillenkamp, BT/2, Rn. 729.

외에는 별다른 범죄의 동기가 없었다면 자본구조가 취약하고 위기에 처해 있었던 기업에 대하여 신규여신을 하였다는 점만으로는 은행장에게 업무상 배임죄의 고의가 있음을 부인하였다(대판 1987. 3. 10, 81도2026. 또한 대판 1987. 4. 4, 85도1339).

또한 매매계약이 적법하게 해제 또는 취소된 것으로 잘못 믿은 경우에는 설사 계약이 계속 유효하다고 하더라도 배임행위의 고의가 인정되지 않는다.

[판례] 피고인(매도인)이 부동산매매계약을 체결한 다음 매수인이 잔금기일에 잔금을 지급하지 않자 매도인이 부동산소유권이전등기서류 등의 제공을 하지 않고 해제한 사건에서 매도인이 비록 자기채무를 이행제공함이 없이 매수자에 대하여 채무이행을 최고하고 그 이행이 없자 이를 이유로 매매계약의 해제통고를 한 후 계약이 해제된 것으로 믿고서 부동산을 타인에게 이중으로 매도하였다면 설사 계약이 적법하게 해제되지 않았다고 하더라도 배임죄의 고의를 인정할 수 없다(대판 1983. 2. 22, 82도1636).

(2) 불법이득의사의 문제

배임죄가 성립하기 위해서는 고의 이외에 불법이득의사가 있어야 한다(판례 및 통설).[1] 독일형법 제266조는 배임죄를 행위자가 재산상의 이익을 취득하지 않더라도 성립하는 순수한 재산침해범죄로 보기 때문에 불법이득의 의사는 필요 없고 오직 재산상의 손해만 발생하면 기수에 이르게 된다.[2] 그러나 우리 형법상으로는 배임죄의 이득죄로서의 성격상 불법이득의사가 필요하다고 보는 것이 타당하다.

3. 부동산의 이중저당 · 이중매매와 배임죄의 성부

부동산의 이중매매라 함은 갑이 을에게 자기의 부동산을 매도하였으나 부동산소유권이전등기를 경료하지 않은 상태에서 다시 이를 병에게 매도한 다음 소유권이전등기까지 하여 준 경우를 말한다. 부동산의 이중저당은 갑이 을로부터 돈을 빌리고 채권담보의 목적으로 1번 저당권을 설정하여 주기로 약정한 다음 을 앞으로 저당권설정등기를 하기 전에 병에게 다시 돈을 빌리고 병에게 저당권설정등기를 하여 준 경우를 말한다.

---

1) 대판 1983. 7. 26, 83도819; 강구진, 377면; 김성천, 989면; 김일수/서보학, 495면; 백형구, 224면; 유기천(상), 300면; 이재상, 428면; 이형국, 437면.
2) Sch/Sch/Lenckner, § 266 Rn. 49.

(1) 부동산 이중저당의 경우

1) 저당권설정자의 선순위저당권자에 대한 형사책임 이는 저당권설정자(갑)가 후순위저당권자인 병에게 선순위저당권자(을)가 있음을 숨기고 기망하여 저당권설정등기를 하게 함으로써 결국 을에게 재산상의 손해를 끼쳤는가의 문제이다. 이 경우에는 사기죄가 성립하지 않고 배임죄가 성립한다고 보아야 한다. 사기죄는 피기망자와 재산상의 피해자가 동일인이 아니더라도 성립하지만 그러기 위해서는 피기망자(재산상의 처분행위자)가 재산상의 처분을 할 수 있는 지위에 있어야 한다. 그러나 후순위저당권자인 병은 을의 재산을 처분할 수 있는 지위에 있지 못하다. 따라서 갑의 을에 대한 사기죄의 성립을 인정할 수 없으며 배임죄의 성립을 인정하는 것이 타당하다.[1] 이때 갑의 을에 대한 저당권설정등기협력의무가 배임죄에서의 타인의 사무에 해당한다.

2) 저당권설정자(채무자)의 후순위저당권자에 대한 형사책임 이 경우에는 형사책임(사기죄)을 부인하는 것이 타당하다. 왜냐하면 갑이 병에 대하여 을에 대한 관계를 고지하지 않은 것이 기망에 해당한다고 볼 수 없기 때문이다. 그러므로 결국 병은 유효하게 저당권을 취득하였다고 보아야 한다.

(2) 부동산 이중매매의 경우

1) 법률관계 현행 민법이 부동산물권변동에 관하여 의사주의가 아니라 부동산물권변동의 효력은 등기하여야 발생한다는 형식주의를 취하고 있는 점(제186조)과 부동산거래의 실제에 있어서 부동산 매매대금이 계약금과 중도금, 잔대금으로 나누어 지급되는 것이 일반적인 점으로 인하여 각 단계에서의 매매계약의 민법상 효력도 상이하다. 형법상으로는 매도인의 제 1 매수인에 대한 횡령죄 또는 배임죄의 성립여부가 문제된다.

2) 계약금만 받은 경우 매도인이 매수인에게 부동산을 매도하고 계약금만을 수수한 상태에서 매수인이 잔대금의 지급을 거절한 이상 매도인으로서는 이행을 최고할 필요 없이 매매계약을 해제할 수 있으므로 매도인을 타인의 사무를 처리하는 자라고 볼 수 없다.[2] 즉 이 경우는 단순한 채무불이행의 경우에 해당할 뿐이다. 또한 매매계약금만을 수령한 경우에는 소유권이

1) 강구진, 380면; 김일수/서보학, 490면; 배종대, 560면; 백형구, 221면; 손동권, 465면; 오영근, 519면; 이재상, 430면; 임 웅, 480면; 정/박, 469면.

2) 대판 1984. 5. 15, 84도315.

전등기절차를 이행할 의무가 있다고 할 수 없으므로(민법 제565조 제1항 참조) 다른 곳에 이를 다시 매도하더라도 배임죄에 해당하지 않는다.[1)]

3) **중도금 또는 잔금을 받은 경우** 이 경우에는 매수인이 이미 계약의 이행에 착수한 것(민법 제565조 제1항)으로서 매도인은 매매계약의 유지·이행에 관하여 법률적 구속을 받는다. 즉 이때부터 매도인은 매수인으로부터 잔대금을 수령할 것을 전제로 하여 매수인에게 목적부동산의 소유권이전등기절차를 이행하여 주어야 할 법률적 의무를 부담한다. 이러한 점에서 매도인은 형법 제355조 제2항 배임죄에서 타인의 사무를 처리하는 자의 지위에 있다 할 것이고, 따라서 이중매도행위는 제1의 매수인에 대하여 배임죄의 형사책임을 진다는 것이 통설이다. 이에 대하여 이중매도행위는 소유자로서의 권한행사에 속하므로 대금이 완불되고 등기서류가 매수인에게 교부되어 매수인이 물권적 기대권을 취득한 경우가 아닌 한 배임죄가 되지 않는다는 소수설도 있다.[2)] 판례는 매도인이 제1매수인으로부터 중도금을 수령한 이후 단계에서는 매수인에 대하여 사무처리자의 지위를 갖게 되므로 그 이후에 이중으로 매매하면 제1매수인에 대하여 배임죄가 성립한다고 본다.[3)] 그리고 이중매매가 배임죄가 되기 위해서는 제1차 매매계약이 사법적으로 유효할 것을 전제로 하고 있다. 그러므로 매매계약이 사회상규에 반하여 무효이거나[4)] 통정허위표시로서 무효인 경우[5)] 등에는 매도인에게 등기협력의무가 발생하지 않으므로 매도인의 이중매매행위는 배임죄를 구성하지 않는다.

이 경우의 배임죄의 실행의 착수는 매매계약이 적법하게 해제되지 않은 상태에서 매도인이 다시 제3자와 매매계약을 체결하고 계약금과 중도금까지 받은 시점에서 인정된다.[6)] 이는 제1매수인에 대하여 소유권이전등기협력의무를 위배한 것에 해당하기 때문이다. 그리고 기수시점은 제2매수인 앞으로

---

1) 대판 1980.5.27, 80도290.
2) 김종원, 238면.
3) 대판 1996.4.9, 92도2341(교인총회의 결의 없는 교회재산의 이중매매); 1985.1.29, 84도1814; 1986.7.8, 85도1873.
4) 대판 1986.9.9, 86도1382.
5) 대판 1983.7.12, 82도2941(피고인이 부동산에 대한 분쟁을 피고인의 처남을 내세워 해결할 생각으로 처남에게 허위로 위 부동산에 대한 매매계약서를 작성, 교부하고 가등기를 경료한 후 위 부동산 중 일부를 타인에게 매도하였다 하여 이중매매에 의한 배임행위가 된다고 할 수 없다고 판시).
6) 대판 1983.10.11, 83도2057.

소유권이전등기를 마친 때이다(통설 · 판례).[1)]

잔대금까지 받은 경우에는 중도금을 받은 경우와 동일한 결론이 된다. 만일 매매계약 체결시에 이미 매매대금 전부를 지급한 경우에는 계약금 여부와 상관없이 배임죄가 성립한다. 그러나 계약 초기부터 의도적으로 상대방을 기망하여 중도금이나 잔금까지 받은 다음 이를 다시 매도한 경우에는 사기죄가 성립한다고 보아야 한다.

4) 판례 · 학설의 문제점 　학설과 판례는 결론의 현실적 불가피성에도 불구하고 다음과 같은 이론적 문제점이 내포되어 있다. 즉 중도금지급시에 배임죄를 인정하는 학설과 판례의 입장은 등기협력의무를 이행하지 않은 것에 대하여 배임행위를 인정하는 것이다. 그러나 소유권이전을 위한 등기협력의무란 매매계약시 부동산인도의무와 함께 발생하므로 계약금지급시에는 등기협력의무위반을 이유로 한 배임행위를 인정하지 않으면서 중도금지급시를 기준으로 하여 인정하는 것은 이론적으로는 타당한 결론이라고 할 수 없다. 이는 오히려 매매계약 쌍방간에 중도금지급까지 형성된 신뢰관계를 기초로 한 결론이라고 볼 수밖에 없다.

5) 이중매수인의 형사책임 　만일 제 2 의 매수인이 이중매도 사실을 모르고 매수한 경우에는(즉 선의인 경우) 형사상 죄책이 없다. 악의인 경우에도 소수설은 형사책임을 인정하지 않는다. 그러나 통설 · 판례[2)]는 한정설의 입장에 서 있다. 즉 단순히 이중매매라는 사실을 안 것만으로는 형법상의 죄책을 물을 수 없으나, 매도인에게 이중매매를 교사하거나 매도인과의 공동의사하에서 이중매수를 한 경우에는 배임죄의 교사범 또는 공동정범이 성립한다고 본다(제33조 본문 참조). 이 견해가 타당하다.

4. 동산의 이중매매와 배임죄의 성부

매도인이 매수인으로부터 중도금을 수령한 이후에 매매목적물인 동산을 제 3 자에게 양도하는 행위가 배임죄에 해당하는지 여부가 문제된다.

(1) 인도에 의한 이중매매의 경우

동산은 부동산과 달리 등기가 아니라 매도인이 매수인에게 계약에 정한 바에 따라 매매목적물인 동산을 (간이)인도함으로써 계약의 이행을 완료하게

1) 대판 1984. 11. 27, 83도1946.
2) 대판 1975. 6. 10, 74도2455.

되고 이때 매수인은 매매목적물에 대한 권리를 취득하게 된다(민법 제188조 제1항·제2항). 그런데 만일 갑이 을에게 동산을 매도하기로 하고 중도금까지 수령한 단계에서 다시 병에게 이 부동산을 매도하고 인도를 한 경우 배임죄의 성립여부가 문제되는 것이다. 매도인 갑이 중도금을 수령한 단계에 이르렀다면 갑은 채무자로서 자신의 갑에 대한 채무를 이행하여야 할 의무, 즉 을에게 매매목적물을 인도하여 을로 하여금 소유권을 취득하게 할 의무를 부담한다고 보아야 한다. 그러므로 갑은 이때부터 을에 대하여 '타인의 사무를 처리하는 자'의 지위에 있게 된다. 이 단계에서 갑이 만일 을이 소유권을 취득하기 전에 다시 제3자에게 매도하고 인도까지 하였다면 자신에 대한 을의 신뢰를 저버리는 행위로서 배임행위라고 보아야 한다.[1)]

반면에 판례는 동산의 이중매매행위가 배임죄에 해당하지 않는다는 입장이다.[2)] 매매와 같이 당사자 일방이 재산권을 상대방에게 이전할 것을 약정하고 상대방이 그 대금을 지급할 것을 약정함으로써 그 효력이 생기는 계약의 경우(민법 제563조), 쌍방이 그 계약의 내용에 좇은 이행을 하여야 할 채무는 특별한 사정이 없는 한 '자기의 사무'에 해당하는 것이 원칙이라는 전제에 서 있으며 기본적으로 채무불이행에 불과한 행위로 보고 있다. 그렇기 때문에 매도인은 매수인에게 계약에 정한 바에 따라 그 목적물인 동산을 인도함으로써 계약의 이행을 완료하게 되고 그때 매수인은 매매목적물에 대한 권리를 취득하게 되는 것이므로, 매도인에게 자기의 사무인 동산인도채무 외에 별도로 매수인의 재산의 보호 내지 관리 행위에 협력할 의무가 없다는 입장이다. 동산매매계약에서의 매도인은 매수인에 대하여 그의 사무를 처리하는 지위에 있지 아니하므로, 매도인이 목적물을 매수인에게 인도하지 아니하고 이를 다른 사람에게 처분하였다 하더라도 형법상 배임죄가 성립하는 것은 아니라는 것이다. 그러나 동산을 부동산과 달리 취급할 이유가 없으며, 중도금까지 수령한 단계에서 이를 다시 처분하는 행위는 배임죄로 처벌할 만큼 불법성이 인정되고, 매수인의 매도인에 대한 신뢰보호라는 측면에서도 배임죄를 인정하는 것

1) 김성돈, 426면; 김/서, 491면; 임 웅, 481면; 오영근, 519면.
2) 대판 2011. 1. 20, 2008도10479(전원합의체). 피고인이 '인쇄기'를 갑에게 양도하기로 하고 계약금 및 중도금을 수령하였음에도 이를 자신의 채권자 을에게 기존 채무 변제에 갈음하여 양도함으로써 재산상 이익을 취득하고 갑에게 동액 상당의 손해를 입혔다는 배임의 공소사실에 대하여, 이를 무죄로 선고한 사안.

이 타당하다.

(2) 점유개정 및 반환청구권의 양도에 의한 이중매매

매도인 갑이 동산을 을에게 매도한 이후 점유개정(민법 제189조)의 방법에 의하여 동산을 계속 점유하던 중에 이를 다시 병에게 매도하고 인도한 경우 갑은 을에 대한 관계에서 '타인의 재물을 보관하는 자'의 지위에서 이를 매도한 것이므로 횡령죄에 해당한다.[1] 또다른 동산양도방법인 반환청구권의 양도의 경우에도 마찬가지로 해석하여야 한다. 즉 매도인 갑이 을에게 동산에 대한 반환청구권의 양도에 의한 인도(민법 제190조)를 한 경우 소유자는 을이 되고 갑은 을에 대한 관계에서 보관자의 지위에 서게 되므로 갑이 이를 다시 병에게 매도(반환청구권의 양도)하면 횡령죄에 해당한다.[2]

5. 미 수 범

배임죄의 미수범(제359조)은 배임행위가 있었지만 재산상의 손해가 발생하지 않은 때에 인정된다.

6. 죄수 및 다른 범죄와의 관계

(1) 죄 수

아파트의 각 세대를 분양받은 각자에 대해서 소유권이전등기절차를 이행하여 주어야 할 업무상의 임무를 위배하면 피해자들이 모두 소유권이전등기를 받을 동등한 권리를 가진 경우 포괄일죄가 아니라 피해자별로 독립한 수개의 업무상 배임죄가 성립한다(경합범).[3]

(2) 업무상배임죄와 배임수재죄와의 관계

형법 제357조 제 1 항의 배임수재죄는 타인의 사무를 처리하는 자가 그 임무에 관하여 부정한 청탁을 받고 재물 등을 취득함으로써 성립하는 것이고 어떠한 임무위배행위나 본인에게 손해를 가할 것을 요건으로 하지 않는다. 이에 대하여 동법 제256조, 제355조 제 2 항의 배임죄는 타인의 사무를 처리하는 자가 그 임무에 위배하는 행위가 있어야 하고 그 행위로서 본인에게 손해를 가함으로써 성립하지만 부정한 청탁을 받거나 금품을 수수할 것을 그 요건으로 하지 않는다. 그러므로 이들 양죄는 행위의 태양을 전연 달리하고 있어 일반법과 특별법관계가 아닌 별개의 독립된 범죄라고 보아야 하고 또

1) 김성돈, 426면; 김일수/서보학, 491면; 임 웅, 482면; 오영근, 519면.
2) 김성돈, 427면; 김일수/서보학, 492면; 임 웅, 482면; 오영근, 520면.
3) 대판 1994. 5. 13, 93도3358.

업무상 배임죄의 법정형은 10년 이하의 징역(단순배임죄의 법정형도 5년 이하의 징역)인 데 비하여 배임수재죄의 법정형은 업무상 배임죄의 법정형보다 가벼운 5년 이하의 징역이므로 업무상 배임죄가 배임수재죄에 흡수되는 관계에 있다거나(법조경합) 결과적 가중범의 관계에 있다고는 볼 수 없다. 그러므로 양죄의 구성요건이 모두 실현된 경우에는 경합범(제37조 전단)에 해당한다.[1]

(3) 횡령죄와의 관계

배임죄의 본질에 관하여 배신설을 취하면 횡령죄와 배임죄는 신임관계를 위배한다는 점에서 그 본질을 같이하며 다만 행위의 객체를 달리할 뿐이다. 즉 횡령죄는 재물죄인 데 반하여 배임죄는 이득죄이므로, 배임죄는 횡령죄를 포함하게 되고 결국 횡령죄는 배임죄에 대하여 특별관계에 있게 된다(법조경합). 그러므로 횡령죄가 성립하면 별도로 배임죄는 성립하지 않는다.[2]

(4) 사기죄와의 관계

배임행위와 기망행위가 동시에 이루어진 경우에는 상상적 경합이 가능하다. 즉 타인의 사무를 처리하는 자가 기망행위의 방법으로 배임행위를 함으로써 본인에게 손해를 가한 경우에는 사기죄만 성립한다는 견해[3]와 배임죄가 성립한다는 견해,[4] 양죄의 상상적 경합이라는 견해[5]가 있다. 이 가운데 양죄의 독자적 성립을 인정하는 상상적 경합을 인정하는 것이 타당하다.[6] 반대로 배임행위를 통하여 취득한 재산상의 이익을 확보하기 위하여 기망행위를 한 경우에는 별도의 사기죄가 성립하지 않으며 불가벌적 사후행위에 불과하다.

---

1) 대판 1984. 11. 27, 84도1906.

2) 강구진, 383면; 김일수/서보학, 497면; 배종대, 383면; 백형구, 221면; 이재상, 433면. 반대견해로는 김성천, 1024면. 독일형법에서는 배임죄를 불법이득의사가 필요 없는 순수한 재산침해범죄(Schädigungsdelikt)로 파악하기 때문에 배임행위 이후에 불법영득의사가 생겨 횡령을 하면 양죄는 상상적 경합관계가 인정된다고 본다(Tröndle/Fischer, § 266 Rn. 29).

3) 대판 1983. 7. 12, 82도1910(판례변경. 물품을 구입한 것처럼 허위보고하여 선주로부터 대금을 교부받은 행위); 오영근, 600면.

4) 서일교, 190면; 황산덕, 160면.

5) 강구진, 385면; 김성천, 1025면; 김일수/서보학, 497면; 배종대, 382면; 백형구, 227면; 이재상, 434면; 이형국, 440면; 임 웅, 482면.

6) BGHSt 8, 260(동독 공산당의 하부조직인 FDJ본부에서 재정담당인 제 2 비서로 일하던 피고인이 숙청의 위험에 처하자 자기가 관리하던 대서독(對西獨) 공작자금 15만 마르크에서 17만 마르크(서독통화)를 가지고 서독으로 망명하기 위하여 여비서에게 이 돈을 동독공산당—SED—에 전달한다고 기망하여 건네 받은 다음 1953년 서독으로 망명한 사건에서 배임죄와 사기죄의 상상적 경합을 인정하였다). 또한 BGH GA 1971, 84; BGH wistra 1991, 219; Tröndle/Fischer, § 266 Rn. 29; Sch/Sch/Lenckner, § 266 Rn. 54.

[판례] 대법원은 한 개의 행위가 사기·배임에 모두 해당될 때 법조경합을 인정한 과거의 판례(대판 1983. 7. 12, 82도1910)를 변경하여 상상적 경합관계를 인정하였다. 즉 "사기죄와 업무상 배임죄는 그 구성요건이나 보호법익을 달리하는 별개의 범죄이고 형법상으로도 각각 별개의 장에 규정되어 있으므로 1개의 행위에 관해 사기죄와 업무상 배임죄의 각 구성요건이 모두 구비된 때에는 양죄를 법조경합관계로 볼 것이 아니라 상상적 경합관계로 봄이 상당하며, 나아가 업무상 배임죄가 아닌 단순배임죄라고 해 양죄의 관계를 달리 볼 이유도 없다"고 판시하였다(대판 2002. 7. 18, 2002도669(전원합의체)).[1)]

(5) 장물죄와의 관계

배임죄의 행위객체는 재산상의 이익이므로 재물만을 행위객체로 하는 장물죄의 대상이 될 수 없다. 즉 배임죄와 장물죄는 법조경합·상상적 경합·실체적 경합의 관계에 있지 않다.

(6) 문서위조죄와의 관계

만일 문서를 위조하여 배임행위를 하는 경우에는 배임죄는 문서위조죄와 상상적 경합관계에 있다.[2)]

(7) 절도죄와의 관계

슈퍼마켓의 점원이 상품을 판매가격 이하로 판매를 하여 주인에게 재산상의 손해를 입힌 때에는 배임죄가 성립한다. 그러나 만일 점원이 물건을 훔쳐 이를 슈퍼마켓에서 고객에게 다시 팔아 착복한 경우에는 점원의 지위에 따라 절도죄 또는 횡령죄가 성립하며 고객에 대한 사기죄와 경합범이 된다.

Ⅳ. 業務上 背任罪

제356조【업무상의 횡령과 배임】 업무상의 임무에 위배하여 제355조의 죄를 범한 자는 10년 이하의 징역 또는 3천만원 이하의 벌금에 처한다.
제358조【자격정지의 병과】 전조의 죄에는 10년 이하의 자격정지를 병과할 수 있다.
제359조【미수범】 제356조의 미수범은 처벌한다.

본죄는 업무상의 임무에 위배하여 재산상의 이익을 취득하거나 제 3 자로 하여금 이익을 취득하게 하고 이로 인하여 본인에게 재산상의 손해를 가함으

1) 본 판례는 신용협동조합 전무로 근무하던 피고인이 "조합과 거래하지 말고 자신에게 돈을 맡기면 고율의 이자를 주겠다"고 속여 피해자로부터 8억 7천만원을 건네 받아 가로채는 등 모두 17억여원을 편취하고 조합에 수억원의 손해를 입힌 사건이다.
2) BGHSt 18, 313 참조.

로써 성립하는 죄이다. 본죄의 행위주체는 타인의 사무를 처리하는 자라는 진정신분과 업무자라는 부진정신분의 이중의 신분을 가지고 있는 신분범이며, 업무자라는 점 때문에 형이 가중되는 구성요건이다. 본죄의 업무는 법령이나 계약에 의한 것뿐만 아니라 관례를 좇거나 사실상이거나를 묻지 않고 같은 행위를 반복할 지위에 따른 사무를 말한다.[1)]

업무자로서의 신분을 갖지 않은 자가 업무자들과 공모하여 배임죄를 범하더라도 이는 업무상 타인의 사무를 처리하는 신분관계로 인하여 형의 경중이 있는 경우이므로 이러한 신분관계가 없는 자에 대해서는 제33조 단서에 의하여 (단순)배임죄가 성립한다.[2)]

본죄로 인하여 취득하거나 제3자로 하여금 취득하게 한 재산적 이익의 가액이 5억원 이상인 때에는 「특정경제범죄 가중처벌 등에 관한 법률」(제3조)에 따라 가중처벌된다(5억원 이상 50억원 미만은 3년 이상, 50억원 이상은 5년 이상의 징역). 판례[3)]는 업무상 배임죄에서 재산상 손해를 인정할 수 있더라도 그 가액을 구체적으로 산정할 수 없으므로 재산상 이득액을 기준으로 가중처벌하는 특정경제범죄 가중처벌 등에 관한 법률 위반(배임)죄로 의율할 수 없다는 입장이다. 그러나 이는 손해발생의 위험성만으로도 배임죄 성립을 인정하는 판례[4)]의 입장과 맞지 않는다(그리고 특경법 적용이 불가능하더라도 형법상의 업무상 배임죄 적용은 가능할 것이다).

V. 背任收財罪 · 背任贈財罪

> 第357조【배임수증죄】 ① 타인의 사무를 처리하는 자가 그 임무에 관하여 부정한 청탁을 받고 재물 또는 재산상의 이익을 취득한 자는 5년 이하의 징역 또는 1천만원 이하의 벌금에 처한다.
> ② 제1항의 재물 또는 이익을 공여한 자는 2년 이하의 징역 또는 500만원 이하의 벌금에 처한다.
> ③ 범인이 취득한 제1항의 재물은 몰수한다. 그 재물을 몰수하기 불능하거나 재산상의 이익을 취득한 때에는 그 가액을 추징한다.

1) 대판 1982. 1. 12, 80도1970.
2) 대판 1986. 10. 28, 86도1517.
3) 대판 2001. 11. 13, 2001도3531.
4) 대판 2000. 12. 8, 99도3338; 2000. 3. 14, 99도4923.

> 第358条【자격정지의 병과】 전조의 죄에는 10년 이하의 자격정지를 병과할 수 있다.
> 第359条【미수범】 第357条의 미수범은 처벌한다.

1. 의 의

본죄는 공무원의 뇌물죄(제129조, 제133조)에 상응하는 규정이며, 사적 사무를 처리하는 자에 대한 뇌물죄라 할 수 있다. 즉 본죄는 타인의 사무를 처리하는 자가 사무처리의 공정성과 성실의무를 준수하도록 하는 데에 취지가 있다. 그렇기 때문에 본죄의 보호법익은 직무(사무)의 공정성 또는 청렴성이다.[1)]

배임수재죄(제1항)는 수뢰죄에, 배임증재죄는 뇌물공여죄에 상응하는 규정이다. 그러나 수뢰죄나 뇌물공여죄의 경우에는 요구나 약속, 공여의 의사표시까지도 행위유형에 포함시켜 기수범으로 처벌하는 데 반하여 배임수재·증재죄의 경우에는 재물이나 이익의 취득·공여행위만을 기수범으로 처벌하고 있기 때문에 본죄의 행위유형이 상대적으로 협소하다.

2. 배임수재죄

(1) 의 의

본죄는 타인의 사무를 처리하는 자가 그 임무에 관하여 부정한 청탁을 받고 재물 또는 재산상의 이익을 취득함으로써 성립하는 범죄이다(제1항).

(2) 구성요건

1) 행위주체 타인의 사무를 처리하는 자이며(진정신분범), 자기의 사무를 처리하는 자는 제외된다.[2)] 배임죄에서의 행위주체와 범위가 같다. 사무처리와 타인간의 신임관계는 타인과의 대내관계에서 신의성실의 원칙에 비추어 그 사무를 처리할 신임관계가 존재한다고 인정되는 자를 의미하고, 반드시 제 3 자에 대한 대내관계에서 그 사무에 관한 권한이 존재할 것을 요하

---

1) 반면 이형국, 440면; 임 웅, 485면; 정성근/박광민, 473면은 타인의 재산권도 본죄의 보호법익으로 본다.

2) 대판 1990. 10. 12, 90도1177(배임수증죄에 있어서 「타인의 사무를 처리하는 자」라 함은 타인으로부터 위탁된 사무를 타인의 이익을 위하여 처리하는 경우라 할 것이므로, 그 사무가 타인의 사무가 아니고 자기의 사무라면 그 사무를 타인을 위하여 처리하는 경우라도 사무를 처리하는 자라고 볼 수 없다); 1989. 10. 13, 89도563(독립하여 임무를 수행하는 단위농업협동조합의 총대는 각 구역조합원의 호선에 의하여 선출되었더라도 이들 선출구역조합원의 사무를 처리하는 것으로는 볼 수 없으므로 총대가 총대회에서 조합장 후보자 추천과 관련하여 돈을 주고받았더라도 배임수증죄는 성립되지 않는다). 또한 대판 1990. 2. 27, 89도907.

지 않는다. 판례에 나타난 본죄의 행위주체의 예로는 방송될 가요를 선곡하는 방송국의 가요담당 프로듀서,[1] 취재사무를 공정하게 수행하여야 할 업무상의 임무가 있는 취재기자 겸 신문사 지국장,[2] 종합병원 의사 등이 있다. 금융기관 임직원에 대해서는 「특정경제범죄 가중처벌 등에 관한 법률」(제5조, 제6조)이 적용된다(아래 참조).

본죄의 행위주체는 그 임무에 관하여 부정한 청탁을 받고 재물을 수수함으로써 성립하고 반드시 수재 당시에 그와 관련된 임무를 현실적으로 담당하고 있어야 하는 것은 아니다. 그러므로 타인의 사무를 처리하는 자가 그 임무에 관하여 부정한 청탁을 받은 이상 그 후 사직으로 인하여 그 직무를 담당하지 않게 된 상태에서 부정한 청탁과 관련하여 재물을 수수하면 배임수재죄가 성립한다.[3]

> 금융기관 임직원의 배임수재에 대해서는 본조의 규정에 대한 특별규정으로서 특정경제범죄 가중처벌 등에 관한 법률 제 5 조가 있다. 그 내용은 다음과 같다.
> ① 금융기관의 임·직원이 그 직무에 관하여 금품 기타 이익을 수수 · 요구 또는 약속한 때에는 5년 이하의 징역 또는 10년 이하의 자격정지에 처한다.
> ② 금융기관의 임·직원이 그 직무에 관하여 부정한 청탁을 받고 제 3 자에게 금품 기타 이익을 공여하게 하거나 공여하게 할 것을 요구 또는 약속한 때에는 제 1 항의 형과 같다.
> 또한 수수 · 요구 또는 약속한 금품 기타 이익의 가액(수수액)이 3천만원 이상 5천만원 미만인 때에는 5년 이상의 유기징역에, 5천만원 이상 1억원 미만인 때에는 7년 이상의 유기징역에, 1억원 이상인 때에는 무기 또는 10년 이상의 징역에 처한다(동조 제4항).

2) 부정한 청탁 본죄는 수뢰죄와 달리 임무에 관하여 부정한 청탁을 받을 것을 필요로 한다. 임무에 관하여란 처리하는 본래의 사무뿐만 아니라 그와 밀접한 관계에 있는 범위의 사무를 포함한다. 그러나 청탁을 받은 뒤 청탁받은 부정행위가 이루어졌는가는 본죄 성립에 영향을 미치지 않는다. 부정한 청탁이란 업무상 배임에 이르는 정도가 아니고 사회상규 또는 신의성실의 원칙에 반하는 것을 내용으로 하는 청탁을 의미한다.[4] 예컨대 특정인에

1) 대판 1991. 6. 11, 91도688.
2) 대판 1970. 9. 17, 70도1355.
3) 대판 1997. 10. 24, 97도2042.
4) 대판 1978. 11. 1, 78도2081; 1987. 4. 28, 87도414; 1987. 11. 24, 87도1560; 1989. 12. 12, 89도495.

대한 인사청탁이나 회수불능의 불량대출을 청탁받은 경우를 들 수 있다. 또한 판례는 "일정한 사항에 관하여 어떤 사람과 그 상대방 사이에 서서 중개하거나 편의를 도모하는 알선 속에 어떤 사람이 청탁한 취지를 상대방에게 전하거나 그 사람을 대신하여 스스로 상대방에게 청탁을 하는 행위가 포함된다"고 하여 청탁이 알선에 포함되는 것으로 보고 있다.[1)] 부정한 청탁여부를 판단함에 있어서는 교부받거나 공여한 재물의 액수, 형식, 사무처리자의 청렴성 등을 종합적으로 고찰하여야 한다.[2)]

부정한 청탁은 반드시 명시적일 것을 요하지 않으므로 묵시적인 방법으로도 가능하다. 그러나 청탁의 내용은 어느 정도 구체적이고 특정한 임무행위에 관한 것임을 요하므로 직무를 처리하면서 직무권한 범위 안에서 편의를 보아 달라고 부탁하거나 선처를 바란다는 부탁만으로는 부정한 청탁이라고 보기 어렵다.[3)]

[판례] 신문기자가 도벌(盜伐)에 관한 기사를 보도하지 말아 달라는 청탁과 함께 사례비를 받거나(대판 1970. 9. 17, 70도1355) 특정인을 어떤 직위에 우선적으로 추천해 달라는 부탁(대판 1989. 12. 12, 89도495), 방송국의 프로듀서가 담당 방송프로그램에 특정가수의 노래만을 자주 방송하여 달라는 청탁을 받고 사례금 명목으로 금품을 받은 경우(대판 1991. 1. 15, 90도2257), 공사시공에 하자가 있더라도 묵인하여 달라는 취지의 청탁을 받고 금품을 받은 경우(대판 1991. 11. 26, 91도2418) 등은 배임수·증재에 해당한다.

이와 반대로 판례는 "피고인이 유류부정처분대금을 나누어 준 것이 단지 환심을 사 두어 후일 범행이 발각되더라도 이를 누설하지 않게끔 하기 위한 것이었다고 보여지는 경우에 있어서는 막연히 임무와 관련하여 재산상 이익을 취득한 데 불과하고, 배임수재죄에 있어서 청탁의 내용이라 할 수 있는 구체적이고 특정한 임무행위에 관하여 부정한 청탁이라고 보기 어렵다"고 보았다(대판 1983. 12. 27, 83도2472). 또한 계약관계를 유지시켜 기존권리를 확보하기 위한 부탁행위는 부정한 청탁이라고 할 수 없으므로 쓰레기수거계약을 체결한 후 계약해제통고를 하자 업체로부터 계약관계를 유지시켜 달라는 부탁을 받고 사례금 명목으로 금품을 받은 행위는 배임수재죄에 해당하지 않는다(대판 1985. 10. 22, 85도465; 또한 대판 1991. 8. 27, 91도61).

3) 행 위 본죄의 행위는 재물 또는 재산상의 이익을 취득하는 것이다. 재물 또는 재산상의 이익은 현실적인 취득을 의미하며, 요구하거나

1) 대판 1997. 12. 26, 97도2609.
2) 대판 2005. 1. 14, 2004도6646.
3) 대판 1983. 12. 27, 83도2472; 1980. 4. 8, 79도3108.

약속을 받은 것만으로는 미수에 불과하다(제359조).[1] 이 점에서 수뢰죄와 다르다(제129조의 행위유형 참조). 또한 「특정경제범죄 가중처벌 등에 관한 법률」 제5조나 상법 제630조 제1항은 요구 또는 약속행위만으로도 기수범으로 처벌한다.[2]

재물 또는 재산상의 이익을 취득하는 시점은 부정한 청탁과 동시이거나 사전·사후를 불문한다. 즉 부정한 청탁을 받으면서 수수할 수도 있으며, 사전에 재물을 수수한 다음 구체적인 청탁을 받을 수도 있을 것이다. 마찬가지로 부정한 청탁을 먼저 한 다음 재물수수를 하는 경우에도 본죄에 해당한다.

배임수증죄에서 본인(사무처리를 위임한 자)에게 손해가 발생하였는가의 여부는 본죄의 성립에 영향이 없다.[3] 즉 부정한 청탁의 대가로서 이익의 수수 등이 있으면 되고 배임죄와 달리 부정한 청탁으로 인한 행위를 하여 회사에 손해가 발생하고 안하는 것은 본죄의 성립요건이 아니다.[4] 또한 재물 또는 재산상의 이익의 취득이 있으면 본죄는 기수에 이르며 청탁에 따른 일정한 행위가 반드시 행하여져야 할 것을 필요로 하지 않는다.[5]

4) **불법영득의사** 본죄가 성립하기 위해서는 고의 이외에 불법영득의사가 필요하다. 이에 대하여 배임수재죄에서 재물 또는 재산상의 이익을 취득한다는 의사는 증재자의 자의에 대응하는 것이므로 불법영득의사로 파악할 것이 아니라는 견해[6]가 있다. 그러나 증재자의 자발적 공여의사가 인정되더라도 부정한 청탁을 받은 사무처리자의 재물 또는 재산상 이익의 취득에는 불법영득의사가 필요하다고 보아야 한다.

[판례] 은행장이 1억5천만원의 수표를 받아 친구에게 맡기면서 이를 받게 된 경위 및 받을 수 없는 돈임을 설명한 경우에는 불법영득의사가 인정되지 아니하므로 배임수재죄가 성립하지 않는다고 판시하였다(대판 1984. 3. 13, 83도1986).

1) 대판 1999. 1. 29, 98도4182(골프장회원권에 관하여 피고인 명의로 명의변경이 이루어지지 않은 이상 피고인이 현실적으로 재산상 이익을 취득하지 않았다는 이유로 배임수재죄의 성립을 부인).

2) 상법 제630조(발기인, 이사 기타의 임원의 독직죄) ① 제622조와 제623조에 규정된 자, 검사인, 제298조 제3항, 제299조의 2, 제310조 제3항 또는 제313조 제2항의 공증인이나 제299조의 2 또는 제310조 제3항 또는 제422조 제1항의 감정인이 그 직무에 관하여 부정한 청탁을 받고 재산상의 이익을 수수, 요구 또는 약속한 때에는 5년 이하의 징역 또는 1,500만원 이하의 벌금에 처한다.

3) 대판 1980. 10. 14, 79도190.

4) 대판 1980. 10. 14, 79도190.

5) 대판 1987. 11. 24, 87도1560; 1999. 9. 9, 99도4145.

6) 임 웅, 489면.

5) 미 수 범　　본죄의 미수범은 처벌한다. 본죄는 재물 또는 재산상의 이익을 취득하거나(배임수재), 공여함으로써(배임증재) 성립한다. 그러므로 본죄의 미수는 취득 이전단계인 요구 또는 약속이나 공여의 의사표시를 하는 경우에 배임수재미수죄(제359조)가 성립한다고 보아야 한다.[1)]

그러나 금융기관의 임·직원의 경우에는 재물 또는 재산상의 이익을 수수·요구·약속하거나(수재), 약속·공여·공여의 의사표시(증재)를 하면 성립하므로 형법상의 배임수·증재죄와 달리 미수범이 아니라 기수범이 성립한다(특정경제범죄 가중처벌 등에 관한 법률 제5조, 제6조 참조).

(3) 몰수·추징

범인이 취득한 재물은 몰수하며, 몰수하기 불가능하거나 재산상의 이익을 취득한 때에는 그 가액을 추징한다(제3항). 수인이 금품을 수수한 경우에는 각자가 수수한 금품을 몰수하거나 추징한다. 해당 금액을 제공자에게 반환한 경우에도 이를 추징한다.[2)]

> 「공무원범죄에 관한 몰수 특례법」은 특정범죄 가중처벌 등에 관한 법률 제5조에 해당하는 죄를 범한 자에 대한 불법수익 등의 몰수에 관하여 규정을 두고 있다(동법 제2조 제1호 다목, 제3조).

3. 배임증재죄

(1) 의　의

본죄는 타인의 사무를 처리하는 자에게 그 임무에 관하여 부정한 청탁을 하고 재물 또는 이익을 공여함으로써 성립한다(제2항). 배임수재죄와 배임증재죄는 반드시 필요적 공범의 관계에 서는 것은 아니다. 즉 재물 또는 재산상의 이익을 공여하는 사람에게는 정당한 업무에 속하는 청탁이어서 부정한 것이 없는 한 배임증재죄는 성립되지 않으나 반대로 배임수재죄는 성립된다.[3)]

---

1) 강구진, 388면; 김일수/서보학, 502면; 백형구, 232면; 오영근, 530면; 이재상, 437면; 이정원, 440면; 이형국, 441면; 임 웅, 489면; 정영석, 393면. 이에 반해 본죄의 미수범을 부인하는 견해도 있다(황산덕, 325면).

2) 대판 1983. 8. 23, 83도406.

3) 대판 1991. 1. 15, 90도2257(매니저가 방송국 프로듀서에게 특정가수의 노래만을 편파적으로 선곡하여 계속 방송하여 달라고 청탁한 사건에서 증재자에게는 정당한 업무에 속하는 청탁이라도 수재자에게는 부정한 청탁이 될 수 있다고 판시). 또한 대판 1980. 8. 26, 80도19. 이에 반해 김성천, 1034면 이하는 필요적 공범으로 본다.

(2) 구성요건

1) 행 위 행위는 공여이다. 공여는 현실적으로 이루어져야 하며 공여의 의사표시나 약속만으로는 미수에 불과하다(제359조).

2) 행위주체 본죄의 행위주체는 자연인이다. 배임수재죄의 행위주체에 대하여 그 임무에 관하여 부정한 청탁을 하는 자이면 신분 여하를 불문한다.

3) 미 수 범 본죄의 미수범은 배임수재죄에서 설명한 바와 같다. 그러나 「특정경제범죄 가중처벌 등에 관한 법률」 제 6 조는 재물이나 이익을 공여한 경우뿐만 아니라 약속 또는 공여의 의사표시를 하는 경우에도 기수범으로 처벌하고 있다(동조 제 1 항).

Ⅵ. 親族間의 背任行爲

배임죄와 배임수재죄 및 배임증재죄의 규정은 친족간의 범행에 관한 특례규정(제328조)이 적용된다(제361조). 그러므로 직계혈족, 배우자, 동거친족, 호주, 가족 또는 그 배우자간의 배임죄, 배임수재·증재죄는 형을 면제한다(제328조 제 1 항). 그 밖의 친족간에 위의 죄를 범한 때에는 고소가 있어야 공소를 제기할 수 있다(동조 제 2 항). 이러한 신분관계가 없는 공범에 대하여는 이 규정을 적용하지 않는다(동조 제 3 항).

제 8 절 贓物에 관한 罪

Ⅰ. 序 論

1. 의의 및 보호법익

장물죄(Hehlerei)란 장물을 취득·양도·운반·보관하거나 이를 알선함으로써 성립하는 죄이다(제362조). 행위객체는 장물, 즉 재물에 제한된다(재물죄). 장물이란 재산범죄에 의하여 취득한 재물을 말하며, 재산범죄(자)를 장물범에 대하여 본범이라고 한다. 그러나 장물의 범위는 입법적 태도 여하에 따라 달라진다. 즉 반드시 재산범죄만으로 제한하지 않고 뇌물죄와 같이 타인의 재산을 내용으로 하는 범죄행위로부터 취득한 재물을 장물이라고 볼 수도 있

는 것이다.[1)]

연혁적으로 장물죄는 사전범죄인 본범에 가담하는 형태로서 사후범죄(사후종범)로 파악되다가 독립적인 구성요건화한 것이다. 그러므로 장물죄는 더 이상 본범에 대한 방조범이 아니다. 장물죄의 불법성은 본범에 의하여 야기된 불법적인 재산상태를 유지시켜 피해자의 재산반환을 어렵게 하는 점에 있다. 동시에 장물죄는 재산범죄를 유발시키는 유인범죄의 성격을 지니고 있다. "장물아비가 절도범의 보호자"라거나 "절도범과 마찬가지"(Der Hehler genau so schlimm wie der Stehler)라는 법언은 이를 표현한다. 그 결과 형법은 장물죄를 독립적 구성요건으로 할 필요성이 있게 된 것이며, 절도죄나 횡령죄보다 무겁게 처벌하고 있는 것이다. 그러므로 장물죄는 장물에 대한 직접적인 침해보다는 재산범죄인 본범을 유발시키는 2차적 위험성을 더욱 중시한다고 볼 수 있다.

본죄의 보호법익은 재산권이다.[2)] 그러나 장물죄의 본질은 재산권자의 재산보호에 있다기보다는 본범에 의하여 영득된 재물 자체를 보호하는 데에 있다. 그 밖에 장물죄의 본질을 피해자의 장물에 대한 추구권이라고 보는 견해[3)]에서는 본범의 피해자가 장물에 대하여 가지는 추구권이 보호법익이라고 본다. 또한 재산권 자체가 아닌 재산권의 안전이라는 견해[4)]가 있으나 전체적으로 재산권을 보호하기 위한 것이라고 하더라도 이를 포함한다고 볼 수 있다.

본죄의 보호받는 정도에 대해서는 침해범설[5)]과 위험범설[6)]이 대립된다. 장물죄는 취득·양도·운반·보관행위 및 알선행위로 구성되어 있으므로 각각의 행위유형에 따라 판단하는 것이 타당하다. 그 결과 장물알선행위는 위험범에 해당하고, 기타의 장물죄의 유형은 침해범에 해당한다고 보는 것이 타당하다.[7)]

---

1) 후술하는 장물죄의 본질에 관한 「위법상태유지설」 및 본범에 관한 「본범의 성질」 참조.

2) 김일수/서보학, 505면; 이재상, 440면; 이형국, 448면; 배종대, 575면. 유기천(상), 310면은 유지설이 가장 타당하지만 그렇다고 형법이 장물양여죄를 규정한 것을 보면 유지설의 입장이 채택된 것도 아니라는 견해이다. 한편 백형구, 235면은 「재산권」이 아니라 「재산」이라고 한다.

3) 강구진, 389면; 진계호, 436면.

4) 정성근/박광민, 484면.

5) 강구진, 389면; 이정원, 442면; 정성근/박광민, 484면; 배종대, 576면; 진계호, 437면.

6) 김성천, 1035면; 오영근, 534면; 유기천(상), 311면; 이재상, 441면; 임 웅, 493면.

7) 김일수/서보학, 506면.

2. 장물죄의 본질

(1) 이 익 설

이익설(Nutznießungstheorie)은 장물죄를 본범의 범죄이익에 가담하여 이익을 취하는 범죄로서 파악한다. 이는 추구권설이나 위법상태유지설이 보호법익과 관련하여 장물죄의 본질을 밝히려는 데 반하여 행위자의 주관적인 이득의사에 장물죄의 본질이 있다고 보는 견해이다. 그러므로 수수한 물건과 피해자간에 직접적인 관련성만 있으면 장물성을 인정하기 때문에 대체장물도 장물에 해당한다. 범죄이익에 가담하였다는 의미에서 공범설이라고도 한다.

그러나 이 학설은 장물이라는 행위객체를 중심으로 하는 이론이 아니라 장물죄에 관여하는 행위자를 중심으로 하는 이론이라는 점에서 후술하는 두 학설과는 접근방법을 달리하므로 동일선상에서 평가하기가 곤란하다. 다만 이익설은 장물죄의 구성요건적 본질을 규명하기에는 적절하지 않다고 볼 수 밖에 없다. 이 학설에 의할 경우 본범이 가공(민법 제259조)에 의하여 소유권을 원시취득한 경우에도 장물성을 인정하게 되고, 대체장물에 대해서도 직접성이 결여되어 있음에도 불구하고 장물성을 인정하게 되는 것은 그 예이다. 또한 이익을 취하지 않은 장물의 운반·보관행위도 장물죄에 해당하기 때문에 현행법상의 장물죄를 파악하기에는 한계가 있다.

(2) 추구권설

추구권설(Restitutionstheorie)은 본범의 피해자가 점유를 상실한 재물(피해품)을 추구하여 회복하는 것을 곤란하게 하는 데에 장물죄의 본질이 있다고 본다. 즉 피해자의 피해품에 대한 반환청구권의 행사가 장물범에 의하여 방해받는 데에 장물죄의 본질이 있다는 것이다. 그러므로 추구권(반환청구권)이 인정되지 않는 경우에는 장물성이 상실된다. 따라서 불법원인급여물은 피해자에게 반환청구권이 없으므로 결국 피해자의 권리를 침해하지 않았다고 보며, 시효가 완성된 물건이나 대체장물도 반환청구권이 없으므로 장물성이 없다고 한다. 과거의 판례 및 다수설의 입장이다.[1)]

---

1) 대판 1975. 12. 9, 74도2804(형법상 장물이라 함은 재산권의 침해를 가져올 위법행위로 인하여 영득한 물건으로서 피해자가 반환청구권을 가지는 것을 말한다); 김종원, 248면; 정영석, 394면. 그러나 현재 판례는 후술하는 바와 같이 추구권설과 위법상태유지설을 결합한 입장으로 바뀌었다고 볼 수 있다.

추구권설은 점유의 불법성만을 문제삼기 때문에 엄격하게 보면 본범이 반드시 재산범죄일 필요는 없다. 다른 범죄에 의해서도 불법하게 점유를 취득할 때에는 장물성을 인정하여야 할 것이기 때문이다. 그리고 불법원인급여의 경우에도 사기죄나 공갈죄가 성립할 수 있다고 보는 입장에서는 이를 부인하는 추구권설과 조화를 이루지 못한다. 다만 현행법상 장물양도죄를 규정하고 있는 것은 피해자의 반환청구권의 행사를 곤란하게 한다는 점에서 규정되었다고 볼 수 있기 때문에 추구권설의 입장을 배제할 수 없다.

(3) 위법상태유지설

위법상태유지설(Aufrechterhaltungstheorie)은 장물죄를 직접 재산범죄뿐만 아니라 재산관련 범죄행위에 의하여 성립된 위법한 재산상태를 본범과의 협력 아래 유지·존속하는 것을 내용으로 하는 범죄로 파악한다.[1] 이 학설에 따르면 피해자에게 사법상의 반환청구권이 인정되는가의 여부는 불문한다. 대신에 타인의 재산권에 대한 현실적인 침해행위를 전제로 하여 장물죄의 독자적 성격을 강조한다. 그러므로 본범이 장물죄인 연쇄장물(Kettenhehlerei)도 장물에 해당된다. 그리고 위법상태유지설에 의하면 장물죄의 본범은 반드시 협의의 재산범죄일 필요는 없다고 보기 때문에 수뢰죄, 통화위조죄, 문서위조죄 등도 장물죄의 본범이 될 수 있다. 또한 불법원인급여에 의하여 취득한 재물도 장물성이 인정된다. 이는 본범이 조성한 위법한 재산상태를 유지하려는 것이면 장물죄의 본범에 해당되고 반드시 재산범죄에 의한 위법상태의 유지일 필요가 없기 때문이다. 독일형법(§ 259 I)은 장물의 개념을 「절취하거나 혹은 타인의 재산에 대한 위법행위에 의해 취득한 물건」이라고 규정하고 있기 때문에 위법상태유지설이 통설·판례의 입장이다.[2]

(4) 학설의 검토: 결합설

이상의 학설대립의 핵심은 형법상 장물을 어느 범위까지 인정할 것인가라는 문제에 있다. 구체적으로는 대체장물과 연쇄장물을 장물로 볼 것인가의 문제 및 반환청구권이 없는 물건에 대해서도 장물성을 인정할 것인가의 문제와 연결되어 있다. 결합설은 피해자의 반환청구권의 행사를 어렵게 하는 것과 위법한 재산상태의 유지에 장물죄의 본질이 있다고 본다. 이러한 입장을

1) 김성천, 1038면; 이정원, 482면; 임 웅, 496면.
2) BGHSt 7, 134; 27, 45; Nomos/Pflieger, § 259 Rn. 1.

따르면 대체장물은 위법한 재산상태가 단절되고 새로운 재산관계가 형성되기 때문에 장물성을 인정할 수 없다. 연쇄장물의 경우에는 장물죄가 본범에 해당하므로 이를 인정하는 것이 당연하다. 다음으로 반환청구권이 없는 물건, 예컨대 제 3 자가 선의취득한 물건이나 불법원인급여물의 장물성에 대해서는 피해자가 반환청구권을 행사할 수 없더라도 위법한 재산상태에 있는 물건이므로 장물성을 인정하여야 한다.[1] 그러므로 이 견해에 의하면 갑이 보관하는 불법원인급여물을 을이 절취한 경우 이 절취물은 장물에 해당한다고 보게 된다. 이러한 점을 종합하면 장물죄의 본질은 추구권설과 위법상태유지설을 모두 포함하고 있다고 보는 결합설의 입장이 타당하다.[2] 판례도 과거와 달리 "장물인 정을 모르고 보관하던 중 장물인 정을 알게 되었고, 위 장물을 반환하는 것이 불가능하지 않음에도 불구하고 계속 보관함으로써 피해자의 정당한 반환청구권 행사를 어렵게 하여 위법한 재산상태를 유지시킨 경우에는 장물보관죄에 해당한다"[3]고 하여 결합설의 입장을 취하고 있다.

Ⅱ. 構成要件體系

장물죄(제362조)를 기본적 구성요건으로 하며, 상습성을 근거로 하는 상습장물죄(제363조)가 있다. 그리고 과실범으로서 업무상 과실장물죄(제364조) 및 중과실장물죄(제364조)가 있다.

Ⅲ. 贓物取得·讓渡·運搬·保管·斡旋罪

> **제362조【장물의 취득, 알선 등】** ① 장물을 취득, 양도, 운반 또는 보관한 자는 7년 이하의 징역 또는 1천 500만원 이하의 벌금에 처한다.
> ② 전항의 행위를 알선한 자도 전항의 형과 같다.

Ⅰ. 객관적 구성요건

(1) 행위객체

1) 장　　물 　행위객체는 장물, 즉 절도, 강도, 사기, 공갈, 횡령 등

---

1) 배종대, 521면; 임 웅, 497면.
2) 강구진, 392면; 김성돈, 438면; 김일수/서보학, 508면; 배종대, 576면; 백형구, 232면; 손동권, 483면; 이재상, 443면; 이형국, 450면; 정성근/박광민, 484면; 정영일, 426면.
3) 대판 1987. 10. 13, 87도1633.

영득죄인 재산범죄에 의하여 취득한 재물로서 피해자가 법률상 그 반환을 청구할 수 있는 물건이다. 재산상의 이익이나 권리는 제외된다.[1] 그러나 이러한 가치를 표창하는 증서(유가증권, 예금통장 등)는 장물에 해당한다. 반드시 경제적 가치를 전제로 하지 않으며, 동산과 부동산을 불문한다. 관리할 수 있는 동력도 장물죄의 객체에 포함된다는 견해[2]가 있으나 입법론적으로는 타당하지만 장물죄가 제346조(동력)를 준용하지 않기 때문에 장물이 되지 않는다고 보아야 한다.[3] 문화재보호법상 허가 없이 발굴된 문화재도 장물성이 인정된다.

2) 장물의 조건 장물이 되기 위해서는 다음과 같은 조건을 갖추어야 한다. ① 위법한 재산상태에 놓여 있어야 한다. 그러므로 선의취득하게 된 이후에는 더 이상 장물이 아니다. ② 재물의 동일성이 인정되어야 한다. 즉 장물은 본범에 의하여 영득된 재물이어야 하며, 또한 본범에 의하여 조성된 위법한 재산상태가 장물범죄의 행위순간에도 유지되고 있다고 볼 수 있을 정도의 물질적 동일성이 인정되어야 한다.[4] 단순한 재산적·가치적 동일성만으로는 장물성을 인정할 수 없다(예: 훔친 수표로 물건을 사고 현금을 거스름돈으로 받은 경우 구입한 물건과 거스름돈). 장물죄의 본질은 본범으로 획득한 물건의 이익을 확보하는 데 있지 않으며, 장물의 대체물은 본범으로 인하여 조성된 위법한 재산상태를 지속하고 있다고 볼 수 없기 때문이다.

그러므로 장물을 처분하여 받은 돈과 같이 본범으로부터 영득한 재물과의 동일성이 상실되는 **대체장물**(Ersatzhehlerei)은 장물이 아니다. 대체장물의 장물성이 인정되는 경우란 새로운 재물의 취득이 단순한 고환행위를 통하여 새로이 위법한 재산상태가 계속되고 있다고 볼 수 있는 경우에 한한다. 예를 들면 절도범이 훔친 보석을 자기 물건인 것처럼 속여 판매한 경우에는 보석판매대금은 기망행위에 의하여 취득한 물건이 되므로(민법 제250조 본문 참조) 보석판매대

1) 대판 2004.4.16, 2004도353(갑이 권한 없이 인터넷뱅킹으로 타인의 예금계좌에서 자신의 예금계좌로 돈을 이체한 후 그 중 일부를 인출하여 그 정을 아는 을에게 교부한 경우, 갑이 컴퓨터등사용사기죄에 의하여 취득한 예금채권은 재물이 아니라 재산상 이익이므로, 그가 자신의 예금계좌에서 돈을 인출하였더라도 장물을 금융기관에 예치하였다가 인출한 것으로 볼 수 없다는 이유로 을의 장물취득죄의 성립을 부정한 사례). 또한 대판 2004.12.9, 2004도5904.

2) 김일수/서보학, 492면; 백형구, 238면; 오영근, 622면; 이재상, 445면; 이정원, 484면; 이형국, 452면; 임 웅, 499면; 정성근/박광민, 487면.

3) 황산덕, 331면.

4) BGH NJW 1969, 1260.

금은 다시금 사기죄를 본범으로 하는 장물에 해당하게 된다. 그러나 돈을 절취하여 물건을 구입한 경우에 물건을 판매한 상인은 훔친 돈에 대한 소유권을 선의취득에 의하여 취득하게 되므로(민법 249조, 제250조 단서) 구입한 물건에 대한 재산상의 손해를 입지 않게 되어 구입한 물건과 거스름돈의 장물성을 인정하기가 어려울 것이다. 또한 수표를 현금으로 바꾸거나 고액권을 작은 금액의 지폐로 바꾸는 경우 혹은 국내화폐를 외국화폐와 바꾸는 경우에도 장물성은 인정될 수 없으므로 이러한 돈을 받은 자에게 장물취득죄를 적용할 수 없다. 마찬가지로 타인의 신용카드로 인출한 현금이나 수표를 예금의 형태로 보관하였다가 다시 인출한 경우에도 장물성을 인정할 수 없다.[1]

이에 대해 대체장물의 장물성을 인정하는 반대 견해는 장물의 물질적 동일성보다는 장물의 재산적 가치를 중시한다. 그러므로 거스름돈에 대해서도 장물성을 인정하게 된다. 그러나 이 견해는 장물죄의 구성요건 해석의 한계를 넘어설 뿐만 아니라 위법상태가 유지되지 않는 경우에도 장물죄의 성립을 인정하는 문제점이 있다.

대체장물은 추구권설이나 위법상태유지설의 입장에서 다 같이 장물죄의 행위객체가 될 수 없으며, 판례[2]도 대체장물의 장물성을 부인하고 있다. 대체장물이 장물성을 갖기 위해서는 대체장물의 취득시 새로운 장물죄의 본범에 해당하는 행위가 있어야 한다(예: 기망행위를 통한 대체장물의 취득).

(2) 본 범

1) 본범의 성질 장물죄의 본범은 재산죄에 국한된다는 것이 통설 및 판례의 입장이다. 재산죄인 이상 형법상의 재산죄에 제한되지 않는다. 특별법상의 재산범죄나 장물죄도 본범이 될 수 있다. 장물죄의 본범으로는 절도죄, 강도죄, 사기죄, 공갈죄, 횡령죄, 장물죄 및 기타 준사기죄, 준강도죄,

1) 한편 판례는 금전은 고도의 대체성을 가지고 있어 다른 종류의 통화와 쉽게 교환할 수 있고, 그 금전 자체는 별다른 의미가 없고 금액에 의하여 표시되는 금전적 가치가 거래상 의미를 가지고 유통되고 있는 점에 비추어 볼 때, 장물인 현금을 금융기관에 예금의 형태로 보관하였다가 이를 반환받기 위하여 동일한 액수의 현금을 인출한 경우에 예금계약의 성질상 인출된 현금은 당초의 현금과 물리적인 동일성은 상실되었지만 액수에 의하여 표시되는 금전적 가치에는 아무런 변동이 없으므로 장물로서의 성질은 그대로 유지된다고 봄이 상당하고, 자기앞수표도 그 액면금을 즉시 지급받을 수 있는 등 현금에 대신하는 기능을 가지고 거래상 현금과 동일하게 취급되고 있는 점에서 금전의 경우와 동일하게 보아야 한다고 하여 금전에 대해서는 대체장물의 장물성을 인정하고 있다(대판 2004. 3. 12, 2004도134; 2000. 3. 10, 98도2579).

2) 대판 1972. 2. 22, 71도2296; 1972. 6. 13, 72도971.

배임수증죄 등이 포함된다.[1] 장물죄의 본범이 장물죄인 경우의 장물을 연쇄장물(Kettenhehlerei)이라고 한다. 손괴죄는 재산취득이 불가능한 범죄이므로 장물죄의 본범이 될 수 없다.

2) **본범의 실현정도** 본범의 실현 정도는 구성요건에 해당하고 위법하여야 한다.[2] 유책할 필요까지는 없다. 재물을 취득한 상태이면 미수범의 상태이더라도 상관없다. 장물죄는 독립적 구성요건이므로 공범의 종속성원칙이 적용되지 않는다. 장물범의 행위는 독자적인 불법성을 지니며 이러한 불법성은 본범의 개인적 책임비난과는 무관하기 때문이다. 그러므로 본범이 책임능력이 없더라도 장물성은 인정되며, 본범이 법률의 착오를 일으킨 경우에도 장물죄의 성립에는 지장이 없다.[3] 그리고 소송조건이 구비되어야 할 필요도 없으며, 본범이 재산범죄 중 구체적으로 어느 구성요건에 해당하는가가 특정될 필요도 없다.

(3) 행위의 태양

1) **장물취득** 장물취득이란 점유를 이전함으로써 재물에 대한 사실상의 처분권을 획득하는 것이다. 장물취득죄는 장물에 대한 사실상의 처분권이 취득자에게 이전되어야 성립한다.[4] 간접적인 점유의 취득이 있어도 본죄는 성립한다. 유·무상을 불문한다. 또한 취득은 점유의 이전을 요건으로 하므로 계약체결이나 약속만으로는 취득하였다고 볼 수 없다. 또한 장물인 음식을 함께 먹는 것만으로는 독자적인 처분권의 취득이라고 할 수 없으므로 취득이 되지 않는다.[5] 마찬가지로 훔친 물건을 빌려 잠시 사용하거나 구경하는 행위도 장물취득행위가 아니다. 그러나 훔친 돈을 빌리거나 선물로 받는 행위, 판매알선부탁을 받고 장물을 받는 행위는 장물취득행위에 해당한다.

장물취득죄는 즉시범인 까닭에 취득 당시 장물에 대한 인식이 있어야 하며 취득한 후에 장물인 사실을 알게 된 경우에는 장물취득죄의 성립이 없

1) 대판 2011. 4. 28, 2010도15350. 독일형법에서는 반드시 재산죄가 아니더라도 재물취득을 내용으로 하는 죄이면 장물죄의 본범이 될 수 있다고 본다. 그러므로 재산범죄 이외에 문서위조죄, 뇌물죄 등도 장물죄의 본범에 포함된다(Sch/Sch/Stree, § 259 Rn. 7).

2) 위 판례.

3) BGHSt 4, 78.

4) 대판 2003. 5. 13, 2003도1366(따라서 단순히 보수를 받고 본범을 위하여 장물을 일시 사용하거나 그와 같은 목적으로 건네받은 것만으로는 장물취득죄에 해당하지 않는다고 본 사례).

5) BGH NStZ 1992, 36.

다.[1] 그러나 알게 된 시점부터 장물보관죄나 장물운반죄에 해당할 수 있다.

2) **장물양도** 장물양도란 장물을 제 3 자에게 수여하는 것을 말한다. 점유의 이전이 있어야 하므로 단순한 양도계약만으로는 부족하다. 양도행위를 처벌하는 것은 피해자의 반환청구권의 행사를 곤란하게 한다는 점에서 비롯된다. 양도는 유·무상을 불문한다. 장물취득죄가 성립한 후에 이를 다른 사람에게 양여하는 것은 불가벌적 사후행위에 해당한다. 그러므로 장물양도죄는 장물을 취득할 때에는 장물인 사실을 몰랐다가 그 후에 장물인 사실을 알고서 제 3 자에게 양도하는 경우에 성립한다.

3) **장물운반** 장물운반이란 유상 혹은 무상으로 장물의 소재지를 이전하는 행위를 말한다. 장물죄의 본범이 장물을 스스로 운반하는 것은 불가벌적 사후행위이다. 장물인 줄 모르고 취득하거나 보관한 자가 그 정을 알면서 운반한 때에도 본죄가 성립한다. 본범과 공동하여 제 3 자가 장물을 운반한 경우에는 제 3 자에 대하여 본죄가 성립한다. 그러나 타인이 절취하여 운전하는 승용차에 편승하는 행위는 장물운반행위의 실행을 분담하였다고 볼 수 없다.[2] 장물인 줄 모르는 자에게 목적지까지 운반을 하도록 하는 것은 간접정범의 형태에 의하여 장물운반죄를 범한 것이다.

4) **장물보관** 장물보관이란 위탁을 받아 장물을 자기의 점유하에 두는 행위를 말한다. 장물보관죄는 계속범이므로 장물인 정을 알게 된 시점부터 성립하여 보관이 종료된 시점까지 보관죄는 계속된다. 그러므로 장물인 사실을 모르고 보관하였다가 그 후에 장물인 사실을 알게 되었고, 그 장물을 반환하는 것이 불가능하지 않음에도 불구하고 이를 계속하여 보관하는 행위는 장물죄를 구성한다.[3]

5) **장물알선** 장물알선이란 장물의 취득, 양도, 운반, 보관 등의 행위를 매개 · 주선하는 것을 말한다. 예를 들면 장물운반을 할 자를 물색한다든가 보관자를 물색하는 행위, 장물을 매입할 자를 물색하는 행위가 이에 해당한다.

장물알선죄의 기수시점에 대해서는 학설이 나뉜다(장물죄는 미수범을 처벌

---

1) 대판 1971. 4. 20, 71도468.
2) 대판 1983. 9. 13, 83도1146.
3) 대판 1986. 1. 21, 85도2472; 1987. 10. 13, 87도1633.

하지 않는다). 이는 매매 등의 매개·주선사실만 있으면 취득, 양도 등의 행위가 따르지 않더라도 장물알선죄가 성립하는가에 관한 문제이다. 이에 대해서는 ① 알선행위 및 이에 따른 구체적인 결과(취득, 양도, 운반, 보관)가 발생하여야 기수에 이른다는 견해(부정설)[1]와, ② 알선계약의 성립시에 기수에 이른다는 견해,[2] ③ 알선행위 자체만으로 기수에 이른다는 견해(긍정설)[3]가 있다.

[예] 절도범 갑은 값비싼 서화 및 골동품을 훔쳐 전문감정가인 을에게 부탁하기를 원매자에게 적당한 가격에 팔아 달라고 부탁하였다. 그리고 갑은 을에게 판매대금의 2할을 중개료로 주기로 약정하였다. 이에 따라 을은 갑소유의 창고에 보관중인 물건들을 골동품 수집가들에게 보여 주면서 몇 차례 흥정을 시도하던 중 경찰에 의해 발각되어 모두 압수당했다. 을의 행위가 장물알선죄에 해당하는가가 문제의 중심이다.

부정설은 취득죄 등에서 현실의 인도를 요한다고 보면서 알선의 경우에 주선행위만 있으면 된다고 보는 것은 균형이 맞지 않는다는 점, 현실적인 거래의 성립이 없는 경우에는 장물의 반환청구권을 곤란하게 한 점이 없다는 점, 미수범 처벌규정이 없는 점 등을 든다. 그러나 ① 장물을 알선해 줄 사람이 있다는 점에서 본범을 유발할 위험성이 크다는 점, ② 현실적인 장물인도를 필요로 하는 장물취득죄 등과는 행위유형과 성격이 다르므로 양자의 균형을 요구하는 것은 타당하지 않다는 점, ③ 알선행위는 주선·매개사실만으로도 객관적으로 파악될 수 있으므로 현실적인 매매계약 등의 성립을 요구할 필요가 없다는 점, ④ 부정설을 취할 경우 많은 장물알선행위자들이 형사처벌대상에서 제외될 위험성이 있는 점 및 ⑤ 장물거래의 실정에 비추어 볼 때 장물알선행위만으로도 처벌하는 긍정설의 입장이 타당하다. 이러한 견해에 따르면 위의 [예]에서 을에게는 장물알선죄가 성립한다.

장물을 취득, 운반, 보관하는 행위 등을 한 자가 장물알선행위를 한 경우에는 각 죄간의 관계를 상상적 경합으로 보는 견해도 있을 수 있으나 장물알선죄와의 경합범을 인정하는 것이 타당하다. 별개의 행위로 이루어져 있을

1) 배종대, 588면; 백형구, 242면; 오영근, 551면; 이재상, 453면; 이정원, 456면; 유기천(상), 319면.
2) 이형국, 457면; 임 웅, 508면; 정성근/박광민, 455면; 정영석, 401면.
3) 대판 2009. 4. 23, 2009도1203; 김성천, 1049면; 김종원, 254면; 김일수/서보학, 521면; 황산덕, 332면. 독일의 경우는 BGHSt 27, 45; BGH NStZ 1990, 539.

뿐만 아니라 장물알선죄는 장물죄의 보호법익을 독자적으로 해치는 행위로 볼 수 있기 때문이다.

2. 주관적 구성요건

본죄의 고의는 물건이 재산범죄를 범하여 발생한 점이라는 인식을 의미한다. 그리고 장물을 취득, 운반, 보관, 양도, 알선한다는 사실을 인식하여야 한다. 장물이라는 점에 대한 인식은 장물일지도 모른다는 의심을 가지는 정도의 미필적 고의로도 충분하다.[1] 즉 구체적으로 본범의 내용을 인식할 필요는 없으며 단순히 어떤 재산범죄에 의하여 영득된 재물임을 인식하면 충분하다. 이득의 의사는 불필요하다. 무상의 장물알선 등도 가능하기 때문이다.

3. 다른 범죄와의 관계

(1) 본범과 장물범과의 관계

장물죄의 본범은 장물죄의 행위주체나 교사범이 될 수 없다. 예를 들어 절도죄의 공동정범이 다시 장물보관죄의 행위주체가 될 수 없는 것이다. 장물범죄행위는 본범으로서 범한 행위에 대한 불가벌적 사후행위에 불과하기 때문이다. 그러나 본범의 공범(교사범, 방조범)은 장물범죄의 정범이 될 수 있다. 이 경우에는 본범에 대한 공범과 장물범죄의 경합범이 인정된다.[2]

(2) 횡령죄와의 관계

장물을 보관하던 자가 이를 횡령하는 경우 장물죄 이외에 횡령죄는 성립하지 않는다. 즉 장물죄에 의하여 이미 피해자의 소유권이 침해되었으므로 횡령행위는 불가벌적 사후행위에 해당하는 것이다.[3] 이와 달리 장물보관죄와 횡령죄의 경합범을 인정하는 견해,[4] 장물보관죄와 횡령죄의 불능미수의 경합범을 인정하는 견해도 있다.

만일 갑이 보관하던 타인의 재물을 을에게 매도한 경우 그 정을 알고 취득한 을에게는 ① 장물취득죄만 성립하거나, ② 횡령죄의 종범과 장물취득죄가 성립한다는 견해 및 ③ 횡령죄의 종범이 성립한다는 견해가 가능하다. 장물죄는 본범에 대한 공범이 아니라 독립적 구성요건이라고 보아야 하므로 이

1) 대판 1987. 4. 14, 87도107; 1995. 1. 20, 94도1968; BGH NStZ 1983, 264.
2) Wessels/Hillenkamp, BT/2, Rn. 826.
3) 대판 1976. 11. 23, 76도3067; 2004. 4. 9, 2003도8219(「장물보관죄가 성립한 때에는 그 후의 횡령행위는 불가벌적 사후행위에 불과하여 별도의 횡령죄가 성립하지 아니한다」); 이재상, 455면; 이정원, 456면; 정성근/박광민, 499면.
4) 백형구, 247면; 임 웅, 509면.

경우에는 장물취득죄만을 인정하는 것이 타당하다.

Ⅳ. 常習贓物取得·讓渡·運搬·保管·斡旋罪

第363条【상습범】 ① 상습으로 전조의 죄를 범한 자는 1년 이상 10년 이하의 징역에 처한다.
② 제 1 항의 경우에는 10년 이하의 자격정지 또는 1천 500만원 이하의 벌금을 병과할 수 있다.

본죄는 상습으로 장물을 취득·양도·운반·보관 또는 알선함으로써 성립한다. 상습성을 이유로 형을 가중하는 구성요건이다. 본죄의 상습성이 인정되기 위해서 반드시 직업적으로 장물범죄를 범하여야 하는 것은 아니지만 일반적으로 장물범죄는 직업적으로 이루어지는 경우가 많기 때문에 이를 가중처벌하기 위한 것이다. 상습성의 의미에 대해서는 상습절도죄에서 설명한 바와 같다.

본 구성요건에 해당하는 행위에 대해서는「특정범죄 가중처벌 등에 관한 법률」제 5 조의 4 제 4 항에 의하여 무기 또는 5년 이상의 징역으로 가중처벌한다.

Ⅴ. 業務上 過失, 重過失贓物取得·讓渡·運搬·保管·斡旋罪

第364条【업무상 과실, 중과실】 업무상 과실 또는 중대한 과실로 인하여 제 362조의 죄를 범한 자는 1년 이하의 금고 또는 500만원 이하의 벌금에 처한다.

본죄는 업무상 과실 또는 중과실에 의하여 장물을 취득·양도·운반·보관 또는 알선함으로써 성립한다. 그러나 양도란 장물인 사실을 모르고 취득하였다가 이를 알고 처분하는 것을 말하므로 과실에 의한 장물양도죄는 생각할 수 없다.

본죄는 주로 중고품을 대상으로 영업활동을 하는 자(예: 골동품상, 전당포 주인, 중고차 등 중고품 거래자, 판매대리점 등)의 주의의무를 제고시키기 위하여 규정한 것이다.

[판례] 주의의무와 관련된 판례로는 다음과 같은 것이 있다.

① 전당포 영업자가 전당물을 입질받는 경우에 소유관계를 묻고 주민등록증을 제

시받아 전당물대장에 주소, 성명, 직업, 주민등록번호, 연령 등을 기재하였다면 특별한 사정이 없는 한 전당포 경영자로서의 주의의무를 다한 것이고 더 나아가 입질물품이 실제로 상대방의 소유인지의 여부 또는 전당물의 출처, 전당잡히려는 동기 등을 확인하여야 할 주의의무까지는 없다(대판 1987. 2. 24, 86도2077).

② 전자대리점을 경영하는 자가 물품보관창고에서 인수증의 발행 등 정당한 출고절차를 밟지 않고 물품반출을 받는 경우에는 회사관계자에게 이 물품이 정당하게 출고되는 것인지 확인하여야 할 업무상의 주의의무가 있다(대판 1987. 6. 9, 87도915).

Ⅵ. 親族間의 贓物犯罪와 處罰上 特例

> 제365조 【친족간의 범행】 ① 전 3 조의 죄를 범한 자와 피해자간에 제328조 제 1 항, 제 2 항의 신분관계가 있는 때에는 동조의 규정을 준용한다.
> ② 전 3 조의 죄를 범한 자와 본범간에 제328조 제 1 항의 신분관계가 있는 때에는 그 형을 감경 또는 면제한다. 단, 신분관계가 없는 공범에 대하여는 예외로 한다.

장물의 죄(장물취득 · 알선 등 죄, 상습장물취득 · 알선 등 죄, 업무상 과실· 중과실 장물취득 · 알선 등 죄)를 범한 자와 피해자 사이에 제328조 제 1 항, 제 2 항의 신분관계가 있는 때에는 형을 면제한다. 또한 장물범과 본범 사이에 제328조 제 1 항의 신분관계가 있는 경우에는 그 형을 감경 또는 면제한다.

제 9 절 損壞의 罪

Ⅰ. 序 論

1. 의의 및 보호법익

손괴죄는 타인의 재물, 문서 또는 전자기록 등 특수매체기록을 손괴 또는 은닉 기타 방법으로 그 효용을 해하는 죄이다. 행위객체는 재물에 국한되는 재물죄이다. 그러나 본죄는 영득의사를 필요로 하지 않으므로 영득죄는 아니다.

손괴의 죄는 재물손괴죄와 공익건조물파괴죄 및 경계침범죄를 포함하고 있으므로 보호법익은 각각의 구성요건에 따라 달리 파악하여야 한다. 재물손괴죄는 소유권을 침해하는 죄로서 보호법익은 소유물인 재물을 용도에 맞게 이용할 수 있도록 하는 원상유지이익이다. 공익건조물파괴죄의 보호법익은 공익건조물에 대한 일반의 이익이다. 경계침범죄는 토지경계의 명확성을 보호하는 것이 목적이다.[1)]

2. 구성요건체계

본장의 죄는 독립적 구성요건으로서 재물손괴죄(제366조)와 공익건조물파괴죄(제367조) 및 경계침범죄(제370조)가 있다. 그리고 재물손괴죄와 공익건조물파괴죄에 대한 가중적 구성요건으로서 특수재물 등 손괴죄·특수공익건조물파괴죄(제369조)가 있으며, 결과적 가중범으로서 중손괴죄(제368조 제1항) 및 재물 등 손괴치상·치사죄와 공익건조물파괴치상·치사죄(제368조 제2항)가 있다. 第368조와 第370조를 제외한 죄는 미수범을 처벌한다(제371조). 第346조(동력)의 규정은 본장의 죄에 준용한다(제372조).

손괴죄는 과실범을 처벌하지 않는다. 그러나 도로교통법 제151조는 "차의 운전자가 업무상 필요한 주의를 게을리하거나 중대한 과실로 다른 사람의 건조물이나 그 밖의 재물을 손괴한 때에는 2년 이하의 금고나 500만원 이하의 벌금에 처한다"고 규정하여 과실손괴행위를 처벌하고 있다.

Ⅱ. 財物·文書·電磁記錄 등 損壞·隱匿罪

제366조【재물손괴 등】 타인의 재물, 문서 또는 전자기록 등 특수매체기록을 손괴 또는 은닉 기타 방법으로 그 효용을 해한 자는 3년 이하의 징역 또는 700만원 이하의 벌금에 처한다.
제371조【미수범】 미수범은 처벌한다.

Ⅰ. 의 의

본죄는 재물, 문서, 전자기록 등을 손괴하거나 은닉함으로써 성립한다. 그러므로 본죄의 종류(죄명)에는 재물손괴죄, 재물은닉죄, 문서손괴죄, 문서은닉죄, 전자기록 등 손괴죄, 전자기록 등 은닉죄가 있다. 형법에서 특수매체기록을 포함시킨 것은 기존의 문서개념과 함께 특수매체기록이 활발하게 이용될 뿐만 아니라 그 기능도 점점 중요하여지기 때문이다. 또한 이들 객체를 분명하게 적시함으로써 이의 포함 여부를 둘러싼 논란의 여지를 제거하였다.

1) 강구진, 421면; 김종원, 258면; 배종대, 581면; 백형구, 260면; 오영근, 671면; 이재상, 460면; 이정원, 501면; 이형국, 463면; 정성근/박광민, 505면; 진계호, 456면 등.

「폭력행위 등 처벌에 관한 법률」은 상습적으로 본죄를 범하거나 2인 이상이 공동하여 본죄를 범한 때에는 그 형을 가중하고 있다(동법 제2조).

2. 객관적 구성요건

(1) 행위객체

본죄의 행위객체는 타인의 재물(동산, 부동산), 문서 또는 전자기록 등 특수매체기록이다. 문서는 형법 제141조 제1항의 서류(공용서류 등)에 해당하지 않는 모든 서류로서 공문서, 사문서, 권리의무 또는 사실증명에 관한 서류이든 불문한다.

형법은 손괴죄의 행위객체에 특수매체기록을 추가하였다. 컴퓨터 자체(hardware)에 대한 손괴행위는 기존의 재물손괴행위로 포섭하고, 컴퓨터 등에 저장된 정보(software)는 신설된 구성요건에 의하여 처벌하게 되었다. 신설된 구성요건은 우선 컴퓨터 등에 저장된 무형의 정보를 유형의 문서나 재물과 동일선상에서 취급하였다는 점에서 입법적으로 명료하지 않을 뿐만 아니라 현대사회에서의 정보가치를 상대적으로 소홀하게 보호한다는 비판을 받을 수 있다.[1] 또한 업무방해죄에서의 특수매체기록의 손괴행위와 손괴죄에서의 행위가 동일한 행위태양으로 규정되어 있다는 점에서 양자의 구별이 명확하지 않다. 업무방해 여부가 구별기준이 된다고 볼 수 있으나 이 역시 업무방해죄가 추상적 위험범이기 때문에 실효성 있는 기준이 될 수 없다.

(2) 행위의 태양

본죄의 행위는 손괴, 은닉 기타 효용을 해하는 행위이다. 손괴와 은닉행위는 효용을 해치는 행위의 예시에 불과하다.

1) 손 괴 손괴란 재물, 문서 또는 특수매체기록의 전부나 일부에 직접 유형력을 행사하거나 기계적 조작을 통하여 이용가능성을 침해하는 것을 말한다. 물건을 완전히 파괴하여 사용하지 못하게 할 정도가 아니더라도 그 물건의 용도에 따른 중요한 기능을 상실하게 하는 정도로도 손괴에 해당한다. 특히 전자기록 등의 특수매체기록손괴란 컴퓨터 등에 수록된 데이터를 삭제하거나 본래의 내용을 변경하거나 이들 데이터를 읽을 수 없는 상태에 빠지게 하는 것을 의미한다. 또한 자동차 타이어에서 공기를 빼내는 행위

1) 장영민, 「개정형법의 컴퓨터범죄」, 고시계(1996/2), 54면은 전자적 기록을 재물 내지 문서와 구별할 근거는 없다고 본다.

나 가스나 액체를 용기로부터 방출하는 행위 등이 그 예이다. 손괴행위의 결과를 제거할 가능성이 있더라도 본죄는 성립한다.

2) 은 닉　　은닉이란 재물, 문서 또는 특수매체기록 등의 소재를 불분명하게 하여 그 발견을 곤란 또는 불가능하게 함으로써 이러한 물건들의 효용을 해치는 것을 말한다. 손괴가 유형적인 파괴행위인 데 반하여 은닉은 손괴 이외의 비파괴적 방법으로 본죄의 행위객체를 사용할 수 없도록 하는 점에서 다르다. 이러한 은닉은 반드시 계속적일 필요는 없으며 일시적 은닉행위에 의해서도 사용불능의 상태에 빠지게 되므로 은닉행위에 해당된다.

3) 기타 효용을 해하는 행위　　기타 효용을 해하는 행위란 물질적 훼손뿐만 아니라 사실상 또는 감정상 그 물건을 본래의 용도로 사용할 수 없게 하는 일체의 행위를 말한다. 예를 들면 사육하는 동물을 풀어 놓아 나가도록 하거나 스프레이로 자동차나 건물에 낙서하는 행위, 자동차 둔의 열쇠구멍에 성냥개비를 꽂아 넣어 문을 열 수 없도록 하는 행위가 이에 해당한다. 건물의 벽이나 물건 등에 스티커를 붙이는 행위가 효용을 해치는 손괴죄에 해당하는가에 대해서는 미술품이나 기념물에 부착하여 미적인 외관훼손을 가져오지 않는 한 손괴죄에 해당하지 않는다는 견해[1]와 목적물이 무엇이든 스티커의 제거가 쉽지 않으며, 외관에 적지 않은 변화를 초래하는 경우에는 손괴죄를 인정하는 견해[2]가 있다. 충분한 소유물보호라는 관점에서 후자의 견해가 타당하며, 이러한 해석이 「기타 효용을 해하는 행위」의 의미를 넘어선다고 볼 수 없다. 한편 효용을 해치는 행위이더라도 별도의 구성요건에 의하여야 할 경우도 있다. 예를 들어 식수로 사용하는 우물에 오물을 집어넣어 사용하지 못하도록 하는 행위는 본죄가 아니라 음용수사용방해죄(제192조)에 해당한다.

본 구성요건은 부작위에 의해서도 실현가능하다. 가축의 사육책임을 위탁받고서도 먹이를 주지 않아 굶어 죽게 하거나 컴퓨터에 의한 정보처리작업을 담당하는 작위의무자가 정보처리과정에서 발생한 위험발생을 제거하지 않으면 정보가 무용하게 되는데도 불구하고 이를 방치하는 것은 그 예이다.[3]

1) BGHSt 29, 129; SK/Samson, § 303 Rn. 8.
2) Krey, BT/2, Rn. 253.
3) Tröndle/Fischer, § 303 a Rn. 8.

3. 주관적 구성요건

본죄의 행위자는 행위객체에 대한 인식과 이들에 대한 손괴·은닉, 기타 방법으로 효용을 해친다는 고의가 있어야 한다.

4. 다른 범죄와의 관계

특수매체기록 등에 대한 손괴 등의 행위는 컴퓨터업무방해죄, 즉 소위 컴퓨터사보타주(Computersabotage)와는 구별하여야 한다. 본죄에서 특수매체기록의 효용을 해하게 한다는 것은 물리적 방법에 의한 효용가치의 감소를 의미한다고 보아야 할 것이기 때문이다.[1] 그러므로 특수매체기록의 손괴 등을 통하여 결과적으로 업무를 방해한 경우에는 본죄는 컴퓨터업무방해죄(제314조 제2항)에 흡수된다(법조경합).[2]

또한 문서 등의 손괴를 통하여 개봉하는 비밀침해죄(제316조 제1항)와 문서의 내용을 삭제하는 등의 방법을 이용하는 문서변조죄(제225조 이하)도 본죄와 법조경합의 관계에 있다. 그러므로 비밀침해죄나 문서위조죄가 성립하면 본죄는 이에 흡수된다. 행위객체인 문서와 관련하여서 타인 명의의 문서를 고치는 경우에는 문서위조·변조죄가 성립하고, 자기명의이지만 타인이 소유하는 문서(예컨대 채무이행각서)를 고치는 경우에만 문서손괴죄가 성립한다. 또한 공무소에서 보관하거나 사용하는 문서인 경우에는 공용서류 등 무효죄(제141조 제1항)가 성립된다.

Ⅲ. 公益建造物破壞罪

> 제367조【공익건조물파괴】 공익에 공하는 건조물을 파괴한 자는 10년 이하의 징역 또는 2천만원 이하의 벌금에 처한다.
> 제371조【미수범】 미수범은 처벌한다.

Ⅰ. 의의 및 행위객체

본죄는 공익을 위하여 사용되는 건조물을 파괴함으로써 성립하는 죄이다.

본죄의 행위객체는 공익에 공하는 건조물이다. 공익건조물이란 공연장을 포함하여 체육시설, 기차나 지하철의 역사(驛舍) 등과 같이 일반인이 출입할

1) 독일형법은 손괴죄(Sachbeschädigung, § 303)와 데이터변작죄(Datenveränderung, § 303 a)를 별도로 규정하고(처벌은 2년 이하의 자유형 혹은 벌금형으로 동일하다), 컴퓨터사보타주(Computersabotage)는 별개의 구성요건으로 두어 가중처벌하고 있다(§ 303 b, 5년 이하의 자유형 혹은 벌금형).

2) 이와 달리 강동범, 「개정형법의 컴퓨터범죄」, 법정고시(1996/6), 120면; 임 웅, 520면은 상상적 경합으로 본다.

수 있는 건축물을 말한다. 국유, 공유 혹은 사유를 불문한다. 그러나 제141조 제 2 항이 규정하는 공무소에서 사용하는 건조물은 제외된다.

건조물은 공익에 공하는 건조물이어야 한다. 완성 여부를 불문한다. 공익에 공하는 건조물이란 공공의 이익을 위하여 사용되는 건조물을 의미한다. 즉 사용목적이 공공목적을 위한 것이므로 일반손괴죄에 비하여 무겁게 처벌하는 것이다. 또한 공익건조물이므로 일반인의 접근이 용이하여야 한다. 공무소에서 사용하는 건조물은 일반인과 함께 공무원이 사용하는 건조물이기 때문에 본조가 아니라 형법 제141조 제 2 항(공용건조물 등 파괴죄)의 행위객체에 해당된다.

2. 행 위

본죄의 행위방법은 파괴하는 것이다. 파괴란 건조물의 중요부분을 훼손하여 건조물을 사용할 수 없게 하는 것이다. 이는 손괴보다 침해의 정도가 더 심한 경우를 가리킨다.

Ⅳ. 重損壞罪, 財物損壞 등 致傷·致死罪, 公益建造物破壞致傷·致死罪

> 제368조【중손괴】 ① 전 2 조의 죄를 범하여 사람의 생명 또는 신체에 대하여 위험을 발생하게 한 때에는 1년 이상 10년 이하의 징역에 처한다.
> ② 제366조 또는 제367조의 죄를 범하여 사람을 상해에 이르게 한 때에는 1년 이상의 유기징역에 처한다. 사망에 이르게 한 때에는 3년 이상의 유기징역에 처한다.

본죄는 재물·문서·전자기록 등 손괴죄와 공익건조물파괴죄를 범하여 사람의 생명·신체에 위험을 발생하게 하거나 치상·치사의 결과를 발생시킨 경우에 성립한다.

1. 중손괴죄

제 1 항(중손괴죄)은 구체적 위험범이다. 즉 재물 등의 손괴나 공익건조물 파괴행위를 범하여 사람의 생명·신체에 대하여 위험을 발생하게 한 때에 성립한다. 제366조의 죄를 범하여 생명·신체에 대한 위험을 발생하게 한 때란 행위객체가 대부분 재물손괴의 경우일 것이다.

중손괴죄는 결과적 가중범에 해당된다.[1] 구체적 위험범은 결과범의 특별

1) 반대견해로는 백형구, 251면.

한 형태로서 구체적 위험범에서는 사람과 물건에 대한 위험초래를 침해범에서의 결과발생과 동일하게 구성요건요소화하였기 때문이다(예: 일반물건방화죄, 폭발성물건파열죄 등).[1] 즉 이 경우에 형법은 위험과 결과를 동일시하는 것이다[2](그러나 추상적 위험범은 결과범에 해당되지 않는다. 추상적 위험범에서는 구성요건상 위험발생을 필요로 하지 않기 때문이다). 그러므로 본죄는 결과적 가중범의 일반이론에 따라 기본범죄가 미수범인 경우에도 성립한다.

2. 재물손괴 등 공익건조물파괴치상 · 치사죄

제 2 항은 재물손괴나 공익건조물파괴치상 · 치사죄를 규정한 것이다. 이는 제 1 항의 위험이 현실화되어 형을 가중하는 규정이라고 볼 수 있다. 즉 재물 등의 손괴행위나 공익건조물의 파괴행위에 의하여 사람의 신체에 상해를 입히거나 사망하게 한 때에 성립하는 결과적 가중범이다. 재물손괴치상죄는 부진정결과적 가중범으로서 중한 결과에 대하여 고의가 있는 경우에는 재물손괴치상죄와 상해죄의 상상적 경합이 된다. 반면 재물손괴치사죄는 진정결과적 가중범이다. 기본범죄가 미수인 경우에도 성립하는 점은 제 1 항과 같다.

Ⅴ. 特殊財物 · 文書 · 電磁記錄 등 損壞 · 隱匿罪

> 제369조【특수손괴】 ① 단체 또는 다중의 위력을 보이거나 위험한 물건을 휴대하여 제366조의 죄를 범한 때에는 5년 이하의 징역 또는 1천만원 이하의 벌금에 처한다.
> 제371조【미수범】 미수범은 처벌한다.

본죄는 재물 등의 손괴죄에 대한 가중적 구성요건으로서 단체 또는 다중의 위력을 보이거나 위험한 물건을 휴대하여 재물 등의 손괴죄를 범한 때에 성립한다. 폭력행위 등 처벌에 관한 법률(제3조)에 의하여 1년 이상의 징역에 처한다(동조 제 1 항).

Ⅵ. 特殊公益建造物破壞罪

> 제369조【특수손괴】 ② 제 1 항의 방법으로 제367조의 죄를 범한 때에는 1년

1) Tröndle/Fischer, vor § 13 Rn. 13 a; Roxin, § 11 Rn. 114.
2) Gallas, Heinitz-FS.(1972), 176; Küper, NJW 1976, 543.

이상의 유기징역 또는 2천만원 이하의 벌금에 처한다.
第371조【미수범】 미수범은 처벌한다.

본죄는 공익건조물파괴죄에 대한 가중적 구성요건으로서 단체 또는 다중의 위력을 보이거나 위험한 물건을 휴대하여 공익건조물파괴죄를 범하는 것이다.

Ⅶ. 境界侵犯罪

第370조【경계침범】 경계표를 손괴·이동 또는 제거하거나 기타 방법으로 토지의 경계를 인식불능하게 한 자는 3년 이하의 징역 또는 500만원 이하의 벌금에 처한다.

1. 의　　의

본죄는 경계표를 손괴·이동 또는 제거하거나 기타 방법으로 토지의 경계를 인식불능하게 한 경우에 성립한다. 토지경계표를 보호하여 토지소유권을 명확히 하는 것이 본죄의 보호법익이다.[1] 판례는 본죄를 "토지의 경계에 관한 권리관계의 안정을 확보하여 사권을 보호하고 사회질서를 유지하려는 데 그 규정목적이 있다"고 하였다.[2] 판례가 사회질서유지를 본죄의 규정목적에 포함시킨 것은 본죄를 개인적 법익에 대한 죄로서뿐만 아니라 사회적 법익을 침해하는 죄의 성격도 가지고 있다고 보는 것이다.[3] 본죄는 침해범·결과범이며 미수범을 처벌하지 않는다.

2. 객관적 구성요건

본죄의 행위대상은 경계표이다. 경계표란 소유권 등 권리의 장소적 한계를 나타내는 지표[4]를 의미한다. 이러한 지표에는 경계석이나 담장, 입목, 도

---

1) 김성천, 1066면; 김일수/서보학, 396면; 배종대, 406면; 백형구, 260면; 이재상, 470면; 이형국, 471면; 임 웅, 524면. 김일수/서보학, 396면은 이와 함께 토지소유권의 이용가치도 보호법익으로 본다.

2) 대판 1986.12.9, 86도1492. 또한 대판 1956.12.7, 4289형상272; 1976.5.25, 75도2564에서도 본죄의 의의는 사회질서유지를 위하여 법적 구제수단을 통하지 않는 자력구제행위를 금하는 데 있다고 보았다.

3) 독일형법은 경계표침해죄(§274 I Nr.3, Veränderung einer Grenzbezeichnung)를 문서에 관한 죄의 장에 규정하고 있다. 그 내용은 경계석이나 기타 경계표 혹은 수심측정표시를 훼손·제거·손괴·무용화하거나 다른 곳에 설치하거나 위조하는 행위를 5년 이하의 자유형 혹은 벌금형에 처한다는 것이며, 또한 미수범도 처벌한다.

4) 대판 1976.5.25, 75도2564.

로 기타 공작물들이 포함된다. 또한 자연적인 지표도 경계표의 기능을 하여 왔다면 본죄의 경계표에 해당된다. 이러한 경계표는 반드시 실체상의 권리관계와 부합될 필요는 없다. 오히려 종전부터 일반적으로 승인되어 온 것이라면 이러한 경계표도 본조에 의하여 보호되는 경계표에 해당한다.[1] 반대로 기존경계가 진실한 권리관계와 맞지 않는다는 이유로 기존의 경계를 무시하고 일방적으로 경계측량을 하여 이를 실체권리관계에 맞는 경계라고 주장하면서 경계표를 설치하였더라도 이는 본조에 의해 보호받는 경계표에 해당하지 않는다.[2]

본죄의 행위태양은 손괴 · 이동 · 제거 및 기타 방법이다. 손괴는 경계표에 물리적인 힘을 가하여 효용을 해하는 일체의 행위를 말한다. 제거는 경계표를 원래의 설치장소로부터 취거하는 것을 말한다. 이동이란 경계표를 원래의 위치로부터 옮겨서 경계를 불분명하게 하거나 새로운 경계를 만드는 것을 말한다. 기타 방법이란 자기토지에 인접한 타인소유의 토지를 침범하여 건물을 신축하거나,[3] 이제까지 없던 경계표를 자기소유토지에 유리한 위치에 설치하는 방법 등이 있다.

본죄는 단순히 경계표를 손괴하는 등의 행위만으로는 부족하고 행위의 결과 토지경계가 인식불능하게 되어야 하며, 이러한 인식불능의 결과가 발생하지 않는 한 미수범을 처벌하지 않는 본죄는 성립하지 않는다.[4]

본죄의 행위자에는 제한이 없다. 반드시 토지소유자일 필요가 없으며 제 3 자도 본죄의 행위주체가 될 수 있다.

3. 주관적 구성요건

본죄는 경계표를 손괴 · 이동 · 제거하거나 기타 다른 방법으로 토지의 경계를 인식불능하게 한다는 고의가 있어야 성립한다. 만일 토지경계를 인식불

1) 대판 1991. 9. 10, 91도856.

2) 대판 1986. 12. 9, 86도1492(피고인은 1964. 1. 24경 그의 소유이던 충남 서천군 마서면 소재 임야 중 일부를 분할하여 공소외 현○길에게 매도하고 그 즉시 경계선상에 소나무를 심어 그 때부터 이로써 피고인의 소유토지와 위 현○길 소유토지와의 경계로 삼아왔는데 1984. 4. 12경에 이르러 위 현○길의 아들인 소외 현○규가 소나무에 의한 위의 기존경계는 진실한 권리상태와 맞지 않는다는 이유로 피고인과는 상의도 없이 일방적으로 경계측량을 한 후 기존경계와는 달리 새로운 경계선을 설정하고 그 선 위에 임의로 이 사건 말뚝을 세워 놓자 피고인이 이에 승복할 수 없다 하여 그 말뚝을 뽑아 제거한 사건에서 이는 제370조의 경계침범죄에서 말하는 경계표에는 해당되지 않는다고 하여 무죄를 선고하였다).

3) 대판 1968. 9. 17, 68도967.

4) 대판 1984. 2. 28, 83도1533; 1991. 9. 10, 91도856.

가능하게 하기 위해서가 아니라 경계표를 손괴하는 것이 목적이었다면 재물손괴죄가 성립하고 본죄는 성립하지 않는다. 또한 장난삼아 토지경계표를 이동시킨 행위만으로는 그로 인하여 토지경계가 인식불능한 상태로 되지 않는 한 본죄의 고의가 있다고 할 수 없다.

4. 다른 범죄와의 관계

본죄는 소위 부동산을 행위객체로 하는 절도죄와 무관하다. 부동산에 대한 절취행위는 기술한 바와 같이 인정할 수 없기 때문이다. 그러므로 부동산에 대한 불법영득의 의사로 본죄를 범하더라도 본죄가 성립할 뿐 절도죄는 성립하지 않는다.[1)]

본죄와 손괴죄는 상상적 경합범으로 보는 견해[2)]도 있으나 법조경합의 관계에 있다고 보아야 한다. 그러므로 본죄가 성립하면 손괴죄는 성립하지 않는다.

제10절 權利行使를 妨害하는 罪

Ⅰ. 序 論

1. 의 의

권리행사를 방해하는 죄란 타인의 점유 또는 권리의 목적이 된 자기의 물건 또는 전자기록 등 특수매체기록을 취거, 은닉 또는 손괴하여 타인의 권리행사를 방해하는 것을 말한다.

2. 구성요건체계 및 보호법익

권리행사를 방해하는 죄에는 권리행사방해죄(제323조)와 점유강취죄·준점유강취죄(제325조) 및 강제집행면탈죄(제327조)가 독립적 구성요건으로 규정되어 있다. 점유강취죄·준점유강취죄에 대한 결과적 가중범으로서 중권리행사방해죄(제326조)가 있다.

형법은 권리행사방해죄를 재산범죄의 일종으로 규정하고 있다. 그러나 같은 장(제37장)에서 생명·신체와 자유에 대한 죄인 강요죄 및 신설된 구성요건

---

1) 김일수/서보학, 414면; 유기천(상), 334면; 이재상, 472면. 이에 반해 임 웅, 527면은 양죄의 상상적 경합을 인정한다.

2) 김일수/서보학, 414면.

인 인질강요죄, 인질상해·치상죄, 인질살해·치사죄를 규정하고 있어서 서로 다른 성질을 갖는 구성요건이 혼재되어 있다. 또한 권리행사방해죄의 행위방법으로 손괴를 규정하고 있는데 이는 재물 등 손괴죄에 흡수시키는 것이 타당하다. 비록 타인의 점유 또는 권리의 목적이 된 물건이라 하더라도 자기소유물건을 손괴하는 행위(5년 이하의 징역 또는 700만원 이하의 벌금)가 타인소유물건을 손괴하는 경우(3년 이하의 징역 또는 700만원 이하의 벌금)보다 형이 무거운 것은 균형이 맞지 않기 때문이다.

권리행사방해죄의 보호법익은 권리행사방해죄의 경우에는 담보권이나 용익물권 또는 채권이다(예: 양도담보나 채권담보의 목적으로 제공된 자기소유물건). 점유강취죄의 보호법익은 자유권과 제한물권이며, 강제집행면탈죄는 채권자의 채권이 보호법익이다.

Ⅱ. 權利行使妨害罪

> 第323조【권리행사방해】 타인의 점유 또는 권리의 목적이 된 자기의 물건 또는 전자기록 등 특수매체기록을 취거, 은닉 또는 손괴하여 타인의 권리행사를 방해한 자는 5년 이하의 징역 또는 700만원 이하의 벌금에 처한다.
>
> 第328조【친족간의 범행과 고소】 ① 직계혈족, 배우자, 동거친족, 가족 또는 그 배우자간의 제323조의 죄는 형을 면제한다.
> ② 제 1 항 이외의 친족간에 제323조의 죄를 범한 때에는 고소가 있어야 공소를 제기할 수 있다.
> ③ 전 2 항의 신분관계가 없는 공범에 대하여는 전 2 항을 적용하지 아니한다.

1. 객관적 구성요건

(1) 행위객체

본죄의 행위객체는 타인의 점유 또는 권리의 목적이 된 자기의 물건 또는 전자기록 등 특수매체기록이다. 자기소유의 물건이 본죄의 행위객체이다.

타인의 점유라 함은 권원으로 인한 점유, 즉 적법한 원인에 기하여 그 물건을 점유하는 권리 있는 점유를 의미한다. 그러므로 본권을 갖지 않는 절도범의 점유는 여기에 해당하지 않지만 반드시 본권에 의한 점유만에 한하지 않고 경매절차가 무효인 경우 낙찰자의 점유처럼 적법한 점유도 타인의 점유에 해당한다.[1)]

1) 대판 2003. 11. 28, 2003도4257.

(2) 행위방법

본죄는 행위객체를 취거, 은닉, 손괴하여 권리행사를 방해하는 것이다.

취거란 절취와 마찬가지로 점유자의 의사에 반하여 그 점유물에 대한 점유자의 사실상의 지배를 제거하고 자기 또는 제 3 자의 사실상의 지배하에 옮기는 것을 의미한다. 은닉(예: 근저당권이 설정된 공장기계를 이중담보로 제공하기 위해 타처로 옮긴 경우[1])과 손괴는 손괴죄에서 설명한 것과 같다.

권리행사를 방해한다는 것은 물건에 대한 점유자의 이용 등을 하지 못하게 하는 것을 말한다. 그러나 취거·은닉·손괴의 결과 현실적으로 권리행사가 방해되어야 할 필요는 없으므로 권리행사를 방해한다는 규정은 방해의 위험성을 초래하게 하는 것으로 보는 것이 타당하다. 그러므로 본죄는 추상적 위험범[2]이라기보다는 구체적 위험범으로 보는 것이 옳다.[3] 즉 취거·은닉·손괴행위로 인하여 본죄는 완성되는 것이며 권리행사의 방해 여부는 본죄의 성립과 무관하다.

2. 주관적 구성요건

본죄는 고의범이므로 타인의 점유 또는 권리의 목적이 된 자기의 물건이나 특수매체기록을 취거·은닉·손괴한다고 인식하여야 한다.

3. 친족간의 권리행사방해죄에 대한 특례

본죄에는 친족간의 범행에 관한 특례가 적용된다(제328조).

Ⅲ. 占有強取罪·準占有強取罪

> 第325条【점유강취, 준점유강취죄】 ① 폭행 또는 협박으로 타인의 점유에 속하는 자기의 물건을 강취한 자는 7년 이하의 징역 또는 10년 이하의 자격정지에 처한다.
> ② 타인의 점유에 속하는 자기의 물건을 취거함에 당하여 그 탈환을 항거하거나 체포를 면탈하거나 죄적을 인멸할 목적으로 폭행 또는 협박을 가한 때에도 전항의 형과 같다.
> ③ 전 2 항의 미수범은 처벌한다.

1) 대판 1994. 9. 27, 94도1439.
2) 김일수/서보학, 512면; 백형구, 267면; 이형국, 479면; 임 웅, 530면; 정성근/박광민, 513면.
3) 배종대, 590면.

1. 점유강취죄

점유강취죄는 폭행 · 협박으로 타인의 점유에 속하는 자기의 물건을 강취하는 것이다(제1항). 타인의 점유에 속하지만 자기물건에 대한 강취행위라는 점에서 강도죄와 비교된다(강도죄보다 상대적으로 형이 가볍다). 즉 본죄는 자기물건에 대한 강취행위이므로 영득할 의사를 필요로 하지 않는다(불법영득의사 불필요). 폭행 · 협박의 내용은 강도죄에서의 폭행 · 협박과 동일하다.

본죄의 미수범은 처벌한다.

2. 준점유강취죄

준점유강취죄는 타인의 점유에 속하는 자기의 물건을 취거함에 당하여 그 탈환을 항거하거나 체포를 면탈하거나 죄적을 인멸할 목적으로 폭행 · 협박하는 것이다(제2항). 준강도죄와 비교되는 구성요건으로서 행위객체가 타인이 점유하는 자기물건이라는 점에서 구별된다. 점유강취죄와 마찬가지로 본죄는 준강도죄에 비하여 형이 상대적으로 가볍다. 본죄는 목적범으로서 목적의 달성 여부는 본죄의 성립과 무관하다.

본죄의 미수범은 처벌한다. 미수범의 성립시점과 관련해서는 준강도죄의 경우와 동일하게 해석하여야 한다.

Ⅳ. 重權利行使妨害罪

> 제326조【중권리행사방해】 제324조 또는 제325조의 죄를 범하여 사람의 생명에 대한 위험을 발생하게 한 자는 10년 이하의 징역에 처한다.

중권리행사방해죄는 중강요죄라고도 하며 강요죄, 점유강취죄 · 준점유강취죄를 범하여 사람의 생명에 대한 위험을 발생하게 하는 죄이다. 본죄는 강요죄, 점유강취죄 및 준점유강취죄에 대한 구체적 위험범으로서 결과적 가중범이다.[1)2)]

사람의 생명에 대한 위험발생이 생명 · 신체에 대한 치사 · 치상의 결과를 초래한 경우에는 점유강취죄나 준점유강취죄와 폭행치사죄 또는 폭행치상죄의 경합범이 성립하게 된다.

---

1) 김일수/서보학, 519면; 이재상, 479면; 이형국, 483면. 반대견해로는 백형구, 276면(고의범으로 봄).

2) 강요죄는 자유에 대한 죄(제 1 편 제 2 장)로 분류되므로 중권리행사방해죄 가운데 강요죄를 범하여 사람의 생명에 대한 위험을 발생하게 한 경우는 강요죄 부분에서 설명하였다.

V. 強制執行免脫罪

> **第327条【강제집행면탈】** 강제집행을 면할 목적으로 재산을 은닉, 손괴, 허위양도 또는 허위의 채무를 부담하여 채권자를 해한 자는 3년 이하의 징역 또는 1천만원 이하의 벌금에 처한다.

1. 의 의

강제집행을 면할 목적으로 재산을 은닉·손괴·허위양도 또는 허위의 채무를 부담하여 채권자를 해함으로써 성립하는 범죄이다. 본죄의 보호법익은 개별적인 강제집행의 효율성이나 채권일반을 보호하기 위한 구성요건이 아니라 강제집행 직전단계에 있는 채권자의 채권을 보호하는 데에 있다.[1]

본 구성요건은 채권자를 해할 위험이 있으면 성립하고 반드시 채권자를 해하는 결과가 야기되거나 행위자가 강제집행면탈을 통하여 이득을 취하여야 성립하는 것은 아니다(추상적 위험범).[2]

2. 객관적 구성요건

(1) 행위주체

본죄의 행위자는 강제집행의 위기에 처한 채무자이어야 하므로 진정신분범에 해당한다. 이에 대하여 본죄의 주체를 채무자로 제한하여야 할 이유가 없기 때문에 제 3 자도 본죄의 행위주체가 될 수 있다는 것이 판례·다수설이다.[3]

그러나 본죄는 민사집행법상의 강제집행권을 보호하기 위한 구성요건이라기보다는 강제집행을 통한 채권자의 채권보호를 목적으로 하고 있기 때문에 채무자가 아닌 제 3 자까지도 본죄의 행위주체에 포함시키는 것은 타당하지 않다.[4] 다수설에 의하면 결국 본죄는 일반인에 대한 강제집행권의 실효성을 확보하기 위한 규정으로 보아야 할 것이기 때문이다. 또한 형법규정의 해석상으로도 강제집행을 면하기 위한 목적범으로 규정함으로써 강제집행의 위기에 처한 채무자를 상정하고 있다고 보아야 하기 때문에 본죄의 행위자는

---

1) 대판 1988. 4. 12, 88도48; 김일수/서보학, 540면; 이재상, 484면.
2) 대판 1994. 10. 14, 94도2056; 1996. 1. 26, 95도2526; 1998. 9. 8, 98도1949; 김일수/서보학, 540면; 백형구, 280면; 유기천(상), 343면; 이정원, 475면.
3) 대판 1983. 5. 10, 82도1987; 김종원, 273면; 배종대, 612면; 백형구, 274면; 이재상, 481면; 이형국, 483면; 정영석, 317면.
4) 김일수/서보학, 540면; 유기천(상), 344면.

채무자로 국한하여야 한다. 그러나 제 3 자는 본죄의 방조범은 될 수 있다.[1)]

(2) 채권자의 청구권

본죄가 성립하기 위해서는 채권자의 정당하고 유효한 채권(청구권)이 존재하여야 한다. 즉 채권의 존재는 강제집행면탈죄의 성립요건이다.[2)] 이러한 채권에는 조건부 채권도 포함한다.[3)]

(3) 강제집행의 상황

현실적으로 민사집행법에 의한 강제집행 또는 가압류, 가처분의 집행을 받을 우려가 있는 객관적인 상태가 존재하여야 한다. 즉 채권자가 본안 또는 보전소송을 제기하거나 제기할 태세를 보이고 있는 상태에 있어야 한다.[4)] 따라서 형사재판이나 행정재판에 대한 강제집행, 예컨대 국세징수법에 의한 체납처분 등은 여기에서 제외된다.

[판례] 피고인 발행의 약속어음이 부도가 난 이상 변제기가 도래하지 않은 다른 일반 채권자들도 만기에 지급거절이 예상되어 채권확보에 나설 것이 예상되므로 피고인은 현실적으로 강제집행을 당할 구체적인 위험이 있는 상태라고 할 것이므로 그와 같은 상황에서 재산을 허위양도하였다면 강제집행면탈죄를 구성한다(대판 1998. 2. 9, 96도3141).

(4) 면탈행위의 유형

1) 은 닉 은닉이란 채권자에 대하여 재산의 발견을 곤란하게 하거나 불가능하게 하는 행위를 말한다. 재산의 소유관계를 불분명하게 하는 행위도 포함한다.[5)]

[판례] 부동산의 1번 가등기권자에게 소유권이전등기를 필하면 후순위권리자 등의 등기는 모두 직권말소되고 경매신청이나 가압류 등도 효력이 소멸하고 경매절차

1) 유기천(상), 344면; 김성천, 1079면; 김일수/서보학, 540면; 이정원, 475면; 임 웅, 536면. 독일형법(§288, Vereiteln der Zwangsvollsstreckung)에서도 행위자를 채무자로 국한하고 있다(LK/Schäfer, §288 Rn. 27; Wessels/Hillenkamp, BT/2, Rn. 432 참조).

2) 대판 1988. 4. 12, 88도48.

3) 대판 1984. 6. 12, 82도1544.

4) 대판 1996. 1. 26, 95도2526; 1981. 6. 23, 81도588(피고인이 발행한 수표들이 부도가 난 것은 1980. 6. 20 이후이며 본건 소유권이전등기를 할 당시인 같은 해 6. 7을 전후하여 채권자들에 의하여 수표금 등 청구소송이 제기되었거나 가압류나 가처분을 신청하려는 기세에 있었다고 볼 자료가 없으니 강제집행을 면탈할 상태에 있었다고 보기 어려울 뿐 아니라 …).

5) 대판 2005. 10. 13, 2005도4522(채권자들이 회사의 예금계좌에 가압류등의 채권보전조치를 취하는 것을 피하기 위하여 회사의 예금계좌에 입금된 회사자금을 인출하여 제 3 자 명의의 다른 계좌로 송금한 행위).

를 진행할 수 없다는 사실을 알고 1번 가등기권자와 그 부동산 소유자가 사전모의하여 그 부동산에 관한 다른 채권자들이 강제집행을 못하도록 할 목적으로 1번 가등기권자 앞으로 소유권이전의 본등기를 한 경우 이는 재산의 은닉에 해당되어 강제집행면탈죄가 성립한다(대판 1983. 5. 10, 82도1987).

2) 손 괴　　손괴란 재산을 물질적으로 훼손하여 그 효용을 해하는 행위 또는 재산적 가치를 감소시키는 일체의 행위를 말한다.

3) 허위양도　　허위양도란 실제로는 재산양도가 없음에도 불구하고 표면상 진실한 양도인 것처럼 가장하여 재산의 명의를 변경하는 것을 말한다. 그러므로 진실한 양도는 비록 그것이 강제집행을 면탈할 목적으로 이루어졌으며 채권자를 해할 우려가 있거나 채권자의 불이익을 초래하는 결과가 되었다고 하더라도 허위양도에 해당하지 않는다.[1)]

4) 허위의 채무부담　　허위의 채무부담이란 채무가 없음에도 불구하고 제 3 자에게 채무를 부담하는 것처럼 가장하는 것을 말한다.

[판례] 피고인들이 공모하여 피고인 갑이 이사장으로 있는 재단법인에 대하여 채권이 없음에도 불구하고 허위로 공동피고인 을이 위 재단법인에 대하여 5,030,000원의 채권을 갖고 있으며, 피고인 갑 역시 위 재단법인에 대하여 40,000,000원의 채권이 있는 것처럼 가장하고 갑이 이를 공동피고인 을에게 양도함으로써 위 재단법인으로 하여금 총 45,030,000원의 채무를 부담하게 하고, 이를 담보한다는 구실로 재단법인소유 토지를 공동피고인 을명의로 가등기 및 본등기를 경료하게 한 경우에는 강제집행면탈죄가 성립한다(대판 1982. 12. 14, 80도2403).

(5) 채권자를 해할 위험

본죄는 추상적 위험범으로서 채권자를 해할 위험이 있으면 성립하고 반드시 채권자를 해하는 결과가 발생하여야 하는 것은 아니다.[2)] 또한 현실적으로 강제집행을 받을 우려가 있는 상태에서 강제집행을 면탈할 목적으로 허위의 채무를 부담하는 등의 행위를 하는 경우에는 달리 특별한 사정이 없는 한 채권자를 해할 위험이 존재한다고 보아야 한다.[3)]

---

1) 대판 1982. 7. 27, 80도382; 1983. 9. 27, 83도1869; 1987. 9. 22, 87도1579; 1998. 9. 8, 98도1949.
2) 대판 1989. 5. 23, 88도343.
3) 대판 1996. 1. 26, 95도2526.

3. 주관적 구성요건

재산을 은닉, 손괴, 허위양도 또는 허위채무를 부담하는 행위를 통하여 채권자를 해한다는 인식이 있어야 하며, 강제집행을 면하려는 목적이 있어야 한다. 목적의 달성 여부는 본죄의 기수·미수와 무관하다. 오로지 행위자의 주관적 인식 속에서 강제집행을 면탈할 목적이 있으면 충분하다.

4. 방조범의 성립

본죄의 방조범이 성립하기 위해서는 방조범이 모든 객관적 구성요건과 함께 행위자에게 강제집행을 면탈할 목적이 있음을 인식하고 있어야 한다. 방조범이 스스로 강제집행을 면탈할 의사를 가지고 있을 필요는 없다. 방조범은 강제집행의 위기에 처한 채무자가 아니기 때문에 공범과 신분에 형법 제33조의 규정이 적용된다.

5. 죄 수

이미 시작된 강제집행이 아직 계속중인 상태에서 본죄를 범하면 공무상 비밀표시무효죄(제140조)와 본죄는 상상적 경합관계에 있다. 또한 본죄의 채무자가 은닉한 재산에 후순위저당권자가 있는 경우에는 본죄와 배임죄는 상상적 경합이 된다.[1)]

1) 대판 1983. 5. 10, 82도1987(부동산의 1번 가등기권자와 제 3 취득자 갑이 채무자인 부동산 소유자의 이익을 위하여 후순위 채권자들에 의한 강제집행을 막고자 갑이 그 부동산을 매수하고 그 매매대금의 일부로 그 부동산의 가등기권자에 대한 채무를 변제하되 일단 가등기권자 명의로의 소유권이전의 본등기를 경료하여 다른 채권자들의 가압류 및 강제경매의 기입등기를 직권말소케 하는 일련의 등기절차를 거치기로 상호간에 사전에 협의, 공모하였다면, 가등기권자는 채무자의 강제집행면탈죄에 가담하였다 할 것이므로 설사 가등기권자 자기의 채권담보의 실행책으로 소유권이전의 본등기를 하고, 또 갑이 정당한 가격으로 그 부동산을 매수하였다 할지라도 채무자의 강제집행면탈죄의 공범으로서의 죄책을 면할 수 없다)의 경우 채무자는 강제집행면탈죄뿐만 아니라 후순위 가등기권자들에 대한 관계에서는 배임죄가 성립된다.

제 2 편

社會的 法益에 對한 罪

제 1 장　公共의 安全과 平穩에 대한 罪
제 2 장　公共의 信用에 대한 罪
제 3 장　公衆의 健康에 대한 罪
제 4 장　社會의 道德에 대한 罪

사회적 법익에 대한 죄는 사회 내에서 개인의 생명, 자유, 명예와 재산 등을 보호하기 위한 개인적 법익에 대한 죄와는 달리 개인의 사회생활을 보호하기 위한 것이다. 즉 공동체로서의 사회 내에서 모든 사람들이 질서와 평온을 유지하며 살아갈 수 있도록 하기 위한 규정들을 포함하고 있다. 이를 구체적으로 살펴보면 공공의 안전과 평온에 대한 죄, 공공의 신용에 대한 죄, 공중의 건강에 대한 죄, 사회윤리(혹은 사회도덕)에 대한 죄로 분류하는 것이 일반적이다(이러한 분류는 임의적이며 다른 기준에 의하여 분류할 수도 있다. 형법도 정확하게 이러한 기준에 따라 규정하고 있는 것은 아니다). 이러한 범죄행위들은 영국에서는「왕의 평화를 유지하기 위하여」(to preserve the peace of the King) 또는「왕의 평화를 해치는」(against the peace of the King) 행위로 표현되었으며, 미국에서는「국가의 평화와 존엄성에 대한 범죄행위」(crimes against the peace and dignity of the state)라고 각 주의 법률에 일찍부터 규정되었다. 오늘날은 대부분 공공의 평화와 질서에 대한 죄로 표현하면서 이를 처벌하고 있다. 한편 공공의 안전과 평온에 대한 죄는 연혁적으로 정치적 반대자들을 억압하기 위한 수단으로도 사용되었으며 이러한 위험성은 상존한다는 점을 염두에 두고 구성요건을 해석할 것이 요청된다. 사회적 법익에 대한 죄는 이처럼 입법과 해석의 엄격성이 요구되는 범죄유형이 있는 반면에 극도의 개인주의적 · 물질주의적 행태로 인한 사회적 위험성을 예방하여야 할 필요성이 점증하고 있음도 유의하여야 한다.

제 1 장 公共의 安全과 平穩에 대한 罪

제 1 절 公安을 害하는 罪

Ⅰ. 序 論

공안을 해하는 죄는 공공의 법질서 또는 공공의 안전과 평온을 해치는 것을 내용으로 하는 죄이다. 공안을 해하는 죄에 대해서는 이를 국가적 법익에 대한 죄로 보는 견해[1]와 사회적 법익에 대한 죄로 보는 견해[2]가 대립되어 있다. 공안을 해하는 죄가 공공의 평온이나 안전, 공공질서의 유지를 보호법익으로 하는 범죄임을 생각할 때 전시공수계약불이행죄(제117조)나 공무원자격사칭죄(제118조)와 같이 국가기능을 보호하기 위한 범죄는 사회적 법익에 대한 범죄라기보다는 국가적 법익에 대한 범죄로 보는 것이 옳다. 그러므로 형법체계상 공안을 해하는 죄의 장(제5장)에 규정된 구성요건 가운데 위의 국가적 법익에 대한 죄를 제외한 구성요건인 범죄단체조직죄, 소요죄, 다중불해산죄는 사회적 법익에 대한 죄로 보는 것이 타당하다.

Ⅱ. 犯罪團體組織·加入罪

> 제114조【범죄단체의 조직】 ① 범죄를 목적으로 하는 단체를 조직하거나 이에 가입한 자는 그 목적한 죄에 정한 형으로 처단한다. 단, 형을 감경할 수 있다.
> ② 병역 또는 납세의 의무를 거부할 목적으로 단체를 조직하거나 이에 가입한 자는 10년 이하의 징역이나 금고 또는 1천 500만원 이하의 벌금에 처한다.
> ③ 전 2 항의 죄를 범하여 유기의 징역이나 금고 또는 벌금에 처한 자에 대하여는 10년 이하의 자격정지를 병과할 수 있다.

1) 유기천(하), 256면.
2) 김일수/서보학, 530면; 배종대, 424면; 백형구, 445면; 이정원, 481면; 임 웅, 545면; 정영석, 105면.

1. 의의 및 본질

본죄는 범죄를 목적으로 하는 단체를 조직하거나 또는 이러한 단체에 가입하는 행위, 병역 또는 납세의 의무를 거부할 목적으로 단체를 조직하거나 가입하는 (범죄조직)행위를 처벌하는 규정이다. 범죄를 목적으로 하는 단체를 조직하거나 이에 가입하면 본죄는 성립하며, 목적한 범죄를 실행하였는가는 본죄의 성립에 영향이 없다.[1)] 본죄의 보호법익은 공공의 평온이다.

본죄는 계속범에 해당한다. 계속범이란 구성요건의 실현으로 범행이 종결되는 것이 아니라 행위자의 지속되는 범행의사에 의해 구성요건의 실현이 계속되는 범행을 말한다. 그러므로 본죄의 경우 범죄단체의 조직 또는 가입과 함께 일단 범행은 기수에 이르지만 단체를 해산하는 시점까지는 구성요건이 계속적으로 실현된다고 보아야 하므로 공소시효의 기산점은 기수시점이 아니라 위법한 상태가 종료된 조직의 해산이나 탈퇴시점부터이다(형사소송법 제252조 제 1 항 참조). 그러므로 범죄단체조직죄가 범죄를 목적으로 한 단체 또는 조직을 구성함으로써 즉시 성립하고 그와 동시에 완성되는 즉시범이므로 범죄단체의 조직을 함과 동시에 공소시효가 진행된다는 판례[2)]의 견해는 타당하지 않다. 이에 따르면 범죄단체조직원으로 계속 활동하고 있는 자임에도 불구하고 공소시효의 완성을 이유로 처벌할 수 없게 되고, 이들 단체에 대한 배후 비호세력의 지원행위를 범죄단체조직죄의 방조행위로 처벌할 수도 없는 형사정책적 문제점이 야기된다.

2. 객관적 구성요건

본죄의 행위는 범죄단체의 조직 또는 가입에 있다. 즉 목표로 삼고 있는 범죄행위를 수행하기 위하여 조직을 결성하거나 조직원을 가입시키는 등의 행위를 처벌하는 것으로서 의도하는 범죄행위를 예비단계에서 처벌하는 것이다. 이는 조직범죄가 갖는 공공의 안전에 대한 고도의 위험성을 사전에 제거하기 위함이다.

여기에서의 범죄단체란 반드시 형법상의 범죄를 목적으로 하는 의미가 아니라 특별법상의 범죄도 포함한다. 본죄의 단체는 특정다수인의 공동목적을

1) 대판 1975. 9. 23, 75도2321.
2) 대판 1992. 2. 25, 91도3192(이에 관한 평석은 조영수, 「범죄단체조직죄의 성격」, 형사판례연구(2), 222면 이하 참조); 1995. 1. 20, 94도2752 참조(폭력행위 등 처벌법상의 범죄단체조직죄의 경우).

위한 계속적인 결합체를 말한다.[1] 그러나 범죄단체는 다양한 형태로 성립·존속할 수 있는 것으로서 정형을 요하는 것은 아니므로 그 구성·가입은 반드시 단체의 명칭이나 강령이 명확하게 존재하고 단체 결성식이나 가입식과 같은 특별한 절차가 있어야 성립하는 것은 아니다.[2] 한편 목표로 하는 범죄를 수행하기 위하여 단체를 주도하는 개인의 지시에 따라 상호간에 통일된 의사로써 행동한다고 느끼는 최소한의 통솔체계(예: 선·후배 혹은 형·아우로 뭉쳐져 특유의 위력을 발휘하는 경우)를 갖추고 있어야 한다.[3] 이러한 점에서 특별한 조직형태를 갖추지 않고 단순히 수인이 모여 공동의 범죄실현의사를 가지고 범행을 수행하는 공동정범과 구별되므로 단순한 공동정범관계에 있다고 하여 단체가 되는 것은 아니다. 목적한 범죄의 실행이나 목적의 달성 여부는 본죄의 성립에 영향이 없다.

본죄는 범죄단체 해당 여부에 대한 엄격한 해석을 통하여 적용되어야 한다. 그렇지 않은 경우에는 사전계획하에 여러 사람이 모여 범죄를 모의하고 실행에 옮기는 행위는 모두 본죄에 해당된다고 보게 되기 때문이다.

[판례] ① “피고인으로부터 단체생활에 필요한 자금 등을 제공받고 싸움에 대비하여 수시로 단체 및 개인훈련을 실시하는 한편 피고인의 사주를 받거나 고향의 선배들을 괴롭히는 자들을 응징한다는 명목 등으로 단체를 구성 후 1년 10개월 동안 16건에 걸쳐 강도상해 및 폭력행위(상해, 협박 등)를 자행하여 온 점 등을 인정할 수 있는바, 그 과정에서 생활비 절감 등의 편의상 함께 모여 단체생활을 한 일면이 있다고 인정된다거나 단체의 명칭이 수사단계에서야 비로소 붙여진 것이라 하더라도 피고인들의 행위는 결국 폭력을 목적으로 하는 범죄단체를 구성 또는 이에 가입한 죄에 해당된다.”[4]

② 범죄단체조직죄를 부인한 예로는 피고인이 다른 3명과 함께 은행에 당좌계정을 개설하여 은행으로부터 어음용지를 교부받아 거액의 어음을 발행한 후 이를 부도시키는 방법으로 타인의 재물을 편취하기로 모의한 다음 이를 위하여 ○○실업이라는 상호로 사무실을 개설하여 전자제품 도매상을 경영하는 것처럼 위장하고 각자가 이 회사의 대표자, 감사 등 직책을 분담·수행한 사건에서 어음사기를 목적으로 한 범죄단체로서의 단체 내부의 질서를 유지하는 통솔체계를 갖춘 계속적

---

1) 대판 1977. 5. 24, 77도1015.

2) 대판 2000. 12. 26, 2000도4370.

3) 대판 1981. 11. 24, 81도2608; 1985. 10. 8, 85도1515; 2001. 9. 28, 2001도3472 참조. 독일에서는 최소한 3인 이상의 조직적 결합체를 범죄단체조직죄(§129)의 단체라고 본다(BGHSt 31, 204; 31, 240; BGH NJW 1992, 1518; Tröndle/Fischer, §129 Rn. 3).

4) 대판 1987. 10. 13, 87도1240.

인 결합체에 이른 것으로 볼 수 없다는 판결이 있다.[1] 그러나 이 판결에 대해서는 만일 피고인들이 처음부터 어음사기를 목적으로 위장회사를 설립하고 각자가 역할을 분담하여 이를 추진한 것이 사실이라면 범죄단체조직죄의 성립을 부인한 판시이유는 설득력이 없다.

③ 독일판례: 피고인은 1976.1 초부터 1979.6.16 체포 당시까지 11개의 불법인력공급회사를 차려놓고 사장 혹은 공동사장으로 활동하였다. 피고인의 회사는 건설회사를 중심으로 한 기업체들에 무허가로 노동인력을 공급하고 수수료를 받는 것을 목적으로 하고 있었다. 그리고 공급되는 노동자들 역시 노동허가를 받지 않은 사람들이었다. 피고인은 이 회사들을 통하여 노동인력을 공급하고 수익금에 대한 각종 세금은 물론 노동자들에 대한 의료보험료나 연금 및 실업보험 등 사회보장성 보험료 중 회사분담금을 면탈하여 막대한 이익을 보았고 노동자들 역시 세금과 이들 보험료 등을 내지 않는 불법취업자들이었다. 이러한 목적을 위하여 피고인은 이러한 사실을 알지 못하는 다른 사람을 채용하여 노동력을 필요로 하는 기업체에 접근하여 중개하도록 하였고 이들에게는 주당 200~600마르크(DM)를 지급하였다. 이 사건에서 독일연방대법원은 단체라고 할 만한 인적 구성(3인 이상)이 없으며, 지휘체계를 갖춘 조직이 아니라 단순한 공동정범의 수준에 불과하다는 점, 조직을 통하여 범죄를 계획하고 실현하는 조직적 독립성이 없다는 점, 공공의 안전을 위협할 만한 고도의 위험성이 인정되지 않는다는 이유로 범죄단체조직죄(§129, Bildung Krimineller Vereinigungen)의 성립을 부인하였다.[2]

반대로 독일판례가 범죄단체조직죄를 인정한 예로는 교도소 내에서의 무장투쟁을 위하여 결성한 죄수단체,[3] 몇 주일에 걸친 폭력적인 주택의 무단점거,[4] 폭탄을 이용한 암살범조직,[5] 국제적인 마약밀매조직[6]이 있다.

범죄행위가 조직활동의 부수적인 결과에 불과한 경우(예: 불법노동조합)나 불법적인 정치활동에 관련된 조직인 경우에는 본죄의 적용을 피하여야 한다. 특히 후자의 경우에 본죄는 헌법이 보장하는 정치적 결사의 자유와 저촉될 위험성이 있기 때문이다. 이는 국가보안법상의 반국가단체조직죄(동법 제3조)와의 관계에서 더욱 그러하다.

입법적으로 본죄는 조직의 수괴와 하부 조직원들간에 형량의 차이를 두지 않고 있는 점이 문제이다. 이는 후술하는 특별법상의 범죄단체조직죄가 그 지위에 따라 처벌을 달리하고 있는 것과도 차이가 있기 때문에 본죄의 구

1) 대판 1985.10.8, 85도1515.
2) BGHSt 31, 202 이하.
3) BGHSt 27, 325.
4) BGH NJW 1975, 985.
5) BGHSt 28, 147.
6) BGH NStZ 1981, 303.

체적인 적용시에는 조직 내의 역할에 따라 형량의 차등화가 이루어져야 할 것이다.

3. 주관적 구성요건

본죄가 성립하기 위해서는 범죄를 목적으로 단체를 조직하거나 이러한 단체에 가입한다는 점을 인식하여야 한다. 또한 제 2 항의 경우에는 납세나 병역의무를 거부할 목적이 있어야 한다.

4. 다른 범죄와의 관계

범죄단체조직죄와 이러한 조직을 통하여 범한 범죄행위는 경합범의 관계에 있다.[1] 이에 대하여 양자관계를 상상적 경합범으로 보는 견해[2]도 있다. 그러나 상상적 경합범으로 보는 견해는 기판력의 효력범위를 부당하게 확장하는 결과를 초래하기 때문에 형사정책적으로 타당하지 않다.

5. 폭처법상의 범죄단체조직죄

범죄단체조직죄는 형법 이외의 특별법에서도 처벌하고 있다. 즉 ① 「폭력행위 등 처벌에 관한 법률」에서는 이 법에 규정된 범죄(상해죄, 폭행죄, 체포 · 감금죄, 협박죄, 주거침입 · 퇴거불응죄, 강요죄, 공갈죄, 손괴죄)를 목적으로 하는 단체를 구성하거나 가입하거나 그 구성원으로 활동한 경우에 그 지위에 따라 처벌한다(제4조). 또한 ② 「특정범죄 가중처벌 등에 관한 법률」 역시 타인의 재물을 절취할 목적으로 단체 또는 집단을 구성한 자를 그 지위에 따라 처벌하고 있다(제5조의8). ③ 「국가보안법」은 반국가단체를 구성하거나 이에 가입한 자를 그 지위에 따라 처벌하고 있다(제3조).

이러한 특별법은 형벌가중을 위한 목적에서 제정된 것으로서 여기에 해당하는 경우에는 형법상의 범죄단체조직죄는 적용되지 않는다(법조경합).

Ⅲ. 騷擾罪

> **第115条【소요】 다중이 집합하여 폭행, 협박 또는 손괴의 행위를 한 자는 1년 이상 10년 이하의 징역이나 금고 또는 1천 500만원 이하의 벌금에 처한다.**

Ⅰ. 의 의

소요죄는 다중이 집합하여 폭행 · 협박 또는 손괴행위를 함으로써 성립한

1) Tröndle/Fischer, § 129 Rn. 9 a; LK/Vogler, vor § 52 Rn. 23.
2) BGHSt 29, 288; Rieß, NStZ 1981, 74.

다.[1] 다중의 집합을 전제로 하므로 필요적 공범이며, 집합범이다. 그러므로 소요죄를 범하는 집단 내의 행위자에 대해서는 형법총칙상의 공범규정은 적용되지 않는다. 즉 가담행위의 유형이나 정도를 불문하고 정범으로 처벌되기 때문에 결과적으로는 정범과 공범이 통합된 단일정범개념을 인정한 예라고 볼 수 있다. 그러나 집단 외의 행위자에 대해서는 공범규정이 적용된다고 보아야 한다. 다만 필요적 공범이므로 공동정범규정의 적용은 없다고 보아야 한다.

본죄의 보호법익은 공공의 평온 또는 사회 내의 공공안전이다. 본죄는 집합범이란 점에서는 내란죄와 같으나 목적범이 아닌 점 및 조직적 결합을 전제로 하는 범죄가 아닌 점에서 내란죄와 구별된다.

소요죄가 구체적 위험범[2]인가 아니면 추상적 위험범[3]인가에 대해서는 논란이 있다. 소요행위는 공공의 질서에 대한 위험발생을 내포하는 행위라는 점에서 소요행위로 인하여 공공의 평온이 파괴될 정도의 구체적인 위험의 발생까지는 필요하지 않은 추상적 위험범이라고 보는 것이 타당하다.

2. 객관적 구성요건

(1) 행위주체

본죄의 행위주체는 다중이다. 다중이란 조직적 결합체와 달리 지휘체계를 가진 집합체가 아니라 장소적으로 집결되어 있으며, 그 숫자를 즉시 알 수 없는 정도의 인원으로 이루어져 있으면 다중에 해당한다. 구체적으로는 다중은 다음의 두 가지 요건을 필요로 한다. 하나는 장소적 결합이다. 즉 빈틈없을 정도로 밀집할 필요는 없으나 외부인이 보기에 많은 사람들이 집합한 상태라는 인상을 주는 정도여야 한다. 다음으로는 숫자적으로 불명확성이 인정되어야 한다. 즉 외부에서 볼 때 즉시 그 숫자를 파악할 수 없으며 몇 사람의 증감이 문제되지 않는 정도가 되어야 한다.[4] 이러한 정도의 다중은 그 자체

1) 독일형법상으로는 Landfriedensbruch(§125), 영미법상으로는 unlawful assembly(이는 다중불해산죄에 해당된다)와 rout, riot를 의미한다. Unlawful assembly는 단순한 집합상태를 가리키며, rout와 riot는 동일한 어원을 갖는데 rout는 다중이 집합하여 소요를 일으키기 직전 상태를 의미하고, 3명 이상이 모여 공동의 목적으로 평화를 해치는 소동을 일으키는 행위를 하는 단계를 riot라고 부른다(Reid, Criminal Law, 293면 참조).

2) 배종대, 624면.

3) 김성천, 1093면; 김일수/서보학, 554면; 백형구, 450면; 오영근, 601면; 유기천(하), 279면; 이재상, 492면; 이정원, 484면; 임 웅, 551면; 정성근/박광민, 545면.

4) Sch/Sch/Lenckner, §125 Rn. 8.

가 결합된 힘으로 작용하기 때문이다. 통설은 이를 한 지방의 평온·안전을 해할 수 있는 정도라고 표현하고 있다.[1)] 독일판례에 의하면 인원수의 하한을 정하지 않고, 특정한 경우에는 10명 정도의 집합도 다중이라고 보거나[2)] 또는 15~20명 정도여야 한다고 본다.[3)]

본죄의 주체는 다중이 아니라 다중을 구성한 개인이라는 견해가 있다.[4)] 다수인의 일시적 집합인 다중은 행위의 태양에 불과하며, 개인책임원리에도 반한다는 것이 그 근거이다. 그러나 본죄에서 다중을 이루는 개인은 폭행·협박이나 손괴행위를 하더라도 본죄의 행위주체가 될 수 없으며, 다중이 외부에 대하여 이러한 행위를 할 때에 본죄가 성립한다고 보아야 한다. 즉 다중 가운데 한 개인의 행위만으로 본죄가 성립하는 것은 아니며, 개인이 집합한 다중의 행위가 있어야 하므로 비록 구체적인 행위자는 개인이라고 하더라도 구성요건요소로서의 행위주체는 다중이라고 보아야 한다. 다중의 일부만이 폭행·협박·손괴행위를 하더라도 다중 전체가 본죄의 행위자가 되는 것도 여기에서 비롯된다.

참고로 New York주의 형법은 제 1 급 폭동(first-degree riot)은 중죄(felony)로, 제 2 급 폭동(second-degree riot)은 경죄(misdemeanor)로 규정하고 있다.[5)] 차이점은 전자는 10명 이상이 모인 상태이고, 후자는 4명 이상이 집결한 상태이다.

(2) 행위방법

소요죄의 행위방법은 폭행·협박·손괴이다. 폭행·협박은 사람이나 물건에 대한 일체의 유형력의 행사를 말한다(소위 최광의의 폭행·협박). 그러나 본죄에서의 폭행·협박은 상대방의 의사에 영향력을 행사하기 위한 것이 아니라 행위의 공격성을 보이기 위한 방법에 불과하다. 즉 사람의 신체나 타인의 물건에 대한 집단의 공격적 행동을 의미한다. 그러므로 연좌농성이나 불복종은 본죄의 행위에 해당되지 않는다. 폭행은 그 결과가 발생할 것을 필요

1) 김성천, 1093면; 김일수/서보학, 555면; 배종대, 624면; 백형구, 450면; 유기천(하), 280면; 이재상, 493면; 이정원, 484면; 임 웅, 551면; 정성근/박광민, 545면; 정영석, 105면.
2) BGH NStZ 1994, 483면.
3) BGHSt 33, 308면.
4) 이재상, 494면.
5) New York Penal Code, Sections 240.05, 240.06(1994). 본죄에 관한 비교법적 연구로는 Weingärtner, 「Demonstration und Strafrecht」(1986) 참조.

로 하지 않는다. 협박은 폭행을 사용할 것을 상대방에게 고지하는 것을 내용으로 한다. 손괴는 손괴죄에서 설명한 것과 같다. 이러한 행위는 다중 이외의 외부에 대하여 하여야 하고, 집합한 다중의 구성원간에 폭행·협박이나 손괴행위가 있더라도 본죄는 성립하지 않는다.

다중에 합류는 하였지만 폭행, 협박이나 손괴행위에는 가담하지 않는 경우에도 본죄에 해당하는가에 대해서는 이를 부인하는 견해[1]도 있다. 그러나 본죄는 필요적 공범으로서 다중의 집합 자체가 대외적으로 결합된 힘을 과시하는 것이므로 다중 가운데 일부만이 폭행·협박이나 손괴행위에 가담하였더라도 모두에게 본죄가 성립한다.

3. 주관적 구성요건

본죄는 다중의 힘을 이용하여 공공의 안전을 해한다는 점에 대한 인식과 이러한 다중에 가담한다는 점을 인식하고 있어야 한다.

일부 학설은 주관적 구성요건으로서 다중의 합동력으로 폭행·협박 또는 손괴한다는 공동의사(이를 소요의사로 부르고 있다)를 필요로 한다고 본다.[2] 이에 따라 공동의사 없이 다중이 집합하여 폭행·협박하는 것은 다수인의 행위라 하더라도 본죄가 성립하지 않고 특수폭행죄 또는 특수협박죄가 성립할 뿐이라고 한다.[3] 그러나 본죄의 다중은 공동의사를 가지고 모인 것이 아니라 법질서에 저항하기 위하여 모인 결과 다중을 이루게 된 것에 불과하며, 이러한 공동의사는 상호 의사연락 아래 이루어지는 공동정범에서의 공동의사와도 혼동될 우려가 있기 때문에 고의 이외에 소요행위의 공동의사는 필요하지 않다고 보아야 한다.[4]

4. 위 법 성

본죄의 적용은 결과적으로 헌법상 인정되는 집회·결사의 자유(헌법 제21조 제1항)를 침해할 우려가 있다. 그러므로 본죄를 적용할 때에는 언제나 집회의 자유가 허용되는 범위를 넘은 것인지의 여부를 심사하여야 한다. 이에 관한 기준을 제공하는 것이 집회 및 시위에 관한 법률(제5조, 제14조 등)에 규정된 집회 및 시위

1) 김일수/서보학, 555면; 임 웅, 552면.
2) 김성천, 1093면; 오영근, 602면; 유기천(하), 281면; 이재상, 493면; 이정원, 484면; 정성근/박광민, 546면.
3) 이재상, 493면.
4) 동지: 김일수/서보학, 556면; 백형구, 450면.

의 금지와 제한규정이다. 또한 노동자들의 「노동조합 및 노동관계조정법」상의 쟁의행위가 폭력이나 파괴행위의 방법으로 이루어지는 경우에는 허용된 범위를 넘는 것으로서 위법성이 조각되지 않는다(동법 제37조, 제42조 참조).

5. 다른 범죄와의 관계

소요죄는 국헌문란의 목적이 없는 점, 한 지방의 평온·안전을 해하는 정도가 상대적으로 낮다는 점, 주모자를 필요로 하지 않는 점에서 내란죄와 구별된다. 그러므로 내란죄가 성립하면 본죄는 흡수된다(법조경합).

소요행위과정에서 실현되는 다른 구성요건과의 관계에 대해서는 ① 특수폭행죄·특수협박죄·특수손괴죄는 소요죄에 흡수되지만 그 밖의 범죄는 본죄와 상상적 경합관계에 있다는 견해[1)]와, ② 소요죄보다 형이 중한 살인죄나 방화죄는 본죄와 상상적 경합관계에 있지만 형이 가벼운 공무집행방해죄나 주거침입죄는 모두 소요죄에 흡수된다는 견해[2)]가 있다.

소요죄를 다른 범죄에 종속적인 성질을 갖는 구성요건으로 이해하는 것은 공공의 안전에 대한 죄로 규정되어 있는 본죄의 독자성을 평가절하하는 것이므로 수긍하기 어렵다. 그러므로 본죄는 행위목표나 방법이 동일한 범죄에 대해서만 흡수되고 기타의 범죄행위에 대해서는 상상적 경합을 인정하는 것이 타당하다. 그렇다면 후설이 주장하는 것과 같이 형량의 비교에 따라 본죄의 경합관계를 판단할 것도 아니며, 행위방법이 동일한 특수폭행죄·특수협박죄·특수손괴죄만이 소요죄에 흡수되고 그 밖의 범죄와는 상상적 경합관계를 인정하는 것이 타당하다.

Ⅳ. 多衆不解散罪

제116조【다중불해산】 폭행, 협박 또는 손괴의 행위를 할 목적으로 다중이 집합하여 그를 단속할 권한이 있는 공무원으로부터 3회 이상의 해산명령을 받고 해산하지 아니한 자는 2년 이하의 징역이나 금고 또는 300만원 이하의 벌금에 처한다.

Ⅰ. 의 의

본죄는 폭행·협박 또는 손괴의 행위를 할 목적으로 다중이 집합하여 그

1) 김성천, 1095면; 유기천(하), 281면; 이재상, 495면.
2) 김일수/서보학, 558면; 배종대, 626면; 임 웅, 553면; 정영석, 108면.

를 단속할 권한이 있는 공무원으로부터 3회 이상의 해산명령을 받고 해산하지 아니함으로써 성립하는 진정부작위범이다.[1] 이는 소요죄가 성립하기 직전의 예비단계를 독립적으로 처벌하기 위한 구성요건으로서 목적범이다.

2. 객관적 구성요건

본죄의 행위주체는 폭행·협박 또는 손괴행위를 할 목적으로 집합한 다중이다. 폭행·협박이나 손괴의 목적은 집합 이전단계에서부터 가져야 하는 것은 아니며 해산명령 이전이라면 행위 도중에 가질 수도 있다.

단속할 공무원이란 경찰과 같이 해산명령권(예: 경찰관직무집행법 제6조)을 가진 공무원을 말한다. 해산명령은 적법할 것을 필요로 한다. 해산명령은 3회 이상이어야 한다. 3회의 해산명령시까지 해산하지 않다가 4회를 넘는 해산명령을 받고 해산하면 본죄에 해당한다는 견해[2]도 있으나 해당되지 않는다고 보는 것이 타당하다. 본죄는 공공의 평온과 안전이 보호법익이므로, 최종해산명령시를 기준으로 다중이 공공의 안전을 위협함이 없이 평온하게 해산하였는가 여부를 판단하여야 하기 때문이다.[3]

해산은 임의적·자발적이어야 하므로 체포를 면하기 위해 흩어지는 것은 본죄의 해산에 해당하지 않는다. 다중이 전원 해산하지 않았더라도 대부분 해산한 상태이기 때문에 다중의 위력을 인정할 수 없으면 해산한 것으로 보아야 한다.

3. 주관적 구성요건

단속할 권한이 있는 공무원으로부터 해산명령을 받고도 해산하지 않는다는 사실을 인식하여야 하며, 동시에 폭행·협박 또는 손괴행위를 할 목적이 있어야 한다. 그러나 목적의 달성 여부는 본죄의 성립과 무관하다.

Ⅴ. 戰時公需契約不履行罪

제117조【전시공수계약불이행】 ① 전쟁, 천재 기타 사변에 있어서 국가 또는

---

1) 영국에서는 English Riot Act(1714)를 통하여 12명 이상이 모여 해산명령을 받고도 1시간 이내에 해산하지 않을 경우에는 폭동행위로 보고 중죄(capital felony)로 규정되었다. 이때 관리는 다중 앞에서 폭동죄규정과 생업에 돌아갈 것을 명하는 여왕의 조서를 낭독하였다("reading the riot act"). Reid, Criminal Law, 293면 참조.

2) 정영석, 109면. 비슷한 견해로는 김성천, 1096면 참조.

3) 김일수/서보학, 560면; 배종대, 628면; 백형구, 454면; 오영근, 606면; 이재상, 497면; 이정원, 487면; 임 웅, 555면; 정성근/박광민, 552면.

공공단체와 체결한 식량 기타 생활필수품의 공급계약을 정당한 이유 없이 이행하지 아니한 자는 3년 이하의 징역 또는 500만원 이하의 벌금에 처한다.
② 전항의 계약이행을 방해한 자도 전항의 형과 같다.
③ 전 2 항의 경우에는 그 소정의 벌금을 병과할 수 있다.

본죄는 전쟁 · 천재 기타 사변에 있어서 국가 또는 공공단체와 체결한 식량 기타 생활필수품의 공급계약을 정당한 이유 없이 이행하지 않은 자 또는 계약이행을 방해한 자를 처벌하는 죄이다(예: 천재로 인한 비상상황에서 보다 높은 이윤을 얻기 위하여 식료품의 납품을 이행하지 않는 것). 본죄는 구성요건의 내용상 사회적 법익이 아니라 국가적 법익에 대한 죄이다. 즉 국가 또는 공공단체의 기능보호를 목적으로 한다.

본죄는 비상사태하에서 계약 당시의 조건과 현저한 차이가 있는 상황에서도 식량과 같은 생활필수품을 확보함으로써 사회적 동요를 방지하고자 하는 데에 의의가 있다.

본죄의 행위자는 공급계약을 체결한 계약당사자이므로 진정신분범이다.

Ⅵ. 公務員資格詐稱罪

제118조【공무원자격의 사칭】 공무원의 자격을 사칭하여 그 직권을 행사한 자는 3년 이하의 징역 또는 700만원 이하의 벌금에 처한다.

1. 의 의

본죄는 공무원의 자격을 사칭하여 직권을 행사함으로써 성립하는 범죄이다. 공무원(임시공무원 포함)이 다른 공무원의 자격을 사칭하는 경우도 포함한다.

2. 객관적 구성요건

본죄의 주체는 자연인이다. 본죄는 신분범이 아니지만 공무원도 자신의 직권행사범위를 벗어난 경우에는 본죄의 주체가 될 수 있다. 사칭하는 공무원의 직권내용은 공무원만이 행사할 수 있는 권한사항을 함부로 행사하는 것을 말한다. 그러므로 위임받은 채권을 용이하게 추심하는 방편으로 합동수사반원임을 사칭하고 협박한 사실이 있다고 하여도 이러한 채권추심행위는 개인적인 업무이지 수사기관의 수사업무범위에는 속하지 않으므로 이는 공무원

자격사칭죄에 해당되지 않는다.[1] 또한 직권을 사칭할 뿐만 아니라 사칭한 직권을 행사하여야 본죄가 성립한다.[2]

3. 주관적 구성요건

본죄의 행위자는 자기가 공무원의 자격 없이 공무원의 자격을 사칭하고 사칭한 공무원의 직권을 행사한다는 고의가 있어야 한다.

4. 다른 범죄와의 관계

공무원 자격의 사칭이 사기나 공갈의 수단이 된 경우에는 양죄의 상상적 경합이 가능하다. 예를 들어 공무원의 직위를 사칭하여 재물을 취득하는 경우(사기죄)와 수사기관원임을 사칭하여 재물을 갈취하는 행위(공갈죄) 등은 모두 본죄와의 상상적 경합을 인정할 수 있다. 또한 공무원신분증을 위조하여 공무원 자격을 사칭하는 경우에는 공문서위조죄 및 동행사죄와 본죄의 상상적 경합이 인정된다.

제 2 절 爆發物에 관한 罪

Ⅰ. 序 論

폭발물에 관한 죄는 폭발물을 사용하여 공중의 생명, 신체 또는 재산을 침해하거나 기타 공안을 해하게 하는 것을 내용으로 하는 죄이다. 형법상 폭발물에 관한 죄(제6장)는 제119조가 규정하는 폭발물사용죄, 전시·비상시 폭발물사용죄와 제120조의 예비·음모·선동죄 그리고 전시·비상시 폭발물제조·수입·수출·수수·소지죄가 있다. 그러나 폭발물에 관한 죄는 본장의 죄 이외에도 방화와 실화의 죄(제13장)에도 규정되어 있다. 즉 폭발성물건파열죄(제172조)와 가스·전기 등 방류죄(제172조의 2) 및 과실폭발성물건파열죄(제173조의 2)는 성질상 폭발물에 관한 죄로 보아야 할 것이다.

Ⅱ. 保護法益 및 構成要件體系

폭발물에 관한 죄는 국가적 법익을 보호하는 죄라고 하기보다는 방화죄

1) 대판 1981. 9. 8, 81도1955.
2) 대판 1973. 12. 24, 73도1945.

와 마찬가지로 공공의 위험발생을 내용으로 한다는 점에서 사회의 안전과 평온을 보호하는 공공위험죄라고 보는 것이 타당하다.[1)]

폭발물에 관한 죄는 공안을 해치는 결과발생을 필요로 하지 않는다는 점에서 위험범에 해당한다. 보호받는 정도는 추상적 위험범설[2)]과 구체적 위험범설[3)]이 있다. 본죄는 폭발물을 사용하여 사람의 생명·신체 또는 재산을 해하거나 공안을 문란하게 하는 구체적 위험발생을 요건으로 하는 구체적 위험범으로 보는 것이 타당하다.

Ⅲ. 爆發物使用罪

Ⅰ. 폭발물사용죄

**제119조【폭발물사용】 ① 폭발물을 사용하여 사람의 생명, 신체 또는 재산을 해하거나 기타 공안을 문란한 자는 사형, 무기 또는 7년 이상의 징역에 처한다.
③ 미수범은 처벌한다.**

(1) 의 의

본죄는 폭발물을 사용하여 사람의 생명·신체 또는 재산을 해하거나 기타 공안을 문란하게 하는 죄이다. 방화죄에서와 마찬가지로 폭발물이 지니는 위험성을 고려하여 처벌하는 것이다. 본죄는 침해범 및 구체적 위험범이다.

독일형법(§308, Herbeiführen einer Sprengstoffexplosion)은 핵에너지의 방출과 달리 폭발물을 폭발하여 타인의 신체·생명 혹은 물건에 대하여 중대한 가치손상의 위험을 초래한 때에는 1년 이상의 자유형에 처한다(제1항). 핵에너지를 방출하여 위와 같은 결과를 초래한 때에는 5년 이상의 자유형에 처한다(§307, Herbeiführen einer Explosion durch Kernenergie).
일본은 특별법인 폭발물취체벌칙(제1조)에서 「폭발물사용죄」를 처벌하고 있으며 형량은 우리 형법과 동일하다. 그리고 우리 형법의 폭발성물건파열죄(제172조)에 해당하는 구성요건인 「격발물파열죄」는 일본형법 제117조에 규정하고 있다.

---

1) 통설이다(김일수/서보학, 565면; 배종대, 630면; 백형구, 441면; 이재상, 500면; 임 웅, 559면; 정성근/박광민, 555면; 진계호, 643면).
2) 유기천(하), 268면; 진계호, 615면.
3) 김성천, 1098면; 김일수/서보학, 564면; 배종대, 630면; 백형구, 441면; 이재상, 501면; 이정원, 488면; 임 웅, 559면; 정성근/박광민, 556면.

(2) 객관적 구성요건

폭발물을 사용하여 사람의 생명·신체 또는 재산을 해하거나 기타 공안을 문란하게 하는 것이다.

1) 폭발물의 사용 폭발물이란 자체 내의 폭발장치를 통하여 폭약을 급격하게 파열시켜 사람의 생명·신체·재산을 해할 수 있는 물건을 말한다(예: 수류탄, 다이너마이트, 지뢰, 시한폭탄).[1] 그러므로 소총의 실탄발사는 폭발물의 폭발이라고 할 수 없다. 사제(私製)폭탄과 같이 폭발물은 스스로 제작한 것이라도 상관없다. 화염병은 화염병사용 등의 처벌에 관한 법률(제3조)에 의해 처벌되므로 본죄의 폭발물에 해당하지 않는다. 방사성물질은 제172조의 2(가스·전기 등 방류)에 의하여 처벌되므로 본죄의 행위객체에서는 제외된다. 또한 폭발물은 폭발성물건(제172조)과 구별하여야 한다. 폭발성물건은 보일러, 석유·가스 탱크와 같이 급격히 파열하여 물건을 파괴하는 성질을 가진 물질을 말하며 자체 내에 폭발장치가 없다는 점에서 폭발물과 구별된다. 폭발물을 사용한다는 것은 폭발물을 폭발시키는 것을 말한다.

2) 생명·신체 기타 재산을 해하는 것 본죄가 성립하기 위해서는 생명·신체 또는 재산에 대한 구체적인 침해가 발생하여야 하며(침해범) 이들 객체에 대한 단순한 위험발생만으로는 부족하다. 이러한 의미에서 생명·신체 또는 재산침해는 공안문란의 전단계로서 본죄성립의 전제조건이라고 볼 수 있다.

3) 공안의 문란 공안의 문란이란 폭발물을 사용하여 한 지방의 법질서를 교란할 정도에 이르는 것을 말한다.[2] 이는 본죄를 구체적 위험범으로 파악한 결과이다. 그러나 후술하는 바와 같이 공안문란의 개념적 추상성은 본죄의 기수와 미수를 구별하는 기준으로서 미흡하다. 그러므로 생명·신체 또는 재산에 대한 침해의 결과발생을 기준으로 하여 공안문란 여부를 판단하여야 한다.

4) 미 수 범 본죄는 미수범을 처벌한다.

본죄의 기수와 미수를 구별하는 방법으로서 다수설은 공안문란 여부를

1) 폭약의 개념에 대해서는 총포·도검·화약류 등 단속법 제2조 제3항 참조.

2) 김일수/서보학, 565면; 배종대, 631면; 백형구, 442면; 이재상, 502면; 이정원, 489면; 임 웅, 562면; 정성근/박광민, 557면.

기준으로 한다.[1] 즉 폭발물을 사용하여 공안을 문란하게 하였을 때에 본죄의 기수가 된다고 한다. 그러나 이는 정확하지 않은 결론이며 위험범을 침해범으로 변질시키는 결과가 된다. 오히려 사람의 생명 · 신체 또는 재산을 해하는 결과가 발생한 경우에는 본죄의 기수를 인정하여야 한다. 이는 법문의 해석상 그러하며, 법정형량도 살인죄보다 무거운 사형 · 무기 또는 7년 이상의 징역에 처하도록 하고 있으므로 생명 · 신체 또는 재산침해와 공안문란의 결과발생은 조건과 결과의 관계로 파악하여야 한다. 공안문란개념의 추상성으로 인하여 사람의 생명 · 신체 또는 재산침해 여부와 무관하게 공안문란의 결과발생을 인정할 가능성도 있기 때문이다. 그러므로 사람의 생명 · 신체 또는 재산에 대한 침해가 발생하였을 때에는 공안문란 역시 인정하여야 하며, 사람의 생명 · 신체 또는 재산의 침해는 공안문란에 대한 구체적 위험발생의 제한적 전제조건이라고 보아야 한다. 이는 마치 일반물건방화죄(제167조)에서 일반물건방화가 구체적 위험발생의 전제조건인 것과 마찬가지이다. 이와 달리 만일 공안문란 여부를 기준으로 하게 되면 사람의 생명 · 신체 또는 재산침해가 없더라도 폭발물이 폭발하면 본죄의 기수를 인정할 수 있게 되어 형벌확장의 위험성이 있다(심지어 폭발물이 폭발하지 않은 경우에도 본죄의 기수를 인정할 가능성이 있다).

그러므로 본죄의 미수범은 폭발물이 폭발하지 않거나, 폭발하였더라도 생명 · 신체 또는 재산을 해하는 결과가 발생하지 않은 경우에 인정된다. 또한 만일 많은 사람이 출입하는 공항이나 백화점에 폭발물을 장치하였으나 사전에 발각되어 제거된 경우에도 본죄의 미수에 해당한다. 이러한 의미에서 본죄의 중지범은 폭발물의 폭발 이전이나 혹은 폭발 이후라도 생명 · 신체 또는 재산침해 이전단계에서 가능하고 그 이후 시점부터는 성립되지 않는다.

(3) 주관적 구성요건

본죄가 성립하기 위해서는 폭발물을 사용한다는 고의와 폭발물의 폭발을 통하여 사람의 생명 · 신체 또는 재산을 해한다는 인식이 있어야 한다. 통설·

---

1) 배종대, 631면; 백형구, 442면; 이재상, 502면은 공안문란의 결과발생시 기수가 된다고 한다. 반면에 김일수/서보학, 565면은 생명 · 신체 또는 재산에 대한 구체적 위험이나 공안에 대한 구체적인 위험의 결과가 발생하였을 때 기수가 된다고 본다. 정성근/박광민, 557면은 생명 · 신체 · 재산을 해하였거나 공안을 문란하게 하였을 때를 본죄의 기수시점으로 본다.

판례는 이 밖에 공안을 문란하게 한다는 고의도 필요하다는 입장이다.[1)]

그러나 이는 위험범의 고의가 갖는 성질에 비추어 타당하지 않다. 위험범에서의 고의는 행위자가 자신의 행위로 인하여 법익침해의 결과가 발생할 것이라는 가능성을 인정하거나 또는 원하는 경우에 인정된다. 그러므로 이는 침해범에서의 고의와 다를 바 없다(미필적 고의를 연상하면 쉽게 알 수 있다). 즉 구체적인 위험발생의 가능성을 염두에 두었다면 동시에 침해의 결과발생도 염두에 두었다고 보지 않을 수 없다. 그러므로 위험범의 고의는 언제나 이에 상응하는 침해범으로서의 고의도 갖는다고 볼 수 있다.[2)] 본죄의 경우 생명·신체 또는 재산침해의 결과가 발생하면 공안문란의 위험성을 인정하여야 한다. 이에 따라 구체적 위험범으로서 공안문란의 고의 역시 침해의 고의인 사람의 생명·신체 또는 재산침해의 고의에 포함된다고 볼 수 있으므로 추가적으로 공안문란의 고의는 불필요하다.

(4) 위 법 성

폭발물파열죄는 폭발물이 허가된 토목·건설공사의 필요에 의해서나 경찰관들의 직무수행상 정상적이고 허용된 방법으로 사용될 때에는 위법성이 조각된다.

(5) 다른 범죄와의 관계

폭발물사용이 손괴의 결과를 발생시킨 경우에 본죄와 손괴죄는 상상적 경합관계[3)]에 있다. 마찬가지로 폭발물의 폭발 결과 화재가 발생한 경우에는 고의 유무에 따라 방화죄나 실화죄와의 상상적 경합관계가 인정된다. 폭발물을 사용한 결과 사람이 사망하거나 상해에 이른 때에는 이에 대한 고의(미필적 고의도 포함)가 인정되면 상해죄나 살인죄와 상상적 경합관계가 성립한다.

2. 전시폭발물사용죄

제119조【폭발물사용】 ② 전쟁, 천재 기타 사변에 있어서 전항의 죄를 범한 자는 사형 또는 무기징역에 처한다.
③ 미수범은 처벌한다.

---

1) 대판 1969. 6. 8, 69도832; 김일수/서보학, 565면; 배종대, 632면; 백형구, 442면; 오영근, 614면; 유기천(하), 270면; 이재상, 502면; 임 웅, 563면; 정성근/박광민, 557면.
2) Tröndle/Fischer, § 15 Rn. 11h; SK/Horn, vor § 306 Rn. 13, 14.
3) 백형구, 442면은 본죄만 성립한다고 본다.

본죄는 전쟁・천재 기타 사변중에 폭발물사용죄를 범한 경우의 가중적 구성요건이다. 전시란 상대국이나 교전단체에 대하여 선전포고를 하였거나 대적행위를 취한 때로부터 당해 상대국이나 교전단체에 대한 휴전협정이 성립된 때까지의 기간을 말한다(군형법 제2조 제6호). 사변이라 함은 전시에 준하는 동란상태로서 전국 또는 지역별로 계엄이 선포된 기간을 말한다(동법 제2조 제7호).

Ⅳ. 爆發物使用 豫備・陰謀・煽動罪

> 제120조【예비, 음모, 선동】 ① 전조 제1항, 제2항의 죄를 범할 목적으로 예비 또는 음모한 자는 2년 이상의 유기징역에 처한다. 단, 그 목적한 죄의 실행에 이르기 전에 자수한 때에는 그 형을 감경 또는 면제한다.
> ② 전조 제1항, 제2항의 죄를 범할 것을 선동한 자도 전항의 형과 같다.

본죄는 폭발물사용죄의 전단계인 예비・음모 및 선동행위를 처벌하는 구성요건이다. 즉 폭발물사용죄를 범할 목적으로 예비・음모를 하거나 선동하는 행위를 처벌한다. 예비행위는 폭발물을 사용하기 위한 준비행위로서 여기에는 제조행위나 소지행위도 포함될 수 있는데 전쟁시의 제조・소지행위는 전시폭발물제조죄(제121조)에 해당하므로 본죄의 적용을 받지 않는다. 본죄에서의 선동이란 폭발물을 사용하도록 대중의 감정을 부추기어 움직이게 하는 것을 말한다. 상대방이 이에 따라 움직였는가 여부는 묻지 않는다.

목적한 죄의 실행에 착수하기 전에 자수한 경우에는 형을 감경 또는 면제한다.

Ⅴ. 戰時・非常時 爆發物製造・輸入・輸出・授受・所持罪

> 제121조【전시폭발물제조 등】 전쟁 또는 사변에 있어서 정당한 이유 없이 폭발물을 제조, 수입, 수출, 수수 또는 소지한 자는 10년 이하의 징역에 처한다.

본죄는 전쟁 또는 사변시 정당한 이유 없이 폭발물을 제조・수입・수출・수수 또는 소지함으로써 성립한다. 정당한 이유란 법률이나 허가당국에 의하여 허가된 경우와 같이 위법성이 조각되는 요건을 의미한다.

제 3 절 放火와 失火의 罪

Ⅰ. 序 論

방화와 실화의 죄는 고의 또는 과실로 불을 놓아 현주건조물·공용건조물·일반건조물 또는 일반물건을 소훼(燒毁)하는 것을 내용으로 하는 죄이다. 이는 폭발물에 관한 죄, 일수와 수리에 관한 죄, 교통방해의 죄 및 음용수에 관한 죄와 마찬가지로 전형적인 공공위험범죄에 해당한다. 여기에서 공공의 위험이란 다수인의 생명·신체에 대한 위험 또는 타인의 재산에 대한 중대한 위험을 의미한다.

Ⅱ. 構成要件體系

형법상의 방화와 실화의 죄는 세 가지 유형으로 나눌 수 있는데 첫째 방화죄, 둘째 실화죄, 셋째 방화죄와 실화죄에는 포함되지는 않으나 공공의 위험발생과 관련이 있는 구성요건으로서 진화방해죄(제169조), 폭발성물건파열죄(제172조), 가스·전기 등 방류죄(제172조의 2), 가스·전기 등 공급방해죄(제173조)가 있다.[1]

고의범으로서 방화죄는 다시 현주건조물방화죄(제164조)와 공용건조물방화죄(제165조), 일반건조물방화죄(제166조), 일반물건방화죄(제167조)가 있다. 과실범인 실화죄는 실화죄(제170조)와 업무상 실화·중실화죄(제171조)가 있다. 본장의 과실범으로는 이 밖에도 과실폭발성물건파열죄, 과실가스·전기 등 방류죄, 과실가스·전기 등 공급방해죄(이상 제173조의 2)가 있다.

결과적 가중범으로는 현주건조물방화죄의 결과적 가중범인 현주건조물방화치사상죄(제164조 제 2 항), 자기소유의 일반건조물방화죄의 결과적 가중범인 연소죄(제168조), 폭발성물건파열죄의 결과적 가중범인 폭발성물건파열치상·치사죄(제172조 제 2 항), 가스·전기 등 방류죄의 결과적 가중범인 가스·전기 등 방류치상·치사죄(제172조의 2 제 2 항), 가스·전기 등 공급방해치상·치사죄(제173조 제 3 항)가 있다.

방화와 실화의 죄에 규정된 이상과 같은 구성요건체계는 현행 형법 내에서는 내용상 타당하지 않다. 그 이유는 폭발성물건파열죄는 가스·전기 등

1) 본장의 죄 가운데 방화죄와 실화죄 이외의 구성요건을 준방화죄라고 명명하는 것은 타당하지 않다. 개정형법에서 가스·전기 등 관련 구성요건이 신설되었기 때문이다.

관련 구성요건과 함께 본장의 죄가 아니라 폭발물에 관한 죄로 규정되어야 할 것이기 때문이다.[1)]

「산림자원의 조성 및 관리에 관한 법률」은 타인 소유의 산림 등에 방화한 자(제71조 제 1 항), 자기 소유의 산림 등에 방화한 자(제72조 제 1 항), 과실로 타인 소유의 산림을 불에 타게 한 자 또는 과실로 자기 소유의 산림을 불에 타게 하여 공공의 위험을 발생하게 한 자(제72조 제 3 항)에 대한 처벌을 규정하고 있다.

Ⅲ. 放 火 罪

1. 현주건조물 등 방화죄

제164조【현주건조물 등에의 방화】 ① 불을 놓아 사람이 주거로 사용하거나 사람이 현존하는 건조물, 기차, 전차, 자동차, 선박, 항공기 또는 광갱을 소훼한 자는 무기 또는 3년 이상의 징역에 처한다.
제174조【미수범】 제164조 제 1 항의 미수범은 처벌한다.

(1) 의 의

본죄는 불을 놓아 사람이 주거로 사용하거나 사람이 현존하는 건조물, 기차, 전차, 자동차, 선박, 항공기 또는 광갱을 소훼함으로써 성립하는 추상적 위험범이다. 이러한 행위객체는 행위객체로 열거된 재물 자체의 손실뿐만이 아니라 사람이 다치거나 사망할 가능성이 높기 때문에 무겁게 처벌하고 있다.

(2) 방화죄의 보호법익

본장의 죄의 보호법익에 대해서는 ① 공공위험죄라는 견해[2)]와, ② 공공위험죄의 성격과 함께 개인의 재산도 보호한다는 견해[3)]로 나뉜다. 전자의 견해에 의하면 방화죄는 자기물건에 대한 방화행위도 처벌받는 것처럼 공공의 안전 및 평온을 보호하기 위한 죄이며 재산범죄와는 구별된다는 견해이다. 후자의 견해는 재산을 소훼하여야 한다는 점에서 재산침해를 수반하기 때문에 재산범죄로서의 성격을 인정하여야 한다고 본다. 방화죄는 형법상 공공위험범죄로 규정되어 있다. 그러나 동시에 중대한 재산침해의 결과를 수반한다

1) 형법개정법률안에는 폭발물에 관한 죄의 장에 규정되어 있었다(「형법개정법률안 제안이유서」, 200면 이하 참조).
2) 김성천, 1106면; 이재상, 507면.
3) 대판 1983. 1. 18, 82도2341; 김일수/서보학, 576면; 배종대, 636면; 백형구, 411면; 오영근, 616면; 유기천(하), 19면; 이정원, 492면; 임 웅, 567면; 정영석, 112면; 정성근/박광민, 562면; 진계호, 652면.

는 점에서 재산범죄(손괴죄)로서의 성격을 인정하는 것이 타당하다.

> 미국에서는 방화죄(arson)를 공공위험범죄로 보기보다는 재산범죄(property crime)로 파악한다. 그리고 common law상의 방화죄와 실정법상의 방화죄(statutory arson)로 나뉘는데 전자의 방화죄는 타인의 주거에 대한 방화를 의미하며, 후자는 타인의 주거와 함께 자기의 주거 및 다른 건조물에 대한 방화까지도 포함하는 개념이다.

(3) 객관적 구성요건

1) 행위객체 사람이 주거에 사용하거나 사람이 현존하는 건조물, 기차, 전차, 자동차, 선박, 항공기 또는 광갱이다. 여기에서 사람이란 범인을 제외한 사람을 의미한다. 그러므로 범인이 혼자서 거주하는 집에 불을 놓은 경우에는 자기소유건조물방화죄(제166조 제 2 항)가 성립한다. 본죄의 행위객체는 처음부터 주거에 사용할 목적으로 제작되었을 필요는 없다. 주거에 사용하는 건조물의 부속건물도 여기의 건조물에 해당된다.

사람이 주거에 사용한다는 것은 행위자 이외의 사람이 일상생활의 장소로 사용하는 것을 말한다.[1] 사용한다는 것은 사실적 의미로 해석하여야 한다. 그러므로 주인이 사용하지 않고 버려 둔 농촌의 빈집이나 영업을 중단하고 문을 잠궈 둔 호텔[2]은 주거에 사용하는 건조물이라고 할 수 없다. 그러나 일시적인 사용도 주거에 사용하는 것이며, 방화행위시에 사람이 현존하고 있어야 하는 것도 아니다. 이러한 주거사용은 적법성을 요건으로 하지 않는다. 그러므로 불법점거중인 건조물에 방화를 하더라도 본죄에 해당된다.

사람이 현존한다는 것은 건조물 등 내부에 사람이 들어가 있는 상태를 말한다. 즉 방화시에 사람이 현존하면 평상시에 주거에 사용하는 건조물 등이 아니더라도 본죄의 행위객체에 해당된다.

건조물, 기차, 전차, 자동차, 항공기, 선박, 광갱은 통상적 의미로 이해하면 된다. 선박의 경우에는 선박의 크기가 문제되는 것이 아니라 선박이 사람의 주거용인가 여부 혹은 방화시에 사람이 현존하는가의 여부에 따라 판단한다. 전차에는 전철, 케이블카가 포함된다. 항공기는 사람이 탑승할 수 있는 크기의 것을 말하며, 자동차는 육상에서 원동기에 의하여 운전되는 차량을

1) 김성천, 1107면; 임 웅, 570면; 정영석, 120면.
2) BGH NStZ 1984, 455.

말한다.

2) 행 위 불을 놓아 목적물을 소훼하는 것이며 이를 방화라고 한다. 방화의 방법으로는 직접 목적물에 불을 놓거나 매개물을 통하여 불을 놓거나를 불문한다. 부작위에 의한 방화도 인정된다. 이 경우에는 행위자는 목적물의 소훼를 방지할 보증인 의무와 함께 이를 방지할 수 있는 가능성이 있어야 한다.[1]

이미 불에 타고 있는 목적물에 대한 방화죄도 인정된다는 견해[2]가 있다. 그러나 이 경우에는 처음의 방화행위가 기수에 이르렀다고 볼 수 없는 경우에 가능하다고 보아야 한다. 즉 추가적인 방화행위가 목적물의 소훼원인이 되었다고 볼 수 있을 때에 방화죄를 인정할 수 있다.

3) 방화죄의 착수 및 기수시기 방화죄의 실행의 착수는 방화행위로 인하여 연소작용이 계속될 수 있는 상태에 이르면 인정된다.

[판례] 방화죄에서 실행의 착수시기: 「매개물을 통한 점화에 의하여 건조물을 소훼함을 내용으로 하는 형태의 방화죄의 경우에, 범인이 그 매개물에 불을 켜서 붙였거나 또는 범인의 행위로 인하여 매개물에 불이 붙게 됨으로써 연소작용이 계속될 수 있는 상태에 이르렀다면, 그것이 곧바로 진화되는 등의 사정으로 인하여 목적물인 건조물 자체에는 불이 옮겨 붙지 못하였다고 하더라도, 방화죄의 실행의 착수가 있었다고 보아야 할 것이고, 구체적인 사건에 있어서 이러한 실행의 착수가 있었는지 여부는 범행 당시 피고인의 의사 내지 인식, 범행의 방법과 태양, 범행 현장 및 주변의 상황, 매개물의 종류와 성질 등의 제반 사정을 종합적으로 고려하여 판단하여야 한다.」[3]

방화죄의 기수시점에 대해서는 다음과 같은 학설대립이 있다.

(i) 독립연소설 독립연소설에서는 불이 매개물을 떠나 목적물에서 독립하여 연소할 수 있는 상태에 이르렀을 때 방화죄의 기수를 인정한다.[4] 독립연소만으로도 공공의 위험이 야기된다는 점이 그 이유이다.

1) Tröndle/Fischer, § 306 Rn. 6.
2) Tröndle/Fischer, § 306 Rn. 6; Welzel, Strafrecht, 454.
3) 대판 2002. 3. 26, 2001도6641(피고인이 방화의 의사로 뿌린 휘발유가 주택 주변과 피해자의 몸에 살포되어 있는 사정을 알면서도 라이터를 켜 불꽃을 일으킴으로써 피해자의 몸에 불이 붙은 경우, 비록 외부적 사정에 의하여 불이 방화 목적물인 주택 자체에 옮겨 붙지 않았어도 현주건조물방화죄의 실행의 착수가 인정된다).
4) 대판 1970. 3. 24, 70도330; 배종대, 639면; 이재상, 514면; 이정원, 498면. BGHSt 16, 109; 18, 363; Welzel, Strafrecht, 454. 김일수/서보학, 581면은 추상적 위험범인 방화죄에서는 독립연소설을, 구체적 위험범인 방화죄에서는 중요부분연소개시설을 지지한다.

(ii) **효용상실설** 목적물의 중요부분이 연소되어 본래의 효용을 상실한 때에 방화죄의 기수를 인정하는 견해이다.[1] 방화죄의 기수를 가장 좁게 인정하는 학설로서 과거의 목조건물을 대상으로 할 때에는 의미가 있었으나 현재의 건조물 형태나 건축자재에 비추어 보아서는 기수를 인정하는 시점이 너무 늦다고 볼 수 있다.

(iii) **중요부분연소개시설** 독립하여 연소하더라도 목적물의 중요부분에 연소가 개시되어야 한다고 보는 견해이다.[2] 중요부분의 예로는 건물바닥, 방의 내벽, 창문틀, 실내계단을 들 수 있다.[3] 중요부분연소는 독립연소보다 좁은 개념이다.

(iv) **일부손괴설** 목적물의 일부분에 손괴가 있을 때에 방화죄의 기수를 인정하는 견해이다.[4] 방화죄가 공공위험죄 이외에 재산범죄로서의 성질도 함께 갖고 있다는 점을 그 이유로 든다. 여기에서의 일부손괴는 효용상실보다 넓은 개념이다.

(v) **결 론** 본죄의 기수시점은 목적물에 불을 놓아 화재가 방화자의 통제를 벗어나 개인에 의한 통상적인 방법으로는 소화가 불가능하고 전문적인 소방작업을 통해서만 소화가 가능한 상태에 도달한 때로 보는 것이 타당하다. 이러한 관점에서는 목적물의 효용상실이라던가 중요부분연소 여부, 그리고 목적물의 손괴 여부는 중요한 판단기준이 되지 않는다. 이러한 견해들은 모두 화재의 정도를 기준으로 삼는 것이 아니라 목적물의 상실정도를 기준으로 하고 있기 때문이다. 그러나 방화죄는 행위자의 방화행위를 기준으로 미수와 기수를 구별하여야 한다. 이러한 관점에 가장 가까운 견해는 독립연소설이라고 볼 수 있다.

(4) 주관적 구성요건

방화죄가 성립하기 위해서는 불을 놓아 사람이 주거에 사용하거나 현존하는 건조물 등을 소훼한다는 (미필적) 고의가 있어야 한다. 주거사용 여부나 사람의 현존 여부에 대하여 착오를 일으킨 경우에는 구성요건의 착오로서 고의를 조각한다(일반건조물 등 방화죄 성립).

1) 백형구, 416면; 유기천(하), 25면; 정영석, 119면.
2) 진계호, 627면; 황산덕, 108면.
3) BGHSt 6, 107.
4) 오영근, 621면; 임 웅, 573면; 정성근/박광민, 571면.

2. 현주건조물 방화치상죄, 현주건조물 방화치사죄

제164조【현주건조물 등에의 방화】 ② 제 1 항의 죄를 범하여 사람을 상해에 이르게 한 때에는 무기 또는 5년 이상의 징역에 처한다. 사망에 이르게 한 때에는 사형, 무기 또는 7년 이상의 징역에 처한다.

본죄는 현주건조물 등 방화죄를 범하여 사람을 상해에 이르게 하거나(전단), 사망하게 한 경우(후단)에 성립한다. 본죄는 현주건조물 등에 대한 방화로 인하여 과실로 사망이나 상해의 결과를 초래한 경우뿐만 아니라, 살해나 상해의 고의를 가지고 현주건조물 등에 방화하는 경우에도 성립한다(부진정 결과적 가중범).

[판례] "현주·현존건조물방화치상죄와 같은 이른바 부진정결과적 가중범은 예견가능한 결과를 예견하지 못한 경우뿐만 아니라 그 결과를 예견하거나 고의가 있는 경우까지도 포함하는 것이므로… 사람이 현존하는 건조물을 방화하는 집단행위의 과정에서 일부 집단원이 고의행위로 살상을 가한 경우에도 다른 집단원에게 그 사상의 결과가 예견가능한 것이었다면 다른 집단원도 그 결과에 대하여 현존건조물방화치사상의 책임을 면할 수 없는 것인바, 피고인을 비롯한 집단원들이 당초 공모시 쇠파이프를 소지한 방어조를 운용하기로 한 점에 비추어 보면 피고인으로서는 이 사건 건물을 방화하는 집단행위의 과정에서 상해의 결과가 발생하는 것도 예견할 수 있었다고 보이므로, 이 점에서도 피고인을 현존건조물방화치상죄로 의율할 수 있다"고 판시하였다.[1]

이와 같은 해석은 만일 본죄가 아니라 살인죄와 현주건조물방화죄의 상상적 경합을 인정할 경우 초래되는 형량의 불균형을 바로잡기 위한 목적에서이다.[2] 입법론적으로는 살인이나 상해의 고의를 포함하는 형식으로 개정할 필요가 있다.

중한 결과에 대하여 과실이 있는 경우에는 과실범으로서의 성립요건을 갖추어야 한다(인과관계, 객관적 귀속 등).

3. 공용건조물 등 방화죄

제165조【공용건조물 등에의 방화】 불을 놓아 공용 또는 공익에 공하는 건조물, 기차, 전차, 자동차, 선박, 항공기 또는 광갱을 소훼한 자는 무기 또는 3년 이상의 징역에 처한다.

1) 대판 1996. 4. 12, 96도215.
2) 이에 대해서는 박상기, 형법총론, 결과적 가중범을 참조할 것.

> 第174조【미수범】 제165조의 미수범은 처벌한다.

본죄는 불을 놓아 공용 또는 공익에 이용되는 건조물 등을 소훼하는 추상적 위험범이다. 행위객체는 공용 또는 공익에 이용되는 건조물, 기차, 전차, 자동차, 선박, 항공기 또는 광갱이다. 그러나 이러한 목적물이 사람의 주거에 사용되는 경우에는 본죄가 아니라 현주건조물 등 방화죄에 해당한다. 공용 또는 공익에 사용되는 이상 목적물의 소유자가 개인이더라도 본죄에 해당된다.

본죄의 미수범은 처벌하며, 목적물이 독립연소에 이르지 못한 때에 성립한다.

4. 일반건조물 등 방화죄

> 第166조【일반건조물 등에의 방화】 ① 불을 놓아 전 2 조에 기재한 이외의 건조물, 기차, 전차, 자동차, 선박, 항공기 또는 광갱을 소훼한 자는 2년 이상의 유기징역에 처한다.
> ② 자기소유에 속하는 제 1 항의 물건을 소훼하여 공공의 위험을 발생하게 한 자는 7년 이하의 징역 또는 1천만원 이하의 벌금에 처한다.
> 第174조【미수범】 제166조 제 1 항의 미수범은 처벌한다.

본죄는 현주건조물 등 방화죄 및 공용건조물 등 방화죄의 행위객체에 해당되지 않는 건조물, 기차, 전차, 자동차, 선박, 항공기 또는 광갱을 소훼한 경우에 성립한다. 제 1 항은 추상적 위험범에 속하고, 제 2 항은 구체적 위험범이다.

자기소유건조물 등 방화죄(제2항)의 경우 자기의 소유물에 불을 놓는 행위 자체는 처벌할 필요가 없다고도 볼 수 있으나, 방화행위의 특성에 비추어 비록 자기소유물이라 하더라도 방화행위가 공공의 위험을 발생하게 할 가능성이 있으므로 이러한 때에는 처벌하는 것이다. 무주물도 자기소유에 준하여 판단한다.[1] 그리고 자기소유에 속하는 물건이라도 압류 기타 강제처분을 받거나 타인의 권리 또는 보험의 목적물이 된 때에는 타인의 물건으로 간주하므로 제 1 항이 적용된다(제176조). '타인의 권리'는 전세권, 질권, 저당권, 지상권, 양도담보권, 임차권 등을 말하며, 점유권은 포함하지 않는다. 보험에는 화재

1) 김성천, 1113면; 오영근, 627면; 유기천(하), 34면; 이재상, 519면; 이정원, 501면; 임웅, 580면; 정성근/박광민, 577면. 이와 달리 일반물건방화죄(제167조 제 1 항)에 해당한다는 견해도 있다(백형구, 422면).

보험, 운송보험, 해상보험을 포함한다.

5. 일반물건방화죄

> 第167조 【일반물건에의 방화】 ① 불을 놓아 전 3 조에 기재한 이외의 물건을 소훼하여 공공의 위험을 발생하게 한 자는 1년 이상 10년 이하의 징역에 처한다.
> ② 제 1 항의 물건이 자기의 소유에 속한 때에는 3년 이하의 징역 또는 700만원 이하의 벌금에 처한다.

본죄는 불을 놓아 현주건조물 등 방화죄, 공용건조물 등 방화죄, 일반건조물 등 방화죄의 행위객체 이외의 물건(예: 옥외에 설치한 전기·전화설비, 학교의 책상·걸상, 길가에 세워 둔 자동판매기나 현금인출기 등)을 소훼하는 경우에 성립하는 구체적 위험범이다. 행위객체가 자기소유에 속하는 물건일 경우(자기소유 일반물건방화죄)에는 형을 감경한다(제 2 항). 또한 행위객체가 타인의 소유일지라도 소유자가 소훼행위를 승낙한 경우에는 자기소유물과 동일하게 보아 제 2 항을 적용한다. 반면에 자기의 소유에 속하는 물건이라도 압류 기타 강제처분을 받거나 타인의 권리 또는 보험의 목적이 된 때에는 타인의 물건으로 간주한다(제176조). 그러므로 이 경우에는 제 1 항이 적용된다.

현재 소유자가 없는 물건인 무주물을 소훼하여 공공의 위험을 발생하게 한 경우에는 '무주물'을 '자기 소유의 물건'에 준하는 것으로 보아 자기소유일반물건방화죄(제167조 제 2 항)로 처벌한다.[1] 무주물에 방화하는 경우에 타인의 재산권을 침해하지 않는 점은 자기의 소유에 속한 물건을 방화하는 경우와 마찬가지인 점, 무주의 동산을 소유의 의사로 점유하는 경우에 소유권을 취득하는 것에 비추어(민법 제252조) 무주물에 방화하는 행위는 그 무주물을 소유의 의사로 점유하는 것이라고 볼 여지가 있다는 점 등이 그 이유이다.

Ⅳ. 延 燒 罪

> 第168조 【연소】 ① 第166조 제 2 항 또는 전조 제 2 항의 죄를 범하여 第164조, 第165조 또는 第166조 제 1 항에 기재한 물건에 연소한 때에는 1년 이상 10년 이하의 징역에 처한다.
> ② 전조 제 2 항의 죄를 범하여 전조 제 1 항에 기재한 물건에 연소한 때에는 5년 이하의 징역에 처한다.

1) 대판 2009. 10. 15, 2009도7421.

본죄는 자기소유 일반건조물 또는 자기소유 일반물건에 대한 방화행위로 인하여 타인소유의 건조물 등에 불이 옮겨 붙은 경우(연소)에 성립한다. 즉 본죄는 진정결과적 가중범이며 부진정신분범이다. 그러므로 타인소유의 건조물 등이 연소된 데 대하여 과실이 인정되어야 한다.

V. 鎭火妨害罪

> **第169조【진화방해】** 화재에 있어서 진화용의 시설 또는 물건을 은닉 또는 손괴하거나 기타 방법으로 진화를 방해한 자는 10년 이하의 징역에 처한다.

1. 의 의

본죄는 화재가 발생한 경우에 진화용의 시설이나 물건을 은닉 또는 손괴하거나 기타 방법으로 진화를 방해하는 경우에 성립한다. 본죄는 추상적 위험범이므로 진화를 방해하는 행위가 있으면 성립하며 현실적인 진화방해의 결과를 필요로 하지 않는다.

2. 객관적 구성요건

(1) 행위객체

진화용의 시설이나 물건이다. 즉 각종의 소화장비를 의미한다. 예를 들면 소화전, 소방차, 소화기, 소방사다리 등이 있다. 이들 물건이 행위자 소유이더라도 본죄의 행위객체에 해당한다.

(2) 행 위

은닉 또는 손괴하는 것이다. 본죄에서 은닉이란 진화장비의 발견을 불가능 또는 곤란하게 하는 것을 말한다. 그리고 손괴란 진화장비를 사용할 수 없도록 만드는 것을 말한다. 손괴나 은닉 이외에 기타 방법에 의한 진화방해행위도 해당된다. 그러므로 화재현장에 진입하려는 소방차의 통행을 막아선다든지 화재신고를 하지 못하도록 제지하는 행위, 소방관이 진화활동을 하지 못하도록 체포하거나 폭행·협박하는 행위도 진화방해행위에 해당한다.

진화방해는 부작위에 의해서도 가능하다. 그러므로 화재가 발생하였는데도 소방도로를 점거한 채 길을 내주지 않는다든가, 진화장비의 소재를 알려주어야 할 의무가 있음에도 불구하고 이를 알려 주지 않는 행위는 부작위에 의한 진화방해에 해당된다.

3. 주관적 구성요건

본죄의 행위자는 화재발생을 인식하고 진화를 방해한다는 사실에 대한 고의가 있어야 한다.

Ⅵ. 爆發性物件破裂罪 및 破裂致傷·致死罪

> 제172조【폭발성물건파열】 ① 보일러, 고압가스 기타 폭발성 있는 물건을 파열시켜 사람의 생명, 신체 또는 재산에 대하여 위험을 발생시킨 자는 1년 이상의 유기징역에 처한다.
> ② 제 1 항의 죄를 범하여 사람을 상해에 이르게 한 때에는 무기 또는 3년 이상의 징역에 처한다. 사망에 이르게 한 때에는 무기 또는 5년 이상의 징역에 처한다.
> 제174조【미수범】 제172조 제 1 항의 미수범은 처벌한다.

1. 폭발성물건파열죄

본죄는 보일러, 고압가스 기타 폭발성 있는 물건을 파열시켜 사람의 생명, 신체 또는 재산에 대하여 위험을 발생시킴으로써 성립한다(제172조 제1항). 구체적 위험범이며, 본죄의 미수범은 처벌한다(제174조). 본죄의 행위객체인 폭발성물건이란 폭발물(제119조 참조)은 아니지만 이와 유사한 폭발력을 지닌 물건으로서 이를 고의로 폭발시키는 행위를 처벌하기 위한 것이다. 본죄는 폭발성물건파열 행위 자체를 처벌하는 것이다.

미수범은 폭발성 있는 물건 등의 파열이 미수에 그친 경우 또는 이를 파열시켰으나 위험발생에 이르지 않은 때에 인정된다.

2. 폭발성물건파열치상·치사죄

본죄는 제 1 항의 죄에 대한 진정결과적 가중범이다. 즉 제 1 항의 죄를 범하여 사람을 상해나 사망에 이르게 한 때에 성립한다(제172조 제2항). 결과적 가중범이므로 중한 결과에 대한 과실이 있어야 한다는 점에서는 결과적 가중범의 일반이론과 다름없다. 폭발성물건파열치사죄는 형량비교상 부진정결과적 가중범이 아니다. 반면에 폭발성물건파열치상죄는 부진정결과적 가중범이다. 그러므로 상해의 고의로 폭발성물건을 파열시켜 사람을 상해에 이르게 한 경우에는 상해죄와 폭발성물건파열죄가 아니라 폭발성물건파열치상죄와의 상상적 경합이 인정된다(본죄의 적용).

Ⅶ. 가스·電氣 등 放流 및 放流致傷·致死罪

제172조의 2【가스·전기 등 방류】 ① 가스, 전기, 증기 또는 방사선이나 방사성물질을 방출, 유출 또는 살포시켜 사람의 생명, 신체 또는 재산에 대하여 위험을 발생시킨 자는 1년 이상 10년 이하의 징역에 처한다.
② 제 1 항의 죄를 범하여 사람을 상해에 이르게 한 때에는 무기 또는 3년 이상의 징역에 처한다. 사망에 이르게 한 때에는 무기 또는 5년 이상의 징역에 처한다.
제174조【미수범】 제172조의 2 제 1 항의 미수범은 처벌한다.

가스, 전기, 증기 또는 방사선이나 방사선물질을 방출, 유출 또는 살포시켜 사람의 생명·신체 또는 재산에 대하여 위험을 발생하게 함으로써 성립하는 구체적 위험범이다(제1항). 가스나 전기, 방사선과 같이 사용이 급증하고 있으면서도 위험성이 많은 물질에 대한 신설구성요건이다. 방사선이나 방사성물질의 개념은 원자력법(제2조 제5호·제7호)에 의한다. 행위방법은 이들 물질을 방출, 유출, 살포하는 것이다. 살포는 분말상태나 미립자상태의 방사성물질을 흩어뿌리는 것과 함께 방사성물질을 방치하여 분말 또는 미립자가 자연히 날아대기중에 흩어지도록 두는 것을 포함한다.[1)] 본죄의 미수범은 처벌한다.

가스·전기 등 방류치상·치사죄(제2항)는 제 1 항의 죄에 대한 결과적 가중범이다. 구체적으로는 가스·전기 등 방류치상죄는 상해의 고의가 있는 경우에도 성립하는 부진정결과적 가중범이고, 동치사죄는 과실의 경우에만 성립하는 진정결과적 가중범이다.[2)]

Ⅷ. 가스·電氣 등 供給妨害罪 및 供給妨害致傷·致死罪

제173조【가스·전기 등 공급방해】 ① 가스, 전기 또는 증기의 공작물을 손괴 또는 제거하거나 기타 방법으로 가스, 전기 또는 증기의 공급이나 사용을 방해하여 공공의 위험을 발생하게 한 자는 1년 이상 10년 이하의 징역에 처한다.
② 공공용의 가스, 전기 또는 증기의 공작물을 손괴 또는 제거하거나 기타 방법으로 가스, 전기 또는 증기의 공급이나 사용을 방해한 자도 전항의 형과 같다.
③ 제 1 항 또는 제 2 항의 죄를 범하여 사람을 상해에 이르게 한 때에는 2년 이상의 유기징역에 처한다. 사망에 이르게 한 때에는 무기 또는 3년 이상의 징역에 처한다.
제174조【미수범】 제173조 제 1 항과 제 2 항의 미수범은 처벌한다.

1) 법무부, 「형법개정법률안 제안이유서」, 202면.
2) 백형구, 422면은 이를 모두 진정결과적 가중범으로 본다.

본죄는 가스, 전기 또는 증기를 공급하는 공작물을 손괴 또는 제거하거나 기타 방법으로 이들의 공급이나 사용을 방해하여 공공의 위험을 발생하게 하는 것을 처벌하는 것이다(제1항). 구체적 위험범이므로 이들 물질을 공급하는 공작물을 손괴 또는 제거하거나 기타 방법으로 공급이나 사용을 방해하는 것만으로는 본죄가 성립하지 않는다.

제 2 항은 행위객체가 공공용으로 제한되어 있으며, 추상적 위험범으로 규정되어 있다. 그러므로 공공의 위험발생은 구성요건요소가 아니다. 수돗물은 본죄의 행위객체에 해당하지 않으므로 수도관을 손괴, 제거하거나 공급을 방해하는 행위는 수도불통죄(제195조)에 해당한다.

제 1 항과 제 2 항의 미수범은 처벌한다.

제 3 항은 제 1 항 및 제 2 항의 죄에 대한 결과적 가중범이다. 구체적으로는 상해의 결과가 발생한 때에는 고의에 의한 경우도 포함하는 부진정결과적 가중범이라고 보아야 하며(전단), 사망의 결과가 발생한 때에는 과실에 의한 경우만을 포함하는 진정결과적 가중범이라고 보아야 한다(후단). 그렇지 않을 경우 상해의 고의로 제 1 항의 죄를 범하면 상해죄와의 상상적 경합을 인정하게 되어 제 3 항 전단의 형(무기 또는 3년 이상의 징역)이 아니라 제 1 항의 형(1년 이상 10년 이하의 징역)을 적용하게 된다. 즉 상해의 결과가 과실로 발생하였을 때에 제 3 항 전단이 적용되는 경우와 비교할 때 현저한 양형상의 불균형이 발생하게 되는 것이다.

Ⅸ. 豫備·陰謀罪

> 제175조【예비, 음모】 제164조 제 1 항, 제165조, 제166조 제 1 항, 제172조 제 1 항, 제172조의 2 제 1 항, 제173조 제 1 항과 제 2 항의 죄를 범할 목적으로 예비 또는 음모한 자는 5년 이하의 징역에 처한다. 단, 그 목적한 죄의 실행에 이르기 전에 자수한 때에는 그 형을 감경 또는 면제한다.

본죄는 현주건조물 등 방화죄, 공용건조물 등 방화죄, 타인소유 일반건조물방화죄, 폭발성물건파열죄, 가스·전기 등 방류죄, 가스·전기 등 공급방해죄를 범할 목적으로 예비·음모함으로써 성립한다. 단 그 목적한 죄의 실행에 이르기 전에 자수한 때에는 그 형을 감경 또는 면제한다.

X. 失火罪

1. 단순실화죄

> **第170조【실화】** ① 과실로 인하여 제164조 또는 제165조에 기재한 물건 또는 타인의 소유에 속하는 제166조에 기재한 물건을 소훼한 자는 1천 500만원 이하의 벌금에 처한다.
> ② 과실로 인하여 자기의 소유에 속하는 제166조 또는 제167조에 기재한 물건을 소훼하여 공공의 위험을 발생하게 한 자도 전항의 형과 같다.

(1) 의 의

실화죄는 과실로 제164조, 제165조 또는 타인의 소유에 속한 제166조의 물건을 소훼하거나 자기의 소유에 속하는 제166조 또는 제167조에 기재한 물건을 소훼하여 공공의 위험을 발생하게 한 때에 성립하는 범죄이다. 본죄는 방화죄에 대한 과실범의 형태이며 제 1 항은 추상적 위험범, 제 2 항은 구체적 위험범이다.

(2) 구성요건

본죄의 구성요건으로서 문제되는 것은 행위객체의 범위이다. 제 1 항의 행위객체는 소유자를 불문하고 현주건조물 등이나 공용건조물 등과 타인의 소유에 속한 제164조 내지 제165조 이외의 일반건조물이다. 제 2 항이 규정하는 행위객체는「자기의 소유에 속하는 제166조 또는 제167조에 기재한 물건」이다. 대법원은 이를「자기의 소유에 속하는 제166조에 기재한 물건 또는 자기의 소유에 속하든, 타인의 소유에 속하든 불문하고 제167조에 기재한 물건」을 의미하는 것이라고 본다.[1] 그 이유로는「제170조 제 1 항과 제 2 항의 관계로 보아서도 제166조에 기재한 물건(일반건조물 등) 중 타인의 소유에 속하는 것에 관하여 규정하고, 제167조에 기재한 물건에 관하여는 소유의 귀속을 불문하고 그 대상으로 삼아 규정하고 있는 것이라고 봄이 관련조문을 전체적, 종합적으로 해석하는 방법」이며, 이러한 해석은「법규정의 가능한 의미를 벗어나 법형성이나 법창조행위에 이른 것이라고 할 수 없어 죄형법정주의의 원칙상 금지되는 유추해석이나 확장해석에 해당한다고 볼 수 없을 것」이라고 판시하였다.[2] 이에 대해서는 대법원의 입장은 과도한 목적론적 해석

1) 대결 1994. 12. 20, 94모32(전원합의체).

2) 이 판결에 찬성하는 견해로는 이재상,「1995년도 형사판례회고」, 형사판례연구(4), 408면 참조.

으로서 죄형법정주의의 원칙상 금지되는 유추해석에 의한 법흠결의 보충이라는 비판이 있다.[1)]

대법원의 판결은 결론적으로 타당하다고 보며 형법해석의 한계를 넘어선 것이라고 볼 수 없다. 즉 제170조 제 2 항이「자기의 소유에 속하는」제166조에 기재한 물건이라고 규정한 것은 제170조 제 1 항이 규정하는「타인의 소유에 속하는」제166조에 기재한 물건에 대응하는 것이다(즉 이 규정으로 인하여 제166조에 기재한 물건은 모두 실화죄의 행위객체에 포함된다). 그리고 문제가 되는 제 2 항의「제167조에 기재한 물건」이란 우선 제167조에 기재한 물건은 제164조에서 제166조까지 기재된 물건보다 방화로 인한 위험발생의 정도가 낮기 때문에 형량이 가벼운 대상물이며, 이는 제167조가 규정하는 바와 같이 그 소유주가 누구이건 간에 형량의 차이는 있지만 처벌대상이 된다. 그러므로 제170조 제 2 항에서 말하는「제167조에 기재한 물건」을 굳이 앞서 규정된「자기의 소유에 속하는」제166조에 기재한 물건과 동일한 수식을 받는 대상물로서 자기의 소유에 속하는 경우로만 제한해석할 필요가 없는 것이다(이에 따르면 제170조 제 2 항이 규정하는 행위객체는 제170조 제 1 항 후단에 대응하여「자기의 소유에 속하는 제166조에 기재한 물건이거나 제167조 제 1 항, 제 2 항에 기재한 물건」으로 볼 수 있다).

(3) 과실의 경합과 실화죄

공동의 과실이 경합되어 화재가 발생한 경우에 적어도 각 과실이 화재의 발생에 대하여 하나의 조건이 된 이상은 그 공동적 원인을 제공한 각자에 대하여 실화죄의 죄책을 물어야 한다.[2)] 그러나 이러한 결론이 과실범의 공동정범을 인정한 것은 아니다. 과실범의 공동정범은 과실행위가 없는 자에게도 공동정범을 인정하기 때문이다.

2. 업무상 실화죄 · 중실화죄

> **제171조【업무상 실화, 중실화】 업무상 과실 또는 중대한 과실로 인하여 제170조의 죄를 범한 자는 3년 이하의 금고 또는 2천만원 이하의 벌금에 처한다.**

1) 이 판결에 대한 평석으로는 김영환,「형법해석의 한계 — 허용된 해석과 금지된 유추와의 상관관계」, 형사판례연구(4), 1면 이하 참조.

2) 대판 1983. 5. 10, 82도2279(피고인들이 업무상 주의의무에 위반하여 도정공장 내에 설치되어 있는 백열전구에 종이류로 된 전등갓을 설치하였고 또한 이를 그대로 방치하였다가 뒤늦게 제거하는 과정에서 떨어진 불티로 인하여 발생한 것이라면 피고인들은 각자 업무상 실화죄의 죄책을 진다).

본죄는 업무상 과실 또는 중대한 과실로 인하여 실화죄를 범한 경우에 성립한다.

(1) 업무상 실화죄

본죄의 업무는 직무로서 화기로부터의 안전을 배려하여야 할 사회생활상의 지위를 말한다.[1] 이 경우에 화재의 원인이 된 화기를 직접 취급하는 것뿐만 아니라 화재의 발견·방지 등의 업무까지지도 포함한다.[2]

(2) 중실화죄

중실화는 행위자가 극히 작은 주의를 하였더라도 결과발생을 예견할 수 있었는 데도 부주의로 이를 예견하지 못한 경우를 말한다.[3] 예를 들면 인화물질을 취급하는 주유소나 공장에서 근무하는 자가 인화물질 옆에서 담배를 피우는 것이 여기에 해당한다.

3. 과실폭발성물건파열 등의 죄

> 제173조의 2【과실폭발성물건파열 등】 ① 과실로 제172조 제1항, 제172조의 2 제1항, 제173조 제1항과 제2항의 죄를 범한 자는 5년 이하의 금고 또는 1천500만원 이하의 벌금에 처한다.

본죄는 과실로 보일러, 고압가스, 기타 폭발성 있는 물건을 파열시켜 사람의 생명·신체 또는 재산에 대하여 위험을 발생시킨 경우(제172조 제1항), 가스, 전기, 증기 또는 방사선이나 방사성물질을 방출, 유출 또는 살포시켜 사람의 생명, 신체 또는 재산에 대하여 위험을 발생시킨 경우(제172조의 2 제1항), 가스, 전기 또는 증기의 공작물을 손괴 또는 제거하거나 기타 방법으로 가스, 전기 또는 증기의 공급이나 사용을 방해하여 공공의 위험을 발생하게 한 경우(제173조 제1항. 공공용의 경우에는 제2항)에 성립하는 죄이다.

4. 업무상 과실·중과실폭발성물건파열 등의 죄

> 제173조의 2【과실폭발성물건파열 등】 ② 업무상 과실 또는 중대한 과실로 제1항의 죄를 범한 자는 7년 이하의 금고 또는 2천만원 이하의 벌금에 처한다.

업무상 과실 또는 중대한 과실로 과실폭발성물건파열죄의 죄를 범한 경우에 성립하는 죄이다. 업무라는 지위로 인하여 형이 가중된 구성요건이다.

1) 대판 1988. 10. 11, 88도1273.
2) 대판 1983. 5. 10, 82도2279.
3) 대판 1988. 8. 23, 88도855; 1989. 1. 17, 88도643.

제 4 절 溢水와 水利에 관한 罪

Ⅰ. 序 論

일수와 수리에 관한 죄는 방화죄 및 실화죄와 마찬가지로 공공위험죄에 해당한다. 양자 모두 물에 의하여 공공의 위험을 야기시킨다는 점 및 결과적으로 재산피해를 수반한다는 점에서 불에 의한 방화죄 및 실화죄와 비교된다. 그러므로 구성요건체계도 일수죄와 방화죄는 유사하다.[1] 일수죄는 행위객체에 따라 타인소유인 경우에는 추상적 위험범이고(제177조 제1항, 제178조, 제179조 제1항), 자기소유물건에 대한 일수죄는 구체적 위험범이다(제179조 제2항). 일수죄의 기본적 구성요건은 일반건조물 등 일수죄(제179조)이다. 이에 대하여 행위객체로 인한 가중적 구성요건인 현주건조물 등 일수죄(제177조) 및 공용건조물 등 일수죄(제178조)가 있다.

한편 수리방해죄(제184조)는 공공위험을 방지하기 위한 것이라기보다는 농업, 목축 등을 위한 물의 이용권인 수리권을 보호하기 위한 구성요건에 해당한다는 점에서 일수죄와 성질을 달리한다.

Ⅱ. 溢 水 罪

1. 현주건조물 등 일수·일수치상·치사죄

> 제177조【현주건조물 등에의 일수】 ① 물을 넘겨 사람의 주거에 사용하거나 사람의 현존하는 건조물, 기차, 전차, 자동차, 선박, 항공기 또는 광갱을 침해한 자는 무기 또는 3년 이상의 징역에 처한다.
> ② 제1항의 죄를 범하여 사람을 상해에 이르게 한 때에는 무기 또는 5년 이상의 징역에 처한다. 사망에 이르게 한 때에는 무기 또는 7년 이상의 징역에 처한다
> 제182조【미수범】 미수범은 처벌한다.

본죄는 물을 넘겨 사람의 주거에 사용하거나 사람의 현존하는 건조물·기차·전차·자동차·선박·항공기 또는 광갱을 침해함으로써 성립하는 추상

1) 현주건조물 등 일수죄와 현주건조물 등 방화죄, 공용건조물 등 일수죄와 공용건조물 등 방화죄, 일반건조물 등 일수죄와 일반건조물 등 방화죄, 방수방해죄와 진화방해죄, 과실일수죄와 실화죄를 비교하면 이를 알 수 있다.

적 위험범이다.

물을 넘긴다(일수)는 것은 제방 등에 의하여 수계 내에서 통제되어 있는 물을 수계 밖으로 방출시켜 통제를 불가능하게 하는 것을 말한다. 이로 인하여 물이 범람하고 공공의 안전과 재산상의 피해를 일으키게 되는 것이다. 일수의 방법에는 제한이 없으므로 제방을 파괴하거나 수문을 열어 놓는 행위는 이에 해당한다. 이러한 일수행위로 인하여 목적물을 침해하여야 하는데 침해정도에 대해서는 효용의 상실에 이를 것을 필요로 한다는 견해[1]가 있으나, 방화죄에서 독립연소설과 마찬가지로 목적물의 효용상실을 필요로 하지 않으며 목적물 일부에 대한 효용의 감소정도로도 본죄에 해당한다고 보아야 한다.[2]

본죄의 실행의 착수시점은 물을 넘기는 행위를 한 때이다. 물을 넘겼더라도 목적물의 침해에 이르지 못한 경우에는 미수범으로 처벌한다.

제 2 항 전단은 부진정결과적 가중범이다. 이는 현주건조물 등 방화치상죄와 동일하다. 그러므로 중한 결과에 대한 고의가 있더라도 본죄에 해당한다. 반면에 후단의 경우에는 진정결과적 가중범이라고 보더라도 양형상의 불균형이 없다.

본죄의 미수범은 처벌한다. 이는 기본범죄인 현주건조물 등에의 일수행위가 미수인 상태에서 상해나 사망의 결과가 발생한 경우에 미수범으로 처벌한다는 것이다.

2. 공용건조물 등 일수죄

제178조【공용건조물 등에의 일수】 물을 넘겨 공용 또는 공익에 공하는 건조물, 기차, 전차, 자동차, 선박, 항공기 또는 광갱을 침해한 자는 무기 또는 2년 이상의 징역에 처한다.
제182조【미수범】 미수범은 처벌한다.

본죄의 행위객체에 해당하는 공용 또는 공익건조물이라 하더라도 현주건조물이거나 사람이 주거에 사용하는 건조물 등인 경우에는 본죄가 아니라 현주건조물 등 일수죄에 해당한다. 행위객체는 현주건조물 등 방화죄와 동일하다.

1) 유기천(하), 45면; 정영석, 135면.
2) 김성천, 1125면; 김일수/서보학, 595면; 배종대, 654면; 이재상, 529면; 임 웅, 597면; 정성근/박광민, 591면.

3. 일반건조물 등 일수죄

제179조【일반건조물 등에의 일수】 ① 물을 넘겨 전 2 조에 기재한 이외의 건조물, 기차, 전차, 자동차, 선박, 항공기 또는 광갱 기타 타인의 재산을 침해한 자는 1년 이상 10년 이하의 징역에 처한다.
② 자기의 소유에 속하는 전항의 물건을 침해하여 공공의 위험을 발생하게 한 때에는 3년 이하의 징역 또는 700만원 이하의 벌금에 처한다.
③ 제176조의 규정은 본조의 경우에 준용한다.
제182조【미수범】 미수범은 처벌한다.

본죄는 물을 넘겨 현주 또는 공용의 건조물 · 기차 · 전차 · 자동차 · 선박· 항공기 · 광갱 및 기타 타인의 재산을 침해함으로써 성립한다. 제 1 항은 목적물이 타인소유인 추상적 위험범이며(미수범 처벌), 제 2 항은 자기소유목적물인 구체적 위험범이다. 타인의 재산은 현주건조물 등 일수죄나 일반건조물 등 일수죄에 해당하는 목적물 이외의 물건을 말한다. 기타의 구성요건은 일반건조물 등 방화죄와 같다.

4. 일수예비 · 음모죄

제183조【예비, 음모】 제177조 내지 제179조 제 1 항의 죄를 범할 목적으로 예비 또는 음모한 자는 3년 이하의 징역에 처한다.

본죄는 현주건조물 등 일수죄, 공용건조물 등 일수죄, 타인소유 일반건조물 등 일수죄를 범할 목적으로 예비 · 음모를 하는 것이다. 방화죄와 달리 실행에 이르기 전에 자수하더라도 형의 감경이나 면제규정을 두지 않았다.

Ⅲ. 防水妨害罪

제180조【방수방해】 수재에 있어서 방수용의 시설 또는 물건을 손괴 또는 은닉하거나 기타 방법으로 방수를 방해한 자는 10년 이하의 징역에 처한다.

본죄는 수재시 방수용의 시설 또는 물건을 손괴 또는 은닉하거나 기타 방법으로 방수를 방해함으로써 성립하는 죄이다. 진화방해죄에 상응하는 구성요건이다. 본죄는 방수방해행위가 있으면 성립하며 방해의 결과가 발생하였을 것을 필요로 하지 않는 추상적 위험범이다. 공무원의 방수활동에 대한 단순한 협력거부는 본죄에 해당하지 않으며 「경범죄처벌법」(제1조 제36호)의 대상이 된다.

Ⅳ. 過失溢水罪

> 제181조【과실일수】 과실로 인하여 제177조 또는 제178조에 기재한 물건을 침해한 자 또는 제179조에 기재한 물건을 침해하여 공공의 위험을 발생하게 한 자는 1천만원 이하의 벌금에 처한다.

본죄는 과실로 현주건조물 등 일수죄, 공용건조물 등 일수죄에 기재된 물건을 침해하거나(추상적 위험범), 일반건조물 등 일수죄에 기재한 물건을 침해하여 공공의 위험을 발생하게 하면 성립(구체적 위험범)하는 위험범이다. 실화죄와 비교되는 구성요건이다.

Ⅴ. 水利妨害罪

> 제184조【수리방해】 제방을 결궤하거나 수문을 파괴하거나 기타 방법으로 수리를 방해한 자는 5년 이하의 징역 또는 700만원 이하의 벌금에 처한다.

본죄는 제방을 무너뜨리거나 수문을 파괴하거나 기타 방법으로 수리를 방해함으로써 성립한다. 보호법익은 수리권이며 추상적 위험범에 해당한다. 수리권의 근거에 대해서는 법령·계약은 물론 관습에 의한 경우도 포함한다.[1]

행위객체는 제방 또는 수문이다. 제방이란 담수된 물의 유출을 막기 위한 시설물이다. 수문은 댐이나 저수지 등에 저장된 물의 유입·유출량을 조절하기 위한 시설물을 말한다.

행위방법으로서 결궤(決潰)란 제방을 헐거나 무너뜨려 담수된 물을 일시에 방출하는 행위를 말한다.[2]

---

1) 대판 1968. 2. 20, 67도1677.

2) 결궤란 용어는 일상적으로는 거의 사용되지 않는 암호와 같다. 「무너뜨린다」는 용어로 바꾸는 것이 옳다.

제 5 절 交通妨害의 罪

Ⅰ. 序 論

1. 의의 및 보호법익

본죄는 교통소통을 방해하거나 각종 교통설비를 손괴하는 행위를 처벌하기 위한 것이다. 오늘날 교통의 원활한 소통은 일상생활 및 경제생활의 필수적인 요건으로서 중요성을 지니고 있기 때문에 본장의 죄는 과거와 달리 앞으로 활발히 적용될 것이 예상된다.

본죄의 보호법익에 대해서는 일반공중의 교통안전이라는 견해[1]와 교통안전뿐만 아니라 생명·신체 또는 재산상의 위험으로부터도 보호받는다는 견해[2]가 대립되어 있다. 순수하게 공중의 교통안전만을 목적으로 하는 도로교통법과의 관계를 고려할 때 형법상의 교통방해의 죄는 단순한 도로교통상의 안전을 넘어서 교통사고가 초래할 수 있는 공중의 생명·신체 또는 재산까지도 보호하는 것이라고 보는 것이 타당하다. 이러한 해석은 방화죄나 일수죄 등을 공공위험죄 이외에 재산범죄적 성격을 지니는 것으로 이해하는 입장과 일치한다.

교통방해의 죄는 교통안전이 현실적으로 침해받지 않더라도 안전이 침해될 위험만 있으면 성립하는 추상적 위험범에 해당한다.[3]

2. 구성요건체계

본장의 죄는 일반교통방해죄(제185조)를 기본적 구성요건으로 하며, 기차·선박 등 교통방해죄(제186조), 기차 등 전복죄(제187조)는 가중적 구성요건이다. 이들 범죄에 대한 미수범은 처벌한다(제190조). 그 밖에 결과적 가중범으로서 교통방해치사상죄(제188조)가 있다. 과실범으로는 과실교통방해죄(제189조 제1항), 업무상 과실·중과실교통방해죄(제189조 제2항)가 있다.

---

1) 대판 1995. 9. 15, 95도1475; 김성천, 1131면; 오영근, 657면; 정영석, 138면; 황산덕, 105면.
2) 김일수/서보학, 600면; 배종대, 658면; 백형구, 460면; 유기천(하), 51면; 이재상, 533면; 이정원, 515면; 임 웅, 604면; 정성근/박광민, 597면; 진계호, 687면.
3) 김일수/서보학, 600면; 백형구, 460면; 이재상, 533면; 이정원, 515면; 임 웅, 604면; 정성근/박광민, 597면; 진계호, 687면. 이에 반하여 배종대, 658면은 구체적 위험범으로 본다.

Ⅱ. 交通妨害罪

1. 일반교통방해죄

제185조【일반교통방해】 육로, 수로 또는 교량을 손괴 또는 불통하게 하거나 기타 방법으로 교통을 방해한 자는 10년 이하의 징역 또는 1천 500만원 이하의 벌금에 처한다.
제190조【미수범】 미수범은 처벌한다.

(1) 의　　의

본죄는 육로·수로 또는 교량을 손괴 또는 불통하게 하거나 기타 방법으로 교통을 방해함으로써 성립한다. 고의범으로서 추상적 위험범이며 미수범도 처벌한다.

(2) 객관적 구성요건

1) 행위객체　　행위객체는 육로·수로 또는 교량이다. 육로란 불특정 다수인이나 차량 등의 통용에 사용되는 공공성을 지닌 육상도로를 의미하며, 반드시 일반의 교통에 공용되는 도로법(제2조, 제11조) 및 도로교통법상의 도로(제2조)가 아니더라도 여기에 해당된다.[1] 사실상 일반공중의 왕래에 공용되는 통로라면 통행인이 많고 적음 등은 불문한다. 또한 그 부지의 소유관계나 통행권리관계가 공유인가 사유인가도 역시 문제되지 않는다.[2] 수로는 선박의 항해에 이용되는 바다나 강, 호수 등의 해상로를 말한다. 공해상의 해로도 포함시키는 것이 통설이다.[3] 교량 역시 공중의 통행에 사용되는 것을 말하며, 육교도 포함된다는 것이 통설이다.[4]

2) 행　　위　　본죄의 행위방법은 목적물을 손괴·불통하게 하거나 기타 방법으로 교통을 방해하는 것이다. 기타 방법으로 교통을 방해하는 것으로는 자동차가 왕래하는 도로 가운데 자동차를 세워 놓아 소통을 방해한 경

1) 김일수/서보학, 601면; 이재상, 536면; 임 웅, 606면.
2) 대판 2002.4.26, 2001도6903; 1999.7.27, 99도1651; 1988.4.25, 88도18; 1987.4.14, 87도393.
3) 김성천, 1131면; 김일수/서보학, 602면; 배종대, 660면; 백형구, 461면; 이재상, 536면; 유기천(하), 52면; 이정원, 515면; 임 웅, 606면.
4) 김성천, 1132면; 김일수/서보학, 602면; 배종대, 661면; 백형구, 461면; 유기천(하), 52면; 이재상, 537면; 이정원, 515면; 임 웅, 606면; 정성근/박광민, 600면; 진계호, 689면.

우가 해당된다. 또한 운전자를 폭행하여 통행을 차단하거나[1] 교통표지판을 제거하는 행위, 고속도로상에 철구조물을 던져 놓는 행위도 기타 방법에 해당한다. 고속도로상에서 진행방향과 반대로 진입하여 주행하는 경우도 교통방해행위에 해당한다고 보아야 한다.[2] 또한 도로를 점용하여 진행중인 공사장에서 교통사고를 방지하기 위하여 설치하여야 할 안전장치 또는 안내표지판을 설치하지 않은 경우에는 부작위에 의한 교통방해죄를 인정할 수 있다.[3]

교통방해란 교통을 불가능하게 하는 것뿐만 아니라 교통을 현저히 곤란하게 하는 것을 포함한다. 반드시 교통소통만을 의미하는 좁은 개념으로 이해하여서는 안 된다. 그러므로 개별운전자의 교통방해행위도 본죄의 교통방해에 포함시키는 것이 타당하다. 예를 들어 불필요한 상황에서 갑자기 급정거를 하여 뒷차로 하여금 추돌하게 하는 행위,[4] 사전 신호 없이 갑자기 차선을 변경하여 앞으로 진입하는 행위[5]도 여기에 해당한다고 보아야 할 것이다(이 경우에는 강요죄와 상상적 경합이 될 수 있다).

본죄는 추상적 위험범이므로 이러한 교통방해의 결과가 발생하여야 하는 것은 아니다. 그러므로 본죄의 미수범은 손괴행위나 불통하게 하는 행위 혹은 기타 방법이라는 행위수단의 사용이 미수에 그친 경우에 인정된다.

2. 기차 등의 교통방해죄

제186조【기차, 선박 등의 교통방해】 궤도, 등대 또는 표지를 손괴하거나 기타 방법으로 기차, 전차, 자동차, 선박 또는 항공기의 교통을 방해한 자는 1년 이상의 유기징역에 처한다.
제190조【미수범】 미수범은 처벌한다.

본죄는 궤도·등대 또는 표지를 손괴하거나 기타 방법으로 기차·전차·자동차·선박 또는 항공기의 교통을 방해함으로써 성립한다.

본죄의 행위객체는 궤도·등대 또는 표지이다. 제185조와는 행위객체에서 구별된다. 궤도란 일반교통에 제공하기 위하여 지상에 부설한 궤조를 말한

1) 이 경우에는 폭행죄와 교통방해죄의 상상적 경합이 인정된다. 백형구, 461면은 폭력으로 통행을 차단하는 경우에는 제186조에 해당한다고 본다.
2) 독일형법에서는 이를 명문으로 규정하여 처벌하고 있다(§315 c Absatz 1, Nr. 2f, Gefährdung des Straßenverkehrs).
3) BGH VRS 16, 29; Sch/Sch/Cramer/Sternberg-Lieben, §315 b Rn. 6.
4) OLG Celle, Deutsches Autorecht 1985, 125.
5) OLG Koblenz Blutalkohol 1987, 285.

다(궤도사업법 제3조). 그러므로 반드시 철도법(제2조)상의 궤도에 한하지 않는다. 표지란 교통신호나 안전운행을 위하여 설치한 교통시설물을 의미한다.

본죄의 행위는 손괴하거나 기타 방법으로 본조 소정의 목적물의 교통을 방해하는 것이다. 손괴행위를 통한 교통방해의 예로는 교통신호등이나 건널목 차단기를 손괴하는 것을 들 수 있다.[1] 그 밖에 열차선로상에 바위를 옮겨 놓는 것을 들 수 있다.

3. 기차 등의 전복 · 매몰 · 추락 · 파괴죄

제187조【기차 등의 전복 등】 사람이 현존하는 기차, 전차, 자동차, 선박 또는 항공기를 전복, 매몰, 추락 또는 파괴한 자는 무기 또는 3년 이상의 징역에 처한다.
제190조【미수범】 미수범은 처벌한다.

본죄는 사람이 현존하는 기차 · 전차 · 자동차 · 선박 · 항공기를 전복 · 매몰 · 추락 또는 파괴함으로써 성립한다. 추상적 위험범이다.

본죄의 행위자는 반드시 기차나 선박, 항공기 등을 운전하거나 조종하는 자일 필요는 없다. 즉 본죄는 신분범이 아니다.

독일형법에서는 행위주체를 이들 교통수단을 운행하는 자나 이들 교통수단의 안전운행과 관련된 업무에 종사하는 자로 제한하는 구성요건(§ 315 a, Gefährdung des Bahn-, Schiffs- und Luftverkehrs)과 일반인에 의한 교통방해행위를 처벌하는 구성요건(§ 315, Gefährliche Eingriffe in den Bahn-, Schiffs- und Luftverkehr)으로 분리하여 규정하고 있다.

본죄의 행위객체에는 사람이 현존하여야 한다. 즉 행위자 이외의 사람이 행위시 목적물에 존재하는 경우에 본죄가 성립한다. 행위객체는 운행중일 것을 필요로 하지 않으므로 정차 · 정박중인 경우에도 해당된다.

본죄의 행위는 전복 · 매몰 · 추락 또는 파괴하는 것이다. 전복이란 목적물을 넘어지게 하는 것이다. 기차의 탈선은 그 예이다. 매몰은 자동차를 땅속으로 파묻히게 하거나 선박을 침몰하게 하는 것이다. 추락이란 항공기를 떨어뜨리는 것이다. 파괴란 위 목적물의 교통수단으로서의 기능을 상실하도록 하는 것을 말한다.

1) Sch/Sch/Cramer/Sternberg-Lieben, § 315 b Rn. 5.

[판례] "선박매몰죄의 고의가 성립하기 위하여는 행위시에 사람이 현존하는 것이라는 점에 대한 인식과 함께 이를 매몰한다는 결과발생에 대한 인식이 필요하며, 현존하는 사람을 사상에 이르게 한다는 등 공공의 위험에 대한 인식까지는 필요하지 않고, 사람의 현존하는 선박에 대해 매몰행위의 실행을 개시하고 그로 인하여 선박을 매몰시켰다면 매몰의 결과발생시 사람이 현존하지 않았거나 범인이 선박에 있는 사람을 안전하게 대피시켰다고 하더라도 선박매몰죄의 기수로 보아야 할 것이지 이를 미수로 볼 것은 아니다."[1)]

4. 교통방해 등 예비·음모죄

> 第191조【예비, 음모】 제186조 또는 제187조의 죄를 범할 목적으로 예비 또는 음모한 자는 3년 이하의 징역에 처한다.

본죄는 기차·선박 등의 교통방해죄 또는 기차 등 전복죄를 범할 목적으로 예비·음모함으로써 성립한다.

5. 교통방해 등 치상·치사죄

> 第188조【교통방해치사상】 제185조 내지 제187조의 죄를 범하여 사람을 상해에 이르게 한 때에는 무기 또는 3년 이상의 징역에 처한다. 사망에 이르게 한 때에는 무기 또는 5년 이상의 징역에 처한다.

본죄는 일반교통방해죄, 기차·선박 등 교통방해죄 또는 기차 등 전복죄를 범하여 사람을 상해에 이르게 하거나 사망에 이르게 한 때에 성립한다. 본죄는 교통방해죄에 대한 결과적 가중범이다. 구체적으로는 교통방해치상죄는 부진정결과적 가중범이고, 교통방해치사죄는 진정결과적 가중범에 해당한다(통설).[2)] 그러므로 사람을 살해하기 위하여 고의로 교통을 방해하여 사망하게 한 경우에는 살인죄와 교통방해죄의 상상적 경합이 인정되고, 상해의 고의로 교통을 방해한 경우에는 상해죄와 교통방해치상죄의 상상적 경합이 인정된다. 이러한 결과는 상해죄보다 교통방해치상죄의 법정형이 높기 때문이다.

본죄에 대해서는 교통방해를 통한 사상(死傷)의 결과발생을 예상할 수 없으므로 삭제하는 것이 타당하다는 견해[3)]가 있다. 그러나 교통방해행위로

1) 대판 2000. 6. 23, 99도4688.
2) 김일수/서보학, 606면; 배종대, 664면; 오영근, 663면; 유기천(하), 61면; 이재상, 541면; 이형국, 555면; 임 웅, 610면. 이를 모두 진정결과적 가중범으로 보는 견해로는 백형구, 465면.
3) 배종대, 656면; 유기천(하), 50면; 이재상, 534면.

인하여 상해나 사망의 결과가 발생할 가능성은 얼마든지 있다는 점에서 타당하지 않다. 예를 들면 기차건널목의 차단기를 제거하거나 신호등을 제거하여 이를 모르고 달리던 자동차가 충돌사고를 일으켜 사상의 결과가 발생할 수도 있으며, 진행방향과 반대로 달리다가 교통사고를 일으켜 사상의 결과를 빚을 수도 있는 것이다.

Ⅲ. 過失交通妨害罪

1. 과실 일반교통방해, 기차·전차 등 교통방해, 기차 등 전복죄

> 第189조【과실, 업무상 과실, 중과실】 ① 과실로 인하여 제185조 내지 제187조의 죄를 범한 자는 1천만원 이하의 벌금에 처한다.

본죄는 행위자가 주의의무에 위반하여 일반교통방해죄나 기차·선박 등 교통방해죄 또는 기차 등 전복죄를 범하는 것이다. 정비불량상태로 자동차를 운행하다가 시동이 꺼져 교통소통을 여러 시간 방해한 경우가 그 예이다.

2. 업무상 과실·중과실 일반교통방해, 기차·선박 등 교통방해, 기차 등 전복죄

> 第189조【과실, 업무상 과실, 중과실】 ② 업무상 과실 또는 중대한 과실로 인하여 제185조 내지 제187조의 죄를 범한 자는 3년 이하의 금고 또는 2천만원 이하의 벌금에 처한다.

본죄는 업무로 인하여 주의의무가 특히 강조되는 자가 이를 소홀히하여 일반교통방해죄나 기차·선박 등 교통방해죄 또는 기차 등 전복죄를 범하는 경우에 성립한다.

[판례] 헬리콥터에 승객 3명을 태우고 운항하던 조종사가 엔진고장이 발생한 경우에 위 항공기를 긴급시의 항법으로서 정해진 절차에 따라 운항하지 못한 과실로 말미암아 사람이 현존하는 위 항공기를 안전하게 비상착수시키지 못하고 해상에 추락시켰다면 업무상 과실항공기추락죄에 해당한다.[1)]

---

1) 대판 1990. 9. 11, 90도1486.

제 2 장 公共의 信用에 대한 罪

제 1 절 通貨에 관한 罪

Ⅰ. 序 論

통화에 관한 죄(Geldfälschung, Counterfeiting)는 통화사용의 안전성과 신뢰성을 보호법익으로 한다.[1] 오늘날 인간의 경제생활은 통화를 토대로 하여 이루어져 있기 때문이다. 이를 위하여 형법은 행사할 목적으로 통화를 위조·변조하거나, 위조·변조한 통화를 사용하거나 수입·수출·취득하는 행위, 통화유사물을 제조하는 행위를 처벌하고 있다. 그리고 통화는 국내통화뿐만 아니라 외국통화에 대해서도 동일한 구성요건을 두고 있다. 그러나 형법이 내국통화의 위조를 외국통화보다 가중처벌하는 것은 타당하지 않다. 외환거래가 활발한 현실에서 이러한 차이를 두고 있는 것은 시대착오적이며, 국제적 차원의 조직범죄로 이루어지는 특히 미국 달러화에 대한 위조행위에 대처하는 데에도 부적절하다.

독일형법에서도 보호주의의 한 표현으로서 외국에서 발행된 통화 등에 대해서도 내국통화위조죄의 관련 구성요건(§§ 146~151)을 준용하여 양자를 동일하게 취급한다(§ 152, Geld, Wertzeichen und Wertpapiere eines fremden Währungsgebiets).

Ⅱ. 構成要件體系

본장의 죄는 내국통화위조·변조죄와 동 행사죄를 기본적 행위방법으로

1) 이는 우리나라의 통설이다(김성천, 1139면; 김일수, 657면; 오영근, 588면; 유기천(하), 201면; 이재상, 545면; 이정원, 519면; 임 웅, 612면; 정성근/박광민, 673면; 정영석, 143면; 배종대, 667면; 백형구, 486면). 독일에서도 이러한 입장이 다수설이다(Tröndle/Fischer, vor § 146 Rn. 2; Lackner/Kühl, § 146 Rn. 1; Sch/Sch/Stree, § 146 Rn. 1). 이 밖에 통화의 공신력 이외에 국가의 화폐주권을 보충적 보호법익이라고 하는 견해나 재산상의 안전을 추가하는 견해도 있으나 타당하지 않다.

하고 있다. 그리고 이러한 행위방법은 행위객체에 따라 형량을 달리하고 있다. 즉 내국통화(제207조 제1항), 내국유통 외국통화(제2항), 외국통용 외국통화(제3항)로 구별하고 있다. 이 밖에 위조·변조통화취득죄(제208조), 위조·변조통화 지정행사죄(제210조), 통화유사물제조 등 죄(제211조)를 규정하고 있다.

Ⅲ. 通貨僞造·變造罪, 僞造·變造通貨行使 등 罪

> 제207조【통화의 위조 등】 ① 행사할 목적으로 통용하는 대한민국의 화폐, 지폐 또는 은행권을 위조 또는 변조한 자는 무기 또는 2년 이상의 징역에 처한다.
> ② 행사할 목적으로 내국에서 유통하는 외국의 화폐, 지폐 또는 은행권을 위조 또는 변조한 자는 1년 이상의 유기징역에 처한다.
> ③ 행사할 목적으로 외국에서 통용하는 외국의 화폐, 지폐 또는 은행권을 위조 또는 변조한 자는 10년 이하의 징역에 처한다.
> ④ 위조 또는 변조한 전 3 항 기재의 통화를 행사하거나 행사할 목적으로 수입 또는 수출한 자는 그 위조 또는 변조의 각죄에 정한 형에 처한다.
> 제209조【자격정지 또는 벌금의 병과】 제207조의 죄를 범하여 유기징역에 처한 경우에는 10년 이하의 자격정지 또는 2천만원 이하의 벌금을 병과할 수 있다.
> 제212조【미수범】 제207조의 미수범은 처벌한다.

제207조의 죄를 범한 자에 대해서는 특정범죄 가중처벌 등에 관한 법률에서 사형·무기 또는 5년 이상의 징역으로 가중처벌하고 있다(동법 제10조).

Ⅰ. 통화위조·변조죄

(1) 의 의

본죄는 행사할 목적으로 통용하는 대한민국의 화폐·지폐 또는 은행권을 위조·변조함으로써 성립한다(제1항). 본죄는 목적범이다.

(2) 객관적 구성요건

1) 행위객체 대한민국의 통화이다. 통화란 금액이 표시된 지급수단으로서 국가 또는 발행권자에 의하여 강제통용력이 부여된 것을 말한다.[1] 이러한 통화에는 소재에 따라 지폐(Papiergeld, paper money)와 주화(Münzen, coins)가 있다. 형법은 통화를 화폐, 지폐, 은행권으로 분류하고 있으나 이는

---

1) 김성천, 1140면; 김일수/서보학, 680면; 배종대, 668면; 백형구, 487면; 이재상, 546면; 이정원, 521면; 임 웅, 614면; 정성근/박광민, 676면; BGHSt 19, 357; 23, 231; 32, 198; Tröndle/Fischer, § 146 Rn. 2; Wessels/Hettinger, BT/1, Rn. 922.

서로 성격이 다른 종류에 해당하기 때문에 이러한 분류는 타당하지 않다. 즉 화폐가 주화(경화)만을 의미한다고 볼 수 없으며, 은행권에는 지폐도 포함되므로 은행권과 지폐가 다르다고 볼 수도 없기 때문이다.

강제통용력이 부여되지 않은 기념주화, 고화폐는 통화에 해당하지 않는다. 대한민국의 통화는 화폐발행권 및 주화발행권을 가진 한국은행이 발행하는 은행권(Banknoten)으로서 화폐 · 주화가 있다(한국은행법 제47조, 제53조 참조).

2) 행 위 자 본죄의 행위자는 내국인은 물론 외국인도 포함된다(제5조 제4호). 그러므로 외국인이 외국에서 대한민국의 통화를 위조하거나 변조하는 경우에도 형법이 적용된다. 이는 형법의 적용과 관련한 보호주의의 한 표현이다.

3) 행 위 위조 또는 변조이다.

통화위조(nachmachen)란 통화발행권이 없는 자가 통화와 유사한 외관을 갖춘 물건을 제작하는 것을 말한다. 위조의 재료는 문제가 되지 않으며 결과, 즉 유사성이라는 외관이 중요하다. 유사성의 정도에는 구체적인 기준이 없으나 진정통화(진화)와 혼동을 일으킬 정도의 것이어야 한다.[1] 만일 이러한 유사성의 정도에 이르지 못한 위조통화(위화)제작행위에 대해서는 통화유사물제조죄(제211조)나 통화위조미수죄가 성립한다. 판례 역시 위조통화는 그 위조의 정도가 반드시 진화에 흡사하여야 한다거나 누구든지 쉽게 그 진부를 식별하기가 불가능한 정도의 것일 필요는 없지만 일반인으로 하여금 진정통화로 오신하게 할 정도에 이른 것이어야 한다고 하여 일정한 정도의 유사성을 요구하고 있다.

[판례] 판례는 한국은행권 10,000원권을 전자복사기로 앞뒤로 복사하여 그 크기와 모양 등이 진화와 유사하지만 그 복사된 정도가 조잡하고 색채를 갖추지 못하여 흑백으로만 되어 있어 객관적으로 이를 진정한 것으로 오인할 염려가 전혀 없다는 이유로 위조통화행사죄의 객체가 될 수 없다고 판시하였다.[2]

기존의 화폐를 변형하는 행위는 새로운 위조통화를 만들어 낸 것으로 볼 수 없으므로 위조행위에는 해당하지 않으며 변조행위에 해당할 수 있다. 그러므로 여러 개의 진화조각을 모자이크식으로 합성하여 만든 것(Systemnoten)도 진정통화와 유사성이 인정되는 한 위조행위에 해당된다.

1) BGHSt 32, 202.
2) 대판 1985. 4. 23, 85도570; 1986. 3. 25, 86도255.

통화변조란 진화에 가공하여 위화를 진화처럼 보이게 하는 것을 말한다. 독일형법(§146)에 의하면 가치상승을 수반하지 않는 진화의 외형변경은 변조에 해당하지 않으며 미수범에도 해당하지 않는다.[1] 그러나 이러한 제한이 없는 형법해석상으로는 가치감소적인 변조행위도 포함된다고 보아야 한다.[2] 또한 진화처럼 보이게 하는 것이 아닌 가공행위는 변조에 해당하지 않는다. 그러므로 주화를 자동판매기에 맞도록 크게 만들어 사용하는 것은 변조행위에 해당하지 않는다.

[판례] **일본국의 자동판매기 등에 투입하여 일본국의 500¥짜리 주화처럼 사용하기 위하여 한국은행발행 500원짜리 주화의 표면 일부를 깎아내어 손상을 가한 경우, 통화변조에 해당하는지 여부(소극)**: 「한국은행발행 500원짜리 주화와 일본국의 500¥짜리 주화는 그 재질 및 크기가 유사하여 한국은행발행 500원짜리 주화의 표면을 깎아내어 일본국의 500¥짜리 주화의 무게와 같도록 하면 이를 일본국의 자동판매기 등에 투입하여 일본국의 500¥짜리 주화처럼 사용할 수 있는 사실, 이에 착안한 피고인들은 한국은행발행 500원짜리 주화를 매집한 다음, 일부는 앞면의 학 문양 부분을 선반으로 깎아내고 그 나머지는 일본에서 가공하기로 하여 그 전부를 일본국에 밀반출한 사실, 이와 같이 가공한 주화는 그 이전의 주화와 비교하여, 앞면의 학 문양 일부가 깎여나가 무게가 약간 줄어들었을 뿐이고 그 크기와 모양, 앞면의 다른 문양 및 500원이라는 액면이 표시된 뒷면의 문양은 그대로 남아 있어 동일한 사실을 알 수 있다. 이러한 사실관계를 종합하여 볼 때, 피고인들이 한국은행발행 500원짜리 주화의 표면 일부를 깎아내어 손상을 가하였지만 그 크기와 모양 및 대부분의 문양이 그대로 남아 있어, 이로써 기존의 500원짜리 주화의 명목가치나 실질가치가 변경되었다거나, 객관적으로 보아 일반인으로 하여금 일본국의 500¥짜리 주화로 오신케 할 정도의 새로운 화폐를 만들어 낸 것이라고 볼 수 없고, 일본국의 자동판매기 등이 위와 같이 가공된 주화를 일본국의 500¥짜리 주화로 오인한다는 사정만을 들어 그 명목가치가 일본국의 500¥으로 변경되었다거나 일반인으로 하여금 일본국의 500¥짜리 주화로 오신케 할 정도에 이르렀다고 볼 수도 없다」.[3]

(3) 주관적 구성요건

행위자는 대한민국의 통화를 위조·변조한다는 고의와 위조·변조한 위

---

1) Tröndle/Fischer, §146 Rn. 4; LK/Herdegen, §146 Rn. 11; SK/Rudolphi, §146 Rn. 7; Sch/Sch/Stree, §146 Rn. 6.

2) 김성천, 1148면; 김일수/서보학, 684면; 배종대, 671면; 이재상, 548면.

3) 대판 2002. 1. 11, 2000도3950[특정범죄가중처벌등에관한법률위반(통화위조)·통화위조예비].

화를 진화처럼 사용하겠다는 목적이 있어야 한다. 행사의 목적은 행위자가 직접 사용할 목적뿐만 아니라 제 3 자에게 사용하도록 할 목적도 포함된다. 후자의 예로는 위조·변조자가 위화를 제 3 자에게 매각하고 제 3 자는 이를 진화로서 사용하는 경우를 들 수 있다.

(4) 미 수 범

본죄의 미수범은 위조·변조의 고의로 실행에 착수하였으나 위화나 변조통화제작에 이르지 못한 경우 혹은 위조나 변조행위의 결과 외관이 진정통화와 혼동을 일으킬 정도의 유사성을 띠지 못할 경우에 인정된다. 후자의 경우에는 통화위조미수죄와 통화유사물제조죄의 상상적 경합에 해당한다고 보아야 한다.

(5) 다른 범죄와의 관계 및 죄수

통화위조·변조죄는 절도죄(제329조), 사기죄(제347조), 편의시설부정이용죄(제348조의 2) 및 횡령죄(제355조 제 1 항)와 상상적 경합이 인정될 수 있다. 그러나 위조통화행사죄의 경우에는 타인에게 기념으로 줄 수도 있기 때문에 사기죄와 언제나 상상적 경합이 되는 것은 아니다.[1)]

한 번의 기회에 수많은 통화를 위조하는 경우에는 하나의 통화위조죄가 성립한다(예: 위조지폐를 제작하는 기계로 1회에 10,000원권 100장을 제작하는 경우).[2)]

2. 외국통화위조·변조죄

본죄는 행사할 목적으로 내국에서 유통하는 외국의 통화(화폐, 지폐, 은행권)를 위조 또는 변조하거나(제2항), 행사할 목적으로 외국에서 통용하는 외국의 통화(화폐, 지폐, 은행권)를 위조 또는 변조 함으로써 성립한다(제3항). 예를 들면 대한민국 내에서 미국의 달러화를 위조하거나 변조하는 행위는 제 2 항의 죄에 해당한다.

행위객체는 내국에서 유통하거나, 외국에서 통용하는 외국의 통화이다. 전자는 국내에서 강제통용력은 없으나 사실상 거래대가의 지급수단이 되고, 외환거래가 가능하여 매입과 매출이 가능한 외국통화를 의미하고[3)](예: 미국

1) BGHSt 31, 381.
2) 김일수/서보학, 684면; 백형구, 490면; 이재상, 548면; 임 웅, 617면; 정성근/박광민, 679면; 정영석, 151면.
3) 대판 2003.1.10, 2002도3340은 스위스화폐로서 1998년까지 통용되었으나 현재는 통용되지

달러화, 독일의 마르크화, 일본의 엔화 등), 후자는 국내에서 외환거래가 불가능한 국가의 통화를 의미한다고 보아야 한다. 내국이란 대한민국 영역 내를 의미하며, 북한도 포함한다.[1] 대한민국에서 강제통용력이 부여되지 않았거나 사용이 금지된 외국통화라고 하더라도 사실상 유통되면 본죄의 행위객체에 해당된다.

본죄는 행사할 목적으로 위조·변조하여야 하므로 기념으로 제작하는 것은 위조행위에 해당하지 않는다.

3. 위조·변조통화행사죄 및 수입·수출죄

(1) 의 의

본죄는 위조 또는 변조한 대한민국이나 외국의 통화를 행사하거나 행사할 목적으로 수입 또는 수출함으로써 성립한다(제4항).

(2) 구성요건

1) 행위객체 행위객체는 대한민국의 통화나 외국통화이다. 외국통화의 경우 대한민국에서 유통되거나 외국에서 통용되는 통화를 의미한다.

2) 행위방법 본죄의 행위객체를 행사하거나 수입 또는 수출하는 것이다. 행사는 위조·변조된 통화를 진정한 것으로 사용하는 것을 말하며 행사의 목적이나 동기는 불문한다. 예를 들면 위조통화를 물품구입대금으로 지불하거나 기부금으로 출연하거나 애인에게 용돈으로 사용하라고 증여하는 것, 물품을 획득하기 위하여 자동판매기에 위조통화를 투입하는 행위[2]도 행사에 해당한다. 위조통화를 직접 행사하거나 타인으로 하여금 행사하도록 하는 것도 행사에 해당한다. 그러므로 위화인 사실을 알지 못하는 타인으로 하여금 위화를 건네 주면서 물건을 구입하여 오라고 시키는 것은 간접정범의 형태에 의한 위조통화행사죄에 해당한다. 위조통화를 제3자가 진화로 사용할 수 있는 상태에 두는 행위도 행사에 해당한다(아래 [판례] 참조).

[판례] 스위스은행에 개인금고를 개설하고 있던 피고인은 인쇄업자로부터 위조된 미국 달러화를 보관하여 달라는 부탁을 받고 이를 세 개로 나누어 포장하고 자신의

않고, 다만 스위스은행에서 신권과의 교환이 가능한 진폐는 지급수단이 아니라 은행의 외국환매매처리의 대상으로서 상품과 유사한 것에 불과하므로 제2항의 통화에 해당되지 않는다고 본다.

1) 대판 1949. 2. 22, 4281형상5.

2) BGH MDR 1953, 596.

은행금고의 두 군데 서랍에 나누어 넣어 두었다. 피고인은 이를 나중에 인쇄업자에게 반환할 생각이었다. 그 후 2, 3년간 자주 미국에 머물던 피고인은 이 위조된 돈 때문에 걱정을 하고 싶지 않아서 유럽에 들르는 기회에 스위스은행에 가서 한 금고를 열고 이들 위폐를 꺼내(다른 한 금고에도 보관한 사실은 잊고 있었다) 포장된 채로 취리히 근교의 고속도로 휴게소 쓰레기 컨테이너에 버렸다. 버린 대부분의 위폐는 당일에 휴게소 뜰에 놓여 있던 쓰레기 컨테이너에서 발견되었으며, 나머지 금액의 돈은 며칠 후 같은 곳 쓰레기통 속에서 발견되었다. 발견된 금액은 버린 금액 그대로였다. 독일연방대법원은 이 사건에서 피고인의 행위는 위조통화를 제 3 자가 발견하여 이를 진정한 통화처럼 사용할 위험성을 제공한 것만으로도 위조통화행사에 해당한다고 보아 통화위조죄(§146, Abs. 1 Nr. 3, Geldfälschung)를 인정하였다(독일형법상 통화위조죄에는 우리 형법상의 위조통화행사죄를 포함한다).[1]

수입은 국외에서 국내로 반입하는 것이고, 수출은 국내에서 국외로 반출하는 것이다. 수출의 기수시점은 목적물의 이륙시이며, 수입은 목적물의 양륙시이다.[2] 그러나 해상의 경우에는 영해를 기준으로 하는 것이 현실적이다.

3) 행사의 고의 본죄는 행사죄의 경우에는 행사의 고의(미필적 고의 포함)가 필요하고, 수입·수출행위시에는 고의 이외에 행사할 목적이 있어야 한다.

(3) 미 수 범

위조·변조통화행사죄의 경우 행위자가 위조 또는 변조된 통화를 진정통화인 것처럼 건네 주었으나 상대방이 이를 알아차리고 수령을 거부한 경우나 자동판매기에 위조통화를 넣어 물품제공을 받으려고 하였으나 자동판매기에서 위조통화를 반환한 경우에는 위조·변조통화행사미수죄(제207조 제 4 항, 제212조)가 성립한다.[3] 또한 상대방의 승낙을 기다려 위조·변조통화를 인도하는 별도의 절차가 필요 없이 즉시 인도를 할 수 있는 상황에서는 위조통화의 제공을 제의한 것만으로도 미수범이 성립한다(전자의 경우에는 예비단계에 해당한다[4]).

1) BGHSt 35, 21.
2) 김성천, 1147면; 김일수/서보학, 687면; 배종대, 672면; 백형구, 491면; 이재상, 551면; 임 웅, 620면; 정성근/박광민, 681면. 이와 달리 오영근, 695면은 형법 제 4 조를 고려하여 국내의 선박이나 항공기의 경우는 영해나 영공을 이탈하는 시점 또는 외국에 상륙한 시점이며, 외국의 선박이나 항공기로 수출하는 경우 내륙을 떠나는 시점이라고 보며, 정영석, 146면은 수입은 양륙을 필요로 하지 않고 영해, 영공 내에 들어오면 기수이며, 수출은 반대로 영해, 영공을 떠나는 시점에서 기수라고 본다.
3) Sch/Sch/Stree, §146 Rn. 25.
4) BGH NStZ 1986, 548.

(4) 다른 범죄와의 관계

1) 통화위조 · 변조행위와 행사죄의 관계 통화를 위조하고 이를 다시 사용하는 경우에는 ① 통화위조죄와 위조통화행사죄의 경합범을 인정하는 견해[1]와, ② 목적달성을 위한 하나의 행위에 해당하므로 상상적 경합을 인정하여야 한다는 견해,[2] ③ 행사행위가 위조 · 변조시점부터 행위자의 범행의도에 따른 경우에는 법조경합으로서 행사행위는 불가벌적 사후행위에 해당하고, 새로운 고의로 행사를 하였다면 양죄는 경합범이 된다는 견해[3]가 있다. 형법이 위조 · 변조와 행사를 독립적으로 규정하고 있으므로 양죄는 경합범이 된다고 보는 것이 타당하다.

2) 취득죄와 행사죄의 관계 행사는 위조통화의 취득을 전제로 한다. 만일 행위자가 위조통화인 사실을 모르고 취득하였다가 이를 안 후에 행사한 때에는 지정행사죄(제210조)가 성립한다. 반대로 만일 행위자가 위조통화인 사실을 알고 취득하여 행사한 때에는 취득죄와 행사죄가 경합범이 된다고 보는 것이 타당하다. 독일형법(§146)이 취득과 행사를 단일구성요건에 규정한 것과 달리 형법은 취득죄와 행사죄를 별개의 독립적 구성요건으로 규정하고 있지만 이는 행사하지 않은 취득행위만을 처벌하기 위한 것으로 이해하면 된다.

3) 행사죄와 사기죄의 관계 위화인 사실을 알고 이를 행사하여 재물을 취득하는 경우에는 ① 상상적 경합을 인정하는 견해,[4] ② 경합범을 인정하는 견해,[5] ③ 사기죄는 본죄에 흡수되는 법조경합을 인정하는 견해[6]가 있다. 법조경합설은 사기행위는 행사로 인한 이익에 포함되는 것으로 본 결과이지만 행사로 인한 이익이 항상 기망행위를 내포하는 것은 아니므로(예: 위조 · 변조통화의 증여행위) 타당하지 않다. 그러므로 행사죄와 사기죄는 상상적 경합관계에 있다고 보는 것이 타당하다.[7]

---

1) 백형구, 494면; 이정원, 525면; 정영석, 147면.

2) 이재상, 551면; 배종대, 672면.

3) 김성천, 1148면; 김일수/서보학, 689면. 임 웅, 621면은 위조 · 변조행사죄 1죄만 성립한다고 본다(법조경합 중 보충관계).

4) 정영석, 513면; 김성천, 1148면; 김일수, 667면; 배종대, 672면; 백형구, 494면; 이재상, 551면; 임 웅, 621면; 정성근/박광민, 682면.

5) 대판 1979. 7. 10, 78도840.

6) 유기천(하), 207면; 이정원, 524면; 황산덕, 125면; SK/Rudolphi, § 146 Rn. 19.

7) BGHSt 31, 381; Tröndle/Fischer, § 146 Rn. 12; Lackner/Kühl, § 146 Rn. 7 b; LK/Herdegen, § 146 Rn. 31.

Ⅳ. 僞造・變造通貨取得罪

> 第208条【위조통화의 취득】 행사할 목적으로 위조 또는 변조한 제207조 기재의 통화를 취득한 자는 5년 이하의 징역 또는 1천 500만원 이하의 벌금에 처한다.
> 第209条【자격정지 또는 벌금의 병과】 제208조의 죄를 범하여 유기징역에 처할 경우에는 10년 이하의 자격정지 또는 2천만원 이하의 벌금을 병과할 수 있다.
> 第212条【미수범】 제208조의 미수범은 처벌한다.

본죄는 행사할 목적으로 위조・변조된 대한민국이나 외국의 통화를 취득함으로써 성립한다.

취득한다는 것은 자기의 점유로 옮겨 놓는 것을 의미하며 유상・무상을 불문한다. 방법에도 제한이 없다. 예를 들면 증여・교환・매매 등의 합법적 방법이건 절취나 사취의 방법에 의하건 불문한다.[1)] 자기가 보관하는 타인의 위조 또는 변조된 통화를 횡령하는 경우에도 취득이라는 견해[2)]가 있으나 점유이탈물횡령의 경우를 제외하고는 점유의 이전이 없다는 점에서 취득이라고 볼 수 없다. 대신에 이 경우에는 횡령의 행위태양이 행사를 필연적으로 수반하는 경우가 대부분일 것이므로 위조・변조통화행사죄가 성립할 수 있다.

제210조의 경우와는 달리 행위자는 취득시 통화가 위조 또는 변조된 사실을 인식하고 있어야 한다. 위조・변조된 점을 인식하고 취득한 후에 다시 이를 행사하는 경우에는 취득죄와 행사죄의 경합범이 성립한다.

Ⅴ. 僞造・變造通貨知情行使罪

> 第210条【위조통화취득후의 지정행사】 제207조 기재의 통화를 취득한 후 그 정을 알고 행사한 자는 2년 이하의 징역 또는 500만원 이하의 벌금에 처한다.

본죄는 위조 또는 변조된 통화임을 모르고 취득한 후에 비로소 그 사정을 알고 이를 행사한 때에 성립한다.

---

1) 임 웅, 622면; 정영석, 150면.
2) 김성천, 1149면; 김일수/서보학, 690면; 유기천(하), 210면; 이정원, 528면. 반대견해는 오영근, 698면.

본죄는 본질적으로 위조·변조통화행사죄에 해당하지만 취득시 이를 모르고 취득한 행위자가 자신의 손해를 면하기 위하여 행사하는 것은 인간의 심리상 자연스럽다는 점에서 형을 감경하는 것이다. 그러므로 제207조와 제208조를 적용하지 않고 제210조가 성립한다. 본죄의 행사는 유상과 무상을 불문한다. 본죄의 행위자에는 외국인의 국외범도 포함된다(제5조 제4호). 본죄는 사기죄와 상상적 경합이 될 수 있다.

Ⅵ. 通貨類似物製造·輸入·輸出·販賣罪

> 제211조【통화유사물의 제조 등】 ① 판매할 목적으로 내국 또는 외국에서 통용하거나 유통하는 화폐, 지폐 또는 은행권에 유사한 물건을 제조, 수입 또는 수출한 자는 3년 이하의 징역 또는 700만원 이하의 벌금에 처한다.
> ② 제 1 항의 물건을 판매한 자도 전항의 형과 같다.
> 제212조【미수범】 미수범은 처벌한다.

본죄는 판매할 목적으로 내국 또는 외국에서 통용하거나 유통하는 통화유사물을 제조·수입 또는 수출하거나 이를 판매함으로써 성립한다.

본죄의 행위객체는 통화유사물이다. 통화유사물이라 함은 진화와 유사한 외관을 갖추었으나, 위조·변조라고 할 만큼의 유사성을 지니지 못한 것을 의미한다. 즉 일반인으로 하여금 진화라고 믿을 만한 정도에 이르지 아니한 일종의 통화모조품을 말한다.

행위방법은 제조, 수입, 수출, 판매하는 것이며, 행위자는 이러한 행위에 대한 고의와 함께 목적물을 판매할 목적이 있어야 한다.

Ⅶ. 通貨僞造·變造 豫備·陰謀罪

> 제213조【예비, 음모】 제207조 제 1 항 내지 제 3 항의 죄를 범할 목적으로 예비 또는 음모한 자는 5년 이하의 징역에 처한다. 단, 그 목적한 죄의 실행에 이르기 전에 자수한 때에는 그 형을 감경 또는 면제한다.

본죄는 내국통화위조·변조죄, 내국유통외국통화위조·변조죄 또는 외국통용외국통화위조·변조죄를 범할 목적으로 예비·음모하는 것이다.

본죄에 대하여는 방조행위가 가능하다는 견해[1)]가 있다. 독일형법상 예비

1) 김일수/서보학, 694면; 유기천(하), 213면; 진계호, 558면.

음모죄를 처벌하는 구성요건(§149)에서는 구체적인 예비·음모행위를 규정하고 있다. 즉 독립적 범죄행위로서 예비·음모죄를 처벌하는 것이다. 그러므로 이에 대한 방조행위를 인정할 수 있다.[1] 그러나 본죄는 독립적 구성요건이라기보다는 기본범죄에 대한 예비죄 규정에 불과하다고 보아야 하므로 본죄에 대한 방조범은 인정하지 않아야 한다.[2] 또한 정범이 실행에 착수하지도 않은 단계에서의 방조행위를 처벌할 수 없다는 점 및 예비죄의 처벌범위가 지나치게 확장된다는 점에서도 본죄에 대한 방조범을 인정하는 것은 타당하지 않다.

제 2 절 有價證券·郵票와 印紙에 관한 罪

I. 序 論

유가증권에 관한 죄는 행사할 목적으로 유가증권을 위조·변조·허위작성하거나 허위작성한 유가증권을 행사·수입 또는 수출함으로써 성립하는 죄이다. 유가증권은 원래 문서의 성질을 가지지만 오늘날에는 오히려 유통성이나 환금성 등으로 인하여 통화와 유사한 기능을 수행하기 때문에 형법은 이를 독립된 구성요건으로 규율하고 있는 것이다.

독일형법은 유가증권에 관한 죄(§148, Wertzeichenfälschung)를 통화위조죄와 함께 규정하면서 통화위조죄(§146, Geldfälschung), 위조통화행사죄(§147), 예비·음모죄(§149)에 관한 규정을 준용하고 있다. 일본형법은 유가증권위조·허위기재죄(제162조)와 허위유가증권행사 등 죄(제163조)를 통화위조죄와 문서위조죄 다음의 장(제18장)에 규정하고 있어서 이 죄를 기본적으로 문서위조죄로 파악한 것으로 볼 수 있다.

유가증권은 통화와 유사한 기능을 담당하기 때문에 외국의 유가증권에 대해서도 국내유가증권과 마찬가지로 보호되어야 한다. 그러므로 본장의 죄는 외국인의 국외범에 대해서도 적용된다(제5조 제5호).

본장의 죄는 유가증권거래의 안전·신용과 기능을 보호하기 위한 것이다. 그리고 보호받는 정도는 추상적 위험범이다.

1) Tröndle/Fischer, §149 Rn. 6.
2) 배종대, 675면; 백형구, 494면; 이재상, 555면; 임 웅, 625면; 정성근/박광민, 687면.

Ⅱ. 有價證券의 槪念

유가증권이란 사법상의 재산권을 표창하는 증권으로서, 증권상에 표시된 재산상의 권리의 행사와 처분에 반드시 그 증권의 점유를 필요로 하는 것을 총칭하는 것이다.[1] 그러므로 그 명칭이 무엇이든 물권·채권·사원권 등 재산권이 증권에 화체된다는 것과, 그 권리의 행사와 처분에 증권의 점유를 필요로 한다는 두 가지 요소를 갖추면 되며, 유통성을 가질 필요는 없다.[2] 그러므로 유통성을 갖지 않는 열차나 지하철 등의 승차권도 유가증권에 해당된다.

유가증권의 예로는 어음, 자기앞수표, 회사채, 주식, 창고증권, 선하증권, 각종 국·공채(산업금융채권, 지하철공채, 주택채권 등), 상품권, 스키장의 리프트 탑승권[3] 등이 있다. 공중전화카드 역시 전자기록 등 특수매체기록만으로 이루어진 것이 아니라 문자부분에서 공중전화서비스를 제공받을 수 있는 권리의 내용이 표창되어 있으므로 유가증권에 해당한다.[4] 정기예탁금증서는 증서의 점유가 예탁금반환채권을 행사하는 데에 그 조건이 된다고 볼 수 없는 면책증권에 불과하므로 유가증권에 해당하지 않는다(면책증권에 해당하는 것으로는 그 밖에 공중접객업소에서 발행하는 신발표, 철도화물상환증, 수리점의 물품보관증 등이 있다).[5] 양도성예금증서(CD)는 예금채권 및 이자를 표창하고 그 권리의 이전 및 행사에 증서의 소지를 요하는 불완전유가증권에 해당한다.[6] 은행신용카드는 유가증권이라는 견해[7]와 사전자기록에 해당한다는 견해[8]가

1) 대판 1984. 11. 27, 84도1862.
2) 대판 2001. 8. 24, 2001도2832; 1995. 3. 14, 95도20; 김일수/서보학, 700면; 배종대, 677면; 백형구, 503면; 유기천(하), 185면; 이재상, 559면; 임 웅, 629면; 정성근, 785면; 정영석, 153면; 황산덕, 129면.
3) 대판 1998. 11. 24, 98도2967.
4) 대판 1998. 2. 27, 97도2483; 김일수, 700면; 이정원, 536면.
5) 대판 1984. 11. 27, 84도2147; 이정원, 534면.
6) 오영근, 704면; 임 웅, 630면.
7) 대판 1984. 11. 27, 84도1862. 반대로 신용카드의 유가증권성을 부인한 판례로는 대판 1999. 7. 9, 99도857(신용카드업자가 발행한 신용카드는 이를 소지함으로써 신용구매가 가능하고 금융의 편의를 받을 수 있다는 점에서 경제적 가치가 있다 하더라도, 그 자체에 경제적 가치가 화체되어 있거나 특정의 재산권을 표창하는 유가증권이라고 볼 수 없고, 단지 신용카드회원이 그 제시를 통하여 신용카드회원이라는 사실을 증명하거나 현금자동지급기 등에 주입하는 등의 방법으로 신용카드업자로부터 서비스를 받을 수 있는 증표로서의 가치를 갖는 것이어서, 이를 사용하여 현금자동지급기에서 현금을 인출하였다 하더라도 신용카드 자체가 가지는 경제적 가치가 인출된 예금액만큼 소모되었다고 할 수 없으므로, 이를 일시 사용하고 곧 반환한 경우에는 불법영득의 의사가 없다). 배종대, 475면; 백형구, 511면; 이재상, 558면.
8) 김일수/서보학, 701면; 이정원, 537면; 정성근/박광민, 693면.

있다. 독일형법에서는 신용카드와 유럽수표카드 및 기타의 각종 신용카드를 포함하는 지불카드(Zahlungskarten)와 유럽수표양식을 위조하는 행위를 독립된 구성요건으로 처벌하고 있다(§152 a, Fälschung von Zahlungskarten und Vordrucken für Euroschecks). 이러한 규정을 두지 않고 있는 형법의 해석상으로는 유가증권으로 파악하는 것이 타당하다고 본다. 그러나 입법론적으로는 구성요건의 신설이 필요하다. 유가증권의 형식은 기명식, 무기명식, 지시식을 불문한다.

Ⅲ. 構成要件體系

본장의 죄는 유가증권에 관한 죄로서 유가증권위조 · 변조죄(제214조)와 자격모용유가증권 작성 · 기재죄(제215조), 허위유가증권작성 · 기재죄(제216조), 위조유가증권 등 행사죄(제217조)를 규정하고 있다. 그리고 인지 · 우표에 관한 죄(제218조, 제219조, 제221조, 제222조)를 두고 있다. 인지 · 우표에 관한 죄는 인지 · 우표위조 · 변조죄(제218조 제1항), 위조 · 변조인지 · 우표취득 등 죄(제219조), 인지 · 우표의 소인무효죄(제221조), 인지 · 우표 등의 유사물제조 등 죄(제222조)가 있다.

유가증권과 관련하여 특별형법으로서 「부정수표 단속법」이 있다. 수표가 유가증권에 해당함은 당연하다. 그러나 유가증권으로서 수표가 국민경제에 미치는 효과가 지대하다는 점에서 다른 유가증권보다 처벌을 강화하기 위한 것이 부정수표단속법의 취지이다. 이 법은 부정수표를 발행하거나 작성한 자를 처벌하기 위한 것이다. 이 법에서 부정수표라 함은 당좌거래에 의한 당좌수표와 가계종합예금계약에 의한 가계수표로서 가공인물의 명의로 발행한 수표(제2조 제1항 제1호), 금융기관과의 수표계약 없이 발행하거나 금융기관으로부터 거래정지처분을 받은 후에 발행한 수표(제2호), 금융기관에 등록된 것과 다른 서명 또는 기명날인으로 발행한 수표(제3호)를 말한다(이를 「위법수표」라고 한다). 또한 수표를 발행하거나 작성한 자가 수표를 발행한 후에 예금부족 · 거래정지처분이나 수표계약의 해제 또는 해지로 인하여 제시기일에 지급되지 아니하게 한 때(이를 「부도수표」라고 한다)에도 이와 마찬가지이다(제2항). 그리고 과실로 인하여 제 1 항과 제 2 항의 죄를 범한 자도 3년 이하의 금고 또는 수표금액의 5배 이하의 벌금에 처한다(제3항). 수표를 위조 · 변조한 자는 1년 이상의 유기징역과 수표금액의 10배 이하의 벌금에 처한다(제5조). 그러므로 수표에 관한 위조 · 변조행위나 부정수표의 발행에 관한 한 형법이 적용될 여지는 없다(법조경합).

Ⅳ. 有價證券僞造·變造罪

제214조【유가증권의 위조 등】 ① 행사할 목적으로 대한민국 또는 외국의 공채증서 기타 유가증권을 위조 또는 변조한 자는 10년 이하의 징역에 처한다.
② 행사할 목적으로 유가증권의 권리의무에 관한 기재를 위조 또는 변조한 자도 전항의 형과 같다.
제220조【자격정지 또는 벌금의 병과】 제214조의 죄를 범하여 징역에 처하는 경우에는 10년 이하의 자격정지 또는 2천만원 이하의 벌금을 병과할 수 있다.
제223조【미수범】 미수범은 처벌한다.

1. 구성요건

본죄는 행사할 목적으로 대한민국 또는 외국의 공채증서 기타 유가증권을 위조 또는 변조하는 것이다.

(1) 행위객체

본죄의 행위객체는 대한민국 또는 외국의 공채증서 기타 유가증권이다. 공채증서란 국가 또는 지방자치단체가 발행하는 국채(예: 재정증권, 산업금융채권)나 지방채(지하철공채)를 의미하며 공채증서는 그 한 예이다. 가계수표는 본죄의 행위객체에 해당되지 않으며 부정수표단속법의 대상이다.

유가증권의 발행자는 국가(내·외국 불문)와 지방자치단체, 공공단체 및 개인이다. 유가증권의 명의인이 실재하지 않더라도 본죄의 행위객체에 해당한다.

(2) 행 위

위조 또는 변조이다. 본래 위조행위는 첫째 타인명의를 사칭하거나 모용하여 그 본인(발행권자)명의의 유가증권을 발행하는 것과, 둘째 자신의 명의를 사용하여 유가증권을 발행하기 때문에 명의모용은 아니지만 유가증권발행자격이 없는 자가 마치 이러한 자격이 있는 것처럼 자격을 모용하는 행위를 포함한다. 전자의 경우에 발행권자의 본명을 기재하지 않더라도 상호, 별명 기타 거래상 본인을 가리키는 것으로 인식되는 칭호라면 타인명의를 사칭하거나 모용한 것이라고 할 수 없다.

[판례] ① 피고인이 약속어음, 가계수표 등에 약 2년간 본명 대신에 가명을 사용하여 배서를 해 온 경우 이는 피고인 자신의 배서행위에 해당하고 위조한 것이라고 할 수 없다. 즉 피고인이 평소 자기를 표시하는 명칭으로 '김○○'을 사용하여 왔고,

피해자는 물론이고 다른 사람들도 모두 피고인을 '김○○'로 알고 거래를 계속해 온 것이 사실이므로 '김○○'명의의 가계수표에 대한 배서행위를 가리켜 타인의 명의를 모용하여 수표상의 권리의무에 관한 기재를 위조한 것이라고 볼 수 없다.[1] ② 남편명의의 약속어음을 발행하여 오다가 남편이 사망한 다음에도 피고인(처)이 계속 남편명의로 약속어음을 발행한 경우 유가증권위조죄의 성립을 부인하였다.[2]

후자의 경우는 대리인·대표권자가 위임받은 대리권·대표권의 범위를 일탈하거나 혹은 권한범위 밖의 사항에 관하여 본인명의의 유가증권을 작성하는 것을 의미하는데 이는 자격모용유가증권작성죄(제215조)에 해당하고 위조에는 포함되지 않는다. 그리고 유가증권이 작성명의인 본인에 의하여 발행되는 경우보다 대리인·대표명의나 기관명의로 발행되는 경우가 더 많은 현실을 감안할 때 일반적·포괄적 권한위임의 경우에는 위조가 아니며 제한적·구체적인 위임의 경우에만 권한을 넘은 발행행위가 위조에 해당한다고 보는 것이 타당하다.[3] 만일 전혀 대리권이나 대표권을 부여받은 사실이 없음에도 불구하고 이러한 사실이 있는 것처럼 자격을 모용하여 유가증권을 발행하는 것도 위조가 아니라 자격모용유가증권작성행위에 해당한다.

이처럼 형법은 유가증권발행과 관련해서는 대리권·대표권이 없음에도 불구하고 마치 이러한 자격까지도 갖춘 것처럼 자격을 모용하여 유가증권을 작성하는 행위에 대해서는 자격모용에 의한 유가증권작성죄(제215조)를 규정하고 있다. 그러므로 본죄에서 유가증권의 위조라 함은 작성권한 없는 자가 타인의 명의를 모용하여 유가증권을 작성하는 것으로 제한하여야 한다. 예를 들면 명의대여자인 주식회사의 명의를 사용하여 영업을 하는 개인사업체의 영업권을 사실상 인수하였지만 아직 주식회사로부터 지점장 임명을 받지 않았으면서도 임의로 지점장 행세를 하면서 주식회사 명의로 어음배서행위를 한 경우[4]이다. 또한 액면과 지급기일이 백지로 된 약속어음을 위조약속어음인 사실을 알고도 이를 구입하여 행사의 목적으로 백지인 액면란에 금액을 기입하여 위조어음을 완성하는 행위(백지위조)도 유가증권위조죄를 구성한다.[5]

만일 타인을 기망하여 약속어음 용지에 발행인으로서 서명·날인케 한

1) 대판 1996. 5. 10, 96도527.
2) 대판 1982. 9. 28, 82도296.
3) 정영일, 「유가증권에 관한 죄의 판례연구」, 형사판례연구(4), 157면.
4) 대판 1984. 2. 28, 83도3284.
5) 대판 1982. 6. 22, 82도677; 1998. 2. 13, 97도2922.

후에 마음대로 용지의 어음요건을 기재하여 완성한 경우에는 간접정범에 의한 본죄의 성립이 가능하다.

변조란 권한이 없는 자가 진정하게 성립된 타인명의의 유가증권의 내용에 동일성을 해하지 않는 범위 안에서 변경을 가하는 것을 말한다. 예를 들면 어음의 발행일자나 금액 또는 지급인의 주소 등을 변경하는 것이 여기에 해당한다. 그러나 이미 실효된 유가증권을 변경하여 새로운 유가증권을 만드는 것은 변조가 아니라 위조에 해당한다.

제 2 항에서 유가증권의 권리의무에 관한 기재를 위조한다는 것은 기본적 증권행위가 진정하게 성립된 유가증권에 작성권한이 없는 자가 타인의 명의를 모용하여 배서·보증 등의 부수적 증권행위를 하는 것을 의미한다. 그리고 유가증권의 권리의무에 관한 기재를 변조한다는 것은 진정하게 성립된 타인명의의 부수적 증권행위에 관한 유가증권의 기재내용에 작성권한이 없는 자가 변경을 가하는 것을 의미한다.[1)]

(3) 주관적 구성요건

본죄가 성립하기 위해서는 유가증권을 위조 또는 변조한다는 고의와 행사할 목적이 있어야 한다. 여기에서 행사는 유가증권을 유통시키는 것뿐만 아니라, 단순히 타인에게 보여 주기 위한 경우도 포함한다. 본죄는 위조·변조 행위만 있으면 성립하기 때문이다.

2. 죄수 및 다른 범죄와의 관계

유가증권위조죄의 죄수는 원칙적으로 위조된 유가증권의 매수를 기준으로 하여야 하므로 약속어음 2매를 위조하는 것은 포괄일죄가 아니라 경합범이다.[2)] 반대로 1매의 유가증권에 수회의 위조와 변조를 하여도 1죄만이 성립한다.

위조된 약속어음을 진정한 약속어음이라고 속여 물품대금채무를 변제하기 위하여 채권자에게 이를 교부하였다고 하여도 어음이 결제되지 않는 한 물품대금채무가 소멸되지 아니하므로 사기죄는 성립하지 않는다. 유가증권의 위조를 위하여 인장을 위조한 경우에는 인장위조죄는 본죄에 흡수된다. 절취

1) 대판 1989. 12. 8, 88도753.

2) 대판 1983. 4. 12, 82도2938; 김성천, 1157면; 백형구, 503면; 임 웅, 633면; 정영일, 앞의 논문, 163면. 이 경우에 상상적 경합을 인정하는 견해로는 김일수/서보학, 705면; 배종대, 680면; 이재상, 562면이 있다.

한 유가증권용지를 사용하여 이를 위조·변조한 때에는 절도죄와 유가증권위조죄의 경합범이 인정된다.

V. 資格冒用 有價證券作成·記載罪

제215조【자격모용에 의한 유가증권의 작성】 행사할 목적으로 타인의 자격을 모용하여 유가증권을 작성하거나 유가증권의 권리 또는 의무에 관한 사항을 기재한 자는 10년 이하의 징역에 처한다.
제220조【자격정지 또는 벌금의 병과】 제215조의 죄를 범하여 징역에 처하는 경우에는 10년 이하의 자격정지 또는 2천만원 이하의 벌금을 병과할 수 있다.
제223조【미수범】 미수범은 처벌한다.

1. 의 의

본죄는 타인의 자격을 모용하여 유가증권을 작성 또는 변조하거나 유가증권의 권리의무에 관한 사항을 기재한 때에 성립한다. 본래 자격모용에 의한 유가증권작성행위는 유가증권의 위조행위에 포함되는 개념이다.[1] 자격모용이나 명의모용이나 모두 작성권한이 없는 자의 행위에 해당하기 때문이다. 그럼에도 불구하고 형법이 이를 독립하여 규정하고 있기 때문에 부득이 구별을 하지 않을 수 없다. 입법론적으로 형법의 분리규정은 개념의 동일성뿐만 아니라 법정형도 같이 하기 때문에 실익이 없으며 이론상의 복잡성과 법적용의 혼란만을 가져올 뿐이다(이는 문서위조의 경우에도 마찬가지이다).

2. 구성요건

타인의 자격을 모용한다는 것은 정당한 대리권 또는 대표권이 없는 자가 타인의 대리인 또는 대표자인 것처럼 가장하여 유가증권을 작성하는 것을 말한다.

[판례] 주식회사 대표이사로 재직하던 피고인이 대표이사가 타인으로 변경되었음에도

1) 자격모용에 대해서는 명의를 모용하지 않았기 때문에 위조에 해당하지 않는다는 견해가 있었고, 이에 따르면 자격모용은 유형위조가 아니라 무형위조로밖에 볼 수 없으며 무형위조는 처벌한다는 특별규정이 있어야 처벌이 가능하므로 결국 불가벌일 수밖에 없다고 한다. 이러한 문제점을 입법적으로 해결한 것이 자격모용에 의한 문서(혹은 유가증권)작성죄라고 주장한다. 그러나 문서의 작성권은 대표권이나 대리권이 없는 자가 아니라 본인에게 있기 때문에 작성권한이 없는 대리인이 본인의 자격을 모용하는 행위는 비록 자신의 이름을 사용하였다고 하더라도 성립할 수 없는 유가증권(혹은 문서)을 작성한 것으로서 유형위조라고 보아야 한다. 그러므로 독립적인 자격모용작성죄를 규정하기보다는 자격모용도 위조행위의 한 태양에 포함시키는 것이 타당하다.

불구하고 이전부터 사용하여 오던 피고인 명의로 된 회사 대표이사의 명판을 이용하여 여전히 피고인을 위 회사의 대표이사로 표시하여 약속어음을 발행, 행사한 경우. 판례는 이에 대해 비록 약속어음을 작성, 행사하면서 후임 대표이사의 승낙을 얻었다거나 위 회사의 실질적인 대표이사로서의 권한을 행사하는 피고인이 은행과의 당좌계약을 변경하는 데에 시일이 걸려 잠정적으로 전임 대표이사인 그의 명판을 사용한 것이라 하더라도 이는 합법적인 대표이사로서의 약속어음발행권한이 없는 피고인이 그 권한 밖의 일을 한 것으로서 자격모용유가증권작성 및 동 행사죄에 해당한다고 판시하였다.[1)]

그러므로 대리권 또는 대표권이 있는 자가 권한을 남용하여 본인이나 회사명의로 유가증권을 발행하는 것(예: 백지어음의 보충권을 남용하여 과다한 금액을 적어 넣는 것)은 본죄는 물론 유가증권위조죄에도 해당하지 않는다는 견해[2)]가 있다. 권한남용행위는 성립이 진정하며 사법상 유효한 법률행위가 되어 공공의 신용을 떨어뜨리는 것으로도 볼 수 없기 때문이라는 것이 이유이다. 이에 반해 허위유가증권작성죄에 해당한다는 견해[3)]가 있다. 권한남용행위는 권한범위 내에서는 작성명의인인 본인의 의사와 상치된다고 볼 수 있기 때문에 배임죄 또는 허위유가증권작성죄를 인정하는 것이 타당하다.

한편 대리권이나 대표권이 있더라도 권한남용이 아니라 권한범위를 명백히 일탈 혹은 초과하여 본인 또는 회사명의의 유가증권을 발행하는 경우에 본죄가 성립한다는 견해[4)]가 있다. 반면에 본죄가 아니라 유가증권위조죄(제214조 제1항)가 성립한다는 소수견해[5)]도 있다. 이 경우에는 위에서 살펴본 바와 같이 어느 구성요건을 적용하더라도 법정형이 같으며, 자격모용이나 위조행위나 모두 위조의 개념에 해당하기 때문에 학설대립의 본질적 차이는 없으며 적용법조의 차이만 있을 뿐이다. 굳이 결론을 내린다면 대리권 혹은 대표권을 초과하였다는 것은 초과부분에 대해서는 대리권·대표권이 존재하지 않았다고 볼 수 있으므로 본죄에 해당한다고 보는 것이 입법취지에 맞다고 본다.

---

1) 대판 1991.2.26, 90도577(이 판례에 대한 자세한 평석으로는 정영일, 앞의 논문 참조); 1987.8.18, 87도145(직무집행정지가처분을 받은 대표이사가 권한 밖의 사항인 유가증권을 발행하는 행위).
2) 정영석, 171면(이 경우에는 다만 배임죄나 횡령죄 등이 성립할 수 있다고 본다).
3) 김일수/서보학, 707면; 임 웅, 635면.
4) 김성천, 1159면; 배종대, 681면; 백형구, 504면; 오영근, 711면; 유기천(하), 508면; 이재상, 563면; 이정원, 539면; 임 웅, 635면; 정영석, 154면; 진계호, 548면.
5) 김일수/서보학, 707면; 유기천(하), 199면.

Ⅵ. 虛僞有價證券作成・記載罪

제216조【허위유가증권의 작성 등】 행사할 목적으로 허위의 유가증권을 작성하거나 유가증권에 허위의 사항을 기재한 자는 7년 이하의 징역 또는 3천만원 이하의 벌금에 처한다.
제220조【자격정지 또는 벌금의 병과】 제216조의 죄를 범하여 징역에 처하는 경우에는 10년 이하의 자격정지 또는 2천만원 이하의 벌금을 병과할 수 있다.
제223조【미수범】 미수범은 처벌한다.

1. 의의 및 구성요건

(1) 의 의

본죄는 행사할 목적으로 허위의 유가증권을 작성하거나 유가증권에 허위의 사항을 기재하는 경우에 성립한다. 일종의 무형위조를 처벌하는 것이다. 그러나 사문서의 경우에는 이처럼 포괄적으로 무형위조를 처벌하지 않고 예외적으로 허위진단서 등 작성죄만을 규정하고 있는 데 반하여 유가증권의 경우는 국민경제에 미치는 영향이 크기 때문에 일반적으로 처벌하고 있는 것이다.

(2) 구성요건

본죄는 작성권한 없는 자가 작성명의를 모용하는 것이 아니라(이 경우에는 유가증권위조죄에 해당한다) 작성권한 있는 자가 내용이 허위인 유가증권을 작성하는 것을 의미한다. 예를 들면 화물이 선적되기도 전에 선하증권(소위 선(先)선하증권)을 발행하는 경우이다.[1] 그러므로 유가증권작성과 관련한 대리권 또는 대표권이 없는 자가 이러한 자격을 모용하여 유가증권을 작성한 경우에는 본죄가 아니라 자격모용에 의한 유가증권작성죄(제215조)가 성립한다.

본죄의 행위는 유가증권의 발행・배서 등의 행위를 할 권한이 있는 자가 내용이 허위인 유가증권을 작성하는 것과 기존의 유가증권에 허위의 사항을 기재하는 것을 말한다. 전자는 예를 들면 발행일자를 소급하여 주권을 발행[2]하거나 실재하지 않는 회사명의의 약속어음을 발행하는 경우[3]와 같이 기본적 증권행위에 허위내용을 기재하는 경우이고, 후자는 배서・인수・보증과 같은

1) 대판 1985.8.20, 83도2575.
2) 대판 1974.1.15, 73도2041.
3) 대판 1970.12.29, 70도2389.

부수적 증권행위를 하는 경우이다. 그러나 배서인의 주소기재는 어음배서의 요건이 아니므로 약속어음 배서인의 주소를 허위로 기재하였더라도 그것이 배서인의 인적 동일성을 해쳐서 배서인이 누구인지를 알 수 없는 경우가 아닌 한 약속어음상의 권리관계에 아무런 영향을 미치지 않는다고 할 것이므로 허위유가증권기재죄에 해당하지 않는다.[1)]

2. 다른 범죄와의 관계

대리인이나 대표권자가 대리권·대표권의 범위 내에서 그 위임의 취지에 반하여 유가증권을 작성하여 본인에게 손해를 입힌 경우에는 (업무상) 배임죄와 본죄가 성립한다. 그리고 양죄는 상상적 경합관계에 있다.

대리권 또는 대표권이 없는 자가 그 같은 자격을 모용하여 수표를 작성한 경우에도 본죄가 성립하는지에 대해서는 논란이 있을 수 있다. 왜냐하면 부정수표 단속법상의 수표위조죄(제5조)는 수표의 위조·변조행위만을 규정하고 있을 뿐이고 자격을 모용하여 수표를 작성하는 경우는 규정하고 있지 않기 때문이다. 그러나 자격모용에 의한 유가증권작성행위도 유가증권위조행위의 한 태양에 속한다고 볼 수 있으므로 특별법인 부정수표 단속법의 수표위조죄에 해당한다고 보는 것이 타당할 것이다.

Ⅶ. 僞造 등 有價證券行使·輸入·輸出罪

> 제217조【위조유가증권 등의 행사 등】 위조, 변조, 작성 또는 허위기재한 전 3조 기재의 유가증권을 행사하거나 행사할 목적으로 수입 또는 수출한 자는 10년 이하의 징역에 처한다.
> 제220조【자격정지 또는 벌금의 병과】 제217조의 죄를 범하여 징역에 처하는 경우에는 10년 이하의 자격정지 또는 2천만원 이하의 벌금을 병과할 수 있다.
> 제223조【미수범】 미수범은 처벌한다.

본죄는 위조·변조한 유가증권 또는 자격을 모용하거나 허위로 작성·기재한 유가증권을 행사하거나, 행사할 목적으로 수입·수출하는 것이다.

본죄의 행위는 행사·수입·수출하는 것이다. 행사한다는 것은 위조·변조되거나 자격모용 혹은 허위로 작성·기재된 유가증권을 진정한 유가증권처럼 사용하는 것을 말한다. 예를 들면 허위로 작성된 선하증권을 행사하여 물

1) 대판 1986. 6. 24, 84도547.

품대금을 지급받은 경우이다. 이 경우에는 허위작성유가증권행사죄와 사기죄의 경합범이 성립한다는 견해[1]와 상상적 경합을 인정하는 견해[2]가 있다. 행사하는 것이 동시에 기망행위에 해당하므로 상상적 경합을 인정하는 것이 타당하다. 어음할인을 위하여 위조어음을 제시하는 행위, 폐공중전화카드를 사용가능한 카드로 만든 다음 공중전화기의 카드투입구에 투입하는 행위[3]도 행사에 해당된다. 수입·수출은 통화위조죄에서의 수입·수출과 동일한 의미이다.

유가증권을 위조, 변조, 작성 또는 허위기재한 다음에 이를 행사한 경우에는 양죄의 상상적 경합이라는 견해[4]와 실체적 경합이라는 견해[5]가 있다. 양 행위가 별개의 고의에 의해 이루어진 경우에는 실체적 경합에 해당한다고 보아야 한다.

Ⅷ. 印紙·郵票의 僞造 등 罪

> 제218조【인지·우표의 위조 등】 ① 행사할 목적으로 대한민국 또는 외국의 인지, 우표 기타 우편요금을 표시하는 증표를 위조 또는 변조한 자는 10년 이하의 징역에 처한다.
> ② 변조된 대한민국 또는 외국의 인지, 우표 기타 우편요금을 표시하는 증표를 행사하거나 행사할 목적으로 수입 또는 수출한 자도 제 1 항의 형과 같다.
> 제220조【자격정지 또는 벌금의 병과】 제218조의 죄를 범하여 징역에 처하는 경우에는 10년 이하의 자격정지 또는 2천만원 이하의 벌금을 병과할 수 있다.
> 제223조【미수범】 미수범은 처벌한다.

Ⅰ. 인지·우표·우편요금증표위조·변조죄

본죄는 대한민국 또는 외국의 인지, 우표 기타 우편요금을 표시하는 증표를 위조 또는 변조하는 것이다.

인지란 인지세법에 따라 일정한 수수료 또는 인지세를 납부하는 방법으

1) 정성근/박광민, 703면; 진계호, 556면. 반면 이정원, 541면은 법조경합으로써 본죄만을 인정한다.
2) 김일수/서보학, 710면; 배종대, 683면; 백형구, 506면; 이재상, 566면; 임 웅, 638면; 정영석, 156면.
3) 대판 1998. 2. 27, 97도2483.
4) 배종대, 680면; 이재상, 560면.
5) 김일수/서보학, 711면; 백형구, 506면; 정성근/박광민, 703면; 진계호, 556면. 그러나 임 웅, 638면은 법조경합으로 위조유가증권행사죄만이 성립한다고 본다.

로 정부 기타 발행권자가 일정한 금액을 권면에 표시하여 발행한 증표를 말한다. 대한민국과 외국의 인지를 포함한다. 우표는 정부가 우편요금 납부용으로 만든 일정금액을 표시한 증표를 말한다(우편법 제20조 참조). 우편요금증표란 우표가 아니면서 우표의 기능을 대신하는 것을 말한다.

2. 위조·변조인지 등 행사·수입·수출죄

본죄는 위조·변조한 대한민국 또는 외국의 인지·우표·우편요금증표를 행사하거나 행사할 목적으로 수입·수출하는 것이다.

행사한다는 것은 위조 또는 변조된 인지 등을 진정한 것으로 가장하여 사용하는 것을 말한다. 우표수집의 대상으로 매매하는 것도 행사에 해당한다.[1)] 그러나 매매하지 않고 단순히 수집만 하는 경우에는 행사죄에 해당하지 않는다고 보아야 한다.

Ⅸ. 僞造·變造印紙 등 取得罪

> 第219조【위조인지·우표 등의 취득】 행사할 목적으로 위조 또는 변조한 대한민국 또는 외국의 인지, 우표 기타 우편요금을 표시하는 증표를 취득한 자는 3년 이하의 징역 또는 1천만원 이하의 벌금에 처한다.
> 第220조【자격정지 또는 벌금의 병과】 제219조의 죄를 범하여 징역에 처하는 경우에는 10년 이하의 자격정지 또는 2천만원 이하의 벌금을 병과할 수 있다.
> 第223조【미수범】 미수범은 처벌한다.

본죄는 행사할 목적으로 위조·변조한 대한민국 또는 외국의 인지·우표 등을 취득함으로써 성립한다. 본죄가 성립하기 위해서는 취득시에 위조 또는 변조된 인지·우표·우편요금증표라는 사실을 알았어야 한다. 취득시에는 이러한 사실을 알지 못하였으나 나중에 알고도 계속 보관한 경우에는 위조·변조통화에서처럼 지정행사죄(제210조)를 규정하고 있지 않으므로 죄가 되지 않는다고 보아야 한다(이 경우에는 행사할 목적도 인정되지 않는다).

Ⅹ. 印紙·郵票·郵便料金證標消印抹消罪

> 第221조【소인의 말소】 행사할 목적으로 대한민국 또는 외국의 인지, 우표 기타 우편요금을 표시하는 증표의 소인 기타 사용의 표지를 말소한 자는 1년 이하의 징역 또는 300만원 이하의 벌금에 처한다.

---
1) 대판 1989. 4. 11, 88도1105.

본죄는 행사할 목적으로 대한민국 또는 외국의 인지·우표·우편요금증표의 소인 기타 사용의 표지를 말소하는 것이다. 소인을 말소한다는 것은 인지나 우표·우편요금증표에 찍혀 있는 소인의 흔적을 없애서 이를 다시 사용할 수 있도록 하는 행위를 말한다. 소인말소의 수단·방법에는 제한이 없다. 본죄는 행사할 목적이 있어야 성립하는 목적범이다. 그러므로 소인이 말소된 인지 등을 다시 사용할 목적이 있어야 한다.

XI. 印紙·郵票類似物製造·輸入·輸出·販賣罪

> 第222條【인지·우표유사물의 제조 등】 ① 판매할 목적으로 대한민국 또는 외국의 공채증서, 인지, 우표 기타 우편요금을 표시하는 증표와 유사한 물건을 제조, 수입 또는 수출한 자는 2년 이하의 징역 또는 500만원 이하의 벌금에 처한다.
> ② 제 1 항의 물건을 판매한 자도 전항의 형과 같다.
> 第223條【미수범】 미수범은 처벌한다.

본죄는 판매할 목적으로 대한민국 또는 외국의 공채증서, 인지, 우표 기타 우편요금증표와 유사한 물건을 제조·수입·수출하거나 이를 판매하는 것이다. 공채증서, 인지 등의 유사물이란 이러한 물건과 혼동할 정도의 유사성을 지니지 않았기 때문에 위조라고 볼 수 없는 모조품을 말한다.

XII. 豫備·陰謀罪

> 第224條【예비, 음모】 제214조, 제215조와 제218조 제 1 항의 죄를 범할 목적으로 예비 또는 음모한 자는 2년 이하의 징역에 처한다.

본죄는 유가증권위조·변조죄(제214조), 자격모용에 의한 유가증권작성죄(제215조), 인지·우표 등의 위조·변조죄(제218조 제 1 항)를 범할 목적으로 예비·음모하는 것이다. 그러므로 허위유가증권작성죄의 예비·음모행위는 본죄로 처벌되지 않는다. 통화에 관한 죄에서는 목적한 죄의 실행에 착수하기 전에 자수한 때에는 형을 감경 또는 면제하였다(제213조 단서). 그러나 유가증권의 경우에는 자수에 대한 규정을 두지 않고 있다. 이는 통화에 관한 죄의 경우와 균형이 맞지 않는 입법상의 미비이다.

제 3 절 文書에 관한 罪

Ⅰ. 序 論

형법상 문서에 관한 죄(Urkundenfälschung, forgery)는 행사할 목적으로 문서를 위조 또는 변조하거나(성립의 진정성보호, 예: 제225조, 제226조, 제227조의 2, 제231조, 제232조의 2), 허위의 문서를 작성하거나 작성하게 하는 행위(내용의 진실성보호, 예: 제227조, 제228조, 제233조), 위조·변조·허위작성된 문서를 행사하거나(위조문서의 이용금지, 예: 제229조, 제234조), 정당한 문서를 부정행사(행사의 적법성보호, 예: 제230조, 제236조) 함으로써 성립하는 범죄를 말한다. 연혁적으로 문서에 대한 죄는 사기죄의 전단계로서의 성격을 지니고 있었다. 그러나 점차 문서가 차지하는 독자적 기능이 증대됨에 따라 독립적인 구성요건으로 나타나게 된 것이다.

1. 보호법익과 법체계

문서에 관한 죄는 문서를 수반하는 공공의 거래상의 안전 및 신용보호를 목적으로 한다.[1] 문서는 경제적 거래관계와 밀접한 관련을 맺고 있으나 재산은 문서위조죄의 보호법익이 아니다.

문서에 관한 죄에서는 문서의 성립의 진정을 보호하는가(형식주의), 내용의 진실보호를 목적으로 하는가(실질주의)에 따라 입법방식이 다르다(문서의 작성권한이 없는 자에 의한 정당하지 않은 문서위조를 유형위조라고 하며, 정당한 작성권한자가 문서의 내용을 허위로 기재한 문서위조를 무형위조라고 한다). 전자의 경우에는 문서내용의 진실성 여부에 따라 위조문서 여부가 판단되는 것이 아니라 정당한 작성명의인에 의하여 작성된 문서인가의 여부에 따라 판단한다. 그러므로 특별한 규정이 있는 경우를 제외하고는 허위문서의 작성은 처벌대상이 되지 않는다. 형법은 공문서의 경우 유형위조와 무형위조를 모두 처벌하고 있으나, 사문서의 경우에는 허위진단서작성죄(제233조)의 경우를 제외하고는 무형위조를 처벌하지 않는 형식주의를 취하고 있다.[2] 그러므로 형법은 전체적으로는 형식주의를 원칙으로 하면서 예외적으로 실질주의를 취하고

1) 김일수/서보학, 717면; 배종대, 676면; 백형구, 515면; 오영근, 853면; 이재상, 569면; 임 웅, 643면; Arzt/Weber, BT/4, 129; Tröndle/Fischer, § 267 Rn. 1; Sch/Sch/Cramer, § 267 Rn. 1.

2) 대판 1984. 4. 24, 83도2645(피고인들이 작성한 회의록에다 참석한 바 없는 소외인이 사회(司會)까지 한 것으로 기재한 부분은 사문서의 무형위조에 해당할 뿐이어서 사문서의 유형위조만을 처벌하는 현행 형법하에서는 죄가 되지 아니한다).

있다고 볼 수 있다.[1]

> 형식주의는 독일형법의 방식이고, 실질주의는 프랑스형법이 취하는 태도라고 보는 것이 일반적이지만 이는 정확하지 않다. 예를 들면 독일형법은 문서의 진정성립만을 보호하는 것이 아니라(§ 267), 공문서 및 예외적인 사문서의 경우에는 내용의 진실성도 보호하기 때문이다(§§ 271, 278). 즉 독일형법은 형식주의와 실질주의를 혼합한 형태이며 형식주의로 일관한 입법체계는 아니다.

2. 구성요건체계

형법은 문서를 공문서와 사문서로 구별하여 구성요건을 규정하고 있다.[2] 그리고 공문서에 대한 죄를 사문서에 대한 가중적 구성요건으로 규정한 것이 특징이다.

문서위조·변조죄의 기본적 구성요건은 사문서위조·변조죄(제231조)이다. 공문서위조·변조죄(제225조)는 이에 대한 가중적 구성요건이다. 자격모용에 의한 사문서위조·변조죄(제232조)와 공문서위조·변조죄(제226조)는 문서위조의 한 형태를 규정한 것이다. 그리고 사전자기록 등 위작·변작죄(제232조의 2) 및 공전자기록위작·변작죄(제227조의 2) 역시 문서위조의 새로운 형태를 규정한 것이다. 무형위조의 한 형태로서 허위진단서 등 작성죄(제233조)와 허위공문서작성죄(제227조)가 있다. 행사죄로는 위조·변조사문서행사죄(제234조)와 위조·변조공문서행사죄(제229조)가 있으며, 진정한 문서를 부정하게 사용하는 행위를 처벌하는 사문서부정행사죄(제236조) 및 공문서부정행사죄(제230조)가 있다. 공정증서원본부실기재죄(제228조)는 간접정범의 형태에 의한 허위공문서작성죄를 처벌하는 구성요건이다.

이상의 구성요건 이외에도 손괴죄에 규정되어 있는 문서손괴죄(제366조)는 문서의 불훼손성을 보호하는 구성요건이다.

Ⅱ. 文書의 槪念

문서란 법률상의 의미를 갖는 작성명의인의 의사 또는 관념이 표현된 서류를 말한다(협의의 문서). 그러므로 사람의 생각이 들어 있지 않고 단순히

---

1) 김일수/서보학, 711면; 배종대, 677면; 백형구, 515면; 이재상, 571면; 임 웅, 645면; 정성근/박광민, 612면; 진계호, 563면.

2) 독일형법(§ 267, Urkundenfälschung)은 이와 달리 공문서와 사문서를 구별하지 않고 규정하고 있다.

기억을 되살리기 위한 메모는 문서에 해당하지 않는다. 특정사항을 증명하기는 하지만 의사표시가 아니라 존재사실만으로 증명을 하는 객체(예: 혈흔, 자동차 바퀴자국, 지문 등)는 문서가 아니라 증거물에 불과하다. 문서는 존재사실 자체가 아니라 문서의 내용에 나타난 사람의 생각을 핵심요소로 한다. 그리고 형법은 전자기록 등 특수매체기록을 문서에 대한 죄의 행위객체에 포함시켰으므로(제232조의 2, 제227조의 2) 컴퓨터가 생산해 낸 기록지나 계산서 등도 공무소나 개인의 소유에 속하는 한 문서에 포함된다고 보아야 한다. 형법상 문서에 관한 죄에는 도화를 포함한다(광의의 문서). 도화란 시각적 방법으로 의사 또는 관념이 표현된 형태를 말한다. 그러므로 문서는 다음의 세 가지 요소를 갖추어야 한다.

[판례] 판례는 문서를 다음과 같이 정의하고 있다. 즉 "문서라 함은 문자 또는 이에 대신할 수 있는 가독적 부호로 계속적으로 물체상에 기재된 의사 또는 관념의 표시인 원본 또는 이와 사회적 기능, 신용성 등을 동시할 수 있는 기계적 방법에 의한 복사본으로서 그 내용이 법률상, 사회생활상 주요 사항에 관한 증거로 될 수 있는 것을 말하는 것으로, 사람의 동일성을 표시하기 위하여 사용되는 일정한 상형인 인장이나, 사람의 인격상의 동일성 이외의 사항에 대해서 그 동일성을 증명하기 위한 부호인 기호와는 구분되며, 이른바 생략문서도 그것이 사람 등의 동일성을 나타내는 데에 그치지 않고 그 이외의 사항도 증명·표시하는 한 인장이나 기호가 아니라 문자로서 취급하여야 한다"고 판시하고 있다(대판 1995. 9. 5, 95도1269). 즉 계속적 기능과 증명기능, 보증기능을 전제하고 있다.

1. 지속성(계속성)

지속성은 문서내용의 표현방법에 관한 것이다. 즉 문서는 사람의 생각(관념)을 지속적으로 표시하여야 함을 의미한다. 즉 의사를 내용으로 하여야 하며, 이러한 의사는 외부에서 인식이 가능하도록 표시되어야 한다(가시적인 인식가능성). 곧 말이나 대화가 문서가 될 수 없는 이유이다. 또한 녹음테이프, 음반, 컴퓨터의 각종 데이터는 가시적인 인식방법의 결여로 인하여 문서성이 부인된다. 그러므로 형법은 이러한 공·사전자기록에 대해서 독립적인 구성요건(제227조의 2, 제232조의 2)을 두어 해결하고 있다. 단순한 서류양식(공란의 수표 등)은 내용을 기재함으로써 비로소 의사를 표시하게 된다고 볼 수 있기 때문에 문서가 아니다.

(1) 의사표시

문서의 지속성의 요건은 의사표시이다. 의사표시는 사람의 관념이나 의사를 내용으로 한다. 그리고 이러한 의사표시를 담는 방법이나 물체는 문서개념의 본질적 요소는 아니다. 즉 타인에게 의사내용을 전달할 수 있으면 되기 때문에 문자가 아닌 부호로도 전달이 가능하면 되고, 종이가 아닌 상품과 같은 물건에 의사표시를 담을 수도 있는 것이다(예: 상품의 유통기한이나 유효기간, 생산지 표시 등). 단순한 표지(유명인사의 사인 등)는 문서가 아니다.

(2) 의사표시의 방법

의사표시의 방법은 문자나 부호에 의하여 할 수 있다. 부호는 맹인용 점자나 수학적 기호와 같이 문자를 대신할 수 있는 가독적 표기이다. 숫자는 문자에 속한다. 그러나 문자와 부호를 구별할 실익은 없다. 모두 의사표시의 한 방법으로 인정되기 때문이다.

서명이나 낙관은 예술가가 자신의 작품임을 나타내는 의사를 표현한 것이므로 문서라고 보는 견해[1]도 있으나, 오히려 인장을 대신하는 것으로서 인장에 관한 죄의 객체로 보는 것이 타당하다.[2] 그러나 표시가 생략되어 있는 생략문서도 사람의 동일성과 함께 그 이외의 사항도 증명·표시하는 것이면 문서에 해당된다. 그러므로 세금영수필 통지서에 날인하는 구청 세무계장 명의의 소인은 은행 등 수납기관으로부터 그 수납기관에 세금이 정상적으로 입금되었다는 취지이므로 이 경우에 소인도 문서가 된다.

의사표시는 지속성을 가져야 한다. 지속성이 없으면 문서는 법적 거래현실에서 증명기능과 보증기능을 할 수 없기 때문이다. 그러나 지속성은 반드시 영구적인 것을 필요로 하지 않는다.

2. 증명기능

문서의 증명기능이란 문서가 법률상·사회생활상의 중요사항에 관한 증거자료가 될 수 있어야 함을 의미한다. 즉 문서의 내용적 요건에 해당한다. 법적으로 중요한 사실인가의 여부를 결정하는 것은 문서의 형식이 아니라 문서의 내용이다. 그러므로 편지라 하더라도 문안편지에 불과하면 문서라고 볼 수 없지만 거래관계에 관한 내용을 담고 있으면 문서에 해당하는 것이다. 문

1) 김성천, 1172면; 이재상, 574면.
2) 김일수/서보학, 723면; 유기천(하), 135면; 손해목(상), 383면; 오영근, 722면; 임 웅, 648면; 정성근/박광민, 616면; 진계호, 567면; 황산덕, 134면.

서의 증명기능을 위해서는 ① 객관적으로 증명에 적합하여야 하고(적합성 혹은 증명능력), ② 주관적으로 증명을 위하여 명의인에 의하여 작성되었거나 제 3 자에 의해 작성되어야 한다(증명목적 혹은 증명의사). 사문서의 경우 형법은 「권리의무 또는 사실증명에 관한 문서」(제231조)라고 명문화하고 있다.

(1) **증명의 적합성**(증명능력)

증명의 적합성 혹은 증명능력이란 의사표시가 법률관계의 증명에 적합하여야 함을 의미한다. 이는 문서가 현실적으로 갖는 증거로서의 가치, 즉 증명력과는 다르다. 의사표시가 증명에 적합하여야 된다는 것은 의사표시 단독으로나 혹은 다른 증명수단과 결합하여 법률관계의 존부나 내용파악에 기여할 수 있어야 함을 의미한다. 법률관계의 증명에 적합한가의 여부는 후술하는 증명의사와 달리 객관적 기준에 따라 판단하여야 한다. 즉 법률이나 관행, 당사자간의 약속이 그 기준이 될 수 있다. 그러므로 예를 들어 형식이나 요건을 갖추지 못하여 무효인 문서는 증명능력이 없다.

문서의 증명능력은 진정문서만을 대상으로 하는가에 대해서는 긍정설[1]과 부정설[2]이 있다. 긍정설은 위조·변조된 부진정문서가 위조·변조의 대상이 될 수 없는 점[3]을 들어 문서에 포함시킬 수 없다는 입장이다. 긍정설의 견해가 타당하다.

(2) **증명목적**(증명의사)

증명목적 혹은 증명의사란 문서가 작성자나 작성 이후에 제 3 자에 의하여 법률관계의 증명을 위하여 만들어진 것임을 의미한다(Beweisbestimmung). 증명기능의 주관적 요소이다.

증명의사의 존재 여부에 따라 문서는 목적문서(Absichtsurkunde)와 우연문서(Zufallsurkunde)로 구분하는 견해가 있다.[4] 그리고 목적문서는 작성명의인이 처음부터 증명목적으로 작성한 문서이고(예: 유언장, 법원의 판결문), 우연문서는 문서작성자가 아니라 최초작성 이후 사용할 법적 권리를 가진 제 3

1) 김성천, 1173면; 오영근, 824면; 이재상, 575면; 이정원, 599면; 정성근/박광민, 618면; 진계호, 785면; 배종대, 690면.

2) 김일수/서보학, 723면; 임 웅, 651면. 유전철, 「형법상 문서개념의 재구성」, 형사법연구 제11호(1999), 239면 이하는 진정문서 이외에 「외관상 문서」 개념을 주장하고 있다.

3) 대판 1986. 11. 11, 86도1984.

4) 김성천, 1174면; 배종대, 690면; 이재상, 575면; 이정원, 599면; 정성근/박광민, 619면; Tröndle/Fischer, § 267 Rn. 9; Sch/Sch/Cramer, § 267 Rn. 14.

자에 의하여 증명목적으로 사용될 수 있는 문서라고 한다(그러므로 사후문서라고도 한다. 예: 외간남자와 주고받은 편지가 나중에 이혼소송에서 이용되는 경우). 그러나 이러한 구별은 용어상으로도 정확하지 않고 내용적으로도 구별의 실익이 없다.[1] 목적문서라고 하여 문서작성의 목적이 처음부터 법률관계의 증명에 이용하기 위하여 작성한 것만을 의미하는 것이 아니라 문서작성자가 법률관계의 증명에 사용될 수도 있다는 생각을 가지고 의사표시를 한 정도로도 충분하기 때문이며, 우연문서도 문서에 해당하기 때문이다.

3. 보증기능

(1) 의 의

문서에 작성명의인(자연인, 법인 혹은 관공서)이 명시되어 있거나(익명이 아님), 그렇지 않은 경우에는 작성명의인을 특정(혹은 판단)할 수 있어야 하는 것을 문서가 갖는 보증적(혹은 보장적) 기능이라 한다. 이 경우에 작성명의인은 현실적으로 당해 문서를 작성한 자만을 의미(물체설 혹은 사실설의 입장)하는 것이 아니라, 일정한 의사 내지 관념을 표시한 주체, 즉 문서의 실질적인 작성권자를 의미한다고 본다(관념설 혹은 정신성설. 실질적 명의인설이라는 명칭이 합당).[2] 예를 들어 대필이나 대리의 경우 대리인은 문서의 작성명의인이 아니며 대리권수여자가 작성명의인이 된다. 그리고 익명의 문건이나 가명을 사용한 문건은 작성명의인이 나타나 있지 않거나 알 수 없기 때문에 문서에 해당하지 않는다. 복본이란 작성명의인이 일정한 증명을 위하여 수통을 작성한 것이기 때문에 문서에 해당한다. 사본(기계적 방법에 의한 복사본을 제외한다)이나 등본·초본은 이러한 취지의 인증이 없는 한 문서라고 볼 수 없다.[3] 작성명의인의 의사를 표시한 것으로 볼 수 없기 때문이다.

(2) 사자(死者)·허무인명의의 문서

문서의 작성명의인은 실재하지 않더라도 문서의 증명기능은 인정된다. 즉 허무인이나 사자명의이더라도 그 사실이 명백하여 일반인이 누구나 알 수 있는 정도인 경우를 제외하고는 공문서나 사문서를 불문하고 모두 문서명의

---

1) 김일수/서보학, 727면; Wessels/Hettinger, BT/1, Rn. 797; Puppe, Jura 1979, 633.
2) 김일수/서보학, 729면; 이재상, 576면; 정성근/박광민, 620면; BGHSt 13, 385; Tröndle/Fischer, §267 Rn. 2; Samson, JA 1979, 526, 660; Sch/Sch/Cramer, §267 Rn. 55; Wessels/Hettinger, BT/1, Rn. 801.
3) 대판 1983. 9. 13, 83도1829.

인으로 볼 수 있다.[1] 판례 역시 문서위조죄는 문서의 진정에 대한 공공의 신용을 보호법익으로 하므로 공문서뿐만 아니라 사문서의 경우에도 마찬가지로 보아야 한다고 판시하고 있다.[2] 공문서와 사문서가 갖는 거래상의 중요도를 생각할 때 차이를 둘 수 없는 것이 현실이며, 실재하지 않는 명의인을 내세워 작성된 사문서가 일반인에 의하여 진정문서로 오인될 위험성이 얼마든지 있으므로 양자를 차별화하여 판단하던 판례[3]의 태도변화는 타당하다.

4. 문서의 종류

문서에는 작성명의인에 따라 공문서와 사문서가 있다. 공문서는 공무소 또는 공무원이 직무와 관련하여 작성한 문서를 말한다. 사문서는 사인명의로 작성된 문서를 말한다. 사인에는 내·외국인, 개인이나 법인을 포함한다.

그 밖에 외양 혹은 결합형태에 따라 전체문서, 결합문서, 복제서류 등이 있다. 전체문서는 개별적인 부분이 결합하여 하나의 의사 또는 관념을 담고 있어야 한다(예: 예금통장, 상업장부).

복사문서에는 필사본에 의한 복사문서도 있을 수 있으나 문제가 되는 것은, 특히 기계적 방법에 의한 복사문서(Fotocopy)이다. 과거에는 복사문서의 문서성에 대하여 긍정설[4]과 인증이 없는 한 문서가 아니라는 부정설[5]이 대립되어 있었다. 그러나 형법은 전자복사기, 모사전송기(팩시밀리) 기타 이와 유사한 기기를 사용하여 복사한 문서 또는 도화의 사본도 문서 또는 도화로 본다(제237조의 2)고 하여 대법원 전원합의체판결[6]의 입장을 정면으로 수용하고 있다. 참고로 독일의 경우 판례와 다수설은 전자복사문서의 문서성을 인정하지 않고 있다.[7]

---

1) 통설이다. 김성천, 1175면; 김일수/서보학, 728면; 배종대, 692면; 백형구, 518면; 이재상, 576면; 이정원, 600면; 임 웅, 653면; 정성근/박광민, 620면; 정영석, 164면; 진계호, 566면.
2) 대판 2005. 2. 24, 2002도18.
3) 대판 1991. 1. 29, 90도2542.
4) 대판 1989. 9. 12, 87도506; 1992. 11. 27, 92도2226.
5) 이는 과거의 대법원판례(대판 1988. 10. 24, 88도1680)이기도 하다.
6) 대판 1989. 9. 12, 87도506.
7) BGHSt 24, 140; Tröndle/Fischer, § 267 Rn. 12 b; Geppert, Jura 1990, 271.

Ⅲ. 文書僞造・變造罪

Ⅰ. 사문서위조・변조죄

제231조【사문서 등의 위조, 변조】 행사할 목적으로 권리・의무 또는 사실증명에 관한 타인의 문서 또는 도화를 위조 또는 변조한 자는 5년 이하의 징역 또는 1천만원 이하의 벌금에 처한다.
제235조【미수범】 미수범은 처벌한다.

(1) 의 의

본죄는 행사할 목적으로 권리・의무 또는 사실증명에 관한 타인의 문서나 도화를 위조 또는 변조하는 것이다.

(2) 행위객체

본죄의 행위객체는 권리・의무 또는 사실증명에 관한 타인의 문서 또는 도화이다.

권리・의무에 관한 문서란 주로 권리・의무의 발생・변경・소멸 등과 관련한 의사표시를 내용으로 하는 문서를 말한다. 예컨대 계약서나 청구서, 예금청구서, 예금통장, 차용증 등이 있다.

사실증명에 관한 문서는 권리・의무에 관한 사실이거나 권리・의무와 직접 관련이 없더라도 일정한 사실관계나 사항을 증명하는 문서로서 반드시 법률관계를 내용으로 하는 것만은 아니다. 사실증명에 관한 문서의 예를 들면 사립학교의 성적증명서, 이력서, 각종 회의록, 영수증, 보고서, 신분증 등이 있다.

(3) 문서위조

1) 의 의 문서위조는 작성권한 없는 자가 타인명의의 문서를 작성하는 것을 말한다(유형위조). 형법에서는 유형위조를 위조라 하고, 작성권한 자가 허위내용의 문서를 위조하는 무형위조는 작성으로 표현하고 있다.

문서위조란 문서의 작성자가 자신이 아닌 타인을 작성명의인으로 하여 문서를 작성하는 것을 의미하므로 작성자와 작성명의인이 일치하지 않는다는 점에서 동일성에 대한 기망이라고 할 수 있다. 공・사문서를 불문하고 작성명의인이 존재하지 않는 허무인인가 또는 생존인물인가의 여부는 불문한다.[1)]만일 명의인을 기망하여 문서를 작성케 하는 경우에는 서명날인이 정당하게

1) 대판 2005. 2. 24, 2002도18.

성립된 경우에도 기망자는 명의인을 이용하여 서명 날인자의 의사에 반하는 문서를 작성하게 하는 것이므로 사문서위조죄가 성립한다.[1)]

사문서위조는 문서내용의 진실성확보를 의미하지 않는다. 그렇기 때문에 사실과 다른 사항을 문서에 기재하였다 하더라도 작성자와 작성명의인 사이에 동일성이 유지되어 있으면 위조문서가 아니다. 반대로 내용적으로 진실된 사실이 기재되어 있더라도 현실의 작성자와 작성명의인이 다르면 이는 위조문서이다.

[예] 채무변제시 영수증만 받고 채무증서(차용증서)는 잊고서 반환받지 않은 경우 (채권자 작성의) 영수증을 분실하여 재차의 변제위험에서 벗어나기 위해 채권자의 이름으로 차용증서를 작성한 경우에는 채무변제를 하였다 하더라도 스스로 작성한 영수증의 내용은 진실이나 진정한 문서는 아니다. 왜냐하면 영수증을 채권자가 작성한 것이 아니기 때문이다.

기기를 이용한 문서복사도 문서작성행위에 해당한다. 그러므로 위조된 문서원본을 단순히 전자복사기로 복사하여 사본을 만드는 행위도 문서위조행위에 해당한다.[2)]

2) 타명의사용과 동일성기망 작성자의 다른 명의사용과 (작성명의인과 작성인의) 동일성기망은 서로 다르다. 즉 다른 이름의 사용이 곧 문서성립의 부진정성을 의미하지는 않는다. 예를 들어 인기인의 별명(예명)사용은 동일성에 대한 기망이 될 수 없다. 또한 단순한 가명사용은 명의사칭은 되나 동일성에 대한 기망이 아니다. 가명사용의 목적이 법률관계, 즉 법적인 거래의 형성에 있다고 볼 수 없기 때문이다.

정당한 명의를 사용한(기재한) 문서도 경우에 따라서는 동일성에 대한 착오를 불러일으킨 경우에는 위조문서일 수 있다(예: 자기명의의 문서에 회사나 관공서의 도장을 날인하여 회사나 관공서가 문서의 작성자인 것처럼 착오를 하게 하는 경우).

---

1) 대판 2000. 6. 13, 2000도778(정기문중총회 회의록을 임의로 작성하고는 종중원들을 찾아다니면서 서명날인을 받았는데, 이 때 종중원들에게 이 사건 임야의 등기, 매도권한을 피고인에게 일임하고 매도금액 3분의 1을 문중에 반납하고 나머지를 피고인에게 소송대행비용으로 준다는 위 회의록의 내용 등에 관하여 제대로 알려 주지 아니한 채, 단지 이 사건 임야에 관하여 문중 명의로 소유권이전등기를 하는 데 필요하다는 정도로만 얘기하면서 서명날인을 받은 사건. 무죄를 선고한 원심을 파기환송).

2) 대판 1996. 5. 14, 96도785.

3) **작성권한의 문제** 　문서위조란 작성권한 없는 자가 타인명의를 모용하여 문서를 작성하는 것이다. ① 대리권이나 대표권이 없는 자가 임의로 타인을 대리 또는 대표하여 그 타인(본인)명의의 문서를 작성하는 경우에는 문서위조가 아니라 자격모용에 의한 문서작성죄에 해당한다.[1] ② 대리권자 또는 대표권자가 대리권이나 대표권을 남용하여 본인명의의 문서를 작성한 경우에는 위조에 해당하지 않는다(통설. 이 경우에는 자격모용에 의한 사문서작성죄도 성립하지 않는다).[2] 남용 여부를 판단하는 것이 명확하지 않기 때문이다. 이와 달리 판례는 사문서위조죄는 작성권한없는 자가 타인의 명의를 모용하여 문서를 작성함으로써 성립할 뿐만 아니라, 문서를 작성할 권한을 위임받지 않은 문서기안자가 문서작성권한을 가진 사람의 결재를 받지 않고 권한을 초과하여 사문서를 작성한 경우,[3] 타인으로부터 그 명의의 문서작성을 위임받은 경우에도 위임권한을 초월하여 내용을 기재함으로써 명의자의 의사에 반하는 사문서를 작성하는 것은 작성권한일탈을 이유로 사문서위조죄에 해당한다고 본다.[4] ③ 대리권·대표권 혹은 작성권한이 소멸한 이후에 문서를 작성한 경우에는 무자격자의 문서작성행위로서 위조가 아니라 자격모용에 의한 문서작성죄에 해당한다.[5]

4) **백지위조의 문제** 　백지위조란 위임의 한계나 취지를 넘어서서 문서를 보충기재하는 것으로서 문서의 위조에 해당한다.[6] 이는 문서의 작성명의인에 대하여 정신성설(실질적 명의인설)을 인정하는 것과 관련된다. 즉 문서의 작성명의인은 백지문서의 내용을 보충하는 현실적 작성자의 의사를 중심으로 판단할 것이 아니라 위임의 한계를 설정한 실질적 명의인의 의사를 중심으로 판단하여야 한다. 그러나 만일 대리권 또는 대표권이 없는 자가 대

---

1) 황산덕, 137면; 김일수/서보학, 734면; 배종대, 697면; 백형구, 534면; 오영근, 745면; 이재상, 581면; 정성근/박광민, 627면; 진계호, 570면. 반면 이정원, 563면은 사문서위조죄를 인정한다.

2) 김일수/서보학, 734면; 백형구, 534면; 유기천(하), 136면; 이재상, 581면; 임 웅, 658면; 정성근/박광민, 627면; 정영석, 167면; 진계호, 576면. 또한 대판 1983. 10. 25, 83도2257 참조.

3) 대판 1997. 2. 14, 96도2234.

4) 대판 1997. 3. 28, 96도3191.

5) 대판 1993. 4. 27, 92도2688 참조.

6) 대판 1984. 9. 11, 84도368(군청 소속의 도축장 검사원에게 군수명의로 된 백지의 지방우육서울반출증을 보관하면서 적법한 보충기재권한만이 위임된 경우에 검사원이 적법한 도축신청과 실수요자확인증의 제출이 없음에도 허위의 반출증을 작성·교부하였다면 공문서위조죄가 성립한다); 1992. 3. 31, 91도2815.

리인으로서 본인 명의의 문서를 작성하면 문서위조가 아니라 자격모용에 의한 문서작성(제226조, 제232조)에 해당한다. 대리권·대표권의 범위를 일탈하여 백지문서를 작성한 경우에는 문서위조라는 견해[1]와 자격모용에 의한 문서작성이라는 견해[2]가 대립하고 있으나 이 경우에도 역시 대리권·대표권이 인정되지 않는다고 보아 자격모용에 의한 문서작성이라고 보는 것이 타당하다.

[예] 기명날인만 된 어음에 당초의 약속된 금액을 기입하지 않고 초과된 금액을 적어 넣는 경우에 이는 유가증권의 위조에 해당된다. 기명날인만 된 어음은 아직 유가증권에 해당하지 않으며 금액(내용)이 기재되어야 비로소 문서로서의 기능을 발휘하게 되는데, 이때 실질적인 작성자(실질적 작성명의인설의 입장에서)의 의사에 반하여 내용을 기재하면 비로소 자격모용에 의한 문서의 위조행위에 해당된다(자격모용에 의한 유가증권작성죄, 제215조).

(4) 문서변조

1) 문서변조의 개념 문서의 변조라 함은 권한이 없는 자가 이미 진정하게 성립된 타인명의의 문서의 내용에 대하여 사후적으로 그 동일성을 해하지 않을 정도로 변경(개)을 가하는 것을 말한다.

① 변조의 대상은 성립이 진정한 문서이다(타인명의의 진정문서). 그러므로 이미 허위로 작성된 문서는 형법상 문서변조죄(공문서의 경우 제225조)의 객체가 되지 아니한다.[3]

② 사후적 변경은 내용에 관한 것이어야 한다(예: 자동차운전면허증의 '2종 보통'을 '1종 보통'으로 고치는 경우. 10만원권 자기앞수표를 100만원권으로 고치는 경우).

③ 내용의 사후적 변경은 증명의 방향에 변경을 가져와야 한다. 그러나 문서성과 함께 문서로서의 증명성을 상실해서는 안 된다(그렇지 않으면 문서변조가 아니라 문서손괴에 해당한다).

④ 동일성을 해하지 않는 범위 내이어야 한다.

2) 작성명의인 스스로에 의한 변조 독일의 판례[4]와 다수설[5]은 비록

1) 황산덕, 137면.
2) 이재상, 581면; 정성근/박광민, 627면.
3) 대판 1986. 11. 11, 86도1984.
4) BGHSt 13, 387.
5) Lackner/Kühl, § 267 Rn. 21; Paeffgen, Jura 1980, 487; LK/Tröndle, § 267 Rn. 153; Maurach/Maiwald, BT/2, 149; Welzel, Strafrecht, 410; Wessels/Hettinger, BT/1, 847. 반대

문서의 작성명의인이라 할지라도 문서내용의 수정권한을 상실한 시점부터는 문서변조죄의 행위자가 된다고 본다. 이와 달리 우리의 판례 · 통설[1)]은 이를 부정하고 경우에 따라 문서손괴죄(제366조)로 처벌하자는 견해이다.

생각건대 작성명의인이 아닌 타인에 의한 문서의 변조는 넓은 의미에서 문서위조의 한 형태에 불과하다. 문서변조행위의 독자성은 원래의 작성명의인이 당해 문서에 대하여 갖는 변경권이 해소되었다고 볼 수 있는 시점 이후에 문서에 변경을 가할 때 나타난다. 그러므로 이 시점 이후에도 작성명의인에 의한 문서변조의 가능성을 전면적으로 부인하는 것은 타당하지 않다. 언제 이러한 변경권이 해소되었다고 볼 것인가는 구체적인 상황에 달려 있는데, 문서가 이미 법적 거래에 사용되어서 타인이 당해 문서의 지속성에 이해관계를 갖게 될 때에는 더 이상 작성명의인이 문서의 내용에 변경을 가할 수 없다고 보아야 할 것이다.

(5) 주관적 구성요건

본죄가 성립하기 위해서는 고의와 행사할 목적이 있어야 한다. 본죄의 고의는 권리 · 의무 또는 사실증명에 관한 타인 명의의 문서를 위조 또는 변조한다는 것을 내용으로 한다.

행사할 목적이란 위조 또는 변조한 문서를 진정한 것으로 사용할 목적을 의미한다. 판례는 사본을 행사할 목적은 본죄의 목적에 해당하지 않는다고 한다.[2)] 그러나 복사한 사본도 문서에 해당하므로(제237조의 2) 행사할 목적을 인정하여야 한다.

(6) 죄수 및 다른 범죄와의 관계

문서에 관한 죄의 죄수를 결정하는 기준에 대해서는 ① 문서명의인을 기준으로 하는 견해,[3)] ② 문서의 수를 기준으로 하는 견해,[4)] ③ 범죄의사를 기

견해로는 Puppe, JZ 1986, 944; Sch/Sch/Cramer, § 267 Rn. 68; SK/Samson, § 267 Rn. 74.

1) 대판 1987. 4. 14, 87도177; 김일수/서보학, 738면; 백형구, 532면; 유기천(하), 138면; 이재상, 585면; 정성근/박광민, 633면; 진계호, 571면.

2) 대판 1986. 2. 25, 85도2835 참조(면허증 사진 위에 다른 사진을 떨어지지 않을 정도로 풀을 약간 칠해 붙여 이를 전자복사기에 넣어 면허증 사본을 복사한 행위는 면허증 원본을 행사할 목적이 없는 것이어서 공문서변조죄에 해당하지 않는다).

3) 대판 1956. 3. 2, 4288형상343; 1987. 7. 21, 87도564(문서에 2인 이상의 작성명의인이 있을 때에는 각 명의자마다 1개의 문서가 성립되므로 2인 이상의 연명으로 된 문서를 위조한 때에는 작성명의인의 수대로 수개의 문서위조죄가 성립하고 … 수개의 문서위조죄는 상상적 경합범에 해당한다).

4) 백형구, 533면; 정영석, 181면.

준으로 하는 견해[1]와, ④ 보호법익을 기준으로 하여야 한다는 견해[2]로 나뉜다. 이 밖에도 문서위조·변조의 죄수를 하나의 기준보다는 보호법익을 기준으로 하면서 행위와 범죄의사를 함께 고려하여 판단하여야 한다는 견해[3]와 행위와 문서의 수를 기준으로 하면서 행위·법익·범죄의사·구성요건의 충족횟수 등을 함께 고려하여 결정하여야 한다는 견해[4] 및 보호법익을 기준으로 하면서 명의인·문서·문서작성의사의 수를 기준으로 하여야 한다는 견해[5] 등이 주장되고 있다.

생각건대 보호법익과 범죄의사는 죄수결정이라는 구체적인 문제를 판단하는 데에 너무 추상적이고 확정하기 어려운 기준이라는 점에서 타당하지 않다. 그러므로 문서위조행위와 문서의 수를 기준으로 하는 것이 타당하다고 본다. 그 결과 단일의 행위로 여러 통의 문서를 위조한 경우에는 1죄만 성립하며, 수개의 행위로 단일문서만을 위조한 경우에도 1죄만 성립한다고 보아야 한다. 반면에 수개의 행위로 수통의 문서를 위조한 경우에는 경합범을 인정하여야 한다.

본죄와 위조사문서행사죄의 관계에 대해서는 경합범설[6]과 상상적 경합범설,[7] 행위자의 최초의사가 행사를 포함한 경우에는 법조경합을 인정하여 위조죄만을 인정하고, 새로운 범행의사에 따라 행사를 하였다면 경합범을 인정하는 견해[8]가 있다. 행사죄를 독립적으로 규정하고 있는 이상 경합범을 인정하는 것이 타당하다.

2. 자격모용에 의한 사문서작성죄

제232조【자격모용에 의한 사문서의 작성】 행사할 목적으로 타인의 자격을 모용하여 권리·의무 또는 사실증명에 관한 문서 또는 도화를 작성한 자는 5년 이하의 징역 또는 1천만원 이하의 벌금에 처한다.

제235조【미수범】 미수범은 처벌한다.

1) 황산덕, 139면.
2) 유기천(하), 172면; 진계호, 574면.
3) 이재상, 586면; 배종대, 497면.
4) 김일수/서보학, 742면; 오영근, 742면; 이정원, 572면.
5) 정성근/박광민, 634면; 진계호, 797면.
6) 백형구, 517면; 이정원, 572면; 정영석, 181면; 황산덕, 141면; 정성근/박광민, 634면; 진계호, 589면.
7) 이재상, 587면; 배종대, 702면.
8) 김일수, 742면. 독일의 경우 BGHSt 5, 291. 반면에 오영근, 742면; 임 웅, 663면은 법조경합을 인정하면서 위조문서행사죄만 성립한다고 본다.

본죄는 정당한 대리권 또는 대표권 없는 자가 마치 대리권 또는 대표권이 있는 것처럼 가장하여 사문서를 작성하는 것을 말한다. 문서위조죄가 타인의 명의를 모용하여 문서를 위조·변조하는 것을 처벌하는 것에 비해 이 경우에는 정당한 권한이 없는 자가 자격을 모용하여 문서를 작성하는 행위를 처벌하는 것이다. 이는 유형위조에 해당한다. 본죄는 체계상 사문서위조죄에 포함시키는 것이 타당하며, 법정형도 동일하여 양죄의 구별은 실익이 없다.

자격모용에는 권한이 없거나 권한 밖의 대리행위로서 문서를 작성하거나, 대리권·대표권 소멸 후의 문서작성행위를 들 수 있다. 그러나 대리권을 남용하여 문서를 작성한 경우에는 내용을 위조한 것으로 보아(무형위조) 허위문서작성죄에 해당하지 않는 한 처벌하지 않는다.[1)]

[판례] 주식회사의 적법한 대표이사는 회사의 영업에 관하여 재판상 또는 재판외의 모든 행위를 할 권한이 있으므로, 대표이사가 직접 주식회사명의 문서를 작성하는 행위는 자격모용사문서작성 또는 사문서위조에 해당하지 않는다. 이는 그 문서의 내용이 진실에 반하는 허위이거나 대표권을 남용하여 자기 또는 제 3 자의 이익을 도모할 목적으로 작성된 경우에도 마찬가지이다. 그러나 주식회사의 대표이사가 실제로는 채권·채무관계가 존재하지 아니함에도 공증인에게 허위내용의 차용증을 작성하여 공증담당 변호사에게 교부하여 가장된 금전채권에 대하여 집행력이 있는 공정증서원본을 작성하고 이를 비치하게 한 경우에는 공정증서원본부실기재죄 및 부실기재공정증서원본행사죄에는 해당한다(대판 2008. 12. 24, 2008도7836).

3. 사전자기록위작·변작죄

제232조의 2【사전자기록위작·변작】 사무처리를 그르치게 할 목적으로 권리·의무 또는 사실증명에 관한 타인의 전자기록 등 특수매체기록을 위작 또는 변작한 자는 5년 이하의 징역 또는 1천만원 이하의 벌금에 처한다.
제235조【미수범】 미수범은 처벌한다.

(1) 의　　의

본죄는 사무처리를 그르치게 할 목적으로 권리·의무 또는 사실증명에 관한 타인의 전자기록 등 특수매체기록을 위작 또는 변작함으로써 성립한다.

문서위조죄는 사람의 의사가 이미 표시된 단계에서만 적용이 가능하기 때문에 컴퓨터 등에 수록되어 있는 상태의 비가시적인 데이터는 적용대상에

1) 대판 1983. 4. 12, 83도332.

서 제외하였는데, 본죄는 이러한 흠결을 보완하여 컴퓨터 등에 수록된 데이터를 위작·변작한 행위를 처벌하는 것이다. 본죄는 목적범이다.

전자기록 등 특수매체기록은 공문서 및 사문서와 대응하여 공전자기록과 사전자기록으로 분류하고 있다. 즉 ① 사무처리를 그르치게 할 목적으로 공무원 또는 공무소의 전자기록 등 특수매체기록을 위작 또는 변작하는 행위(제227조의 2)와, ② 사무처리를 그르치게 할 목적으로 권리의무 또는 사실증명에 관한 타인의 전자기록 등 특수매체기록을 위작 또는 변작하는 행위(제232조의 2)로 구분하여 규정하고 있다.

(2) 보호법익

사전자기록 등 위작·변작죄의 보호법익은 전자기록 등 특수매체기록의 성립의 진정성에 대한 공공의 신용이다.[1] 내용의 진실성은 본죄의 보호법익이 아니다. 그 이유는 다음과 같다. 형법은 본죄의 행위방법으로서 공전자기록 등 위작·변작죄와 마찬가지로 위작과 변작이라는 용어를 사용하고 있지만 그 내용은 달리 파악하여야 한다. 즉 공전자기록 등에 대한 위작·변작행위는 유형위조와 무형위조를 포함하는 것으로 보아야 한다. 그 이유는 제225조(공문서 등의 위조·변조)와 제227조(허위공문서작성 등)가 각각 유형위조와 무형위조를 규정하고 있는 데 반하여 공전자기록 등은 양자를 구별하여 규정하고 있지 않기 때문이다. 이에 대하여 본죄의 입법취지는 공전자기록과 사전자기록을 불문하고 무형위조까지도 처벌하고자 하는 데에 있다고 보는 견해도 있다.[2] 그러나 사전자기록의 경우에는 유형위조 이외에 무형위조까지도 포함하는 개념으로 볼 수는 없다. 사문서에 대해서까지 내용의 진실성을 형벌권에 의하여 보장하는 것은 우리 형법상 예외적이며(제233조 참조), 사적 자치를 근간으로 하는 자본주의 경제체제하에서는 현실적으로도 타당하지 않기 때문이다.

(3) 구성요건

1) 행위객체　　행위객체는 권리·의무 또는 사실증명에 관한 타인의 전자기록 등 특수매체기록이다. 전자기록 등 특수매체기록이란 일정한 데이터(data)에 관한 전자적 기록이나 광학적 기록을 의미한다. 전자적 기록은 전기적 기록과 자기적 기록을 포함하며, 광학기록은 레이저기술을 이용한 기록

---

1) 장영민, 「개정 형법의 컴퓨터범죄」, 고시계(1996/2), 45면 참조.
2) 임 웅, 670면.

등을 포함한다. 이들 매체의 예를 들면 컴퓨터디스켓, 녹음테이프, 녹화필름, 마이크로필름,[1] CD-ROM 등이다. 그러나 구성요건의 해석상 전송중인 데이터는 포함되지 않는다고 보아야 한다.[2] 보완이 요구되는 부분이다.

> 전송중인 타인의 정보를 훼손, 침해, 도용, 누설하거나 전자문서를 위작·변작하는 등의 행위는 「정보통신망 이용촉진 및 정보보호 등에 관한 법률」(제48조 제 1 항·제 2 항, 제49조)에 의하여, 그리고 전기통신(유선, 무선, 광선 기타 전자적 방식이나 전자장치·기계장치 등을 사용하여 모든 종류의 음향, 문언, 부호 또는 영상을 송신하거나 수신하는 행위)의 감청행위는 「통신비밀보호법」(제 2 조 제 3 호·제 7 호, 제16조 제 1 항)에 따라 처벌된다.

또한 본죄의 특수매체기록에는 문자로 된 것뿐만 아니라 기술적 표시부호도 포함한다.[3] 이러한 기록들은 시각적 방법으로는 그 내용을 인식할 수 없기 때문에 기술적 수단을 이용하지 않고는 비밀의 침해가 불가능한 대상들이다.

여기에서 타인이란 사문서위조죄에서와 같은 작성명의인만을 지칭하는 것이 아니라 널리 전자기록 등 특수매체기록의 소유자·소지인까지도 포함한다는 견해[4]가 있다. 그러나 본죄의 행위객체는 권리·의무 또는 사실증명에 관한 것으로서 상품화된 전자기록 등 특수매체기록은 본죄의 행위객체에 해당하지 않는다고 보아야 한다. 그러므로 작성명의인의 손을 떠나 권리·의무 또는 사실증명과 이해관계가 없는 제 3 자의 점유에 들어온 특수매체기록에 대해서는 위작·변작죄의 문제가 아니라 전자기록 등 손괴죄(제366조)의 문제가 발생한다고 보아야 할 것이다.

2) 행 위 본죄의 행위는 위작·변작하는 것이다. 여기의 위작·변작은 문서위조죄의 위조·변조에 대응하는 개념이지만 본죄의 행위과정이 가시적이지 않은 점에서 표현을 달리하였다. 본죄는 타인의 전산망에 침입하여 저장된 기록 등을 조작하는 소위 컴퓨터해커(computerhacker)도 처벌대상

---

1) 반면 이재상, 610면은 마이크로필름은 문자의 축소나 기계적 확대에 의한 재생에 불과하므로 본죄의 객체가 되지 않는다고 본다.

2) 이는 전송중인 데이터를 행위객체로 규정하고 있는 독일형법(§ 202 a, Abs. 2, Ausspähen von Daten)과 다르다.

3) 이 점에서 본죄는 차이점이 불분명한 독일형법 § 268(Fälschung technischer Aufzeichnungen)와 § 269(Fälschung beweiserheblicher Daten)를 포함하는 구성요건으로 보아야 한다.

4) 김일수/서보학, 746면; 임 웅, 670면.

으로 삼는다.

4. 공문서위조·변조죄

제225조【공문서 등의 위조·변조】 행사할 목적으로 공무원 또는 공무소의 문서 또는 도화를 위조 또는 변조한 자는 10년 이하의 징역에 처한다.
제235조【미수범】 미수범은 처벌한다.
제237조【자격정지의 병과】 제225조 및 그 행사죄를 범하여 징역에 처할 경우에는 10년 이하의 자격정지를 병과할 수 있다.

(1) 의 의

본죄는 행사할 목적으로 공무원 또는 공무소의 문서 또는 도화를 위조 또는 변조하는 것이다. 사문서위조·변조죄에 대한 가중적 구성요건이다. 이는 공문서가 사문서에 비해 공신력이 높고, 당사자간이 아니라 일반인에 대해서 효력을 갖기 때문에 일반적 영향력이 크다는 데서 비롯된다고 볼 수 있다.

(2) 구성요건

1) 행위주체　본죄의 행위주체에는 제한이 없다. 그러므로 공무원이나 일반인 모두가 공무원 또는 공무소 명의의 문서를 위조·변조하면 본죄에 해당한다. 공무원의 문서작성을 보조하는 자나 보충기재권한만을 위임받은 공무원이 함부로 허위내용의 공문서를 작성한 경우에는 허위공문서작성죄가 아니라 본죄가 성립한다.[1] 허위공문서작성죄는 공문서를 작성할 권한이 있는 공무원이 자기명의로 진정한 공문서를 작성하면서 내용을 허위로 작성하는 것인 데 반해 이들에게는 이러한 문서작성권이 없기 때문이다.

작성명의인은 허무인이나 사자이더라도 관계없다(예: 1년 전에 사망하였거나 퇴직한 장관명의의 문서, 실재하지 않았던 사람의 문서).[2]

2) 행위객체　공무원 또는 공무소의 명의로 작성된 공문서 또는 공도화이다. 즉 문서의 작성명의인이 공무원 또는 공무소이다. 공무원은 입법·사법·행정 각 부 및 지방자치단체의 공무원을 포함한다. 공무소는 공무원이 공무를 수행하는 곳, 즉 관청을 말한다. 공무원 개인의 이름으로 작성한 문서가 공무원이 작성한 문서이고(예: 대통령 이름의 훈장증, 판사가 발부한 구속영

1) 대판 1991. 9. 10, 91도1610.
2) 대판 2005. 2. 24, 2002도18; 김일수/서보학, 748면; 배종대, 692면; 백형구, 518면; 유기천(하), 137면; 이재상, 577면; 임 웅, 653면; 정성근/박광민, 620면; 정영석, 164면; 진계호, 581면.

장), 관직명으로 작성된 문서가 공무소가 작성한 문서이다(예: 중앙선거관리위원회가 발행한 국회의원 당선통지서, 법무부 장관 명의의 사법시험 합격통지서). 그러나 공무원이나 공무소가 발행하지 않은 문서도 공문서가 될 수 있다. 예컨대 공증인이나 집행관이 작성한 문서도 공문서에 해당한다.

공무원이 작성한 문서와 개인이 작성한 문서가 1개의 문서 중에 포함되어 있는 경우에 공무원이 작성한 증명문구에 의하여 증명되는 개인작성부분을 변조한 경우에는 사문서가 아니라 공문서변조죄가 성립한다.[1)]

본죄의 행위객체인 공문서는 진정하게 성립된 것이어야 한다. 공문서변조란 이미 진정하게 성립된 공문서의 문서내용에 대하여 권한 없이 동일성을 해치지 않을 정도로 변경을 가하는 것을 의미하기 때문이다. 그러므로 이미 허위로 작성된 공문서는 공문서변조죄의 객체가 되지 않는다.[2)]

공문서는 반드시 당해 공문서가 구비하여야 할 형식·요건에 맞추어 작성된 것임을 요하지 않는다. 일반인의 입장에서는 공문서의 구체적 요건에 대해서 알 수 없는 경우가 많기 때문이다. 그러므로 경찰서장 명의로 구속영장을 작성하였더라도 공문서위조에 해당한다. 외국의 공문서는 국내에서 동일한 효력을 부여받지 않는 한 본죄의 행위객체에 해당하지 않는다.

공문서는 직무상 작성한 것이어야 한다. 그러므로 공무원의 개인메모나 서신, 사적인 서류는 공문서가 아니다.

3) 행 위 본죄의 행위는 위조 또는 변조하는 것이다. 위조란 작성권한 없는 자가 타인의 명의를 모용하여 문서를 작성하는 것이다.[3)]

[판례] 판례는 지단장과 피고인인 담당과장이 군부대 진지공사 공사대금을 유용한 범행을 합리화하기 위하여 진지공사 청구금액을 유용한 금액과 맞춘 내부결재서류를 작성한 다음 지단장이 백지에 자기 이름을 써 보이면서 담당과장으로 하여금 이를 보고 흉내내어 기안지의 결재란에 대신 서명하라고 한 사건에서 피고인의 행위는 공문서위조에 해당하지 않는다고 판시하였다.[4)] 피고인의 기안문서작성행

1) 대판 1985. 9. 24, 85도1490(인감증명서의 사용용도는 인감신청인이 기재하는 것이지만 그 기재한 용도에 따른 인감증명서가 발급되면 기재한 용도내용에 따라 인감증명서의 유효기간이 달라지는 것이므로 그 기재된 용도에 대하여도 증명의 효력이 미친다고 볼 것이므로 인감증명서를 발급받은 후 권한 없이 그 용도기재를 고쳐 썼다면 공문서변조죄에 해당한다).

2) 대판 1986. 11. 11, 86도1984(폐품반납증은 이미 허위로 작성된 공문서이므로 형법 제225조 소정의 공문서변조죄의 객체가 될 수 없다).

3) 대판 1988. 1. 12, 87도2256.

4) 대판 1983. 5. 24, 82도1426.

위는 작성권자의 지시 또는 승낙에 의한 것으로서 공문서위조죄의 구성요건해당성이 조각된다고 본 것이다.

대리권이나 대표권을 남용하여 문서를 작성한 경우에는 위조에 해당하지 않고 후술하는 바와 같이 허위공문서작성죄에 해당한다고 보는 것이 타당하다(통설・판례).[1)]

변조란 권한이 없음에도 불구하고 이미 진정하게 성립된 타인명의의 문서에 동일성을 해치지 않을 정도의 변경을 가하는 것을 의미한다. 그러나 주민등록증 비닐커버 위에 볼펜으로 주민등록번호를 덧기재하고 투명테이프를 붙이는 방법으로 주민등록번호를 고친 행위는 공문서변조에 해당하지 않는다.[2)]

어느 문서의 작성권한을 갖는 공무원이 그 문서의 기재사항을 인식하고 그 문서를 작성할 의사로써 이에 서명날인하였다면, 설령 그 서명날인이 타인의 기망으로 착오에 빠진 결과 그 문서의 기재사항이 진실에 반함을 알지 못한 데 기인한다고 하여도, 그 문서의 성립은 진정하며 여기에 하등 작성명의를 모용한 사실이 있다고 할 수 없다. 그러므로 공무원 아닌 자가 관공서에 허위 내용의 증명원을 제출하여 그 내용이 허위인 정을 모르는 담당공무원으로부터 그 증명원 내용과 같은 증명서를 발급받은 경우 그 내용이 허위이지만 그 작성행위는 작성권한이 있는 공무원에 의하여 이루어진 것이므로 공문서위조죄가 성립하지 않으며, 공문서위조죄의 간접정범으로도 볼 수 없다.[3)]

5. 자격모용에 의한 공문서작성죄

第226조【자격모용에 의한 공문서 등의 작성】 행사할 목적으로 공무원 또는 공무소의 자격을 모용하여 문서 또는 도화를 작성한 자는 10년 이하의 징역에 처한다.
第235조【미수범】 미수범은 처벌한다.
第237조【자격정지의 병과】 第226조 및 그 행사죄를 범하여 징역에 처할 경우에는 10년 이하의 자격정지를 병과할 수 있다.

1) 대판 1983. 10. 25, 83도2257; 1984. 7. 10, 84도1146; 김일수/서보학, 734면; 유기천(하), 136면; 이재상, 582면; 정성근/박광민, 628면; 정영석, 167면; 진계호, 576면.
2) 대판 1997. 3. 28, 97도30.
3) 대판 2001. 3. 9, 2000도938.

본죄는 행사할 목적으로 공무원 또는 공무소의 자격을 모용하여 문서 또는 도화를 작성하는 것이다. 즉 공무원이 아닌 자 혹은 작성권한을 갖지 않은 자가 자기의 명의로 작성하여 공무원의 직위나 공무소의 명칭을 사칭하여 공문서를 위조하는 것이다. 공문서위조죄와 다른 점은 본죄는 명의모용이 아니라 자격모용이라는 점이다.

[판례] 판례는 작성권한 밖의 공문서작성행위도 자격모용공문서작성죄에 해당한다고 본다. 즉 "갑 구청장이 을 구청장으로 전보된 후 갑 구청장의 권한에 속하는 건축허가에 관한 기안용지의 결재란에 서명을 한 것은 자격모용에 의한 공문서작성죄를 구성한다(대판 1993. 4. 27, 92도2688)."

본죄의 특징은 자신의 명의를 사용하여 공무원이나 공무소의 자격을 사칭한다는 점이다. 그래서 본죄의 행위방법이 유형위조가 아니라는 주장도 있을 수 있지만 실질적으로는 당해 공문서를 작성할 권한이 없는 자가 작성한다는 점에서 유형위조에 해당한다고 보아야 한다. 만일 자격과 함께 자신이 아닌 다른 공무원의 명의까지 도용(모용)하였다면 본죄가 아니라 공문서위조죄에 해당한다.

Ⅳ. 虛僞文書作成罪

Ⅰ. 허위진단서 등 작성죄

제233조【허위진단서 등의 작성】 의사·한의사·치과의사 또는 조산사가 진단서, 검안서 또는 생사에 관한 증명서를 허위로 작성한 때에는 3년 이하의 징역이나 금고, 7년 이하의 자격정지 또는 3천만원 이하의 벌금에 처한다.
제235조【미수범】 미수범은 처벌한다.

(1) 의 의

본죄는 의사·한의사·치과의사 또는 조산사가 진단서, 검안서 또는 생사에 관한 증명서를 허위로 작성하는 것이다. 이는 사문서의 무형위조를 처벌하는 유일한 경우이다.

(2) 객관적 구성요건

1) 행위주체 본죄는 진정신분범으로서 의사·한의사·치과의사·조산사가 행위주체이다. 이와 달리 본죄의 행위자가 될 수 없는 일반인이 자신

이나 허무인의 명의로 의사를 사칭하여 진단서 등을 작성하는 경우에는 본죄에 해당하지 않는다. 이 경우에는 사(공)문서위조죄로 처벌하여야 한다.[1)]

독일형법에서는 형법 제233조에 해당하는 의사 등에 의한 허위진단서작성죄(§278, Ausstellen unrichtiger Gesundheitszeugnisse)와 함께 일반인에 의한 진단서위·변조, 행사죄(§277, Fälschung von Gesundheitszeugnissen)를 별도로 처벌하고 있다.

국·공립병원에 근무하는 의사 등이 허위로 상해진단서나 사망진단서를 발급한 경우에는 본죄와 허위공문서작성죄의 상상적 경합을 인정하는 견해[2)]와 법조경합을 인정하는 견해[3)]가 있다. 본죄는 의사의 직업적 특성을 고려한 구성요건인 만큼 행위주체의 신분에 따라 구성요건 적용에 차이를 두거나, 우선적으로 적용되어야 할 본죄 대신에 보충적 구성요건이라고 볼 수 있는 허위공문서작성죄가 적용되는 것은 문제가 있다. 그러므로 공무원 신분의 의사가 작성한 허위진단서 등 작성행위도 본죄에 해당한다고 보는 견해[4)]가 있지만 실정법상 양죄의 상상적 경합인정이 불가피하다고 본다.

2) 행위객체 진단서·검안서 또는 생사에 관한 증명서이다. 여기에서 진단서라 함은 의사가 진찰의 결과에 관한 사실 또는 판단을 표시하여 사람의 건강상태를 증명하기 위하여 작성하는 문서를 말한다. 비록 문서의 명칭이 진단서가 아니더라도(예: 소견서) 그 내용이 의사가 진찰의 결과 알게 된 병명이나 상처의 부위, 정도 또는 치료기간 등의 건강상태를 증명하기 위하여 작성된 것이라면 진단서에 해당한다.[5)] 검안서는 사체를 검안한 의사가 사인이나 사망시기 등을 기록한 문서를 말한다(사체검안서). 생사에 관한 증명서는 출생증명서, 사망진단서 등을 말한다. 진료기록은 비록 진단서와 같이 진찰결과에 대한 사실이 기록되어 있더라도 대외적 증명기록을 위하여 작성된 것은 아니므로 본죄의 행위객체에 해당하지 않는다.

3) 행 위 본죄의 행위는 허위작성하는 것이다(무형위조). 예를

---

1) 대판 1987. 9. 22, 87도1443(피고인이 국립경찰병원장 명의의 진단서에 직인과 계인을 압날하고 환자의 성명과 병명 및 향후치료소견을 기록하였다면… 공문서로서 형식과 외관을 구비하였으므로 공문서위조죄가 성립한다).
2) 김성천, 1210면; 백형구, 524면; 임 웅, 674면; 정성근/박광민, 656면.
3) 오영근, 769면; 이정원, 623면(법조경합을 인정하여 허위공문서작성죄만 성립한다고 본다).
4) 김일수/서보학, 759면 및 770면.
5) 대판 1990. 3. 27, 89도2083.

들면 2주의 치료를 필요로 하는 상해환자에 대해서 10주치료를 요한다는 진단서를 발급하거나, 새벽 1시경에 사망한 것으로 추정되는데도 불구하고 새벽 6시경 사망한 것으로 추정된다는 사체검안서를 작성하는 것이 이에 해당한다.

(3) 주관적 구성요건

주관적 구성요건으로는 행위자가 그 내용이 허위라는 사실을 인식하면서 작성하여야 한다. 그러므로 의사가 오진의 결과 객관적 사실과 다른 내용의 진단서를 작성하였거나, 환자의 허위주장을 신뢰하고 사실과 다른 진단서를 발급한 경우에도 고의를 인정할 수 없다.[1] 허위라고 생각하고 진단서를 발급하였으나 객관적 사실과 일치하는 경우에도 본죄의 불능미수가 성립한다는 견해[2]가 있다. 그러나 본죄의 보호법익은 진단서 등의 내용의 진실성에 대한 공공의 신뢰성이므로 객관적으로 진실인 경우에는 허위의 진단서라고 볼 수 없으며, 또한 본죄의 객관적 구성요건해당성을 충족하였다고 할 수 없다.[3]

본죄는 행사의 목적을 필요로 하지 않는다.

2. 허위공문서작성죄

제227조【허위공문서작성 등】 공무원이 행사할 목적으로 그 직무에 관하여 문서 또는 도화를 허위로 작성하거나 변개한 때에는 7년 이하의 징역 또는 2천만원 이하의 벌금에 처한다.
제235조【미수범】 미수범은 처벌한다.
제237조【자격정지의 병과】 제227조 및 그 행사죄를 범하여 징역에 처할 경우에는 10년 이하의 자격정지를 병과할 수 있다.

(1) 의 의

공무원이 행사할 목적으로 그 직무에 관한 허위의 문서 또는 도화를 작성하거나 변개함으로써 성립하는 범죄이다. 이는 문서위조죄와는 달리 문서의 내용의 진실성을 보호하기 위한 규정이다(소위 무형위조).

---

1) 대판 1976. 2. 10, 75도1888; 1978. 12. 18, 78도2343; 김일수/서보학, 649면; 배종대, 642면; 백형구, 524면; 오영근, 874면; 이재상, 596면.
2) 김일수/서보학, 769면.
3) 이재상, 590면; 임 웅, 675면; 정성근/박광민, 646면.

(2) 객관적 구성요건

1) 행위주체 본죄의 행위주체는 해당 공문서를 작성할 권한이 있는 공무원이다. 이 점에서 공문서위조·변조죄의 행위주체가 작성권한 없는 공무원 또는 일반인인 것과 구별된다. 문서의 명의인과 반드시 일치할 필요는 없으며, 명의인이 아니더라도 전결권이 위임되어 있는 공무원은 본죄의 주체가 된다.

[판례] 군청 계장이 개인택시 면허발급우선순위표에 특정인의 예정순위를 허위로 기재하여 그 정을 모르는 군수의 결재를 받은 경우 허위공문서작성죄가 성립한다(대판 1990.10.16, 90도1170).

업무보조자에 불과한 공무원은 본죄의 행위주체에 해당하지 않는다. 그러므로 공문서 작성권자로부터 일정한 요건이 구비된 경우에 한하여 작성권자 명의의 공문서를 작성하라는 권한을 부여받은 공무원이 위임의 취지에 반하여 공문서 용지에 허위내용을 기재하고 보관하던 작성권자의 직인을 날인한 경우에는 허위공문서작성죄가 아니라 공문서위조죄가 성립한다.[1] 그리고 이러한 행위를 지시한 중간결재자인 공무원은 공문서위조죄의 교사범에 해당한다.

2) 행 위 본죄의 행위는 허위내용의 공문서·공도화를 작성 또는 변개하는 것이다. 허위문서를 작성한다는 것은 작성권한 있는 공무원이 공문서·공도화에 허위의 내용을 기재하는 것이다. 다만 본죄는 공문서에 진실에 반하는 기재를 한 때에 성립하므로, 고의로 법령을 잘못 적용하여 공문서를 작성하였다 하더라도, 그 법령적용의 전제가 된 사실관계에 대한 내용에는 거짓이 없다면 허위라고 볼 수 없다.[2] 변개란 작성권한 있는 공무원이 기존의 공문서를 허위로 고치는 것을 말한다.[3] 작성권한 있는 자의 행위이어

1) 대판 1996.4.23, 96도424(동사무소 사무장인 피고인은 동장을 보조하여 이륜자동차 사용신고필증의 교부를 담당하던 동사무소 직원들에게 동장의 직인을 날인하여 허위내용의 사용신고필증을 교부하도록 지시한 사실 및 보증인 2인의 보증서에 의하여서는 사용신고필증을 교부할 수 없다는 시장의 새로운 업무처리지침을 알면서도 위와 같은 부당한 지시를 하였던 사실을 인정하여 업무보조자인 공무원에게는 공문서위조죄를 인정하고, 그와 같은 행위를 하도록 지시한 사무장에게는 공문서위조죄에 대한 공범—판례는 적시하지 않고 있으나 교사범을 인정하는 것이 타당하다—을 인정하였다).

2) 대판 2003.2.11, 2002도4293; 2000.6.27, 2000도1858.

3) 개정 전 형법에서는 「변조」라고 하였으나 개정형법에서는 「변개」로 용어를 바꾸었다. 새로

야 한다는 점에서 이를 필요로 하지 않는 변조와 구별된다.

[판례] ① 구청 재무과 소속 공공용지매각사무담당 공무원이 구거부지의 점유·사용이 전혀 없음에도 불구하고 수의계약에 의하여 구거부지를 매수하도록 하는 데 행사할 목적으로, 마치 현장에 나가 상황을 조사한 결과 구거부지를 계속 점유하면서 채소밭으로 사용하고 있는 사실이 확인된 것처럼 재산현황조사서를 허위로 작성한 경우(대판 1990. 8. 24, 90도1395).

② 지방공무원이 갑의 부탁을 받고 1989. 4. 15까지는 갑이 세대주이고 처인 을은 동거가족에 불과하였음에도 불구하고 마치 1988. 3. 26부터 을이 세대주인 것처럼 된 세대주별 주민등록표 1장을 작성한 경우(대판 1990. 10. 16, 90도1199).

(3) 주관적 구성요건

본죄가 성립하기 위해서는 행위자가 고의와 행사할 목적이 있어야 한다. 본죄의 고의는 문서내용의 허위성을 알고 있음을 의미하며, 업무수행중의 사소한 착오나 부주의로 인하여 내용상 부정확성이 발생한 경우에는 고의에 의한 것이라고 볼 수 없다.

(4) 허위공문서 작성죄의 간접정범의 성립 여부

본죄는 진정신분범이므로 제33조가 적용된다. 즉 본죄는 진정신분범으로서 비신분자는 본죄의 정범성을 상실하므로 간접정범이 될 수 없다. 그러므로 공정증서원본 등의 부실기재죄(제228조)는 간접정범의 형태에 의한 범죄행위가 불가능한 제227조의 처벌상의 허점을 보완하기 위한 규정이라고 보아야 한다.

1) 비공무원이 작성권한 있는 공무원을 이용한 경우 대법원판례는 공무원 아닌 자가 허위공문서작성죄의 간접정범이 될 수 없다고 하여 비신분자에 의한 본죄의 성립을 부인한다.[1)]

2) 작성권한 없는 공무원이 작성권한 있는 공무원을 이용한 경우 작성권한은 없지만 공무원인 신분이 있는 자가 작성권한 있는 다른 공무원을 이용하여 허위공문서를 작성하게 한 때에 간접정범의 형태에 의한 본죄의 성립을 인정할 것인가에 대해서는 긍정설과 부정설로 나뉜다. 대법원판례는 이를 긍정하여, 공문서작성을 보좌하는 공무원에게도 간접정범의 성립을 인정

운 문서를 만드는 것이 아니라 기존의 문서를 고친다는 의미에서이다.

1) 대판 1961. 12. 14, 4292형상647; 1976. 8. 24, 76도151.

하고 있다.[1] "공문서의 작성권한이 있는 공무원의 직무를 보좌하는 자가 그 직위를 이용하여 행사할 목적으로 허위의 내용이 기재된 문서 초안을 그 정을 모르는 상사에게 제출하여 결재하도록 하는 등의 방법으로 작성권한이 있는 공무원으로 하여금 허위의 공문서를 작성하게 한 경우에는 간접정범이 성립되고 이와 공모한 자 역시 그 간접정범의 공범으로서의 죄책을 면할 수 없는 것이고, 여기서 말하는 공범은 반드시 공무원의 신분이 있는 자로 한정되는 것은 아니라고 할 것"이라고 판시하고 있다.[2]

학설의 경우 긍정설은 허위공문서작성죄의 본질이 공무원과 같은 신분자의 권한남용을 방지하려는 데 있으므로, 본죄의 신분은 공무원이라는 신분이라기보다 그 직무에 관한 문서를 작성하는 것을 말하므로 반드시 권한을 가진 공무원일 필요는 없고, 사실상 또는 실질적으로 작성권한을 갖고 있는 경우에는 간접정범의 성립이 가능하다고 본다.[3] 반면 부정설은 허위공문서작성죄가 직권남용을 처벌하려는 것이 아니며, 주체가 작성권한 있는 공무원으로 엄격히 제한되는 진정신분범이므로 신분 없는 자(작성권한 없는 자)가 공무원이라고 할지라도 신분 있는 자를 이용할 수 없다고 하거나[4] 본조가 의무범의 아류인 부진정자수범에 해당하므로 작성권한이 있는 공무원 이외의 모든 사람은 보조자이든 사인이든 간접정범이 될 수 없다고 본다.[5]

생각건대 허위공문서작성죄에서 행위주체인 공무원은 직무와 관련하여 공문서를 작성하는 경우에 자신의 고유업무를 수행하는 것이므로 내용의 허위성 여부를 인식하고 있다고 보아야 할 것이다. 그러므로 자신의 행위의 의미를 파악하지 못하고 이용당하는 간접정범의 경우를 상정할 수는 없다고 보

1) 대판 1992. 1. 17, 91도2837(공무원 아닌 자가 공문서작성을 보좌하는 공무원과 공모하여 허위의 문서초안을 상사에게 제출하여 결재케 함으로써 허위공문서를 작성케 한 경우, 간접정범의 공범으로서의 죄책을 진다). 이에 대한 평석은 김태명, 「비신분자에 의한 허위공문서작성죄의 간접정범」, 형사판례연구(13), 2005, 448면 이하. 또한 대판 1990. 10. 30, 90도1912(면의 호적계장이 정을 모르는 면장의 결재를 받아 허위내용의 호적부를 작성한 경우 허위공문서작성죄의 간접정범이 성립한다); 1986. 8. 19, 85도2728.

2) 대판 1992. 1. 17, 91도2837.

3) 김성천, 1189면; 배종대, 713면; 백형구, 533면; 유기천(하), 171면; 정영일, 600면; 정성근/박광민, 655면; 진계호/이존걸, 699면.

4) 권오걸, 1090면; 김성돈, 611면; 백원기, 「허위공문서작성죄의 간접정범에 대한 공범의 성립 여부」, 형사판례연구(10), 269면; 김일수/서보학, 769면; 오영근, 758면; 이재상, 597면; 이정원, 628면; 임 웅, 683면. 김일수/서보학, 769면은 이 경우에 작성권한 없는 공무원을 위계에 의한 공무집행방해죄나 직무유기죄 또는 사기미수죄의 죄책 등을 물을 수 있다고 한다.

5) 김일수/서보학, 769면.

아 부정설이 타당하다고 본다. 다만 예외적으로 공문서의 작성에 형식적으로만 관여하는 작성권자에 대해서는 간접정범의 성립이 가능할 것이다.

3. 공전자기록위작·변작죄

> 第227조의 2【공전자기록위작·변작】 사무처리를 그르치게 할 목적으로 공무원 또는 공무소의 전자기록 등 특수매체기록을 위작 또는 변작한 자는 10년 이하의 징역에 처한다.
> 第235조【미수범】 미수범은 처벌한다.
> 第237조【자격정지의 병과】 제227조의 2 및 그 행사죄를 범하여 징역에 처할 경우에는 10년 이하의 자격정지를 병과할 수 있다.

본죄는 사무처리를 그르치게 할 목적으로 공무원 또는 공무소의 전자기록 등 특수매체기록을 위작 또는 변작하는 것이다.

공전자기록 등에 대한 위작 또는 변작은 유형위조와 무형위조를 포함하는 것으로 보아야 한다. 공문서의 경우 제225조(공문서 등의 위조·변조)와 제227조(허위공문서작성 등)가 각각 유형위조와 무형위조를 규정하고 있는 데 반하여 공전자기록 등은 양자를 구별하여 규정하고 있지 않기 때문이다. 이 점에서 사전자기록 등 위작·변작죄와 구별하여야 함은 기술하였다.

4. 공정증서원본 등의 부실기재죄

> 第228조【공정증서원본 등의 부실기재】 ① 공무원에 대하여 허위신고를 하여 공정증서원본 또는 이와 동일한 전자기록 등 특수매체기록에 부실의 사실을 기재 또는 기록하게 한 자는 5년 이하의 징역 또는 1천만원 이하의 벌금에 처한다.
> ② 공무원에 대하여 허위신고를 하여 면허증, 허가증, 등록증 또는 여권에 부실의 사실을 기재하게 한 자는 3년 이하의 징역 또는 700만원 이하의 벌금에 처한다.
> 第235조【미수범】 미수범은 처벌한다.

(1) 의 의

본죄는 공무원에 대하여 허위신고를 하여 공정증서원본, 공전자기록, 면허증, 허가증, 등록증, 여권에 부실의 사실을 기재하게 함으로써 성립한다. 허위공문서작성죄가 진정신분범인 데 비해 본죄는 일반인이 공무원을 도구로 이용하는 간접정범의 형태에 의한 허위공문서작성행위를 처벌하는 것으로서 행위객체를 공정증서원본 등으로 제한하고 있다. 그러므로 만일 공무원이 정을 알면서 공정증서원본 등에 부실의 사실을 기재한 경우에는 본죄가 아니라 허위공문서작성죄가 성립한다.

(2) 객관적 구성요건

1) 행위객체 공정증서원본, 공전자기록, 면허증, 허가증, 등록증, 여권이다. 공정증서란 재산상 또는 신분상의 권리의무에 관한 증서를 가리키는 것이고, 권리의무에 변동을 주는 효력이 없는 사실증명에 관한 것은 포함되지 않는다.[1] 등본, 사본, 초본은 물론 공정증서 정본[2] 역시 여기에서 제외된다(공정증서의 예: 부동산등기부,[3] 상업등기부, 가족관계등록부, 화해조서. 공정증서에 해당하지 않는 것: 주민등록부, 인감대장, 토지대장, 가옥대장, 선거인명부, 선박원부, 사업자등록증). 전자기록 등 특수매체기록(공전자기록)이란 전자적 기록 또는 광기술을 이용한 특수매체기록으로서 공정증서원본과 동일한 효력과 기능을 갖는 것을 말한다. 내용은 사전자기록위작·변작죄에서의 설명과 같다.

면허증은 특정인에게 특정기능수행을 허가하기 위하여 공무원이 작성하는 증서를 말한다(예: 의사·약사면허증, 운전면허증 등). 허가증은 일정한 영업 또는 업무를 허가하는 공무소의 증명서를 말한다(예: 영업감찰). 여권은 여행허가증으로서 외국여행의 경우뿐만 아니라 가석방자에 대한 여행허가증 등을 포함한다(여권법위반죄와의 상상적 경합). 수사기관작성의 진술조서는 진술내용의 진실성 여부와는 관계없이 다만 어떤 진술이 있었는가를 참고로 기재해 두는 데 불과하기 때문에 수사관에게 허위의 진술을 하여 이를 조서에 기재하게 한 경우에는 제228조는 성립하지 않는다.

2) 행 위 허위신고는 일정한 사실에 관하여 진실에 반하는 신고를 하는 것을 의미한다. 내용이 허위인 경우와 신고인의 자격을 사칭하는 경우를 포함한다. 이처럼 부실의 기재는 당사자의 허위신고에 의하여 이루어져야 하므로 법원의 촉탁에 의하여 이루어진 경우에는 그 전제절차에 허위가

1) 대판 1988. 5. 24, 87도2696; 김성천, 1194면; 김일수/서보학, 772면; 오영근, 760면; 이재상, 599면; 이정원, 634면; 임 웅, 686면; 정성근/박광민, 658면. 이에 대해 사실증명에 관한 공문서이면 된다는 견해도 있다(유기천(하), 162면).

2) 대판 2002. 3. 26, 2001도6503.

3) 부동산등기법(제177조의 2 제 1 항)에 따라 등기사항이 기록된 보조기억장치를 등기부로 보고 있으므로 전산등기부가 부실하게 작성된 경우에는 공전자기록등부실기재죄, 부실기재공전자기록등행사죄에 해당한다.

있더라도 본죄를 구성하지 않는다.[1] 부실의 사실의 기재라 함은 허위신고를 통하여 공무원으로 하여금 진실에 반하는 사실을 기재하게 하는 것이다.

[판례] ① 법원을 기망하여 승소판결을 받고 그 확정판결에 의하여 소유권이전등기를 경료한 경우에는 사기죄와 공정증서원본부실기재죄와의 실체적 경합관계에 있다(대판 1983. 4. 26, 83도188).
② 실질적으로는 주식인수인에 의한 주금의 납입이 없는 주금가장납입의 경우 마치 주식인수인에 의한 납입이 완료된 것처럼 등기공무원에 대하여 허위신고를 하여 증자를 한 취지의 등기신청을 함으로써 상업등기부원본에 그 기재를 하게 한 경우에는 공정증서원본부실기재죄 및 동 행사죄가 성립한다(대판 1986. 8. 19, 85도2158; 1987. 11. 10, 87도2072).
③ 부부관계를 설정할 의사 없이 중국내 조선족 여자들의 국내 취업을 위한 입국을 목적으로 형식상 혼인신고를 한 경우 공정증서원본부실기재죄 및 동행사죄가 성립한다(대판 1996. 11. 22, 96도2409).
④ 협의상 이혼의 의사표시가 기망에 의하여 이루어진 것일지라도 그것이 취소되기 전까지는 유효하게 존재하는 것이므로, 협의상 이혼의사의 합치에 따라 이혼신고를 하여 호적에 그 협의상 이혼사실이 기재되었다면, 이는 공정증서원본부실기재죄에 정한 부실한 사실에 해당하지 않는다(대판 1997. 1. 24, 95도448).

위조된 사문서를 공무원에게 제출하여 허위기재를 하게 한 경우에는 위조사문서행사죄 이외에 본죄가 성립한다. 위조사문서행사행위가 허위신고에 의한 부실기재행위에 해당하기 때문이다. 그러므로 타인이 위조한 부동산등기서류를 등기공무원에게 제출함으로써 부동산소유권이전등기를 마친 경우에 피기망자인 등기공무원에게는 부동산처분권이 없으므로 행위자에게 사기죄는 성립하지 않으나 본죄는 성립한다고 보아야 한다. 또한 공무원이 신고사실이 허위임을 알고 공정증서원본 등에 부실의 사실을 기재한 경우에는 허위신고자는 허위공문서작성죄의 공동정범이나 교사범에 해당하고, 공무원에게는 허위공문서작성죄가 성립한다.[2]

중간생략등기가 본죄를 구성하는가에 대해서는 적극설[3]과 소극설[4]의 대립이 있다. 판례는 소극설의 입장이다.[5] 소극설의 취지는 중간생략등기가 사

1) 대판 1983. 12. 27, 83도2442.
2) 김일수/서보학, 775면; 배종대, 717면; 백형구, 535면; 이재상, 601면; 정성근/박광민, 661면.
3) 오영근, 766면; 임 웅, 692면; 황산덕, 146면.
4) 김성천, 1199면; 김일수, 777면; 배종대, 720면; 백형구, 535면; 이재상, 602면; 이정원, 638면; 정성근/박광민, 663면.
5) 대판 1967. 11. 28, 67도1682; 1993. 1. 26, 92다39112; 1992. 9. 14, 91다2439.

회에서 널리 행하여지고 있을 뿐만 아니라 등기부의 기재내용이 당사자의 의사 또는 실체관계와 일치한다는 데에 있다. 그러나 「부동산등기 특별조치법」(1990. 8. 1, 법률 제4244호) 제 2 조 제 2 항, 제 3 항은 중간생략등기를 허용하지 않고 있으며, 이를 위반한 때에는 3년 이하의 징역이나 1억원 이하의 벌금형에 처하고 있다(동법 제 8 조 제 1 호). 이는 그 동안 중간생략등기가 조세부과를 면하려 하거나 다른 시점간의 가격변동에 따른 이득(소위 양도소득)을 얻기 위해서 이용되었으며, 부동산전매시 소유권 등 권리변동을 규제하려는 법령의 제한을 회피할 목적으로 행하여지는 경우가 많았기 때문이다. 소극설이 주장하는 바와 같이 중간생략등기가 종래 일반적으로 이용되는 소유권이전등기방법이었지만 실체관계를 정확하게 반영하고 있는 것은 아니다. 즉 본죄의 구성요건에 해당하는 점을 부인할 수 없는 것이다. 그럼에도 불구하고 만일 소극설을 취한다면 부동산등기특별조치법에서는 처벌되는 범죄행위가 형법상으로는 처벌대상이 되지 않는다는 모순되는 결론이 된다. 그러므로 중간생략등기는 현실적인 관행을 이유로 허용된다고 할 것이 아니라 공정증서원본부실기재죄에 해당한다고 보아야 한다. 그리고 중간생략등기가 이루어지는 사회적 필요성에 대한 고려는 형법의 문제라기보다는 민법적 과제에 속하는 것이다. 한편 중간생략등기가 공정증서원본부실기재죄에 해당하는 경우에 부동산등기 특별조치법 위반죄와는 상상적 경합관계에 있다고 보아야 한다.

(3) 주관적 구성요건

행위자는 공무원에게 허위사실을 신고하여 이를 기재하게 한다는 인식이 필요하다. 그러므로 법원의 확정판결내용이 진실에 반하다는 사실을 알면서도 등기를 신청하여 타인명의의 소유권을 말소하게 한 경우에는 본죄 및 부실기재공정증서원본행사죄(제229조)가 성립한다.[1] 반면에 객관적으로 허위사실을 신고하여 이를 기재하게 하더라도 행위자가 이에 대한 인식을 하지 못한 경우에 본죄는 성립하지 않는다.[2]

1) 대판 1996. 5. 31, 95도1967.

2) 대판 1996. 4. 26, 95도2468(피고인은 이 사건 토지가 자신의 부친이 적법하게 취득한 것으로 알고 실체관계에 부합하도록 하기 위하여 소유권보존등기를 경료한 것이라고 할 것이어서 이 사건 토지의 실제 소유권이 누구에게 있는지 여하를 불문하고 피고인으로서는 그에 대한 등기 당시 부실기재의 점에 대한 고의 내지는 인식이 있었다고 할 수 없다…).

V. 僞造 등 文書行使罪

본죄는 위조·변조한 공문서, 자격모용에 의하여 작성한 공문서, 허위작성한 공문서, 부실기재한 공문서 등을 행사하거나(제229조), 위조·변조 또는 작성한 사문서, 자격모용에 의하여 작성된 사문서, 허위진단서 등을 행사(제234조)하는 행위를 처벌하는 것이다.

1. 위조·변조 등 사문서행사죄

제234조【위조사문서 등의 행사】 제231조 내지 제233조의 죄에 의하여 만들어진 문서, 도화 또는 전자기록 등 특수매체기록을 행사한 자는 그 각 죄에 정한 형에 처한다.
제235조【미수범】 미수범은 처벌한다.

(1) 행위객체·방법

정당하게 성립하지 않은 모든 사문서는 본죄의 행위객체가 된다. 행사란 위조·변조된 문서를 제시한다거나, 타인이 열람할 수 있도록 비치하는 등의 행위를 말한다. 그러므로 위조·변조된 문서가 인식가능할 정도로 상대방(피기망자)의 영향권 내에 도달하면 기수에 이르며, 피기망자의 현실적인 인식을 필요로 하지 않는다.

판례 역시 상대방으로 하여금 위조된 문서를 인식할 수 있는 상태에 둠으로써 기수가 되고 상대방이 그 내용을 인식하여야 하는 것은 아니므로 위조된 문서를 운송한 경우에는 그 문서가 상대방에게 도달한 때에 기수가 되며 상대방이 실제로 그 문서를 봐야 하는 것은 아니라는 입장이다.[1)]

복사문서의 행사죄 성립 여부는 복사문서의 문서성과 관련이 있다. 형법은 복사문서의 문서성을 규정하고 있으므로 이에 대한 논란은 해소되었다. 그러므로 위조한 사문서를 기계적 방법에 의하여 복사한 사본을 다른 사람에게 제시하여 행사하여도 위조사문서행사죄가 된다.[2)] 예를 들어 사자명의의 문서를 사자의 생존중에 작성한 것처럼 작성일자를 생존일자로 소급하여 작

1) 대판 2005. 1. 28, 2004도4663.
2) 대판 1994. 9. 30, 94도1787. 배종대, 481면은 복사문서의 문서성은 부인하나「복사·제시행위」가 위조문서행사죄의「행사」에는 해당할 수 있다고 본다. 독일의 판례도 원본문서를 위조·변조한 전자복사문서의 제시행위를 행사죄에 해당한다고 본다(BGHSt 24, 140; BGH StV 1994, 18).

성한 다음 이를 기계적 방법으로 복사하여 사본을 타인에게 제시하여 행사하는 것은 위조사문서행사죄에 해당한다.[1)]

(2) 문서의 위조 · 변조행위와 행사와의 관계

행사할 목적으로 문서를 위조 내지 변조하고 이를 행사한 경우에는 상상적 경합범이라는 견해[2)]와 경합범으로 보는 견해[3)]가 있다. 독립적인 행사죄의 구성요건을 두고 있는 현행 형법하에서는 경합범으로 보는 것이 타당하다.

(3) 죄 수

위조사문서행사죄와 사기죄는 상상적 경합의 관계에 있다. 그리고 배임죄와는 경합범 성립이 가능하다. 그러나 배임행위를 가능하게 하거나, 은폐할 목적으로 위조사문서를 행사한 경우에는 배임죄와 상상적 경합이 인정된다.

위조사문서를 수차에 걸쳐 행사하는 경우에는 실체적 경합이 인정된다.[4)]

2. 위조 · 변조 등 공문서행사죄

> 第229조【위조 등 공문서의 행사】 제225조 내지 제228조의 죄에 의하여 만들어진 문서, 도화, 전자기록 등 특수매체기록, 공정증서원본, 면허증, 허가증, 등록증 또는 여권을 행사한 자는 그 각 죄에 정한 형에 처한다.
> 第235조【미수범】 미수범은 처벌한다.

본죄는 위조 · 변조한 공문서, 자격모용에 의해 작성한 공문서, 허위로 작성한 공문서 또는 부실기재한 공정증서원본 등을 행사함으로써 성립하는 범죄이다. 행위객체가 공문서라는 점에서 위조등 사문서행사죄(제234조 제1항)에 비하여 불법이 가중된 구성요건이다.

행사란 위조 · 변조된 공문서를 제시한다거나, 타인이 열람할 수 있도록 비치하는 등의 행위를 말한다. 예를 들어 자신의 사진과 지문이 찍힌 다른 사람의 주민등록증을 발급받아 소지하다가 검문경찰관에게 제시한 것은 본죄에 해당한다.[5)] 그러나 검문에 대비해서 위조된 운전면허증을 소지하고 운전

1) 대판 1994. 9. 30, 94도1787.
2) 배종대, 497면; 이재상, 586면. 한편 임 웅, 695면은 법조경합으로써 위조사문서행사죄만을 인정한다.
3) 백형구, 537면; 정영석, 181면; 정성근/박광민, 634면; 진계호, 574면.
4) BGHSt 40, 138.
5) 대판 1982. 9. 28, 82도1297. 반면 학설은 이에 대해 견해가 대립되는바, 공문서부정행사죄가 성립한다는 견해(배종대, 724면; 이재상, 608면; 임 웅, 699면)와 허위작성공문서행사죄가 성립한다는 견해(백형구, 529면), 위조공문서행사죄가 성립한다는 견해(이정원, 643면; 오영근, 774면) 및 부실기재등록증행사죄가 성립한다는 견해(김일수/서보학, 784면)가 있다.

하는 것만으로는 위조문서의 행사에 해당한다고 볼 수 없다.

공문서를 위조·변조하거나 작성한 범인이 다시 이 공문서를 행사한 경우에는 양죄는 상상적 경합이 아니라 실체적 경합이 된다고 보아야 한다.

Ⅵ. 文書不正行使罪

1. 사문서부정행사죄

第236条【사문서의 부정행사】 권리·의무 또는 사실증명에 관한 타인의 문서 또는 도화를 부정행사한 자는 1년 이하의 징역이나 금고 또는 300만원 이하의 벌금에 처한다.

본죄는 진정하게 성립한 타인의 사문서를 부정하게 행사함으로써 성립하는 죄이다.

행위객체인 사문서는 사문서위조죄와 동일하지만 진정한 사문서라는 점에서 위조·변조사문서행사죄와 다르다. 사문서를 부정행사한다는 것은 진정하게 성립된 사문서를 사용할 권한이 없는 자가 자신을 마치 당해 사문서에 대한 작성권한이 있는 문서명의인인 것처럼 가장하여 행사하는 것을 의미한다.

사용권한이 있더라도 본래의 사용목적 이외의 용도로 사문서를 사용하는 것이 본죄에 해당하는가에 대해서는 긍정설[1]과 부정설[2]로 나뉜다. 생각건대 문서는 이를 사용할 권한있는 자가 사용하면 정당한 사용이라고 볼 것이며 문서가 표상하는 객관적 목적이나 용도에 따른 사용인가의 여부에 따라 본죄의 성립 여부를 판단할 것은 아니라고 보아야 한다. 즉 사문서 본래의 용도에 따른 사용이 아니더라도 사용권한 있는 자가 사용하면 정당한 사용이라고 보아야 하므로 부정설이 타당하다.

타인의 전화카드를 절취하여 이를 공중전화기에 넣어 사용한 경우 편의시설부정이용죄(第348条의 2)가 아니라 본죄가 성립한다는 것이 판례의 입장이다. 즉 "사용자에 관한 각종 정보가 전자기록되어 있는 자기띠가 카드번호와 카드발행자 등이 문자로 인쇄된 플라스틱 카드가 부착되어 있는 전화카드의 경우 그 자기띠 부분

---

1) 대판 1978. 2. 14, 77도2645; 1985. 5. 28, 84도2999; 배종대, 722면; 백형구, 539면; 이재상, 608면; 정영일, 715면; 진계호/이존걸, 714면.
2) 김일수/서보학, 783면; 오영근, 778면; 이정원, 594면; 임 웅, 698면; 정성근/박광민, 669면.

은 카드의 나머지 부분과 불가분적으로 결합되어 전체가 하나의 문서를 구성하므로, 전화카드를 공중전화기에 넣어 사용하는 경우 비록 전화기가 전화카드로부터 판독할 수 있는 부분은 자기띠 부분에 수록된 전자기록에 한정된다고 할지라도, 전화카드 전체가 하나의 문서로서 사용된 것으로 보아야 하고 그 자기띠 부분만 사용된 것으로 볼 수는 없으며, 따라서 피고인이 절취한 전화카드를 공중전화기에 넣어 사용한 것은 권리의무에 관한 타인의 사문서를 부정행사한 경우에 해당한다(대판 2002. 6. 25, 2002도461)"고 한다. 이러한 판례의 입장은 편의시설 자체의 이용방법에 따라 이용하였다는 점에 기인한 것으로 보인다.

2. 공문서부정행사죄

제230조【공문서 등의 부정행사】 공무원 또는 공무소의 문서 또는 도화를 부정행사한 자는 2년 이하의 징역이나 금고 또는 500만원 이하의 벌금에 처한다.
제235조【미수범】 미수범은 처벌한다.

(1) 의 의

본죄는 공무원 또는 공무소의 진정하게 성립한 문서 또는 도화를 부정하게 행사함으로써 성립하는 범죄이다. 즉 공문서부정행사죄는 진정한 공문서를 부정하게 사용하는 경우이므로 위조공문서는 공문서부정행사죄를 구성하지 않는다.

(2) 구성요건

본죄의 행위주체는 공무원에 제한되지 않고 일반인도 행위주체가 될 수 있다. 즉 본죄는 신분범이 아니다. 행위객체는 사용권한자와 용도가 특정되어 작성된 공문서 또는 공도화를 말하며,[1] 진정한 공문서·공도화인 점에서 위조·변조공문서행사죄와 다르다.

판례와 일부 견해는 자신의 사진과 지문이 찍힌 타인명의의 주민등록증을 발급받아 소지하다가 이를 검문경찰관에 제시한 경우 본죄의 성립을 긍정하고 있으나,[2] 그 주민등록증 자체는 진정한 공문서가 아니라 허위작성된 공문서라는 점에서 본죄가 아니라 허위작성공문서행사죄(제229조)에 해당한다고 하여야 한다.[3]

1) 대판 1993. 5. 11, 93도127.
2) 대판 1982. 9. 28, 82도1297; 배종대, 724면; 이재상, 607면.
3) 김일수/서보학, 784면; 정성근/박광민, 670면.

본죄에서 부정행사란 진정한 공문서·공도화를 사용할 권한이 없는 자가 사용권한이 있는 것처럼 가장하여 정당한 용법에 반하여 사용하는 것을 말한다.

공문서부정행사죄는 사용권한 유무와 본래의 목적에 맞는 용도내 사용 여부에 따라 다음과 같이 견해가 나뉜다.

1) 사용권한이 있는 자의 용도 외 행사의 경우 판례는 사용권한자와 용도가 특정되어 작성된 공문서 또는 공도화를 부정하게 행사한 경우에 본죄의 성립을 인정한다.[1] 그러나 부정설은 본죄를 사용권한 없는 자의 용도내 사용의 경우만으로 성립을 제한하므로 본죄의 성립을 부인한다.[2]

생각건대 사용권한 있는 자의 용도 외 사용의 경우에는 본죄의 성립을 부인하는 것이 타당하다. 그 이유는 본죄의 부정행사를 공문서·공도화의 본래의 용도에 따른 행사로 축소해석할 근거가 없으며, 오직 이를 사용할 권한이 있는가의 여부에 따라 판단하여야 한다고 보기 때문이다. 나아가서 진정하게 성립된 공문서·공도화를 사용할 권한이 있는데도 불구하고 이를 개별적·구체적 용도 여하에 따라 본죄의 성립 여부를 판단하는 것은 자의적일 수 있으며, 그 기준도 불명확하다. 또한 다수설이 사용권한 있는 자의 용도 외 사용의 경우에는 본죄의 성립을 인정하면서도 후술하는 바와 같이 사용권한 없는 자가 용도 이외의 목적으로 사용하는 경우에는 본죄의 성립을 부인하는 것은 본죄의 인정 여부에 관한 판례와 다수설의 기준이 이중적임을 의미한다.

한편 대법원은 문서의 용도와 관련하여 변화를 보이고 있다.[3] 즉 "운전면허증은 운전면허를 받은 사람이 운전면허시험에 합격하여 자동차의 운전이 허락된 사람임을 증명하는 공문서로서, 운전면허증에 표시된 사람이 운전면허시험에 합격한 사람이라는 '자격증명'과 이를 지니고 있으면서 내보이는 사람이 바로 그 사람이라는 '동일인증명'의 기능을 동시에 가지고 있다는 점을 들어 운전면허증은 운전면허를 받은 사람의 동일성 및 신분을 증명할 뿐만 아니라 그 기재 내용의 진실성도 담보되어 있다"고 보았다. 그럼에도 불구하

1) 대판 2009. 2. 26, 2008도10851; 배종대, 723면; 백형구, 528면; 임 웅, 700면; 정성근/박광민, 671면; 정영석, 178면; 진계호, 828면.

2) 김성돈, 625면; 김성천, 1205면; 김일수/서보학, 786면; 손동권, 654면; 오영근, 775면; 이재상, 608면; 유기천(하), 186면; 이정원, 644면.

3) 대판 2001. 4. 19, 2000도1985(전원합의체).

고 운전면허증을 제시한 행위에 대하여 동일인증명의 측면은 도외시하고, 그 사용목적이 자격증명으로만 한정되어 있다고 해석하여 공문서부정행사죄 성립을 부인하는 것은 합리성이 없다는 것이 이 판결에서 대법원의 입장이다. 결론적으로 제 3 자로부터 신분확인을 위하여 신분증명서의 제시를 요구받고 다른 사람의 운전면허증을 제시한 행위는 그 사용목적에 따른 행사로서 공문서부정행사죄에 해당한다고 보아야 한다는 것이 대법원의 판단이다. 이러한 대법원의 다수의견은 자동차운전면허증에 대해서 신분증명기능을 추가로 인정한 것일 뿐 종래의 견해를 그대로 유지하고 있는 점에서 공문서부정행사죄에 대한 판례의 기본입장은 변하지 않았다. 반대 견해 역시 운전면허증에 신분증명기능을 종전처럼 인정해서는 안 된다는 입장을 고수하는 것이므로 마찬가지로 종래 대법원의 견해를 바꾸어야 한다는 입장은 아니다.

그러나 대법원의 다수의견과 소수 반대의견은 모두 공문서부정행사죄에 대한 해석기준이 타당하지 않는다는 점에서 문제가 있다. 즉 공문서부정행사죄에서 ① 공문서의 용도가 무엇을 의미하는지, 공문서부정행사죄의 성립여부를 좌우할 만한 기준이 무엇인지 의문이며, ② 사용할 권한 있는 자가 용도 외로 사용할 경우에 본죄의 성립을 인정하는 것이나, ③ 사용권한이 없는 자의 용도 외 사용에 대해서 본죄의 성립을 부인하는 것이 과연 타당한지가 의문이다.

가장 문제되는 것은 공문서를 사용할 권한이 있는 소지인이 본래의 용도 외로 사용할 경우 공문서부정행사죄를 인정하는 점이다. 아직 이를 정면에서 인정한 판례는 보이지 않으나, 용도 내 사용여부를 구별하는 공문서부정행사죄에 대한 대법원의 견해는 이를 인정하는 입장이라고 보아야 한다.[1)]

---

1) "선박법 제 8 조 제 2 항, 제10조, 선박법 시행규칙 제11조 제 1 항, 제12조, 선박안전법 제 8 조 제 2 항, 제17조 제 1 항, 제 2 항 등 관계 법령의 규정에 의하면, '선박국적증서'는 한국선박으로서 등록하는 때에 선박번호, 국제해사기구에서 부여한 선박식별번호, 호출부호, 선박의 종류, 명칭, 선적항 등을 수록하여 발급하는 문서이고, '선박검사증서'는 선박정기검사 등에 합격한 선박에 대하여 항해구역·최대 승선인원 및 만재흘수선의 위치 등을 수록하여 발급하는 문서로서, 위 각 문서는 당해 선박이 한국선박임을 증명하고, 법률상 항행할 수 있는 자격이 있음을 증명하기 위하여 선박소유자에게 교부되어 사용되는 것인바, 어떤 선박이 사고를 낸 것처럼 허위로 사고신고를 하면서 그 선박의 선박국적증서와 선박검사증서가 함께 제출되었다고 하더라도, 선박국적증서와 선박검사증서는 위 선박의 국적과 항행할 수 있는 자격을 증명하기 위한 용도 그 자체에 사용된 것일 뿐이고, 그 본래의 용도를 벗어나 행사된 것으로 보기는 어려우므로, 이와 같은 행위를 공문서부정행사죄에 해당한다고 할 수는 없다"(대판 2009. 2. 26, 2008도10851). 이 판결도 사용권한 이외에 문서의 용도 내 사용인지 여부를 판단기준으로 삼

그러나 공문서의 사용은 그 공문서가 본래 제작된 목적──이 목적도 고정적인 것은 아니다──과 일치하여 사용되는 경우뿐만 아니라 당해 공문서가 담고 있는 내용을 이용하는 차원에서 사용될 수도 있다. 그러므로 이러한 사용을 본래의 용도에서 벗어난 부정행사라고 볼 수는 없다. 나아가서 본죄의 부정행사를 공문서·공도화의 본래의 용도에 따른 행사로 해석할 이유도 없으며, 개별적·구체적 용도 여하에 따라 본죄의 성립여부를 판단하는 것은 자의적일 수 있다. 그러므로 사용권한이 있는 자의 사용은 용도 여하를 불문하고 본죄의 성립을 부인하는 것이 타당하다.

판례는 권한 있는 자라도 정당한 용도나 본래의 사용목적에 맞지 않고 부정하게 행사하는 경우가 무엇인지를 구체적으로 밝히지 못하고 있고, 그렇다면 이러한 경우에 왜 부정행사죄로 처벌하여야 하는지도 제시하지 못하고 있다. 예를 들어 위 판결에서 대법원의 소수견해에 따를 경우 정당한 자동차운전면허증 소지자가 이를 신분증명서로 사용할 경우에 사용권한 있는 자의 용도 외 사용이 되어 공문서부정행사죄를 인정하여야 할 것인지 의문이다. 이는 확대해석을 금하여 죄형법정주의에 충실하여야 한다는 소수견해의 논거 역시 타당하지 않음을 반증하는 것이다. 물론 다수견해 역시 자동차운전면허증을 제외하고는 소수견해와 다를 바 없음은 기술한 바와 같다.

결론적으로 공문서부정행사죄의 성립여부는 공문서에 대한 사용권한 유무에 따라서만 판단하여야 하며, 본래의 용도 내 사용인지 여부를 부가적으로 고려하는 것은 타당하지 않다.

2) 사용권한이 없는 자가 행사할 때 사용권한이 없는 자의 행사란 사용명의자 아닌 자가 사용명의자로 가장 행세하여 그 공문서를 행사하는 경우를 의미한다.[1] 이 경우 사용권한 없는 자의 용도에 따른 사용만으로 제한하여야 하는지, 아니면 용도와 무관하게 사용권한 유무만으로 판단하여야 하는지에 대하여 견해가 나뉜다.

① 용도 내 사용의 경우에는 학설은 본죄의 성립을 인정한다.[2] 판례 역

고 있으며 사안에서 용도 내 사용이기 때문에 공문서부정행사죄에 해당하지 않는다고 판시하고 있다. 만일 용도를 벗어나 행사되었다면 사용권한이 있음에도 불구하고 공문서부정행사죄를 인정할 수 있음을 보여준다.

1) 대판 1974.7.9, 74도1695.

2) 김일수/서보학, 786면; 배종대, 723면; 이재상, 608면; 이정원, 595면; 임 웅, 700면; 정

시 본죄의 성립을 인정한다. 이 경우는 사용권한이 없는 자의 행사이기 때문에 본죄의 성립을 긍정하는 학설·판례의 입장이 타당하다.

[판례] (i) 공문서부정행사죄는 사용권한자 및 용도가 특정되어 작성된 공문서 또는 공도화를 사용권한 없는 자가 사용권한이 있는 것처럼 가장하여 부정한 목적으로 행사하거나 또는 권한 있는 자라도 정당한 용법에 반하여 부정하게 행사하는 경우에 성립되는 것이다. 그러므로 (ii) 자동차를 임차하려는 피고인들이 자동차 대여업체의 담당직원들로부터 임차할 자동차의 운전에 필요한 운전면허가 있고, 또 운전면허증을 소지하고 있는지를 확인하기 위한 운전면허증의 제시요구를 받자 타인의 운전면허증을 소지하고 있음을 기화로 자신이 (타인의) 자동차운전면허를 받은 사람인 것처럼 행세하면서 자동차 대여업체의 직원들에게 이를 제시한 것이라면, 피고인들의 위와 같은 행위는 단순히 신분확인을 위한 것이라고 할 수 없고, 이는 운전면허증을 사용권한이 없는 자가 있는 것처럼 가장하여 부정한 목적으로 사용한 것이기는 하나 운전면허증의 본래의 용도에 따른 사용행위라고 할 것이므로 공문서부정행사죄에 해당한다고 판시하였다.[1)]

② 용도 외 사용의 경우에는 본죄의 성립을 부인하는 것이 판례의 입장이다.[2)]

그러나 다수설·판례가 사용권한이 없는 자의 행사라고 하더라도 본래의 용도에 따라 사용한 경우만으로 본죄의 성립범위를 제한하는 것은 전술한 바와 같이 사용권한이 있는 자의 용도 외 행사의 경우에는 본죄가 성립한다고 보는 것과 균형이 맞지 않는다. 본죄에서 부정행사라고 하는 것은 사용권한이 없는 자가 공문서·공도화를 행사하는 것을 의미하는 것이지 이를 용도대로 사용하는 경우만으로 제한할 근거가 없다고 본다. 그러므로 이 경우에는 본죄의 성립을 인정하여야 한다.[3)]

성근/박광민, 671면; 정영석, 186면. 한편 천진호, 「공문서부정행사죄에 있어서의 부정행사」, 형사법연구 제17호(2002), 183면은 공문서부정행사죄의 성립범위를 사용권한 없는 자가 용도대로 사용한 경우만으로 제한하는 것이 타당하다고 주장한다.

1) 대판 1998. 8. 21, 98도1701. 이 판례는 문맥이 정확하지 않다. 결론부분의 경우 사용권한이 없는 자가 용도외로 사용한 경우에는 본죄의 성립을 부인한다는 의미로도 해석할 수 있겠다. 본 판결에 대한 자세한 평석은 박상기, 「공문서부정행사죄(형법 제230조)」, 형사판례연구(8), 283면 이하 참조.

2) 대판 2003. 2. 26, 2002도4935(습득한 타인의 주민등록증을 제시하며 그 주민등록증상의 명의 또는 가명으로 이동전화에 가입신청을 한 것은 주민등록증의 본래의 사용용도인 신분확인용으로 사용한 것으로 볼 수 없다고 하여 공문서부정행사죄의 성립을 부정하였다). 학설로는 김성돈, 625면; 김일수/서보학, 786면; 배종대, 652면; 이재상, 607면; 정영일, 617면.

3) 백형구, 528면; 오영근, 779면; 임 웅, 701면; 정성근/박광민, 671면; 진계호/이존걸, 716면.

제 4 절 印章에 관한 罪

Ⅰ. 序 論

인장에 관한 죄란 행사할 목적으로 개인이나 공무원 또는 공무소의 인장·서명·기명 또는 기호를 위조 또는 부정사용하거나, 위조 또는 부정사용한 인장 등을 행사하는 것을 내용으로 하는 범죄이다. 인장이나 서명 등은 사회생활에서 동일인을 나타내는 중요한 증명기능을 한다. 그러므로 인장 등의 진정성을 담보하지 않게 되면 사회생활상 관공서나 개인의 신뢰성이 상실되므로 이를 방지하기 위하여 본장의 죄를 규정한 것이다. 인장에 관한 죄는 문서에 관한 죄나 유가증권에 관한 죄와 밀접한 관련을 맺고 있다. 인장 등의 위조는 문서위조나 유가증권위조의 일부 행위로서 행하여지는 경우가 많기 때문이다. 그러므로 문서위조죄 등이 성립하면 인장에 관한 죄는 별도로 성립하지 않고 법조경합으로서 흡수된다.

본장의 죄의 보호법익은 인장 등에 대한 공공의 신뢰와 거래의 안전이다.

Ⅱ. 構成要件體系

본장의 죄는 인장위조죄와 행사죄를 규정하고 이를 공인과 사인으로 구분하고 있다. 기본적 구성요건은 사인위조죄(제239조 제1항)와 위조사인행사죄(제239조 제2항)이며, 공인위조죄(제238조 제1항)와 위조공인행사죄(제238조 제2항)는 가중적 구성요건이다. 인장에 관한 죄는 이와 같이 성립의 진정성을 보호하고 내용의 진실성은 보호하지 않는다. 이는 문서나 유가증권과 달리 인장이나 서명 등은 내용을 위조할 수 있는 대상물이 아니기 때문이다.

Ⅲ. 私印 등의 僞造·不正使用 및 同行使罪

> 제239조【사인 등의 위조, 부정사용】 ① 행사할 목적으로 타인의 인장, 서명, 기명 또는 기호를 위조 또는 부정사용한 자는 3년 이하의 징역에 처한다.
> ② 위조 또는 부정사용한 타인의 인장, 서명, 기명 또는 기호를 행사한 때에도 전항의 형과 같다.
> 제240조【미수범】 본장의 미수범은 처벌한다.

I. 객관적 구성요건

본죄는 행사할 목적으로 타인의 인장·서명·기명·기호를 위조 또는 부정사용함으로써 성립하는 죄이다. 여기에서 타인이란 생존하는 인물이 아니라도 된다는 견해[1)]와 생존인물로 제한하는 판례의 입장[2)]이 있다. 이 경우에는 문서위조죄의 경우와 해석을 같이하는 것이 타당하므로 생존인물 여부를 불문하고 행사할 목적으로 인장을 위조한 때에는 본죄에 해당한다고 보아야 한다.

(1) 행위객체

본죄의 행위객체는 인장·서명·기명·기호이다.

1) 인　장　　인장이란 특정인의 동일성을 증명하기 위하여 사용하는 상징물로서 인영과 인과로 나눌 수 있다. 인영이란 쉽게 말하면 인장을 날인하여 현출된 흔적을 가리킨다. 그리고 인과란 인영을 현출시키는 물건을 가리키며 일상적으로 도장이라고 부르는 것이다.

본죄의 인장은 인과만을 의미한다는 견해[3)]와 인영만을 의미한다는 견해,[4)] 인영과 인과를 모두 포함한다는 견해[5)]가 있다. 결론적으로는 인장은 인과와 인영을 포함하는 것으로 보아야 한다. 그 이유는 인장위조죄는 인장에 대한 일반의 신뢰성을 해치는 행위를 처벌하는 구성요건으로서 만일 이러한 결과를 빚을 경우에는 그 방법이 인과위조를 통하건 인영위조에 의해서건 모두 마찬가지이기 때문이다. 또한 인장의 부정사용(제1항)이란 인과의 사용을 의미하며, 부정사용한 인장을 행사(제2항)한다는 것은 타인의 인과를 날인하여 현출된 인영을 행사한다는 의미이므로 형법은 인과와 인영을 모두 인장위조죄의 내용에 포함시키고 있다고 볼 수 있다.

2) 서　명　　서명이란 특정인이 자기를 표시하기 위하여 사용하는 성명 기타의 호칭을 문자로 자신이 직접 표기(자서)한 것을 의미한다. 이름을

---

1) 김일수/서보학, 789면; 배종대, 728면; 백형구, 542면; 오영근, 780면; 이재상, 614면; 이정원, 598면; 임 웅, 705면; 정성근/박광민, 709면; 진계호, 596면.

2) 대판 1984. 2. 28, 82도2064(피고인인 압날한 인장의 명의인이 60여년 전에 사망한 사람의 것이어서 사인위조죄 및 동 행사죄의 성립을 부인).

3) 진계호, 831면.

4) 유기천(하), 235면.

5) 김성천, 1215면; 김일수/서보학, 789면; 배종대, 728면; 백형구, 542면; 이재상, 614면; 이정원, 598면; 임 웅, 705면; 정성근/박광민, 709면; 정영석, 183면.

모두 써도 되지만 성만을 쓰거나, 국문이나 영문으로 표기하여도 된다. 이와 달리 기명은 서명과 용도가 같지만 자서가 아닌 점에서 서명과 구별된다. 그러므로 대필하거나 인쇄된 특정인의 이름은 기명에 해당한다.

3) 기 호 　기호란 물건에 인장 등을 압날하여 일정한 사실을 증명하는 것으로서 인장의 일종에 속한다. 인장은 주로 문서에 사용하여 사람의 동일성을 증명하기 위한 것이지만, 기호는 주로 물체에 사용하여 사람 이외의 일정한 사실(예: 산지, 납세필, 검사필도장 등)을 증명하기 위하여 사용된다.

(2) 행 위

본죄의 행위는 위조 또는 부정사용하거나 이들을 행사하는 것이다.

인장 등의 위조라 함은 권한 없이 타인의 인장·서명·기명 또는 기호를 위조하여 일반인으로 하여금 명의인, 즉 본인의 진정한 인장 등인 것처럼 오신하게 하는 것을 말한다. 이러한 명의인은 반드시 실재하는 인물일 필요가 없음은 기술하였다. 실재하지 않더라도 일반인으로서는 이러한 사실을 알 수가 없기 때문이다. 위조의 방법에는 제한이 없다. 또한 인장의 위조는 일반인으로 하여금 진정한 인장 등과 혼동할 정도의 유사성을 가질 필요도 없다. 인장의 경우에는 통화와 달리 일반인이 진정한 인장 등의 내용이나 모습을 알지 못하기 때문이다. 그러므로 행사할 목적으로 명의를 모용하여 전혀 새로운 인장을 만들더라도 유사성과는 관계없이 인장위조죄에 해당한다.

인장 등의 부정사용이라 함은 진정한 인장·서명·기명 또는 기호를 정당한 권한 없이 타인에 대하여 사용하는 것을 말한다. 즉 부정사용은 위조한 인장 등을 부정하게 사용하는 것이 아니라 진정한 인장 등을 부정하게 사용하는 것을 의미한다. 행위자가 인장 등의 사용권한이 있더라도 권한을 넘어서 사용하는 것은 부정사용에 해당한다.

행사라 함은 위조하거나 부정사용된 인장·서명·기명 또는 기호를 진정한 것처럼 용도에 따라 타인에 대하여 사용하는 것을 말한다. 인과의 경우에는 이를 날인하는 것이고, 인영이나 서명 등의 경우에는 이를 문서의 일부로 사용하는 것을 의미한다. 타인이 현실로 열람할 필요는 없으나 열람할 수 있는 상태에 두는 것을 요건으로 한다.

[판례] 판례 역시 "위조인장행사죄에서 행사라 함은 위조된 인장을 진정한 것처럼 용법에 따라 사용하는 행위를 말한다 할 것이므로 위조된 인영을 타인에게 열람할 수 있는 상태에 두든지, 인과의 경우에는 날인하여 일반인이 열람할 수 있는 상태에 두면 그것으로 행사가 되는 것이고, 위조된 인과 그 자체를 타인에게 교부하는 것만으로는 위조인장행사죄를 구성한다고 할 수 없다"는 입장이다(대판 1984. 2. 25, 84도90).

2. 주관적 구성요건

인장에 관한 죄에서는 사인과 공인을 불문하고 행사죄를 제외하고는 어느 경우에나 고의 이외에 행사의 목적이 있어야 한다. 행사의 목적이란 행위자가 위조한 인장 등을 진정한 인장인 것처럼 사용한다는 의사를 가지는 것을 의미한다. 그러므로 인장을 조각하여 그 명의인의 승낙을 얻어 그 명의인의 문서를 작성하는 데 사용할 의도로 인장을 조각하였으나 명의인의 승낙을 얻지 못하여 이를 사용하지 않은 채 명의인에게 돌려 주었다면 행사의 목적이 있었다고 볼 수 없다.[1] 행사의 목적은 스스로 이러한 목적을 갖는 것뿐만 아니라 타인으로 하여금 행사하게 할 목적으로 하는 경우도 포함한다.

3. 타죄와의 관계

인장·서명위조가 유가증권·문서위조의 수단으로 이루어진 경우에는 양자는 법조경합(흡수관계)에 해당한다.[2] 그리고 자신이 위조한 사인을 사용하여 다시 사기죄를 범한 경우에는 사인위조죄 및 동행사죄와 사기죄의 경합범에 해당한다.

Ⅳ. 公印 등의 僞造·不正使用·行使罪

제238조【공인 등의 위조, 부정사용】 ① 행사할 목적으로 공무원 또는 공무소의 인장, 서명, 기명 또는 기호를 위조 또는 부정사용한 자는 5년 이하의 징역에 처한다.
② 위조 또는 부정사용한 공무원 또는 공무소의 인장, 서명, 기명 또는 기호를 행사한 자도 전항의 형과 같다.
③ 전 2 항의 경우에는 7년 이하의 자격정지를 병과할 수 있다.
제240조【미수범】 본장의 미수범은 처벌한다.

1) 대판 1992. 10. 27, 92도1578.
2) 대판 1978. 9. 26, 78도1787.

1. 의 의

본죄는 행사할 목적으로 공무원 또는 공무소의 인장 등을 위조 또는 부정사용하거나(제1항), 위조 또는 부정사용한 위 인장 등을 진정한 것으로 사용하는 것이다.

2. 구성요건

본죄의 행위객체는 공무원 또는 공무소의 인장(공인)·서명 등이다. 사인위조죄에 대한 가중적 구성요건이다. 공무소의 인장이란 공무소가 그 사무에 관하여 사용하는 인장을 말한다(예: 행정안전부장관의 인, 서대문경찰서장의 인, 서대문구청장의 인 등). 관청이 사용하는 계인(契印)도 공무소의 인장이다. 공무원의 인장이란 공무원이 공무상 사용하는 모든 인장을 말한다. 택시미터기에 부착된 검정납봉은 공무소의 기호에 해당하므로 봉인철사를 절단하여 재봉인부착하는 것은 부정사용(제238조 제2항)에 해당한다.[1] 차량번호표도 공기호에 해당한다.[2]

행사란 위조하거나 부정사용된 인장 등을 진정한 것으로 사용하는 행위를 말한다. 예를 들면 부정하게 날인된 공무소인을 타인에게 보여 주는 행위가 있다.[3] 또한 절취한 자동차 번호판을 다른 차량에 부착하고 운행하는 행위는 부정사용공기호행사죄에 해당한다.[4]

1) 대판 1982. 6. 8, 82도138.
2) 대판 1983. 10. 25, 83도2078.
3) 대판 1981. 12. 22, 80도1472.
4) 대판 1997. 7. 8, 96도3319.

제 3 장 公衆의 健康에 대한 罪

제 1 절 飮用水에 관한 罪

Ⅰ. 序 論

1. 환경과 인간

자연환경(environment, Umwelt)은 인간생존의 필수적 전제조건이며, 현존 세대만이 아니라 후세대를 위한 것이고, 국경으로 단절되는 국내문제가 아니라 국제적인 문제라는 점이 특징이다. 형법이 규정하고 있는 음용수에 관한 죄는 공중이 일상생활에서 이용하는 식수 또는 그 수원에 오물이나 독물 기타 건강상의 유독물을 섞거나, 음용수를 공급하는 수도 기타 시설을 손괴 또는 기타 방법으로 불통하게 하여 공중의 음용수이용과 그 위생에 대한 안전을 위태롭게 하는 행위를 처벌하는 것이다. 이는 형법이 규정하고 있는 유일한 자연환경에 대한 범죄구성요건이다.

음용수는 인간생활의 필수요소이기 때문에 음용수의 오염을 방지하고 그 공급을 원활하게 하는 것이 본죄의 기본목표이다. 그러나 형법은 음용수(형법상 먹는 물만을 의미하므로 지하수나 하천수, 바닷물과 같이 먹지 않는 자연상태의 물은 형법적 보호대상에서 제외된다)만을 대상으로 하고 있기 때문에 인간의 건강한 삶을 위협하는 다른 여러 가지 환경오염인자(대기·토양·하천오염, 소음, 쓰레기, 자연생태계 훼손 등)는 형법에서 제외되어 있다. 또한 음용수는 현존의 인간만을 대상으로 할 뿐 후세대를 염두에 둔 규정은 아니다.

형법에 환경범죄를 규정하는 경우에도 구체적인 환경오염의 기준은 행정법규에 의할 수밖에 없다는 점에서 환경형법의 행정법적 종속성이 문제된다. 동시에 환경오염물질 배출업소의 인·허가나 기준치 설정은 행정행위에 의하여 좌우되기 때문에 환경형법의 행정행위 종속성이 논의되기도 한다. 이와 관련하여 환경기준치가 아니라 환경범죄를 행정법에 규정하는 경우에는 형사처벌을 회피할 수 있는 법적 공백지대가 발생하기 쉽다는 점을 유의하여야 한다.

2. 구성요건체계

음용수에 관한 죄의 기본적 구성요건은 음용수사용방해죄(제192조 제1항)이다. 행위방법에 의해 불법이 가중되는 구성요건으로는 음용수독물·유해물혼입죄(제192조 제2항)가 있다. 행위객체로 인하여 불법이 가중되는 구성요건으로는 수도음용수사용방해죄(제193조 제1항)가 있다. 행위객체와 행위방법 때문에 불법이 가중되는 구성요건으로는 수도음용수독물·유해물혼입죄(제193조 제2항)와 수도불통죄(제195조)가 있으며, 결과적 가중범으로 음용수혼독치사상죄(제194조)가 있다.

Ⅱ. 飮用水使用妨害罪

제192조【음용수의 사용방해】 ① 일상음용에 공하는 정수에 오물을 혼입하여 음용하지 못하게 한 자는 1년 이하의 징역 또는 500만원 이하의 벌금에 처한다.

1. 의 의

음용수사용방해죄는 사람이 일상적으로 마시거나 사용하는 깨끗한 물에 오물을 섞어 마시거나 사용하지 못하게 함으로써 성립한다. 물은 인간생존에 필수적이기 때문에 이를 특별하게 보호하기 위한 것이다. 본죄는 추상적 위험범이다. 그러므로 오물을 혼입한 결과 실제로 음용하지 못하게 되었는가의 여부는 본죄의 성립과 무관하다.

2. 구성요건

행위객체는 일상 음용에 공하는 정수이다. 일상음용에 공하는 정수란 불특정 또는 다수인이 반복·계속적으로 사용하는 정수(깨끗한 물)를 의미한다. 반드시 일반공중이 사용하여야 하는 것은 아니고 가족단위로 사용하는 경우에도 불특정·다수인이 사용하는 것에 해당된다. 어떤 사람이 마시기 위하여 컵에 따라 놓은 물은 여기에 해당하지 않는다.[1] 일상음용에 사용되어야 하므로 계곡 물과 같이 일시적으로 사용하는 물은 포함되지 않는다. 그러나 다수

---

1) 유기천(하), 71면.

인이 사용하는 자연히 형성되었거나 인공적으로 조성한 샘물이나 약수터물은 본죄의 행위객체에 포함된다.

정수란 사람의 음용에 사용될 수 있는 깨끗한 물을 말한다. 여기에는 통상 사용하는 자연상태의 물과 자연상태의 물을 먹는 데 적합하게 처리한 물을 포함한다(먹는물관리법 제 3 조 제 1 호 참조). 언제나 음용수로만 사용될 것을 요하지 않으며 음용수와 공업용으로 모두 사용되는 경우에는 음용수에 해당한다고 볼 수 있다.

행위는 오물을 혼입(섞는 것)하는 것이다. 오물은 독물이나 건강을 해치는 물질을 제외한 물질을 말한다. 독물이나 건강을 해치는 물질을 혼입한 경우에는 수도음용수독물·유해물혼입죄(제193조 제 2 항)에 해당하기 때문이다.

본죄는 일상음용에 사용되는 정수인 점에 대한 인식과 오물을 섞는다는 인식이 있어야 성립한다. 음용하지 못하게 한다는 인식은 필요하지 않다.[1] 그러므로 본죄는 다수인이 음용하는 정수에 다량의 오염물질을 버리는 행위에 대해서 적용이 가능하다.

Ⅲ. 飮用水毒物·有害物混入罪

> 제192조【음용수의 사용방해】 ② 제 1 항의 음용수에 독물 기타 건강을 해할 물건을 혼입한 자는 10년 이하의 징역에 처한다.
> 제196조【미수범】 본죄의 미수범은 처벌한다.
> 제197조【예비·음모】 본죄를 범할 목적으로 예비·음모한 자는 2년 이하의 징역에 처한다.

본죄는 일상생활의 음용에 사용하는 정수에 독물(건강장해를 가져올 수 있는 물질)이나 건강을 해치는 유해물질을 섞음으로써 성립한다. 음용수사용방해죄에 대하여 혼입물의 차이로 인하여 형이 가중되는 구성요건으로서 양죄는 법조경합관계에 있다.[2]

Ⅳ. 水道飮用水使用妨害罪

> 제193조【수도음용수의 사용방해】 ① 수도에 의하여 공중의 음용에 공하는 정수 또는 그 수원에 오물을 혼입하여 음용하지 못하게 한 자는 1년 이상 10년

1) 김일수/서보학, 611면. 반대견해로는 백형구, 471면; 오영근, 672면; 이재상, 622면; 임 웅, 717면; 정성근/박광민, 719면; 진계호, 519면.

2) 독일형법은 § 224(Gefährliche Körperverletzung) 제 1 항 제 1 호에 규정하고 있다.

이하의 징역에 처한다.

본죄는 수도를 통하여 공중의 음용에 사용되는 정수 또는 그 수원에 오물을 혼입하여 음용하지 못하게 하는 것이다. 수도란 깨끗한 물을 공급하기 위한 인공설비를 말한다. 그러므로 예를 들어 수원지나 정수장 물에 오물을 버려 음용하지 못하게 하는 행위는 본죄에 해당한다. 본죄는 추상적 위험범이므로 실제로 사람의 건강침해의 결과발생을 필요로 하지 않는다. 그러나 구체적으로 음용하지 못하도록 하는 결과발생은 필요하다.

수원은 수원지 및 저수지의 물과 저수지나 정수장에 이르는 수로를 모두 포함한다. 취수장에 이르는 물이나 상수원보호구역의 물은 본죄의 객체에서 제외된다는 견해가 있다.[1] 그러나 이를 제외하여야 할 이유가 없다. 취수장에 이르는 물이나 상수원보호구역의 물은 모두 수도를 통하여 공중의 음용에 사용하기 위한 물이라고 보아야 하기 때문이다. 공중이란 음용수사용방해죄와 마찬가지로 불특정 또는 다수인을 의미한다.[2] 본죄는 정수 또는 그 수원에 오물을 혼입함으로써 기수에 이른다. 본죄의 미수범은 처벌하지 않는다.

V. 水道飮用水毒物·有害物混入罪

제193조【수도음용수의 사용방해】 ② 전항의 음용수 또는 수원에 독물 기타 건강을 해할 물건을 혼입한 자는 2년 이상의 유기징역에 처한다.
제196조【미수범】 미수범은 처벌한다.
제197조【예비·음모】 본죄를 범할 목적으로 예비·음모한 자는 2년 이하의 징역에 처한다.

본죄는 수도를 통하여 공중의 음용에 사용되는 정수 또는 그 수원에 독물 기타 건강을 해치는 물건을 혼입하는 것이다. 음용수독물·유해물혼입죄(제192조 제2항)에 대한 가중적 구성요건이다. 본죄의 객체는 제193조 제 1 항과 같다. 그리고 행위는 제192조 제 2 항과 같다.

---

1) 김일수/서보학, 613면.
2) 통설이다. 김일수/서보학, 613면; 백형구, 471면; 이재상, 624면; 이정원, 606면; 임 웅, 719면; 정성근/박광민, 721면; 진계호, 519면.

Ⅵ. 飮用水混毒致傷 · 致死罪

> 제194조【음용수혼독치사상】 제193조 제 2 항 또는 제192조 제 2 항의 죄를 범하여 사람을 상해에 이르게 한 때에는 무기 또는 3년 이상의 징역에 처한다. 사망에 이르게 한 때에는 무기 또는 5년 이상의 징역에 처한다.

본죄는 제192조 제 2 항 및 제193조 제 2 항에 대한 결과적 가중범이다. 사망의 결과가 발생한 때에는 진정결과적 가중범이며, 상해의 결과가 발생한 때에는 부진정결과적 가중범이다.[1] 후자의 경우 상해의 고의로 음용수나 수도음용수에 독물 등을 혼입하여 상해의 결과가 발생한 때에는 본죄와 상해죄의 상상적 경합이 성립함을 의미한다. 그렇지 않은 경우에는 상해의 고의로 음용수에 독물이나 유해물을 섞어 상해를 입힌 경우에 본죄를 인정하지 않으면 단순상해죄와 (수도)음용수 독물 · 유해물혼입죄의 상상적 경합만을 인정하게 되어 형량의 불균형을 초래하기 때문이다.

Ⅶ. 水道不通罪

> 제195조【수도불통】 공중의 음용수를 공급하는 수도 기타 시설을 손괴 기타 방법으로 불통하게 한 자는 1년 이상 10년 이하의 징역에 처한다.
> 제196조【미수범】 미수범은 처벌한다.

본죄는 공중이 음용수를 공급하는 수도 기타 시설을 손괴 기타 방법으로 불통하게 한 경우에 성립한다. 본죄는 음용수를 더럽히는 행위를 대상으로 한 것이 아니라 수도음용수공급시설 자체를 손괴하는 등의 행위를 처벌하는 것이다. 음용수를 공급할 수 없게 하는 정도의 손괴행위나 기타 수도불통행위가 있어야 성립한다.

---

1) 김일수/서보학, 614면; 배종대, 736면; 오영근, 675면; 유기천(하), 72면; 이재상, 625면; 임 웅, 720면. 이와 달리 백형구, 473면은 음용수독물혼입죄(제192조 제 2 항, 제193조 제 2 항)와 상해죄 또는 살인죄의 상상적 경합을 인정한다.

제 2 절 阿片에 관한 罪

Ⅰ. 序 論

아편은 습관성·중독성으로 인하여 사회구성원의 신체적·정신적 건강을 해치고 전체 국민보건에 심대한 위해를 가져오는 물질이다. 이에 따라 형법은 아편에 관한 죄를 규정하고 있다. 그러나 특별법인 「마약류관리에 관한 법률」(2000. 1. 12, 법률 제6146호)이 제정되어 형법의 아편관련 구성요건은 사실상 적용되지 않는 무용지물에 불과하다. 이 법에서는 마약 이외에도 인간의 중추신경계에 작용하여 이를 오용·남용할 경우 습관성·중독성 또는 환각작용과 같은 인체에 위해를 초래하는 물질인 향정신성의약품 및 대마에 대한 규제를 하고 있다. 또한 「특정범죄 가중처벌 등에 관한 법률」(제11조)에 의하여 가중처벌된다.[1] 마약물질은 그 재배나 제조가 국내적으로는 물론 국제적인 범위에서 조직범죄형태로 행하여지고 있기 때문에 마약범죄에 대해서는 국제적인 수사공조가 특히 필요한 부분이다. 그래서 대부분의 국가들은 조직범죄퇴치를 위한 방법의 하나로 마약류 범죄행위에 대한 규제 및 그 활동의 기초를 제공하는 불법자금이나 수익을 몰수하거나 금융거래를 제한하는 등의 입법적 노력을 하고 있다. 동시에 국제적인 협력방안의 하나로 유엔은 1961년에 「마약에 관한 단일협약」(Single Convention on Narcotic Drugs)을 체결하였으며, 1971년에는 마약과는 별도로 「향정신성물질에 관한 협약」(Convention on Psychotropic Substances)을 체결하였다. 또한 1988년에는 「유엔 마약 및 향정신성물질 불법거래방지협약」(United Nations Convention against Illicit Traffics in Narcotic Drugs and Psychotropic Substances)을 체결하기에 이르렀다. 빈협약이라고도 불리는 이 협약에서는 약물범죄수익에 관한 자금세탁죄가 신설된 것이 중요한 내용이다.

Ⅱ. 阿片吸食·몰핀注射罪, 阿片吸食·몰핀注射場所提供罪

제201조【아편흡식 등, 동장소제공】 ① 아편을 흡식하거나 몰핀을 주사한 자

1) 이에 관하여 이은모, 「약물의 소지 및 사용행위에 대한 현행법상의 규제에 관한 연구」, 성시탁교수화갑기념논문집, 841면 이하 참조.

는 5년 이하의 징역에 처한다.
② 아편흡식 또는 몰핀주사의 장소를 제공하여 이익을 취한 자도 전항의 형과 같다.
제202조【미수범】 미수범은 처벌한다.
제204조【자격정지 또는 벌금의 병과】 제201조의 경우에는 10년 이하의 자격정지 또는 2천만원 이하의 벌금을 병과할 수 있다.
제206조【몰수, 추징】 본장의 죄에 제공한 아편, 몰핀이나 그 화합물 또는 아편흡식기구는 몰수한다. 그를 몰수하기 불능한 때에는 그 가액을 추징한다.

1. 아편흡식 · 몰핀주사죄

본죄는 아편을 흡식하거나 몰핀을 주사하는 죄이다. 아편을 흡식하거나 몰핀을 주사함으로써 개인건강에 미치는 악영향, 마약류구입을 위한 범죄행위와 환각상태에서 범할 다른 범죄행위의 위험성은 물론 이들 행위가 사회적으로 전파되어 끼칠 위험이 너무 크기 때문에 처벌하는 것이다.

행위객체인 아편은 양귀비의 액즙이 응결된 것과 이를 가공한 것(의약품으로 가공한 것은 제외)을 말한다(마약류관리에 관한 법률 제2조 제3호 나목). 몰핀(morphine)은 앵속 · 아편 및 코카엽에서 추출되는 모든 알카로이드 계통의 합성물을 말한다(동법 제2조 제2호 나목). 코카인(cocaine)이나 헤로인(heroin) 역시 여기에 해당한다. 대마관리법과 향정신의약품관리법이 동법시행으로 인해 폐지됨으로써 대마초(칸나비스사티바엘)(동법 제2조 제5호), 메스암페타민(methamphetamine, 속칭 필로폰), 마리화나, LSD 등 향정신성의약품(동법 제2조 제4호) 또한 규제대상물에 해당된다.

아편의 흡식이란 아편을 호흡기나 소화기를 통하여 소비하는 것을 말한다. 의사의 처방 없는 치료목적의 아편흡식도 본죄에 해당한다.

아편 · 몰핀을 흡식 또는 주사하기 위하여 소지하던 자가 나중에 이를 흡식하거나 주사한 경우에는 본죄와 소지죄(제205조)가 경합범이 된다. 반면에 아편 · 몰핀을 흡식 또는 주사하기 위한 사전행위로서 일시 소지하다가 흡식하거나 주사한 경우에는 본죄만이 성립한다.

2. 아편흡식 등 장소제공죄

본죄는 아편흡식 또는 몰핀주사를 위한 장소를 제공하여 이익을 취하는 것이다. 이익을 취하는 것은 구성요건요소이므로 친구에게 아편 · 몰핀을 흡식 · 주사하기 위한 장소를 제공하는 경우에는 본죄에 해당하지 않는다. 그러나 마약류관리에 관한 법률(제3조 제12호, 제61조 제1항 제3호)에 의하여 마약투약을 위한 장소제공행위는 이익의 취득을 조건으로 하지 않고 처벌한다.

Ⅲ. 阿片·몰핀製造·輸入·販賣·所持罪

> 제198조【아편 등의 제조 등】 아편, 몰핀 또는 그 화합물을 제조, 수입 또는 판매하거나 판매할 목적으로 소지한 자는 10년 이하의 징역에 처한다.
> 제202조【미수범】 미수범은 처벌한다.
> 제204조【자격정지 또는 벌금의 병과】 제198조의 경우에는 10년 이하의 자격정지 또는 2천만원 이하의 벌금을 병과할 수 있다.
> 제206조【몰수, 추징】 본장의 죄에 제공한 아편, 몰핀이나 그 화합물 또는 아편흡식기구는 몰수한다. 그를 몰수하기 불능한 때에는 그 가액을 추징한다.

본죄는 아편·몰핀 또는 그 화합물을 제조·수입 또는 판매하거나 판매할 목적으로 소지함으로써 성립하는 범죄이다. 아편 등이 확산되는 것은 이를 제조하거나 국외에서 수입하는 등의 행위로 인하여 가능하여지므로 이를 원천적으로 봉쇄하기 위한 것이다. 그러므로 본죄는 아편흡식행위보다도 형을 가중하고 있다.

수입은 항공에 의할 경우에는 착륙하여 지상으로 운반된 때를 기준으로 하고, 해상운송의 경우에는 양륙시를 기준으로 하는 것이 타당하다.

마악류관리에 관한 법률 제 3 조 제 2 호 내지 제11호에 의하여 규제되고 이를 위반할 경우에는 동법 제58조 이하에 의하여 처벌된다.

Ⅳ. 阿片吸食器製造·輸入·販賣·所持罪

> 제199조【아편흡식기의 제조 등】 아편을 흡식하는 기구를 제조, 수입 또는 판매하거나 판매할 목적으로 소지한 자는 5년 이하의 징역에 처한다.
> 제202조【미수범】 미수범은 처벌한다.
> 제204조【자격정지 또는 벌금의 병과】 제198조 내지 제203조의 경우에는 10년 이하의 자격정지 또는 2천만원 이하의 벌금을 병과할 수 있다.
> 제206조【몰수, 추징】 본장의 죄에 제공한 아편, 몰핀이나 그 화합물 또는 아편흡식기구는 몰수한다. 그를 몰수하기 불능한 때에는 그 가액을 추징한다.

본죄는 아편을 흡식하는 기구를 제조하거나 수입·판매하는 행위, 판매할 목적으로 소지하는 행위를 처벌하는 것이다. 본죄는 아편흡식 등 죄(제201조 제1항)

에 대한 가중적 구성요건이라는 것이 다수설[1)]이지만 아편확산을 막기 위한 독립적 구성요건으로 보는 것이 타당하다.[2)]

행위객체는 아편흡식기구이다. 즉 아편을 흡식하기 위하여 특별히 제작된 기구를 말한다. 그러므로 일반적으로 사용되는 주사기는 의료기구일 뿐 비록 아편흡식에 사용되더라도 아편흡식기구라고 볼 수 없다.

Ⅴ. 稅關公務員 阿片·몰핀·阿片吸食器 輸入·輸入許容罪

제200조【세관공무원의 아편 등의 수입】 세관의 공무원이 아편, 몰핀이나 그 화합물 또는 아편흡식기구를 수입하거나 그 수입을 허용한 때에는 1년 이상의 유기징역에 처한다.
제202조【미수범】 미수범은 처벌한다.
제204조【자격정지 또는 벌금의 병과】 제200조의 경우에는 10년 이하의 자격정지 또는 2천만원 이하의 벌금을 병과할 수 있다.
제206조【몰수, 추징】 본장의 죄에 제공한 아편, 몰핀이나 그 화합물 또는 아편흡식기구는 몰수한다. 그를 몰수하기 불능한 때에는 그 가액을 추징한다.

본죄는 세관공무원이 아편·몰핀이나 그 화합물 또는 아편흡식기구를 수입하거나 그 수입을 허용할 때에 성립하는 부진정신분범이다. 이에 반해 수입허용행위는 세관공무원만이 가능하므로 수입허용죄는 진정신분범이라는 견해가 있다.[3)] 그러나 수입을 허용하는 행위도 결국은 일반인의 수입행위에 대한 세관공무원의 공범행위에 해당하므로 이를 가중처벌한다는 의미에서 부진정신분범으로 보는 것이 옳다.

수입허용죄는 수입죄(제198조, 제199조)에 대한 일종의 방조행위를 독립적 구성요건으로 규정한 것이다. 그러므로 수입허용죄에 대해서는 총칙의 공범규정이 적용되지 않는다.[4)]

Ⅵ. 常 習 犯

제203조【상습범】 상습으로 전 5 조의 죄를 범한 때에는 각조에 정한 형의 2분

1) 배종대, 730면; 유기천(하), 85면; 이재상, 631면; 정성근/박광민, 730면.
2) 김일수/서보학, 618면.
3) 이정원, 661면; 진계호, 527면.
4) 통설이다. 김일수/서보학, 622면; 배종대, 740면; 오영근, 815면; 이재상, 632면; 이정원, 662면; 임 웅, 728면; 진계호, 527면.

의 1까지 가중한다.
제204조【자격정지 또는 벌금의 병과】 제203조의 경우에는 10년 이하의 자격정지 또는 2천만원 이하의 벌금을 병과할 수 있다.

상습으로 아편에 관한 형법상의 모든 구성요건을 범하는 경우에는 상습범으로 처벌한다.

「마약류관리에 관한 법률」 제58조 제 2 항은 영리의 목적 또는 상습으로 제58조 제 1 항의 죄를 범한 자는 사형·무기 또는 10년 이상의 징역에 처한다.

Ⅶ. 阿片·몰핀·阿片吸食器所持罪

제205조【아편 등의 소지】 아편, 몰핀이나 그 화합물 또는 아편흡식기구를 소지한 자는 1년 이하의 징역 또는 500만원 이하의 벌금에 처한다.
제206조【몰수, 추징】 본장의 죄에 제공한 아편, 몰핀이나 그 화합물 또는 아편흡식기구는 몰수한다. 그를 몰수하기 불능한 때에는 그 가액을 추징한다.

이 죄는 아편·몰핀이나 그 화합물 또는 아편흡식기를 소지하면 성립한다. 즉 아편흡식이나 몰핀주사를 위한 예비행위를 독립적 구성요건으로 규정한 것이다. 그러나 소지자 본인이 직접 흡식하기 위한 것이어야 하는 것은 아니다. 만일 판매목적으로 이러한 물질을 소지한 때에는 본죄가 아니라 아편·몰핀소지죄(제198조)나 아편흡식기소지죄(제199조)에 해당한다.

「마약류관리에 관한 법률」 제59조 제 1 항 제 1 호 내지 제 5 호는 수수할 목적으로 마약을 소지하는 행위를 처벌하고 있으므로 본죄는 대부분은 여기에 흡수될 것이다.

제 4 장 社會의 道德에 대한 罪

제 1 절 性風俗에 관한 罪

Ⅰ. 序 論

성풍속에 관한 죄를 형법에 규정한 것은 사회의 건전한 성도덕이나 성풍속을 보호하기 위한 것이다. 형법상 성풍속에 관한 죄는 한국형법이 갖는 윤리적 성격을 뚜렷하게 밝혀 주는 예이다. 특히 간통죄 규정은 형법적 관점에서의 당부를 떠나 우리 사회의 성윤리를 형법적 관점에서 재단하는 중심기능을 하여 왔다. 이는 두 가지 의미를 지니고 있다. 하나는 가치적인 차원에서 성윤리의 보호를 매우 중시한다는 것이고, 다른 하나는 기능적인 측면에서 성윤리의 준수를 개인보다 국가형벌권에 의존한다는 것이다. 성윤리의 보호는 그 사회가 처한 가치판단의 문제에 해당하지만 성윤리의 보호가 인간사회에서 문란해서는 안 될 대단히 중요한 문제인 점은 부인할 수 없다. 즉 성적 개방이 성적 문란과 동일시되어서는 안 되는 것이다. 그러므로 성윤리의 보호가 중요하다는 점에 대한 반론은 타당하지 않다. 논란이 되는 것은 이러한 가치보호의 방법론에 관한 것이다. 그러므로 간통죄의 존치와 폐지를 둘러싼 논쟁도 성윤리보호를 중시하는가 경시하는가의 문제가 아니라 성윤리를 어떻게 보호할 것인가라는 방법론상의 논쟁인 점을 놓쳐서는 안 된다. 즉 간통죄 폐지론을 성윤리 경시론으로 보는 것은 논리적 잘못이다.

Ⅱ. 姦 通 罪

> 第241조【간통】 ① 배우자 있는 자가 간통한 때에는 2년 이하의 징역에 처한다. 그와 상간한 자도 같다.
> ② 전항의 죄는 배우자의 고소가 있어야 논한다. 단, 배우자가 간통을 종용 또는 유서한 때에는 고소할 수 없다.

1. 의 의

간통죄는 배우자 있는 자가 배우자 이외의 자와 성관계를 갖는 것을 처벌하는 죄이다. 간통행위자 쌍방이든 일방이든 배우자 있는 자가 필수적이므로 간통죄는 진정신분범이다. 형법은 상간자도 함께 처벌하므로 간통죄는 필요적 공범(행위자가 수인이라는 의미이다)에 해당한다.

본죄는 자수범이라는 견해[1)]와 여자가 남자를 이용하거나 배우자인 남자가 다른 남자를 이용할 수 있다는 이유에서 자수범이 아니라는 견해[2)]가 있다. 자수범에 대해서는 긍정론과 부인론이 있으나 형법상 행위자 스스로의 행위에 의하지 않고는 구성요건의 실현이 불가능하거나 무의미한 범죄가 인정되어 있다는 점에서 자수범의 존재를 부인하는 것은 타당하지 않다. 그리고 간통죄는 직접 행위자의 신체를 통한 행위만이 구성요건실현의 의미가 있는 범죄라고 볼 수 있기 때문에 자수범이라고 보아야 한다.

비교법적으로 독일형법은 간통죄는 처벌하지 않으며, 단일혼제도를 침해하는 범죄로서 혼인한 자가 다시 혼인하거나 혼인한 자와 혼인하는 경우에 중혼죄(§172, Doppelehe)로 처벌하고 있으며(3년 이하의 자유형 또는 벌금형), 오스트리아는 간통죄(§194, Ehebruch)를 처벌하고 있다(친고죄). 일본형법은 간통죄를 규정하고 있었으나 1947년에 삭제하고 중혼죄(제184조)는 처벌하고 있다.

2. 객관적 구성요건

(1) 행위주체

배우자 있는 자 및 그와 상간한 자이다.[3)] 배우자 있는 자들이 상대방에게도 배우자가 있음을 인식하면서 서로 간통하는 것을 소위 이중간통이라고 한다. 배우자는 법률상의 배우자를 의미하며, 사실혼관계에 있는 자나 첩, 동거중인 자는 해당되지 않는다. 혼인이 무효인 경우에는 배우자 있는 자에 해당하지 않는다.[4)] 외국에서 혼인을 한 경우에 혼인이 그 외국법이 정하는 방식에 따라 이루어진 경우에는 그로써 혼인은 유효하게 성립된 것으로 인정되

1) 김일수/서보학, 629면; 배종대, 745면; 백형구, 548면; 유기천(하), 97면; 이재상, 639면; 이정원, 666면; 임 웅, 734면.
2) 김성천, 1236면; 정성근/박광민, 736면.
3) 「배우자 있는 자」만이 행위주체라고 보는 견해로는 김성천, 1235면 이하 참조.
4) 대판 1982.6.22, 82도826; 김일수/서보학, 630면; 배종대, 747면; 백형구, 550면; 오영근, 792면; 이재상, 639면; 이정원, 668면; 임 웅, 739면; 정성근/박광민, 737면.

고, 「가족관계의 등록 등에 관한 법률」에 따른 혼인신고가 없더라도 간통죄에서의 배우자에 해당한다.[1] 법률상 혼인관계에 있는 한 사실상 혼인생활을 하고 있지 않더라도 본죄의 주체에 해당한다.[2] 이는 오스트리아형법(§194 Abs. 1)이 간통 당시 1년 이상 부부로서의 공동생활(eheliche Gemeinschaft)을 하지 않는 경우에는 간통죄를 적용하지 않는 것과 다르다. 입법론적으로는 법률상 부부라 하더라도 사실상 별거상태에 있는 경우에는 본죄의 적용을 부인하는 것이 바람직하다.

(2) 행　　위

본죄의 행위는 간통하는 것이다. **간통**이란 배우자 이외의 이성과의 성교를 말한다. 그러므로 성교 이외의 부정한 행위만으로는 간통이라고 할 수 없다.

간통죄의 죄수는 성교행위마다 1개의 간통죄가 인정된다.[3] 배우자 있는 자가 배우자 이외의 동일인과 지속적인 성관계를 갖는 경우에는 수개의 간통죄의 경합범을 인정하는 견해[4]가 있으나 연속범으로 보아 포괄일죄로 보는 것이 타당하다.[5] 배우자 있는 자들간의 간통인 이중간통의 경우에는 각자는 제241조 전단과 후단에 해당되어 상상적 경합관계가 인정된다.[6]

3. 주관적 구성요건

본죄가 성립하기 위해서는 자기 또는 상대방에게 배우자가 있다는 사실을 인식하고 있어야 한다. 배우자 없는 자가 상대방 역시 배우자가 없다고 생각한 경우에는 고의를 인정할 수 없으므로 본죄는 성립하지 않는다.

4. 친 고 죄

본죄는 친고죄이다. 그러므로 간통자의 배우자가 고소를 하지 않으면 공소를 제기할 수 없다. 간통죄의 고소는 혼인이 해소되거나 이혼소송을 제기한 후가 아니면 할 수 없다(형사소송법 제229조 제1항). 이 경우 만일 다시 혼인하거나 이혼소송을 취하하면 고소가 취소된 것으로 간주한다(동조 제2항). 이 때에는 공소기각의 판결을 하여야 한다(형사소송법 제327조 제5호).

1) 대판 1983. 12. 13, 83도41.
2) 대판 1980. 4. 8, 79도1848.
3) 대판 1983. 4. 12, 83도65.
4) 백형구, 550면; 이정원, 668면; 정영석, 197면; 진계호, 475면.
5) 김성천, 1139면; 김일수/서보학, 634면; 배종대, 747면; 오영근, 793면; 이재상, 640면; 임 웅, 740면.
6) 대판 1990. 1. 25, 89도1317.

간통죄에 대한 제 1 심 판결선고 후 이혼심판청구가 취하되었다면 처음부터 이혼소송을 제기하지 않은 경우와 같이 소급적으로 소추조건을 결여하여 공소제기도 법률의 규정에 위반되어 무효라고 본다(형사소송법 제327조 제 2 호, 공소기각의 판결).[1] 간통고소 당시 이혼심판청구를 제기하였다고 하더라도 그 심판청구가 각하된 경우에는 처음부터 이혼심판청구를 제기하지 않은 것과 같다.[2] 수개의 간통행위 중 일부에 대한 고소는 다른 간통행위에 영향을 미치지 않는다.[3]

본죄에 대한 고소는 간통행위를 알게 된 날이 아니라 범인을 알게 된 날로부터 6월을 경과하지 않는 기간 내에 고소하여야 한다(형사소송법 제230조 제 1 항). 범인의 성명이 불명이거나 간통일시・장소・방법 등이 명확하지 않거나 틀리는 곳이 있다고 하더라도 고소의 효력에 영향이 없다.[4]

배우자가 간통을 종용(慫慂) 또는 유서(宥恕)한 때에는 고소할 수 없다. 종용은 간통에 대한 사전동의이고, 유서는 민법 제841조에 규정되어 있는 사후용서와 같은 것으로서 사후승낙을 의미한다. 유서는 배우자의 일방이 상대방의 간통사실을 알면서도 혼인관계를 지속시킬 의사로 악감정을 포기하고 상대방에게 그 행위에 대한 책임을 묻지 않겠다는 뜻을 표시하는 일방행위를 의미한다.[5] 유서는 명시적으로 할 수 있음은 물론 묵시적 유서도 인정된다. 그러나 유서가 인정되기 위해서는 첫째 배우자의 간통사실을 확실하게 알면서 자발적으로 한 것이어야 하고, 둘째 그와 같은 간통사실에도 불구하고 혼인관계를 지속시키려는 진실한 의사가 명백하고 믿을 수 있는 방법으로 표현되어야 하므로, 단순한 외면적인 용서의 표현이나 용서를 하겠다는 약속만으로는 유서를 하였다고 인정하기 어렵다.[6] 또한 동거하면서 배우자가 간통하고 있음을 알면서 특별한 의사표시나 행동을 하지 않은 것만으로는 간통을 묵시적으로 유서하였다고 볼 수 없다.[7] 부부간에 이혼절차가 진행중이라 하더라도 간통죄는 성립한다.

---

1) 대판 1981. 10. 13, 81도1975; 1985. 9. 24, 85도1744; 배종대, 747면; 정성근/박광민, 737면.
2) 대판 1981. 12. 8, 81도2391.
3) 대판 1983. 4. 12, 83도65.
4) 대판 1984. 10. 23, 84도1704.
5) 대판 1991. 11. 26, 91도2049.
6) 대판 1991. 11. 26, 91도2049("용서해 줄 테니 자백하라"고 말한 것만으로는 간통을 유서한 때에 해당한다고 보기 어렵다).
7) 대판 1999. 5. 14, 99도826.

5. 간통죄 존폐론

간통죄를 처벌하는 것에 대해서는 ① 가정 혹은 여성의 보호, ② 성윤리의 보호, ③ 간통을 예방하는 기능이 있으므로 이를 지지하는 견해가 있다. 그러나 간통을 처벌하여 가정이나 여성을 보호한다는 것은 이혼이나 이혼청구를 고소의 전제조건으로 하는 현행법규정으로는 달성하기 어렵다. 또한 부모 일방이 간통으로 인하여 형사처벌을 받는 것을 경험하고 자라는 자녀들에 대해서도 교육적으로 바람직하지 않다. 간통죄 규정이 여성을 보호한다는 것도 기대일 뿐 현실적이라고 볼 수 없다. 간통죄 규정이 성윤리를 보호한다는 주장에 대해서도 수긍하기 어렵다. 오늘날의 한국인은 법에 대한 불신과 법에 대한 기대라는 양면적·모순적인 법의식을 갖고 있다. 이는 성윤리의 측면에도 그대로 투영되고 있는데 개인의 윤리의식과 사회적 윤리수준의 차이를 법으로 메워 보고자 하는 심리의 반영이라고 본다. 그러나 한 사회의 윤리수준은 사회구성원 개인의 윤리의식의 집합체 이상일 수 없다. 형사처벌을 통하여 사회윤리수준을 유지·향상시켜 보겠다는 생각은 달성될 수 없는 목표이며 동시에 형법이 윤리장전이 될 수 없다는 점에서 올바른 발상이 아니다. 다음으로 간통죄가 간통에 대한 예방적 기능이 있겠는가에 대해서도 회의적이다. 왜곡되고 굴절된 개인의 윤리의식이 팽배한 현실 속에서 간통행위를 형사처벌한다고 하여 이러한 윤리의식이 교정될 수는 없을 것이다. 또한 법이 사회의 윤리적·도덕적 결손을 보전하는 기능을 할 수도 없다. 결국 부부간의 이혼을 통하여 해결하여야 할 상황에서 간통죄 처벌규정은 간통피해자의 보복수단과 위자료확보수단으로 오용되고 있는 것이 현실이다. 그 결과 간통으로 형사처벌을 받은 자가 동시에 사회적으로도 회복하기 어려운 상처를 입게 되는 것은 너무 가혹하다고 보지 않을 수 없다. 그리고 간통죄를 고소하더라도 수사나 재판과정에서 고소를 취소하는 것이 대부분이고 실제로 형사처벌을 받는 경우는 적다는 데에서도 간통죄 규정의 현주소를 알 수 있다. 이러한 점에서 개정형법이 간통죄 규정을 그대로 두고 형법개정안에 규정되어 있던 벌금형조차도 도입하지 않은 점은 형사정책적으로 타당하지 않다. 이를 보완하기 위해서라도 수사기관은 간통사건의 경우 대부분 구속수사를 하는 관행에서 벗어나 불구속수사원칙을 지켜야 할 것이다.[1)]

---

1) 간통죄 폐지론이 다수설이라 할 수 있다(배종대, 745면; 오영근, 799면; 유기천(하), 85

Ⅲ. 淫行媒介罪

제242조【음행매개】 영리의 목적으로 미성년 또는 음행의 상습 없는 부녀를 매개하여 간음하게 한 자는 3년 이하의 징역 또는 1천 500만원 이하의 벌금에 처한다.

Ⅰ. 의 의

본죄는 영리의 목적으로 미성년 또는 음행의 상습이 없는 부녀를 매개하여 간음하게 함으로써 성립한다. 본죄의 보호법익은 사회의 성풍속이며 부차적으로 미성년자의 정상적인 성적 발달을 보호한다.

「성매매알선 등 행위의 처벌에 관한 법률」 제 4 조는 성매매, 성매매알선 등 행위, 성매매 목적의 인신매매, 성을 파는 행위를 하게 할 목적으로 다른 사람을 고용·모집하거나 성매매가 행하여진다는 사실을 알고 직업을 소개·알선하는 행위, 그리고 위와 같은 행위 또는 그 업소에 대한 광고행위를 금지하고 있으며, 이를 위반할 경우에는 제18조, 제19조, 제20조 및 제21조에 따라 처벌하고 있다. 다만 성매매피해자의 경우에는 성매매를 처벌하지 않는다(제6조 제1항). 또한 「아동복지법」 제29조 제 5 호 및 제40조 제 1 호에 의하여 18세 미만의 아동에게 음행을 시키거나, 음행을 매개하는 행위를 10년 이하의 징역 또는 5천만원 이하의 벌금에 처하고 있다.

「아동·청소년의 성보호에 관한 법률」에서는 19세 미만의 아동·청소년에 대한 매매춘, 음행매개행위, 알선영업행위 등을 다음과 같이 처벌하고 있다:

제11조(아동·청소년에 대한 강요행위 등) ① 다음 각호의 어느 하나에 해당하는 자는 5년 이상의 유기징역에 처한다.

1. 폭행이나 협박으로 아동·청소년으로 하여금 아동·청소년의 성을 사는 행위의 상대방이 되게 한 자
2. 위계나 선불금 그 밖의 채무를 이용하는 등의 방법으로 아동·청소년을 곤경에 빠뜨려 아동·청소년으로 하여금 아동·청소년의 성을 사는 행위의 상대방이 되게 한 자
3. 업무·고용이나 그 밖의 관계로 자신의 보호 또는 감독을 받는 것을 이용하여 아동·청소년으로 하여금 아동·청소년의 성을 사는 행위의 상대방이 되게 한 자
4. 영업으로 아동·청소년을 아동·청소년의 성을 사는 행위의 상대방이 되도록 유인·권유한 자

면; 이재상, 638면; 이정원, 616면; 임 웅, 737면; 정영석, 198면; 정성근/박광민, 736면; 황산덕, 152면). 존치론은 김일수/서보학, 629면.

② 제 1 항 제 1 호부터 제 3 호까지의 죄를 범한 자가 그 대가의 전부 또는 일부를 받거나 이를 요구 또는 약속한 때는 7년 이상의 유기징역에 처한다.
③ 아동·청소년의 성을 사는 행위의 상대방이 되도록 유인·권유한 자는 7년 이하의 징역 또는 5천만원 이하의 벌금에 처한다.
④ 제 1 항 및 제 2 항의 미수범은 처벌한다.

제12조(알선영업행위 등) ① 다음 각호의 1에 해당하는 자는 7년 이상의 유기징역에 처한다.
1. 아동·청소년의 성을 사는 행위의 장소를 제공하는 행위를 업으로 하는 자
2. 아동·청소년의 성을 사는 행위를 알선하는 행위를 업으로 하는 자
3. 제 1 호 또는 제 2 호의 범죄에 사용되는 사실을 알고 자금·토지 또는 건물을 제공한 자
4. 영업으로 아동·청소년의 성을 사는 행위의 장소를 제공·알선하는 업소에 아동·청소년을 고용하도록 한 자

② 다음의 각호의 어느 하나에 해당하는 자는 7년 이하의 징역 또는 5천만원 이하의 벌금에 처한다.
1. 영업으로 아동·청소년의 성을 사는 행위를 하도록 유인·권유 또는 강요한 자
2. 아동·청소년의 성을 사는 행위의 장소를 제공한 자
3. 아동·청소년의 성을 사는 행위를 알선한 자
4. 영업으로 제 2 호 또는 제 3 호의 행위를 약속한 자

③ 아동·청소년의 성을 사는 행위를 하도록 유인·권유 또는 강요한 자는 5년 이하의 징역 또는 3천만원 이하의 벌금에 처한다.

2. 객관적 구성요건

(1) 행위주체

본죄의 주체는 제한이 없다. 그러므로 부모나 남편도 미성년의 딸이나 아내에 대한 관계에서 행위주체가 될 수 있다. 다만 매개행위자만을 처벌하므로 간음행위를 직접 행한 자는 행위주체에서 제외된다. 친족, 고용 그 밖의 관계로 타인을 보호, 감독하는 자가 이를 이용하여 성매매를 하게 되면 「성매매알선 등 행위의 처벌에 관한 법률」(제18조 제1항 제3호)에 의하여 처벌된다.

(2) 행위객체

미성년 또는 음행의 상습 없는 부녀이다. 즉 여자만이 본죄의 행위객체가 될 수 있다. 미성년의 부녀는 13세 이상 20세 미만의 부녀를 말한다. 13세 미만의 부녀에 대해서는 본죄가 아니라 미성년자의제강간죄(제305조)가 성립하기 때문이다. 또한 18세 미만의 부녀에 대해서는 본죄가 아니라 「아동복지법」이

적용된다(동법 제 2 조 제 1 호, 제29조 제 6 호, 제40조 제 1 호). 그러므로 본죄가 적용될 수 있는 미성년의 부녀는 사실상 18세 이상 20세 미만의 부녀이다. 미성년자가 음행의 상습이 있거나 간음에 동의를 하였더라도 본죄는 성립한다.

음행의 상습 없는 부녀란 매춘부처럼 불특정의 남성을 상대로 성생활을 하는 부녀를 제외한 부녀를 말한다.[1] 반드시 미혼녀이거나 가정주부이어야 하는 것은 아니며 과거에 남자관계가 복잡하였거나 심지어 매춘부생활을 하였더라도 현재 불특정인을 대상으로 성생활을 하지 않는 한 음행의 상습 없는 부녀에 해당한다.

(3) 행　　위

부녀를 매개하여 간음하게 하는 것이다. 매개한다는 것은 간음을 하도록 알선 혹은 주선하는 것을 의미한다. 직접 간음을 알선하여야 하므로 간음 이전 단계로서 상대방을 소개하는 행위 등은 본죄의 매개행위가 아니다. 간음의사가 있는 부녀를 알선하였더라도 매개행위에 해당한다. 매개행위는 유상이어야 한다. 그러나 매개행위를 유상으로 하는 경우에는 본죄가 아니라 「성매매알선 등 행위의 처벌에 관한 법률」(제4조)에 해당된다.

간음행위는 부부 사이 이외의 성행위로서 매개행위에 의한 것이어야 한다. 간음의 결과가 있어야 하며 추행의 정도로는 본죄에 해당하지 않는다. 본죄는 미수범을 처벌하지 않으므로 간음을 매개하였으나 부녀가 거절하거나, 승낙하였지만 간음행위까지 이르지 않은 경우에는 미수에 불과하므로 본죄는 성립하지 않는다.[2] 그러나 「아동복지법」(제29조 제 6 호, 제40조 제 4 호)은 18세 미만의 아동에 대한 음행매개행위의 미수범을 처벌한다.

3. 주관적 구성요건

본죄는 고의 이외에 영리의 목적이 있어야 한다. 영리의 목적이란 재산적 이익을 취득할 목적을 말한다. 그러므로 영리목적이 아닌 무상의 음행매개행위는 본죄에 해당하지 않는다. 영리목적을 달성하지 않았더라도 상관없다. 또한 본죄와 같은 풍속범죄는 고의 이외에 특별한 주관적 구성요건으로 행위자의 주관적인 내적 경향성을 요구하는 경향범이다.

1) 김일수/서보학, 636면; 배종대, 741면; 백형구, 553면; 유기천(하), 98면; 이재상, 642면; 이정원, 621면; 임 웅, 744면. 반대설로는 김성천, 1240면 참조.

2) 배종대, 741면; 백형구, 554면; 유기천(하), 99면; 이재상, 643면; 정영석, 199면.

4. 죄 수

본죄는 1회의 음행매개행위와 이로 인한 간음행위가 있으면 일죄가 성립한다. 다만 동일인에 대하여 연속적으로 음행을 매개하고 간음하도록 한 경우에는 연속범으로서 포괄일죄에 해당한다고 보는 것이 다수설이다.[1)]

5. 입 법 론

입법론적으로는 음행의 상습 없는 부녀는 본죄의 행위객체에서 제외하는 것이 타당하고, 이에 대해서는 윤락행위 방지차원에서 입법화하는 것이 타당하다. 형법은 사회의 건전한 성풍속을 보호하기 위하여 음행매개죄를 규정한 것으로 볼 수 있다. 그러나 성년의 부녀가 음행매개의 객체가 된 것은 강제적 방법이 아니라 본인의 자유로운 판단에 따른 것이므로 이 경우의 매개행위를 사회의 성풍속 유지를 위하여 처벌하는 것은 국가형벌권에 의하여 부녀의 정조관념을 보호하겠다는 것에 지나지 않는다. 또한 본죄는 미성년자를 보호하기 위하여 객체를 미성년의 부녀만으로 제한할 것이 아니라 미성년자 모두를 포함시켜 미성년의 남성이 동성애의 상대방이 되는 행위를 금지하도록 하는 것이 현실적이다.[2)] 그리고 이를 사회의 성풍속에 관한 죄로 편제를 할 것이 아니라 개인적 법익에 대한 죄인 강간과 추행의 죄에 포함시키는 것이 타당하다.

Ⅳ. 淫亂物罪

음란물에 대한 형법규정은 사회도덕을 지키기 위한 것이지만 동시에 언론·출판의 자유나 사생활의 자유와 같은 헌법상의 기본권을 침해할 위험성을 내포하고 있기 때문에 경계선을 긋기가 대단히 어려운 부분이다.

입법론적으로 음란물에 관한 죄는 성인보다는 청소년보호를 목표로 이루어져야 한다. 즉 사회일반인의 선량한 성풍속을 형법의 음란물에 관한 죄로 유지한다는 것이 사실상 불가능하며, 오히려 아동을 성의 대상으로 삼거나 아동 대상의 음란물(child pornography)이 범람하는 현실에서 청소년들의 음

1) 이재상, 643면; 임 웅, 745면. 배종대, 741면은 접속범에 해당하므로 포괄일죄라고 보며, 백형구, 554면은 경합범에 해당한다고 본다.

2) 독일형법에서는 16세 미만의 미성년자에 대한 성행위 권유죄(§180, Förderung sexueller Handlungen Minderjähriger)에서 행위주체 및 객체를 남성뿐만 아니라 여성도 포함하고 있다. 즉 본죄는 청소년보호를 주목적으로 하고 있다.

란물에 대한 접촉을 차단하는 방향으로 입법화되는 것이 절실하게 필요하다.[1)] 특히 컴퓨터보급의 확대로 인터넷(Internet)을 통한 음란물의 침투는 청소년들에게 심각한 악영향을 미치고 있는 것이 현실이다.[2)] 이처럼 새로운 유형의 컴퓨터범죄를 반영하고 있지 못하듯이 현행 형법의 음란물 규정은 새로운 대중매체의 등장에 초점을 맞추어 전면 재검토되어야 할 것이다.

I. 음화 등의 반포 · 판매 · 임대 · 전시 · 상영죄

第243조【음화반포 등】 음란한 문서, 도화, 필름 기타 물건을 반포, 판매 또는 임대하거나 공연히 전시 또는 상영한 자는 1년 이하의 징역 또는 500만원 이하의 벌금에 처한다.

(1) 의 의

본죄는 음란한 문서, 도화, 필름 기타 물건을 반포, 판매 또는 임대하거나 공연히 전시 또는 상영한 경우에 성립한다. 음란물에 관한 죄는 사회의 선량한 성풍속을 보호하기 위한 것으로서 추상적 위험범에 해당한다.

(2) 객관적 구성요건

1) 행위객체 본죄의 객체는 음란한 문서, 도화, 필름 기타 물건이다. 문서의 예로는 소설이 있으며, 도화에는 그림이나 사진, 만화, 그래픽이 있다. 그리고 필름에는 도색영화나 비디오가 해당되며, 기타 물건에는 음란한 내용(성행위를 묘사한 목소리 등)을 담은 녹음테이프, 음반, CD-ROM, 사진, 모조성기 등이 포함된다.

「아동 · 청소년의 성보호에 관한 법률」에 따라 영리를 목적으로 아동 · 청소년이용음란물을 판매 · 대여 · 배포하거나, 이를 목적으로 소지 · 운반하거나, 공연히 전시 또는 상영한 자는 7년 이하의 징역에 처한다(제8조 제2항). 동 제5항은 아동 · 청소년을 청소년이용음란물의 제작자에게 알선한 자는 1년 이상 10년 이하의 징역에 처하고 있다.

---

1) 독일형법은 제6차 개정을 통하여 아동을 성행위의 대상으로 삼은 하드코어 포르노그래피를 영업적 · 조직적으로 반포하는 등의 행위에 대한 형량을 종전의 6월 이상 5년 이하의 자유형에서 6월 이상 10년 이하의 자유형으로 강화하였다(§184 Ⅳ).

2) 미국의 카네기 멜론대학(Carnegie Mellon University) 연구팀이 인터넷에 등장하는 900,000건 이상의 영상물을 조사한 결과 이 가운데 83.5%가 음란물이라고 밝히고 있다. 이에 대해서는 American Criminal Law Review, 542면(Georgetown University Law Center, Spring 1996) 참조.

[판례] 대법원은 인터넷에서 전송받은 음란프로그램을 컴퓨터통신 사설게시판을 통해 판매한 사건에서 "컴퓨터 프로그램 파일은 문서, 도화, 필름 기타 물건에 해당한다고 할 수 없으므로 컴퓨터 프로그램 파일을 판매한 행위에 대하여 전기통신기본법 제48조의 2의 규정을 적용할 수 있음은 별론으로 하고 형법 제243조를 적용할 수 없다"고 판시하였다(대판 1999. 2. 24, 98도3140). 그러나 이는 기타 물건에 해당한다고 보는 것이 타당하다. 내용이나 반포·판매 등의 가능성면에서 음란소프트웨어를 제외시킬 이유가 없기 때문이다. 독일형법(§11 Ⅲ, §184)은 컴퓨터 프로그램 파일(Datenspeicher)을 음란문서등 반포죄의 행위객체로 새로이 규정하고 있다.

필름이나 비디오물에 대해서는 「영화 및 비디오물의 진흥에 관한 법률」(제29조, 제50조 참조)에 따른 등급분류방식으로 접촉을 차단하는 수밖에 없다.

(i) **음란성의 개념 및 판단기준** 음란성 혹은 외설성이란 개념은 다의적이다. 먼저 음란성과 포르노그래피(pornography)라는 용어가 혼용되고 있다. 형법에서는 음란이라는 용어를 사용하지만 독일형법에서는 포르노그래피(§184, Verbreitung pornographischer Schriften)라는 용어를 사용하고 있다. 우리나라의 경우 음란성이란 용어는 일반적으로 성욕을 자극하거나 흥분 또는 만족하게 하는 내용으로서 일반인의 정상적인 성적 수치심을 해치고 선량한 성적 도덕관념에 반하는 것을 말한다.[1] 그리고 음란성의 판단은 작성자의 주관적 의도가 아니라 객관적으로 도화 등 자체에 의하여 판단되어야 한다는 것이 판례의 입장이다.[2]

[판례] "음란한 문서라 함은 일반 보통인의 성욕을 자극하여 성적 흥분을 유발하고 정상적인 성적 수치심을 해하여 성적 도의관념에 반하는 것을 가리키고, 문서의 음란성의 판단에 있어서는 당해 문서의 성에 관한 노골적이고 상세한 묘사 서술의 정도와 그 수법, 묘사 서술이 문서 전체에서 차지하는 비중, 문서에 표현된 사상 등과 묘사 서술과의 관련성, 문서의 구성이나 전개 또는 예술성·사상성 등에 의한 성적 자극의 완화의 정도, 이들의 관점으로부터 당해 문서를 전체로서 보았을 때 주로 독자의 호색적 흥미를 돋우는 것으로 인정되느냐의 여부 등의 여러 점을 검토하는 것이 필요하고, 이들의 사정을 종합하여 그 시대의 건전한 사회통념에 비추어 그것이 공연히 성욕을 흥분 또는 자극시키고 또한 보통인의 정상적인 성적 수치심을 해하고, 선량한 성적 도의관념에 반하는 것이라고 할 수 있는가의

1) 대판 1987. 12. 22, 87도2331(섹스링 판매사건); 1991. 9. 10, 91도1550(월간지 부부라이프, 러브다이제스트 등 판매사건); 배종대, 744면; 백형구, 557면; 유기천(하), 94면; 이재상, 644면; 정성근/박광민, 742면; 정영석, 201면.
2) 대판 2003. 5. 16, 2003도988; 1991. 9. 10, 91도1550.

여부에 따라 결정되어야 한다."(대판 1995. 6. 16, 94도2413. 또한 대판 2006. 4. 28, 2003도4128).

판례는 실제 여성성기와 유사하게 만들어진 남성용 자위기구(대판 2003. 5. 16, 2003도988)를 음란물로, 소설 '내게 거짓말을 해봐'(대판 2000. 10. 27, 98도679)(문학작품이나 예술작품에 문학성 내지 예술성이 있다고 하여 음란성이 당연히 부정되는 것은 아니고…)를 음란한 문서로 판시하고 있다.

미국판례[1]는 음란성(obscenity)의 요건을 다음과 같이 제시하고 있다. 즉 ① 평균인이 현재의 공동체기준을 적용하여 해당 작품을 전체적으로 판단할 때 성적 흥분을 야기할 것, ② 해당 작품이 현저하게 노골적인 방법으로 해당 주법 혹은 연방법에 의하여 특별히 정의된 성행위를 묘사하거나 기술할 것, 그리고 ③ 전체적으로 해당 작품이 심오한 문학성, 예술성, 정치적 혹은 학문적 가치를 결여할 것(「lacked serious literary, artistic, political or scientific value」[2])의 세 가지이다. 그리고 법원은 전국적인 기준을 정하지 않고 해당 지역의 기준에 따라 위 조건을 해석하여야 한다고 하였다. 이는 음란성이 때와 장소에 따라 내용을 달리할 수 있는 상대적 개념임을 의미한다.[3]

독일의 경우 포르노그래피(Pornographie)의 개념에 대해서는 논란이 많지만 제 4 차 형법개정특별위원회는 두 가지 기준을 제시하였다. 첫째, 주로 성적 흥분의 야기만을 목적으로 할 것(Stimulierungstendenz)과 둘째, 사회 일반의 가치관에 비추어 성도덕의 한계를 넘어설 것(Anstandsverletzung)이다.[4] 그러나 이 두 가지 기준은 일반적 가치관념과 성도덕이라는 규범적 개념에 어떠한 현실적 기준도 제시하여 주지 못한다는 비판을 받았다.[5]

독일과 미국판례에 나타난 대표적인 음란성 판결은 John Cleland의 소설 패니 힐(Fanny Hill)사건이다.[6] 이 소설은 원래 1749년 영국에서 처음 출판된 책인데, 그 내용은 영국의 시골에 살고 있던 패니 힐이라는 여자가 런던에 진출하여 매춘부생활을 하면서 겪게 되는 일들을 그린 작품이다. 이 책이 1963년에 미국에서

1) Miller v. California, 413 U.S. 15(1973). 이 판결은 5:4의 근소한 표차로 이루어졌다. Miller 사건의 개요는 다음과 같다. Martin Miller는 남녀 성기가 노출된 성행위 사진과 그림이 들어있는 광고물을 우편으로 보냈는데, 이것이 캘리포니아 주형법에 위반된다고 하여 기소되었다.

2) 이를 'SLAPS' test라고도 부른다.

3) Reid, 「Criminal Law」, 312면 이하 참조. 그 밖에 미국에서의 검열제도 및 음란성(obscenity)에 관하여는 Marjorie Heins, 「Sex, Sin, and Blasphemy」(1993), 15-37면 참조.

4) 이는 독일의 헌법학자 Badura가 독일의회에 제출한 견해이다(BT-Prot. VI/1091, 1097).

5) Tröndle/Fischer, § 184 Rn. 6; SK/Horn, § 184 Rn. 4 참조.

6) BGHSt 23, 40 이하 및 A Book named "John Cleland's Memoirs of a Woman of Pleasure" v. Attorney General of Massachussets(1966), 383 U.S. 413.

다시 출판되었는데 Massachussets 대법원은 이 책을 음란한 서적이라고 판결하였다. 위의 독일연방대법원판결(1969년)은 이 책의 독일어 번역본(「Die Memoiren der Fanny Hill」)을 둘러싸고 제기된 음란성문제에 대한 것이다. 독일연방대법원은 이 책이 에로틱하지만 외설물은 아니라고 하여 음란성을 부인하였다. 이 책은 우리나라에서도 번역되었으나 음란물로 문제되지는 않았다.

음란물은 음란물로부터의 보호목적에 따라 목적론적으로 해석되어야 한다. 먼저 청소년을 음란물로부터 보호하기 위해서는 음란물은 성범죄와 매춘행위를 염두에 두고 판단하여야 한다. 그러므로 성에 대한 과도한 집착을 야기하게 하거나 성을 혐오스러운 것으로 표현한 것, 성을 추잡하고 더러운 것으로 인식하게 하는 내용을 담고 있으면 이는 음란물에 해당한다고 보아야 한다. 다음에 일반인을 음란물의 범람으로부터 보호하기 위한 목적이라면 사회의 정상적이고 선량한 성도덕을 기준으로 삼아야 할 것이다. 물론 이 경우에는 법관의 개인적 성향이 음란물 판단에 영향을 미치게 될 것이다.[1) 그러나 오늘날 전반적으로 에로티시즘에 젖어 있는 사회현실은 음란성에 대한 형법의 판단을 축소·제한하지 않을 수 없게 하고 있다.

포르노그래피는 내용적으로 다음 두 가지로 분류할 수 있다: ① 하드코어 포르노그래피(Hard-core Pornography), ② 소프트코어 포르노그래피(Soft-core Pornography). 하드코어 포르노그래피는 폭력적인 성표현물, 비폭력적이지만 인간의 지위를 하락시키고, 품위를 손상하며 여성의 남성에 대한 종속을 묘사한 성표현물, 아동 포르노그래피, 성에 관한 일반인들의 가치관에 직접적으로 배치되는 성표현물(수간, 근친상간, 동성애, 혼음 등)을 의미한다. 그리고 소프트코어 포르노그래피는 성행위 또는 성행위와 직·간접적으로 관련된 성기노출이 포함된 비폭력적·비품위손상적 성표현물, 성기의 노출이 없는 비폭력·비품위손상적인 성표현물, 나체 등을 의미한다.[2)]

(ii) **학술성·예술성과 음란성**　　음란성을 판단하기 위해서는 학술영역과 예술영역을 분리하여 고찰하여야 한다. 학문은 그 목표가 연구성과를 발표하여 이를 외부세계에 전달하는 것이 주목표이다. 학문연구활동은 결국 교육 및 연구성과의 발표라고 하는 전달에 그 목적이 있는 것이다. 이에 반하여 예술작품의 경우에는 작가의 창조성이 개성적인 표현형태를 지니고 하나

---

1) BGHSt 37, 61 참조.
2) 김영환/이경재, 앞의 책, 144면.

의 작품으로 완성되고 이것이 감상자의 인식작용을 통하여 예술작품으로 수용되는 일련의 커뮤니케이션이 이루어지는 것이기 때문에 예술작품의 경우 표현양식이 가장 중요한 내용을 이룬다.

이러한 차이점으로 인하여 학술작품에 대한 음란성 판단은 학술연구자의 주관적 판단과 생각을 존중하여야 한다. 그러므로 학문적 성과물에 등장하는 내용에 대해서는 원칙적으로 음란성이 인정될 수 없다. 만일 학술서로 위장하여 발표한 경우에는 주목적이 학문적 연구성과의 전달에 있는가 아니면 성적 흥분을 야기시킬 의도로 전달방법을 학술서라는 형태로 위장하였을 뿐인가를 판단하여야 할 것이다.

예술작품의 음란성 판단은 학술서의 경우와 다르다. 예술작품의 음란성을 판단하기 위해서는 우선 무엇이 예술인가라는 예술개념을 전제로 하여야 한다. 예술개념을 정의하지 않고는 보호할 대상도 확정되지 않기 때문이다. 예술에 대한 정의는 일반적으로 예술가의 판단을 기초로 하여야 하고 법관은 이를 존중하여야 한다는 견해(주관설)와 객관적인 예술법칙을 적용하여 판단하여야 한다는 견해(객관설) 및 예술을 미학적 관점에서 이해하는 것을 반대하고 외형적인 표현형태에 따라 이해하는 입장(형식설)[1] 등으로 나눌 수 있다.

예술작품과 음란성의 관계에 대해서 독일판례는 예술과 음란성은 한계적인 경우에는 양립할 수 있다고 본다(양립설 혹은 적극설이라고 할 수 있다). 이는 배제설(Exklusivitätstheorie. 소극설이라고도 할 수 있다)의 입장과 반대되는 것이다. 즉 독일판례에서는 예술성과 음란성은 개념적인 엄격한 구별을 할 수 없기 때문에 한계적인 경우에는 양자의 양립을 인정한다.[2] 이와 달리 배제설은 예술과 포르노그래피는 개념적으로 상호 배척관계에 있다는 것을 골자로 한다. 그러므로 예술작품은 음란물이 될 수 없으며, 반대로 음란물은 예술작품이 될 수 없다고 본다. 배제설은 예술개념과 음란개념을 구별할 수 있다는 실질적 예술개념(materialer Kunstbegriff)을 기초로 하고 있다.

배제설을 부인하는 독일판례의 이러한 입장은 연방헌법재판소의 형식적(혹은 개방적) 예술개념(formale oder offene Kunstbegriff)을 기초로 하고 있다.

---

1) BVerfGE 67, 213, 224.

2) BGHSt 37, 57(Opus Pistorum사건). 이는 1942년에 발표된 Henry Miller의 소설 “Opus Pistorum”에 관한 판결이다. 이러한 견해는 또한 Dreher/Tröndle, § 184 Rn. 11; Jean d'Heur, Strafverteidiger 1991, 165.

이에 따르면 예술작품은 일체의 예술성기준에 관한 통제를 무시하고 각각의 예술장르(시, 소설, 회화, 조각 등)의 형태를 띠면서 어느 형태이건 독창적 형상을 지니고 있으면 예술성이 인정된다는 것이다.[1] 이 견해는 예술의 내용에 대하여 탈가치적으로 접근하므로 예술작품에 대한 수준검사를 허용하지 않게 된다. 그 결과 형식적 예술개념의 입장에서는 예술적 창작물과 음란물의 구별이 사실상 불가능하여진다.[2] 음란물도 표현형태에 따라 예술성을 인정받을 수 있기 때문이다.

만일 예술작품을 객관설적인 입장에 따라 수준검사(Niveaukontrolle, 소위 작품성검사)를 통하여 음란물로 규정지을 수 있게 된다면 예술상의 표현의 자유는 다양성보다는 경직성을 주조로 할 것이고, 예술창작을 위하여 필수적인 예술가들의 독창성은 소멸될 수도 있을 것이다. 그러므로 위의 형식적 예술개념은 기본적으로는 타당하다. 그러나 형식적 예술개념은 자칫 예술작품에서 요구되는 미학적 요소를 무시할 경향이 있음도 부인할 수 없다.

대법원은 배제설적 입장보다는 양립설의 관점에 서 있는 것으로 보인다.[3] 그러므로 예술성이 인정되더라도 음란물이 될 수 있으며, 예술성이 없더라도 사회의 선량한 성적 도의관념을 해치는 정도가 미약할 경우에는 음란물이 아닐 수 있는 것이다. 이처럼 음란성 판단은 이러한 예술성 여부에 더하여 사회의 건전한 성도덕이라든가 사회윤리적 관점이 추가되어 판단된다.

[판례] 이에 따라 대법원은 "문서의 음란성의 판단에 있어서는 당해 문서의 성에 관한 노골적이고 상세한 묘사·서술의 정도와 그 수법, 묘사·서술이 문서 전체에서 차지하는 비중, 문서에 표현된 사상 등과 묘사·서술과의 관련성, 문서의 구성이나 전개 또는 예술성·사상성 등에 의한 성적 자극의 완화의 정도, 이들의 관점으로부터 당해 문서를 전체로서 보았을 때 주로 독자의 호색적 흥미를 돋우는 것으로 인정되느냐의 여부 등의 여러 점을 검토하는 것이 필요하고, 이들의 사정을 종합하여 그 시대의 건전한 사회통념에 비추어 그것이 공연히 성욕을 흥분 또는 자극시키고, 또한 보통인의 정상적인 성적 수치심을 해하고, 선량한 성적 도의관념에 반하는 것이라고 할 수 있는가의 여부에 따라 결정되어야 할 것이다"고 판

1) BVerGE 67, 226; 81, 289, 305.
2) Tröndle/Fischer, § 184 Rn. 11; Lackner/Kühl, § 184 Rn. 3.
3) 대판 1970. 10. 30, 70도1879(나체의 마야사건)도 이러한 입장이라고 볼 수 있다. 대판 2002. 8. 23, 2002도2889 역시 예술성과 음란성은 차원을 달리하는 관념이므로 어느 예술작품에 예술성이 있다고 하여, 그 작품의 음란성이 당연히 부정되는 것은 아니고, 경우에 따라 음란성이 완화되어 형법의 처벌대상으로 삼을 수 없게 되는 경우가 있을 뿐이라고 보았다.

시하였다(대판 1995. 6. 16, 94도2413 (즐거운 사라사건)).[1)]

음란성 판단과 관련하여 소위 상대적 음란개념이 주장되고 있다. 이는 음란성의 개념이 상대적·유동적이므로 동일한 내용의 물건이라도 음란성 판단을 하는 데에는 대상물의 내용 이외에 기타의 부수적 사정, 즉 작가나 출판사의 의도, 판매 및 선전방법, 대상독자의 제한성 등에 따라 상대적으로 판단하여야 한다는 이론이다.[2)] 이에 따르면 명화나 명작으로 인정된 작품이라 하더라도 용도에 따라서는 음란물이 될 수 있다. 그러나 이 이론은 대상물이 표현하고자 하는 객관적 예술성을 인정하지 않으며, 공개대상의 범위에 따라 음란성 여부가 달라질 수 있으며, 결과적으로 음란성 판단이 자의적으로 흐를 위험이 있다는 점에서 타당하지 않다.[3)]

그러나 전체적으로는 음란성이 부인되더라도 부분만을 발췌할 경우 음란성이 인정될 수도 있다. 예를 들어 학술서의 내용 가운데 일부분 만을 떼어내서 판단할 경우에는 음란성이 인정될 수도 있는 것이다. 그러나 반대로 단편적으로 음란성이 없으나 이를 합성하면 음란성이 인정될 경우에는 음란성을 인정할 수 없다.

2) 행 위 　본죄의 행위는 반포, 판매, 임대, 전시 또는 상영하는 것이다. 반포란 불특정 또는 다수인에게 무상으로 현실적으로 교부하는 것을 의미한다. 특정인에게 교부하더라도 불특정 또는 다수인에게 교부된다면 반포에 해당된다. 판매란 유상으로 불특정 또는 다수인에게 현실적으로 양도하는 것을 말한다. 대가관계가 인정되면 유상이라고 볼 수 있다. 임대란 유상으로 대여하는 것이다. 반드시 영업적일 것을 요하지 않는다. 반포, 판매, 임대 행위만을 처벌하기 때문에 이러한 행위의 상대방은 처벌되지 않는다.[4)] 전시란 불특정 또는 다수인이 관람할 수 있는 상태에 두는 것을 말한다. 유·무상

1) 또한 대판 1995. 6. 16, 94도1758(누드사진첩 산타페사건). 이 판례 중 누드사진첩「이브의 초상」관련 부분에서는 예술적 가치가 거의 없더라도 그 전체로서 보아 보통인의 정상적인 성적 수치심을 해하고 선량한 성적 도의관념에 반하는 것이라고 인정하기 어려우면 음란물에 해당하지 않는다고 판시하고 있다.

2) 대판 1970. 10. 30, 70도1879(나체의 마야사건).

3) 김일수/서보학, 642면; 배종대, 757면; 백형구, 560면; 이재상, 646면; 이기호,「판례에 나타난 음란성」, 형사판례연구(4), 174면; 임 웅, 752면; 정성근/박광민, 745면; Tröndle/Fischer, § 184 Rn. 9; Sch/Sch/Lenckner, § 184 Rn. 5 a.

4) 김일수/서보학, 646면; 백형구, 561면; 이재상, 647면; 임 웅, 754면; 정성근/박광민, 748면; 진계호, 486면.

을 불문한다. 영화상영은 개정형법에서 상영행위를 규정하고 있기 때문에 전시에서 제외된다. 상영이란 필름이나 기타 영상자료를 화면에 비추어 보이도록 하는 것을 말한다. 환등기나 VTR상영도 포함된다.

(3) 주관적 구성요건

행위자는 음란한 문서, 도화, 필름 기타 물건에 대한 인식과 이를 반포, 판매, 임대, 전시 또는 상영한다는 점에 대한 인식 및 공연성에 대한 인식이 있어야 한다. 그러나 음란성에 대한 인식도 고의의 내용이 되지만 이는 규범적 구성요건요소로서 이에 대한 판단은 법관에게 맡겨져 있으므로 행위자의 인식이 구성요건해당성 여부를 좌우하는 것은 아니다.

2. 음화 등의 제조·소지·수입·수출죄

제244조【음화제조 등】 제243조의 행위에 공할 목적으로 음란한 물건을 제조, 소지, 수입 또는 수출한 자는 1년 이하의 징역 또는 500만원 이하의 벌금에 처한다.

(1) 의 의

본죄는 반포·임대·공연전시 또는 상영할 목적으로 음란한 물건을 제조·소지·수입 또는 수출함으로써 성립하는 죄이다. 본죄는 음화 등 반포·임대·공연전시·상영죄의 예비단계를 독립된 구성요건으로 규정한 것이다. 그러므로 본죄는 음화 등 반포죄를 범할 목적이 있어야 성립하는 목적범이다.

(2) 구성요건

본죄의 행위객체는 음란한 물건이다. 음란한 물건이란 음란한 문서와 도화 및 기타 물건을 포함한다. 기타 물건으로는 소위 섹스숖(sex shop)에서 판매하는 각종 성기구나 음란비디오, 음란 카세트테이프 등을 들 수 있다. 행위는 제조·소지·수입 또는 수출이다. 제조란 음란성이 있는 소설을 제작하거나 사진이나 그림을 제작하는 것을 말한다. 소지·수입·수출의 개념은 다른 구성요건에서 설명한 바와 같다.

「정보통신망 이용촉진 및 정보보호 등에 관한 법률」(제74조 제1항 제2호)에 따라 정보통신망을 통하여 음란한 부호, 문언, 음향, 화상 또는 영상을 배포·판매·임대하거나 공공연하게 전시한 자는 1년 이하의 징역 또는 1천만원 이하의 벌금에 처한다. 또한 「아동·청소년의 성보호에 관한 법률」은 제8조

(아동 · 청소년이용음란물의 제작 · 배포 등)에서 아동 · 청소년이용음란물을 제작 · 수입 · 수출한 자는 5년 이상의 유기징역에 처하고 있다(제1항).

3. 공연음란죄

제245조【공연음란】 공연히 음란한 행위를 한 자는 1년 이하의 징역, 500만원 이하의 벌금, 구류 또는 과료에 처한다.

(1) 의 의

본죄는 공연히 음란한 행위를 함으로써 성립한다. 일반인의 건전한 성풍속 내지 성도덕을 보호법익으로 한다(통설). 추상적 위험범이다.

(2) 구성요건

공연히 음란한 행위를 하는 것이다.[1] 공연성은 다른 범죄에서와 마찬가지로 공개적인 것을 의미한다. 공개적이란 반드시 공개적 장소만을 의미하는 것이 아니다. 그러므로 성행위가 타인이 들여다 볼 수 있는 창문 옆에서 이루어지더라도 공연히 하는 음란행위이며,[2] 술집이나 연극무대 등도 공연성이 인정된다. 그러나 음란행위가 불특정 또는 다수인을 대상으로 할 경우 이의 유·무료 여부는 문제되지 않는다.

음란한 행위란 음란성을 음란물이 아니라 행위에 의하여 표현하는 것을 의미한다. 여기에는 공연한 성행위(이성간 및 동성간)나 자위행위로 제한하는 것이 타당하다. 성기를 노출하거나 성기가 아니더라도 예컨대 유방노출 등은 본죄에 해당한다고 볼 수 없다.[3] 노출행위 자체를 음란한 행위로 볼 수는 없기 때문이다. 이에 대해서는 「경범죄처벌법」상의 과다노출행위(제1조 제41호) 규정을 적용하는 수밖에 없다. 본죄는 강제추행죄(제298조)와 상상적 경합이 될 수 있다.[4]

---

1) 본조의 문언은 포괄적이고 불명확하여 죄형법정주의의 내용을 이루는 「명확성의 원칙」에 반한다는 주장이 있다(조 국, 「공연음란죄의 내포와 외연」, 형사판례연구(10), 278면; 김일수/서보학, 648면). 이에 따르면 현재의 구성요건에 영리의 목적으로 행해지거나 공공의 또는 타인의 혐오감을 현저히 일으킬 것이라는 구성요건요소가 덧붙여져야 한다고 본다.

2) BGHSt 11, 282.

3) 반면 최근에 판례는 "고속도로에서 승용차를 손괴하거나 타인에게 상해를 가하는 등의 행패를 부리던 자가 이를 제지하려는 경찰관에 대항하여 공중 앞에서 알몸이 되어 성기를 노출한 경우, 음란한 행위에 해당하고 그 인식도 있었다"고 판시하였다(대판 2000.12.22, 2000도4372).

4) 김일수/서보학, 649면; 배종대, 761면; 백형구, 555면; 유기천(하), 104면; 이재상, 650면; 임 웅, 759면. 이에 대해 오영근, 959면은 강제추행죄만 성립한다고 본다.

독일형법은 공개적인 성행위를 통하여 의도적이거나 혹은 의식적으로 일반의 성적 정서를 해치는 경우에는 1년 이하의 자유형이나 벌금형에 처하고 있다(§183 a, Erregung öffentlichen Ärgernisses). 그리고 노출행위를 통하여 타인으로 하여금 혐오감을 느끼게 하는 때에는 1년 이하의 자유형이나 벌금형에 처벌한다(§183, Exhibitionistische Handlungen). 여기에서의 노출은 상대방의 동의 없이 이루어지는 경우를 말하며, 대부분 갑자기 옷을 벗음으로써 이루어지는 경우를 말한다(공공이익을 위한 경우 이외에는 원칙적으로 친고죄).

제 2 절 賭博과 福票에 관한 罪

I. 序 論

본장의 죄는 도박하거나 도박장을 열거나 복표를 발매·중개 또는 취득함으로써 성립하는 죄를 내용으로 하고 있다. 도박이란 우연성에 의하여 재물의 득실을 다투는 것이다. 복표 역시 방식이 다를 뿐 도박과 마찬가지로 우연성에 따라 재물의 득실이 갈린다는 점에서는 비슷한 성질을 갖고 있다. 도박과 복표는 마약과 마찬가지로 중독성을 지니기 때문에 사회적 악영향과 파급효과가 대단히 크다. 즉 사행심을 조장하여 건전한 근로의욕을 상실하게 하고 이로 인한 가정파탄, 도박과 복표구입을 위한 자금마련의 방법으로 다른 범죄를 저지를 위험성이 큰 점 등을 고려하여 사회적 법익에 대한 죄를 처벌하는 것이다. 본죄의 보호법익은 재산범죄의 일종으로 보느냐 아니면 사회적 법익침해범죄로 보느냐에 따라 다르다. 우리의 경우 후자의 시각에 따라 국민의 근로의식과 선량한 미풍양속, 사회의 경제에 관한 건전한 도덕법칙을 보호하기 위한 것이라고 보는 것이 통설·판례이다.[1] 추상적 위험범이다.

복표의 경우 「한국마사회법」을 제정하여 마권발매를 허용하고 있으며, 「주택법」에 의한 주택복권의 발매, 「자본시장과 금융투자업에 관한 법률」에 의한 증권매매, 「국민체육진흥법」이나 「사행행위 등 규제 및 처벌 특례법」에 의한 복표발행의 허용 등 사실상 복표발매를 넓게 허용하고 있다. 또한 각 지방자치단체 역시 지방재정 확충방안의 하나로 각종의 복권발행을 늘리려는

1) 대판 1983. 3. 22, 82도2151; 1984. 7. 10, 84도1043; 김일수/서보학, 653면; 배종대, 763면; 이재상, 651면; 이정원, 628면.

경향을 볼 때 복권에 대한 일반의 의식은 사행심 확산·조장의 우려에도 불구하고 범죄시하지는 않는 것으로 보인다. 그러므로 입법론적으로는 형법상의 복표에 관한 죄는 삭제하는 것이 타당하다.[1)]

한편 도박의 경우에는 사기도박이나 상습도박, 직업적 도박행위 등을 제외한 단순도박행위는 형법에서 삭제하는 것이 타당하다는 견해가 있다.[2)] 그러나 사기행위나 상습성이 인정되지 않으며, 도박이 아닌 정상적인 직업을 영위하는 자가 거액의 판돈을 걸고 하는 도박행위의 경우에는 그 폐단이 크다고 할 수 있으므로 형법의 규정이 실익이 없다거나 폐지하여야 한다는 주장에는 동의할 수 없다.[3)]

Ⅱ. 賭博에 관한 罪

1. 단순도박죄

제246조【도박, 상습도박】 ① 재물로써 도박한 자는 500만원 이하의 벌금 또는 과료에 처한다. 단, 일시 오락정도에 불과한 때에는 예외로 한다.

(1) 구성요건

본죄는 재물로 도박함으로써 성립한다. 여기에서 재물은 재산죄에서의 개념과 동일하게 해석되지 않으며 재산상의 이익을 포함하는 것으로 보아야 한다. 따라서 반드시 금전 등에 한정할 필요는 없고, 채권, 유가증권, 무체재산권 등도 해당된다. 또한 재물의 액수 등은 미리 확정될 필요가 없다. 도박은 2인 이상의 관계에서 이루어지므로 필요적 공범에 해당한다.

본죄의 행위는 도박이다. 도박이란 재물을 걸고 우연에 의하여 승패를 결정하는 것이다. 사기도박(혹은 편면적 도박이라고 한다)은 이러한 우연성을 깨는 것이기 때문에 도박이라고 할 수 없으며 사기죄에 해당한다(판례·통설).[4)] 도박행위는 화투나 카드, 마작과 같이 반드시 도박도구를 사용하여야 하는 것은 아니다. 그러므로 골프경기를 통하여 도박을 할 수도 있으며, 운동경기

1) 법무부형법개정안도 복표에 관한 죄를 삭제하였다.
2) 배종대, 763면; 이재상, 652면; 임 웅, 762면; 정성근, 849면; 진계호, 507면.
3) 김일수/서보학, 652면; 백형구, 563면도 마찬가지이다.
4) 대판 1960.11.16, 4293형상743; 배종대, 765면; 백형구, 565면; 유기천(하), 110면; 이재상, 654면; 정성근/박광민, 755면; 정영석, 204면; 진계호, 493면. 이와 달리 김일수/서보학, 655면; 이정원, 631면은 도박죄를 인정한다.

의 승패를 걸고 도박을 할 수도 있는 것이다. 운동경기의 도박죄 성립여부에 관하여 학설은 나뉘어 있다.[1] 운동경기는 실력이나 기량에 의하여 승패가 좌우되지만 그러나 운동경기의 승패가 어느 정도 우연성을 지니고 있다는 점 역시 부인할 수 없으므로 돈을 걸고 하였다면 이를 도박행위로 볼 수 있다. 만일 내기골프처럼 운동경기의 참가자가 서로 돈을 걸고 경기를 하였다면 이 역시 도박행위에 해당하며, 일시 오락의 정도에 불과하다고 볼 수 있는 금액을 초과하였다면 위법한 도박행위에 해당한다.

(2) 일시오락의 정도의 의미

도박행위가 일시오락의 정도에 불과한 때에는 본죄는 성립하지 않는다. 이는 위법성조각사유라고 보는 것이 판례의 입장이다.[2] 이와 달리 구성요건해당성배제사유로 보는 견해[3]도 있다. 그러나 일시오락의 정도라고 하여 도박이 아니라고 볼 수는 없으며 다만 도박으로 건 재물의 금액이 작기 때문에 이를 일시오락이나 심심풀이 정도로 간주하여 형사처벌 대상에서 제외한 것이라고 보는 것이 타당하므로 위법성조각사유 중 정당행위(사회상규에 위배되지 않는 행위)에 해당하는 것이라고 보는 것이 옳다.

(3) 일시오락의 판단기준

일시오락의 정도 여부는 재물의 근소성 이외에 도박행위자의 주관적 판단이나 부수적 상황(여기에는 도박가담자들의 사회적 지위나 재산 정도, 도박의 동기, 도박으로 인한 이득의 용도 등이 고려된다)에 따라야 한다는 견해[4]가 있다.

[판례] 판례(대판 1985. 11. 12, 85도2096)도 이론적으로는 이러한 입장이다. 그러나 판례가 도금의 액수가 많더라도 기타의 다른 기준에 따라 도박죄를 인정하지 않았다기보다는 오히려 도금의 액수가 적음에도 불구하고 도박죄를 인정하려는 데 대한 반론으로서 기타 사정을 든 것으로 보는 것이 옳다. 즉 대법원은 구체적인 도금의 액수를 기준으로 하여 일시오락의 정도를 판단하는 것을 피하고 다른 이유를 든 것이다.

---

1) 도박죄부인설은 배종대, 765면; 오영근, 815면; 이재상, 653면; 임 웅, 764면. 반대설로는 김일수/서보학, 655면; 이정원, 631면; 정성근/박광민, 756면.

2) 대판 1985. 11. 12, 85도2096. 또한 배종대, 765면; 이재상, 654면; 이정원, 634면; 임 웅, 765면; 정성근/박광민, 756면.

3) 김일수/서보학, 655면.

4) 김성천, 1256면; 김일수, 656면; 배종대, 766면; 백형구, 565면; 오영근, 817면; 이재상, 655면; 이정원, 635면; 임 웅, 765면; 정성근/박광민, 757면.

1985년의 이 판례에서도 「도박죄에 있어서의 위법성의 한계는 도박의 시간과 장소, 도박자의 사회적 지위 및 재산 정도, 재물의 근소성, 그 밖에 도박에 이르게 된 경위 등 모든 사정을 참작하여 구체적으로 판단하여야 할 것」이라고 판시하였다. 그러나 이 사건의 경우 한 건물에 사는 관계로 평소 알고 지내는 사이의 네 사람이 모여 도박을 한 결과 잃은 사람의 돈 액수는 200원 내지 4,000원 정도이고, 딴 사람의 돈 액수는 8,000원 정도였으며, 그 후 딴 돈 8,000원과 그 외 일부 추렴한 돈을 합쳐 10,000원 상당의 술을 마신 것이 사실관계이다. 즉 도금의 액수가 도박죄를 인정하기에는 너무 근소한 것이다. 이는 각자 1,000원 내지 7,000원을 판돈으로 내놓고 한 점에 100원짜리 속칭 '고스톱'을 하다가 경찰관에게 적발된 사건에서 이를 일시오락의 정도에 불과하다고 하면서도 동시에 피고인들의 직업, 재산관계, 피고인들이 도박장소에 가게 된 경위, 도박을 한 시간, 그 규모 등을 들고 있는 판례(대판 1990. 2. 9, 89도1992)[1]에서도 마찬가지이다.

그러나 도박이 개인적 법익에 대한 죄가 아니라 사회의 근로의식이나 건전한 도덕의식을 해치는 범죄라는 점을 고려하면 개인적 재산이나 사회적 지위에 따라 일시오락 여부를 판단한다는 것은 납득하기 어렵다. 또한 이러한 논리는 도금의 액수가 많더라도 도박가담자들의 사회적 지위나 재산관계 등을 고려하여 일시오락의 정도에 불과한 것으로 판단할 수도 있다는 의미를 포함하고 있기 때문에 법적용의 형평성을 제기할 위험성이 있다. 그러므로 이는 도박에 건 돈의 액수 여하에 따라 판단하는 것이 타당하다.[2]

2. 상습도박죄

第246조【도박, 상습도박】 ② 상습으로 제 1 항의 죄를 범한 자는 3년 이하의 징역 또는 2천만원 이하의 벌금에 처한다.
第249조【벌금의 병과】 제246조 제 2 항의 경우에는 500만원 이하의 벌금을 병과할 수 있다.

본죄는 상습으로 도박죄를 범한 경우에 적용되는 가중적 구성요건이다. 상습성의 요건은 다른 범죄에서와 마찬가지이다. 판례는 상습성이란 반복하여 도박행위를 하는 습벽으로서 행위자의 속성을 말하는 것이므로 이러한 습벽의 유무를 판단하는 데에는 도박전과의 유무나 전력유무 또는 도박횟수 등

1) 또한 대판 1984. 7. 10, 84도1043(친구 아들 생일잔치에 모여 술값을 마련하기 위하여 각자 1,000원씩을 내놓고 마지막 승자만이 1,000원을 회수하고 나머지는 이를 내놓기로 한 다음 전후 6차례에 걸쳐 고스톱을 한 사건에서 도박죄의 성립을 부인)도 마찬가지 취지이다.
2) 유기천(하), 113면; 정영석, 204면.

이 중요한 판단자료가 된다고 본다.[1] 그러나 전과가 없더라도 1회의 도금 및 승패금, 압수된 액수 등을 고려하여 상습성을 인정하는 판례도 있다.[2] 그러나 이러한 태도는 타당하지 않으며 상습성 인정은 도박전과나 전력유무를 고려하여 신중히 판단하여야 한다. 이는 단순도박죄와 상습도박죄를 도금의 다소에 따라 판단할 위험성이 있으며, 상습성을 일종의 반복적 습벽이라고 하고 상습성과 도박성을 구별하여야 한다고 한 대법원의 판례[3]와도 일치하지 않기 때문이다.

상습성은 일시오락의 정도에 불과한 도박으로 인한 경우인 때에는 인정되지 않는다. 일시오락의 정도에 불과한 도박행위는 위법성이 조각되므로 책임가중사유인 상습성 판단은 할 수가 없다.

상습범은 일종의 집합범으로서 수회에 걸쳐 도박을 한 경우에도 법적인 단일행위로서 포괄일죄로 처리하는 것이 통설 · 판례의 입장이다.[4] 그러나 이러한 견해는 행위자에게 부당하게 이익을 주므로 타당하지 않으며 수죄로서 실체적 경합범으로 보아야 한다.[5]

3. 도박개장죄

제247조【도박개장】 영리의 목적으로 도박을 개장한 자는 3년 이하의 징역 또는 2천만원 이하의 벌금에 처한다.

제249조【벌금의 병과】 제247조의 경우에는 500만원 이하의 벌금을 병과할 수 있다.

(1) 의　의

도박개장죄는 영리의 목적으로 도박을 위한 장소 및 설비를 제공함으로

1) 대판 1990. 12. 11, 90도2250(도박의 전과가 전혀 없고 이 사건 외에 도박을 한 전력이 전혀 나타나 있지 않은 피고인이 연말과 연초에 단 두 차례에 한하여 평소 잘 아는 사람들과 어울려서 '도리짓고 땡'이라는 도박을 한 경우 피고인에게 도박의 습벽, 즉 상습성을 인정하기는 어렵다); 1994. 3. 8, 93도3608(피고인이 1990. 12. 26. 상습도박죄로 징역 10월에 집행유예 3년의 형을 선고받고, 그 유예기간중인 1991. 10. 4 경 상해죄 등으로 징역 8월의 형을 선고받음으로써 위 집행유예가 실효되어 1992. 8. 6. 형의 집행을 종료한 후, 불과 6개월 만인 1993. 2. 3. 22:00경부터 그 다음 날 06:30경까지 다시 도박행위를 한 것이라면 피고인의 전과나 도박횟수 등에 비추어 상습성을 인정할 수 있으므로…).

2) 대판 1985. 6. 11, 85도748(단시일 내에 전후 6회에 걸쳐 판돈 3,000,000원여가 오간 점을 볼 때 여기에는 상습성이 있다).

3) 대판 1990. 12. 11, 90도2250.

4) 대판 1982. 9. 28, 82도1669; 김일수/서보학, 659면; 백형구, 566면; 오영근, 820면; 유기천(하), 110면; 임 웅, 767면; 정성근/박광민, 760면; 정영석, 206면; 황산덕, 155면.

5) 박상기, 형법총론, 484면 참조.

써 성립하는 죄이다. 본죄는 도박을 할 수 있는 장소와 설비를 제공하여 도박행위자들을 유인·촉진하거나 도박을 교사하는 역할을 하는 것을 처벌하기 위한 것이다. 즉 이는 장물범의 교사행위로 인하여 절도행위를 하는 것과 마찬가지로 도박장소의 제공은 도박행위로 나아가게 하는 예비행위이면서 동시에 유인행위에도 해당하기 때문에 독자적 구성요건화한 것이다. 본죄는 도박장을 열고 있는 동안 구성요건실현이 계속되는 계속범에 해당한다.

(2) 구성요건

본죄의 행위는 도박을 개장하는 것이다. 도박을 개장한다는 것은 도박장소와 설비를 개설·제공하는 것을 의미한다. 상설도박장(속칭 하우스)이 아니더라도 상관없다. 이 경우에 행위자는 스스로 도박의 주재자(주최자)가 될 것을 요하므로, 주재자가 되지 않고 도박장소만을 제공한 때에는 도박죄의 종범이 될 뿐이고 본죄는 성립하지 않는다고 보는 것이 통설이다.[1)]

그러나 도박설비를 갖춘 도박장을 열어 도박장소를 제공하는 것으로 본죄의 구성요건은 실현되었다고 볼 수 있으며 행위자가 반드시 도박의 주재자가 되어야 할 필요는 없다. 또한 도박의 주재자가 된다는 것이 무엇을 의미하는지 그 내용도 분명하지 않다. 위 통설은 도박개장자 자신이 직접 도박행위를 할 필요도 없다고 한다. 그러하다면 더욱 도박의 주재자 개념은 불분명하다. 만일 도박장을 개설하는 것만으로는 부족하고 도박가담자를 모집하는 행위가 있어야 본죄가 성립한다는 의미에서 주최자요건을 주장한다면 이는 본죄의 구성요건을 부당하게 축소해석하는 것이 된다. 그러므로 본죄는 도박장을 열어 도박행위를 하게 하는 것만으로 실현되었다고 보아야 하고, 개장자 자신이 도박장에 자리를 같이하거나 도박을 하건 아니하건 불문한다. 만일 직접 도박행위를 한 때에는 본죄와 (상습)도박죄와의 경합범이 인정된다.

주관적 구성요건으로는 고의 이외에 영리의 목적이 있어야 한다. 영리의 목적이 구체적으로 달성되어 현실적으로 이익을 얻었을 것을 필요로 하지 않는다. 영리의 목적이란 재산상의 이익을 얻을 목적을 말한다. 예를 들면 도박장 입장료를 받던가, 판돈 가운데 일부를 수수료로 받는 행위 등을 가리킨다. 영리의 목적이 없이 도박장소만 제공한 경우에는 도박죄의 종범이 된다.

---

1) 배종대, 769면; 유기천(하), 112면; 이재상, 658면; 이정원, 689면. 일본학설에서도 마찬가지이다(大谷 實, 形法講義(各論), 485면 참조).

Ⅲ. 福票發賣·發賣仲介·取得罪

제248조【복표의 발매 등】 ① 법령에 의하지 아니한 복표를 발매한 자는 3년 이하의 징역 또는 2천만원 이하의 벌금에 처한다.
② 전항의 복표발매를 중개한 자는 1년 이하의 징역 또는 500만원 이하의 벌금에 처한다.
③ 제 1 항의 복표를 취득한 자는 500만원 이하의 벌금 또는 과료에 처한다.
제249조【벌금의 병과】 제248조 제 1 항의 경우에는 500만원 이하의 벌금을 병과할 수 있다.

1. 의 의

복표에 관한 죄는 법령에 의하지 아니한 복표를 발매하거나 발매중개 또는 취득하는 것을 내용으로 하는 죄이다. 본죄는 「사행행위 등 규제 및 처벌특례법」의 적용을 받는다.

2. 구성요건

행위객체인 **복표**라 함은 일정한 발매자가 다수인에게 미리 증표를 발매하고 구매자로부터 금전, 기타의 재물을 거출하게 한 후에, 추첨자는 우연적 방법에 의하여 그 구매자간에 불평등한 이익분배를 하는 것을 말한다(예: 복권, 마권). 경품권은 경제상의 거래에 따른 특수한 이익공여행위이므로 복표가 아니다.

재물의 득실이 우연성에 의하여 결정된다는 점에서는 도박죄의 경우와 같다. 그러나 본죄는 다음과 같은 점에서 도박죄와 구별된다. ① 도박은 도박에 관여한 전원이 재물손실의 위험을 부담하는 데 반하여 복표의 발매자는 그 위험을 부담하지 않고 구매자만이 위험을 부담한다는 점, ② 도박은 우연성이 지배하는 도박행위에 의한 승부로 재물의 득실을 결정하지만 복표는 추첨이나 이에 준하는 방법에 의하여 손익을 결정한다는 점에서 다르다. 또한 ③ 도박의 경우에는 제공된 재물은 승부가 결정될 때까지는 당사자의 소유에 속하는 데 반하여, 복표는 거출된 재물이 곧 복표발매자의 소유가 된다는 점에서 서로 다르다.[1)]

본죄의 복표는 법령에 의하여 허가되지 않은 복표만을 대상으로 한다. 그러

1) 김일수/서보학, 661면; 임 웅, 771면; 정영석, 207면.

므로 법령에 의하여 허가를 받아 발매하는 복표에 대해서는 위법성이 없다.[1)]

본죄의 행위는 발매·발매중개와 취득이다. 발매란 구매자로 하여금 추첨 등의 방법에 의하여 이익을 얻게 할 목적으로 복표를 파는 것을 말한다. 발매중개는 발매자에 대하여 직접적이건 간접적이건 불문하고, 발매자와 구매자와의 사이에 일체의 발매알선의 행위를 말한다. 취득은 유상이나 무상을 불문한다.

제 3 절 信仰에 관한 罪

Ⅰ. 序 論

본장의 죄는 종교적 평화와 사자의 평온을 보호하기 위한 것이다. 신앙에 관한 죄를 종교적 평온과 종교감정을 침해하는 것을 내용으로 하는 범죄라고 하는 견해[2)]가 있으나 너무 일면적이다. 본장의 제목이 「신앙에 관한 죄」로 되어 있지만 동시에 사체에 관한 죄도 포함하고 있는 점에서 반드시 종교의 자유를 보호하기 위한 범죄[3)]라고 볼 수 없기 때문이다. 그러므로 본장의 표제는 적절하다고 볼 수 없다.[4)]

본장의 죄는 국민이 갖고 있는 신앙적 감정에 관한 것을 내용으로 한다. 여기에는 종교 및 사자에 대한 경건한 태도 등이 포함된다. 종교의 자유는 헌법상 보호되는 기본권이다(헌법 제20조 참조). 그러나 본장의 죄는 종교 자체를 보호하거나 종교단체를 보호하기 위한 것이 아니라 종교생활 혹은 종교활동 및 국민의 신앙적 감정을 보호하려는 것이다. 종교의식이나 설교를 방해하는 행위를 처벌하는 것은 그 예이다. 이는 형법이 독일형법처럼 종교의 내용에 대한 비방범죄(§166, 신앙·종교단체 및 세계관과 관련된 단체모욕죄, Beschimpfung

1) 이에 대해 「법령에 의하지 않은 복표」는 구성요건요소에 해당하므로, 법령에 의한 복표는 처음부터 구성요건해당성이 없다고 하는 견해가 있다(김일수/서보학, 661면).

2) 배종대, 771면; 이재상, 662면; 임 웅, 773면.

3) 배종대, 771면.

4) 참고로 종교와 사자관련 구성요건을 규정하면서 오스트리아형법은 제 8 장에서 「종교적 평화와 사자의 평온에 대한 범죄행위」(Strafbare Handlungen gegen den religiösen Frieden und die Ruhe der Toten)로 규정하고 있다. 그리고 독일형법은 제11장에서 「종교 및 세계관 관련범죄」(Straftaten, welche sich auf Religion und Weltanschauung beziehen)로 규정하고 있다.

von Bekenntnissen, Religionsgesellschaften und Weltanschauungsvereinigungen)를 규정하고 있지 않은 데에서도 잘 나타나 있다. 그리고 사자에 대해서는 일반적으로 경건한 감정을 가지고 있음을 존중하여 이에 대한 침해행위를 처벌하기 위한 것도 본장의 목표이다. 그러므로 신앙에 관한 죄의 보호법익은 종교적 평온과 사자에 대한 일반의 경건함을 존중하여 사회의 평화를 이룩하기 위한 것이다.

이와 달리 변사체검시방해죄는 종교적 평온 등과 무관한 규정이다. 이는 범죄수사상 필요한 증거수집을 위한 것으로서 공무원의 직무집행과 관련된 범죄이다.

Ⅱ. 葬禮式·祭祀·禮拜·說敎妨害罪

> **제158조【장례식 등의 방해】** 장례식, 제사, 예배 또는 설교를 방해한 자는 3년 이하의 징역 또는 500만원 이하의 벌금에 처한다.

본죄는 장례식·제사·예배 또는 설교를 방해하는 것을 내용으로 한다. 종교행사나 사자에 대한 경건성의 표현인 장례식이나 제사를 원활하게 치르도록 하기 위한 것이다.

본죄의 행위인 방해는 장례식 등의 경건하고 평온한 집행에 지장을 주는 일체의 행위를 말한다. 예배방해죄는 공중의 종교생활의 평온과 종교감정을 그 보호법익으로 하는 것이므로, 예배중이거나 예배와 시간적으로 밀접불가분의 관계에 있는 준비단계에서 이를 방해하는 경우에만 성립한다.[1] 판례는 정식절차를 밟은 위임목사가 아닌 자가 당회의 결의에 반해 설교와 예배인도를 한 경우에, 다른 특별한 사정이 없는 한 이러한 설교와 예배인도도 형법상 보호받을 가치가 있으므로 여기에 지장을 주는 행위에 대하여 예배방해죄가 성립한다고 본다.[2]

[판례] 교회의 교인이었던 사람이 교인들의 총유인 교회 현판, 나무십자가 등을 떼어 내고 예배당 건물에 들어가 출입문 자물쇠를 교체하여 7개월 동안 교인들의 출입을 막은 사안에서, 장기간 예배당 건물의 출입을 통제한 행위는 교인들의 예배 내지 그와 밀접불가분의 관계에 있는 준비단계를 계속하여 방해한 것으로 볼 수 없

1) 대판 2008. 2. 1, 2007도5296.
2) 대판 1971. 9. 28, 71도1465.

으므로 예배방해죄가 성립하지 않는다고 판시하였다. 그러나 재물손괴죄 및 건조물침입죄는 성립한다(대판 2008. 2. 1, 2007도5296).

Ⅲ. 死體에 관한 罪

1. 사체 · 유골 · 유발오욕죄

> **제159조【사체 등의 오욕】 사체, 유골 또는 유발을 오욕한 자는 2년 이하의 징역 또는 500만원 이하의 벌금에 처한다.**

사체 · 유골 · 유발을 오욕함으로써 성립하는 죄이다. 오욕행의란 폭행 기타 유형력의 행사와 같이 행동에 의하여 모욕을 가하는 것을 갈한다. 예를 들면 사체에 침을 뱉거나 사체를 끌고 다니는 것 등이다.

본죄의 행위객체는 사체 · 유골 · 유발이다. 유골이란 화장 기타의 방법에 의하여 백골이 된 것을 말한다. 유발이란 사자를 제사 · 기념하기 위해서 보존하는 모발을 말한다.

2. 분묘발굴죄

> **제160조【분묘의 발굴】 분묘를 발굴한 자는 5년 이하의 징역에 처한다.**
> **제162조【미수범】 미수범은 처벌한다.**

(1) 의 의

본죄는 분묘를 발굴하는 것을 내용으로 하는 죄이다. 본죄의 보호법익은 사자의 분묘에 대한 일반의 경외심이다.[1] 즉 분묘의 평온을 유지하여 사자에 대한 경건함을 유지하기 위한 것이다. 본죄는 추상적 위험범[2]이 아니라 침해범에 해당한다.[3]

(2) 구성요건

본죄의 행위객체는 분묘이다. 분묘란 사람의 시체 · 유골 · 유발을 매장하여 사자를 제사 또는 기념하는 장소를 말한다. 분묘에 대한 소유권자가 없거나 관리자가 없는 경우에도 본죄는 성립한다.

본죄의 행위는 발굴이다. 발굴이란 복토의 전부 또는 일브를 제거하거나 묘석 등을 파괴하여 분묘를 손괴하는 것을 말한다.

---

1) 김일수/서보학, 667면.
2) 정성근/박광민, 767면.
3) 김일수/서보학, 667면; 임 웅, 777면; 진계호, 707면.

본죄의 기수시점에 관해서는 분묘 내의 관이나 사체 등을 외부에서 인식할 수 있는 상태에 두었을 때라고 하는 외부인식설,[1] 분묘의 복토를 제거한 시점이라고 하는 복토제거설[2]이 있다. 본죄의 미수범을 처벌하는 것과 비교하여 볼 때 전자의 견해가 타당하다.

3. 사체 등 손괴 · 유기 · 은닉 · 영득죄

제161조【사체 등의 영득】 ① 사체, 유골, 유발 또는 관내에 장치한 물건을 손괴, 유기, 은닉 또는 영득한 자는 7년 이하의 징역에 처한다.
② 분묘를 발굴하여 전항의 죄를 범한 자는 10년 이하의 징역에 처한다.
제162조【미수범】 미수범은 처벌한다.

(1) 의 의

본죄는 사체 · 유골 · 유발 또는 관 내에 장치한 물건을 손괴 · 유기 · 은닉 또는 영득하는 내용의 범죄이다. 본죄는 사자에 대한 일반인의 경외심을 보호법익으로 하는 침해범이다. 관 내에 장치한 물건을 영득하는 경우에 본죄와 재산죄의 상상적 경합을 인정하는 견해가 있다.[3] 그러나 관내장치물을 영득하더라도 재산죄의 성립에 필요한 법익침해가 없으므로 재산죄의 성립은 인정할 수 없으며, 본죄만이 성립한다고 보아야 한다.[4]

(2) 구성요건

행위객체는 관 내에 장치한 부장품까지도 본죄의 행위객체에 해당된다. 유기는 사체를 매장하지 않고 방치하거나 버리는 것을 말한다. 그러므로 유기는 작위 · 부작위에 의해서 가능하다. 다만 부작위에 의할 경우에는 작위의무가 있어야 함은 물론이다. 살해현장에 사체를 그대로 두고 가는 것은 유기에 해당하지 않는다. 증거인멸이나 범행을 은폐하기 위해서 사체를 몰래 매장하거나 다른 장소로 옮겨 놓는 것은 은닉에 해당한다. 그러므로 피해자를 살해하고 사체를 그대로 둔 채 도주한 경우에는 결과적으로 사체의 발견이 현저하게 곤란을 받게 될 사정이 있다고 하더라도 별도로 사체은닉죄가 성립하지 않는다.[5] 영득은 사체를 불법으로 취득하는 것을 말한다.

---

1) 김성천, 1265면; 김일수/서보학, 669면; 배종대, 772면; 백형구, 575면; 유기천(하), 10면; 이재상, 666면; 임 웅, 778면; 정성근/박광민, 769면; 정영석, 210면; 진계호, 523면.
2) 대판 1962. 3. 29, 4294형상539.
3) 백형구, 578면; 이재상, 668면; 이정원, 696면; 정성근/박광민, 772면.
4) 정영석, 212면.
5) 대판 1986. 6. 24, 86도891.

[판례] ① 사람을 살해한 자가 그 사체를 다른 장소로 옮겨 유기하였을 때에는 별도의 사체유기죄가 성립하고, 이와 같은 사체유기를 불가벌적 사후행위라고 볼 수 없다(대판 1997. 7. 25, 97도1142).
② 사람을 살해한 다음 현금 등을 강취하고, 범죄의 흔적을 은폐하기 위하여 시체를 마루 밑 안쪽 깊숙히 밀어넣은 경우 강도살인죄와 사체유기죄의 경합범이 성립한다(대판 1984. 11. 27, 84도2263).

Ⅳ. 變死體檢視妨害罪

제163조【변사체검시방해】 변사자의 사체 또는 변사의 의심 있는 사체를 은닉 또는 변경하거나 기타 방법으로 검시를 방해한 자는 700만원 이하의 벌금에 처한다.

1. 의　　의

본죄는 변사자의 사체 또는 변사의 의심이 있는 사체를 은닉 또는 변경하거나 기타 방법으로 검시를 방해한 경우에 성립하는 죄이다.

2. 구성요건

본죄의 행위객체는 변사자의 사체이다. 변사자라 함은 자연사하지 않은 사망자를 가리키며, 이러한 의심이 있는 자를 포함한다. 변사자에는 또한 자살자나 범죄로 인한 사망자가 포함된다.[1] 변사자는 형사소송법상 수사기관의 검증을 받도록 되어 있으며(형사소송법 제222조 참조) 본죄는 이를 보장하기 위한 것이다. 그러므로 범죄로 인하여 사망한 것이 명백한 사체도 본죄의 행위객체에 포함시키는 것이 타당하다. 검시란 사체를 오관의 작용에 의하여 인식하는 검증을 말한다.

경범죄처벌법은 죽어 태어난 태아를 감추거나 정당한 이유 없이 변사체 또는 죽어 태어난 태아가 있는 현장을 변경한 자를 처벌하고 있다(동법 제1조 제6호).

본죄의 행위는 변사자의 사체에 변경을 가하는 것이다. 사체에 변경을 가한다는 것은 사체에 대하여 내부적·외부적 변화를 가져오게 하는 일체의

---

1) 김종원(공저), 571면; 정영석, 212면. 이에 반해 판례는 "형법 제163조의 변사자는 부자연한 사망으로서 그 사인이 분명하지 않은 자를 의미하고 그 사인이 명백한 경우는 변사자라 할 수 없으므로, 범죄로 인하여 사망한 것이 명백한 자의 사체는… 변사체검시방해죄의 객체가 될 수 없다"고 판시하여 범죄로 인한 사망자를 제외시키고 있다(대판 2003. 6. 27, 2003도1331. 또한 김일수, 763면; 이재상, 669면; 정성근/박광민, 775면).

행위를 말하며, 암장하는 것도 포함한다. 기타 방법으로 검시를 방해하는 것으로는 검시관을 폭행하거나 검시현장에 접근하지 못하도록 하는 행위 등이 포함된다. 이 경우에는 공무집행방해죄와의 상상적 경합이 인정된다.[1)]

1) 공무집행방해죄가 성립하면 본죄가 성립하지 않는다는 견해도 있다(백형구, 580면; 이재상, 670면).

제 3 편

國家的 法益에 對한 罪

제 1 장　國家의 存立과 權威에 대한 罪

제 2 장　國家의 機能에 대한 罪

형법에서 국가적 법익을 보호한다고 할 때의 국가란 존재론적 의미의 국가를 의미하는 것이 아니다. 형법에서의 국가란 헌법이 규정하고 있는 가치실현을 위한 기능적 조직체로서의 국가를 의미한다. 즉 자유민주주의를 기본이념으로 하는 대한민국헌법 및 헌법적 질서를 보호하기 위한 것이다. 그러므로 국가적 법익에 대한 죄가 국가의 존립과 권위 그리고 국가의 기능을 보호하기 위한 범죄라고 하는 것도 이러한 의미에서 이해되어야 한다. 이 가운데에서도 국가의 내부적 존립을 보호하기 위한 죄는 국가의 존립이 모든 법률적용의 기본적 전제조건이라는 점에서 매우 중요한 의미를 지닌다.

그러나 국가의 존립은 정치권력을 보유함으로써 현실적으로 가능한 것이지 내란죄와 같은 처벌규정을 가지고 있다고 해서 유지될 수 있는 것은 아니다. 형법적용의 주체인 국가권력이 찬탈당한 상황에서 권력찬탈자의 자기처벌을 기대할 수는 없기 때문이다. 그러나 형법이 국가권력을 보호하기 위한 부차적인 수단에 불과하다는 것은 국사범에 관한 형법의 기능적 한계를 설명한 것에 지나지 않는다. 만일 그렇지 않다면 헌정질서를 파괴한 범죄행위를 통하여 국가권력을 장악한 자에게 형법은 언제나 정당성을 부여하는 법적 근거가 될 것이기 때문이다. 즉 쿠데타가 성공하여 그 주모자를 처벌할 수 없는 것은 쿠데타의 합법성 내지 정당성을 인정하였기 때문이 아니라 형법 적용상의 현실적 한계 때문인 점을 인식하여야 한다. 총칼 앞에 법이 무력하다고 하여 법적 효력까지 부인하여서는 안 된다. 다음으로 국가적 법익에 대한 죄는 법집행자의 자의적 판단이 개입할 소지가 가장 많은 영역이다. 권력자의 의지가 법해석의 준거점이 되어 현대판 절대왕정이 재현될 위험이 있는 것이다. 형법이 정적(政敵)을 제거하는 수단으로 이용되는 것이야말로 최악의 형법악용이라는 Hans Welzel의 지적은 여기에서 비롯된다.

제 1 장 國家의 存立과 權威에 대한 罪

제 1 절 內亂의 罪

I. 序 論

내란죄는 국가존립의 내부적 기초인 국토와 헌법질서에 대한 죄이다. 이를 위하여 형법은 내란죄(제87조)와 내란목적의 살인죄(제88조) 및 이에 대한 미수범을 처벌하며, 내란예비·음모죄(제90조 제1항)와 내란선전·선동죄(제90조 제2항)를 규정하고 있다. 내란죄에서 보호되는 국가란 독립적 가치를 지니는 국가라는 정치체제 자체가 아니라 국민에 의하여 승인된 헌법과 법률 및 이에 의하여 기능을 하는 국가기관을 가리킨다.

국가를 보호대상으로 하는 형법규정은 일반적으로 추상적 위험범으로 되어 있다. 이에 대해서는 범죄행위와 법익침해(결과)간의 상호 연결관계를 단절함으로써 처벌범위를 확대하고, 금지되는 행위를 추상화하여 예방목적에도 도움이 되지 않는다는 이유에서 비판하는 견해[1)]가 있다. 그러나 이러한 견해는 법익침해와 구성요건실현을 동일시한 데에서 비롯된다. 추상적 위험범이 구체적인 법익침해의 전단계에서 법익을 보호하고자 하는 범죄유형임은 주지의 사실이다. 그러나 추상적 위험범이라고 해서 구성요건에 대한 실행의 착수 이전단계에서의 범죄확정과 처벌을 의미하는 것은 아니며 실행의 착수가 있어야 되는 점은 구체적 위험범과 다를 바 없다. 오히려 형법이 내란의 죄를 미수범과 기수범으로 구별하는 것은 독일형법상의 내란죄(§81, Hochverrat)가 동죄의 기수와 미수를 동일시하는 기도범(企圖犯)(Unternehmensdelikt)으로 규정한 것[2)]과 비교하여 다른 점이라고 할 수 있다.

1) 배종대, 776면 이하.

2) 이를 기도범(§11, Abs. 1 Nr. 6, Unternehmensdelikt)이라고 한다. 이는 개별 구성요건의 행위방법에 명시적으로 규정되어 있다(… 을 기도한 자는 …).

「헌정질서 파괴범죄의 공소시효 등에 관한 특례법」은 형법 제 2 편 제 1 장 내란의 죄, 제 2 장 외환의 죄와 군형법 제 2 편 제 1 장 반란의 죄, 제 2 장 이적의 죄를 헌정질서 파괴범죄로 칭하고 있다. 여기에서는 헌정질서 파괴범죄에 대한 공소시효의 적용을 배제하고(동법 제3조 제1호), 재정신청을 허용하고 있다(동법 제4조).

국가보안법은 반국가활동을 규제하기 위한 법으로서 형법의 내란죄와는 그 규율대상을 달리한다. 즉 국가보안법은 내란죄 이전단계에 해당하는 반국가단체의 결성이나 반국가단체에 대한 지원행위, 반국가단체에 대한 찬양·고무행위, 회합·통신행위 등을 처벌하는 것을 그 내용으로 하고 있다. 이러한 점에서 내란죄는 국가보안법과는 경합하지 않는다. 그러나 내란죄의 예비·음모행위가 국가보안법에 해당할 때에는 특별법인 국가보안법이 우선적으로 적용된다.

독일형법의 경우 제 3 장에서 민주적 법치국가를 위태롭게 하는 범죄(Gefährdung des demokratischen Rechtsstaates)를 규정하고 있다. 동법에서는 연방헌법재판소로부터 위헌선고를 받은 정당을 유지하는 행위를 처벌하고 있으며, 이러한 정당에 가입하거나 구성원으로 참여하거나 지원하는 행위 등을 처벌하고 있다(§ 84).[1] 또한 헌법질서와 민족간 평화공존의 사상에 배치되는 단체를 유지하거나 이러한 단체에 가입하는 행위를 처벌하고 있으며(§ 85),[2] 위헌적 정당이나 조직의 선전자료를 퍼뜨리거나 제작하거나 보관 또는 반입하는 행위를 처벌한다(§ 86).[3] 그 밖에도 위헌적인 조직의 상징물을 사용, 제작, 보관, 반입하는 행위도 처벌한다(§ 86 a).[4]

Ⅱ. 內亂罪

제87조【내란】 국토를 참절하거나 국헌을 문란할 목적으로 폭동한 자는 다음의 구별에 의하여 처단한다.

1. 수괴는 사형, 무기징역 또는 무기금고에 처한다.
2. 모의에 참여하거나 지휘하거나 기타 중요한 임무에 종사한 자는 사형, 무기 또는 5년 이상의 징역이나 금고에 처한다. 살상, 파괴 또는 약탈의 행위를 실행한 자도 같다.
3. 부화수행하거나 단순히 폭동에만 관여한 자는 5년 이하의 징역 또는 금고에 처한다.

1) § 84(Fortführung einer für verfassungswidrig erklärten Partei).
2) § 85(Verstoß gegen ein Vereinigungsverbot).
3) § 86(Verbreiten von Propagandamitteln verfassungswidriger Organisationen).
4) § 86 a(Verwenden von Kennzeichen verfassungswidriger Organisationen).

> 第89조【미수범】 미수범은 처벌한다.
> 第91조【국헌문란의 정의】 본장에서 국헌을 문란할 목적이라 함은 다음 각호의 1에 해당함을 말한다.
> 1. 헌법 또는 법률에 정한 절차에 의하지 아니하고 헌법 또는 법률의 기능을 소멸시키는 것
> 2. 헌법에 의하여 설치된 국가기관을 강압에 의하여 전복 또는 그 권능행사를 불가능하게 하는 것

Ⅰ. 의의 및 보호법익

내란죄는 국토를 참절하거나 국헌을 문란할 목적으로 폭동함으로써 성립한다. 본죄의 보호법익은 국가의 안전과 헌법질서로서 추상적 위험범에 해당한다. 폭동을 요건으로 하므로 다수인의 결합이 필요한 집합범 · 필요적 공범이다.

내란죄의 집합범적 성질은 내란죄에 총칙상의 공범규정이 적용되는가의 문제를 야기한다. 이에 대해서는 ① 총칙상의 공범규정은 임의적 공범에 관한 것이므로 필요적 공범인 내란죄에는 적용될 수 없다고 보는 소극설[1] 및 ② 내란죄에 공동정범 규정은 적용되지 않으나 내란을 교사 · 방조하는 행위는 내란죄의 공범으로 처벌된다고 보는 제한적 적용설[2]이 대립된다(내란집단 밖에서 내란행위를 교사 · 방조한 자는 내란죄의 공범으로 처벌되어야 한다는 적극설은 제한적 적용설과 차이가 없다). 이에 대해서는 형법이 내란행위자를 수괴 · 모의참여자 · 부화수행자로 구분하여 처벌을 달리하고 있는 점에서 내란행위 자체에 가담한 자에게는 공동정범 규정이 적용될 여지가 없다고 보아야 한다. 가담의 정도에 따라 구분하여 처벌하면 되기 때문이다. 이와 달리 내란행위에는 직접 가담하지 않으나 외부에서 이를 교사하거나 자금지원 · 무기지원 등 방조하는 자에 대해서는 총칙상의 교사범 · 방조범 규정이 적용된다고 보는 것이 타당하다.

본죄는 국토참절이나 국헌문란의 목적을 가져야 하는 목적범이다. 소요죄(제115조)는 행위방법으로서 폭행 · 협박 · 손괴행위를 하지만 조직적이지 않은 점에서 본죄와 구별된다.

---

1) 이정원, 649면; 정영석, 22면; 진계호, 779면; 김일수/서보학, 951면.
2) 김성천, 1276면; 배종대, 787면; 유기천(하), 226면; 이재상, 676면; 임 웅, 792면; 정성근/박광민, 937면; 황산덕, 20면; Sch/Sch/Stree/Sternberg-Lieben, § 81 Rn. 16은 정범과 공범의 구별에 관한 일반원칙을 적용하여 구별할 수 있다고 한다.

독일형법상 내란의 죄는 1794년의 프로이센 일반란트법(Allgemeines Landrecht für die Preußischen Staaten) 이래 내란죄(Hochverrat)와 반역죄(Landesverrat)로 이원화된 점이 특징이다. 내란죄는 국가의 헌법을 폭력적으로 전복시키거나 국가원수의 생명·자유박탈을 목적으로 하는 것을 말하며, 반역죄는 폭력적인 방법으로 자국을 대외적으로 위험이나 불안전에 노출시키는 것을 말한다. 이러한 구분은 1851년의 프로이센형법(das Preußische Strafgesetzbuch)에 그대로 이어져서 내란죄는 국가의 존립을 위태롭게 하는 죄이고 반역죄는 국가의 동일성을 위태롭게 하는 죄로 규정하였다. 그 결과 내란죄는 국가의 내부적 안전에 대한 죄로 그리고 반역죄는 외부적 안전을 보호하기 위한 죄로 인식되었다. 1871년의 독일형법에서도 이러한 구분은 계속되었다. 즉 내란죄는 독일황제(Kaiser)나 지방군주(Landesherr)에 대한 살해·살해미수행위 및 선제후(Fürsten)에 대한 기타의 공격행위를 구성요건으로 하였다. 그리고 헌법내란죄(Verfassungsverrat), 영토내란죄(Gebietshochverrat), 내란모의죄 등을 규정하였다. 나치스시대에는 국가보호를 위한 형법규정이 확대되고 형량이 가중되었지만 더욱 특징적인 것은 형법 제81조의 내란죄 규정에 대한 거의 제한 없는 확대해석이다. 즉 이 규정은 소위「지도자에 대한 반역죄」(Führerverrat)로 불리며 일반조항(Generalklausel)처럼 적용된 셈이다.[1)]

현행 독일형법의 국가보호 관련 구성요건은 평화교란죄(§§ 80, 80 a, Friedensverrat), 내란죄(§§ 81ff., Hochverrat), 민주적 법치국가를 위태롭게 하는 죄(§§ 84ff., Gefährdung des demokratischen Rechtsstaates), 간첩행위를 내용으로 하는 반역죄(§§ 93ff., Landesverrat)로 되어 있다. 제81조(Hochverrat gegen den Bund)는 국가존립에 대한 내란행위(Bestandsverrat, 제 1 조 제 1 항)와 헌법내란행위(Verfassungsverrat, 제 1 조 제 2 항)로 구성되어 있다.

내란죄(§ 81, Hochverrat gegen den Bund)는 폭력이나 폭력을 수반하는 협박으로 독일연방공화국의 존속을 침해하거나 독일연방공화국의 기본법에 기초하는 헌법질서의 변경을 기도하는 자를 무기형 또는 10년 이상의 자유형에 처하고 있다. 독일연방공화국의 존립을 침해한다는 것은 ① 독일연방공화국의 자주권을 배제하여 외국세력의 보호하에 두게 한다든가 또는 위성국가로 전락하게 하는 것을 의미하며, ② 독일연방공화국의 국가적 통일성을 제거하여 연방해체를 하거나, ③ 독일연방공화국의 영토를 분리하여 외국에 할양하는 것을 그 내용으로 한다. 그리고 기본법에 기초한 헌법질서를 변경한다는 것은 헌법적 기본질서를 제거하거나 적용을 금지하는 것 또는 실질적인 내용을 변경하는 것을 의미한다.[2)]

1) AK/Sonnen, Bd. 3, § 81 Rn. 2-13 참조. 독일역사상 내란죄에 관한 재판의 대표적인 예는 1919년 1월의 스파르타쿠스 반란(Spartakus-Aufstand)사건, 히틀러를 내란죄로 처벌한 1923년 11월 9일에 발생한 뮌헨사건(Münchener Bürgerbräukeller am 9. November 1923), 나치스(NSDAP)의 내란죄적 성격을 둘러싼 1930년 10월의 울름에서의 3명의 제국군 장교에 대한 재판사건(Ulmer Reichswehrprozeß)을 들 수 있다.

2) Tröndle/Fischer, § 81 Rn. 3-6.

2. 객관적 구성요건

(1) 행위주체

본죄의 행위주체는 내국인 또는 외국인이다. 외국에서 내란죄를 범한 외국인에 대해서도 본죄가 적용된다(제5조). 형법은 내란죄의 행위자를 관여의 정도에 따라 구분하고 있다. 즉 ① 수괴, ② 모의참여자 · 지휘자 · 중요임무종사자, ③ 부화수행자와 단순관여자로 구별하고 있다.

수괴는 폭동을 조직 · 지휘 · 통솔하는 자를 말한다. 반드시 1인이어야 하는 것은 아니다. 모의참여자란 폭동계획에 참여한 자를 말한다. 지휘자는 폭동에 참여하는 자의 전부 또는 일부를 지휘하는 자를 말한다. 중요임무종사자는 모의참여자와 지휘자 이외의 자로서 내란모의에 참여하지 않았더라도 상관없다. 부화수행자와 단순가담자는 막연히 폭동에 가담한 자를 말한다.

(2) 행 위

본죄의 행위는 폭동하는 것이다. 폭동이란 다수인이 결합하여 폭행 · 협박하는 것을 말한다. 폭행과 협박은 한 지역의 평온을 해칠 정도로서 조직적으로 이루어져야 한다. 예를 들면 대규모 시위나 총파업도 전기 · 가스 · 수돗물의 공급중단을 가져오거나 대규모의 통신 · 교통두절을 수반하는 정도이면 본죄의 폭동에 해당한다.[1] 그러나 내란죄에서의 폭행 · 협박은 개인적 법익에 대한 죄에서의 폭행 · 협박개념보다 강도가 높아야 한다.[2] 내란의 목적이 없는 폭행 · 협박은 여기에 해당하지 않는다. 폭동과 함께 내란의 수단으로서 살상이나 파괴, 약탈행위를 하는 경우에는 살인죄나 상해죄, 강도죄, 방화죄가 별도로 성립하는 것은 아니고 이들 범죄행위는 본죄에 흡수된다는 견해가 있다.[3] 그러나 살상이나 약탈행위는 내란목적의 폭동행위에 반드시 수반하는 행위라고는 볼 수 없으므로 경우에 따라서는 내란죄와 살인죄 · 상해죄 및 강도죄는 상상적 경합관계가 된다고 보아야 한다.[4] 대법원도 같은 태도이다.[5] 반면에 손괴죄는 본죄에 흡수된다고 보아야 한다.

1) BGHSt 8, 102; Tröndle/Fischer, § 81 Rn. 8; Sch/Sch/Stree/Sternberg-Lieben, § 81 Rn. 4.
2) BGHSt, 32 172; Arzt, JZ 1984, 428.
3) 백형구, 692면; 오영근, 847면; 이정원, 649면; 정영석, 19면; 정성근/박광민, 935면; 진계호, 780면.
4) 김성천, 1277면.
5) 대판 1953. 2. 26, 4285형상139.

[판례] 내란목적살인죄는 국헌을 문란할 목적을 가지고 직접적인 수단으로 사람을 살해함으로써 성립하는 범죄라 할 것이므로, 국헌문란의 목적을 달성함에 있어 내란죄가 '폭동'을 그 수단으로 함에 비하여 내란목적살인죄는 '살인'을 수단으로 하는 점에서 두 죄는 엄격히 구별된다. 따라서 내란의 실행과정에서 폭동행위에 수반하여 개별적으로 발생한 살인행위는 내란행위의 한 구성요소를 이루는 것이므로 내란행위에 흡수되어 내란목적살인의 별죄를 구성하지 아니하나, 특정인 또는 일정한 범위 내의 한정된 집단에 대한 살해가 내란의 와중에 폭동에 수반하여 일어난 것이 아니라 그것 자체가 의도적으로 실행된 경우에는 이러한 살해행위는 내란에 흡수될 수 없고 내란목적살인의 별죄를 구성한다(대판 1997. 4. 17, 96도3376 (5·18, 12·12사건)).

3. 주관적 구성요건

본죄는 고의 이외에 국토를 참절하거나 국헌을 문란하게 할 목적이 있어야 한다. 이러한 목적이 정치적 목표를 달성하기 위한 수단이든 아니면 금전을 획득하는 것을 최종목표로 하든 불문한다. 국토를 참절할 목적이란 대한민국 영토의 전부 또는 일부에서 국가권력을 배제하여 권력을 행사할 목적을 말한다. 이는 대한민국의 영토를 외국에 양도하거나 대한민국의 법적·사실적 지배범위에서 배제하여 분리할 목적 등을 의미한다.[1] 국헌을 문란하게 할 목적이란 대한민국의 헌법질서를 침해할 목적을 말한다. 형법은 국헌문란의 목적을 ① 헌법 또는 법률에 정한 절차에 의하지 아니하고 헌법 또는 법률의 기능을 소멸시키는 것, ② 헌법에 의하여 설치된 국가기관을 강압에 의하여 전복 또는 그 권능행사를 불가능하게 하는 것을 말한다고 규정하고 있다(제91조). 이는 자유민주적 기본질서를 부정하고 헌법에 의하여 설치된 국가기관의 권능을 부정하는 것을 의미한다.

Ⅲ. 內亂目的 殺人罪

> 第88條【내란목적의 살인】 국토를 참절하거나 국헌을 문란할 목적으로 사람을 살해한 자는 사형, 무기징역 또는 무기금고에 처한다.
> 第89條【미수범】 미수범은 처벌한다.

Ⅰ. 의 의

본죄는 국토를 참절하거나 국헌을 문란할 목적으로 사람을 살해하는 것

1) 김성천, 1276면; 김일수/서보학, 950면; 백형구, 692면; 유기천(하), 232면; 이재상, 680면.

이다. 내란죄와 달리 집합범이 아니다. 그러므로 살해행위를 위하여 다중의 공동이 필요하지 않으며 1인에 의한 살해행위도 여기에 해당한다.

이 죄의 구성요건의 성격에 대해서는 ① 내란목적의 살해행위는 본래 제87조 제2호에 해당하지만 이를 가중처벌하기 위하여 규정한 특별구성요건이라는 견해[1]와, ② 요인암살을 내용으로 하는 내란죄의 독립된 유형이라는 견해[2]가 대립되어 있다.

생각건대 내란과정에서의 살상행위에 대해서는 제87조 제2호가 규정하고 있다. 그러므로 내란의 모의에 가담하지 않았거나 중요임무종사자가 아니라고 하더라도 내란목적의 폭동자가 살상행위를 하는 경우에는 본죄가 아니라 내란죄에 해당한다.[3] 이와 달리 살해행위를 통하여 국토를 참절하거나 국헌을 문란하게 할 목적이 있었다면 본죄에 해당한다고 보아야 한다. 결국 내란목적살인죄에 해당하는 경우란 요인(국가원수 및 군수뇌부)을 살해하는 행위가 단순암살이 아니라 내란목적의 일환으로 이루어진 경우에 적용되는 것이라고 보아야 한다. 그러므로 본죄는 폭동을 행위방법으로 하는 내란죄(제87조)와 구별되는 독립적 구성요건으로 보아야 한다. 판례[4]는 폭동이 수반되었는가의 여부에 따라서 내란목적 살인이 폭동에 수반되어 행해진 경우에는 제87조 제2호에 해당하나, 폭동에 수반되어 일어난 것이 아니라, 그 자체가 의도적인 실행인 경우에는 본죄에 해당한다고 본다.

2. 구성요건

본죄의 행위주체는 내·외국인을 불문한다. 반드시 내란죄의 수괴이거나 중요임무종사자일 필요가 없다. 행위객체는 사람이다. 여기의 사람은 대상을 제한하지 않는다는 견해[5]가 있다. 그러나 이 경우에는 국가원수 및 군수뇌부를 의미한다고 보아야 한다. 국헌문란과 국토참절이라는 내란목적과의 관련상 이를 방지하는 역할을 하는 사람으로 제한되어야 하기 때문이다. 기타 3

1) 유기천(하), 233면; 이재상, 681면; 진계호, 783면.
2) 김성천, 1278면; 김일수/서보학, 953면; 이정원, 651면.
3) 이에 대해 제87조 제2호 후단은 독립범죄가 아니라 전단의 중요임무종사자에 대한 예시규정에 불과하다는 견해(배종대, 780면)가 있다. 그러나 제87조 제2호 후단의 살상행위를 내란과정에서 중요임무종사자에 의하여 행해지는 경우만을 규정한 것으로 볼 수는 없으며, 그 밖의 자에 의해서 살상행위가 행하여지더라도 중요임무종사자와 동일하게 처벌하도록 하는 규정이라고 봄이 옳을 것이다.
4) 대판 1997. 4. 17, 96도3376.
5) 이재상, 681면.

부요인, 정당의 지도자 내지 주요 당직자 등은 여기에 포함되지 않는다고 보아야 한다.[1] 이들은 일반인에 대한 내란목적의 살해행위라고 보아야 하므로 내란목적의 폭동과정에서 살해한 경우에는 본죄가 아니라 내란죄의 행위객체에 해당한다. 그렇지 않은 경우에는 단순살인죄에 해당할 뿐이다.

본죄의 행위는 살해하는 것이다. 내란목적의 폭동행위와 본죄의 살해행위는 시간적으로 연관성이 요구되지 않는다. 즉 본죄의 살해행위가 내란행위의 전후나 과정의 어느 시점에서 이루어지건 상관없다. 이는 제87조 제2호의 경우에는 살해행위시점이 내란시에 국한되는 점과 구별된다.

본죄는 목적범이므로 살인의 고의 이외에 내란의 목적, 즉 국토를 참절하거나 국헌을 문란할 목적이 있어야 한다. 살해의 결과 내란이 성공하였는가는 본죄의 성립과 무관하다.

3. 죄 수

폭동 전에 요인을 살해하고 내란행위를 하면 본죄와 내란죄의 실체적 경합이 된다. 폭동의 준비단계에서 일반인을 살해하면 본죄와 내란예비죄의 상상적 경합을 인정하는 견해[2]도 있으나 내란예비죄와 살인죄의 상상적 경합을 인정하는 것이 타당하다.[3]

Ⅳ. 內亂豫備·陰謀·煽動·宣傳罪

> 제90조【예비, 음모, 선동, 선전】 ① 제87조 또는 제88조의 죄를 범할 목적으로 예비 또는 음모한 자는 3년 이상의 유기징역이나 유기금고에 처한다. 단, 그 목적한 죄의 실행에 이르기 전에 자수한 때에는 그 형을 경감 또는 면제한다.
> ② 제87조 또는 제88조의 죄를 범할 것을 선동 또는 선전한 자도 전항의 형과 같다.

본죄는 내란죄 또는 내란목적살인죄를 범할 목적으로 예비·음모·선동·선전하는 것을 내용으로 한다. 선동(Propaganda)이란 불특정·다수인에게 감정적 자극을 주어 판단을 흐리게 하고 그 결과 선동자가 의도하는 방향으로 결심을 하게 하거나 결심을 강화하도록 하는 것을 말한다. 여기에서의 결심이란 내란행위를 의미한다. 본죄에서의 선전이란 내란의 동조자를 확산시키기

1) 이를 포함하는 견해로는 김일수/서보학, 953면; 이정원, 707면.
2) 이재상, 682면; 진계호, 784면.
3) 김일수, 955면.

위하여 내란의 당위성 또는 필요성을 널리 알리고 이해시키는 행위를 말한다.

본죄에 대한 교사나 방조죄의 성립을 인정하는 견해[1]가 있다. 이 견해는 본죄를 독자적 구성요건으로 보는 결과이다.[2] 그러나 본죄는 독립된 예비·음모죄가 아니다. 그러므로 본죄에 대한 교사나 방조행위는 인정되지 않는다.[3] 내란을 예비·음모한 자가 실행에 이르기 전에 자수한 때에는 그 형을 감경 또는 면제한다. 실행에 이르기 전이란 내란행위에 착수하기 전을 의미한다.

제 2 절 外患의 罪

I. 序 論

외환의 죄는 국가존립에 대한 외부적 위협으로부터 국가를 보호하기 위한 죄이다. 즉 외국과 모의를 하여 외환을 유치하거나 대한민국에 항적하거나 인적·물적 이익을 제공하여 국가의 존립을 위태롭게 하는 것을 말한다.

본죄는 국민의 국가에 대한 충성의무를 전제로 한 것[4]이라기보다는 일국가의 존립 자체를 외부적 위협으로부터 보호하기 위한 것으로 보는 것이 타당하다. 충성의무가 없는 외국인의 국외범도 본죄의 행위주체가 될 수 있기 때문이다(제5조 참조). 오히려 본죄는 자유민주적 기본질서를 국헌질서로 삼고 있는 대한민국에 대한 체제도전의 한 방법으로 외부세력을 개입시키고자 하는 기도에 대한 처벌규정으로 보아야 한다. 다시 말하면 내란죄와 외환죄는 대한민국의 국헌질서에 대한 내·외적 도전에 대한 방어의 일환이다.

형법상 외환의 죄는 외환유치죄(제92조), 여적죄(제93조), 이적죄(제94조~제97조, 제99조), 간첩죄(제98조) 및 전시군수계약불이행죄(제103조)로 구성되어 있다. 이적죄의 기본적 구성요건은 일반이적죄(제99조)이며 모병이적죄(제94조), 시설제공이적죄(제95조), 시설파괴이적죄(제96조) 및 물건제공이적죄(제97조)가 가중적 구성요건으로 규정되어 있다.

1) 김일수/서보학, 957면; 이정원, 652면.
2) 이러한 견해로는 배종대, 788면.
3) 김성천, 1280면; 이재상, 683면; 임 웅, 796면.
4) 유기천(하), 253면; 진계호, 785면.

Ⅱ. 外患誘致罪

> 제92조【외환유치】 외국과 통모하여 대한민국에 대하여 전단을 열게 하거나 외국인과 통모하여 대한민국에 항적한 자는 사형 또는 무기징역에 처한다.
> 제100조【미수범】 미수범은 처벌한다.
> 제101조【예비, 음모, 선동, 선전】 ① 제92조 내지 제99조의 죄를 범할 목적으로 예비 또는 음모한 자는 2년 이상의 유기징역에 처한다. 단, 그 목적한 죄의 실행에 이르기 전에 자수한 때에는 그 형을 감경 또는 면제한다.
> ② 제92조 내지 제99조의 죄를 선동 또는 선전한 자도 전항의 형과 같다.
> 제104조【동맹국】 본장의 규정은 동맹국에 대한 행위에 적용한다.

본죄는 외국과 통모하여 대한민국에 대하여 전투행위를 하게 하거나 또는 외국인과 통모하여 대한민국에 항적함으로써 성립한다. 외국이란 대한민국 이외의 국가를 말한다. 외국인이란 외국의 정부기관 이외의 외국인 개인과 사적인 단체(예: 테러조직)를 말한다.

본죄의 행위로서 전단을 개시한다는 것은 전투행위를 개시하는 일체의 행위를 말한다. 항적한다는 것은 적군의 군사적 업무에 종사하여 대한민국에 대하여 적대행위를 하는 것을 말한다.

Ⅲ. 與 敵 罪

> 제93조【여적】 적국과 합세하여 대한민국에 항적한 자는 사형에 처한다.
> 제100조【미수범】 미수범은 처벌한다.
> 제101조【예비, 음모, 선동, 선전】 ① 제92조 내지 제99조의 죄를 범할 목적으로 예비 또는 음모한 자는 2년 이상의 유기징역에 처한다. 단, 그 목적한 죄의 실행에 이르기 전에 자수한 때에는 그 형을 감경 또는 면제한다.
> ② 제92조 내지 제99조의 죄를 선동 또는 선전한 자도 전항의 형과 같다.
> 제102조【준적국】 제93조 내지 전조의 죄에 있어서는 대한민국에 적대하는 외국 또는 외국인의 단체는 적국으로 간주한다.

본죄는 적국과 합세하여 대한민국에 항적함으로써 성립한다. 외국인과 합세하는 경우에는 외환유치죄에 해당하지만 적국과 합세하는 경우에는 본죄에 해당한다. 적국이란 국제법상 선전포고를 하고 전쟁을 수행하는 국가에 국한되어야 한다는 견해[1)]도 있으나, 선전포고 유무를 불문하고 사실상 전쟁

1) 황산덕, 22면.

관계에 있는 이상 본죄의 적국에 해당한다.[1] 대한민국에 적대하는 외국 또는 외국인의 단체는 적국으로 간주되므로(제102조) 적국 뿐만 아니라 외국인의 사적인 단체도 포함된다. 항적한다는 것은 전투원 혹은 비전투원으로서 적국의 군사적 업무에 종사하고 대한민국에 대적하는 행위를 말한다. 본죄는 사형만을 규정하고 있어서 법정형의 완화가 필요하다.

Ⅳ. 利敵罪

형법상 이적죄는 적을 이롭게 하는 행위를 말하며, 이러한 이적행위에는 모병, 시설제공, 물건제공 기타의 군사상 이적행위가 있다. 본죄의 여러 유형에 대한 미수범은 모두 처벌되며(제100조), 대한민국에 적대하는 외국 또는 외국인의 단체는 적국으로 간주한다(제102조).

1. 모병이적죄

제94조【모병이적】 ① 적국을 위하여 모병한 자는 사형 또는 무기징역에 처한다.
② 전항의 모병에 응한 자는 무기 또는 5년 이상의 징역에 처한다.

본죄는 적국을 위하여 병력을 모집하거나 모병에 자발적으로 응함으로써 성립한다. 행위방법은 두 가지이다. 즉 하나는 병력을 모집하는 것이고, 다른 하나는 병력모집에 응하는 것이다. 행위자는 남녀를 불문한다. 내국인뿐만 아니라 외국인이 외국에서 범한 경우에도 적용된다(제5조).

독일형법에도 유사한 규정이 있다. 즉 외국군입대죄(§109 h, Anwerben für fremden Wehrdienst)를 규정하고 있는데 외국군이 적국으로 제한되지 않은 점이 우리와 다르다. 독일형법상 본죄는 독일의 국방력 감퇴방지와 군사적 중립성을 유지하기 위한 것이다.

2. 시설제공이적죄

제95조【시설제공이적】 ① 군대, 요새, 진영 또는 군용에 공하는 선박이나 항공기 기타 장소, 설비 또는 건조물을 적국에 제공한 자는 사형 또는 무기징역에 처한다.
② 병기 또는 탄약 기타 군용에 공하는 물건을 적국에 제공한 자도 전항의 형과 같다.

1) 김성천, 1283면; 김일수/서보학, 962면; 유기천(하), 239면; 이재상, 687면; 이정원, 655면; 임 웅, 800면; 배종대, 794면; 백형구, 684면; 정성근/박광민, 944면.

본죄는 군사시설 또는 병기·탄약 기타 군사상 필요한 물건을 적국에 제공함으로써 성립한다. 이러한 물건을 적국에 판매하는 행위도 포함된다고 보아야 한다.

3. 시설파괴이적죄

> 제96조【시설파괴이적】 적국을 위하여 전조에 기재한 군용시설 기타 물건을 파괴하거나 사용할 수 없게 한 자는 사형 또는 무기징역에 처한다.

본죄는 적국을 위하여 대한민국의 군사시설·병기·탄약 기타 군용물건을 파괴하거나 사용할 수 없게 함으로써 성립하는 죄이다. 적국을 위한 국내에서의 사보타주행위를 처벌하는 것이다.

4. 물건제공이적죄

> 제97조【물건제공이적】 군용에 공하지 아니하는 병기, 탄약 또는 전투용에 공할 수 있는 물건을 적국에 제공한 자는 무기 또는 5년 이상의 징역에 처한다.

본죄는 군사용으로 사용되지는 않지만(이 점에서 시설제공이적죄와 구별된다) 병기·탄약 기타 전투용에 사용될 수 있는 물건을 적국에 제공함으로써 성립하는 죄이다.

5. 일반이적죄

> 제99조【일반이적】 전 7 조에 기재한 이외에 대한민국의 군사상 이익을 해하거나 적국에 군사상 이익을 공여한 자는 무기 또는 3년 이상의 징역에 처한다.

일반이적죄는 외환의 죄의 기본적 구성요건이다. 판례는 직무와 관계 없이 지득한 군사기밀을 적국에 누설한 경우에 본죄의 성립을 인정하고 있다.[1] 그러나 적국에 누설한 때에는 본죄가 아니라 간첩죄(제98조 제 2 항)에 해당한다고 보아야 한다.

참고로 독일형법의 경우 독일연방공화국에 대한 전쟁이나 무력분쟁을 야기할 목적으로 국외의 정부나 단체·기관 또는 그 구성원과 관계를 맺거나 유지하는 행위를 1년 이상의 자유형으로 처벌하고 있다.[2]

---

1) 대판 1982. 11. 23, 82도2201.

2) §100(Friedensgefährdende Beziehungen).

Ⅴ. 利敵豫備·陰謀·煽動·宣傳罪

> 第101조【예비, 음모, 선동, 선전】 ① 第92조 내지 第99조의 죄를 범할 목적으로 예비 또는 음모한 자는 2년 이상의 유기징역에 처한다. 단, 그 목적한 죄의 실행에 이르기 전에 자수한 때에는 그 형을 감경 또는 면제한다.
> ② 第92조 내지 第99조의 죄를 선동 또는 선전한 자도 전항의 형과 같다.

모병이적죄·시설제공이적죄·시설파괴이적죄·물건제공이적죄 또는 일반이적죄를 범할 목적으로 예비·음모·선동 또는 선전함으로써 성립하는 죄이다.

Ⅵ. 間 諜 罪

> 第98조【간첩】 ① 적국을 위하여 간첩하거나 적국의 간첩을 방조한 자는 사형, 무기 또는 7년 이상의 징역에 처한다.
> ② 군사상의 기밀을 적국에 누설한 자도 전항의 형과 같다.
> 第100조【미수범】 미수범은 처벌한다.
> 第101조【예비, 음모, 선동, 선전】 ① 第92조 내지 第99조의 죄를 범할 목적으로 예비 또는 음모한 자는 2년 이상의 유기징역에 처한다. 단, 그 목적한 죄의 실행에 이르기 전에 자수한 때에는 그 형을 감경 또는 면제한다.
> ② 第92조 내지 第99조의 죄를 선동 또는 선전한 자도 전항의 형과 같다.
> 第102조【준적국】 第93조 내지 전조의 죄에 있어서는 대한민국에 적대하는 외국 또는 외국인의 단체는 적국으로 간주한다.

Ⅰ. 의 의

간첩죄는 적국을 위하여 간첩하거나 적국의 간첩을 방조하거나 또는 군사상의 기밀을 적국에 누설함으로써 성립한다. 간첩이란 적국을 위하여 국가기밀을 탐지·수집하여 이를 적국에 알리는 것을 말한다. 반국가단체의 구성원 또는 그 지령을 받은 자가 그 목적수행을 위하여 본죄에 해당하는 행위를 한 때에는 국가보안법 제 4 조 제 1 항 제 2 호가 적용되며 본죄는 적용이 배제된다. 보호법익은 대한민국의 안전이다. 즉 국가기밀을 누설함으로써 대한민국의 국가이익이 외국에 의하여 침해될 가능성을 차단하기 위한 것이다.

독일형법은 ① 국가기밀을 외국에 누설하는 행위(§94, Landesverrat), ② 국가기관에 의하여 비밀로 분류된 국가기밀을 누설하는 행위(§95, Offenbaren von

Staatsgeheimnissen), ③ 전이조의 국가기밀을 탐지 · 수집하는 행위(§ 96, Landesverräterische Ausspähung; Auskundschaften von Staatsgeheimnissen), ④ 외국을 위하여 간첩행위를 하는 것(§ 98, Landesverräterische Agententätigkeit), ⑤ 외국의 첩보기관을 위하여 간첩행위를 하거나, 이러한 의사를 외국의 첩보기관이나 그 소속원에게 알리는 행위(§ 99, Geheimdienstliche Agententätigkeit)를 분류하여 처벌하고 있다.

2. 간첩행위

(1) 적 국

적국에 해당하는 국가에는 국제법상의 국가는 물론이고 사실상 국가에 준하는 단체를 포함한다.[1] 본죄는 소위 우방국에 대응하는 적국이란 용어를 사용함으로써 심각한 국가이익의 침해를 사실상 허용하고 있다. 과거 냉전하의 양극체제에서 비롯된 적국개념은 이제 폐기되어야 하며, 국가기밀의 누설이 대한민국의 국가이익에 피해를 가져올 위험이 있는 한 모든 국가나 이에 준하는 단체를 국가기밀누설의 상대방으로 포함하여야 한다. 그렇지 않는다면 북한이나 대한민국과 국교수립이 안 된 몇몇 국가 이외의 국가는 적국개념에 포함시킬 수 없게 되어 결과적으로 이러한 국가에 대하여 본조의 행위를 하는 것은 간첩행위가 되지 않을 것이기 때문이다. 이러한 점에서 독일형법(§ 93 I)이 적국이라는 용어 대신에 기밀누설의 상대방을 NATO회원국 등 동맹국까지도 포함하는 개념인 「외국의 권력」(외국정부 또는 이에 상응하는 조직)(vor einer fremden Macht)으로 지칭하고 있는 것은 현실적이며 타당하다. 입법론적으로 형법도 적국이라는 용어 대신에 「외국 또는 외국인 단체」라는 용어로 바꾸어야 할 것이다. 이럴 경우 준적국 규정(제102조)은 불필요하게 될 것이다. 마찬가지로 국가보안법상의 규정(제4조 제1항 제2호 가목)[2] 역시 적국 또는 반국가단체를 「외국 또는 외국인 단체」로 수정하여야 한다. 참고로 국가정보원법(제13조 제4항)은 「다른 국가 또는 집단」이라고 표현하고 있다.[3]

(2) 국가기밀

국가기밀이란 제한된 사람에 대해서만 공개되어 있고 대한민국의 외적 안

1) 이재상, 690면.

2) "군사상 기밀 또는 국가기밀이 국가안전에 대한 중대한 불이익을 회피하기 위하여 한정된 사람에게만 지득이 허용되고 적국 또는 반국가단체에 비밀로 하여야 할 사실, 물건 또는 지식인 경우에는 사형 또는 무기징역에 처한다."

3) 박상기, 「간첩죄에 관한 소고」, 형사정책연구(2007 가을), 567면 이하 참조.

전에 대한 중대한 불이익을 초래할 위험을 예방하기 위하여 적국에 대하여 비밀로 하여야 할 사실이나 물건, 지식을 말한다.[1] 군사기밀뿐만 아니라 정치·경제·사회 등의 내용도 포함한다. 국가보안법은 국가기밀을 「국가안전에 대한 중대한 불이익을 회피하기 위하여 한정된 사람에게만 지득이 허용되고 적국 또는 반국가단체에 비밀로 하여야 할 사실, 물건 또는 지식」이라고 규정하고 있다(제4조 제1항 제2호). 물건으로는 군사무기나 국가기간시설물, 중요한 산업적 발명품 등을 예로 들 수 있다. 또한 국가정보원법(제13조 제4항)은 「국가기밀이라 함은 국가의 안전에 대한 중대한 불이익을 회피하기 위하여 한정된 인원에게만 지득이 허용되고 다른 국가 또는 집단에 대하여 비밀로 할 사실, 물건 또는 지식으로서 국가기밀로 분류된 사항에 한한다」고 규정하고 있다.

국가기밀의 개념은 **실질적 기밀개념**을 기준으로 하고 있다. 실질적 기밀개념이란 이제까지 전혀 알려지지 않은 사실이라는 점 때문에 비밀인 사실뿐만 아니라 내용이나 취급상의 방법에 따라 특정인만이 제한적으로 알고 있거나 알 수 있는 사실을 의미한다. 실질적 기밀개념에 대해서는 국가기밀 판정의 불확실성을 초래한다는 비판이 있다.[2] 그러나 형식상 기밀에는 해당하지 않지만 실질적으로는 국가이익을 침해할 수 있는 사항도 국가기밀에 포함시킬 수 있다는 점에서 실질적 기밀개념이 타당하다.

[판례] 반면에 판례는 국가기밀을 "순전한 의미에서의 국가기밀에만 국한할 것이 아니라 정치·경제·사회·문화 등 각 방면에 걸쳐서 대한민국의 국방정책상 북한에 알리지 아니하거나 확인되지 아니함이 이익이 되는 모든 기밀사항을 포함한다(대판 1988. 11. 8, 88도1630)"고 하여 형식적 기밀개념을 따르고 있다고 볼 수 있다.

국가기밀과 관련하여 **모자이크이론**(Mosaiktheorie)이 있다.[3] 이는 개별 내용으로는 기밀에 속하지 않지만 이를 종합하면 전체로서 중요한 새로운 사실을 판단할 수 있는 정보가 될 때에도 기밀성을 인정하는 이론이다(예: 각 지역의 도로망을 종합하여 전략적 요충지나 군사적 공격로를 알아 내는 것, 군사훈련 상황을 관찰하고서 전투력을 평가하는 것). 모자이크이론에 따르면 누구나 알고

---

1) 이는 독일형법 제93조(Begriff des Staatsgeheimnisses)가 규정하고 있는 국가기밀의 내용이다.
2) Fuss, NJW 1962, 2226; Heinemann, NJW 1963, 7.
3) 이에 대해서는 Tröndle/Fischer, § 93 Rn. 4; Sch/Sch/Stree/Sternberg-Lieben, § 93 Rn. 11 참조.

있으며 알 수 있는 소위 공지의 사실이라 하더라도 전문적 지식을 동원하여 이를 전체로서 종합할 경우에는 국가기밀에 해당하는 내용이 될 경우에 각 개별 정보는 국가기밀성을 가지게 된다. 즉 일반인이 알고 있는 사실도 경우에 따라서는 기밀성이 인정된다는 점에서 이 이론에 대해서는 논란이 있다.[1)] 예를 들어 국내의 정치적·경제적 상황을 전문가적 지식을 동원한 모자이크 방법에 의하여 종합한 판단서나 보고서 등도 대한민국의 이익에 침해가 될 내용의 것이라면 기밀에 포함된다고 보아야 하므로 만일 이러한 내용을 탐지·수집하여 적국에 종합판단한 결과를 알리는 행위는 본죄에 해당할 수 있다. 그러나 언론기관의 경우에는 개별정보를 수집하고 이를 근거로 판단과 전망을 하는 것이 그 임무이므로 모자이크이론의 적용은 제한되어야 할 것이다.[2)]

대법원 판례는 종래 국가기밀의 범위를 신문·잡지·라디오 등에 보도되고 알려진 사항이라 하더라도 적국에 유리한 자료가 될 경우에는 기밀사항에 포함된다고 보며,[3)] 이러한 사항을 적국이 알고 있든 모르고 있든 간에 이를 불문한다고 밝히고 있다.[4)] 그러나 판례의 이러한 입장은 단순한 공지의 사실까지도 국가기밀로 보기 때문에 기밀의 본래 의미와 상충되었다. 최근 판례는 국가보안법 제4조 제1항 제2호에서 규정한 국가기밀에 대하여 「이미 일반인에게 널리 알려진 공지의 사실, 물건 또는 지식에 속하지 아니한 것」이어야 한다고 판시하였다.[5)] 이는 실질적 기밀개념에 입각한 것이라고 할 수 있다.

그러나 만일 과거처럼 남북간의 교류가 거의 단절된 상황이라면 국가기밀의 내용을 둘러싼 논란은 별 의미가 없다고 해도 과언이 아니다. 왜냐하면

---

1) 모자이크이론의 위헌성에 대해서는 슈피겔지 사건수사에 대한 독일연방헌법재판소 결정에서 4:4로 유보하고 있다(BVerfGE 20, 180). 그 밖에도 이 이론에 대한 비판적 견해로는 Baumann, JZ 1966, 334; Sch/Sch/Stree/Sternberg-Lieben, §93 Rn. 12 참조. 지지하는 견해로는 H. Arndt, ZStW 66, 50; Jescheck, JZ 1967, 9.

2) 이와 관련한 독일에서의 대표적인 사건이 시사주간지 슈피겔사건(Spiegel-Affäre)이다. 그 내용은 1962.10.10자 발행 슈피겔지에 나토군의 군사합동훈련 "Fallex 62"를 참관하고 독일군은 당시 상황에서 제한적인 방어능력을 갖고 있으며, 핵무장보다는 재래식 무장이 더욱 필요하다고 보도한 것이 수사대상이 된 것이다. 이에 관해서는 AK/Sonnen, Bd. 3, §93 Rn. 2-7 참조.

3) 대판 1982.11.9, 82도2239; 1983.5.10, 83도665; 1984.11.27, 84도2252.

4) 대판 1983.3.22, 82도3036; 1983.4.26, 83도416; 1985.11.12, 85도1939; 1986.7.8, 86도861.

5) 대판 1997.7.16, 97도985.

간첩죄에 해당하는 국가기밀성의 여부보다 내용이 어떠하든지 간에 북한을 위한 일체의 정보·자료 제공행위는 간첩행위에 해당한다고 보기 때문이다.[1] 이는 간첩죄의 본질을 적국에 대한 기밀누설보다 반역행위에서 찾는 것과 마찬가지이다. 그러나 현재 북한을 포함하여 각국과의 교류·왕래가 활발한 상황에서는 국가기밀의 개념을 분명히 하지 않으면 간첩죄의 적용이 불확정한 상황이 발생할 수 있으며, 특히 북한과의 관계에서도 경제·문화 등 교류가 활성화된 상황에서 간첩행위 여부를 둘러싼 논란이 예상된다.

(3) 실행의 착수

간첩죄의 실행의 착수시점은 구체적으로 국가기밀을 탐지·수집하는 행위에 착수한 때이다.[2] 이에 대하여 간첩목적으로 국내에 입국 또는 잠입한 때에 실행에 착수하였으며, 기밀을 탐지·수집함으로써 기수에 도달한 것이라는 견해가 있다.[3] 그러나 간첩행위를 위하여 국내에 잠입하는 것만으로는 아직 본죄의 실행에 착수하였다고 볼 수 없다. 그러므로 국내에 잠입하여 인물을 포섭하거나 접선한 것만으로는 기수라고 할 수 없다.

3. 간첩방조행위

간첩방조행위란 적국의 간첩임을 알면서 간첩의 활동을 도와 주는 행위를 말한다. 이를 위해서는 간첩활동을 방조할 의사로서 그의 기밀탐지·수집행위를 용이하게 하는 행위가 있어야 한다. 그러므로 기밀탐지와 무관한 숙식제공행위나 무전기 매몰을 도와 주는 행위는 여기에서의 방조행위에 해당하지 않는다.[4] 본죄는 간첩에 대한 방조행위이지만 구성요건상 독립된 행위유형이다. 그러므로 총칙상의 방조범과는 아무 관계도 없으며, 방조범에 대한 감경규정도 적용되지 않는다. 즉 간첩죄와 동일하게 처벌된다.

4. 군사기밀누설행위(제2항)

군사기밀누설이란 군사기밀인 사실을 알면서도 이를 적국에 알리는 것을 말한다. 적국에 직접 알리거나 중간첩자에게 알리는 등 최종적으로 적국에 도달하는 한 알렸다고 볼 수 있다. 직무상 군사기밀을 관장하는 자가 작위적

1) 대판 1986.7.8, 86도861 참조.

2) 김성천, 1290면; 배종대, 800면; 백형구, 687면; 오영근, 865면; 이재상, 692면; 이정원, 661면; 임 웅, 808면.

3) 판례는 휴전선을 넘는 등의 방법으로 국내에 잠입 또는 입국하였을 때에 실행의 착수를 인정한다(대판 1963.11.7, 63도265; 1984.9.11, 84도1381).

4) 대판 1986.2.25, 85도2533.

방법은 물론 부작위의 방법으로 이를 알게 하는 행위도 본죄에 해당한다. 입법론적으로는 군사기밀을 담당하는 자가 중대한 과실로 인하여 군사기밀이 누설되게 한 경우에도 이를 처벌하는 것이 타당하다.[1] 군사기밀은 제 1 항의 국가기밀에 포함되는 개념이다. 간첩행위가 기밀을 탐지·수집하는 것임에 반하여 이 행위는 직무상 이미 알고 있는 군사기밀을 적국에 누설한다는 점에서 다르다(신분범).[2] 그러므로 직무와 관계 없이 알게 된 군사상의 기밀을 누설한 자는 여기에 해당하지 않고 일반이적죄(제99조)에 해당한다.[3]

그리고 군사기밀을 일반에게 누설한 경우에는 군사기밀보호법에 따라 처벌된다. 군사기밀 보호법에서 말하는 군사기밀이란 "일반인에게 알려지지 아니한 것으로서 그 내용이 누설되면 국가안전보장에 명백한 위험을 초래할 우려가 있는 군관련 문서·도화·전자기록 등 특수매체기록 또는 물건으로서 군사기밀이라는 뜻이 표시 또는 고지되거나 보호에 필요한 조치가 행하여진 것과 그 내용을 말한다"(동법 제 2 조). 한편 판례는 군형법에서 말하는 군사상의 기밀(동법 제13조 제 2 항, 제80조 참조)이란 "반드시 법령에 의하여 기밀사항으로 규정되었거나 기밀로 분류 명시된 사항에 한하지 아니하고 군사상의 필요에 따라 기밀로 된 사항은 물론 객관적·일반적인 입장에서 외부에 알려지지 않는 것에 상당한 이익이 있는 사항도 포함한다"는 입장이다.[4] 이에 따라 군사기밀보호법 제 2 조가 규정하고 있는 군사상의 기밀의 범위에 국한되지 않는 것이라고 보고 있다.

Ⅶ. 戰時軍需契約不履行罪

제103조 【전시군수계약불이행】 ① 전시 또는 사변에 있어서 정당한 이유 없이 정부에 대한 군수품 또는 군용공작물에 관한 계약을 이행하지 아니한 자는 10년 이하의 징역에 처한다.
② 전항의 계약이행을 방해한 자도 전항의 형과 같다.

1) 독일형법은 이러한 규정을 두고 있다(§97, Preisgabe von Staatsgeheimnissen).
2) 김일수/서보학, 966면; 배종대, 800면; 이재상, 693면; 정영석, 27면.
3) 대판 1982. 7. 13, 82도968; 김성천, 1292면; 임 웅, 809면; 정영석, 27면.
4) 대판 1990. 8. 28, 90도230("군사시설보호구역 해제계획은 군사시설보호구역의 설정목적과 절차, 그 해제절차 및 해제기밀이 공표 전에 누설됨으로 인하여 초래될 군사목적상 위해한 결과 등에 비추어 볼 때 군형법 제80조 소정의 군사상의 기밀에 해당한다고 할 것이다").

본죄는 전시 또는 사변시 정당한 이유 없이 정부에 대한 군수품 또는 군용공작물에 관한 계약을 이행하지 아니하거나(제1항), 이러한 계약이행을 방해(제2항)함으로써 성립한다. 본죄의 입법취지는 국가비상사태하에서 군작전상 필요한 물자나 시설에 관한 계약을 정당한 이유 없이 이행하지 아니하거나(진정부작위범), 또는 그 이행을 방해할 경우에는 군작전상 커다란 지장을 초래할 것을 우려하여 이를 방지하고자 하는 데에 있다.[1] 이에 대해서는 사법상의 계약불이행을 형법으로 처벌하는 것은 보충성의 원칙에 어긋나는 시대착오적인 입법이라는 견해[2]도 있다. 그러나 본죄의 실효성 여부는 불문으로 하고 형법의 보충성원칙을 이유로 잘못된 입법이라고 보기는 어렵다. 전시나 사변이라는 긴급상황에서 고의적으로 군수계약을 이행하지 않거나 이행을 방해하는 행위는 사실상 적국에 대한 이적행위에 해당하기 때문이다(제99조 참조). 또한 본죄의 형량이 일반이적죄(무기 또는 3년 이상의 징역)에 비하여 현저히 낮은 점을 고려할 때에(10년 이하의 징역) 반드시 잘못된 입법은 아니라고 본다.

제 3 절 國旗에 관한 罪

I. 序 論

국기에 관한 죄란 국가의 권위를 상징하는 국기와 국장을 손상·제거·오욕 또는 비방하는 것을 내용으로 하는 죄이다. 대한민국의 국기·국장은 물론이고 외국의 국기·국장에 대하여도 처벌하고 있다. 대한민국의 국가원수에 대한 모독행위를 처벌하는 특별한 구성요건은 규정되어 있지 않다.

독일형법은 독일연방공화국(흑·적·황)이나 각 주의 고유색·기·문장·국가(國歌)(주(州)가), 독일연방공화국이나 각 주 또는 이들의 헌법질서를 모욕하거나 악의적으로 경멸한 경우에는 3년 이하의 자유형이나 벌금형에 처하고 있다.[3] 그리고 입법기관·행정부·연방과 각 주의 헌법재판소 및 그 구성원을 집회 또는 서면의 배포방법으로 공개적으로 모욕하고 이를 통하여 의도적으로 독일연방공화국의 존

1) 정영석, 28면.
2) 김일수/서보학, 967면; 배종대, 801면; 유기천(하), 254면; 이재상, 694면.
3) § 90 a(Verunglimpfung des Staates und seiner Symbole).

속이나 헌법적 기본원칙에 대항하는 자는 3월 이상 5년 이하의 자유형에 처하고 있다.[1]

형법은 국기·국장모독죄(제105조)와 국기·국장비방죄(제106조)를 규정하고 있으며 이 죄는 대한민국 영역 외에서 내·외국인에게도 적용된다(제5조).

Ⅱ. 國旗·國章冒瀆罪

> 第105조【국기, 국장의 모독】 대한민국을 모욕할 목적으로 국기 또는 국장을 손상, 제거 또는 오욕한 자는 5년 이하의 징역이나 금고, 10년 이하의 자격정지 또는 700만원 이하의 벌금에 처한다.

본죄는 대한민국을 모욕할 목적으로 국기 또는 국장을 손상·제거 또는 오욕함으로써 성립한다. 목적범이다. 국기란 태극기를 의미하고, 국장이란 대한민국을 상징하는 나라문장이나 군기, 대사관 등의 휘장을 의미한다.

손상이란 물리적 파괴·훼손행위를 의미한다(예: 불사르는 행위). 제거는 국기·국장을 철거하거나 가리는 것을 의미한다. 오욕이란 국기·국장을 더럽히는 행위를 말한다(예: 침을 뱉거나 페인트로 칠하는 것).

본죄는 고의 이외에 모욕의 목적이 있어야 한다.

Ⅲ. 國旗·國章誹謗罪

> 第106조【국기, 국장의 비방】 전조의 목적으로 국기 또는 국장을 비방한 자는 1년 이하의 징역이나 금고, 5년 이하의 자격정지 또는 200만원 이하의 벌금에 처한다.

국기·국장모독죄와 행위의 태양이 다르다. 즉 본죄의 행위방법인 비방이란 언어적 방법이나 거동에 의하여 공개적으로 국기나 국장을 모독하는 것을 말한다. 비방 여부는 일반인의 수준에서 국기·국장에 대한 당해 발언 등을 어떻게 받아들이는가에 달려 있다. 입법론적으로나 내용상 국기·국장모독죄에 포함시키는 것이 타당하고 별도로 구성요건화한 것은 불필요하다.

---

1) § 90 b(Verfassungsfeindliche Verunglimpfung von Verfassungsorganen).

제 4 절 國交에 관한 罪

I. 序 論

국교에 관한 죄는 평화로운 국제관계를 형성·유지하는 것을 위태롭게 하는 범죄행위를 처벌하는 것이다. 본죄의 보호법익은 대한민국의 대외적 지위라고 보거나[1] 국제법상의 의무에 기초한 외국의 법익보호를 위한 것이라고 보는 견해,[2] 그리고 양자를 모두 보호법익으로 보는 견해[3]가 있다. 본죄가 평화로운 국제관계를 유지·발전시키는 것을 궁극적 목적으로 하는 것이라면 본죄의 보호법익은 외국의 이익보호를 통하여 곧 자국의 이익을 보호한다는 이중적 목표를 염두에 둔 것이라고 이해하는 것이 타당하다. 보호의 정도는 추상적 위험범으로서의 보호라고 보아야 한다.[4]

국교에 관한 죄는 외국원수·외교사절·외국국기에 대한 죄와 외국에 대한 국제적 의무위반·평화침해행위를 처벌하는 규정(외국원수에 대한 폭행·협박죄 및 모욕·명예훼손죄, 외국사절에 대한 폭행·협박죄 및 모욕·명예훼손죄) 및 외국과의 외교관계를 침해하는 범죄행위인 외교상 기밀누설죄로 구성되어 있다.

II. 外國元首·使節 및 國旗에 대한 罪

1. 외국원수폭행·협박죄, 외국원수모욕·명예훼손죄

제107조【외국원수에 대한 폭행 등】 ① 대한민국에 체재하는 외국의 원수에 대하여 폭행 또는 협박을 가한 자는 7년 이하의 징역이나 금고에 처한다.
② 전항의 외국원수에 대하여 모욕을 가하거나 명예를 훼손한 자는 5년 이하의 징역이나 금고에 처한다.

제110조【피해자의 의사】 제107조 내지 제109조의 죄는 그 외국정부의 명시한 의사에 반하여 공소를 제기할 수 없다.

---

1) 배종대, 804면.
2) 정영석, 30면.
3) 김성천, 1296면; 김일수/서보학, 974면; 백형구, 673면; 오영근, 371면; 유기천(하), 268면; 이재상, 697면; 이정원, 666면; 임 웅, 815면; 정성근/박광민, 958면; 진계호, 800면.
4) 김성천, 1296면; 김일수/서보학, 974면; 유기천(하), 268면.

본죄는 대한민국에 체재하는 외국원수에 대하여 폭행·협박을 하거나 모욕·명예훼손행위를 함으로써 성립하는 죄이다. 행위객체가 외국원수라는 점에서 폭행죄·협박죄·모욕죄·명예훼손죄에 비하여 형이 가중되는 구성요건이다. 반의사불벌죄이다.

행위객체인 외국원수는 대한민국에 체재하여야 하며, 우리나라와 외교관계를 맺고 있지 않더라도 상관없다. 체재의 목적은 불문한다. 원수이어야 하므로 대통령이나 군주가 이에 해당하며, 내각제하의 수상은 여기에 해당하지 않는다. 외국원수의 가족 역시 해당되지 않는다.

행위는 폭행·협박·모욕·명예훼손이다. 모욕행위나 명예훼손의 경우 공연성을 요건으로 하지 않는다는 점 및 위법성조각사유(제310조)가 적용되지 않는다는 점에서 서로 구별된다.

2. 외국사절폭행·협박죄, 외국사절모욕·명예훼손죄

> 제108조【외국사절에 대한 폭행 등】 ① 대한민국에 파견된 외국사절에 대하여 폭행 또는 협박을 가한 자는 5년 이하의 징역이나 금고에 처한다.
> ② 전항의 외국사절에 대하여 모욕을 가하거나 명예를 훼손한 자는 3년 이하의 징역이나 금고에 처한다.
> 제110조【피해자의 의사】 제107조 내지 제109조의 죄는 그 외국정부의 명시한 의사에 반하여 공소를 제기할 수 없다.

본죄는 외국원수에 대한 경우와 같은 내용이다. 다만 행위객체가 외국사절인 점에서 구별된다. 외국사절이란 대사와 공사를 가리키며, 대한민국에 파견된 자이어야 한다. 외국사절이 아닌 가족이나 수행원 등은 본죄의 행위객체에서 제외된다.

3. 외국국기·국장모독죄

> 제109조【외국의 국기, 국장의 모독】 외국을 모욕할 목적으로 그 나라의 공용에 공하는 국기 또는 국장을 손상, 제거 또는 오욕한 자는 2년 이하의 징역이나 금고 또는 300만원 이하의 벌금에 처한다.

본죄는 대한민국 국기·국장모독죄에 상응하는 규정이다. 다만 외국의 공용에 공하는 국기 또는 국장이어야 하므로 일반인이 시위 도중 준비한 외국의 국기나 국장을 손상하거나 오욕하는 행위를 하는 경우에는 본죄에 해당하지 않는다. 공용에 공한다는 것은 대사관과 같이 그 나라의 공적 기관이나 공무소에서 사용하는 것을 말한다. 외국의 국기나 국장이어야 하므로 국제연합과 같은 국제기구 또는 외국군의 기(旗)나 휘장은 본죄의 객체에서 제외된다.

Ⅲ. 外國에 대한 私戰·中立命令違反罪

1. 외국에 대한 사전죄

제111조【외국에 대한 사전】 ① 외국에 대하여 사전한 자는 1년 이상의 유기금고에 처한다.
② 전항의 미수범은 처벌한다.
③ 제 1 항의 죄를 범할 목적으로 예비 또는 음모한 자는 3년 이하의 금고 또는 500만원 이하의 벌금에 처한다. 단, 그 목적한 죄의 실행에 이르기 전에 자수한 때에는 감경 또는 면제한다.

본죄는 외국에 대하여 사전을 하거나 사전할 목적으로 예비 또는 음모함으로써 성립하는 죄이다. 즉 대한민국 국민 일부가 외국에 대하여 사적인 전투행위를 하는 것을 처벌하는 것이다.

사전의 상대방은 외국이므로 외국인 또는 외국의 일부 집단을 상대로 하는 전투행위는 본죄에 해당하지 않는다. 그리고 전투행위이어야 하므로 최소한 외국에 대하여 무력에 의한 조직적인 공격이 있어야 한다.

본죄의 예비·음모행위는 처벌한다.

2. 중립명령위반죄

제112조【중립명령위반】 외국간의 교전에 있어서 중립에 관한 명령을 위반한 자는 3년 이하의 금고 또는 500만원 이하의 벌금에 처한다.

본죄는 외국간의 교전시 중립명령을 위반하는 것이다. 즉 외국간의 교전시에 대한민국 정부가 중립을 선언하였음에도 불구하고 교전국 일방에 가담하여 군사행동을 하는 것은 상대방 국가와의 외교관계를 침해하는 것이므로 이를 처벌하는 것이다. 중립명령위반 여부를 판단하는 기준은 중립명령의 내용에 의해서이다. 그러나 중립명령의 구체적 내용은 선언되는 중립명령에 위임하고 있기 때문에 소위 백지형법에 해당하는 규정이다.

본죄에서 외국간의 교전이란 대한민국이 참가하지 않는 외국간의 교전을 의미한다. 교전의 수준이 전쟁에 해당할 정도이어야 하는가 여부는 중요하지 않으며 중립명령이 발하여진 상태인가가 중요하다. 그리고 중립명령이 폐지될 때까지 효력을 갖는 한시법에 해당한다.[1)]

Ⅳ. 外交上 機密漏泄罪, 外交上 機密探知·蒐集罪

> 第113条【외교상 기밀의 누설】 ① 외교상의 기밀을 누설한 자는 5년 이하의 징역 또는 1천만원 이하의 벌금에 처한다.
> ② 누설할 목적으로 외교상의 기밀을 탐지 또는 수집한 자도 전항의 형과 같다.

본죄는 외교상의 기밀을 누설함으로써 성립한다. 본죄는 신분범이 아니므로 행위자에는 제한이 없다. 본죄의 행위객체는 외교상 기밀이다. 외교상의 기밀은 관련국가간의 이익을 위하여 알려지지 않아야 하는 것이므로 국내에서 이미 공지의 사실은 외국에 대하여도 비밀유지이익이 없는 경우라고 보아야 한다. 본죄의 행위는 누설하는 것이다. 누설은 작위적·부작위적 방법을 모두 포함한다. 누설의 상대방은 적국이 아니어야 한다. 만일 적국에 누설하는 경우에는 간첩죄에 해당한다.[2)] 반드시 외국에 누설하는 때에만 성립한다[3)]고 볼 것은 아니며 국내에서 누설하는 경우도 포함한다고 보아야 한다.[4)]

누설할 목적으로 외교상의 기밀을 탐지·수집하는 행위도 누설행위와 같은 형으로 처벌된다. 외교상 기밀탐지·수집죄(제2항)는 목적범이다.

---

1) 배종대, 807면; 유기천(하), 254면; 이재상, 702면; 정성근/박광민, 962면; 정영석, 34면. 반대견해로는 백형구, 695면.
2) 김일수/서보학, 979면; 유기천(하), 255면; 이재상, 703면; 이정원, 670면; 임 웅, 821면.
3) 김일수/서보학, 979면; 이재상, 703면; 정성근/박광민, 963면.
4) 김성천, 1300면.

제 2 장 國家의 機能에 대한 罪

제 1 절 公務員의 職務에 관한 罪

Ⅰ. 序 論

공무원의 직무에 관한 죄[1]는 공무원이 직무를 위배하거나 직권을 남용하는 행위 및 뇌물죄를 처벌하는 것이다. 국가기능은 공무원의 직무수행이 적정하지 못하거나 직권남용 및 뇌물수수를 통하여 무력화되는 것은 물론이고, 결과적으로 이러한 행위들은 국가에 대한 국민의 신뢰감을 저하시켜 국가와 국민이 이반되도록 한다. 나아가서는 공무원의 위와 같은 직무범죄행위는 행위의 상대방인 국민의 이익에 대한 심대한 침해를 야기한다.[2]

한편 국가공무원법은 성실의무(제56조), 복종의무(제57조), 직장이탈금지의무(제58조), 친절 · 공정의무(제59조), 비밀엄수의무(제60조), 청렴의무(제61조)를 규정하고 있으며 지방공무원법 역시 동일한 내용을 규정하고 있다(제48조 내지 제53조). 공무원의 직무관련 범죄는 이처럼 공무원의 국민에 대한 봉사자로서의 의무위반에 대한 형법적 제재이다.

> 공무원이 직권을 이용하여 공무원의 직무에 관한 죄 이외의 죄를 범한 때에는 그 죄에 정한 형의 2분의 1까지 가중한다. 다만 공무원의 신분에 의하여 특별히 형이 규정된 경우에는 예외로 한다(제135조). 이는 공무원이라는 특수한 지위에 대한 경계적 의미와 신뢰감의 기대라는 의미를 지니고 있다.

1) 미국법에서는 공무원의 직무범죄(Official Misconduct in Office)에 직무유기행위(nonfeasance), 불법적인 직권남용행위(malfeasance), 적법하지만 불공정한 직무수행행위(misfeasance)를 포함한다. 그리고 직권남용체포 · 감금행위와 같이 시민의 기본권을 침해하는 행위에 대해서는 연방법이 규정하고 있다(U.S. Code, Title 18, Section 242(1994)).

2) 그러나 범죄성의 중점을 국가기능에 두고 있기 때문에 형법은 국가적 법익에 대한 죄로 규정하고 있다.

Ⅱ. 公務員의 槪念

공무원의 직무범죄는 행위자가 공무원이라는 신분을 요하는 신분범이다. 공무원에 대한 형법상 정의는 없으며, 일반적으로 법령에 의하여 공무에 종사하는 자라고 할 수 있다.[1] 그리고 각 구성요건에 대해서 특별법으로 공무원의 범위를 확장하는 규정이 있다. 대표적인 예로는 「특정범죄 가중처벌 등에 관한 법률」(제4조) 및 동 시행령(제2조)에서 뇌물죄(제129조 내지 제132조)와 관련하여 공무원의 범위를 확장하고 있다(뇌물죄 참조). 또한 한국은행의 임·직원(한국은행법 제106조 제 1 항)은 형법 기타 법률에 의한 벌칙적용시에 공무원으로 간주한다. 또한 「도시 및 주거환경정비법」에 의한 주택재개발조합의 임·직원(도시 및 주거환경정비법 제84조)은 형법 제129조 내지 제132조의 공무원으로 의제되며, 한국산업은행(한국산업은행법 제17조) · 한국수출입은행(한국수출입은행법 제17조) · 중소기업은행(중소기업은행법 제32조)의 임원, 준기소절차에서 검사의 직무를 수행하는 변호사(형사소송법 제265조) 등은 공무원의 지위가 인정되어 공무원범죄에 관한 형법규정이 적용된다. 그 밖에 청원경찰관, 사법연수원생, 집행관, 공증인도 공무원의 직무를 수행하는 자로서 공무원의 지위가 인정된다.

그러나 형법상 공무원의 지위가 인정된다고 하더라도 개별구성요건이 상정하고 있는 구성요건과 관련된 직무를 수행하는 공무원의 신분이 서로 다르기 때문에 공무원에 대한 일반적 개념정의와 범위확정은 무의미하다. 예를 들어 공무원으로 간주되는 한국은행의 임·직원이 피의사실공표죄나 폭행 · 가혹행위죄의 행위주체가 될 수는 없기 때문이다.

Ⅲ. 構成要件體系

공무원의 직무범죄로는 직무유기의 죄, 직권남용의 죄, 뇌물의 죄의 세 가지가 규정되어 있다. 직무유기의 죄에는 직무유기죄(제122조) 이외에 피의사실공표죄(제126조), 공무상 비밀누설죄(제127조)가 있으며 모두 독립적 구성요건이다. 직권남용의 죄에는 직권남용권리행사방해죄(제123조), 직권남용체포 · 감금죄(제124조), 폭행 · 가혹행위죄(제125조), 선거방해죄(제128조)가 있으며 각각은 독립적 구성요건이다. 뇌물의 죄에는 수뢰죄(제129조 제 1 항)를 기본적 구성요건으로 하여 사전수뢰죄(제129조 제 2 항), 제 3 자 뇌물수수 · 요구 · 약속죄(제130조), 수뢰후부정처사죄와 부정처사

1) 김성천, 1301면; 배종대, 809면; 유기천(하) 276면; 이재상, 706면; 정성근/박광민, 777면.

후수뢰죄(제131조), 알선수뢰죄(제132조), 뇌물공여 등 죄(제133조 제1항) 및 제 3 자 뇌물교부·취득죄(제2항)가 있다.

Ⅳ. 職務遺棄의 罪

1. 직무유기죄

> 第122條【직무유기】 공무원이 정당한 이유 없이 그 직무수행을 거부하거나 그 직무를 유기한 때에는 1년 이하의 징역이나 금고 또는 3년 이하의 자격정지에 처한다.

(1) 의 의

본죄는 공무원이 정당한 이유 없이 직무수행을 거부하거나 직무를 유기함으로써 성립하는 범죄이다. 국가의 기능을 보호법익으로 하며, 추상적 위험범에 해당한다.[1] 본죄는 직무유기가 계속되는 한 구성요건이 반복적으로 실현된다고 보아야 하므로 계속범에 해당한다.[2] 이에 반해 전단의 직무유기는 계속범이지만 후단의 직무수행의 거부는 즉시범이라는 견해가 있다.[3] 그러나 직무수행의 거부 역시 직무복귀시점(직무수행시점)까지 직무수행거부행위가 계속되는 것으로 보아야지 1회적인 거부의사표시나 직장이탈로 직무유기행위가 종결되는 것은 아니다. 판례 역시 직무유기죄는 작위의무를 수행하지 않는 한 위법한 부작위상태가 지속된다고 보아 즉시범이 아니라고 판시하고 있다.[4]

「특정범죄 가중처벌 등에 관한 법률」(제15조)에 의하면 범죄수사의 직무에 종사하는 공무원이 특정범죄가중처벌 등에 관한 법률위반죄를 범한 자를 인지하고 그 직무를 유기한 때에는 1년 이상의 유기징역에 처한다. 또한 「폭력행위 등 처벌에 관한 법률」(제9조)은 사법경찰관리의 직무유기에 대하여 동법에 규정된 죄를 범한 자를 수사하지 아니하거나 범인을 알면서 체포하지 않거나 수사정보를 누설하여 범인도주를 용이하게 한 때에는 1년 이상의 유기징역에 처한다.

---

1) 오영근, 883면; 이정원, 678면; 임 웅, 827면. 반면에 구체적 위험범에 해당한다는 견해로는 김일수/서보학, 801면; 배종대, 812면; 백형구, 656면; 이재상, 708면; 정성근/박광민, 781면.

2) 김성천, 1303면; 오영근, 884면; 유기천(하), 302면; 임 웅, 827면. 이에 반해 이정원, 678면은 상태범으로 본다.

3) 김일수/서보학, 801면.

4) 대판 1965. 12. 10, 65도826(전원합의체); 1997. 8. 29, 97도675.

(2) 구성요건

1) 행위주체 공무원이다. 즉 국가 또는 지방자치단체 및 이에 준하는 공법인의 사무에 종사하는 자로서 그 노무의 내용이 단순히 기계적·육체적인 것에 한정되어 있지 않는 자를 포함한다. 군인도 해당된다.

2) 행 위 정당한 이유 없는 직무수행의 거부 또는 직무유기이다. 즉 직무 또는 직장을 벗어나는 행위가 있어야 한다. 직무수행의 거부란 직무수행의 의무가 있는 공무원이 정당한 이유 없이 이를 수행하지 않는 것을 말한다. 직무유기란 직무를 방임하거나 포기하는 것을 말한다.[1] 이는 단순히 공무원이 법령내규 또는 지시 및 통첩에 의한 추상적인 근무태만을 의미하는 것이 아니라 직장의 무단이탈이나 직무의 의식적인 포기 등과 같이 국가기능을 저해하며 국민에게 피해를 야기시킬 가능성이 있는 경우를 말한다.[2]

직무의 구체적인 내용은 각 직무수행내용에 의하여 결정된다. 직무는 직접 자기가 담당할 것이 원칙이나 직무를 보조하는 위치에 있는 자도 직무를 수행하는 자에 해당한다.

본죄의 행위태양과 관련하여 판례는 직무유기죄는 직무를 수행하여야 할 작위의무가 있는데도 불구하고 이러한 직무를 버린다는 인식하에 그 작위의무를 수행하지 않는 죄이므로 부진정부작위범에 해당한다고 본다.[3] 이에 대해서는 직무수행거부만을 진정부작위범으로 보는 견해[4]와 직무유기행위만을 부진정부작위범으로 보는 견해,[5] 직무수행의 거부와 직무유기를 구별할 필요가 없으며 양자 모두 작위뿐만 아니라 부작위에 의해서도 가능하다는 견해[6]

1) 대판 1990.5.25, 90도191(도축장 가축검사원이 퇴근시 소계류장에 들어온 소의 숫자와 상태를 확인하고 소계류장 출입문을 시정·봉인하여야 하는 데도 이를 하지 아니한 채 그 관리를 도축장 직원에게 방치한 경우에는 직무유기죄가 인정된다); 1990.12.21, 90도2425(당직사관이 영내에서 학군사관후보생 2명과 함께 술을 마시고 내무반에서 학군사관후보생 2명 및 애인과 함께 화투놀이를 한 다음 애인과 함께 자고난 뒤 교대할 당직근무자에게 당직근무의 인계·인수도 하지 아니한 채 퇴근하였다면 직무유기죄가 성립한다); 1993.12.24, 92도3334(농지사무를 담당하는 군직원이 그 관내에서 발생한 농지불법전용사실을 알고도 이를 군수에게 보고하지 않아 원상회복조치를 취할 수 없도록 한 것은 농지의 보전·관리에 관한 국가의 기능을 저해하며 국민에게 피해를 야기시킬 가능성이 있어 직무유기죄에 해당한다).

2) 대판 1983.3.22, 82도3065; 1984.4.10, 83도1653(과세자료를 양성화하여 국가의 조세징수권의 적정한 행사가 되어야 할 직무는 윤리적·추상적 직무를 넘어선 구체적인 직무이므로 세무공무원으로서 동료의 책상서랍 속에서 양도소득세 과세자료 등을 발견하고도 자료대장에 등재하지 않고 방치한 것은 직무유기죄에 해당한다고 판시).

3) 대판 1965.12.10, 65도826; 1983.3.22, 82도3065.

4) 김일수/서보학, 801면; 진계호, 669면.

5) 유기천(하), 323면.

6) 배종대, 802면; 오영근, 886면; 이재상, 709면; 임 웅, 829면; 정영석, 38면.

및 직무유기죄는 부작위에 의해서만 성립이 가능한 진정부작위범이라고 보는 견해[1] 등이 있다. 직무유기죄는 본질적으로 작위범적 요소와 부진정부작위범적 요소를 모두 갖추고 있다고 보는 것이 타당하다. 판례는 제122조 후단의 직무유기죄가 직무를 수행하여야 하는 작위의무의 존재와 그에 대한 위반을 전제로 한다고 본다.[2]

3) 고 의 본죄가 성립하기 위해서는 직무를 유기한다는 인식이 있어야 한다. 그러므로 착오로 인하여 직무수행을 망각한 경우에는 고의를 인정할 수 없다. 판례도 직무집행의사로 직무를 집행한 이상 태만, 분망, 착각 등 일신상 또는 객관적 사유로 직무집행을 소홀히 하여 부실한 결과가 초래된 것에 불과한 경우에는 직무유기죄가 성립하지 않는다는 입장이다.[3]

(3) 위 법 성

직무유기는 정당한 이유가 없는 경우에 한하여 위법하다. 즉 부당한 직무집행의 압박에서 벗어나기 위한 직무수행의 거부나 포기는 직무유기죄에 해당하지 않는다.

(4) 죄수 및 다른 범죄와의 관계

본죄는 부작위범에 해당한다. 따라서 공무원의 직무의무 위배행위가 다른 작위범의 구성요건을 충족시키는 경우에는 직무위배의 위법상태는 그 작위범의 불법에 포함되어 있으므로 당해 작위범만이 성립하고 부작위범인 직무유기죄는 따로 성립하지 않는다. 따라서 공무원이 그 직무상 의무에 위배하여 허위공문서를 작성·행사한 경우에는 허위공문서작성 및 동행사죄만이 성립하고,[4] 경찰관이 검사로부터 범인을 검거하라는 지시를 받고서도 적절한

---

1) 김성천, 1303면; 이정원, 736면.

2) 대판 1997. 8. 29, 97도675(교통경찰관이 가해자로부터 합의하였으니 사고처리를 하지 말아 달라는 부탁을 받고 교통사고를 입건하여 수사하지 않은 사건에서 교통경찰관에게 직무유기죄를 인정).

3) 대판 1983. 1. 18, 82도2624(의령경찰서 관내에서 발생한 경찰관의 총기난동사건과 관련하여 진압조치가 적절하지 못한 점에 대한 관할경찰서장의 직무유기죄 성립을 부인); 1983. 12. 13, 83도1157; 1991. 6. 11, 91도96(교도소 보안과 출정계장과 감독교사가 재소자의 호송교도관을 지휘하여 호송계호업무를 수행하면서 호송교도관들이 피호송자 개개인에 대한 검신 등의 절차를 철저히 이행하지 아니한 채 호송하는 데도 이를 확인·감독하지 않은 잘못으로 피호송자들이 집단도주한 경우 직무위반은 인정되나 고의로 직무 또는 직장을 이탈한 것이라고는 볼 수 없다고 하여 직무유기죄의 성립을 부인); 1994. 2. 8, 93도3568(경찰관이 도박범행을 한 자들을 입건하지 않은 사건).

4) 대판 1982. 12. 28, 82도2210(예비군대원의 훈련불참 사실을 은폐할 목적으로 훈련에 참석한 것처럼 허위내용의 학급편성명부를 작성·행사한 경우 허위공문서작성죄만을 인정).

조치를 취하지 아니하고 오히려 전화로 도피하라고 권유하여 도피하게 한 경우에는 범인도피죄만이 성립하며,[1] 또한 출원에 대한 심사담당 공무원이 출원인의 출원사유가 허위임을 알면서도 결재권자로 하여금 오인·착각을 일으키게 하여 결재를 받아낸 경우 위계에 의한 공무집행방해죄만이 성립한다.[2]

그러나 공무원이 직무의무에 위배하여 허위공문서를 작성한 경우에도 그러한 행위가 위법사실을 적극적으로 은폐하는데 그치지 않고 새로운 직무위배상태를 창출하는 경우에는 허위공문서작성 및 동행사죄와 직무유기죄는 실체적 경합범의 관계에 있게 된다.[3] 또한 공무원이 뇌물을 수수한 다음 직무유기를 한 때에도 수뢰죄와 직무유기죄의 실체적 경합범이 인정된다.[4]

2. 피의사실공표죄

> 第126조【피의사실공표】 검찰, 경찰 기타 범죄수사에 관한 직무를 행하는 자 또는 이를 감독하거나 보조하는 자가 그 직무를 행함에 당하여 지득한 피의사실을 공판청구전에 공표한 때에는 3년 이하의 징역 또는 5년 이하의 자격정지에 처한다.

(1) 의 의

검찰·경찰 기타 범죄수사에 관한 직무를 행하는 자 또는 이를 감독하거나 보조하는 자가 그 직무를 행하면서 알게 된 피의사실을 공판청구전(공소제기전)에 불특정 또는 다수인에게 공표함으로써 성립하는 범죄이다. 진정신분범·추상적 위험범[5]·거동범이다.

본죄의 보호법익은 피의자의 인권이다. 통설은 피의자의 인권과 함께 국가의 범죄수사권이 본죄의 보호법익이라고 하지만,[6] 공무상 비밀누설죄를 별도로 처벌하고 있으므로 수사의 기밀성 유지보다는 피의자의 인권이 본죄의 보호법익이라고 하는 것이 타당하다. 그러므로 본죄는 체계상 국가적 법익의

1) 대판 1996. 5. 10, 96도51.
2) 대판 1997. 2. 28, 96도2825.
3) 대판 1993. 12. 24, 92도3334(농지사무 담당공무원이 농지불법전용 사실을 알면서도 아무런 조치를 취하지 않았을 뿐 아니라 오히려 농지일시전용을 허가함이 타당하다는 내용의 현장출장복명서 및 심사의견서를 작성하여 결재권자의 결재를 받아 공무소에 비치한 경우, 허위공문서작성 및 동행사죄와 직무유기죄의 실체적 경합범을 인정).
4) 김일수/서보학, 804면. 이에 반해 양죄의 상상적 경합을 인정하는 견해로는 임 웅, 832면.
5) 구체적 위험범으로 보는 견해는 배종대, 804면.
6) 김일수/서보학, 807면; 배종대, 815면; 오영근, 890면; 이재상, 711면; 이정원, 682면; 임 웅, 834면; 정성근, 718면.

범주에 포함되어 있으나 내용상으로는 개인적 법익에 대한 범죄행위로 파악하는 것이 타당하다. 수사기관이 수사기밀을 누설한 행위를 처벌하고자 할 때에는 공무상 비밀누설죄(제127조)를 적용하면 된다.

본죄는 사실상 적용되지 않고 있는 구성요건이다. 그 원인은 수사기관이 행위주체이기 때문이며 확정판결시까지는 무죄추정을 받는다는 수사와 재판의 기본원칙이 무시되고 있기 때문이다. 나아가서 국민의 알권리를 앞세운 언론기관의 지나친 보도경향에도 원인이 있다. 그 결과 특히 무죄의 확정판결을 받은 사람도 이미 공표된 피의사실로 인하여 가족과 본인의 명예훼손은 물론이고 사회생활상 각종의 피해를 입게 된다. 그럼에도 불구하고 현실적으로는 언론중재위원회를 통한 반론보도의 청구 또는 국가나 언론기관을 상대로 하는 손해배상청구의 방법으로 구제받을 수밖에 없는 실정이다. 국민의 인권보호를 위해서 본죄의 적용이 활발하여야 하며, 피의사실을 기소 전에 공표하여 피의자를 진범으로 추정하도록 하는 수사관행이 바뀌어야 한다.

(2) 구성요건

1) 행위주체 본죄의 주체는 검찰·경찰 기타 범죄수사에 관한 직무를 수행하는 자 또는 이를 감독하거나 보조하는 자이다. 검찰·경찰의 경우에는 구체적 직무내용이 범죄수사와 무관하다고 하더라도 본죄의 주체에 해당한다. 법관도 영장발부를 통하여 알게 된 피의사실을 공표하는 경우에는 본죄의 주체가 된다.[1)]

2) 행위객체 공표의 대상이 되는 것은 직무를 행하면서 알게 된 피의사실이다. 직무와 무관하게 알게 된 사실은 여기에 해당하지 않는다. 피의사실의 진실성 여부는 불문한다. 허위사실인 경우 피의자의 피해는 더욱 클 것이기 때문이다.

3) 행 위 공판청구전에 피의사실을 공표하는 것이다. 공판청구전이란 공소제기전을 의미한다. 그러므로 공소제기 후에 알리는 것은 본죄에 해당하지 않는다. 공표란 불특정 또는 다수인에게 알리는 것을 말한다(예: 기자회견). 그러므로 피의자의 가족이나 변호인에게 피의사실을 알려 주는 것은 공표에 해당하지 않는다. 부작위의 방법으로도 공표가 가능하다(예: 신문기자로 하여금 수사기록을 보도록 하는 경우).

1) 김일수/서보학, 808면; 임 웅, 805면.

(3) 위 법 성

본죄는 수사활동상 필요한 경우에도 정당행위로서 위법성이 조각되지 않는다. 그러나 피의자에 대한 공개수배의 방법으로 수사를 하는 경우에는 피의사실이 알려지게 되어 있으므로 본죄는 적용되지 않는다.

3. 공무상 비밀누설죄

> **제127조【공무상 비밀의 누설】 공무원 또는 공무원이었던 자가 법령에 의한 직무상 비밀을 누설한 때에는 2년 이하의 징역이나 금고 또는 5년 이하의 자격정지에 처한다.**

(1) 의 의

본죄는 공무원 또는 공무원이었던 자가 법령에 의한 직무상 비밀을 누설한 때에 성립하는 죄이다. 본죄의 보호법익은 기밀 자체가 아니라 공무원의 비밀엄수의무의 침해에 의하여 위협받게 되는 이익, 즉 비밀누설로 인하여 위협받게 되는 국가의 기능이다.[1] 추상적 위험범에 해당한다.

(2) 구성요건

1) 행위주체 공무원 또는 과거에 공무원이었던 자이다(진정신분범).

2) 직무상 비밀 다수설에 의하면 직무상 비밀은 법령에 의하여 비밀로 분류된 것이어야 한다는 견해이다.[2] 반면에 판례는 "법령에 의한 직무상 비밀이란 반드시 법령에 의하여 또는 인위적으로 비밀로 분류 명시된 사항뿐만 아니라 정치적·경제적·군사적·외교적 또는 사회적 필요에 따라 비밀로 된 사항은 물론 정부나 공무소 또는 국민이 객관적·일반적인 입장에서 외부로 알려지지 않는 것에 상당한 이익이 있는 사항을 포함한다"[3]는 입장이다. 그러나 판례의 견해는 너무 국가기밀주의에 편향된 태도이다. 판례의 입장을 따를 경우 공무원이 직무수행과정에서 알게 된 사실을 알리는 행위는 모두 본죄에 해당하게 될 것이다. 그러므로 다수설이 타당하다. 법령에 의하여 비밀로 분류되어야 한다는 것은 반드시 비밀표시된 것이어야 함을 의미하

1) 대판 1996.5.10, 95도780; 김성천, 1314면; 배종대, 815면; 오영근, 892면; 이재상, 713면; 이정원, 683면; 임 웅, 836면; 정성근/박광민, 788면.
2) 김일수/서보학, 811면; 백형구, 661면; 유기천(하), 324면; 정영석, 44면; 정성근/박광민, 788면; 진계호, 714면.
3) 대판 2006.3.9, 2005도10181; 1981.7.28, 81도1172. 또한 대판 1982.6.22, 80도2822; 1996.5.10, 95도780.

는 것이 아니라 제한된 범위 내의 사람만이 알고 있으며 동시에 직무상 대외적으로 공표하여서는 안 될 사항을 포함한다.

[판례] 최근 판례는 공무원이 국민 전체의 이익에 부합되는 내용을 공개한 경우에는 공무상 비밀누설죄에 해당하지 않는다고 판시하고 있다.[1)] 이는 국민의 알권리에 부합되는 것이라고 할 수 있다.
그러나 다른 한편으로는 공무원 또는 공무원이었던 자가 직무수행중 알게 된 개인의 사생활이나 기업비밀 등을 침해하는 내용을 규정에 반하여 누설하는 행위에 대한 법적 규제가 필요한 실정이다. 독일형법이 이에 해당하는 규정(§§ 203 Ⅱ, 204)을 신설(1998. 1. 26)한 것은 국가기관에 의한 개인영역의 비밀침해행위를 차단할 필요성을 반영한 것이다.

3) 누 설 본죄의 행위는 누설이다. 누설이란 비밀의 사항을 아직 이를 모르는 제 3 자에게 알리는 것을 말한다. 그러므로 이미 알고 있는 사람에 대하여 알리는 것은 누설행위라고 할 수 없다.[2)]

(3) 위 법 성

공무원의 비밀누설행위가 내부의 부정·비리행위를 고발하기 위한 것이며, 그 내용이 진실일 때에는 위법성이 조각된다(정당행위). 이로 인하여 입게 될 국가기능상의 피해보다는 부정·비리를 은폐할 경우의 국가기능의 피해가 더 클 것이기 때문이다. 독일형법에서는 위법성 요건으로서 권한 없이(unbefugt) 누설하여야 할 것을 요구하고 있다.

Ⅴ. 職權濫用의 罪

1. 직권남용죄

제123조 【직권남용】 공무원이 직권을 남용하여 사람으로 하여금 의무 없는 일을 하게 하거나 사람의 권리행사를 방해한 때에는 5년 이하의 징역, 10년 이하의 자격정지 또는 1천만원 이하의 벌금에 처한다.

(1) 의 의

본죄는 공무원이 직권을 남용하여 사람에게 의무 없는 일을 행하게 하거

1) 대판 1996. 5. 10, 95도780(감사원 감사관이 기업의 비업무용 부동산보유실태에 관한 감사원 보고서를 일반에게 공개한 사건에서 공무상 비밀누설죄에 해당하지 않는다고 판시).
2) 김일수/서보학, 811면; 백형구, 661면; 오영근, 893면; 이재상, 714면; 이정원, 685면; 임웅, 838면; 정성근/박광민, 789면.

나 권리행사를 방해함으로써 성립하는 범죄이다. 본죄의 보호법익은 공무의 공정한 행사이며 부차적으로 개인의 자유와 권리이다. 국가기능이 현실적으로 침해되어야 한다는 견해(침해범설)[1]가 있으나 국가기능의 현실적인 침해를 필요로 하지 않는다고 보는 것이 타당하다(추상적 위험범).[2]

(2) 구성요건

공무원이 직권을 남용하여 사람으로 하여금 법률상 의무 없는 일을 하게 하거나 정당한 권리행사를 방해하는 것을 말한다.

1) 행위방법 의무 없는 일을 하게 하거나 권리행사를 방해하는 것이다. 의무 없는 일을 하게 한다는 것은 이행의무가 없는 일을 강제로 하게 하는 것을 말한다. 권리행사를 방해한다고 함은 법령상 허용되는 권리의 행사를 하지 못하도록 하는 것을 말한다. 구체화된 권리행사가 현실적으로 방해된 경우라야 한다. 검사의 불기소처분은 권리행사방해가 아니라는 것이 판례의 입장이다.[3] 권리행사의 방해방법은 직접적이든 간접적이든 상관없다.

2) 직권남용 직권남용이란 공무원이 그의 일반적 직무권한에 속하는 사항을 위법·부당하게 행사하는 것을 의미한다. 즉 형식적·외형적으로는 직무집행으로 보이나 그 실질은 정당한 권한 이외의 행위를 하는 경우를 말한다. 따라서 직권남용은 공무원이 그의 일반적 권한에 속하지 않는 행위를 하는 경우인 지위를 이용한 불법행위와는 구별되며, 또 본죄에서 말하는 의무란 법률상의 의무를 가리키고 단순한 심리적 의무감 또는 도덕적 의무는 이에 해당하지 않는다.[4] 예를 들어 상급 경찰관이 부하 경찰관들의 수사를 중단시키거나 사건을 다른 경찰관서로 이첩하게 한 경우 직권남용에 해당한다.[5] 또한 상관인 검사가 다른 검사에게 사건관련 관심을 촉구한 전화통화나 부탁도 직권남용죄에 해당한다고 보아야 한다. 수사검사의 수사권 행사가 구

1) 김일수/서보학, 813면; 오영근, 895면; 이정원, 686면; 황산덕, 45면.

2) 김성천, 1311면; 백형구, 655면; 유기천(하), 280면; 이재상, 716면; 임 웅, 839면; 정성근/박광민, 791면.

3) 대결 1986. 6. 30, 86모12(검사가 고발사건을 불기소결정하여 피고발인으로 하여금 처벌받게 하려는 고발인의 의도가 이루어질 수 없게 되었다고 하여 고발인의 권리행사를 방해하였다고 할 수 없다).

4) 대판 1991. 12. 27, 90도2800; 2004. 5. 27, 2002도6251. 일반적 직무권한의 범위에 관하여 이민걸, 「직권남용죄에 있어서의 주체와 직권남용의 의미」, 형사판례연구(13), 2005, 388면 이하.

5) 대판 2010. 1. 28, 2008도7312.

체적으로 방해되거나 왜곡되어야 성립하는 것은 아니며, 검사간의 상하관계, 위계질서를 감안할 때 이러한 관심촉구는 상당한 압력으로 받아들여질 수 있기 때문이다. 본죄의 직무는 직무유기죄에서의 직무보다는 범위가 넓다. 직무유기죄에서 직무는 공무원이 그 지위에 따라 수행하여야 할 고유의 의무사항이기 때문에 이러한 범위 밖의 직무는 유기의 대상이 될 수 없기 때문이다.

3) 기수시기　　본죄는 권리행사가 현실적으로 방해받거나 의무 없는 일을 하게 된 경우에 기수에 이르며, 현실적인 국가기능의 침해가 있어야 하는 것은 아니다(추상적 위험범). 반대로 본죄를 침해범으로 보는 견해에서는 권리행사의 현실적 장애라는 구성요건적 결과의 발생을 필요로 한다고 본다.[1] 그러나 침해범설을 따른다면 기수시점은 오히려 국가기능의 침해시점이라고 보는 것이 타당하다.

2. 불법체포·감금죄

제124조【불법체포, 불법감금】 ① 재판, 검찰, 경찰 기타 인신구속에 관한 직무를 행하는 자 또는 이를 보조하는 자가 그 직권을 남용하여 사람을 체포 또는 감금한 때에는 7년 이하의 징역과 10년 이하의 자격정지에 처한다.
② 전항의 미수범은 처벌한다.

(1) 의　의

본죄는 인신구속에 관한 직무를 행하는 재판 또는 수사기관 공무원이나 그 보조자가 직권을 남용하여 사람을 체포·감금한 때에 성립하는 범죄이다. 직권남용체포·감금죄라고도 한다. 본죄는 특히 수사기관 공무원에 의하여 헌법상의 기본권인 국민의 신체의 자유(헌법 제12조 제1항)가 침해되는 것을 방지하기 위한 규정이다(침해범).

본죄의 성격에 대해서는 일반적인 체포·감금죄에 대한 가중적 구성요건으로서 부진정신분범에 해당한다는 견해[2]와 체포·감금죄와 성질을 달리하는 독립적 구성요건이라는 견해[3]가 있다. 일반인이 공무원과 함께 본죄를 범한 때에는 체포·감금죄(제276조)에 해당한다고 보는(제33조 단서 참조) 부진정신분범설이

1) 김일수/서보학, 816면.
2) 김성천, 655면; 김일수/서보학, 818면; 배종대, 819면; 오영근, 898면; 유기천(하), 281면; 임 웅, 842면; 정영석, 40면.
3) 이재상, 716면; 이정원, 690면.

타당하다.

본죄의 보호법익은 인신구속에 관한 국가기능의 공정성이라는 견해[1)]가 있다. 그러나 이 견해는 국민의 인권보호가 국가기능의 공정한 행사를 통하여 결과적으로 보호받는다는 수동적 의미를 갖기 때문에 타당하지 않다. 본죄는 오히려 국민의 인권보호을 통한 형사사법의 공정성 확보를 보호법익으로 한다고 보아야 한다.

「특정범죄 가중처벌 등에 관한 법률」(제4조의 2)은 본죄를 범하여 사람을 치상하거나(1년 이상의 유기징역) 치사한 때(무기 또는 3년 이상의 징역)에 가중처벌하는 규정을 두고 있다.

(2) 구성요건

행위주체는 재판·검찰·경찰 기타 인신구속에 관한 직무를 행하는 자 또는 이를 보조하는 자이다. 검사·판사 및 경찰이나 검찰청 서기, 국가정보원 수사관이 그 예이다. 그 밖에 교도소장이나 구치소장, 사법경찰리도 행위주체에 해당된다.

행위는 직권을 남용하여 사람을 체포·감금하는 것이다. 체포·감금의 의미는 체포·감금죄에서 설명한 바와 같다(계속범). 직권을 남용하여 체포·감금을 하여야 하므로 직권행사와 관계 없이 사람을 체포하거나 감금한 때에는 본죄가 아니라 체포·감금죄(제276조)에 해당한다.[2)] 영장 없이 사람을 체포·감금하는 것이 본죄의 예이다. 작위·부작위를 불문한다. 그러므로 구속기간이 만료하였는데도 불구하고 석방하지 않는 것 역시 본죄에 해당한다.

[판례] ① 신체의 자유는 헌법이 보장하고 있는 가장 기본적인 권리의 하나이며 헌법과 법률이 정한 적법절차에 의하지 아니하고는 이를 제한하거나 박탈할 수 없는 것이다. 헌법 제11조는 이러한 취지를 명시하고 있고 이에 따라 형사소송법 제73조, 제201조 및 제206조는 피고인 및 피의자를 구속함에는 법관이 발부한 구속영장에 의하여야 하고, 수사기관이 구속영장 없이 피의자를 긴급구속한 경우에도 48시간 또는 72시간 이내에 구속영장의 발부를 받아야 하도록 요구하고 있다. 그러므로 수사기관이 피의자를 수사하는 과정에서 위와 같은 적법절차의 요구를 외면하고 구속영장 없이 피의자를 함부로 구금하여 피의자의 신체의 자유를 박탈하

1) 이재상, 716면.

2) 김일수/서보학, 819면; 배종대, 819면; 이재상, 717면; 임 웅, 843면. 이에 반해 이정원, 691면은 이 경우에도 본죄를 인정한다.

였다면 직권을 남용한 불법감금의 죄책을 면할 수 없고, 수사의 필요상 피의자를 임의동행한 경우에도 조사 후 귀가시키지 아니하고 그의 의사에 반하여 경찰서 조사실 또는 보호실 등에 계속 유치함으로써 신체의 자유를 속박하였다면 이는 구금에 해당한다(대결 1985. 7. 29, 85모16).

② 임의동행 형식으로 연행된 피해자가 비록 경찰서 안에서는 자유롭게 활동할 수 있었더라도 그를 경찰서 밖으로 나가지 못하도록 그 신체의 자유를 제한하는 유형·무형의 억압을 가한 경우에도 감금에 해당한다(대결 1994. 3. 16, 94모2).[1]

또한 체포·감금의 방법은 반드시 물리적 방법에 국한되는 것이 아니라 심리적·무형적 방법에 의한 경우도 포함한다. 비록 경찰서 안에서 행동이 자유로운 상태였다고 하더라도 경찰서 밖으로 나올 수 없는 상태였다면 감금행위에 해당한다.[2]

본죄의 행위자는 직권을 남용하여 체포·감금한다는 점에 대한 고의가 인정되어야 한다. 즉 체포·감금한다는 사실과 직권을 남용한다는 사실을 인식할 것이 필요하다.

(3) 위 법 성

본죄는 피해자가 체포·감금에 순순히 응하거나 승낙을 하였더라도 위법성이 조각되지 않는다. 본죄의 보호법익인 인권은 처분이 가능한 법익이라고 볼 수 없으며, 형사사법의 공정성 역시 피해자의 승낙대상이 아니기 때문이다.

3. 독직폭행·가혹행위죄

제125조【폭행, 가혹행위】 재판, 검찰, 경찰 기타 인신구속에 관한 직무를 행하는 자 또는 이를 보조하는 자가 그 직무를 행함에 당하여 형사피의자 또는 기타 사람에 대하여 폭행 또는 가혹한 행위를 가한 때에는 5년 이하의 징역과 10년 이하의 자격정지에 처한다.

1) 또한 대판 1997. 6. 13, 97도877(설사 그 장소가 경찰서 대기실로서 일반인과 면회인 및 경찰관이 수시로 출입하는 곳이고 여닫이 문만 열면 나갈 수 있도록 된 구조라 하여도 그 신체의 자유를 제한하는 유형·무형의 억압이 있었다면 이는 감금행위에 해당한다).

2) 대판 1991. 12. 30, 91모5(감금죄에 있어서의 감금행위는 사람으로 하여금 일정한 장소 밖으로 나가지 못하도록 하여 신체의 자유를 제한하는 행위를 가리키는 것이고, 그 방법은 반드시 물리적·유형적 장애를 사용하는 경우뿐만 아니라 심리적·무형적 장애에 의하는 경우도 포함하는 것인바, 설사 피해자가 경찰서 안에서 직장동료인 피의자들과 같이 식사도 하고 사무실 안팎을 내왕하였다 하여도 피해자를 경찰서 밖으로 나가지 못하도록 그 신체의 자유를 제한하는 유형, 무형의 억압이 있었다면 이는 감금행위에 해당한다).

(1) 의 의

본죄는 인신구속에 관한 직무를 행하는 재판 또는 수사기관 공무원이나 그 보조자가 형사피의자나 피고인, 증인, 참고인 등에 대하여 폭행 또는 가혹행위를 한 때에 성립하는 범죄이다. 본죄는 특히 수사기관 공무원의 고문행위를 처벌하기 위한 규정이다. 고문은 헌법으로 금지되는 행위이기 때문이다(헌법 제12조 제2항). 그러나 고문이 반인간적 범죄로서 피해자가 겪는 후유증이 심각하다는 점에서 형량이 너무 가볍다.

본죄의 성격에 대하여 추상적 위험범설[1]과 침해범설[2]이 대립된다. 본죄가 사람에 대한 폭행 등 가혹행위를 한 경우에 성립하므로 침해범으로 보는 것이 타당하다.

(2) 구성요건

행위주체는 재판·검찰·경찰 기타 인신구속에 관한 직무를 행하는 자 또는 이를 보조하는 자이다(부진정신분범). 행위객체는 형사피의자 또는 기타의 사람이다. 기타의 사람에는 수사나 재판에 관련된 피고인, 증인, 참고인 등이 포함된다.

행위는 직무를 행함에 당하여 폭행 또는 가혹한 행위를 하는 것이다. 직무를 행함에 당하여란 직무를 수행하는 기회 또는 과정을 의미한다. 폭행이나 가혹행위는 직무행위가 될 수 없기 때문에 직권남용이라는 용어를 사용하지 않은 것이다. 본죄의 행위는 직무와 내용적 관련이 있는 경우에만 본죄에 해당한다는 견해가 있다.[3] 그러나 본죄는 직무수행의 과정에서 발생한 폭행·가혹행위를 처벌하는 것이지만 피해자가 반드시 직무수행의 대상이어야 하는 것은 아니다. 그러므로 수사기관의 공무원이 자신의 채무자를 공무소로 불러들여 채무변제를 요구하며 폭행하거나 가혹행위를 한 경우에도 본죄가 성립한다고 보아야 한다. 즉 본죄의 행위와 직무는 장소적·시간적 관련성이 있으면 되고 반드시 내용적 관련성까지 필요로 하는 것은 아니라고 보아야 한다.

(3) 다른 범죄와의 관계

구금된 부녀를 간음한 때에는 본죄와 피보호자간음죄(제303조 제2항)의 상상적

1) 오영근, 900면; 임 웅, 845면; 정성근/박광민, 796면; 진계호, 945면.
2) 김일수/서보학, 821면; 이정원, 691면.
3) 김일수/서보학, 822면; 배종대, 821면; 이재상, 718면.

경합이다. 구금된 자를 강간 또는 강제추행한 때에도 강간죄 및 강제추행죄와 본죄의 상상적 경합이 인정된다(통설).[1]

4. 특가법상의 가중처벌

특가법 제 4 조의 2(체포 · 감금 등의 가중처벌)는 「형법」 제124조 · 제125조에 규정된 죄를 범하여 사람을 상해에 이르게 한 경우에는 1년 이상의 유기징역에 처한다(제1항). 그리고 사람을 사망에 이르게 한 경우에는 무기 또는 3년 이상의 징역에 처한다(제2항).

5. 선거방해죄

제128조【선거방해】 검찰, 경찰 또는 군의 직에 있는 공무원이 법령에 의한 선거에 관하여 선거인, 입후보자 또는 입후보자되려는 자에게 협박을 가하거나 기타 방법으로 선거의 자유를 방해한 때에는 10년 이하의 징역과 5년 이상의 자격정지에 처한다.

(1) 의 의

본죄는 검찰 · 경찰 또는 군의 직에 있는 공무원이 법령에 의한 선거에 관하여 선거인, 입후보자 또는 입후보자가 되려는 자에게 협박을 가하거나 기타 방법으로 선거의 자유를 방해하는 것을 내용으로 한다. 직권남용권리행사방해죄(제123조)에 대한 특별구성요건으로서 형을 가중한 것이다. 선거의 자유가 구체적으로 방해받을 것을 요하지 않는 위험범이다.

「공직선거법」(제237조)은 직권남용에 의한 선거방해행위를 처벌하고 있다.

(2) 구성요건

행위주체는 검찰 · 경찰 또는 군의 직에 있는 공무원이다(진정신분범). 이러한 공무원은 그 직무의 성질상 권력적 지위를 이용하여 선거의 자유를 방해할 염려가 크기 때문이다.

본죄의 선거는 법령에 의한 선거를 의미하므로 단체 내의 선거 등은 제외된다. 법령에 의한 선거로는 대통령선거, 국회의원선거, 지방의회의원선거가 대표적인 예이다.

행위는 협박을 가하거나 기타 방법으로 선거의 자유를 방해하는 것이다. 여기의 협박은 방해행위의 한 예시에 불과하므로 수단 · 방법에는 제한이 없

1) 김일수/서보학, 823면; 백형구, 654면; 이재상, 719면; 이정원, 749면; 정성근/박광민, 797면; 정영석, 42면.

다. 작위·부작위의 방법이 가능하다. 선거의 자유를 방해하는 예로는 행위자가 경쟁자에게 협박하여 국회의원 등과 같은 공직선거에 출마를 못하게 하는 것이 대표적이다.

Ⅵ. 賂 物 罪

1. 서 론

(1) 뇌물죄의 본질

형법상 뇌물죄(Bestechlichkeit/Bestechung, bribery)는 공무원 또는 중재인이 직무행위의 대가로 이득을 취하거나 이들에게 이득을 제공하는 행위를 총칭하는 범죄이다. 이러한 뇌물죄가 범죄행위로 인식되기 시작한 것은 고대사회에서부터이다. 서양사회나 동양사회를 불문하고 인간이 갖고 있는 욕구가 개인적이고 세속적인 형태로 나타날 경우 뇌물죄는 발생하게 되는 것이다.

뇌물죄를 바라보는 시각은 크게 도덕적 측면과 경제적 측면의 두 가지가 있다. 전자는 뇌물죄를 비난받아야 하고 처벌되어야 하는 행위로 보는 반면에 경제적 측면에서 뇌물죄를 보는 시각은 뇌물수수의 경제적 효용성을 강조하고 있다("사업을 잘 하자면 뇌물은 필수불가결하다," "가난한 공무원에게 근무의욕을 고취시킨다" 등). 그러나 오늘날 뇌물죄는 전세계적으로 가장 비난받아야 할 범죄 가운데 하나로 규정되어 있으며, 그 해악 또한 사회구성의 근본을 흔드는 위험성을 지니고 있다고 해도 과언이 아니다. 뇌물죄는 공공의 신임을 받는 특정계층이 독점하는 범죄로서 이들의 범죄를 밝혀낸다는 것은 대단히 어렵다. 그 결과 뇌물범죄는 구조적이 되고 이는 결국 자본주의체제에 대한 위협으로 등장할 가능성까지 있다. 예를 들어 국가의 행정과 사법행위가 돈으로 좌우된다면 이러한 국가작용은 상품화되었다는 것을 의미한다. 이처럼 돈이 국가작용에 영향을 미치는 상황에서는 국가를 신뢰하고 그 체제를 지지할 사람은 없을 것이다.

(2) 뇌물죄의 보호법익

뇌물죄는 넓게는 공직기강을 확립하여 국가기능의 공정성을 보호하기 위한 것이다. 공무원의 부패는 독재와 마찬가지로 국가사회를 해체하는 위험성을 지니고 있기 때문이다. 구체적으로는 직무행위의 불가매수성이라는 견해와 직무수행의 순수성이라는 견해로 나뉜다. 즉 직무행위의 불가매수성과 국가기능에 대한 일반의 신뢰라는 견해[1]와 직무수행의 순수성이라고 보는 견해,[2] 각각의 행위유형에 따라 달리 설정하는 견해[3] 등이 있다. 그리고 전자는 뇌물로 인한 직무수행의 불공정성을 필요로 하지 않는 데 반해, 후자는 직무위반행위를 전제로 하는 점이 다르다고 한다. 그러나 직무수행의 순수성과 직무행위의 불가매수성은 상충하는 이익이라고 볼 수 없다. 오히려 직무수행의 순수성과 이에 대한 일반인의 신뢰를 보호하기 위하여 직무행위는 매수되어서는 안 된다는 것(직무수행의 순수성과 이에 대한 일반의 신뢰 및 직무행위의 불가매수성)이 본죄의 보호법익이라고 하여야 할 것이다.[4] 그리고 뇌물죄의 불법성의 핵심은 행위주체인 공직자와 증뢰자 사이에서 공직수행이 대가를 받고 매수가 가능함을 보여 주는 불법적 약속은 물론이고, 뇌물을 요구 또는 약속하거나 이를 공여하게 한 데에 있다.[5]

형법은 뇌물의 수수만을 처벌하는 규정(제129조, 제130조)을 두고, 부정한 행위를 한 경우에 가중처벌(제131조)하는 것으로 하고 있기 때문에 원칙적으로 직무행위의 불가매수성을 본질로 하고 있다. 그리고 뇌물죄는 의무위반행위의 유무와 청탁의 유무(예: 알선수뢰죄는 뇌물의 수수·요구 또는 약속만으로도 성립한다) 및 수수시점이 언제인지를 가리지 않는다(예: 사전수뢰죄 및 사후수뢰죄). 따라서 과거에 담당하였거나 장래 담당할 직무 및 사무분장에 따라 현실적으로 담당하지 아니하는 직무라 하더라도 뇌물죄에서의 직무에 해당한다. 이러한 점에서 뇌물죄는 반드시 행위의 결과를 필요로 하지 않는 추상적 위험범이다.

(3) 뇌물의 개념

뇌물이란 직무에 관한 부당한 이익을 말한다. 여기에서는 직무관련성과 이익의 내용이 문제된다.

---

1) 김성천, 1317면; 김일수/서보학, 827면; 이재상, 721면; 이정원, 695면; 임 웅, 850면; 정성근/박광민, 800면. 한편 배종대, 823면; 백형구, 654면; 오영근, 904면은 불가매수성설을 취하고 있다.

2) RG 72, 176; BGHSt 10, 241.

3) Wagner, 「Amtsverbrechen」(1975), 233면 이하.

4) 대판 1994. 3. 22, 93도2962(뇌물죄는 직무집행의 공정성과 직무행위의 불가매수성을 그 보호법익으로 하므로 …); 1995. 9. 5, 95도1269. 독일형법에서는 1997년의 형법개정에 의하여 이러한 입장으로 완화되었다. BGHSt 15, 88, 96; BGH NJW 1987, 1342; Tröndle/Fischer, § 331 Rn. 3; Krey, BT/1, Rn. 660; LK/Jescheck, vor § 331 Rn. 17; Lackner/Kühl, § 331 Rn. 1; Wessels/Hettinger, BT/1, Rn. 1106.

5) Lackner/Kühl, § 331 Rn. 10a; Sch/Sch/Cramer, § 331 Rn. 5; Wessels/Hettinger, BT/1, Rn. 1100.

1) **직무관련성** 직무관련성이란 직접적인 직무행위, 밀접한 관련이 있는 직무는 물론이고 직무의 내용이나 근무지의 원격성으로 인하여 외관상 전혀 무관한 경우에도 직무관련성은 인정될 수 있다.[1] 즉 직무상의 지위를 이용하거나 그 지위에 기한 영향력을 기초로 직무의 공정성에 영향을 줄 수 있으면 되므로 수뢰죄에서의 직무관련성은 넓게 인정하여야 한다. 판례도 수뢰죄에서 직무는 공무원의 법령상 관장하는 직무행위뿐만 아니라 그 직무와 관련하여 사실상 처리하고 있는 행위 및 결정권자를 보좌하거나 영향을 줄 수 있는 직무행위도 포함한다고 본다.[2] 또한 개개의 직무행위와 대가적 관계에 있을 필요도 없으며, 그 직무행위가 특정된 것일 필요도 없다.[3] 공직자에게 구체적인 직무수행을 요구하지 않고, 다만 자기업체에 관심을 가져달라는 정도의 묵시적·명시적 부탁을 하는 경우에도 대가관계가 인정된다. 공직자의 주의를 환기시킨다는 것은 곧 직무를 편파적으로 수행하여 달라는 암묵적 요구가 개재되어 있다고 보아야 하기 때문이다. 이러한 의미에서 교제비(access payment)도 뇌물에 해당할 수 있으며 그 명목은 문제되지 않는다.[4]

직무는 작위나 부작위를 불문하며, 결정권이 없거나 현재는 물론 과거에 담당하였던 직무 또는 장래 담당할 직무라도 상관없다.[5] 그러므로 전직전의 직무에 대한 대가로서 뇌물을 받은 경우는 물론(제131조 제 2 항·제 3 항) 전직전의 직무와 관련하여 뇌물을 받은 경우에도 직무관련성은 인정된다.[6] 후임자에 대하여 과거의 직무담당자로서의 영향력을 인정할 수 있기 때문이다.

2) **부당한 이익** 부당한 이익이란 직무에 대한 대가로서 뇌물을 받아야 함을 의미한다.

---

1) Tröndle/Fischer, § 331 Rn. 5; Sch/Sch/Cramer, § 331 Rn. 11.
2) 대판 2001. 1. 19, 99도5753. 또한 대판 1994. 9. 9, 94도619(시중은행장으로부터 동 은행이 추진중이던 업무 전반에 관하여 선처해 달라는 취지의 부탁을 받고 금품을 받은 대통령경제수석비서관에게 수뢰죄를 인정).
3) 대판 1997. 4. 17, 96도3378.
4) 대판 1997. 4. 17, 96도3377(정치자금, 선거자금, 성금 등의 명목으로 이루어진 금품의 수수라 하더라도, 그것이 정치인인 공무원의 직무행위에 대한 대가로서의 실체를 가지는 한 뇌물로서의 성격을 잃지 않는다).
5) 대판 2003. 6. 13, 2003도1060; 2000. 1. 28, 99도4022(뇌물죄에서의 직무란 … 과거에 담당하였거나 장래에 담당할 직무 외에 사무분장에 따라 현실적으로 담당하지 않은 직무라도 법령상 일반적인 직무권한에 속하는 직무 등 공무원이 그 직위에 따라 공무로 담당할 일체의 직무로서 직무와 밀접한 관계가 있는 행위 또는 관례상이나 사실상 소관하는 직무행위를 포함한다).
6) 김일수/서보학, 832면; 배종대, 830면; 유기천(하), 297면; 이재상, 725면; 임 웅, 863면; 정성근/박광민, 805면; 정영석, 49면.

(i) **대가관계** 뇌물의 특징은 선물과 달리 자기이익을 나타낸다는 점이다. 그리고 뇌물을 통하여 수뢰자에게는 직무수행의 공정성·중립성이 사라지고 수뢰자와 증뢰자 쌍방간에는 구속적 관계가 형성된다. 뇌물은 동기가 있으며, 은밀하게 거래되고 뇌물의 규모·액수가 결정적으로 중요하다. 즉 사교적 의례에 속하는 경우에는 뇌물이라 볼 수 없지만 금액이나 물건의 가액이 통상적인 수준을 넘은 경우에는 가시적이고 현재적인 대가관계가 없다고 하더라도 뇌물에 해당한다.[1] 장래의 이익을 기대하거나 불이익을 받지 않도록 하는 것도 대가적 관계가 인정되기 때문이다. 반대로 금액이 적은 경우에도 대가관계가 분명한 때에는 뇌물에 해당한다.

(ii) **이 익** 이익에는 재산적 이익은 물론이고 기타 유형·무형의 이익을 포함한다. 판례는 뇌물죄에서 뇌물의 내용인 이익은 금전, 물품 기타의 재산적 이익뿐만 아니라 사람의 수요·욕망을 충족시키기에 족한 일체의 유형·무형의 이익을 포함한다고 판시하고 있다.[2] 부당한 이익의 예를 들면 저리의 융자와 같은 금융특혜, 정교, 싼값의 부동산분양, 고액의 축의금·부의금, 각종 회원권(골프장, 헬스클럽) 등이 있다. 투기적 사업에 참여할 기회도 뇌물에 해당되므로 이를 제공받은 경우에는 뇌물수수죄에 해당된다.[3] 금품을 수수한 장소가 공개된 장소이고, 금품을 수수한 공무원이 이를 부하직원들을 위하여 소비하였을 뿐 자신의 사리를 취한 바 없다고 하더라도 뇌물성이 부인되지 않는다.[4]

[판례] "뇌물죄에서 뇌물의 내용인 이익이라 함은 금전, 물품 기타의 재산적 이익뿐만 아니라 사람의 수요·욕망을 충족시키기에 족한 일체의 유형·무형의 이익을 포함한다고 해석되고, 투기적 사업에 참여할 기회를 얻는 것도 이에 해당한다고 할 것인데, 이와 같은 경우 뇌물수수죄의 기수시기는 투기적 사업에 참여하는 행위가 종료된 때로 보아야 하며, 그 행위가 종료된 후 경제사정의 변동 등으로 인하여 당초의 예상과는 달리 그 사업 참여로 인한 아무런 이익을 얻지 못한 경우라

1) 독일형법은 제6차 개정(1998. 1. 26)을 통하여 수뢰죄(§331, Vorteilsannahme)와 증뢰죄(§333, Vorteilsgewährung)에서 구법이 규정하였던 이익과 직무행위간의 구체적인 대가관계(Vorteil als Gegenleistung) 대신 일반적인 직무관련성(für die Dienstleistung)만으로 대치하였다. 이는 제공하는 이익의 용도가 부패의 초기 발현형태인 '기름칠' 명목의 이익제공까지도 포함시키려는 입법적 의도이다.

2) 대판 1995. 6. 30, 94도993.

3) 대판 1994. 11. 4, 94도129; 1995. 9. 5, 95도1269; 2002. 11. 26, 2002도3539.

4) 대판 1996. 6. 14, 96도865.

도 뇌물수수죄의 성립에는 영향이 없다(대판 2002. 5. 10, 2000도2251)."

(4) 뇌물죄와 필요적 공범

1) 수뢰죄와 증뢰죄의 관계 뇌물죄는 수뢰죄와 증뢰죄의 필요적 공범관계에 있는가에 대해서는 필요적 공범설, 별개범죄설, 절충설(수수, 공여, 약속의 경우는 필요적 공범이고, 요구와 공여의 의사표시는 독립범죄라는 입장)이 대립되어 있다.

(i) **필요적 공범설** 뇌물죄는 뇌물을 준 자와 받는 자의 양면관계를 전제로 성립하기 때문에 행위자의 신분에 따라 형이 다를 뿐 필요적 공범이라는 견해이다.[1)]

(ii) **개별범죄설** 학설은 ① 수뢰죄는 신분범인 데 반하여 증뢰죄는 신분범이 아닌 점, ② 수뢰죄는 직무범죄인 데 반하여 증뢰죄는 공무집행을 방해하는 성질을 가졌다는 것을 논거로 든다.[2)] 판례는 ① 필요적 공범이라는 것은 법률상 범죄의 실행이 다수인의 협력을 필요로 하는 것을 가리키는 것으로서 이러한 범죄의 성립에는 행위의 공동을 필요로 하는 것에 불과하고 반드시 협력자 전부가 책임이 있음을 필요로 하는 것은 아니다. ② 뇌물공여죄가 성립되기 위하여서는 뇌물을 공여하는 행위와 상대방측에서 금전적으로 가치가 있는 그 물품 등을 받아들이는 행위(부작위 포함)가 필요할 뿐이지 반드시 상대방측에서 뇌물수수죄가 성립되어야만 한다는 것을 뜻하는 것은 아니다[3)]고 하여 결과적으로 필요적 공범성을 부인하고 있다.

(iii) **이 원 설** 뇌물죄의 개별구성요건에 따라서 필요적 공범인 경우와 개별범죄인 경우를 포함한다는 견해이다. 그래서 뇌물수수와 공여, 약속죄는 필요적 공범에 해당하고, 뇌물요구와 공여의사표시죄는 독립적 범행이라고 본다. 어떻든 뇌물죄의 행위태양에 따라서는 단독행위로도 구성요건이 실현가능한 경우에 이를 필요적 공범이라고 볼 필요가 없다는 점에서 이원설이 타당하다(통설).[4)]

2) 공범규정의 적용범위 수뢰죄의 경우에 비신분자가 공범으로 가

1) 대판 1971. 3. 9, 70도2536; 김성천, 1326면; 이정원, 696면.
2) 정영석, 46면; 황산덕, 50면.
3) 대판 1987. 12. 22, 87도1699; 1999. 2. 24, 98도1812.
4) 김일수/서보학, 829면; 배종대, 824면; 백형구, 664면; 오영근, 915면; 이재상, 722면; 정성근/박광민, 801면.

담한 경우에 ① 제33조 단서에 따라 증뢰죄로 처벌된다는 견해(개별범죄설의 입장)와, ② 제33조 본문에 따라 수뢰죄의 공범으로 처벌된다는 견해가 있다. 그러나 형법은 수뢰행위와 증뢰행위를 독립적 구성요건으로 규정하고 있기 때문에 수뢰행위에 가담한 자를 증뢰죄로 처벌한다는 전자의 견해는 논리적으로 타당하지 않다. 이 경우에 비신분자는 수뢰죄의 공동정범, 교사범, 방조범이 될 수 있다는 견해[1]와 공동정범은 성립할 수 없으며 신분자에 대한 교사범과 방조범만이 성립가능하다는 견해[2]가 있다.

수뢰죄에서 공무원이라는 신분은 행위자관련적 신분에 해당한다. 즉 수뢰죄에서 공무원인 신분은 행위자 개인의 특수한 지위 또는 상태에 속하는 것이며(개별성), 이러한 신분을 이용하여 공무의 불가매수성을 공무원 자신이 포기하는 공무원 개인의 비윤리성을 비난하는 것이 그 본질이다. 그러므로 공무원이라는 신분이 없는 자는 공동정범이 될 수 없다는 견해도 타당성은 있다. 그러나 형법 제33조 본문은 진정신분범의 경우 비신분자도 공동정범이 성립할 수 있다는 규정으로 보아야 하므로 공동정범의 경우를 제외할 수 없다고 본다. 즉 비신분자도 신분자와 함께 수뢰죄의 공동정범이 될 수 있다.

2. 뇌물의 필요적 몰수와 추징

제134조 【몰수, 추징】 범인 또는 정을 아는 제 3 자가 받은 뇌물 또는 뇌물에 공할 금품은 몰수한다. 그를 몰수하기 불능한 때에는 그 가액을 추징한다.

(1) 내 용

범인 또는 뇌물인 사실을 아는 제 3 자가 받은 뇌물이나 요구 또는 약속한 뇌물은 몰수한다. 몰수하기 불가능한 경우에는 가액을 추징한다(필요적 몰수). 형법 제48조가 임의적 몰수를 규정한 것에 대한 특칙이다. 이는 범인에게 뇌물죄와 관련하여 부정한 이익을 보유하지 못하도록 하기 위한 규정이다. 몰수는 특정된 물건에 대한 것이고, 추징 역시 몰수가 가능함을 전제로 한다. 그러므로 뇌물에 제공할 금품이 특정되지 않았던 것은 몰수할 수 없고 그 가액을 추징할 수도 없다.[3]

추징가액의 산정기준에 관해서는 ① 뇌물수수시의 가액을 기준으로 하여

1) 유기천(하), 286면; 배종대, 807면; 이재상, 723면; 정성근/박광민, 800면; 진계호, 953면.
2) 김일수/서보학, 830면.
3) 대판 1996. 5. 8, 96도221.

야 한다는 견해[1]와, ② 판결선고시를 기준으로 하는 견해,[2] ③ 몰수할 수 없게 된 사유가 발생한 시점을 기준으로 하여야 한다는 견해[3]가 있다. 몰수는 범인에게 뇌물죄와 관련하여 부정한 이익을 보유하지 못하도록 하기 위한 규정이므로 ③의 견해가 타당하다.

(2) 몰수·추징의 상대방

형법은 누구로부터 몰수·추징을 하여야 할 것인가에 대하여 규정하고 있지 않다. 그러나 현재 뇌물을 보유하고 있는 자로부터 몰수하여야 하는 것은 당연하며, 따라서 제 3 자 뇌물수수의 경우 그 제 3 자로부터 뇌물을 건네받지 않은 공무원으로부터 뇌물의 가액을 추징할 수 없다.[4] 또한 수뢰자가 반환하여 증뢰자가 뇌물을 보관하고 있는 경우에는 증뢰자가 몰수의 상대방이 된다.

(3) 몰수·추징의 대상 및 절차

특정공무원범죄에 대한 몰수·추징의 대상 및 절차에 대해서는 「공무원범죄에 관한 몰수 특례법」(1995. 1. 5, 법률 제4934호)이 적용된다. 이에 따라 형법 제129조 내지 제132조의 죄 및 이에 대한 가중처벌법인 특가법 제 2 조에 대해서는 이 특례법이 적용된다.

3. 구성요건체계

뇌물죄 가운데 수뢰죄는 단순수뢰죄(제129조 제 1 항)를 기본적 구성요건으로 하며, 감경적 구성요건인 사전수뢰죄(제129조 제 2 항)가 있다. 반면에 수뢰후 부정처사죄(제131조 제 1 항)와 사후수뢰죄(제131조 제 2 항·제 3 항)는 가중적 구성요건이다. 그리고 제 3 자 뇌물제공죄(제130조)와 사후수뢰죄(제131조 제 3 항) 및 알선수뢰죄(제132조)는 수정적 구성요건이다. 증뢰죄는 단순뇌물공여죄(제133조)와 제 3 자 뇌물교부·취득죄(제133조 제 2 항)를 각각 독립적 구성요건으로 규정하고 있다.

4. 형사특별법상 뇌물죄 관련 규정

(1) 특정범죄 가중처벌 등에 관한 법률

1) 뇌물적용대상의 확대(제 4 조) 특가법은 공무원(또는 중재인) 이외에

1) 황산덕, 53면.

2) 대판 1991. 5. 28, 91도352; 김일수/서보학, 839면; 이정원, 710면.

3) 김성천, 1330면; 오영근, 924면; 유기천(하), 301면; 이재상, 732면; 임 웅, 868면; 정영석, 50면; 정성근/박광민, 811면.

4) 대판 1997. 4. 17, 96도3376(5·18, 12·12사건).

뇌물죄 규정의 적용을 받는 대상을 다음과 같이 확대하고 있다. 즉 다음 각 호의 어느 하나에 해당하는 기관 또는 단체로서 대통령령으로 정하는 기관 또는 단체의 간부직원은 형법 제129조부터 제132조까지의 규정을 적용할 때에는 공무원으로 본다(제1항).

1. 국가 또는 지방자치단체가 직접 또는 간접으로 자본금의 2분의 1 이상을 출자하였거나 출연금·보조금 등 그 재정지원의 규모가 그 기관 또는 단체 기본재산의 2분의 1 이상인 기관 또는 단체

2. 국민경제 및 산업에 중대한 영향을 미치고 있고 업무의 공공성이 현저하여 국가 또는 지방자치단체가 법령에서 정하는 바에 따라 지도·감독하거나 주주권의 행사 등을 통하여 중요 사업의 결정 및 임원의 임면 등 운영 전반에 관하여 실질적인 지배력을 행사하고 있는 기관 또는 단체

그리고 제 1 항의 간부직원의 범위는 제 1 항의 기관 또는 단체의 설립목적, 자산, 직원의 규모 및 해당 직원의 구체적인 업무 등을 고려하여 대통령령으로 정한다(제2항).

2) 뇌물죄의 가중처벌(제2조) 특가법은 뇌물액수에 따라 뇌물죄를 가중처벌하고 있다. 즉 형법 제129조·제130조 또는 제132조에 규정된 죄를 범한 사람은 그 수수·요구 또는 약속한 뇌물의 가액에 따라 다음 각 호와 같이 가중처벌한다(제1항).

1. 수뢰액이 1억원 이상인 경우에는 무기 또는 10년 이상의 징역에 처한다.

2. 수뢰액이 5천만원 이상 1억원 미만인 경우에는 7년 이상의 유기징역에 처한다.

3. 수뢰액이 3천만원 이상 5천만원 미만인 경우에는 5년 이상의 유기징역에 처한다.

그리고 형법 제129조·제130조 또는 제132조에 규정된 죄를 범한 사람은 그 죄에 대하여 정한 형(제 1 항의 경우를 포함한다)에 수뢰액의 2배 이상 5배 이하의 벌금을 병과한다(제2항).

3) 알선수재죄(제3조) 공무원의 직무에 속한 사항의 알선에 관하여 금품이나 이익을 수수·요구 또는 약속한 사람은 5년 이하의 징역 또는 1천만원 이하의 벌금에 처한다.

(2) 특정경제범죄 가중처벌 등에 관한 법률

특정경제범죄 가중처벌 등에 관한 법률은 금융기관 임·직원의 직무관련 금품 수수 등에 관하여 다음과 같은 처벌규정을 두고 있다.

1) 수재죄(제5조) 특정경제범죄 가중처벌 등에 관한 법률은 금융기관의 임·직원이 그 직무에 관하여 금품 기타 이익을 수수·요구 또는 약속한 때에는 5년 이하의 징역 또는 10년 이하의 자격정지에 처한다(제1항). 또한 금융기관의 임·직원이 그 직무에 관하여 부정한 청탁을 받고 제3자에게 금품 기타 이익을 공여하게 하거나 공여하게 할 것을 요구 또는 약속한 때에는 제1항의 형과 같다(제2항). 금융기관의 임·직원이 그 지위를 이용하여 소속금융기관 또는 다른 금융기관의 임·직원의 직무에 속한 사항의 알선에 관하여 금품 기타 이익을 수수·요구 또는 약속한 때에는 제1항의 형과 같다(제3항). 그리고 제1항 내지 제3항의 경우에 수수·요구 또는 약속한 금품 기타 이익의 가액(수수액)이 3천만원 이상인 때에는 다음의 구분에 따라 가중처벌한다(제4항).

1. 수수액이 1억원 이상인 때에는 무기 또는 10년 이상의 징역에 처한다.
2. 수수액이 5천만원 이상 1억원 미만인 때에는 7년 이상의 유기징역에 처한다.
3. 수수액이 3천만원 이상 5천만원 미만인 때에는 5년 이상의 유기징역에 처한다.

제1항부터 제4항까지의 경우에 수수액의 2배 이상 5배 이하의 벌금을 병과한다(제5항).

2) 증재죄(제6조) 제5조의 규정에 의한 금품 기타 이익을 약속·공여 또는 공여의 의사를 표시한 자는 5년 이하의 징역 또는 3천만원 이하의 벌금에 처한다(제1항). 제1항의 행위에 제공할 목적으로 제3자에게 금품을 교부하거나 그 정을 알면서 교부받은 자는 제1항의 형과 같다(제2항).

3) 알선수재죄(제7조) 금융기관의 임·직원의 직무에 속한 사항의 알선에 관하여 금품 기타 이익을 수수·요구 또는 약속한 자 또는 제3자에게 이를 공여하게 하거나 공여하게 할 것을 요구 또는 약속한 자는 5년 이하의 징역 또는 5천만원 이하의 벌금에 처한다.

(3) 공무원범죄에 관한 몰수 특례법

「공무원범죄에 관한 몰수 특례법」은 형법 제129조부터 제132조까지의 죄, 「특정범죄 가중처벌 등에 관한 법률」 제 2 조 및 제 5 조의 죄를 범하여 얻은 불법재산(불법수익과 불법수익에서 유래한 재산)은 이를 몰수한다(제2조, 제3조 제1항). "불법수익에서 유래한 재산"이란 불법수익의 과실로서 얻은 재산, 불법수익의 대가로서 얻은 재산, 이들 재산의 대가로서 얻은 재산 등 불법수익이 변형되거나 증식되어 형성된 재산(불법수익이 불법수익과 관련 없는 재산과 합하여져 변형되거나 증식된 경우에는 불법수익에서 비롯된 부분으로 한정한다)을 말한다(제2조 제3호). 만일 불법재산을 몰수할 수 없거나 제 3 조 제 2 항에 따라 몰수하지 아니하는 경우에는 그 가액을 범인에게서 추징한다(제6조).

5. 단순수뢰죄

제129조 【수뢰, 사전수뢰】 ① 공무원 또는 중재인이 그 직무에 관하여 뇌물을 수수, 요구 또는 약속한 때에는 5년 이하의 징역 또는 10년 이하의 자격정지에 처한다.

(1) 의 의

본죄는 공무원 또는 중재인이 그 직무에 관하여 뇌물을 수수·요구 또는 약속함으로써 성립한다. 본죄는 뇌물수수 후 부정한 행위를 할 것을 요건으로 하지 않는다. 뇌물을 받고 부정한 행위를 하는 경우에는 본죄가 아니라 수뢰후부정처사죄(제131조 제1항)에 해당된다.

(2) 객관적 구성요건

1) 행위주체 본죄의 행위주체는 공무원 또는 중재인이다. 공무원에는 대통령·국회의원·지방의회의원[1]·시의회 의장[2]·판사도 포함된다. 중재인이란 중재계약에 의하여 선정된 자를 말한다. 중재계약이란 사법상의 법률관계에 관하여 당사자간에 발생하고 있거나 장래에 발생할 분쟁의 전부 또는 일부를 중재에 의하여 해결하도록 합의하는 것을 의미한다(중재법 제3조).

공무원의 범위에 대해서 특가법 제 4 조는 뇌물죄 적용대상(제129조~제132조)이 되

1) 대판 1997. 3. 11, 96도1258(비록 지방의회의원이 일정한 비용을 지급받을 뿐 정기적인 급여를 지급받지는 아니한다고 하더라도 공무를 담당하는 이상 지방의회의원은 형법상 공무원에 해당한다).
2) 대판 1996. 11. 15, 95도1114.

는 공무원의 범위를 확대하고 있다(제 1 항. 예: 농협중앙회[1]). 또한 「정보통신망 이용촉진 및 정보보호 등에 관한 법률」(제69조)에 따른 한국정보사회진흥원과 인터넷진흥원의 임 · 직원, 지방공기업법(제83조)에 따른 공사나 공단의 과장 또는 팀장 이상의 직원 등은 형법 제129조 내지 제132조의 벌칙을 적용할 때는 공무원으로 보고 있다. 그러므로 이들이 형법 제129조 내지 제132조의 죄를 범하였을 때에는 이들에게 형법상의 뇌물죄와 이에 대한 특가법이 적용된다.[2]

2) 행위방법 직무에 관하여 뇌물을 수수, 요구 또는 약속하는 것이다. 수수란 뇌물을 받는 것을 의미한다. 뇌물을 수수하는 자는 반드시 공무원이나 중재인 등 행위주체 본인일 필요는 없으며 가족과 같이 제 3 자이더라도 뇌물을 전달하는 역할을 하거나 수수함으로써 행위주체가 수수한 것으로 볼 수 있는 경우에는 수수한 것이 된다.[3]

요구는 뇌물을 취득할 의사로 상대방에 대하여 현실적인 뇌물의 공여나 공여의 의사표시를 청구하는 것이다. 직접적으로 언어적 표현을 사용하여 요구하지 않더라도 행동을 통한 간접적인 방법의 요구를 인정할 수 있다.[4] 뇌물요구에 대하여 상대방이 거절하더라도 뇌물요구죄는 성립한다. 뇌물을 요구하고 이를 수수한 때에는 뇌물수수죄만이 성립한다.

약속은 당사자가 뇌물수수를 합의하는 것을 의미한다. 이는 장래에 뇌물의 수수를 합의하는 것이므로 현재 뇌물이 존재하거나 뇌물액이 확정되지 않아도 된다.[5]

(3) 주관적 구성요건

직무에 관하여 뇌물을 받거나 요구 · 약속한다는 사실에 대한 고의가 있어야 한다. 목적물이 직무의 대가로 받는 이익이라는 점을 인식하여야 하지만 반드시 뇌물에 해당한다는 법적 판단을 필요로 하는 것은 아니다. 뇌물성은 고의의 내용이 아니라 규범적 판단대상이기 때문이다. 반환할 의사로서 일단 받아둔 데 불과한 경우에는 뇌물의 수수로 보지 않는 것이 판례의 입장이다.[6] 그러나 일단 영득의 의사로 받은 것이라면 나중에 이를 반환하였다고

1) 대판 2007. 12. 3, 2007도6556.
2) 대판 1990. 9. 28, 90도1092.
3) BGHSt 35, 128; Lackner/Kühl, § 331 Rn. 6.
4) Tröndle/Fischer, § 331 Rn. 18; Lackner/Kühl, § 331 Rn. 7.
5) 대판 2001. 9. 18, 2000도5438; 1981. 8. 20, 81도698.
6) 대판 1985. 3. 12, 83도150; 1989. 7. 25, 89도126.

하더라도 뇌물죄가 성립한다.[1)]

(4) 죄수 및 다른 범죄와의 관계

뇌물을 여러 차례에 걸쳐 수수하여 그 행위가 여러 개이더라도 그것이 단일하고 계속적 고의에 의하여 이루어지고 동일법익을 침해한 때에는 포괄일죄에 해당한다는 것이 판례의 입장이다.[2)]

공무원이 직무집행의 의사 없이 또는 직무처리와 대가적 관계 없이 타인을 공갈하여 재물을 교부하게 한 경우에는 공갈죄만이 성립한다.[3)] 공무원이 직무와 관련하여 재물의 교부를 받은 것이 기망행위를 통하여 이루어진 경우에는 본죄와 사기죄의 상상적 경합이 된다.[4)]

6. 사전수뢰죄

제129조【수뢰, 사전수뢰】 ② 공무원 또는 중재인이 될 자가 그 담당할 직무에 관하여 청탁을 받고 뇌물을 수수, 요구 또는 약속한 후 공무원 또는 중재인이 된 때에는 3년 이하의 징역 또는 7년 이하의 자격정지에 처한다.

(1) 의 의

본죄는 공무원 또는 중재인이 될 자가 장래에 담당할 직무에 관하여 뇌물을 수수·요구 또는 약속함으로써 성립한다.

(2) 구성요건

1) 행위주체 공무원이나 중재인이 될 자이다. 아직 공무원이나 중재인에 취임하기 전의 사람으로서 어느 정도 공직취임이 예상되는 사람이어야 한다. 공무원이나 중재인이 될 자가 뇌물을 수수·요구 또는 약속한 때에 본죄는 성립하나 처벌은 공무원이나 중재인이 된 때에 가능하다. 즉 공무원 또는 중재인이 되는 것은 구성요건요소가 아니라 객관적 처벌조건에 해당한다(통설).[5)] 그러나 행위주체를 "공무원 또는 중재인이 될 자"로 한정하고 있는 것은 타당하지 않다. 이는 현재 직무관련성이 없지만 장래에 직무관련성

---

1) 대판 1987. 9. 22, 87도1472; 1985. 5. 14, 83도2050(일단 영득의 의사로 뇌물을 수수하였으나 그 액수가 너무 많아서 후일 이를 반환하였다 하더라도 뇌물죄는 성립한다); 2001. 10. 12, 2001도3579.

2) 대판 1987. 5. 26, 86도1648.

3) 대판 1994. 12. 22, 94도2528.

4) 대판 1977. 6. 7, 77도1069.

5) 김성천, 1331면; 김일수/서보학, 848면; 백형구, 645면; 오영근, 926면; 이재상, 733면; 이정원, 702면; 임 웅, 869면; 정영석, 51면; 정성근/박광민, 816면; 진계호, 693면.

이 인정될 경우에 대비해서 현재 공무원 또는 중재인에게 재물을 제공할 수도 있기 때문에 행위주체를 "공무원 또는 중재인이 될 자" 이외에 현재 공무원 또는 중재인인 자도 포함시키는 것이 입법론적으로 타당하다.

2) 행　위　장래에 담당할 직무에 관하여 청탁을 받고 뇌물을 수수·요구 또는 약속하는 것이다. '청탁'이란 공무원에 대하여 일정한 직무수행을 하거나 하지 않을 것을 의뢰하는 행위를 말한다. 장래에 담당할 직무에 관하여 수뢰하여야 하므로 어느 정도 구체적 직무내용이 전제되어야 한다. 청탁을 받고란 일정한 직무행위를 하여 줄 것을 부탁받고 행위자가 이에 응할 것을 약속하는 것을 말한다. 청탁을 받고 하는 직무행위가 부정한 것이어야 하는 것은 아니다. 재물을 제공하는 당시에는 직접적인 청탁이 없었지만 장래에 예상되는 청탁에 대비하여 소위 보험용으로 지급하는 재물(예: 소위 '떡값' 등 명목)을 수수하는 것 역시 본죄에 해당한다고 보아야 한다.

(3) 다른 범죄와의 관계

공무원이나 중재인이 되는 것처럼 상대방을 기망하여 본죄를 범하였으면 사기죄와 본죄의 상상적 경합이 인정된다.

7. 제 3 자 뇌물제공죄

> 第130条【제 3 자뇌물제공】 공무원 또는 중재인이 그 직무에 관하여 부정한 청탁을 받고 제 3 자에게 뇌물을 공여하게 하거나 공여를 요구 또는 약속한 때에는 5년 이하의 징역 또는 10년 이하의 자격정지에 처한다.

(1) 의　의

본죄는 공무원 또는 중재인이 그 직무에 관하여 부정한 청탁을 받고 증뢰자로 하여금 제 3 자에게 뇌물을 공여하도록 하거나 공여를 요구 또는 약속함으로써 성립한다. 제 3 자 뇌물공여죄라고도 한다.

(2) 구성요건

본죄의 행위주체는 뇌물수수죄에서 설명한 바와 같다. '부정한 청탁'이란 의뢰한 직무집행 자체가 위법하거나 부당한 경우는 물론, 의뢰한 직무집행 그 자체는 위법하거나 부당하지 않지만 당해 직무집행을 어떤 대가관계와 연결시켜 그 직무집행에 관한 대가의 교부를 내용으로 하는 청탁을 말한다.[1)] 제 3 자란 행위자와 공동정범 이외의 사람으로서 교사범이나 방조범도 포함된

1) 대판 2009. 1. 30, 2008도6950.

다. 제 3 자가 뇌물성을 인식할 것을 요하지 않는다.[1] 특가법에는 가중처벌(제2조)과 행위주체의 확대(제4조)가 규정되어 있다. 그러나 뇌물을 공무원 또는 중재인이 직접 수수하는 것과 제 3 자에게 공여 등을 하도록 하는 것을 달리 취급하여 부정한 청탁을 구성요건으로 규정한 것은 타당하지 않다. 즉 공무원 또는 중재인이 직무에 관하여 청탁을 받고 제 3 자에게 뇌물을 공여하게 하거나 공여를 요구 또는 약속하게 한 때에는 부정한 청탁을 받지 않았더라도 본죄를 인정하는 방향으로 개정하는 것이 타당하다. 개정된 독일형법(1998. 1. 26)이 뇌물죄(§§ 331~334)에서 제 3 자까지도 행위자에 포함시키고 있는 입법례를 주목하여야 한다.

[판례] **단순수뢰죄(제129조 제 1 항)와 제 3 자 뇌물제공죄(제130조)의 관계**: 공무원이 직접 뇌물을 받지 아니하고, 증뢰자로 하여금 제 3 자에게 뇌물을 공여하도록 하고, 그 제 3 자로 하여금 뇌물을 받도록 한 경우에는 부정한 청탁을 받아 그와 같은 행위를 한 경우에 한하여 제130조로 처벌한다. 그러나 공무원이 직접 뇌물을 받지 아니하고 증뢰자로 하여금 제 3 자에게 뇌물을 공여하도록 하고 그 제 3 자로 하여금 뇌물을 받도록 하였다 하더라도 부정한 청탁을 받은 일이 없다면 제130조로 처벌하지 않는다. 다만 제 3 자가 공무원의 사자 또는 대리인으로서 뇌물을 받은 경우나 그 밖에 예컨대 평소 공무원이 그 다른 사람의 생활비 등을 부담하고 있었다거나 혹은 그 다른 사람에 대하여 채무를 부담하고 있었다는 등의 사정이 있어서 그 다른 사람이 뇌물을 받음으로써 공무원이 그만큼 지출을 면하게 되는 경우 등 사회통념상 그 다른 사람이 뇌물을 받은 것을 공무원이 직접 받는 것과 같이 평가할 수 있는 경우에는 단순수뢰죄(제129조 제 1 항)가 성립한다(대판 1998. 9. 22, 98도1234).

8. 수뢰후 부정처사죄

제131조【수뢰후 부정처사, 사후수뢰】 ① 공무원 또는 중재인이 전 2 조의 죄를 범하여 부정한 행위를 한 때에는 1년 이상의 유기징역에 처한다.

(1) 의 의

공무원 또는 중재인이 수뢰를 하고 그 후에 부정한 행위를 하는 경우에 성립하는 죄이다. 가장 전형적인 뇌물죄의 유형이다. 본죄는 수뢰에 의하여 공무의 불가매수성을 침해하였을 뿐만 아니라 부정한 직무행위를 함으로써 국가기능이 구체적으로 위험에 처하게 되었으므로 단순수뢰죄에 대하여 형을 가중하는 가중적 구성요건이다.

1) 대판 2006. 6. 15, 2004도3424.

(2) 구성요건

부정한 행위란 공무원 또는 중재인이 직무에 위배하여 하는 행위를 말하는 것으로, 직무행위 자체는 물론 그것과 객관적으로 관련있는 행위까지를 모두 포함한다.[1] 적극적으로 부정한 행위를 하는 경우는 물론이고 직무상 당연히 하여야 할 행위를 하지 않는 것도 포함한다. 금품을 받고 도시계획안을 알려 주거나 피의사건을 축소하여 주는 것, 불법하게 인·허가를 하여 주는 것, 입찰내정가를 응찰자에게 사전에 알려 주는 것 등은 그 예이다.

(3) 다른 범죄와의 관계

공문서위조죄나 허위공문서작성죄는 본죄와 상상적 경합관계에 있다.[2] 또한 부정처사에 해당하는 행위가 기타 다른 보호법익을 침해하는 경우에는 본죄와 상상적 경합이 된다. 예컨대 수뢰 후 입찰내정가격을 응찰자에게 알려 주는 것은 입찰방해죄와 본죄의 상상적 경합에 해당된다.[3]

9. 사후수뢰죄

제131조【수뢰후 부정처사, 사후수뢰】 ② 공무원 또는 중재인이 그 직무상 부정한 행위를 한 후 뇌물을 수수, 요구 또는 약속하거나 제 3 자에게 이를 공여하게 하거나 공여를 요구 또는 약속한 때에도 전항의 형과 같다.
③ 공무원 또는 중재인이었던 자가 그 재직중에 청탁을 받고 직무상 부정한 행위를 한 후 뇌물을 수수, 요구 또는 약속한 때에는 5년 이하의 징역 또는 10년 이하의 자격정지에 처한다.

(1) 의 의

본죄는 공무원 또는 중재인이 직무상의 부정행위를 하고 나서 뇌물을 받거나 제 3 자에게 공여하게 하거나(제2항), 공무원 또는 중재인이었던 자가 그 재직중에 청탁을 받고 직무상 부정한 행위를 한 후 퇴직한 다음에 수뢰하는 것(제3항)이다. 부정처사후 수뢰죄라고도 한다.

(2) 구성요건

1) 공무원 또는 중재인이 직무상 부정한 행위를 한 후 뇌물을 수수·요구 또는 약속하거나 제 3 자에게 이를 공여하게 하거나 공여를 요구 또는 약

1) 대판 2003. 6. 13, 2003도1060.
2) 대판 1983. 7. 26, 83도1378(금품을 받고 예비군훈련에 불참한 자를 참석한 것처럼 허위공문서를 작성한 경우). 김성천, 1334면; 김일수/서보학, 851면; 정성근/박광민, 821면.
3) 대판 1969. 12. 9, 69도1288; 김일수/서보학, 851면; 정성근, 913면.

속하는 경우(제2항). 부정한 직무수행을 한 다음 뇌물을 직접 수수하거나 요구·약속하는 행위 또는 제 3 자에게 뇌물을 공여하도록 하거나 제 3 자에게 공여하도록 요구·약속하는 행위를 말한다(예: 구청 공무원이 불법한 건축허가를 내어 주고 그 대가로 자기 동생 구좌에 일정액을 입금하도록 요구하는 경우). 수뢰후부정처사죄와 대칭되는 유형이다. 직무상 부정한 행위를 할 것이 전제된다. 본죄는 특가법 제 2 조가 규정하고 있는 「형법 제129조·제130조 또는 제132조에 규정된 죄」에 포함된다고 보아야 한다.[1)]

2) 공무원 또는 중재인이었던 자가 재직중에 청탁을 받고 직무상 부정한 행위를 한 후 뇌물을 수수·요구 또는 약속하는 경우(제3항). 이는 재직중에 부정한 행위를 하고 퇴직 후에 수뢰하는 행위를 말한다. 일체의 공직에서 퇴직하여야 하므로 부정행위를 한 후 다른 직책으로 옮긴 경우에는 제 2 항의 부정처사후 수뢰죄에 해당한다. 공무원이 퇴직 후 퇴직 전의 직무관련 업무를 수행한 대가로 재물(예: 자문료 등 명목)을 취득하는 경우에 성립한다. 외견상 합법적인 명목으로 재물을 취득하더라도 특히 고위직 퇴직 공무원의 경우에는 퇴직 후 받는 재물의 액수가 상당성을 초과한 때에는 뇌물에 해당한다고 보아야 한다.

10. 알선수뢰죄

> **제132조【알선수뢰】 공무원이 그 지위를 이용하여 다른 공무원의 직무에 속한 사항의 알선에 관하여 뇌물을 수수, 요구 또는 약속한 때에는 3년 이하의 징역 또는 7년 이하의 자격정지에 처한다.**

(1) 의 의

본죄는 공무원이 그 지위를 이용하여 다른 공무원의 직무에 속한 사항의 알선에 관하여 뇌물을 수수·요구 또는 약속함으로써 성립한다. 특가법상의 알선수재죄(제2조)에서는 수뢰액이 1,000만원 이상일 때에는 형이 가중된다.

알선수뢰죄는 공무원인 행위자가 비록 해당 직무의 직접적인 담당자는 아니

1) 대판 1969. 12. 9, 69도1288(형법 제131조 제 1 항은 공무원 또는 중재인이 형법 제129조, 제130조의 죄를 범한 후에 부정한 행위를 한 때에 가중처벌한다는 규정이고, 같은 조문 제 2 항은 공무원 또는 중재인이 그 직무상 부정한 행위를 한 후 뇌물을 수수, 요구 또는 약속하거나 제 3 자에게 이를 공여하게 하거나, 공여를 요구 또는 약속한 때, 즉 형법 제129조, 제130조의 죄를 범한 때에 가중처벌한다는 규정이므로, 형법 제131조 제 1, 2 항의 죄를 범한 자는 특정범죄가중처벌등에관한법률 제 2 조의 형법 제129조, 제130조에 규정된 죄를 범한 자에 해당된다).

더라도 자신의 지위나 영향력을 이용하여 이를 알선할 수 있음을 이용하여 공무수행의 공정성이 침해될 수 있는 가능성을 봉쇄하는 데에 그 목적이 있다.

(2) 구성요건

1) 공무원이 지위를 이용 본죄의 행위주체는 공무원이다. 여기의 공무원은 지위를 이용하여 알선행위를 하여야 한다. 판례[1] · 학설[2]은 공무원은 단순히 공무원의 신분만 있으면 당해 직무를 처리하는 다른 공무원과 아무런 관계가 없어도 되는 것이 아니라, 적어도 당해 직무를 처리하는 공무원과 직접 · 간접의 연관관계를 가지고 법률상이거나 사실상이거나를 막론하고 어떠한 영향력을 미칠 수 있는 지위에 있는 공무원이어야 한다는 입장이다.

[판례] 판례는 '공무원이 지위를 이용하여'라고 함은 친구, 친족관계 등 사적인 관계를 이용하는 경우이거나 단순히 공무원으로서의 신분이 있다는 것만을 이용하는 경우에는 여기에 해당한다고 볼 수 없으나, 다른 공무원이 취급하는 업무처리에 법률상 또는 사실상 영향을 줄 수 있는 공무원이 그 지위를 이용하는 경우에는 여기에 해당하고 그 사실에 반드시 상하관계, 협동관계, 감독관계 등의 특수한 관계에 있거나 같은 부서에 근무할 것을 요하는 것은 아니라고 한다.[3]

그러나 알선행위는 직무상의 관계만으로 이루어지는 것이 아니라 개인적 친분관계를 동원하는 경우가 많은 것이 현실이므로 반드시 직무상의 관계에서 영향력 행사가 가능한 경우만으로 제한하여서는 안 된다.[4] 그러므로 예를 들어 공무원이 다른 공무원에 대하여 인간적인 유대관계를 갖고 있다면 알선행위는 가능하다고 보아야 한다. 즉 이 경우에도 공무원이 알선의 의사를 표시하고 뇌물을 수수 · 요구 · 약속하였으면 본죄에 해당한다.

2) 알선행위 본죄의 행위는 공무원이 다른 공무원의 직무의 알선에 관하여 뇌물을 수수 · 요구 또는 약속하는 것이다. 알선이라 함은 다른 공무원이 직무행위를 하도록 매개하거나 주선하는 것을 말한다. 알선행위는 직접

1) 대판 1982. 6. 8, 82도403; 1983. 6. 14, 83도894; 1993. 7. 13, 93도1056.

2) 김성천, 1336면; 오영근, 933면; 이재상, 737면; 이정원, 706면; 배종대, 835면; 정성근/박광민, 825면.

3) 대판 1994. 10. 21, 94도852(과거 같은 세무서에서 서장과 과장으로 근무한 적이 있다면 두 사람이 현재 다른 세무서와 지방국세청에 근무하고 있더라도 영향력을 행사할 수 있는 관계라고 본 판결).

4) 지위이용행위를 넓게 인정하는 견해로는 김일수/서보학, 854면; 임 웅, 874면; 진계호, 972면 참조.

하거나 타인을 통하여 하거나를 불문한다.

알선행위가 이루어지는 시기는 뇌물을 수수 · 요구 · 약속하기 전후를 불문한다. 그리고 반드시 상대방에게 알선에 의하여 해결하여야 할 현안이 존재하여야 할 필요도 없다.[1] 따라서 장래의 알선을 위하여 뇌물을 수수 · 요구 · 약속한 경우에는 실제로 알선행위가 행하여졌는지 여부는 본죄의 성립에 영향을 미치지 않는다.[2]

[판례] 알선수재죄의 성립요건: 알선수재죄가 성립하기 위해서는 알선할 사항이 공무원의 직무에 속하는 사항이고, 금품 등 수수의 명목이 그 사항의 알선에 관련된 것임이 어느 정도 구체적으로 나타나야 하고, 단지 금품 등을 공여하는 자가 금품 등을 수수하는 자와의 좋은 관계를 유지함으로써 그로부터 공무원의 직무에 속한 사항과 관련하여 어떤 도움을 받을 수 있다거나 손해를 입을 염려가 없다는 정도의 막연한 기대감 속에 금품 등을 교부하고, 금품 등을 수수하는 자 역시 공여자가 그러한 기대감을 가지고 금품 등을 교부하는 것이라고 짐작하면서 이를 수수하였다는 정도의 사정만으로는 알선수재죄가 성립한다고 볼 수 없다(대판 2004. 11. 25, 2004도6647).

(3) 특가법상의 알선수재죄

「특정범죄 가중처벌 등에 관한 법률」 제 3 조는 공무원의 직무에 속한 사항의 알선에 관하여 금품이나 이익을 수수 · 요구 또는 약속한 사람은 5년 이하의 징역 또는 1천만원 이하의 벌금에 처하고 있다. 특가법상의 알선수재죄는 형법상의 알선수뢰죄와 다음의 점에서 구별된다. 첫째, 알선수뢰죄와 달리 행위주체를 공무원 또는 중재인으로 제한하지 않는다는 점이다.[3] 그러므로 공무원은 물론이고 일반인도 본죄의 행위주체가 될 수 있다. 뿐만 아니라 판례는 스스로 알선행위를 하지 않고 알선행위를 할 사람을 소개시켜 준 경우에도 동조에 해당된다고 본다.[4] 둘째, 행위객체를 뇌물이 아니라 금품이나 이익이라고 하여 표현을 달리하고 있다. 그러나 이러한 표현상의 차이로 인하여 금품 또는 이익을 뇌물과 달리 해석할 여지도 있지만 동일하게 보는 것이 타당하다. 셋째, 공무원이 본죄를 범하는 경우에는 형법상의 알선수뢰죄와는 달리 자신의 지위를 이용하지 않더라도 성립한다는 점이다. 그러나 형법상의 알선수뢰죄에 해당하고 수뢰금액이 3천만원 이상인 때에는 특가법상의

1) 대판 2009. 7. 23, 2009도3924.
2) 김일수/서보학, 856면; 정성근/박광민, 827면.
3) 대판 1983. 4. 12, 82도1365.
4) 대판 2002. 10. 8, 2001도3931.

알선수재죄(제3조)가 적용되지 않고 형법상 뇌물죄의 가중처벌 규정인 동법 제 2조 제 1항이 적용된다.

II. 뇌물공여죄 · 증뢰물전달죄

제133조【뇌물공여 등】 ① 제129조 내지 제132조에 기재한 뇌물을 약속, 공여 또는 공여의 의사를 표시한 자는 5년 이하의 징역 또는 2천만원 이하의 벌금에 처한다.
② 전항의 행위에 공할 목적으로 제 3 자에게 금품을 교부하거나 그 정을 알면서 교부를 받은 자도 전항의 형과 같다.

(1) 의 의

본죄는 뇌물을 약속 · 공여 또는 공여의 의사를 표시하거나, 이에 공할 목적으로 제 3 자에게 금품을 교부하거나 그 정을 알면서 교부받을 때에 성립하는 죄이다. 증뢰물전달죄 또는 증뢰죄라고도 한다.

(2) 구성요건

1) 행위주체 본죄의 행위주체는 제한이 없으므로 비공무원은 물론이고 공무원도 본죄의 주체가 될 수 있다.

2) 행 위

(i) **뇌물의 약속 · 공여 또는 공여의 의사표시** 뇌물의 약속은 수뢰자와 증뢰자가 뇌물의 수수를 합의하거나 장차 뇌물을 공여할 것을 자진하여 약속하는 것을 말한다. 전자의 경우는 공무원이나 중재인에게 해당하는 뇌물약속죄(제129조 제1항)의 상대방으로서 해당되는 구성요건이다. 공여란 상대방으로 하여금 뇌물을 취득하도록 하는 것을 말한다. 공여의 의사표시는 상대방에게 뇌물제공의 의사표시를 하는 것을 말한다.

(ii) **뇌물용의 목적물을 제 3 자에게 교부하거나 제 3 자가 이를 알면서 교부받는 행위** 예를 들어 증뢰자가 뇌물을 수뢰자에게 직접 전달하는 것이 아니라, 가족 등 제 3 자에게 교부하거나 제 3 자가 뇌물인 사실을 알면서 교부받는 것을 의미한다. 제 3 자가 교부받은 뇌물을 수뢰할 사람에게 전달하였는가는 본죄의 성립에 영향이 없다.[1)]

[판례] 향응제공에 따른 수뢰액 인정방법: 수뢰자와 증뢰자가 함께 향응을 하고 증뢰

1) 대판 1985. 1. 22, 84도1033.

자가 이에 소요되는 금액을 지출한 경우 증뢰액을 인정함에 있어서는 먼저 수뢰자의 접대에 요한 비용과 증뢰자가 소비한 비용을 가려내어 전자의 수액을 가지고 증뢰액으로 하여야 하고 만일 각자에 요한 비용액이 불명일 때에는 이를 평등하게 분할한 액이 증뢰액이며, 수뢰자가 향응을 제공받는 자리에 수뢰자가 제 3 자를 초대하여 함께 접대를 받은 경우에는, 그 제 3 자가 수뢰자와는 별도의 지위에서 접대를 받는 공무원이라는 등의 특별한 사정이 없는 한 그 제 3 자의 접대에 요한 비용도 수뢰자의 접대에 요한 비용에 포함시켜 증뢰액으로 본다(대판 2001. 10. 12, 99도5294).

(3) 다른 범죄와의 관계

공무원이 공무집행의 의사로 타인을 공갈하여 재물을 교부하게 한 경우에는 공갈죄와 수뢰죄의 상상적 경합이 되지만, 공무집행의 의사 없이 또는 직무처리와 대가적 관계 없이 타인을 공갈하여 재물을 교부하게 한 경우에는 공갈죄만이 성립한다.[1] 이러한 경우 재물의 교부자가 공무원의 해악의 고지로 인하여 공포심을 갖고 금품을 제공한 것이라면 공갈죄의 피해자에 해당하고 뇌물공여죄는 성립하지 않는다.[2]

12. 외국공무원에 대한 뇌물방지법

국제상거래에서 외국의 공무원들에게 뇌물을 제공하는 행위를 처벌하기 위하여 「국제상거래에 있어서 외국공무원에 대한 뇌물방지법」(1998. 12. 28, 법률 제5588호)이 제정되었다. 이는 경제협력개발기구(OECD) 뇌물방지협약의 이행법률에 해당하며, 1999. 2. 15부터 시행되었다.

동법에 따르면 국제상거래와 관련하여 부정한 이익을 얻을 목적으로 외국공무원 등에게 그 업무와 관련하여 뇌물을 약속·공여하거나 공여의 의사를 표시한 때에는 5년 이하의 징역 또는 2천만원 이하의 벌금에 처한다. 이 경우 범죄행위로 얻은 이익이 1천만원을 초과하는 때에는 5년 이하의 징역 또는 그 이익의 2배에 상당하는 금액 이하의 벌금에 처한다(동법 제3조 제1항). 법인의 대표자와 대리인·사용인 기타 종업원이 그 법인의 업무에 관하여 제 3 조 제 1 항의 죄를 범한 때에는 행위자를 벌하는 외에 그 법인에 대하여도 10억원 이하의 벌금에 처한다. 이 경우 범죄행위로 얻은 이익이 5억원을 초과하는 때에는 그 이익의 2배에 상당하는 금액 이하의 벌금에 처한다(동법 제4조).

---

1) 대판 1966. 4. 6, 66도12.

2) 대판 1994. 12. 22, 94도2528.

제 2 절 公務妨害에 관한 罪

Ⅰ. 序 論

공무방해의 죄란 포괄적인 의미에서는 국가 또는 공공기관이 행사하는 기능을 방해하는 죄이다. 공무원의 직무에 관한 죄가 공무원에 의하여 범하여지는 직무상의 범죄인 데 반하여 공무방해의 죄는 공무원이 수행하는 국가기능에 대한 범죄라는 점에서 대칭된다. 공무방해에 관한 죄는 공무원을 보호하는 것이 목적이 아니라 공무원의 직무수행이나 정부의 법적 작용, 공용물을 보호하는 것이 목적이다. 이를 통하여 국가의 기능이 정상적으로 발휘될 수 있기 때문이다.

공무방해의 죄의 보호법익은 이처럼 국가기능으로서의 공무를 보호하기 위한 것이다.[1] 한편으로는 공무와 함께 공무원의 신분도 보호한다는 견해[2]가 있다. 그러나 공무원의 신분은 공무방해로 인하여 침해될 성질의 것이 아니며 또한 공무원신분의 보호는 공무집행의 보호를 통하여 보호되는 반사적 의미를 지니는 것에 불과하므로 공무원의 직무집행행위인 공무를 보호한다고 보는 것이 타당하다. 공무방해에 관한 죄는 구체적 위험범설이라고 하는 견해[3]도 있으나 추상적 위험범에 해당한다고 보는 것이 타당하다.[4]

Ⅱ. 構成要件體系

형법상 공무방해에 관한 죄로는 공무집행방해죄(제136조), 위계에 의한 공무집행방해죄(제137조), 법정·국회회의장모욕죄(제138조), 인권옹호직무방해죄(제139조), 공무상 봉인·표시무효 등 죄(제140조), 부동산강제집행효용침해죄(제140조의 2), 공용서류 등 무효죄(제141조 제1항), 공용물파괴죄(제141조 제2항), 공무상 보관물무효죄(제142조) 및 가중적 구성요건인 특수공무방해죄 및 특수공무방해치사상죄(제144조)를 규정하고 있다.

1) 김성천, 1340면; 김일수/서보학, 863면; 배종대, 829면; 이재상, 741면; 이정원, 710면; 임 웅, 880면; 정성근/박광민, 834면.

2) 진계호, 705면.

3) 배종대, 829면.

4) 김일수/서보학, 863면; 백형구, 587면; 오영근, 940면; 이재상, 741면; 이정원, 710면; 임 웅, 880면; 정성근/박광민, 834면; 진계호, 759면.

Ⅲ. 公務執行妨害罪

> **第136조【공무집행방해】 ① 직무를 집행하는 공무원에 대하여 폭행 또는 협박한 자는 5년 이하의 징역 또는 1천만원 이하의 벌금에 처한다.**

Ⅰ. 객관적 구성요건

본죄는 직무를 집행하는 공무원에 대하여 폭행 또는 협박함으로써 성립하는 범죄이다.

(1) 행위주체

본죄의 행위주체에는 제한이 없으므로 일반인은 물론 공무원도 공무원에 대하여 본죄를 범할 수 있다.

(2) 행위객체

직무를 집행하는 공무원이다.

1) 직무를 집행하는 공무원 직무를 집행하는 공무원이란 공무원이 방해행위 당시 자신의 직무를 수행하고 있어야 함을 의미한다. 즉 직무를 집행하는 이라 함은 공무원이 직무수행에 직접 필요한 행위를 현실적으로 행하고 있는 때는 물론이고, 현실적으로 직무집행중에 있지 않다고 할지라도 "공무원이 직무수행을 위하여 근무중인 상태에 있는 때를 포괄한다 할 것이고, 직무의 성질에 따라서는 그 직무수행의 과정을 개별적으로 분리하여 부분적으로 각각의 개시와 종료를 논하는 것이 부적절하고 여러 종류의 행위를 포괄하여 일련의 직무수행으로 파악"하여야 한다는 것이 판례의 입장이다.[1] 그러나 시간적으로 직무행위와 밀접한 관련이 없는 경우, 즉 직무집행이 시작되기 전이나 종료된 이후에는 직무를 집행하는 공무원의 범위에 포함되지 않는다.

2) 직무집행의 범위 여기에서 방해받는 공무원의 직무범위는 공무원이 그 직무상 할 수 있는 행위를 의미한다(다수설).[2] 이에 대해서 직무집행의 범위를 국가 또는 공공단체의 특정한 의사를 강제하는 집행행위로 국한하는 것이 타당하다는 견해[3]가 있으나 형법이 이를 제한하고 있지 않으며, 국가 또는 공공단체의 특정한 의사를 확정하기가 어려운 점, 그리고 공무원

---

1) 대판 2002.4.12, 2000도3485; 1999.9.21, 99도383; 1957.3.29, 57도48(공무원이 그의 자리에 착석하고 있는 이상 공무집행중이라고 인정).
2) 유기천(하), 308면; 이재상, 743면; 이정원, 713면; 정성근/박광민, 835면; 정영석, 61면.
3) 김일수/서보학, 865면.

이 직무상 할 수 있는 일이라면 이는 곧 국가기능으로서의 공무라고 보아야 하므로 다수설의 견해가 타당하다.

3) 직무집행의 적법성요건 본죄는 공무원의 직무집행이 적법하여야 하다는 명문의 규정은 두고 있지 않다.[1] 그러나 통설·판례는 직무집행의 적법성을 요구한다.[2] 그러므로 적법하지 않은 공무집행행위에 대한 정당방위가 허용된다. 문제는 어느 정도까지 직무집행의 적법성을 갖추어야 하는가이다. 이에 대해서는 일반적으로 ① 공무원의 추상적 권한내에 속할 것과, ② 당해 행위를 할 수 있는 구체적 권한을 가질 것, 그리고 ③ 법정의 방식과 절차를 따를 것이 요구된다.[3] 법정의 방식과 절차는 예를 들어 인권보호절차와 같이 중요한 방식과 절차를 의미하며 사소한 절차상의 위반행위까지 포함하는 것은 아니라고 보아야 한다.[4] 이러한 직무집행의 적법성은 실질적 적법성을 의미하는 것이 아니라 형식적 적법성을 의미한다고 보는 것이 형사정책적 관점에서 타당하다.[5]

4) 적법성의 체계적 지위 직무집행의 적법성요건의 체계적 지위에 관해서는 ① 구성요건요소설,[6] ② 위법성요소설,[7] ③ 객관적 처벌조건설이 있다. 이러한 체계상의 지위에 관한 논의는 공무집행의 적법성 요건에 대한 착오를 일으킨 경우 및 위법한 공무집행에 대하여 어느 범위까지 정당방위가 가능한지 여부와 관련되어 있다.[8]

---

1) 반면에 독일형법(§113 Abs. 3, Widerstand gegen Vollstreckungsbeamte)은 직무집행의 적법성을 규정하고 있다.

2) 대판 1992. 2. 11, 91도2797; 1992. 5. 22, 92도506; 1994. 3. 11, 93도958; 김성천, 1341면; 김일수/서보학, 869면; 배종대, 851면; 백형구, 589면; 오영근, 947면; 이재상, 748면; 이정원, 717면; 임 웅, 886면; 정성근/박광민, 841면; 진계호, 708면.

3) 대판 1994. 9. 27, 94도886; 이완규, 「공무집행방해죄에 있어서 직무집행의 적법성」, 형사판례연구(3), 239면 이하.

4) 유기천(하), 311면.

5) BGHSt 21, 363; Lackner/Kühl, §113 Rn. 10; Tröndle/Fischer, §113 Rn. 11; Sch/Sch/Eser, §113 Rn. 21. 이에 대해 무효인 국가작용만이 적법한 공무집행에서 제외된다고 보는 견해도 있다(Amelung, JuS 1986, 335; Arzt/Weber, BT/5, Rn. 133; Roxin, Pfeiffer-FS., 46면; LK/Spendel, §32 Rn. 65).

6) 김성돈, 741면; 김일수/서보학, 866면; 배종대, 851면; 이재상, 749면; 이형국, 803면; 정영일, 789면.

7) 권오걸, 1342면; 오영근, 948면; 임 웅, 887면; 정성근/박광민, 842면.

8) 독일형법은 "직무행위가 위법한 때에는 행위자가 위법하다고 오인한 때에도 벌하지 않는다"(제113조 제 3 항)고 규정하고 있다. 그리고 "직무행위가 위법하다고 착오를 한 경우에 이러한 착오를 회피할 수 있었으면 법원은 형을 감경하거나 면제할 수 있으며, 이러한 착오를 회피할 수 없었고 자신이 알고 있는 정황상 법적 구제수단으로 위법한 직무행위에 대항하는 것이 기

적법성을 구성요건요소로 본다면 위법한 직무집행행위는 직무집행 자체가 존재하지 않는 것으로 보게 되므로 이에 대한 저항은 공무집행방해죄의 구성요건해당성이 없다. 위법성요소로 볼 경우에는 위법한 공무집행행위에 대한 저항은 정당방위에 해당하게 된다. 형법이 공무집행을 적법한 공무집행으로 제한하고 있지 않은 점에서 위법성요소로 보는 것이 타당하고 이 경우 위법한 직무집행행위에 대해서는 정당방위가 성립하는 것으로 보아야 한다.

[판례] 대법원판례는 다음과 같은 경우를 적법한 공무수행에 해당하지 않는다고 판시하였다.

① 경찰관직무집행법상 정신착란자, 만취자, 자살기도자 등 응급의 구호를 요하는 자를 24시간을 초과하지 아니하는 범위 내에서 경찰관서에 보호조치하는 제한적인 경우를 제외하고는 구속영장을 발부받지 않고 피의자를 경찰서 보호실에 유치하는 것은 영장주의에 위배되는 위법한 구금으로서 적법한 공무수행이라고 볼 수 없다(대판 1994. 3. 11, 93도958).

② 대법원은 의경이 차선위반으로 단속당한 피고인의 음주운전사실을 추가로 발견하고 음주측정을 위하여 파출소까지 데려가려 하자 피고인이 이에 대항하면서 의경에게 상해를 가한 사건에서 범죄사실의 요지, 체포 또는 구속의 이유와 변호인을 선임할 수 있는 권리를 고지하지 않았음을 이유로 피고인의 행위는 정당방위에 해당한다고 보아 공무집행방해죄는 물론 폭력행위 등 처벌에 관한 법률 위반죄의 성립까지도 부인하였다(대판 1994. 10. 25, 94도2283).[1)]

5) **적법성의 판단기준** 직무집행의 적법성을 판단하는 기준에 관하여는 다음과 같은 견해들이 있다.

① **객관설**은 법원이 관계법령을 해석하여 판단하여야 한다는 견해로서 통설이다.[2)] ② **주관설**은 당해 공무원이 적법한 것으로 믿었는가에 따라 판단하여야 한다는 견해이다(적법성의 주관화). 그리고 ③ **절충설**은 객관적·주관적 측면을 모두 고려하여 판단하여야 한다는 견해 및 일반인의 입장에서 판

대할 수 없었을 때에는 벌하지 않으며, 이를 기대할 수 있는 때에는 감경 또는 면제할 수 있다"고 규정(제 4 항)하고 있다. 이에 따라 위법한 직무행위에 대한 저항행위는 구성요건해당성이 없는 행위로서 위법성, 책임 유무에 대한 검토를 필요로 하지 않는다(Wessels/Hettinger, BT/1, Rn. 634).

1) 또한 대판 1994. 3. 11, 93도958(이 판결에 대한 평석은 이완규, 위 논문을 참조할 것).

2) 김일수/서보학, 869면; 배종대, 851면; 오영근, 947면; 이재상, 748면; 정성근/박광민, 840면; 정영석, 60면; 진계호, 986면.

단하여야 한다는 견해이다.[1)]

생각건대 주관설은 국가행정작용의 착오는 허용된다는 국가우위의 사고방식에서 비롯되는 견해라는 점에서 타당하지 않다. 즉 공무원의 판단 여하에 따라 적법하지 않은 공무집행행위도 정당화될 수 있는 것이다. 절충설 역시 이러한 비판에서 벗어날 수 없다. 그러므로 공무원의 직무집행이 책임감과 신중함 속에서 적법성을 유지할 수 있도록 하기 위해서는 객관설이 타당하다.

(3) 행　위

본죄의 행위는 폭행 또는 협박이다. 폭행은 사람에 대한 유형력의 행사를 의미한다. 협박은 해악을 고지하는 것으로서, 고지하는 해악의 내용이 그 경위, 행위 당시의 주위상황, 행위자의 성향, 행위자와 상대방과의 친숙도, 지위 등 행위 당시의 사정을 종합하여 객관적으로 상대방으로 하여금 공포심을 느끼게 하면 족하며 상대방이 현실적으로 공포심을 느꼈을 것까지 요구되는 것은 아니다.[2)] 폭행 · 협박은 적극적인 행위에 의하여야 한다고 보는 것이 통설이다.[3)] 원칙적으로 이러한 견해가 타당하다. 그러나 적극적인 행위는 반드시 직접적이어야 하는 것은 아니며 간접적이라도 상관없다.[4)] 즉 폭행을 직접 공무원의 신체에 대하여 할 필요는 없으며, 물건에 대한 폭행도 그로 인하여 적극적으로 공무원의 직무집행을 방해하는 성질의 것이면 역시 공무원에 대한 폭행이라고 보아야 한다.[5)]

[판례] 대법원판례는 경찰관의 운전면허증 제시요구에 불응하고 다시 출발하는 과정에서 경찰관이 잡고 있던 운전석쪽의 열린 유리창 윗부분을 놓지 않은 채 어느 정도 진행하다가 차량속도가 빨라지자 더 이상 따라가지 못하고 손을 놓은 사건에서 공무집행방해죄에서의 폭행에 해당하지 않는다고 판시하고 있다(대판 1996. 4. 26, 96도281). 그러나 이 경우에 운전자는 경찰관을 차에 매달고 운행을 계속함으로써 경찰관으로 하여금 생명의 위협을 느끼게 하여 스스로 손을 놓도록 한 점에서 본죄에서의 협박 및 폭행행위에 해당한다고 보는 것이 타당하다. 즉 제지에도 불구하고 자동차를 운전하여 전진하는 것은 창문에 매달린 경찰관에 대한 적극적인 폭행행위라고 보아야 하는 것이다.

1) 유기천(하), 313면.
2) 대판 1989. 12. 26, 89도1204.
3) 김일수/서보학, 870면; 배종대, 852면; 이재상, 750면; 임 웅, 889면.
4) 대판 1998. 5. 12, 98도662.
5) 정영석, 63면.

이와 다른 사건에서 판례는 범칙행위를 하였다고 인정되는 운전자가 자신의 인적 사항을 밝히지 아니하고 면허증 제시를 거부하며 차량을 출발시킨 경우, 교통단속 업무에 종사하던 의경이 서서히 진행하는 차량의 문 틀을 잡고 정지할 것을 요구한 행위는 적법한 공무집행의 범위 안에 든다고 보아 공무집행방해죄에 해당하지 않는다는 원심판결을 파기·환송하였다(대판 1994.9.27, 94도886).

공무원의 직무집행을 방해하기 위하여 폭행·협박을 하면 기수에 이르며 직무집행이 현실적으로 방해되어야 하는 것은 아니다(추상적 위험범).

2. 주관적 구성요건

본죄의 행위자는 상대방이 적법하게 직무를 수행하는 공무원이라는 점 및 이에 대하여 폭행·협박을 한다는 고의를 가져야 한다. 그러나 직무집행을 방해한다는 인식은 필요하지 않으며, 이 점에서 방해의사를 요하는 위계에 의한 공무집행방해죄(제137조)와 다르다.

3. 죄수 및 다른 범죄와의 관계

판례는 공무원의 수에 따라 본죄의 죄수를 결정하여야 한다고 보고 있다.[1] 그러나 본죄의 죄수는 공무원의 수가 아니라 공무의 수에 따라 결정되어야 한다. 본죄는 공무원이 아니라 공무를 보호하는 구성요건이기 때문이다. 그러므로 여러 사람이 집행하는 단일의 공무를 방해한 때에는 하나의 공무집행방해죄가 성립한다.[2]

본죄의 행위가 단순히 폭행·협박에 그친 경우에는 폭행죄·협박죄는 본죄에 흡수된다(법조경합). 본죄는 사무를 보호하는 업무방해죄에 대하여 공무를 별도로 보호하는 구성요건으로서 본죄가 성립하면 업무방해죄는 성립하지 않는다.[3] 이에 대하여 공무도 업무의 일종이지만 본죄가 성립하면 업무방해죄가 적용되지 않는다는 견해가 있다.[4] 그러나 행위방법에 따라 공무집행방해죄와 업무방해죄를 구별하여 취급하고 있는 점에서 상호 독립적으로 성립한다고 보아야 한다. 본죄를 범하여 공무원을 살해하거나 상해를 입힌 때에는 본죄와 살인죄·상해죄는 상상적 경합관계가 된다.

---

1) 대판 1961.9.28, 61도415(여러 사람이 함께 공무를 집행하는 경우에 피해자의 수에 따라 하나의 행위로서 여러 죄명에 해당하는 상상적 경합에 해당한다고 본 사례).

2) 김성천, 1347면; 김일수/서보학, 872면; 유기천(하), 327면; 이재상, 752면; 이정원, 718면; 임 웅, 890면; 정성근/박광민, 846면; 진계호, 712면.

3) 김일수/서보학, 872면; 오영근, 951면; 이재상, 752면; 정성근, 902면; 정영석, 294면.

4) 정성근/박광민, 846면; 정영석, 293면.

Ⅳ. 職務強要・辭職強要罪

> 第136条【공무집행방해】 ② 공무원에 대하여 그 직무상의 행위를 강요 또는 저지하거나 그 직을 사퇴하게 할 목적으로 폭행 또는 협박한 자도 전항의 형과 같다.

1. 의 의

공무원에 대하여 그 직무상의 행위를 강요 또는 저지하거나 그 직을 사퇴하게 할 목적으로 폭행 또는 협박함으로써 성립하는 범죄이다. 본죄의 보호법익은 공무라고 보는 견해[1])도 있으나, 공무원의 직무상 행동의 자유를 보호하면서 동시에 그 직무상의 안전도 보호하기 위한 것으로 보는 것이 타당하다.[2]) 본죄는 추상적 위험범이다.

2. 구성요건

본죄의 행위는 폭행・협박이다. 예를 들어 국회의원으로 하여금 그 의사에 반하여 국회에서 발언을 하거나 못하도록 협박하는 것은 본죄에 해당한다.[3])

본죄에서 직무상의 행위는 당해 공무원의 직무에 관계되는 것이면 되고 반드시 직무권한 내의 행위이든 직무권한 외의 행위이든 불문한다. 본죄는 목적범이므로 직무상의 행위를 강요・저지하거나 그 직을 사퇴시킬 목적으로 폭행・협박을 하면 곧 성립하고 목적의 달성 여부는 필요로 하지 않는다. 예를 들어 공무원이 협박에 굴하지 않고 직무를 수행하는 경우에도 본죄는 기수에 이른 것이다.

Ⅴ. 僞計에 의한 公務執行妨害罪

> 第137条【위계에 의한 공무집행방해】 위계로써 공무원의 직무집행을 방해한 자는 5년 이하의 징역 또는 1천만원 이하의 벌금에 처한다.

---

1) 김성천, 1348면; 김일수/서보학, 873면; 오영근, 1117면; 이정원, 778면.
2) 이재상, 753면; 임 웅, 891면; 정성근/박광민, 847면; 정영석, 64면; 진계호, 713면.
3) 정영석, 64면.

1. 의 의

본죄는 위계로써 공무원의 공무집행을 방해하는 죄이다. 즉 행위자가 행위목적을 달성하기 위하여 공무원에게 오인, 착각 또는 부지를 일으키게 하여 이를 이용하는 것을 말하며, 공무원이 이에 따라 그릇된 행위나 처분을 하였다면 위계에 의한 공무집행방해죄는 성립한다.

2. 구성요건

(1) 공무집행행위

위계에 의하여 방해받는 공무집행행위는 현재의 직무는 물론 장래의 직무집행도 포함한다는 것이 통설이다.[1] 위계로 인하여 직무집행이 현실적으로 방해받을 필요는 없으며, 방해의 위험성이 있으면 성립한다(추상적 위험범).[2] 그러나 판례는 구체적이고 현실적인 직무집행의 방해가 있을 것을 필요로 한다고 본다.[3] 또한 인·허가 행정관청을 상대로 한 위계행위의 경우에는 행정관청의 심사가 불충분하였는지 여부에 따라 결론을 달리한다. 즉 나름대로 충분한 심사를 하였으나 출원사유나 소명자료가 허위임을 발견하지 못하여 인·허가를 하였다면 이는 출원인의 위계행위가 원인이 되었다고 하여 본죄의 성립을 인정한다.[4]

(2) 위 계

위계란 타인의 오인, 부지나 착오를 이용하는 행위를 말한다. 위계의 상대방은 직접 공무를 담당하는 공무원에 한하지 않는다. 본죄의 예로는 부정한 방법에 의한 응시행위, 허위내용의 사문서를 제출하여 응시자격을 인정받아 응시한 경우, 운전면허시험에 대리응시한 경우[5]를 들 수 있다. 그러나 수사기관에서 피의자나 참고인이 아닌 자가 자발적이고 계획적으로 피의자를 가장하여 수사기관에 대하여 허위자백 또는 허위진술을 한 경우에는 본죄에 해당되지

---

1) 김일수/서보학, 874면; 이재상, 755면.
2) 김일수/서보학, 875면; 이재상, 757면; 이정원, 721면; 임 웅, 895면; 정영석, 65면; 정성근/박광민, 851면; 백형구, 608면은 공무집행이 방해되는 결과가 발생할 것을 요한다.
3) 대판 1996. 10. 11, 96도312(민사소송을 제기함에 있어 피고의 주소를 허위로 기재하여 법원 공무원으로 하여금 변론기일소환장 등을 허위주소로 송달케 하는 경우, 이로 인하여 구체적이고 현실적인 직무집행이 방해되었다고 할 수 없으므로 위계에 의한 공무집행방해죄가 성립하지 않는다고 본 사례).
4) 대판 2002. 9. 4, 2002도2064(이에 대한 평석으로는 황병주, 「인·허가 행정관청을 상대로 한 위계에 의한 공무집행방해죄의 성부와 논지의 확장」, 형사판례연구(13), 2005, 413면 이하).
5) 대판 1986. 9. 9, 86도1245.

않는다는 것이 판례의 입장이다.[1] 또한 직무위배의 위법상태가 위계에 의한 공무집행방해행위 속에 포함되어 있는 경우에는 작위범인 위계에 의한 공무집행방해죄만이 성립하고, 부작위범인 직무유기죄는 따로 성립하지 않는다.

[판례] 출원자가 행정관청에 허위의 출원사유 및 소명자료를 제출하여 인·허가를 받으려는 사실을 알면서도 출원에 대한 심사업무를 담당하는 공무원이 중간결재를 한 다음 결재권자의 부지를 이용하여 최종결재를 받은 경우 위계에 의한 공무집행방해죄가 성립하고, 직무유기죄는 성립하지 않는다. 그러나 허위의 출원사유를 제출한 출원자에 대해서는 위계에 의한 공무집행방해죄의 성립을 부인하였다. 이에 따른 인·허가는 행정관청의 불충분한 심사에 기인한 것이고 출원자의 위계에 의한 것이라고 할 수 없다는 것이 판례의 입장이다(대판 1997. 2. 28, 96도2825).[2]

Ⅵ. 法廷·國會會議場侮辱罪

> **第138條【법정 또는 국회회의장모욕】 법원의 재판 또는 국회의 심의를 방해 또는 위협할 목적으로 법정이나 국회회의장 또는 그 부근에서 모욕 또는 소동한 자는 3연 이하의 징역 또는 700만원 이하의 벌금에 처한다.**

1. 의 의

본죄는 법원의 재판 또는 국회의 심의를 방해 또는 위협할 목적으로 법정이나 국회회의장 또는 그 부근에서 모욕 또는 소동함으로써 성립하는 죄이다. 보호법익은 법정에서의 재판과 국회의 기능이다. 목적범이다.

2. 객관적 구성요건

본죄의 행위주체는 제한이 없다. 그러므로 법정에서 피고인이나 증인·방청인은 물론 검사·변호인도 해당되며 국회의원도 국회회의장모욕죄의 행위주체가 될 수 있다. 행위는 모욕 또는 소동하는 것이다. 모욕이란 모욕죄에서의 모욕과 마찬가지로 경멸의 의사를 표시하는 것이다. 반드시 법관이나 증인·검사 또는 국회의원에 대해서뿐만 아니라 대상이 없이 공판진행 자체나 국회의 회의진행 자체를 방해하기 위하여 모욕적인 언행을 하는 것도 포함된다. 증언이나 선서거부는 본죄에 해당하지 않는다. 피고인이 공판정에서 임의로 퇴정하는 것 역시 본죄에 해당하지 않는다. 소동이란 재판이나 회의를 방해할 정도로 소음을 내는 등의 방법으로 그 진행을 문란하게 하는 일체의

1) 대판 1977. 2. 8, 76도3685.

2) 또한 대판 1989. 3. 28, 88도898; 1989. 1. 17, 88도709.

행위를 말한다. 행위장소는 법정이나 국회회의장 또는 그 부근이어야 한다. 본죄가 법정에서의 재판과 국회의 기능을 보호하는 것이므로 이는 당연한 장소적 제한이다. 그러므로 법정 밖에서 소리를 지르거나 사람의 출입을 제지하는 행위는 여기에 해당한다. 시간적으로는 재판심리나 국회회의가 진행중이거나 임박한 시간 혹은 종료된 직후이어야 한다. 또한 휴식중인 경우도 포함된다. 그러나 재판이 종료된 법원 근방이나 국회회의가 이미 끝난 국회의사당 부근에서 소리를 지르거나 모욕하는 행위는 본죄에 해당하지 않는다.

3. 주관적 구성요건

본죄가 성립하기 위해서는 고의 이외에 재판 또는 국회의 심의를 방해 또는 위협할 목적이 있어야 한다. 이는 사법작용이나 입법작용을 방해하여 국가기능을 해하려는 것을 말한다. 그러나 목적이 달성되지 않더라도 위의 행위가 있으면 본죄는 기수에 이른다.

4. 법원조직법과의 관계

「법원조직법」(제61조 제 1 항)은 폭언・소란 등의 행위로 법원의 심리를 방해하거나 재판의 위신을 현저하게 훼손한 자에 대해서는 결정으로 20일 이내의 감치 또는 100만원 이하의 과태료에 처하거나 이를 병과할 수 있다고 규정하고 있다. 이 경우에 본죄와 법원조직법 위반행위와의 관계에 대해서 상상적 경합관계를 인정하는 견해[1]와 법조경합에 해당한다는 견해[2] 및 형벌과 행정벌의 차이를 인정하여 별개의 제재로 보는 견해[3]가 있다. 양죄가 동일한 보호법익을 갖는다는 점에서 입법론적으로 문제가 있으나 현행법상 별개의 행위로 보는 수밖에 없다.

Ⅶ. 人權擁護職務妨害罪

> **제139조 【인권옹호직무방해】** 경찰의 직무를 행하는 자 또는 이를 보조하는 자가 인권옹호에 관한 검사의 직무집행을 방해하거나 그 명령을 준수하지 아니한 때에는 5년 이하의 징역 또는 10년 이하의 자격정지에 처한다.

Ⅰ. 의 의

경찰의 직무를 행하는 자 또는 이를 보조하는 자가 인권옹호에 관한 검

1) 진계호, 718면.
2) 유기천(하), 336면.
3) 김성천, 1355면; 김일수/서보학, 881면; 배종대, 859면; 백형구, 596면; 이재상, 759면; 임 웅, 897면; 정성근/박광민, 855면.

사의 직무집행을 방해하거나 그 명령을 준수하지 않음으로써 성립하는 범죄이다. 본죄는 검사의 인권옹호직무를 방해하는 것이기 때문에 공무집행방해죄와 중복되어서 입법론적으로는 삭제하는 것이 타당하다는 견해가 있다.[1] 본죄는 인권보호적인 수사관행을 확립하기 위한 구성요건으로서의 의의는 있으나 실효성에 의문이 있으며, 검사의 인권옹호직무명령을 단지 준수하지 않았다는 이유만으로 경찰을 형사처벌하는 것 역시 타당하다고 볼 수 없다.

2. 구성요건

본죄의 주체는 사법경찰관·사법경찰리 및 경찰의 직무를 보조하는 자이다. 경찰의 직무를 보조하는 자로는 전투경찰을 들 수 있다(전투경찰대 설치법 제 1 조 참조).

행위는 검사의 인권옹호직무를 방해하거나 명령을 준수하지 않는 것이다. 검사의 인권옹호직무란 형사소송법상 강제처분에 대한 검사의 집행지휘(형사소송법 제81조, 제115조, 제209조), 검사의 수사지휘(동법 제196조)와 구속장소감찰(동법 제198조의 2) 등을 말한다. 행위방법은 폭행·협박은 물론이고 위계에 의한 경우도 포함한다.[2]

검사의 직무집행은 적법한 것이어야 하며 직무명령 역시 적법한 것을 전제로 한다.[3] 반대견해는 검사의 직무명령이 위법하다고 판단할 만한 현저한 사유가 없는 한 명령의 적법 여부를 불문한다고 하지만[4] 부당한 직무명령에 복종할 의무는 없다고 보아야 한다.

Ⅷ. 公務上 秘密標示無效罪

Ⅰ. 공무상 봉인등무효죄

> 제140조【공무상 비밀표시무효】 ① 공무원이 그 직무에 관하여 실시한 봉인 또는 압류 기타 강제처분의 표시를 손상 또는 은닉하거나 기타 방법으로 그 효용을 해한 자는 5년 이하의 징역 또는 700만원 이하의 벌금에 처한다.
> 제143조【미수범】 미수범은 처벌한다.

(1) 의 의

공무원이 직무에 관하여 실시한 봉인 또는 압류 기타 강제처분의 표시를

1) 유기천(하), 317면; 이재상, 759면; 정성근/박광민, 855면.
2) 이재상, 760면; 정영석, 66면; 정성근/박광민, 856면.
3) 김성천, 1355면; 백형구, 597면; 오영근, 964면; 이재상, 760면; 정성근/박광민, 856면; 진계호, 720면.
4) 김일수/서보학, 882면; 유기천(하), 317면; 정영석, 67면; 황산덕, 71면.

손상 또는 은닉하거나 기타 방법으로 그 효용을 해함으로써 성립하는 범죄이다.

(2) 객관적 구성요건

행위객체는 공무원이 그 직무에 관하여 실시한 봉인 또는 압류 기타 강제처분의 표시이다.

봉인이란 물건에 대한 임의적인 처분을 금지하기 위하여 개봉금지의 의사를 표시하여 그 물건에 시행한 봉함 기타 이와 유사한 물적 설비를 말한다. 일반적으로는 인영으로 표시된다. 이 경우에 반드시 당해 공무원의 인장을 사용할 필요는 없고 일정한 문자를 기입한 서면을 첨부하는 것도 봉인이다.[1] 그러나 단순히 잠근 것만으로는 봉인이라고 할 수 없다.

압류의 표시란 공무원이 그 직무상 보관할 물건을 강제적으로 자기의 점유로 옮긴 것을 명백히 하기 위하여 그 물건에 시행한 표시를 말한다. 여기의 압류는 물건에 대한 강제처분이므로 민사소송법에 의한 유체동산의 압류처분 및 이와 유사한 가압류 · 가처분, 기타 「국세징수법」에 의한 압류처분과 같이 법령에 의한 처분을 포함한다. 물건에 대한 압류의 표시이어야 하므로 타인에 대한 일정한 작위 · 부작위 처분은 여기에 해당하지 않는다.

이상의 봉인이나 압류표시는 적법 · 유효한 직무집행에 의하여 실시된 것이어야 하며[2] 행위 당시에 강제처분의 표시가 현존하여야 한다.[3] 다만 절차상 또는 실체상의 하자가 있다 하더라도 객관적 · 일반적으로 공무원이 직무에 관하여 실시한 것으로 인정할 수 있으면 적법절차에 의해 취소되지 않는 한 본죄의 객체가 된다.[4] 따라서 강제처분의 정당성 여부는 본죄의 성립과 무관하므로 부당한 가처분결정에 의한 표시도 유효한 표시이다.[5]

본죄의 행위는 봉인 또는 압류의 표시를 손상 · 은닉 기타 방법으로 그 효용을 해하는 것이다. 손상이란 물리적 방법으로 효용을 해하는 것을 말한다. 은닉이란 물건의 소재를 불명하게 하는 방법을 말한다. 그러나 손상 · 은닉 이외의 방법이라고 하더라도 결과적으로 효용을 해하는 방법이라면 본죄의 행위에 해당한다. 예를 들면 봉인된 출입문 이외의 문을 열고 들어가 봉인의 취지를 사실상 무용하게 한다던가, 출입금지의 표시를 무시하고 출입을

1) 대판 1972. 9. 12, 72도1441.
2) 대판 1965. 9. 21, 65도495.
3) 대판 1997. 3. 11, 96도2801.
4) 대판 2001. 1. 16, 2000도1757; 2000. 4. 21, 99도5563.
5) 대판 1985. 7. 9, 85도1165.

하는 행위는 손상・은닉 이외의 효용을 해하는 방법에 해당한다.

(3) 주관적 구성요건

본죄의 고의는 공무원이 실시한 봉인 또는 압류 기타 강제처분의 표시라는 점에 대한 인식과 그 효용을 해한다는 점에 대한 인식을 내용으로 한다. 압류의 효력에 대하여 착오를 일으킨 경우에는 구성요건의 착오로서 고의가 인정되지 않는다.[1]

(4) 다른 범죄와의 관계

공무원이 그 직무에 관하여 봉인 또는 압류의 표시를 실시한 물건을 절취하거나 횡령한 경우에는 본죄와 절도죄 또는 횡령죄와의 상상적 경합이 인정된다.[2] 또한 본죄를 범하여 내용물을 절취한 경우에는 본죄와 절도죄의 경합범이 인정된다.

2. 공무상 비밀봉함・문서・도화개봉죄

제140조【공무상 비밀표시무효】 ② 공무원이 그 직무에 관하여 봉함 기타 비밀장치한 문서 또는 도화를 개봉한 자도 제 1 항의 형과 같다.
제143조【미수범】 미수범은 처벌한다.

본죄는 공무원이 그 직무에 관하여 비밀로 한 봉함 기타 문서나 도화를 개봉하는 행위를 처벌하는 범죄이다. 일반적으로는 공무상 비밀침해죄로 불리우는 죄이다. 구체적 위험범이라는 견해[3]도 있으나 추상적 위험범으로 보는 것이 타당하다.[4] 비밀침해죄(제316조)에 대한 가중적 구성요건이다. 비밀로 하였다는 것은 반드시 비밀문건으로 분류되어야 할 것을 필요로 하지 않는다. 본죄는 개봉함으로써 기수에 이른다.

3. 공무상 비밀문서・도화・전자기록 등 내용탐지죄

제140조【공무상 비밀표시무효】 ③ 공무원이 그 직무에 관하여 봉함 기타 비밀장치한 문서, 도화 또는 전자기록 등 특수매체기록을 기술적 수단을 이용하여 그 내용을 알아낸 자도 제 1 항의 형과 같다.
제143조【미수범】 미수범은 처벌한다.

1) 대판 1970. 9. 22, 70도1206.
2) 임 웅, 901면; 정영석, 69면.
3) 배종대, 863면.
4) 김일수/서보학, 888면; 오영근, 970면; 이재상, 763면.

본죄는 기술적 수단을 이용하여 공무원이 직무에 관하여 봉함 기타 비밀장치한 문서, 도화 또는 전자기록 등 특수매체기록의 내용을 알아냄으로써 성립하는 죄이다. 1995년의 개정형법에 신설된 구성요건으로서 제316조 제 2 항에 대한 가중적 구성요건이다. 본죄는 침해범이라는 견해가 있다.[1] 그러나 내용인식의 단계에 이르지 않았어도 본죄의 기수범이라고 보아야 할 것이므로 제 2 항과 마찬가지로 추상적 위험범이라고 보는 것이 타당하다.[2]

Ⅸ. 不動產強制執行效用侵害罪

> 제140조의 2【부동산강제집행효용침해】 강제집행으로 명도 또는 인도된 부동산에 침입하거나 기타 방법으로 강제집행의 효용을 해한 자는 5년 이하의 징역 또는 700만원 이하의 벌금에 처한다.
> 제143조【미수범】 미수범은 처벌한다.

1. 의의 및 성격

본죄는 강제집행으로 명도 또는 인도된 부동산에 침입하거나 기타 방법으로 강제집행의 효용을 해하는 경우에 성립하는 죄이다. 신설목적은 판결의 집행력과 강제집행의 효력을 보호하기 위한 것이다. 즉 승소판결에 의한 집행관의 명도집행후에는 이미 채무명의의 집행력이 소멸되었기 때문에 다시 채무자가 부동산에 침입하여도 공무상 비밀표시무효죄(제140조)는 성립하지 않는다.[3] 본죄는 이에 대처하기 위하여 신설된 것으로 볼 수 있다.

2. 구성요건

본죄의 행위객체는 명도 또는 인도된 부동산이다. 행위주체는 제한이 없다. 그러므로 강제집행을 받은 채무자는 물론 제 3 자도 본죄의 행위주체가 될 수 있다.[4]

행위방법은 침입 또는 기타 방법으로 강제집행의 효용을 해하는 것이다. 침입이란 권리자의 의사에 반해 부동산의 경계 안으로 들어가는 것을 말한다. 본죄는 강제집행의 효용성을 해치는 행위를 처벌하는 것이기 때문에 일순간에 불과한 침입은 본죄의 침입이라고 할 수 없다. 또한 강제집행이 완료된

1) 이재상, 763면; 임 웅, 901면.
2) 김일수/서보학, 888면; 오영근, 970면; 이정원, 784면.
3) 대판 1985. 7. 23, 85도1092.
4) 법무부, 「형법개정법률안 제안이유서」, 267면.

공지에 들어가는 것만으로는 침입이라고 볼 수 없다. 공지의 경우에는 적어도 시설물을 다시 설치하는 등의 행위가 있어야 본죄가 성립한다고 볼 수 있다. 기타 방법이란 당해 부동산의 출입구에 장애물을 설치하는 등 강제집행의 효용성을 해할 수 있는 방법이어야 한다.

3. 다른 범죄와의 관계

침입의 방법으로 본죄를 범한 경우에는 주거침입죄와 법조경합의 관계에 있다고 보아야 한다. 주거침입행위는 부동산강제집행효용침해행위의 전단계에 해당한다고 볼 수 있기 때문이다.

강제집행면탈죄는 강제집행을 면할 목적으로 재산을 은닉, 손괴, 허위양도 또는 허위의 채무를 부담하여 채권자를 해하는 범죄이므로 채권자의 채권이 보호법익이다. 반면에 본죄는 강제집행이 유효하게 실현된 이후에 강제집행의 사실상의 효력을 보호하기 위한 구성요건이라는 점에서 다르다.

4. 미 수 범

본죄의 미수범(제143조)은 구성요건적 행위로 인하여 강제집행의 효용이 침해되지 않은 경우에 성립한다고 볼 수 있다.

5. 문 제 점

본죄는 향후 적용과정에서 민사사건을 형사사건화할 잠재가능성이 있다고 예상된다. 채권자들은 1차의 명도 또는 인도집행후에도 채무자가 퇴거하지 않을 경우에는 즉시 본죄로 형사고소하는 방법을 선택할 것이기 때문이다. 이처럼 형벌권을 이용한 강제퇴거의 방법이 법적으로는 아무런 하자가 없다고 하더라도 과연 우리 사회에서 받아들여질 수 있을 것인지 의문이다. 특히 집단적 거주지역일 경우에는 국가형벌권의 확립이 아니라 오히려 무력함을 보이는 현상도 예상된다. 다른 한편으로는 고소를 하였더라도 기소하기 전에 당사자간의 합의에 의하여 문제가 해결될 경우도 많을 것이므로 부동산강제집행효용침해를 이유로 하는 형사처벌의 현실적 가능성은 대단히 낮을 것으로 보인다.

X. 公用書類 등의 損傷·隱匿·無效罪

> 제141조【공용서류 등의 무효, 공용물의 파괴】 ① 공무소에서 사용하는 서류 기타 물건 또는 전자기록 등 특수매체기록을 손상 또는 은닉하거나 기타 방법

> 으로 그 효용을 해한 자는 7년 이하의 징역 또는 1천만원 이하의 벌금에 처한다.
> 제143조【미수범】 미수범은 처벌한다.

1. 의 의

본죄는 공무소에서 사용하는 서류 기타 물건을 손상 또는 은닉하거나 기타 방법으로 그 효용을 해치는 죄이다. 일반 재물·문서손괴죄(제366조)에 비하여 불법이 가중된 구성요건이다.

2. 구성요건

행위객체는 공무소에서 사용하는 서류 기타 물건 또는 전자기록 등 특수매체기록이다. 공무소에서 보관하거나 사용하는 일체의 물건 및 특수매체기록을 말한다. 그러므로 비록 사문서가 접수되어 보관중이더라도 본죄의 행위객체에 해당한다.[1] 정식절차를 밟지 않고 접수된 것이거나 작성권한 없는 기관이 작성한 문서도 여기에 해당한다.[2]

행위는 손상·은닉 기타 방법으로 그 효용을 해하는 것이다. 공무원이 정당한 권한행사로서 파기한 경우에는 여기에 해당하지 않는다.

주관적 구성요건으로는 행위자에게 공무소에서 사용하는 물건이라는 점 및 손상·은닉 기타 방법으로 물건의 효용을 해한다는 사실에 대한 고의가 있어야 한다.

XI. 公用物破壞罪

> 제141조【공용서류 등의 무효, 공용물의 파괴】 ② 공무소에서 사용하는 건조물, 선박, 기차 또는 항공기를 파괴한 자는 1년 이상 10년 이하의 징역을 처한다.
> 제143조【미수범】 미수범은 처벌한다.

본죄는 공무소에서 사용하는 건조물·선박·기차 또는 항공기를 파괴하는 범죄이다. 자동차는 본죄의 행위객체에 포함되지 않는다(제141조 제1항에 해당). 파괴란 물질적 훼손을 통하여 이들 물건을 사용할 수 없게 만드는 것을 말한다. 본죄에 해당하면 별도로 손괴죄는 성립하지 않는다.

1) 대판 1982.12.14, 81도81.
2) 대판 1981.8.25, 81도1830.

Ⅻ. 公務上 保管物損傷·隱匿·無效罪

> 제142조【공무상 보관물의 무효】 공무소로부터 보관명령을 받거나 공무소의 명령으로 타인이 관리하는 자기의 물건을 손상 또는 은닉하거나 기타 방법으로 그 효용을 해한 자는 5년 이하의 징역 또는 700만원 이하의 벌금에 처한다.
> 제143조【미수범】 미수범은 처벌한다.

1. 의 의

본죄는 공무소로부터 보관명령을 받거나 공무소의 명령으로 타인이 간수하는 자기의 물건을 손상·은닉 또는 기타의 방법으로 효용을 해하는 범죄이다.

2. 구성요건

행위객체는 공무소로부터 보관명령을 받거나 공무소의 명령으로 타인이 간수하는 자기의 물건이다. 예를 들어 경찰에 의하여 압수된 것과 같이 공무소의 처분으로 공무소의 사실상의 지배로 옮겨진 물건을 말한다.

행위는 손상·은닉 기타 방법으로 효용을 해하는 것이다.

ⅩⅢ. 特殊公務妨害罪, 特殊公務妨害致死傷罪

> 제144조【특수공무방해】 ① 단체 또는 다중의 위력을 보이거나 위험한 물건을 휴대하여 제136조, 제138조와 제140조 내지 전조의 죄를 범한 때에는 각 조에 정한 형의 2분의 1까지 가중한다.
> ② 제1항의 죄를 범하여 공무원을 상해에 이르게 한 때에는 3년 이상의 유기징역에 처한다. 사망에 이르게 한 때에는 무기 또는 5년 이상의 징역에 처한다.

본죄는 단체 또는 다중의 위력을 보이거나 위험한 물건을 휴대하여 공무집행방해죄(제136조), 법정·국회회의장모욕죄(제138조), 공무상 비밀표시무효죄(제140조), 공용서류 등 손상·은닉·무효죄 및 공용물파괴죄(제141조), 공무상 보관물손상·은닉·무효죄(제142조) 및 그 미수의 죄(제143조)를 범하는 것이다.

특수공무방해치상죄는 특수공무방해죄에 대한 결과적 가중범으로서 중한 결과에 대한 예견가능성뿐만이 아니라 고의가 있는 경우까지도 포함하는 부진정결과적 가중범이다.[1] 그러므로 고의로 직무집행중인 공무원에 대하여 위

1) 대판 1995.1.20, 94도2842; 김일수/서보학, 895면; 이재상, 768면. 반대로 백형구, 602면은 진정결과적 가중범으로 본다.

험한 물건을 휴대하여 상해를 입힌 경우에 특수공무방해치상죄만이 성립한다.[1)] 그러나 특수공무방해치사죄의 경우에는 형이 더 무거운 살인죄가 있기 때문에 부진정결과적 가중범이라고 볼 필요가 없다.

제 3 절 逃走와 犯人隱匿의 罪

Ⅰ. 序 論

1. 의의 및 보호법익

도주의 죄는 법률에 의하여 체포·구금된 자가 도주하거나, 법률에 의하여 구금된 자의 도주를 원조한 행위를 처벌한다. 이를 통하여 국가의 형벌권이 침해받지 않도록 하기 위한 것이다. 범인은닉죄는 벌금 이상의 형에 해당하는 죄를 범한 자를 은닉 또는 도피하게 함으로써 국가의 형사사법기능을 침해하는 행위를 처벌하는 죄이다. 범인은닉죄는 추상적 위험범에 해당하며, 도주죄는 침해범이다.

2. 구성요건체계

도주와 범인은닉의 죄에서는 단순도주죄(제145조)를 기본적 구성요건으로 하여 가중적 구성요건으로 특수도주죄(제146조)를 규정하고 있다. 공범의 성질을 갖는 행위를 독립적 구성요건화한 것으로 도주원조죄(제147조)가 있으며 이에 대한 가중적 구성요건인 간수자 도주원조죄(제148조)가 있다. 그리고 범인은닉죄(제151조)가 있다.

Ⅱ. 逃 走 罪

1. 도 주 죄

제145조【도주, 집합명령위반】 ① 법률에 의하여 체포 또는 구금된 자가 도주한 때에는 1년 이하의 징역에 처한다.
제149조【미수범】 미수범은 처벌한다.

1) 대판 2008. 11. 27, 2008도7311(고의범에 대하여 더 무겁게 처벌하는 규정이 없는 부진정결과적 가중범의 경우에는 결과적 가중범이 고의범에 대하여 특별관계에 있으므로 결과적 가중범만 성립하고 이와 법조경합의 관계에 있는 고의범은 별도로 죄를 구성하지 않는다).

(1) 의 의

본죄는 법률에 의하여 체포 또는 구금된 자가 도주함으로써 성립하는 죄이다. 일종의 자기도주(escape)를 처벌하는 구성요건으로서, 미국의 경우 이를 처벌하지만,[1] 독일형법은 도주원조죄(§ 120, Gefangenenbefreiung)나 교도소 내 폭동(§ 121, Gefangenenmeuterei)만을 처벌하고 있다.

(2) 구성요건

본죄의 행위주체는 법률에 의하여 체포·구금된 자이다(진정신분범). 예를 들면 구속수사중인 피의자나 현재 재판이 진행중인 피고인 또는 재판이 확정되어 구금중인 기결수가 이에 해당한다. 영장에 의하지 않고 긴급체포된 자나 수사기관에 의하여 현행범으로서 체포된 자도 포함된다. 일반인에 의하여 현행범으로 체포된 자가 도주한 것은 국가의 강제처분권에 대한 침해라고 볼 수 없으므로 제외시켜야 한다. 구인된 자는 행위주체에 포함되지 않는다. 소년원에 수용된 자가 본죄의 객체에 해당되는가에 대해서는 긍정설[2]과 부정설[3]이 대립되어 있다. 소년원에 수용되어 있는 자도 법률에 의하여 구금된 자에 해당하므로 본죄의 행위주체에 포함된다고 보는 것이 타당하다.[4] 구금된 자이어야 하므로 가석방·집행유예·보석중인 자 또는 형집행이 정지중인 자는 제외된다.

행위는 도주하는 것이다. 본죄는 간수자의 실력적 지배로부터 벗어난 시점에서 기수가 되는 즉시범이다.[5] 이에 대하여 계속범이라는 견해[6]도 있다. 그러나 본죄의 불법성은 국가형벌권을 침해하는 도주행위만에 있다고 보아야 하고, 도주 이후의 행위를 본 구성요건의 실현행위로 보는 것은 타당하지 않다.

---

1) U.S. Code(Crimes and Criminal Procedure), § 751(Prisoners in custody of institution or officer).

2) 김성천, 1367면; 김일수/서보학, 901면; 백형구, 605면; 오영근, 982면; 이재상, 772면; 정성근/박광민, 876면; 진계호, 732면.

3) 유기천(하), 324면.

4) 김성천, 1367면; 김일수/서보학, 901면; 배종대, 871면; 백형구, 605면; 이재상, 772면. 이에 반하여 임 웅, 911면; 정영석, 73면은 보호감호 또는 치료감호와 같은 보안처분의 집행을 받는 자도 도주죄의 주체가 된다고 본다.

5) 대판 1991.10.11, 91도1656; 김일수, 899면; 이재상, 769면. 한편 상태범으로 보는 견해로는 김성천, 1366면; 배종대, 870면; 정성근/박광민, 873면.

6) 임 웅, 912면.

2. 집합명령위반죄

제145조 【도주, 집합명령위반】 ② 전항의 구금된 자가 천재, 사변 기타 법령에 의하여 잠시 해금된 경우에 정당한 이유 없이 그 집합명령에 위반한 때에도 전항의 형과 같다.
제149조 【미수범】 미수범은 처벌한다.

본죄는 법령에 의하여 구금된 자가 천재・사변 기타 법령에 의하여 일시적으로 해금된 경우에 정당한 이유 없이 집합명령에 위반하는 것이다. 집합명령에 응할 때까지 범죄가 계속되는 계속범이며, 진정부작위범・진정신분범이다. 법령에 의하여 구금된 자이어야 하므로 체포된 자는 제외된다.

「형의 집행 및 수용자의 처우에 관한 법률」은 천재지변 그 밖의 사변으로 인하여 일시 석방된 자는 석방 후 24시간 내에 교정시설 또는 경찰관서에 출석하여야 한다(제102조 제4항)고 규정하고 있다.

3. 특수도주죄

제146조 【특수도주】 수용설비 또는 기구를 손괴하거나 사람에게 폭행 또는 협박을 가하거나 2인 이상이 합동하여 전조 제1항의 죄를 범한 자는 7년 이하의 징역에 처한다.
제149조 【미수범】 미수범은 처벌한다.

특수도주죄[1]는 법률에 의하여 체포 또는 구금된 자가 수용설비 또는 기구를 손괴하거나 사람에게 폭행 또는 협박을 가하고 도주하거나 2인 이상이 합동하여 도주함으로써 성립하는 죄이다. 진정신분범이며, 도주죄에 대한 가중적 구성요건이다.

수용설비란 사람의 신체자유를 일정기간 장소적으로 제한하기 위하여 설치한 물적 시설을 말한다. 예를 들면 교도소・구치소・소년원・소년감별소・미결수용소・경찰관서의 유치장・교도소 내의 노역장・법원 및 검찰청의 구치감이 여기에 해당한다. 또한 구금된 자를 호송하는 차량도 여기에 포함된다. 기구란 사람의 신체를 속박하기 위한 장비를 말한다. 포승・수갑 등이 그 예이다.

본죄의 행위는 ① 수용설비 또는 기구를 손괴하거나, ② 사람에게 폭행

---

1) 독일형법상으로는 Gefangenenmeuterei(§121)와 유사하다.

또는 협박을 가하거나, ③ 2인 이상이 합동하여 도주하는 것(합동범)이다. 여기의 폭행·협박은 넓은 의미로 해석하여야 한다. 그리고 합동도주의 경우 2인 이상의 자는 모두 법률에 의하여 구금된 자이어야 한다. 그러므로 구금되지 않은 제3자가 구금된 자를 도와 도주하게 한 때에는 피구금자탈취·도주원조죄(제147조)에 해당한다. 이는 제3자가 구금된 자와 함께 사람에게 폭행·협박을 하거나 수용설비·기구를 손괴하여 도주하게 한 경우에도 마찬가지이다(이렇게 해석하더라도 특수도주죄에 비하여 피구금자 탈취·도주원조죄가 형량이 더 높기 때문에 형량의 불균형은 없다).

Ⅲ. 逃走援助罪

1. 피구금자 탈취·도주원조죄

> 제147조 【도주원조】 법률에 의하여 구금된 자를 탈취하거나 도주하게 한 자는 10년 이하의 징역에 처한다.
> 제149조 【미수범】 미수범은 처벌한다.
> 제150조 【예비, 음모】 제147조의 죄를 범할 목적으로 예비 또는 음모한 자는 3년 이하의 징역에 처한다.

본죄는 법률에 의하여 구금된 자를 탈취하거나 도주하게 함으로써 성립한다. 일반적으로 도주원조죄라고 부른다.[1)]

본죄는 구금된 자를 탈취하거나 도주하도록 하는 행위를 처벌하는 것으로서 일종의 도주원조나 교사행위를 독립적 구성요건으로 한 것이다. 본죄의 행위주체는 제한이 없으나 피구금자 본인은 제외된다. 피구금자 본인이 도주한 때에는 도주죄가 성립한다. 행위객체는 법률에 의하여 구금된 자이다. 예를 들면 구금된 피의자나 미결수, 기결수 등이 해당된다. 구금된 장소의 예로는 교도소·구치소 혹은 경찰서 보호실 등이 있다. 본죄의 행위는 탈취하거나 도주하게 하는 것이다. 탈취의 수단과 방법은 제한이 없다.

2. 간수자 도주원조죄

> 제148조 【간수자의 도주원조】 법률에 의하여 구금된 자를 간수 또는 호송하는 자가 이를 도주하게 한 때에는 1년 이상 10년 이하의 징역에 처한다.

1) 독일형법상으로는 Gefangenenbefreiung(§120)에 해당한다.

제149조【미수범】 미수범은 처벌한다.
제150조【예비, 음모】 제148조의 죄를 범할 목적으로 예비 또는 음모한 자는 3년 이하의 징역에 처한다.

본죄는 법률에 의하여 구금된 자를 간수 또는 호송하는 자가 도주하게 하는 죄이다. 행위주체는 간수 또는 호송하는 자이므로 부진정신분범이다. 본죄의 행위객체는 법률에 의하여 구금된 자이다. 행위는 도주하게 하는 것으로서 작위·부작위를 포함한다. 피구금자가 도주한 때에 기수에 이르며, 도주하게 하려고 하였으나 도주에 실패한 경우에는 본죄의 미수에 해당한다.

Ⅳ. 犯人隱匿·逃避罪

제151조【범인은닉과 친족간의 특례】 ① 벌금 이상의 형에 해당하는 죄를 범한 자를 은닉 또는 도피하게 한 자는 3년 이하의 징역 또는 500만원 이하의 벌금에 처한다.
② 친족 또는 동거의 가족이 본인을 위하여 전항의 죄를 범한 때에는 처벌하지 아니한다.

1. 의 의

본죄는 벌금 이상의 형에 해당하는 죄를 범한 자를 은닉 또는 도피하게 함으로써 성립하는 죄이다. 일반적으로 범인은닉죄로 불리우는 구성요건이다. 본죄는 범인의 수사, 재판 및 형의 집행 등 형사사법의 작용을 곤란 또는 불가능하게 하는 범죄이다. 현실적으로 형사사법의 작용을 방해하는 결과가 발생할 것을 필요로 하지 않는 추상적 위험범이다.[1)]

2. 객관적 구성요건

(1) 행위주체

본죄의 행위주체에는 본인 이외의 자이면 제한이 없다. 범인 자신의 은닉·도피행위는 본죄를 구성하지 않는다. 본죄는 벌금 이상의 형에 해당하는 죄를 범한 자를 도와서 은닉·도피하게 하는 것을 전제로 하는 구성요건이지 자신의 범죄행위에 대한 도피나 은닉행위를 처벌하기 위한 구성요건이 아니기 때문이다.

1) 대판 2000. 11. 24, 2000도4078; 2006. 5. 26, 2005도7528.

공동정범자가 다른 공동정범자를 은닉 또는 도피하게 한 경우에는 자기의 은닉이나 도피가 아니므로 범인은닉죄나 범인도피죄가 인정된다.[1)]

타인을 교사하여 자기를 은닉시키거나 도피행위를 하게 한 경우에 본죄의 교사범이 성립하는가에 대해서는 긍정설[2)]과 부정설[3)]이 대립하고 있다. 긍정설은 타인을 교사하여 본죄를 범하게 하는 것은 자기비호권의 한계를 일탈한 것이므로 교사범의 성립을 인정하여야 한다는 입장이다. 판례 역시 범인이 자신을 위하여 타인으로 하여금 허위의 자백을 하게 한 경우에는 범인도피죄를 인정하는 입장이다. 그러나 친족 또는 동거가족이 본인을 위하여 본죄를 범한 때에도 처벌하지 않는 것과의 형평성을 고려할 때 자신을 위하여 한 교사행위를 처벌하는 것은 타당하다고 볼 수 없다. 또한 범인은닉죄나 범인도피죄는 타인을 은닉하거나 도피하게 한 경우에 성립하므로 처벌되지 않는 죄의 교사범이란 인정될 수 없다.

[판례] 「범인이 자신을 위하여 타인으로 하여금 허위의 자백을 하게 하여 범인도피죄를 범하게 하는 행위는 방어권의 남용으로 범인도피교사죄에 해당한다고 보아야 할 것」이라고 판시하였다(대판 2000. 3. 24, 2000도20).

(2) 행위객체

본죄의 행위객체는 벌금 이상의 형에 해당하는 죄를 범한 자이다. 정범은 물론 교사범과 방조범, 미수범, 예비·음모를 한 자를 포함한다. 죄를 범한 자란 공소제기된 자나 유죄의 판결을 받은 자뿐만 아니라 범죄의 혐의를 받아 수사대상이 되어 있는 자를 포함한다. 따라서 구속수사대상이 된 자가 그 후 무혐의로 석방되었다 하더라도 범인은닉죄는 성립한다.[4)] 반드시 기소된 자이어야 하는 것은 아니다.

[판례] 「벌금 이상의 형에 해당하는 죄를 범한 자」라 함은 범죄의 혐의를 받아 수사대상이 되어 있는 자를 포함하고, 벌금 이상의 형에 해당하는 자에 대한 인식은 실제로 벌금 이상의 형에 해당하는 범죄를 범한 자라는 것으로 인식함으로써 족

---

1) 대판 2000. 3. 24, 2000도20; 배종대, 875면; 이재상, 777면; 이정원, 796면; 임 웅, 920면; 정영일, 660면; 정성근/박광민, 886면. 반대견해로는 김일수/서보학, 912면.
2) 백형구, 613면; 유기천(하), 353면; 정영석, 80면; 진계호, 744면.
3) 김성천, 1371면; 김일수/서보학, 912면; 배종대, 875면; 오영근, 992면; 이재상, 777면; 이정원, 796면; 임 웅, 920면; 정성근/박광민, 886면.
4) 대판 1982. 1. 26, 81도1931.

하고 그 법정형이 벌금 이상이라는 것까지 알 필요는 없으며, 범인이 아닌 자가 수사기관에 범인임을 자처하고 허위사실을 진술하여 진범의 체포와 발견에 지장을 초래하게 한 행위는 위 죄에 해당한다(대판 2000. 11. 24, 2000도4078).

죄를 범한 자가 진범이어야 하는가에 대해서는 견해가 대립되어 있다. 즉 ① 진범인이 아니더라도 범죄의 혐의를 받고 수사중이거나 소추중인 자를 은닉·도피하게 하는 것은 국가의 형사사법작용을 방해한다는 점에서 진범인에 대한 것과 동일하다고 하여 반드시 진범이어야 하는 것은 아니라는 견해[1]와, ② 진범이 아닌 자가 수사기관의 착오로 인하여 피의자나 피고인이 된 경우에는 이를 은닉·도피하게 하더라도 국가의 형사사법기능이 침해되는 것은 아니므로 반드시 진범이어야 하다는 견해,[2] ③ 수사개시 전에는 진범이어야 하지만 수사단계에서는 진범이거나 객관적·합리적 판단에 따라 진범이라고 강하게 의심되는 자를, 그리고 소추·재판단계나 형의 집행단계에서는 진범 여부를 불문한다고 하는 견해[3]가 있다. 범인은닉죄에서 죄를 범한 자는 진범이어야 한다는 것이 타당하다고 볼 수 있다. 그러나 진범 여부를 판단하는 것이 확정판결 이전까지는 명확하지 않다는 점에 문제가 있다. 단계별로 진범 여부를 다르게 판단하는 견해도 이러한 문제점에서 비롯된다. 그리고 만일 어느 경우에도 진범이어야 한다면 범인은닉죄는 대부분 행위자가 진범임을 알지 못하였다는 착오주장에 그 성립가능성이 없게 될 위험성이 있다. 그러므로 본죄에서 벌금 이상의 형에 해당하는 죄를 범한 자란 결과적으로 반드시 진범일 필요는 없으며 수사기관에 의하여 수사 또는 소추대상이 된 자를 포함한다고 보는 것이 타당하다.

(3) 행 위

본죄의 행위는 은닉 또는 도피하게 하는 것이다. 은닉이란 수사기관의 발견·체포를 곤란하게 하거나 면할 수 있는 장소를 제공하여 범인을 숨겨 주는 적극적인 행위를 말한다. 도피란 범인은닉 이외의 방법으로 범인에 대한 수사, 심판 및 형집행 등 형사사법의 작용을 곤란 또는 불가능하게 하는 행위를 말한다. 경찰에서 조사받는 과정에서 공범의 이름을 단순히 묵비한 것

1) 대판 1982. 1. 26, 81도1931; 김성천, 1373면; 배종대, 876면; 백형구, 611면; 이정원, 738면; 임 웅, 922면; 정영석, 77면.
2) 오영근, 994면; 유기천(하), 327면; 이재상, 779면; 정성근/박광민, 888면.
3) 김일수/서보학, 913면.

은 범인을 도피하게 한 것이라고 볼 수 없다.[1] 범인도피행위는 범인을 도주하게 하는 행위 또는 도주하는 것을 직접적으로 용이하게 하는 행위에 한정된다. 그러므로 그 자체가 도피를 직접 목적으로 한 것으로 볼 수 없는 행위로 말미암아 간접적으로 범인이 안심하여 도피할 수 있도록 하는 행위는 도피행위에 해당하지 않는다.

[판례] ① 특가법위반죄로 도피중인 피고인의 재산으로 피고인의 자녀들에게 생활비로 사용하게 하고, 피고인의 도피생활을 용이하게 하는 등의 방법으로 피고인이 안심하고 도피생활을 계속할 수 있도록 하여도 이로써 피고인의 도주를 직접적으로 용이하게 하였다고 할 수 없으므로, 범인도피죄에 해당하지 않는다고 판시하였다(대판 1995. 3. 3, 93도3080).
② 한편 판례는 물고문 도중에 발생한 사망사건에서 피고인들이 물고문 가담자가 더 있다는 사실을 알고서도 단순쇼크사로 은폐·축소하기 위하여 조사를 받고 있던 경찰관 2인에게 다른 범인이 더 있음을 실토하지 않도록 설득하였다면 이는 다른 범인들을 도피하게 하려는 고의가 있으므로 범인도피죄에 해당한다고 판시하였다(대판 1995. 12. 26, 93도904).

그러나 범인 아닌 자가 수사기관에서 범인임을 자처하고 허위사실을 진술하여 진범의 체포와 발견에 지장을 초래하게 한 행위는 범인은닉죄에 해당한다.[2] 또한 사법경찰관이 검사로부터 범인을 검거하라는 지시를 받고서도 직무상의 의무에 따른 적절한 조치를 취하지 아니하고 오히려 범인에게 전화로 도피하라고 권유하여 범인을 도피하게 한 경우 부작위범인 직무유기죄가 아니라 작위범인 범인도피죄에 해당한다.[3]

(4) 수사기관에서의 참고인의 허위진술과 범인도피죄 등 성립 여부

대법원은 참고인이 수사기관에서 진술하면서 범인으로 제출된 피의자와 자신이 목격한 범인이 동일함에도 불구하고 동일한 사람이 아니라고 허위진술한 사건에서 그 허위진술로 말미암아 증거불충분으로 범인을 석방하게 되었더라도 범인도피죄에 해당하지 않는다고 판시하고 있다.[4] 그러나 이 경우 적극적인 도피방조행위가 없더라도 위계에 의한 공무집행방해죄(제137조)는 성립한다고 보아야 한다.

1) 대판 1984. 4. 10, 83도3288.
2) 대판 1996. 6. 14, 96도1016; 2000. 11. 24, 2000도4078.
3) 대판 1996. 5. 10, 96도51.
4) 대판 1987. 2. 10, 85도897.

또한 대법원은 "참고인이 수사기관에서 범인에 관하여 조사를 받으면서 그가 알고 있는 사실을 묵비하거나 허위로 진술하였다고 하더라도 그것이 적극적으로 수사기관을 기만하여 착오에 빠지게 함으로써 범인의 발견 또는 체포를 곤란 내지 불가능하게 할 정도의 것이 아니라면 범인도피죄를 구성하지 아니한다. 그리고 참고인이 실제의 범인이 누군지도 정확히 모르는 상태에서 수사기관에서 실제의 범인이 아닌 어떤 사람을 범인이 아닐지도 모른다고 생각하면서도 그를 범인이라고 지목하는 허위의 진술을 한 경우에는 참고인의 허위진술에 의하여 범인으로 지목된 사람이 구속기소됨으로써 실제의 범인이 용이하게 도피하는 결과를 초래한다고 하더라도 그것만으로는 그 참고인에게 적극적으로 실제의 범인을 도피시켜 국가의 형사사법의 작용을 곤란하게 할 의사가 있었다고 볼 수 없어 그 참고인을 범인도피죄로 처벌할 수는 없다"고 판시하였다.[1] 그러나 이는 알고 있는 사실을 허위로 진술하였다는 점에서 위계에 의한 공무집행방해죄를 구성한다고 보아야 하며, 실제의 범인이 아님을 알면서도 허위진술을 하여 그를 구속기소하게 한 것은 무고죄에 해당한다고 보아야 한다.

(5) 기수시점

본죄는 범인을 도피하게 하거나 은닉함으로써 기수에 이른다. 본죄는 계속범이므로 범인도피행위가 계속되는 동안에는 범죄행위도 계속되고 행위가 끝날 때 비로소 범죄행위가 종료된다. 그러므로 공범자의 범인도피행위의 도중에 그 범행을 인식하면서 그와 공동의 고의를 가지고 기왕의 범인도피상태를 이용하여 스스로 범인도피행위를 계속한 자에 대해서는 범인도피죄의 공동정범이 성립한다.[2]

3. 주관적 구성요건

벌금 이상의 형에 해당하는 죄를 범한 자를 은닉 또는 도피하게 한다는 고의가 있어야 한다. 범인이 벌금 이상의 형에 해당하는 죄를 범하였다는 사실을 알고 있으면 되며 범인의 이름·나이·주소 등 인적 사항에 대하여 알지 못하더라도 상관없다. 벌금 이상의 형에 해당하는 자에 대한 인식은 실제로 벌금 이상의 형에 해당하는 범죄를 범한 자라는 것을 인식함으로써 족하

1) 대판 1997. 9. 9, 97도1596. 같은 취지로 대판 2003. 2. 14, 2002도5374.
2) 대판 1995. 9. 5, 95도577.

고, 그 법정형이 벌금 이상이라는 것까지 알 필요는 없다.[1] 벌금 이상의 형에 해당하는 죄를 범하였다는 사실을 착오로 인하여 알지 못한 경우에는 위법성의 착오가 아니라 구성요건의 착오에 해당한다.

4. 친족간의 범행과 특례

(1) 의 의

친족 또는 동거가족이 본인을 위하여 범인은닉죄를 범한 때에는 처벌하지 않는다. 이 경우에는 적법행위에 대한 기대가능성이 없기 때문이다. 즉 본 규정의 법적 성질은 기대불가능성을 이유로 한 책임조각사유로 보는 것이 타당하다. 여기에서 본인이란 벌금 이상의 형에 해당하는 죄를 범한 범인을 말한다.

(2) 특례의 적용범위와 요건

본죄가 적용되는 친족·가족의 범위는 원칙적으로 민법의 규정에 의한다. 그러나 내연관계에 있는 자와 그 자녀도 여기에 포함된다고 보는 것이 타당하다.[2] 그러나 판례는 사실혼 관계는 민법상의 친족관계가 아니므로 포함되지 않는다는 입장이다.[3] 본 특례적용은 친족 등이 친족관계에 있는 범인 본인을 위한 은닉행위를 한 경우에 제한되고 본인과 함께 공범자를 위한 범인은닉의 경우에는 적용되지 않는다.[4]

(3) 특례와 공범관계

본 규정은 일정한 친족 사이에서만 적용되므로 친족이 비친족과 본죄를 범한 경우에는 친족에 대해서만 본 규정이 적용된다. 제 3 자가 친족을 교사·방조하여 범인은닉죄를 범하게 한 경우에는 친족은 처벌되지 않지만 친족 아닌 자는 본죄의 공범으로 처벌된다(본 규정을 책임조각사유로 보고 제한적 종속형식을 취한 결과이다).[5]

친족이 제 3 자를 교사하여 범인은닉행위를 하게 한 경우에도 본 규정이 적용되는가에 대해서는 견해가 다르다. 부정설은 본 규정이 친족 자신의 범인은닉

1) 대판 2000. 11. 24, 2000도4078.
2) 김성천, 1376면; 김일수/서보학, 917면; 배종대, 879면; 백형구, 796면; 오영근, 999면; 이재상, 782면; 이정원, 742면; 임 웅, 926면. 반대견해는 진계호, 745면.
3) 대판 2003. 12. 12, 2003도4533.
4) 배종대, 879면; 백형구, 614면; 이재상, 783면; 진계호, 745면. 반대견해로는 김일수/서보학, 917면.
5) 김일수/서보학, 918면; 유기천(하), 332면; 이재상, 783면.

행위를 벌하지 않는다는 취지에 불과하므로 타인으로 하여금 범인은닉죄를 범하게 한 경우에는 본죄의 교사범이 성립한다고 본다.[1] 이에 반하여 긍정설은 이 경우에도 본 규정을 적용하는 것이 타당하다고 보고 기대가능성이 없음을 이유로 친족에게 범인은닉죄의 교사범 성립을 부인한다.[2] 이에 따라 제 3 자는 본죄의 정범이 되지만 친족은 책임이 조각된다고 한다. 후자의 견해가 타당하다고 본다. 그러므로 예를 들어 죄를 범한 아들을 숨겨 주도록 아들 친구에게 부탁하는 행위는 범인은닉죄의 교사범으로 처벌되지 않는다(숨겨준 친구는 범인은닉죄에 해당).

제 4 절 僞證과 證據湮滅의 罪

I. 序 論

1. 위증죄의 의의 및 본질

위증죄(Meineid, perjury)란 법률에 의하여 선서한 증인이 허위의 진술을 하거나(제152조 제 1 항. 단순위증죄), 형사사건 또는 징계사건에 관하여 피고인, 피의자 또는 징계피의자를 모해할 목적으로 허위의 진술을 하는 경우(제152조 제 2 항. 모해위증죄) 및 법률에 의하여 선서한 감정인(형사소송법 제169조 참조)·통역인(동법 제180조 참조)·번역인(동법 제182조 참조)이 허위의 감정·통역·번역을 하는 범죄(제154조. 허위감정·통역·번역죄)를 총칭한다(광의의 위증죄). 그러나 위증죄를 좁은 의미로 파악하면 단순위증죄만을 의미한다.

위증죄의 불법성은 국가의 사법작용을 위태롭게 한다는 데에 있다. 즉 위증죄의 보호법익은 재판권, 징계권과 같은 국가의 사법작용(심판기능)이다(통설·판례).[3] 국가의 사법작용은 일반적으로 증인이나 감정인과 같은 인적 증거방법으로부터 판단의 근거를 획득한다. 그러므로 만일 허위의 진술이 있

1) 오영근, 1000면 이하; 유기천(하), 332면; 정영석, 79면; 진계호, 746면; 황산덕, 84면.
2) 김성천, 1377면; 김일수/서보학, 918면; 이재상, 783면; 이정원, 743면 이하; 임 웅, 927면; 정성근/박광민, 893면; 배종대, 879면. 독일의 경우 BGHSt 14, 172; Tröndle/Fischer, §258 Rn. 16.
3) 대판 1987. 7. 7, 86도1724(전원합의체); 김봉태(7인 공저), 654면; 배종대, 869면; 이재상, 784면; 정성근/박광민, 895면; 정영석, 78면; 진계호, 748면. 독일의 경우 SK/Rudolphi, vor §153 Rn. 5; Sch/Sch/Lenckner, vor §153 Rn. 2; Lackner/Kühl, vor §153 Rn. 1; BGHSt 8, 309.

게 되면 실체적 진실발견을 위태롭게 할 뿐만 아니라 이를 통한 오판의 위험성이 증대하게 될 것이다. 형사소송법이 사실의 오인을 항소이유로 규정(제361조의5 제14호)한 것이나 재심이유(제420조)로 규정하고 있는 것도 위증에 의한 오판을 제거하기 위한 것이다.

위증죄는 전형적인 거동범이다. 즉 위증죄의 구성요건을 실현하기 위해서는 「허위의 진술」이라는 행위만으로 기수에 이르며 법관이 이를 들었거나 착오에 빠지게 되어 오판을 하였는가의 여부는 필요하지 않다. 그러므로 위증죄는 추상적 위험범이다.[1] 다시 말하면 위증으로 인하여 사실판단을 그르칠 위험성이 상존한다는 점을 명백히 한 것이며, 구체적으로 판결에 영향을 미쳐야 한다거나 이러한 위험이 발생하였을 것을 요구하지 않는다.[2] 위증죄가 추상적 위험범이라는 점은 위증죄의 기수시점을 정하는 데에 영향을 미친다(이에 관하여는 후술).

위증죄는 자수범의 성질을 갖는다. 즉 위증죄는 증인이라는 신분을 요건으로 하는 진정신분범이면서 동시에 증인이 직접 증언을 하여야 구성요건이 실현되는 자수범에 해당한다. 증인이란 자기가 직접 경험한 사실을 보고하는 자이므로 경험하지 않은 제 3 자는 위증죄의 행위자가 될 수 없기 때문이다. 그러므로 위증죄는 공동정범이나 간접정범의 형태로 범할 수는 없다. 다만 증인 아닌 자는 위증죄의 방조범이나 교사범은 될 수 있다.

2. 증거인멸죄의 의의

증거인멸죄는 타인의 형사사건 또는 징계사건에 관한 증거를 인멸 · 은닉 · 위조 또는 변조하거나, 위조 또는 변조한 증거를 사용하거나 또는 타인의 형사사건 또는 징계사건에 관한 증인을 은닉 또는 도피하게 하여 국가의 심판기능을 방해하는 죄이다. 보호법익은 국가의 사법기능이며, 추상적 위험범이다.[3] 본죄는 허위증언이라는 무형적 방법으로 재판기능을 방해하는 위증죄와 달리 유형적 방법에 의하여 공정한 재판을 방해하는 것이다.

---

1) 김성천, 1378면; 김일수/서보학, 927면; 백형구, 616면; 오영근, 1003면; 이재상, 785면; 이정원, 743면; 임 웅, 930면; 정성근/박광민, 895면; 진계호, 803면. 이는 독일에서도 일치된 견해이다(Arzt/Weber, BT/5, Rn. 240; SK/Rudolphi, vor § 153 Rn. 10). 반면 구체적 위험범으로 보는 견해는 배종대, 817면.

2) 대판 1987. 3. 24, 85도2650; 1990. 2. 23, 89도1212.

3) 김일수/서보학, 919면; 백형구, 625면; 오영근, 1015면; 이재상, 786면, 799면; 이정원, 752면; 정성근/박광민, 910면; 진계호, 814면. 반면 구체적 위험범으로 보는 견해는 배종대, 895면.

3. 구성요건체계

위증죄는 단순위증죄(제152조 제 1 항)를 기본적 구성요건으로 하여 모해위증죄(제152조 제 2 항)는 가중적 구성요건이며, 허위감정·통역·번역죄(제154조)는 독립적 구성요건이다.

증거인멸의 죄는 단순증거인멸죄(제155조 제 1 항) 이외에 증인은닉·도피죄(제155조 제 2 항) 및 가중적 구성요건인 모해증거인멸죄(제155조 제 3 항)를 규정하고 있다.

Ⅱ. 僞證의 罪

1. 위 증 죄

> **제152조【위증】 ① 법률에 의하여 선서한 증인이 허위의 진술을 한 때에는 5년 이하의 징역 또는 1천만원 이하의 벌금에 처한다.**

(1) 객관적 구성요건

1) 행위주체　　본죄의 행위자는 법률에 의하여 선서한 증인이다(진정신분범).[1] 위증죄는 소송법종속적 성격을 지니기 때문에 구체적인 선서의 절차는 해당 절차법에 의한다. 구체적으로는 형사소송법(제156조)뿐만 아니라 민사소송법(제319조 이하)·비송사건절차법(제10조)·법관징계법(제27조)·검사징계법(제26조)·특허법(제226조) 등이 있다. 형사사건의 경우에는 공판절차상의 증인신문뿐만 아니라 제 1 회 공판기일 전의 증거보전절차(형사소송법 제184조)와 수사절차에서의 증인신문청구(제221조의 2)로 인한 증인신문의 경우도 포함된다. 기타 국회에서의 증언·감정 등에 관한 법률(제14조)은 본회의 또는 위원회(국정감사나 국정조사를 위하여 구성된 소위원회 또는 반을 포함)에서의 위증에 대한 처벌규정을 두고 있다. 법령상 근거가 없는 선서는 무효이므로 여기의 선서한 증인에 해당하지 않는다. 그러므로 제 3 자가 심문절차로 진행되는 소송비용확정신청사건에서 증인으로 출석하여 선서를 하고 허위의 진술을 하였더라도 위증에 해당하지 않는다.[2]

선서의 시기는 사전선서이든 사후선서(형사소송법 제156조 단서, 민사소송법 제319조 단서)이든 불문한다.[3]

---

1) 선서한 증인은 진실을 말해야 한다는 점에서 위증죄를 의무범(Pflichtdelikt)의 전형으로 파악한다(Roxin, Täterschaft und Tatherrschaft, 394면 이하).

2) 대판 1995. 4. 11, 95도186.

3) 대판 1974. 6. 25, 74도1231; 김일수/서보학, 928면; 배종대, 819면; 백형구, 616면; 오영근, 1003면; 이재상, 788면; 정성근/박광민, 871면. 반대로 증언 후에 선서를 한 경우 본죄의 주체가 되지 않는다는 견해로는 이정원, 745면.

선서를 면제받거나(민사소송법 제329조), 선서거부권(민사소송법 제324조)을 가진 자가 선서를 거부하면 위증죄의 행위주체가 되지 않는다고 보아야 한다. 형법상의 위증죄는 선서를 요건으로 하기 때문이다.

선서한 증인이 아닌 참고인이 검사나 사법경찰관 앞에서 허위진술을 하더라도 위증죄에 해당하지 않는다. 또한 수사기관에서 선서를 하였다 하더라도 이는 법적인 의미가 없는 것이다.

16세 미만의 자나 선서의 취지를 이해하지 못하는 선서무능력자(형사소송법 제159조, 민사소송법 제322조)의 선서 역시 선서로서의 효력이 인정되지 않으므로 재판부의 착오로 잘못 선서를 시킨 경우에도 이들은 본죄의 주체가 될 수 없다.[1] 이에 대해서는 비록 연소하여 선서무능력자라 할지라도 선서의 취지를 현실적으로 이해할 수 있는 경우에는 본죄의 주체가 될 수 있다는 독일의 판례도 있다.[2]

공범자 또는 공동피고인이 증인의 자격에서 선서하고 증언한 때에 위증죄의 주체로 인정할 것인가에 대해서는 적극설[3]과 제한설[4]이 대립되어 있다. 적극설은 공동피고인 상호간에는 공범관계인가를 불문하고 다른 공동피고인에 대하여 제 3 자가 되므로 증인으로 선서하고 증언한 이상 본죄의 주체가 된다고 한다. 이에 반해 제한설에서는 공범자가 아닌 공동피고인의 경우에는 증인적격이 있으므로 본죄의 주체가 될 수 있지만 공범자관계에 있는 공동피고인은 증인적격이 없으므로 당연히 본죄의 주체도 될 수 없다는 견해이다. 공범인 공동피고인은 다른 공동피고인에 대한 공소사실에 관하여 증인이 될 수 없으나 소송절차가 분리되어 피고인의 지위에서 벗어나게 되면 다른 공동피고인에 대한 공소사실에 관하여 증인이 될 수 있다고 보는 것이 타당하다.[5]

증언거부권자(형사소송법 제148조, 민사소송법 제314조)가 증언거부권을 행사하지 않고 선서 후 위증을 한 경우에도 본죄의 주체가 될 수 있다고 보아야 한다.[6] 증언거부권은 포

---

1) 김성천, 1379면; 배종대, 881면; 백형구, 617면; 이재상, 787면; 임 웅, 931면; 정성근/박광민, 897면; 진계호, 749면.
2) BGHSt 10, 142, 144.
3) 정영석, 83면.
4) 김일수/서보학, 929면; 오영근, 1004면; 이재상, 788면; 이정원, 746면; 임 웅, 932면; 정성근/박광민, 898면. 또한 대판 1983. 10. 25, 83도1318.
5) 대판 2008. 6. 26, 2008도3300.
6) 김성천, 1380면; 김일수/서보학, 929면; 배종대, 882면; 백형구, 617면; 이재상, 789면; 임 웅, 932면; 정성근/박광민, 898면.

기할 수 있는 권리이지 의무가 아니기 때문이다. 마찬가지로 증언으로 인하여 형사소추를 받을 위험성이 있는 자가 위증을 한 경우에도 위증죄를 면할 수 있는 증언거부권을 행사하지 않았다는 점에서 본죄의 성립을 인정하는 것이 타당하다.

[판례] 대법원은 증인에게 증언을 거부할 수 있는 권리를 인정하여 위증죄로부터의 탈출구를 마련하고 있는 만큼 적법행위에의 기대가능성이 없다고 할 수 없고 선서한 증인이 증언거부권을 포기하고 허위의 진술을 한 이상 위증죄의 처벌을 면할 수 없다고 판시하였다(대판 1987. 7. 7, 86도1724(전원합의체)).
한편 증언거부권을 고지하지 않아도 위증죄의 성립을 인정하는 판례(대판 2010. 2. 25, 2007도6273)가 있는 반면에 증언거부권을 고지받지 못해 거부권을 행사하지 못한 경우 위증죄를 부인(대판 2010. 1. 21, 2008도942(전원합의체))하는 판례가 있다.

2) 행 위 　본죄의 행위는 위증하는 것이다. 위증이라 함은 증인의 허위의 진술을 의미한다. 증인의 증언이 허위의 진술인지의 여부는 그 증언의 단편적인 구절에 구애되어 판단할 것이 아니라 당해 신문절차에서의 증언 전체를 일체로 파악하여 판단하여야 한다.[1] 허위가 무엇을 의미하는가에 대해서는 객관설과 주관설이 대립하고 있다.

(i) 객 관 설 　객관설에서 허위란 증언이 증인의 기억과의 일치 여부가 아니라 사실적·객관적 상황이나 내용에 반하는 것을 말한다(증언과 현실간의 불일치). 이 설은 국가의 사법기능은 오로지 객관적으로 허위인 증언에 의하여 위태로워진다는 시각에서 출발한다. 그러므로 설사 증인이 외부적 사실에 관하여 자기의 기억에 반하는 증언을 하였더라도 객관적 진실과 일치하면 위증죄가 성립하지 않는다고 본다. 객관설은 독일의 통설·판례[2]의 입장이다.[3]

[예] 객관설에 의하면 증인이 9월 9일에 현장에 있었음에도 불구하고 "나는 9월 8일에 범행현장인 그 곳에 있었다"고 증언하였으면 위증이다. 만일 9월 8일에 현장에 있었다고 잘못 믿었음에도 불구하고 (자기의 기억과는 달리) "9월 9일에 현장에 있었다"고 진술하였으면 (결국 실제사실과 일치하므로) 위증이 아니다.

---

1) 대판 1989. 2. 28, 87도1718; 1993. 6. 29, 93도1044.
2) BGHSt 7, 147; Lackner/Kühl, vor § 153 Rn. 2a; Maurach/Schroeder, BT/2, 167; Nomos/Heinrich, § 153 Rn. 14; Sch/Sch/Lenckner, vor § 153 Rn. 6.
3) 우리나라에서는 김성천, 1381면; 김일수/서보학, 931면; 백형구, 618면; 이재상, 791면; 이정원, 748면.

(ii) **주 관 설** 이는 판례[1]의 입장으로서 증언내용이 증인이 알고 있는 것과 일치하는가 여부에 따라 허위성을 판단하는 견해이다.[2] 즉 주관설에 의하면 기억하고 있는 사실을 진술한 이상 그 진술이 객관적 사실에 부합하지 않더라도 허위의 진술이 아니며, 반대로 자기의 기억에 반하는 사실을 진술하였다면 설사 객관적 사실에 합치하더라도 위증죄가 성립한다(증언과 인식 혹은 기억간의 불일치).[3] 증인은 자기가 경험한 바를 그대로 진술하는 것이 소송상의 기능이며 의무라는 견해에서 출발한다. 그러므로 자기의 기억에는 반하지만 진실이라고 믿고 진술하였으나 허위로 밝혀진 경우에도 위증에 해당한다(기억과 진실성 여부에 대한 개인적 판단을 구별하여야 한다).

[판례] 타인으로부터 전해 들은 금품의 전달사실을 마치 증인 자신이 전달한 것처럼 진술한 경우에 이는 증인의 기억에 반하는 허위진술에 해당한다(대판 1990. 5. 8, 90도448).

(iii) **의 무 설** 주관설의 입장에 서면서도 허위성을 보다 포괄적으로 이해하는 견해가 있다. 즉 증인으로서의 의무에 충실하여 기억해 냈더라면(이는 잠재적 인식을 의미한다고 볼 수 있으며 과실에 의한 허위의 진술까지도 포함하는 입장이다) 허위성이 배제되었을 경우에 경험사실과 일치하지 않는 진술을 하면 허위의 진술에 해당한다고 본다. 진실을 말해야 할 증인으로서의 의무위반을 위증죄의 대상으로 삼은 것이라 할 수 있다. 그러므로 이를 의무설(Pflichttheorie)이라고 부른다.[4] 그러나 이는 허위성판단의 기준이라기보다는 주의의무위반성의 문제이며, 현행법이 과실에 의한 위증죄는 처벌하지 않기 때문에 타당하지 않다.

(iv) **학설검토** 이상의 견해를 살펴볼 때 과거사실에 대한 현재의 기억이나 생각에 대한 것(내적 사실)을 증언내용으로 할 경우에는 객관설과 주관설은 차이가 없다. 자신이 가지고 있는 과거사실에 대한 현재의 기억이나 생각을 그대로 진술한 경우에는 비록 실제 사실과 일치하지 않더라도 어느 학설에 의하든 위증에 해당하지 않기 때문이다.

---

1) 대판 1988. 12. 13, 88도80; 1989. 1. 17, 88도580; 1990. 5. 8, 90도448.
2) 학설로는 배종대, 885면; 오영근, 1006면; 임 웅, 934면; 정성근/박광민, 901면; 정영석, 85면; 정영일, 917면; 진계호, 750면; 이석우, 「위증죄와 무고죄에 있어서의 허위성」, 재판자료 제50집(1990/9), 44면.
3) 대판 1982. 9. 14, 81도105; 1987. 1. 20, 86도2022.
4) Otto, BT, § 97 Ⅱ 2 b.

만일 증인이 자기의 기억에 따라 증언을 하였으나 객관적 진실과 일치하지 않는 경우에는 객관설에 의하더라도 구성요건의 착오로서 고의가 없다. 그러므로 이 경우에 허위성을 인정하지 않는 주관설과 불가벌적인 점에서 양 학설은 차이가 없다.

결국 객관설과 주관설의 실질적인 차이는 다음과 같은 경우이다. 즉 외부적 사실에 대하여 기억에 반하는 진술을 하는 경우로서, ① 기억에 반하지만 객관적 사실과 일치하는 것으로 믿고 진술하였으나 객관적 사실과 일치하지 않은 경우에 주관설에 의하면 위증이 되고, 객관설에 의해도 결국 일치하지 않았으므로 허위의 진술이지만 고의가 없는 것으로 된다. 한편 ② 객관적 사실과 일치하지 않는 것으로 믿고 진술하였으나 결국 일치한 경우에 주관설에서는 여전히 위증이 되지만 객관설에서는 위증으로 보지 않는다.

전체적으로 판단하면 우선 주관설은 객관적 사실과의 일치 여부에 관계 없이 오로지 기억에 반하는가의 여부를 가지고 판단한다. 그러나 기억에 반하는 진술이라도 진실이라고 믿고 진술하였으며, 이러한 진술내용이 객관적 사실과 일치하면 형사처벌의 대상에서 제외하는 것이 타당하다고 본다. 위증죄의 보호법익이 증인의 진실성보다는 국가의 사법기능에 위험을 초래하지 않도록 하는 데에 있다고 보아야 하기 때문이다. 그러므로 객관설과 주관설 가운데 국가의 사법기능을 위험에 빠뜨리지 않는 경우를 위증죄에서 제외함으로써 처벌범위를 좁히는 해석을 하는 것이 타당하다고 본다. 즉 증인은 자신이 기억하고 있는 것 이상을 증언할 수 없다는 점에서 기억과 일치하는 증언을 한 경우에는 객관적 진실성 여부를 떠나서 언제나 위증이 아니며, 비록 기억에 반하지만 객관적 사실과 일치하는 것으로 믿고 진술한 경우에도 (허위로 밝혀지더라도) 위증죄의 성립을 부인하여야 한다(객관설).

3) **진술의 대상** 허위진술의 내용이 되는 대상은 증인이 경험한 내적·외적 사실이며 가치판단은 제외한다. 증인이 부담하는 진실의무의 범위는 어디까지인가가 위증죄 성립의 범위와 관련하여 문제된다. 이는 소송법상의 신문범위에 따라 판단하면 될 것이다. 증인의 경우에는 인적 사항이나 직업도 대상에 포함된다. 그러므로 만일 인기연예인이 형사사건의 증인신문에서 자신의 나이를 낮춰서 말한 경우에도 위증죄에 해당한다고

보아야 한다.[1)]

4) 위증죄의 기수시기 위증죄는 미수범을 처벌하지 않는다.

위증죄의 기수시점에 관해서는 허위진술이 있으면 즉시 기수라고 보는 견해[2)]와 신문절차가 종료되어 더 이상 진술을 철회할 수 없는 단계에서 기수에 이른다는 견해[3)]가 있다. 후자의 견해를 따르면 증인신문이 끝나기 전에 그 진술을 철회·시정한 경우에는 위증이 되지 않는다.[4)] 위증죄의 보호법익과 관련하여 판단할 때 후자의 견해가 타당하다. 이 시점까지 허위의 진술을 시정한다면 사법작용의 위험성은 배제될 수 있기 때문이다. 그리고 이 경우의 신문절차는 1회의 증인신문절차만을 의미한다기보다는 기일을 달리하더라도 수회의 기일에 걸쳐 이루어진 1개의 증인신문절차에서 허위의 진술을 하고 그 진술이 철회·시정되지 않고 증인신문절차가 종료된 경우 기수에 이른다고 보아야 한다.[5)]

(2) 주관적 구성요건

위증죄는 과실범을 처벌하지 않으며 고의가 있어야 한다. 위증죄의 고의는 객관적 구성요건인 선서한 증인이라는 신분에 대한 인식과 함께 '허위의 진술'이라는 인식이다. 그러나 허위의 진술을 어떻게 이해하는가에 따라 결론이 다르다. 만일 객관설을 따른다면 증인이 자기의 기억에 반하는 사실을 진실이라고 오인하고 진술한 때에는 그것이 결국 진실이 아니더라도 객관적 진실이라고 믿은 점을 근거로 하여 고의를 인정하지 않는다(구성요건의 착오).[6)]반면에 허위의 진술을 기억에 반하는 사실의 진술로 보는 주관설에 의하면 객관적 진실을 진술하더라도 기억에 반하는 진술이면 고의를 인정하게 된다.

증인이 착오에 빠져 기억에 반한다는 인식 없이 증언을 한 것으로 밝혀진 경우에는 위증의 고의를 인정할 수 없다.[7)]

---

1) BGHSt 4, 214.
2) 정영석, 87면.
3) 김일수/서보학, 933면; 오영근, 1009면; 이재상, 792면; 정성근/박광민, 903면; 진계호, 751면.
4) 대판 1993.12.7, 93도2510.
5) 대판 2010.9.30, 2010도7525.
6) 김성천, 1382면; 김일수/서보학, 934면; 이재상, 795면.
7) 대판 1991.5.10, 89도1748.

(3) 위증죄의 공범

위증죄는 자수범이므로 공동정범이나 간접정범의 성립은 불가능하다. 그러므로 아무리 증인에 대한 영향력이 강한 위치에서 허위의 진술을 하도록 이용하였다 하더라도 방조범이나 교사범의 성립은 가능하더라도 간접정범은 될 수 없다.[1] 방조범이나 교사범의 성립은 정범인 증인의 진술의 허위성에 관한 객관설과 주관설에 따라 다르다. 만일 정범이 허위라고 (잘못)생각하고 사실은 진실을 말한 경우에는 객관설에서는 위증죄의 교사나 방조의 미수범이 된다(불가벌). 그러나 주관설에 의하면 위증교사 또는 방조범의 기수이다. 피고인의 선행행위에 기한 작위의무를 전제로 하여 부작위에 의해서도 위증방조죄가 성립한다는 견해가 있다.[2] 그러나 이를 부인하는 것이 타당하다.

(4) 피고인의 위증교사죄 성립 여부

형사피고인이 자기의 형사사건에 관하여 타인을 교사하여 위증을 하게 한 경우에 피고인이 본죄의 교사범에 해당하는가에 관해서는 학설이 대립되어 있다.

1) 적 극 설 　피고인이 자기의 형사사건에 관하여 진실을 말할 의무는 없으나 국가의 사법기능을 해치는 위증을 교사하는 것은 방어권의 남용으로서 허용될 수는 없으므로 교사범이 성립한다는 입장이다. 또한 정범에게 위증죄가 성립하므로 교사자 역시 처벌되어야 한다거나,[3] 형사피고인에게 본죄가 성립하지 않는 것은 기대가능성이 없기 때문일 뿐 타인에게 위증을 교사하는 경우까지 책임이 조각된다고 할 수 없다는 것,[4] 방어권의 남용이라는 점[5]을 그 이유로 든다. 판례의 입장이다.

2) 소 극 설 　소극설에서는 피고인은 위증죄의 정범이 될 수 없으므로 이에 대한 교사범도 될 수 없다고 본다. 그리고 타인을 교사하여 자신을 위한 위증을 하게 하는 것은 피고인 자신이 위증을 하는 것과 마찬가지라는

1) 독일형법 第160조(Verleitung zur Falschaussage)는 이러한 처벌상의 허점을 막기 위한 규정이다. 미국연방법 역시 위증죄(perjury)와 위증교사죄(subornation of perjury)를 처벌한다(U.S. Code, Title 18, Section 1621, 1622, 1623(1994)).

2) BGHSt 14, 229; BGH NStZ 1993, 489; OLG Hamm NJW 1992, 1977.

3) 대판 2004. 1. 27, 2003도5114. 김성천, 1383면; 유기천(하), 336면.

4) 김석휘(주석), 217면; 진계호, 753면.

5) 백형구, 620면.

이유를 든다.[1]

생각건대 피고인은 증인적격이 없으므로 위증죄의 구성요건을 충족할 수 없다. 또한 형사피고인이 타인을 교사하여 위증케 한 것은 자신이 허위의 진술을 하는 것과 차이가 없다고 보아야 하고, 이는 자기의 형사사건에 대한 증거인멸행위를 처벌하지 않는 형법의 규정(제155조 참조)과도 일치한다. 그러므로 이 경우에는 피교사자만을 위증죄로 처벌하여야 한다(소극설).

(5) 죄 수

동일한 사건에 관하여 증인으로 한번 선서한 사람이 같은 기일에서 여러 가지 사실에 관하여 기억에 반하는 허위의 진술을 한 경우라도 하나의 범죄의사로 계속하여 허위의 진술을 한 것으로서 포괄하여 1개의 위증죄를 구성한다.[2] 타인을 무고하여 이로 인한 재판에서 위증을 한 경우에는 무고죄와 위증죄의 실체적 경합범이 인정된다.

(6) (모해)위증죄와 자백·자수의 특례

위증죄를 범한 자가 그 진술한 사건의 재판 또는 징계처분이 확정되기 전에 자백 또는 자수한 때에는 그 형을 감경 또는 면제한다(제153조). 일반적인 자수가 임의적 감경인 데 반해(제52조 참조) 필요적 감면을 하는 것이 특징이다. 이는 위증으로 인한 오판을 방지하기 위한 형사정책적 규정이라고 볼 수 있다.

자백이란 허위의 진술을 하였음을 고백하거나 법원이나 수사기관의 신문에 대하여 그 사실을 자백한 경우도 포함한다.[3] 자수란 범인이 자발적으로 수사기관에 대하여 자기의 범죄사실을 신고하여 소추를 구하는 의사표시를 말한다.

본조의 형의 감면은 자백·자수를 한 본인에 대하여 하므로 교사자가 자백 또는 자수한 경우에는 피교사자인 정범은 형의 감면대상이 아니다. 반대로 정범이 자백·자수한 경우에 교사자에 대해서는 적용되지 않는다.

2. 모해위증죄

> 제152조【모해위증】 ② 형사사건 또는 징계사건에 관하여 피고인, 피의자 또는 징계혐의자를 모해할 목적으로 전항의 죄를 범한 때에는 10년 이하의 징

1) 김일수/서보학, 934면; 배종대, 887면; 오영근, 1011면; 유기천(하), 336면; 이재상, 796면; 이정원, 750면; 임 웅, 937면; 정성근/박광민, 905면; 정영석, 85면.
2) 대판 1998. 4. 14, 97도3340; 1990. 2. 23, 89도1212.
3) 대판 1977. 2. 22, 75도3316.

역에 처한다.

모해위증죄(제152조 제 2 항)는 목적범으로서 피고인 · 피의자(증거보전절차와 증인신문의 청구의 경우) 또는 징계혐의자를 불이익하게 할 목적으로 위증을 한 경우에 성립한다. '모해할 목적'이란 피고인 · 피의자 또는 징계혐의자를 불리하게 할 목적을 말한다. 모해의 목적달성 여부는 본죄의 성립에 영향이 없다.

국가보안법은 타인으로 하여금 형사처분을 받게 할 목적으로 국가보안법에 규정된 죄에 대하여 위증을 한 경우에는 각 조에 정한 형으로 처벌하는 규정을 두고 있다(동법 제12조 제 1 항 참조).

모해할 목적으로 이러한 목적이 없는 자를 교사하여 위증을 하게 한 경우에 교사자와 피교사자를 어떻게 처벌할 것인가?

판례는 본조의 모해할 목적은 형법 제33조 단서에 규정된 신분요소로 파악한다. 그 결과 교사자는 모해위증교사죄(제152조 제 2 항)로 처벌되는 데 반해 정범인 피교사자는 단순위증죄(동조 제 1 항)에 해당한다고 본다.

[판례] 형법 제152조 제 1 항은 위증을 한 범인이 형사사건의 피고인 등을 '모해할 목적'을 가지고 있었는가 아니면 그러한 목적이 없었는가 하는 범인의 특수한 상태의 차이에 따라 범인에게 과할 형의 경중을 구분하고 있으므로 이는 바로 형법 제33조 단서 소정의 「신분관계로 인하여 형의 경중이 있는 경우」에 해당한다고 봄이 상당하다. 그러므로 피고인이 갑을 모해할 목적으로 을에게 위증을 교사한 이상 을에게 모해의 목적이 없었다고 하더라도 형법 제33조 단서의 규정에 의하여 피고인을 모해위증교사죄로 처벌할 수 있다(대판 1994. 12. 23, 93도1002).

반면에 통설[1)]은 고의나 목적 등과 같은 주관적 구성요건을 신분요소에 포함시키지 않으므로 본조의 목적 유무에 따라 형의 경중이 구별되는 것이 아니라 공범의 종속성원칙에 따라 처리한다고 보게 된다(즉 단순위증죄에 해당하므로 정범의 교사자 역시 모해위증죄가 아니라 단순위증죄를 구성한다).

생각건대 목적범에서 목적은 행위자와 관련된 특수한 지위나 상태를 의미한다기보다는 행위결과를 지향하는 고의에 해당한다고 볼 수 있다. 그러므

1) 김일수/서보학, 총론, 653면; 배종대, 총론, 533면; 이재상, 총론, 478면; 이형국, 총론연구(Ⅱ), 647면.

로 목적범에서 목적이 없는 정범을 교사한 모해의 목적을 가진 교사자 역시 단순위증죄의 교사범이 된다고 보는 통설이 타당하다.[1)]

3. 허위감정 · 통역 · 번역죄

> 第154조【허위의 감정, 통역, 번역】 법률에 의하여 선서한 감정인, 통역인 또는 번역인이 허위의 감정, 통역 또는 번역을 한 때에는 전 2 조의 예에 의한다.

법률에 의하여 선서한 감정인 · 통역인 또는 번역인이 허위의 감정 · 통역 또는 번역을 한 때에 성립하는 죄이다.

행위주체로서 감정인이란 특수한 지식 · 경험을 가진 제 3 자가 그 지식· 경험에 의하여 알 수 있는 법칙이나 법칙을 적용하여 내린 판단을 법원 또는 법관에게 보고하는 자를 말한다(형사소송법 제169조 이하 참조). 형사소송에서의 수사기관으로부터 감정을 위촉받은 감정수탁자(형사소송법 제221조)나 민사소송에서의 감정서의 설명자(민사소송법 제341조)는 해당하지 않는다. 감정증인은 증인에 해당하고 감정인이 아니다.

본죄의 행위는 허위의 감정 · 통역 또는 번역을 하는 것이다. 허위감정죄는 고의범이므로 비록 감정내용이 객관적 사실에 반한다고 하더라도 감정인의 주관적 판단에 반하지 않는 이상 허위의 인식이 없어서 허위감정죄로 처벌할 수 없다.[2)] 허위의 의미에 대해서는 위증죄와 마찬가지로 주관설(판례)과 객관설의 입장이 있다.

Ⅲ. 證據湮滅의 罪

Ⅰ. 증거인멸죄

> 第155조【증거인멸 등과 친족간의 특례】 ① 타인의 형사사건 또는 징계사건에 관한 증거를 인멸, 은닉, 위조 또는 변조하거나 위조 또는 변조한 증거를 사용한 자는 5년 이하의 징역 또는 700만원 이하의 벌금에 처한다.
> ④ 친족 또는 동거의 가족이 본인을 위하여 본조의 죄를 범한 때에는 처벌하지 아니한다.

(1) 의 의

증거인멸죄는 타인의 형사사건 또는 징계사건에 관한 증거를 인멸 · 은닉·

1) 박상기, 형법총론, 467면 참조.
2) 대판 2000. 11. 28, 2000도1089.

위조 또는 변조하거나, 위조 또는 변조한 증거를 사용하는 범죄이다(제155조 제 1 항).

본죄의 보호법익은 국가의 형사사법기능이다. 그러나 추상적 위험범이므로 구체적으로 국가의 형사사법기능에 대한 위험발생을 필요로 하지는 않는다.

> 국가보안법은 타인으로 하여금 형사처분을 받게 할 목적으로 국가보안법상의 죄에 대하여 증거를 날조·인멸·은닉한 자는 그 각 조에 정한 형으로 처벌한다(동법 제12조 제 1 항).

(2) 객관적 구성요건

1) 행위객체　　본죄의 행위객체는 타인의 형사사건 또는 징계사건에 관한 증거이다. 은닉행위시에 아직 수사 또는 징계절차가 개시되기 전이라도 장래 형사 또는 징계사건이 될 수 있는 것은 포함된다.[1] 그러므로 자기사건에 대한 증거인멸행위는 본죄의 대상이 아니다. 자기가 형사처분이나 징계처분을 받게 될 것을 두려워한 나머지 자기의 이익을 위하여 증거자료를 인멸한 행위가 동시에 다른 공범자나 제 3 자의 형사사건이나 징계사건에 관한 증거를 인멸한 결과가 되더라도 증거인멸죄에 해당하지 않는다.[2] 또한 민사·행정 또는 선거사건에 대한 증거도 본죄의 대상이 아니다. 본죄에서 증거란 형사피의 또는 피고사건이나 징계사건에서 수사기관이나 법원, 징계기관이 국가형벌권 혹은 징계권을 행사하기 위한 전제조건으로서 사실관계를 확정하기 위한 객관적인 자료를 의미한다.

이러한 증거는 다시 증거방법과 증거자료로 나뉜다. 증거방법이란 사실인정의 자료가 되는 수단·방법을 의미하며 증인, 증거물, 증거서류 등이 그 예이다. 증거자료란 증거방법을 조사하여 얻은 내용을 의미한다. 증인의 증언, 증거서류의 내용, 감정인의 감정 등이 여기에 해당한다.

증거인멸의 죄에서 증거에는 물증 이외에 인증도 포함한다. 그러므로 증인도피죄나 증인은닉죄를 규정하고 있는 것이다(제155조 제 2 항). 그러나 증인을 은닉하거나 증인을 도피하게 하는 행위는 인증의 이용 자체를 물리적으로 불가능하게 하는 행위를 처벌하는 구성요건일 뿐 참고인이나 증인의 진술은 포함하지 않는다고 보아야 한다. 참고인이나 증인의 진술은 사실관계를 밝히는 데 중요한 증거임에 틀림없으나 증거인멸죄는 증거 자체를 위조하는 것을 말하

1) 대판 1982. 4. 27, 82도274.
2) 대판 1995. 9. 29, 94도2608.

고 참고인 자격으로 수사기관에서 허위의 진술을 하는 것은 이에 포함되지 않는다. 그러므로 참고인이나 증인에게 허위진술을 하도록 하는 행위도 증거인멸행위에 해당한다고 볼 수 없다.[1)]

자기의 형사사건에 대한 증거인멸을 위해 타인을 교사한 경우에도 본죄가 성립하는가? 이에 대해서는 적극설[2)]과 소극설[3)]이 대립한다. 그러나 범인은닉죄나 위증죄와 마찬가지로 정범이 될 수 없는 자의 교사행위로 인하여 본죄가 성립하는 것은 인정될 수 없으므로 성립을 부정하는 소극설이 타당하다.

공범자의 형사피고사건에 대한 증거가 타인의 형사사건에 관한 증거에 해당하는가에 대해서는 긍정설과 부정설 및 절충설이 대립한다. 긍정설은 공범자와 자기에게 공통된 증거도 타인의 형사사건에 대한 증거이므로 공범자의 현사사건에 대한 증거인멸죄를 인정한다. 부정설은 자기의 이익과 공범자의 이익을 구별할 수 없으므로 공범자의 형사사건에 관한 증거도 자기의 형사사건에 대한 증거에 포함시켜서 공범자만을 위한 증거인멸도 증거인멸행위에서 제외시킨다.[4)] 그러나 공범자만을 위한 증거인멸행위는 본죄를 구성하지만 자기를 위한 증거인멸이 동시에 공범자의 이익을 위한 경우에는 본죄가 성립하지 않는다고 보는 절충설이 타당하다.[5)]

[판례] 선박침몰사건에서 선박의 안전운항과 관련된 항만청의 직무수행내용 등에 관한 서류제출을 요구받자 항만청의 관련 공무원들이 침몰선박의 정원초과운항확인서 4장을 보관중이었음에도 불구하고 항만청관계자들이 형사처벌 및 징계처벌을 받게 될 것이 두려운 나머지 순차로 확인서 4장을 소각할 것을 지시하여 피고인이 이를 소각하였다. 대법원은 피고인의 행위가 다른 공범자의 형사사건이나 징계사건에 관한 증거를 인멸한 결과가 된다고 하더라도 증거인멸죄에 해당하지 않으며, 이는 피고인의 공범죄가 아닌 다른 형사사건 등에 관한 증거를 인멸한 결과가 된다고 하더라도 마찬가지라고 판시하였다(대판 1995. 9. 29, 94도2608).

1) 대판 1995. 4. 7, 94도3412.

2) 대판 1965. 12. 10, 65도826(전원합의체); 2000. 3. 24, 99도5275.

3) 김성천, 1387면; 배종대, 896면; 백형구, 626면; 오영근, 1016면; 이재상, 799면; 이정원, 753면; 임 웅, 942면; 정성근/박광민, 911면; 정영석, 97면. 김일수(하), 718면은 자기에게 유리하고 타인에게 불리한 증거를 인멸한 경우에는 본죄의 성립을 인정하나, 반면에 자기에게 불리하고 타인에게 유리한 증거를 인멸한 경우 혹은 양자에게 동일한 효과가 있는 경우에는 본죄의 성립을 부인한다. 김일수/서보학, 920면은 소극설.

4) 배종대, 896면; 이재상, 800면.

5) 대판 1976. 6. 22, 75도1446; 1995. 9. 29, 94도2608; 김일수/서보학, 919면; 임 웅, 942면; 정영석, 92면; 정성근/박광민, 912면; 진계호, 759면.

2) 행 위 증거를 인멸·은닉·위조·변조 또는 사용하는 것이다. 증거의 인멸이란 증거를 사용하지 못하도록 방해하는 것은 물론 증거의 효력을 없애거나 감소시키는 것을 말한다. 은닉이란 증거의 현출을 곤란하게 하는 것을 말한다. 위조는 타인의 형사사건 또는 징계사건과 관련 있는 새로운 증거를 만들어 내는 것을 말한다. 증거 자체를 위조하는 것을 말하고 허위진술을 하는 것은 포함되지 않는다.

(3) 주관적 구성요건

본죄의 행위자는 타인의 형사사건 또는 징계사건에 대한 증거를 인멸·은닉·위조·변조 또는 사용한다는 점을 인식하여야 한다.

(4) 친족간의 범행과 특례

친족 또는 동거의 가족이 본인을 위하여 본죄를 범한 때에는 처벌하지 아니한다. 친족간의 정의를 고려할 때 이 경우에는 기대가능성이 없으므로 책임을 조각하는 것이다. 여기의 본인이란 형사사건 또는 징계사건에 연루된 자를 말한다. 이 특례의 적용범위는 범인은닉죄의 경우와 같다. 그러므로 친족이 제 3 자를 교사하여 본죄를 범하게 한 때에도 친족은 증거인멸죄의 교사범으로 처벌되지 않는다.

2. 증인은닉·도피죄

第155조【증거인멸 등과 친족간의 특례】 ② 타인의 형사사건 또는 징계사건에 관한 증인을 은닉 또는 도피하게 한 자도 제 1 항의 형과 같다.

본죄는 타인의 형사사건 또는 징계사건에 관한 증인을 은닉 또는 도피하게 한 자를 처벌하는 범죄이다(제155조 제 2 항). 증인의 출석을 불가능하게하여 형사사건이나 징계사건의 처리를 방해하는 죄이다. 여기의 증인에는 반드시 선서한 증인만을 의미하지 않고 수사기관에서 조사하는 참고인을 포함한다. 단순히 수사기관에서 허위의 진술을 하거나 이를 교사하는 것만으로는 본죄를 구성하지 않는다. 은닉·도피의 방법에는 제한이 없다. 그러나 단순히 타인의 형사사건에 관하여 수사기관에서 허위의 진술을 하거나 허위의 진술을 교사하는 것만으로는 증인을 은닉 또는 도피하게 하였다고 볼 수 없다. 또한 자신의 형사사건을 위해 증인을 도피하게 한 행위가 동시에 다른 공범자의 형사사건이나 징계사건에 관한 증인을 도피시킨 결과가 되더라도 본죄에 해당하

지 않는다.[1)]

3. 모해증거인멸죄

제155조【증거인멸 등과 친족간의 특례】 ③ 피고인, 피의자 또는 징계혐의자를 모해할 목적으로 전 2 항의 죄를 범한 자는 10년 이하의 징역에 처한다.

본죄는 피고인 · 피의자 또는 징계혐의자를 모해할 목적으로 증거를 인멸·은닉 · 위조 · 변조하거나 증인을 은닉 또는 도피하게 함으로써 성립하는 범죄이다. 목적범이다. 모해할 목적이란 피고인 · 피의자 또는 징계혐의자에게 형사처분 또는 징계처분을 받게 할 목적을 말한다. 모해의 목적이 달성되었는가의 여부는 불문한다.

국가보안법은 타인으로 하여금 형사처분을 받게 할 목적으로 무고 또는 위증하거나 증거를 날조 · 인멸 · 은닉한 자를 각조에 정한 형으로 처벌한다(동법 제12조 제1항).

제 5 절 誣告의 罪

Ⅰ. 序 論

무고죄[2)]는 타인으로 하여금 형사처분 또는 징계처분을 받게 할 목적으로 공무소 또는 공무원에 대하여 허위의 사실을 신고하는 죄이다.

무고죄의 본질에 관하여는 ① 국가의 형사사법권이 무고한 사람에 대하여 행사되는 것을 방지하고 동시에 국가 사법기능의 훼손을 막는 것을 본질로 한다는 사법기능보호설(Rechtspflegetheorie),[3)] ② 무고한 사람이 형사처분이나 징계처분에 의하여 불이익을 받는 것은 방지하기 위한다고 보는 개인적 법익설(Individualgutstheorie),[4)] ③ 무고죄는 양 법익을 모두 보호하기 위한 것이 목적이므로 양자 가운데 하나의 법익이 훼손당한 경우에는 무고죄가 성립한다고 보는 절충설 혹은 선택설(Alternativitätstheorie)[5)]이 있다. 국가적

1) 대판 2003. 3. 14, 2002도6134.
2) 독일형법에서는 Falsche Verdächtigung(§164), 미국의 Model Penal Code는 False Reports to Law Enforcement Authorities(MPC Section 241.5.)로 규정되어 있다.
3) Langer, GA 1987, 295; SK/Rudolphi, §164 Rn. 1; Otto, BT, §95 I.
4) BGHSt 9, 242; Hirsch, Schröder-Gedächtnisschrift, 321면.
5) 통설이다. 김일수/서보학, 938면; 배종대, 901면; 백형구, 629면; 오영근, 1022면; 유기천

법익침해설도 다시 국가의 심판기능을 저해한다는 견해와 심판기능과 함께 수사기능과 소추기능의 적정한 행사를 방해한다는 견해[1]가 있다.

무고죄는 국가의 형사사법기능을 보호법익으로 하는 것은 사실이지만 무고로 인하여 피해를 입게 될 개인의 불이익은 심대한 것이기 때문에 개인적 법익이 본죄와 무관하다고 볼 수는 없다. 이러한 점에서 무고죄는 일차적으로는 수사와 소추 및 심판기능을 포함한 국가의 형사사법기능을 보호하면서 동시에 피무고자를 보호하는 기능을 가지고 있다고 보아야 한다(절충설).

Ⅱ. 誣 告 罪

> 제156조【무고】 타인으로 하여금 형사처분 또는 징계처분을 받게 할 목적으로 공무소 또는 공무원에 대하여 허위의 사실을 신고한 자는 10년 이하의 징역 또는 1천 500만원 이하의 벌금에 처한다.
> 제157조【자백, 자수】 제153조는 전조에 준용한다.
> 제153조【자백, 자수】 전조의 죄를 범한 자가 그 공술한 사건의 재판 또는 징계처분이 확정되기 전에 자백 또는 자수한 때에는 그 형을 감경 또는 면제한다.

Ⅰ. 의 의

본죄는 타인으로 하여금 형사처분 또는 징계처분을 받게 할 목적으로 공무소 또는 공무원에 대하여 허위의 사실을 신고함으로써 성립한다. 추상적 위험범[2]이며 목적범이다. 본죄의 보호법익은 국가의 형사사법기능 또는 징계권과 부당하게 처벌받지 않을 개인의 이익이다.

무고죄는 개인 간의 반목이나 조직내부의 이해관계·갈등에서 많이 발생하는 범죄유형이다. 특히 우리나라의 경우 소송의 상대방에 대한 맞고소의 수단으로 악용되거나 상대방에게 정신적 피해를 주기 위한 허위고소, 자신의 형사처벌을 면하기 위한 무고, 혼인을 무효로 하기 위한 무고 등이 성행하고 있어서 사회적으로 커다란 문제이다.

국가보안법은 타인으로 하여금 형사처분을 받게 할 목적으로 국가보안법에 정한

(하), 345면; 이재상, 804면; 이정원, 755면; 임 웅, 947면; 정성근/박광민, 919면; 정영석, 95면. 독일에서는 BGHSt 5, 68; LK/Herdegen, § 164 Rn. 2; Lackner/Kühl, § 164 Rn. 1; Geilen, Jura 1984, 251; Schröder, NJW 1965, 1888.

1) 백형구, 629면.

2) 김일수/서보학, 938면; 백형구, 629면; 오영근, 1022면; 이재상, 805면; 이정원, 755면; 임 웅, 948면; 정성근/박광민, 919면. 이와 달리 구체적 위험범이라는 견해는 배종대, 910면.

죄에 대하여 무고한 자를 그 각 조에 정한 형으로 처벌하는 규정을 두고 있다(동법 제12조 제1항).

2. 객관적 구성요건

(1) 행위주체

본죄의 주체에는 제한이 없다. 공무원 역시 본죄의 주체가 될 수 있다. 다만 공무원이 무고한 경우에는 형이 가중된다(제135조 참조). 상대방의 범행에 공범으로 가담한 사람이 이 사실을 숨긴 채 상대방을 고소한 경우에는 고소내용이 상대방의 범행 부분에 관한 한 진실에 부합하므로 이를 허위의 사실로 볼 수 없고, 상대방의 공범으로 가담한 사실을 숨겼다고 하여도 그것이 상대방에 대한 관계에서 독립하여 형사처분 등의 대상이 되지 않으므로 무고죄가 성립하지 않지만 고소내용이 상대방에 대한 관계에서 독립하여 형사처분 등의 대상이 된다면 무고죄가 성립할 수 있다.[1]

(2) 허위의 사실

허위의 사실이라 함은 실체적 진실에 반하는 것을 말한다. 허위성에 대한 판단은 주관적이 아니라 객관적 기준에 따른다. 그러므로 본인은 허위라고 생각하고 신고하였으나 진실인 경우에는 무고죄에 해당하지 않는다. 이로 인하여 국가의 심판기능이나 개인이 무고하게 피해를 입는다고 볼 수 없기 때문이다. 그리고 타인에게 형사처분을 받게 할 목적으로 허위의 사실을 신고하였다 하더라도 그 사실 자체가 형사범죄를 구성하지 않을 경우에는 무고죄는 성립하지 않는다.[2] 즉 신고된 사실 자체가 형사처분의 원인이 될 수 있어야 한다.

허위사실적시의 정도는 수사권 또는 징계권발동을 촉구하는 정도의 것이면 충분하고 범죄구성요건사실 등을 구체적으로 명시하여야 하는 것은 아니다.[3] 즉 신고된 사실로 인하여 타인이 형사처분이나 징계처분 등을 받게 될 위험이 있는 정도이면 된다. 그러나 신고사실의 정황을 과장하는 데 불과하거나 허위인 일부 사실의 존부가 전체적으로 보아 범죄사실 또는 징계사유의 성립 여부에 직접 영향을 줄 정도에 이르지 아니하는 내용에 관계되는 것이

1) 대판 2010. 2. 25, 2009도1302.
2) 대판 2002. 6. 28, 2001도2707.
3) 대판 1985. 2. 26, 84도2774.

라면 무고죄는 성립하지 않는다.[1)]

(3) 신고대상기관

무고의 신고대상은 공무소 또는 공무원이다. 여기에서 공무소나 공무원은 형사처벌의 경우에는 수사기관이나 그 보조자를 말하며, 징계처분의 경우에는 징계처분을 내릴 수 있는 기관 또는 소속 공무원을 말한다. 대통령[2)]이나 도지사[3)]에게 신고하는 것도 해당된다.

(4) 신　고

신고란 자진하여 사실을 알리는 것을 말한다. 그러므로 공동피고인 중 1인이 자기범죄로 조사를 받는 과정에서 사법경찰관 및 검사의 신문에 따라 다른 공동피고인의 범죄사실을 허위로 진술한 경우에 이를 무고라 할 수 없다.[4)] 신고방법에는 제한이 없다. 서면이나 구두방법으로도 가능하며 명칭도 고소장 이외에 진정서, 경위서 등 제한이 없다. 수사기관에 신고함으로써 족하고 그 신고를 받은 공무원이 수사에 착수하였는지의 여부는 본죄의 성립에 영향이 없다.[5)]

(5) 타인의 형사처분 또는 징계처분

타인으로 하여금 형사처분이나 징계처분을 받게 할 목적이 있어야 한다. 그러므로 자기무고는 본죄에 해당하지 않는다. 다만 타인의 형사처벌을 면하게 하기 위하여 자신을 범인으로 신고한 경우에는 위계에 의한 공무집행방해죄(제137조)나 범인은닉죄(제151조)의 성립 여부가 문제될 수 있다. 타인에는 자연인이나 법인을 포함하지만 사자나 허무인은 포함되지 않는다(통설). 법익침해의 가능성이 없기 때문이다. 형사처분과 징계처분은 보안처분을 포함한 형사처분과 공법상의 특별권력관계에 기한 징계처분을 말한다.

---

1) 대판 1986. 9. 23, 86도556; 1995. 2. 24, 94도3068; 1996. 5. 31, 96도771(폭행을 당하지는 않았더라도 그와 다투는 과정에서 시비가 되어 서로 허리띠나 옷을 잡고 밀고 당기면서 평소에 좋은 상태가 아니던 요추부에 경도의 염좌증세가 생겼을 가능성이 충분히 있다면 피고인의 구타를 당하여 상해를 입었다는 내용의 고소는 다소 과장된 것이라고 볼 수 있을지언정 허위사실을 신고한 무고라고 볼 수 없다고 판시). 한편 돈을 대여한 바 없거나 또는 일부 대여한 돈을 이미 변제받았음에도 불구하고 마치 돈을 대여하였거나 그로 인한 채권이 여전히 존재하는 것처럼 내세워 허위내용의 사실을 신고한 것은 단순히 신고사실의 정황을 과장한 것이라고 볼 수 없다고 한 판례가 있다(대판 1995. 3. 10, 94도2598).

2) 대판 1977. 6. 28, 77도1445.

3) 대판 1982. 11. 22, 81도2380.

4) 대판 1985. 7. 23, 85도1092.

5) 대판 1983. 9. 27, 83도1975.

타인에게 자기를 무고하도록 교사한 경우에 무고죄의 교사범이 성립하는가에 대해서는 긍정설[1)]과 부정설[2)]이 대립한다. 부정설은 자기무고행위의 범죄불성립을 근거로 하고 있으나 피교사자에게 무고죄가 성립하는 점, 무고죄의 본질이 일차적으로 국가의 형사사법기능의 훼손을 방지한다는 점에서 긍정설이 타당하다고 본다. 또한 공범의 형식으로 이루어지는 자기무고의 경우 대부분 민사상의 책임을 면하기 위한 의도에서 비롯된 것으로 볼 수 있다는 점에서도 긍정설이 타당하다.[3)]

자신이 상대방의 범행에 공범으로 가담한 사실을 숨기고 상대방만을 고소한 경우 무고죄가 성립하지 않는다. 이 경우 고소내용이 상대방의 범행 부분에 관한 한 진실에 부합하므로 이를 허위의 사실로 볼 수 없고, 상대방의 범행에 자신이 공범으로 가담한 사실을 숨겼다고 하여도 그것이 상대방 즉 피무고인에 대한 관계에서 독립하여 형사처분 등의 대상이 되지 않는다면 전체적으로 보아 상대방의 범죄사실의 성립 여부에 직접 영향을 줄 정도에 이르지 않는 내용이기 때문이다.[4)]

(6) 공소시효의 완성

타인으로 하여금 형사처분을 받게 할 목적으로 공무소에 대하여 허위사실을 신고하였다고 하더라도, 신고된 범죄사실에 대한 공소시효가 완성되었음이 신고내용 자체에 의하여 분명한 경우에는 형사처분의 대상이 되지 않는 것이므로 무고죄가 성립하지 않는다.[5)] 이와 달리 공소시효가 완성되었더라도 마치 공소시효가 완성되지 않은 것처럼 고소한 경우에는 무고죄를 구성한다는 것이 판례의 입장이다.[6)]

---

1) 대판 2008. 10. 23, 2008도4852(제 3 자를 교사 · 방조한 피무고자에 대해 무고죄의 교사 · 방조범으로 인정). 백형구, 631면.

2) 김일수/서보학, 943면; 배종대, 905면; 오영근, 1030면; 이재상, 810면; 임 웅, 954면; 정성근/박광민, 926면; 진계호, 825면.

3) 정혁준, 「자기무고 공범성립의 범위에 관한 검토」, 형사판례연구(17), 2009, 325면 이하.

4) 대판 2010. 2. 25, 2009도1302(피고인이 갑, 을과 공모하여 은행으로부터 대출금을 편취한 것과는 별도로 갑이 피고인을 기망하여 위 대출금을 편취하였으니 처벌해 달라는 취지로 고소하여 갑에 대해 사기죄로 공소제기까지 된 사안. 그러나 이 판결에서 대법원은 고소가 독립하여 형사처분 등의 대상이 되는 허위사실의 고소로 볼 여지도 없지 않다고 하여 무고죄를 인정하였다).

5) 대판 1994. 2. 8, 93도3445.

6) 대판 1995. 12. 5, 95도1908.

3. 주관적 구성요건

무고죄는 타인으로 하여금 형사처벌이나 징계처분을 받게 할 목적으로 허위사실을 신고한다는 고의가 있어야 한다. 허위사실에 대한 고의는 확정적인 고의이거나 혹은 미필적 고의로도 충분하다. 그러므로 신고자가 진실성에 대한 확신이 없는 사실을 신고하더라도 고의가 인정된다.[1)]

[판례] 판례는 자신의 간통행위가 유죄로 인정된 경우에는 그 간통행위를 고소한 고소인을 허위사실의 신고라 하여 무고죄로 고소한 피고인에게는 자신의 신고사실이 허위라는 인식이 있었다고 본다(대판 1995. 3. 17, 95도162).

본죄는 목적범이므로 타인으로 하여금 형사처분이나 징계처분을 받게 할 목적이 있어야 한다. 결과발생에 대한 관계에서 판례는 본죄의 목적은 미필적 인식으로 충분하다는 입장이다.[2)] 이에 대해 ① 목적범에서의 목적은 주관적 불법요소로서 확정적 인식을 필요로 한다는 점, ② 무고죄의 실효성을 확보하기 위하여 법이 요구하는 목적을 무의미하게 해석하는 것은 허용될 수 없다는 이유에서 여기의 목적은 결과의 발생을 의욕하거나 적어도 확실하다고 인식하는 확정적 고의가 있어야 한다는 견해가 있다.[3)]

그러나 본죄는 허위사실의 신고로 인하여 개인이 입게 될 피해와 국가형사사법기능의 훼손은 행위자의 결과발생에 대한 확신과는 무관하게 가능하다고 보아야 한다. 그러므로 본죄의 고의는 미필적 고의로도 충분하며, 목적은 다만 형사처분이나 징계처분을 위한 절차의 개시를 의도한 것이면 인정된다고 보아야 하고 반드시 결과발생에 대한 관계에서 이해할 필요는 없다. 이러한 해석을 통하여 무고남발에도 불구하고 고의입증이 어려워 처벌을 하지 못하는 현실을 어느 정도 해소할 수 있을 것이다.

4. 위 법 성

본죄는 피무고자의 승낙에 의하여 위법성이 조각되지 않는다. 즉 무고죄는 국가의 형사사법권 또는 징계권의 적정한 행사를 주된 보호법익으로 하고 다만, 개인의 부당하게 처벌 또는 징계받지 아니할 이익을 부수적으로 보호

1) 대판 1983. 3. 22, 82도560(진실하다는 확신이 없는 사실을 신고함으로써 족하고 신고자가 그 신고사실이 허위라는 것을 확신할 필요는 없는 것이다); 1996. 5. 10, 96도324.

2) 대판 2003. 1. 24, 2002도5939; 2000. 7. 4, 2000도1908; 1991. 5. 10, 90도2601. 또한 김성천, 1399면; 신동운, 364면; 이정원, 758면.

3) 김일수/서보학, 942면; 배종대, 904면; 오영근, 1029면; 이재상, 809면; 임 웅, 953면.

하는 죄이므로, 설사 무고에 대하여 피무고자의 승낙이 있었다고 하더라도 무고죄의 성립에는 영향을 미치지 않는다.[1)]

5. 자백 · 자수

무고의 죄를 범한 자가 그 신고한 사건의 재판 또는 징계처분이 확정되기 전에 자백 또는 자수한 경우에는 형을 감경 또는 면제한다(제153조, 제157조). 국가의 심판기능의 침해를 방지하기 위한 정책적 규정이다. 여기에서의 자백이란 자신의 범죄사실, 즉 타인으로 하여금 형사처분 또는 징계처분을 받게 할 목적으로 공무소 또는 공무원에 대하여 허위의 사실을 신고하였음을 자인하는 것을 말하고, 단순히 그 신고한 내용이 객관적 사실에 반한다고 인정한 것만으로는 자백이라고 볼 수 없다.[2)]

1) 대판 2005. 9. 30, 2005도2712.
2) 대판 1995. 9. 5, 94도755.

판 례 색 인

대판 1948. 5. 14, 4281형상38 ········· 12
대판 1949. 2. 22, 4281형상5 ········· 498
대판 1953. 2. 26, 4258형상139 ······ 605
대판 1956. 3. 2, 4288형상343 ········· 527
대판 1956. 12. 7, 4289형상272 ······ 439
대판 1957. 3. 29, 57도48 ················ 661
대판 1957. 5. 3, 4290형상40 ········· 159
대판 1957. 9. 20, 4290형상281 ······ 253
대판 1959. 3. 13, 4292형상7 ········· 133
대판 1959. 12. 23, 4291형상539 ······ 191
대판 1960. 2. 29, 4292형상413 ········· 48
대판 1960. 2. 29, 4292형상997 ······ 356
대판 1960. 10. 12, 4293형상668 ······ 61
대판 1960. 11. 16, 4293형상743······ 327, 587
대판 1960. 11. 26, 4293형상244 ······ 173
대판 1961. 5. 12, 4294형상101 ······ 278, 354
대판 1961. 6. 28, 4294형상179 ······ 257
대판 1961. 9. 21, 4294형상455 ······ 128
대판 1961. 9. 28, 61도415 ············ 665
대판 1961. 10. 5, 4294형상396 ······ 388
대판 1961. 12. 14, 4294형상371 ······ 365
대판 1961. 12. 14, 4292형상647 ······ 539
대판 1962. 1. 25, 4293형상233 ······ 107
대판 1962. 2. 8, 4294형상470 ········· 371
대판 1962. 3. 29, 4294형상539 ······ 596
대판 1962. 11. 15, 62도149 ············ 250
대판 1963. 11. 7, 63도265 ············ 617
대판 1964. 9. 8, 64도310 ················ 279
대판 1965. 2. 24, 64도795 ············ 257
대판 1965. 3. 30, 65도45 ················ 162
대판 1965. 9. 21, 65도495 ············ 671
대판 1965. 12. 10, 65도826 ··· 627, 628, 700
대판 1966. 4. 1, 66도179 ················ 176
대판 1966. 4. 6, 66도12 ················ 659
대판 1966. 4. 21, 66도152 ················ 37
대판 1966. 10. 18, 66도806 ············ 311
대판 1966. 11. 22, 66도1288 ········· 352
대판 1966. 12. 6, 66도1392 ············ 282
대판 1967. 11. 28, 67도1682 ········· 543
대판 1967. 12. 19, 67도1281 ········· 232
대판 1968. 2. 20, 67도1677 ············ 486
대판 1968. 5. 21, 68도480 ············ 313
대판 1968. 9. 17, 68도967 ············ 440
대판 1969. 2. 4, 68도1793 ················ 93
대판 1969. 6. 8, 69도832 ················ 466
대판 1969. 7. 22, 69도694 ············ 403
대판 1969. 12. 9, 69도1288 ··· 654, 655
대판 1969. 12. 9, 69도1627 ············ 302
대판 1970. 2. 10, 69도2021 ············ 399
대판 1970. 3. 10, 69도2285 ············ 24
대판 1970. 3. 10, 70도29 ················ 144
대판 1970. 3. 24, 70도330 ············ 471
대판 1970. 6. 30, 70도991 ················ 54
대판 1970. 7. 21, 70도1133 ············ 281
대판 1970. 9. 17, 70도1355 ··· 416, 417
대판 1970. 9. 22, 70도1206 ············ 672
대판 1970. 9. 22, 70도1638 ············ 40
대판 1970. 10. 30, 70도1879 ··· 582, 583
대판 1970. 12. 29, 70도2389 ········· 511

대판 1971. 1. 26, 70도2518 ············ 290
대판 1971. 3. 9, 70도2536 ············ 644
대판 1971. 3. 9, 71도27 ················ 133
대판 1971. 4. 20, 71도468 ············ 428
대판 1971. 8. 31, 71도1302 ············ 306
대판 1971. 9. 28, 71도1465 ············ 594
대판 1971. 10. 19, 70도1399 ········· 302
대판 1972. 2. 22, 71도2296 ············ 426
대판 1972. 3. 28, 72도296 ················ 50
대판 1972. 6. 13, 72도855 ················ 42
대판 1972. 6. 13, 72도971 ············ 426
대판 1972. 7. 25, 72도1273 ············ 263
대판 1972. 9. 12, 72도1441 ············ 671
대판 1972. 10. 31, 72도1803 ········· 351
대판 1972. 11. 28, 72도2201 ············ 59
대판 1973. 2. 28, 72도2538 ············ 259
대판 1973. 5. 30, 73도847 ············ 293
대판 1973. 12. 24, 73도1945 ········· 462
대판 1974. 1. 15, 73도2041 ············ 511
대판 1974. 3. 12, 74도164 ············ 307
대판 1974. 6. 25, 74도1231 ············ 689
대판 1974. 7. 9, 74도1695 ············ 551
대판 1974. 11. 26, 74도2817 ··· 262, 307
대판 1975. 4. 22, 75도123 ······ 362, 395
대판 1975. 5. 27, 75도760 ············ 246
대판 1975. 6. 10, 74도2455 ············ 409
대판 1975. 9. 23, 75도2321 ············ 452
대판 1975. 10. 7, 74도2727 ············ 96
대판 1975. 12. 9, 74도2804 ············ 422
대판 1976. 1. 27, 74도3442 ··· 242, 302
대판 1976. 2. 10, 74도1519 ············ 163
대판 1976. 2. 10, 75도1888 ············ 537
대판 1976. 4. 13, 75도781 ············ 327
대판 1976. 5. 11, 75도2245 ··· 396, 398
대판 1976. 5. 25, 75도2564 ············ 439
대판 1976. 6. 22, 75도1446 ············ 700
대판 1976. 7. 13, 74도717 ············ 400
대판 1976. 8. 24, 76도151 ············ 539
대판 1976. 9. 14, 76도2072 ············ 125
대판 1976. 11. 23, 76도3067 ··· 384, 389, 430
대판 1977. 1. 11, 76도3419 ············ 87
대판 1977. 2. 8, 76도3685 ············ 668
대판 1977. 2. 22, 75도3316 ············ 696
대판 1977. 5. 24, 77도1015 ············ 453
대판 1977. 6. 7, 77도1069 ············ 651
대판 1977. 6. 28, 77도1445 ············ 705
대판 1977. 7. 26, 77도1802 ············ 264
대판 1977. 9. 28, 77도1350 ··· 279, 294
대판 1978. 1. 17, 77도2193 ············ 51
대판 1978. 2. 14, 77도564(전합) ··· 274
대판 1978. 2. 14, 77도2645 ············ 547
대판 1978. 4. 11, 77도3707 ············ 317
대판 1978. 6. 13, 78도721 ············ 323
대판 1978. 7. 11, 78도1429 ············ 352
대판 1978. 9. 26, 78도1787 ············ 556
대판 1978. 10. 10, 75도2665 ········· 232
대판 1978. 11. 1, 78도2081 ············ 416
대판 1978. 11. 14, 78도2388 ············ 44
대판 1978. 12. 18, 78도2343 ········· 537
대판 1979. 7. 10, 78도840 ············ 500
대판 1979. 7. 10, 79도1133 ············ 307
대판 1979. 8. 28, 79도161 ············ 389
대판 1979. 9. 25, 79도1735 ············ 278
대판 1979. 10. 30, 79도489 ············ 360
대판 1979. 10. 30, 79도1882 ········· 232
대판 1979. 11. 13, 79다483 ············ 382
대판 1980. 4. 8, 79도1848 ············ 570
대판 1980. 4. 8, 79도3108 ············ 417
대판 1980. 4. 24, 79도1387 ············ 88
대판 1980. 5. 27, 80도290 ············ 408
대판 1980. 5. 27, 80도842 ················ 72
대판 1980. 8. 12, 80도1446 ············ 72
대판 1980. 8. 26, 80도19 ················ 419
대판 1980. 9. 9, 79도2637 ············ 403
대판 1980. 9. 9, 80도1731 ················ 22

대판 1980. 9. 30, 78도2100 ············ 376
대판 1980. 10. 14, 79도190 ············ 418
대판 1980. 10. 14, 80도2155 ········· 262
대판 1981. 2. 9, 81도944 ················ 315
대판 1981. 3. 10, 80도3321 ············ 54
대판 1981. 3. 24, 80도3305 ············ 72
대판 1981. 4. 14, 81도69 ················ 56
대판 1981. 6. 23, 81도588 ············ 446
대판 1981. 6. 23, 81도1250 ············ 190
대판 1981. 7. 28, 81도529 ············ 315
대판 1981. 7. 28, 81도1172 ············ 632
대판 1981. 8. 20, 81도698 ············ 650
대판 1981. 8. 20, 81도1638 ············ 306
대판 1981. 8. 25, 81도1830 ············ 675
대판 1981. 9. 8, 81도1955 ············ 462
대판 1981. 10. 13, 81도1975 ········· 571
대판 1981. 10. 13, 81도2394 ········· 259
대판 1981. 10. 13, 81도2466 ············ 22
대판 1981. 10. 27, 81도1023 ········· 176
대판 1981. 11. 24, 81도2608 ········· 453
대판 1981. 12. 8, 81도1808 ············ 72
대판 1981. 12. 8, 81도2391 ············ 571
대판 1981. 12. 22, 80도1472 ········· 557
대판 1982. 1. 12, 80도1970 ··· 391, 414
대판 1982. 1. 26, 81도1931 ··· 682, 683
대판 1982. 2. 9, 81도944 ················ 315
대판 1982. 2. 9, 81도3396 ············ 253
대판 1982. 2. 23, 81도2371 ··· 257, 358
대판 1982. 2. 23, 81도2619 ············ 376
대판 1982. 3. 9, 81도572 ················ 376
대판 1982. 4. 13, 80도537 ······ 385, 387, 392
대판 1982. 4. 13, 81도2720 ············ 72
대판 1982. 4. 27, 81도2956 ············ 249
대판 1982. 4. 27, 82도186 ············ 126
대판 1982. 4. 27, 82도274 ············ 699
대판 1982. 6. 8, 82도138 ················ 557
대판 1982. 6. 8, 82도403 ················ 656
대판 1982. 6. 22, 80도2822 ············ 632
대판 1982. 6. 22, 82도677 ············ 507
대판 1982. 6. 22, 82도705 ············ 121
대판 1982. 6. 22, 82도777 ······ 298, 321
대판 1982. 6. 22, 82도825 ············ 569
대판 1982. 7. 13, 82도968 ············ 618
대판 1982. 7. 13, 82도1352 ············ 285
대판 1982. 7. 27, 80도382 ············ 447
대판 1982. 7. 27, 81도203 ············ 401
대판 1982. 9. 14, 81도105 ············ 692
대판 1982. 9. 28, 81도2526 ············ 317
대판 1982. 9. 28, 81도2777 ············ 376
대판 1982. 9. 28, 82도296 ············ 507
대판 1982. 9. 28, 82도1297 ··· 546, 548
대판 1982. 9. 28, 82도1669 ············ 590
대판 1982. 10. 12, 81도2621 ············ 13
대판 1982. 10. 12, 82도2183 ········· 166
대판 1982. 11. 9, 82도2239 ············ 616
대판 1982. 11. 22, 81도2380 ········· 705
대판 1982. 11. 23, 82도2201 ········· 612
대판 1982. 11. 23, 82도2394 ········· 367
대판 1982. 12. 14, 80도2403 ········· 447
대판 1982. 12. 14, 81도81 ············ 675
대판 1982. 12. 28, 82도2058 ········· 252
대판 1982. 12. 28, 82도2210 ········· 629
대판 1982. 12. 28, 82도2588 ············ 41
대판 1983. 1. 18, 82도2341 ············ 469
대판 1983. 1. 18, 82도2624 ············ 629
대판 1983. 2. 8, 82도2486 ············ 197
대판 1983. 2. 8, 82도2714 ············ 356
대판 1983. 2. 22, 82도1636 ············ 406
대판 1983. 2. 22, 82도3139 ··· 298, 321, 326
대판 1983. 3. 8, 82도1363 ······ 228, 230
대판 1983. 3. 8, 82도2838 ············ 284
대판 1983. 3. 8, 83도145 ················ 263
대판 1983. 3. 22, 82도560 ············ 707
대판 1983. 3. 22, 82도2151 ············ 587

대판 1983. 3. 22, 82도3036 ············ 616
대판 1983. 3. 22, 82도3065 ············ 628
대판 1983. 3. 22, 83도231 ················ 43
대판 1983. 4. 12, 82도1365 ············ 657
대판 1983. 4. 12, 82도2938 ············ 508
대판 1983. 4. 12, 83도65········· 570, 571
대판 1983. 4. 12, 83도304 ············ 273
대판 1983. 4. 12, 83도332 ············ 529
대판 1983. 4. 26, 83도188 ······ 317, 543
대판 1983. 4. 26, 83도323 ······ 118, 121, 152
대판 1983. 4. 26, 83도416 ············ 616
대판 1983. 5. 10, 82도1987 ··· 445, 447, 449
대판 1983. 5. 10, 82도2279 ··· 481, 482
대판 1983. 5. 10, 83도665 ············ 616
대판 1983. 5. 24, 82도1426 ············ 533
대판 1983. 6. 14, 82도1925 ············ 72
대판 1983. 6. 14, 83도894 ············ 656
대판 1983. 6. 28, 83도399 ············ 157
대판 1983. 6. 28, 83도996 ················ 40
대판 1983. 6. 28, 83도1210 ············ 291
대판 1983. 7. 12, 82도1910 ··· 326, 412, 413
대판 1983. 7. 12, 82도2941 ············ 408
대판 1983. 7. 12, 83도1258 ············ 159
대판 1983. 7. 12, 83도1394 ············ 233
대판 1983. 7. 26, 83도819 ············ 406
대판 1983. 7. 26, 83도1378 ············ 654
대판 1983. 8. 23, 80도1161 ············ 376
대판 1983. 8. 23, 83도406 ············ 419
대판 1983. 8. 23, 83도1447 ············ 303
대판 1983. 9. 13, 80도277 ············ 119
대판 1983. 9. 13, 83도1146 ············ 428
대판 1983. 9. 13, 83도1537 ············ 72
대판 1983. 9. 13, 83도1829 ············ 521
대판 1983. 9. 27, 83도1869 ············ 447
대판 1983. 9. 27, 83도1975 ············ 705
대판 1983. 9. 27, 83도2096 ············ 69
대판 1983. 10. 11, 83도2057 ········· 408
대판 1983. 10. 11, 83도2137 ········· 273
대판 1983. 10. 11, 83도2222 ········· 175
대판 1983. 10. 25, 83도1318 ········· 690
대판 1983. 10. 25, 83도2078 ········· 557
대판 1983. 10. 25, 83도2099 ········· 401
대판 1983. 10. 25, 83도2190 ········· 176
대판 1983. 10. 25, 83도2257 ··· 525, 534
대판 1983. 12. 13, 83도41 ············ 570
대판 1983. 12. 13, 83도1157 ········· 629
대판 1983. 12. 13, 83도2330(전합) ······ 405
대판 1983. 12. 27, 83도2442 ········· 542
대판 1983. 12. 27, 83도2472 ········· 417
대판 1983. 12. 27, 83도2602 ········· 403
대판 1984. 1. 24, 81도615 ················ 69
대판 1984. 1. 31, 83도1501 ············ 306
대판 1984. 1. 31, 83도3027 ············ 252
대판 1984. 2. 25, 84도90 ················ 556
대판 1984. 2. 28, 82도2064 ············ 554
대판 1984. 2. 28, 83도891 ············ 177
대판 1984. 2. 28, 83도1533 ············ 440
대판 1984. 2. 28, 83도3284 ············ 507
대판 1984. 2. 28, 84도38········· 251, 393
대판 1984. 3. 13, 83도1986 ············ 418
대판 1984. 3. 27, 84도69 ················ 273
대판 1984. 4. 10, 83도49 ················ 176
대판 1984. 4. 10, 83도1653 ············ 628
대판 1984. 4. 10, 83도3288 ············ 684
대판 1984. 4. 10, 84도331 ················ 19
대판 1984. 4. 24, 83도2645 ············ 516
대판 1984. 4. 24, 84도372 ················ 55
대판 1984. 5. 9, 84도573 ················ 355
대판 1984. 5. 15, 84도315 ············ 407
대판 1984. 5. 15, 84도488 ················ 54
대판 1984. 5. 15, 84도655 ············ 118
대판 1984. 6. 12, 82도1544 ············ 446

대판 1984. 6. 12, 84도780 ············ 144
대판 1984. 6. 26, 83도685 ······ 227, 233
대판 1984. 6. 26, 84도603 ················ 45
대판 1984. 6. 26, 84도648 ············ 100
대판 1984. 6. 26, 84도831 ················ 50
대판 1984. 7. 10, 84도1043 ··· 587, 589
대판 1984. 7. 10, 84도1146 ············ 534
대판 1984. 7. 24, 84도1209 ············ 81
대판 1984. 8. 21, 84도1550 ··· 119, 281
대판 1984. 9. 11, 84도368 ············ 525
대판 1984. 9. 11, 84도1381 ············ 617
대판 1984. 9. 11, 84도1398 ············ 285
대판 1984. 9. 11, 84도1547 ············ 188
대판 1984. 9. 25, 84도156 ············ 401
대판 1984. 9. 25, 84도882 ············ 309
대판 1984. 9. 25, 84도1695 ············ 72
대판 1984. 10. 10, 84도1880 ········· 294
대판 1984. 10. 10, 82도2595 ········· 399
대판 1984. 10. 23, 84도1704 ········· 571
대판 1984. 11. 13, 84도1199 ········· 376
대판 1984. 11. 27, 83도1946 ········· 409
대판 1984. 11. 27, 84도1862 ········· 504
대판 1984. 11. 27, 84도1906 ··· 403, 412
대판 1984. 11. 27, 84도2147 ········· 504
대판 1984. 11. 27, 84도2252 ········· 616
대판 1984. 11. 27, 84도2263 ········· 597
대판 1984. 12. 26, 84도1573(전합) ······ 268, 235
대판 1984. 12. 26, 84도1936 ··· 298, 321
대판 1984. 12. 26, 84도2433 ········· 263
대판 1984. 12. 26, 84도2552 ········· 287
대판 1985. 1. 15, 84도2397 ············ 290
대판 1985. 1. 22, 84도1033 ············ 658
대판 1985. 1. 29, 84도1814 ············ 408
대판 1985. 2. 8, 84도2917 ············ 232
대판 1985. 2. 26, 84도2774 ············ 704
대판 1985. 3. 12, 83도150 ············ 650
대판 1985. 3. 12, 84도2034 ············ 69
대판 1985. 3. 26, 84도301 ······ 306, 309
대판 1985. 3. 26, 84도3085 ············ 68
대판 1985. 4. 23, 85도431 ············ 175
대판 1985. 4. 23, 85도570 ············ 495
대판 1985. 5. 14, 80도2973 ··· 321, 348
대판 1985. 5. 14, 83도2050 ············ 651
대판 1985. 5. 14, 84도2118 ············ 54
대판 1985. 5. 14, 84도2289 ············ 358
대판 1985. 5. 14, 85도256 ················ 19
대판 1985. 5. 14, 85도619 ············ 285
대판 1985. 5. 27, 86도420 ················ 19
대판 1985. 5. 28, 84도2999 ············ 547
대판 1985. 6. 11, 84도1958 ············ 79
대판 1985. 6. 11, 85도748 ············ 590
대판 1985. 6. 25, 84도2083 ··· 108, 118
대판 1985. 7. 9, 84도822 ················ 71
대판 1985. 7. 9, 85도1165 ············ 671
대판 1985. 7. 23, 85도1092 ··· 673, 705
대판 1985. 7. 29, 85모16 ················ 637
대판 1985. 8. 13, 85도1170 ············ 280
대판 1985. 8. 20, 83도2575 ············ 511
대판 1985. 9. 10, 84도1572 ············ 72
대판 1985. 9. 10, 84도2685 ············ 325
대판 1985. 9. 10, 85도86 ················ 377
대판 1985. 9. 10, 85도1273 ············ 163
대판 1985. 9. 24, 85도1444 ············ 402
대판 1985. 9. 24, 85도1490 ············ 533
대판 1985. 9. 24, 85도1591 ············ 103
대판 1985. 9. 24, 85도1687 ············ 359
대판 1985. 9. 24, 85도1744 ············ 571
대판 1985. 10. 8, 85도1515 ··· 453, 454
대판 1985. 10. 22, 85도465 ············ 417
대판 1985. 10. 22, 85도1527 ········· 279
대판 1985. 11. 12, 85도1939 ········· 616
대판 1985. 11. 12, 85도2096 ········· 588
대판 1985. 11. 12, 85도2115 ········· 285
대판 1985. 11. 26, 85도490 ··· 299, 321
대판 1985. 11. 26, 85도1493(전합) ······

373, 401
대판 1985.11.26, 85도2037 ……… 175
대판 1985.12.10, 84도2380 ……… 175
대판 1985.12.10, 85도1892 ………… 54
대판 1986.1.21, 85도2472 ………… 428
대판 1986.2.25, 85도2533 ………… 617
대판 1986.2.25, 85도2835 ………… 527
대판 1986.3.25, 85도1143 ………… 185
대판 1986.3.25, 85도1572 ………… 338
대판 1986.3.25, 86도255 ………… 495
대판 1986.5.27, 85도785 ………… 181
대판 1986.5.27, 86도420 ……………… 19
대판 1986.5.27, 86도507 ……………… 19
대판 1986.6.10, 86도887 ………… 158
대판 1986.6.24, 84도547 ………… 512
대판 1986.6.24, 86도891 ………… 596
대판 1986.6.30, 86모12 ……………… 634
대판 1986.7.8, 85도1873 ………… 408
대판 1986.7.8, 85도2212 ………… 364
대판 1986.7.8, 86도383 ……………… 69
대판 1986.7.8, 86도861……… 616, 617
대판 1986.7.8, 86도963 ……………… 273
대판 1986.8.19, 85도2144 ………… 400
대판 1986.8.19, 85도2158 ………… 543
대판 1986.8.19, 85도2728 ………… 540
대판 1986.8.19, 86도1093 … 364, 367
대판 1986.9.9, 86도956 ……………… 306
대판 1986.9.9, 86도1227 ………… 325
대판 1986.9.9, 86도1245 ………… 667
대판 1986.9.9, 86도1382 …… 400, 408
대판 1986.9.23, 86도556 ………… 705
대판 1986.9.23, 86도1526 ………… 81
대판 1986.10.14, 85도2698 ……… 364
대판 1986.10.14, 86도1603 ……… 190
대판 1986.10.28, 84도2386 ……… 316
대판 1986.10.28, 86도1517 … 388, 414
대판 1986.11.11, 86도1984 … 520, 526, 533
대판 1986.12.9, 86도1492 … 439, 440
대판 1987.1.20, 86도1728 ………… 262
대판 1987.1.20, 86도2022 ………… 692
대판 1987.2.10, 85도897 ………… 684
대판 1987.2.10, 86도2472 … 245, 277, 280, 319
대판 1987.2.24, 86도999 ………… 384
대판 1987.2.24, 86도2077 ………… 432
대판 1987.2.24, 86도2725 ………… 273
대판 1987.3.10, 81도2026 ………… 406
대판 1987.3.24, 85도2650 ………… 688
대판 1987.4.4, 85도1339 …… 246, 406
대판 1987.4.14, 87도107 ………… 430
대판 1987.4.14, 87도177 ………… 527
대판 1987.4.14, 87도393 ………… 488
대판 1987.4.28, 83도1586 ………… 401
대판 1987.4.28, 86도824 ………… 364
대판 1987.4.28, 86도2490 ………… 399
대판 1987.4.28, 87도265 ………… 371
대판 1987.4.28, 87도414 ………… 416
대판 1987.4.28, 87도453 ………… 202
대판 1987.5.12, 86도1117 ………… 375
대판 1987.5.12, 87도739 …… 171, 190
대판 1987.5.26, 86도1648 ………… 651
대판 1987.5.26, 86도1946 ………… 376
대판 1987.5.26, 87도527 ………… 291
대판 1987.6.9, 87도915 ……………… 432
대판 1987.7.7, 86도1724(전합) … 687, 691
대판 1987.7.8, 85도2212 ………… 385
대판 1987.7.21, 87도564 ………… 527
대판 1987.8.18, 87도145 ………… 510
대판 1987.8.18, 87도1153 ………… 317
대판 1987.8.29, 97도675 ………… 632
대판 1987.9.22, 87도1443 ………… 536
대판 1987.9.22, 87도1472 ………… 651
대판 1987.9.22, 87도1579 ………… 447
대판 1987.10.13, 87도1240 … 319, 453

대판 1987. 10. 13, 87도1633 … 424, 428
대판 1987. 10. 13, 87도1778 ……… 368
대판 1987. 11. 10, 87도1760 ……… 227
대판 1987. 11. 10, 87도2072 ……… 543
대판 1987. 11. 23, 87도1605 ……… 324
대판 1987. 11. 24, 87도1560 … 416, 418
대판 1987. 12. 8, 87도1831 ………… 252
대판 1987. 12. 22, 87도852 ………… 316
대판 1987. 12. 22, 87도1699 ……… 644
대판 1987. 12. 22, 87도2168 ……… 246
대판 1987. 12. 22, 87도2331 ……… 578
대판 1988. 1. 12, 87도2256 ………… 533
대판 1988. 2. 9, 87도2460 ………… 287
대판 1988. 2. 9, 87도2492 ………… 289
대판 1988. 2. 9, 87도2564 …………… 19
대판 1988. 3. 8, 87도2646 ………… 213
대판 1988. 3. 22, 87도2539 ………… 325
대판 1988. 4. 12, 88도48……… 445, 446
대판 1988. 4. 25, 88도18 …………… 488
대판 1988. 4. 25, 88도409 …… 250, 393
대판 1988. 5. 24, 87도2696 ………… 542
대판 1988. 6. 14, 88도692 …………… 19
대판 1988. 8. 9, 86도225 …………… 89
대판 1988. 8. 23, 88도855 ………… 482
대판 1988. 9. 9, 88도1240 ………… 294
대판 1988. 9. 13, 88도917 ………… 257
대판 1988. 9. 20, 86도628 ………… 382
대판 1988. 10. 11, 85다카29 ……… 179
대판 1988. 10. 11, 88도1273 ……… 482
대판 1988. 10. 24, 88도1680 ……… 522
대판 1988. 11. 8, 88도1580 ………… 121
대판 1988. 11. 8, 88도1628 … 146, 158
대판 1988. 11. 8, 88도1630 ………… 615
대판 1988. 11. 22, 88다카7306 …… 381
대판 1988. 12. 13, 88도80 ………… 692
대판 1988. 12. 13, 88도1807 ……… 152
대판 1989. 1. 17, 88도580 ………… 692
대판 1989. 1. 17, 88도643 ………… 482
대판 1989. 1. 17, 88도709 ………… 668
대판 1989. 1. 31, 88도831 ………… 159
대판 1989. 2. 28, 87도1718 ………… 691
대판 1989. 2. 28, 88도2430 ………… 263
대판 1989. 3. 14, 88도837 ………… 265
대판 1989. 3. 28, 88도898 ………… 668
대판 1989. 3. 28, 88도1593 ………… 551
대판 1989. 3. 28, 89도108 …………… 69
대판 1989. 3. 28, 89도110 ………… 200
대판 1989. 4. 11, 88도906 ………… 374
대판 1989. 4. 11, 88도1105 ………… 514
대판 1989. 4. 11, 88도1586 ………… 375
대판 1989. 5. 23, 88도343 ………… 447
대판 1989. 5. 23, 89도570 ………… 384
대판 1989. 7. 11, 89도346 ………… 316
대판 1989. 7. 11, 89도2886 ………… 175
대판 1989. 7. 25, 89도126 ………… 650
대판 1989. 7. 25, 89도350 ………… 375
대판 1989. 9. 12, 87도506 ………… 522
대판 1989. 9. 12, 88도1752 ………… 200
대판 1989. 9. 12, 89도866 …………… 68
대판 1989. 9. 12, 89도889 ………… 235
대판 1989. 9. 26, 89도703 …………… 69
대판 1989. 10. 13, 89도563 ………… 415
대판 1989. 10. 24, 87도126 ………… 401
대판 1989. 11. 14, 89도1744 … 185, 384
대판 1989. 11. 24, 89도1618 ………… 74
대판 1989. 11. 28, 89도1309 ……… 371
대판 1989. 12. 8, 88도753 ………… 508
대판 1989. 12. 8, 89도1220 … 368, 377
대판 1989. 12. 12, 89도495 ………… 417
대판 1989. 12. 12, 89도1991 ……… 287
대판 1989. 12. 26, 89도1204 ……… 664
대판 1990. 1. 23, 89도904 ………… 376
대판 1990. 1. 23, 89도1395 ………… 72
대판 1990. 1. 25, 89도1317 ………… 570
대판 1990. 2. 9, 89도1992 ………… 589
대판 1990. 2. 13, 89도1931 ………… 375

대판 1990. 2. 13, 89도2377 …… 56, 273
대판 1990. 2. 23, 89도1212 … 688, 696
대판 1990. 2. 27, 89도335 ………… 314
대판 1990. 2. 27, 89도907 ………… 415
대판 1990. 3. 13, 90도173 …… 231, 232
대판 1990. 3. 27, 89도2036 ………… 358
대판 1990. 3. 27, 89도2083 ………… 536
대판 1990. 4. 24, 89다카18884 …… 372
대판 1990. 4. 24, 89도2547 ………… 72
대판 1990. 4. 24, 90도193 ………… 285
대판 1990. 4. 24, 90도401 ………… 103
대판 1990. 5. 8, 90도448 ……………… 692
대판 1990. 5. 15, 90도357 ………… 204
대판 1990. 5. 25, 90도191 ………… 628
대판 1990. 7. 10, 90도1176 ………… 307
대판 1990. 8. 10, 90도414 ………… 373
대판 1990. 8. 24, 90도1395 ………… 539
대판 1990. 8. 28, 90도230 ………… 618
대판 1990. 8. 28, 90도1019 ………… 376
대판 1990. 9. 11, 90도1021 ………… 252
대판 1990. 9. 11, 90도1486 ………… 492
대판 1990. 9. 28, 90도1092 ………… 650
대판 1990. 9. 28, 90도1365 ………… 296
대판 1990. 9. 28, 90도1562 … 148, 151
대판 1990. 10. 12, 90도1177 ……… 415
대판 1990. 10. 16, 90도1170 ……… 538
대판 1990. 10. 16, 90도1199 ……… 539
대판 1990. 10. 16, 90도1485 ……… 581
대판 1990. 10. 16, 90도1786 …… 51, 64
대판 1990. 10. 30, 90도1912 ……… 540
대판 1990. 11. 13, 90도2106 ………… 68
대판 1990. 12. 11, 90도694 ………… 74
대판 1990. 12. 11, 90도2250 ……… 590
대판 1990. 12. 11, 91도2224 … 148, 149
대판 1990. 12. 21, 90도2425 ……… 628
대판 1990. 12. 26, 89도2589 ………… 72
대판 1990. 12. 26, 90도2362 ……… 291
대판 1991. 1. 15, 90도2257 … 418, 420
대판 1991. 1. 29, 90도2542 … 522, 523
대판 1991. 1. 29, 90도2852 ………… 203
대판 1991. 2. 12, 90도2547……… 69, 73
대판 1991. 2. 26, 90도577 ………… 510
대판 1991. 3. 27, 90도2528 ………… 401
대판 1991. 3. 27, 91도65 …………… 151
대판 1991. 4. 23, 90도2771 ………… 203
대판 1991. 5. 10, 89도1748 ………… 694
대판 1991. 5. 10, 90도2102 …… 98, 100
대판 1991. 5. 10, 90도2601 ………… 707
대판 1991. 5. 14, 91도420 ………… 177
대판 1991. 5. 14, 91도513 ……………… 45
대판 1991. 5. 14, 91도580 ……………… 51
대판 1991. 5. 28, 91도80 …………… 355
대판 1991. 5. 28, 91도352 ………… 646
대판 1991. 5. 28, 91도546 …… 148, 151
대판 1991. 6. 11, 91도96 …………… 629
대판 1991. 6. 11, 91도688 ………… 416
대판 1991. 6. 11, 91도753 ………… 204
대판 1991. 6. 25, 91도643 ………… 281
대판 1991. 6. 28, 91도944 …… 198, 200
대판 1991. 7. 12, 91도1052 ………… 553
대판 1991. 8. 13, 91도1324 ………… 236
대판 1991. 8. 27, 91도61 …………… 417
대판 1991. 8. 27, 91도1344 ………… 204
대판 1991. 8. 27, 91도1604 ………… 118
대판 1991. 9. 10, 91도856 ………… 440
대판 1991. 9. 10, 91도1075 ………… 74
대판 1991. 9. 10, 91도1550 ………… 578
대판 1991. 9. 10, 91도1610 ………… 532
대판 1991. 10. 8, 91도1874 ………… 274
대판 1991. 10. 11, 91도1656 ……… 678
대판 1991. 10. 22, 91도2174 ………… 19
대판 1991. 10. 25, 91도2085 ……… 124
대판 1991. 11. 8, 91도2188 ………… 159
대판 1991. 11. 12, 91도2156 ……… 293
대판 1991. 11. 22, 91도2211 ……… 200
대판 1991. 11. 22, 91도2296 ……… 283

대판 1991.11.26, 91도2049 ……… 571
대판 1991.11.26, 91도2344 ……… 358
대판 1991.11.26, 91도2418 ……… 417
대판 1991.12.10, 91도2642 ………… 74
대판 1991.12.13, 91도2127 ……… 358
대판 1991.12.24, 91도2698 ……… 310
대판 1991.12.27, 90도2800 ……… 634
대판 1991.12.30, 91모5 ……………… 637
대판 1992.1.17, 91도2837 ………… 540
대판 1992.1.21, 91도1402 ………… 133
대판 1992.1.21, 91다35175 ……… 374
대판 1992.2.11, 91도2410 ………… 135
대판 1992.2.11, 91도2797 ………… 662
대판 1992.2.11, 91도2951 ………… 19
대판 1992.2.25, 91도2666 ………… 317
대판 1992.2.25, 91도3192 ………… 452
대판 1992.2.28, 91도3182 ………… 157
대판 1992.3.8, 82도1363 ………… 230
대판 1992.3.31, 91도2815 ………… 525
대판 1992.3.31, 92도58 …………… 204
대판 1992.4.14, 92도259 …… 146, 149
대판 1992.4.14, 92도408 ………… 290
대판 1992.4.28, 91도2309 … 230, 236
대판 1992.5.22, 92도506 ………… 662
대판 1992.5.26, 91도2963 ………… 319
대판 1992.5.26, 92도445 ………… 176
대판 1992.6.9, 91도2221 ………… 206
대판 1992.6.9, 92도77 …………… 340
대판 1992.7.24, 92도1148 ………… 33
대판 1992.7.28, 92도917 …… 283, 288
대판 1992.7.28, 92도1137……… 72, 73
대판 1992.9.14, 91다2439 ………… 543
대판 1992.9.14, 91도2994 ………… 299
대판 1992.9.24, 92도1506 ………… 359
대판 1992.9.25, 92도1520 ………… 230
대판 1992.10.27, 92도1578 ……… 556
대판 1992.11.24, 91도3269 ……… 551
대판 1992.11.27, 92도2079 ……… 385
대판 1992.11.27, 92도2226 ……… 522
대판 1992.12.22, 92도2540 ……… 148
대판 1992.12.24, 92도1223 ……… 400
대판 1993.1.26, 92다39112 ……… 543
대판 1993.2.23, 92도387 ………… 364
대판 1993.3.9, 92도2999 …… 368, 384
대판 1993.3.16, 92도3170 … 251, 393
대판 1993.3.23, 92도455 ………… 176
대판 1993.4.13, 92도234 …… 181, 188
대판 1993.4.13, 92도3035 ………… 205
대판 1993.4.27, 92도2688 … 525, 535
대판 1993.4.27, 92도3229 ………… 159
대판 1993.5.11, 93도127 ………… 548
대판 1993.5.27, 93도169 ………… 403
대판 1993.6.8, 93도874 …………… 385
대판 1993.6.11, 92도3437 ………… 67
대판 1993.6.22, 92도743 ………… 326
대판 1993.6.22, 92도3160 ………… 180
대판 1993.6.22, 93도1035 ………… 180
대판 1993.6.29, 93도1044 ………… 691
대판 1993.7.13, 93도1056 ………… 656
대판 1993.7.27, 92도2345 ………… 44
대판 1993.7.27, 93도901 ………… 107
대판 1993.9.10, 93도196 …………… 69
대판 1993.9.14, 93도915 …… 317, 358
대판 1993.9.28, 93도2143 ………… 252
대판 1993.11.23, 93도213 ………… 262
대판 1993.11.23, 93도604 … 340, 343
대판 1993.11.26, 93다18389 ……… 180
대판 1993.12.7, 93도2510 ………… 694
대판 1993.12.24, 92도3334 … 628, 630
대판 1994.1.28, 93도1278 ………… 202
대판 1994.2.8, 93도3445 ………… 706
대판 1994.2.8, 93도3568 ………… 629
대판 1994.2.22, 93도428 ………… 290
대판 1994.2.22, 93도613 ………… 206
대판 1994.3.8, 93도2272 ………… 369
대판 1994.3.8, 93도3608 ………… 590

대판 1994. 3. 11, 93도958 …… 662, 663
대판 1994. 3. 11, 93도2305 ………… 204
대판 1994. 3. 16, 94모2 ……………… 637
대판 1994. 3. 22, 93도2962 ………… 641
대판 1994. 3. 22, 93도3612 ………… 19
대판 1994. 4. 12, 93도3535 ………… 178
대판 1994. 4. 26, 94도548 ……………… 72
대판 1994. 5. 13, 93도3358 ………… 411
대판 1994. 5. 24, 94도600 ………… 211
대판 1994. 5. 27, 94도617 ………… 361
대판 1994. 6. 14, 93도288 ………… 198
대판 1994. 6. 14, 94도460 ……………… 67
대판 1994. 6. 28, 93도696 ………… 178
대판 1994. 8. 12, 94도1487 … 255, 313
대판 1994. 8. 23, 94도630 ………… 157
대판 1994. 8. 23, 94도1484……… 60, 64
대판 1994. 8. 26, 94도237 ………… 180
대판 1994. 9. 9, 94도619……… 364, 642
대판 1994. 9. 13, 94도1850 ………… 67
대판 1994. 9. 27, 94도886 …… 662, 665
대판 1994. 9. 27, 94도1439 ………… 443
대판 1994. 9. 30, 94도1787 ………… 545
대판 1994. 9. 30, 94도1880 ………… 175
대판 1994. 10. 11, 94도1575 ……… 316
대판 1994. 10. 11, 94도1991 ……… 237
대판 1994. 10. 14, 94도2056 ……… 445
대판 1994. 10. 21, 94도852 ………… 656
대판 1994. 10. 25, 94도1770 ……… 178
대판 1994. 10. 25, 94도2283 ……… 663
대판 1994. 10. 28, 94도2186 ……… 187
대판 1994. 11. 4, 94도129 ………… 643
대판 1994. 11. 4, 94도1311 ………… 159
대판 1994. 11. 4, 94도2361 ………… 49
대판 1994. 11. 8, 94도2142 ………… 213
대판 1994. 11. 25, 93도2404 ……… 364
대판 1994. 11. 25, 94도2432 ……… 248
대판 1994. 12. 2, 94다41454 ……… 212
대판 1994. 12. 9, 93도2524 ………… 73
대판 1994. 12. 20, 94모32(전합) … 480
대판 1994. 12. 22, 93도3030 ………… 73
대판 1994. 12. 22, 94도2511 …… 18, 19
대판 1994. 12. 22, 94도2528 … 359, 651, 659
대판 1994. 12. 23, 93도1002 ……… 697
대판 1995. 1. 20, 94도1968 ………… 430
대판 1995. 1. 20, 94도2752 ………… 454
대판 1995. 1. 20, 94도2842 ………… 676
대판 1995. 2. 24, 94도3068 ………… 705
대판 1995. 3. 3, 93도3080 ………… 684
대판 1995. 3. 10, 94도2422 ………… 358
대판 1995. 3. 10, 94도2598 ………… 705
대판 1995. 3. 14, 95도20 …………… 504
대판 1995. 3. 17, 93도923 ………… 182
대판 1995. 3. 17, 95도162 ………… 707
대판 1995. 4. 7, 94도3412 ………… 700
대판 1995. 4. 11, 95도186 ………… 689
대판 1995. 4. 21, 95도357 ………… 317
대판 1995. 4. 28, 95도250 ………… 305
대판 1995. 4. 28, 95도424 ………… 325
대판 1995. 5. 12, 95도425 ………… 160
대판 1995. 6. 16, 94도1758 ………… 583
대판 1995. 6. 16, 94도2413 … 579, 583
대판 1995. 6. 30, 94도993 ………… 643
대판 1995. 6. 30, 94도3136 ………… 200
대판 1995. 6. 30, 95도1010 … 181, 190
대판 1995. 7. 11, 95도910 ………… 257
대판 1995. 7. 11, 95도955 ………… 273
대판 1995. 7. 28, 95다19515·19522 …… 303
대판 1995. 7. 28, 95도997 …… 259, 338
대판 1995. 9. 5, 94도755 …………… 708
대판 1995. 9. 5, 95도577 …………… 685
대판 1995. 9. 5, 95도1269 …… 518, 643
대판 1995. 9. 15, 94도2561 … 227, 234
대판 1995. 9. 15, 94도3336 ………… 231
대판 1995. 9. 15, 95도707 ………… 305

대판 1995.9.15, 95도906 ··············· 74
대판 1995.9.15, 95도1475 ············ 487
대판 1995.9.29, 94도2608 ··· 699, 700
대판 1995.10.12, 94도2076 ··· 369, 376
대판 1995.11.10, 94도1942 ········· 180
대판 1995.11.24, 95도2282 ············ 62
대판 1995.12.5, 95도1908 ············ 706
대판 1995.12.26, 93도904 ············ 684
대판 1996.1.23, 95도784 ············ 368
대판 1996.1.26, 95도2437 ············ 326
대판 1996.1.26, 95도2526 ··· 445, 446, 447
대판 1996.2.23, 95도2914 ············ 169
대판 1996.3.22, 95도2801 ············ 358
대판 1996.4.9, 92도2341 ············ 408
대판 1996.4.9, 95도2466 ······ 335, 336, 340
대판 1996.4.12, 94도3309 ············ 179
대판 1996.4.12, 96도215 ············ 473
대판 1996.4.23, 96도424 ············ 538
대판 1996.4.26, 95도2468 ············ 544
대판 1996.4.26, 96도281 ············ 664
대판 1996.5.8, 96도221 ··············· 645
대판 1996.5.10, 95도780 ······ 632, 633
대판 1996.5.10, 95도3057 ············ 242
대판 1996.5.10, 96도51········· 630, 684
대판 1996.5.10, 96도324 ············ 707
대판 1996.5.10, 96도419 ······ 203, 227, 233
대판 1996.5.10, 96도527 ············ 507
대판 1996.5.14, 96도410 ············ 368
대판 1996.5.14, 96도785 ············ 524
대판 1996.5.28, 96도140 ············ 392
대판 1996.5.31, 95도1967 ············ 544
대판 1996.5.31, 96도771 ············ 705
대판 1996.6.11, 96도791 ············ 145
대판 1996.6.14, 96도106 ············ 369
대판 1996.6.14, 96도865 ············ 643
대판 1996.6.14, 96도1016 ············ 684
대판 1996.7.12, 96도1108 ············ 292
대판 1996.7.12, 96도1181 ············ 338
대판 1996.7.30, 94도2708 ············ 204
대판 1996.9.20, 95도1728 ············ 361
대판 1996.9.24, 96도2151 ············ 358
대판 1996.10.11, 96도312 ············ 667
대판 1996.10.11, 96도1733 ········· 553
대판 1996.11.12, 96도2214 ········· 200
대판 1996.11.15, 95도1114 ········· 649
대판 1996.11.22, 96도2049 ········· 543
대판 1996.11.29, 96도1755 ········· 377
대판 1996.12.10, 96도2529 ············ 42
대판 1996.12.23, 96도2673 ············ 42
대판 1997.1.24, 95도448 ············ 543
대판 1997.1.24, 96도1731 ············ 275
대판 1997.2.14, 96도1959 ············ 355
대판 1997.2.14, 96도2234 ············ 525
대판 1997.2.25, 96도3346 ············ 62
대판 1997.2.25, 96도3411 ············ 280
대판 1997.2.28, 96도2825 ··· 630, 668
대판 1997.3.11, 96도1258 ············ 649
대판 1997.3.11, 96도2801 ············ 671
대판 1997.3.28, 95도1199 ············ 212
대판 1997.3.28, 95도2674 ············ 232
대판 1997.3.28, 96도3155 ············ 369
대판 1997.3.28, 96도3191 ············ 525
대판 1997.3.28, 97도30 ··············· 534
대판 1997.4.17, 96도3376 ··· 606, 607, 646
대판 1997.4.17, 96도3377 ············ 642
대판 1997.4.17, 96도3378 ············ 642
대판 1997.6.13, 97도877 ············ 637
대판 1997.7.8, 96도3319 ············ 557
대판 1997.7.16, 97도985 ············ 616
대판 1997.7.25, 97도1142 ············ 597
대판 1997.8.29, 97도675 ······ 627, 629
대판 1997.9.9, 97도1596 ············ 685

대판 1997.9.30, 97다24207 ……… 186
대판 1997.10.24, 97도2042 ……… 416
대판 1997.12.26, 97도2609 ……… 417
대판 1998.2.9, 96도3141 ………… 446
대판 1998.2.13, 97도2922 ………… 507
대판 1998.2.24, 97도3282 ………… 389
대판 1998.2.27, 97도2483 … 504, 513
대판 1998.2.27, 97도3421 ………… 63
대판 1998.4.14, 97도3340 ………… 696
대판 1998.4.14, 98도356 ………… 283
대판 1998.4.24, 97도3425 ………… 248
대판 1998.5.12, 98도662 ………… 664
대판 1998.5.15, 98도690 ………… 127
대판 1998.5.21, 98도321(전합) … 266
대판 1998.5.26, 98도1036 ………… 122
대판 1998.6.23, 98도700 ………… 242
대판 1998.8.21, 98도1701 ………… 552
대판 1998.9.4, 98도2181 ………… 271
대판 1998.9.8, 98도1949 …… 445, 447
대판 1998.9.22, 98도1234 ………… 653
대판 1998.10.9, 97도158 ………… 188
대판 1998.11.24, 98도2967 ……… 504
대판 1999.1.26, 98도3732 ………… 41
대판 1999.1.29, 98도3626 ………… 377
대판 1999.1.29, 98도4182 ………… 418
대판 1999.2.24, 98도1812 ………… 644
대판 1999.2.24, 98도3140 ………… 578
대판 1999.4.23, 99도636 ………… 190
대판 1999.4.27, 99도883 ………… 403
대판 1999.5.14, 99도826 ………… 571
대판 1999.6.11, 99도275 ………… 382
대판 1999.7.9, 99도857 …… 334, 340, 341, 504
대판 1999.7.9, 99도1040 ………… 392
대판 1999.7.9, 99도1326 ………… 312
대판 1999.7.27, 99도1651 ………… 488
대판 1999.9.9, 99도4145 ………… 418
대판 1999.9.17, 98도2036 ………… 382
대판 1999.9.21, 99도383 ………… 661
대판 1999.11.9, 99도4146 ………… 63
대판 1999.11.26, 99도3963 ……… 393
대판 2000.1.28, 99도4022 ………… 642
대판 2000.2.11, 99도1237 ………… 553
대판 2000.2.11, 99도3048 ………… 185
대판 2000.2.25, 98도2188 … 187, 188
대판 2000.2.25, 99도4305 ………… 41
대판 2000.2.25, 99도4757 ………… 178
대판 2000.3.10, 98도2579 ………… 426
대판 2000.3.14, 99도4923 ………… 414
대판 2000.3.23, 99도3099 …… 41, 159
대판 2000.3.24, 98도4347 ………… 380
대판 2000.3.24, 99도5275 ………… 700
대판 2000.3.24, 2000도20 ………… 682
대판 2000.3.24, 2000도310 ……… 389
대판 2000.4.11, 99도334 …… 395, 405
대판 2000.4.21, 99도5563 ………… 671
대판 2000.4.25, 2000도233 ………… 93
대판 2000.5.12, 99도5734 ………… 175
대판 2000.5.16, 99도5622 ………… 177
대판 2000.5.26, 98도3257 ………… 154
대판 2000.5.26, 99도2781 ………… 402
대판 2000.6.13, 2000도778 ……… 524
대판 2000.6.23, 99도4688 ………… 491
대판 2000.6.27, 2000도1858 ……… 538
대판 2000.7.4, 99도4341 ………… 43
대판 2000.7.4, 2000도1908 ……… 707
대판 2000.7.6, 99도4079 ………… 211
대판 2000.7.28, 2000도2466 ……… 54
대판 2000.8.18, 2000도1914 ……… 121
대판 2000.9.8, 2000도1447 ……… 390
대판 2000.10.10, 99도5407 ……… 173
대판 2000.10.27, 98도679 ………… 579
대판 2000.11.10, 99도5463 ……… 403
대판 2000.11.24, 2000도4078 …… 681, 683, 684, 686
대판 2000.11.28, 2000도1089 …… 698

대판 2000.12.8, 99도3338 ············ 414
대판 2000.12.22, 2000도4372 ······ 585
대판 2000.12.26, 2000도4370 ······ 453
대판 2000.12.27, 2000도4005 ······ 385
대판 2001.1.16, 2000도1757 ········· 671
대판 2001.1.19, 99도5753 ············ 642
대판 2001.2.9, 2000도4700 ········· 213
대판 2001.2.27, 2001도271 ············ 63
대판 2001.3.9, 2000도938 ············ 534
대판 2001.4.19, 2000도1985 ········· 549
대판 2001.4.24, 2001도1092 ········· 230
대판 2001.6.29, 99도4525 ············ 212
대판 2001.7.13, 2001도1289 ········· 314
대판 2001.7.13, 2001도2595 ··· 127, 130
대판 2001.8.24, 2001도2832 ········· 504
대판 2001.9.18, 2000도5438 ········· 650
대판 2001.9.25, 2001도2722 ········· 380
대판 2001.9.25, 2001도3625 ········· 347
대판 2001.9.28, 2001도3472 ········· 453
대판 2001.10.12, 99도5294 ········· 659
대판 2001.10.12, 2001도3579 ······ 650
대판 2001.10.23, 2001도2991 ······ 302
대판 2001.10.25, 99도4837(전합) ······ 205
대판 2001.10.30, 2001도1803 ······ 189
대판 2001.10.30, 2001도2095 ······ 376
대판 2001.11.13, 2001도3531 ······ 414
대판 2001.11.24, 2001도5074 ······ 162
대판 2001.11.27, 2000도3463 ······ 379
대판 2001.11.30, 2001도2015 ······ 200, 201
대판 2001.12.28, 2001도6130 ······ 326
대판 2002.1.11, 2000도1881 ········· 316
대판 2002.1.11, 2000도3950 ········· 496
대판 2002.1.11, 2001도5925 ········· 41
대판 2002.2.5, 2001도5789 ··· 321, 322
대판 2002.2.11, 99도3048 ············ 185
대판 2002.2.11, 99도5286 ············ 119
대판 2002.2.11, 2002도7115 ········· 126
대판 2002.3.26, 2001도6503 ········· 542
대판 2002.3.26, 2001도6641 ········· 471
대판 2002.3.29, 2001도2624 ········· 186
대판 2002.4.12, 2000도3485 ········· 661
대판 2002.4.26, 2001도2417 ········· 157
대판 2002.4.26, 2001도6903 ········· 488
대판 2002.5.10, 2000도2251 ········· 644
대판 2002.6.25, 2002도461 ········· 548
대판 2002.6.28, 2000도3045 ········· 186
대판 2002.6.28, 2000도3716··· 395, 404
대판 2002.6.28, 2001도2707 ········· 704
대판 2002.7.12, 2002도745 ········· 245
대판 2002.7.12, 2002도2134 ········· 335
대판 2002.7.18, 2002도669(전합) ······ 326, 413
대판 2002.8.23, 2002도2889 ········· 582
대판 2002.9.4, 2002도2064 ········· 667
대판 2002.9.6, 2002도3465 ········· 270
대판 2002.10.8, 2001도3931 ········· 657
대판 2002.10.11, 2002도4315 ······ 119
대판 2002.11.13, 2002도2219 ······ 362
대판 2002.11.22, 2002도4291 ······ 369
대판 2002.11.26, 2002도3539 ······ 643
대판 2003.1.10, 2000도5716 ········· 59
대판 2003.1.10, 2002도2363 ········· 330
대판 2003.1.10, 2002도3340 ········· 497
대판 2003.1.10, 2002도4380 ········· 121
대판 2003.1.24, 2002도5783 ········· 63
대판 2003.1.24, 2002도5939 ········· 707
대판 2003.2.11, 2002도4293 ········· 538
대판 2003.2.11, 2002도5679 ········· 404
대판 2003.2.14, 2002도5374 ········· 685
대판 2003.2.26, 2002도4935 ········· 552
대판 2003.2.26, 2002도7335 ········· 56
대판 2003.3.14, 2002도6134 ········· 702
대판 2003.5.13, 2002도7420 ········· 177
대판 2003.5.13, 2003도1178 ········· 331

대판 2003. 5. 13, 2003도1366 ……… 427
대판 2003. 5. 16, 2003도373 ……… 317
대판 2003. 5. 16, 2003도988 … 578, 579
대판 2003. 5. 30, 2003도1256 ……… 231
대판 2003. 6. 13, 2003도1060 … 642, 654
대판 2003. 6. 27, 2003도1331 ……… 597
대판 2003. 7. 11, 2003도2313 ……… 42
대판 2003. 11. 28, 2003도4257 …… 442
대판 2003. 12. 12, 2003도4533 …… 686
대판 2004. 1. 27, 2003도5114 ……… 695
대판 2004. 3. 12, 2004도134 ……… 426
대판 2004. 4. 9, 2003도8219 ……… 430
대판 2004. 4. 15, 2002도3453 ……… 198
대판 2004. 4. 16, 2004도353 ……… 425
대판 2004. 4. 27, 2003도6994 ……… 380
대판 2004. 5. 27, 2003도4531 ……… 306
대판 2004. 5. 27, 2002도6251 ……… 634
대판 2004. 6. 11, 2004도2018 ……… 63
대판 2004. 6. 24, 2004도1098 ……… 292
대판 2004. 10. 15, 2004도4705 …… 304
대판 2004. 10. 28, 2004도5183 …… 242
대판 2004. 11. 18, 2004도5074(전합) … 286
대판 2004. 11. 25, 2004도6647 …… 657
대판 2004. 12. 9, 2004도5904 ……… 425
대판 2005. 1. 14, 2004도6646 ……… 417
대판 2005. 1. 28, 2004도4663 ……… 545
대판 2005. 2. 24, 2002도18(전합) ……… 522, 523, 532
대판 2005. 4. 15, 2004도1246 ……… 351
대판 2005. 5. 27, 2004도8447 ……… 204
대판 2005. 8. 19, 2004도6859 …… 336, 337
대판 2005. 9. 30, 2005도2712 ……… 708
대판 2005. 10. 13, 2005도4522 …… 446
대판 2005. 10. 28, 2005도5975 …… 384
대판 2006. 3. 9, 2005도10181 ……… 632
대판 2006. 3. 10, 2005도382 ……… 208
대판 2006. 3. 24, 2005도3516 ……… 331
대판 2006. 4. 27, 2003도4151 ……… 106
대판 2006. 4. 28, 2003도4128 ……… 579
대판 2006. 5. 25, 2002도5577 ……… 203
대판 2006. 5. 25, 2004도1313 ……… 196
대판 2006. 5. 26, 2005도7528 ……… 681
대판 2006. 6. 15, 2004도3424 ……… 653
대판 2006. 7. 27, 2006도3145 ……… 403
대판 2006. 12. 7, 2006도3400 ……… 197
대판 2006. 12. 8, 2006도6155 ……… 99
대판 2007. 3. 15, 2006도2704 ……… 333
대판 2007. 4. 19, 2005도7288(전합) …… 301
대판 2007. 6. 14, 2007도2178 ……… 202
대판 2007. 6. 28, 2006다48632 …… 379
대판 2007. 6. 29, 2005도3832 ……… 13
대판 2007. 7. 12, 2005도9221 ……… 311
대판 2007. 9. 28, 2007도606 ……… 102
대판 2007. 12. 3, 2007도6556 ……… 650
대판 2008. 1. 17, 2006도1721 ……… 199
대판 2008. 1. 17, 2007도8485 ……… 128
대판 2008. 2. 1, 2007도5296 ……… 594
대판 2008. 2. 14, 2007도8155 ……… 175
대판 2008. 3. 27, 2008도917 ……… 234
대판 2008. 6. 26, 2008도3300 ……… 690
대판 2008. 7. 24, 2008도3438 ……… 394
대판 2008. 10. 23, 2008도4852 …… 706
대판 2008. 11. 27, 2008도7311 …… 677
대판 2008. 12. 11, 2008도9182 ……… 70
대판 2008. 12. 24, 2008도7836 …… 529
대판 2009. 1. 30, 2008도6950 ……… 652
대판 2009. 2. 12, 2008도8601 ……… 145
대판 2009. 2. 12, 2008도10971 …… 363
대판 2009. 2. 26, 2008도10851 …… 549, 550
대판 2009. 7. 23, 2009도3924 ……… 657
대판 2009. 8. 20, 2009도3452 ……… 229
대판 2009. 9. 10, 2009도3580 ……… 145

대판 2009.10.15, 2009도7421 …… 475
대판 2009.11.19, 2009도4166 …… 202
대판 2009.12.24, 2009도9667 …… 267
대판 2010.1.21, 2008도942 ……… 691
대판 2010.1.28, 2008도7312 ……… 634
대판 2010.2.25, 2007도6273 ……… 691
대판 2010.2.25, 2008도9049 ……… 202
대판 2010.2.25, 2009도1302 …… 704, 706
대판 2010.7.15, 2010도1017 ……… 96
대판 2010.9.30, 2010도7525 ……… 694
대판 2010.12.9, 2010도6256 ……… 311
대판 2011.1.20, 2008도10479(전합) … 410
대판 2011.3.17, 2007도482 ……… 200, 202, 203
대판 2011.4.14, 2011도300 ……… 263
대판 2011.4.14, 2011도769 ……… 312
대판 2011.5.26, 2010도17506 ……… 72
대판 2011.6.9, 2010도17886 ……… 261

조 문 색 인

(왼쪽: 조문, 오른쪽: 면수)

87	602
88	606
89	603, 606
90	608
91	603
92	610
93	610
94	611
95	611
96	612
97	612
98	613
99	612
100	610, 613
101	610, 613
102	610, 613
103	618
104	610
105	620
106	620
107	621
108	622
109	622
110	621, 622
111	623
112	623
113	624
114	451
115	455
116	459
117	460
118	461
119	463, 466
120	467
121	467
122	627
123	633
124	635
125	637
126	630
127	632
128	639
129	649, 651
130	652
131	653, 654
132	655
133	658
134	645
135	627
136	661, 666
137	666
138	668
139	669
140	670, 672, 675
140의 2	673
141	674
142	676
143	670, 672, 673, 675
144	676
145	677, 679

조문	면
146	679
147	680
148	680
149	677, 680, 681
150	680
151	681
152	689, 696
153	694, 703
154	698
155	698, 701, 702
156	703
157	703
158	594
159	595
160	595
161	596
162	595
163	597
164	469, 473
165	473
166	474
167	475
168	475
169	476
170	480
171	481
172	477
172의 2	478
173	478
173의 2	482
174	469, 474, 477
175	479
176	475
177	483
178	484
179	485
180	485
181	486
182	483, 484, 485
183	485
184	486
185	488
186	489
187	490
188	491
189	492
190	488, 489, 490
191	491
192	559, 560
193	560, 561
194	562
195	562
196	561, 562
197	560, 561
198	565
199	565
200	566
201	563
202	564, 565, 566
203	566
204	564, 565, 566, 567
205	567
206	564, 565, 566, 567
207	494
208	501
209	494, 501
210	501
211	502
212	494, 501, 502
213	502
214	506
215	509
216	511
217	512
218	513
219	514

220 506, 509, 511, 512, 513, 514
221 514
222 515
223 506, 509, 511, 512, 513, 514, 515
224 515
225 532
226 534
227 537
227의 2 541
228 541
229 546
230 548
231 523
232 528
232의 2 529
233 535
234 545
235 523, 528, 529, 532, 534, 535, 548
236 547
237 532, 534, 537, 541
237의 2 524
238 556
239 553
240 553, 556
241 568
242 573
243 577
244 584
245 585
246 587, 589
247 590
248 592
249 589, 590, 592
250 12, 21
251 23
252 27, 31
253 35
254 12
255 36
256 12
257 39
258 46
259 49
260 56
261 60
262 64
263 52
264 55, 65
265 39, 55
266 67
267 67
268 69
269 78, 80
270 81, 82
271 86, 90
272 90
273 91
274 93
275 94
276 118, 122
277 122
278 123
279 123
280 118, 122, 123
281 123, 124
282 118, 122, 123, 124
283 97, 102
284 103
285 103
286 97, 102
287 125
288 130, 132, 140
289 135, 136, 140
290 135

291 137
292 139
293 139, 140
294 125, 130, 132, 135, 136, 137, 139, 140
295 130, 132, 135, 136, 139, 140
295의 2 141
296 130, 137, 139, 140
297 143
298 155
299 153
300 143, 155
301 158
301의 2 160
302 161
303 162, 164
304 165
305 165
306 143, 153, 155, 162, 165
307 174
308 182
309 184
310 174
311 190
312 174, 182, 184, 190
313 196
314 198, 207
315 211
316 215
317 222
318 215, 222
319 229, 235
320 236
321 237
322 229, 235, 236, 237
323 442
324 104
324의 2 109
324의 3 115
324의 4 116
324의 5 104, 109, 115, 116
324의 6 109, 115
325 443
326 444
327 445
328 442
329 248
330 262
331 263
331의 2 269
332 272
333 277
334 282
335 284
336 288
337 289
338 291
339 293
340 295
341 296
342 248, 264, 269, 272, 277, 282, 291, 293, 295
343 282, 295, 297
344 274
345 248, 262, 264, 269, 272, 277, 282, 293, 295
346 241
347 301
347의 2 327
348 343
348의 2 344
349 349
350 354
351 301, 349, 352, 353, 361
352 301, 327, 343, 352, 354, 361
353 343, 345, 354

354 327, 349, 354
355 366, 397
356 391, 413
357 414
358 367, 391, 397, 413, 415
359 367, 391, 397, 413, 415
360 392
361 366, 397, 420
362 424
363 431
364 431
365 432
366 433
367 436
368 437
369 438
370 439
371 433, 436, 438
372 433

사 항 색 인

[ㄱ]
가등기담보 등에 관한 법률 372
가스전기등 공급방해죄 478
가스전기등 공급방해치사상죄 478
가스전기등 방류죄 478
가스전기등 방류치사상죄 478
간첩방조죄 617
간첩죄 613
간통죄 568
감금죄 118
강간등 살인 · 치사죄 160
강간등 상해 · 치상죄 158
강간죄 143
강도강간죄 293
강도살인 · 치사죄 291
강도상해 · 치상죄 289
강도예비 · 음모죄 298
강도죄 277
강요 105
강요죄 104
강제집행면탈죄 445
강제추행죄 155
개인적 법익 4, 8
개인적 재산개념 320
결혼목적 약취 유인죄 137
경계침범죄 439
경매 · 입찰방해죄 211
공갈죄 353
공무상 보관물무효죄 676
공무상 비밀누설죄 632
공무상 비밀표시무효죄 670
공무원 개념 625
공무원자격사칭죄 463
공무집행방해죄 661
공문서부정행사죄 548
공문서위조 · 변조죄 532
공연성 175
공연음란죄 585
공용건조물등 방화죄 473
공용물파괴죄 674
공용서류등 무효죄 674
공익건조물파괴죄 436
공전자기록위작 · 변작죄 541
공정증서원본부실기재죄 541
공중밀집장소에서의 추행죄 170
공채증서 506
과실교통방해죄 492
과실일수죄 486
과실치사상죄 65, 67
교통방해등 치사상죄 491
교통방해죄 488
교통사고처리특례법 66
구걸사기 313
국가기밀 614
국가보안법 455, 602
국가적 법익 4, 600
국기 · 국장모독비방죄 620
국기 · 국장모독죄 620
국외이송목적 약취 · 유인 · 매매죄 135
군사기밀누설죄 617
권리남용 100
권리행사방해죄 441

권한남용설 395
금제품 242
기망행위 302
기밀개념 615
기부금사기 313

[ㄴ]
낙태죄 75
내란목적살인죄 606
내란예비 · 음모죄 608
내란죄 602
노동조합 및 노동관계조정법 459
뇌물공여죄 658
뇌물죄 640
뇌사 16

[ㄷ]
다중불해산죄 459
담합행위 212
대체장물 426
도로교통법 72
도박개장죄 590
도박죄 586
도주원조죄 680
도주죄 677
독직폭행 · 가혹행위죄 637
동반자살 35
동산양도담보 374
동산이중매매 409
동시범의 특례 52

[ㅁ]
마약류 관리에 관한 법률 242
매 맞는 여성증후군 149
매도담보 371
매장물 횡령죄 392
면책증권 504
명예개념 171
명예훼손죄 174
명의신탁 377
모병이적죄 611
모욕죄 190
모자보건법 83
모자이크이론 615
모해위증죄 696
모해증거인멸죄 702
모험거래 403
목적문서 520
목적일탈설 313
무고죄 702
무형위조 516
문서 517
문서위조 · 변조죄 523
미성년자 · 심신미약자 간음 · 추행죄 161
미성년자약취 · 유인죄 125
미성년자의제강간죄 165

[ㅂ]
방수방해죄 485
방화죄 468
배신설 396
배임수재죄 415
배임죄 395
배임증재죄 419
백지위조 525
범인은닉 · 도피죄 681
범죄단체조직죄 451
법률적 재산개념 319
법률적 · 경제적 재산개념 319
법정 · 국회회의장모욕죄 668
변사체검시방해죄 597
보복살인죄 11
보호의무 87
복사문서 522
복표발매등 죄 592
부녀매매죄 132

부당이득죄 349
부동산강제집행효용침해죄 673
부동산명의신탁 377
부동산실권리자 명의등기에 관한 법률 377
부동산이중매매 407
부동산이중저당 407
부동의낙태죄 82
부동의낙태치사상죄 82
부정한 청탁 417
분묘발굴죄 595
불법영득의사 256
불법원인급여 382
불법원인위탁 384
불법이득의사 407
불법체포·감금죄 635
비밀침해죄 214, 215
비방 188

[ㅅ]
사기도박 327, 587
사기죄 297, 301
사람의 사망시점 15
사람의 시기 13
사람의 출생시점 13
사문서부정행사죄 547
사문서위조·변조죄 523
사실상 평온설 227
사실의 적시 177
사용절도 261, 272
사이버공간과 명예훼손죄 192
사자명예훼손죄 182
사자의 점유 251
사전수뢰죄 651
사전자기록위작 변작죄 529
사체등 오욕죄 595
사체손괴·영득죄 596
사회적 법익 4, 450
사후수뢰죄 654
살인예비·음모죄 36
살인죄 12
삼각사기 314
상대적 음란개념 583
상습강도죄 296
상습공갈죄 361
상습도박죄 589
상습사기 352
상습절도 272
상습체포·감금죄 123
상습협박죄 103
상해죄 37, 39
상해치사죄 49
생리적 기능훼손설 41
선거방해죄 639
선동 608
선전 608
성매매알선 등 행위의 처벌에 관한 법률 573
성폭력범죄의 처벌 등에 관한 특례법 295
소송사기 316
소요죄 455
소유권유보부매매 375
소훼 471
손괴죄 432
수도불통죄 562
수도음용수사용방해죄 560
수도음용수유해물혼입죄 561
수뢰죄 649
수뢰후부정처사죄 653
수리방해죄 486
시설제공이적죄 611
신고 705
신용카드범죄 333
신용훼손죄 196
실화죄 480

[ㅇ]
아동·청소년의 성보호에 관한 법률 167, 573, 584
아동혹사죄 93
아편에 관한 죄 563
안락사 20
알선수뢰죄 655
야간주거침입절도죄 262
약취·유인죄 125
양도담보 370
양도성 예금증서 504
업무 70, 200
업무방해죄 198
업무상 낙태죄 81
업무상 낙태치사상죄 81
업무상 배임죄 413
업무상 횡령죄 391
업무상과실·중과실치사상죄 69
업무상비밀누설죄 222
에이즈 감염 42
여신전문금융업법 261, 334
여적죄 610
연소죄 475
연쇄장물 428
영득죄 239
영득행위설 363
영아살해죄 23
영아유기죄 90
외교상 기밀누설죄 624
외국공무원에 대한 뇌물방지법 659
외국국기·국장모독죄 622
외국사절모욕·명예훼손죄 622
외국사절폭행·협박죄 622
외국에 대한 사전죄 623
외국원수모욕·명예훼손죄 621
외국원수폭행·협박죄 621
외환유치죄 610
용도사기 306
우연문서 520
월권행위설 363
위계·위력에 의한 살인죄 35
위계에 의한 공무집행방해죄 666
위법상태유지설 423
위장취업 206
위조·변조등 공문서행사죄 546
위조·변조등 사문서행사죄 545
위조·변조인지등 취득죄 514
위조·변조통화지정행사죄 501
위조·변조통화취득죄 501
위조·변조통화행사죄 498
위조등유가증권행사죄 512
위증죄 687, 689
위험한 물건 62
유가증권 504
유가증권위조·변조죄 506
유기죄 85, 86
유기치사상죄 94
유실물 393
유형위조 516
음란개념 578
음란물 576
음용수사용방해죄 559
음용수유해물혼입죄 559
음용수혼독치사상죄 562
음행매개죄 573
음화등 반포죄 577
음화등 제조죄 584
의사의 주의의무 73
의사의 치료행위 43
이득죄 238
이적죄 611
인공임신중절수술 75
인과 555
인권옹호직무방해죄 671
인신매매 132
인영 554

인장 554
인장위조 · 부정사용 · 행사죄 554
인지 · 우표위조죄 513
인지 · 우표유사물제조죄 515
인지등 소인말소죄 514
인질강도죄 288
인질강요죄 109
인질살해 · 치사죄 116
인질상해 · 치상죄 115
일반건조물등 방화죄 474
일반물건방화죄 475
일수죄 483
일시오락 588

[ㅈ]
자격모용에 의한 공문서작성죄 534
자격모용에 의한 사문서작성죄 528
자격모용유가증권작성 기재죄 509
자기낙태죄 78
자기무고 705
자동차등 불법사용죄 269
자살교사 · 방조죄 31
자살관여죄 31
장기등 이식에 관한 법률 16
장례식등 방해죄 594
장물 424
장물보관죄 428
장물알선죄 428
장물양도죄 428
장물운반죄 428
장물죄 420
장물취득죄 427
재물 239
재물손괴죄 434
재물죄 238
재산개념 318
재산상 손해발생 319, 358, 404
재산상 이익 245, 280, 303, 330
재산상 처분행위 312, 356
재산죄 238
전시공수계약불이행죄 460
전시군수계약불이행죄 618
전자기록 208
전파성이론 175
절도죄 247, 248
점유 250
점유강취죄 444
점유이탈물횡령죄 392
정보의 재물성 245
정보처리장치 208
정보통신망 이용촉진 및 정보보호 등에 관한 법률 192, 210, 220, 584
제3자뇌물제공죄 652
존속살해죄 21
존속상해죄 39
존속상해치사죄 49
존속유기죄 90
존속중유기죄 90
존속체포 · 감금죄 122
존속체포 · 감금치사상죄 124
존속폭행죄 56
존속폭행치사상죄 64
존속학대죄 91
존속협박죄 102
주거 · 신체수색죄 237
주거침입죄 226, 229
주의의무위반 72
준강간죄 153
준강도죄 284
준강도죄 · 준특수강도죄 285
준강제추행죄 153
준사기죄 343
준점유강취죄 443
준특수강도죄 285
중권리행사방해죄 444
중립명령위반죄 623

중상해죄 46
중손괴죄 437
중유기죄 90
중존속체포·감금죄 122
중체포·감금죄 122
증거인멸죄 688, 698
증뢰물전달죄 658
증언거부권 225, 690
증인은닉·도피죄 701
직계존속 22
직권남용죄 633
직무강요·사직강요죄 666
직무관련성 642
직무유기죄 627
직무집행 661
진정문서 520
진화방해죄 476
집합명령위반죄 679
집회 및 시위에 관한 법률 458
징계행위 45

[ㅊ]
책략절도 314
처분행위의 직접성 314
체포·감금죄 118
체포·감금치사상죄 123
촉탁·승낙낙태죄 80
촉탁·승낙낙태치사상죄 80
촉탁·승낙에 의한 살인죄 27
총포·도검·화약류 등 단속법 242
추구권설 422
추행·간음·영리목적 약취·유인죄 130
출판물등에 의한 명예훼손죄 184
친족관계에 의한 강간죄 169
친족상도례 274

[ㅋ]
카메라 등 이용촬영죄 170
컴퓨터 등 사용사기죄 327
컴퓨터 바이러스 210
컴퓨터 사보타주 207
컴퓨터 해킹 220
컴퓨터등 업무방해죄 207

[ㅌ]
탈취죄 239
통신매체이용음란죄 170
통화위조·변조죄 494
통화유사물제조등 죄 502
퇴거불응죄 235
특수강간죄 153, 168
특수강도강간죄 168
특수강도죄 282
특수강제추행죄 158
특수공무집행방해죄 676
특수도주죄 679
특수매체기록 207, 433
특수절도죄 263
특수주거침입·퇴거불응죄 236
특수주거침입죄 236
특수준강간·준강제추행죄 155
특수체포·감금죄 123
특수폭행죄 60
특수협박죄 103
특정강력범죄의 처벌에 관한 특례법 277
특정경제범죄 가중처벌 등에 관한 법률 353, 362, 398, 417
특정범죄 가중처벌 등에 관한 법률 132, 273, 297, 455

[ㅍ]
편의시설부정이용죄 344
편취죄 239

포르노 그래피 580
폭력행위 등 처벌에 관한 법률 362, 455
폭발물사용죄 463
폭발성물건파열죄 477
폭발성물건파열치사상죄 477
폭행개념 57
폭행죄 37, 56
폭행치사상죄 64
표류물 394
피감호자 간음죄 164
피보호자 · 피감독자 간음죄 162
피약취 · 유인 · 매매자 국외이송죄 136
피약취 · 유인자 수수 · 은닉등 죄 139
피의사실공표죄 630
필요적 몰수 · 추징 645

[ㅎ]
학대죄 91
합동범 265, 283
합동절도 265
해상강도죄 295
해악의 고지 98
허위감정 · 통역 · 번역죄 698
허위공문서작성죄 537
허위유가증권작성 · 기재죄 511
허위진단서등 작성죄 535
현주건조물방화죄 469
현주건조물방화치사상죄 473
협박 96
협박죄 97
혼인빙자 · 위계간음죄 165
환경범죄 558
횡령죄 362

저자약력

연세대 법학과 졸업
독일 Würzburg대학 수학, Göttingen대학 법학박사(Dr.jur.)
독일 Bonn대학 · 미국 Wisconsin Law School 연구교수
사법시험 · 행정 · 입법고등고시 출제위원
연세대 법대 학장
한국형사법학회 회장
한국형사정책학회 회장
한국형사정책연구원 원장
현재 연세대 법학전문대학원 교수

저서 및 역서

[독일형법사](1993)
[형의 집행유예에 관한 연구](1993)
[형사정책](Kriminalpolitik)(共譯, 1993)
[인과관계와 객관적 귀속](共譯, 1995)
[법학개론](共著, 2010)
[형법연습](2003)
[형사정책](共著, 2011)
[형법총론](제 8 판, 2009)

제 8 판
형법각론

1996년 10월 25일 초판발행
1997년 7월 30일 개정판발행
1999년 4월 20일 전정판발행
2002년 9월 10일 제 4 판발행
2004년 2월 15일 제 5 판발행
2005년 2월 28일 제 6 판발행
2008년 2월 20일 제 7 판발행
2011년 9월 5일 제 8 판인쇄
2011년 9월 15일 제 8 판발행

저 자 박 상 기
발행인 안 종 만
발행처 (주) 박영사

서울특별시 종로구 평동 13-31번지
전화 (733)6771 FAX (736)4818
등록 1959. 3. 11. 제300-1959-1호(倫)

www.pakyoungsa.co.kr e-mail: pys@pakyoungsa.co.kr

정 가 40,000원 ISBN 978-89-6454-745-8